L. PRELLER

RÖMISCHE MYTHOLOGIE

L. PRELLER

RÖMISCHE MYTHOLOGIE

ATHENAION

Athenaion ist ein Imprint des Phaidon Verlags.

Gesamtherstellung: Millium Media Management
Printed in Germany

ISBN 3-88851-220-4

INHALTSVERZEICHNIS

EINLEITUNG

ERSTER ABSCHNITT

Theologische Grundlage

ZWEITER ABSCHNITT

Zur Geschichte des römischen Kultus

DRITTER ABSCHNITT

Die himmlischen und die herrschenden Götter

VIERTER ABSCHNITT

Mars und sein Kreis

FÜNFTER ABSCHNITT

Venus und verwandte Götter

SECHSTER ABSCHNITT

Gottheiten der Erde und des Ackerbaus

SIEBENTER ABSCHNITT

Unterwelt und Totendienst

ACHTER ABSCHNITT

Die Götter des flüssigen Elements

NEUNTER ABSCHNITT

Die Götter des feurigen Elements

ZEHNTER ABSCHNITT

Schicksal und Leben

ELFTER ABSCHNITT

Halbgötter und Heroen

ZWÖLFTER ABSCHNITT

Letzte Anstrengungen des Heidentums

EINLEITUNG

1. *Die Religion der Römer neigte mehr zum Kultus als zur Mythologie*

Wer von der Beschäftigung mit der griechischen Mythologie zu der mit der römischen übergeht, dem kann es nicht lange verborgen bleiben, daß er es nicht allein mit einer ganz anderen, sondern auch in mehr als einer Hinsicht viel weniger günstigen Aufgabe zu tun hat.

Zunächst kann von einer eigentümlichen römischen Mythologie, d. h. von einer solchen, die auf älteren italischen Traditionen beruhte, überhaupt nur in einem gewissen Sinne die Rede sein, sofern man nämlich bei diesem Worte auch wohl an die polytheistischen Göttersysteme überhaupt, nicht an einen durch Sage und Dichtung soweit wie die griechische, indische, persische, deutsche und skandinavische Mythologie ausgeführten Komplex von Bildern und bildlichen Erzählungen denkt. Die älteste Grundlage dieses römischen und italischen Götterglaubens ist ohne Zweifel dieselbe einfache Naturreligion gewesen, deren Grundzüge wir bei allen Völkern des indogermanischen Sprachstamms wiederfinden: aber sowohl die ursprüngliche Gemütsrichtung, wie sie die Geschichte eines jeden Volkes bedingt, als die äußeren Umstände derselben müssen bei der Bevölkerung des alten Italiens wesentlich andere gewesen sein als namentlich bei ihren nächsten Anverwandten, den Griechen. Bei diesen war eine sehr erregbare Sinnlichkeit und eine ebenso lebhafte Einbildungskraft die vorherrschende Anlage, ein natürlicher Zug zum Schönen und zum Bedeutsamen, welcher ihre religiösen Vorstellungen zu einer ebenso reichhaltigen als in ästhetischer Hinsicht vollendeten Mythologie und zu einem entsprechenden Gottesdienste angeleitet hat. Auch sind sie in ihrem vielgestaltigen, recht in die Mitte des Völkerverkehres auf dem mittelländischen Meere hineingeschobenen Lande sehr früh in Verbindungen, Kämpfe und Abenteuer verwickelt worden, die ihrem beweglichen Wesen entsprechend auch ihre Vorstellungen und Erinnerungen mit vielen neuen Bildern und Tatsachen befruchtet haben. Die italischen Altvordern der Römer dagegen sind, so viel wir wissen, von jeher weit weniger beweglich, in ihren Ansiedlungen und Gewöhnungen weit beharrlicher gewesen, offenbar weil sie ernsthafteren und beharrlicheren Sinnes und von einer Gemütsart waren, welche sie mehr zur Beobachtung und zur Bewältigung der realen Lebensverhältnisse als zu einer idealen Auffassung derselben antrieb: daher wir sie auch in allen Sachen des Glaubens weit mehr zum Kultus und zur Religiosität als zur Mythologie und zur Ästhetik aufgelegt finden. Ich verstehe dabei dieses uns von den Römern überlieferte Wort Religion und Religiosität in demselben Sinne, in welchem es auch die alten Schriftsteller gewöhnlich gebrauchen, in dem Sinne einer strengen Gewissenhaftigkeit und peinlich genauen Ausübung heiliger Gebräuche, durch welche man sich der Gunst oder des Rates der Götter zu versichern glaubte, ohne daß man sich deshalb um das Wesen und die Natur dieser Götter viel mehr als soweit es die praktischen Lebensbedürfnisse mit sich brachten bekümmerte; vielmehr es liegt in der natürlichen Art einer solchen Frömmigkeit, daß man die Namen, das Geschlecht, die persönlichen Eigenschaften der Götter lieber im Unklaren ließ als in deren Bestimmung, also in der Individualisierung der Götter, zu weit ging. Dieses mußte von selbst zu einem sehr ins Einzelne ausgebildeten, aber immer streng ritualen Gottesdienste führen, zu vielen genau formulierten Opfern, Gebeten und Sühnungen, vielen Arten der künstlichen Divination, samt anderen Observanzen und Zeremonien des öffentlichen und privaten Lebens. Aber einer mythologischen Entwicklung konnte eine solche Religiosität unmöglich förderlich sein, wie sich der italische Götterglaube denn offenbar in dieser Hinsicht von den einfachen Bildern und Gedanken jener ältesten Naturreligion, die wir als Gemeingut der Völker des indogermanischen Sprachstamms annehmen dürfen, weit weniger entfernt hatte als der der Griechen. Es kommt hinzu daß auch das Leben der italischen Bevölkerung, soweit wir nach ihrer Religion und nach anderen Merkmalen darüber urteilen können, weit länger ein einfaches, zurückgezogenes und kontinentales geblieben ist: ein Leben in den inneren Bergen und Tälern des mittleren Italiens, wo diese Völker meist mit Viehzucht, Ackerbau und Weinbau beschäftigt waren und mehr in offenen Weilern, Dörfern und einzelnen Gehöften lebten als in Städten. Namentlich können sie weder die Wunder noch die Abenteuer des Meeres gekannt haben, da in dieser Hinsicht selbst das römische Göttersystem bis zur Einführung der griechischen Götter merkwürdig lückenhaft geblieben ist; ebensowenig aber auch einen lebhafteren Handelsverkehr und so manche Erfindungen und Früchte der Zivilisation, welche ihnen erst durch den Verkehr mit Etruskern und Griechen zugeführt worden sind. Auch darf man bei einer solchen religiösen Gemütsrichtung ein vorzügliches Gewicht des geistlichen und priesterlichen Standes annehmen, welcher dieses Volk in der strengen Zucht vieler gottesdienstlicher Übungen und Beobachtungen auf den späteren welthistorischen Beruf des römischen Staates und des römischen Rechtes vorbereitet haben wird. Selbst die vielen Kriege, von denen wir hören und welche wir wegen der allgemeinen Verehrung des Mars annehmen müssen, können dieses große Gewicht des priesterlichen Standes nicht gebrochen haben, da wir noch in der geschichtlichen Zeit in verschiedenen Gegenden und namentlich in der sabinischen Vorzeit Roms die deutlichen Merkmale davon wiederfinden.

2. *Es fehlte an einem nationalen Epos*

Eben deshalb dürfen wir unmöglich ein nationales Epos in dem alten Italien annehmen, wie man es hin und wieder wohl angenommen, aber bei reiflicher Überlegung doch allgemein wieder aufgegeben hat. Schon die große Dürftigkeit der römischen Mythologie kann zum Beweise dienen, daß es ein solches Epos nie gegeben hat. Wo ist hier die Spur einer eigentümlichen Sagenbildung und Sagenpoesie im Sinne der Ilias und Odyssee? Wo ist die Spur einer Kosmogonie im Sinne der Hesiodischen oder der Edda? Da es doch an alten Kriegen und Eroberungen, also an Anlässen wenigstens zu einer italischen Ilias nicht gefehlt hat und der Gottesdienst des Janus deutlich lehrt, daß die religiöse Vorstellung sich mit kosmogonischen Fragen allerdings beschäftigt hat. Nicht einmal Helden im epischen Sinne des Wortes scheint das alte Italien gekannt zu haben, sondern höchstens streitende Genien des Lichts, geheimnisvoll wirkende Dämonen des stillen Waldgeheimnisses und wohltätige alte Könige, welche wie Saturnus und Faunus in der frommen Urzeit regierten, dann aber ein für allemal in die Unsichtbarkeit der Berge oder der Flüsse entrückt wurden; dahingegen die wirklich epischen Gestalten und Namen, Hercules und die Castoren, Ulysses und Diomedes und der fromme Aeneas durchweg von den Griechen entlehnt sind. Man könnte sagen, daß in dem früheren italischen Altertum vielleicht manches der Art vorhanden gewesen sein möchte, was später aus Mangel an Literatur und in Folge frühzeitigen Verlustes der nationalen Freiheit wieder verloren gegangen sei. Aber sollten wirklich Cato und Varro, die eifrigen und patriotischen Forscher, sollte Virgil, dem so viel daran lag, ein nationales Heldengedicht für Rom und Latium zu schaffen, trotz alles Suchens nur so wenig gefunden haben, wenn früher bedeutend mehr vorhanden gewesen wäre? Ich möchte den alten Bewohnern Italiens deshalb keineswegs jede Anlage zur Poesie und volkstümlichen Tradition absprechen. Auch bei ihren nationalen Festen und Versammlungen mag manches alte Wort von Mund zu Mund gegangen, in ihren Heiligtümern manches Denkmal der Vorzeit gepflegt, beim festlichen Mahle und bei allen heiteren Veranlassungen manches Lied gesungen sein: wo wäre ein Volk ganz ohne Lieder und ohne Sagen? Nur werden diese immer weit mehr geschichtlichen oder idyllischen Inhalts gewesen sein als epischen, d. h. eines solchen, wo Götter und Helden die handelnden Personen sind: und vollends an eine Entwicklung des weltlichen Gesangs im Ganzen und Großen, wie sie bei den Griechen frühzeitig eingetreten ist, wozu ganz vornehmlich eine Emanzipation der Dichtung von dem Einflusse der Priester und der positiven Religion erfordert wird, an solche Aöden, wie sie uns in den Homerischen Gedichten entgegen treten, ist ganz gewiß nicht zu denken. Vielmehr weiß die Vorzeit Italiens nur von singenden Faunen und Nymphen, orakelnden Propheten und zaubernden Frauen zu erzählen, und die lateinische Sprache hat kein eigenes Wort für Gedicht und Dichter in dem Sinne wie es jene griechischen Professionisten des weltlichen Gesanges gewesen sind. Auch ist es charakteristisch genug, daß die römischen Camenen, in denen die späteren römischen Dichter die griechischen Musen wiedererkennen wollten, nach der älteren Volkssage wohl den alten Priesterkönig Numa zu seinem Werke begeisterten, aber keinen italischen Orpheus, keinen Musäos: und in einer anderen Wendung, daß nach sabinischer Sage die Laren dem berühmten Augur Atta Navius, da er als Knabe in einem Weinberge eingeschlafen war, die Erfindung seiner Kunst eingaben, damit er ein verlorenes Stück seiner Herde wiederfinde, während nach griechischer Sage Dionysos dem Aeschylos in gleicher Lage die Tragödiendichtung eingab. Ebensowenig wußte das alte Italien von einem kunstreichen Metrum und von kunstreicher Instrumentalmusik, womit der epische Gesang hätte begleitet werden können. Sondern alles ist schlicht und einfach und kunstlos geblieben, und vollends bei allen öffentlichen Funktionen der Religion hat immer nur die priesterliche Formel und das liturgische Gebet gegolten, nicht die bewegtere Gemütsstimmung des festlichen Gesanges, den die Römer erst von den Griechen lernten. Überall sind die Wunder der Natur und des Lebens wohl ein Anlaß zu Opfern und Weissagungen, in denen der Priester und Seher sie zum Frommen des gemeinen Wesens technisch und praktisch ausbeutet, aber nirgends begegnet man jenem poetischen Drange des Herzens und der Einbildungskraft, welcher in die Anschauung und das Gefühl für diese Wunder versenkt Religion und Geschichte mit den idealen Gestalten der Dichtung belebt hätte.

3. Die stammverwandten Völker des alten Italiens

Wie dem nun sei, jedenfalls müssen wir uns auf alle Weise bemühen, unsere Aufgabe nicht bloß als eine römische, sondern als eine allgemein italische aufzufassen, d. h. aus den engen Grenzen der Stadt Rom und der römischen Stadtchronik herauszukommen und das freie Feld und jene Berge und Landschaften zu gewinnen, zwischen denen ihre latinischen und sabinischen Altvordern ihre religiösen Vorstellungen empfangen und ausgebildet haben. Freilich ist uns auch dieses viel schwerer gemacht als in Griechenland, wo die vielstimmige Überlieferung der verschiedenen Stämme, Städte und Landschaften auch die Darstellung und Belebung der Mythologie außerordentlich erleichtert, ja der Stoff des örtlich Mannigfaltigen sich einem eher zu reichlich als zu spärlich darbietet; dahingegen in Italien Rom nicht allein allen übrigen Völkern und Staaten gegenüber das Feld behauptet hat, sondern auch in ihrer aller Namen und zwar immer auf echt römische Weise, d. h. in der Sprache des Siegers und Beherrschers, das Wort führt. Indessen ist es doch auch so, namentlich mit Hilfe der monumentalen Überlieferungen und der ausgezeichneten linguistischen und antiquarischen Untersuchungen, zu welchen diese Reste neuerdings Veranlassung gegeben haben, noch immer möglich, von den meisten Göttern des einheimischen römischen Glaubens ihren Ursprung und ihre Ausbreitung bei jenen Stammvölkern nachzuweisen: auf welchem Wege also das Römische aufhört, etwas bloß Römisches zu sein, vielmehr als der fortlebende Trieb eines älteren Volkstums erscheint, welches wir sogar in vielen Fällen noch weiter, nämlich bis zu seiner organischen Verzweigung mit dem Glauben und der Sprache der anderen verwandten Völker verfolgen können. Um so notwendiger ist es, gleich hier den ganzen geographischen und ethnographischen Komplex dieser altitalischen, den Römern näher oder entfernter verwandten Bevölkerung ins Auge zu fassen. Ihre nächsten Verwandten waren bekanntlich die *Latiner*, von welchen die Römer ihre Sprache bekommen haben und mit denen sie auch die meisten Götter und Sagen gemein hatten, daher wir oft auf sie zurückkommen werden. Hier sei nur bemerkt, daß sie selbst als Volk sich von sogenannten Aboriginern, d. h. mythischen Ursprungsmenschen ableiteten, die in der Gegend von Reate ansässig gewesen und von dort durch die Sabiner vertrieben sein sollen; worauf sie sich am Anio abwärts nach Tibur und Latium gezogen und hier die ältere Bevölkerung der Sikeler vertrieben haben wollten, welche letztere von Italien nach Sizilien übersiedelnd dieser Insel den Namen gab. Seither bewohnten die Latiner das nach ihnen benannte Latium in vielen meist verbündeten Städten, welche früher in Alba Longa, später in Rom ihre Hauptstadt, im Jupiter Latiar ihren Bundesgott verehrten, und einen eigentümlichen, von den übrigen italischen Stammsprachen verschiedenen Dialekt redeten, denselben, welcher später durch die Macht und Bildung der Römer zur lateinischen Literatursprache geworden ist. Die südlichen Nachbarn der Latiner waren die *Volsker*, die Verwandten und Nachbarn der Aurunker und Ausoner, welche letztere den älteren Griechen am besten bekannt waren. Das eigentümlichste Kernvolk der Mitte waren dagegen die *Sabiner*, welche nächst den Latinern am meisten Einfluß auf den Glauben und die Sitte der Römer ausgeübt haben. Für ihren ältesten Wohnsitz galt die Hochebene von Amiternum am oberen Laufe des Aternus, wo der göttliche Sancus ihr erster König gewesen war und sein Sohn Sabus, nach welchem sich der Stamm nannte, sie zuerst den Acker bauen und die Rebe pflanzen gelehrt hatte. Viele kleinere Völker sind von derselben Gegend ausgegangen: die *Picenter*, indem sie über das Hochgebirge an das adriatische Meer von Ancona bis Hadria rückten, die *Vestiner* und *Marruciner*, welche sich zu beiden Seiten des unteren Aternus an demselben Meere ausgebreitet hatten, die *Peligner*, welche sich in der schönen Ebene von Corfinium behaupteten, endlich die tapferen *Marser*, welche sich rings um den Fuciner See angesiedelt hatten. Der alte Hauptstamm der Sabiner aber hatte sich im Laufe der Jahre immer weiter nach Westen bis in die Gegend von Rom hinabgezogen, indem sie von Amiternum aus sich zunächst der Gegend von Reate bemächtigten und darauf den Latinern nachrückend bis an den oberen Anio und den Tibur vordrangen, wo sie in Cures, der zweiten Metropole Roms, einen neuen Mittelpunkt ihres Stammlebens gewonnen hatten. Nördlich von den Sabinern war der Apennin und seine Abhänge nach beiden Seiten von den *Umbrern* bewohnt, deren Gebiet bis nach Ariminum und an den Rubicon reichte und durch den oberen Lauf des Tiber bei Perugia und Cortona von Etrurien geschieden wurden. Einst hatten sie auch Cortona und einen großen Teil von Etrurien besessen; ja es waren auch nach ihrem Abzuge aus diesem Lande große Haufen von ihnen als abhängige Bevölkerung zurückgeblieben, so daß von ihnen die häufigen Spuren eines altitalischen Stammlebens abgeleitet werden dürfen, welche sich unter den sonst nicht zu der indigenen Bevölkerung Italiens gehörigen Etruskern nachweisen lassen. Bei den römischen Geschichtsschreibern galten die Umbrer für das älteste Volk von Italien; jedenfalls mögen sie als nördlichstes Glied seiner Kernbevölkerung auch ihre Sitze und die angestammte Art am längsten behauptet haben. Südlich von den Sabinern und jenen kleineren Stämmen sabinischer Abkunft wohnten die ihnen gleichfalls verwandten *Samniter*[1], ein mächtiges Volk, welches in vier Kantone geteilt das zentrale Hochland des südlichen Italiens inne hatte und von dort sowohl Apulien als Campanien bedrohte. Von ihnen sind wieder westlich die *Campaner*, südlich die *Lucaner* ausgegangen, von diesen zuletzt die *Bruttier*, die drei südlichsten Zweige dieser italischen Stammbevölkerung, welche die in diesen Gegenden angesiedelten Etrusker und Griechen unterwarfen, aber dafür auch auf die ausländische Sitte und Bildung am meisten eingingen. Daß diese Völker alle, von örtlicher und Stammeszersplitterung abgesehen, in den Grundzügen dieselbe Sprache, denselben Glauben, dieselben Sitten hatten, diese Erkenntnis ist eines der wichtigsten Resultate der neueren Sprach- und Altertumsforschung, welche die Kunst der Linguistik, eine der anziehendsten Wissenschaften unserer Zeit, auch auf die Reste der umbrischen und oskischen Sprache mit lohnendem Erfolge angewendet hat. Was den Götterglauben dieser Völker betrifft, so führt auch hier die Forschung zu demselben Resultate, indem man überall denselben mythologischen Grundbegriffen und gewissen Göttern begegnet, welche dem gesamten Italien in demselben Sinne gemein waren, wie Zeus, Hera, Athena, Apollo, Artemis usw. die Götter von ganz Griechenland waren. Namentlich gehören dahin Jupiter, Juno und Minerva, die höchsten himmlischen Götter, der Wald-, Frühlings- und Kriegsgott Mars mit seiner gleichartigen Umgebung der Faune und Silvane und verwandten weiblichen Göttinnen, eine innige Verehrung der Elementarkräfte des Wassers und des Feuers, der Sonne und des Mondes, des nährenden Erdbodens und der Verstorbenen, endlich vieler örtlichen Geister und Genien, auch gewisser Frucht- und Schicksalsgöttinnen, welche sich zugleich durch Zauber, begeisterte Weissagung und Orakel offenbarten. Auch scheint, wie gesagt, das Vorherrschen des ritualen und priesterlichen Elements im Gottesdienste, die Scheu vor der mythologischen Versinnlichung der Götter, der Mangel an poetischer und epischer Anlage allen diesen Völkern angestammt und gleich eigentümlich gewesen zu sein.

4. Latium und die Latiner

Die Latiner sind nicht allein die nächsten Verwandten der Römer, sondern sie sind auch zwei Jahrhunderte lang ihre engen Verbündete gewesen und in älterer Zeit durch massenhafte Übersiedlung nach Rom, später durch Geschlechtsverbindung, Einwanderung und unablässigen Verkehr dergestalt mit ihnen verschmolzen, daß beide von jeher als ein und dasselbe Volk angesehen wurden. Auch die Sage und die Geschichte der Latiner durchkreuzt sich beständig mit der römischen, welche eine geraume Zeit hindurch nur einen besonderen Abschnitt der Geschichte des latinischen Namens überhaupt gebildet haben mag. Bei dem frühen Verfall des latinischen Bundes ist nur das Eine gewiß geblieben, daß Alba Longa die Urheberin und das erste Haupt dieses Bundes gewesen, welcher aus ihren eigenen Kolonien und anderen Städten latinischer Nation bestand; übrigens ist diese alte Hauptstadt so früh zerstört worden, daß sich bei den ohnehin bald in ganz anderer Richtung beschäftigten Römern nur ein sehr ungewisses Andenken von ihr erhalten hatte. Über ihr erhob sich der Mons Albanus, über welchem noch später Jupiter Latiar als höchster Gott und unsichtbares Oberhaupt von ganz Latium gefeiert wurde; unter ihr befand sich im schattigen Haine bei Marino das Heiligtum und die Quelle der Ferentina, wo der latinische Bund seine Versammlungen hielt. In seiner Nachbarschaft waren dem Meere näher die wichtigsten Städte Aricia und Lanuvium, deren Gebiet sich bei Velitrae und Corioli mit dem der Volsker berührte: Aricia durch seinen Dienst der Diana in dem stillen Winkel am See von Nemi berühmt und in älterer Zeit eine Hut des wichtigen Passes nach Süden, durch welchen später die Appische Straße nach Terracina und Campanien führte, Lanuvium nicht weniger angesehen wegen seiner Juno Sospita. Von Lanuvium gelangt man in wenigen Stunden ans Meer und nach Ardea, der durch die Aeneassage so berühmt gewordenen Burg und Stadt der Rutuler, während weiter abwärts an der Küste das in der älteren römischen Geschichte so oft als Seestadt genannte Antium schon wieder den Volskern gehörte, welche sich von allen diesen verwandten Völkern am meisten auf der See versucht haben. Denn die Latiner selbst hatten das Meer nur an der kurzen und die Schiffahrt auch in alter Zeit wenig begünstigenden Strecke zwischen Ardea und der Tibermündung gewonnen, wo sich mit den letzten Resten des latinischen Bundes, Laurentum und Lavinium, auch die latinische Sage von den alten Königen Picus, Faunus und Latinus und der Kultus der Bundes-Penaten am längsten behauptet hat. Landeinwärts von Alba Longa war die nächste Stadt von Bedeutung das alte und feste Tusculum, ehedem eine der mächtigsten Städte des Bundes, später oft von den Aequern bedrängt und deshalb den Römern gefügig. An diese Aequer, einen anderen verwandten Stamm, grenzte auch das am meisten landeinwärts gelegene Präneste, eine ebenso feste als rüstige Stadt, deren Götter und deren Bürger es am längsten mit den römischen aufgenommen haben, während seine Priester mehr als einen Rest alter unvermischter Sage bis auf die Zeiten des Cato bewahren konnten. Auf halbem Wege von dort nach Rom lag das später ganz verfallene Gabii, welches einst gleichfalls von Rom gefürchtet wurde und in alter Zeit ein Mittelpunkt priesterlicher Auguraldisziplin gewesen war. Endlich noch höher hinauf am Anio, wo dieser aus den Bergen der Sabiner hervortritt, das schöne Tibur, eine der ersten Eroberungen der latinischen Aboriginer, berühmt durch seine Wasserfälle und seine weissagende Nymphe Albunea, seinen Hain des Tiburnus und seinen alten Dienst des Hercules. Vielfach bedroht von den benachbarten Etruskern, Sabinern, Aequern und Volskern, vermochten sich diese Städte zu behaupten, so lange sie einig waren und keine unter ihnen zu mächtig wurde. Auf den Vorstand von Alba Longa folgte der von Rom, welches seit den Tarquiniern an der Spitze des Bundes stand und die schnelle Zunahme seiner Macht ohne Zweifel weit mehr als die römische Geschichte es gestehen mag diesem Bunde verdankt. Selbst in den späteren Zeiten rühmten sich viele der ausgezeichnetsten und tüchtigtsten Geschlechter Roms ihres latinischen Ursprungs, daher das von solchen Familien geprägte Silbergeld der Republik nicht selten auf die Kulte, die Sagen, die alten Zeiten von Latium zurückweist.

5. Die Etrusker und die Griechen

Haben wir somit unseren Gesichtskreis über den ganzen Zusammenhang der mit Rom verwandten Völker erweitert, so können wir doch auch bei diesen nicht stehen bleiben, so wenig die Religion der Römer bei den ersten und angestammten Überlieferungen der Vorzeit stehen geblieben ist. Sobald nämlich der römische Staat in den Kreis der Kulturstaaten eintrat, empfing er natürlich auch von diesen gewisse Elemente der Kultur, wie sie sich einstweilen im Verkehre mit den Völkern des Orients und den Griechen abgeschlossen hatte und zur Zivilisation der Zeit notwendig gehörte: worüber sich nicht allein sein geistiges Leben und sein Götterglaube in vielen wesentlichen Punkten verändert hat. So wurden anstatt des bilderlosen Kultus, welcher bis dahin möglich geblieben war, jetzt Bilder und Tempel eingeführt, an die Seite der einheimischen Priester und Seher traten andere uns ausländische, an die Seite der einheimischen Götter die lebensvollen und höheren Bedürfnissen der Bildung entsprechenden Gestalten des griechischen Apollo, der Castoren, des Handelsgottes Mercurius, der Ceres mit ihren beiden jüngeren Nebenfiguren; ja selbst die einheimischen Götter wurden jetzt andere Götter, Götter von höherem politischen und weltlichem Anspruch, da sie früher bei den einfacheren Zuständen ihrer Nation auch selbst so viel einfacher, patriarchalischer und geistlicher gewesen waren. Eine überaus wichtige Veränderung, welche gleichfalls keineswegs bloß Rom angeht, sondern bei vielen anderen Mitgliedern der stammverwandten italischen Bevölkerung gleichfalls und wohl noch früher als in Rom eingetreten war, namentlich bei allen denjenigen, welche sich von den zentralen Stammsitzen der alten nationalen Heimat und Gewöhnung entfernt und der westlichen und südlichen Küste genähert hatten, also den Latinern, den Volskern und vorzüglich den oskisch redenden Völkern, namentlich ihren südlichsten Gliedern. Die Kulturstaaten aber, mit denen diese Stämme bei solcher Erweiterung in Berührung kamen, sind die der Etrusker und der in Italien und Sizilien ansässigen Griechen: blühende und mächtige Staaten, welche jenen Völkern an Bildung bei weitem überlegen waren und dabei einen lebhaften Verkehr mit den Mittelpunkten der damaligen Kultur in Griechenland, Kleinasien und dem Orient unterhielten. Über die *Etrusker* sind wir freilich in gewissen Hauptpunkten, namentlich was ihr nationales Herkommen betrifft, noch immer sehr im Unklaren; so lange nicht der Schlüssel zu ihrer Sprache gefunden ist, muß diese Frage ungelöst bleiben. Aber gewiß ist, daß sie vor den Römern bei weitem das mächtigste Volk in Italien waren, da sie von dem jetzigen Toskana und dem Kirchenstaate bis zum Tiber aus, wo sie die Umbrer in das Gebirge zurückgedrängt hatten, nicht allein über Bologna in die Lombardei eingedrungen waren und sich derselben bis zur Pomündung bemächtigt hatten, sondern eine Zeitlang auch die Küste der Latiner und der Volsker beherrschten, ja mitten in Campanien zu Capua einen südlichen Mittelpunkt ihrer Macht gegründet hatten.[2] Überdies beherrschten sie beide Meere von Italien, das obere und das untere, welche nach ihnen das tyrrhenische und das adriatische genannt wurden. Auch haben sie mit den ventralen Gegenden des mittelländischen Meeres und Kleinasien in so lebhafter Verbindung gestanden, daß bei ihnen selbst und bei den Griechen die Tradition entstehen konnte, ihre Abstammung sei in Lydien zu suchen, während ihre Gräber durch das, was man in ihnen gefunden hat, auf ebenso lebhafte Handelsverbindungen mit den Phöniziern hinweisen, welche sich hin und wieder sogar in eigenen Ansiedlungen unter ihnen niedergelassen hatten.[3] Dann aber sind auch sie und nicht weniger mächtig als die andere Bevölkerung Italiens von dem Zauber der griechischen Bildung und Mythologie ergriffen worden, welche von der Vorsehung dazu bestimmt war, eine allgemeine Ausgleichung der verschiedenen Göttersysteme und eine gewisse kosmopolitische Gemeinschaft der ästhetischen und poetischen Anschauung des Altertums herbeizuführen. Ganze Reihen der griechischen Götter und der griechischen Heroen findet man in Etrurien wieder, vor allen Apollo, Herakles und die Helden des troischen Sagenkreises und der Tragödie; und zwar muß diese griechische Bildung in Etrurien eine alte gewesen sein, da Caere so gut wie die lydischen Könige zu Delphi, dem Mittelpunkte des griechischen Apollodienstes, ein eigenes Magazin für seine

Weihgeschenke unterhielt und die Überlieferung von der Übersiedelung des Demarat von Korinth nach Tarquinii zur Zeit des Tyrannen Kypselos ohne eine gleichzeitige Verbindung nicht hätte entstehen können. Auch sind in den Gräbern von Vulci, von Caere, von Veji, von Cortona unter so vielen Tausenden von gemalten Vasen griechischer Fabrik viele des älteren und ältesten Stiles gefunden worden. Obwohl mit diesem Anfluge der griechischen Mythologie so wenig als bei den Römern und bei den übrigen Italikern der ganze Inhalt ihrer Religion erschöpft ist; vielmehr hatten auch sie einen eigenen und älteren Götterglauben, dessen nationale Herkunft leider wie auch die Sprache noch immer dunkel ist, welcher aber in vielen und wesentlichen Punkten, wie wir oft zu zeigen Gelegenheit haben werden, dem der übrigen italischen Völker verwandt gewesen sein muß. Auch findet sich bei den Etruskern derselbe einseitige Hang zur Zeremonie und zur priesterlichen Disziplin, welche bei ihrer frühen Bildung bei ihnen sogar weiter gediehen war als irgendwo sonst in Italien. Ihre wichtigsten Städte waren längs der Grenze der Umbrer und am oberen Tiber Arretium, Cortona und Perusia, unter denen sich namentlich Cortona, früher eine Stadt der Umbrer, durch das Altertum seiner Erinnerungen auszeichnete. In der fruchtbaren Niederung am Trasimenischen See herrschte das durch Porsenna und sein Grabmal berühmte Clusium, am Lago di Bolsena das glänzende Volsinii, in der Gegend des Berges Soracte Falerii, dessen Bevölkerung die Alten genau genommen nicht für Etrusker, sondern für einen eigenen Stamm gehalten wissen wollten (Strabo V. p. 226); und wirklich deutet was wir von seinen Kulten und Sagen wissen mehr auf Umbrer oder Sabiner als auf die eigentlichen Etrusker. In der nächsten Nachbarschaft von Rom gebot Veji, die hartnäckige Nebenbuhlerin seiner früheren Jahre, welche während ihrer Blüte nicht allein Roms Verkehr mit dem Norden und auf dem Tiberstrome beherrschte, sondern selbst diesseits des Tiber, in der nächsten Nähe von Rom, an Fidenä eine immer zum Abfall vom latinischen Bunde und zur Fehde mit Rom aufgelegte Bundesgenossin hatte. Nächst dem war Caere in der Nähe von Cervetri die nächste Nachbarin Roms und der Latiner, welche in den wenigen Sagen aus alter Zeit, die sich erhalten hatten, viel von einer schweren Tyrannei des Königs von Caere Mezentius erzählten und samt den Volskern eine Zeitlang von Caere aus durch die Etrusker beherrscht gewesen sein mögen. Zugleich gehört diese Stadt schon zu der glänzenden Reihe der etruskischen See- und Handelsstädte, welche vom Tiber bis zum Arno in mäßigen Entfernungen von einander unweit der Küste lagen und von ihren Häfen aus weit und breit mit dem mittelländischem Meere verkehrten. So hatte Caere seinen eigenen Hafen und sein Emporium zu Pyrgi, Tarquinii zu Graviscä, die alte in der Gegend von Corneto gelegene Metropole der etruskischen Divination und priesterlichen Wissenschaft, zugleich die Stadt, wo die bei den Etruskern verbreitete Sage von einer Einwanderung lydischer Herakliden eigentlich zu Hause war. Weiter hinauf bei Ponte della Badia lag Vulci, der Fundort der meisten Vasen; dann folgte Vetulonia mit dem Hafen Telamon und noch weiter hinauf Rusellä, diese beiden schon mitten in der Maremma, welche damals das ganze Jahr hindurch bewohnt werden konnte. In den nördlicheren Gegenden und bis zum Arno herrschte Volaterrä mit den beiden Häfen Luna und Populonia, welches letztere zugleich die metallischen Reichtümer der Insel Elba ausbeutete. Endlich in der Marsch am unteren Arno lag schon damals ein etruskisches, aber gleichfalls früh hellenisiertes Pisa, in derselben Gegend, wo im Mittelalter die Stadt gleichen Namens ihre Schiffe so weit nach dem Osten aussendete. In allen diesen Städten hatte sich neben dem Handel und der Industrie eine nicht geringe Pracht des Adels und der Könige, eine vielfach durch Aberglauben entstellte Wissenschaft der Priester und ein ebenso superstitiöser als glänzender Gottesdienst entwickelt, welcher sich in vielen Opfern, Tempeln und Tempelbildern, feierlichen Prozessionen und häufigen Spielen, zirzensischen und szenischen, gefiel. Natürlich konnte es, als die Etrusker mit dem Gewichte einer solchen Bildung den übrigen Völkern Italiens bekannt wurden, nicht fehlen, daß diese in vielen Stücken zuerst von ihnen zivilisiert wurden; obwohl die neuere Forschung überzeugend nachgewiesen hat, daß wenigstens Rom und die Latiner die Elemente ihrer feineren Bildung weit mehr den Griechen Italiens und Siziliens als den Etruskern verdanken. Doch bleibt es eine wichtige Tatsache, daß auch Rom den äußerlichen Prunk sowohl seiner Könige als seiner Götter von den Etruskern empfing, wie denn namentlich die Architektur der römischen Tempel und die Technik, der Tempelbilder längere Zeit in den Händen etruskischer Künstler geblieben ist, welche von den griechischen erst allmälich verdrängt wurden. Auch haben die Römer eine gewisse religiöse Technik die Städte zu gründen, die Grenzen zu bestimmen, das Lager abzustecken usw. immer von den Etruskern abgeleitet. Endlich ist die Divination der Römer durch sie mit einem ganz neuen Zweige der Weissagekunst und der religiösen Sühne bereichert worden, nämlich mit der sogenannten Haruspicin, welche gewöhnlich sogar von eingeborenen Etruskern in Rom geübt wurde, höchstens ausnahmsweise von solchen Römern, die sich in den etruskischen Priesterschulen in dieser Kunst hatten unterweisen lassen. Es ist dieses die Technik der Eingeweideschau, der Blitzsühne, der Auslegung aller außerordentlichen, also einen besonderen Rat und Willen der Götter vorbedeutenden Naturwunder, vorzüglich der himmlischen Erscheinungen und des Blitzes und Donners: welche Wissenschaft bei den Etruskern schon deshalb besonders weit gediehen war, weil ihr Land an Klima und Naturwundern und außerordentlichen Erscheinungen des Himmels besonders reich war und den Göttern bei ihnen mehr Opfertiere geschlachtet wurden als irgendwo sonst.

Viel wichtiger als der Einfluß dieses Volkes wurde indessen der der *Griechen*, vollends auf die Dauer, da sich zuletzt das römische Wesen mit dem griechischen dergestalt durchdrungen hatte, daß die Römer sich mehr geschmeichelt fühlten, wenn man sie Abkömmlinge der Griechen nannte, als wenn man ihnen von den Sabinern des T. Tatius und den zusammengelaufenen Bürgern des Romulus erzählte. Die Anfänge dieses griechischen Einflusses fallen bekanntlich in die Zeit der Tarquinier, und zwar ist gleich damals, wie Cicero sich ausdrückt, der Zufluß eine recht breite und volle Strömung gewesen.[4] Auch konnte er von verschiedenen Seiten zugleich andringen, da auch die Etrusker damals der griechischen Bildung schon sehr ergeben waren und überdies Verbindungen sowohl mit den wichtigsten Handelsstaaten im eigentlichen Griechenland als mit denen in Campanien, Großgriechenland und Sizilien bestanden. Gewiß ist, daß man damals von dem mittleren Italien aus mit Korinth und den korinthischen Kolonien am ionischen und adriatischen Meer, mit Delphi und mit Aegina verkehrte, welches letztere eine eigene Kolonie in Umbrien angelegt haben soll; ja die Phokäer sollen auf ihrem Wege nach Massilia unter Servius Tullius Rom berührt und damals jene Freundschaft begründet haben, welche später so lange vorhielt.[5] Aber weit mehr als diese entfernteren Staaten wirkte ohne Zweifel die größere Nähe der griechischen Bildung in Campanien, Sizilien und dem südlichen Italien. Vorzüglich muß dabei der nächste griechische Staat in der Gegend von Neapel interessieren, noch dazu die älteste aller griechischen Kolonien in Italien, deren Geschichte nur leider auch sehr wenig bekannt ist. Es war dieses *Cumae*, auf einer noch jetzt durch viele Ruinen über und unter der Erde sehr merkwürdigen Stätte, von welcher aus diese meist aus Euböa stammenden Griechen auch Dikäarchia, das spätere Puteoli, und Neapel gegründet hatten. Beide haben ihre Mutterstadt überflügelt, weil ihre Lage immer eine sehr günstige geblieben ist, während die von

Cumä nur so lange günstig genannt werden konnte, als der breite Gürtel von Sanddünen nicht existierte, welcher sich allmählich vor der ganzen westlichen Küste Italiens gelegt und die meisten alten Häfen verstopft hat. In alter Zeit aber war Cumä eine außerordentlich blühende Stadt, vorzüglich zur Zeit der Tarquinier und in den früheren Generationen der Republik, aus welcher Zeit auch wenigstens ein größeres Bruchstück seiner Geschichte vorliegt, b. Dion. Hal. VII, 3–11. Ebenso gewiß ist es, daß Cumä eine der wichtigsten Quellen des hellenisierenden Einflusses gewesen ist, der sich allmählich über die oskisch redenden Völker und über die Volsker und Latiner verbreitete, welchen letzteren die Cumaner unter ihrem Tyrannen Aristodemos sogar bei Aricia ihre Freiheit in dem Kriege mit Porsenna gerettet haben. Was die Gottesdienste dieser Stadt betrifft, so fassen wir im voraus vorzüglich den Apollo von Cumä ins Auge, welcher als alter Stammgott von der griechischen Heimat her seinen Tempel auf der Burg über dem Meere hatte, unter welcher die Gänge und Schluchten sich wölbten und landeinwärts hinzogen, welche durch Virgils Schilderungen von der Weissagung der Cumanischen Sibylle und die Fabel von den Kimmeriern so berühmt geworden sind. Neben Apoll dürfen wir den Meeresgott Poseidon und den Handelsgott Hermes in der See- und Handelsstadt, die Acker- und Fruchtgottheiten Demeter mit ihrem Mädchen und Dionysos in der mit einem fruchtbaren Gebiete gesegneten und durch seinen Totendienst am Averner See berühmten Stadt mit Sicherheit voraussetzen, lauter Götter, welche in Rom unter den ältesten griechischen Eingang fanden: unter den Heroen Herakles, von dem die ganze Umgegend von Cumä viel zu erzählen wußte, und Ulysses, dessen Abenteuer, namentlich die bei der Circe und Unterwelt, an dieser Küste gleichfalls seit alter Zeit erzählt wurden, so daß wir auch die in Italien bis Latium und Rom so weit verbreitete und fest gewurzelte Sage von diesen beiden Helden am natürlichsten aus dieser Quelle ableiten werden. Ja es ist, wie wir weiterhin sehen werden, höchst wahrscheinlich, daß selbst die älteste Sagengeschichte von Rom und Latium, die vom Evander und Cacus, von Hercules und seinen Rindern, vom Ulysses und seinen Söhnen zuerst in Cumä oder doch unter dem Einfluß einer Cumanischen Chronik redigiert worden ist. Denn auch nachdem Cumä von den Campanern erobert worden war und somit ein griechischer Freistaat zu sein aufhörte[6], wird darum die griechische Bildung keineswegs aufgehört, vielmehr die oskisch redenden Völker jetzt erst recht ergriffen haben, da selbst in den weit späteren Zeiten der römischen Kaiser, nachdem Cumä und Neapel längst zu römischen Kolonien, Puteoli zu dem wichtigsten Emporium in ganz Italien geworden war, die griechische Bildung in Neapel und der ganzen Gegend die vorherrschende war. Außer diesen nächsten Nachbarn von Latium und Samnium aber werden wir auch auf die übrigen griechischen Städte in Großgriechenland und Sizilien wohl zu achten haben, in jenem vorzüglich auf *Tarent*, welches vermöge seiner Lage allerdings zunächst nur für die Hellenisierung Apuliens verantwortlich gemacht werden kann, bei seiner lange anhaltenden Blüte aber auch der griechischen Sitte und griechischen Bildung überhaupt, z. B. dem Theater und der pythagoreischen Philosophie am längsten eine Stütze bot und in dieser Beziehung seit den Zeiten der Samniterkriege und des Königs Pyrrhus auch auf das mittlere Italien und auf Rom und die Römer manchen Einfluß gewonnen hatte.

6. Die Epochen der römischen Religionsgeschichte

So hat sich unsere Aufgabe von selbst zu einer ebenso wohl kulturhistorischen als im engeren Sinne des Wortes mythologischen gestaltet, und wir werden diese Auffassung ferner festhalten müssen, da wir es überall nur mit der Religion einer einzelnen Stadt zu tun haben, welche zwar in vielen Punkten als Miniaturbild des alten Italiens überhaupt gelten kann, aber doch noch weit mehr in politischer und kulturgeschichtlicher als in religiöser Hinsicht von Bedeutung ist; wie sie sich denn auch im weiteren Verlaufe ihrer Geschichte bis auf die Entwicklung des Staates und des Rechtes immer weit mehr rezeptiv für die verschiedenartigsten Einflüsse als produktiv und in einer festen Richtung eigentümlich gezeigt hat. So ist namentlich die Religion der Römer je länger desto mehr zu einem Aggregate der verschiedenartigsten Göttersysteme und Kultusformen geworden, da seit dem zweiten punischen Kriege neben den griechischen Göttern auch schon die Große Idäische Mutter aus Phrygien Eingang fand und weiterhin die hellenistischen, ägyptischen und syrischen Religionen nach Rom und von Rom aus weiter im Westen vorgedrungen sind: eine im Zusammenhange der Kulturgeschichte so wichtige Tatsache, daß wir auch diese Bewegungen in unsere Darstellung aufnehmen zu müssen glaubten. Um so notwendiger ist es, gleich im voraus den ganzen Verlauf der römischen Religionsgeschichte ins Auge zu fassen und nach gewissen Epochen übersichtlich abzuteilen, zu welchem Zweck wir am besten folgende Zeitabschnitte unterscheiden werden. Die *erste Periode* ist die, welche mit den Anfängen des römischen Staates ein für allemal den wesentlich italischen Grund gelegt hat. Und zwar lassen sich der bekannten Entstehung des römischen Staates gemäß deutlich zwei verschiedene Elemente unterscheiden, ein latinisches und ein sabinisches. Das latinische ist durch den angeblich arkadischen Evander, welcher in Wahrheit der latinische Faunus ist, und durch die sogenannte Gesetzgebung des Romulus vertreten, das sabinische durch die beiden Könige aus Cures, T. Tatius und Numa Pompilius. Faßt man die Kulte des Palatium, wo Evander sich niederläßt und Romulus seine Stadt gründet, näher ins Auge, so erkennt man darin noch recht deutlich jenen altertümlichen und elementaren Charakter des italischen Stammlebens: ein Leben der Hirten und Bauern, welche den Faunus Lupercus und die Fauna verehren, die Hirtengöttin Pales, die der Ceres entsprechende Dea Dia, den Saturnus des goldenen Zeitalters und neben ihm die gütige Erdmutter: daher auch die Römer, wenn sie auf die Anfänge ihrer Stadt zurückblickten, dieselbe immer für eine Gründung der Hirten hielten. Selbst der palatinische Mars wird noch vorzugsweise der altitalische Stammgott des Waldlebens und des Frühlings gewesen sein, und der Hercules der Ara Maxima, wo der ältere latinische Kern von dem griechischen Namen und der Geryonssage wohl zu unterscheiden ist, ein streitbarer Genius der Fülle und des Segens, welcher als triumphierender Besieger einer finsteren Naturgewalt am Fuße des Palatin sich niederließ und dort fortan mit seinen Römern am liebsten schmauste und zechte. Auch die Stiftungen der Kulte des Jupiter Stator und des Jupiter Feretrius deuten wohl auf kriegerische Erfolge, aber noch nicht auf politische Selbständigkeit. Vielmehr ist Rom erst durch die Sabiner zu einem eigenen und selbständigen Staate geworden, zwar auch immer noch erst zu einem mehr patriarchalischen und theokratischen als in eigentlichem Sinne des Wortes politischen, aber doch zu einem solchen, welcher mit seinem festen Kerne strenger und heiliger Ordnungen die Anlage zu der bedeutendsten Zukunft in sich trug. Auch die Götter und die religiösen Stiftungen dieser Zeit waren ein mächtiger Fortschritt auf der Bahn dieser Zukunft; zwar können sie nicht alle für wesentlich und ausschließlich sabinisch gelten, aber die Geschichte, welche sie entweder dem T. Tatius oder dem Numa zuschreibt, will doch sagen, daß sie erst seit der Niederlassung der Sabiner in Rom verehrt wurden. Da ist jetzt Jupiter, der lichte, der reine, der heilige, dessen Priestertum auch der Person des Numa die höchste Weihe gab[7], und seine geweihte Höhe auf der capitolinischen Burg, wo T. Tatius wohnte und Numa zu seiner königlichen Würde die höchste Beglaubigung empfängt, die ebenso heilige als geheimnisvolle Burg (*arx*) der römischen Augurn, welche immer diesen lichten Vater der Höhe, der durch ganz Italien Jupiter genannt wurde, für ihren höchsten Urheber und den unsichtbaren Vertreter der Wahrheit ihrer Beobachtungen gehalten haben. Da ist neben ihm Juno als Göttin der Frauenwürde und aller matronalen Rechte des Familienlebens, welche in Rom immer vorzugsweise von den sabinischen Müttern, d. h. den ersten Hausfrauen in Rom, abgeleitet wurden, da ist ferner Minerva als Göttin aller Besinnung, und Janus der alte Sonnengott alles himmlischen Anfangs, und Dius Fidius, der Gott der Treue und aller ehrenfesten und gerechten Werke des Lichtes, auch Terminus und Fides und andere Stiftungen dieser Zeit, welche deutlich beweisen, daß der Glaube der Sabiner sich auf dem alten Grunde der Naturreligion bereits zu einem ernsten und würdevollen Bewußtsein über die Prinzipien des Rechts und einer ethischen Ordnung der Dinge erhoben hatte. Dazu die neue Ordnung des Pontifikat und des Vestadienstes, welcher von nun an einen heiligen Mittelpunkt für sämtliche Familien der Bürgerschaft bildete, die Stiftung der Salier, in welcher die Römer und Sabiner sich zu der Verehrung desselben Gottes unter den beiden örtlich verschiedenen Diensten des palatinischen Mars und des sabinischen Quirinus bekannten, alle die heiligen Formeln und Gebete der Indigitamenta, nach welchen sich fortan das ganze Leben eines römischen Bürgers in allen Stadien seiner natürlichen, geistigen und sittlichen Entwicklung mit dem Glauben an die unsichtbare Gegenwart und unerläßliche Mitwirkung der Götter durchdringen sollte, alle jene Gesetze für die Geistlichkeit, für die Opfer, die Sühnungen: kurz die jungen Jahre Roms wurden damals in eine Zucht getan, welche auf die Dauer freilich nicht befriedigen und noch weniger den plebejischen Neubürgern gefallen konnte, aber für den Anfang eine ganz vortreffliche Schule jener Gesinnung war, an welche wir bei Rom und den Römern immer zuerst denken. Es ist die Zucht der alten sabinischen Heimat von Amiternum, von Reate und von Cures, welche den Römern bis auf die Zeiten des Polybius jenen streng religiösen Charakter bewahrt hat, in welchem der nach seiner Art gebildete Grieche nur noch die höchste Staatsklugheit zu erkennen vermochte. Die *zweite Periode* und eine ganz andere Zeit beginnt mit den Tarquiniern. Es ist die Zeit wo Rom aufhörte, ein sabinischer Patriarchalstaat zu sein und auf die große Bühne der allgemeineren Kultur und Politik hinübertretend von hochstrebenden Fürsten auf seinen weltgeschichtlichen Beruf vorbereitet wurde: für seine Religion die Zeit wo ein glänzender Kultus mit Tempeln und Bildern, viele neue Götterdienste und neue Arten der Divination eingeführt wurden: kurz, eine Periode der allseitigen Neuerung, in welcher jene altitalischen Elemente mit denen der ausländischen Zivilisation verschmolzen und daraus uns aus der Geschichte am besten bekannte Staat Rom und die römische Staatsreligion der Republik bis etwa zum zweiten punischen Kriege sich bildete. Höchst merkwürdig ist in dieser Beziehung die Stiftung des Capitolinischen Kultus der drei Götter, welche in dieser Gruppierung zwar auch den Sabinern des Quirinals bekannt waren, aber mit diesem Anspruch auf Herrschaft und königliche Hoheit und mit dieser glänzenden Einrichtung ihres Gottesdienstes sicher etwas Neues waren; desgleichen die Stiftung des Dienstes der Diana auf dem Aventin und die Gründung oder Wiederherstellung der latinischen Ferien, welche Stiftungen zugleich darauf hinweisen, wie wir dieses auch aus der Geschichte wissen, daß die Macht und der Staat dieser Fürsten keineswegs eine bloß römische war, sondern ebensosehr eine latinische. Noch folgenreicher als sie war aber speziell für Rom die Einführung der sibyllinischen Sprüche aus Cumä in den Staatsgebrauch und die damit zusammenhängende Stiftung eines neuen Priestertums, welches für die Auslegung dieser Sprüche und die Ausführung der jedesmal befohlenen gottesdienstlichen Übungen bestimmt war und sich dabei in einem wesentlich griechischen und Apollinischen Kreise von Vorstellungen und Gebräuchen bewegte. Also war die natürliche Folge jenes ersten Schrittes eine immer weiter um sich greifende Hellenisierung der römischen Religion, welche sich sowohl in vielen neuen Formen des Gottesdienstes überhaupt als in einzelnen neu eingeführten Kulten griechischer Götter zeigte und auch in der äußeren Ausstattung der Tempel und der Anordnung der Feste über die älteren Vorbilder der Etrusker allmählich die Oberhand gewann. Dazu kam die Einführung anderer griechischer Götterdienste aus Gründen der Zivilisation, z. B. der Castoren, der griechischen Demeter, des griechischen Handelsgottes, und zwar gleich in den ersten Jahren der Republik, welche sich also diese Konsequenzen der Herrschaft der Tarquinier wohl gefallen ließ. Weiter wirkten die Kämpfe der Plebs mit dem Patriziat, ein Kampf zwischen zwei heterogenen Elementen der Bürgerschaft, wie diese durch Servius Tullius konstituiert worden war, welcher auch in der Geschichte der römischen Staatsreligion von der größten Wichtigkeit ist. War dieselbe nämlich bis zu den Tarquiniern ausschließlich eine Sache der Patrizier gewesen, welche damals die ganze Bürgerschaft ausmachten, deren Legitimität und Erziehung, Einteilung und Berechtigung von allen Seiten auf die religiöse Gesetzgebung des Numa zurückwies, so trat ihnen jetzt in den Plebejern eine andere, meist nach weltlichen und politischen Grundsätzen organisierte Bürgerschaft entgegen, so daß der Kampf zwischen beiden notwendig zugleich ein politischer und ein religiöser werden mußte: ein Kampf zwischen den neuen Tendenzen der Zivilisation und des politischen und kommerziellen Weltverkehres auf der einen Seite und dem theokratischen und patriarchalischen Geiste der Verfassung Numas und der sabinischen Vorzeit auf der anderen. Anfangs, gleich nach der Vertreibung der Tarquinier, scheint der alte Staat und die alte Staatsreligion mit dem alten patrizischen Adel noch einmal recht zu Kräften gekommen zu sein; namentlich müssen sich die in geistlichen und bürgerlichen Angelegenheiten höchst bedeutenden Vorrechte des Pontifikats vornehmlich in dieser Periode ausgebildet haben. Dann aber folgte bekanntlich eine Konzession nach der anderen, zunächst auf dem Gebiete der bürgerlichen, dann auch auf dem der geistlichen Würden; wobei es denn kein Wunder ist, daß in demselben Grade wie der Staat selbst immer mehr ein weltlicher wurde, auch seine Religion und seine Geistlichkeit mehr und mehr verweltlichte. Eine Entwicklung, welche den Interessen des römischen Staates und seines zivilen Rechtes, auch seiner politischen Macht und dem Weltverkehre allerdings in hohem Grade förderlich sein mochte, aber der inneren Konsistenz und Wahrheit seines religiösen Lebens unmöglich in gleichem Maße zum Vorteil gereichen konnte. Mit und nach dem zweiten punischen Kriege beginnt die *dritte Periode*, welche man als die des Verfalls der römischen Staatsreligion ansehen und bis auf die Zeit des August ausdehnen kann.[8] Hatte sich die alte Religiosität des italischen Stammcharakters in der vorigen Periode zu vielen Konzessionen herbeilassen müssen, so war doch wenigstens die alte ernste, strenge und nüchterne Gesinnung unter allen Umständen behauptet worden, so daß namentlich die vielen griechischen Gottesdienste, wo sie gegen diese Gesinnung verstießen, sich eine Beschränkung gefallen lassen mußten. Auch waren die alten römischen und italischen Götter, die alten pontifikalen und zeremonialen Gesetze und Gewöhnungen immer die vorherrschenden geblieben, und es liegt in der Natur einer wohlorganisierten Geistlichkeit, daß die Plebejer, sobald sie zu den geistlichen Würden Zutritt erlangt hatten, es an Eifer ihrerseits auch nicht fehlen ließen. Der zweite punische Krieg aber mit seinen mächtigen Erschütterungen des gesamten römischen Staatswesens führte auch in den religiösen Kreisen viele wichtige Neuerungen herbei. Gleich die Einführung des Kultus der Großen Mutter aus Phrygien beweist, daß jetzt selbst die gewöhnlichen griechischen

Sacra nicht mehr genügten, und die bald darauf notwendig gewordene Verfolgung der bacchischen Mysterien in Rom und ganz Italien lehrt recht deutlich, daß die römische Staatsgewalt als solche den Entartungen des religiösen Lebens der Zeit zu widerstehen zwar noch Kraft und Besonnenheit hatte, aber auch daß der faule Geist der inneren Auflösung, an welchem schon damals Hellas und die hellenistische Welt bis zum Tode erkrankt war, bis in den Okzident, ja selbst bis in das eigene Herz der römischen Stadtbevölkerung vorgedrungen war. In dieselben Jahre fällt die Untersuchung wegen der untergeschobenen Bücher des Numa, auch diese das Symptom eines neuen Übels, daß nämlich für die Gebildeten das alte Zeremonialgesetz nicht mehr genügen wollte, daher sie zur allegorischen Interpretation nach den Grundsätzen der pythagoreischen Philosophie ihre Zuflucht nahmen. Bald darauf, gleich mit den ersten Anfängen der römischen Literatur, fand diese Philosophie und die griechische Aufklärung überhaupt an dieser neuen Literatur eine eifrige Bundesgenossin, daher sich die Überzeugung der Gebildeten von der herkömmlichen Religionsübung immer entschiedener lossagte und dieselbe bald nur noch als eine Sache der Politik und des gemeinen Mannes gelten ließ.[9] Die Folge war, daß das Wesen der Religion immer äußerlicher gefaßt und der Kultus immer rauschender und vergnügungssüchtiger wurde, in welcher Beziehung das gleichfalls seit dem Ausgange des Hannibalischen Krieges eingeführte griechische Theater vollends verderblich wirkte. Es war für die Römer die eigentliche Bildungsschule einer mythologischen Weltansicht und eines ästhetischen Götterglaubens, welcher seines tieferen religiösen Inhaltes längst entkleidet war und von der Philosophie verworfen, ja mit Spott und Schande verfolgt wurde: so daß der Gegensatz zwischen der Religion der gebildeten und der des großen Haufens nun vollends ein unversöhnlicher wurde. Daher schon Scipio Nasica, der beste Bürger seiner Zeit und Pontifex Maximus, zugleich vor der Zerstörung Karthagos und der Einrichtung einer stehenden Bühne warnte[10], damit aber so wenig durchdrang, daß diese Spiele vielmehr bald zur Hauptsache bei allen Festen der Götter wurden. Ja es lernte nun auch der bürgerliche Ehrgeiz und die politische Ostentation sich sehr bald dieser und der zirzensischen Spiele als eines neuen Mittels bedienen, um die Gunst des gemeinen Mannes zu erlangen und auf der Staffel der Ehren emporzuklimmen, so daß eine glänzende und verschwenderische Aedilität selbst von den Besten gefordert wurde. Damit aber sind wir in einen Kreis getreten, in welchem der Rest von Liebe zu den alten Gebräuchen, der sich bei den höheren Ständen etwa noch erhalten hatte, vollends verloren ging, den Zauberkreis der politischen Agitation und der auf die Provinzen spekulierenden Gewinnsucht, in welchen sich während der Gärung der späteren Republik selbst diejenigen hineinziehen ließen, welche für den alten Glauben am meisten hätten sorgen müssen, ich meine die Priester und alle geistlichen Behörden. Nicht umsonst warnte Laelius der Weise, als man im Jahre nach der Zerstörung Karthagos (145 v. Chr.) im Begriffe war, den alten Grundsatz der Cooptation der priesterlichen Behörden aufzugeben und auch hier das Prinzip der Volkswahl einzuführen, auf das nachdrücklichste vor den Folgen dieses Schritts, in einer oft bewunderten Rede, welche namentlich die Zeiten ergreifend schilderte, wo man sich noch an der ungeschminkten Einfalt und Würde der Gesetze Numas hatte genügen lassen. Das Gesetz wurde damals wirklich beiseite gelegt und erst in der Marianischen Zeit mit einigen Veränderungen durchgesetzt, aber die drohende Gefahr einer Verweltlichung der geistlichen Behörden ist schon durch jenen Versuch angedeutet, und auf demselben Wege sehen wir nun auch bald den letzten Rest des alten Stammkapitals der römischen Religion verschleudert werden. Die priesterlichen Würden wurden nicht mehr nach den Ansprüchen des Alters und der geistlichen Erfahrung besetzt, sondern den reichsten und ehrgeizigsten Bürgern als accessorische Ehrenämter erteilt. Kein Wunder, daß nun auch die Kenntnis der alten Gebräuche verfiel, daher schon Cato über den Verlust vieler Augurien klagte[11] und vollends Varro den Römern viele vergessene Namen und Heiligtümer der Götter ins Gedächtnis zurückrufen mußte. Auch hatte Cicero ohne Zweifel seine guten Gründe, die berühmten Scävolas auf die innerliche Unvereinbarkeit ihres doppelten Berufs, den des geistlichen Hohenpriesters und den des zivilen Rechtsgelehrten, aufmerksam zu machen.[12] Vollends die Augurn waren zu einer so ganz und gar weltlichen Behörde geworden, daß Cicero und die große Mehrzahl seiner Zeitgenossen, auch im Kollegium der Augurn, es unbegreiflich fanden, wie jemand noch überhaupt an eine höhere religiöse Weihe und Wahrheit dieses Berufes glauben konnte.[13] Ebenso hatten die sibyllinischen Sprüche und die etruskischen Haruspices alles Vertrauen verloren, schon zur Zeit des Cato, wie dessen bekanntes Witzwort lehrt.[14] Das erste und heiligste aller Priestertümer, das des Flamen Dialis, ist sogar, weil es zu viel Entsagung forderte, seit dem gewaltsamen Tode des L. Merula zur Zeit der Marianischen Unruhen über siebzig Jahre unbesetzt geblieben, so daß Augustus es förmlich wiederherstellen mußte. Kurz, es hatte auch auf diesem Gebiete eine so allgemeine Verwirrung und Auflösung des gesetzlichen Zustandes Platz gegriffen, daß der Eintritt der Monarchie auch insofern ein vollkommen berechtigter war. Die *vierte* und letzte Periode ist die der Kaiser, unter denen August auch in den religiösen Angelegenheiten die Grundsätze der Staatskunst für seine Nachfolger festgestellt hat. So war namentlich einer seiner leitenden Gesichtspunkte die Restauration des Gottesdienstes und aller geistlichen Behörden und Gewalten, indem er überall für die Herstellung der vielen verfallene Tempel sorgte, viele neue baute, alte Gebräuche wiederherstellte, die sibyllinischen Bücher und den Kalender neu ordnete, endlich die Zahl, Würde und das Einkommen der Priester vermehrte, namentlich seitdem er nach dem Tode des Lepidus Pontifex Maximus geworden war. Nur daß diese Restaurationen sich auf das Äußerliche beschränken mußten, da er die inneren Motive so vieler Gebräuche und Glaubensformen, sofern sie mit dem höheren nationalen Altertum und der Republik zusammenhingen, weder von neuem beleben konnte noch wollte, ebensowenig aber auch darauf ausging, das geistliche Recht und die Unabhängigkeit der priesterlichen Behörden herzustellen, da alle diese Würden und Behörden vielmehr eben durch August ein für allemal von dem jedesmal regierenden Kaiser abhängig wurden, zu dessen wesentlichen Attributen von jetzt an das Pontificat, d. h. die entscheidende Stimme in allen Fragen der Religion, gehörte. Und so ist auch im übrigen seit August die Person des regierenden Kaisers und die religiöse Verherrlichung seines Hauses und seiner Familie immer mehr zur Hauptsache des öffentlichen und selbst des korporativen und privaten Gottesdienstes geworden, da auch bei seinen neuen Stiftungen des Palatinischen Apollodienstes und des Kultus des Mars Ultor und der Venus Genitrix dieses persönliche und dynastische Interesse vorherrschte und vollends die öffentlichen Gebete und Danksagungen für das Wohl des Kaisers, die Feier seines Geburtstages, seiner glücklichen Rückkehr, seiner Siege oder bürgerlichen Erfolge, die Einmischung seines Namens in die Opfer und Gebete aller Kollegien, aller Sodalitäten, aller Götterkulte bald in solchem Grade eine Forderung nicht allein der Konvenienz, sondern auch der schuldigen Rücksicht auf die kaiserliche Majestät wurde, daß die gesamte römische Religion fortan den Charakter einer spezifisch kaiserlichen annahm. Auch die konventionelle Apotheose der verstorbenen Kaiser nach dem Muster des Orients hatte August soweit vorbereitet, daß nach seinem Tode seine schlaue Witwe und deren noch schlauerer Sohn nur den letzten Schritt zu tun brauchten. Die folgenden Kaiser bis Trajan sind diesen Grundsätzen des August ziemlich treu geblieben, die Julier, weil sie in ihm den Stifter der

Dynastie, die späteren, weil sie den der kaiserlichen Gewalt in ihm verehrten: bis mit der Zeit des Hadrian und der Antonine noch einmal eine neue Wendung beginnt, da Rom und die römische Sitte seit ihrer Zeit mehr und mehr aufhörte, das geistige Bindemittel des Reiches zu sein, und dafür die griechische, hellenistische und orientalische Bildung von neuem das Übergewicht erhielt, und zwar in solcher Weise, daß auch die Religion und die Art über göttliche Dinge zu denken ganz wesentlich dadurch bestimmt wurde. Da begannen auch die älteren und neueren Gottesdienste Ägyptens, Syriens, Phrygiens und Persiens, die man bis jetzt wenigstens von Rom ausgeschlossen hatte, von neuem nach diesem Mittelpunkte des Reiches und der abendländischen Bildung und selbst bis an den kaiserlichen Hof zu drängen, da sie sich bisher auf die Handelsplätze Italiens hatten beschränken müssen und höchstens hin und wieder in den Vorstädten von Rom geduldet worden waren. So namentlich die ägyptischen Sacra der Isis und des Serapis seit Commodus und Caracalla, der chaldäische Aberglaube und die syrischen Gottesdienste seit Septimius Severus und seinen Deszendenten, die Taurobolien, die Mithrasmysterien und andere neue und seltsame Gottesdienste der Art in denselben Zeiten: lauter Religionssysteme, welche durch Verschmelzung altorientalischen Aberglaubens mit hellenistischer Bildung und Theokrasie sowohl dem Volke als den Gebildeten willkommen waren, letzteren durch eine gewisse Tendenz zum Monotheismus und Pantheismus, welcher längst das Bekenntnis der Gebildeten war, dem Volke durch einen Aberglauben, welcher zugleich den Reiz des Ausländischen und des Geheimnisvollen hatte. Zuletzt wurde die Religion auf eine wahrhaft trostlose Weise zugleich verworren, geistlos und roh. Die Zahl der Götter und Gottesdienste hatte sich bei der Verschmelzung der verschiedensten Nationalsysteme des Heidentums zuletzt auf eine wahrhaft beängstigende Weise vermehrt, so daß man sich immer mehr zu einer Auswahl gewisser oberster Götter gedrängt fühlte, unter denen der alte Himmelsgott Jupiter und der Sonnengott noch immer ihren ersten Rang behaupteten, nur daß sie jetzt unter den verschiedensten, meistens ausländischen Formen angebetet wurden. Neben ihnen wurden vorzugsweise solche Götter verehrt, welche in dieser Zeit der allgemeinen Not und Angst Entsündigung und Heilung versprachen; selbst den widerwärtigsten Gebräuchen unterzog man sich gern, wo solche Verheißungen zum Gottesdienste einluden, wie dieses vorzüglich in den zahlreichen Mysterien und Geheimgottesdiensten der Fall war. Die öffentlichen Feste waren kaum noch Gottesdienst zu nennen, so waren sie mit Spektakel aller Art, der Mimen, der Gladiatoren, der pomphaften Aufzüge überladen. Die Gebildeten hielten sich meist zum Neuplatonismus, einer Philosophie von manchen erhabenen und tiefsinnigen Anschauungen, welche aber auch sehr mit Phantasterei und Aberglauben versetzt waren, bis sie bei dem allgemeinen Untergange des Heidentums zuletzt ganz zu einer Scholastik desselben, d. h. zur Theorie des Polytheismus, der Idololatrie und der Magie geworden war. Kurz, es handelte sich jetzt nicht mehr um den Verfall der römischen Staatsreligion, sondern um den des antiken Heidentums überhaupt, welches in Rom seine letzte Zuflucht gefunden hatte und sich dort auch bekanntlich am längsten behauptet hat.

7. Die Quellen

Auch in dieser Beziehung sind wir übel genug daran, da das alte Italien bis auf einige örtliche Denkmäler verstummt ist und die römische Literatur erst dann beginnt, nachdem sich die römische Bildung ganz mit der griechischen durchdrungen hatte. Daher die Erscheinung, daß sie weder für ihr eigenes Altertum noch für das italische Volkstum den rechten Sinn hatte. Statt aus der gewiß in einigen Gegenden noch immer lebendigen Überlieferung die Sagen, Märchen und Lieder zu sammeln, deren wohl noch manche zu finden gewesen wären, begnügten sich selbst Cato und Varro in den meisten Fällen bei den Griechen und ihrer Mythographie anzufragen, welche damals noch dazu meist von dem falschen Geiste des Pragmatismus erfüllt war. Indessen wollen wir deshalb nicht zu ernstlich mit ihnen rechten, da ja selbst bei uns die Quellen der Volkssage erst in den neueren Zeiten gesucht worden sind, so stark ist die Macht des Herkommens und einer überlegenen Bildung des Auslandes. Aber auch die Quelle der älteren römischen Literatur, welche bekanntlich erst seit der Zeit des zweiten punischen Krieges von einigem Belange war, fließt für uns leider nur sehr dürftig, da namentlich die Dichter und Geschichtsschreiber dieser früheren Periode nur in den Exzerpten und Referaten der späteren Autoren zu uns reden. *Naevius* und *Ennius* sind die beiden Dichter, welche den Römern zuerst ein nationales Epos geschaffen haben, soweit dieses überhaupt möglich war. Beide begannen mit der Zerstörung Trojas und der Ankunft des Aeneas an der latinischen Küste, Naevius um von dort zu der Geschichte des ersten punischen Krieges zu eilen, Ennius um die ganze römische Geschichte bis auf seine Zeit in der herkömmlichen Form der Annalen daran anzuknüpfen: ein Mann von hellem Verstande, lebhaftem Geiste und tüchtiger Gesinnung, auch als Dichter so hochbegabt, daß sein Einfluß auf die römische Sprache und Verskunst und auf die römische Stadtsage immer ein sehr bedeutender geblieben ist. Doch war grade er ganz griechisch gebildet, und zwar so vielseitig, daß er nicht bloß die Blüte des griechischen Heldengedichts und des griechischen Trauerspiels, sondern auch den Geist der pythagoreischen Philosophie und leider auch den des Euhemerismus in sich aufgenommen hatte, welcher letztere bei den praktischen und nüchternen Römern immer einen sehr lebhaften Anklang gefunden hat. Beide Dichter haben auch viele griechische Tragödien für die römische Bühne bearbeitet, gewöhnlich nach dem damals allgemein vorherrschenden jüngeren Meister der attischen Bühne Euripides, welcher mit seinem mit der Wahrheit des mythologischen Altertums zerfallenen und von moderner Reflexion erfüllten Geiste also nun auch zu den Römern sprach. Was die geschichtliche Forschung betrifft, so haben die ersten Annalisten *Q. Fabius Pictor, L. Cincius Alimentus u. a.* nicht allein in dem Sinne der gleichzeitigen griechischen Bildung, sondern auch in griechischer Sprache geschrieben, indem sie mit einer summarischen Übersicht der ältesten Stadtgeschichte in konventioneller Manier begannen und darauf gewöhnlich die Geschichte der letzten Vergangenheit ausführlicher behandelten. Der erste, welcher die Geschichte Roms und Italiens in lateinischer Sprache und mit nationaler Gesinnung beschrieb, war der alte *M. Porcius Cato*, ein Römer von echtem Schrot und Korn, zu dessen Zeiten auch Italien noch nicht die Schlächtereien des Sulla erlebt hatte, so daß die alten Stammesüberlieferungen noch recht lebendig sein mochten. In drei Büchern hatte er die Anfänge (origines) von Rom und Italien beschrieben und danach das ganze Werk betitelt, obgleich mit der Zeit auch für ihn die eigentliche Geschichte des römischen Volks zur Hauptsache geworden war. Doch wußte er in dem ersten Buche nur die gewöhnlichen Geschichten von den Aboriginern, den Laurentern und Aeneas, von Alba Longa und von Romulus zu wiederholen, und nur in dem zweiten und dritten Buche hatten manche wichtige Nachrichten über die Etrusker und Volsker, die Latiner und Sabiner und andere italische Völker eine Stelle gefunden: obwohl auch hier neben einigen originalen Sagen die herkömmlichen Fabeln von Diomedes, Ulysses und anderen griechischen Heroen als wahre Geschichte und wichtigster Inhalt der italischen Vorzeit erzählt wurden. In späteren Zeiten hatte zuerst der römische Ritter *L. Aelius Stilo* die Richtung auf sprachliche und sachliche Erklärung der älteren Denkmäler des Staates und der Religion eingeschlagen, in welcher von ihm und nach ihm viel Ausgezeichnetes geleistet worden ist. Namentlich hatte Stilo die sehr altertümlichen Lieder der Salier in einem oft erwähnten Kommentare erörtert, in welchem er manches alte Wort allerdings nicht mehr erklären konnte, dafür aber auch vieles Wichtige ans Licht zog, vor allen Dingen aber das Verdienst hatte, die höheren Kreise in Rom und namentlich einen *M. Terentius Varro* für dieselben Studien zu gewinnen. Dieser und sein Zeitgenosse *P. Nigidius Figulus* haben in der Literatur des römischen Altertums immer für die Gelehrten schlechthin gegolten, nur daß der letztere sich außer seinen sprachlichen Untersuchungen vorzugsweise mit physikalischen, mathematischen und astrologischen Untersuchungen beschäftigt hatte und bei diesen durch seinen Hang zur Geheimweisheit oft auf falsche Bahnen gelenkt worden war. Dahingegen Varro ganz vorzugsweise den Realien des römischen Altertums ergeben war und bei seinen Forschungen, wenn auch nicht immer von dem rechten Geiste, so doch von einer so warmen Liebe zum Vaterlande und solchem Fleiße, solcher Gewissenhaftigkeit beseelt war, daß seine Arbeiten jedenfalls bei weitem das Verdienstlichste gewesen sind, was Rom auf diesem Gebiete zu Tage gefördert hat. Auch haben alle späteren römischen und griechischen Schriftsteller über das römische Altertum vornehmlich aus ihm geschöpft, daher wir uns über seine wichtigsten Werke, so weit sie für unsern Zweck in Betracht kommen, notwendig eine bestimmtere Vorstellung verschaffen müssen: bei welchem Bemühen wir außer den erhaltenen Büchern de lingua latina auf die größeren und geringeren Exzerpte der späteren Schriftsteller, namentlich des Kirchenvaters Augustin in seinem Werke de civitate dei angewiesen sind. Das Hauptwerk waren die *Antiquitates Rerum Humanarum et Divinarum*, aus welchem Augustin uns glücklicher Weise zahlreiche Auszüge und (De Civ. Dei VI, 3) die Disposition und eine Skizze des Inhalts erhalten hat.[15] Dieses Werk bestand demzufolge aus 41 Büchern, von denen 25 auf die weltlichen Angelegenheiten (res humanas), die übrigen 16 auf die gottesdienstlichen kamen; und zwar hatte er den Inhalt dieser letzteren so verteilt, daß die ersten drei Bücher sich mit den Priestertümern, die folgenden drei mit den Tempeln und Heiligtümern, die folgenden drei mit den Weihungen und dem öffentlichen und häuslichen Gottesdienste beschäftigten und endlich erst in den drei letzten von dem eigentlichen Gegenstande aller Religion und alles Gottesdienstes, von den Göttern gehandelt wurde. Das vorherrschende Interesse der aus den besten Quellen geschöpften Forschung war allerdings das antiquarische und patriotische, daß er seine Mitbürger wieder mit dem Glauben und den Göttern der glorreichen Vorzeit bekannt machen wollte: denn soweit war es gekommen, daß die Römer in ihrem eigenen Vaterlande und in der Stadt Rom, wie Cicero sich ausdrückt, wie Fremde umherirrten und in derselben erst wieder gleichsam von neuem angesiedelt werden mußten.[16] Indessen wollte Varro nicht bloß unterrichten, sondern auch belehren, d. h., er wollte in diesem Werke nicht bloßer Altertumsforscher sein, sondern auch Theologe und Philosoph, daher er zugleich den verwilderten Götterglauben der Zeit sowohl nach gewissen allgemeinen Grundsätzen als in einzelnen Beziehungen der positiven Religion auf die Wege einer richtigeren, im Sinne der Zeit geläuterten Erkenntnis zu lenken und dadurch von neuem zu empfehlen suchte: wodurch er auf Grundsätze und auf eine Methode der Interpretation geführt wurde, welche für ihn und seine Zeit charakteristisch ist, aber der Sache schwerlich so viel genützt hat als die gedrängte Fülle von nationalen und altertümlichen Anschauungen, welche wenigstens die Gebildeten aus diesem Werke gewinnen konnten. Der Schwerpunkt dieser allgemeinen Grundsätze lag darin, daß er mit dem berühmten Pontifex und Rechtsgelehrten Q. Mucius Scaevola, demselben, welcher bei einem Aufstande zur Zeit des Marius sein Leben vor dem Bilde der Vesta aushauchte, eine dreifache Religion unterschied, eine mythologische, welche speziell die Dichter und das Theater angehe und von den Göttern viele höchst unwürdige und widersinnige Vorstellungen verbreite[17], eine natürliche, welche die der Philosophen sei und auf der wahren Erkenntnis der Natur und Welt beruhe, und eine bürgerliche, welche für das bürgerliche Leben überhaupt und speziell für die Geistlichen und den Kultus bestimmt sei, also nach unserer Art uns auszudrücken die positive Religion des römischen Staates war, soweit sie auf den alten Satzungen und Gewohnheiten der Vorzeit beruhte. Diese letztere nun schien ihm obwohl für das politische Leben notwendig, doch keineswegs die Wahrheit zu sein, vielmehr eine aus der Religion der Dichter und der Philosophen gemischte, von welchen nur die letztere zur Wahrheit führe: bei welchem Worte dem Varro ein Monotheismus im Sinne der stoischen Philosophie und ein Kultus ohne Bilder vorschwebte, wie Rom selbst ihn in den ersten 170 Jahren seiner Existenz beobachtet habe. Daher der Satz, daß der Götterglaube und der Gottesdienst der positiven Religion notwendig als Produkt des römischen Staates und seiner Geschichte aufgefaßt werden müsse, aus welchem Grunde Varro davon nicht zu Anfang seines Werkes, sondern erst in der zweiten Hälfte desselben gehandelt hatte[18], und zweitens der starke und ganz unverhüllt ausgesprochene Satz, bei welchem Varro aber auch die große Mehrzahl der römischen Staatsmänner, ja, wie Scaevolas Beispiel lehrt, auch die höhere und höchste Geistlichkeit auf seiner Seite hatte, daß Täuschung in Sachen der positiven Religion nicht allein notwendig, sondern auch nützlich sei.[19] Daher ferner die Grundsätze seiner Interpretation der mythologischen Tatsachen, welche wie bei Ennius aus Philosophie und Euhemerismus, d. h. aus Allegorie und rationalistischem Pragmatismus gemischt waren, und daß Varro, obwohl sonst Eklektiker, in seiner theologischen Anschauung meist dem stoischen Pantheismus folgte, welcher der inneren Beseelung des griechischen und römischen Götterglaubens wirklich am meisten entsprach und deshalb auch von den meisten wissenschaftlich gebildeten Theologen der späteren Zeit bei ihren Erklärungen zugrunde gelegt wurde. So ist ihm also die Gottheit, namentlich Jupiter, Weltseele, und die übrigen Götter sind nur die einzelnen Kräfte und Erscheinungen dieses alle Welt beseelenden und durchdringenden Jupiter, den Varro für den höchsten und einzig wahren Gott erklärt. Neben ihm läßt er höchstens als zweite Hauptgottheit die Mutter Erde gelten, nämlich in der Bedeutung der Materie und des schlechthin weiblichen und Empfangenden[20], auch dieses nach den Grundsätzen der stoischen Philosophie, welche den Dualismus eines schlechthin schöpferischen und eines schlechthin empfänglichen Prinzips an die Spitze ihrer Physik zu stellen pflegte. Obwohl Varro in einem anderen Zusammenhange und wieder im Einverständnisse mit einigen Lehrern der stoischen Schule seinen Jupiter selbst über diesen ersten Anfang aller Weltbildung und aller Gegensätze zu erheben suchte, d. h. ihn für die ursprüngliche Indifferenz jenes ersten Gegensatzes eines männlichen und weiblichen Prinzips erklärt hatte.[21] Genug er deutete in diesem Sinne nicht allein den Jupiter, sondern auch die übrigen Götter des griechischen und römischen Glaubens auf eine sehr freie und oft recht willkürliche Weise, wobei er sich zugleich der ganz verkehrten etymologischen Methode bediente, die wir aus seinen Büchern de lingua latina zur Genüge kennen. Dasselbe muß aber auch von seinen Erklärungen der mythischen Vorgeschichte des römischen Volkes gelten, die er in dem Werke *de gente populi Romani*, d. h. von dem Herkommen des römischen Volks[22], behandelt und dergestalt mit der griechischen Mythengeschichte, wie sie seit Ephorus erzählt zu werden pflegte, verschmolzen hatte, daß die Geschichte von Griechenland, Latium und Rom nun vollends in dem Lichte eines fortlaufenden Zusammenhangs erschien. Denn auch in dieser Hinsicht war Varro ganz von den Vorurteilen seiner Zeit abhängig.[23] Die beiden ersten Bücher dieses Werks enthielten eine Übersicht der griechischen Vorzeit bis zum trojanischen Kriege, an welchen sich weiterhin die Vorzeit Italiens, Latiums und Roms, d. h. die Flucht des Diomedes, des Aeneas usw. anschloß, untermischt mit moralisierenden Erörterungen und pragmatisierenden Erklärungen, welche nicht selten abgeschmackt waren. Ich habe es für notwendig gehalten, auf diese Eigentümlichkeiten der Schriften Varros ausführlicher einzugehen, weil dieselben bei den meisten Angaben der späteren Autoren über den Glauben und den Kultus der römischen Vorzeit zu Grunde liegen, muß aber noch hinzufügen, daß seine Überlieferung von jenen philosophischen und pragmatisierenden Grundsätzen selten oder nie affiziert wird, wie er denn auch in den wichtigen noch erhaltenen Büchern de lingua latina das Tatsächliche von seiner subjektiven Meinung und Erklärung immer genau sondert. Auch sind von diesen Büchern namentlich das fünfte und sechste schon durch ihren Inhalt für unseren Zweck sehr wichtig, da in ihnen viele Namen alter Heiligtümer, alter Feste und andere auf die Religion der Römer bezügliche Tatsachen zur Sprache kommen. Überhaupt fehlte es Varro trotz seiner philosophischen Neigungen keineswegs an Blick und Interesse für das Eigentümliche und das Volkstümliche, in welcher Hinsicht die Überreste seiner nach dem Muster des griechischen Zynikers Menippos abgefaßten *Satiren* belehrend sind. Desgleichen waren seine Bücher *de vita populi Romani* ein wahrer Schatz von Nachrichten über die alten Sitten und Gebräuche namentlich auch diejenigen, wo altes Herkommen sich mit altem Glauben berührte.

Auch nach Varro blieben diese Studien über das Altertum der römischen Sprache, der Sitten und Verfassung, der Religion beliebt; namentlich zeichnete sich unter Augustus aus *Verruis Flaccus,* ein Libertin, welcher die kaiserlichen Prinzen unterrichtete und überhaupt zu seiner Zeit eine sehr angesehene Autorität war. Unter seinen Schriften war besonders lehrreich: 1. ein Werk in mehreren Büchern über allerlei Merkwürdigkeiten der Vorzeit (rerum memoria dignarum), namentlich auch Religionsaltertümer, welches Plinius d. Ä. oft benutzt hat, 2) das Werk de verborum significatione, eine Art Reallexikon des römischen Altertums, welches späterhin mit anderen gleichartigen Werken von *S. Pompejus Festus* exzerpiert und in dieser verkürzten Form überarbeitet wurde. Von diesen Exzerpten sind verschiedene sehr wichtige Bruchstücke erhalten; den ganzen Festus aber reduzierte zur Zeit Karls d. Gr. ein Geistlicher namens Paulus auf einen abermals sehr verkürzten Auszug, welcher selbst in dieser dürftigen Gestalt eine wichtige Quelle ist.[24] Unter den Dichtern des Augusteischen Zeitalters verdienen für unseren Zweck besonders studiert zu werden *Virgil* und *Ovid.* Jener hat in seiner Aeneide das römische und italische Altertum in einer Weise verherrlicht, daß die natürliche Armut des Stoffs für den Liebhaber des nationalen Epos zwar überall durchblickt, doch wird von seinen alten Auslegern neben den poetischen Vorzügen immer vorzugsweise die tiefe Kenntnis hervorgehoben, welche sich der Dichter von den sakralen Überlieferungen der Vorzeit verschafft habe[25]; daher diese Ausleger, namentlich der unter dem Kollektivnamen des Servius erhaltene Kommentar, auf solche Andeutungen immer geflissentlich eingehen und in Folge davon viele wichtige Nachrichten über gottesdienstliche Übungen und das pontifikale Recht erhalten haben. Ovid hat in seinen Metamorphosen die wenigen latinischen und römischen Fabeln, welche sich neben den griechischen auf die Dauer behauptet hatten, in anmutiger Weise verwebt: eine Verkettung der griechischen und römischen Fabel, welche sich durch Theater- und Schulpraxis immer mehr befestigte und in den bekannten Büchern Hygins und bei anderen lateinischen Mythographen weiter verfolgt werden kann. Weit wichtiger aber sind *Ovids Fasten,* da in ihnen mehr das original Römische und Italische zur

Sprache kommt, auch nicht selten jenes volkstümlich idyllische und märchenhafte Element der Sagenbildung, worin sich noch am meisten Eigentümlichkeit ausdrückt und wofür Ovid als höchst talentvoller Dichter viel Sinn hat. Dieses Fasten sind bekanntlich eine poetische Bearbeitung des römische Kalenders, wie er durch Cäsar und Augustus festgestellt worden war. Der Dichter hat darin aus guten Gewährsmännern seines Zeitalters viele Erklärungen und Tatsachen nach seiner Art überarbeitet, wobei nur zu bedauern, daß er bloß mit den ersten sechs Monaten fertiggeworden ist.[26] Unter den Geschichtsschreibern desselben Zeitalters sind *Livius* und der Grieche *Dionysius von Halikarnassos* auch für unsern Zweck von größtem Belang. Livius ist mehr gewandter Schriftsteller als Quellenforscher, doch hat er, weil die älteren römischen Geschichtsschreiber verloren sind, sehr viele wichtige Nachrichten allein erhalten; auch hat ihn sein religiöses und poetisches Gemüt an solchen Tatsachen, welche den Glauben der alten Zeit betrafen, ein besonderes Wohlgefallen finden lassen. Dionysos hat es an Mühe nicht fehlen lassen, doch ist er ganz und gar Grieche und der lateinischen Sprache nicht immer ganz mächtig. Auch hat er seiner Aufgabe dadurch geschadet, daß er für seine Landsleute schreibend diesen zu beweisen sucht, die Römer seien weder Barbaren noch ein zusammengelaufenes Volk, sondern echte Griechen, Rom eine griechische Stadt, ihre Sprache, Sitte, Religion eigentlich griechischen Ursprungs: worüber der alte Irrtum und der pragmatische Schlendrian von der pelasgischen, arkadischen, argivischen Vorzeit Italiens und Roms bei diesem Schriftsteller nun vollends in der vollsten Blüte steht.

Von den Schriftstellern der Kaiserzeit mag auf folgende verwiesen werden. Zunächst ist *Valerius Maximus,* der unter Tiberius schrieb, zwar nur ein oberflächlicher Kompilator, doch sind durch ihn manche sonst verlorene Nachrichten erhalten worden. Dann hat der vielseitig gelehrte und unermüdlich tätige *Plinius d. Ä.* unter Vespasian und Titus in seiner Naturgeschichte nicht allein sehr gute Quellen benutzt, sondern auch selbst viel beobachtet und neben vielen merkwürdigen Tatsachen der Natur auch viele zur Geschichte des römischen und italischen Glaubens und Aberglaubens sehr interessante überliefert. Ferner hat *Plutarch* in seinen römischen Biographien und in den Vorstudien zu denselben, den römischen Fragen, nach seiner Weise fleißig geforscht und aus älteren Schriftstellern, auch aus Varro, viel zusammengetragen; nur ist auch seiner Kenntnis der römischen Sitte und Sprache nicht immer zu trauen. Unter den Autoren der Kaisergeschichte sind *Tacitus, Sueton, Dio Cassius, Herodian,* die Schriftsteller der *Historia Augusta,* jeder in seiner Weise wichtig und brauchbar, unter den Grammatikern und Altertumsforschern dieses Zeitalters hervorzuheben: *A. Gellius,* welcher unter den Antoninen schrieb und viel Wertvolles überliefert, *Nonius Marcellus,* welcher die älteren Dichter und Schriftsteller, namentlich auch Varro fleißig exzerpiert hat, nur ist leider sein Text sehr verdorben, *Censorin,* welcher unter Maximin de die natali geschrieben hat und gleichfalls oft dem Varro folgt, endlich *Macrobius* unter Theodosius d. J., dessen Saturnalien sehr reich an wichtigen, aus Varro, Verrius, den Kommentatoren Virgils und anderen Quellen zusammengetragenen Überlieferungen sind. *Jo Lydus,* der byzantinische Schriftsteller, hat in seinen Schriften de mensibus, de magistratibus, de ostentis manche gute Nachricht älterer Quellen durch Unwissenheit und Faselei entstellt.

Außerdem sind die *Kirchenväter* zu beachten, welche in Rom oder in der abendländischen Kirche das Christentum gegen das Heidentum verteidigten und demzufolge dieses auch ihrerseits nach besten Kräften angriffen, daher sie sich oft sehr eingehend mit seiner Geschichte, seinen Göttern, seinem Kultus beschäftigten, namentlich Tertullian, Arnobius, Lactanz und Augustin in seinem Werke de civitate dei. Sie gehen bei der Beurteilung der heidnischen Götter gewöhnlich von der Ansicht aus, daß dieselben böse Dämonen sind[27], welche die Menschen durch Trug und Zauberei zu gewinnen gewußt und gegen die wahre Offenbarung verhärteten: welche Voraussetzung sie glücklicherweise nicht abgehalten hat, sich um die Sache gründlich zu bekümmern, wo dann Varro wieder die Hauptquelle ist. Besonders ist Augustin reich an Auszügen aus diesem Schriftsteller und seine Beurteilung des heidnischen Gottesdienstes, obwohl leidenschaftlich und feindselig, doch immer geistreich und aus der Tiefe der christlichen Erkenntnis geschöpft, welcher unter den früheren Kaisern manche gebildete Römer der stoischen Schule, wenigstens was die Forderung des Glaubens an einen Gott und die des Gottesdienstes im Geiste und in der Wahrheit betrifft, gar nicht so fern standen. Erst der Neuplatonismus stellte in seiner Theorie der Emanation, seiner Geisterlehre und Magie dem Christentum eine neue Theologie des Heidentums entgegen, welche den theoretischen Kampf der beiden Religionssysteme noch einige Zeit hinhielt.

Außer der allgemeinen Altertumsforschung sind bei diesen Studien vorzüglich die *topographischen* zu empfehlen, nicht allein weil die Lage der älteren Heiligtümer in diesem oder jenem Stadtteil von Rom mit der Geschichte und dem Charakter des Gottesdienstes gewöhnlich genau zusammenhängt[28], sondern auch weil die Quellen der Topographie und Stadtgeschichte auch über die einzelnen Kulte manchen wichtigen Aufschluß geben. Namentlich gilt dieses von den alten Aufzeichnungen über die Regionen der Stadt Rom, bei denen man sich hüten muß den interpolierten Schriftstellern Sextus Rufus und Aurelius Victor ferner irgendwelchen Einfluß zu gönnen.[29] Endlich sind von größter Wichtigkeit die *Münzen* und die *Inschriften,* beide als örtliche und authentische Denkmäler, welche über viele Dinge Aufschluß geben, wo die römische Literatur nicht ausreicht, die Inschriften namentlich dann, wenn sie die örtlichen Kulte und Dialekte Italiens betreffen, oder vollends wenn sie unmittelbare Denkmäler einzelner religiöser oder geistlicher Institute sind, welche in Rom und Italien nicht allein zu jeder Zeit sehr zahlreich waren, sondern auch über alles sie betreffende, die zu begehenden oder begangenen religiösen Gebräuche, die neuen Wahlen usw. von Jahr zu Jahr sehr genau Protokoll hielten. Freilich die vielen Aufzeichnungen und alten Urkunden der römischen Pontifices, die Augurn, der über die sibyllinischen Bücher gesetzten Fünfzehnmänner, die wichtigen Protokolle und Lieder der Salier und bei weitem die meisten anderen Archivalien der Art sind bis auf die geringen Auszüge und Andeutungen der Literatur[30] unrettbar für uns verloren gegangen. Doch haben sich wenigstens einige sehr wichtige Reste dieser Art wirklich erhalten, zunächst in den größeren und geringeren Bruchstücken der alten *römischen Kalender,* welche eine Übersicht über das gesamte jährliche Festwesen in Rom und verschiedenen anderen Städten gaben, allerdings erst über den Kalender und das Festwesen seit den Pontifikaten des Cäsar und August, doch sind sie auch so von größter Wichtigkeit. Ferner gehören dahin die sehr merkwürdigen *Steintafeln* der *Fratres Arvales,* welche zu verschiedenen Zeiten in der Nähe des Orts, wo der Hain der von ihnen verehrten Dea Dia lag, gefunden sind und Bruchstücke der jährlichen Protokolle dieser Brüderschaft erhalten haben, also über die jährlichen Opfer und Gebete, mit denen die Göttin gefeiert wurde, die Opfermahlzeiten der Brüder und allerlei außerordentliche Vorfälle und Sühnungen in jenem Haine sehr merkwürdige Aufschlüsse geben.[31] Auch verdienen verschiedene andere Denkmäler verwandten Ursprungs beachtet zu werden, welche dem Inhalt nach minder wichtig, aber schon wegen ihrer Form und Authentizität merkwürdig sind, z. B. ein Bruchstück ähnlicher Aufzeichnungen eines Kollegiums des Jupiter Propugnator auf dem Palatin, ein Bruchstück von jährlichen Aufzeichnungen über die Feier der latinischen Ferien und verschiedene Reste römischer Sacerdotalfasten.[32] Endlich haben sich auch aus dem übrigen Italien zwei sehr wichtige Urkunden von unmittelbarem sakralem Interesse und in der authentischen Gestalt der alten Landesdialekte erhalten: die sogenannten Iguvinischen Tafeln, welche im J. 1444 zu Gubbio, dem alten Iguvium in Umbrien gefunden sind und im umbrischen Dialekte sehr merkwürdige und altertümliche Anweisungen zu auguralen Beobachtungen, Opfern und Gebeten geben, die auf Veranlassung eines sühnenden Umzugs um die Stadt oder einen Teil der Stadt angestellt werden sollten[33], und die sogenannte Weihinschrift von Agnone in oskischer Sprache, ein Verzeichnis von Opfern und Weihungen an gewisse ländliche Gottheiten, welches im Jahr 1848 in der Gegend von Agnone im nördlichen Samnium entdeckt worden ist.[34] Eine zweckmäßige Auswahl aus der großen Masse der übrigen Inschriften, darunter auch der die Gottesdienste von Rom und in der romanisierten Gegenden betreffenden, ist die von Orelli angelegte und neuerdings von Henzen vervollständigte.[35]

Die bildende Kunst hat in Rom ebensowenig etwas Neues, wenigstens keine Götterideale geschaffen, als die Poesie eine Mythologie, deren Blüte jene voraussetzt. Anfangs waren es etruskische, dann griechische Künstler, welche den Römern ihre Götterbilder lieferten, unter denen wie bei den Griechen die altertümlichen und roheren lange für die heiligeren galten, bis mit der Zeit auch auf diesem Gebiete die griechische Ästhetik und ihre ideale Götterwelt sich geltend machte. So waren die drei Capitolinischen Götter, Jupiter, Juno, Minerva, wie sie in Sullas und Domitians Tempel zu sehen waren, ganz nach den besten griechischen Vorbildern geschaffen, und selbst solche Götter, von denen sich die ursprüngliche nationale Auffassung wenigstens im Kultus reiner erhalten hatte, z. B. Mars, Saturnus, Vejovis-Apollo u. a. folgten dem allgemeinen Impulse der griechischen Kunst; höchstens mit Ausnahme des wesentlichen italischen und ungriechischen Janus, obgleich es auch hier die Frage bleibt, ob der Doppelkopf nicht den Griechen entlehnt ist. Selbst die bildliche Darstellung der konventionellen Mythengeschichte von Latium und Rom, die Abenteuer des Aeneas und die Geschichte des Romulus, wurden entweder von griechischen Künstlern oder doch in griechischer Manier ausgeführt. Auch war es erst die Zeit des Cäsar und August, in welcher diese Bildnerei einen gewissen Schwung bekam; ihre Tempel der Venus Genitrix und des Mars Ultor, später der von Hadrian erbaute Tempel der Venus und Roma, waren reich an solchen Dekorationen. Der letzte Kaiser, welcher an solchen Darstellungen Geschmack gefunden, ist Antoninus Pius, dessen Münzen eine Übersicht von ihnen geben.[36] Für die Mythologie haben solche Bilder kein anderes Interesse als das untergeordnete einer altertümlichen und im Sinne der Zeit gedachten Illustration.

8. Die römische Mythologie seit Niebuhr

Erst seit einer solchen Behandlung, wie sie das römische Altertum durch *Niebuhr* erfahren hatte, ist eine eigentümliche Behandlung auch der römischen und italischen Religion, d. h. ihrer nationalen Bestandteile, möglich geworden; hat Niebuhrs Ansicht von der lateinischen Sprache als sei sie eine Mischsprache, sein Glaube an ein nationales Epos der Römer auch wieder aufgegeben werden müssen, so wurde doch in seinem Werke über die römische Geschichte zuerst der Weg gewiesen, auf welchem die Späteren das Richtige finden konnten. *O. Müller* hat das Verdienst, in seinem Werke über die Etrusker (1828) den ersten bedeutenden Fortschritt getan zu haben; es wurde hier zum erstenmal ein nach allen Richtungen ausgeführtes Bild von diesem merkwürdigen Volk gegeben und darin auch von seinem Glauben und seinen Göttern ausführlich gehandelt, dabei aber auch das übrige italische Altertum, seine

Dialekte und seine Götter, eingehender als es bisher geschehen war berücksichtigt. Weiterhin erschien von *J. A. Hartung* die Religion der Römer, Erlangen 1836, 2 Bde., ein Buch, in welchem die nationale Selbständigkeit und eigentümliche Wichtigkeit der römischen Religion zuerst erkannt und insofern auch die Aufgabe der Untersuchung richtig erfaßt wurde.[37] Demselben Gesichtspunkt folgen bald darauf die Untersuchungen von *R. H. Klausen*, namentlich in seinem Hauptwerk: Aeneas und die Penaten, die italienischen Volksreligionen unter dem Einfluß der griechischen, Hamburg und Gotha 1839, 2 Bde., nämlich daß die Eigentümlichkeit des italischen Götterglaubens durch den Einfluß der griechischen Bildung und Mythologie ganz entstellt sei und den gangbaren Überlieferungen der Römer durch mühsame Untersuchung wieder abgewonnen werden müsse; nur daß die Ausführung und nähere Begründung dieses Satzes in dem engen und künstlichen Zusammenhang der Aeneassage und hinsichtlich der Methode viel zu wünschen übrig läßt. In einer anderen Richtung bewegen sich die Untersuchungen von *L. Krahner*, welcher namentlich auf die Wichtigkeit der Schriften Varros und auf die verschiedenen Epochen der römischen Staatsreligion hingewiesen hat, und die von *J. A. Ambrosch*, welcher in seinen Untersuchungen über den Zusammenhang der römischen Stadtgeschichte mit der Geschichte der älteren Kulte, so wie in denen über die römischen Priestertümer und die Religionsbücher der Römer, gleichfalls vieles Wichtige anregte. Andere Forscher haben auf Veranlassung einzelner Schriftsteller gewisse Abschnitte der sakralen Altertümer behandelt, wie namentlich *R. Merkel* in seiner Ausgabe von Ovids Fasten. Andere, namentlich *A. Schwegler* in seinem Werk über die Römische Geschichte im Zeitalter der Könige, Tüb. 1853. 8, mit dem römischen Altertum auch die Sagengeschichte von Rom und Latium auf lehrreiche und anregende Weise beleuchtet. Endlich ist neuerdings von *Marquardt* ein Buch über den gesamten Götterdienst der Römer erschienen, welches auch für unsere Zwecke ein reiches Material darbietet. Außer der eigentlichen Studien des römischen Altertums aber sind auch die neuerdings mit so vielem Erfolge betriebenen der *vergleichenden Linguistik* und die der *vergleichenden Mythologie* für unsere Aufgabe von großer Wichtigkeit, zumal da die Quellen sonst so spärlich fließen und vieles Alte und Ursprüngliche, oft das Wichtigste, ohne die Hilfsmittel jener beiden vergleichenden Studien gar nicht erkannt werden kann. Das eine führt auf die alten Wortstämme der Götternamen eingehend zu dem Ursprünglichen der dabei zu Grunde liegenden Vorstellung, welche durch die falsche Etymologie und deutelnde Willkür der Alten oft ganz verloren gegangen war. Das andere lehrt durch die Vergleichung verwandter Religionssysteme, namentlich der auch in der Sprache verwandten Völker, das in der Überlieferung des einen Volkes Verdunkelte oft auf überraschende Weise aufklären.

ERSTER ABSCHNITT

Theologische Grundlage

Auch der römische Götterglaube ist wesentlich ein polytheistischer; ja es ist oft von älteren und neueren Schriftstellern hervorgehoben worden, daß nach der Zahl ihrer Götter zu urteilen, die Religion der Römer noch weit mehr Polytheismus gewesen sei, als die der Griechen. Und dennoch möchte man andererseits behaupten, daß eine gewisse Hinneigung zum Monotheismus, die keinem polytheistischen Göttersysteme völlig abgeht, hier weit mehr bemerkbar ist, als dort, wo die Mythologie und die bildende Kunst zuletzt die Individualität und Charakteristik der Götter dergestalt verhärtet und verdichtet hatte, daß vor lauter Mannigfaltigkeit der sinnlichen Erscheinungen eine geistige Auffassung sehr schwierig werden mußte. In Rom dagegen, d. h. in seinen religiösen Gebräuchen von altitalischem Ursprung, ist die allgemeine Vorstellung der Gottheit immer weit flüssiger geblieben; die göttliche Natur erscheint in diesen Gebräuchen, indem sie bei einzelnen Namen und Beinamen angerufen und nach der jedesmaligen besonderen Beziehung auf Menschenleben, Landbau usw. so oder so benannt wird, weit mehr als ein geistiges Fluidum, welches durch alle Natur und alle Lebensformen ausgebreitet ist und die verschiedensten Gestalten annehmen kann, ohne darin notwendig und ein für allemal zu verharren. Man würde deshalb den Götterglauben der Römer richtiger Pandämonismus nennen als Polytheismus, und unwillkürlich wird man, sobald man sich eingehender mit diesen alten Formeln und Gebeten ihres religiösen Grundgesetzes beschäftigt, an jene Pelasger von Dodona erinnert, welche nach Herodot vor Homer und Hesiod weder Eigennamen noch Beinamen im Sinne Homers und Hesiods, d. h. keine nähere mythologische Umschreibung und Bestimmtheit ihrer Götter, gekannt hätten. Auch sind in der Tat die meisten Namen der ältesten römischen Götter, wie wir gleich sehen werden, von so unbestimmter und schwankender Bedeutung, daß sie für persönliche Eigennamen kaum gelten können.

Im allgemeinen ist zu unterscheiden zwischen den persönlich gedachten Göttern, für welche die römische Sprache den Namen *die, dii, divi* hat, und den geisterhaft wirkenden Dämonen, welche *Genien, Laren, Manen, Penaten* usw. genannt wurden und nicht sowohl an und für sich eine eigene Persönlichkeit haben als dadurch erst bekommen, daß sie sich mit gewissen Menschen, Völkern, Städten und Stätten, oder auch mit gewissen Funktionen des menschlichen Lebens oder dessen Geschäften identifizieren. Eine dritte Klasse bilden die *Semonen* und *Indigeten*, welche sich noch am ersten mit den griechischen Heroen vergleichen lassen und hin und wieder wirklich mit ihnen identifiziert haben, eine vierte die untergeordneten Kollektivgottheiten der freien Natur, die Faune und Silvane, Lyphen und Viren, welche meist als *dienende Umgebung* der höheren Gottheiten erscheinen.

1. *Die Götter*

Die sind, wie schon Varro l. l. V, 66 richtig erklärt[1], eigentlich *die Lichten, die Himmlischen*, denn der Himmel ist nach einer alle Naturreligionen durchdringenden

Überzeugung der Sitz des Lichts und die höchste Quelle des Lebens, aller Macht und Herrlichkeit in allen Dingen. Es ist derselbe Stamm, welcher bei dem Namen des griechischen Zeus und des römischen Jupiter d. i. eigentlich der himmlische Vater zu Grunde liegt und auch bei den generellen Benennungen der indischen dêvas und der griechischen *θεοί* den Wurzelbegriff bildet: ein Begriff, in welchem sich die sinnliche Vorstellung von dem strahlenden Glanze des Himmels und dem beseelenden Tageslichte mit der religiösen von göttlichen Wesen, die über alle irdischen Dinge erhaben und vollkommener und seliger als alle irdischen Dinge sind, zu einem Ganzen verschmolzen hat. Wie wesentlich in den italischen Religionen diese Vorstellung zu der göttlichen Natur überhaupt gehörte beweist der Umstand, daß nicht allein die eigentlichen Götter und Mächte des Himmels Janus, Jupiter, Juno, Diana danach benannt sind, sondern auch Gottheiten der Erde und des Getreidesegens, z. B. die Dea Dia der Arvalischen Brüder, welche von der Ceres, der schöpferischen Göttin des Ackers nicht wesentlich verschieden gewesen sein kann.

Unterschieden werden die Götter nach den verschiedenen Gebieten des Naturlebens, welches sie vertreten, namentlich nach den beiden Hauptgebieten des *Himmels und der Erde*, auf welchen Unterschied auch Varro oft zurückkommt, nur daß seine an diese Zweiteilung geknüpften Betrachtungen weit mehr der stoischen Theologie als dem wirklichen Sinne der alten Naturreligion entsprechen. Die Götter der See, welche in der griechischen Mythologie von solcher Bedeutung sind, daß auch ihnen ein eigentümliches, von vielen individualisierten Kräften und Erscheinungen belebtes Gebiet eingeräumt wurde, blieben für die ältere italische Volksanschauung so unbedeutend, daß eine besondere Klasse für sie gewöhnlich nicht angenommen wurde. Vielmehr ist das ganze Gebiet des Feuchten, Fließenden und Strömenden, das Reich der Flüsse, der Bäche, der Quellen mit ihren singenden und reinigenden Lebensgeistern, ihren väterlich waltenden und befruchtenden Dämonen, in dem Gebiete des Erdelebens mit einbegriffen, zu welchem auch die Götter des Waldes und der Weide gehören, während andererseits die Götter des feurigen Elements, der beseelende und bildende Vulcanus und der heimatliche Herd der Vesta, zu dem Reiche der Himmlischen gerechnet werden mochten. Wohl aber wurde insgemein für die verborgenen Mächte der *Erdtiefe*, bei denen die Saaten gedeihen und die Geister der Verstorbenen fortleben, eine eigene Klasse ausgesondert, grade so wie bei Griechen, wo die Obern und die Untern auch den gewöhnlichen Gegensatz bilden. Dem entspricht im Lateinischen die geläufige Einteilung der Götter in *Superi und Inferi*[2], welche auch im Gottesdienste bei vielen örtlichen und ritualen Einrichtungen, wodurch dem religiösen Gedanken die Richtung nach der Höhe oder nach der Tiefe gegeben werden sollte, zu Grunde liegt. Dazwischen pflegen sich, wo eine mittlere Klasse unterschieden wird, die Gottheiten der Erde einzuschieben, z. B. in der alten Formel der Fetialen bei Liv. 1, 32 Audi Iupiter et tu Iane Quirine[3] diique omnes *caelestes vosque terrestres* vosque *inferni* audite. Eine altertümliche Benennung für diese mittlere Klasse war die der *dii medioxumi*, wie es namentlich bei Plautus Cistell. II, 1, 36 heißt: ita me di deaeque, superi atque *inferi et medioxumi*, d. h. medii, in welchem Sinne auch Varro den Ausdruck gebrauchte.[4] Erst spätere, von den dämonologischen Theorien ihrer Zeit bestimmte Schriftsteller gebrauchen den Ausdruck medioxumi für die in der Mitte zwischen den Göttern und Menschen schwebenden Geister, vgl. Apulej. d. dogm. Pl. I p. 204 Oud., Serv. V. A. VIII, 275, Martian. Cap. II, 154.

Obwohl die italische Mythologie weder den seligen und ewig heiteren Olymp noch den finsteren Hades kannte, so ist doch ein gewisser qualitativer Unterschied zwischen diesen Götterklassen, wie er in dem Eindruck, den jene verschiedenen

Naturgebiete auf das menschliche Gemüt machen, tief begründet ist, recht wohl zu bemerken. Die himmlischen Götter sind ganz vorzugsweise die wohlwollenden und helfenden, die herrschenden und heiligen, auch die schöpferischen Götter alles Anfangs und aller Beseelung, daher Ennius sie gelegentlich die dii genitales nannte, d. h. die Ursprungsgötter, von denen alles abstammt.[5] Auch war das Bild, das man sich von ihrer Erscheinung machte, ein lichtes und freundliches, dahingegen die Götter der Tiefe und des Todes natürlich finster und unhold und von schrecklicher Gestalt sind, danach hin und wieder *dii aquili, d. h. fusci, atri* benannt wurden und in entsprechender furchtbarer Erscheinung auch in alten Volkssagen vorkommen.[6] Vollends aber war der Kultus dort ein ebenso freundlicher und heiterer als hier ein schwermütiger und grausamer, daher einige zwischen diesen beiden Klassen wie zwischen guten und bösen Göttern unterschieden.[7] Endlich ist die zwischen beiden in der Mitte stehende Klasse der Feld- und Waldgötter, der Ernte und Weinlese, der Quellen und Flüsse, wie sie die volkstümlichste war und in ihrer Natur sich am meisten der Wandel des Jahres und der irdischen Dinge offenbarte, so auch die mythologisch und durch Märchendichtung noch am meisten bewegte. Auch ließ sich der Kultus und die Festfeier bei diesen Göttern so wenig in Italien als in Griechenland den derben Scherz und die ausgelassene Lustbarkeit nehmen, obgleich eine solche Schwermut und ein solcher Fanatismus, wie er in Griechenland zur Religion der Demeter und des Dionysos gehörte, dem ernsteren Gemüte der alten Latiner und Römer immer widerstanden hat.

Beschäftigen wir uns näher mit den Benennungen dieser Götter, ihrem Verhalten untereinander und zu der Natur- und Menschenwelt, ihren verschiedenen Ordnungen, so sind zunächst die Namen bei den meisten merkwürdig unbestimmt und bloß in allgemeinster Weise prädikativ. So Janus und Diana, Jupiter und Juno d. i. der Himmlische und die Himmlische, Faunus und Fauna d. i. der Gute und die Gute, Bona Dea, Dea Dia, Ceres d. i. die Schöpferische und viele andere; daher oft die große Schwierigkeit einer näheren Bestimmung, das leichte Hinüberfließen des einen Götterbegriffs in den anderen, die große Geneigtheit vieler von diesen Göttern und göttlichen Wesen sich ins Griechische übersetzen lassen, wodurch die Vorstellung gleich so viel mehr Festigkeit und Dichtigkeit bekam, z. B. Evander und Hercules, welche dem Faunus der Latiner und dem Semo Sancus der Sabiner entsprachen. Auch gehört dahin die große Sprödigkeit dieser Götter gegen lokale und landschaftliche Beziehungen, wenigstens soweit sich dieselben in entsprechenden Beinamen und Fabeln auszudrücken pflegen; dabei den Griechen gerade dieses Lokalisieren der Götterbegriffe nach der besonderen Art und Natur der Berge, Täler, Landschaften, Städte eine der wichtigsten Ursachen der Mannigfaltigkeit und so mancher feineren Schattierung der Mythen und Sagen geworden ist. Allerdings ist zu bedenken, daß wir von dem alten Italien und seinen örtlichen Gottesdiensten zu mangelhaft unterrichtet sind, um darüber mit Sicherheit urteilen zu können. Doch scheint es wohl, soweit man nach römischen Beispielen urteilen darf, daß überall weit mehr Kultusbeziehungen und die Rücksicht auf das menschliche Leben die Quelle der Beinamen gewesen sind als die landschaftliche Naturbeziehung und ähnliche Umstände, unter welchen die Götter anderer Religionssysteme auf die örtlichen Bedingungen der Natur oder Geschichte selbst eingehen und dadurch in ihrem persönlichen Verhalten bestimmt werden, also als Subjekte eines gewissen Wechsels von handelnden und leidenden Zuständen auftreten: bei welcher Auffassung sich der Mythus von selbst bildet und weiter entwickelt.

So zeigt sich das Wesen der italischen Götter auch rücksichtlich ihres Verhaltens untereinander und zu den Menschen durchaus nicht geneigt zu mythologischer Bewegung; vielmehr verharren sie auch in dieser Beziehung in einer würdigen und feierlichen, aber abstrakten Ruhe, wie sie wohl bei einem vielseitig ausgebildeten Gottesdienste mit seinen Opfern, Anrufungen und Gebeten bestehen konnte, aber nicht mit der lebendigen Anschauung eines geistreichen und phantasievollen Volkes vereinbar war, welches die Götter nicht alleine anbetete, sondern dieselben auch bei seinem Nachdenken und seinen Überlieferungen über die Anfänge der Dinge und der Geschichte überall miteinmischte. Von einer Kosmogonie und Theogonie sind nur sehr schwache Anfänge bemerkbar; in den Erzählungen vom Ursprung der Nation treten von italischer Seite nur die Kulturgötter auf, Saturnus, Faunus, Pales u. a., welche den Segen der Agrikultur, der Viehzucht, der göttlichen Inspiration bedeuten, einige gute Genien, einige alte Könige: alles Übrige, namentlich die Helden mit bestimmten Eigennamen, sind von den Griechen entlehnt. Unter sich sind die italischen Götter zwar durch das Geschlecht verschieden: eine Unterscheidung, welche gleich bei der ersten Begriffsbildung der Naturreligion und den ersten Schöpfungen der Sprache so notwendig und von selbst einfließt, daß sie allen auf diesem Boden entsprungenen Göttersystemen angeboren ist. Auch kamen diese Götter in den älteren römischen Gebeten zwar als paarweise und ehelich verbundene vor, die Lua Saturni, Salacia Neptuni, Hora Quirini, Maia Volcani und namentlich die Nerio Martis[8], wie man bei diesem Gotte denn auch von seiner Liebe zur Minerva und seiner Buhlschaft mit der Mond- und Quellengöttin Anna Perenna erzählte, ja selbst von der Liebe des ernsten Janus zur Iuturna, Venilia, Carna und Camasene, von der des Vortumnus zur Pomona, des römischen Hercules zur Acca Larentia und anderen Nymphen wußte und selbst Varro ähnliche Vorstellungen schon bei den alten Römern anerkennen mußte[9]. Doch sind diese Ehen in den meisten Fällen kinderlos, und vollends fehlt es der italischen Mythologie gänzlich an dem Sinn für ein solches Prinzip, wie in der griechischen der allgemeine Liebesgott Eros wirkt, durch welches die Götter unter sich und zu den Menschen in eine lebendige Wechselbeziehung des Geschlechts gesetzt werden und dadurch die Quelle der genealogischen Dichtung eröffnet wird, welche in der griechischen Mythologie gleichfalls so außerordentlich reichlich strömt. Vielmehr wurden die italischen Götter insgemein als *Väter* und *Mütter* gedacht, im Sinne einer patriarchalischen und einfach gemütlichen Vorstellungsweise, von welcher sich bei den Griechen und anderen Völkern wohl einzelne Spuren[10], nirgends aber so viele als in der Praxis des römischen Gottesdienstes erhalten haben. Wenigstens muß in diesem der Zusatz von Pater und Mater zu dem Namen des Gottes viel allgemeiner gewesen sein als man nach den gewöhnlich angeführten Beispielen Iupiter, Marspiter, Liber Pater glauben sollte, da aus den uns erhaltenen Quellen auch folgende Fälle feststehen: Ianus Pater, Diespiter, Dis Pater, Summanus Pater, Vediovis Pater, Quirinus Pater, Saturnus Pater, Neptunus Pater[11], daneben freilich nur die einzige Terra Mater; doch leidet es keinen Zweifel, daß auch dieser Zusatz bei den weiblichen Gottheiten in alter Zeit gewöhnlich war. Ja wir wissen aus Varro, daß auch in den Indigitamenten bei den Anrufungen jener vielen kleineren Hilfsgötter der einzelnen Akte und Tätigkeiten des menschlichen Lebens derselbe Zusatz herkömmlich war, und zwar in der verwandten Formel *Divus Pater* und *Diva Mater*[12], aus welcher ersten im gemeinen Sprachgebrauch nicht selten Iupiter geworden zu sein scheint, z. B. Iupiter Indiges für Divus Pater Indiges, Iupiter Clitumnus für Diva Rumina ausgerufen wurde, für Divus Pater Ruminus usw. So erklärt es sich wohl auch am besten, wie Varro in seinen Satiren von dreihundert Jupitern sprechen konnte[13]; vermutlich dachte er dabei an eben jene sehr zahlreichen Divi Patres, d. h. ebenso viele dii minuti von untergeordnetem Range, welche er mit großer Mühe aus den bald näher zu besprechenden Indigitamenten zusammengesucht hatte.

Sehr charakteristisch ist der häufige Gebrauch des Wortes *numen* für Gott, da dieses Wort weit mehr unserem Begriff der *Gottheit* im Sinne einer abstrakten Macht als dem eines persönlichen Gottes entspricht. *Numen* ist nämlich eigentlich nur die Machtäußerung eines Gottes oder eines geistigen Wesens in der Natur oder der von menschlicher Tätigkeit bewegten Welt, von *nuere* in der bekannten Bedeutung der zustimmenden Bewegung des Hauptes, die durch die erhabenen Verse der Ilias 1, 528 vom Olympischen Zeus so berühmt geworden ist[14]. So erklärt namentlich Varro II. VII, 85, indem er aus dem älteren römischen Tragödiendichter L. Attius diesen Vers anführt: Multis *nomen* vestrum numenque ciendo und dabei erklärend hinzufügt: Numen dicunt esse imperium, dictum a nutu (quod cuius nutu) onmia sunt, eius imperium maximum esse videatur. Itaque in Iove hoc et Homerus et Annalis et aliquotiens Livius[15], d. h. der alte römische Dichter und Übersetzer der Odyssee Livius Andronicus. Wie in jener Stelle des Attius offenbar eine höchste menschliche Autorität vorausgesetzt werden muß, so wird es auch bei Liv. VII, 30 von dem römischen Senate gebraucht: *Adnuite* patres conscripti *nutum numenque* vestrum invictum Campanis, und Lucretius III, 144 sagt *mentis numen* von der Herrschaft des menschlichen Geistes, während unter den Kaisern oft vom *numen Augusti* die Rede ist, welchem auch Altäre errichtet wurden. Gewöhnlicher aber ist der Gebrauch des Wortes von dem unsichtbaren Walten der Götter, entweder von der höchsten Gottheit im allgemeinen, oder von einzelnen Göttern, s. Cic. d. Fin. IV, 5, 11, wo er von dem Eindruck des gestirnten Himmels auf das menschliche Gemüt spricht, wie sehr dieses zugleich von Demut und von Zuversicht durchdrungen werde, quum cognitum habeas quod sit summi rectoris ac dommini *numen*, quod consilium, quae voluntas, und von der göttlichen Vorsehung im allgemeinen pro Mil. 30, 83 nec vero quisquam aliter arbitrari potest nisi qui nullam vim esse ducit *numenque divinum*. Dagegen ein merkwürdiges Beispiel für den Gebrauch von der Willensäußerung eines einzelnen Gottes diese Inschrift aus Tereventum ist bei Mommsen I. N. n. 5162: P. Florius usw. Dianae *numine iussu* posuit, und die Inschrift des in Rom auf Constantin errichteten Triumphbogens, wo es ursprünglich hieß, er habe seine Siege gewonnen *Nutu Iovis Optimi Maximi*, wofür man später instinctu divinatis zu setzen für gut fand.[16] Sehr oft, ja mit besonders prägnantem Ausdruck wird es ferner vor den Offenbarungen der Götter in den verschiedensten Kreisen des Naturlebens gebraucht, z. B. bei Horaz, wenn er Od. III, 10. 7 von Jupiter als dem Gotte des Himmels sagt: (Sentis) et positas ut glaciet nives *puro numine* Iuppiter, und bei Virgil Aen: V, 766, wo es ebenso schön vom Meere heißt: quibus aspera quondam visa *maris* facies et non tolerabile *numen*: namentlich auch von der unsichtbaren Gottheit eines heiligen Haines und von den Dämonen der Gebirge und Wälder, für welche die Alten immer ein sehr lebendiges Naturgefühl gehabt haben, z. B. Ovid. Met. I. 320 Corycidas nymphas et numina montis adorant, und Ders. Fast. III, 295 Lucus Aventino suberat niger ilicis umbra, Quo posses viso dicere: Numen inest. Ders. Am. III, 17 Stat vetus et densa praenubilus arbore lucus, Aspice, concedas *numen inesse loco*, endlich Plinius H. N. XII, 2 quin et Silvanos Faunosque et deorum genera silvis ac sua numina tanquam et caelo attributa credimus, welcher Schriftsteller ein andermal sehr schön von der alles belebenden Naturmacht der Sonne sagt II, 6 hunc (Solem) mundi esse totius *animum* ac planius *mentem*, hunc principale naturae *regimen ac numen* credere decet.[17] Und so scheint es den auch in dem römischen Kultus vorzugsweise von den untergeordneten Göttern gebraucht zu sein, in welchen sich die durch die ganze Natur und Welt verbreitete Gottheit wie in ebenso vielen einzelnen Kräften offenbart; wenigstens werden diese in den pontifikalen Idigitamenten zu ganzen liturgischen Reihen zusammengruppierten Götter von den Schriftstellern, welche darüber meist nach Varro berichten, häufig *numina* genannt, z. B. von Censorin d. d. n. 3 omnes hi semel in unoquoque homine *numinum suorum* effectum repraesentant, d. h. sie zeigen ihre göttliche Tätigkeit bei jedem Menschen in seinem Leben nur einmal, während der Genius durch das ganze Leben hindurch sein unsichtbarer Begleiter und Schutzgott ist. Vgl. Serv. Georg. I, 21, wo es von denselben göttlichen Kräften heißt: nomina *numinibus* ex officiis constat imposita, und Augustin C. D. VII, 2 wo den eigentlichen Haupt- und Kultusgöttern des römischen Staates, welche Varro dii selecti nannte, entgegengesetzt wird illa quasi plebeia *numinum* multidudo minutis opusculis deputata: daher auch bei Varro in einem bei Non. Marc. p. 167 erhaltenen Bruchstück seines Cato vel de liberis educandis betitelten Buches gewiß zu schreiben ist: Hisce *numinibus* (für manibus) lacte fit, non vino, Cuninae propter cunas, Ruminae propter rumam d. i. mammam. Und in der Tat werden wir sehen, daß die römische Religion gerade auf der Stufe ihrer Entwicklung, welcher die gewöhnlich dem Numa zugeschriebenen Idigitamente entsprechen, noch weit mehr pantheistisch gestimmt war als polytheistisch, d. h., daß die Zahl der höheren Kultusgötter mit persönlichen Eigennamen, eigenen Priestern usw. damals noch eine sehr geringe war, die dieser göttlichen Kräfte dagegen, welche das menschliche Leben unsichtbar umschweben und nur in einer besonderen Beziehung auf dasselbe für das Gebet und den Kultus personifiziert wurden, eine um so größere, ja unbegrenzte.

Auch in der Art und Weise, wie sich sonst die Götter offenbaren und mit den Menschen verkehren, zeigt sich überall dieses pantheistische Grundgefühl, welchem das griechische Volk durch seinen Polytheismus weit mehr entfremdet wurde. So ist namentlich der Schicksalsglaube in allen seinen Gestaltungen, sowohl der Fortuna als des Fatum, der Orakel und aller möglichen Mittel der Divination in Italien immer außerordentlich lebendig gewesen und geblieben, namentlich auch der Glaube an göttliche Vorbedeutungen, Warnungen, Mahnungen, die in den verschiedensten Formen und Arten auftraten und in Rom bekanntlich einen so weit ins einzelne ausgebildeten Wunder- und Aberglauben zur Folge hatten, wie er auf solcher Stufe der Zivilisation sonst unerhört ist. Denn niemals oder doch nur ganz ausnahmsweise treten die römischen und italischen Götter persönlich unter das Volk, wie die griechische Demeter und Dionysos, wenn sie den Ackerbau und den Weinbau stiften, Minerva, wenn sie den Ölbaum pflanzt, Poseidon, wenn er das Roß zähmt, oder Apollo und andere Götter in ihren Epiphanien, sondern immer wirken sie nur mittelbar durch Zeichen und Wunder, Mißgeburten, Erdbeben, Sonenfinsternisse, außerordentliches Brausen der Luft usw., abgesehen von den regelmäßigen Beobachtungen des Vogelflugs und des Angangs der Tiere oder der Blitze und der Eingeweide: so daß in dieser Hinsicht auch für den Römer die ganze Natur von Göttern und Geistern durchdrungen war, nur daß sein Glaube ihn wohl zum Aberglauben und zum opus operatum anleiten konnte, aber nicht zu Kunst und Wissenschaft. So hört man auch sehr oft von redenden Tieren und von geisterhaft erschallenden und schwer zu deutenden Stimmen der Götter, mit denen sie ihren Willen aus den Hainen und Wäldern oder von den Bergen herab und aus ihren Tempeln unter die Menschen rufen, wie solch ein Ruf nach der Zerstörung Alba Longas von der Höhe des heiligen Berges über der Stadt erscholl, der über die Vernachlässigung des alten Gottesdienstes klagte, ein anderer aus dem Tempel der Juno Moneta, welcher bei einem Erdbeben eine trächtige Sau als Sühneopfer forderte[8], ein anderer aus dem Haine der Vesta, der vor dem Einfalle der Gallier warnte, daher man später an derselben Stelle einen Altar des *Aius Locutius*, d. h. des Sagers und Sprechers errichtete, endlich viele Stimmen der Faune und Silvane aus dem einsamen Dickicht des Waldes, welche bald die Herzen der Dorfbewohner mit süßem Zauber, bald die der Feinde mit wildem Schrecken erfüllten. Und zwar sind es natürlich immer ganz besonders die eminenten Naturerscheinungen, Erdbeben, Sonnenfinsternisse u. dgl., welche den Staat und seine Priester am meisten in Bewegung setzen, wo es denn wieder sehr charakteristisch ist, daß bei solchen Gelegenheiten, namentlich bei Erdbeben, die Ursache nicht auf einen bestimmten Gott zurückgeführt wird, wie die Griechen in solchen Fällen zu ihrem Poseidon Asphalios zu beten pflegten, sondern es wurde in Rom der dann immer beschlossene Feiertag ohne nähere Bestimmung des zu versöhnenden Gottes angesagt, und, war ja bei diesem Feste ein Versehen vorgefallen, das dadurch nötig gewordenen Sühneopfer unter der Formel *Si Deo Si Deae* dargebracht, so wenig getraute man sich den Namen oder das Geschlecht des Gottes, welcher das Erdbeben veranlaßt haben könnte, zu bestimmen.[19] Eine Gewissenhaftigkeit übrigens, welche auch sonst in dem öffentlichen Gottesdienste der Römer, d. h. dem unter Oberaufsicht der Pontifices begangenen herkömmlich war, da bei allen feierlichen Anrufungen eines Gottes oder bei Dedikationen eines Tempels an denselben zu dem gewöhnlichen Namen hinzugesetzt zu werden pflegte: *Quisquis es* und *Sive quo alio nomine fas est appellare*, so wenig glaubte man durch einen einzelnen Namen das ganze Wesen des Gottes umschreiben zu können. Oder man ließ in gewissen Fällen, namentlich in solchen wo zu verborgenen Göttern und Ortsgenien gebetet wurde, deren Individualität nicht genau zu bestimmen war, oder absichtlich nicht näher bestimmt werden sollte, das Geschlecht dahingestellt sein, entweder mit der schon bemerkten *Formel Sive Deo Sive Deae* oder mit den gleichartigen *Sive Mas Sive Femina, Si Deus Si Dea* u. dgl.[20], woraus man ja nicht die Folgerung ziehen darf, als ob die Römer auch doppelgeschlechtige Wesen, wie die orientalischen Völker und die Griechen, verehrt hätten. Vielmehr liegt in allen diesen Fällen eine und dieselbe Religiosität zugrunde, welche das persönliche Wesen eines Gottes lieber ungewiß läßt als zu eng umschreibt; wie man denn auch sonst bei Opfern, Gebeten und Sühnungen immer von dem Glauben ausging, daß nicht bloß der einzelne Gott, dem die religiöse Handlung zunächst galt, sondern die ganze Götterwelt solidarisch betroffen sei, so wenig wagte man den einzelnen Fall auf diese oder jene besondere Gottheit allein zurückzuführen. Man pflegte deshalb nach jedem Gebete zu einem einzelnen der Götter immer nachträglich alle Götter insgemein anzurufen, wofür der Ausdruck galt *deos confuse* oder *generaliter invocare.*[21]

Besondere Geschlechter und Ordnungen der Götter, wie man sie in den mythologischen Systemen anderer Völker findet, werden wir in dem religiösen Grundgesetze des Numa und den pontifikalen Urkunden kaum voraussetzen dürfen, sondern auch hier werden nur die Formeln des Gebetes eine gewisse herkömmliche Reihenfolge und Gruppierung der Götter herbeigeführt haben. So wurde unter allen Umständen *Ianus*, der alte Sonnengott des Anfangs, zuerst genannt und *Vesta* als die Göttin alles heiligen Herd- und Altarfeuers, bei welchem gebetet und geopfert wurde, zuletzt, so daß diese beiden Götter recht eigentlich das Alpha und Omega des römischen Gottesdienstes genannt werden können.[22] Zwischen ihnen wurden die übrigen Götter in größeren oder längeren Reihen eingeschoben, wie und zu welchem Zwecke man eben opferte und betete. In den meisten Fällen folgte gleich auf den Janus der höchste Himmelsgott *Iupiter*, welchem, wie Varro sagt, in gleicher Weise alle höchste Majestät, gebührte wie dem Janus aller Dinge Anfang.[23] In dem alten Göttersystem des numa folgten darauf nur noch die beiden obersten Schutzgötter der vereinigten Römer und Quiriten Mars und *Qurinus*, daher Numa auch nur für diese drei Götter Jupiter, Mars und Quirinus eigene Opferpriester eingesetzt hatte, unter denen der Flamen Dialis bei weitem der vornehmste war, während die Opfer des Janus von dem Rex Sacrorum dargebracht wurden, der Kultus der Vesta aber wie die Vestalinnen unter der speziellen Aufsicht des Pontifex Maximus stand: daher dieser in Fällen der geistlichen Etikette wie Vesta beim Opfer zuletzt zu kommen pflegte, der rex Sacrorum aber immer zuerst.[24] Später änderte sich dieses System wesentlich dadurch, daß Jupiter als Schutzgott des Capitols und des Staates die beiden Göttinnen *Juno* und *Minerva* zu seinen unzertrennlichen Gefährtinnen bekam, wenn diese nicht, wie früher Juno allein, bei dem Jupiter des alten Systems fortan stillschweigend mit einbegriffen wurden. Jedenfalls blieben diese drei Götter *Jupiter, Juno, Minerva* fortan die angesehensten des römischen Staates, welche bei jedem feierlichen Gebete gleich nach dem Janus in derselben Folge genannt wurden; auch waren sie nach Varro die ältesten[25], da namentlich die Sabiner des Quirinals schon vor der Gründung des Capitols dieselbe Göttergruppe gekannt haben sollen. Es ist eine Art von höchstem Ausschuß der himmlischen Götterwelt in Form einer *Trias*, die höchste Macht, die höchste Weiblichkeit, die höchste Weisheit, wie bei Homer gleichfalls Zeus, Apoll und Athene als die drei höchsten Götter angerufen werden und in der deutschen und nordischen Mythologie ebenfalls verschiedene Spuren von drei obersten Göttern nachgewiesen sind.[26] Neben der Capitolinischen Trias blieb immer Mars, der eigentliche Nationalgott der Römer, während Quirinus später mit dem verklärten Romulus identifiziert und dadurch zu einem Halbgott herabgesetzt wurde. Außerdem wurden je nach der besonderen Veranlassung und dem besonderen Kulte die anderen Götter in längeren oder kürzeren Reihen angerufen, wie davon die Urkunden der Arvalischen Brüder und andere sakrale Urkunden allerlei Beispiele an die Hand geben. Auch die Redner und andere öffentliche Verhandlungen pflegten wohl mit einer feierlichen Anrufung der höchsten Götter des römischen Staates zu schließen, daher noch Velleius Paterculus seine Geschichte mit einer ähnlichen Anrufung abschließt. Selbst Varro in seinem Abschnitt über die dii selecti, obgleich er mit denselben sonst ziemlich willkürlich umgeht, nannte zuerst den Janus und Jupiter und zuletzt die Vesta.

Die Spuren eines sabinischen Systems von *zwölf Göttern* hat man bei Varro l. l. V, 74 finden wollen, wo nach alten Jahrbüchern der Stadt von Altären die Rede ist, die der König T. Tatius zu Rom geweiht und mit Inschriften in sabinischer Sprache versehen habe: nam, ut Annalis dicunt, vovit Opi, Florae, Vediovi Saturnoque, Soli, Lunae, Volcano et Summano itemque Larundae, Termino, Quirino, Vortumno, Laribus, Dianae Lucinaeque.[27] Indessen fehlen hier nicht allein die drei wichtigsten Götter des Capitolum vetus, d. h. Jupiter, Juno, Minerva (Varro l. l. V, 158), sondern auch noch andere Götter, die wir für altsabinisch halten dürfen; auch scheint die Folge, in welcher jene Götter aufgezählt werden, keineswegs die des gottesdienstlichen Gebrauchs zu sein: so daß man allenfalls zwölf Altäre an jener Stelle annehmen, aber doch etwas Näheres für das Göttersystem der Sabiner daraus nicht folgern kann. Wohl aber scheint mit so vielen anderen Elementen der griechischen Bildung und des griechischen Glaubens auch das *griechische Zwölfgöttersystem* sich der italischen Bevölkerung ziemlich früh mitgeteilt zu haben, jenes System von sechs männlichen und sechs weiblichen Göttern, welches für alle Griechen, sowohl die des Mutterlandes als die der Kolonien, eine nationale Geltung bekommen hatte und deshalb durch Altäre und Bilder besonders an solchen Stellen vergegenwärtigt wurde, wo viel nationaler Verkehr war, z. B. auf dem Markte von Athen, in dem Haine des Zeus zu Olympia, auf einem alten Vereins- und Verkehrspunkte in Thessalien, und auf einem Berge über der Einfahrt in das Schwarze Meer, wo jährlich so viele griechische Schiffer aus und einfuhren. Im mittleren Italien dürfen wir es zeitig bei den Etruskern voraussetzen, im südlichen bei den Samnitern und den von ihnen ausgegangenen

Mamertinern, welche nach Festus p. 158 diesen Namen angenommen hatten, weil sie unter den Namen der zwölf Götter, von denen der griechische Apoll sie zur Auswanderung aus Samnium bewog, den des Mars, der in ihrem Dialekte Mamers hieß, durch das Los gezogen hatten. In Rom hörten wir von demselben Systeme zuerst zu Anfang des zweiten punischen Krieges, wo bei der Annäherung des Hannibal unter anderen religiösen Gebräuchen auch drei Tage lang ein Lectisternium von sechs Kissen veranstaltet wurde, bei welchem die Decemvirn der sibyllinischen Bücher den Dienst hatten. Das erste Kissen galt dem Jupiter und der Juno, das zweite dem Neptun und der Minerva, das dritte dem Mars und der Venus, das vierte Apoll und der Diana, das fünfte dem Vulcan und der Vesta, das sechste dem Merkur und der Ceres (Liv. XXII, 10): wo schon wegen jener Decemvirn nur an griechische Götter gedacht werden kann, wie denn auch die Auswahl und Paarung derselben entschieden die des griechischen Systems ist. Bald darauf gefiel sich Ennius in seinen Annalen darin, die Namen derselben zwölf Götter in zwei Hexameter zu bringen, wodurch die rechte Folge derselben freilich sehr gestört wurde[28], und aus Varro d. r. r. I, 1, 4 erfahren wir, daß dieselben Zwölf als *Consentes*, d. h. als hoher Rat der Götter, am Forum in vergoldeten Bildern aufgestellt waren, sechs männliche und sechs weibliche, auch dieses also nach griechischer Sitte und höchstwahrscheinlich nach dem Vorbilde einer bestimmten Stadt im südlichen Italien.[29] Und zwar standen diese Bilder, wie der Fund eines Restaurationstitels vom J. 367 n. Chr. an derselben Stelle gelehrt hat, in einer eigenen Halle beim Aufgange vom Forum auf das Capitol[30], wo sie ursprünglich gleichfalls, wie auf dem Markte zu Athen und in anderen griechischen Städten, als die höchsten, allem Geschäft der Menschen präsidierenden Götter gedacht sein mögen. Der Name Consentes, welcher jedenfalls älteren Ursprungs ist und ursprünglich wohl nur die Zusammenseienden, also eine Göttersitzung bedeutete, wird von diesem höchsten Götterrate auch sonst gebraucht, namentlich in verschiedenen Inschriften aus verschiedenen Teilen des römischen Reichs.[31] Das Wesen der Sache drückt Ovid. met. VI, 72 aus: Bis sex coelestes medio Iove sedibus altis Augusta gravitate sedent. Die ganze Vorstellung scheint den an einen starken Abstand des Senats von dem übrigen Volke gewöhnten Römern sehr gefallen zu haben, daher bei späteren Schriftstellern auch von diis maiorum gentium und im Gegensatz dazu von einer Plebs der Götter nicht selten die Rede ist.[32] In diesem Sinne gefiel sich Augustus darin, mit seinen engeren Freunden gelegentlich ein „Zwölf-Götter-Mahl" einzunehmen, bei welchem er selbst als Apollo auftrat.[33] Auch die beiden wichtigsten Denkmäler des Zwölfgöttersystems, die Ara Gabina und die Ara Borghese sind römischen Ursprungs.

Ein noch weiter ausgebildetes System der Götter fand sich bei den *Etruskern*. Wir erfahren davon durch Seneca Natur. Quaest. II, 41 in einem Exzerpte aus dem etruskischen Schriftsteller Aulus Caecina, einem Freunde Ciceros, welcher den Römern die Fulguraldisziplin seiner Heimat in einem lateinischen Werke zugänglich gemacht hatte, vgl. Fest. p. 129 v. Manubiae, wo dieselbe Quelle zugrunde liegt. Es wurde darin zwischen solchen Blitzen unterschieden, die Jupiter auf eigene Hand schleuderte, aber nur zur Mahnung und in friedlicher Absicht, solchen welche schon viel gewaltsamer wirkten und von Jupiter in Übereinstimmung mit dem Rate der *zwölf Götter* geworfen wurden, endlich solchen Blitzen, welche zünden und zerstören und nach etruskischem Glauben von Jupiter in Übereinstimmung mit dem Rate der sogenannten *dii superiores s. involuti* geworfen wurden, also höherer und verhüllter Götter einer geheimen Weltordnung, welche der menschlichen Beobachtung nicht zugänglich ist. Man wußte weder die Zahl noch die Namen dieser Götter, wohl aber daß sie den allerintimsten Rat des Jupiter bildeten und in den innersten Räumen des

Himmels wohnten, dahingegen man von den zwölf Göttern glaubte, daß sie einer niederen Ordnung angehörten und der bestehenden Natur und dem menschlichen Geschlechte näher ständen: daher man diese auch für entstanden und für vergänglich hielt und deshalb *Consentes* und *Complices* nannte; wenigstens scheint Caecina mit diesen lateinischen Benennungen entsprechende etruskische übersetzt zu haben.[34] Höchst wahrscheinlich waren diese identisch mit den zwölf Göttern der Griechen; über denselben aber standen nach diesem System also gewisse verborgene Mächte des Schicksals oder einer höheren Weltordnung, welche sich nur selten und dann immer in gewaltsamen Katastrophen offenbarte. Wie dieselben sonst zu denken und wie das Verhältnis des Jupiter zu ihnen gedacht wurde, ist bei so mangelhaften Nachrichten nicht klar; gewiß aber ist es, daß Jupiter auch bei den Etruskern für den höchsten Gott und den wahren König und Regierer der Welt gegolten hat.

Endlich mag hier noch von solchen Einteilungen der Götter die Rede sein, wie wir sie hin und wieder bei den römischen Schriftstellern finden, namentlich bei denjenigen, welche aus Varros großem Werk über die Religionsaltertümer geschöpft haben. Varro hatte erst in den drei letzten Büchern dieses Werkes von den Göttern gehandelt und zwar in dieser Folge: 1) *de diis certis*, 2) *de diis incertis*, 3) *de diis selectis*. Es ist nicht leicht zu sagen, wie namentlich die dii certi und incerti unterschieden gewesen[35], doch ist das Wahrscheinlichste dieses, vgl. namentlich Serv. V. A. II, 141; V, 45; VIII, 275; XII, 139. Die *dii certi* gelten ihm für ab initio certi et sempiterni, daher er sie auch dii perpetui und dii proprii nannte, also für eigentliche und ausgemachte Götter, die dazu nicht erst durch Konsekration geworden, sondern von jeher Götter gewesen waren. Als Kriterium dienten ihm dabei ohne Zweifel die sakralen und priesterlichen Urkunden, namentlich die Indigitamenta und alten öffentlichen Gebetsformeln, wohin Serv. Aen. II, 141 deutet: Pontifices dicunt singulis actibus proprios deos praesse: hos Varro certos deos appellat.[36] Und so war es auch dem Prinzip seines Werkes gemäß, eben nur oder doch hauptsächlich den positiven Götterglauben erläutern zu wollen, d. h. also über die Natur und Bedeutung der einzelnen Götter nicht nach seinem eigenen Meinen, sondern nach Maßgabe der bestehenden sakralen Ordnung zu referieren. *Dii incerti* müssen also dementsprechend solche Götter gewesen sein, welche nicht von Anfang an, sondern erst zu einer gewissen Zeit, d. h. durch Konsekration zu Göttern geworden waren, also im engeren Sinne des Worts nicht für Götter gehalten werden konnten[37], vgl. Serv. Aen. VIII, 275 Varro dicit deos alios esse qui ab initio certi et sempiterni sunt, alios qui immortales ex hominibus facti sunt, also Castor und Pollux, Liber, Hercules u. a. Auch glaube ich, daß nicht allein solche Götter, die man nach der tief eingefressenen euhemeristischen Anschauung der Zeit, welcher auch Varro ganz ergeben war, für konsekrierte Menschen hielt, in diesem Abschnitte behandelt wurden, sondern auch die Personifikationen der Tugend und Fehler, vgl. Cic. de Leg. II, 8, 19. Endlich die *dii slecti* waren solche, welche im öffentlichen Kultus der Tempel und Bilder am meisten hervortraten, vgl. das Exzerpt aus dem Vorworte zu diesem letzten Buche bei Augustin C. D. VII, 17. In tertio poroo isto de diis selctis posteaquam praelocutus est quod ex naturali theologia praeloquendum putavit. – De diis, inquit, Populi Romani publicis, quibus aedus dedicaverunt eosque pluribus signis ornatos notaverunt in hoc libro scribam, sed, ut Xenophanes Colophonius scribit, quid putem, non quid contendam ponam. Nämlich in diesem Buche ganz vornehmlich hatte er sich auf allegorische Erklärungen eingelassen. Es kamen also erst jetzt die eigentlichen Haupt- und Kultusgötter des römischen Staates zur Sprache, nicht bloß die Consentes, sondern alle welche im öffentlichen Gottesdienste der Zeit am meisten galten, obschon sie unter anderen Gesichtspunkten hin und wieder schon im ersten und im zweiten Buche de diis certis und incertis besprochen worden waren.[38] Es waren zwölf männliche und acht weibliche Gottheiten, die zwölf männlichen: Ianus, Iupiter, Saturnus, Genius, Mercurius, Apollo, Mars, Vulcanus, Neptunus, Sol, Orcus, Liber Pater, die acht weiblichen: Tellus, Ceres, Iuno, Luna, Diana, Minerva, Venus, Vesta. Man darf behaupten, daß bei der ganzen Einteilung in gewisser Weise die beliebte Unterscheidung einer dreifachen Theologie (S. 31) zu Grunde liegt. Die dii certi entsprechen dem genus civile, denn beide, sowohl die Sicherheit jener Götter als der bürgerliche Charakter dieser Überzeugung, beruhen auf derselben Autorität der sakralen Rechtsquellen. Die dii incerti entsprechen dem genus mythicon, da die Geschichte, wie diese Götter aus Menschen zu Göttern geworden waren, wesentlich Mythologie ist. Endlich die selecti dem genus physicon, wenigsten hatte Varro sich vornehmlich in diesem Buche auf ausführliche Erklärungen der einzelnen Götter eingelassen, immer nach den allegorischen Prinzipien der stoischen Philosophie und des damit verbundenen Pantheismus.

Man hat, glaube ich, nicht bemerkt, daß diese Einteilung Varros, namentlich was die beiden ersten Glieder betrifft, sich mit einigen Änderungen bei Cicero de leg. II, 8, 19 wiederholt. Es werden dort nämlich unterschieden: 1) die Götter, qui caelestes semper habiti, diese entsprechen den diis certis bei Varro. 2) Die Götter, quos endo caelo merita locaberunt, Herculem, Liberum, Aesculapium, Castorem, Pollucem, Quirinum, welche den diis incertis des Varro entsprechen würden. 3) Die konsekrierten Virtutes oder wie er sich ausdrückt illa propter quae datur homini adscensus in caelum, d. h. die Mens, Virtus, Pietas, Fides, etc., welche Varro wahrscheinlich in seinem zweiten Abschnitte mitbehandelt hatte. Und in der Tat ist zu vermuten, daß Cicero bei dieser Einteilung dem Varro folgte, da er von dessen Verdiensten um die richtige Erkenntnis und Beurteilung des römischen Altertums, auch des alten Glaubens, im Eingange der Academia posteriora mit so großer Emphase spricht. Wie weit übrigens auch Cicero im Euhemerismus ging, beweist die gelegentliche Äußerung, daß selbst die oberen Götter doch eigentlich nur Menschen gewesen seien.[39]

Es würde zu weit führen, wenn ich hier auch auf die Versuche der späteren Schriftsteller eingehen wollte, in dem Wirrwarr altitalischer Kultusgebräuche und griechischer Fabeln, in welche der öffentliche Gottesdienst zuletzt verfiel, durch allegorische Deutung oder durch schroffen Widerspruch einen Ausweg in den reineren Monotheismus zu finden, den die ganze Zeit so dringend empfahl. Sowohl die griechische Philosophie drängte dahin als die Übersättigung am Polytheismus, endlich auch der vom Judentum und Christentum in immer weitere Kreise ausgestreute Glaube an den einen Gott, der zugleich Schöpfer und Erhalter aller Dinge ist. Lange hatte man sich in Italien mit dem Pythagoreismus beholfen, dessen Schule bei den südlichen Griechen, namentlich in Tarent niemals ganz ausgestorben war. Dann flüchteten sich die keckeren Geister zum Epicur, die skeptischen zur Akademie, die positiven zur Stoa, mit deren Lehrsätzen namentlich Varro den Göttern einen neuen Schein von Leben und Wahrheit bei den Gebildeten zu gewinnen suchte; obwohl es sehr bemerkenswert ist, daß er sich bei seinen Mahnungen zu einem geistigeren Gottesdienste nicht bloß auf die eigene Vorzeit Roms, sondern auch schon auf den Gott der Juden berief (Augustin C. D. IV, 31). Aus etwas späterer Zeit sind die Äußerungen Senecas beachtenswert, aus dessen Schrift contra superstitiones Augustin C. D. VI, 10 einen bedeutenden Auszug erhalten hat. Kein Kirchenvater hätte schonungsloser über den öffentlichen Gottesdienst urteilen können als dieser im Leben ebenso gefügige als in seinen Schriften ungestüme Mann. Endlich eifert Plinius d. ä. als vollendeter Pantheist gleich heftig gegen alle Vielgötterei, sowohl die der griechischen Mythologie, als gegen den einheimischen Pandämonismus, wo jede

Wirkung und Lebenserscheinung als die Tätigkeit eines eigenen Geistes oder Gottes aufgefaßt wurde. Auch er will nur von der einen Weltseele wissen, die unsichtbar sichtbar und überall fühlend, hörend, beseelend gegenwärtig sei. Es sei nur Schwäche und Endlichkeit der Menschen, wenn sie diese eine Seele nach ihren verschiedenen Wirkungen und Erscheinungen in ebenso viele Teile zerlege und als ebenso viele einzelne Götter anbete, welche sich nach der Zahl der Länder, Völker, ja der einzelnen Menschen vollends ins Unendliche vervielfacht habe (H. N. II, 7).

2. *Die Genien, Laren, Penaten, Manen*

Wurden die Götter, obwohl der alte italische Glaube darin nicht so weit ging als der griechische, als selbständige und persönliche Einzelwesen gedacht und durch ihre Namen, Beinamen und die an sie gerichteten sinnbildlichen Handlungen des Gottesdienstes aus der unendlichen Gottheit gewissermaßen ausgeschieden, so waren neben ihnen die Geister und Dämonen in dem Glauben der Römer und ihrer Verwandten vollends ein nach Zahl und Wirkung unbegrenztes und unbestimmbares Geschlecht und namentlich im häuslichen, örtlichen und ländlichen Gottesdienste von solchem Belange wie nicht leicht in einer anderen Religion der heidnischen Vorzeit.

Das eigentliche Gebiet dieser Geisterwelt ist die Erde und die ganze irdische und kreatürliche Erscheinung, wo sie Natur und Menschenwelt von allen Seiten umgeben und umschweben, in der Geburt wie im Tode, bei jeder einzelnen Lebensregung, an allen Stätten und bei allen Stiftungen, nationalen, sozialen und bürgerlichen, wo sich nur irgend eine eigentümliche und individuelle Tätigkeit offenbart: mit welcher Tätigkeit sich diese Schutz- und Lebensgeister dergestalt identifizieren, daß sie dadurch und erst dadurch selbst eine eigentümliche und selbständige Existenz gewinnen, als Schutzgeister der einzelnen Menschen, Häuser, Familien, Städte, Völker usw., die unter ihrer unsichtbaren Leitung und Beseelung entstehen, bestehen und vergehen. In der Natur entsprechen diesen schützenden Geistern die Silvane und Faune, die Viren und die Lymphen, obwohl diese ländlichen Natur- und Elementargeister in der Religion des alten Italiens, soweit wir sehen können, lange nicht das Gewicht hatten wie die allem menschlichen Treiben sich gesellenden Genien, Laren und Penaten: so sehr überwog auch hier das praktische Lebensinteresse über das poetische Naturgefühl, wie sich jenes denn nicht allein durch alle Einrichtungen des menschlichen Lebens verfolgen läßt, von dem einzelnen Hause und Gehöfte bis zur Völkerschaft und zum Staate, sondern auch im Durchschnitte des einzelnen Lebens von der Geburt bis zum Tode. Wohl aber hat der Grundgedanke des Genienglaubens, daß jeder geistigen Wirkung entsprechend ein individueller Lebensgeist angenommen werden müsse, sein Ziel mit solcher Konsequenz verfolgt, daß diese Kette der Geister von der Erde und den Menschen sich selbst bis zu den Göttern fortsetzte. Selbst jedem Gotte entsprechend wurde nämlich in Italien ein eigener Genius angenommen, gleichsam seine individuelle Erscheinung und örtliche Begrenzung, sein numen in persönlicher Vergegenwärtigung für den Kultus: wieder ein neuer und merkwürdiger Beweis von der Hinneigung des alten italischen Glaubens zur rein geistigen und jeder irdischen Berührung entrückten Auffassung des Wesens der Götter.

Eine allgemeine Benennung dieser ganzen Klasse, wie im gewöhnlichen griechischen Sprachgebrauch das Wort δαίμονες, gibt es im Lateinischen nicht; doch hat das Wort *genius* einen sehr umfassenden Sinn. Offenbar hängt es zusammen mit gens, geno, gigno, so daß also genius eigentlich ein schöpferisches und beseelendes Wesen ist, welches wo sich immer ein eigentümliches Leben regt unsichtbar tätig ist, sowohl im Ganzen und im Großen als im Einzelnen und im Kleinen. Dieses wollte namentlich Varro sagen, wenn er bei Augustin C. D. VII, 13 den Genius schlechthin, welchen er zu den diis selectis rechnete, als den Gott definierte, qui praepositus est ac vim habet omnium rerum gignendarum, und an einer anderen Stelle den genius geradezu mit der vernünftigen Seele jedes einzelnen Menschen identifizierte, daher es so viele Genien gebe als einzelne Menschen, der Universalgenius der Welt aber für identisch mit Gott oder der göttlichen Weltseele gelten müsse[40]: Bei welchen Erklärungen sich Varro wieder von der stoischen Philosophie hat leiten lassen. Doch muß den römischen Theologen diese Ableitung des individuellen Genius aus der allgemeinen Gottheit auch sonst geläufig gewesen sein, da es auch in der Definition eines gewissen Aufustius bei Paul. D. p. 94 heißt, der genius sei deorum filius et parens hominum, ex quo homines gignuntur, also eine Art von mittlerer Kraft zwischen den Göttern und Menschen, durch welche die Götter die Menschen entstehen lassen und behüten, während es umgekehrt die Menschen beim Gottesdienste zunächst nur mit den Genien der Götter, nicht direkt mit diesen zu tun haben würden. Indessen darf diese schöpferische Kraft nicht allein auf die Menschen beschränkt werden, da man nicht weniger innig von einer unsichtbaren Obhut der Genien über ganze Geschlechter, über Städte und Völker, endlich über alle durch ein bedeutendes Naturleben oder eine eigentümliche moralische Wirkung ausgezeichnete Stätten überzeugt war: wie dieses alles bei Servius V. G. 1, 302 in den Worten zusammengefaßt wird: genium dicebant antiqui naturalem deum uniuscuiusque loci vel rei vel hominis, vgl. Paul. p. 94 Alii genium esse putarunt uniuscuisusque loci deum: so daß es also in der Natur des Genius lag, sich ebensosehr nach örtlichen als nach persönlichen Beziehungen zu individualisieren. Noch andere hielten den Genius mehr für das absolut Drastische und Energische, indem sie mit ihren Erklärungen auf die Wurzel *gerere* zurückgingen, s. Paul. p. 94 genium appellabant deum, qui vim obtineret rerum omnium gerendarum. Ib. p. 95 Geniales (dii) dicti a gerendo, quia plurimum posse putabantur, quos postea gerulos appellarunt.[41] Martian Cap. II, 152 specialis singulis mortalibus genius admovetur, quem etiam praestitem, quod praesit gerundis omnibus, vocacerunt. Eine etymologisch zwar falsche, aber in der Sache richtige Erklärung, da diese absolute und allgegenwärtige Aktivität eben ganz vorzugsweise zum Wesen des Genius gehörte.

Indessen pflegte die ältere Zeit diese dämonischen Wirkungen doch immer ganz vorzugsweise als *zeugerische* und *schöpferische* aufzufassen. *Genius meus* heißt es bei Paul. p. 94 in diesem Sinne ganz richtig, *nominatur qui me genuit*, daher der Genius in den Familien vorzugsweise in dieser Bedeutung verehrt wurde, d. h. als *genius natalis* und am Geburtstage auch als *genius generis*, wie Laberius sagte, Non. Marc. p. 119, Genius generis nostri parens, also als das fotzeugende, die Familie von einer Generation zur anderen erhaltende Prinzip. Überhaupt konnte eben deshalb von einem Genius nur bei Männern und Begriffen männlichen Geschlechts die Rede sein, bei Frauen nur von einer Juno, der idealen Personifikation alles Weiblichen und Empfänglichen. Auch stimmt damit überein der äußerst inhaltsreiche und vielseitige Gebrauch des Adjektives *genialis*, welches in den verschiedensten Beziehungen des Lebens und der Natur das Zeugende, Üppige, Fröhliche und Heitere bedeutet, weil der Begriff einer göttlichen Zeugung nicht ohne den der Fülle und des überschwenglichen Segens gedacht werden konnte. Daher sagte man genialis lectus vom Ehebette, wo der Genius der Familie segnend und befruchtend waltet, daß es dem Hause nie an Kindern fehle, s. Paul. p. 94, Arnob. II, 67, Horat. Ep. I, 1, 87, Cic. Cluent. 5 extr. u. a.[42], sagte aber auch geniales homines von gastlich freigebigen, qui ad invitandum et largius apparandum cibum promtiores essent, nach Santra b. Non.

Marc. p. 117. Daher die Redensart genium suum defrudare von einem kärglichen Lebensgenuß, und in entgegengesetzter Bedeutung genio indulgere, weil der natürliche Gemütszug des Genius die Fülle des Lebens und seiner Güter ist.[43] Ferner genialis hiems vor dem gastlich heitern und gastlichen Leben im Winter, wo die Saturnalien gefeiert wurden, Virg. Ge. I, 302, festum geniale Ovid. F. III, 523, genialia serta Met. XIII, 929, geniale rus Heroid. XIX, 9, genialis Musa Amor. III, 15, 19, genialis dies Juven. IV, 66 usw. Endlich auch in dem Naturleben von allem produktiven Segen und physischer Schöpfungskraft, s. Ovid. Met. IV, 14 genialis consitor uvae, X, 95 platanus genialis, Plin. H. N. XVII, 9, 6 genialis copia pecudum, Sat. Theb. XII, 618 Bacchus et Ceres – geniales dei: daher dasselbe Wort bei gewissen Dichtern oder Philosophen selbst von den vier Elementen und von den Gestirnen gebraucht worden war, weil auch von ihnen ein mächtiger Einfluß auf Leben und Geburt abgeleitet wurde, s. Paul. p. 95 geniales deos dixerunt aquam terram ignem aerem; ea enim sunt semina rerum. – Duodecim quoque signa, lunam et solem inter hos deos computabant.

Dazu stimmt aber auch das andere ältere und allgemein in Italien verbreitete Wort für den Begriff des Genius, Cerus oder Kerus, welches mit Creo und Ceres verwandt ist und auf die Sanskritwurzel kri = kar d. i. facere zurückweist, also eigentlich auch wieder einen schöpferischen Geist bedeutete. So wurde in dem alten Liede der Salier *Cerus Manus* in dem Sinne von creator bonus gesagt, Paul. p. 122, und wirklich ist bei Varro l. l. VII, 26 ein Bruchstück dieses Liedes erhalten, wo es vom Janus heißt *duonus cerus es,* d. h. bonus creator es.[44] Dazu kommt die Inschrift einer in Vulci gefundenen, jetzt zu Rom im Gregorianischen Museum aufbewahrten Schale KERI POCOLOM, d. i. Ceri poculum, endlich der häufige Gebrauch der Namen Çerfus und Çerfia in Verbindung mit anderen Götternamen auf den umbrischen Tafeln aus Iguvium[45], und der entsprechende Gebrauch des Substantivs kerrís d. i. genius und des Adjektives keríireis d. i. genialis in der oskischen Weihinschrfit von Agnone, immer von erzeugenden und befruchtenden Gottheiten des ländlichen Gottesdienstes, den Flüssen, den Nymphen, dem Hercules usw.[46] Auch das alte Wort *ceremonia* oder *cerimonia*, welches im wesentlichen dem Begriffe sanctimonia entspricht, wird am besten von diesem Stamme abgeleitet werden, desgleichen der ältere Name des römischen Hercules *Garanus*, s. Verrius Flaccus b. Serv. V. A. VIII, 203, zumal da dieser Hercules, wie wir sehen werden, ganz wesentlich ein genius der Fruchtbarkeit war. Ja ich möchte auch das alte Wort *cerriti*, welches wie lymphati und larvati von solchen gebraucht wurde, die einen Geist gesehen und darüber ihren Verstand verloren hatten, lieber von diesem Worte cerus als mit den gewöhnlichen Erklärern, z. B. Non. Marc. p. 44, 26 und Serv. A. VII, 377 von der Ceres ableiten, zumal da man dieselbe Wirkung den Geistern aller ländlichen Haine zuschrieb, in welchen, wie Servius V. Ecl. V. 40, I, 441 sagt, die Geister der Seligen (heroum animae) wohnten. Selbst der Name Ceres scheint in alter Zeit nicht bloß im weiblichen, sondern auch im männlichen Geschlechte gebraucht zu sein, gerade so wie es eine weibliche und einen männlichen Pales gab.[47]

Die *Genien* waren den *Laren* so nahe verwandt, daß schon die Alten die Identität dieser Wesen ziemlich allgemein anerkannten, s. Censorin d. d. nat. Eundem esse genium et larem multi veteres memoriae prodiderunt, in quis etiam Granius Flaccus in libro quem ad Caesarem de Indigitamentis scriptum reliquit, und in der Tat entspricht namentlich der lar familiaris genau dem genius generis. Die *Laren* aber können wieder nicht ohne die *Penaten* gedacht werden, mit denen sie gewöhnlich zusammen verehrt wurden und von denen sie sich nur durch die speziellere Beziehung auf den Haushalt und Hausstand unterschieden, während die Laren gewöhnlich für die verklärten Geister der Verstorbenen aus der Familie gehalten wurden. Beide, die Laren und die Penaten, walten aber auch auf dem Lande, auf den Straßen, desgleichen in der Stadt als dämonische Behüter der Straßenquartiere, endlich im Mittelpunkte des gesamten Gemeindelebens als Lares Praestites und Penates Publici, immer mit der vorherrschenden Beziehung auf menschliche Ansiedelung und menschlichen Verkehr, daher namentlich die Penaten der Vesta so nahe standen. Und eben wegen dieser spezifischen Beziehung auf das häusliche, gesellige, bürgerliche Leben treten sie durchweg als eine eigene Klasse aus dem allgemeineren Geschlechte der Genien heraus, obwohl diese als genii locorum und populorum und als die dämonischen Triebe und Schutzgötter so vieler Korporationen und Stiftungen, der Gewerke, der Heere von jenen oft sehr schwer zu unterscheiden sind. *Penates* ist ohnehin nur ein Adjektiv, bei welchem man am natürlichsten genii ergänzen wird. Das Wort *lar* dagegen entsprach wenigstens in dem benachbarten Etrurien dem griechischen ἄναξ, freilich in anderer Deklination, da man lars lartis von dem hohen Adel sagte, z. B. Lars Porsenna[48], während im Lateinischen die lares oder lases immer nur verklärte Geister sind, Schutzgeister der Flur, der Wege, der Häuser, die als Selige der Vorzeit gedacht wurden. Daher die altlatinische Todesgöttin *Lara* oder *Larunda*, welche auch die Mutter der Laren und Mania genannt wurde, desgleichen *Acca Larentia*, eine Personifikation der römischen Stadtflur und ihres tellurischen Segens. Auch ist *larva* offenbar dasselbe Wort wie *lar*, nur daß dieser immer männlich und als Schutzgeist gedacht wurde, larva dagegen weiblich und als anima, ψυχή, d. h. als die umgehende Seele eines Verstorbenen, als Spukgeist, woran sich sehr natürlich die Vorstellung einer Strafe schloß, so daß die Laren und die gleichbedeutenden Lemuren für die rastlos umschweifenden Geister böser Menschen genommen wurden. Daß ein solcher Unterschied in dem gewöhnlichen Totendienste nicht gemacht wurde, beweist der alte und allgemein verbreitete Gebrauch des Wortes *Manes* von allen Verstorbenen, namentlich mit dem Zusatze *Divi Manes*, d. h. die durch den Tod und die Weihe der Bestattungsgebräuche geläuterten, erhöhten und gleichsam konsekrierten Verstorbenen, welche fortan wie andere Götter und Geister verehrt wurden. Denn Manes sind eigentlich die Lichten, die Reinen, die Guten, daher *mane* und *Mater Matuta* von dem aufsteigenden Lichte des jungen Tages und seiner Göttin, *manus* in der Bedeutung von *bonus, clarus, prosper, immanis* in der Bedeutung unseres ungeheuer[49], dahingegen die Manen den Holden und Elben unserer deutschen Mythologie entsprechen. Ein verklärtes Volk der Geister, welche unter der Obhut der Mania, der mater larum, Varro l. l. IX, 61, die stille Erdtiefe bewohnen und deshalb auch die Stummen, Silentes, und die Unteren, Inferi, genannt wurden, wie Lara oder Mania selbst schlechthin „die Stumme" hieß, s. Ovid. Fast. II, 581 ff. Indessen konnten auch sie recht gut zu dem allgemeinen Geschlechte der Genien gerechnet werden, wie diese denn sehr häufig auch als die verklärten Geister der Verstorbenen gedacht und deshalb an Gräbern verehrt und angerufen wurden.[50] Ja die Manen wurden von späteren Erklärern geradezu mit den Genien identifiziert und der früher nur von Verstorbenen gebrauchte Name nun auch von den Schutzgeistern der Lebenden gebraucht.[51] Selbst Varro, welcher sich nach seiner Art zugleich von den positiven Gründen der Altertumsforschung und von der griechischen Philosophie bestimmen ließ, erklärte wo er jenen folgte die Laren, Manen und Larven, d. h. die Geister der Verstorbenen in gewisser Hinsicht für Genien.[52]

Also ein sehr weit verbreitetes Reich der Geister, welches sich die späteren Theologen nach der herkömmlich gewordenen Einteilung der Welt in den höheren Lichtkreis des gestirnten Himmels und in die sublunarische Welt des irdischen Luft- und Nebelkreises an diese letztere gebunden dachten. So lehrt auch Varro bei Augustin

C. D. VII, 6, die ganze Welt sei voll von Geistern (animae) aber nur die im Äther lebenden Geister der leuchtenden Sterne, die man mit leiblichen Augen sehen könne, seien unsterblich, nicht die Nebelgeister der Luft, des Wassers, der Erde, des sublunarischen Kreises überhaupt, welche man nicht sehen könne, dieselben Geister welche im gewöhnlichen Gottesdienste als Heroen, Laren und Genien verehrt würden. Ähnliche und noch weiter ausgeführte Unterscheidungen findet man bei Apulejus und bei Martianus Capella II, 155–162, wie sich denn die spätere Theologie und Philosophie, vollends seitdem sie von den Neuplatonikern beherrscht wurde, immer mit ganz besonderer Vorliebe auf die Dämonologie des älteren Volksglaubens eingelassen hat. Dieser selbst aber kannte solche Einteilungen und Abgrenzungen natürlich nicht, der der Griechen und der italischen Bevölkerung um so weniger, da eine ähnliche Verehrung der Gestirne, wie sie im Oriente gewöhnlich war und sich später von dort auch über den Okzident verbreitet hat, beiden fremd war. Wohl aber kannte der italische Glenienglaube nicht bloß Genien der Menschen, der irdischen Verhältnisse, der Verstorbenen, sondern auch *Genien der Götter*, ein sehr eigentümlicher Glaube, welcher eben deshalb nicht leicht zu erklären ist. So heißt es in einer merkwürdigen Inschrift aus Fufo im Lande der Vestiner bei Mommsen I. N. n. 6011, Orelli n. 2488, der Stiftungsurkunde eines Tempels des Iupiter Liber v. J. 58. v. Chr.: Sei quei ad hoc templum rem deivinam fecerit Iovi Libero aut Iovis Genio, pelleis coria fanei sunto, und in den Urkunden der Arvalischen Brüder t. 32 und 43 wird auf dieselbe Weise neben der Hauptgöttin des Haines, der Dea Dia, eine Iuno Deae Diae genannt, wie bei Or. n. 1882 eine Iuno der isis Victrix. Eben dahin gehört der Genius Iunonis Sospitae bei Martian Cap. 1, 54, ein Genius Priapi bei Petron. 29 ein Genius Famae bei Martial VII, 12, 10, ein genius Forinarum, welche Göttinnen zu Rom verehrt wurden, bei Or. n. 49. 1712, ein Genius Somni bei Or. n. 1681: neben welchen Stellen und Inschriften des eigentlich römischen Sprachgebrauchs viele ähnliche aus verschiedenen Gegenden des Reiches beigebracht werden können: Or. n. 1731 Genio Asclepii aus der Gegend von Lecco am Comer See, Ib. n. 1351. 1352 Genio Martis aus Rheinbaiern, Henzen n. 5866 Genio Mercurii Alauni aus Mannheim, Creuzer D. Schr. II, 2, 361 ff. Genio Apollinis aus dem badischen Unterrheinkreise, Seidl Dolichenuskult S. 69 n. 43 Gemium I. O. M. D., d. h. Iovis O. M. Dolicheni aus Niederösterreich. Also eine ebenso weit verbreitete und ausdauernde als in ihrer Wurzel gewiß italische und altrömische Vorstellung, deren Grund und Absicht auf verschiedene Weise erklärt worden ist. Einige, wie Creuzer a. a. O. haben sich diese Genien der Götter als deren Ausflüsse und Epiphanien gedacht, oder mythologisch aufgefaßt als zeugungsfähige Söhne, Boten und Diener der Götter, deren Namen sie führen, andere, wie Schömann und Ukert[53], als untergeordnete und dienende Gehilfen, wie die δαίμονες πρόπολοι im Kultus der Griechen: gegen welche Erklärungen vorzüglich dieses spricht, daß bei jedem Gottesdienste immer nur *ein Genius* genannt wird, nicht mehrere, selbst dann nicht, wenn die angebetete Gottheit selbst im Plural benannt ist, z. B. Genius Forinarum. Es scheint mir deshalb richtiger, diese Genien den geniis locorum unterzuordnen, so daß sie für die Repräsentation der in einem bestimmten örtlichen Kultus verehrten Gottheit zu halten wären, welche gleichsam für und anstatt dieser Gottheit die Opfer, Gebete, Gelübde der Frommen in Empfang nehmen: also für das *lokalisierte numen* dieser Gottheit, wie sich denn in der Tat in der Praxis des römischen Gottesdienstes die Begriffe numen und genius sehr nahe standen, vgl. Or. n. 1770 aus Rom: Numini Fortis Fortune, Ib. n. 2192 Saacerdos Publ. Numinis Cap (uani), Henzen n. 5758a, die Inschrift eines Quellenhauses: Numini Aquae Alexandrianae, bei Fabr. p. 77, 87 sogar ein genius Numinis Fontis. Womit übrigens nicht in Abrede gestellt werden soll, daß hin und wieder diese Genien wirklich in eine genealogische Verbindung mit den Göttern, welche sie zu vertreten hatten, gebracht oder auch mythologisch für deren Diener und Gehilfen angesehen worden sind, vgl. den schon einmal angeführten Ausspruch des Aufustius bei Paul. p. 94 Genius est deorum filius et parens hominum. Namentlich scheint die Theologie der Etrusker in dieser Hinsicht sehr weit gegangen zu sein, da z. B. das wunderbare Kind Tages, ein Kind an Jahren, grau vor Weisheit, welches bei Tarquininii im frischgepflügten Felde auftauchte und den Lucumonen Etruriens die Grundzüge der Haruspicin offenbarte, genii filius und nepos Iovis genannt wird, s. Fest. p. 359, Cic. de Divin. II, 23, 50 u. a. Eben dahin gehört wohl auch die etruskische Lehre von den Penaten, über welche Arnobius III, 40 aus verschiedenen Schriftstellern allerlei Unklares zusammengetragen hat. Es werden nämlich hier zuerst nach Nigidus vier Klassen der Penaten unterschieden, Penaten des Jupiter oder des Himmels, Penaten des Neptun oder der Gewässer, Penaten der Unterwelt und viertens die gewöhnlichen Penaten unter den Menschen auf der Erde, und darauf aus einem anderen Schriftsteller als Penaten des Himmels, wie es scheint, namhaft gemacht: Fortuna, Ceres oder der Genius Iovialis und der männliche Pales, ein Diener und gleichsam der ländliche Statthalter des Jupiter, wie von ihm hinzugesetzt wird: wenn ich anders diese nachlässig exzerpierten Bruchstücke einer dunklen Lehre richtig verstanden habe.[54]

Das Walten und Wirken der Genien wurde natürlich noch geisterhafter gedacht als das der Götter, daher sich die Vorstellung hier auch weit länger gegen die Bilder in menschlicher Gestalt gesträubt hat. Immer ist das Bild der Schlange im Volke das gewöhnliche für die Genien geblieben, selbst in Rom und nachdem die offizielle Darstellung z. B. des Genius Populi Romani die menschliche geworden war. Was das Geschlecht betrifft, so ist der Begriff des Genius zwar männlich, doch ließ man es in gewissen Fällen dennoch dahingestellt sein (S. 56, 1), während sonst die Frauen anstatt der Genien ihre *Iunones* hatten[55] und in solchen Häusern, wo Mann und Frau in blühender Ehe lebten, zwei Genien angenommen wurden, die sich hin und wieder durch die Erscheinung von zwei Schlangen, einer männlichen und einer weiblichen, am Ehebette offenbarten. Und so pflegte auch den Ortsgenien entsprechend eine weibliche Fortuna oder Tutela loci verehrt zu werden, obwohl der Genius schlechthin auch hier das Gewöhnlichere war. Endlich ließ man auch hier gewisse ethische Unterschiede gelten, indem man lichte und dunkle, freundliche und feindliche, gute und böse Genien annahm, wobei es freilich schwer ist, den griechischen Glauben der späteren Zeit von dem älteren italischen und griechischen zu unterscheiden. Da indessen nach italischem Volksglauben selbst unter den Göttern auf ähnliche Weise unterschieden wurde, so mag es bei den Genien noch viel mehr der Fall gewesen sein, vollends bei den Etruskern, deren Dämonologie überhaupt sehr weit ausgebildet war und deren Gemüt ohnehin zum Schrecklichen und zur Selbstpeinigung neigte; wenigstens sind die Bilder und Gemälde ihrer Gräber sehr reich an allerlei Schreckgestalten der Geisterwelt. Doch darf man für gewiß halten, daß der gewöhnliche Glaube an den genius natalis für jeden Menschen nur einen solchen zuließ, welcher indessen je nach der individuellen Begabung, dem sittlichen Verhalten und dem Geschick oder Ungeschick des seiner Hut befohlenen Menschen selbst mächtiger oder ohnmächtiger, reiner oder weniger rein, geschickt und ungeschickt galt, wie dieses später weiter ausgeführt werden wird. Hier sei nur auf den Exkurs über die Genienlehre bei Ammian. Marc. XXI, 14 verwiesen, wo die eigene sittliche Anstrengung des Individuums ausdrücklich vorbehalten und dem Tüchtigen die unsichtbare Hilfe seines Genius versprochen wird, wie Scipio d. Ä., Marius und Octavian nur im Vertrauen auf ihren Genius und von demselben unterstützt so Außerordentliches hätten leisten können. Dagegen soll der Glaube an zwei Genien für jeden Menschen unter den griechischen Philosophen zuerst von dem Megariker Euklides ausgesprochen und nach diesem von dem römischen Dichter Lucilius weiter ausgeführt sein, Censorin d. d. n. 3, eine dualistische Lebensansicht, welche hin und wieder zwar nachgesprochen wird[56], aber auf den herrschenden Glauben niemals Einfluß gewonnen hat.

3. Die Semonen und Indigeten

Heroen in dem Sinne der griechischen Heldendichtung hat Italien allerdings nie gehabt; es fehlte eben die wesentliche Bedingung einer solchen, das nationale Epos. Wenn die griechischen Schriftsteller das römische Wort lar durch ἥρως übersetzen[57], so ist dieses Wort dabei nur in seinem späteren Sinne zu verstehen, wo es jeden verklärten Geist eines Verstorbenen bezeichnete und beinahe gleichbedeutend mit δαίμων war. Wohl aber ist eine gewisse Anlage zum Heroenglauben im Sinne der älteren griechischen Sage auch in Italien nicht zu verkennen, ich meine den Glauben an personifizierte Schutzgeister, welcher für die Urheber der ältesten nationalen Stiftungen, Verbindungen und Staaten, die ältesten Könige, die ältesten Anführer im Kriege galten und bei den Griechen gewöhnlich als ἥρωες ἐπώνυμοι, ἐπιχώριοι, κτίσται, d. h. als die idealen Urheber der ältesten Benennungen eines Volkes, der Blüte seiner Landschaft und der Gründung seiner Städte verehrt wurden. Nur daß auch dieser Glaube in den meisten Fällen so sehr bei den ersten Anfängen stehen geblieben ist und so wenig die Kraft einer originalen Sagenbildung bewiesen hat, sei es daß dieselbe überhaupt nicht vorhanden war oder daß ihre Entwicklung zu früh gestört wurde, daß gewöhnlich auch hier die griechische Mythologie hat aushelfen müssen, z. B. beim Hercules und beim Aeneas, wo der Kern ein latinischer ist, aber der Name und allerlei mit demselben übertragener Putz der griechische. In anderen Fällen, wie in gewissen Sagen aus Praeneste, aus dem sabinischen Cures, selbst in der Sage von Romulus und Remus, sind die Bilder schon konkreter und die Gestalten so fest geworden, daß der originale Kern sich auf die Dauer behaupten konnte. Aber merkwürdigerweise und ganz im Sinne der politischen Vorbestimmung Italiens werden auch diese Heroen mit besonderer Vorliebe als Urheber der ältesten Staaten und als Gesetzgeber geschildert, deren Verdienst, damit es um so glänzender hervortrete, gewöhnlich auf dem Hintergrunde eines durch sie überwundenen Lebens von armen Hirten und bösen Räubern erscheint, weit weniger als Helden nationaler Kriege und Schlachten, mit denen sich die italische Sage niemals eingehender beschäftigt zu haben scheint.

Es handelt sich hier von den schwierigen Begriffen der *Semonen* und der *Indigetes*, die schon den Alten mit der Zeit sehr unklar geworden waren, aber beide mit einiger Sicherheit als nationale Laren oder Genien definiert werden können. Als solche, d. h. als Schutzgötter und ideale Vorstände einer ganzen Landschaft oder Nation hatten sie von derselben sicher auch gewisse Grundzüge einer bestimmteren Charakteristik durch Eigenschaften und örtliche Verehrung angenommen und dieses mag die Ursache gewesen sein, weshalb man sie von der allgemeinen Klasse der Genien und Laren ausschied und besonders benannte. Offenbar sind sie es welche mit den griechischen Heroen des älteren Glaubens noch am meisten Verwandtschaft haben.

Die *Semones* werden als den Laren gleichartige Wesen schon durch das Lied der Arvalbrüder charakterisiert, dessen erste Hälfte mit dem Vers beginnt: E nos *Lases* juvate, während die korrespondierende zweite so anfängt: *Semunis* alternei advocapit conctos, d. h. Semones alterni advocabite cunctos.[58] Den Plural Semones kennen auch Fulgentius expos. serm. p. 561 und Martian. Cap. II, 156, obwohl beide bei ihrer Erklärung des Wortes irrtümlich an Semis denken und deshalb die Semonen für Halbgötter (Semidei, ἡμίθεοι), d. h. im Sinne der Griechen für Heroen halten. Doch hat sich bei Fulgentius ein wichtiges Bruchstück einer Schrift des Varro erhalten, wo der Semo entschieden dem Deus entgegengesetzt wird[59], so daß wir auch dadurch auf den Begriff eines Genius oder eines Halbgottes geführt werden. Endlich kennen wir namentlich den sabinischen *Semo Sancus*, welcher identisch war mit dem Schwurgotte Dius Fidius und dem römischen Hercules so nahe stand, daß er mit ihm verwechselt werden konnte, s. Varro l. l. V, 66. Auch dieser römische Hercules aber war, wie ich unten weiter ausführen werde, kein Gott im strengeren Sinne des Wortes, sondern ein Genius, der schaffende und schützende Genius der römischen Stadtflur, welcher später mit dem frühzeitig auch in Italien für gleichartige Gestalten sehr beliebt gewordenen Namen des griechischen Heroen benannt wurde. Die rechte Wurzel des Wortes Semo ist schwer zu finden, doch scheint es nicht bloß dem sabinischen, sondern auch dem latinischen Dialekt angehört zu haben, da es sich sonst kaum in jenem alten Liede der Arvalbrüder finden würde. Am natürlichsten wird man es mit Hartung u. a. von dem Stamme sero, semen, semino ableiten, von welchem auch die Göttin Semonia ihren Namen hatte. Das seltenere und altertümliche Wort Semo würde dann genau dem gewöhnlicheren Genius entsprechen, da es in einem ähnlichen Verhältnis zu serere stände wie dieses zu genere. Wie alt und tiefgewurzelt auch in Italien die Übertragung der Vorstellung des Säens auf Zeugung, der Saatgottheiten auf die Gottheiten des Anfangs, der Erzeugung, der Bildung und ersten Kultur überhaupt war, das beweist sehr deutlich die Verehrung des Janus Consivius, des Saturnus, der Ops Consivia u. dgl. m.

Nicht weniger schwierig ist die etymologische Erklärung des Begriffs der *Indigetes* oder *Indigites*, wo die Alten mit ihrer mangelhaften Etymologie wieder fehlgreifen, aber durch ihre Etymologien doch wenigstens die herrschende Vorstellung ausdrücken, s. Servius zu Virg. Ge. I, 498 und Aen. XII, 794. Nigidius Figulus, ein ebenso schlechter Etymologe als Varro, leitete das Wort ab von egere, Indigetes seien überhaupt alle göttlichen Wesen, quasi nullius rei egentes[60], welche Erklärung schon dadurch widerlegt wird, daß das Wort im gewöhnlichen Sprachgebrauch eine so allgemeine Bedeutung nie gehabt hat. Andere erklärten Indigetes proprie sunt dii ex hoinibus facti, quasi in diis agentes, also konsekrierte Sterbliche von besonderem Verdienste, wie die Helden der Vorzeit und die Divi unter den Kaisern, und diese Erklärung, so wenig auch sie etymologisch haltbar ist, scheint nicht allein am meisten Anklang gefunden zu haben[61], sondern auch das Wesen der Sache am meisten zu treffen, nur daß diese Divi nicht wirkliche Menschen gewesen waren, sondern schützende Genien des Landes und der Nation, welche in den Sagen der Vorzeit als Menschen erschienen. Noch andere erklärten ab invocatione Indigetes dictos, quod indigeto est precor et invoco, wodurch diese schwierige Untersuchung mit der gleichfalls schwierigen über die Bedeutung der priesterlichen Indigitamenta in Verbindung gebracht und dadurch vollends erschwert worden ist.[62] Mir scheint, um hier gleich meine Ansicht über beide Benennungen auszusprechen, das Wort Indigitamenta mit index und indicare zusammenzuhängen, wie denn auch der seit August als Sol Indiges verehrte Sonnengott nicht wohl etwas anderes gewesen sein kann als der Späher, der Anzeiger, der index, in demselben Sinne wie in Athen ein Hercules Index verehrt wurde, s. Cic. d. Divin. I, 25, 54. Der Name der Indigetes dagegen scheint mir abgeleitet werden zu müssen von *indu* und *geno*, zumal da auch die Form *Indigentes* im Gebrauche war.[63] Also eingeborene Genien oder Heroen, örtliche Schutzgeister, die an einem bestimmten Orte und im engsten Natur- und geschichtlichen Zusammenhange mit diesem Orte verehrt wurden, die ἥρωες ἐγχώριοι oder ἐπιχώριοι der Griechen. Gewissermaßen die ansässig gewordenen Aboriginer, denn auch diese Vorstellung ist weit mehr eine mythische als eine historische.

Zu dieser Erklärung führt auch die Analyse verschiedener alter Eides- und Gebetsformeln samt anderen Stellen, in denen die Indigeten bald neben den Laren, bald neben den Penaten, bald neben anderen Genien und Schutzgöttern des römischen Staates genannt werden. So spricht der Pontifex bei der Devotion des Decius nach Liv. VIII, 9 demselben diese Formel vor: Iane, Iupiter, Mars Pater, Quirinus, Bellona, Lares, Divi Novensiles, Divi Indigetes, Divi quorum est potestas nostrorum hostiumque, Diique Manes, vos precor etc. Desgleichen in der wichtigen, leider nur in griechischer Übersetzung erhaltenen Verschwörungsformel des Drusus bei Diodor Exc. Vat. XXXVII, 4, wo es mit einigen notwendigen Änderungen so heißt: ὄμνυμι τὸν Δία τὸν Καπετώλιον καὶ τὴν Ἑστίαν τῆς Ῥώμης καὶ τὸν πατρῷον αὐτῆχ Ἄρην καὶ τὸν γενάρχην Ἐνυαλιον[64] καὶ τὴν εὐεργέτιν ζῴων τε καὶ φυτῶν Γῆν, *ἔτι δέ τοὺς κτίστας γεγενημένους τῆς Ῥώμης ἡμιθέους καὶ τοὺς συναυξήσαντας τὴν ἡγεμονίαν αὐτῆς ἥρωας,* auf Lateinisch etwa: per Iovem O. M., Vestam, Martem Patrem, Quirinum genitorem, Terram Matrem, Deos Patrios, Deos Indigetes, wo jene Dii Patrii entweder die Lares publici oder die Penaten von Rom sind, die Indigetes aber (ich wüßte nicht welche Götter sonst verstanden werden könnten) deutlich neben ihnen als Schutzgeister des Staates bezeichnet werden. Dazu kommen die Stellen der Dichter bei der Anwendung ähnlicher Formeln, voran Virgil. Georg. I, 498 Dii patrii indigetes[65] et Romule Vestaque mater, ferner Ovid. met. XV, 861 Di, precor, Aeneae comites, quibus ensis et ignis cesserunt (die troischen Penaten), Dique Indigetes genitorque Quirine Urbis (d. i. Romulus) et invicti genitor Gradive Quirini (d. i. mars), Vestaque Caesareos inter scrata Penates. Endlich Lucan Pharsal. I, 556 Indigetes flevisse deos nobisque laborem Testatos sudore lares, und Silius Ital. Pun. IX, 294 Indigetesque Die faunusque satorque Quirinus, und dazu die Erklärung bei Paul p. 106 Indigetes dii, quorum nomina vulgari non licet[66], wodurch sie gleichfalls für schützende Genien der Stadt und des Staates erklärt werden, denn nur bei diesen wurde der Name so sorgfältig geheimgehalten. Übrigens gab es solche Indigeten nicht bloß in Rom, sondern auch in Präneste, s. Serv. V. A. VIII, 698 ibi erant pontifeces et dii Indigetes, sicut etiam Romae. Der einzige etwas näher bekannte Kultus der Art aber ist der mit Beziehung auf das alte Bundesheiligtum der Penaten von Lavinium am Numicius verehrte *Pater Indiges* oder *Deus Indiges* oder *Iupiter Indiges*, d. h. Divus pater Indiges, welcher später allgemein für identisch mit dem troischen Aeneas gehalten und deshalb auch als *Aeneas Indiges* angerufen wurde. Die gewöhnliche Erzählung lautete, daß Aeneas in der Schlacht mit Turnus oder Mezentius plötzlich und zwar in dem Flusse Numicius verschwunden sei, worauf ihm sein Sohn oder die Latiner dieses Heiligtum errichtet hätten, wie Dionys. Hal. I, 64 auf griechisch erzählt: καὶ αὐτῷ κατασκευάζουσιν οἱ Λατῖνοι ἡρῷον ἐπιγραφῇ τοιᾷδε κοσμούμενον· *Πατρὸς Θεοῦ Χθονίου Ὃς Ποταμοῦ Νομικίου Ρεῦμα διέπει,* d. h. auf lateinisch etwa: Divi Patris Indigetis, qui Numicii amnis undas temperat. Es ist, wie ich später weiter ausführen werde, nicht unwahrscheinlich, daß dieser Indiges, der Urheber der latinischen Penaten und der Penatenstadt Lavinium, ursprünglich kein anderer gewesen als der Flußgott des Numicius, als alter König dieses Tales gedacht, wie Pater Tiberinus gleichfalls für einen alten König galt und zu Rom und anderswo in demselben Sinne einer schöpferischen und kultivierenden Macht der Vorzeit verehrt wurde. Erst später wurde der Name des troischen Aeneas auf jenen Pater Indiges übertragen und dadurch die ganze Aeneassage als ein neues und ausländisches Reis auf den alten Latinerstamm der Sage und des Kultus von Lavinium gepfropft.

Eine Eigentümlichkeit dieser Indigeten und der latinischen und römischen Könige und Helden der Vorzeit überhaupt ist es, daß sie zwar menschlich leben, aber dann auf eine geisterhafte Weise verschwinden, nicht wie die Homerischen Helden sterben, sondern wie die der deutschen und anderer Volkssagen[67] *entrückt*, aber dadurch zugleich verklärt und erhöht werden. Der gewöhnliche Ausdruck dafür ist *non comparuit* oder *nusquam apparuit*, was unserem ‚wurde nicht mehr gesehen' entspricht und sich bei den Römern in so verschiedenen Wendungen und bei so vielen Veranlassungen wiederholt, daß die zu Grunde liegende Anschauung eine sehr volkstümliche gewesen sein muß. So ist dieses namentlich immer der Ausgang der Erzählungen vom Aeneas, s. Serv. V. A. IV, 620 nach Cato, qui tamen Aeneas in ipso praelio *non comparuit*, und Augustin C. D. XVIII, 19 nach Varro: Sed Aeneam quoniam – *non comparuit*, deum sibi fecerunt Latini, vgl. Paul. p. 106 Indiges. – Hoc nomine Aeneas ab Ascanio appellatus est, quum pugnans cum Mezentio *nusquam apparuisset*, und Schol. Veron. Aen. I, 259 Aeneas uxore et regno potitus Latino mortuo Etruscos certamine premens in conflictu bellico *(petitus nusquam ap)paruit* et Numici fluminis gurgite haustus putatur.[68] Daher Arnobius I, 36 parodierend sagt: Indigetes illi qui flumen repunt et in alveis Numici cum ranis et pisciculis degunt, so ganz und gar wurde dieser Aeneas Indiges als numen des Flusses Numicus oder Numicius, also als Flußgott gedacht, gerade so wie Rea Silvia, die Mutter der römischen Zwillinge, nach deren Geburt in den Anio oder den Tiber stürzt und hier vom Pater Tiberinus zu seiner Gemahlin, d. h. zur Flußgöttin, erhöht wird. Aber auch der König Latinus, vermutlich auch ein Indiges und dem Aeneas nahe verwandt, nur daß sein Heiligtum auf der Burg zu Lavinium, das des Aeneas an jenem Flusse gezeigt wurde, verschwindet auf gleiche Weise, Fest. p. 194 Latinus rex, qui proelio quod ei fuit adversus Mezentium, Caeritum regem, nusquam apparuerit iudicatusque sit Iupiter factus Latiaris, welches nach Analogie jener Erzählungen vom Aeneas höchstwahrscheinlich zu erklären ist durch Divus Pater Latiaris, d. i. der verklärte König, Held und Vater seiner Nation, zumal da auch der sabinische Hercules, d. i. Semo Sancus, auf ähnliche Weise als erster König und verklärter Gott seines Volkes gedacht und zu Reate als *Pater Reatinus* verehrt wurde[69], vgl. noch Schol. Bobiens. Cic. pr. Planc. IX, 23 post obitum Latini regis et Aeneae, *quod ii nusquam comparuerunt*. Ferner verschwindet auch Romulus auf dieselbe Weise, woraus später seine Himmelfahrt gedichtet wurde, s. Probus V. Georg. III, 25 Proculus Iulius persuasit populo, cum Romulus non compareret und Ael. Lamprid. Commod. 2 Indutus autem toga est Nonarum Iuliarum die, quo in terris Romulus non apparuit[70], auch der albanische König Aventinus, derselbe nach welchem der Berg in Rom seinen Namen bekam, s. Augustin C. D. XVIII, 21 Alii noluerunt eum in proelio scribere occisum, sed non comparuisse dixerunt, auch Acca Larentia, die römische Flurgöttin, welche bald als die Frau des Hirten Faustulus und Pflegemutter des Romulus, bald als liebe Buhle des römischen Hercules gedacht wird und an einem angeblichen Grabe von ihr im Velabrum verehrt wurde[71], desgleichen Saturnus, welcher gleichfalls gewöhnlich als alter König gedacht wurde, s. Macrob, Sat. I, 7, 24 cum inter haec subito Saturnus non comparuisset, excogitavit Ianus honorum eius augmenta. Ja derselbe Glaube und derselbe Ausdruck wiederholt sich auch von einem Flußgott in Campanien[72] und in verschiedenen anderen Wendungen[73], so daß wir ihm jedenfalls eine weite Ausdehnung und allgemeine volkstümliche Geltung in Italien zuschreiben können: was dann wieder wohl auf einen lebhaften Zug zum Märchen hindeutet, dem wir noch oft begegnen werden, aber keineswegs auf eine Anlage zur Heldensage und zur epischen Dichtung.

So ist auch die genealogische Familiendichtung, welche sich bei einer mythologischen Grundanschauung in den älteren Überlieferungen der Völker und Staaten sonst so lebhaft geltend macht und in Griechenland bis auf die Zeit des Plato und Alcibiades fortwucherte, ja das alte lacedämonische Königtum bis zu seinen letzten Sprossen begleitet hat, in Rom und Italien niemals über die ersten Anfänge hinausgekommen. Romulus ist zwar der Sohn eines Gottes, aber selbst ohne Kinder; Numa empfängt seine Weihe durch die Auspizien, seine Offenbarungen von der Egeria; Servius Tullius ist der Sohn eines Hauslaren und Liebling der Fortuna. Die Fabier leiteten ihr Geschlecht zwar vom Hercules ab und so mögen auch andere Geschlechter auf die einheimischen Genien und Dämonen zurückgegangen sein, aber eine weitere Ausbildung und Ausbeutung solcher Sagenkeime durch Tradition und Dichtung ist auch hier schwerlich anzunehmen, da nachmals die griechischen Genealogien so gänzlich vorherrschen. Ist später von Romulus und Remus gesagt und gesungen worden, dem Wunder ihrer Geburt, ihrer Schönheit und ihrer außerordentlichen Begabung, wie der alte Annalist Fabius Pictor sich nach einer Andeutung des Dionys v. Halikarnassos auf solche Lieder wirklich berufen hatte[74], so dürfen wir dabei kaum etwas anderes voraussetzen als die Lieder der Salier, welche nach allem, was wir von ihnen und von anderen derartigen Gesängen wissen, im höchsten Grade einfach und weit mehr im Sinne einer Liturgie als in dem eines Epos abgefaßt waren. Und so werden auch jene oft besprochenen Lieder, welche von den Römern in alter Zeit beim Mahle zum Lobe ihrer Vorfahren gesungen wurden[75], weit mehr ethischen und kriegerischen Tugenden der einzelnen Glieder eines alten Geschlechts als die Wunder seiner Abstammung und den Glanz seiner Helden in einer mythischen Vorzeit hervorgehoben haben, welche letztere in Ermangelung einer lebhaften Einbildungskraft überall gar nicht oder doch nur in sehr dürftigen Zügen vorhanden war. Weiterhin tritt der alte volkstümliche Glaube an die übernatürliche Abkunft außerordentlicher Männer und die zeugende Kraft des Genius noch einmal auf überraschende Weise in den Erzählungen von der Herkunft des älteren Scipio zutage. Dann aber kommt die Zeit, wo die griechische Bildung, unterstützt von dem adligen Hochmut und der politischen Berechnung der vornehmen Geschlechter, sich ganz und gar auch dieses Zweiges der römischen Überlieferung bemächtigt hatte. Auch die gangbaren Erzählungen vom Stamm der Julier, der sich von Venus und Aeneas bis zu den Albanischen Königen und darauf wieder von Mars und Romulus bis zum Cäsar und Augustus in einer mühsam verschlungenen Kette ausländischer und einheimischer Überlieferungen zusammengefügt hatte[76], sind ganz in diesem Geiste erdacht, vollends die Sagen der übrigen sogenannten trojanischen Geschlechter, über welche Varro ein eigenes Buch geschrieben hatte. Die vielen Griechen, die als Hausfreunde, Hauslehrer, Haussklaven, oder als Rhetoren und Grammatiker in Rom lebten, hatten bald die Genugtuung der vornehmen Römerwelt, ihre Huldigung nun auch in dieser Form darbringen zu können; dahingegen diese vornehmen Römer selbst, ob sie gleich den mythologischen Pomp und Staat einer solchen Verherrlichung nicht ungern sahen, doch wohl eigentlich in der Sache sich immer sehr kühl und ironisch verhielten. So neckte Octavian den Antonius, der sich sehr mit seiner Abkunft vom Hercules brüstete, Cäsar würde ihn gewiß adoptiert haben, wenn er es als Aeneade hätte wagen dürfen einen Herakliden in sein Geschlecht aufzunehmen.[77] Und als die Julier nicht mehr regierten, sondern die Flavier, bedachte man sich nicht länger, selbst die vielverherrlichten Geschichten von Troja und dem troischen Aeneas zu den Fabeln zu werfen.[78]

4. Dienende Gottheiten

Neben den Hauptgöttern werden noch gewisse dienende Götter genannt, welche mit jenen gewöhnlich eine Gruppe ausmachen und insofern einen gottesdienstlichen Kollektivbegriff bilden. Nach Paulus p. 19 hießen sie *anculi* und *anculae*, ein Wort, welches mit ancilla, anculare und ancus zusammenhängt, welches letztere in der Zusammensetzung cupencus bei den Sabinern einen Priester des Hercules bedeutete, s. Serv. V. A. XII, 534. Nach anderen hießen sie *famuli*, wie z. B. bei Virgil Aen. V, 95 Aeneas, nachdem er am Grabe seines Vaters geopfert hat und darauf eine Schlange erscheint um dieses Opfer zu verzehren, unsicher ist geniumve loci famulumve parentis esse putet, zu welcher Stelle Servius (vgl. zu Aen. VII, 84. 761) bemerkt, in gleichem Sinne könne Virbius für einen Diener der Diana, Adonis für den der Venus, Erichthonius für den der Minerva gelten. Auch gebraucht Horaz A. P. 239 das Wort famulus vom Silen in seinen Verhältnissen zum Bacchus, Ovid. Met. VIII, 272 von dem kalydonischen Eber als einem heiligen Tiere der Diana; endlich kennen auch die Urkunden der Arvalischen Brüder denselben Kultusbegriff und zwar in einer interessanten Zusammenstellung mit entsprechenden weiblichen Gottheiten, indem sie neben den höheren Kultusgöttern des Hains der Dea Dia wiederholt *Virgines Divae* und *Famuli Divi* nennen, s. tab. 32 und 43. Jene „göttlichen Jungfrauen" waren höchstwahrscheinlich Nymphen, entweder Baum- oder Quellnymphen, denn von beiden wird das Wort auch sonst gebraucht, wie es denn nach der zugrunde liegenden Vorstellung offenbar den griechischen Nymphen entspricht. So heißt es bei Fest. p. 261 *Querquetulanae Virae* putantur significari nymphae praesidentes querqueto virescenti, quod genus silvae indicant fuisse intra portam quae ab eo dicta ist Querquetularia. Sed feminas antiqui, quas scias dicimus, viras appellabant, unde adhuc permanent *vigines* et *viragines*, wobei zu bemerken ist daß der Ausdruck mulieres sciae auch sonst in der Bedeutung von weisen Frauen, sagae (a sagiendo) vorkommt.[79] Diese also hießen in alter Sprache *Virae* oder *Vires*, denn auch diese Form kommt vor; und zwar wurden sie vorzüglich als Baumnymphen gedacht, wie denn auch das Wort virere und viridis offenbar damit zusammenhängt. Zugleich aber wurde auch das Wort virgines und viragines in seiner ursprünglichen Bedeutung solcher herbjungfräulicher Elementar- und Baumgeister davon abgeleitet, wie andererseits die Namen Sagae, Sciae, auch Fatuae und Fata das übernatürliche Wissen und Weissagen dieser Frauen und Jungfrauen ausdrücken, welche in den Mythologien aller Völker so ziemlich dieselben sind. Wassernymphen werden dagegen bei Paul. p. 63 Camelis Virginibus supplicare nupturae solitae erant vorauszusetzen sein, obgleich dieselben sonst mit dem eigentlich italischen Worte Lymphae genannt werden. Was die neben ihnen verehrten „göttlichen Diener" oder „göttlichen Gesellen" betrifft, denn das oskische famel und das lateinische famulus, wovon familia, drückte ursprünglich mehr das Verhältnis der Gesellung als das der Bedienung aus, so wäre nach jenen Andeutungen zunächst an Kultusgenien zu denken, in dem Sinne der genii deorum, namentlich wenn nur von einem famulus, nicht von mehreren die Rede ist. Ist aber dieses der Fall, wie in den Arvalinschriften, da ist höchstwahrscheinlich, schon der entsprechenden Jungfrauen wegen, an Faune oder Silvane zu denken, welche als männliche Wald- und Naturgeister jenen Viren und Viragines zunächst standen. Überhaupt aber scheint diese Kollektivverehrung der Götter, so daß in einer bestimmten Kultusgruppe den örtlichen oder natürlichen Beziehungen derselben gemäß dem Hauptgotte andere Gottheiten in verwandter aber untergeordneter Bedeutung hinzugefügt wurden, wie in Griechenland[80], so auch in dem alten Italien etwas Gewöhnliches gewesen zu sein, namentlich im ländlichen und Naturkulte. So kommen neben der marsischen Angitia in Inschriften der Gegend mehrere Angitiae im Plural vor und neben der römischen Furina gleichfalls mehrere Furniae. Ferner gab es eine Carmenta und mehrere Carmentes und jenseits des Tiber einen Kult der Divae Corniscae, welche für Schutzgöttinnen der Krähen, die unter der Obhut der Juno standen, erklärt wurden. Auch gehört dahin die Verehrung der Egeria in der gleichartigen Umgebung der Camenen und die des umbrischen Flußgottes Clitumnus als eines Divus Pater der Gegend in der Umgebung von kleineren Quellgöttern, welche neben seinem Tempel in kleineren Kapellen verehrt wurden, s. Plin. Ep. VIII, 8. Auch scheinen mir auf gleiche Weise die sabinischen *Novensiles* oder *Novensides* erklärt werden zu müssen, obgleich schon die Alten über diesen Namen sehr im Unklaren waren, s. Arnob. III, 38. Nach Livius VIII, 9 (S. 81) wurden sie in alten Formeln neben den Laren und Indigeten angerufen, daher man sie in der Voraussetzung, daß diese letzteren einheimische, eingeborene Götter oder Dämonen seine in späterer Zeit für ausländische und neu eingeführte Götter erklärte.[81] Indessen erklärt Varo sie sehr bestimmt für sabinische Götter[82], ja wir wissen aus einer Inschrift vom Fucinersee, daß sie auch in dieser Gegend, also im Gebiete der Marser, und aus einer anderen aus Pisaurum, daß sie auch in Umbrien verehrt wurden.[83] Die Sabiner, von denen Varro spricht, sind also die des T. Tatius, welche diesen Gottesdienst wie viele andere mit nach Rom gebracht hatten, daher sie fortan wie der sabinische Quirinus neben dem römischen Mars, so diese Gottheiten neben den römischen Indigeten angerufen wurden. Als das Gebiet aber im Lande der Sabiner, woher sie stammten, wird Trebia genannt, welches höchstwahrscheinlich mit Trebula Mutuesca identisch ist, einem alten Zentralorte sabinischer Gottesdienste, wo auch der sabinische Mars und die sabinische Feronia seit alter Zeit verehrt wurden.[84] Unter den verschiedenen Erklärungen des Namens wird aber die von novem die beste sein, an welche auch Varro, Piso und Aelius Stilo dachten, welcher das Wort vermutlich auch in dem Saliarischen Liede gefunden hatte. Einige erklärten sie für neun männliche Gottheiten, andere für Musen, also für Quellnymphen, welche den römischen Camenen gleichen mochten. Jedenfalls war auch dieser Kultus ursprünglich ein bei der alten italischen Bevölkerung verbreiteter Kollektivbegriff, d. h. der Ausdruck einer Göttergruppe, welche namentlich den Sabinern teuer war und durch sie auch in das römische Göttersystem eingebürgert wurde. Die spätere Zeit hielt sich nach ihrer oberflächlichen Weise an den Klang und die Altertümlichkeit des Namens, den sie bald hier bald dort verwendete.[85]

ZWEITER ABSCHNITT

Zur Geschichte des römischen Kultus

Je wichtiger im Zusammenhange des ganzen römischen Gottesdienstes der Kultus war, desto mehr muß uns daran gelegen sein, auch über seine Eigentümlichkeiten uns im voraus eine Übersicht zu verschaffen. Dieses ist aber nicht anders möglich als in historischer Entwicklung, so sehr haben sich auch hier im Laufe der römischen Geschichte die verschiedenartigsten Formen nebeneinander festgesetzt, ohne immer zu einem Ganzen zu verschmelzen. Schon für die älteste, die nationale Periode werden nicht ohne tieferen Grund zwei verschiedene religiöse Gesetzgeber genannt, Faunus und Numa.[1] Jener ist ein Ausdruck für die älteste Naturreligion und Naturbegeisterung, wie sie sich überall auf der ersten und elementaren Stufe der Naturreligionen vorfindet, dieser der Repräsentant des sabinischen Priestertums und des pontifikalen Zeremonialgesetzes mit seiner heiligen Würde und seiner theokratischen Haltung. Eine dritte Periode beginnt mit den Neuerungen der Tarquiner und des Servius Tullius, welche den etruskischen und hellenischen Gottesdienst herbeizogen, von denen der letztere mit der Zeit immer mehr Einfluß bekam.

1. Die Periode des Faunus

Varro legte nach Augustin C. D. IV, 31 ein besonderes Gewicht darauf, daß die Römer ihre Götter über 170 Jahre ohne Götterbild (sine simulacro) verehrt hätten. Wenn sie dabei geblieben wären, meint er, würde auch der Gottesdienst ihrer Nachkommen ein reinerer geblieben sein.[2] Er berief sich dabei u. a. auf die Juden und schloß mit der Erklärung, daß die, welche den Bilderdienst eingeführt hätten, ihren Mitbürgern die Furcht Gottes genommen und dafür einen Irrtum gegeben hätten.[3] Auch Tacitus schildert deshalb den einfachen und bilderlosen Kultus der Germanen mit so großer Vorliebe. Es ist die Sehnsucht der des Polytheismus und eines ebenso wüsten als eitlen Gepränges der Tempel, der Prozessionen, der Spiele überdrüssigen Herzen nach einer reineren Religion, die sie auf den frühesten Stufen der Kultur zu finden glaubten, da es doch in Wahrheit eines ganz neuen Anfangs bedurfte. Denn die Naturreligion auf dieser Stufe ist eben auch schon Polytheismus und Symbolik, nur sind ihre Götter noch Geister und ihre Tempel und Bilder noch die unmittelbaren Räume und Gegenstände der Natur: bis später mit der höheren Bildung und den komplizierteren Forderungen der Zivilisation auch die Idololatrie und eine künstlichere Symbolik des Kultus sich geltend machen.

Suchen wir uns die Eigentümlichkeiten dieser ältesten Periode näher zu vergegenwärtigen, so könnte es verwegen erscheinen, bis auf eine Zeit zurückgehen zu wollen, welche älter als der König Numa ist. Doch darf man nicht vergessen, daß diese Grundzüge aller Naturreligion nicht bloß die Anfänge derselben sind, sondern sich auch fast überall neben den künstlicheren Formen des Gottesdienstes erhalten, namentlich auf dem Lande und unter einfacheren Kulturbedingungen, während in den Städten die Tempel und die Bilder vorherrschten.[4] So war es in Griechenland, wo z. B. Arkadien sehr lange der einfacheren Verehrung seiner Götter auf hohen Bergen, in schattigen Hainen, an den Quellen, in den Höhlen zugetan blieb, während in den Städten, auf welche es von seinen Bergen herabsah, schon lange der Dienst einer glänzenden Architektur und Plastik begonnen hatte. So war es auch in Italien, wo der Apennin wie jetzt so im Altertum immer die einfachere Sitte und das ältere Volkstum bewahrt hat, und auf dem Lande, selbst in den Umgebungen Roms die alten Haine der Götter, die heiligen Quellen und alle Naturmale eines göttlichen Wirkens immer Gegenstände einer lebhaften religiösen Verehrung geblieben sind. Es kam hinzu die natürliche Beständigkeit aller religiösen Gewöhnung, die Sitte der älteren Römer mehr auf dem Lande als in der Stadt zu leben, endlich in älterer Zeit auch die strenge Zucht des pontifikalen Grundgesetzes, dessen Geist allem plastisch Bildlichen der Kunst und Mythologie entschieden mehr abgeneigt als zugeneigt war und sich deshalb eher mit jenen elementaren Formen als mit den künstlicheren des Hellenismus vertragen mochte.

Von der Verehrung der Götter auf hohen Bergen ist der Dienst des Jupiter Latiaris auf dem majestätischen Berge über Alba Longa ein gutes Beispiel, ein anderes die Verehrung des Apollo Soranus, eines altitalischen Sonnengottes mit griechischem Namen, auf dem durch Gestalt und Anmut in den Umgebungen Roms gleichfalls ausgezeichneten Soracte, ein drittes die Verehrung der Diana auf dem Berge Tifata über Capua. Nach Dionys 1, 34 wurde selbst Saturnus als Stifter des Ackerbaus und Urheber aller Segnungen desselben durch ganz Italien auf den Höhen und Bergen verehrt, und nach den Gromat. vet. p. 239 heiligte noch August die Gipfel aller Berge dadurch, daß er sie unter den Schutz der Rhea stellte. Wären die örtlichen Nachrichten über die Kulte des alten Italiens zahlreicher vorhanden oder die von den Stiftungen der ältesten Klöster und Kirchen auf hohen Bergen fleißiger durchforscht, so würden sich gewiß noch viel mehr Spuren eines derartigen Gottesdienstes nachweisen lassen. So wird überliefert, daß der h. Benedikt bei der Gründung des Klosters auf Monte Cassino ein sehr altes Heiligtum des Apollo, d. h. des Sonnengottes und anderer heidnischer Götter vorgefunden habe, welchen die ländliche Bevölkerung der Umgegend auch damals noch in den rings um den Tempel gelegenen Hainen fleißig geopfert habe.[5]

Sehr verbreitet war durch ganz Italien die religiöse Verehrung der Flüsse und Quellen, namentlich der capita fontium, wo die reinigende, nährende, beseelende und begeisternde Elementarkraft unmittelbar aus der schöpferischen Hand der Natur zu Tage tritt; worauf ich in einem eigenen Abschnitt zurückkommen werde. Nicht weniger tief und innig durchdrungen war es von der Heiligkeit des Feuers, wie davon die in Rom und Latium sehr alten und bedeutungsvollen Dienste des Vulcan und der Vesta Zeugnis ablegen. Ganz vorzüglich aber war auch in Italien die Bevölkerung dem Kultus der Bäume und der Verehrung der Götter in Hainen ergeben: auch dieses eine allgemeine Eigentümlichkeit des früheren und ländlichen Heidentums, daher sich auch im Orient, in Griechenland und bei den Deutschen und überhaupt den nördlichen Völkern viele gleichartige Gebräuche nachweisen lassen.[6] Überhaupt hatten die Alten zwar nicht den landschaftlichen Natursinn, der bei uns durch Kunst und Poesie so weit ausgebildet ist; wohl aber hatten sie weit mehr Sinn für das Dämonische in der Natur, wie es sich in der Stille des Waldes, zwischen ragenden Bergen, an murmelnden Quellen offenbart und auf jedes empfängliche Gemüt mächtig wirkt. Da hörten sie vernehmbarer als sonst die Stimme der Gottheit und selten blieb eine Stätte der Art ohne religiöse Weihe. Auch die römischen Dichter äußern sich nicht selten recht lebendig über derartige Eindrücke[7], desgleichen Seneca in seine Briefen[8] und Plinius H. N. XII, 1, 2, welcher die Bäume geradezu die ältesten Tempel der Götter nennt, die das Landvolk seinen Göttern noch jetzt heilige. Da bete man inniger als vor Bildern, die von Gold und Elfenbein strahlen; daher sei die Heiligung der einzelnen Baumarten für den Dienst gewisser Götter abzuleiten, der Eiche für den des Jupiter, des Lorbeers für den des Apoll, des Ölbaums für Minerva, der Myrte für die Venus, der Pappel für den Dienst des Hercules; daher der Glaube, daß der Wald das eigene dämonische Gebiet der Waldgeister sei, der Silvane, der Faune, der Baumnymphen. Noch bestimmter spricht Apulejus im Eingange seiner Florida von den verschiedenen Arten dieses ebenso alten als allgemein verbreiteten Naturkultus, wie jeder Wanderer über Land sie an seinem Wege finde, von dem Haine, wo er ein Gebet zu sprechen, eine Gabe darzubringen, in stiller Andacht zu weilen pflege, dem mit frischen Blumen bekränzten Altare, der Grotte mit hängenden Laubgewinden, einer Eiche die mit den Hörnern, einer Buche die mit den Fellen der Opfertiere geschmückt ist, einem für die Andacht eingehegten Hügel, einem alten Stamm mit künstlich ausgeschnitztem Bilde, einem mit frischer Spende getränkten Rasen, einem mit Salböl benetzten Steine aus alter Zeit.

Unter den Bäumen war auch in Italien die Eiche vor allen übrigen heilig, namentlich die alte mit weitreichenden Zweigen und unvordenklichen Erinnerungen. Solch eine alte Eiche war auch auf dem römischen Capitol das älteste Heiligtum des Jupiter gewesen; noch Romulus legte nach Liv. 1, 10 seine Spolien zu ihren Füßen nieder. Weiter sah man auf dem Vatikan eine alte Steineiche mit einer Didikation in etruskischer Schrift, welche also auch nicht viel jünger als die Stadt sein konnte, und bei Tibur eine alte Gruppe von drei Steineichen, die man für älter als Tibur hielt, da der Gründer der Stadt Tiburnus der Sage nach unter ihnen die Weihe erhalten hatte, Plin. H. N. XVI, 44, 87. Einen eigenen Fall, welcher recht deutlich beweist, wie tief der Glaube an die Heiligkeit solcher alten Bäume wurzelte, erzählt Livius III, 87. Die Aequer lagern auf dem Algidus gleich hinter Tusculum, die Römer kommen hinaus um im Namen des Senats Genugtuung zu fordern. Der Führer der Aequer heißt sie ihren Auftrag an eine mächtige Eiche ausrichten, die sich über seinem Zelte erhob, er habe etwas anderes zu tun. Da wendet sich einer der Gesandten zu dieser Eiche und beschwört sie und die Götter des Ortes, den Bruch des Bundes zu rächen. So erzählt auch Sueton Vespas. 5 von einer alten, dem Mars geheiligten Eiche in dem sabinischen Geburtsorte der Flavier und Lucan 1, 136 ff. schildert eine uralte Eiche, wie sei einsam auf dem Acker dastehe, Weihgeschenke der früheren Geschlechter an ihren Zweigen hängend[9], kaum vermag sie sich noch auf ihren Wurzeln zu behaupten, ringsum prangt der Wald in kräftiger Jugend, doch betet das Volk nur zu ihr. Außer der Eiche ist nicht selten von heiligen Feigenbäumen die Rede, da auch dieser Baum im Süden eine mächtige Krone hat und zu hohen Jahren kommt. So der bekannte Rumninalische Feigenbaum, in der Nähe des Lupercal, wo die Zwillinge gefunden wurden, und ein anderer Feigenbaum auf dem Comitium, den man später sogar für identisch mit jenem Ruminalischen hielt. Der berühmte Augur Attus Navius habe ihn vom Lupercal dahin gezaubert; daher ihn die Geistlichkeit aufs ängstlichste beobachtete und unter allen Umständen zu erhalten suchte.[10] Ein dritter hatte bis zum J. 260 d. St. vor dem Tempel des Saturn gestanden, wo ihn die Vestalischen Jungfrauen, da er ein Bild des Silvanus umzustürzen drohte, unter sühnenden Gebräuchen entfernten, doch hielt man einen jüngeren, welcher um dieselbe Zeit beim lacus Curtius aufsproßte, für seinen unmittelbaren Nachkommen, s. Plin. H. N. XV, 20. So wird auch der Mars Ficanus einer Inschrift aus Ostia bei Henzen z. Or. n. 7194, wie der alte Ort Ficana unweit der Tibermündung, in welchem er verehrt wurde, höchstwahrscheinlich von einem ähnlichen alten Feigenbaum benannt worden sein. Endlich erzählt Virgil Aen. XII, 766 von einem alten dem Faunus geweihten Oleaster an der latinischen Küste, an welchem die Schiffer nach glücklicher Rückkehr fromme Gaben und ihre Kleider aufzuhängen pflegten, Plutarch Rom. 20 von einem heiligen Kornelkirschbaum auf dem Palatin, dessen Ursprung man von einer Lanze ableitete, welche Romulus vom Aventin dahin geschleudert hatte und welcher unter Caligula auf Veranlassung eines Baues in dortiger Gegend einging, Plin. H. N. XVI, 44, 85. 86 von verschiedenen sehr alten Lotosbäumen in Rom, unter denen namentlich einer gleichfalls für so alt als Romulus und für seine Pflanzung galt.

Weit gewöhnlicher war indessen die Verehrung der Götter in Hainen, auch ist diese in kulturgeschichtlicher Hinsicht von nicht geringem Interesse. Man nannte solche Haine in Italien nemora und lucus, welche Wörter beide sehr vernehmlich, wie so vieles andere in den italischen Religionsaltertümern, an das alte Wald- und Weideleben erinnern. Nemus ist das griechische νὲμος, also eigentlich ein Weideplatz, lucus eine im Walde ausgehauene Lichtung, ein ausgerodeter Platz, auf dem man sich ansiedelte und dann immer zugleich für die Götter sorgte, zumal für den Silvan, welcher zugleich der Gott des Waldlebens und der Ansiedlung im Walde, des Hinterwäldlers ist. Hatten doch die Lucaner im südlichen Italien von diesem alten Waldleben und den Lichtungen, in denen sie sich ansiedelten, ihren Namen bekommen[11], und zwischen dem römischen Gebiete und dem inneren Etrurien erstreckte sich noch im vierten Jahrhundert Roms ein so ausgedehnter und unwegsamer Wald, daß Livius IX, 36 ihn mit den Wäldern Deutschlands vergleicht. Vollends der Apennin muß in ältester Zeit ganz mit Urwald bedeckt gewesen sein. In diesen Wäldern also siedelte sich jene alte Bevölkerung Italiens an wie unsere Vorfahren in Deutschland, wobei sie inzwischen den neugewonnenen Äckern und Weiden immer einige Baumgruppen stehen ließ und ihren Göttern weihte, und so entstand die religiöse Bedeutung der Wörter nemora und lucus in dem Sinne der ältesten Heiligtümer überhaupt.[12] In den Hainen weilte die Gottheit, weilten die Seelen der Verstorbenen und die Laren, denen auf dem Lande überall eigene Haine geweiht wurden; in dem Haine feierte man opfernd und schmausend die Gottheit, der man sich aber nur bei solchen festlichen Gelegenheiten und wenn die Religion es erlaubte nähern durfte: wehe dem, welcher ungeweiht den Hain betrat, wehe vollends dem, der gegen seine Bäume, seine Heiligtümer zu freveln wagte![13] Nur in außerordentlichen Fällen erlaubten die Götter eines solchen Hains wohl eine Zuflucht selbst unmittelbar aus der Schlacht, wie z. B. gleich nach der Niederlage an der Allia die flüchtigen Römer scharenweise in einen ausgedehnten Hain in der Nähe des Tiber drängten und dort Schutz fanden, welcher außerordentlichen Rettung zum Andenken jährlich in Rom am 19. und 21. Juli das Fest der Lucaria begangen wurde.[14] Sonst wurde der Heiligkeit des Ortes unter allen Umständen mit der ängstlichen Gewissenhaftigkeit wahrgenommen, so daß selbst vor Alter umgefallene oder vom Blitz getroffene Bäume eines Hains unter Beobachtung gewisser Sühnungsgebräuche weggeschafft und ein Eisen nie ohne ähnliche Beobachtungen in den Hain gebracht werden durfte, wie davon in den Urkunden der Arvalischen Brüder verschiedene Beispiele zu finden sind. Durch ganz Italien waren diese durch ein hohes Altertum und den Glauben der Vorfahren geweihten Haine, die man überall am Wege und auf dem Felde traf, etwas Hochheiliges und Würdiges, so daß Quintilian X, 1 den Dichter Ennius nicht schöner auszeichnen konnte, als da er von ihm schrieb: Ennium sicut sacros vetustate lucos adoremus. Unter den Göttern waren es vorzüglich Jupiter und Diana, die wie überhaupt auf dem Lande und im Freien, so auch am meisten in Hainen verehrt wurden[15], wie z. B. vor allen übrigen Hainen der Diana der am See von Nemi berühmt war und Plinius XVI, 44, 91 von einem anderen in der Nähe von Tusculum erzählt, unter dessen Buchen eine so schön war, daß ein vornehmer Römer der Zeit sich allen Ernstes in sie verliebte. Selbst in Rom hatte sich das Andenken an viele

Gehölze und Haine aus alter Zeit erhalten, da auch hier namentlich der breite Rükken des Viminal und Esquilin dereinst von Eichen und Buchen bestanden war, von denen die römischen Bürger bis zur Zeit des Königs Pyrrhus die Schindeln für ihre Häuser nahmen. Dort gab es z. B. ein *Fagutal*, ein Heiligtum des Jupiter, welches an einen alten Buchenhain erinnerte, dort wird auch der alte Hain der Juno Lucina in der Gegend von S. Maria Maggiore oft erwähnt. Auch riefen die Namen des Esquilinien, des Viminalis und der porta Querquetulana den Altertumskundigen von selbst entsprechende Pflanzungen und Heiligtümer ins Gedächtnis.[16] Vollends aber werden in der nächsten Umgegend von Rom fortgesetzt viele Haine erwähnt, z. B. der lucus Deae Diae, der lucus Annae Perennae, der lucus Robiginis, Camenarum, Furrinarum, Corniscarum, Albionarum[17] und anderer weiblicher und männlicher Gottheiten, deren Haine zum Teil, wie der der Camenen gleich vor der porta Capena und der der Furrinen jenseits der alten Holzbrücke später mitten in volkreichen Vorstädten lagen. Aus anderen Gegenden Italiens aber sei hier nur noch der Haine der sabinischen Stammgöttin Vacuna am Veliner See und des Hains der Angitia, der Göttin der Marser, am Fuciner See gedacht, weil eine Erinnerung an beide sich bis jetzt in den Ortsnamen derselben Gegenden erhalten hat, sowie der Name Nemi und der See von Nemi noch jetzt an den Ruhm des nemus Dianae von Aricia erinnert. Es geschah nämlich nicht selten, daß sich neben solchen alten und vielbesuchten Heiligtümern allmählich andere Ansiedelungen bildeten, so daß daraus zuletzt ein kleiner Ort entstand, auf den der Name des Heiligtumes überging.

Eine andere Eigentümlichkeit dieses ältesten Gottesdienstes ist die Vergegenwärtigung der Götter zwar nicht durch Bilder, aber wohl durch Symbole und Attribute, entweder Bäume, Planzen und Tiere, deren Natur dem Wesen der zu vergegenwärtigenden Gottheit in gewisser Weise entspricht, z. B. der Adler dem Jupiter, der Wolf dem Mars, oder es sind leblose Gegenstände und Artefakte, welche zu solchem Zwecke geheiligt werden, Steine, Stäbe, Lanzen, Schilde u. dgl. Auch in dieser Hinsicht lassen sich viele Beispiele aus dem römischen und italischen Altertum nachweisen, unter denen die *heiligen Tiere* im Vergleich mit anderen Gegenden, namentlich den nördlichen[18], eine besondere Berücksichtigung verdienen. Namentlich war es der Kult des Mars, des volkstümlichsten von allen italischen Göttern, in dem sich manches Altertümliche der Art erhalten hatte. Wie er selbst, so erinnern auch seine Tiere vorzüglich an Wald und Krieg. So zunächst der Wolf, welcher in dieser seiner italischen Bedeutung ganz dem deutschen Isegrimm entspricht, dem grausamen Tiere des Waldes, welches einem Volke von altertümlicher und roher Sitte zum Bilde seines Kriegsgottes vorzüglich geeignet erscheinen mochte. Auch waren Italiens Wälder wie die im höheren Norden voll von Wölfen, welche vom Apennin im Winter bekanntlich noch später selbst bis in die Nähe von Rom streiften. Ebenso der Specht, welcher in den Sagen und Märchen vieler Völker[19] als der Waldvogel und Waldgräber schlechthin geschildert wird, der einsam wohnt und gräbt und hackt und aus den Felsen und Bäumen allerlei geheime Kunde herausholt, aber auch mit seinem mächtigen Schnabel und seinem bissigen Wesen die Vorstellung eines martialischen Tieres erweckte: daher er in den italischen Sagen und Kulten zugleich der Prophet des Mars und ein streitbarer Held, aber als Picumnus auch ein um Düngung und Ackerbau verdienter König der Vorzeit ist. Zu demselben Kreise gehört ferner das Pferd, das dem Mars ganz vorzugsweise geweihte Tier und sein heiliges Opfer, ein Herkommen, welches wieder sehr an das deutsche und nordische Altertum erinnert, namentlich auch das Annageln des Hauptes.[20] Von den übrigen Tieren hatte z. B. der Pflugstier (bos arator) die Bedeutung der Ansiedelung überhaupt, der Bock und die Ziege in dem Kulte des Faunus, der Juno u. a., die der Befruchtung, der Hund wegen seiner feinen Witterung eine besondere Beziehung zu Geistern und Faunen, dahingegen der Fuchs wegen seiner roten Farbe zugleich für ein Bild der feindlichen Rutuler und der schädlichen robigo gelten mußte. Allgemein war ferner die Schlange, das bei allen Völkern in unzähligen Märchen und Sagen bedeutsame Tier, wegen ihres Schlüpfens und Schleifens in der Erde und der jährlichen Erneuerung ihrer Haut ein Symbol der Genien und Hausgeister, daher die Schlange in Rom sogar zu den gewöhnlichen Haustieren gehörte. Lauter Elemente einer Tiersymbolik, welcher man in anderen Naturreligionen auch begegnet, welche sich aber in Italien, soviel wir wissen, weder für die Sagen- noch für die Fabel- und Märchendichtung so fruchtbar erwiesen haben wie in Griechenland, Deutschland und bei anderen Völkern. Um so wichtiger war das gesamte Tierleben, und auch dieses entspricht wieder ganz dem mehrfach geschilderten Charakter des italischen Volkstums, für den religiösen und priesterlichen Bedarf der Deutung und Weissagung, wie sie sich bei diesen Völkern frühzeitig in dem eigenen Stande und Berufe den Augurn entwickelt hatte. Von den Umbrern, Sabinern, Marsern, Latinern wissen wir es gewiß, daß die Auguraldisziplin bei ihnen blühte, von den übrigen, namentlich den oskisch redenden Völkern, darf man es gleichfalls annehmen. Das wesentliche Gebiet der auguralen Beobachtungen war aber bekanntlich die Tierwelt, sowohl der Angang der vierfüßigen und der kriechenden Tiere, des Fuchses, Wolfes, Pferdes, der Schlange usw.[21], als die Bewegungen und das Geschrei der Vögel und zwar ganz besonders dieser letzteren, was wieder, wie mir scheint, auf eine alte Heimat zwischen den Bergen und Wäldern deutet, zumal da der Wandervogel schlechthin, der Specht, der bedeutungsvollste Vogel war wie die Erscheinung des Wolfes die bedeutungsvollste unter den Quadrupeden.[22] Übrigens wurde bekanntlich sowohl der Flug als die Stimme der Vögel beobachtet und demgemäß für die Auspizien alites und oscines unterschieden, obwohl einige Vögel, namentlich der Specht und die Elster, zu beiden Klassen gehörten. Ferner hatte jeder Vogel seinen Gott, dem er entsprach, so daß alle Vögel heilig waren[23], obgleich einige, die den Todes- und Unglücksgöttern entsprachen, nur Unheil bedeuteten. Weiter galt es die Richtung und die Art des Fluges und so manches andere zu beobachten. Das bekannte Augurium aus dem Fressen der Hühner, welches vorzüglich im Lager beobachtet wurde, ist für diesen Zweck offenbar nur deshalb so allgemein geworden, weil es unter allen Umständen das einfachste war.

Auf eine sehr altertümliche Tradition deutet ferner der Jupiter Lapis im Heiligtum des Feretrius, desgleichen die Bedeutung der Lanze im Kulte des Mars und Quirinus, sowie in dem der sabinischen Juno, der sogenannten Ancilien im Kulte der Salier: lauter Symbole des italischen Altertums, zu welchen erst später durch griechischen Verkehr die Palladien, die Kerykeien, der Lorbeer des Apollo u. a. hinzukamen. Und so scheint auch der fast in allen Naturreligionen nachweisbare bildliche Gebrauch der des männlichen Zeugungsgliedes in der Bedeutung einer zeugenden und schöpferischen Kraft schon im alten Italien verbreitet gewesen zu sein, da dieses Symbol wenigstens bei den ländlichen Liberalien der Latiner eine nicht weniger bedeutsame Rolle spielte als bei den ländlichen Dionysien in Attika. Auch die bei mehr als einer Gelegenheit beliebten fescennini versus deuten darauf, samt der durch ganz Italien verbreiteten Anwendung des fascinum als Amulett und Gegenzauber bei vielen einzelnen Gelegenheiten, bei denen doch wohl eigentlich der Glaube an einen Schutz der ewig schöpferischen Gotteskraft ausgedrückt werden sollte.

Damit wir uns aber diese Stufe der Religion nicht gar zu harmlos vorstellen, ist zu bedenken, daß gerade diese älteste Zeit wie anderswo, so auch in Italien ganz vorzugsweise die Zeit der *Menschenopfer* gewesen sein muß, obwohl dieselben später bis auf seltene Ausnahmen abgeschafft und durch stellvertretende Gebräuche ersetzt wurden. Deutliche Spuren solcher Opfer hatten sich z. B. bei den latinischen Ferien erhalten, bei denen noch unter den Kaisern ein verurteilter Verbrecher den Altar des Jupiter zu Rom mit seinem Blute benetzen mußte; weniger deutliche bei der Feier der Saturnalien und der Compitalien, in dem gewöhnlichen Ritus der Blitzsühne, dem sogenannten Asyl des Vejovis und andern altertümlichen Sagen und Gebräuchen. Und so ist auch der in der alten Geschichte Italiens oft erwähnte Gebrauch, einen heiligen Frühling, ver sacrum, zu weihen[24], deutlich der Ausdruck einer religiösen Stimmung, welche den Göttern und ihren Priestern auch das Liebste darzubringen nicht anstand. Es war der Gebrauch in schweren Kriegsläufen, Sterbezeiten und andern Calamitäten den Göttern, vorzüglich dem Mars im voraus die sämtlichen Erzeugnisse des nächsten Frühjahrs, d. h. der Monate März und April zu weihen, Menschen, Vieh und die Frucht der Felder, worauf man im nächsten Jahre das Vieh und die Feldfrüchte wirklich opferte, die junge Mannschaft aber sobald sie herangewachsen war als Geweihete, d. h. den Göttern Verfallene zum Lande hinaustrieb und ihrem Schicksale überließ: eine gewöhnliche Veranlassung für diese sich unter dem Schutze des Mars und der Anführung seiner heiligen Tiere eine neue Heimat zu erkämpfen. Endlich lassen sich auch die bei verschiedenen volkstümlichen Gelegenheiten in Italien und Griechenland erwähnten oscilla am besten durch sinnbildliche Menschenopfer und den Baumkultus erklären. Es sind kleine schwebende Figuren und Masken, welche namentlich bei der Feier der latinischen Ferien an den Bäumen aufgehängt und von den Alten, nachdem der rechte Sinn verloren gegangen war, auf sehr verschiedene Weise erklärt wurden. Da in alter Vorzeit die Köpfe und Glieder der geopferten Tiere oder Menschen an die Bäume des Hains aufgehängt wurden, so hatten diese Puppen und Masken wahrscheinlich den Sinn einer bildlichen Stellvertretung, wie sie uns in dem römischen Gottesdienste öfters begegnen wird.[25]

2. *Der Gottesdienst des Numa*

Immer hat Numa für den eigentlichen Begründer des römischen Gottesdienstes und insofern für den ersten Gesetzgeber Roms gegolten, da dessen Verfassung vor den Tarquiniern wesentlich auf religiösen und theokratischen Prinzipien beruhte.

Da die alte Überlieferung ihn einen angesehenen Sabiner aus dem benachbarten Cures, der zweiten Metropole Roms nennt, so werden wir den nationalen Kern seiner Gesetzgebung bei diesem altitalischen Volke suchen müssen, zumal da die Sabiner auch sonst als ein sehr ernstes, gottesfürchtiges und sittenstrenges Volk geschildert werden und ihre Gottesdienste in Rom gleichfalls den Eindruck einer sowohl in religiöser als in sittlicher Hinsicht weit gediehenen Entwicklung machen. Indessen ist auf der andern Seite nicht zu verkennen, daß auch das alte Herkommen und die sacralen Satzungen der Latiner auf Numas Verordnungen einen bedeutenden Einfluß ausüben mußten, da es ohnehin sein Hauptzweck war, aus den bisher getrennt gebliebenen Römern und Quiriten, d. h. der palatinischen Latiner und quirinalischen Sabiner ein durch gemeinsame Religion gebundenes Ganzes zu bilden. Auch wissen wir, daß viele von Numa in sein Werk aufgenommene Institute, z. B. das der palatinischen Salier und ihr Dienst des Mars, die Luperci und ihr Dienst des Faunus, die Arvalischen Brüder und ihr Dienst der Dea Dia latinischen Ursprungs waren, während viele andere z. B. die Kulte des Saturnus und der Ops, des Jupiter und des Veiovis, der Diana und Lucina, der Laren und der Mutter der Laren, des Vulcanus und der Vesta sowohl latinisch als sabinisch waren: endlich daß auch der geistliche Stand und das Priestertum bei den Latinern weit gediehen war. So gab es Flamines, Vestalische Jungfrauen, Pontifices und Augurn, auch Fetialen so gut bei den Latinern als in Rom oder bei den Sabinern. Ja es scheint in Gabii, einer Kolonie von Alba Longa, eine eigene Priesterschule gegeben zu haben, zunächst für das Auguralwesen, worauf auch die Sage führt, daß Romulus und Remus, die ersten Augurn in Rom, ihre Bildung zu Gabii empfangen hatten, Dionys. H. I, 84, Plutarch Rom 6. Wenigstens wissen wir aus Varro l. l. V, 3, daß die Auspizien auf Römischem und auf Gabinischem Stadtgebiete in gleicher Weise angestellt wurden. Auch war der sogenannte cinctus Gabinus, eine eigene Art, die Toga aufzuschürzen, welche die freiere körperliche Bewegung begünstigte und deshalb bei den Römern vorzüglich im Lager herkömmlich blieb, nach sicherer Überlieferung ursprünglich vielmehr bei verschiedenen gottesdienstlichen Verrichtungen üblich gewesen, namentlich wie es scheint bei solchen, welche mit Umzügen verbunden, also schreitend auszuführen waren.[26]

Die Verschmelzung der getrennten Römer und Quiriten erreichte Numa teils durch die Kurienverfassung, teils durch gewisse zentrale Institute des neuen Staatskultus und der religiösen Oberaufsicht des Königs, namentlich die Regia und den Gemeindeherd der Vesta in der Nähe derselben, endlich durch eine solche Einrichtung der Priestertümer und des öffentlichen Kultus, d. h. seiner Gebräuche, Opfer und Gebete, daß dieselben fortan für die gesamte Bürgerschaft der Römer und Quiriten, nachmals auch für den dritten Stamm der Luceres verbindlich waren. Vermöge der Kurienverfassung wurden sämtliche Familien des Patriziats, d. h. der ältesten Bürgerschaft in dreißig Kurien eingeteilt, welche zugleich eine politische und eine religiöse Bedeutung hatten und insofern mit den Kirchspielen mancher deutscher Städteverfassungen verglichen werden können. Jede Kurie hatte ihr besonderes Lokal zu ihren korporativen und gottesdienstlichen Versammlungen und zu demselben Behuf ihren eigenen Curio und Flamen, alle zusammen aber standen unter der geistlichen Oberaufsicht eines sogenannten Curio Maximus, welcher zu dem Gottesdienste der Kurien und zu ihren Vorstehern und Priestern ein ähnliches Verhältnis gehabt zu haben scheint wie der König, später der Pontifex Maximus zu dem römischen Gottesdienste und zu den Geistlichen überhaupt. Die Regia war urspünglich, wie dieses schon der Name sagt, der zentrale Sitz des Königs, sofern dieser zugleich das Haupt und der oberste Priester und geistliche Repräsentant des Staates war und als solcher zugleich eine Oberaufsicht über alle gottesdienstlichen Übungen desselben ausübte, sowohl die des öffentlichen als die des Familienlebens. In der Regia, welche am Fuße des palatinischen Hügels an der sogenannten Via Sacra lag, wo diese in das Forum mündete, wurde, solange es einen König gab, von diesem und der Königin, später von den dazu verordneten Priestern und Priesterinnen den höchsten Göttern des Staates, namentlich dem Janus, Jupiter, der Juno, dem Mars, der Ops im Namen der ganzen Bürgerschaft geopfert. In der Nähe dieser Regia aber lag auch das Heiligtum der Vesta mit dem Gemeindeherde, auf welchem gleichfalls unter der unmittelbaren Aufsicht des Königs, später des Pontifex Maximus, von den reinen Händen der Vestalischen Jungfrauen die heilige Flamme unterhalten wurde, in welcher sich die unsichtbare Lebensflamme des Staates und der Gemeinschaft seiner Bürger bildlich darstellte, gerade so wie jede der dreißig Kurien und jede einzelne Familie auf ihrem Herd ein ähnliches Feuer unterhielt und dabei der schützenden und erhaltenden Götter und Genien gedachte, von denen sie ihre besondere Existenz und ihr eigenes Gedeihen ableitete.[27]

In der Verfassung der Geistlichkeit lassen sich drei verschiedene Systeme unterscheiden, deren erstes die Priester und den regelmäßigen Dienst der höchsten Staatsgötter, des Janus, Jupiter, und der Juno, des Mars, Quirinus und der Vesta umfaßt. Hatte hier früher der König an der Spitze gestanden, so scheinen dessen Rechte, namentlich die Aufsicht über den gesamten Kultus nach Anleitung der Gesetze des Numa, schon unter den Königen zum Teil auf den Pontifex Maximus übergegangen zu sein[28], und vollends veränderte sich die alte Ordnung der Dinge, als das Königtum abgeschafft und nur noch ein Schatten seines Namens geduldet wurde. Seitdem gab es nur noch einen Opferkönig, Rex Sacrorum oder rex Sacrificulus genannt, der Erbe der priesterlichen Funktionen, welche dem König bis zuletzt geblieben waren, namentlich der Opfer an den Janus. Auf ihn folgten dem geistlichen Range nach die drei sogenannten Flamines Maiores, welchen Beinamen sie den zwölf Flamines Minores niederer Ordnung verdankten, die durch die Einführung anderer Kulte mit der Zeit nötig wurden und auch den Plebejern zugänglich waren.[29] Unter den Flamines der höheren Ordnung blieb der Flamen Dialis immer der angesehenste, als Repräsentant des höchsten Gottes im lichten Himmel, dessen Heiligkeit und Reinheit sich in vielen und schwierigen Beobachtungen ausdrückte, die ihm für sein persönliches Verhalten vorgeschrieben waren. An seiner Seite war seine Gemahlin, die Flaminica schlechthin, dem Dienste der Juno gewidmet, wie sich denn bei den meisten dieser höheren römischen Priestertümer die Erscheinung wiederholt, daß ihre Inhaber in erster und einziger Ehe verheiratet sein mußten und daß ihre Frauen den Dienst bei der weiblichen Gottheit zu versehen hatten, welche der männlichen ihres Gemahls am nächsten stand. Die beiden anderen Flamines, der martialis und Quirinalis, entsprachen, wie bereits früher bemerkt wurde, den beiden alten Stammgöttern der palatinischen Römer und der quirinalischen Sabiner.[30] Endlich folgte dem Range nach als der letzte der Pontifex Maximus, obwohl er vermöge seiner geistlichen Macht wenigstens im Laufe der Republik bei weitem der erste war und für den persönlichen Mittelpunkt des gesamten römischen Staatsgottesdienstes gelten konnte. Von ihm ging die Besetzung aller bisher genannten priesterlichen Würden aus, des rex Sacrorum, der Flamines Maiores und der Vestalischen Jungfrauen, ja er übte auch eine Disziplinargewalt über diese Priester und Priesterinnen, welche insofern alle seiner Oberaufsicht untergeben waren.[31] Ferner war er in allen laufenden Fragen des Gottesdienstes und des geistlichen Rechtes, sowohl in öffentlichen Angelegenheiten als im Familienleben, die letzte Instanz, so daß er auch in das Staats- und Beamtenwesen und in das zivile Recht, z. B. wo es über die Legitimität einer Ehe und über die von der Religion vorgeschriebenen Pflichten gegen die Verstorbenen zu entscheiden galt, oft hinübergriff und dadurch Veranlassung bekam, sich nicht allein um die geistlichen, sondern auch um die weltlichen Angelegenheiten zu bekümmern, welche bei diesem Amte sogar je länger desto mehr zur Hauptsache wurden. Außerdem hatte er die Aufsicht über die von Numa überlieferten, im Laufe der Zeit vielfach erweiterten und überarbeiteten Urkunden des geistlichen Rechts und des öffentlichen Gottesdienstes, also auch über den Kalender und die von demselben abhängigen Bestimmungen der Fest- und Geschäftstage, sowie über die jährlichen Aufzeichnungen außerordentlicher Ereignisse von religiöser Bedeutung, aus welcher die sogenannten Annales Maximi hervorgingen. Lauter Geschäfte, die ein zahlreiches Beamtenpersonal und ein bedeutendes Archiv von selbst mit sich brachten und unter seiner Leitung von einem eigenen Kollegium der Pontifices besorgt wurden, welches zuerst aus 4, seit der I. Ogulnia v. J. 454 d. St. 300 v. Chr., durch welche die Plebejer den Zugang zu diesem wichtigen Amte erlangten, aus 8, seit Sulla aus 15 und noch mehr Mitgliedern bestand und sich durch Kooptation ergänzte, während der Pontifex Maximus durch Volkswahl unter den Mitliedern des Kollegiums bestimmt wurde.[32] Auch der Opferkönig und die drei höheren Flamines gehörten zu diesem Kollegium, welches in allen Religionssachen, bis auf die Zulassung neuer Gottesdienste, in Rom und durch ganz Italien die höchste konsultative Behörde bildete.

Ein zweites System dieser Geistlichkeit vom ältesten Datum bildete das Kollegium der Augurn, deren es bis zur I. Ogulnia gleichfalls 4, seitdem 9, seit Sulla 15 und mehr gab. Ihre geistliche Aufgabe war die Beobachtung des Willens der Götter aus den konventionellen Zeichen und die Anwendung dieser Beobachtungen auf alle wichtigeren Vorgänge des öffentlichen Lebens, wobei sie indessen niemals unmittelbar und persönlich einschritten, sondern immer nur den vollziehenden Behörden zuratend oder abmahnend zur Seite standen. Die Beobachtungen selbst wurden nach einer altherkömmlichen Technik und sorgfältig fortgepflanzten Lehre (disciplina) angestellt, wobei es sich besonders darum handelte, auf der Erde den rechten Standpunkt zu nehmen, den Himmel in gewisse Felder einzuteilen, und demgemäß über die gute oder schlimme, ein Unternehmen, die Wahl eines Beamten usw. billigende oder mißbilligende Bedeutung der göttlichen Zeichen zu entscheiden. Ferner waren die Augurn bei allen Weihungen beteiligt, sowohl den vielen persönlichen der Priester, welche erst nach vorgenommener Einweihung (inauguratio) ihr Amt antreten und nicht ohne eine förmliche Aufhebung dieser Weihe (exauguratio) von demselben wieder entfernt werden durften, als bei den örtlichen Einweihungen der Stadt und des Stadtgebietes, der Tempel und Heiligtümer, auch der Äcker, Weinberge und Obstgärten, welche dann durch gewisse Umzüge, Opfer und Gebete zu bestimmten Zeiten oder auf außerordentliche Veranlassung zugleich von aller Befleckung gesühnt und zu neuer Weihe eingesegnet wurden, bei welchen Gelegenheiten die Augurn gewöhnlich mit den Pontifices und anderen Priestern zusammenwirkten. Endlich hatten sie bei außerordentlichen Gelegenheiten, namentlich bei drohenden Erscheinungen des Himmels den Zorn der Götter zu sühnen, Blitze zu beschwören, und wieder unter anderen Umständen gewisse Verfluchungen auszusprechen, welche für alle Bürger der Stadt galten. Die Grenze ihrer Beobachtungen in der Stadt war das sogenannte Pomoerium, das Lokal derselben und das ihrer amtlichen Versammlungen und Verhandlungen das sogenannte auguraculum auf der Capitolinischen Burg (in arce), wo sie zu gewisser Zeit ein sehr heiliges und heimliches Opfer darbrachten.[33] Auch gehörte es zu ihren amtlichen Rechten und Verpflichtungen darauf zu achten, daß sie von dort aus den ganzen Horizont der Stadt ungehindert übersehen konnten. Seinen ersten Ursprung leitete dieses Kollegium nach alter Überlieferung vom Romulus ab, dessen lituus, mit dem er das bekannte Glückszeichen der Gründung gewonnen hatte, als eine heilige Reliquie bewahrt wurde. Aber erst seit dem sabinischen Könige I. Tatius war die Stätte der Beobachtungen auf der Burg aufgeschlagen worden, und erst Numa galt mit gutem Grunde für den Stifter des Kollegiums. Übrigens gab es auch außer diesem Kollegium viele Augurn in Rom, wie sie zu Privatzwecken oder sonst befragt wurden, vollends in älterer Zeit, wo z. B. der berühmte Sabiner Attus Navius nicht eigentlich zum Kollegium der öffentlichen Augurn gehörte. Es ist derselbe, welcher Tarquinius dem Älteren mit seinen Zeichen und Wundern so imponierend entgegentrat, daß der mächtige König von seinen Neuerungen ablassen mußte, ein Vorgang, auf welchen die Tradition der Augurn ein solches Gewicht legte, daß das Kollegium seinen außerordentlichen Einfluß auf den Gang aller öffentlichen Angelegenheitn erst von da an datierte.[34] Ihre religiöse Bedeutung beseteht ganz wesentlich darin, daß sie im Sinne der Vorzeit für die Dolmetscher des unsichtbaren Willens der Götter, vor allem des Jupiters galten.[35] Sobald man nicht mehr an die Teilnahme dieser Götter an allen irdischen und weltlichen Angelegenheiten und an die Bedeutung der Zeichen glaubte, sank das ganze Institut natürlich zur politischen Farce herab.

Eine dritte Gruppe ist die der Sodalitäten und Brüderschaften, namentlich der Luperci, der Salii, der Sodales Titii und der Fratres Arvales: ältere Verbrüderungen zu gewissen Kultuszwecken, welche Numa in seine Verfassung aufnahm oder durch dieselbe neu organisierte und dadurch zu öffentlichen Instituten machte. Ihr Unterschied von den gewöhnlichen priesterlichen Kollegien besteht teils in ihrem Ursprung und der Enge ihrer Verbrüderung teils in der Art ihres öffentlichen Hervortretens. Dem Ursprung nach deuten sie entweder auf gentilicische Vereine oder sonst die elementaren Zustände des Gemeindeverbandes, wie dieses auch von den Alten ausdrücklich anerkannt wird und z. B. in dem Namen der Luperci Fabiani und Quinctiliani sich deutlich darstellt. Ihre Verbrüderung aber war besonders deswegen so enge, weil sich mit ihrer Gesellung das religiöse Element auf das innigste verband, indem sie sich eben zunächst zur gemeinschaftlichen Feier eines Opfers und Opfermahles verbunden hatten, dadurch aber überhaupt zur innigsten Befreundung in Not und Tod angehalten wurden, wie dieses ja auch der Name Sodales und Fratres und Germani ausdrückt.[36] Der Zahl nach scheinen diese Vereine gewöhnlich aus zwölf Mitgliedern bestanden zu haben, die sich durch Kooptation ergänzten. Ihr religiöser Dienst unterscheidet sich von dem des gewöhnlichen Priesters dadurch, daß sie immer nur bei gewissen festlichen Veranlassungen hervortreten, im übrigen aber nur als religiöse Korporationen von öffentlicher Geltung existierten. So traten die Luperci öffentlich nur im Februar hervor, wo sie im Dienste des palatinischen Faunus, eines sehr alten Kultus, gewisse sinnbildliche Gebräuche der Sühung und Befruchtung verrichteten, die Salier im März, wo sie zu Ehren des alten palatinischen Stammgottes Mars, seit Tullus Hostilius auch zu Ehren des sabinischen Quirinus mit eigentümlichen Liedern und Tänzen durch die Stadt zogen, die Titier bei einer nicht näher bekannten Veranlassung zur Erinnerung an den Sabinerkönig T. Tatius, endlich die fratres Arvales im Mai, wo sie zu Ehren der Dea Dia in ihrem vor der Stadt gelegenen Haine die vorgeschriebenen Gebräuche verrichteten und gemeinschaftliche Opfermahlzeiten hielten.

Der Kultus des Numa wird im allgemeinen dadurch charakterisiert, daß zugleich seine große Einfachheit und seine außerordentliche Mühsamkeit, d. h. die große Zahl seiner Gebräuche und Beobachtungen, welche namentlich den Dienst der Priester sehr schwierig machten, hervorgehoben wird. In diesem Sinne äußert sich Cicero[37] und unter den Kirchenvätern Tertullian, welcher letztere wiederholt auf diesen Punkt zurückkommt und wegen der vielen Gebräuche, Gelübde und Observanzen das Gesetz des Numa sogar mit dem des Moses vergleicht[38], dabei aber gleichfalls die große Einfalt und Nüchternheit der Ausstattung des Dienstes rühmt. Gewiß ist, daß dieser Charakter in den engeren Kreisen des alten römischen Staatsgottesdienstes sich trotz der später hinzugekommenen Tempel und Bilder, der prächtigen Prozessionen, der rauschenden Spiele immer als fester Kern alter Sitte und Frömmigkeit erhalten hat, daher auch die Patrioten immer wieder darauf zurückwiesen und namentlich auch dieses vor Augen haben, wenn sie auf die vielgerühmte Religiosität der Vorfahren zu sprechen kommen, welche einer der wirksamsten Hebel des römischen Staates und der römischen Macht gewesen sei.[39] Denn ein religiöser Mensch ist im Sinne des römischen Sprachgebrauchs nur der gesetzlich fromme und gewissenhafte, welcher sich streng an die vom Staate vorgeschriebenen Normen des Götterglaubens und des Gottesdienstes hält und darin weder zu viel noch zu wenig tut[40], wobei also freilich nur von einer Gesetzlichkeit im pharisäischen Sinne des Wortes die Rede sein konnte, nicht von der Religion und dem Glauben im Sinne des Neuen Testaments. Obwohl sich auf der anderen Seite nicht leugnen läßt, daß diese peinliche Gewissenhaftigkeit und Genauigkeit der gottesdienstlichen Übungen und der hohenpriesterlichen Oberaufsicht das ganze römische Staats- und Rechtwesen der guten alten Zeit wie im Keime in sich enthielt und daß Numa als Urheber des pontificalen Grundgesetzes mit gutem Fuge für den Urheber des alten römischen Staates gelten konnte, welcher trotz aller politischen Neubildungen der späteren Könige und der Republik doch im Stillen noch immer sehr mächtig nachwirkte.

Versuchen wir uns diese Eigentümlichkeit des römischen Kultus, seine Simplizität auf der einen Seite und die Überladung mit religiösen Observanzen auf der anderen näher zu vergegenwärtigen, so bestand jene zunächst in der noch immer dauernden Enthaltung von aller äußeren Vergegenwärtigung der Götter durch Tempel und Bilder.[41] Denn Tempel im architektonischen Sinne des Wortes gab es auch unter Numa nicht, sondern nur geweihte Räume zu gemeinschaftlichen Opfern und Gebeten, sogenannten Kurien und Atrien (z. B. das atrium Regium, das atrium Vestae), wodurch gewisse alte und einfache Symbole und Unterpfänder des göttlichen Schutzes und der göttlichen Gegenwart nicht ausgeschlossen sind, z. B. die Lanzen und die Ancilien des Mars, der Bogen des Janus, das Feuer der Vesta und andere mehr, welche entweder aus dem höheren Altertum beibehalten oder von Numa neu geschaffen wurden. Auch fragt es sich, ob es nicht auch damals schon sogenannte pulvinaria gegeben habe, eine eigentümliche Weise, die Gottheit für das Gebet, namentlich die supplicatio zu vergegenwärtigen, auf welche ich gelegentlich zurückkommen werde. In jenen Bet- und Opfersälen standen Opfertische von einfachem Holz, auf welchen die frommen Gaben in Körben oder auf tönernen Platten dargebracht wurden; die Altäre, welche im Freien standen, waren meist von natürlichem Rasen, wie auch später in den altertümlichen Kulten solche zu finden waren. Ferner war die altertümliche Einfachheit aller nach dem Gesetze Numas zum Gottesdienste erforderlichen Geräte und Gefäße mit der Zeit zum Sprichwort geworden[42], namentlich die der Form und ihrer Bestimmung nach mannigfaligen, aber dem Stoffe nach gleichfalls sehr kunstlosen Gußgefäße, Schalen, Töpfe Numas, in denen die Spenden dargebracht oder die Opferstücke gekocht oder die Erstlinge des Kornfeldes, der Weinberge und andere Naturgaben geweiht wurden, wie davon wieder die Urkunden der Arvalischen Brüder manche Andeutung geben. Die Opfer selbst waren teils blutige, d. h. Tieropfer, welche von dem Gesetze Numas keineswegs ausgeschlossen, aber gleichfalls durch sehr ins einzelne eingehende Vorschriften geregelt waren, größtenteils aber unblutige[43], darunter besonders die bei jedem Opfer unvermeidliche mola salsa, welche gewöhnlich auch von Numa abgeleitet wurde, aber gewiß älter ist als er. Ferner gab es sehr viele Spenden, meist ohne Wein[44], endlich sehr viele Opferkuchen, liba, die in sehr verschiedener Form gebacken wurden, zu welchem Behufe es unter dem dienenden Personal der verschiedenen Priestertümer eigene geistliche Kuchenbäcker, sogenannte fictores gab.[45] Das allgemeine Material dieser Spenden und Opfer war, soweit Mehl dazu erforderlich war, das alte nationale Getreide far oder ador, d. i. Dinkel, Spelt, welcher daher auch sonst auf Veranlassung vieler altertümlicher Gebräuche der ehelichen Verbindung oder Trennung den Namen confarreatio und diffarreatio gegeben hat.[46] Mit welcher peinlichen Sorgfalt übrigens z. B. die mola salsa für den öffentlichen Kultus zubereitet wurde, davon geben die darauf bezüglichen Gebräuche der Vestalischen Jungfrauen eine deutliche Vorstellung. Die Menschenopfer scheinen, soweit sie überhaupt noch bestanden, durch Numa gänzlich entfernt und durch sinnbildliche Gebräuche ersetzt zu sein, worauf namentlich die Legende von Numa und dem Jupiter Elicius deutet. Ja die Ängstlichkeit vor allem Blutigen und was daran erinnern konnte war in dem römischen Gottesdienste so groß, daß der Gebrauch des Eisens von allen heiligen Handlungen streng ausgeschlossen war und auch der Leib der Priester nicht von einem Eisen berührt werden durfte, eine Rücksicht, welche sich übrigens auch in anderen Religionen findet und in Italien auch von den Etruskern und Sabinern beobachtet sein soll.[47] Endlich wird auch der Gebrauch der später bei Opfern und anderen heiligen Handlungen allgemein herkömmlichen Flötenmusik immer so bestimmt von den Etruskern abgeleitet, daß eine solche oder überhaupt irgendeine Musik beim Gottesdienst des Numa nicht wohl denkbar ist.

Drückt sich in diesen Tatsachen eine strenge Nüchternheit und eine ebenso große Gewisenhaftigkeit des religiösen Gedankens aus, so ist die Seele einer anderen Reihe von Gebräuchen die *castitas*, d. h. der Sinn für Reinheit, welche sowohl von allen Betenden und Opfernden[48] als von dem Opfer selbst, vor allem aber von dem ganzen priesterlichen Personal gefordert wurde und wieder eine Menge von einzelnen ritualen Vorschriften und Bestimmungen zur Folge hatte. Daher die vielen Waschungen, Besprengungen und Räucherungen, wie sei bei allen religiösen Handlungen erforderlich waren; daher die äußerste Reinlichkeit und Sauberkeit namentlich beim Kulte der Vesta, deren Herd als Gemeindeherd zugleich ein Symbol des öffentlichen Gottesdienstes überhaupt war: daher ferner die vielen und häufig wiederholten Lustrationen der Stadt, des Stadtgebietes, der Bürgerschaft, des Heeres, ja selbst des Viehstandes, wie sie in den verschiedensten Kulten, namentlich aber in dem der alten Nationalgötter Mars und Faunus vorkommen, alle mit der zu Grunde liegenden Vorstellung, daß nur das den Göttern lieb und angenehm sein könne, was von dem Makel und der Befleckung der irdischen Natur und des irdischen Gebrauchs immer von neuem gereinigt werde. Daher ferner die strenge Feierlichkeit in der Anwendung der einmal hergebrachten und konsekrierten Formel des Gebetes oder frommen Gebrauchs, weil durch die bei jeder Weihe vorgenommenen Auspizien die Gottheit selbst diese Formel genehmigt, also ein für allemal geheiligt hatte, so daß die kleinste Abweichung ein Verstoß gegen ihren Willen war: eine neue Quelle vieler Verschuldungen und dadurch veranlaßten Sühnungen. Das ist das Gebiet der sogenannten *piacula*, von denen in den sakralen Vorschriften der Pontifices gleichfalls sehr ausführlich die Rede war. Piaculum commissum oder piacularis commissio hieß nämlich eine jede Versündigung der Art, welche durch einen eigenen Akt der Sühnung, expiatio, wieder gut gemacht werden mußte; piaculum dann aber auch das Sühnopfer, welches als Mittel der Sühne dargebracht werden mußte; außer welchen bestimmt vorliegenden Fällen aber auch für eine eventuelle Versündigung z. B. beim Dienste der Toten vor der Ernte die porca praecidanea geschlachtet, oder in solchen Fällen, wo aus bestimmten Zeichen der Götter auf eine nicht näher nachweisbare Versündigung geschlossen wurde, sogenannte postiliones oder postulationes als von den Göttern geforderte Sühnopfer dargebracht wurden.[49] Und zwar war bei den Opfern, den Gebeten, den Prozessionen der geringste Verstoß schon wichtig genug, um solche Sühnungen oder auch eine Wiederholung der ganzen heiligen Handlung oder wenigstens des besonderen Aktes, in welchem das Versehen vorgefallen war, notwendig zu machen: Irgendein Versehen oder eine Auslassung beim Vortrage des Gebets, eine falsche Bewegung der Hand beim Gußopfer, eine plötzliche Stockung der Tanzbewegung oder der begleitenden Flöte oder der Prozession, indem etwa eines der Pferde, welche die Prozessionswagen der Götter zogen, scheu wurde oder der Knabe, welcher den Wagen führte, die Zügel mit der linken Hand ergriff oder fallen ließ. Es soll vorgekommen sein, daß um solcher Versehen willen ein und dasselbe Opfer wohl dreißigmal wiederholt worden war. Ferner mag hier der in Rom und ganz Italien zu allen Zeiten außerordentlich zahlreichen *Gelübde* (vota) erwähnt werden, eine Art von Religiosität, die man in so häufiger Anwendung auch nicht leicht in einer anderen Religion des Altertums wird nachweisen können. Gleich in den ältesten Zeiten der Nation kündigt sich dieser Trieb in den häufigen Gelübden des heiligen Frühlings an, und bis zu den letzten Zeiten der Kaiser beurkundet er sich in zahllosen Dedikationstiteln und in den häufigen Gelübden für das Wohl des Kaisers und des kaiserlichen Hauses, wie sie namentlich am dritten Januar, welcher Tag danach der der Vota hieß, von Staatswegen konzipiert wurden. Zugrunde liegt, von dem Mißbrauche abgesehen, gewiß auch hier ein tiefes Gefühl der Verpflichtung für alles Gute und alles Heil, welches man von den Göttern durch fromme Sitzungen zu erlangen hofft; die häufige Übung hatte frühzeitig die Form eines förmlichen Kontraktes angenommen, vermöge dessen der Gelobende für den gesetzten Fall einer Erhörung seines Gebetes reus wird, d. h. verpflichtet zu der angelobten Gabe, Stiftung oder Heiligung seiner eigenen Person, wie er nach erfolgter Erhörung als damnatus, also als gleichsam Verurteilter sein Gelübde erfüllen muß.[50] Endlich die vielen Ahndungen, Träume, omina, ostenta, portenta, lauter Andeutungen, Prüfungen und Merkmale des göttlichen Willens, ein Aufmerken auf jedes Zeichen der göttlichen Vorsehung, wo es sich irgend zeigen mochte und konnte, am Himmel oder auf Erden, im Bauche des Opfertieres oder durch allerlei Abnormitäten des natürlichen Verlaufs der Dinge: diese merkwürdige Superstition des Lebens und der Naturempfindung, welche die Römer den Griechen gegenüber allerdings weit abergläubischer und schwerfälliger zu jeder Wissenschaft erscheinen läßt, aber doch auch eins von den vielen Merkmalen ihrer tiefinnerlichen Furcht der Götter ist.

Eine besondere Beachtung verdienen schließlich die vielen öffentlichen Gebete und Gebetsformeln (precationes, carmina), welche für uns um so wichtiger sind, weil gerade in dieser Hinsicht die pontificale Gesetzgebung des Numa offenbar einen sehr bedeutenden Einfluß auf das Göttersystem und den Göttergglauben, d. h. auf die Namen und Anrufungen der Götter gehabt hat. Namentlich sind hier die *Indigitamenta* wichtig, ein eigener Abschnitt der heiligen Urkunde, welcher in seiner ersten Abfassung auch auf Numa zurückgeführt wird, aber mit der Zeit gleichfalls erweitert und vielfach überarbeitet sein mag. Die Kirchenväter und andere Schriftsteller, welche sie aber nur aus dem großen Werke Varros kannten, pflegten sie wie ein Repertorium alter Götternamen zu benutzen und besonders bei ihren Klagen über den ausgearteten Polytheismus der Römer darauf zurückzugehn, obwohl Cicero seinerseits von einer übergroßen Menge der Götter in den pontificalen Urkunden nichts wissen will.[51] So hat man auch neuerdings in diesen Indigitamenten meist Verzeichnisse, eine Art von offizieller Protokolle der ältesten Götternamen gesehen[52], ich glaube mit Unrecht, da man sie vielmehr für eine Sammlung der alten Gebetsformeln des öffentlichen, von den Pontifices überwachten Gottesdienstes hätte halten sollen, in denen die Reihen und Namen der Götter nach eigentümlichen liturgischen Prinzipien zusammengestellt waren. Der Titel indigitamentum wird wohl am besten als Frequentativ von index zu verstehen sein[53], so daß diese Bücher insofern allerdings Verzeichnisse waren, aber nicht von bloßen Götternamen, sondern von solchen Gebeten, in denen nach altertümlicher Weise bei den verschiedensten Veranlassungen des Lebens, Geburten, Hochzeiten, Todesfälle, für die Äcker, für das Vieh usw. zu den Göttern gebetet wurde.[54] Daher das Wort indigitare auch in derselben Bedeutung wie Beten und Anrufen gebraucht wird, namentlich von dem priesterlichen, mit religiöser Weihe und bei einer feierlichen Gelegenheit vorgetragenen Gebete der Pontifices, der Vestalischen Jungfrauen und der Flamines[55]; ja auch wohl, weil man dem Gebete überhaupt und vollends dem Gebte der höchsten geistlichen Würdenträger eine magische Kraft zuschrieb, in dem Sinne einer magischen Beschwörung durch Gebet und Anrufung.[56] Ja es ist gelegentlich ausdrücklich von einer in den Händen der Pontifices befindlichen Sammlung der öffentlichen Gebete des römischen Staatskultus die Rede[57], so daß man eben die Indigitamenta dafür wird halten dürfen, d. h. für einen authentischen Originalkodex sämtlicher in der Praxis des römischen Staatsgottesdienstes bei dieser oder jener Gelegenheit vorgetragenen Gebete, nach welchem die Pontifices als Oberaufseher des öffentlichen Kultus auch diese Praxis überwachten. Der Form nach wird man sich diese Gebete nach Art der alten Liturgien oder Hymnen zu denken haben, etwa der Orphischen Hymnen und der ältesten Gesänge und Liturgien der christlichen Kirche, wo auch häufig der Text nur aus einer Zusammenstellung vieler einzelner Namen und Beinamen besteht.[58] Ohne Zweifel waren auch diese Texte, noch viel mehr als die Fasten und der Kalender, ursprünglich geheim, d. h. nur für die geweihten Kreise der Priester bestimmt und der Öffentlichkeit sorgfältig entzogen; bis später bei der allgemeinen Verweltlichung des Priestertums und der priesterlichen Bildung auch sie zugänglich und ein Gegenstand der gelehrten Forschung wurden, in welchem Sinne z. B. ein gewisser Granius Flaccus ein eigenes Buch der Indigitamentis an den Cäsar gerichtet hatte, wahrscheinlich als dieser Pontifex Maximus geworden war, s. Censorin d. d. n. 3. Vorzüglich aber war Varro auch in diesen wichtigen Urkunden sehr zu Hause; namentlich scheint er sie in dem Abschnitte seines Werkes de diis certis durchgängig exzerpiert und auf eigentümliche Weise überarbeitet zu haben, aus welcher Quelle dann wieder die späteren Schriftsteller schöpften. Auf die in mehr als einer Hinsicht höchst interessanten Götternamen der Indigitamenta, so weit wir deren Reihen aus diesen späteren Schriftstellern wiederherstellen können, werde ich in dem zehnten Abschnitt zurückkommen. Hier sei nur soviel bemerkt, daß ich die große Mehrzahl dieser Götter keineswegs für Kultusgötter im eigentlichen Sinne des Wortes halten kann, wie sie denn auch Varro nicht als solche behandelt hatte. Vielmehr können sie neben den wenigen Kultusgöttern, welche schon zur Zeit Numas galten, nur für numina und eine eigentümliche Art von männlichen und weiblichen Genien gelten, welche ich zum Unterschiede von den Orts- und Personalgenien Gelegenheitsgenien nennen möchte, d. h. für geistige Kräfte und Wirkungen der allwaltenden Gottheit, welche nach Art des ältesten Götterkultus eben nur fürs Gebet und durchs Gebet um Schutz und Hilfe nach Maßgabe der einzelnen Gelegenheiten, für welche man sie anrief, personifiziert wurden. Auch werden diese Götter bei den Kirchenvätern sowohl von den mythologischen als von den Kultusgöttern ausdrücklich unterschieden[59] und von Tertullian gelegentlich sogar recht passend mit den biblischen Engeln verglichen[60], obwohl sie sich an anderen Stellen wieder geflissentlich über diesen unberufenen und ganz überflüsigen Götterpöbel, wie sie sich ausdrücken, ärgern und lustig machen[61]; wozu ein gegründeter Anlaß zu ihrer Zeit um so weniger vorhanden war, da die große Mehrzahl dieser Namen schon zur Zeit Varros so gut wie verschollen war. Hatten sie ja hin und wieder einen eigenen Kultus im Volke gehabt und einzeln sich sogar auf die Dauer in demselben behauptet, so darf man daraus keineswegs auf den einfachen und bilderlosen Gottesdienst des Numa zurückschließen. Es liegt in der Natur solcher Personifikationen von geistigen Kräften, auch die der Tugenden bei Griechen und Römern können als Beispiel dienen, daß sie mit der Zeit an Konsistenz gewinnen und darüber selbst zuletzt zu Kultusgöttern werden, vollends, wenn der Trieb nach Bildern und anderer sinnlicher Vergegenwärtigung einmal erwacht ist.

Wie viel in Rom gebetet wurde und wie ängstlich und gewissenhaft man auch in dieser Hinsicht war, erfährt man aus einer wichtigen Stelle bei Plinius H. N. XXVIII, 2, 3, wo er über die magische Wirkung von Gebets- und Beschwörungsformeln spricht und bei dieser Gelegenheit verschiedener noch zu seiner Zeit gebrauchter Formeln der Art gedenkt. Der Glaube an die Kraft des Gebets sei so allgemein, daß kein Blut eines Opfertieres, keine Beobachtung des göttlichen Willens ohne Gebet für wirksam gelte. Gewisse Formeln werden gesprochen, wenn man göttliche Zeichen zu haben wünscht, andere, wenn ein Übel abgewendet werden soll, wieder andere, wenn den Göttern ein Wunsch vorgetragen wird. Auch sind die Götter von den höchsten Magistratspersonen immer mit bestimmten herkömmlichen Worten beschworen worden, und damit ja kein Wort des Textes ausgelassen oder nicht in der rechten Folge gesprochen werde, liest eine dazu angestellte Person die Formel nach dem geschriebenen Texte vor, während eine andere zur Kontrolle dabei steht, eine dritte vor beiden steht, um jedes störende Wort zu verbieten und endlich der Flötenbläser dazu bläst, damit ja nichts Störendes gehört werde: da berühmte Beispiele vorliegen, daß entweder ein Fluch geschadet hat oder das Gebet durch eine falsche Wendung seines Ziels verfehlte, in welchen Fällen z. B. die Merkmale der Eingeweide oder das Herz des dastehenden Opfertieres entweder ganz verschwinden oder sich verdoppeln. Noch ist die alte Formel vorhanden, fährt er fort, mit welcher sich die beiden Decier, Vater und Sohn, devoviert haben, auch die Reinigungsformel der Vestalin Tuccia, als sie der Unkeuschheit angeklagt das Wasser im Siebe trug. Noch in unserer Zeit hat man gesehen, wie auf dem Forum Boarium ein Grieche und eine Griechin oder ein Paar aus einer anderen Nation, mit welcher wir eben zu tun hatten, lebendig begraben wurde, wozu von dem Vorsteher des Kollegiums der Fünzehn eine Formel gesprochen wird, so grausig und mächtig, daß man schon beim bloßen Lesen ihre Gewalt zu empfinden glaubt: Lauter Tatsachen, welche die Erfahrung von 830 Jahren für sich haben. Ja wir glauben noch heute, daß unsre Vestalischen Jungfrauen flüchtige Sklaven, wenn sie die Stadt noch nicht verlassen haben, durch ihr Gebet festzuhalten vermögen, da man ohnehin, wenn einmal im Prinzip zugegeben wird, daß die Götter das Gebet erhören und durch Worte bestimmt werden, diesen ganzen Glauben auch zugeben muß. Unsere Altvorderen wenigstens haben immer daran geglaubt, selbst an das Seltsamste, daß Blitze durch Worte vom Himmel herunter beschworen werden können. Ja man hielt, setzen wir hinzu, eine Beschwörung bei dem Namen der Götter unter allen Umständen für so unwiderstehlich, daß Verbrecher, sobald sie in öffentlicher Volksversammlung eine solche Beschwörung ausgesprochen hatten, dieselbe feierlich zurücknehmen (resecrare) mußten, s. Paul. p. 280. Von einzelnen herkömmlichen Fällen aber, in denen sonst von derartigen Gebets- und Beschwörungsformeln ein öffentlicher Gebrauch gemacht wurde, setzen wir noch folgende hinzu; die meisten sind solche, wo die Pontifices überhaupt, namentlich der Pontifex Maximus als Priester oder als Oberaufseher des Gottesdienstes, die Formel vorsprach. Zunächst viele feierliche Opferhandlungen, welche im Namen des römischen Volkes vollzogen wurden, und zwar so, daß sehr oft auch die Pontifices dabei als Priester fungierten.[62] Ferner die feierlichen Beschwörungen der Götter (obsecrationes) in besonderen Unglück verheißenden Fällen, wo entweder die Sibyllinischen Fünfzehner oder der Pontifex Maximus die Formel vorsprach, verba praeibat, vgl. Sueton Claud. 22; desgleichen die vielen Einweihungen (consecrationes), wo der Pontifex in derselben Weise tätig war.[63] Derselbe mußte ferner bei den vielen im Namen des Staates ausgesprochenen Gelübden den Behörden die Formel vorsagen[64], auch bei den in älterer Zeit nicht seltenen Devotionen, vollends wo ein höherer Magistrat oder gar der Feldherr seine Seele für das Wohl des ganzen Volkes den Unterirdischen verschwor, z. B. nach der Niederlage an der Allia, wo die in den Würden der letzten Generationen ergrauten Senatoren sich für das Vaterland und ihre Mitbürger als Sühneopfer dargeboten haben sollen, und bei den bekannten Devotionen der Decier.[65] Ferner waren sie in gleicher Weise tätig bei den Evokationen der Götter einer belagerten Stadt (Plin. H. N. XXVIII, 2, 4), auch bei dem Sühneopfer der Argeer, wo die Pontifices und die Vestalischen Jungfrauen wie in anderen Fällen zusammenwirkten (Dionys. 1, 38, Varro l. l. VII, 44), endlich bei den Opfern und Gebeten des sogenannten Amburbium, d. h. eines sühnenden Umzuges um die Grenzen des Stadtgebietes (Strabo V p. 230), vermutlich auch bei den ehelichen

Trauungen nach dem alten Ritus der Confarreatio, wo der Pontifex Maximus und der Flamen Dialis zugegen waren und nicht bloß symbolische Gebräuche verrichtet, sondern auch bestimmte Formeln gesprochen wurden.[66] Ja es wurde selbst vor den öffentlichen Vehandlungen und Reden auf dem Markte in älterer Zeit, sogar bis zu der des Cato und der Gracchen, ein religiöser Akt vorgenommen, namentlich ein feierliches Gebet zu den alten Göttern des Staats gesprochen, bei welchem vermutlich wieder der Pontifex Maximus die dirigierende Person war, d. h. dem Konsul oder der sonst präsidierenden Magistratsperson das solemne carmen precationis vorsagte.[67] Nur in den einzelnen Gottesdiensten z. B. der Vesta, des Jupiter, der Ackergöttinnen Tellus und Ceres und in ähnlichen Fällen sprachen die Priester und Priesterinnen dieser Götter selbst das Gebet[68], auch dann natürlich in der hergebrachten und konsekrierten Formel, welche, wie vorhin bemerkt wurde, ohne Zweifel gleichfalls in den Urkunden der Pontifices, vermutlich den Indigitamenten verzeichnet war.

So hatten auch die Augurn bei ihren Beobachtungen, ihren Umzügen und Weihungen ihre bestimmten Formeln der Anrufung und des Gebets, von denen leider nur wenige Bruchstücke erhalten sind[69], endlich die verschiedenen Brüderschaften und Sodalitäten gleichfalls ihre alten Gesänge und Formeln, welche in alten Urkunden bei ihnen bewahrt und nach diesen eingeübt wurden.[70] Und zwar waren alle diese Formeln und Gesänge konsekriert, so daß nichts daran verändert werden durfte[71], und wenn sie vorgetragen wurden, so wurden sie de scripto vorgetragen, wie wir dieses aus den Urkunden der Arvalen sehen, welche uns ein altes Liede dieser Brüderschaft erhalten haben und zugleich über die Art des Vortrags belehren. Die berühmtesten unter diesen Liedern waren bekanntlich die der Salier, welche axamenta genannt wurden und als eine Reihe von Versen beschrieben werden, von denen jeder einzelne einem bestimmten Gotte galt, daher sie nach ihnen Ianui, Iovii, Iunonii, Minervii usf. genannt wurden.[72] Der Name axamenta ist entweder ab axibus abzuleiten, weil die älteste Urkunde auf ähnlichen Holzpyramiden wie die Solonischen Gesetze geschrieben waren, oder von axare, einem alten Frequentativ von agere in dem Sinne von opfern, weil sie zu den Opfern der Salier vorgetragen wurden.[73] Der Ursprung des Konzepts wurde bei diesen Liedern ausdrücklich auf Numa zurückgeführt, daher sie allgemein für das älteste Denkmal der römischen Posesie und der römischen Sprache galten, s. Varro l. l. VII; 3 Cic. de Orat. III, 51, Horat. Ep. 1, 2, 85.

Also überall eine Neigung zum opus operatum und zum Formelwesen und Buchstabendienste, welche in der Tat sehr an Mosaismus und Pharisäismus erinnert. Es ist nicht zu verkennen, daß ein solches Wesen, von den ältesten Zeiten her in den Schulen der Priester und den einzelnen Kollegien überliefert, dem römischen Rechte und dem strengen Formelwesen der Römer mit ihrem starren Festhalten am Herkömmlichen sehr zum Frommen gereichen mochte. Aber ebenso einleuchtend ist es, daß eine freiere Auffassung der Religion und des göttlichen Wesens dabei nicht aufkommen konnte, am wenigsten eine Mythologie und ein Kultus wie der griechische. Um so merkwürdiger ist die Revolution, welche von den hellenisch gebildeten Tarquiniern und dem zu ihnen gehörigen Servius Tullius wie überhaupt in der Geschichte des römischen Staats und der römischen Sitte, so ganz vorzüglich auf diesem Gebiete herbeigeführt wurde.

3. Die Neuerungen der Tarquijnier und ihre Folgen

Mögen diese Tarquiner nun wirklich von dem Griechen Demaratos, jenem Auswanderer aus Korinth, abgestammt haben oder ein eingeborenes etruskisches Geschlecht gewesen sein, gewiß ist, daß die Bildung der Etrusker damals schon mit hellenischen und anderen ausländischen Zivilisationselementen ganz durchdrungen war und daß durch sie der Strom dieser neuen Bildung zuerst in das bisher im älteren latinischen und sabinischen Herkommen noch gleichsam embryonisch verschlossene Rom geführt wurde: eine Tatsache, welche um so merkwürdiger ist, weil das Zeitalter der Tarquiner der Zeit nach mit dem der griechischen Tyrannen vom älteren Datum, zu denen auch sie gewissermaßen gezählt werden können, zusammmenfällt. Wie diese im Kampfe mit der Aristokratie begriffenen Tyrannen überall zugleich die unteren Stände gehoben und eine glänzende Architektur, einen glänzenden Gottesdienst gefördert haben, so geschah es auch in Rom; ja es ist geschichtlich überliefert, daß der letzte Tarquinier in persönlicher Verbindung nicht allein mit den gleichartigen Dynasten in Latium, sondern auch mit dem Tyrannen Aristodemos von Cumä stand. Die durch die Tarquinier herbeigeführten Neuerungen mußten aber in Rom schon deshalb weit folgenreicher sein als bei den Griechen, weil diese auf den Polytheismus der Kunst durch ihre Mythologie und den Einfluß des Orients lange vorbereitet waren; dahingegen in Rom, wie ich mir durch die Entwicklung des von Numa eingerichteten Gottesdienstes deutlich nachgewiesen zu haben schmeichle, die alte Zeit mit der nun eindringenden neuen im entschiedensten Widerspruche gestanden haben muß.

Vermutlich dachte Varro, wenn er den bilderlosen Kultus der Vorzeit auf 170 Jahre berechnete, an das alte Schnitzbild der Diana auf dem Aventin, welches nach der herkömmlichen Chronologie der Stadt zwischen dem J. 176 und 219 d. St. von dem Könige Servius Tullius dezidiert und dem Vorbilde des Kultus der artemis zu Massalia, mittelbar zu Ephesus entlehnt sein soll.[74] Indessen war genaugenommen nicht dieser Kultus der von dem ersten Tarquinier begründete, von dem letzten vollständig ausgestattete der Capitolinischen Trias der erste in seiner neuen und bildlichen Art; jedenfalls war er es, durch welchen zugleich ein neuer Geist ausgesprochen und das Vorbild eines neuen Gottesdienstes aufgestellt wurde, welches für den gesamten römischen Staatskultus außerordentlich folgenreich werden sollte. Diese Götter treten zuerst mit einem Anspruch auf weltliche Macht und Herrlichkeit auf, wie er gleichzeitig von ihren Schützlingen, den Königen, später von den Prätoren, Konsuln und Diktatoren im Namen des römischen Volkes erhoben wurde. Ihnen zuerst wurde von etruskischen Baumeistern der prächtige Tempel auf dem Capitol erbaut, welcher immer eine der schönsten Zierden der Stadt geblieben ist, ihnen zuerst von etruskischen Künstlern jene Bilder in ganz ausgeführter menschlicher Gestalt errichtet, welchen ganz im Stile des etruskischen und hellenischen Götzendienstes der Zeit von vielen dienenden Personen aufgewartet wurde.[75] Dazu kam die Einführung der ludi Romani, der ersten Spiele in dem spezifisch römischen Sinne, wie sie sich bald in den verschiedensten Kreisen des Götterdienstes geltend machten und zuletzt für das Volk und die vornehme Welt bei weitem zur Hauptsache des Gottesdienstes überhaupt wurden. Zwar sollen auch Romulus und Numa einzelne Spiele gefeiert und gestiftet haben, doch können diese nur elementare Anfänge gewesen sein, da jene von den Tarquiniern nach etruskischen Mustern gestiftete, für welche Tarquinius Priscus den großen Circus zwischen dem Palatin und Aventin einrichtete, von allen Kundigen für die ersten in ihrer Art gehalten werden und mit dem ganzen Charakter des neuen Capitolinischen Gottesdienstes genau zusammenhängen. Zerlegen wir sie in ihre einzelnen Bestandteile, so wird das Außerordentliche auch dieser Neuerung noch einleuchtender werden. Da gab es zuerst reichliche Opfer und eine feierlichen Opferschmaus, das epulum Iovis, wie solche Opferschmäuse fortan gleichfalls wesentlich zu den heiligen Spielen gehörten[76] und namentlich bei den Spielen Jupiters immer den alten Mittelpunkt der Feier bildeten. Ja diese Opfer und Opferschmäuse wurden mit der Zeit so zahlreich, daß die Stiftung einer eigenen priesterlichen Behörde für diesen Teil des Kultus nötig wurde. Bald nach dem zweiten punischen Kriege, im J. 196 v. Chr., wurde nämlich ein eigenes Kollegium, anfangs triumviri, später septemviri epulones zu diesem Behufe eingesetzt, zunächst zur Erleichterung der Oberaufsicht der Pontifices, da sie propter sacrificiorum multitudinem, d. h. bei der von Jahr zu Jahr zunehmenden Menge von Opfern und Opferschmäusen so vielen Pflichten nicht mehr genügen konnten.[77] Ein zweiter Akt war die feierliche Prozession, pompa, welche die Attribute der Capitolinischen Götter auf sogenannten Tensen, d. h. den Prozessionswagen vom Capitole herab zum Circus geleitete, damit sie bei den dort zu ihrer Ehre gefeierten Spielen sinnbildlich gegenwärtig wären, ein buntes Gewimmel von Wagen und Reitern, von Tänzern und Spielern, welche im etruskischen Geschmack kostümiert waren, von Göttern und Heiligtümern, welches gleichfalls zuerst bei den Römischen Spielen aufkam und immer vorzugsweise bei ihnen beibehalten wurde. Endlich und drittens folgten dann die Cercensischen Spiele selbst, für welche schon Tarquinius Priscus den Circus Maximus angelegt hatte, auch diese eine neuer Kultusakt der Capitolinischen Götter, daher die Quadriga ein wesentliches Attribut des Capitolinischen Jupiter und der Capitolinischen Tempel selbst so gerichtet wurde, daß die Götter auf den Circus Maximus, den Schauplatz ihrer heiligen Spiele, hinabblickten. Auch dabei lagen aber etruskische Vorbilder zu Grunde[78], ja man findet die lebendigen Bilder zu jenen Prozessionen, jenen Spielen in Rom in den Wandgemälden der alten Gräber der etruskischen Stadt Tarquinii. Wurden doch selbst die ersten szenischen Spiele, wie sie in Rom zuerst im J. 390 d. St., 364 v. Chr. beliebt worden waren, nach etruskischen Mustern und durch etruskische Künstler besorgt, bis später die griechische Bildung auch hier die etruskische verdrängt hat, s. Liv. VII, 2. Ja damit der Capitolinische Götterkultus in jeder Hinsicht seinen umbildenden, die alte Sitte und den alten Kultus ganz erschütternden Einfluß bewahre, wurde damals auf Veranlassung des neuen Tempelbaus auch die etruskische Haruspicin zuerst in Rom geübt und somit auch eine neue Art von Divination gestiftet, welche sich neben der älteren und einheimischen Technik der Augurn zwar niemals völlig einbürgern konnte, aber doch seitdem gleichfalls sowohl für den römischen Staat als für das Familienleben unentbehrlich geblieben ist.

Die Tarquinier haben aber nicht allein den etruskischen Gottesdienst nach Rom verpflanzt, welcher die herben Eigentümlichkeiten seiner Heimat in späteren Generationen wieder abgestreift hat. Sie haben durch die Einführung der Sibyllinischen Sprüche aus dem griechischen Cumä auch ein fruchtbares Reis der griechischen Bildung und des griechischen Gottesdienstes in den römischen Boden eingesenkt, welches mit der Zeit einen Sproß nach dem anderen getrieben, ja auf die Dauer ganz vornehmlich zur Hellenisierung des gesamten römischen Gottesdienstes beigetragen hat.[79] Tarquinius Superbus war es, der diese Sprüche erwarb, in dem neu erbauten Tempel des Capitolinischen Jupiter niederlegte und für den Staatsgebrauch heiligte. Der Gebrauch, den der Staat von diesen Sprüchen machte, bestand darin, daß man bei außerordentlichen Kalamitäten und Prodigien Sühnemittel in ihnen suchte, welche gewöhnlich in der Stiftung von neuen Kulten und Kultushandlungen bestanden. Ihr umbildender Einfluß beruhte wesentlich darauf, daß sie griechischen Ursprungs waren und speziell zum Kreise der Apollinischen Religion gehörten, also auch im Sinne dieser Religion, d. h. zur Verbreitung Apollinischer und verwandter Griechischer Sacra in Rom wirkten.

Die *Apollinische Religion* hatte sich mit den griechischen Kolonien nach Italien verbreitet und auch hier, wie überall, ihren seelenvollen und bildenden Charakter in den hervorragendsten Städten von Großgriechenland bewiesen, vorzüglich dadurch, daß sie mit den Künsten der griechischen Musik, Mantik und Kathartik überall Hand in Hand ging und in dieser Hinsicht für die Pflege des Geistes sowohl als des Körpers wie kein anderer Gottesdienst sorgte. Von dem Apoll von Cumä, der nächsten Nachbarin der Latiner, dürfen wir schon wegen der Sibyllinischen Weissagung annehmen, daß er vorzugsweise als Päan, d. h. als Heiler und Sühner bei leiblichen und geistigen Schäden angesehen wurde. So erscheint Apollo aber auch in Metapont und Kroton, wo die Pythagoreische Schule sich vornehmlich an diesen Dienst anlehnte und wo die Münzen eine sehr enge Verbindung mit Delphi nachweisen, auch in Kaulonia, dessen altertümliche Münzen das Bild des sühnenden Apollo mit seinem Lorbeerzweige zeigen, auch in Rhegium, wo die Sage von der Zuflucht des Orestes zu Hause war. So endlich auch in Rom, wo wir alle diese Institute der Sühnung, der Weissagung, der Musik, wie sie organisch zusammengehören, nach- und nebeneinander auftreten sehen werden. Daß aber der Apollinische Kultus und seine Priesterin und Prophetin, die Cumanische Sibylle, schon so früh in Rom Anklang fand, dies beweist wohl nicht so sehr ein vorherrschendes Vertrauen zu solcher Prophetie, denn an wahrsagenden Nymphen und anderen dämonischen Wahrsagern, die sich der griechischen Sybille wohl vergleichen mochten, fehlte es weder in Latium noch in Etrurien. Wohl aber beweist gleich die Aufnahme jener Sprüche eine sehr bestimmte Hinneigung zum Apollinischen Kultus, welcher sich von Cumä und den südlichen Griechen frühzeitig unter den Campanern und Samnitern verbreitet hatte und in der benachbarten Etruskerstadt Caere eine feste Verbindung mit Delphi unterhielt. Ja es wird überliefert, daß Rom selbst kurz vor dem Ausgang der Königsherrschaft und später bei der Belagerung von Veji seine Theoren nach Delphi so gut wie eine griechische Stadt sendete. Dennoch bleibt es eine außerordentlich wichtige, für Rom und das ganze Gebiet der romanischen Bildung äußerst folgenreiche Tatsache, daß die in der griechischen Welt allgemein verbreitete Religion nun auch in der für die Zukunft der Welt bestimmten Stadt einen neuen und fruchtbaren Boden gewann. Kein Gott ist nächst den alten latinischen und sabinischen, dem Janus, dem Jupiter, dem Mars so populär geworden als der griechische Apollo, ja dieser ausländische Gott hatte die Kraft, sich in einer Zeit, da jene alten Kulte schon im Absterben begriffen waren, unter Augustus, noch einmal zu verjüngen und neben dem Capitolinischen Jupiter als der mächtigste und am meisten angebetete Gott bis zum Ausgange des Heidentums zu behaupten.

Die nächste Folge jener Aufnahme der sibyllinischen Bücher war die Gründung einer eigenen priesterlichen Behörde für die Beaufsichtigung und Anwendung derselben, einer bald durch ihren Einfluß auf Religion und Politik so wichtigen, daß sie mit den älteren Kollegien der Pontifices und Auguren an Rang und Würde wetteiferte und die Plebejer einen ihrer frühesten Triumphe dadurch erlangten, daß sie den Zutritt zu diesem Kollegium gewannen. Wie sehr dasselbe auf griechischen Gottesdienst und auf griechische Bildung angewiesen war, sieht man daraus, daß ihm zum richtigen Verständnis der Sprüche von Staatswegen zwei geborene Griechen als Dolmetscher beigegeben wurden und daß sie da, wo sie bei bestimmten gottesdienstlichen Veranlassungen opfernd auftraten, dieses immer graeco tiru taten, also mit solchen Eigentümlichkeiten des religiösen Herkommens, welche dem griechischen Gottesdienst unmittelbar entlehnt waren. Übrigens waren ihrer anfangs nur zwei Patrizier, welche duumviri sacris faciundis genannt wurden, d. h. eingesetzt zur Begehung solcher, meist griechischer Sacra, wie sie von den sibyllinischen Sprüchen befohlen wurden. Seit dem J. 387 d. St., 367 v. Chr., wo Patrizier und Plebejer in gleicher Anzahl zugelassen wurden, bestand das Kollegium aus zehn Männern, endlich seit Sulla aus fünfzehn, daher sie seitdem X viri und XV viri sacris faciundis genannt werden. Die spezifische Beziehung zum Dienste des Apollo tritt bei verschiedenen Gelegenheiten hervor, ja Livius nennt sie geradezu Priester des Apollinischen Gottesdienstes.[80] Sie wurden dieses vollends seitdem August die sibyllinischen Sprüche vom Capitol in das von ihm neu gestiftete Heiligtum des Palatinischen Apollo verlegte, so daß sie nun auch örtlich und amtlich immer mit diesem Dienste zu tun hatten.

Eine weitere Folge derselben Stiftung war die Einführung einer ganzen Reihe von griechischen Gottesdiensten, welche unter solcher Autorität sehr bald in Rom feste Wurzeln schlugen, ja dem römischen Volke, namentlich allen Bestandteilen desselben, welche nicht zum Patriziate und zur alten Ordnung der Dinge gehörten, ganz vorzugsweise gefallen zu haben scheinen. Abgesehen von dem nächst verwandten Apolodienste sind folgende Religionen und Religionsgebräuche auf solche Weise nach Rom gekommen: 1) Im J. 258 d. St., 496 v. Chr. der Dienst der Ceres, des Liber und der Libera, d. h. der griechischen Götter Demeter, Dionysos und Persephone, welchen bald darauf in der Nähe des Circus Maximus der Tempel erbaut wurde, welcher immer der Mittelpunkt dieses Kultus geblieben ist. Eine um so wichtigere Stiftung, da bei dieser Gelegenheit zuerst griechische Künstler in Rom tätig waren; denn vor diesem Tempelbau war, wie Varro berichtet hatte, alle Einrichtung der Tempel von den Etruskern besorgt worden.[81] 2) Zuerst im J. 355 d. St., 399 v. Chr., dann später oft wird durch die sibyllinischen Bücher ein sogenanntes Lectisternium veranlaßt, eine eigentümliche Art von religiöser Feier, welche mit der Zeit immer allgemeiner in Aufnahme kam. Die Feierlichkeit bestand darin, daß man den Göttern wie zu einem heiligen Mahle Pfühle (pulvinaria, lectos) bereitete, auf diese ihre Attribute oder ein Geflecht von heiligen Zweigen oder auch ihre Büsten (capita deorum), wahrscheinlich als drapierte Wachsmasken legte und darauf ihnen Speise vom Opfer oder von den Mahlzeiten mitteilte, welche gleichzeitig durch die ganze Stadt begangen wurden. Gewöhnlich sind damit allgemeine Supplikationen verbunden, bei welchen durch die ganze Stadt von allem Volke bei denselben Pulvinarien gebetet und dazu mit Wein und Weihrauch geopfert wurde. Ich möchte beide Gebräuche keineswegs für ausschließlich griechischen Ursprungs halten, da die elementaren Bestandteile derselben, das ture et vino supplicare, die Vergegenwärtigung der Götter durch pulvinaria mit ihren Attributen und selbst die Sitte der Götter zu speisen sicher altitalisch waren.[82] Indessen leidet es keinen Zweifel, daß bei den durch die sibyllinischen Bücher veranlaßten Lectisternien der griechische, speziell der Apollinische Gottesdienst mit im Spiele ist; erscheinen doch gleich bei der ersten Feierlichkeit Apollo mit seiner Mutter und Schwester, die gewöhnliche Apollinische Trias, neben anderen griechischen Göttern als die wichtigsten, s. Liv. V, 13, Dionys XII, 9. Auch kennen wir unter den Apollinischen Kultusakten ein Fest, welches wohl als Vorbild dienen konnte, ich meine die Theoxenien, wie sie namentlich zu Delphi als eine Art von Ernte- und Freudenfest im Sommer mit einer allgemeinen Speisung der Götter gefeiert wurden, zumal da die großen Lectisternien gewöhnlich durch ganz Rom mit Mahlzeiten und mit großer Festlichkeit und Geistlichkeit begangen wurden. So erinnern auch die allgemeinen Supplikationen sehr an den Päan, dieses echt griechische und Apollinische Bitt- und Freudenfest, auch dadurch, daß sie in den meisten Fällen zur Sühne von Prodigien und anderen Kalamitäten, ferner bei schweren Seuchen mit dem Gebet um Heilung, auch bei kriegerischen Unternehmungen um Segen für dieselben zu erflehen, endlich als Dank- und Freudenfest nach gewonnenen Siegen befohlen wurden. Auch wurden sie gewöhnlich, zumal wenn es Prodigien und böse Seuchen zu beschwören galt, von den Decemvirn der Sibyllinischen Bücher dirigiert, bei feierlichen Gelegenheiten so, daß das ganze Volk, Männer, Frauen und Kinder, Städter und Landleute, durch die Stadt wogte, um in allen Tempeln bei den Pulvinarien anzubeten, während von Staatswegen gleichzeitig große Opfer dargebracht wurden. Ja es ist hin und wieder auch der Apollinische Lorbeer mit im Spiele, das Laub der Sühne, des Heiles und des Glücks, welches sich in dieser symbolischen Bedeutung in Rom ohnehin eine allgemeine Anerkennung erworben hatte.[83] 3) Im J. 463 d. St., 291 v. Chr. wird infolge einer heftigen Pest auf Befehl der Sibyllinischen Bücher die Schlange des Aesculap von Epidauros geholt, das erstemal, daß Rom von dem griechischen Italien nach Griechenland selbst hinübergreift, übrigens auch nur eine weitere Folge des schon bestehenden Apollodienstes, da Aesculap ganz wesentlich zum Kreise des Heilgottes Apollo gehörte. 4) Im J. 514 d. St., 240 v. Chr. die Stiftung der Floralien, auf Veranlassung eines Mißwachses. Obgleich Flora sonst wie Venus eine italische Göttin ist, so lag doch bei so ausgelassenen Gebräuchen, wie sie bei diesen Floralien zur Regel gehörten, höchstwahrscheinlich ein Fest der griechischen Aphrodite der Gärten zugrunde. 5) Im J. 518 d. St., 236 v. Chr. die erste Feier von Sekularspielen (nach der späteren Zählung die dritte), ein Fest, welches ursprünglich nur die Götter der Unterwelt anging und erst später durch August mit einer Feier des Apollo und der himmlischen Götter verbunden wurde, damals aber von den Decemvirn höchstwahrscheinlich nach dem Muster des chtonischen Götterdienstes der Griechen begangen wurde, s. Liv. XXXVII, 3, Iul. Obseq. 1 (55). 6) Im J. 537 d. St., 217 v. Chr., nach der Schlacht am Trasimenischen See, wird auf Veranlassung der Decemvirn u. a. der Tempel der Erycinischen Venus gelobt, einer schon ganz orientalischen Gottheit, deren Kult zugleich wesentlich beigetragen hat die Aeneassage in Rom zu befestigen. 7) Im J. 549 d. St., 205 v. Chr., die Einholung der Großen Idäischen Mutter aus Pessinus, auf welche nach einigen Jahren die Stiftung der Megalesien folgte, ein gleichfalls wesentlich asiatischer Kultus, welcher trotz aller Beschränkungen, die er sich anfangs gefallen lassen mußte, zur Verbreitung des Fanatismus und der geistlosen Superstition in Rom sehr viel beigetragen hat. – Also eine ganze Reihe von griechischen Gottesdiensten, denn die beiden zuletzt genannten waren, obgleich ungriechischen Ursprungs, doch in der Form lange hellenisiert, und ein Einfluß welcher je länger, desto mehr an Kräften gewinnen mußte, da ohne Zweifel alle diese Elemente der griechischen Bildung gemeinschaftliche Sache und gegen die alte italische und römische Weise Partei machten. Kein Wunder, wenn nun bald die Römer sich selbst griechischen Ursprungs zu sein schienen und die Griechen in Rom, die ihnen dieses vordemonstrierten und ihre Stadtgeschichte danach zurechtmachten, gläubig anhörten.

Auch die Ausstattung der Tempel und Bilder blieb nicht zurück; hatten darin ehemals die Etrusker geherrscht, so wurde nun auch hier alles griechisch. Und zwar findet man in Rom wie in Griechenland selbst zugleich den Geschmack an alten Holz- und Kultusbildern und an der ästhetisch vollendeten Bildung der Götter und Verzierung der Tempel. Eins der ältesten Holzbilder griechischen Ursprungs in Rom war jedenfalls jenes angeblich von Servius Tullius im Tempel der Diana auf dem Aventin aufgestellte, von welchem die Rede gewesen. Ferner galt für sehr alt das troische Palladion im Tempel der Vesta, welches vermutlich von den Griechen im südlichen Italien herstammte und jedenfalls vor dem ersten punischen Kriege schon vorhanden war. So werden auch die Heiligtümer der Penaten von Lavinium, von denen Timaeos zu erzählen wußte[84], in der ältesten Zeit des griechischen Einflusses dahingekommen sein. Außerdem wird ein altes Bild des Vejovis von Zypressenholz erwähnt[85], endlich zwei Bilder von demselben Holze, welche der Juno Regina auf dem Aventin, im J. 547 d. St., 207 v. Chr., von einer Prozession unter Anführung der sibyllinischen Decemvirn ganz nach griechischer Weise überbracht wurden. Dazu hatte der Grieche Livius Andronicus in lateinischer Sprache einen Hymnus gedichtet, der nach griechischer Weise von einem Mädchenchore aufgeführt wurde, wieder etwas ganz Neues und eine für die Poesie in Rom sehr folgenreiche Anregung, da solch ein Hymnus nach griechischer Art und die alten Gesänge der Salier, der Arvalen usw. etwas wesentlich Verschiedenes waren. Beide Feierlichkeiten, die Prozession mit den Bildern und Opfern und der Chorgesang des Hymnus, wurden nach römischer Weise mehrfach wiederholt. Der Dichter Livius Andronicus aber erlangte durch sein Lied, so kümmerlich es übrigens ausgefallen sein mochte, sogar die Ehre und Konzession, eine Art von Schule und Zunft der wenigen Literaten und Schauspieler jener Zeit im Tempel der Minerva auf dem Aventin zu stiften: eine Einrichtung, deren stillen Einfluß wir in jenen Zeiten immerhin recht hoch anschlagen dürfen.

Man würde aber irren, wenn man sich den alten römischen Kultus so bald von der griechischen Weise überflügelt denken wollte. Noch immer waren die Pontifices und die Augurn mit ihren alten Gebräuchen und Satzungen die angesehensten Priestertümer; immer von neuem erinnerten die Umzüge der Salier im März, die naiven Gebräuche der Luperci im Februar an die ältesten italischen Zeiten und Gewohnheiten. Immer blieben Janus und Vesta der Anfang und das Ende jeder öffentlichen Kultushandlung, und in der langen Reihe der Götternamen, welche sich im öffentlichen Gebete zwischen diesen beiden einschoben, war Iupiter Optimus Maximus ein für allemal der alte römische Gott über alle Götter, römische und fremde, auch der Gott, welcher im Kultus bei weitem am meisten hervortrat, denn die Römischen Spiele, die Plebejischen Spiele, die oft wiederholten Großen Spiele dienten alle zu seiner als des höchsten Staatsoberhauptes Verherrlichung. Auch ist nicht zu verkennen, daß in der älteren Zeit, da Roms Eroberungen und Erweiterungen sich noch auf Italien beschränkten, aus den verschiedenen Gegenden desselben viele andere italische Kulte und Götter nach Rom versetzt wurden, die notwenig zur Verstärkung des nationalen Elementes der Religion dienen mußten. Bald geschah es durch Einbürgerung und Einwanderung einzelner Personen und Geschlechter, oder in älteren Zeiten auch wohl ganzer Gemeinden; in welchen Fällen die Anzügler gewöhnlich ihre heimatlichen Götter mitbrachten, welche dann wohl als dii adventicii von den diis publicis, d. h. den Göttern des römischen Staatskultus unterschieden[86], mit der Zeit doch aber auch sehr oft unter diese aufgenommen wurden. Auf solche Weise mag namentlich auch die großenteils aus übersiedelten latinischen Gemeinden entstandene Plebs ihre Götter anfangs für sich verehrt haben, bis dieselben zuletzt unter dieselben aufgenommen wurden, worauf u. a. die große Zahl der s.g. flamines minores deutet. In manchen Fällen waren solche Erweiterungen die Folge der Verbündung, namentlich des vieljährigen und sehr engen Bundes mit den Latinern, welchem Rom verschiedene wichtige Gottesdienste verdankt, zuerst die Diana auf dem Aventin und dem Jupiter Sospita von Lanuvium, welche seit dem J. 416 d. St., 338 v. Chr. zu den angesehensten Kulten in Rom gehörte.[87] Dazu kommen ferner die in älterer Zeit gleichfalls nicht seltenen evocationes der Götter bei Belagerungen und Eroberungen feindlicher Städte, deren Schutzgötter dann feierlich zur Übersiedlung nach Rom eingeladen werden und dort einen neuen Kultus erhalten, z. B. die Juno Regina von Veji. Daß die Zahl solcher Götter in Rom ziemlich groß war, beweisen die oft auf diesen Gebrauch zurückweisenden Erklärungen der Altertumsforscher.[88] Endlich die vielen neuen Stiftungen von Tempeln, Bildern und Spielen ex voto, ein ganz besonders oft erwähnter Anlaß zur Gründung neuer Gottesdienste, nachdem entweder der Senat durch die Konsuln oder der Feldherr in heißer Schlacht diesem oder jenem Gotte einen Tempel in Rom gelobt hatte[89], worauf diesem Gelübde später durch Erbauung des Tempels, seine Einweihung und Einrichtung des Kultus von Staatswegen Folge gegeben wird. Die letzte Entscheidung hatte sich in allen diesen Fällen, wo es auf die Anerkennung und Stiftung eines neuen Gottesdienstes in Rom ankam, der Senat vorbehalten, ohne welchen also kein Gott zu der Ehre gelangen konnte, vom römischen Staate anerkannt zu werden.[90] Im übrigen hatten die Pontifices die Einrichtung des neuen Kultus und die Dedikation und Konsekration des Tempels zu überwachen, vor welcher der ganze Gottesdienst, wie er in dem neuen Tempel gehalten werden sollte, und die Rechte desselben durch eine eigene lex consecrationis aufs Genaueste formuliert wurde.[91] Der Tag der Einweihung wurde immer zugleich der jährliche Fest- und Kalendertag des Gottes, sein Geburtstag, natalis, wie er in den späteren Kalendern genannt zu werden pflegte.[92] Die Dedikation selbst wurde nach alter Sitte durch einen Konsul oder Imperator, womöglich den, welcher den Tempel gelobt hatte, später oft durch dazu ernannte Duumvirn vollzogen, immer unter dem Beistande des Kollegiums der Pontifices, namentlich des die Dedikationsformel vorsprechenden Pontifex Maximus. Immer war diese Handlung eine der feierlichsten und die Ehre der Dedikation sehr begehrt, da der Name des Dezidierenden durch die Inschrift des Tempels zugleich aufs Höchste geehrt und auf die Nachwelt gebracht wurde. Mithin fehlte es weder an einer strengen und erfahrenen Aufsicht noch an Gelegenheit für die natürliche Eifersucht des Priestertums, sich geltend zu machen. Solange diese Behörden ihre Schuldigkeit taten, konnte ein anderer Verfall als derjenige, welchen die innere Seelengeschichte des römischen Staates und seiner Bürger von selbst mit sich brachte, nicht wohl eintreten.

Anhang. Der Kalender

Auch der römische Kalender trägt ganz das Gepräge der römischen Staatsreligion, wie sie sich im Laufe der Jahre aus einfachen Anfängen zu einem immer künstlicheren System entwickelt hatte. Man erkennt wohl die alte Grundlage der Naturreligion, aber die praktischen und zufälligen Beziehungen des bürgerlichen und häuslichen Lebens haben sich doch weit mehr geltend gemacht, und der nüchterne Sinn der Römer, welcher die Töchter des Hauses nicht benannte, sondern numerierte, zeigt sich auch in der Benennung der meisten Monate, welche bis auf die ersten und letzten einfach gezählt wurden.

Innerhalb der einzelnen Monate sind *Jupiter* und *Juno* als herrschende Mächte des lichten Himmels die bestimmenden Gottheiten. Dem Jupiter waren alle Idus heilig, d. h. die Tage des Vollmonds, welche immer in die Mitte des Monats fielen, also denselben teilten, und zwar deshalb, weil dann der Gott des Lichtes und der Helle, Iupiter Lucetius und Diespiter, sich den Tag und die Nacht hindurch in einer beständigen Folge lichter Klarheit offenbarte, daher diese Tage für ein Unterpfand seiner Weltregierung galten und sehr heilig gehalten wurden[93], der Juno Lucina alle Kalenden, d. h. alle Tage, an denen nach der Verborgenheit des Neumonds die Mondsichel zuerst wieder am Himmel erschien.[94] Einer der Subalternen des Kollegiums der Pontifices hatte die Obliegenheit, diese Erscheinung zu beobachten und, sobald er sie wahrgenommen, nachdem der Rex und die Regina Sacrorum zuvor der Juno geopfert hatten, das Volk auf das Capitolium zu berufen (calare) und ihm anzuzeigen, wieviel Tage es von den Kalenden bis zu den Nonen zu zählen habe, ob fünf oder sieben: daher der Name Kalendae. An den Nonen versammelte sich das Volk von neuem auf der Burg, um von dem Opferkönig zu erfahren, welche Feste in jedem Monat zu feiern und welche Geschäfte in demselben vorzunehmen seien.

Auch an den Nonen und an den Idus wurden regelmäßige Opfer dargebracht, an den Idus immer dem Jupiter. Man erkennt aus dieser ganzen Ordnung sehr deutlich sowohl das alte Mondjahr als die religiöse Begründung derselben in dem Kulte der Lichtgötter. Erst seit dem J. 450 d. St., 302 v. Chr., in welchem Cn. Flavius die Fasti bekannt machte, mögen jene alten Gebräuche eine wesentliche Änderung erlitten haben.

Außer jenen beiden Göttern, dem Jupiter und der Juno, ist der Dienst des *Mars* und des *Janus* für den römischen Kalender von besonderer Bedeutung. Mars ist der alte Nationalgott der schaffenden Naturkraft, auch des Frühlings: daher der Monat dieses Gottes, der mensis Martius, bei den Römern und den verwandten Völkern den natürlichen Jahresanfang bildete und namentlich am ersten Tage dieses Monats zugleich die Juno als Göttin aller Kalenden und der wiederkehrende Gott Mars mit unverkennbarer Beziehung zur Natur gefeiert wurden. Neben diesem natürlichen und die längste Zeit der Republik hindurch beibehaltenen Anfange des alten Mondjahres gibt es noch einen zweiten Anfang, den des Janus und des ihm geheilgten Monats Januar, wobei ohne Zweifel andere und jüngere Prinzipien der Jahresordnung zugrunde liegen, ohne daß wir leider etwas Bestimmteres zu sagen wissen, als daß die Einführung des Januskultus und der Monate Januar und Februar dem Numa zugeschrieben wurde. Höchswahrscheinlich aber war Janus ursprünglich ein Sonnengott, der als solcher zum Gott des Anfangs schlechthin geworden ist, weil man den Sonnengott auch kosmogonisch für den Gott des Ursprungs der Dinge, für den Eröffner aller Natur und aller Geschichte hielt. Heilgte man diesem Gotte gerade den Monat, in welchem nach dem kürzesten Tage die Sonne und das Licht wieder zunimmt, also nach dem gewöhnlichen Begriffe für das Jahr beginnt[95] so darf auch darin eine Beziehung auf den Sonnenkultus erkannt werden; nur ist es seltsam, daß der alte Jahresanfang mit dem März dennoch beibehalten und nur die Anfänge aller Monate, also die Kalenden, von nun an nicht bloß der Juno, sondern auch dem Janus geheiligt wurden. So entstand die eigentümliche Ordnung des römischen Kalenders, daß die Monate nach wie vor von dem März an gezählt wurden, also auf den April und Mai zunächst der Quintilis folgte, dann der Sextilis usw. bis zum December. Darauf folgte nach dem kürzesten Tage der Januar als Monat des Janus, der erst in späterer Zeit und sehr allmählich auch als Gott des Jahresanfangs sich geltend machen konnte, und der Februarius als der allgemeine Reinigungs-, Sühnungs- und Allerseelenmonat, in dem gewissermaßen alle Ansprüche und alle Befleckung des alten Jahres, des Winters, des Todes beseitigt wurden, damit im März das neue Jahr in aller Reinheit und Freudigkeit begangen werden könne. Weil auf diese Weise nur bis zum zehnten Monate, dem Dezember, gezählt wurde und die beiden letzten Monate, der Januar und Februar, wie spätere Anhängsel erschienen, ist bei den Alten oft behauptet worden, daß das römische Jahr ursprünglich nur zehn Monate und 304 Tage gehabt und erst durch Numas Zusatz jener beiden Monate zwölf Monate und 355 Tage bekommen habe: Eine Ordnung, welche, wenn sie überhaupt jemals bestanden hat, unmöglich jemals eine praktische Bedeutung für das Leben gehabt haben kann.

Eine weitere Beziehung des Kultus zu dem natürlichen Verlaufe des Jahres und seinen wichtigsten Abschnitten hat gewiß vielfach stattgefunden, doch tritt sie bei weitem nicht so klar und entschieden als in den Kalendern und Monatsnamen der Griechen hervor. Außer dem Martius ist auch der gleichfalls allgemein latinische, auch oskische Maius nach einer Gottheit benannt, der alten Frühlingsgöttin Maia; ob auch bei dem Aprilis eine ähnliche Beziehung anzunehmen, muß bei der Unklarheit des Namens dahingestellt bleiben.[96] Auch Junius wurde häufig auf die Juno bezogen, obgleich hier wie bei den anderen Monatsnamen schon von den römischen Gelehrten die verschiedensten Erklärungen versucht wurden. Gewiß ist, daß die schaffenden, empfangenden und begeisternden Gottheiten Faunus, Mars, Pales, Venus, Bona Dea vorzugsweise in den drei Frühlingsmonaten, d. h. von Februar bis zum Mai gefeiert wurden, Vulcan als heißer Gott des Feuers recht in der Mitte des heißen Sommers, Jupiter vorzüglich in den Herbstmonaten vom September bis November, wo die Witterung in Italien am beständigsten und der Himmel meist heiter und freundlich ist, endlich die Götter der Erde und der Unterwelt, Consus, Saturnus, Ops usw. in den Wintermonaten, namentlich im Dezember, wo die Felder wieder bestellt sind und die Hoffnung des Sämanns im verborgenen Schoße der Erde ruht. – Sehr auffallend ist es aber, daß nicht etwa bloß die verschiedenen Völker und Staaten in Italien verschiedene Kalender hatten, sondern selbst unter den Latinern die einzelnen Städte, z. B. Tusculum, Aricia, Präneste, Tibur, daher auch die Bedeutung der Monatsnamen und die Festordnung in diesen Kalendern eine verschiedene war. So war z. B. der Martius, welcher gewiß in keinem italischen Kalender fehlte, in Alba, Aricia und Tusculum wie in Rom seit dem neueren Jahresanfange der dritte Monat, bei den Laurentern und Faliskern der fünfte, bei den Hernikern, d. h. zu Anagnia der sechste, bei den Aequern der zehnte, in Cures der erste von drei Monaten, bei den Sabinern und Pelignern der vierte, nach Ovid F. III, 87 ff.

Schon aus dem oben Bemerkten geht hervor, daß der Kalender ursprünglich eine Sache des Gottesdienstes, also auch der Oberaufsicht der Pontifices unterworfen war. Sie kündigten nicht allein die neuen Monate und die innere Disposition jedes Monats samt seinen Festtagen an, sondern sie hatten auch über alle Geschäftstage im öffentlichen und privaten Leben zu verfügen, welche Tage für Volksversammlungen und Gerichtsverhandlungen geeignet, d. h. dies fasti, comitiales sein sollten, welche zu allen Geschäftstagen ungeeignet, d. h. dies atri[97], welche Tage religiosi, d. h. wegen gewisser religiöser Bedenken zu öffentlichen Geschäften, zum Reisen, zum Heiraten nicht geeignet. Außerdem hatten die Priester, hier die Flamines, aber unter der Oberaufsicht der Pontifices, auch dadurch einen bedeutenden Einfluß auf das Geschäftsleben, namentlich das ländliche, daß die meisten Geschäfte des Ackerbaus, des Weinbaus, also die Ernte, die Saat usw. von ihnen initiiert, d. h. durch gewisse religiöse Gebräuche eröffnet wurden.[98] Endlich war auch das ebenso schwierige als wichtige Interkalationswesen in den Händen der Pontifices, worüber die römische Jahresrechnung zuletzt in eine greuliche Verwirrung geriet.

Eine politische Reaktion gegen diese Herrschaft des Priestertums erfolgte in Rom, sobald die Plebs, d. h. das neue auf politischen Prinzipien beruhende Bürgertum, mit dem Patriziate, d. h. der alten, von sakralen Elementen durchdrungenen Bürgerschaft zu kämpfen begann und bald einen Erfolg nach dem anderen erlangte.[99] Dennoch wurde erst im J. 450 d. St., 304 v. Chr. durch den Aedilen Flavius jene wichtige Veröffentlichung der Fasti vorgenommen, seit welcher der Kalender jedem Bürger zugänglich war. Höchstwahrscheinlich wurden schon damals die Monate, die Wochen, die einzelnen Tage so benannt, abgeteilt, gezählt und notiert, wie es seitdem herkömmlich geblieben ist.[100] Die einzelnen Tage waren entweder festi, d. h. Feiertage oder profesti, d. h. Geschäftstage oder intercisi, d. h. halbe Feiertage.[101] Zum Wesen eines Feiertages gehört für die Freien Ruhe von allem Geschäfts- und Gerichtsverkehr, für die Unfreien Ruhe von der Arbeit, wie dieses in den Urkunden der Pontifices wieder sehr genau vorgesehen war und von gewissen Ausrufern der höheren Priester, die an solchen Tagen keine Arbeit auch nur sehen durften, den Handwerkern in der Stadt noch besonders eingeschärft wurde.[102] In sakraler Hinsicht machen einen Festtag aus Opfer, Opferschmäuse und feriae, d. h. Gottsdienst und Ruhe von der Arbeit. Diese waren teils stativae, teils conceptivae, teils imperativae, d. h. gebundene, bewegliche und außerordentliche Festtage. Feriae conceptivae, d. h. ein bewegliches Fest, welches nicht immer an den selben Tagen gefeiert, also immer vorher konzipiert, d. h. angesagt wurde, waren z. B. die latinischen Ferien, das Fest der Dea Dia in Rom, die Erntefeierlichkeiten u. a.[103] Natürlich konnten nur die feriae stativae in den Kalendern angemerkt werden.

Bekanntlich geriet dieser ältere römische Kalender durch die Fahrlässigkeit und Willkür der Priester zuletzt in eine so heillose Unordnung, daß Cäsar eine gewaltsame Reform vornehmen mußte, und ohne Zweifel ist es als eine Folge von dieser anzusehen, daß ein älterer römischer Kalender, d. h. einer aus der Zeit vor Cäsar und August bis jetzt nicht zum Vorschein gekommen ist. Vielmehr sind die meisten aus der Zeit unter August und Tiberius, unter welchen also solche Kalender in Rom und durch ganz Italien auf den Märkten oder in öffentlichen Gebäuden von Obrigkeitswegen oder auf Veranlassung von Privatpersonen aufgestellt wurden und auch in dem Gebrauche der Privaten viel vorhanden gewesen sein mögen. Eine Eigentümlichkeit aller dieser Kalender ist einmal die lange Dauer aller größeren Feste, namentlich der Spiele, welche, wie schon bemerkt worden, erst in den späteren Zeiten der Republik in solcher Weise ausgedehnt wurden, zweitens die große Anzahl der August und der kaiserlichen Familie geltenden Bet- und Festtage. Neben den größeren Festen, welche sich als solche im Laufe der Zeit entwickelt hatten, erscheinen viele andere, zum Teil gleichfalls sehr alte Feste und Götterdienste, nur als Dedikationstage der Tempel, welche jährlich durch gewisse Opfer, ausnahmsweise wohl auch durch Spiele zu begehen waren. Der älteste von diesen Kalendern und zugleich der einzige vollständige ist das Kalendarium Maffeanum, dessen Original sich ehemals im Palazzo Maffei zu Rom befand. Er gibt den Kalender, wie er unter August geordnet wurde, und ist auch deshalb wichtig, weil Ovid in seinen Fasten in den meisten Fällen mit ihm übereinstimmt.[104] Nächst dem ist besonders wichtig der des Grammatikers Verrius Flaccus, welcher die von ihm selbst geordneten Fasten auf dem Markte von Präneste hatte aufstellen lassen. Davon wurden im J. 1770 verschiedene Bruchstücke gefunden, welche außer dem eigentlichen Festkalender der vier ersten Monate und des Dezember allerlei erläuternde Anmerkungen enthalten.[105] Außerdem gibt es Bruchstücke eines Kalendarium Amiterninum, Venusinum, Capranicorum (sonst im Pal. Capranica), Farnesianum, Allifanum, Antiatinum, Exquilinum, Princianum und Vaticanum, deren Zusammenstellung in zuverlässigen Texten sehr zu wünschen wäre.[106] Als Probe eines Festkalenders, wie sie im Kulte des Augustus gebräuchlich waren, haben sich in Cumae verschiedene Bruchstücke des sogenannten Kal. Cumanum gefunden[107], als Probe eines ländlichen Kalenders, in welchem die Feldarbeiten der einzelnen Monate, die wichtigsten Feste der ländlichen Gottheiten, der Eintritt der Zeichen des Tierkreises u. a. bemerkt wird, dient das Kal. rusticum Farnesianum.[108] Endlich haben sich doch auch aus den letzten Zeiten des sinkenden Heidentums zwei wichtige Urkunden der Art erhalten. Das eine ist ein erst neuerdings in den Ruinen des Amphitheaters zu Capua ausgegrabenes feriale, d. h. ein Verzeichnis bloß der Feste, kein vollständiges Kalendarium, und zwar der Feste wie sie in Capua und in der Provinz Campanien gefeiert wurden, übrigens erst im J. 387 nach Chr. Geb. konzipiert und zur Charakteristik des religiösen Verhaltens der Zeit recht merkwürdig.[109] Das andere ist ein unter Constantius II (337–361) verfaßter römischer Staatskalender, welcher wegen seines späten Ursprungs gleichfalls in vielen wesentlichen Punkten von jenen älteren Kalendern abweicht, also über die Entwicklung des öffentlichen Gottesdienstes unter den Kaisern wichtige Aufschlüsse gibt.[110] Noch werden hier die alten Feste des Mars, der Vesta, die römischen Spiele und andere Festtage des ältesten römischen Kalenders gefeiert, aber neben diesen altrömischen Kulten nehmen nun auch die ausländischen Gottheiten, die Göttermutter aus Phrygien und die ägyptischen Sacra der Isis und des Serapis, schon eine sehr bedeutende Stelle im Kalender ein, desgleichen der Kultus der Divi, d. h. der konsekrierten Kaiser und die Spiele zum Andenken der von Constantin oder früheren Kaisern über die Perser, die Goten, die Marcomannen, Alamannen, Franken und Sarmaten gewonnenen Siege.

DRITTER ABSCHNITT

Die himmlischen und die herrschenden Götter

Allen diesen Göttern ist die Naturbeziehung auf den Himmel und seine Erscheinungen eigen, wie sie zumal beim Jupiter, der Juno, dem Janus, der Diana, der Mater Matuta sehr vernehmlich hervortritt und beim Jupiter zugleich der reale Grund seiner höchsten Obmacht, Güte und Heiligkeit ist, dieses wegen der übertragenen Bedeutung des himmlischen Lichtes, welches in der moralischen Welt das Element des Rechtes und der Wahrheit, der Treue und der Heiligkeit aller Verträge ist. Deutlich erkennbar ist auch eine alte Verehrung der beiden himmlischen Lichtkörper, der Sonne und des Mondes, welche alle alten Religionen so viel beschäftigt und hier in den eigentümlichen Gestalten des Janus, Vejovis, Jupiter Anxur und Apollo Soranus auftritt, während die Verehrung der Mondes im Kulte der Juno und der Diana durchschimmert. Juno ist zugleich die ideale Weiblichkeit und die himmlische Königin, Minerva die Göttin der Besinnung und Erfindung, und zwar dieses so ganz vorherrschend, daß sich die alte Naturbeziehung beinahe ganz verschliffen hat. Unter diese italischen Götter ist der griechische Apollo so früh eingetreten, daß er fast für heimisch gelten darf, vorzüglich als Repräsentant der Ideen des Heils und der Sühnung, welche in dieser Auffassung dem italischen Altertum vermutlich fremd war. Aber auch in den anderen Kulten hat sich mit den älteren italischen Elementen die jüngere griechische Bildung vielfach verbunden und verschmolzen, besonders in dem der Minerva und der Diana, wo man den Einfluß des griechischen Athena- und Artemisdienstes sehr bald merkt. Die eigentümlichste Figur ist Janus geblieben, mit dem wir einem alten Gesetze des römischen Kultus folgend den Anfang machen.

1. Janus

Es fehlte nähmlich den italischen Völkern zwar an einer kosmogonischen und theogonischen Dichtung, da ihr Gottesbegriff und ihr Gottesdienst sie zu einer solchen nicht kommen ließ. Doch hatten sie dafür den Gottesdienst des Janus, welcher sich weder bei den Griechen noch sonst in einer anderen Mythologie in einem entsprechenden Bilde nachweisen läßt, in dem alten Italien dagegen sehr verbreitet gewesen zu sein scheint. In Rom war sein Dienst nach zuverlässiger Überlieferung durch Numa eingeführt worden, seit welcher Zeit er immer unter den höchsten und heiligsten Göttern verehrt wurde. Hatte früher der König selbst dem Janus das zu bestimmten Zeiten vorgeschriebene Opfer in der Regia dargebracht, so tat dieses später der an seiner Stelle eingetretene Rex Sacrorum, welcher eben deshalb seinem geistlichen Range nach für den obersten Priester galt. Überhaupt wurde er als Gott des Anfangs und des Ursprungs der Dinge bei allen Opfern zuerst bedacht, bei allen gebeten und in allen Gebetsformeln zuerst und noch vor Jupiter genannt[1]. Schon die alten Lieder der Salier huben mit ihm an zu singen und nannten ihn den Gott der Götter (Divum Deum) oder mit dem herkömmlich gebliebenen Kultusnamen der patriarchalischen Zeiten den Vater Janus, welcher sich in diesem Kultus besonders lange erhalten hat.[2] Die vielen alten Kultusnamen, welche Macrob. S. 1, 9, 15 aufzählt: In sacris quoque invocamus Ianum Geminum, Ianum Patrem, Ianum Iunonium, Ianum Consivium, Ianum Quirinum, Ianum Patulcium et Clusivium und andere werden einzeln erläutert werden.

Bei der Erklärung seines Namens und Wesens ist häufig fehlgegriffen worden, obschon das Rechte ziemlich nahe liegt. So haben Cicero N. D. II, 27 und nach seinem Vorgange andere den Namen Ianus ab eundo erklären wollen, als ob dieses etymologisch zulässig und ein Gott der Türen und des Ein- und Ausgehens, welcher nichts als dieses bedeutet hätte, im Sinne des höheren Altertums überhaupt denkbar wäre. Andere sahen, indem sie dieselbe Etymologie beibehielten, im Janus ein Bild der ewigen Bewegung des Himmels, Macrob. S. 1, 9, 11, noch andere erklärten ihn für das uranfängliche Chaos, Ianus wie Hianus, Paul. p. 52. Das Richtige ist ohne Zweifel, was unter den Alten schon Nigidius Figulus bei Macrob. 1, 9, 8 gesehen und unter den Neueren besonders Buttmann Mythologus 2, 72 geltend gemacht hat, daß Ianus oder, was dasselbe ist, Dianus die Maskulinform ist zu dem weiblichen Iana oder Diana, d. i. der Mond[3], eigentlich *der Lichte* und *die Lichte*, von dius und dium in der Bedeutung des lichten Himmels. Also ein altitalischer Licht- und Sonnengott, welcher zu einem Gott des Anfangs und des Ursprungs schlechthin geworden ist, in einer eigentümlichen Abstufung von Bildern und Vorstellungen, deren organischer Zusammenhang mit dem ersten Grundgedanken sich indessen noch gut nachweisen läßt.

Der Sonnengott ist der Pförtner des Himmels und des himmlischen Lichtes, dessen Tore er morgens öffnet, abends schließt, ausgehend und eingehend: Dieses einfache Bild und seine bedeutungsvolle Anwendung ist den Griechen wohl nur deshalb entgangen, weil ihnen in ihrem Lande Okeanos der Ursprungsgott zu sein und Helios aus demselben auf- und in ihn unterzutauchen schien. Doch kennen auch sie eine Schwelle des Himmels, über welche Nacht und Tag sich flüchtig begrüßend aus- und eingehn, und die Heilige Schrift spricht von der Sonne wie von einem Bräutigam, welcher morgens mit strahlendem Antlitz aus seiner Kammer tritt. Bei den alten Umbrern, Sabinern, Latinern war aber gerade diese Vorstellung des Aus- und Eingangs, des Öffnens und Schließens die vorherrschende geworden; daher der einfache Bogen, ianus, eigentlich ein offener Durchgang (transitio pervia, Cic. N. D. II, 27) das Symbol des himmlischen Gewölbes und seines Pförtners Janus, des himmlischen Lichtgottes wurde. Eben daher in der späteren Zeit, sobald eine bildliche Darstellung beliebt wurde, der bekannte Doppelkopf des Janus (daher Ianus geminus, bifrons), weil er, wie schon die Alten bemerken, sowohl der Pförtner des Aufganges als des Unterganges, sowohl der Öffner ist als der Schließer[4], wie Horaz Carm. Saec. 9 sehr schön vom Sonnengotte sagt: Alme Sol, curru nitido diem qui promis et celas. Deshalb war der älteste Ianus Geminus in Rom, der von Numa gestiftete an der Grenze des Forums, so gerichtet, daß der eine Kopf gegen Anfang, der andere gegen Untergang schaute.[5]

So wurde also aus diesem Pförtner des Himmels zunächst der himmlische Öffner und Schließer (Patulcius Clusius) schlechthin, der sowohl im Himmel als auf Erden über allen Aus- und Eingang gebietet, am Himmel ein Herr über alle an ihm aufsteigenden und verschwindenden Erscheinungen, welches Ovid. F. 1, 117 sogar in so weitem Umfange von ihm aussagt, daß er nicht allein den Himmel mit seinen Wolken, sondern selbst das Meer und die Erde unter seine Aufsicht stellt: Auf der Erde als Herr über alle Türen, Tore und Straßen und über alles sich in denselben hin- und herbewegende Geschäft und Treiben der Menschen; ja er ist, weil durch ihn der Weg zu den Göttern des Lichts führte, auch der allgemeine Vermittler zwischen Himmel und Erde[6], daher seiner wie gesagt bei jedem Opfer und Gebet zuerst gedacht wurde.

Auch die Wege und Öffnungen des Krieges und des Friedens, die des Handels und der Schiffahrt, ja die alles Lebens und aller Lebenstätigkeit waren in seine Hand gelegt, wie sich gleich deutlicher zeigen wird.

Nur darf man sich dieses Amt des Öffnens und Schließens nicht so ganz mechanisch denken, daß nicht auch die dynamische Wirkung seiner lichten Sonnenkraft mit im Spiele wäre, wie dieses in folgenden Fällen deutlich zu sehen ist. So wurde er zunächst mit jedem neuen Morgen als Matutinus Pater angerufen, Horat. Sat. II, 6, 210, d. h. als der Gott des anbrechenden Tages, mit dem, wie Horaz hinzusetzt, die Menschen täglich alle ihre Lebensarbeit beginnen. Auch waren ihm deshalb die Anfänge aller Monate heilig, d. h. die Kalenden, wo sich das Licht des zunehmenden Mondes zuerst wieder am Himmel zeigte, daher er auch als Ianus Iunonius angerufen und an allen Kalenden mit der Juno verehrt wurde.[7] Unter den Monaten aber war ihm der Ianurius gewiß deswegen heilig, weil dieser Monat gleich nach dem kürzesten Tage begann, also den natürlichen Anfang eines neuen Jahres bildete, obwohl Numa aus Rücksicht auf den Kult der Salier und des palitinischen Mars den alten Frühlingsanfang des Jahres mit dem Monate des Mars auch ferner gelten ließ.

Ein anderes Merkmal, daß wir es beim Janus mit einem Sonnengotte zu tun haben, ist der Ursprung der Quellen, Flüsse und Ströme vom Janus; daher er in örtlichen Legenden für den Gemahl der Quellengöttin Iuturna und für den Vater des am Ianiculum verehrten Fontus, in anderen selbst für den des Flußgottes Tiberinus galt, in noch anderen die Feinde Roms dadurch abgewehrt, daß er bei einem ihm heiligen Tore plötzlich einen heißen Sprudel aus der Erde entspringen läßt, Ovid Fast. 1, 269 Oraque, qua pollens ope sum fontana reclusi, Sumque repentinas eiaculatus aquas. Ein Glaube, dessen näheres Verständnis erschlossen wird durch eine Erzählung bei Dionys H. I, 55, welcher sich auf örtliche Überlieferung beruft. Als Aeneas mit seinen Trojanern an dem öden Strande der Laurenter landet, leiden sie an brennendem Durst. Da sprudeln plötzlich zwei reiche Quellen aus dem Boden hervor, durch welche die Trojaner gesättigt und die ganze Gegend befruchtet wird, obgleich Dionysius sie zu seiner Zeit nur spärlich fließen sah. Dieses Wasser aber war dem Sonnengotte geweiht, und man sah zwei Altäre desselben an der Quelle, den einen nach Morgen, den anderen nach Abend, angeblich eine Stiftung des Aeneas. Vielmehr war es höchstwahrscheinlich eine alte latinische Überlieferung von jenem Pater Indiges am Numicius, welcher gewöhnlich für den Aeneas galt; wenigstens wüßte ich einen ähnlichen Glauben von der Sonne in Griechenland nicht nachzuweisen.[8]

Ja, dieser Gott galt auch für den Urheber des organischen Lebens, namentlich für den Erreger und Befruchter des Keims der menschlichen Erzeugung, in welcher Bedeutung er in den Indigitamenten als Consivius angerufen und auch hier vor allen Göttern zuerst genannt wurde, Macrob. I, 9, 16 Consivium a conserendo i. e. a propagine generis humani, quae Iano auctore conseritur.[9] Daher Janus in einigen Geschlechtern patrizischer Abkunft geradezu als Urheber des Geschlechts wie sonst der Genius verehrt wurde. So gab es in Rom ein altes Denkmal des Zweikampfes der Horatier und Curiatier, das sogenannte Sororium Tigillum, eine Art von Joch in einer der lebhaftesten Straßen, unter welchem der Sage nach der letzte Horatier zur Sühne des Schwestermords hatte hindurchgehen müssen. Daneben sah man zwei Altäre, welcher der Iuno Sororia und dem Ianus Curatius geweiht waren, jener wegen der getöteten Schwester, diesem wegen des Todes der Curiatier, Fest. p. 297, Dionys. III, 22, Labeo bei Io Lydus d. Mens. IV, 1, nach welchem der Schriftsteller es sogar einen eigenen Ianus Patricius in Rom gab, welcher von den ältesten und eingeborenen Geschlechtern vermutlich in ähnlicher Weise verehrt wurde wie Apollon πατρῷος von den Ioniern in Athen.

Nimmt man dazu, daß Ianus von den Saliern gefeiert wurde als duonus cerus, d. h. als creator bonus, daß er bei ihnen der Gott der Götter hieß und von anderen der Älteste von allen Göttern genannt wird und der Gott des Anfangs schlechthin, aller Dinge, aller Zeiten, aller Götter[10], so ist es auffallend genug, daß sich aus solchen Vorstellungen nicht eine bestimmte kosmogonische Anschauung, etwa die eines kosmischen Demiurgen entwickelt hat. Und wirklich hatte der Begriff dieses Gottes sich bei einigen Denkern und Gelehrten bis dahin erweitert. Namentlich verweist Macrobius auf eine Schrift des M. Valerius Messalla, eines Zeitgenossen des Cicero, worin derselbe vom Janus gesagt hatte: „Der Alles bildet, Alles regiert, alle Elemente, die nach unten drängende Natur des Wassers und der Erde und die nach oben entschwebende des Feuers und der Luft in der Wölbung des Himmels verbunden und dadurch für immer aneinander gekettet hat"; vgl. Io Lydus d. Mens. IV, 1, nach welchem derselbe Messalla den Janus für identisch mit dem Aeon, d. h. im Sinne der damaligen Theologie für den Demiurgen erklärte. Ähnliche Vorstellungen hatte Varro ausgesprochen und durch eine sehr gezwungene Auslegung des gewöhnlichen Doppelkopfes unterstützt, Augustin C. D. VII, 7. 8, daher sie sich bei Ovid. Fast. I, 103 ff. wiederholen und Martial X, 28 den Ianus den Schöpfer aller Jahre, d. h. der Zeit und dieser ganzen schönen Weltordnung nennt. Möglich, daß solche Gedanken durch die Etrusker angeregt wurden, deren Literatur gerade damals in Rom zugänglicher geworden war. Wenigstens sollen auch sie den Janus als einen Gott des Himmels und als den göttlichen Aufseher über alles Geschäft verehrt haben.[11] Daß aber bei diesem merkwürdigen Volk auch kosmogonische Bilder und Vorstellungen seit alter Zeit in der Literatur ihrer Priester gepflegt wurden, beweist das vielsagende Bruchstück bei den Gromat. vet. p. 350: Scias mare ex aethera remotum. Cum autem Iuppiter terram Etruriae sibi vindicavit etc., nach welchem also der Äther, d. h. der reine leuchtende Himmel als das Erste gesetzt wurde und das Meer und die Erde erst durch Absonderung und Niederschlag aus demselben entstanden sind, doch wohl unter Beteiligung einer demiurgischen Gotteskraft.

In Rom erinnerten zunächst alle Türen und Tore an Janus, denn sie hießen ja nach ihm ianuae und iani, bei welchem letzteren Wort immer speziell der Durchgang zu verstehen ist, entweder durch einen über die Straße geschlagenen Bogen oder durch ein verschließbares Tor, auch die Stadttore.[12] Also alle Tore und alle Bogen erinnerten an ihn, viele aber waren ihm auch ausdrücklich geheiligt, namentlich solche, die auf Märkten und besonders lebhaften Straßen oder Kreuzwegen lagen, in welchem Falle sein Bild darin aufgestellt und aus dem Doppelbogen auch wohl ein verschließbarer Tempel mit zwei Türen, aus dem doppelten Doppelbogen mit einem Ianus quadrifrons ein entsprechender Tempel mit vier Eingängen wurde. Unter diesen Tempeln war keiner so alt, so bedeutsam und ehrwürdig als der Ianus Geminus am Forum, als dessen Stifter immer Numa genannt wird. Wegen seiner kriegerischen Bestimmung führte dieser alte Janus und nur dieser den Beinamen Quirinus, d. i. nach Macrob. I, 9, 16 quasi bellorum potens, ab hasta quam Sabini curin vocant, vgl. Lucan. Phars. I, 62 belligeri limina Iani. Wirklich gab es in den Urkunden der Pontifices eine Vorschrift des Numa über die auf Veranlassung von sogenannten spoliis opimis darzubringenden Opfer, daß in gewissen Fällen der Art dem Ianus Quirinus ein Schafbock geopfert werden solle, Fest. p. 189, 16, vgl. Plut. Marcell. 8, und der Historiker Piso erzählte von dem Gesetze Numas, daß dieser Bogen oder dieses Tor immer offen stehen solle, nisi quom bellum sit nusquam, Varro. I. I. V, 165. Das ist der bekannte Gebrauch, von welchem bei den Dichtern und Historikern so oft die Rede ist und um deswillen Livius I, 19 sagt, Numa habe diesen Janus gemacht zu einem index pacis bellique, apertus ut in armis esse civitatem, clausus pacatos circa omnes populos significaret. Über die Lage dieses Janus sind wir genau unterrichtet; er stand nämlich an der sehr lebhaften Straße, welche von dem alten Forum zu dem des Cäsar führte, daher er infolge der großen Bauten Domitians gerade vor dem Senatsgebäude dieses Kaisers zu stehen kam, welches in jener die beiden Foren verbindenden Straße lag.[13] Sehr unklar ist dagegen die Ursache jenes alten Gebrauchs, diesen Janus offen zu halten so lange es einen Krieg gab und nur dann zu schließen, wenn überall Frieden war, zumal da die Alten sehr verschiedene Gründe angeben. Einige erzählen eine Stadtlegende, wie sich dergleichen schon im alten Rom im Munde des Volkes nach gegebenen örtlichen Merkwürdigkeiten bildeten und im Laufe der Zeit immer ungenierter fortwucherten. Als die Römer und Sabiner unter Romulus und T. Tatius um das Forum kämpften, habe der römerfreundliche Janus die durch das offene Tor andringenden Sabiner vermittels eines plötzlich entsprungenen heißen Schwefelquells zurückgejagt, seit welcher Zeit das Tor ihm heilig geworden und nur in Friedenszeiten verschlossen sei, s. Ovid. fast. I, 259 ff. indessen wurde diese Legende nicht allein von diesem Tore, sondern auch von einem anderen in einer anderen Gegend der Stadt erzählt, wo auch ein solcher Sprudel und ein offenes Tor zu finden sein mochte, Macrob. I, 9, 17. Andere erklärten sich die Pforten dieses Janus als Pforten des Krieges, als ob dieser Dämon in Friedenszeiten unter den Hut des Janus darin verschlossen sitze, im Kriege aber gegen die Feinde losgelassen werde, Virgil Aen. I, 293, VII, 607, andere umgekehrt als Stätte des Friedens, als ob dieser bei verschlossenen Toren vom Janus festgehalten werde, Ovid. Fast. I, 281 pace fores obdo, ne qua discedere possit, Horat. Ep. II, 1, 255 claustraque custodem pacis cohibentia Ianum. Am weitesten kommt man wohl, wenn man sich den Janus auch hier als einen Gott alles Ein- und Ausganges und alles geweihten Anfangs denkt, mit dem der alte Glaube bei jedem wichtigen Unternehmen, zu welchem die Scharen der bürgerlichen Jugend auf Leben und Tod ausrückten. Wie Janus seine Gläubigen auf allen Wegen behütete, so ganz vorzugsweise auf diesem, daher die Pforten seines Heiligtums offen standen so lange die Landesjugend im Felde war; denn die Öffnung eines Tempels stellt symbolisch die begleitende Mitwirkung eines Gottes dar, daher der Tempel der Hora Quirini, einer alten sabinischen Segensgöttin immer offen gehalten wurde, weil man sie sich immer segnend und tätig dachte, Plutarch Qu. Ro. 46. Ist aber der Krieg glücklich beendet, das Heer zurückgekehrt, so wird der Tempel geschlossen, denn der Staat bedarf der Mitwirkung *dieses* Janus, des Janus Quirinus, des ausdrücklich für den glücklichen Anfang und Auszug zum Kriege geweihten nun nicht mehr: Eine Erklärung, welche schon bei den Alten angedeutet wird.[14] Gewiß ist, daß bei diesem Tempel seit alter Zeit beim Ausbruch eines Krieges Opfer gebracht und gewisse sinnbildliche Gebräuche vorgenommen wurden, daher dieser Janus allein ein konsekrierter war, Ovid. F. I, 257 cum tot sint iani, cur stas sacratus in uno? Virgil Aen. VII, 607 sunt geminae belli portae – religione sacrae et saevi formidine Martis. Virgil, der diese Gebräuche für ein altes latinisches Herkommen hielt, erzählt, daß, sobald ein Krieg vom Staat beschlossen war, der Konsul mit einer Quirinalischen Trabea angetan und nach Gabinischer Weise gegürtet, die Tore des Tempels geöffnet und zur Schlacht gerufen habe, welchen Ruf die Jugend und schmetternde Kriegstrompeten wiederholten. Höchstwahrscheinlich wurden auch beim Abschluß des Friedens und dem Wiedereinrücken der Bürger entsprechende Gebräuche verrichtet, zumal da Numa immer als der Friedensfürst geschildert wird und Janus seiner Natur nach mehr den Frieden als den Krieg lieben mußte. Indessen wurde ein Frieden mit allen Nachbarn in Rom immer seltener; daher das außerordentliche Gewicht, welches auf die Schließung dieses Janus gelegt wurde. Nach Livius I, 19 war er seit der Zeit des Numa nur zweimal geschlossen worden, einmal im J. 235 v. Chr., sechs Jahre nach dem Frieden des ersten punischen Kriegs, wo er aber noch im selben Jahr wieder geöfnet wurde, Varro l. l. V, 165, zum zweitenmal im J. 29. v. Chr., als August nach der Schlacht bei Actium und einem Aufenthalt in Griechenland, Asien und Ägypten den Frieden auf die Dauer gesichert zu haben glaubte. Indessen ist der Tempel auch damals nicht lange verschlossen geblieben, da August selbst sich rühmt[15], daß der Janus dreimal von ihm geschlossen sei, nämlich zum zweitenmal im J. 25 v. Chr. und zum drittenmal im Jahre der Geburt Christi. Nach ihm rühmte sich Nero noch einmal, der Welt den Frieden gegeben und den Janus geschlossen zu haben, daher auf seinen Münzen dieser Tempel oft zu sehen ist, ein kleines und niedriges Gebäude mit verschlossener Tür und von außen angebrachten Gewinden.[16]

Außer diesem Heiligtum des Janus scheint es ein gleichfalls sehr altes und angesehenes auf oder bei dem Janiculum gegeben zu haben, welches Castell bekanntlich von dem Könige Ancus Marcius zum Schutz des Übergangs über den Tiber und des Verkehrs auf diesem Strom angelegt wurde, zumal da Janus nach herkömmlicher Überlieferung auf dem Janiculum gewohnt hatte.[17] Auch befanden sich dort alte Altäre seines Sohnes Fons oder Fontus und in dessen Nähe das Grab des Numa.[18] Weiter ist auszuzeichnen der Ianus Quadrifrons mit einem entsprechenden Gebäude im Velabrum, der erste in seiner Art, da das darin befindliche Bild mir vier Gesichtern von Falerii gebracht worden war, vermutlich im J. 461 d. St., 293 v. Chr., Macrob. I, 9, 13, Serv. V. A. VII, 607. Bekanntlich hat sich dieses Gebäude, welches auf einem lebhaften Kreuzwege lag, in später Restauration bis auf diesen Tag erhalten. Ferner gab es einen Tempel des Ianus Geminus beim Theater des Marcell, gleich vor dem Carmentalischen Tore und wieder in einer sehr lebhaften Gegend, da der ganze Verkehr zwischen dem Ochsenmarkte und dem Circus flaminus hier durchrauschte; C. Duilius hatte ihn im ersten punischen Kriege gestiftet und Augustus und Tiberius restaurierten ihn, daher die Kalender ihrer Zeit an bestimmten Tagen Opfer bei diesem Janus vorschreiben.[19] Endlich wurden alle diese Gebäude an Pracht und Größe bei weitem übertroffen durch den Ianus Quadrifrons auf dem Durchgangsforum (f. transitorium) des Nerva, wo Domitian dieses bis in das Mittelalter erhaltene Gebäude errichtet hatte, Martial. X, 28. Also lauter lebhafte Passagen, daher es kein Wunder ist, wenn die Römer sich ihren Janus nicht bloß als den allgemeinen Schließer, sondern auch als rüstigen Wanderer dachten und deshalb seine Bilder, wenn er in ganzer Figur dargestellt wurde, außer dem Schlüssel mit einem Wanderstabe ausrüsteten, Ovid F. I, 99 ille tenens baculum dextra clavemque sinistra, Macrob. I, 9, 7 cum clavi et virga figuratur, quasi omnium et portarum custos et rector viarum.

Wie Janus aber als Gott des glücklichen Ein- und Ausgangs in allen Häusern, allen Straßen, allen Städten gedacht wurde, so scheint er auch ein Gott der Häfen gewesen, also als *Portunus* verehrt worden zu sein, obwohl dieser Name später gewöhnlich auf den griechischen Melikertes übertragen wurde. Portus war in der älteren Sprache ein Gebäude zum Ein- und Ausgehn[20], also auch das Haus, daher Portunus ganz richtig für einen Gott sowohl der Tore als der Häfen genommen wurde und so gut wie Janus den Schlüssel in der Hand führte, also in der Tat eigentlich Janus war, nur daß die gemeine Praxis des Hafen- und Seelebens aus der besonderen Eigenschaft des allgemeinen Geleitgottes einen besonderen Hafengott gemacht hatte. Als solcher hatte er einen Tempel am Tiberhafen in der Nähe des pons Aemilius, wo am 17. August eigene Portunalia gefeiert wurden, unter dem Aventin, wo noch jetzt die Tiberschiffe anzulanden und auszuladen pflegen.[21] Daß dieser Kultus alt und volkstümlich war, beweist der plebejische Flamen Potunalis b. Fest. p. 217. Es kommt hinzu, daß Janus für den Gemahl der See- und Quellengöttin Venilia galt, endlich, daß Janus auch für den Erfinder des Schiffsbaus gehalten wurde; wenigstens erklärte man sich so das gewöhnliche Gepräge des römischen As, Januskopf und Schiff, obwohl andere dabei an das Schiff dachten, welches den Saturnus über See zum Janus brachte.[22] Ist jene Erklärung richtig, und sie wird dadurch, daß Janus der eigentliche italische Gott des Geschäftsverkehres zu Wasser und zu Lande war, sehr empfohlen, so würde sich dadurch auch das gleichartige Gepräge der etruskischen Seestadt Telamon erklären.

Regelmäßige Festtage des Janus waren alle *ersten Monatstage,* wo dem Ianus Iunonius neben der Juno geopfert wurde, daher ihm, leider ist nicht gesagt wo und von wem, zwölf Altäre für ebenso viele Monate geweiht waren, und zwar bestand das gewöhnliche Opfer an diesen Tagen in einem Opferkuchen, den man Ianual nannte.[23] Ohne Zweifel war unter diesen Festtagen der *erste Januar* in dem nach ihm benannten Monate der neunte Tag durch eine Opferhandlung in der Regia ausgezeichnet, welche mit einem altertümlichen, der Opferpraxis entlehnten Worte Agonia oder Agonalia genannt wurde und in den römischen Kalendern zu wiederholten Malen vorkommt, aber dem Janus soviel wir wissen nur an diesem Tag des Januar galt.[24] Das Charakteristische bestand an demselben darin, daß ein Widder, und zwar als Führer seiner Herde (princeps gregis) geopfert wurde und daß der opfernde Priester der Rex Sacrorum, ursprünglich ohne Zweifel das wirkliche Haupt des Staates (princeps civitatis) war, indem übrigens die bei allen Agonien herkömmliche Förmlichkeit beobachtet wurde. Der Opfernde tat nämlich die solenne Frage agone?, d. h. soll ich das Opfer herbeiführen? Und erst nachdem es ihm ausdrücklich geheißen war, brachte er das Opfer dar. Unverkennbar entsprechen sich bei jenem alten Gebrauche der princeps civitatis, d. i. der Rex und der princeps gregis, d. i. der Widder als Opfer, höchstwahrscheinlich sollte aber auch hier der Gott Janus als der Erste, der Anfängliche, als princeps deorum gefeiert werden, und vermutlich geschah dieses ursprünglich mit Beziehung auf die Jahreszeit, da die Tage eben wieder anfingen länger zu werden, das uranfängliche Licht der Sonne zur Erde zurückzukehren. Eine bedeutendere und allgemeine Neujahrsfeier zu Ehren des Janus war freilich erst dann möglich, als die Kalenden nach dem kürzesten Tag von Staats wegen Neujahrsanfang geworden waren, d. h. seit dem J. 601 d. St., 153 v. Chr., seit welcher Zeit die Konsuln ihr Amt Kalendis Ianuariis antraten, was zu der allgemeinen Lust des Tages den ebenso feierlichen als stattlichen Akt des Zuges der neuen Konsuln auf das Capitol hinzufügte. Durch die ganze Stadt, ja durch ganz Italien und alle von römischer Sitte bestimmte Provinzen war der erste Januar nun der Tag des neuen, des glücklichen Anfangs, wo man sich auf jede Weise des Guten und Glücklichen zu versichern suchte, so daß der alte Gott des neuen Anfangs nun erst recht zu Ehren kam. Alles bat ihn gleich mit dem ersten Tagesanbruch um günstige Zeichen, alles vermied auf das ängstlichste jede Störung, jeden Streit, jede Mühe, da nach römischem Glauben bei jedem Werke unendlich viel auf einen guten Anfang ankam: Alles wünschte sich untereinander Glück und beschenkte sich mit geringen, aber Glück und Annehmlichkeit und einen gesegneten Anfang bedeutenden Geschenken, s. Ovid F. I., 71 ff, Plin. H. N. XXVIII, 2, 5. Vorzüglich beliebt waren zu diesem Behufe die sogenannten strenae, von denen sich eine letzte Spur bekanntlich in den französischen étrennes erhalten hat. Das war ein sehr alter Brauch, dessen Name mit dem Kult der sabinischen Segensgöttin Strenia, einer Art von Salus zusammenhängt, aus deren Hain schon zur Zeit des T. Tatius, d. h. seit der ersten Begründung des sabinischen Auguralwesens auf der Arx beim Jahresanfang glückverheißende Zweige auf die Arx getragen sein sollen. Aus diesem alten Gottesdienste war der populäre Gebrauch entstanden, sich in Erinnerung der alten Heilsgöttin allerlei Glück und

Heil verheißendes Laub, jetzt namentlich die Apollinischen Lorbeer- und Palmzweige mit entsprechenden Glückwünschen und mit allerlei Geschenken zuzuschicken, welche vorzugsweise in allerlei süßen Dingen bestanden, Feigen, Datteln und Honigkuchen, zum guten Omen, daß das neue Jahr nur Süßes und Angenehmes bringen möge, s. Ovid F. I, 185 ff., Martial. VIII, 33, 11; XIII, 27. Dazu fügte man auch eßbare Eicheln, welche an die älteste Vorzeit des Waldes, und einige Stücke der altherkömmlichen Asses mit dem Januskopfe und dem Schiff, welche an die gesegnete Vorzeit des Janus und Saturnus und den neuen guten Anfang in allen Dingen erinnern sollten, samt anderen Münzen mit anderen zu der Weihe des Tages passenden Symbolen; daher auf jenen Asses die häufige Bekränzung des Janus mit Lorbeer, wie man denn nun dem alten Gotte auch die Erfindung des Kranzes zuschrieb.[25] Endlich fügte man einen guten Wunsch hinzu und bediente sich zu diesem Zwecke, um alle diese Dinge in einem Miniaturbild zu vereinigen, gerne jener ebenso unscheinbaren als zierlichen Lampen von Ton oder Bronze mit dem Bilde einer Victoria, die einen Schild mit der Inschrift Annum Novum Faustum Felicem mihi oder tibi sit in der Hand trägt und von den kleinen Bildern eines Lorbeerblattes, eines Zweiges mit Datteln, eines Haufens gepreßter Feigen, einer Eichel, einem As mit dem Januskopfe und anderen Münzen umgeben ist, wie sich davon verschiedene erhalten haben.[26] Namentlich wurden die vornehmen Gönner von ihren Klienten mit solchen Gaben begrüßt, ja selbst die Kaiser verschmähten es nicht, sich von ihren getreuen Untertanen an diesem Tage mit vollen Händen beschenken zu lassen und wieder zu schenken; der finstere Tiberius mußte dem Andrang der Gaben und Glückwünsche, welche sich nicht immer am ersten Tage des neuen Jahres anbringen ließen, durch ein eigenes Edikt steuern.[27] Auch pflegte ein jeder sein tägliches Geschäft an diesem Tage durch einen kurzen und glücklichen Anfang, aber nur durch diesen für das ganze Jahr zu weihen, sowohl auf dem Lande als in der Stadt, so sehr war man davon überzeugt, daß, was an diesem Tage gut vonstatten gehe, auch für die Folge glücken müsse.[28] Die größte Feierlichkeit aber für die ganze Stadt war jenes erste Hervortreten der neu gewählten Magistrate, namentlich der Konsuln an demselben ersten Januar, indem auch sie nun an diesem Tage ihr Amt unter feierlichen Opfern und Gebeten antraten. Vor Tagesanbruch erhoben sie sich, um unter freiem Himmel nach günstigen Zeichen zu suchen, legten darauf in ihrem Hause die amtliche Kleidung an, empfingen die Glückwünsche von ihrem Anhang und den Senatoren und zogen darauf, während alle Altäre dampften, in der Begleitung des Senats, der Ritterschaft und einer zahlreichen Menge hinauf zum Capitol, um dort dem Jupiter O. M. als höchstem Schutzherrn des römischen Staates das gewöhnliche Opfer auserlesener weißer Farren darzubringen und gleich darauf die erste Senatssitzung zu halten.[29] Der zweite Tag galt in jedem Monat für einen unglücklichen, daher auch in diesem erst *der dritte* zu einer neuen Feier bestimmt war, nämlich zu dem Gelübde für das Wohl des Kaisers, weshalb dieser Tag gewöhnlich zum Unterschied von den Opfern der Kalendae Ianuariae schlechthin der Tag der Vota genannt wurde. Es waren dieses die üblichen *Vota pro salute principis*, d. h. Opfer und Gebete, welche von den höchsten Magistraten unter Mitwirkung der Pontifices und anderer Geistlicher für das Wohl des Kaisers und des kaiserlichen Hauses, wie sie im vorigen Jahre gelobt worden waren, den Göttern dargebracht und von neuem versprochen und in dieser Form von Jahr zu Jahr immer zugleich geleistet und von neuem konzipiert wurden.[30] Beide Feierlichkeiten, sowohl die Sacra des ersten Januars als die Vota des dritten, haben sich bis in sehr späte Zeit erhalten.

Neben diesen Festlichkeiten bildete und erhielt sich allerlei volkstümliche Überlieferung vom Janus, in welcher er bald als der erste und anfängliche Landeskönig erscheint, bald als Gatte und Liebhaber von verschiedenen Nymphen und Göttinnen, wie sie eben zu seiner Natur paßten. Es war eine heilige und selige Zeit, erzählte man sich, als Janus regierte, eine Zeit, wo Götter und Menschen noch in ununterbrochenem Verkehr standen.[31] Alles war voll Unschuld und Sicherheit, und immer dampften die Altäre von lodernden Opfern, daher dem Janus alle Eingänge und Ausgänge der Häuser geheiligt blieben und, weil er die Menschen opfern und beten gelehrt, bei jedem Opfer immer zuerst seiner gedacht wurde. Seine Residenz sei das Janiculum gewesen, behauptete man in Rom, doch habe er anfangs gemeinschaftlich mit einem anderen eingeborenen König Cameses regiert, nach welchem das Land Camasene genannt worden sei, dann aber allein und mit solcher Umsicht und Weisheit, daß man ihm deshalb später das doppelte Gesicht zugeschrieben habe.[32] Hernach sei Saturnus über See zu ihm gekommen und dem Janus ein Lehrer im Ackerbau und vielen nützlichen Erfindungen geworden, namentlich im Münzprägen und im Schiffsbau. Andere Schriftsteller nennen Camesene oder Camasene die Schwester oder die Frau des Janus, mit welcher er den Flußgott Tiberinus gezeugt habe[33]; wobei entweder eine den römischen Carmentes und Casmenen verwandte Quellengöttin oder eine Erinnerung an den alten umbrischen Stammnamen der Camertes zugrunde liegt, welcher sich in der Umgegend von Clusium lange behauptet hatte. Andere Überlieferungen nannten die Fluß- und Seegöttin Venilia seine Gattin und Canens, die schöne und gesangreiche Nymphe, die zärtliche Gattin des laurentischen Picus, seine Tochter, Ovid Met. XIV. 335 ff., wieder andere nannten ihn Gemahl der durch ganz Latium verehrten Heil- und Segensgöttin Juturna und Vater des Fontus, Arnob. III, 9, lauter Erzählungen, in denen seine alte Natur des Ursprungs- und Quellengottes deutlich durchblickt. Dahingegen das naiv drollige Volksmärchen von seiner Liebe zur Carna bei Ovid F. IV, 101 ff., speziell den Gott alles Aus- und Eingangs vor Augen hatte, wie diese Göttin alle Liebe und Liebhaber floh, bis kein Versteck sie vor dem Doppelgesicht des Janus zu schützen vermag und der mächtige Gott dann ihre Hingebung mit dem Ehrenamte über alle Türen und Schwellen und mit der Gabe des Weißdorns belohnt, einem wirksamen Gegenzauber gegen jede Anfechtung der Strigen.[34]

Schließlich mag von dem bekannten Doppelkopfe des Janus und von anderen bildlichen Darstellungen des auch in dieser Hinsicht eigentümlichen Gottes die Rede sein. Obwohl es die Frage ist, ob der Doppelkopf eine eigentümliche Erfindung des alten Italiens ist oder ob auch dieses Symbol den Etruskern und Römern von den Griechen zukam, da es sich bei diesen in sehr verschiedener Anwendung findet, namentlich auch in dem alten Bilde des gestirnten Himmels Argos, den Hermes tötet. Genug, man findet diesen Doppelkopf nicht bloß auf römischen Münzen, sondern auch auf den etrurischen von Volaterrä und Telamon und den campanischen von Capua; ja nach Athen. XV p. 692 E hätten auch sonst viele Städte in Griechenland, Italien und Sizilien mit dem Januskopfe und einem dem römischen As entsprechenden Reverse gemünzt. Was Rom betrifft, so ist es kaum wahrscheinlich, daß dieses Gepräge dort erfunden wurde, daher man aus dem Schiffe auf der Kehrseite nicht zu viel folgern sollte. Immer sind beide Gesichter des Doppelkopfes von derselben Bildung, in Rom bärtig, in Volaterrä und Capua beide unbärtig, wobei vielleicht die Verehrung des Quellengottes Fontus, des jüngeren Janus zugrunde liegt, dessen Doppelkopf auf den Münzen der römischen Familie Fonteia gleichfalls unbärtig erscheint. Wie nahe die bärtige griechische Doppelherme dem römischen Januskopf stand, sieht man daraus, daß Augustus ein Bild für diesen, man wußte nicht, ob es ein Werk des Scopas oder des Praxiteles war, aus Ägypten (doch wohl aus Alexandrien) mitbrachte, Plin. H. N. XXXVI, 5, 4, 28. Eine Bildung, wo der eine

Kopf bärtig, der andere unbärtig wäre, dürfte aus älterer Zeit nicht nachzuweisen sein, doch sieht man einen Janus in ganzer Figur mit solchem Doppelkopfe auf Münzen des Kaisers Gallien. Überhaupt scheinen die Bilder in ganzer Figur auch beim Janus mit der Zeit gewöhnlich geworden zu sein. Bereits erwähnt ist die mit den Attributen des Schlüssels und des Stabes; bei anderen hatte man die Finger der rechten Hand so gestellt, daß sie die Zahl CCC, die der linken, daß sie die Zahl LXV, also beide zusammen die Zahl der 365 Tage des Jahres darstellten.[35]

2. *Jupiter*

Dieser Name ist ein Compositum wie Marspiter, die Wurzel der ersten Silbe aber ist Iov oder Iû, wie sie deutlicher in dem der älteren Sprache noch sehr geläufigen Namen Diovis oder Jovis hervortritt. Jene Wurzel, ein Erbgut aller indogermanischen Stammsprachen und mythologischen Systeme, bedeutet in ihnen den lichten Himmel, die Tageshelle, den ätherischen Glanz des Lichtes, der vom Himmel ausgeht; und sie hat allen jenen Völkern zur Bezeichnung des höchsten Gottes, ja der Götter überhaupt gedient, weil die natürliche Erscheinung des Himmels mit dem leuchtenden Gewölbe, dem alles durchdringenden und belebenden Lichte, der furchtbaren Gewalt des Blitzes, dem befruchtenden und sättigenden Regen ihrer Vorstellung von der Natur der Götter am nächsten kam.[36] So heißt der Himmel im Indischen djaus, und die Perser nannten ihn und ihren höchsten Gott mit demselben Namen in wenig veränderter Form, Hesych. v. Δίαν, Herod. 1, 131. Bei den Griechen ist der gewöhnliche Name Ζεὺς nur eine scheinbare Abweichung, da Z aus dj entstanden ist (ζυγόν = jugum), in den Deklinationsformen Διός usw. der alte Wurzelklang alsbald wieder hervorbricht, und bei den Kretern die Form Δήν für Ζήν im gewöhnlichen Gebrauche sich erhalten hatte. In Rom ist die Verwandtschaft von Diovis oder Jovis mit Divus, Dius, Dius, Dii von Varro, Verrius und anderen Forschern anerkannt worden[37], obgleich sie nicht die richtige Folgerung für die Wurzelbedeutung ihres Jupiter daraus zu ziehen wußten. Auch der etruskische Name des Tinia oder Tina, welcher dem griechischen Zeus entsprach, hängt gewiß mit demselben Stamme zusammen, mag man ihn nun für eine Nebenform des griechischen Δίς oder Δήν halten oder die Wurzel in nördlichen Göttersystemen suchen, endlich der altdeutsche Zio, welchem ein gotisches Tius entsprach. In Italien war es die alte Gewohnheit der patriarchalischen Kultusanrufung, welche neben der sonst herkömmlichen Form Diuvis, Diovis, Iovis[38] die Zusammensetzung Jupiter oder Juppiter gebildet hat, die Iov oder Iû-pater zu einem Worte verschmolzen ist und als solches die andere Namensform aus dem gemeinen Sprachgebrauch zuletzt verdrängt hat.[39] Daneben hat sich, wie es scheint vorzüglich, in der ritualen Praxis der Fetialen, als eine andere Zusammensetzung Diespiter erhalten, d. i. speziell der Gott des lichten Tages, des Lichtes überhaupt in seiner physischen und moralischen Bedeutung.

Also einen *Guten Vater im Himmel* meinten die alten Völker Italiens, wenn sie zu ihrem Jupiter beteten, einen Vater des Lichts, der im Himmel wohne und von dort seine Zeichen sende und alle himmlische und irdische Natur als höchster Gott regiere, keineswegs einen abstrakten Gott der Hilfe, wie man seit Ennius den Namen Iupiter a iuvando zu erklären pflegte[40]; vielmehr ist auch der Sinn dieses Wortes iuvare für alles Förderliche, Hilfreiche, Heilsame, Wohltuende aus jener älteren Naturempfindung der Wurzel Iov zu erklären, die auch sonst noch in vielen bedeutsamen Worten und Zusammensetzungen ihre reiche Kraft bewährt. Die Sprache und die Gewohnheit war in dieser Hinsicht korrekter als die gelehrte Etymologie, denn so lange man sub divo und interdiu sagte und in vielen Wendungen Jupiter anstatt des Himmels und seiner Erscheinungen nannte[41], konnte die richtige Vorstellung nicht ganz verlorengehen. Auch sorgte der Kultus und manche alte Gebetsformel in Rom dafür, daß man bei diesem Namen immer zuerst seine Gedanken dahin richtete, wo der Mensch zu allen Zeiten die Quelle des Guten und alles göttlichen Segens gesucht hat und wo vollends die Völker, welche mit ihren Gedanken auf der Stufe der Naturreligionen verweilten, im Hinblick auf alle die Wunder der himmlischen Erscheinungen und das tägliche Wunder des Lichtes, auf die Quelle des Regens, des niederfahrenden Blitzes und rollenden Donners[42] notwendig alles Höchste und Erhabenste suchen mußten, was sie auf dieser Stufe der religiösen Erkenntnis überhaupt zu erfassen vermochten.

Man darf für gewiß annehmen, daß Jupiter nicht allein durch ganz Italien, sondern auch, daß er überall im wesentlichen als derselbe Gott verehrt wurde, als Gott der Höhen und des Himmels, als höchste Quelle aller Offenbarung durch seine himmlischen Zeichen, auch als die aller Ordnung auf Erden, alles Sieges, aller letzten Hilfe und allen Heils; nur daß allerdings je nach der Natur der einzelnen Landschaften und dem Gemüt der Stämme auch die Auffassung dieses Gottes sich veränderte. So scheinen die Sabiner vorzugsweise von der Idee der lichten Reinheit und Heiligkeit des himmlischen Vaters, seiner höchsten Treue und der von ihm ausgehenden Stiftung allen Rechtes und aller Ordnung durchdrungen gewesen zu sein; wenigstens deuten darauf die vielen Reinigungen und Heiligungen, dem sich der von Numa eingesetzte Flame Dialis unterwerfen mußte, der Dienst des Dius Fidius, der Fides, des Terminus, welche von den Sabinern abgeleitet wurden. Dahingegen bei den Etruskern Jupiter vorzugsweise für den Herrn der Blitze und aller Verhängnisse im Himmel und auf Erden galt, die er durch seine Blitze allein oder mit Hinzuziehung des Götterrates lenkt, da sich in diesem an Wundern und Erscheinungen besonders reichen Lande die Beobachtung und Verehrung des Volks und seiner Priester am meisten auf diesen Punkt fixiert hatte. Indessen verehrten auch sie und die Latiner, so sehr muß man sich vor einer Trennung der einzelnen Religionen Italiens hüten, den Jupiter zugleich als die höchste Quelle des Lichts und aller Ordnung, da Jupiter Lucetius und die Beudeutung der Idus, ferner die Verehrung des Jupiter Terminus, des Jupiter Rex und Imperator auch bei ihnen verbreitet war. Selbst die gemeinschaftliche Verehrung der drei höchsten Götter auf dem Capitol, des Jupiter, der Juno und der Minerva, scheint in Italien allgemein herkömmlich gewesen zu sein, da auch die Sabiner des römischen Quirinals und die Etrusker (Serv. V. A. 1, 422) sich zu ihr bekannten.

Fassen wir zuerst die Bedeutung des Jupiter im Naturleben bestimmer ins Auge, so tritt in Italien noch mehr als in den stammverwandten Religionen, namentlich auch in Griechenland, die Bedeutung des *Lichtgottes* in den Vordergrund, wie dieses schon der alte Kultusname Diespiter lehrt, ferner der gleichfalls sehr alte und verbreitete Name Lucetius, unter welchem er namentlich in den Saliarischen Liedern angerufen und auch bei den oskisch redenden Völkern verehrt wurde.[43] Und zwar ist Jupiter als Lichtgott nicht etwa bloß der Urheber der täglichen Helle des Tages (dies), welchen die Sonne bringt, sondern auch der Gott der lichten Erscheinung des Himmels überhaupt, auch des leuchtenden Wetterstrahls[44], auch des nächtlichen Vollmonds, welcher die dem Jupiter heiligen Idustage bringt, an denen die Tageshelle und die nächtliche Helle sich zu einer ununterbrochenen Lichtoffenbarung des himmlischen Vaters zusammenschloß, daher jeder Vollmondstag mit einem den Etruskern entlehnten Ausdrucks *Iovis fiducia* genannt wurde, d. h. eine Bürgschaft des Jupiter, ein immer wiederkehrendes Unterpfand seiner himmlischen Gegenwart und seines göttlichen Segens. Es ist schon oben bemerkt worden, daß sowohl dieser schöne und tiefe Gedanke als das System der Idus etwas nicht bloß etruskisches zu sein scheine, sondern sich auch bei den Sabinern und Latinern wiederfindet, da überall dem Jupiter die Idus heilig waren und namentlich Rom deshalb dem Jupiter an jedem Vollmondstage die Idulia Sacra gebracht wurden. Überdies scheint mir aber auch die Legende vom Ursprung der zwölf Ancilien, die sich unverkennbar auf die zwölf Monde des Jahrs beziehen, aus demselben Ideenzusammenhang erklärt werden zu müssen, da Jupiter dem Numa das erste Ancile, das himmlische Urbild der übrigen, auf sein Gebet unmittelbar vom Himmel, und zwar gleichfalls als Unterpfand (pignus) seines göttlichen Segens sendet. Endlich decken sich, worauf ich unten ausführlicher zurückkommen werde, in einer ganzen Reihe alter religiöser Begriffe, namentlich in dem Kulte des Diespiter, der Fides und des Dius Fidius die Vorstellungen von Licht, Recht, Wahrheit und Treue, so daß dafür, wie mir scheint, ein alter italischer, namentlich sabinischer und latinischer Wurzelbegriff notwendig angenommen werden muß.

Ein anderes Gebiet des Jupiter wie das aller ihm verwandten Götter der Griechen, der Deutschen usw. ist das *Wetter* und *Gewitter*, von der segenden Wolke bis zum zerstörenden Strahl der Wetterwolke; nur daß sich auch hier in Italien aus der gegebenen Vorstellung keine Bilder und Mythen, sondern nur Gebete und abergläubische Gebräuche entwickelt hatten. Eigentlich ist Jupiter heiter; serenus; wenn Jupiter lacht, so lacht der ganze Himmel, wie Ennius sich ausdrückte.[45] Doch ist er auch befruchtender Regengott, imbricitor, pluvius, pluvialis und als solcher befruchtend und nährend, sowohl für die Weide als für den Acker und Weinberg, daher man ihn als almus und frugifer anrief. Überhaupt sind alle Veränderungen der Luft sein Gebiet und seine Herrschaft, namentlich auch die Winde und Stürme, welche auch auf Italiens Bergen und Meeren tapfer zu hausen pflegten, daher Jupiter und die Tempestaten, d. h. die Gewitterstürme, nicht selten zusammen genannt wurden.[46] Vor allen übrigen Lufterscheinungen aber war es Blitz und Donner, in welchem man die Gewalt des höchsten Gottes im Himmel erkannte; daher die vielen darauf bezüglichen Beinamen, unter denen er verehrt wurde: Iup. Fulgur oder Fulgurator von dem leuchtenden Strahle, auch Iup. Fulgur Fulmen oder Fulminaris und Fulminator, wo der niederfahrende Donnerkeil des Blitzes (fulmen) zu dem aufleuchtenden fulgur hinzutritt, endlich auch als Tonans oder Tonitrualis, ein seit August in Rom beliebter Kultus, wo der erschütternde Donner zur Hauptsache geworden ist.[47] In ganz Italien sind die Gewitter häufig, vor allem im Frühling und im Herbst, wie Plinius auseinandersetzt[48], und zwar pflegen solche Erscheinungen im Süden weit heftiger und plötzlicher aufzutreten als bei uns. Wie oft Rom von stürmischen Gewittern heimgesucht wurde, lehren die Verzeichnissse der Prodigien bei Livius und Julius Obsequens: und die Verehrung eines eigenen Gottes der nächtlichen Blitze, des Summanus, ferner die des Iup. Elicius, der seit alter Zeit einen eigenen Altar auf dem Aventin hatte, beweist, daß man nicht bloß in Etrurien mit einer sorgfältigen und superstitiösen Beobachtung, Beschwörung und Sühne der Blitze beschäftigt war. Namentlich soll auch Numa sich auf die Beschwörung der Blitze gut verstanden haben, nach der Legende bei Ovid u. a., weil Picus und Faunus, die mächtigen Waldgeister, ihn den Zauber gelehrt hatten, den der fromme König nur zum Besten seiner Römer anwendete.[49] So heftige und häufige Blitze schreckten Stadt und Land, daß er den Jupiter im Blitze vom Himmel beschwor, um von ihm selbst ein sicheres Mittel der Blitzsühne zu erfahren. Jupiter erschien und forderte das Haupt und die Seele eines Menschen, worauf Numa statt des Hauptes (caput) eine Zwiebel (cepa) darbrachte, statt des Menschenhauptes (caput hominis) dessen Haare (capillos), statt der lebendigen

Seele (anima) den Fisch (maena), und Jupiter sich lächelnd auch damit zufrieden erklärte. Doch sollte die höchste Auszeichnung in solchen Künsten und Gebräuchen den abergläubischen Etruskern vorbehalten bleiben, die mit ihrer Kunst dann in Rom und sonst in Italien aushalfen. Hatte doch einst Volsinii, als ein schreckliches Ungeheuer sein Gebiet verheerte und die Stadt bedrohte, durch Blitzbeschwörung Rettung gefunden, und von dem Könige Porsenna wußte man gewiß, daß er sich so gut als Numa auf diese Kunst verstanden hatte.[50] Aus den langjährigen Gewitterbeobachtungen und Blitzsühnen der etruskischen Priester aber hatte sich eine Doktrin gebildet, welche praktisch in Rom durch die Haruspices sehr oft geübt wurde und theoretisch später auch zugänglich wurde, namentlich durch Aulus Caecina aus Volaterrä, welcher die Römer in seinem Werke über die etruskische Disziplin sowohl mit dem wesentlichen Inhalte der alten libri fulgurales und tonitruales als sonst mit den Grundzügen der Theologie und Divination seiner Heimat bekannt machte.[51] Der oberste Grundsatz auch dieses Systems war, daß die Blitze eine Offenbarung des Willens der Götter seien, und zwar hielt man sie in Etrurien für die sichersten und zuverlässigsten unter allen himmlischen Zeichen. In der weiteren Ausführung wurden verschiedene Arten von Blitzen unterschieden, die Götter von welchen sie geschleudert wurden, ihre Bedeutung und Veranlassung, nach denen sie verschiedentlich benannt wurden. In Rom galten solche Blitze immer für die bedenklichsten, welche geheiligt Opfer für das öffentliche Leben wichtige Stätten trafen, die alten Haine der Götter oder ihre Tempel, die geweihten Denkmäler des bürgerlichen Lebens der Stadt oder wohl gar das hehre Capitol und den eigenen Tempel des Jupiter.[52] Auch gab es eine eigene ars fulguritorum, welche für eine Eingebung der etruskischen Nymphe Begoe gehalten und seit August mit anderen Schriften der Art im Tempel des Palatinischen Apollo aufbewahrt wurde[53], d. h. eine technische Anweisung zur Weihe der vom Blitz getroffenen Stätten und Gegenstände (fulgurita), welche für heilig galten, weil Jupiter selbst davon Besitz genommen zu haben schien. War der Blitz in die Erde gefahren, so wurde die von dem himmlischen Feuer berührte Erde zuerst sorgfältig gesammelt und eingescharrt (fulgur condere), dann die Stätte durch das Opfer eines zarten Lammes (daher bidental) geweiht und endlich in Form einer Brunnenmündung (puteal) bedeckt und ummauert; daher das puteal Libonis oder Scribonianum auf dem römischen Forum, von welchem die Denare der Familie Scribonia eine Ansicht geben, und andere derartige Blitzgräber, welche in Rom und Italien etwas sehr Gewöhnliches gewesen sein müssen.[54] Waren die Bäume eines Hains getroffen, so wurden sie nach sorgfältigen Sühnungen entfernt und mit gleicher Sorgfalt neue gepflanzt.[55] Auch der vom Blitz erschlagene Mensch galt nach einem Gesetze Numas für geweiht, nach welchem man die Leiche nicht wegtragen und bestatten durfte, sondern an Ort und Stelle liegen lassen und einscharren mußte. Wurden aber Personen hohes Standes von dem Blitz nur berührt, ohne getötet zu werden, so durften sie dieses für ein sicheres Zeichen der höchsten Ehre für ihre Nachkommen halten.[56] – Endlich gab es eine der Blitzbeschwörung entsprechende Kunst der Wolken- und Regenbeschwörung, welche man aquilicium nannte und gleichfalls vorzüglich den Etruskern verdankte. Sie wurde bei großer Dürre angewendet, wo das römische Volk, Männer und Frauen, auch wohl mit bloßen Füßen auf das Capitol zueilen und die Beschwörung durch brünstige Gebete zum Jupiter zu unterstützen pflegte.[57]

Als Regengott war Jupiter zugleich der Befruchtende, der Nährende, in welcher Eigenschaft er besonders auf dem Lande viel verehrt wurde. So pflegte ihm der Landmann vor der Aussaat im Herbste oder im Frühjahr ein Mahl (daps) zu bereiten und dazu Wein zu spenden und zu dem Iupiter dapalis um Regen für seine

Felder und sein Ackervieh zu beten[58], und auch vor der Ernte wurde ihm und der Juno gebetet, ehe der Ceres die herkömmliche porca praecidanea geschlachtet wurde (Cato d. r. r. 134). Eben deshalb nannte man ihn almus und frugifer und Ruminus, d.i. der alles wie an seiner Brust (ruma) Nährende[59], auch Pecunia, welches Wort sich gewiß ursprünglich auf den Segen des Viehstandes bezog. Dahingegen der Beiname Pistor, unter welchem Jupiter auf dem Capitole verehrt wurde, doch wohl besser durch „Zerschmetterer, Blitzschleuderer" übersetzt wird, obwohl man später aus Mißverstand des Wortes pistor an Gebäck und die gallische Not zu denken pflegte; Jupiter habe damals den Belagerten die List an die Hand gegeben, den Feinden wie im Überfluß Brote ins Lager zu werfen.[60] Wohl aber gehört hierhier der in Italien weit und breit verehrte *Iupiter Liber*, ein um so mehr bemerkenswerter Kultus, da er wesentlich und eigentümlich italisch ist, denn die Griechen haben für diese Tätigkeit einen eigenen Gott, den Sohn ihres Zeus, Dionysos angenommen. Wir kennen diesen Jupiter Liber durch Inschriften aus Capua (Mommsen I. N. n. 3568) und aus dem Gebiet von Furfo im Lande der Vestiner (Or. n. 2488, Mommsen I. N: n. 6011), ferner durch ein Gewicht in der Form eines altertümlichen Jupiterkopfes mit oskischer Inschrift (Mommsen Unterital. Dial. S. 170 t. VII), endlich durch eine Inschrift aus Amiternum, der alten Hauptstadt der Sabiner, welche in ihrem Stammvater Sabus oder Sabinus den ersten Winzer verehrten (Mommsen I. N. n. 5760). Dazu kommt ein durch verschiedene Inschriften bekannter Iupiter Libertas, welcher namentlich in Latium und Rom verehrt wurde, s. Or. n. 1249 und die Inschrift aus Tusculum n. 1282, ferner gab es in Rom auf dem Aventin drei Tempel der Minerva, der Juno Regina und des Jovis Libertas, ein Neubau des Augustus nach dem Monumentum Ancyranum, dessen griechischer Text ungenau Ζεὺς Ἐλευθέριος übersetzt. Diese Namen Liber und Libertas können nichts wesentlich anderes bedeuten als bei der Benennung des Liber Pater und der Libera, also Fülle und üppigen Segen und die damit verbundene Stimmung ausgelassener Lust, wie sie ein reicher Erntesegen vollends der Weinberge von selbst mit sich bringt. Auch wissen wir, daß in Latium der Weinbau und die Weinlese vorzugsweise unter den Schutz des Jupiter und der Venus gestellt war, welche letztere schon am 19. August gefeiert wurden und unter der Beteiligung der Priester das Signal zur Weinlese im September und Oktober gaben, diesen beiden Göttern geweiht, s. Varro l. l. VI, 20, Paul. und Fest. p. 264. 265 Rustica Vinalia. Namentlich wurde dann vom Flamen Dialis, also dem Jupiterpriester, die Weihe der Weinlese in der Weise vorgenommen, daß er zuerst einige Trauben abschnitt und dabei zur Weinlese feierlich aufrief, darauf dem Jupiter ein Lamm als Opfer schlachtete und, während man mit der Zubereitung desselben beschäftigt war, abermals mit seiner auspicierenden Weinlese fortfuhr.[61] Darum war in den Weinpflanzungen der Tusculaner das ausdrückliche Verbot angeschlagen, man solle keinen neuen Wein in die Stadt fahren, ehe die Vinalien ausgerufen wären[62], wie denn auch eben dieses Hineinschaffen des ersten heurigen Weines in die Stadt mit besonderen Feierlichkeiten verbunden gewesen zu sein scheint. Auch die Meditrinalia am 11. Oktober waren nach dem Kalender von Amiternum mit einer religiösen Feier des Jupiter verbunden. Wie bei der Feier der Dea Dia im Mai, welche hinsichtlich der Feldfrüchte dem Feste der ländlichen Vinalien und jenen Zeremonien des Flamen Dialis entsprach, die Arvalbrüder zugleich von den frischen Früchten des neuen Jahres und von denen des vergangenen Jahres genossen, so kostete man an diesem Feste zugleich den heurigen und den alten Wein und sprach dazu die Worte, indem man sich der heilenden Kraft des Weins erfreute (Meditrinalia a medendo): Neuen Wein, alten Wein trinke ich, mit neuem Weine, altem Weine heil' ich mich.[63] Auch im nächsten Frühjahr, wo man am 23.

April wieder Vinalia feierte, auch diese dem Jupiter und der Venus, gedachte man, ehe der junge Wein angezapft wurde, zuerst des Jupiter mit einer Spende, welche man nach dem dabei gebrauchten Gefäße calpar nannte, s. Paul. p. 46 und 65, Ovid Fast. IV, 863 ff., Kal. Maff. Praen.

Unter den Eigenschaften, welche den Jupiter mit den Menschen und dem Nationalleben verbanden, sei zuerst seiner *kriegerischen* gedacht, welche in der älteren Zeit sogar am meisten hervortraten, so daß Jupiter durch ganz Italien neben Mars als der eigentliche Entscheider der Schlachten und Gott des Sieges verehrt wurde. Diese Eigenschaften, die des Stator und Feretrius, werden auch in der römischen Geschichte zuerst genannt, und Augustin C. D. VII, 11 hat, vermutlich aus Varro und alten Gebeten, eine ganze Reihe alter Kultusnamen erhalten, welche Jupiter als den Gott der Schlachten nach Art der Indigitamenta in verschiedenen Akten des Kampfes schildern: Dixerunt cum Victorem, Invictum, Opitulum, Impulsorem, Statorem, Centumpedam, Supinalem, wo Centumpeda der wie auf hundert Füßen Stehende ist, eine so feste Stütze bot er den Seinigen, Supinalis, der die Feinde rückwärts Hinstreckende.[64] Als Stator ist Jupiter zugleich Versor der Feinde (τροπαῖος), unter welchem Beinamen ihm in einer oskischen Inschrift bei Mommsen Unterital. Dial. S. 191 ein Stier geweiht wird. Endlich ist er auch Praedator, als welcher er einen eigenen Kultus in Rom hatte, in welchem Stücke der Beute geweiht wurden, Serv. V. A. III, 222. Die wichtigsten Kulte dieses kriegerischen Jupiter sind aber doch die des Stator, des Feretrius und des Victor. Als Stator hatte ihm Romulus den Tempel am Aufgange von der Via Sacra auf den Palatin gewidmet, wo die Römer sich von neuem zum Kampfe mit den Sabinern gesammelt hatten. Später gelobte der Consul M. Atilius Regulus in einer heißen Schlacht mit den Samnitern im J. 460 d. St., 294 v. Chr. einen zweiten Tempel, welcher wahrscheinlich in der Gegend des Zirkus Flaminius erbaut wurde.[65] Auch war derselbe Kultus sonst in Italien und in den romanisierten Gegenden verbreitet. Iupiter Victor, der höchste Gott des Sieges, scheint seinen ersten Tempel in Rom durch den berühmten Sieger der Samniterkriege Q. Fabius Maximus Rullianus auf Veranlassung einer Schlacht vom J. 457 d. St., 297 v. Chr. erhalten zu haben.[66] Später gab es mehr als einen Tempel desselben, einen, dessen Dedikations- und Festtag auf die Iden des April fiel (Ovid F. IV, 621), und einen anderen, welcher an den Iden des Juni dem Iupiter Invictus gestiftet war (Ovid F. VI, 644, Kal. Venus.). Einer von diesen Tempeln lag auf oder an dem Palatin, vermutlich in der Nähe des Iup. Stator[67], ein anderer auf dem Capitol, wo dieser Jupiter des Sieges wenigstens in späterer Zeit einen eigenen Tempel hatte, in welchem er in der Umgebung von Victorien tronte, einen Eichenkranz auf dem Haupte, eine Victoria auf der Rechten.[68] Endlich das Heiligtum des Iupiter *Feretrius* war bekanntlich das älteste Capitolinische und eins der ältesten auf römischem Grund und Boden überhaupt. Der Sage nach wurde es von Romulus gestiftet, als er gleich nach dem Raub der Sabinerinnen im Kampfe mit den Latinern oder Sabinern von Caenina deren König Acron, einen Sohn des Hercules, erschlagen und die nahe bei Rom gelegene Stadt erobert hatte. Bei der Rückkehr mit dem siegreichen Heere habe er selbst die Spolien des feindlichen Königs auf dem dazu bereiteten Gestell (feretrum) getragen, sei mit denselben triumphierend aufs Capitol gestiegen und habe sie dort unter einer heiligen Eiche niedergelegt. Bei dieser Eiche soll Romulus jenes Heiligtum des Iup. Feretrius gegründet haben, welcher nach seinem Vorgange speziell der Siegesgott der *Spolia opima* war, d. h. solcher Spolien, welche wie damals von einem Anführer des römischen Heeres einem feindlichen Könige oder Heerführer im Zweikampfe abgenommen wurden (Liv. 1, 10). Der Name Feretrius ist von feretrum abzuleiten, das ist jenes aus Baumstämmen gezimmerte Gestell, auf welchem die Spolien, d. h. die dem Feinde abgenommenen Stücke der Rüstung getragen und aufgestellt zu werden pflegten.[69] Numas Gesetz bestätigte die Stiftung (Fest. p. 189) und Ancus Marcius soll den Tempel erweitert haben (Liv. 1, 33), welcher in der Nähe des großen Capitolinischen Tempels gelegen zu haben scheint. Nur zwei Römer waren so glücklich, zu jenen Spolien des Romulus neue hinzuzufügen: A. Cornelius Cossus, welcher als Führer der römischen Reiterei im J. 317 d. St., 437 v. Chr. dem Vejenterkönige Tolumnius, dem Führer der feindlichen Reiterei, in einer Schlacht vor den Mauern Fidenäs die Rüstung abgewann, welche er neben jener des Acron von Caenina mit dem üblichen Dedikationstitel aufstellte (Liv. IV, 20), und M. Marcellus, nachdem er als Konsul im J. 532 d. St., 222 v. Chr. den keltischen König und Führer der insubrischen Gallier Viridomar während einer Schlacht am Po in ritterlichem Zweikampf bezwungen hatte (Liv. Epit. XX, Plut. Marc. 7 u. a.). Andere, wie T. Manlius Torquatus, Valerius Corvinus, Scipio Aemilianus, hatten zwar auch mit gleicher Tapferkeit feindliche Herführer im Zweikampfe getötet, aber sie mußten auf die gleiche Ehre verzichten, weil sie nicht unter eigener, sondern unter eines anderen Anführung diese Tat getan hatten.[70] Der alte, gewöhnlich verschlossene Tempel war mit der Zeit so verfallen, daß Augustus ihn wiederherstellen mußte. Eine Vorstellung von seiner Gestalt gibt der kleine Rundtempel des Mars Ultor, welchen derselbe Augustus bald darauf für die von den Parthern ausgelieferten Adler des Crassus als Gegenstück erbauen ließ, wie uns Münzen der Zeit denselben vergegenwärtigen.[71]

Danach wurde die sittliche Idee des *Rechtes* und der *Treue* früh und mächtig angeregt durch den mit dem Institute der Fetialen innig verwachsenen Kult des Diespiter und den der Fides, des *Dius Fidius*, des Terminus und andere altertümliche Traditionen, auf die ich zurückkommen werde. In Rom scheint die Regia und die Capitolinische Arx durch T. Tatius und Numa ganz vorzugsweise dem Kulte dieses alten Vaters des himmlischen Lichtes und der himmlischen Erscheinungen geweiht worden zu sein, worauf die an beiden Punkten an den Kalenden, Nonen und Idus gebrachten Opfer deuten, namentlich die letzteren, welche dem Jupiter der Idus galten. Leider erfahren wir nur wenig von diesen Sacra Idulia, doch wissen wir, daß sie aus dem Opfer eines ausgewachsenen weißen Lammes bestanden, welches der Flame Dialis dem Jupiter darbrachte, und zwar so, daß zugleich gewisse sühnende und weihende Umzüge auf der Sacra Via genannten Straße von der Regia bis zur Arx stattfanden.[72] Ein anderes Merkmal aber des Begriffs von *höchster Reinheit* und *Heiligkeit*, welchen Numa mit dem Namen des Jupiter, dem er selbst als Priester diente, verbunden hat, sind die in dieser Hinsicht höchst merkwürdigen Vorschriften für das persönliche Verhalten des Flamen Dialis und seiner Gemahlin, der Flaminica, welche vermöge desselben gewissermaßen wie lebende Bilder jener Götter des Lichtes, denen sie dienten, vor dem Volke wandeln sollten. Der Wiederherstellung jener priesterlichen Würde durch August verdanken wir wohl die ausführlichen Nachrichten darüber[73], wobei allerdings zu bedenken bleibt, daß die alten Bestimmungen des Numa in manchen Punkten durch spätere Zusätze erweitert oder verändert wurden. Dem Range nach war er unter allen Flamines der höchste und angesehenste; so war auch seine Kleidung, seine Gewöhnung, sein Auftreten im Publikum ein sehr würdiges und feierliches. Nur durfte er allein unter allen Priestern, obgleich der Senat für ihn immer offen stand, kein weltliches Amt bekleiden noch sich um ein solches bewerben, eine Bestimmung, welche ursprünglich gleichfalls seine spezifisch geistliche Dignität ausdrücken sollte, bei den nachmals vorherrschenden weltlichen Interessen aber freilich von den Patriziern, die zu den Stellen der drei flamines maiores allein wählbar blieben, sehr schwer empfunden wurde. Ferner durfte der Flame Dialis allein nie ein Pferd besteigen, keine bewaffnete Mannschaft außerhalb des geweihten Pomoeriums sehen, wie die Vestalinnen nie einen Eid schwören[74], keinen geschlossenen Ring an seiner Hand, keinen Knoten an seinem Apex oder seiner Gürtung oder sonst an seinem Leibe[75], sondern nur Spangen an seiner Kleidung haben. Sein Haar und Bart durfte nur von einem freien Manne und mit einem ehernen Messer geschoren werden; die Abschnitte seiner Nägel und seiner Haare mußten unter einem fruchttragenden Baume eingescharrt werden. Eine Ziege, einen Hund und rohes Fleisch, den umstrickenden Efeu und die den Toten geweihte Bohne durfte er nicht anrühren, ja nicht einmal nennen, auch einen in der Gärung begriffenen Teig nicht berühren und unter geile und verstrickte Schößlinge eines Weinstocks oder eine von solchen Schößlingen gebildete Laube nicht treten. Die Füße seines Bettes mußten mit einem leichten Anstrich von Lehm versehen sein, auch durfte er nicht drei Nächte hintereinander außerhalb dieses Bettes zubringen noch durfte ein anderer in demselben schlafen[76]; am Fußende des Bettes aber mußte immer eine Lade mit den gewöhnlichen Opfergaben (capsula cum strue atque ferto) zur Hand sein. Niemals durfte er unter freiem Himmel ohne seinen Apex sein; daß er ihn zu Hause abnehmen durfte, war erst später durch einen eigenen Beschluß der Pontifices erlaubt worden, welcher auch sonst manches milderte; noch L. Corn. Merula hatte, als er in dem blutigen Jahre des Marius und Cinna (87 v. Chr.) seiner Ermordung durch Selbstmord zuvorkam, eine eigene Urkunde darüber hinterlassen, daß er seinen Apex, bevor er sich die Adern geöffnet, abgenommen habe. Ferner durfte der Dialis sich nie unter freiem Himmel entkleiden, damit Jupiter nicht den ihm geweihten Priester entblößt sähe.[77] Jeder Tag war für ihn ein Feiertag. Niemals durfte Feuer aus seinem Hause genommen werden, es sei denn, daß es zu einer heiligen Handlung dienen sollte. Er und sein Haus waren eine Zuflucht der Gefesselten und zur Hinrichtung Geführten. Gelang es einem solchen, dem Dialis zu Füßen zu fallen, so durfte die Hinrichtung an dem Tage nicht vorgenommen werden, und Gefesselte wurden, wenn sie in sein Haus traten, alsbald gelöst, ihre Fesseln aber durch den inneren Hof des Hauses auf das Dach und von dort auf die Straße geschafft. Heiraten durfte er nur einmal und unter den alten religiösen Formen der confarreatio. Eine Scheidung der Ehe war für ihn nur durch den Tod möglich; starb aber die Frau vor ihm, so mußte er sein priesterliches Amt aufgeben. Einen Ort, wo sich ein Grab befand, durfte er nicht betreten, einen Toten nicht anrühren, einem Leichenbegängnisse zwar beiwohnen, aber die klagenden Weisen der dabei gebräuchlichen Flöten nicht hören. Dazu kamen noch höchst rigorose Vorschriften hinsichtlich seiner priesterlichen Funktionen[78], bei denen er entweder durch seine eigenen Söhne oder durch Opferknaben von edler Geburt, deren Vater und Mutter noch lebten, unterstützt wurde.[79] Seine Frau, die Flaminica Dialis, war zugleich eine priesterliche Dienerin der Juno und das Modell einer römischen Matrone nach den Gebräuchen und Sitten der alten Zeit. So durfte der Dialis nur eine solche Toga tragen, welche seine Frau gewebt hatte[80], während sie selbst das Haar nach alter Sitte in dem pyramidalen tutulus, aber mit einem purpurnen wollenen Band durchflochten trug. Außerdem gehörte zu ihrer unterscheidenden Kleidung die sogenannte rica, ein großes Kopftuch von dunkelroter oder blauer Farbe, welches von edlen und unverwaisten Jungfrauen aus frisch vom Lamm genommener Wolle gewebt und gefärbt wurde. Bei jeder heiligen Handlung trug sie auf dem Haupte ein sogenanntes arculum oder inarculum, d. h. den Zweig eines Granatbaums, welcher zusammengebogen (arcuare) und an den Enden mit einem Faden von weißer Wolle zusammengebunden war.[81] Dabei durfte sie weder Schuhe noch Sohlen von dem Leder eines gefallenen Viehs tragen noch sich über die Knie aufgürten, noch eine sogenannte griechische Treppe höher als die ersten drei Stufen steigen. Andere Vorschriften galten für gewisse heilige Gebräuche und Zeiten des Jahres, z. B. daß sie im März, solange die Ancilia umgingen, im Juni, solange das Heiligtum der Vesta gereinigt wurde, weder ihr Haar machen noch ihre Nägel schneiden, noch ihren Mann berühren durfte, endlich daß sie auch beim Argeenopfer mit ungekämmtem Haar und ohne den gewöhnlichen Kopfputz erscheinen mußte.

Als den Gott der inneren Monatsabteilung bewährt Jupiter sich auch dadurch, daß ihm an allen Nundinen von der Flaminica in der Regia ein Schafbock geschlachtet wurde, worauf diejenigen sich beriefen, welche diese Tage für alte Festtage gehalten wissen wollten, während andere Altertumsforscher und mit ihnen Varro behaupteten, daß eine religiöse Feier der Nundinen est nach Vertreibung der Könige, und zwar zuerst zum Andenken an den guten König Servius Tullius aufgekommen sei.[82] Gewiß ist, daß die neuntägige Woche in Rom und in Italien etwas Altes war, auch bei den Etruskern, welche nono quoque die ihren König zu begrüßen und sich gemeinschaftlich zu beraten pflegten[83]; ja diese Woche ist in Italien und in der romanischen Welt bis zum Schluß des zweiten Jahrhunderts die offizielle geblieben. In den älteren römischen Zeiten, wo die Bürger, namentlich die vermögenden Plebejer, meist auf dem Lande lebten, hatte diese Einteilung zugleich die Bedeutung, daß man sieben Tage lang seines Geschäfts auf dem Lande pflegte, am achten aber jedesmal einen Feiertag machte, um zur Stadt und auf den Markt zu gehen und bei dieser Gelegenheit auch alle städtischen Geschäfte abzumachen; daher bis zum J. 287 v. Chr. keine Comitien an solchen Tagen gehalten werden durften.

Auf die Zeiten des Numa folgten die der Tarquinier und damit ein neuer Aufschwung des Jupiterdienstes, sowohl des latinischen als des römischen, freilich mehr ein politischer und in kulturgeschichtlicher Hinsicht merkwürdiger als religiöser, wie ich die neue Entwicklung dieser Zeit schon angedeutet habe. So entstand der Kultus des *Iupiter Optimus Maximus* auf dem Capitol, d. i. des idealen Staatsoberhauptes, welches im Sinne der Zeit *Rex* genannt wurde, wie höchstwahrscheinlich auch der pränestinische Iupiter *Imperator*, dessen Bild man später auf dem römischen Capitol sah, die Bedeutung eines solchen höchsten Staatsoberhauptes hatte, in dessen Namen das wirkliche Staatsoberhaupt oder die höchsten Magistrate handelten.[84] In Rom ist die ganze Anlage und Ausführung des Capitolinischen Jupiterdienstes ein redender Beweis, daß man bei diesem Jupiter vorzugsweise weltliche Macht und Ehre, Triumph und Majestät vor Augen hatte, nicht mehr jene superstitiöse, aber stille und andächtige und von einem tiefen religiösen Gefühl durchdrungene Heiligkeit und Reinheit des alten Lichtgottes. Und in diesem Sinne sind auch jene beiden Beinamen Optimus und Maximus zu erklären, welche durch den Capitolinischen Jupiter zu einem so wesentlichen Merkmal der höchsten Majestät des römischen Namens wurden, daß sie sich allmählich, je mehr die Macht des römischen Staates sich ausbreitete, über das ganze Reich ausgedehnt und wie ein römischer Grundton in die verschiedensten Göttersysteme eingeschlichen haben. Zwar pflegte man später gerne das Optimus von der höchsten moralischen Güte zu verstehen, wie Cicero sagt, Jupiter werde zuerst Optimus, dann Maximus genannt, weil Güte göttlicher sei als Macht.[85] Aber ursprünglich sollte Optimus gewiß nichts anderes bedeuten als der an Macht und Ehre Vorzüglichste, der Höchste unter allen Göttern[86], dahingegen Maximus speziell Majestät im politischen Sinne des Wortes bedeutet, d. h. die Fülle von Macht und Hoheit, wie sie sich unsichtbar in dem Capitolinischen Jupiter als höchstem Oberhaupt des römischen Staates darstellte, sichtbar in den Königen, später im römischen Volke und seinen höchsten Behörden[87], noch später in den Kaisern. Daher die Dichtung bei Ovid Fast. V, daß zu Anfang der Dinge noch keine feste Ordnung gewesen sei, bis Honor und Reverentia sich der Gewalt bemächtigt hätten. Von diesen stamme die Maiestas, welche, umgeben von Pudor und Metus, über alle Welt, alle Götter und Geister herrsche und neben dem Jupiter thronend seine treueste Dienerin sei und es ihm möglich mache, ohne Gewalt zu regieren. Selbst die spätere Übertragung des Titels Optimus Maximus auf die Person des Kaisers[88] ist nur insofern ein Frevel, als er dem höchsten Gotte entlehnt war. Seiner ältesten und eigentlichen Bedeutung nach paßte er ebensogut auf den Kaiser als auf den Jupiter.

Ehe ich diese neue Richtung der Tarquiner und ihre Folgen für den römischen Jupiterkultus weiter verfolge, genüge es das Bild dieses Gottes, wie es sich mit der Zeit den Römern gestaltete, auch von anderen Seiten her abzurunden. So war Jupiter, wie er auf dem Lande für Fruchtbarkeit und Wachstum sorgte, auch in der Stadt der Mehrer der Jugend, daher er selbst als Iuvenis, Iuventus und Adultus und in seinem Tempel die Göttin Iuventas als eigene Personifikation verehrt wurde. Ferner wurde er auch in den Häusern viel verehrt als deus penetralis, d. h. als höchster Glücks- und Segensgott der Familie, wie der griechische Ζεὺς ἑρκεῖος, und als hospitalis, d. h. als ξένιος, als Gott der Gastfreundschaft und ihrer Rechte.[89] Endlich war er der allgemeine Gott der Hilfe, des Segens, der gütige und gnädige Gott schlechthin, daher die später allegemeine Erklärung des Jupiter durch Iuvans Pater. Auch in diesem Sinne heißt er Opitulus und Opitulator, d. i. opis lator (Paul. p. 184, oben S. 176), auch Praestes, d. h. der Gott der sicheren Erfüllung[90], und Obsequens, d. h. der Gott aller gnädigen Erhörung und Hilfe.[91] Hatte ihm doch Hercules, selbst ein Glücksgenius, nachdem er seine Rinder wiedergefunden, unter dem Aventin einen eigenen Altar als Patri Iuventori gestiftet (Dionys I, 39). Andere Beinamen der Art entsprechen schon meist dem griechischen Ζεὺς Σωτὴς und 'Αλεξίκακος, dessen Kultus zu Rom in den späteren Zeiten großen Anklang fand. So wurde Jupiter nun in öffentlichen und privaten Angelegenheiten als Konservator[92] und als Kustos verehrt, unter welchem Namen ihm Domitian einen prächtigen Tempel auf dem Capitol stiftete, auch als Turor und Tutator oder auch als Vindex und Ultor, wenn es Verbrechen zu bestrafen galt. Doch ist er gewöhnlich Salutaris, ein Gott des Heils und der Erlösung von leiblichen und geistigen Übeln, wie er namentlich in schweren und bedrängten Zeiten angerufen wurde.[93] Auch als Iup. Valens wurde dieser Gott neben anderen Heilsgöttern gefeiert[94], desgleichen als Liberator, unter welchem Namen er auf dem Aventin verehrt wurde[95]. Endlich gehört dahin der gleichfalls vorzugsweise in den sinkenden Zeiten genannte Iup. Depulsor, welcher bei drohenden Zeichen und Prodigien angerufen wird, oder auch in Fällen von Not und Krankheit für die bedrohte Person, namentlich des Kaisers[96], hin und wieder aber auch als Schutzgeist einer bestimmten Stätte, z. B. eines Bades.[97] Auch der Iup. Propugnator in Palatio, welcher wiederholt in Bruchstücken der Fasten eines priesterlichen Kollegiums der späteren Zeit erwähnt wird, hatte wohl nur die beschränktere Bedeutung eines Schutzgeistes des kaiserlichen Palastes und Hauses.

Unter den Stiftungen der Tarquinier mag zuerst von der erneuerten Stiftung der latinischen Ferien, dann von der Gründung des Capitolinischen Dienstes mit seinen weiteren Folgen die Rede sein.

Iupiter Latiaris oder Latialis[98] ist das höchste Oberhaupt des latinischen Bundes in demselben Sinne wie der Capitolinische Jupiter das höchste Oberhaupt des römischen Staates und Staatskultus sein sollte. Mithin gehört seine volle Bedeutung dem höheren römischen Altertum an, wo Rom noch als Glied und Hauptstadt des latinischen Bundes mit den übrigen Städten und Gemeinden desselben zu demselben Jupiter betete, bis diese Städte von ihrem Haupte am Tiberstrom immer abhängiger wurden und zuletzt nach dem Kriege vom J. 414 d. St., 340 v. Chr. sich zu gänzlicher Abhängigkeit bequemen mußten. Ohne Zweifel war die Verehrung des Jupiter auf dem schönen Berge über Alba Longa, dem sogenannten Mons Albanus, eine sehr alte, und schon jener ältere Vorort mochte hier die mit ihm verbündeten oder von ihm abhängigen Städte zur gemeinschaftlichen Festfeier versammelt haben.[99] Indessen verfiel diese mit der Zerstörung von Alba Longa, bis die Tarquinier, deren Macht sich vornehmlich auf dem Beistande der Dynasten von Latium stützte, den Bund und das Bundesfest wiederherstellten und zu ihren Zwecken ausbeuteten, natürlich in der Form, daß Rom nun als das Haupt des Bundes und der römische König als dessen oberster Vorstand anerkannt wurden. Den Tarquinius Superbus nennt Dionys IV, 49 als Urheber dieser Erneuerung, aber derselbe Schriftsteller berichtet VI, 95, daß der erste und älteste Festtag nach einem Sieg über die Etrusker gestiftet worden sei, welcher kein anderer sein kann als der von ihm selbst III, 57 ff. und Flohrus I, 5 erwähnte Sieg des Tarquinius Priscus, welcher vermutlich mit Hilfe der Latiner gewonnen wurde. Ein zweiter Festtag soll nach der Vertreibung der Könige aus Rom hinzugefügt worden sein, welche insofern die Latiner und die Römer gemeinschaftlich betraf, weil die Tarquinier sich in den meisten Bundesstädten mit den edelsten Familien verschwägert hatten (Liv. I, 49), so daß die Reaktion der Aristokratie gegen die Dynastie der Tarquinier und ihren Anhang sich in vielen Städten wiederholt haben mag. Im J. 260 d. St. erfolgte die Auswanderung der römischen Plebs auf den heiligen Berg und die Herstellung der Eintracht nach Einsetzung des Volkstribunats, im J. 261 die Erneuerung des Bündnisses mit den Latinern durch den Konsul Sp. Cassius: bei welcher Gelegenheit zu den latinischen Ferien ein dritter Festtag zur Erinnerung an die Aussöhnung Roms mit seiner Plebs hinzugefügt wurde, mit Dankopfern und Spielen, welche die mit den Volkstribunen zugleich eingesetzten Volksädilen zu besorgen hatten (Dionys VI, 95): so nahe schien diese Aussöhnung das gesamte Latium anzugehen, welchem die römische Plebs nach ihrer Abstammung bekanntlich zum größten Teile angehörte. Ja, es soll noch im J. 387 d. St. (367 v. Chr.), als wieder einmal die Eintracht zwischen den Patriziern und Plebejern hergestellt worden war, ein vierter Festtag zu den latinischen Ferien hinzugefügt worden sein.[100] Auch war der vorherschende Charakter des ganzen Festes der des Friedens und der allgemeinen Befreundung der sonst oft getrennten Latiner, daher während des Festes die bestehenden Verträge von Jahr zu Jahr erneuert und durch ein gemeinschaftliches Opfer und Opfermahl und Gebete der verschiedenen Teilnehmer füreinander aufs feierlichste bekräftigt wurden.[101] Selbst nach der Unterwerfung der Latiner im J. 340 v. Chr. wurde wenigstens das fortbestehende Bündnis mit den Laurentern jährlich gleich nach den latinischen Ferien erneuert (Liv. VIII, 11), und immer galt es in Rom für sehr bedenklich, in dieser einst durch ganz Latium den Gefühlen des Friedens und der Stammgenossenschaft geweihten Zeit einen Krieg zu beginnen oder eine Schlacht zu wagen (Macrob. I, 16, 16). Eine feste Zeit hatte das Fest nicht, sondern es wurde in jedem Jahr von neuem konzipiert, d. h. von den römischen Konsuln gleich nachdem sie ihr Amt angetreten hatten, auf einen bestimmten Tag angesetzt und durch ganz Latium angesagt. Dieses nannte man concipere Latiar oder ferias Latinas, von welchen Ausdrücken jener wahrscheinlich speziell das dem Iupiter Latiaris dargebrachte Opfer bezeichnete, dieser die ganze Dauer des Festes und die beiden folgenden Tage, welche auch für religiosi galten.[102] Die Zeit scheint ehedem der Beginn des Frühlings gewesen zu sein, im April oder Anfang Mai[103], dahingegen es in der späteren Zeit, aus welcher verschiedene auf dem Albaner Berg gefundene Bruchstücke der auch hier geführten Fasten vorhanden sind, vom Juni bis zum August begangen wurde. Eigentlich sollten immer die Konsuln das Opfer bringen und nicht eher als nachdem sie diese religiöse Pflicht erfüllt in ihre Provinzen gehen, doch finden sich Ausnahmen, und namentlich wurde bisweilen eigens zu dieser Handlung ein Diktator ernannt (dictator feriarum Latinarum causa), während die Konsuln, solange sie wegen dieses Festes außerhalb der Stadt blieben, in derselben von einem dazu ernannten Praefectus Urbis feriarum Latinarum vertreten wurden.[104] Außer den Konsuln waren auch die anderen Magistrate zugegen, selbst die Tribunen und die Aedilen der Plebs, welche im Namen der letzteren die sie betreffenden Dankopfer brachten und dabei in königlichem Schmucke auftraten (Dionys VI, 95; VIII, 87), endlich die Magistrate und Stellvertreter sämtlicher übrigen Städte und Staaten, welche teilnahmen. Dieser waren bei der Erneuerung des Festes durch Tarquinius Priscus oder Superbus, wo neben den Römern und Latinern auch die Herniker und Volsker sich beteiligten, 47 gewesen[105], eine Anzahl, welche sich mit der Zeit natürlich sehr verringerte, obgleich die einmal eingeschriebenen Mitglieder auch in der Zeit des Verfalls bis zum letzten Atemzuge ihrer Existenz an diesen alten und erinnerungsreichen Festlichkeiten festhielten. Denn es ist zu vermuten, daß nicht allein die Römer, sondern auch die übrigen Latiner, namentlich in der älteren Zeit, das Andenken an Epoche machende Vorfälle ihrer Geschichte durch entsprechende Akte an diesem Stammfeste gepflegt hatten.

Der religiöse Mittelpunkt des Festes war wie gewöhnlich das Opfer mit dem Gebete und das darauf folgende Opfermahl, zu welchem Behufe das Opfertier in gewissen herkömmlichen Stücken unter den Teilnehmern des Bundes und des Bundesfestes verteilt wurde.[106] Das Opfer war, wie bei den größeren Jupiterfesten gewöhnlich, namentlich auch bei den Römischen Spielen, ein junger, eben von der Mutter genommener, von keiner Arbeit berührter Stier (iuvencus) von weißer Farbe, zu welchem Zweck es eigene Gezüchte von Jupiterstieren gab, namentlich auf den schönen Wiesen in der Gegend von Falerii und in der von Mevania am Clitumnus.[107] Das Opfer wurde in Gegenwart aller übrigen Behörden der Städte von dem Konsul dargebracht und dazu von den Anwesenden Gebete gesprochen, in welchen Rom für die Latiner und alle Latiner für Rom um Heil und Segen zum Jupiter flehten.[108] Der Bundesstier wurde von allen Teilnehmern gemeinsam gestellt, während andere Lieferungen an Lämmern, Käse, Milch, Opferkuchen usw. den einzelnen Mitgliedern oblagen. Das gemeinschaftliche Opfermahl hatte ursprünglich gewiß, wie das epulum Iovis bei den Römischen Spielen und andere Festlichkeiten der Art, den Charakter eines Liebes- und Verbrüderungsmahls. Außerdem werden gewisse volkstümliche Feierlichkeiten erwähnt, namentlich die sogenannten Oscilla, welche später für eine Gedächtnisfeier des mythischen Königs Latinus und des Aeneas galten. Da bei dem ganzen Feste, sowohl beim Konzipieren als bei dem Opfer, dem Gebete und der Verteilung des Fleisches viele Rücksichten auf so viele Beteiligte zu nehmen waren, so kommt bei diesen latinischen Festen besonders oft eine sogenannte *Instauration vor*, d. h. eine Wiederholung einzelner Akte oder auch des ganzen Festes infolge der vorgefallenen Versehen.[109] Während dieses Opfer auf dem ganz Latium überragenden Berge im Namen aller dargebracht wurde, scheinen auch die einzelnen Städte daheim den Jupiter Latiaris durch entsprechende Gebräuche gefeiert zu haben. Wenigstens wissen wir von solchen in Rom. Es floß hier nämlich nach dem einstimmigen Zeugnisse vieler Schriftsteller[110] in denselben Tagen dem Jupiter Latiaris zu Ehren das Blut eines zum Tode verurteilten Verbrechers (bestiarius), und auf dem Capitole wurde ein Wettrennen mit Quadrigen gehalten, bei welchem der Sieger Absinth zu trinken bekam, zur Andeutung der Gesundheit und körperlichen Rüstigkeit, die seine Anstrengungen lohnen werde.[111] Auf dem Albaner Berge aber wurde Jupiter wenigstens später wie auf dem Capitole als Optimus Maximus und neben der Juno und Minerva verehrt, neben welchen auch die Vesta Albana erwähnt wird.[112] Noch jetzt sieht man auf dem Gipfel des Berges in den Mauern des dort liegenden Passionistenklosters die Ruinen eines Tempels, auf einer schönen Höhe mit weiter Aussicht über das Gebirge, die Campagne und das Meer. Auch hat sich am Abhange des Berges ein ansehnlicher Rest der heiligen Straße erhalten, auf welcher einst die Bürger und die Prozessionen von Rom und ganz Latium zu dieser ehrwürdigen Stätte hinaufzogen.

Auch der Triumph auf dem Albaner Berge beruhte wahrscheinlich auf Vorgängen der Zeit, wo Rom und Latium zu gleichen Rechten verbündet ihrer kriegerischen Erfolge nicht bloß ein jeder daheim in seinen Mauern, sondern auch auf dieser allen gemeinsamen und heiligen Höhe des Iupiter Latiaris feierten. Später wurde er bekanntlich von solchen römischen Feldherrn gehalten, denen der Triumph in Rom bewilligt wurde, also ohne Bevollmächtigung von seiten des Staates und nur als militärisches Schauspiel. C. Papirius Maso, Konsul des J. 523 d. St., 231 v. Chr., war der erste, welcher nach einem siegreichen Feldzuge in Korsika auf diese Weise triumphierte, und seinem Beispiel folgten viele andere. Der Ehrenkranz bei diesem Triumphe war nicht der Lorbeer, sondern die Myrte, wie bei der Ovation, einer geringern Art des Triumphes, welche gleichfalls auf dem Albaner Berge begann, von wo der Sieger nicht auf einem Wagen, sondern zu Pferde, in alter Zeit sogar zu Fuße, und auch sonst mit geringerer Auszeichnung in Rom ein und auf das Capitol zog: so daß sie vielleicht ursprünglich nur der letzte Akt eines Triumphes auf dem Albaner Berg war, wie er ehemals im Namen des verbündeten Latiums gefeiert sein mag. Jedenfalls deutet die Myrte auf den Dienst der Venus, einer Göttin, die wir unten näher als eine alte latinische Bundesgöttin kennenlernen werden.

Endlich der Iupiter Optimus Maximus auf dem *Capitol*. Die ersten Anfänge auch dieses Kultus fallen in die Zeit des tarquinius Priscus. Er gelobte den Tempel in einem Kriege mit den Sabinern und legte den Grund dazu, indem er den bis dahin für eine solche Anlage ungünstig beschaffenen Hügel durch außerordentliche Anstrengungen zu einer breiten Fläche umschuf.[113] Auf deselben wurde dann der Tempel von Tarquinius Superbus erbaut, mit Hilfe der Beute von Pometia und vieler Künstler aus Etrurien, während das römische Volk in harter Arbeit karren und Ziegel streichen mußte. Die Einweihung erfolgte im ersten Jahre der Republik, man wußte nicht bestimmt durch welchen Konsul. Bei den Vorbereitungen zum Bau ereigneten sich die bekannten Wunder, daß von den sabinischen Heiligtümern, welche seit T. Tatius auf dieser Höhe angesiedelt waren, das des Terminus und der Juventas nicht weichen wollte, ein sicheres Zeichen, daß die neue Anlage ewig währen und ewige Jugend haben werde. Und als man den Grund legte, fand sich in der Tiefe des Felsens ein menschliches Haupt mit unzerstörten Gesichtszügen (integra facie), welches die etruskischen Seher alsbald dahin deuteten, daß diese Stätte in Zukunft das Haupt des Reiches und der Welt sein werde. Daher der Name Capitolium, welcher vielmehr eigentlich Burg bedeutete[114], indem die mit der Zeit noch weiter ausgesponnene Legende erst aus dem gegebenen Namen entstanden ist, wie jene Legende vom Terminus und der Juventas daraus, daß beide im Tempel des Jupiter, also als zu ihm gehörige Personifikationen verehrt wurden. Der in dieser ummauerten und verschließbaren Burg gelegene und nach ihr gleichfalls Capitolium benannte Tempel war nach der sogenannten toskanischen Ordnung erbaut und hatte für die drei Götter drei Zellen, in deren mittlerer Jupiter thronte, während die zu seiner Rechten für Minerva, die zur Linken für Juno bestimmt war.[115] Es konnte den Tarquiniern dabei sowohl das Beispiel der Sabiner als der Etrusker vorschweben, doch deutet der weltliche und fürstliche Charakter der ganzen Anlage, wie ihre architektonische und übrige Ausstattung entschieden nach Etrurien. Denn auch das Tempelbild war die Arbeit eines etruskischen Künstlers aus Veji, welcher den Römern auch ihr ältestes Bild des Hercules geschaffen haben soll. Es war von Ton und mit dem Attribute des Blitzes in der Rechten ausgerüstet[116], übrigens nach Art der älteren griechischen Tempelbilder ein Gegenstand zahlreicher Bedienung und Aufwartung; namentlich pflegte es an Festtagen auch mitzufeiern und zu dem Ende das Gesicht an solchen Tagen mit Mennich rot angestrichen zu werden. Das Tempelgebäude war von einem geräumigen Tempelplatz (area) umgeben, welcher sich mit der Zeit mit allen höchsten und heiligsten Erinnerungen und Andenken an Tapferkeit, Sieg und Ehre der römischen Geschichte anfüllte. Was die Lage des Tempels betrifft, so wird ihm sowohl durch deutliche Aussagen der alten Schriftsteller als durch eine örtliche Tradition, welche sich bis in das Mittelalter verfolgen läßt, der dem Palatin und Aventin zunächst gelegene Hügel, auf welchem jetzt der Palast Caffarelli liegt, angewiesen. Wenn dessenungeachtet die römischen Topographen und Architekten behaupten, daß der Tempel auf der Höhe von Araceli gelegen haben müsse, so liegt dabei eigentlich nur das Postulat zugrunde, daß man die Fassade vom römischen Forum habe sehen müssen. Ja, dieses Postulat ist im Sinne der alten Zeit nicht einmal zulässig, da zur Zeit des Tempelbaus das römische Forum seine spätere Bedeutung noch nicht hatte, während die Gegend, wohin der nach Mittag gerichtete Tempel (Dionys IV, 61) und die Götter in ihm blickten, das Palatium mit seinen alten Heiligtümern und Erinnerungen, die Ara Maxima des Hercules, endlich der gleichzeitig erbaute Circus Maximus, entweder für den Glauben und die Geschichte der Römer im höchsten Grade bedeutsam waren oder, wie namentlich der Circus Maximus, mit dem Kult und der Festfeier der Capitolinischen Götter unmittelbar zusammenhingen.

Wie dieser Kultus von allen römischen der angesehenste war und in allen öffentlichen Angelegenheiten am meisten gefeiert wurde, so waren auch seine Opfer, Opfermahlzeiten und Feste die stattlichsten und für das römische Staatsleben, seine Erinnerungen und seine Auszeichnungen, bedeutungsvollsten. Es gehören dahin die ludi Romani, Magni, Plabeji und Capitolini, von welchen im folgenden zunächst die Rede sein wird. Bei allen wird festzuhalten sein, daß sie sowohl aus dem religiösen Akte eines Opfers und Opfermahles, des epulum Iovis, als aus dem festlichen der Prozession und der Spiele bestanden, welche letztere anfangs bloß zirzensische waren, bis später auch die szenischen hinzutraten. Ferner daß der Hauptfeiertag, also namentlich das Opfer mit dem dazu gehörigen Gebete und dem epulum, immer auf den Tag der Idus, den alten Festtag des Jupiter gefallen sein wird, bei den Römischen Spielen, so viel ich sehe, auf die Idus des September, bei den Plebejischen auf die des November, bei den Capitolinischen auf die des Oktober.

Daß die *Römischen Spiele* (ludi Romani) in den September fielen, von Tarquinius Priscus gestiftet wurden und in ihrer Art, d. h. als zirzensische Spiele, die mit großem Aufwande, zunächst nach dem Vorbilde etruskischer Ritterschaft und Sitte gefeiert wurden, die ältesten waren, ist sonst bekannt[117]; daß der wichtigste Tag des Festes auf die Idus des September fiel, folgt schon daraus, daß an diesem Tage der Tempel eingeweiht wurde, im ersten Jahre der Republik, im J. 245 d. St., 509 v. Chr. (Plut. Popl. 14). Es kommen aber auch noch andere Umstände hinzu, um diesen Tag als sehr wichtig und bedeutsam für den älteren römischen Staatskultus erscheinen zu lassen, namentlich, daß nach einem alten Gesetze der Republik der höchste Magistrat (qui praetor maximus sit) an den Iden des September den Nagel in die rechte Wand des Jupitertempels einschlagen sollte (Liv. VII, 3), ferner, daß die Konsuln in den ersten Jahren der Republik an diesem Tag ihr Amt antraten.[118] Dazu kommt, daß die Plebejischen Spiele, welche nach dem Vorbild der Römischen im November gefeiert wurden, ihr epulum Iovis gleichfalls an den Idus dieses Monats feierten. Endlich bemerkt wenigstens das Kal. Antiatinum auch an den Iden des September ein epulum Iovis.[119] Der Opferschmaus setzt aber notwendig ein Opfer voraus, welches auch bei dieser Gelegenheit, wie bei den latinischen Ferien und dem gewöhnlichen Amtsantritt der Konsuln ein junger Stier von weißer Farbe und mit vergoldeten Hörnern war, zu welchem für Juno gewöhnlich eine Kuh hinzugefügt wurde.[120] Das Opfermahl war zugleich eine Speisung für die drei Capitolinischen Götter, denn auch Juno und Minerva nehmen an dieser Ehre teil[121] und ein Liebes- und Verbrüderungsmahl für sämtliche höhere Beamten des römischen Staats und den Senat, welche dann auf dem Capitol vor dem Angesichte des höchsten Gottes gespeist wurden[122], umgeben von den großartigsten Erinnerungen der Vorzeit und auf die mächtige Stadt zu ihren Füßen hinabschauend. Auch ist dieses epulum Iovis auf dem Capitol immer einer der festlichsten Tage im römischen Kalender geblieben.[123]

Nicht minder wesentlich als das epulum Iovis gehörten die Prozession in den Circus und die dortigen Spiele zum Capitolinischen Kulte der Tarquirier; in welcher Beziehung das Symbol der Quadriga interessant ist, welches vielleicht ursprünglich nur ein Attribut des Donnergottes Jupiter war, bei den Etruskern aber und in Rom ganz wesentlich königliche Ehren und Sieg und Triumph bedeutete.[124] Ja, eine alte Quadriga von Ton und etruskischer Abkunft, welche auf dem Gipfel des Capitolinischen Tempels stand, hatte sogar die Bedeutung des Sieges über alle Siege, daher sie für eine der vielen Bürgschaften einer ewigen Wohlfahrt galt, deren sich Rom zu rühmen wußte. Vor der Einweihung des Tempels, so erzählte die Legende, und kurz vor seiner Vertreibung hatte Taraquinius jene Quadriga in Veji bestellt. Sie geht im Ofen nicht zusammen wie gewöhnlich, sondern sie schwillt und schwillt, daß man Decken und Wände einreißen muß, um sie nur aus dem Ofen nehmen zu können. Die Seher weissagen, daß diese Quadriga ihren Besitzern die höchste Macht sichere, daher sich die Vejenter der Auslieferung weigern. Aber als bald darauf Spiele in Veji gefeiert werden, rennt die Quadriga des Siegers in wilder Hast davon und nach Rom, wo der Sieger bei der porta Ratumena gleich unter dem Capitole vom Wagen stürzt und seinen Geist aufgibt, worauf die Vejenter erschreckt die Quadriga ausliefern.[125] Genug, das Viergespann gehört ebenso wesentlich zum Capitolinischen Jupiter als der Dreifuß zum Pythischen Apollo, daher es wiederholt unter den Weihgeschenken des Jupiter genannt wird (Liv. X, 23; XXXV, 41). Ferner gehörten zu jener Prozession und den Spielen im Circus Maximus, welcher immer als notwendiger Anhang des Capitolinischen Kultus zu denken ist, nicht minder wesentlich die sogenannten *tensae*, d. h. die Prozessionswagen der drei Capitolinischen Götter mit ihren exuviis, d. h. ihren Attributen, welche man an solchen Tagen den Göttern abnahm und anstatt der Götter selbst vom Capitol hinab in den Circus führte, wo sie auf dem sogenannten Pulvinar niedergelegt wurden[126], so daß die Spiele gleichsam unter der persönlichen Beteiligung der Götter gehalten wurden. Und zwar sind die exuviae Iovis Opt. Max., welche bei dieser Gelegenheit erschienen und auf der ihm geweihten tensa[127] in den Circus gefahren wurden, wieder die Attribute seiner königlichen Weltherrschaft und des Sieges und Triumphs, der Blitz und das Adlerzepter und der goldene Kranz, endlich die tunica palmata und toga picta, von denen das Adlerzepter und die zuletzt genannten Kleider samt dem Stuhle von Elfenbein in Etrurien und seit Tarquinius Priscus in Rom den königlichen Ornat bildeten, während später nur noch von den Führern der großen Prozession und den Triumphierenden ein solcher Schmuck von dem höchsten Gotte entlehnt werden durfte.[128]

Diese Prozession (pompa), welche die Spiele im Circus eröffnete, zog vom Capitol herunter über das Forum durch den Vicus Tuscus zum Velabrum und in den

Circus, den sie gleichfalls in seiner ganzen Länge durchzog; alle diese Plätze, diese Straßen und die langen Galerien des Circus waren dann festlich geschmückt und von einer gedrängten Volksmenge besetzt: Es gab in den besten Zeiten Roms keine bedeutungsvollere, keine volkstümlichere Feier als diese.[129] Den Mittelpunkt des Zuges bildeten jene Tensen der Götter, vor allen die der drei Capitolinischen, deren jede von einem edlen und unverwaisten Knaben mit der größten Sorgfalt geführt wurde, denn hier war jedes, auch das geringste Versehen bedenklich.[130] Allen Tensen voran aber fuhr der Magistrat, dem die Ehre geworden war, den Zug zu leiten und bei den Spielen den Vorsitz zu führen, aufs festlichste geschmückt, denn seine Tracht war keine geringere als die der Triumphierenden[131], während ein Staatssklave einen nach etruskischer Weise aus Gold und Edelsteinen verfertigten Eichenkranz über seinem Haupte hielt und die Begleitung seiner Kinder, vieler Klienten und anderes Gepränge das Glück, welches ihm geworden, noch mehr hervorhob (Juvenal X, 36 ff.). Vor diesen Heiligtümern und hinter denselben aber sah man viele andere Gruppen und Haufen von Knaben, Jünglingen und Männern zu Pferde und zu Fuß, viele Spielleute mit Blas- und Saiteninstrumenten, viele Tänzer und Springer, die sich im Waffentanze oder in dem Kostüme der etruskischen Ludionen oder in anderer Tracht und Vermummung sehen ließen, viele Priester und Bilder der Götter, seit Cäsar und August auch der Kaiser, viele Opfertiere und prachtvolles Gerät, samt anderen Prachtstücken der Vorzeit oder eines auserwählten Ruhms.[132] Kurz, es war ein buntes Gedränge aller Klassen und aller Arten des Volks, aller Stände, aller Kollegien, aller Lebensalter.

Da nach den Kalendern am 14. September, dem Tage nach den Idus eine Prüfung der zum Rennen eingemeldeten Pferde vorgenommen wurde[133], worauf am 15. die Spiele selbst begannen, so wird man auch die Prozession auf diesen Tag setzen dürfen, welcher die Spiele sich unmittelbar anschlossen. Nach denselben Kalendern dauerten diese Spiele im Circus damals fünf Tage lang, vom 15. bis 19. Sept., welche Ausdehnung sie erst allmählich bekommen hatten, da wie bei den latinischen Ferien und anderen Festen auf besondere Veranlassung ein Tag nach dem anderen hinzugefügt wurde.[134] Mit der Zeit traten die szenischen Spiele hinzu, seit 390 d. St. (364 v. Chr.) im etruskischen Geschmack, seit etwa 514 (240 v. Chr.) im griechischen, da in diesem Jahr, gleich nach dem ersten punischen Kriege, Livius Andronicus zuerst Dramen auf die Bühne brachte, ein Jahr vor der Geburt des Ennius. Auch das geschah zuerst bei den Römischen Spielen, welche darauf mit den übrigen Festen auch in dieser Hinsicht immer mehr beladen wurden. Und zwar waren zu diesen szenischen Spielen bestimmt die Tage vor den Idus, nach den Kalendern vom 4. Sept. bis zum 12., also neun Tage hintereinander: Eine Erweiterung, welche namentlich seit der Zeit des zweiten punischen Kriegs erfolgt sein mag. Wenigstens wissen wir aus Liv. XXIV, 43, daß schon im J. 540 (214 v. Chr.), zwei Jahre nach der Schlacht bei Cannä, die Bühnenspiele vier Tage lang dauerten. Gegeben wurden sie bekanntlich von den curulischen Aedilen, denen auch bei der großen Prozession und den zirzensischen Spielen die Einrichtung im Ganzen und die polizeiliche Oberaufsicht oblag, während das Geleite der Tensen bei der Prozession und der Vorsitz im Circus, ursprünglich eine Sache des Königs, später den Konsuln oder in ihrer Abwesenheit dem städtischen Prätor zustand, nach dem Fall der Republik aber natürlich den Kaisern und den von ihnen ernannten Stellvertretern zufiel[135].

Neben den Römischen Spielen werden die *Großen Spiele* (ludi Magni oder Maximi) gewöhnlich in solcher Weise genannt[136], daß beide lange für identisch gegolten haben. Eine genauere Beobachtung aber hat gelehrt, daß sie sich von jenen dadurch wesentlich unterschieden, daß sie nicht regelmäßig, sondern nur infolge außerordentlicher Veranlassungen und als votivi gefeiert wurden, indem ein solches Gelübde beim Beginn schwerer Kriege oder sonst in gefährlichen Lagen des Staates feierlich ausgesprochen und die Spiele selbst nach glücklicher Beendigung des Kriegs oder Abwendung der Gefahr zu Ehren des höchsten Gottes, der seine Römer wieder einmal zum Siege geführt, gefeiert wurden. Das erste Beispiel fällt in die Zeit des Kriegs gegen die Tarquinier und die mit ihnen verbündeten Latiner, welcher durch den Sieg am See Regillus im J. 258 (496 v. Chr.) entschieden wurde; welche Spiele zugleich sehr oft als Beispiel der strengen Gewissenhaftigkeit angeführt werden, mit welcher solche Gelübde in den alten Zeiten beobachtet wurden.[137] Das erste Mal, so erzählt die Legende, hatte ein plötzlicher Überfall des Feindes die Feier unterbrochen. Das zweite Mal, als es zur wirklichen Ausführung kam und der Zirkus schon voll von Menschen war, wurde ein strafbarer Sklave vor aller Augen mit der Gabel auf dem Rücken durch den Zirkus geführt und gefuchtelt: was den frommen Sinn des Plebejers vom Lande so empörte, daß er auch zu Hause keine Ruhe fand. Jupiter erschien ihm im Traume, höchlich verletzt durch solch einen Vortänzer bei seinen Spielen; er solle gehen und bei den Konsuln auf Wiederholung der Spiele dringen. Der Landmann zögerte, da starb sein Sohn, und er selbst wurde gelähmt an allen Gliedern, bis er sich endlich in den Senat tragen ließ und sobald er den Auftrag ausgerichtet gesund wieder heimkehrte. Der Senat aber beschloß bald die Instauration, und zwar mit einer Ausstattung, die viermal so kostbar war als die erste. Die ältere Republik mochte solche Spiele um so lieber sehen und um so mehr auf sie verwenden, weil bei ihnen allein beide Stände, die Patrizier und die Plebejer, vereinigt waren, welches auch wohl der Grund ist, weshalb man sie vorzugsweise die Großen nannte; doch wurden sie auch im weiteren Verlaufe der Republik sehr oft gelobt und immer mit großer Gewissenhaftigkeit und kostbarer Ausrüstung gehalten, gewöhnlich zehn Tage lang.[138] Wie die Römischen mögen sie aus einem Opfer und Opferschmause, der Prozession und den zirzensichen Spielen bestanden haben, dahingegen von szenischen Spielen bei ihnen nicht die Rede ist. Wohl aber wurden nicht selten anstatt der Spiele große Opfer dem Jupiter geweiht, meistens Stieropfer, seit dem Hannibalischen Kriege auch wohl nach griechischer Sitte ganze Hekatomben[139], einmal sogar, und zwar auf Veranlassung der sibyllinischen Bücher ein Ver. Sacrum, welches in älteren Zeiten nur in dem Kulte des Mars herkömmlich gewesen zu sein scheint.

Außer den Römischen Spielen im September und diesen Großen gab es eigene *Plebejische Spiele* im November, welche ursprünglich speziell für die Plebs bestimmt waren und von ihren Obrigkeiten, den plebejischen Tribunen und Ädilen besorgt wurden, man weiß nicht genau seit welcher Zeit und auf welche Veranlassung[140]; ohne Zweifel lag aber noch die alte Scheidung der Patrizier und der Plebejer dabei zugrunde. Später verlor sich diese Scheidung, aber die beiden Spiele bestanden dennoch nebeneinander fort, übrigens bei gleichartiger Einrichtung, denn auch bei den plebejischen Spielen wurde an den Idus ein epulum Iovis gehalten[141], worauf gleichfalls zirzensische Spiele folgten, welche aber nicht im Circus Maximus, sondern in dem des Flaminius gehalten wurden, vor dessen Einrichtung vermutlich im freien Marsfelde. Endlich gingen auch hier dem epulum szenische Spiele voran, welche die plebejischen Ädilen zu veranstalten hatten.[142] Nach den Kalendern der Augusteischen Zeit dauerte das ganze Fest vom 4. bis zum 17. Nov., von welchen Tagen die ersten acht auf die szenischen kommen würden, die Idus auf das Opfer und das Opfermahl, an welchem ursprünglich gewiß nur die plebejischen Magistrate teilnahmen, endlich die Zeit vom 14. bis zum 17. auf die szenischen Spiele und den vorbereitenden Akt der probatio equorum. Von einer Prozession zur Eröffnung der Spiele ist nie die Rede.

Endlich gab es auch *Capitolinische Spiele* des Jupiter, über welche wir aber nur mangelhaft unterrichtet sind. Nach Ennius hatte Romulus bei der Einweihung des Tempels des Jup. Feretrius Spiele veranstaltet, welche noch ganz den Stempel ländlicher Einfalt trugen; es wurden nämlich geölte Felle auf den Boden gebreitet, auf welchen sich dann seine Römer im Faustkampfe und im Wettlauf sehen ließen. So erzählen auch andere von einer ähnlichen Stiftung, welche Romulus Tarpejische oder Capitolinische Spiele genannt habe.[143] Wieder andere wissen von Triumphe des Romulus über Veji, welcher an den Iden des Oktober gefeiert worden wäre und wo unter anderen Gefangenen auch der König von Veji, ein kindischer alter Mann, aufgeführt worden sei; daher man am Tage der Capitolonischen Spiele, d. h. bei der Feier dieses Triumphs immer einen alten Mann in königlichem Aufputze und mit der Bulle, wie sie die Kinder zu tragen pflegten, über das Forum aufs Capitol führe und dazu von einem Herolde durch öffentlichen Ausruf „zum Kauf der Sarder“ einlade, weil von den Sardern mit den übrigen Etruskern auch die von Veji abstammten.[144] Endlich berichtet Liv. V, 50, daß nach dem Abzuge der Gallier Capitolinische Spiele zur Erinnerung an die Rettung des Capitols unter dem Schutze des Jupiter gestiftet und zu diesem Behuf von Camillus ein eigenes Kollegium gebildet worden sei, aus denen welche auf dem Capitol und der Burg, d. h. auf den beiden Hügeln des Capitolinischen Berges wohnten. Aus dem allen darf man wohl folgern, daß auch an den Iden des Oktober ein altes Triumph- und Siegesfest zu Ehren des Capitolinischen Jupiters gefeiert wurde, ein so altes, daß man es für eine Stiftung des Romulus hielt; und wirklich mag es älter sein als die Plebejischen Spiele, da diese sonst kaum in den November verlegt worden wären. Doch scheint dieses Fest nur eine beschränkte örtliche Bedeutung gehabt, d. h. speziell die Einwohner der beiden Capitolinischen Hügel betroffen zu haben[145], welche später nicht mehr geduldet wurden.

Wie nun Siegesfeier und Triumph bei allen diesen Festen des Jupiter O. M. der leitende Gedanke war, so war auch der Triumph im engeren Sinne, nämlich der der heimkehrenden Feldherrn, kein bloß militärisches, sondern zugleich wesentlich ein religiöses Schauspiel, eine Verherrlichung desselben höchsten Gottes auf der Capitolinischen Burg, dessen Stellvertreter die Inhaber der höchsten Staatsgewalt waren. Daher das Opfer an den Jupiter beim Amtsantritte der Konsuln, daher feierliche Gelübde bei jedem Auszuge derselben zum Kriege, wo sie vorher jene Gelübde auf dem Capitole konzipierten und darauf von ihren Freunden mit großer Feierlichkeit und allen guten Wünschen aus dieser Stadt hinausgeleitet wurden.[146] Diesem Vorgange entspricht *der Triumph*, von seiten des Feldherrn als Erfüllung jener Gelübde, von seiten des Staates als höchste Anerkennung, die dem Bürger zuteil werden konnte. Gewöhnlich betrat der Feldherr, nachdem er das siegreiche Heer und den Triumphzug vor der Stadt geordnet hatte, das Gebiet derselben bei der porta triumphalis an der Grenze des Marsfeldes, bis wohin ihm die Behörden, der Senat und ein großer Teil der Bürger entgegenkamen. Darauf bewegte sich der Zug durch den Circus Flaminius in die Stadt und über das Forum Boarium, wo der Hercules der Ara Maxima in seiner Weise teilnahm, in den Circus Maximus; endlich von dort um die Palatinische Altstadt herum und auf der Via Sacra über das Forum und hinauf zum Capitol, dem Zielpunkte der ganzen Feier. Voran gingen der Senat und die Behörden, dann folgte Musik, darauf die lange Reihe der erbeuteten oder eroberten Gegenstände, deren glänzende Darlegung immer mehr zur Hauptsache wurde, darauf die weißen Opferstiere[147], dann die vornehmeren Gefangenen, endlich der Triumphator selbst, wieder ein lebendes Bild des Capitolinischen Jupiter, von dem er Macht und Sieg empfangen hatte und in dessen Schoß er jetzt den errungenen Lorbeer niederzulegen im Begriff stand, während er die übrigen Insignien dieses höchsten Ehrentages mit in sein Haus nehmen und seinen Nachkommen zum ewigen Andenken hinterlassen durfte. Wie der hohe und vergoldete, seit Camill gewöhnlich von vier weißen Rossen gezogene Triumphwagen ein Bild der quadriga Iovis war[148], so die mit Palmenzweigen und Victorien gestickte Tunika, die mit Gold auf purpurnem Grunde gestickte Toga des Triumphators, das elfenbeinerne Adlerzepter in seiner Hand, der über seinem Haupte schwebend gehaltene Triumphalkranz von Gold und Edelstein, sein eigenes nach dem Vorbilde Jupiters mit Mennich hochrot gefärbtes Antlitz recht eigentlich der ornatus Iovis Optimi Maximi[149]: daher einer solchen Erhebung der sterblichen Menschen als heimliches Amulett gegen den Neid und bösen Blick ein Fascinus unter dem Wagen dienen mußte und deshalb auch den folgenden Soldaten jeder beliebige Spott erlaubt gewesen sein soll[150], so sehr fürchtete der Glauben der Alten bei jedem außerordentlichen Gedeihen die dämonische Gewalt des Neides. Umgeben von den Genossen seines Ruhms verließ er endlich oben auf dem Capitole angekommen den Wagen, stieg die Stufen zum Tempel hinan[151], nahte sich anbetend dem Bilde Jupiters und legte den Lorbeer, gewöhnlich den der vor ihm getragenen Faszes, der Sinnbilder seiner Gewalt, oder auch eine Palme in den Schoß des Gottes.[152] Dann folgte das Opfer und ein festliches Opfermahl im Tempel, an welchem der ganze Senat und alle Behörden teilnahmen und der Triumphierende natürlich die Hauptperson war, bis er zuletzt von diesem Mahle feierlich heimgeleitet wurde[153] und somit wieder in die gewöhnliche Lebensordnung zurückkehrte. Die freudige Aufregung, das Gedränge der ganzen Stadt bei solchen Gelegenheiten, zumal, wenn der Triumphierende beliebt war, kann man sich nicht lebhaft genug vorstellen.[154] Auch wurde in späterer Zeit das Volk gewöhnlich von dem Triumphator im Saale des Hercules der Ara Maxima oder sonst in der Stadt gespeist und mit szenischen Spielen und anderen Ergötzlichkeiten unterhalten.[155]

Haben wir so die verschiedenen Feste und festlichen Veranlassungen übersehen, bei denen der Capitolinische Jupiter als der höchste Gott aller römischen Staatsgewalt und aller ihrer Erfolge verehrt wurde, so mag schließlich, um das Bild örtlich und historisch abzurunden, auch von der Ausstattung und Umgebung seines Tempels und der späteren Geschichte des Capitols die Rede sein, da auch in diesen der Grundgedanke dieser Anlage, das terrestre domicilium Iovis darzustellen (Cic. Verr. IV, 58, 129), deutlich hervortritt.

Zahllos waren zunächst die kostbaren Geschenke und Stiftungen sowohl des frommen Glaubens der Einheimischen und des Staates als der verzagten Ehrfurcht auswärtiger Völker und Könige, welche ihre huldigende Anerkennung der Obmacht Roms durch Geschenke an seine höchste Götter-Trias auszudrücken pflegten. Gewöhnlich bestanden solche Tribute in goldenen und silbernen Schalen und anderem Kultusgerät, goldenen Kränzen und anderen Kostbarkeiten, wie sie die mehrfach erhaltenen Verzeichnisse anderer Tempelschätze aufzählen, nicht selten aber auch in solchen Gegenständen, welche zu den Attributen und Symbolen der Götter gehörten, z. B. in Blitzen von Gold oder Silber, Quadrigen u. dgl. Die große Masse solcher Weihgeschenke wurde von Zeit zu Zeit eingeschmolzen, die übrigen in den sogenannten Favissen niedergelegt, kellerartigen Anlagen unter dem Tempelhofe, in welchen auch das abgängig gewordene Tempelgerät und veraltete Kultusbilder verwahrt wurden. Überdies gab es noch einen besonderen Schatz des Capitolinischen Jupiter, welcher unter seinem Sitze in dem Throne niedergelegt war. Camill hatte ihn angelegt, als die Gallier endlich abziehen mußten, und treulich verwahrte und mehrte ihn die Republik, bis mit der Zeit des Marius und Sulla zugleich der Brand des Capitols und die Plünderung bedürftiger Feldherrn auch diese Schätze störten. Was Sulla wiederhergestellt hatte, ging von neuem durch Crassus und Cäsar verloren, bis Augustus wieder einmal 16 000 Pf. Gold und eine entsprechende Menge von Edelsteinen und Perlen in der Cella des Jupiter niederlegte.[156]

Nicht weniger zahlreich und für die Geschichte des römischen Staates und des römischen Ruhms im höchsten Grade lehrreich waren die vielen von Privaten oder von Staats wegen dahin gestifteten Andenken, Inschriften, Ehrenschilde, Trophäen, Victorien u. dgl. m., so zahlreich, daß der Tempel und seine Säulen von Zeit zu Zeit von dem Überfluß gesäubert werden mußten (Liv. XL, 51). Schon die vielen historisch merkwürdigen Inschriften, welche es dort zu lesen gab, waren für die Patrioten ein wahrer Schatz, wie z. B. die Feldherrn, ehe sie triumphierten, ein Verzeichnis ihrer Taten in Saturnischen Versen auf dem Capitole anzuschlagen pflegten, wovon einige Beispiele durch die Schriftsteller erhalten sind, darunter die alte und ehrwürdige Inschrift, in welcher T. Quinctius Cincinnatus mit einfachen Worten von seinen durch die Gnade Jupiters und aller Götter im J. 374 (380 v. Chr.) erfochtenen Siegen über die Präneste berichtete.[157] Die stille Würde dieser älteren Zeit mochte merklich abstechen gegen die goldene und silberne Pracht der späteren, wo Rom von seinen Feinden lernte, auch seiner eigenen Siege und Götter mit großem Aufwand und mit einer anspruchsvollen Kunst der Darstellung zu gedenken. So lernte man von den Puniern die goldenen und silbernen Ehrenschilde mit eingegrabenen Bildern kennen, wo es sich denn gelegentlich zutrug, daß derartige auf dem Capitol befindliche Schilde von Silber von den Zensoren lange für eherne gehalten wurden (Plin. H. N. XXXV, 3, 4). Auch wurde es um dieselbe Zeit beliebt, in ausgeführten Bildern der Schlacht zum Volke zu sprechen[158], wie man auch im Mittelalter in Florenz und Rom durch historische und allegorische Bilder sich an das Volk wendete. Später mehrten sich die nach griechischer Weise aufgestellten Victorien, namentlich seitdem der goldenen Victoria, welche Hieron dem Senate in schwerer Bedrängnis übersendet hatte, so große Ehre erwiesen worden war.[159] Auch die größeren Trophäen, wie man deren noch jetzt auf dem Capitole sieht, wurden immer häufiger, und die Kette der Triumphbögen, welche auf dem Forum, vor den Toren und in den belebtesten Straßen die gewöhnliche Richtung der Triumphzüge bezeichneten, begann unter August und Tiber den Fuß des Capitols zu erreichen, unter Nero dasselbe zu ersteigen.[160]

Dazu kamen die vielen Tempel und Bilder anderer Götter, welche sich allmählich um den großen Capitolinischen Haupttempel wie um ihren Mittelpunkt ansammelten, die Menge von Bildern und Statuen berühmter Männer, die vielen alten Gesetze und öffentlichen Anschläge, da auch außerhalb des Tabulariums viele Gesetze auf besondern Säulen von Erz oder an die Mauern und Flächen der Tempel und der Monumente angeheftet wurden[161], endlich eine große Menge von kostbaren Bildern und Gemälden griechischer Kunst, welche die Sieger nach Rom brachten. Unter den Götterbildern mag vorzüglich der historisch wichtigen des Jupiter gedacht werden: namentlich des von Sp. Carvilius Maximus, dem Sieger über die Samniter vom J. 461 (293 v. Chr.), aus den Rüstungen der heiligen Schar geweihten Kolosses, der von solcher Höhe war, daß man ihm vom Gipfel des Albaner Berges deutlich unterschied[162], und des auf einer Säule aufgestellten Bildes, dessen unter den Prodigien des J. 65 v. Chr. gedacht wird, wo ein Gewitter so außerordentliche Verwüstungen auf dem Capitole anrichtete, daß man das Schlimmste befürchten mußte.[163] Andere Bilder kamen aus Griechenland, z. B. eine Statue des Zeus Urios, d. h. des Senders guter Winde aus Mazedonien, welchen Flaminius aus das römische Capitol versetzte, wo man den griechischen Namen durch Iup. Imperator übersetzte, ein dreißig Ellen hoher Apoll aus Apollonia am Schwarzen Meere, den Lucullus mitgebracht hatte, verschiedene Bilder des Mars, des Hercules usw.[164] Weit zahlreicher müssen aber die Statuen der verdienten Bürger gewesen sein, da es während der Republik für eine der höchsten Auszeichnungen galt, in der Nähe des Jupiter O. M. ein Bild von sich aufstellen zu dürfen. Sah man doch selbst die Bilder der sieben Könige auf dem Capitole und neben ihm das des Brutus, neben welchem man später das des Cäsar stellte, was den damaligen Brutus, den Mörder Cäsars, ganz besonders zur Teilnahme an der Verschwörung gereizt haben soll.[165] Daran schlossen sich so viele andere Statuen berühmter Männer mit entsprechenden Inschriften, z. B. die des L. Caecilius Metellus, des Siegers von Panormus, der als Pontifex das Bild der Vesta rettete, des M. Aemilius Lepidus, wie er sich schon als Knabe in der Schlacht ausgezeichnet hatte, des Scipio Africanus und seines Bruders Lucius, welcher sich in griechischer Tracht hatte abbilden lassen, des Q. Marcius Rex und vieler anderer[166], daß August, weil der Platz zu eng wurde, eine große Anzahl dieser Statuen vom Capitol zum Marsfelde versetzte. Der höchsten Ehre unter allen war aber doch Scipio Africanus d. Ä. gewürdigt worden, da nicht allein der Tempelhof seine Statue zeigte, sondern ein Bild von ihm selbst in dem eigenen Tempel des Jupiter hatte aufgestellt werden dürfen, eine Wachsmaske, welche, so oft das Geschlecht der Cornelier ein feierliches Leichenbegräbnis zu begehen hatte, von dort zu dem Zuge der Ahnenbilder abgeholt wurde.[167] Auch mochten wenige Römer die Herrlichkeit des Capitolinischen Jupiter und seinen unsichtbaren Schutz der römischen Größe mit so innigem Gemüte erfaßt haben als dieser Scipio, welcher mit seiner an griechischen Enthusiasmus erinnernden Begeisterung in dem nüchternen Rom ohnehin eine auffallende Erscheinung ist und wegen seiner religiösen Hingebung an den höchsten Gott und seiner außerordentlichen Erfolge beim Volke sogar den Glauben an eine übernatürliche Abkunft erweckt hatte. Schon als junger Mann war er jeden Morgen, sobald der Tag graute, von seiner gleich unter dem Capitol gelegenen Wohnung hinauf in die Burg und in den Tempel gegangen, wo die Hunde ihn nicht mehr anbellten und die Wächter stillschweigend aufschlossen. In stiller Sammlung weilte er dann eine Zeitlang vor dem Bilde Jupiters, um sein tägliches Geschäft und das Wohl des Staates mit sich und mit ihm zu beraten, bis diese Morgenandacht ihm zur unentbehrlichen Gewohnheit geworden war, so daß seine späteren Erfolge und Triumphe, der vom J. 201 v. Chr. und der über seine Ankläger im J. 187, nur als die letzte Erfüllung von dem erschienen, was sich in seiner Seele früher still gebildet hatte.[168] Auch war ja gerade dies die Zeit, wo Jupiter die alte Verheißung, daß seine Burg in Rom das Haupt über alle Welt und ihre Grenze niemals verrückt werden solle, durch unerhörte Siege und Eroberungen der Römer jährlich mehr zu einer aller Welt einleuchtenden Wahrheit machte.

Der alte Tempel hatte über 400 Jahre gestanden und schien wie den Anfang, so auch das Ende der Republik erleben zu wollen, als er am 5. Juli des J. 83 v. Chr. durch eine bei Nacht ausgebrochene Feuersbrunst zerstört wurde, mitten im Krieg zwischen Marius und Sulla, welcher letztere gleich zur Wiederherstellung schritt; doch war diesmal nicht er der Glückliche, sondern Q. Lutatius Catulus, der Consul des Jahres der Einweihung, 78 v. Chr., dessen Name seitdem unter dem Giebel neben dem des Jupiters O. M. prangte. Der alte Bauplan wurde beibehalten, aber prächtiger ausgeführt; auch war jetzt das Bild des Jupiter ein ganz und gar griechisches, eine Kopie des Jupiters in Olympia, in welchem schon L. Aemilius Paulus, der Sieger des Perseus, das wahre Urbild des Capitolinischen Jupiters erkannt hatte[169], und von einem grichischen Künstler Apollonios aus Gold und Elfenbein und mit prächtiger Gewandung ausgeführt. Hernach war Augustus, der große Restaurator des römischen Gottesdienstes, auch für die Verschönerung und Wiederherstellung des Capitols auf mehr als eine Weise bedacht, namentlich auch dadurch, daß er einen ganz neuen Tempel des *Iupiter Tonans* baute, wozu ihn ein Abenteuer seines spanischen

Feldzugs vom J. 26 v. Chr. bestimmte. Als er nämlich einst bei Nacht unterwegs war, fuhr ein Blitz mit furchtbarem Donnerschlage so dicht bei der Sänfte nieder, daß er selbst geblendet, der vorleuchtende Sklave erschlagen wurde; daher Jupiter nun auch in dieser dem griechischen Ζεὺς Βροντῶν[170] entsprechende Form eines Kultus auf dem Capitole bekam. Der Tempel wurde an den Kalenden des September im J. 22 eingeweiht und wurde seitdem von so vielen Andächtigen besucht, daß der alte Jupiter sich darüber bei dem Stifter im Traume beklagte; worauf dieser den Giebel des neuen Tempels mit kleinen Glöckchen versehen ließ, als ob dieser neue Iupiter Tonans nur die Bedeutung eines Pförtners an der Schwelle des alten Jupiters O. M. habe. Schon deshalb kann dieser Tempel nicht unten am Aufgange zum Capitol gelegen haben, wo die gewöhnliche Tradition der römischen Topographie ihn sucht.

Der neue Tempel verbrannte wieder bei dem von Tacitus so anschaulich beschriebenen Sturme der Vitellianer, wo sich die Vespasianer auf dem Capitole festgesetzt und hinter dessen Toren mit den Statuen der Vorzeit eine mächtige Barrikade errichtet hatten. Vespasian hatte den Tempel kaum wiederhergestellt und dabei auf die Mahnung der Haruspices wieder den alten Bauplan befolgt, als er durch die große Feuersbrunst unter Titus im J. 80 von neuem zerstört wurde. Domitian vollendete den Tempel im J. 82, wie die unter ihm geprägten Münzen lehren.[171] Derselbe Kaiser hatte noch eine besondere Veranlassung dem Capitolinischen Jupiter zu huldigen, da er bei jenem Sturme auf der Vitellianer auf dem Capitole gewesen und kaum gerettet worden war; daher er noch unter der Regierung seines Vaters auf dem Platze der Küstenwohnung, wo er sich versteckt hatte, eine Kapelle des *Iup. Conservator* mit einem Altare stiftete, dessen Reliefs die Geschichte seiner Rettung bildlich darstellten, später aber als Kaiser dem *Iup. Custos* einen großen und mächtigen Tempel erbaute und sich selbst in demselben als Schützling des Gottes darstellte.[172] Überdies stiftete Domitian neue *Capitolinische Spiele*, deren bei den Schriftstellern und Dichtern der Zeit nicht selten gedacht wird.[173] Sie bestanden nach griechischer Weise aus musischen, ritterlichen und gymnastischen Wettkämpfen, und zwar durfte bei den musischen sowohl in Poesie als in Prosa in griechischer als in lateinischer Sprache konkurriert werden.

So hatte sich der alte Kult zwar noch einmal verjüngt, und immer blieb daher Jupiter der höchste Repräsentant der Majestät des römischen Namens und Staates. Aber wie der Kaiser jetzt in diesem Staate zur Hauptsache geworden war, so war er es nun auch auf dem Capitol: worüber das Geistliche und das Weltliche, Adulation und Andacht, oft auf eine recht widerwärtige Weise vermengt wurde. Für den Kaiser wurde zu Anfang jedes neuen Jahres und an seinem Geburtstage und dem Tage seines Regierungsantritts, aber auch bei vielen außerordentlichen Veranlassungen auf dem Capitole gebetet und geopfert[174], seltener freiwillig und von Herzen als unter dem strengen Gebote der Tyrannei und mit verstohlenen Flüchen, welche eben deshalb nach dem Tode des verhaßten Gewalthabers um so leidenschaftlicher hervorbrachen. Mit den Statuen der Kaiser füllte sich jetzt der Vorhof des Tempels, meist mit silbernen und goldenen, wie namentlich Domitian nur solche duldete, dagegen Trajan nur eherne.[175] Die Kaiser verließen wie weiland die Konsuln nie ohne einen Gang aufs Capitol und feierliche Gelübde an Jupiter die Stadt, und so war auch bei ihrer Rückkehr gewöhnlich ihr erster Gang dahin gerichtet und erst der zweite in die kaiserliche Pfalz auf dem Palatin.[176] So war natürlich auch der Triumph jetzt ein kaiserliches Monopol, von welchem August vor lauter Ehren zuletzt gar nicht einmal Gebrauch machte[177], bis später Trajan und andere Kaiser auch diese alte Verherrlichung des Capitolinischen Reichsgottes wieder zu Ehren brachten und seinen Tempel bei solchen Gelegenheiten mit kostbaren Geschenken überhäuften. Bei Trajan, welcher nicht den Schwur bei seinem Genius, sondern nur dem beim numen Iovis O. M. duldete, wollten seine Verehrer auch darin eine besondere Fügung erkennen, daß Nerva seine Adoption zuerst auf dem Capitole, im Angesicht des höchsten Gottes, feierlich ausgerufen, dann dem Senate und ihm selbst angezeigt hatte.[178] In demselben Sinne einer Anerkennung des Capitolinischen Jupiters als des höchsten Reichsgottes handelten auch Aurelian und Diocletian, welcher letztere durch geflissentliche Verehrung dieses Jupiter, dessen Stellvertreter auf Erden der Kaiser war, die schon in der Auflösung begriffene römische Staatsreligion sogar noch einmal zu stützen versuchte[179], wie Jupiter denn auch sonst in diesen letzten Zeiten vorzugsweise als Praeses Orbis, Pacator Orbis, Propugnator, Tutator, Sponsor Saeculi Augusti verehrt wurde, immer mit spezieller Beziehung auf den Kaiser. Dazwischen wird er in dem Gewirr so vieler verschiedener Götter und Götterkulte nun auch wohl als der summus excellentissimus und summus exsuperantissimus, wie sich die schwülstige Sprache der Zeit ausdrückte[180], gefeiert. Sonst treten, wie bemerkt, in diesen sinkenden Zeiten am meisten die Kulte des Iup. Depulsor und Salutaris hervor, und die Kulte der Vermengung der römischen Begriffe mit den orientalischen, z. B. im Dienste des I. O. M. Heliopolitanus, Damascenus, Dolichenus usw., oder auch denen der keltischen und germanischen Völker des Nordens, deren verwandte Götterdienste nun gleichfalls auf diese Weise übersetzt wurden. So namentlich die auf den hohen Bergen der nördlichen Grenze verehrten Götter, welche zugleich als schützende Mächte der Wanderer, die diese Straßen zogen, angerufen wurden, z. B. I. O. M. Poeninus, dessen Sitz der große S. Bernhard war[181] und ein I. O. M. Culminalis in der Steiermark, neben welchem sogar die Wege und die Stege göttlich verehrt werden.

Zu dieser Verschmelzung hat der Umstand nicht wenig beigetragen, daß nicht bloß die ausländischen Kulte in Rom zugelassen, sondern auch das römische Capitol mit seinen Göttern vielfach in Italien und in den Provinzen nachgeahmt wurde, vermutlich zuerst in Italien, wo man sich in den städtischen Einrichtungen und Benennungen immer gerne nach der Hauptstadt richtete.[182] Anderswo kam die Huldigung gegen Rom hinzu, z. B. in Antiochien, wo Antiochus Epiphanes, nach dem er lange als Geißel in Rom gelebt hatte, einen prächtigen Kultus des Capitolinischen Jupiter einrichtete.[183] Vollends unter den Kaisern verbreiteten sich diese Filialkulte des römischen Capitols über das ganze Reich und sämtliche Hauptstädte, daher der Name des Capitols immer mehr zu einem Symbol der römischen Staatsreligion wurde und in diesem Sinne namentlich in den Legenden der christlichen Märtyrer oft erwähnt wird. Beispiele lassen sich sowohl in den westlichen Provinzen nachweisen, in Afrika, wo auch das neu entstandene Karthago sein Capitol hatte, Spanien, Gallien und Germanien, als in Kleinasien, am kimmerischen Bosporus, auch in Syrien und Palästina, wo Hadrian auf der Stelle des Salomonischen Tempels einen T. des Capitolinischen Jupiter erbauen ließ, nachdem sich die Juden schon früher, seit Vespasian und Titus, zu einer jährlichen Abgabe an den römischen Jupiter hatten verstehen müssen[184], endlich in Konstantinopel, wo nachmals eine Art von Akademie auf dem Capitole bestand. Da diese Tempel gewöhnlich auf den höchsten Punkten der Stadt errichtet wurden, wo sich die übrigen Schutzgötter des Landes oder des Reichs anschlossen, so ist es kein Wunder, daß der Capitolinische Jupiter zuletzt zum Repräsentanten des Heidentums überhaupt wurde. War doch auch das römische Capitolium immer mehr zu einem Pandämonium aller mächtigeren Götter des heidnischen Glaubens geworden.[185]

Selbst nach dem Siege des Christentums scheint das römische Capitol, wenigstens der große Tempel in der Wiederherstellung des Domitian sich noch ziemlich lange erhalten zu haben. Stilicho beraubte ihn der goldenen Platten seiner Türen, Genserich der einen Hälfte seiner vergoldeten Bronzeziegel, der Papst Honorius der anderen. Noch bis ins 9. Jahrh. ist von dem templum Iovis die Rede, aber schon verrät die geschäftige Legende, welche sich der Trümmer des alten Roms bemächtigte und in den sogenannten Mirabilien der Stadt zu einer festen Gestalt gediehen ist, eine ebenso große Zerstörung als plötzliche Unwissenheit, bis in den Stürmen des Mittelalters, nach dem die römischen Barone die alten Gebäude zu Burgen umgeschaffen hatten, auch die letzten Reste der örtlichen Tradition und vieler Ruinen verlorengingen.

Anhang

Ich stelle hier eine Anzahl von Nebenfiguren und eigentümlichen Formen des römischen Jupiterdienstes zusammen, welche größtenteils das Interesse eines hohen italischen Altertums für sich haben und gewisse, dem römischen Jupiter mit der Zeit verlorengegangene Eigentümlichkeiten in einer angesonderten Entwicklung zeigen. So gehört dahin zunächst

a) Summanus

ein Gott des nächtlichen Himmels, den Varro l. l. V., 74 unter den sabinischen Göttern des T. Tatius nennt. Auch auf dem Capitole wurde er verehrt, sowohl in einer eigenen Kapelle als in einem Bilde von Ton, welches auf dem Giebel des großen Tempels stand und gelegentlich so hart von einem Wetterstrahl getroffen wurde, daß man den Kopf im Bette des Tiber wiederfand.[186] Das geschah zur Zeit des Pyrrhus (278 v. Chr.) und es scheint, daß ihn damals zur Sühne ein eigener Tempel beim Circus Maximus gestiftet wurde, wo man ihm jährlich am 20. Juni ein Opfer brachte.[187] Auch wurden eigene Opferkuchen für ihn in der Form eines Rades gebacken, welches Symbol sich wahrscheinlich auf den Wagen des Donnergottes beziehen sollte.[188] Die gewöhnliche Veranlassung seines Kultes waren nämlich nächtliche Gewitter, welche wegen der größeren Kälte der Nacht seltener sind als die am Tage und deshalb um so sorgfältiger beobachtet wurden. Man unterschied deshalb zwischen dem fulgur dium oder diurnum und dem fuilgur nocturnum, in dem man jene dem gewöhnlichen Jupiter, diese dem Summanus zuschrieb, in streitigen Fällen aber, wenn man nicht gewiß wußte, ob es noch Nacht oder schon Tag gewesen sei, (noctu an interdui sit factum), beiden Göttern opferte.[189] Ein Beispiel geben die Acta fr. Arv. T. XLIII, wo das Gewitter, durch welches der Hain der Dea Dia beschädigt wurde, in diese Zeit der Dämmerung gefallen sein muß, denn es wird bei der Sühnung sowohl dem Jupiter als dem Summanus Pater geopfert, diesem mit zwei scharzen, jenem mit zwei weißen Widdern.[190] Ein Beispiel von einem nächtlichen Blitz dagegen, welche wie die des Tages begraben wurden, gibt die von Marini p. 687 angeführte Inschrift: Fulgur Sum (manum) conditum. Der Name bedeutet eigentlich einen Gott der Nacht vor dem Tage, wobei zu bedenken ist, daß die Römer den Tag von Mitternacht an rechneten, denn Summanus ist Sub – manus und dieses ist in der Bedeutung zu nehmen wie in den Wörtern mane, Manius. Matuta, in welchem Sinne auch einige alte Glossen erklären.[191] Doch blieb der vorherrschende Begriff des einen Gottes der dunklen Nacht, daher Plautus, der den Summanus auch Bacchid. IV, 8, 54 nennt, diesen Gott parodierend einen Gott der Diebe nennt und von seinem Namen das Teilwort summanare in der Bedeutung von stehlen bildet, Curcul. III, 43, wie die Göttin Laverna, wahrscheinlich eine Nebenform der Lara und Mater Larum, also eine Göttin der dunklen Unterwelt, als solche zugleich für eine Schutzgöttin der Diebe galt. Ganz verfehlt ist die Erklärung der späteren zeit, welche den Zusammenhang des Kults nicht mehr kannte und deshalb den Summanus für einen Summus Manium nahm, also mit dem Pluto oder Dis Pater identifizierte[192]

b) Diespiter und das Institut der Fetialen

In wie hohem Grade die Idee des Rechtes und der Gewissenhaftigkeit zum Wesen des alten italischen Jupiter, des himmlischen Lichtgottes gehörte, erkennt man am besten aus den Gebräuchen und Gebeten der Fetialen, welche vorzugsweise die Diener dieses Gottes waren und ihn in den noch vorhandenen Gebetsformeln gewöhnlich als Diespiter anrufen, d. h. als den Gott der lichten Tagesklarheit, als lucetius. Bedenken wir, daß dieses Institut ein allgemein italisches war (denn es findet sich auch bei den Aequern, den Ardeaten, den Latinern, den Samniten) und daß es in Rom nach der gewöhnlichen Tradition durch Numa oder Ancus Marcius, die Könige sabinischer Abkunft eingeführt wurde, so werden wir auch diese Überlieferungen zur Vervollständigung des Begriffs von göttlicher Reinheit und Heiligkeit benutzen dürfen, den wir in den älteren römischen Überlieferungen des Jupiterkults schon früher nachgewiesen haben.

So sind gleich die Symbole der Fetialen jenem ältesten Jupiterkults und einer Zeit entlehnt, wo dieser Gott noch nicht in dem großen Tempel der Tarquinier und im menschlich gestalteten Bilde, sondern als geistig allgegenwärtiges Wesen und nur unter andeutenden Symbolen verehrt wurde. Zunächst gehören dahin die s. g. sagmina oder verbenae, ein Büschel geweihten Grases, welches die Fetialen bei ihren Sendungen von dem Könige oder dem Konsul mitbekamen und wodurch sie selbst und ihre amtlichen Handlungen geweiht wurden. Dieses Gras wurde ex Arce genommen, worunter im genaueren Sprachgebrauche immer der Gipfel des Capitolinischen Hügels zu verstehen ist, wo die Augurn seit T. Tatius und Numa ihren geweihten Sitz hatten; und zwar wurde das Gras auf dieser Stelle mit der Wurzel und der daran hängenden Erde ausgehoben[193], ein Gebrauch, welcher sich bei verschiedenenVölkern in analogen Gebräuchen des höheren Altertums wiederfindet, immer in dem Sinne, daß die mit dem Grase ausgehobene Scholle stellvertretend den ganzen Grund und Boden, aus welchem sie ausgehoben worden, bedeuten soll. Mithin wird auch hier jenes geweihte Büschel, welches die Fetialen durch einen eigenen Verbenarius wie eine heilige Bürgschaft des Friedens vor sich hertragen ließen und durch dessen Berührung vor jeder amtlichen Handlung der dazu bevollmächtigte pater patratus geweiht wurde, für eine Stellvertretung eben jener Capitolinischen Arx anzusehen sein, in welcher sowohl die Beobachtungen und Umzüge der Augurn als andere Gebräuche eine alte Stätte des sabinischen Jupiterdienstes und der Einweihung aller amtlichen Handlungen erkennen lassen. Ferner gehörte zu diesen Symbolen der Fetialen ein heiliger Kiesel, den man Iupiter Lapis nannte, und ein altes sceptrum Iovis, welche Heiligtümer gewöhnlich in dem T. des Iupiter Feretrius aufbewahrt und die Fetialen zu einer ihrer völkerrechtlichen Funktionen, namentlich zur Abschließung eines Bündnisses über Land zogen, ihnen aus demselben verabfolgt wurden.[194] Von dem Szepter, welches als hasta pura zu denken ist, weiß auch Servius V. A. XII, 206, nach welchen es die Schwörenden in die Hand nahmen, wie auch bei den alten Griechen die Könige und ihre Stellvertreter die Herolde nie ohne einen solchen amtlichen Stab auftraten und die Atriden ihr Skeptron, d. h. das Symbol ihrer königlichen und ritterlichen Amtsgewalt gleichfalls unmittelbar vom Zeus ableiteten. Dahingegen jener Kiesel schon wegen der Benennung Iupiter Lapis für mehr als ein gewöhnliches Symbol genommen werden muß. Höchst wahrscheinlich war es ein s. g. Donnerstein, welcher als Flins (silex) des Donar, als Miölnir des Thor auch in der deutschen und nordischen Mythologie so oft genannt wird[195] und hier wie in den Gebräuchen der Fetialen als Symbol des neiderfahrenden Donnerkeils speziell die rächende Strafgewalt des himmlischen Gottes ausdrückt.

Die einzelnen amtlichen Handlungen der Fetialen, welche hier noch zur Sprache kommen mögen, sind ihre Eidesleistungen, der Ritus mit welchem sie ihre Bündnisse abschlossen, und endlich ihre Genugtuungsforderungen und die Ankündigung des s. g. bellum pium. Bei allen wird sich zeigen, daß Jupiter oder in ihrer Sprache Diespiter die unsichtbare göttliche Macht ist, in deren Dienst und Auftrag sie wie Priester handelten, Jupiter als Gott des höchsten Rechtes und eben deshalb auch des Krieges und des Sieges, wenn das Recht nicht anders als durch die Gewalt der Waffen zu erlangen ist. Bei einigen dieser Handlungen wurde neben ihm wie sonst in dem ältesten Gottesdienste auch Mars und Quirinus angerufen. Aber immer ist Diespiter der höchste Schutzpatron der Fetialen und ihrer amtlichen Handlungen.

Vorzüglich erscheint Jupiter dabei als *Schwurgott*, wie er denn bei den Römern überhaupt der älteste und heiligste Schwurgott war, wieder als Lucetius, in welchem, wie wir oben sahen, sich die Eigenschaft des allgegenwärtigen Lichtgottes, der in dem Schwur beim Dius Fidius deutlich zu erkennen ist. Mit der des strafenden Blitzschleuderers, den wir beim Iupiter lapis voraussetzen mußten, auch sonst verbindet. Der letztere ist es, welcher als höchster Gott aller Treue zugleich alle Untreue mit seinem Blitze rächt, daher er bei Eidschwüren gewöhnlich dann gemeint ist, wenn mit der eidlichen Versicherung der lauten Treue beim Namen des höchsten Gottes (der precatio) verbunden wurde.[196] Daher auch die Fetialen gewiß diesen Jupiter meinten, wenn sie bei ihren Eiden, die sie im Namen des römischen Staates zu schwören hatten, den Jupiter Lapis in die Hand nahmen und zu dem Eide selbst zuletzt die leider nicht in ihrer ursprünglichen Fassung überlieferten Worte hinzusetzten: „So ich die Wahrheit sage, möge Gott mir helfen. So ich aber nicht mit lautrer Treue geschworen habe, so soll mich Diespiter ohne allen Nachteil für Stadt und Burg, wie ich hier diesen Stein von mir schleudre, aus meiner Heimat und allem Hab und Gut nach menschlichem und nach göttlichem Rechte herausschleudern", nach welchen Worten er den heiligen Kiesel von sich schleuderte[197], der dabei gewiß nicht die passive Bedeutung jedes beliebigen Kiesels, sondern die aktive eines vom göttlichen Geiste beseelten Donnerkeils hatte. Es war dieses der älteste und heiligste Eid, von dem die Römer wußten; auch wurde er in späterer Zeit, wie es scheint, selbst im privaten Rechtsverkehre angewendet, natürlich ohne den begleitenden Ritus, zu welchem der heilige Kiesel aus dem T. des Jup. Feretrius erforderlich war.[198] Ja, der Eid überhaupt galt in so eminenten Sinne für eine Sache des Jupiter, daß Ennius selbst das Wort ius- oder iousiurandum durch Iovis iurandum erklärte.

Auch bei Abschließung von Bündnissen und dem dabei gebräuchlichen Opfer eines männlichen Schweins (porcus), wie uns die Münzen der italischen Bundesgenossen ein solches Opfer oft vergegenwärtigen, gebrauchten die Fetialen den Jupiter Lapis in gleicher Bedeutung. Es wurde bei solchen Gelegenheiten, wie das Beispiel des Bündnisses zwischen Rom und Alba Longa bei Liv. I, 24 lehrt, zuerst die Bundesformel vorgelesen und darauf von dem bevollmächtigten Fetial, dem s. g. pater patratus diese feierlichen Worte (precatio, carmen) gesprochen: „Höre Jupiter, höre Du Bevollmächtigter der Gemeinde von Alba, höre Du Gemeinde von Alba. Wie jene Punkte deutlich von Anfang zu Ende von der Tafel abgelesen sind ohne böse List und wie sie heute hier im rechten Sinne verstanden worden sind, von denen wird das römische Volk gewiß nicht abfallen. Sollte es zuerst von ihnen abfallen nach gemeinem Beschlusse und mit böser List, dann treffe Du Diespiter das Römische Volk, so wie ich hier heute dieses Schwein treffen werde, und es trifft es um so viel stärker wie Du selbst viel stärker bist und mächtiger". Nach welchen Worten er das Schwein mit eben jenem Kiesel traf, welcher den Jupiter Lapis vorstellte, also auch hier speziell seine strafende Gerechtigkeit bedeutete.[199]

Und so ist auch bei der clarigatio, d. h. ubi res repentuntur Jupiter der höchste Schirmherr des römischen Staates und der Fetialen, die in seinem Namen handeln. Der Fetial betrat, wie Liv. I, 32 berichtet, die Grenze des Staates, von dem Genugtuung gefordert wurde, mit den Worten: „Höre Jupiter, hört es ihr Grenzgötter, höre es Du heiliger Götterspruch des Rechts (fas). Ich bin der Bote des römischen Volks, komme in gerechter und guter Sache und meine Worte verdienen allen Glauben." Darauf wurde die Forderung ausgesprochen und dazu wieder Jupiter als Zeuge angerufen: „Wenn ich gegen Recht und Gewissen fordre, daß diese Personen und diese Gegenstände mir dem Boten des römischen Volkes ausgeliefert werden sollen, so lasse mich niemals wieder in mein Vaterland zurückkehren".[200] Dieselbe Formel und dieselbe Beschwörung wiederholte er mit geringen Änderungen, wenn er über die Grenze ging, wenn er zuerst einem Bürger der feindlichen Gemeinde begegnete, wenn er in das Tor der Stadt eintrat und wenn er auf ihrem Markte angekommen war. Waren die geforderten Gegenstände oder Personen in 33 Tagen, dieses war die gewöhnliche Frist, nicht ausgeliefert worden, so kündigte er den Krieg mit diesen Worten an: „Höre Jupiter und Du Janus Quirinus und alle ihr Götter des Himmels und der Erde und der Unterwelt, ich rufe euch an zu Zeugen, daß dieses Volk ungerecht ist und nicht am Rechte hält. Wie wir aber zu unserem Rechte gelangen sollen, darüber wollen wir daheim die Ältesten der Stadt beraten lassen". Darauf kehrte der Fetial nach Rom zurück, wo nun der König oder der Konsul die Sache dem Senat vortrug, und nach dem hier beschlossen war: „daß man nun sein Recht in einem reinen und gerechten Krieg geltend machen müsse", ging der Fetial wieder an die feindliche Grenze, kündigte dort in der Gegenwart von wenigsten drei erwachsenen Männern förmlich und feierlich den beschlossenen Krieg an und schleuderte zugleich eine mit Eisen beschlagene oder blutige und an der Spitze versengte Lanze über die Grenze hinüber[201], worauf der Krieg selbst seinen Lauf nahm. Später wurde bekanntlich, als im Kriege mit Pyrrhus die feindliche Grenze nicht mehr zu erreichen war, vor dem Tore der Stadt beim Tempel der Bellona ein kleiner Platz, den ein gefangener Soldat des Pyrrhus zu diesem Zweck kaufen mußte, für ausländisches Gebiet erklärt und auf demselben ein symbolischer und sozusagen kollektiver Grenzpfeiler errichtet, den man die columna bellica nannte. Über diesen warf damals und überhaupt fortan bei ausländischen Kriegen der Fetial seine Lanze.[202]

c) Fides

Auch dieser Kult ist ein Beweis von der großen Innigkeit und Feierlichkeit, mit welcher im alten Italien die Rechtsbegriffe erfaßt wurden, in Rom seit der Ansiedlung der Sabiner und der Gesetzgebung Numas, denn auf diese wird sowohl die Stiftung des Dienstes der Fides (Varro l. l. V, 74) als des terminus zurückgeführt, dieser beiden Säulen alles privaten und öffentlichen Rechtsverfahrens in Sachen des Eigentums und des gegenseitigen Verkehrs. Was insbesondere den Begriff fides betrifft, so ist sie eigentlich das auf Treu und Glauben, gewöhnlich durch einen Handschlag unterstützte Wort des Mannes, welches in dem älteren Rom so heilig gehalten wurde, daß es so gut wie ein Eid war und in streitigen Fällen, wo Zeugen fehlten, nach der Versicherung auf Treu und Glauben entschieden zu werden pflegte[203]; daher fides auch sehr oft die anerkannte Gewissenhaftigkeit eines Bürgers oder eines Staates selbst ist, wie in den Redensarten conferre se in fidem et clientlam oder in amicitim et fidem oder in fidem et tutelam alicuius gegeben: weil nämlich Jupiter als der Gott des lichten Himmels zugleich selbst die höchste Treue und das höchste Gesetz aller himmlischen und irdischen Verhältnisse ist[204], in welchem Sinne sowohl der terminus auf Erden als der regelmäßig wiederkehrende Tag und Vollmond am Himmel für sein Werk gehalten und letzterer sogar Iovis fiducia, seine Bürgschaft genannt wurde. Scheint doch selbst der Name der Fetialen, dieser geheiligten Diener des internationalen Rechtsverkehrs, mit fides und fidus zusammenzuhängen, welchem jedenfalls das Wort und der Begriff foedus aufs engste verwandt ist.[205] In Rom gab es ein altes Heiligtum der Fides Publica oder der Fides Populi Romani, welches sogar älter war als der große Capitolinische Tempel, denn es war von Numa gegründet worden.[206] Der später wiederholt erneuerte Tempel lag in der Nähe des großen Tempels, auf welchem für das Wesen beider Gottheiten bedeutungsvollen Umstand der alte Cato gelegentlich in einer Erinnerung an die römische Vorzeit hingewiesen hatte.[207] In der Tat war diese Fides publica auf dem Capitole nichts weiter als eine Personifikation des guten Gewissens des römischen Staates, wie dasselbe sich in der treuen Aufrechterhaltung und gewissenhaften Beobachtung aller von ihm eingegangenen Rechtsverhältnisse und Bündnisse bewähren sollte und in der guten alten Zeit auch zu bewähren pflegte; daher der Senat sich oft in diesem Tempel versammelte und die verbündeten Völker und Städte auch wohl in öffentlichen Monumenten z. B. auf ihren Münzen dieser Fides populi Romani die Ehre geben.[208] Von dem Kulte dieser Capitolinischen Fides publica hat Liv. 1, 21 die merkwürdige Nachricht bewahrt, daß nach der Satzung des Numa die drei von ihm eingesetzten Flamines des Jupiter, Mars und Quirinus zu diesem Gottesdienste in einem Wagen hinauffahren sollten, welcher mit einem gewölbten Schirmdache versehen war und daß sie beim Opfer ihre rechte Hand bis zu den Fingern in eine weiße Binde wickeln sollten.[209] Jenes hatte die sinnbildliche Bedeutung, daß die Fides nicht sorgfältig genug behütet und beschirmt werden könne, dieses daß ihr Sitz, die rechte Hand, rein und heilig gehalten werden müsse. Denn immer wurde die Hand und der Handschlag, namentlich der mit der Rechten, als das Symbol eines Versprechens und einer Verbindlichkeit auf Treu und Glauben angesehn[210], und die Umwicklung eines Gliedes mit geweihten Binden ist dem Altertum auch sonst als Sinnbild der Heiligung dieses Gliedes bekannt[211]. Auch das Bild der Fides war mit vorgestreckter Rechten dargestellt und mit einem weißen Schleier versehen, denn weiß ist die Farbe des Lichts und der lautern Treue[212], der Schleier aber bedeutet dasselbe, was bei der Fahrt des Flamines zum Tempel das schirmende Dach des Wagens. – Die römischen Dichter sprechen von der alten Treue wie die griechischen von der Zeit, da Αἰδὼς und Νέμεσις, die hehren Göttinnen, noch auf der Erde weilten. In diesem Sinne nannte Ennius sie beschwingt (apta pinnis), weil sie sich zum Himmel aufgeschwungen, Virgil altersgrau (cana), weil sie dem vergangenen Geschlechte der Vorzeit angehört, und endlich führt Silius es weiter aus, wie sie die Erde verlassen haben, seitdem Mord, Ungerechtigkeit und Geiz auf derselben heimisch geworden und wie sie nun im Himmel weile, älter als Jupiter, eine Zierde unter Göttern und Menschen, ohne welche weder die Erde noch das Meer den Segen des Friedens kennen würde, eine Gesellin der Gerechtigkeit und eine stille Gewalt in der Brust jedes guten Menschen.[213]

d) Terminus

Auch die Grenze und der sie darstellende Grenzstein oder Grenzpfahl (termen, terminus) galten im höheren Altertum, wo die bildliche Darstellung einer Idee noch mehr vermochte als ihr abstrakter Ausdruck, für etwas Heiliges und von den Göttern eingesetztes, unter welchen Göttern in Griechenland und Italien der höchste Gott des Himmels, Zeus und Jupiter, als Prinzip aller Ordnung auch der eigentliche Schutzherr und Urheber der Grenzsteine ist. Man wußte es wohl, daß die Abteilung und Abmarkung des Grundeigentums nach Gemeinden, Korporationen oder Privatgrundstücken der Anfang aller Befriedigung und Berechtigung der sonst einander wild widerstrebenden Ansprüche aller auf alles ist. In Rom sind es wieder die beiden fürstlichen Sabiner, auf welche auch in diesem Kreise die elementaren Ordnungen zurückgeführt wurden. T. Tatius soll den bekannten Terminus auf dem Capitole geheiligt haben (Liv. 1, 55 vgl. Varro l. l. V, 74), Numa galt für den Stifter der Terminalia, wie sie zu Ende jedes Jahrs, d. h. am letzten Februar in Rom und auf dem Lande begangen wurden (Dionys II, 74, Plut. Numa 16, Qu. Ro. 15). Weil solch ein Fest ohne Grenzen und Abmarkung des ländlichen Grundeigentums nicht denkbar ist, machte man den Numa auch zum Urheber der Begrenzung überhaupt und der auf ihr beruhenden Einteilung des ländlichen Gebiets nach s.g. pagis, d. h. Landgemeinden, welche aus verschiedenen Dörfern und zerstreut liegenden Höfen bestehend durch gemeinsame Verwaltung und gemeinsamen Gottesdienst verbunden waren.[214] Und weil diese Grenze und Grenzsteine nach altem Herkommen durch religiöse Gebräuche geheiligt und durch sehr strenge Gesetze geschützt wurden, galt Numa auch für den Begründer dieser Gebräuche und dieser Gesetze, namentlich des ebenso strengen als altertümlichen und häufig wiederkehrenden, daß dejenige, welcher einen Grenzstein auspflügte, verflucht sein solle, er und das mitschuldige Joch Ochsen.[215] Jeder durfte den Schuldigen ungestraft und ohne sich zu verunreinigen, wie den Frevler gegen ein Heiligtum totschlagen, wofür freilich mit der Zeit mildere Strafen eintraten, d. h. Geldstrafen anstatt der Kapitalstrafen. Nach deutschen Weistümern sollte einem solchen Verbrecher mit vier wilden Pferden das Haupt abgepflügt und er selbst auf der Stätte des ausgeackerten Grenzsteins vergraben werden.

Auch die bekannte Legende von dem Capitolinischen Terminus, daß er dem Jupiter nicht habe weichen wollen und deshalb in dessen Tempel mit aufgenommen werden mußte, ist nur eine Umschreibung seiner Unverrückbarkeit und seines idealen Zusammenhangs mit Jupiter. In dem Tempel hatte man über diesem alten Symbole eine Öffnung im Dache angebracht; so wesentlich schien Terminus und sein Kult unter den lichten Himmel zu gehören.[216] Später gibt es dann auch einen eigenen Iupiter Terminus oder Terminalis, der dem Z. ὅριος der Griechen nachgebildet ist und auf römischen Familienmünzen als Herme mit starkem gelocktem Haupthaar und gleichem Bart[217], auf einer aus der Gegend von Ravenna erhaltnen Herme sogar mit den Merkmalen beider Geschlechter, also nach Art der griechischen Hermaphroditen dargestellt wird. Dagegen sich der alte italische Volksglaube, etwas modifiziert durch die Lehre etruskischer Priester, erhalten hat in dem merkwürdigen Fragmente eines Orakels oder einer Offenbarung, welches in dem Sammelwerke der römischen Landmesser steht[218] und so lautet: „Wisse, daß das Meer aus dem Äther abgeschieden ist. Als aber Jupiter das Land Etrurien für sich in Beschlag nahm, beschloß er und befahl, daß man die Felder messen und die Äcker abgrenzen solle. Denn er kannte die Habsucht der Menschen und ihre irdische Begierde, daher er alles durch Grenzsteine abgemarkt haben wollte. Diese werden die Menschen im achten Seculum, wo es bald zu Ende geht, antasten und verrücken. Aber wehe dem, der sie antastet und verrückt, um seinen Besitz zu mehren, den des nächsten zu mindern: er ist wegen dieses Verbrechens verdammt von den Göttern. Wenn Sklaven es tun, so sollen sie von ihrer Herrschaft harte Strafen leiden. Wenn es mit Wissen der Herrschaft geschieht, so wird deren Haus schnell ausgerottet werden und all ihr Geschlecht untergehn.[219] Die aber, deren Hände den Stein verrückt haben, werden mit schlimmen Krankheiten und Wunden geschlagen, und ihre Glieder werden schwach werden. Dann wird auch die Erde unter Gewitterstürmen und Wirbelwinden erbeben und einstürzen, die Feldfrucht von Sturm und Hagel zerschlagen, von den Hundstagen verbrannt, vom Mehltau gefressen werden und im Volke wird viel Kampf und Streit sein.[220] Das wird geschehen, wenn solche Verbrechen begangen werden. Deshalb merke diese meine Lehre in einem feinen Herzen".

Die durch die Heiligkeit der Grenze veranlaßten religiösen Gebräuche betreffen teils die Setzung der Grenzsteine teils das städtische und ländliche Fest der Terminalien am 23. Febr., d. h. am alten Ausgange des Jahrs, welches durch dieses Fest selbst begrenzt und abgeschlossen wurde.[221] Beim Setzen der Grenzsteine wurden diese Gebräuche beobachtet. Zuerst wurden die Steine in der Nähe der Gruben, in welche sie eingelassen werden sollten, aufgerichtet, gesalbt und mit Binden und Kränzen geschmückt. Dann wurde in den Gruben ein Opfer dargebracht und verbrannt, der Boden der Grube mit dem Blute des Opfertiers getränkt und dazu Weihrauch und Feldfrüchte, Honig und Wein hineingeschüttet. Wenn das Opfertier ganz verbrannt war, wurden die Steine auf die noch heißen Kohlen und die Knochenreste des Opfertiers aufgesetzt, weil diese in der Erde nicht verwittern, also dem künftigen Friedensrichter als sicheres Merkmal dienen konnten. Endlich wurden die Steine selbst mit der größten Sorgfalt in die Erde eingerammelt. Und zwar beteiligten sich bei diesen Feierlichkeiten entweder beide Nachbarn oder, wo drei Grundstücke aneinander stießen, alle drei.[222] Die ländlichen Terminalien, welche Ovid F. II, 541 ff. beschreibt, waren ein gemütliches Fest der Familien und der guten Nachbarschaft. Denn auch hier vereinigten sich die Nachbarn, indem die eine, der andere die andere Seite des Grenzsteins bekränzte und an derselben opferte, gewöhnlich mit einem Opferkuchen und unblutigen Opfern, wobei sich immer die ganze Familie beteiligte, Mann und Frau, die Kinder und das Gesinde, jeder etwas zum Opfer herbeitragend, alle festlich und andächtig. Von anderen wurde auch wohl ein Lamm oder ein Ferkel geopfert und der Grenzstein mit dem Blute besprengt.[223] Endlich vereinigte sich die ganze Nachbarschaft zum gemeinschaftlichen Mahle und sang Lieder auf den Terminus, den Urheber aller Grenzen zwischen Gemeinden, Städten und mächtigen Reichen, ohne den überall Streit und Hader sein würde.[224] Gewiß wurden an diesem Tage auch auf dem Capitole und an der Grenze der römischen Stadtflur entsprechende Gebräuche verrichtet; auf die letztere bezieht sich der Hain des Terminus an der Via Laurentina, sechs Meilen von Rom, wo an den Terminalien mit einem Lamme geopfert wurde. Vermutlich war dieses die alte Grenze zwischen dem Gebiete der Stadt Rom und dem der Laurenter, wo ein alter Grenzstein und ein nachbarlicher Kult desselben sich am längsten erhalten konnte, weil Laurentum und Lavinium von den Römern fort und fort als zu gleichen Rechten verbündete Gemeinden angesehen wurden.

e) Der Nagel in der cella Iovis

Da dieser Nagel nach einer alten ritualen Vorschrift, die ehedem an der rechten Wand der cella Iovis, da wo die cella Minervae an diesselbe stieß, zu lesen war, jährlich an den Iden des September, dem Einweihungstage des Capitolinischen Tempels und dem heiligsten Festtage der Römischen Spiele von der höchsten obrigkeitlichen Person des römischen Staates (qui praetor maximus sit, Liv. VII, 3) eingeschlagen werden sollte, so kann er unmöglich bloß die praktische Bedeutung gehabt haben, die Jahre in Ermangelung einer bessern Einrichtung zu zählen, sondern er muß auch eine religiöse Bedeutung gehabt haben. Das Vorbild finden wir auch hier, wie bei den meisten anderen Einrichtungen des Capitolinischen Kults, bei den Etruskern, wie namentlich in Vulsinii die ähnliche Sitte bestand, mit jedem Jahre in dem Tempel der Schicksalsgöttin Nortia einen Nagel einzuschlagen und diese Nägel als eine Art von Jahresregister zu benutzen. Auch fehlt es nicht an sicherer Kunde der symbolischen Bedeutung eines solchen Balkennagels, daß nämlich dadurch der feste und unwiderrufliche Beschluß des Schicksals ausgedrückt werden sollte, daher Balkennägel, Klammern und flüssiges Blei, lauter Mittel, um die Glieder eines Gebäudes unerschüttlich fest zusammenzufügen, bei Horaz Od. 1, 35, 18 die Attribute der ehernen Notwendigkeit sind, und in einer anderen Stelle bei Horaz Od. III, 24, 5 so wie auf einem etruskischen Spiegel die unabwendbare Stunde des Todes durch einen von der Parce über dem Haupte des der Zeit verfallenen eingeschlagenen Nagel sinnbildlich ausgedrückt wird.[225] Dazu kommt der sprichwörtliche Gebrauch der Nägel und des Nageleinschlagens für alles unwiderruflich Abgemachte und unerschütterliche Ergriffene[226], endlich, daß Jupiter selbst unter anderen Beinamen als Tigillus angerufen wurde, d. h. als fester Stütz- und Tragebalken des Himmels und der himmlischen Erscheinungen.[227] Mithin wird auch jener an den Iden des September eingeschlagene Nagel etwas Ähnliches bedeutet haben, entweder das unerschütterliche seiner himmlischen Beschlüsse überhaupt, oder speziell die lichte Jahresordnung der Idus, unter denen die des September für den Capitolinischen Götterkult so besonders bedeutsam waren und deshalb auch zu einer regelmäßigen Zählung der Jahre gut dienen konnten. Übrigens wurde dieser Nagel seit dem Einweihungsjahre des Tempels eine Zeitlang regelmäßig von den Konsuln eingeschlagen. Dann wurde, seit der Einführung der Diktatur im J. 253 d. St. Dem Diktator als höchste Obrigkeit nach dem Wortlaute jens Gesetzes die Vollziehung jener Zeremonie übertragen und dadurch ihr regelmäßiger Verlauf von selbst unterbrochen. Bald wurde sie nach römischer Weise zum bloßen opus operatum mit wunderbarem Erfolge, wie man z. B. im J. 260. D. St., dem Jahre der Sezession, dem vom Diktator eingeschlagenen Nagel einen sonderbaren Einfluß der Sühnung und Beruhigung zuschrieb und bei einer anderen Gelegenheit das Aufhören einer Pestilenz mit demselben Akte in Verbindung brachte (Liv. VII, 3; VIII, 18). Später wurde der Gebrauch nur ausnahmsweise angewendet, so daß jedesmal ein eigener dictator clavi figendi causa gewählt wurde, namentlich im J. 391 d, St. Auf Veranlassung einer Pestilenz, bei welcher man sich jenes früheren Falls erinnerte und im J. 423, da viele Personen an Gift starben und endlich eine Magd verriet, daß römische Matronen darunter zwei patrizischer Abkunft, dieses Gift bebraut hatten: eine so unerhörte Untat, daß man an eine geistige Störung und Gemütskrankheit dachte und dabei sich des Nagels im Jahre der Sezession erinnerte. August bestimmte, daß die abgehenden Zensoren in den T. des Mars Ultor einen Nagel einschlagen sollten (Dio LV, 10). Das Privatleben kannte denselben Gebrauch als abergläubisches Heil- und Sühnungsmittel, durch welches man Krankheiten und dämonische Einflüsse abzuwenden und anderswo zu fixieren (defigere) glaubte.[228]

f) Iuventas

Auch Juventas wollte nicht weichen, als man das Capitol baute, daher man ihr in der Nähe Jupiters, in der Vorhalle der Minerva, eine eigene Kapelle eingeräumt hatte, zum günstigen Zeichen der ewigen Jugend des römischen Staats. So die bekannte

Legende[229], doch ist in Wahrheit auch diese Göttin nur die abgesonderte Personifikation einer Eigenschaft, welche zum Wesen des Jupiter gehörte, da derselbe als Gott des Segens und natürlichen Wachstums auch das göttliche Urbild und der Hort aller männlicher Jugend ist. Daher Iupiter Iuventus in den beiden Inschriften bei Henzen n. 5634. 5635 und der altherkömmliche, angeblich von Servius Tullius eingeführte gebrauch, daß für jeden Knaben, der zum Jüngling wurde, ein Stück Geld in den Kasten der Juventas gelegt werden mußte, wie für jedes Kind in den der Iuno Lucina, für jeden verstorbenen in den der Venus Libitina (Dionys IV, 15). Denn immer ist Juventas die Göttin der männlichen Jugend und ihrer besten Blüte, wo der Bart zu wachsen, der Geist und Charakter sich zu bilden beginnt und der Knabe zum Bürger wird, welcher zunächst als Junior dem Staate durch seine Wehrkraft, später als maior demselben auch durch seinen Rat nützen wird. Der Gebrauch war, daß der junge Bürger, wenn er auf dem Forum die toga praetexta der Knabenjahre mit der toga virilis vertauscht und die Bulle mit dem Amulet abgelegt hatte, da er sich nun selbst zu schützen Mannes genug war, daß er dann alsbald aufs Capitol hinaufging, um dort der Juventas seinen Tribut zu zahlen und vor ihr und dem Jupiter anzubeten[230], ein Familienfest, welches bei angeseheren Familien von selbst einen öffentlichen Charakter annahm und unter den Kaisern vollends ein Gegenstand der Ostentation und Adulation wurde.[231] Überdies wurden der Juvebtas regelmäßig Opfer zu Anfang des Jahres und zwar gleichfalls pro iuvenibus gebracht.[232] Seit dem Jahre 193 v. Chr. gab es einen zweiten Tempel von ihr beim Circus Maximus, seit August einen eigenen T. des Juventas in Palatio[233], wahrscheinlich für die Opfer und Gebete im nächsten Kreise der kaiserlichen Familie. Auch wurde es seit August Sitte, daß der kaiserliche Prinz und bestimmte Thronfolger, sobald er iuvenis geworden war, an die Spitze der Ritterschaft trat und als solcher princeps iuventutis genannt wurde, was neue Festlichkeiten und Auszeichnungen der griechischen Bildung gewöhnlich mit der Hebe identfiziert.[234]

g) Diiovis und Veiovis

Diese beiden Götter werden zusammen genannt bei Quintil. 1, 4, 17 und Gellius V, 12, welcher sich auf alte Gebetsformeln beruft[235], in denen diese Namen nebeneinander vorkamen. Diovis wurde, wie es scheint, von dem gewöhnlichen Diovis oder iupiter als Compositum von Di und Iovis unterschieden, obgleich der Name nichts anderes als Diovis bedeutet haben kann, nämlich einen wohltätigen Gott des Himmels und des himmlischen Lichtes. Vediovis ist dasselbe Wort mit dem Präfix ve, welche Silbe in solch Zusammensetzungen immer eine nachteilige, sich in sich selbst aufhebende Wirkung und Eigenschaft des Begriffs ausdrückt, der in dem Stammworte ausgesprochen ist, z. B. vehemens oder vemens, vecors, vesanus, vegrandia farra, d. h. im Sprachgebrauch der Landleute solche nicht recht wachsen wollten, vescus d. i. ein solcher der entweder nicht essen mag oder mit Heißhunger und ohne Erfolg für seine Ernährung ißt. Daher kann weder die Erklärung solcher Grammatiker die richtige sein, welche den Veiovis für einen kleinen, nicht ausgewachsenen Jupiter hielten (Paul. P. 379, Ovid F. III, 445 ff.) noch die anderer, welche in der Voraussetzung, daß Jupiter a iuvando abzuleiten sei, den Veiovis für das Gegenteil von einem hilfreichen Gott, also für einen schädlichen und bösen Jupiter erklärten. Jedenfalls gehörte dieser Gott zu den altitalischen, da er sich namentlich bei den Sabinern[236] und Latinern nachweisen läßt und nach Rom aus Alba Longa gekommen zu sein scheint. Aus der kleinen Stadt Bovillae am Fuße des Albaner Gebirges, einer alten Kolonie von Alba Longa, hat sich nämlich ein altertümlicher Altar erhalten[237], welcher auf der einen Seite die Inschrift trägt: *Vediovei Patrei Genteiles Iuliei*, auf der anderen diese: *Leege Albana Dicata*, woraus also abzunehmen ist, daß dieser Altar nach einer aus Alba Longa traditionell überkommenen oder mit den dortigen Gottesdiensten bewahrten ritualen Vorschrift geweiht worden war. Die Gentiles Iulii sind die Sippen des Gens Iulia, welches Geschlecht notorisch zu den ältesten Albanischen gehörte und in Bollivae wie zu Rom seit alter Zeit angesiedelt war. In Rom hatte Veiovis ein berühmtes Heiligtum zwischen dem Capitolium und der Arx d. f. zwischen den beiden Gipfeln des Capitolinischen Hügels, wo das sogenannte Asyl des Veiovis und in späterer Zeit sein Tempel zwischen zwei Hainen lag, daher der gewöhnliche Zusatz iner duos lucos.[238] In dem Tempel sah man sein Bild mit einem Bündel Pfeile in der Hand, daher man ihn später gewöhnlich für den griechischen Apollo erklärte. So ist er auch auf verschiedenen Familienmünzen als Apollo gedacht und abgebildet, der Kopf immer jugendlich und unbärtig, das Haar mit Lorbeer bekränzt, gewöhnlich so, daß er mit der Rechten mehrere in einem Bündel zusammengefaßte Pfeile zückt, die man nach einer herkömmlichen und weit verbreiteten Allegorie des Altertums am besten für ein Bild der schließenden Sonnenstrahlen erklären wird. Auch bei der Vergleichung dieses Gottes mit dem griechischen Λυκώρης oder Λυκωρεύς, auf die der römische Altertumsforscher Piso geführt worden war[239], liegt Apollo zu Grunde, denn Lykores ist kein anderer als Apoll von Delphi in der speziellen Bedeutung eines Gottes der Sühne. Eine andere Eigentümlichkeit dieses Kults war das Symbol der Ziege, welche in dem Tempel neben dem Bilde des Veiovis stand und auf jenen Münzen gleichfalls abgebildet wird, gezügelt von einem auf ihr sitzenden geflügelten Knaben, den man mit Recht für den Genius des Veiovis erklärt hat.[240] Die wahre Bedeutung des Gottes scheint die eines jugendlich gedachten Jupiters zu sein, der zugleich Sonnengott war und als solcher namentlich im Frühlinge, wo durch die heiße Sonne leicht Epidemien erzeugt werden, gefürchtet wurde; wenigstens führt darauf sowohl der Vergleich mit verwandten Erscheinungen als das was wir sonst von diesem Gottesdienste wissen. Die Nonen des März waren der herkömmliche Festtag, s. fast. Praenest. Und Ovid F. II, 429 ff. Die Ziege war das gewöhnliche Opfer und zwar wurde sie, wie Gellius a. a. O. sich ausdrückt, ritu humano dargebracht, das will vermutlich sagen: als stellvertretendes Sühneopfer.[241] Deshalb verglich Piso den Veiovis mit dem Apllo Lykoreus von Delphi, ja selbst die Sage vom Asyle des Romulus erklärt sich unter dieser Voraussetzung am natürlichsten. Immer heißt es, daß Romulus zwischen jenen beiden Hainen des Veiovis eine Zufluchtstätte für flüchtige Verbrecher gegründet und auf diese Weise viele Bürger für seinen jungen Staat gewonnen habe, dem dieser zweideutige Ursprung später oft genug vorgeworfen ist. Die Griechen haben diese Einrichtung nach ihrer Art ein Asyl genannt und wirklich wurde sie auch in Rom später dafür gehalten (Dio XLVII, 19). Der wahre Zusammenhang ist aber vermutlich der, daß Veiovis als Gott der Sühne zugleich ein Gott der Zuflucht verurteilter und ausgestoßener Verbrecher war, welche, wenn sie ihr Vaterland meiden mußten, in der Stadt wo sie Sühnung fanden auch einen neuen Herd finden mochten; wie sich denn verwandte Gebräuche der Ausstoßunmg (exsecratio) und Wiederherstellung nach einem Todschlag oder anderen todeswürdigen Verbrechen aus dem griechischen und römischen Altertum nachweisen lassen. Gewiß ist, daß die Ziege und der Bock in Rom auch sonst als Sühneopfer herkömmlich waren, z. B. im Kult der Juno und des Luperces. – Außer dem alten Heiligtum auf dem Capitole gab es noch einen Kult des Veiovis auf der Tiberinsel, nur daß sein Name hier seltsam mit dem des Jupiter oder Diiovis abwechselt, daher es wahrscheinlich ist, daß vorzüglich in diesem Kult beide Götter neben einander verehrt wurden.[242] Gepopfert wurde in diesem Kult am 1.

Januar und neben dem Äskulap, so daß er hier vollends als ein Gott der Heilung erscheint. Möglich, daß auch der neuerdings auf derselben Stätte bekannt gewordene Iupiter Iuvarius mit diesem Doppelkulte zusammenhängt[243], zumal da Diiovis dem auch auf der Tiberinsel verehrten Schwurgotte Dius Fidius oder Semo Sancus sehr nahe gestanden haben muß. Später, nach dem das Verständnis der älteren italischen Götter verlorengegangen war, pflegte man auch den Vejovis mit dem Dis Pater, dem Gott des Todes und der Unterwelt zu identifizieren[244], vermutlich nur deswegen weil man ihn für einen bösen und finstern Jupiter hielt.

h) Iupiter Anxur

Iup. Anxur war der Gott der alten Volskerstadt Anxur, welche ihren anderen Namen Tarracina vermutlich den einst auch in dieser Gegend herrschenden Etruskern verdankte, dahingegen jener gewiß italischen Ursprungs ist, vgl. die Stadt Anxanum mit dem Gentile Anxas im Gebiete der Marser, eine andere Stadt Anxa in dem des Sallentiner, ferner die bei den Marsern verehrte Göttin Ancitia oder Angitia. Iupiter Anxur oder Anxurus und die Frühlings-, Quellen- und Haingöttin Feronia waren nach Virgil Aen, VII, 799 die herrschenden Götter der Gegend von Tarracina. Jener wurde nach servius in der Gestalt eines unbärtigen Jünglings dargestellt, also wie der Albanische und Römische Vejovis, diese als Juno Virgo, also als seine Gattin und von gleicher Jugend und Schönheit. Auf den Münzen der Gens Vibia sieht man das Kultbild des Iovis Axur, wie er hier genannt wird, ein thronendes jugendliches Götterbild mit Szepter und Schale, das Haupt mit einer großen Strahlenkrone geschmückt, so daß also auch er zugleich dem Jupiter und dem Apollo verwandt gewesen sein muß.

i) Apollo Soranus

So hieß später, der auf dem Gipfel des malerischen Berges Soracte in der Nähe des alten Falerii verehrte Gott, über welchen wir leider gleichfalls nur mangelhaft unterrichtet sind. Mit dem griechischen Namen Apollo benennt ihn namentlich Virgil. Aen. XI. 785 summe deum, sancti custos Socratis Apollo, vgl. Sil. Ital. Pun. V. 175, VII, 662, VIII, 494, ohne Zweifel um ihn als Sonnengott zu charakterisieren. Der Name Soranus scheint nicht nach dem Berge gebildet zu sein, sondern dieser seinen Namen erst durch den Kult des Sonnengottes bekommen zu haben, denn das Wort Soracte oder Sauracte hängt höchstwahrscheinlich zusammen mit dem lateinischen Sol oder Saul, dem gothischen Savil, litth. Saule, da die teneus l und r in den italischen Dialekten sehr oft in einander übergehen und alle diese Wörter ihre gemeinsame Wurzel haben in dem Sanskritstamme svar, d. i. glänzen.[245] Merkwürdig ist es, daß auch hier Feronia neben dem Sonnengotte verehrt wird, daher sich dieser Apollo Soranus von selbst zu jenem Iupiter Anxur stellt. Was wir sonst noch von seiner Verehrung erfahren, hängt zum Teil mit der Natur des Berges Soracte zusammen. Derselbe ist aus der Mitte einer fruchtbaren Landschaft von vulcanischen Kräften in die Höhe getrieben; noch jetzt befindet sich an seiner östlichen Seite, in der Nähe der Kirche S. Romana, eine Höhle mit tiefen Spalten (le Voragini), aus welchen böse Dünste aufsteigen, von denen auch die Alten erzählen.[246] Das jetzige Dorf sant Oreste ist wahrscheinlich der alte Iucus Feriniae, aus welchem mit der Zeit eine kleine Stadt geworden war, die sehr alte Kirche San Silvestro oben auf dem Soracte, liegt vermutlich auf der Stelle des alten Apollotempels. Der Apennin ist so nahe, daß die Wölfe im Winter zahlreich in dieser Gegend streifen, während sie sich in der besseren Jahreszeit wieder ins Gebirge zurückziehen. Daher die Legende b. Servius zu Aen. XI, 785, daß einst, als man gerade dem Dis Pater auf diesem Berge, der ihm und den Toten geweiht sei, geopfert habe, plötzlich Wölfe erschienen seien und die Opferstücke von dem brennenden Altare geraubt hätten. Als die Hirten sie verfolgten, seien sie an eine Höhle gekommen, aus welcher ein mephistischer Dunst mit solcher Stärke hervorgedrungen sei, daß die Hirten alsbald tot niederfielen. Ja, es habe sich darüber, daß die Hirten die Wölfe verfolgten, eine Pest über das ganze Land verbreitet, von welcher ein Orakel Erlösung versprochen habe, sobald die Einwohner wie die Wölfe vom Raube leben würden. So sei das Geschlecht der Hirpi Sorani, d. h. der dem Gotte des Soracte, den man also später auch für einen Dis Pater nahm, geweihten Wölfe entstanden[247], ein Geschlecht von welchem sich einige Familien bis in die Zeit der römischen Kaiser erhalten hatten. Es scheinen Geweihte des Gottes vom Soracte gewesen zu sein, welche beiläufig auch die in Italien seit alter Zeit sehr verbreitete Kunst der Vogelschau trieben. Besonders berühmt aber waren sie durch die Künste, mit denen sie bei dem jährlichen Feste des Apollo und der Feronia, welches bei Feronia, dem jetzigen Sant Oreste gefeiert wurde, hervortraten. Sie gingen nämlich dann mit bloßen Füßen durch brennende Haufen Holzes, ohne sich zu verbrennen, und waren dafür vom römischen Senate ein für allemal vom Kriegsdienste und anderen gemeinen Verpflichtungen freigesprochen. Eigentlich sollte es die Begeisterung des Gottesdienstes sein, welche diese Wunder verrichtete, doch wußte Varro von einer Salbe, mit welcher diese s. g. Wölfe ihre Fußsohlen bestrichen. Der Gebrauch als solcher erinnert sehr an die Oster- und Johannisfeuer in Deutschland und anderen Gegenden, welche gleichfalls der Sonne galten und nach dem Glauben früherer Zeiten eine reinigende Kraft hatten, so daß die hindurchgehenden Menschen oder das hindurchgetriebene Vieh, wie dieses auch bei den römischen Palilien geschah, dadurch gesühnt und gereinigt wurde; ja wir wissen von einem schottischen Feste, welches dem alten keltischen Sonnengotte Beal oder Belenus galt, wo eine durch das Los bestimmte Person dreimal durch ein angezündetes Feuer springen mußte und dabei sein Leben riskierte, doch glaubte man sich auf diese Weise der Gunst des Gottes zu versichern und das Jahr fruchtbar zu machen.[248] So mögen auch jene geweihten Wölfe ihren gefährlichen Gang durchs Feuer ursprünglich stellvertretend für das Land oder die Gemeinde der Falisken getan haben, um dasselbe zu sühnen und ihm die Gunst des auf dem Gipfel des Soracte thronenden Gottes für das bevorstehende Jahr zu gewinnen, denn die Wölfe und die Pestilenz erinnern sehr an den Winter. – Noch ist zu bemerken, daß auch die Tuskulaner einen Jupiter des Frühlings kannten, den sie *Deus Maius* oder *Iupiter Maius* nannten und neben der Maia verehrten[249], welche mit der Bona Dea identisch ist und dem Maimonate seinen Namen gegeben hatte: ein Paar, welches von selbst an den volskischen Jupiter und die Juno Virgo und an den Gott vom Soracte und die Feronia erinnert. Daß das Bild eines jugendlichen Jupiter, der zugleich als Sonnengott verehrt wurde, überhaupt in Italien verbreitet war, beweist auch eine im Gebiete des alten Picenum gefundene Bronzefigur in der Gestalt eines anmutigen, halb bekleideten Jünglings, dessen Haupt wie bei Jupiter Anxur mit Strahlen umgeben ist, mit einer sonst nicht verständlichen Inschrift, in welcher man aber das Wort Juve für Jovi leicht erkennt.[250]

3. *Juno*

Juno ist Jovino, das Femininum von Jovis, also eine weibliche Macht des Himmels und des himmlischen Lichtes, näher des neu erscheinenden Mondes; daher zugleich Geburtsgöttin und die weibliche Göttin schlechthin, als himmlische Matrone und Königin, in welcher Bedeutung sie neben dem Iupiter Rex als Regina verehrt wurde. Die Geburt des Lichtes aus dem Dunkel wurde den Alten immer zur Allegori der Geburt und der Entbindung überhaupt, daher in Italien auch die Mater Matuta zugleich die Göttin des frühen Tageslichts und eine Geburtsgöttin ist und sowohl in Italien als in Griechenland Diana oder Artemis zugleich Mond- und Geburtsgöttin. Juno aber repräsentierte in Italien so ganz wesentlich die weibliche Natur überhaupt, als gebärende Göttin, Mutter und Matrone, daß sie in dieser Hinsicht ganz dem Genius der Männer entsprach, d. h. wie dieser zeugerisch ist und als solcher in jedem Manne von neuem individualisiert, so ist Juno als das weibliche Wesen schlechthin auch in jedem einzelnen weiblichen Wesen individualisiert. Daher bekanntlich jede Frau und jedes Mädchen so gut ihre Juno hatte wie jeder Mann seinen Genius, ihrer Juno am Geburtstage opferte, bei ihrer Juno schwur usw.[251]

Unter den einzelnen Kulten ist zunächst der der Iuno Lucina wohl der älteste und durch ganz Italien am allgemeinsten verbreitete.[252] Sie entspricht als solche dem iup. Lecetius und ist wie dieser zunächst Lichtgott, d. h. wie Jupiter der Gott aller Idus, der Vollmondstage war, so Juno die Göttin aller Kalenden, wo die Mondsichel nach dem Neumonde zuerst wieder erschien, also wie von neuem geboren wurde; daher Juno bei den Laurentern den Beinamen Kalendaris führte und in Rom an jedem ersten Monatstage ihr regelmäßiges Opfer bekam. Sobald der Pontifex Minor die Mondsichel wieder am Himmel sah, meldete er es dem Rex Sacrorum, der darauf mit ihm das Capitol bestieg und in der Curia Calabria der Juno opferte, während ihr gleichzeitig in der Regia von seiner Gemahlin, der Regina Sacrorum, ein Lamm oder ein Schwein dargebracht wurde. Dann rief eben jener Subalterne des Kollegiums der Ponitfices bei derselben Curie, welche deshalb Calöabra hieß, vor dem versammelten Volk aus, wie viele Tage in jedem Monate bis zu den Nonen sein würden, ob fünf oder sieben wie Varro berichtet mit diesen Worten: Dies te quinque calo Iuno Covella, oder Septem dies te calo Iuno Covella, welcher Beiname mit cavus, κοῖλος und coelum zusammenhängt, also den ausgehöhlten, nämlich den zunehmenden Mond bedeutet (Macrob. 1, 15, 10, Varro l. l. VI, 27). Zweitens galt dann aber eben diese Mond- und Lichtgöttin Juno in Italien zugleich für die erste und mächtigste aller Geburtsgöttinnen, daher sie als solche von allen Frauen in den heißesten Stunden ihres Lebens angerufen[253] und auch sonst in vielen eigentümlichen und altertümlichen Gebräuchen verehrt wurde. Varro erzählt, daß die Frauen der Iuno Lucina ihre Augenbrauen zu heiligen pflegten, weil die Augen das Licht des Leibes und die Augenbrauen ein Schutz der Augen sind.[254] Tertullian, daß die schwangeren Frauen ihren Leib mit Binden, die im T. der Lucina geweiht waren, umwickelten und nach ihrer Entbindung derselben eine ganze Woche lang einen Tisch deckten. Andere, daß solche Frauen, wenn sie zum Gottesdienste der Lucina gingen, alle Knoten an ihrem Leibe, auch die des Haares auflösten, weil jeder Knoten, selbst die Verschränkung der Hände, als Hinderniß einer leichten Geburt angesehen wurde.[255] In Rom lag ihr Heiligtum, eins der ältesten und angesehensten der Stadt, an den Esquilien, nicht weit von der Subura und den Carinen, umgeben von einem Haine, dessen Ovid. F. II. 427 ff. in einer für diesen Gottesdienst charakteristischen Legende gedenkt. Die neuvermählten Sabinerinnen, die Stammmütter des römischen Patriziats, sind unfruchtbar. Männer und Frauen pilgern zum Haine der Lucina[256] und beteten; da ertönte aus den Wipfeln der Bäume plötzlich eine Stimme, der heilige Bock solle den Rücken der Mütter besteigen (Italidas matres sacer hircus inito), eine Mahnung an den Gott der Befruchtung, den Faunus, Lupercus oder Inuus, den römischen Frauen Fruchtbarkeit zu verleihen. Ein Seher schlachtet nun einen Bock, schneidet Riemen aus dem Fell und schlägt mit diesen den Rücken der Frauen, worauf sie mit Lucinas Hilfe schwanger werden: ganz nach dem gewöhnlichen Ritus der Lupercalien im Februar, bei welchen auch Juno beteiligt war. Nach einer angeblich Bestimmung des Servius Tullius mußte für jede männliche Geburt in den Kasten der Lucina ein Stück Geld getan werden. Das dauernde Ansehen des Kults zeigt sich auch in verschiedenen Inschriften und Münzen, von denen die letzteren zugleich das Bild der alten Nationalgöttin vergegenwärtigen, wie es verschleiert sitzt oder steht und in der rechten Hand eine Blüte, das Symbol der Hoffnung, in der linken ein Wickelbild hält.[257] Das angesehenste Fest dieser Göttin des neuen Lichtes und der Geburt vor allen übrigen in Erinnerung brachten. Es war ganz ein Fest der *Matronen*, d. h. der Mütter von altrömischer Abkunft[258], daher es auch den Namen der *Matronalia* führte: wohl das angesehenste und populärste von den verschiedenen Frauenfesten, welche in Rom gefeiert wurden. Nur Jungfrauen oder unbescholtene Ehefrauen durften teilnehmen, dem Kebsweibe (pellex) war es durch ein Gesetz der Numa ausdrücklich untersagt worden, den Altar der Juno zu berühren; hatte sie ihn ja berührt, so mußte sie mit gelöstem Haar der Göttin ein Lamm opfern (Gell. N. A. IV., 3). Übrigens ein heiteres und gemütliches Fest, welches im Schoße der Familie begangen wurde, daher die Unverheirateten übel dran waren (Horat. Od. II, 8, 1). Überall wurde für das Glück der Ehe geopfert und gebetet, die Männer beschenkten die Frauen, wie die Männer an den Saturnalien; daher der beliebte Atellanendichter L. Pomponius ein Stück unter dem Titel Martiae Kalendae gedichtet hatte. Zugleich eilte an diesen ersten Tagen des März, wo auch der Stiftungstag des bald nach der Zerstörung Roms durch die Gallier erbauten Tempels der Lucina gefeiert wurde, alles zu diesem alten Heiligtum, Mädchen und Frauen, um fromme Gaben und Gebete darzubringen und Mars und Juno zu feiern, den männlichsten aller Götter und die große Schutzgöttin aller weiblichen Natur, welche den starken Mars, das Urbild aller Manneskraft an diesem Tage geboren und damit das neue Jahr eröffnet hatte.[259] Auch gedachte man der Geburt des Romulus und des Raubes der Sabinerinnen, der ersten Ehefrauen und der ersten ehelichen Vermählung der römischen Geschichte: vor allen übrigen Sabinerinnen der *Hersilia*, der bräutlichen Gemahlin des Romulus-Quirinus, hinter welcher sich vermutlich eine ältere Liebes- und Ehegöttin verbirgt. Auch die bei Gellius XII, 23 (22) erwähnte *Herie Iunonis* scheint in diesen Zusammenhang zu gehören, da beide Namen mit dem umbrischen und oscischen Stamm her oder hers zusammenhängen, welcher ein Verlangen ausgedrückt und uns in anderen Benennungen der älteren latinischen Mythologie wieder begegnen wird.

Auch verschiedene andere altertümliche Beinamen der Juno beziehen sich auf Schwangerschaft und Geburt, und es ist zu vermuten, daß vorzugsweise Lucina in öffentlichen Gebeten mit solchen angerufen wurde. So wird Iuno *Fluonia* oder *Fluvonia* genannt als Göttin der Menstruation. Welche diese während der Schwangerschaft hemme und auf die Weise, wie man glaubte, die Leibesfrucht nähre[260], eine andere welche man *Ossipago* nannte, weil man ihr die Vernichtung und Befestigung der Knochen des Kindes im Mutterleibe zuschrieb, endlich eine Iuno *Opigena*, welche im Augenblick der Geburt als Hilfe angerufen wurde.[261]

Ein anderer sehr altertümlicher und durch ganz Latinum sehr angesehener Kult war der der *Iuno Lanuvina* oder *Sospita* und *Sispita* (auch *Sospes* und *Sispes*), deren alter Hain und Tempel in Lanuvium auch für Rom sehr heilig war.[262] Auch gab es einen eigenen Tempel dieser Göttin in Rom am forum Olitrium und einen zweiten auf dem Palatin[263], obwohl das angesehenste Heiligtum immer jenes alte zu Lanuvium blieb, dessen Tempel und Hain, von Priesterwohnungen umgeben und reich durch seinen Schatz, auf Veranlassung von Prodigien und anderer Umstände oft erwähnt wird.[264] Die römischen Konsuln mußten hier jährlich zu einer bestimmten

Zeit ein Opfer darbringen (Cic. Pro Murena 41, 90), und noch Antoninus Pius, welcher auf einer Villa in der Nähe von Lanuvium das Licht der Welt erblickt hatte[265], erbaute einen neuen Tempel dieser Göttin, welche ohne Zweifel auch Geburtsgöttin war. Ihr vollständiger Name ist in Dedikationsinschriften *Iuno Sospita Mater Regina.*[266] In dem Haine befand sich eine Höhle, in welcher eine Schlange hauste, vermutlich als Symbol der Iuno Iunonis, welcher alljährlich im Frühjahre von einer Jungfrau ein Opferkuchen dargebracht wurde, wobei sie mit verbundenen Augen in die Höhle geführt wurde. Genoß die Schlange von diesem Opfer, so galt dieses für einen Beweis der Reinheit des Mädchens und der Fruchtbarkeit des Jahres, verschmäht sie es, so war das Mädchen nicht rein gewesen (Propert. IV, 8, 3ff., Aelian H. A. XI, 16). Sehr eigentümlich war das Bild der Göttin, welches wir teils durch Beschreibungen der Alten teils durch das Gepräge verschiedener Münzen römischer Familien kennen[267], welche aus Lanuvium stammten oder sich aus anderen Gründen zu diesem Kult bekannten; auf welchen Münzen man hin und wieder auch jenes Wunder der Schlange und des Mädchens abgebildet findet. Angetan mit einem matronalen Gewande ist diese Juno darüber bekleidet mit einem Ziegenfell, welches zugleich als Helm und als Panzer dient, gebogenen Schnabelschuhen alter Sitte und einem ausgeschnittenen Schilde, wozu sie den Jagdspieß schwingt. Also war sie als Sospita zugleich eine wehrhafte Göttin, wie Juno denn auch zu Tibur und bei den Sabinern als solche gedacht wurde, auch in Griechenland und in Rom, wo sie Gewitter erregt und Blitze schleudert so gut wie Jupiter.[268] Doch war sie auch Mater, d. h. eine Muttergöttin der weiblichen Natur, der Ehe, Entbindung und Kinderzucht, wie Lucina; auch wird dahin jenes Ziegenfell zu deuten sein, welches gewiß dasselbe bedeutete wie Bocksfell im Kulte der Lupercalien, nämlich Reinigung und Befruchtung, daher das Bocksfell der Luperci auch amiculum iunonis, d. h. eine Gürtung der Juno genannt und diese Göttin selbst als *Februlis* oder *Februata* an der Feier der Lupercalien beteiligt wurde.[269] Es ist eben deshalb zu vermuten, daß auch das Hauptfest der Juno zu Lanuvium im Februar war und zwar an den Kalenden dieses Monats, zumal danach Ovid. F. II., 55 in Rom derselbe Tag der Sospita heilig war.

Auch bei den Sabinern wurde Juno unter eigentümlichen Formen verehrt, namentlich als *Curitis* oder *Quiritis*, welcher Kult durch die Sabiner nach Rom kam und dort mit der Einrichtung der Curien in engem Zusammenhange stand; doch fand sich derselbe Kult auch zu Tibur und zu Falerii[270], welche letztere Stadt wie Rom und andere Städte in dieser Gegend in früherer Zeit ein starkes Element sabinischer oder umbrischer Bevölkerung in sich aufgenommen zu haben scheint. Der Name ist wie der des sabinischen Quirinus und der Quirites abzuleiten von dem Worte quiris oder curis, welches Lanze bedeutete, das Symbol des wehrhaften Mannes, hier speziell in seinem ehelichen Verhältnis zur Frau, der Mutter seiner Kinder, welche sich auf Leben und Tod in seine Gewalt gegeben hatten, aber dafür auch von ihm vertreten werden muß, rechtlich oder mit Gewalt, daher diese Juno als Schutzgöttin der Matronen, die Lanze in der Hand führt. Als Göttin der Ehe und des auf der Ehe beruhenden Familienlebens in seinen engren und weiteren Kreisen wurde sie vorzüglich in der Curien verehrt[271], die sogar nach ihr benannt zu sein scheinen, wie die einzelnen Curien in Rom ihre Namen von den ersten sabinischen Müttern bekommen haben sollen; ja es scheint wohl das auch der alte römische Hochzeitsgebrauch, das Haar einer Braut mit einer s. g. hasta celibaris, d. h. einer Jungfernlanze zu scheiteln[272], mit dem Kulte dieser Juno zusammenhängt, in dem dadurch vermutlich symbolisch ausgedrückt werden sollte, daß die Braut als eheliche Frau sich zwar in der Gewalt des Mannes, aber auch unter dem Schutze der Juno befinden werde. In Tibur, wo es gleichenfalls Curien gab (Or. n. 3740), scheint diese Juno zugleich wie die

Lanuvinische als kriegerische und als befruchtende Schutzgöttin der Stadt verehrt worden zu sein; daher man zu ihr betete[273] „O Juno hoch zu Wagen, erhalte mit deinem Wagen und mit deinem Schilde den jungen Nachwuchs meiner Curie bei guter Gesundheit." Also eine Göttin, die für die Fruchtbarkeit der Mütter und somit zugleich für den Nachwuchs der Bevölkerung sorgt, daher sich auch die in verschiedenen Gegenden Italiens verehrte *Iuno Populona* oder *Populonia* anschließen mag, eine Göttin, welche ohne Jupiter, also als Göttin sowohl der männlichen als der weiblichen Bevölkerung verehrt wurde.[274] Auch die übrigen Beiwörter, mit welchen Juno bei öffentlichen Gelegenheiten als Ehegöttin angerufen wurde, mögen hier wenigstens angeführt werden, da ich auf Veranlassung der Indigitamenta noch einmal auf sie zurückkommen muß, die *Iterduca* und *Domiduca*, welche den Hochzeitszug vom Hause der Braut in das des Bräutigams geleitet, die *Unxia*, welche die Pfosten ihres neuen Hauses zum guten Zeichen salbt, die *Cinxia*, welche den bräutlichen Gürtel schürzt und löst, endlich die Iuno Pronuba (Virg. A. IV., 166) und Iuga, von welcher letzteren der vicus lugarius in Rom seinen Namen führte, in welchem sich ein Altar dieser Göttin befand (Paul. p. 104). Wurde doch auch Juno selbst wie die griechische Hera an der Seite ihres Gemahls als Nupta verehrt[275], d. h. als seine bräutliche Gattin, wie Jupiter selbst als Vorbild aller männlichen Jugendblüte war und eben deshalb wohl auch der Flamen Dialis bei den Hochzeiten nach altem religiösen Brauch zugegen sein mußte.

An der Küste von Picenum gab es eine Göttin namens Cupra, welche für eine Juno und etruskischen Ursprungs gehalten wurde; noch Hadrian, der sein Geschlecht vom Picentinischen Hadria herleitete, hat den Tempel erneuert.[276] Doch ist der Name wahrscheinlich durch das sabinische Wort cyprus, d. i. gut zu erklären, daher der vicus Cyprius in Rom und ein Mars Cyprius in Umbrien, so daß diese Göttin eher eine Bona Dea oder einer Feronia gewesen zu sein scheint, welche auch mit der Juno verglichen wurde. Desto bestimmter wird immer die *Göttin von Falerii* in der Gegend von Civita Castellana und des Soracte für eine Juno erklärt; ja dieser Kult der Juno war einer der berühmtesten, daher Falerii später den Namen der Colonia Iunonina erhielt und ihre Einwohner bei Ovid F. VI, 49 Iunonicolae Falisci heißen. Daß auch diese Göttin Iuno Curitis oder Quiritis, also vermutlich sabinischen oder umbrischen Ursprungs war, ist bereits nachgewiesen; wenn die Griechen sie dessen ungeachtet für die argivische Juno und Falerii deshalb für eine Kolonie der Argiver und der Pelasger erklärten, so lagen dabei nur äußerliche Ähnlichkeiten des Kults zugrunde, die sich teils von selbst erklären teils durch spätere Einwirkung der griechischen Kultur entstanden sein mögen, s. Dionys 1, 21. Das Fest in Falerii beschreibt Ovid Am. III, 13, dessen Frau aus Falerii gebürtig war, leider ohne die Jahreszeit anzugeben. Die ganze Umgegend strömte dann zusammen und feierlichste Akt war die Prozession aus dem altertümlichen und ehrenwürdigen Haine der Göttin zur Stadt, wo Opfer und Spiele gefolgt sein mögen. In jenem Haine wurde zuerst gebetet und geopfert, dann gaben Flöten das Zeichen zur Prozession, die Ovid sehr lebendig schildert. Zuerst kam der Zug der Opfertiere, schneeweiße Fersen (iuvencae), welche auf den Wiesen von Falerii gezogen wurden, Kälber und Ferkel, ihnen voranschreitend ein auserlesener Stier mit gewundenen Hörnern. Nur die Ziege war der Göttin verhaßt, man erzählte sich, daß Juno durch diese auf einer Flucht ins Gebirge verraten sei, daher die Knaben bei diesem Feste auf die Ziegen förmlich Jagd machten; obwohl sich hinter solchen Gebräuchen und Legenden gewöhnlich eine speziellere Kultbeziehung verbirgt, welche der zu Lanuvium entsprochen haben mag. Wo der Zug mit dem Bilde der Göttin durchkam, breiteten Knaben und Mädchen (Camillen) Teppiche über die Straßen, die Mädchen im höchsten

Schmuck, Gold und Geschmeide in den Haaren, in langen Kleidern und goldgestickten Schuhen. Andere Mädchen trugen nach Art der griechischen Kanephoren in weißer Kleidung und verschleiert die Heiligtümer auf dem Kopfe. Darauf folgte der Zug der Priesterinnen und die Göttin selbst, ganz wie sie in Argos zu erscheinen pflegte. Nach der Ermordung des Agamemnon, so hieß es, war sein Abkömmling, der fromme Halesus aus Argos entflohen und über Land und Meer bis in diese Gegend verschlagen worden, wo er Falerii gegründet und das Volk in dem Gottesdienste seiner Heimat unterwiesen hatte. Dagegen einheimische Lieder den Halesus oder Falesus, den Stammvater der Falisci und Gründer der Stadt Falerii, als einen Sohn des Neptun und Stammvater eines Geschlechtes priesen, dessen Sprößling Morrius, ein König von Veji, die Salier gestiftet habe, welche jene Lieder sangen.[277] Wie dieser Name Morrius wahrscheinlich mit Mavors zusammenhängt, so kann jener Pater Curis der Falisker, nach welchem ihre Iuno Curitis hieß, nicht wohl ein anderer gewesen sein als der Stammvater Halesus oder Faliscus, dessen Name gleichfalls auf ein altes italisches Stammwort hinweist. Wahrscheinlich liegt die Wurzel hal oder fal zu Grunde, welche eine befestigte Höhe (altum) bedeutete[278], wie denn das alte Falerii in der Tat eine sehr feste Stadt war; obwohl es auchin Rom einen Divus Pater Falacer mit einem eigenen flamen Falacer gab (Varro l. l. V, 84, VII, 45), welcher mit der Zeit gleichfalls unverständlich geworden war. Genug es galt in der gewöhnlichen Überlieferung und schon zur Zeit Catos für ausgemacht, daß Halesus wie Evander, Diomedes, welcher nachmals in Lanuvium für den Gründer des dortigen Heiligtums der Juno gehalten wurde[279], Odysseus und andere Heroen aus Griechenland nach Italien gekommen sei. Virgil Aen. VII, 723 ff. läßt ihn mit seinen Scharen aus Campanien heranziehen, wo man also gleichfalls von ihm zu erzählen wußte, vgl. oben.

Außer den Frühlingsfesten der Juno scheint es ziemlich allgemein auch Sommerfeste gegeben zu haben; wenigstens waren in Rom nicht allein die Kalenden des März, sondern auch die des Juni der Juno benannter, dem römischen Junius entsprechender Monat fand sich in den Fasten der Laurenter und in denen von Lanuvium, Aricia, Tibur und Präneste.[280] Namentlich galten in Rom die Kalenden dieses Monats für den Stiftungstag der *Iuno Moneta* in Arce, welcher Tempel im J. 410 d. St., 344 v. Chr. auf Veranlassung eines Gelübdes des Camill auf derselben Stelle erbaut worden war, wo früher das Haus des Manlius Capitolinus gestanden hatte.[281] Weil die Münze der Republik in der Nähe lag, ist der Name Moneta auf diese übergegangen, obwohl der Name der Göttin a monendo abzuleiten ist, nämlich von einer Mahnung welche von dieser Juno ergangen war, nach der zuverlässigsten Überlieferung bei einem Erdbeben, wo sie das Opfer einer trächtigen Sau forderte.[282] Als Höhen- und Burggöttin, wie Juno auch bei den Griechen, den Etruskern und sonst in Italien verehrt wurde, wird sie auch dadurch charakterisiert, daß die Krähen ihr heilig galten, daher sie jenseits des Tiber in der Umgebung von sogenannten Krähen-Göttinnen, Divae Corniscae verehrt wurde.[283] Denn die Krähen lieben die Höhen und dienen deshalb auch sonst als Umgebung der Burggöttinnen z. B. der Pallas in Athen. Zugleich sind sie Wettervögel und verkündigen durch ihr Geschrei Regen[284], welches sie gleichfalls zu weissagenden Vögeln speziell der Juno machen konnte.

Endlich ist *Iuno Regina*, d. h. die himmlische Königin, die Gemahlin des Iupiter Rex, daher sie neben diesem oder auch allein auf den herrschenden Burgen und als Schutzgöttin der Städte, namentlich aller Matronen verehrt wurde: ein Kultus welcher vornehmlich bei den Etruskers geblüht zu haben scheint[285], obwohl er sich auch sonst in Italien nachweisen läßt, z. B. in Ardea, in Lanuvium, zu Pisaurum in Umbrien und an anderen Orten.[286] In Rom hatte diese Bedeutung zunächst die Capitolinische Juno, welche Ovid deshalb die Matrona Tonantis mit dem goldnen Zepter nennt; auch heißt sie in Inschriften und offiziellen Urkunden gewöhnlich Regina.[287] Ihr gewöhnliches Opfer waren Kühe, in dem Tempel selbst aber wurden bekanntlich Gänse unterhalten, welche als Tiere von feiner Witterung[288] in jener verhängnisvollen Nacht die Gallier noch früher als die Hunde merkten, daher sie seitdem von der Republik mit Ehre überhäuft wurden. Die Zensoren pflegten die Fütterung der Capitolinischen Gänse unter den ersten Pachtartikeln zu nennen, und auf dem Capitole wurde jährlich zur Erinnerung an jenen Tag eine Gans mit großer Pracht auf einer Sänfte um den Tempel getragen, während ein Hund sich in dessen Nähe lebendig ans Kreuz schlagen lassen mußte. Der Juno aber waren die Gänse aus demselben Grunde heilig, weshalb sie auch bei römischen und grieschischen Hausfrauen, selbst der Penelope beliebt waren, weil dieses Tier nämlich zugleich ein häusliches und ein leicht befruchtetes ist.[289] Ein zweiter Kultus dieser Göttin war der auf dem Aventin, wohin er mit dem alten Kultusbilde aus Veji nach der Zerstörung dieser Stadt verpflanzt worden war (Liv. V, 22). Wieviel Gewicht die römischen Matronen auf die Gunst auch dieser Göttin legten, sieht man aus verschiedenen Vorfällen während des Hannibalischen Krieges. Gleich im zweiten Jahre desselben (217 v. Chr.) wurde bei der Annäherung Hannibals den drei Capitolinischen Göttern, der Juno Regina auf dem Aventin und der Juno Sospita zu Lanuvium ein größeres Opfer gebracht, und zugleich sammelten die Matronen Geld, um der Juno auf dem Aventin ein Weihgeschenk zu bringen und ein Lectisternium zu bereiten, wie es die Libertinen gleichzeitig ihrer Schutzgöttin Feronia bereiteten. Zehn Jahre später beschloß das Collegium der Pontifices auf Veranlassung einer monströsen Geburt, daß drei Chöre von neun Mädchen nach griechischer Weise durch die Stadt ziehn und ein Lied zu Ehren der Juno Regina singen sollte, welches Livius Andronicus gedichtet hatte und mit den Mädchen im T. des Jup. Stator einübte. Da schlug gar der Blitz in den T. auf dem Aventin, worauf die Matronen der Stadt und der Vorstädte innerhalb des zehnten Meilensteins neue Gaben und neue Opfer darbrachten und nun auch die Decemvirn der sibyllinischen Sprüche einschritten. Auf ihren Betrieb wurde eine feierliche Prozession angestellt, die sich beim Tempel des Apoll vor der p. Carmentalis in Bewegung setzte. Voran schritten zwei weiße Kühe, dann folgten zwei Bilder der Iuno Regina von Zypressenholz, darauf die 27 Mädchen in langen Kleidern, ihr Lied auf die Juno singend, endlich die Decemvirn, bekränzt mit Lorbeern und in priesterlichen Gewändern. Vom Tore zogen sie durch den Vicus Iugarius auf das Forum, wo die Mädchen ihr Lied im Reigen umschreitend vortrugen; dann ging der Zug weiter durch den Vicus Tuscus, das Velabrum und das Forum Boarium nach dem Clivus Publicius, der sie hinauf zum Aventin und zu dem T. der Juno führte.[290] Ein dritter Tempel der Juno Regina wurde im J. 575 (179 v. Chr.) von dem Censor M. Aemilius Lepidus in der Vorstadt des Circus Flaminius gestiftet, vermutlich für die zahlreich bevölkerten Vorstädte im Norden der Stadt.

Noch ein altertümlicher Dienst der Juno war der der *Iuno Caprotina*, doch ist über ihre Bedeutung nicht mehr aufs Klare zu kommen. Am 5. Juli, zwei Tage vor den Nonen, wurden zur Erinnerung an eine alte Gefahr die Poplifugia gefeiert, an den Nonen selbst das Fest der Iuno Caprotina, daher der Tag Nonae Caprotinae hieß. Nach der Gallischen Not, so heißt es, als Rom sehr geschwächt war, benutzten die eifersüchtigen Nachbarn am oberen und unteren Tiber den günstigen Augenblick zu einem allgemeinen Angriff, wobei Postumius Livius, der Dictator von Fidenae, das feindliche Heer führte. Er fordert vom Senat die Auslieferung aller römischen Frauen und Jungfrauen. Eine Magd namens Tutela oder Tutula oder Philotis (ein römischer und ein griechischer Name) erbietet sich mit den übrigen Mägden anstatt der Römerinnen ins feindliche Lager zu gehen. Sie kleiden sich danach, begeben sich ins Lager, wissen die Feinde zu einem lustigen Gelage zu bereden und geben, als jene im tiefen Schlafe liegen, den Römern ein Zeichen von einem wilden Feigenbaume (caprificus) aus, welcher dicht bei dem Lager stand. Der Überfall der Römer gelingt und der Senat beschließt die Freilassung aller Mägde, ihre Ausstattung auf Staatskosten und daß sie die Tracht der Matronen, in welcher sie in das feindliche Lager gegangen waren, für immer beibehalten sollten. Der Tag der Poplifugia wurde zur Erinnerung der ersten Bedrängnis, in welche die Römer durch jenen Angriff geraten waren, jährlich durch eine sinnbildlichen Flucht gefeiert, von welcher sich auch später einige Spuren beim Gottesdienste dieses Tages erhalten hatten.[291] Am Tage der Nonen folgte der Auszug der Mägde und am Tage darauf die Siegesfeier mit einer sogenannten vitulatio. An den Nonen zog das Volk haufenweise vors Tor und rief sich untereinander mit allerlei Vornamen, Caius, Marcellus, Lucius usw. Dann erschienen die Mägde im Putz und trieben allerlei Mutwillen mit ihnen. Endlich folgte ein Opfer und ein festliches Mahl bei jenem Feigenbaum, dessen Milche beim Opfer gebraucht wurde und dessen Laub an dem heißen Sommertage einen willkommenen Schatten bot. Andere glaubten daß sich diese Gebräuche auf den Tod des Romulus bezögen, welcher an den Nonen des Julius beim Ziegensumpf (ad caprae paludem) unter plötzlich hereinbrechendem Gewittersturm, vor dem das Volk auseinander floh, verschwunden war. Es scheint wohl, daß bei diesen Überlieferungen zwei verschiedene Feste kombiniert und darüber mißverstanden wurden, die Poplifugia mit ähnlichen sinnbildlichen Gebräuchen eines Handgemenges und einer Flucht, wie sie auch sonst bei gewissen Sühnopfern vorkommen[292] und ein altes Frauenfest der Iuno Caprotina, welches auch sonst in Latium gefeiert wurde.[293] Auch scheint der Name und die Natur des caprificus auf weibliche Befruchtung zu deuten, da sowohl der Bock (caper) als die Feige (ficus) in dieser sinnbildlichen Bedeutung herkömmlich waren und die sogenannte caprificatio, d. h. die künstliche Zeitigung der Feige mit Hilfe der Frucht eines wilden Feigenbaums um dieselbe Jahreszeit vorgenommen zu werden pflegte.[294]

Schon zum griechischen Gebiete von Italien gehört der Kultus der *Iuno Lacinia* in der Nähe von Kroton, doch war er so angesehen, daß die Verehrung dieser Göttin auf alle benachbarten Völker und somit später auf die Römer überging. Sechs Millien von der Stadt lag der Tempel mit einem Haine, mitten in einem dichten Tannengehölz. In dem Haine befanden sich schöne Weiden für die heiligen Herden der Göttin, die einen so reichen Ertrag lieferten, daß eine Säule von solidem Golde davon geheiligt werden konnte. Daß die Kunst der Griechen sehr zur Verschönerung des Ortes beigetragen hatte, beweisen die Münzen von Kroton und Pandosia mit dem prächtig geschmückten Kopfe dieser Juno. Pyrrhus und Hannibal ehrten diese Göttin, der letztere, welcher inihr die Schutzgöttin seiner Vaterstadt wiedererkennen mochte, stellte in dem Haine einen Altar auf, auf welchem er in punischer und griechischer Sprache ein Verzeichnis seiner Taten eingegraben hatte.[295] Als der römische Censor Q. Fulvius Flaccus im J. 174 v. Chr. den Tempel der Hälfte seiner Marmorziegel beraubte und diese Ziegel bei einem Bau in Rom verwenden wollte, wurde er deswegen vom Senate scharf getadelt und mußte die Ziegel wieder an Ort und Stelle schaffen, wo man sie aber leider nicht mehr einzufügen verstand.[296] Zur Zeit der Seeräuber wurde der Tempel geplündert und zerstört, doch hat der Kultus unter den Kaisern fortbestanden.[297] Von der Iuno Coelestis, der alten Schutzgöttin Karthagos, wird unten die Rede sein. Schon im zweiten punischen Kriege wurde sie als solche von den Römern feierlich beschworen, im dritten förmlich evoziert (Serv. V. A. XII, 841), daher sie auch bei den Dichtern, zuerst bei Naevius, später bei Virgil eine bedeutende Rolle spielte. Andere Iunones sind die oft in den Inschriften der nördlichen Gegenden erwähnten Iunones Montanae, häufiger *Matres* und *Matronae*, welche von der keltischen Bevölkerung des nördlichen Italiens und des südlichen Deutschlands bis zur Donau, auch Galliens, Spaniens, so wie am Niederrhein und in Britannien viel verehrt wurden und auf den zahlreich vorhandenen Votivsteinen in der Gestalt von drei neben einander sitzenden Frauen vergegenwärtigt werden, welche gewöhnlich Blumen und Früchte in ihrem Schoß haben.[298]

Wie Jupiter zuletzt vorzugsweise für einen Schutzgott der Kaiser galt, so Juno der Kaiserinnen, daher sie bei ihren Entbindungen als Lucina, sonst als Augusta und Conservatrix oft angerufen wurde.[299] Eine eigentümliche Gestalt dieses späteren römischen Junodienstes ist die Iuno Martialis mit dem Attribut der Schere und einer Lanze, wahrscheinlich auch eine Entbindungsgöttin.[300]

4. Minerva

Auch diese Göttin ist dem Namen nach italisch, doch scheinen etruskische und griechische Einflüsse in ihrem Kulte wenigstens in Rom bald die Oberhand gewonnen zu haben. Der Name Minerva oder Menerva, auf etruskische Denkmälern Menerfa und Menrfa ist auf den Stamm men zurückzuführen, zu welchem auch die Wörter mens, memini, das griechische ménov, im Sanskrit manas gehören, so daß die Grundbedeutung auf eine göttliche Macht des Verstandes, des sinnigen Denkens und Erfindens hinweis.[301] Sie wurde auch bei den Sabinern als Burggöttin verehrt, in welcher Bedeutung sie u. a. in der Gegend von Reate einen sehr alten Tempel hatte.[302] Vorzüglich aber scheint ihr Kultus doch bei den Etruskern gepflegt zu sein, als der einer blitzschleudernden Göttin der Höhen und aller sinnreichen Erfindungen, namentlich auch der gottesdienstlichen Flötenmusik, welche diese etruskische, in mancher Hinsicht an Lydien erinnernde Minerva wahrscheinlich mit sich nach Rom gebracht hat. Noch später trat der griechische Einfluß hinzu, der sich namentlich im Gebiete der Poesie und der Schaupielkunst geltend machte, welche wie wir sehen werden in Rom gleichfalls unter den Schutz der Minerva gestellt wurden. Überhaupt kannte Rom zwar auch die blitzschleudernde und die kriegerische Minerva[303], die griechische Pallas, doch herrschten ihre friedlichen Beschäftigungen vor, bis Minerva eben in Rom zuletzt ganz einseitig die Göttin aller Erfindungen und aller Kunst und Wissenschaft geworden ist.

Die ältesten und wichtigsten Heiligtümer der Minerva lagen alle auf den Höhen der Stadt, auf dem Capitol, dem Aventin und dem Caelius. Auf dem Capitol befand sich ihre Cella zur Rechten des Jupiter, welcher Platz nicht immer notwendig der Ehrenplatz war, wie denn Juno als Gattin des Jupiter und als Regina jedenfalls mehr zu bedeuten hatte als Minerva. Daß diese auch auf dem Capitol vorzugsweise das geistige Prinzip, Intelligenz und Erfindsamkeit vertrat, sieht man aus dem Gebrauch, den Jahresnagel in der Wald zwischen ihrer und Jupiters Cella einzuschlagen, weil die Zahl eine Erfindung der Minerva sei.[304] Übrigens hatte sie sowohl an den Römischen Spielen als bei anderen Gelegenheiten den gleichen Anteil wie Juno, mit welcher sie auch das Opfer einer Ferse (iuvenca) gemein hatte.[305] Das auch der Tempel auf dem Aventin alt und angesehn war[306], folgt aus seinem engen Zusammenhange mit dem Feste der Quinquatrus, sowohl der größeren als der kleineren, bei denen wahrscheinlich diese Minerva als Schutzpatronin der Pfeiferzunft vorauszusetzen ist. Eben dieses mag der Grund gewesen sein, warum später auch die scribae und histriones, d. h. die Dichter und Schauspieler von Dramen in griechischer Manier unter den Schutz derselben Minerva auf dem Aventin gestellt wurden und dort ein amtliches Local für die Versammlungen und Übungen ihrer Zunft angewiesen bekamen. Es geschah zur Zeit und zur Ehre des Livius Andronicus, weil dessen Gedicht auf die Juno Regina einen vorzüglichen Erfolg gehabt hatte, daher die Zunft der Dichter und der Schauspieler den Livius später in diesem Tempel als ihren Stifter verehrte[307] und Verrius Flaccus zum 19. März diesen Tag, den Einweihungstag des Tempels, einen Tag der Künstler (dies artificum) nennt. Endlich auf dem Caelius wurde eine Minerva Capta oder Capita verehrt, deren Tempel nach Ovid u. a. am Tage der Quinquatrus eingeweiht worden war, so daß also auch sie bei diesem Feste beteiligt gewesen sein muß. Der Name wird sehr verschieden erklärt, am wahrscheinlichsten dadurch, daß der Kopf für den Sitz des Verstandes und Minerva in Rom vorzugsweise für die Göttin der Intelligenz galt.[308]

Wie der Juno, so scheint auch der Minerva seit alter Zeit der März und der Juni geweiht zu sein, und zwar in beiden Monaten der fünfte Tag nach den Idus, welcher nach einem im älteren Italien ziemlich allgemeinen Sprachgebrauche *Quinquatrus* genannt wurde[309]: also der 19. März und der 19. Juni, welche Tage zugleich als Einweihungstage der Tempel auf dem Aventin und dem Caelius gefeiert wurden. Auch galt die Fünfzahl überhaupt für die der Minerva und der 19. März für ihren Geburtstag. Indessen hatte man später das richtige Verständnis des Wortes Quinquatrus verloren, daher man dieses Fest nun fünf Tage lang vom 19. bis zum 23. März feierte, von welcher Feier Ovid F. III, 809–834 eine Übersicht gibt. Der erste Tage, also der ursprünglich einzige, sei friedlicher Art, weil Minerva an ihm geboren sei, die folgenden vier würden der kriegerischern Minerva zu Ehren mit Gladiatorenspielen begangen. Indessen scheint dieses erst seit August der Fall gewesen zu sein[310], da die Gladiatoren erst seit 264 v. Chr. und lange nur bei Leichenspielen, erst gegen Ende der Republik auch bei gottesdienstlichen Spielen zugelassen wurden. Vom 19. März wissen wir überdies, daß dann eine Feier der Salier auf dem Comitium stattfand, doch scheint diese mehr der sabinischen Nerio, welche später mit Minerva verwechselt wurde, als dieser gegolten zu haben, wie die Tubilustrien am 23. März, d. h. die Weihe der zum Gottesdienste erforderlichen Trompeten. Sonst überwog bei den Quinquatrus ganz der friedliche Charakter von Kunst und Wissenschaft, beides im weitesten Umfange genommen, von dem Lesen und Lernen der lieben Schuljugend und der weiblichen Handarbeit an bis zu dem Pinsel des Malers und dem Meißel des Bildhauers. So waren die Quinquatrus zunächst im Kreise der Schulen ein sehr populäres Fest, sowohl für die lernenden Kinder als für die Lehrer, von denen jene Ferien bekamen und nach dem Feste einen neuen Cursus begannen, diese in der Form eines freiwilligen Geschenks des sogenannten Mineral, ihr Honorar erhielten, s. Horat. Ep. II, 2, 197, Iuvenal. X, 114–117 u. a. Ferner verehrten Mädchen und Frauen die Minerva vorzüglich an diesem Feste als die Urheberin der künstlichen Wollarbeit im Spinnen und Weben, welche nach alter Sitte, da die Hausfrau noch selbst für die Bekleidung des Mannes und der Kinder sorgte, in Rom immer sehr hoch geschätzt wurde. Daher kommt es wohl auch daß die solchen Beschäftigungen nahe verwandte Zunft der Walker (fullones), welche die Kleider durch Stampfen, Waschen, Pressen usw. zum neuen Gebrauche herstellten, an diesem Feste merklich hervortritt: ein zahlreiches Gewerbe, welches zu Rom im volkstümlichen Leben eine gewisse Rolle spielte und deshalb auch auf der volkstümlichen Bühne oft bedacht wurde. Wie sie die Minerva überhaupt als ihre Schutzpatronin verehrten und dieselbe deshalb in ihren Werkstätten durch ihre Bilder und Attribute vergegenwärtigen, so wurden namentlich von ihnen die Quinquatrus in heitrer Lust begangen.[311] Aber auch andere Handwerker, die Schuster, die Tischler, feierten das Fest in ihrem Sinne mit, ferner die Ärzte, welche allmählich mit der griechischen Wissenschaft nach Rom kamen und dort in der Minerva Medica ihre Schutzpatronin verehrten[312], endlich die Maler, die Bildhauer, die Redner und Dichter, samt anderen Professionisten der geistigen Arbeit, deren Verhältnis zur Minerva durch die bekannten Redensarten pingui, crassa, invita Minerva und das dem Griechischen nachgebildete Sprichwort sus Minervam (Fest. p. 310) angedeutet wird. Also eine festliche und volkstümliche Bewegung durch alle Häuser und die verschiedenartigsten Berufskreise, daher dieses Fest auch unter den Kaisern immer mit großer Heiterkeit begangen wurde, seit Nero vermutlich auch mit öffentlichen Spenden.[313]

Die kleinen Quinquatrus an den Iden des Juni entsprachen im Wesentlichen den großen, nur daß sie speziell ein Fest der Pfeiferzunft waren, deren Angehörige dann in der Stadt umherschwärmten, in ihren langen Kleidern und maskiert, häufig auch betrunken, denn die Musik hat von jeher den Wein geliebt, wie Livius bei dieser Gelegenheit hinzusetzt. Auch sie versammelten sich dann beim Tempel der Minerva, ihrer Schutzpatronin[314], hatten aber auch das Recht auf einen festlichen Zunftschmaus im Tempel des Capitolinischen Jupiter an diesem Tage, und dieses gab gelegentlich zu einer nicht geringen Störung Anlaß, die glücklicher Weise mit allgemeiner Heiterkeit endigte. Diese Zunft der Pfeifer war nämlich seit alter Zeit eine sehr zahlreiche und wichtige, da bei den meisten Opfern, Spielen, auch bei den Leichenbedrängnissen die Musik und Begleitung der Flöte nicht zu entbehren war; daher sie nicht allein sehr gut bezahlt, sondern auch sonst ausgezeichnet und verzogen wurden. Als ihnen daher während der berühmten Censur des Ap. Claudius Caecus und C. Plautius im J. 312 v. Chr. jenes alte Recht des Zunftschmauses im T. des Jupiter genommen wurde, waren sie sehr empört und beschlossen die Römer durch eine förmliche Sezession von ihrer Unentbehrlichkeit zu überzeugen. Sie rottierten sich also zusammen und zogen nach Tibur, worüber man in Rom wirklich in Verlegenheit kam. Also schickte der Senat nach Tibur, man möge eine Ausgleichung in Güte herbeiführen. Die Tiburtiner suchten ihre Gäste zu überreden; als sie nicht hören wollten, gelang eine wohlberechnete List. An einem Festtage ladet man sie ein, trinkt ihnen weidlich zu, bis sie berauscht und eingeschlummert sind; darauf packt man sie in große Wagen und zurück geht es nach Rom. Auch sollen sie nicht eher zum Bewußtsein gekommen sein, als nachdem sie auf dem Forum richtig angelangt waren und der junge Tag den Katzenjammer beleuchtete. Da lief alles Volk zusammen und sie ließen sich bereden zu bleiben und feierten seitdem jährlich diesen Tag mit lustigen Aufzügen durch die Stadt, auch wurde denen, die zu Opfern aufspielten, das Recht des Mahles auf dem Capitol wieder hergestellt. Ovid erzählt dieselbe Geschichte mit einigen Abweichungen, denen man den Humor des Tages anmerkt.

Je länger Minerva in Rom verehrt wurde, desto mehr trat natürlich die griechische Auffassung in den Vordergrund. So wenn Pompeius ihr nach seinen Feldzügen im Orient von der Beute ein Heiligtum gründete und in demselben ein Verzeichnis seiner Taten aufstellte, Plin. H. N. VII, 26, 27, wobei ihm die Athena Nike der Griechen vorschwebte; und wenn Cicero das Bild der Minerva, in welchem er die Göttin in seinem Hause verehrte, bei seiner Verbannung aufs Capitol weihte, als Custos Urbis, wie die Inschrift sagte, d. h. als eine solche welche Volk und Senat mit ihrem Geiste erfüllen und behüten sollte, s. Plut. Cic. 31, Cic. de Leg. II, 17. Es ist die von den Griechen allgemein verehrte Athena βουλαία und ἀγοραία, welcher in Rom das erste Heiligtum von August gestiftet wurde, in Verbindung mit seinem Neubau der Curie am Forum, welche er die Julische nannte und mit einem der Minerva geweihten Chalcidicum, d. h. einer Eingangshalle versah, s. Dio LI, 22. Als diese Curie in späteren Feuersbrünsten unterging, baute Domitian, der Hersteller des Forums, an ihrer Stelle einen eigenen T. der Minerva, welcher neben dem der

Castoren und dem des Augustus auf Militärdiplomen bis in die Zeit der Gordiane erwähnt wird. Das neue Senatsgebäude dagegen wurde von ihm in der Gegend des alten Janustempels erbaut und mit demselben auch hier ein eigenes atrium Minervae verbunden. Minerva, die personifizierte Intelligenz, gehörte seitdem so wesentlich zum Senate, daß auch in Constantinopel, dem neuen Rom, ihr Bild vor der Curie stand.[315] Bei Domitian kam noch die persönliche Vorliebe für den Dienst der Minerva hinzu, wie er denn für einen besonderen Schützling, ja sogar für den Sohn der jungfräulichen Göttin gelten wollte.[316] Wie er daher die Stadt und ihre öffentlichen Gebäude, auch seine Münzen zum Überdruß mit den Bildern und Attributen der Minerva erfüllte, so pflegte er auch die Quinquatrien in seiner burgartig befestigten Villa am Albaner Berge (in der Gegend von Castel Gondolfo) mit besonderem Eifer zu feiern; ja es war von ihm zu diesem Zweck ein eigenes Collegium gestiftet worden, welches für die Feier und für Jagden, szenische Spiele und die damit verbundenen rhetorischen und poetischen Wettkämpfe, deren die Dichter der Zeit wiederholt gedenken, zu sorgen hatte.[317] Auch in Rom entstanden durch diesen Kaiser noch zwei Tempel der Minerva, der der Minerva Chalcidica in der Gegend der Kirche und des Klosters von S. Maria sopra Minerva, wo die schöne Statue der Pallas Giustiniani gefunden sein soll, und der Tempel auf dem von Domitian erbauten, aber erst unter Nerva vollendeten Durchgangsformen (f. transitorium) in der lebhaften Passage zwischen dem f. Iulium und dem f. Pacis. Die Ruine dieses Tempels hatte sich bis in das 16. Jahrhundert erhalten, ein Teil der Ringmauer aber steht noch, geschmückt mit Bildwerken, welche die Sorge der Minerva für weibliche Handarbeit und die Bestrafung der übermütigen Arachne vergegenwärtigen. Durch Hadrian wurde in Rom auch ein eigenes Athenaeum, d. h. eine unter diesem griechischen Namen dem Schutze der Minerva empfohlene Bildungsanstalt in griechischer und lateinischer Rede und Poesie gestiftet.[318] Ja noch Gordian wurde der Stifter eines neuen Spieles der Minerva, indem er die von Nero den cyclischen Spielen der Griechen nachgebildeten Neronia, das erste Beispiel der Art in Rom, wiederherstellte und der Minerva weihte.[319]

Auch das Bild der römischen Minerva war ganz das griechische, ja es fand sich neben den kunstgerechten Bildern der Göttin auch hier ein sogenanntes Palladion, welches wie gewöhnlich für das troische galt und für eins der wirksamsten Unterpfänder des göttlichen Segens gehalten wurde. Die Familie der Nautii, angeblich trojanischen Ursprungs, machte auf die Ehre Anspruch, dieses Bild über Lavinium nach Rom gebracht zu haben. Ihr Stammvater Nautes, hieß es in der gewöhnlichen Überlieferung, habe es von Diomedes für den Aeneas in Empfang genommen, Diomedes aber sei von göttlichen Mahnungen getrieben worden, das heilige Bild den trojanischen Helden freiwillig auszuliefern.[320] Es wurde unter den heiligsten Heiligtümern im Tempel der Vesta bewahrt und gegen den Ausgang des ersten punischen Kriegs bei einer Feuerbrunst durch den Pontifex Maximus L. Metellus gerettet, worüber er seine Augen verlor, aber die bis dahin unerhörte Ehre gewann, in den Senat fahren zu dürfen.[321] Unter Commodus mußte das Bild nochmals bei einem Brande des Vestatempels gerettet werden, bei welcher Gelegenheit es von verschiedenen Personen, damals zuerst von profanen Augen gesehen wurde.[322]

5. *Apollo*

Der erste rein griechische Gottesdienst, welcher uns begegnet. Von seiner Verbreitung in Italien, seiner hohen Bedeutung für die römische Religionsgeschichte, seiner engen Verbindung mit den durch Tarquinius Superbus nach Rom verpflanzten sibyllinischen Sprüchen und den wichtigen Folgen des Gebrauchs dieser Sprüche bei so vielen Veranlassungen ist die Rede gewesen, so daß hier nur das Nötige zur Geschichte und Charakteristik des Apollodienstes in Rom und der mit ihm immer eng verbundenen sibyllinischen Spruchbücher hinzuzusetzen ist.

Die Sibyllen sind von Apollo begeisterte Prophetinnen, welche in sehr verschiedenen Gegenden genannt werden, am frühesten in den Umgebungen des troischen Ida, wo auch Kassandra zu ihnen gehört, dann in dem ionischen Erythrae, dessen Sibylle mit der Zeit vor allen übrigen berühmt wurde, ferner auf Samos, in Delphi und in dem italischen Cumae. Immer werden sie als Jungfrauen geschildert, die in einsamen Höhlen oder Schluchten wohnen, von dem Geiste Apollos ergriffen in wilder Entzückung wahrsagen und dabei im Volke das höchste Ansehen genossen; bald nennt die Sage sie Apollos Priesterinnen, bald seine Geliebten, Schwestern, Töchter oder Gattinnen. Da sie dem Geiste nach verwandt waren, lag es nahe genug, sie auch äußerlich mit einander in Verbindung zu setzen; so galt namentlich die Cumanische gewöhlich für identisch mit der Erythräischen, welche, so erzählt man, von Apollo so viele Lebenstage als der Sand am Strande ihrer Heimat Körner zählte erlangt habe, doch unter der Bedingung daß sie ihre Heimat verlassen solle und deren Erde nie wiedersehn dürfe. Also habe sie sich nach Cumae begeben und dort ein unendlich langes Leben gelebt, bis sie zuletzt aufs sehnlichste nach dem Tode verlangte und denselben endlich durch einen mit der Erde ihrer Heimat versiegelten Brief fand.[323] Oder sie soll zuletzt nur noch als Stimme gelebt haben, welche als flüsternder Laut durch die unterirdischen Räume und Gänge rauschte, die sich unter dem Apollotempel zu Cumae und in den Felsen, auf denen die Stadt lag, in vielen untereinander verzweigten Höhlen weit hinein ins Land, man sagt bis zum Avernersee erstreckten und die Sage von der Sibylle bis jetzt bewahrt haben. Auch bei Virgil sind diese Felsen und diese Höhlen der Schauplatz ihrer Weissagung. Dort sitzt sie und schreibt ihre Gesichte „in Zeichen und Namen" auf Palmblätter, welche sie dann zusammenlegt und in der Höhle verbirgt, bis der Wind sie verweht und unter die Menschen bringt. Oder er schildert sie, wie die Priesterin des Apollo und der unterirdischen Diana, deren Weissagung aus den Katakomben der Tiefe in den darüber liegenden Tempel Apollos hinausquillt und die denselben Aeneas später zu den Opfern am Avernus anleitet und seine Führerin in der Unterwelt ist.[324] Lange vor Virgil hatte Naevius in seinem Gedichte vom Punischen Kriege dieselbe Sibylle die kimmerische genannt[325], weil der Sage nach einst das mythische Volk der Kimmerier in denselben unterirdischen Gängen bei Cumae gehaust hatte. In Rom erscheint diese Sibylle, von deren Sprüchen sich in alter Zeit jedenfalls eine Sammlung zu Cumae befand, bekanntlich unter Tarquinius Superbus in der Gestalt einer Greisin, welche dem Könige zuerst 9, dann 6, endlich 3 Bände immer für denselben Preis anbietet.[326] Auch war es dieser König, welcher die Commission zur Aufbewahrung und Befragung dieser Sprüche begründet und eine hochverräterische Verletzung ihres Geheimnisses mit der Strafe der Vatermörder und Tempelschänder zuerst bestraft hatte. Nie durften diese Sprüche anders als auf Befehl des Senats befragt werden.

Von einer Verehrung des Apollo in Rom erfahren wir aus sicherer Nachricht erst zur Zeit der Decemvirn, doch darf man wegen des engen Zusammenhanges seines Dienstes mit der sibyllinischen Weissagung ein höheres Altertum ohne Bedenken annehmen. Und zwar ist es auch hier neben der Weissagung der andere Grundgedanke dieser Religion, die Heilung von leiblichen und geistlichen Schäden, mit denen uns Apollo zuerst entgegentritt, bis in späteren Zeiten auch die Apollonische Musik in Rom Eingang fand. Das Zutrauen zur Apollinischen Inspiration wurde auch durch die in Italien früh verbreitete Verehrung des Orakels zu Delphi[327] befördert, wohin bekanntlich auch Rom seine Sendungen schon zur Zeit der Vertreibung der Tyrannen, dann während der Belagerung von Veji gerichtet haben soll. Den sühnenden und heilenden Apollo aber verehrten die Römer so allgemein und vorzugsweise[328], daß auch die Vestalischen Jungfrauen beteten: Apollo Medice, Apollo Paean!, offenbar weil die sibyllinischen Sprüche und der Kultus der für sie bestimmten Decembirn den griechischen Gottesdienst am meisten von dieser Seite empfahlen. Auch der häufige Gebrauch des Apollinischen Lorbeers in Rom und andere Spuren deuten darauf, daß Apollo in Rom vorzüglich in dieser Eigenschaft des ἀλεξίκακος Eingang fand. Selbst die älteren Namen des römischen Apollo hängen mit dieser Auffassung und Herkunft seiner Religion zusammen. Die Etrusker nannten den griechischen Gott, den auch sie als Licht- und Heilgott allgemein verehrten, Aplu, eine Form des Namens welche sich in Griechenland bei den Thessalern im Gebrauch erhalten hatte. Die Römer aber gebrauchten die in älterer Zeit bei den Griechen des südlichen Italiens herkömmliche Form Apello, die sie im Sinne ihrer Sprache vom Abwenden der Krankheiten und anderer Übel verstanden.[329] Oder sie machten sich den fremden Namen dadurch verständlicher, daß sie ihn im Sinne des offenbarenden Orakelgottes umbildeten, so daß aus Apello Aperta wurde, wie aus Persephone Proserpina.[330] Von der später rezipierten Form Apollo bildete man zunächst den Genitiv Apollonis, bis später Apollenis und Apollinis das Gewöhnliche wurde.

Die erste Spur eines Apollinischen Heiligtum, etwa eines Lorbeerhains, findet sich wie gesagt in der Zeit der Decemvirn, und zwar in derselben Gegend, wo später der Flaminische Circus und das Theater des Marcellus erbaut wurden, eine Gegend die eigentlich Vorstadt war, aber sich außerordentlich schnell bevölkert.[331] Zwanzig Jahre später, in den Zeiten des Militärtribunats, wurde bei einer Pestilenz auf Geheiß der sibyllinischen Sprüche auf derselben Stelle der Tempel des Heilgottes Apollo gelobt und vier Jahre darauf (429 v. Chr.) eingeweiht[332]: ein geräumiger Tempel, welcher oft zu Senatssitzungen benutzt wurde und außer dem Bilde des Apollo gewiß auch die seiner Mutter und seiner Schwester enthielt, übrigens bis August der einzige dieses Gottesdienstes geblieben ist. Bald darauf, seit dem Jahre 399 v. Chr., beginnen die Lectisternien in Rom, auf deren oft wiederholte Feier der Apollinischen Kultus gleichfalls einen bestimmenden Einfluß ausübte; namentlich ist die allgemeine Heiterkeit, Versöhnlichkeit und Gastlichkeit, mit welcher diese Lectisternien in älterer Zeit von Haus zu Haus begangen wurden, ein Grundzug der Apollinischen Sommer- und Erntefeste.[333] Endlich, aber erst 200 Jahre später (212 v. Chr.) wurden auch Apollinische Spiele in Rom eingeführt, wie sie bei den Griechen als Pythien so weit verbreitet waren. Die Veranlassung gaben der schwere Krieg mit Hannibal und die Sprüche eines berühmten Sehers der italischen Vorzeit, des Marcius, welche kurz vorher sehr vernehmlich auf die Niederlage bei Cannä gedeutet hatten. Jetzt empfahlen sie Spiele des Apollo als ein sichres Heilmittel gegen den Feind, „dieses garstige Geschwür im Leibe Italiens", und zwar sollten diese Spiele in aller Lust und Heiterkeit (comiter) gefeiert und die Kosten durch eine Collecte von Haus zu Haus gedeckt werden, der städtische Prätor ihnen vorstehen, die sibyllinischen Decemvirn aber das Opfer nach griechischen Ritus verrichten.[334] Es war gerade die Zeit, wo Hannibal Tarent eroberte und wieder bis Campanien vorrückte, während Hasdrubal von Spanien her mit dem Einfall in das obere Italien drohte. Apollo, der Arzt, der Abwender, sollte auch in dieser Not helfen, und er half wirklich, nachdem man das Opfer in der vorgeschriebenen Weise dargebracht und die Spiele im Circus Maximus aufgeführt hatte, wobei das Volk mit Lorbeer bekränzt zuschaute und die Matronen für alle beteten: wieder ein sehr festlicher und heiterer Tag, der wie jene Lectisternien mit Familienschmäusen und offenen Türen durch die ganze Stadt gefeiert wurde. In den folgenden Jahren wurden dieselben Spiele von dem Prätor von neuem gelobt und gehalten, bis sie endlich im J. 208 v. Chr. auf Veranlassung einer Pest ein für allemal gelobt und auf den festen Tag des 13. Juli verlegt wurden, immer unter der Oberaufsicht des städtischen Prätors. Man stritt sich später, ob diese Spiele das erstemal des Sieges oder des Wohlseins wegen (voctoriae an valetudinis ergo) gelobt worden waren, da eigentlich beide Meinungen recht hatten, denn Apollo der Gott des Heils ist als solcher auch der Gott des Siegs, wie dieses ja auch in jenem Spruch des Marcius sehr bestimmt angedeutet wurde.[335] Doch ist es interessant bei dieser Gelegenheit eines Legende kennenzulernen, welche den Glauben an die schnelle Hilfe des Heilgottes und Schützen Apollo, den die Jonier deshalb als βοηδρόμιος verehrten, gleichfalls gut ausgedrückt. Das Volk habe eben bei diesen Spielen gesessen und dem gestikulierenden Gesange eines alten Mimen zugehört, als es plötzlich durch alle Reihen hieß: der Feind ist vor der Stadt. Alles eilt nun schnell hinaus und dem Feinde entgegen, siehe! da stürzt eine ganze Wolke von Pfeilen herab auf die Feinde, so daß diese eilig umkehren und die Römer ebenso eilig zu den Spielen des Helfers in der Not (dei sospitalis) zurückkehren konnten.[336] Ja jener alte Mime hatte die ganze Zeit über unverdrossen fortgetanzt und fortgesungen, so daß die Spiele nicht einmal instauriert zu werden brauchten. Eine Erzählung die auch insofern zu beachten ist, als daraus erhellt, daß diese Apollinarischen Spiele gleich von Anfang an sowohl szenische als zirzensische waren. Auch sind sie jedenfalls bald nach den Römischen Spielen und den Megalesien mit dramatischen Aufführungen verbunden worden, da schon im J. 179 v. Chr. von der Erbauung eines Theaters und eines Prosceniums beim Tempel des Apollo die Rede ist und zehn Jahre später, kurz vor dem Tode des Ennius, dessen Thyest bei den Spielen des Apollo zur Aufführung kam.[337] Der gewöhnliche Schauplatz der zirzensischen Spiele des Apollo war nachmals der Circus Flaminius, welchen C. Flaminius zwei Jahre vor der Schlacht am Trasimenischen See angelegt hatte. Wie alle Spiele in Rom, so haben auch diese sich mit der Zeit immer weiter ausgedehnt, bis sie nach den vorhandenen Kalendern vom 6. Juli bis zum 13. gefeiert wurden, nur dieser letzte Tag im Circus.

Also wurde Apollo seit dem zweiten Punischen Kriege in dem ganzen Umfange seines Wesens zu Rom verehrt, als Sühn- und Heilgott, in welcher Hinsicht der einheimische Veiovis je länger desto mehr hinter dem gleichartigen griechischen Gottesdienste zurücktrat, als Orakelgott und als festlicher Gott der Musik und der heiteren Lebensfreude, obgleich auch der römische Apollo, wenn er gereizt wurde, ein strenger und eifriger Gott sein konnte.[338] Manche Neuerungen brachte die Zeit des Sulla, unter dessen Vorfahren der erste welcher den Namen Sulla führte als einer der Sibyllinischen Decemvirn die Stiftung der Apollinarischen Spiele vorzüglich betrieben und darüber eben jenen Namen bekommen hatte.[339] So war auch der Dictator Sulla ein abergläubischer Verehrer des Apollo ἀλεξίκακος, von dem er ein kleines goldnes Bild, welches aus Delphi stammte, in den Stunden der Schlacht bei sich zu tragen pflegte: was ihn übrigens nicht abhielt das Orakel zu Delphi, dessen Ansehen freilich damals sehr gesunken war, schonungslos zu plündern.[340] Eine sehr verhängnisvolle Katastrophe war dann auch für die sibyllinischen Sprüche und den Apollodienst jene Feuersbrunst, welche im J. 83 v. Chr. den Capitolinischen Tempel und mit ihm die ältere Sammlung der Sprüche verzehrte. Alsbald wurden Boten in alle Welt ausgesendet, um in Italien, Sizilien, Afrika, Samos, Ilium, vorzüglich aber in Erythrae alles was von sibyllinischen Sprüchen in Apollinischen Tempeln oder bei Privaten aufzutreiben war zu sammeln und zu sichten, woraus eine neue Sammlung sehr gemischten Inhalts in mehreren Büchern entstand[341], unter welchen nur die Sprüche der erythräischen Sibylle bestimmter nachweisbar waren, da dieselbe sich in dem Vorworte ihrer Weissagungen ausdrücklich nannte und sich dabei zugleich ihrer Abkunft aus Babylon rühmte. Schon dieses weist nach dem Orient; auch ist nicht zu verkennen, daß mit dieser neuen Sammlung auch sonst manche Elemente orientalischer Weissagung und Anschauung nach Rom kamen, selbst monotheistische Überzeugungen und messianische Hoffnungen, welche bald deutlich verlauteten. So war nun auch von Apollo in einem ganz anderen Sinne die Rede; er wurde mit dem orientalischen Sonnengotte identifiziert und in dem bevorstehenden zehnten und letzten Weltalter eine Herrschaft des Apollo in diesem Sinne geweissagt, welche später Augustus gerne auf sich anwenden hörte.[342] Auch die Vermehrung des Collegiums der sibyllinischen Zehnmänner um fünf Stellen scheint aus dieser Zeit zu stammen, desgleichen die völlige Verschmelzung dieses Priestertums mit dem Apollinischen Gottesdienste, daher sie von diesem nun auch die Insignien des Lorbeers, des Dreifußes, des Delphins und des Raben annahmen.[343]

Einen neuen Aufschwung nahm der Dienst des Apollo in Rom unter August. Dieser Fürst verband mit einer griechischen Bildung eine persönliche Vorliebe für diesen Gottesdienst, welche zum Teil auf älteren Traditionen seiner Familie beruhen mochte[344], bei ihm und seinen Verehrern aber um so mehr Anklang fand, als die Erfahrungen seines Lebens und seine persönliche Erscheinung in mancher Hinsicht einen besonderen Schutz des lichten Gottes zu bestätigen schienen. Schön und jung trat er in das durch Cäsars Ermordung von neuem aufgeregte Römerreich als Ordner und Friedensstifter, und als nun vollends der unter den Augen des Aktischen Apollo gewonnene Seesieg über Antonius und Kleopatra seine Alleinherrschaft entschieden hatte[345], nahmen sowohl die mythologischen Huldigungen der Dichter als Augusts wohlberechnete Stiftungen zu Ehren seines Schutzgottes einen immer kühneren Anlauf. Die Dichter kombinierten die alte Weissagung von der Herrschaft der Aeneaden mit dem Bilde des troischen Apollo, wie ihn die Ilias und die troische Sage schilderte, als den mächtigen Schutzgott des alten Troja, der Aeneas gerettet, Achill getötet und seinen Schutz nun auf Rom, das neu erstandene Troja, und auf seinen Liebling Augustus übertragen habe.[346] Die Schmeichler gingen einen Schritt weiter und behaupteten geradezu, daß Apollo der wahre Vater des August sei, welcher seinerseits gerne auf solchen Fiktionen einging, indem er sich bald in Apollinischer Haltung und mit Apollinischen Attributen darstellen ließ, bald wohl gar selbst als Apollo auftrat.[347] Dazu kam die Verherrlichung des Apoll durch die Stiftung neuer Tempel, Tempelbilder und Spiele, sowohl zu Ehren des Aktischen Apollo, welchem gleich nach jenem am 2. Septbr. des J. 31 v. Chr. gewonnenen Siege die Aktien, ein nach griechischer Weise mit musischen und gymnischen Spielen und mit Wettrennen alle vier Jahe zu begehendes Kampfspiel gestiftet und der Tempel erweitert und mit den Spolien der Schlacht umgeben wurde, als zu Ehren seines speziellen Schutzgottes, d. h. des *Palatinischen Apollo*, welcher seit August zu den angesehensten Göttern in Rom gehörte. Schon vor der Schlacht bei Actium hatte August, als er sich auf dem Palatium ein Haus baute und der Blitz in dasselbe einschlug, den Platz zu einem Tempel des Apollo bestimmt, welcher nun vollends nach dieser Schlacht, unter dem Eindrucke so außerordentlicher Ereignisse mit der größten Pracht und allen Hilfsmitteln der damaligen Kunst ausgeführt wurde.[348] In den Umgebungen des Tempels sah man die Bilder der Danaiden und der Aegyptiaden, welchen vermutlich gleichfalls an die Niederlage zwischen Latona und Diana, welche letztere den Namen Victrix führte, da Augustus ihr einen ähnlichen Anteil an dem Siege über S. Pompejus zuschrieb[349] wie dem Apoll an dem über Antonius und Kleopatra: lauter Werke berühmter griechischer Meister, denen sich ähnliche Kunstschätze in der benachbarten Bibliothek anschlossen. Ferner wurden seit dem J. 12 v. Chr., nachdem auch das Pontificat an Augustus übergegangen war, die sibyllinischen Sprüche nicht mehr auf dem Capitol, sondern in diesem Tempel des Palatinischen Apollo aufbewahrt, nachdem August nochmals eine strenge Sichtung derselben vorgenommen und eine große Menge verdächtiger Sprüche, die sich immer von neuem einschlichen, hatte verbrennen lassen.[350] Die natürliche Folge dieser Einrichtung war, daß auch die Quindecimvirn von nun an speziell die Diener des Palatinischen Apollo wurden, wie dieses besonders in einem Gedichte des Tibull (II, 5) ausgesprochen ist, mit welchem er den ältesten Sohn seines Gönners Messala bei seiner Aufnahme in das Collegium der Quindecimvirn begrüßte. Mithin war dieser Apollo zugleich der Gott des Heiles und des Sieges, wie der alte römische und der Aktische Apollo, und der der Weissagung und der musischen Künste, in welchem Sinne der Tempel und die Tempelstatue ausgestattet waren; vorzugsweise aber doch auch er wieder der alte Heilsgott, worin zugleich der wahre Grund des hervorragenden Anteils zu suchen ist, den Augustus dem Palatinischen Apollo an den von ihm im J. 17 v. Chr. neu eingerichteten Secularspielen einräumte. Hatten diese Spiele nämlich früher nur den Göttern der Unterwelt gegolten, so verschmolz zuerst Augustus mit diesem Kulte den der himmlischen Götter unter den himmlischen die vornehmsten Heilsgötter waren und die Ideen jenes Festes damals und früher vornehmlich die der Heilung und Sühnung aller alter Schäden gegenüber einer neuen Zukunft waren. Auch werden solche Vorstellungen deutlich in dem bekannten Secular-Gedichte des Horaz ausgesprochen, welches durch dieselben Secularspiele des August veranlaßt und zum Vortrage im Tempel des Palatinischen Apollo am dritten Tage des ganzen Festes bestimmt war.[351]

Neben dieser neuen Stiftung blieb aber auch jener alte Dienst des Apollo vor der porta Carmentalis immer sehr angesehen; ja es scheint daß dieser alte Tempel zur Zeit des August von C. Sosius, welcher unter Antonius Befehlshaber in Syrien und Cilicien war, kunstvoller ausgebaut und bei der Gelegenheit mit einem neuen, von Seleucia nach Rom geführten Bilde des Apoll von Zedernholz und jener berühmten Gruppe der Niobiden ausgestattet wurde, um derentwillen Sosius und sein Tempel seitdem so oft genannt ist.[352] Auch die Apollinarischen Spiele wurden fortgesetzt gefeiert, sowohl die zirzensischen als die szenischen.[353] Daneben beweisen manche hin und wieder erwähnte Bilder und Heiligtümer des Apoll[354], daß dieser Gott vollends seit August zu den beliebtesten in Rom gehörte und sowohl den Sinn für Kunst und Bildung vielfach anregte als in schlimmen Zeiten die beängstigen Gewissen zu trösten wußte. Erst das zunehmende Gewicht des orientalischen Sonnendienstes und die mit der Zeit immer rücksichtsloser durchgeführte Tendenz, die individuellen Bilder und Gestalten der Götter in die Abstraktion allgemeiner Weltmächte aufzulösen, scheint den griechischen Apollo allmählich in den Hintergrund gedrängt zu haben. Am längsten dauerte das Ansehn des Palatinischen Apoll und der sibyllinischen Sprüche, welche noch zur Zeit des Aurelian mit eifrigem Glauben befragt und unter Julian bei einem Brande des Tempels mit großer Mühe gerettet wurden, bis sie endlich in der Zeit, da Rom von den Gothen und anderen Barbaren bedrängt war, in solchem Grade eine Quelle des Aberglaubens und schädlicher Aufregung wurden, daß Stilicho sie verbrennen ließ.[355] Noch ist zu bemerken daß in den sinkenden Zeiten manche Götter der nördlichen Völker, vorzüglich der Celten, mit dem Namen Apollo genannt werden, welche auf eine weite Ausbreitung des Sonnendienstes auch in diesen Gegenden schließen lassen, namentlich Apollo Grannus und Belenus.[356]

6. *Diana*

Diana, später gewöhnlich nach Art der griechischen Artemis an der Seite Apollos verehrt, ist in Italien ursprünglich eine von diesem unabhängige, alteinheimische Göttin, wie darauf schon der Name deutet, welche in der weiblichen Form dem männlichen Ianus entspricht. Mithin ist sie eigentlich eine himmlische Macht und Mondgöttin, obwohl diese erste Naturbedeutung in den uns bekannten Gottesdiensten zurücktritt. Wohl aber bestätigt sich der allgemeine Charakter der Mondgöttinnen auch bei ihr in der Übertragung auf das Naturleben in Feld und Busch und im feuchten Grunde, ferner auf die durch den Mond bestimmten Wandlungen des menschlichen Gemüts und des weiblichen Geschlechtslebens, endlich auf Jagd und Krieg und körperliche Rüstigkeit des Mannes. Daß Diana so gut wie Janus bei den Sabinern verehrt wurde, lernt man aus Varro l. l. V, 74. Genauer ist die Diana der Aequer, Herniker und Latiner bekannt, von denen jene diese Göttin seit alter Zeit auf dem rauhen, stark mit Eichen bewaldeten Gebirge von Algidum hinter Tusculum verehrten, welches sehr oft in den Kämpfen der Aequer und Römer genannt wird und ehemals ein Mittelpunkt der Zusammenkünfte jener Nation, später durch seine den römischen Pontifices gehörigen Viehweiden bekannt war.[357] Ferner gab es einen berühmten Hain der Diana in der Nähe von Anagnia, der Hauptstadt der Herniker (Liv. XXVII, 4) und einen ander, dem ganzen Latium seit alter Zeit heiligen und wegen seiner schönen Buchen berühmten, welcher Corne hieß, in der Nähe von Tusculum. Vor allen übrigen aber war in der ganzen Nachbarschaft berühmt und gefeiert der Hain und das Heiligtum der *Diana von Aricia* am See von Nemi, welcher eben von diesem Haine (nemus) seinen Namen bekommen hat, nach welchem auch Diana gewöhnlich schlechthin Nemorensis genannt wurde. Er lag an derselben Stelle, wo jetzt das Städtchen Nemi liegt und wo schon im Altertume neben den vielbesuchten Heiligtümern ein Ort entstanden war, in einer quellenreichen und einsam ländlichen Gegend, welche mit der Aussicht auf den schönen und heimlichen See, den man den Spiegel der Diana nannte (Serv. V. A. VII, 515), und seine wohlbestellten Rebengehänge eine der lieblichsten des Albaner Gebirges ist. Neben der Diana wurde in diesem Haine ein männlicher Daemon *Virbius* verehrt, dessen Name wahrscheinlich mit dem der Viren, d. h. der Wald- und Baumnymphen zusammenhängt.[358] Man verglich ihn mit dem griechischen Hippolytus, den Aesculap, nachdem er durch die wilden Rosse des Poseidon den Tod gefunden, wieder erweckt und Diana in diesen entlegenen Hain entrückt habe, der deshalb von Pferden nicht betreten werden durfte.[359] Seine Gestalt entsprach einem in der Nähe von Aricia aufgefundenen Bilde nach zu urteilen ganz der der jagenden Waldgöttin Diana[360], so daß er also ein dieser Göttin gleichartiger Genius oder Indiges des Waldes und der Jagd gewesen sein muß, der zugleich für den ältesten König und Priester der Diana galt, den ersten Rex Nemorensis, der als solcher den seltsamen Brauch gestiftet haben soll, welcher sich auch später erhalten hatte. Das Priestertum dieses sogenannten Rex Nemorensis, d. h. des Oberpriesters und Oberaufsehers bei diesem Dienste war nämlich nur durch blutigen Kampf zu erlangen, indem es demjenigen als Preis zufiel, welcher, nachdem er von einem bestimmten Baume im Haine der Diana einen Zweig abgebrochen hatte, den derzeitigen Inhaber der Stelle im Zweikampfe erschlug: eine Aufgabe welche später flüchtigen Sklaven überlassen blieb.[361] Dieser blutige Gebrauch vermochte die Griechen, die Diana von Nemi mit ihrer scythischen Tauropolos zu vergleichen, daher mit der Zeit sogar behauptet wurde, daß Orestes das Bild dieser Göttin über Rhegium nach Aricia und in dieses Heiligtum gebracht habe. Doch möchten sonst wenig Berührungspunkte dagewesen sein, da die lateinische

Diana im übrigen ganz die gute und gnädige Göttin der Natur und des weiblichen Geschlechts, namentlich der Entbindung war; daher auch die Nymphe Egeria in ihrer Umgebung verehrt wurde, angeblich dieselbe welche Rom als die beseelende Göttin und Gattin des Numa unter den Camenen verehrte, eine Quellen-, Geburts- und Heilgöttin, welche in diesem Haine der Diana für die Pflegerin des Virbius galt.[362] Für den ersten Begründer des Kultus galt nach Aricinischer Überlieferung Manius Egerius, der Ahnherr eines berühmten Geschlechts[363], dessen Name sich deutlich auf den frühen Morgen und auf leichte Geburt bezieht. Nach der Zerstörung von Alba Longa war der Hain eine Zeitlang das gemeinschaftliche Heiligtum von Tusculum, Aricia, Lanuvium, den Laurentern, Cora, Tibur und den Rutulern von Ardea gewesen, und der Tusculaner Egerius Laebius hatte den Hain der Diana gelegentlich im Namen dieser Gemeinden als latinischer Dictator eingeweiht.[364] Später kam die Oberaufsicht an Rom, welches die Reliquien des Orest bei einer uns nicht bekannten Veranlassung auf sein Forum und zwar in die Nähe des Saturnustempels versetzte. Sonst blieb der alte Kultus in seinem vollen Ansehen und Reichtum, so daß noch Octavian hier und bei der Fortuna von Antium, der Juno von Lanuvium, dem Hercules von Tibur ein Anlehen erheben konnte.[365] Das jährliche Fest fiel in die heißeste Jahreszeit und auf einen Tag des Idus, also des Vollmonds, vermutlich in die Iden des August, welches auch der Festtag der Diana auf dem Aventin in Rom war. Es ist dabei von einem nächtlichen Fackelzuge die Rede[366], wie diese Diana auch selbst mit der Fackel in der Hand abgebildet, also als die Göttin des nächtlichen Lichts gedacht wurde. Übrigens war sie vorzugsweise eine Göttin der Frauen, die dort um glückliche Geburt und für ihr eheliches Leben zu beten und Gelübde zu tun pflegten und zum Dank für Gewährung heilige Binden und Votivtafeln an den Wänden des Tempels aufhingen und brennende Fackeln oder Lichter als fromme Gabe darbrachten.[367] Auch haben frühere Ausgrabungen in der Gegend von Nemi verschiedene Votivgeschenke von Frauen zu Tage gefördert, namentlich bekränzte Frauenköpfe und ein Relief, welches eine Entbindung darstellt. Doch war die Diana von Aricia auch Sospita im weiteren Sinne, da auch von Männern zu ihr um Familienglück gebetet wurde, desgleichen Jagd- und Waldgöttin, als welche sie sowohl in diesem Haine als sont in Latium gewöhlich dargestellt wurde.[368]

Außerdem war durch ganz Italien berühmt der Hain und Tempel der Diana Tifatina am Abhange des Berges Tifata[369], etwa zwei Millien vom alten Capua, wo jetzt die Kirche S. Angelo in Formis mit einem kleinen Benedictinerkloster aus einen Trümmern erbaut ist. Auch sie scheint zugleich Wald- und Jagdgöttin und eine Göttin der weiblichen Natur und des ehelichen Glücks gewesen zu sein.[370] Seit alter Zeit angesehen, kam sie zu besonderem Ruhm durch Sulla, welcher in dieser Gegend nach einem Glück verheißenden Gesicht ein günstiges Treffen geliefert hatte und darum nicht allein das Gebiet des Tempels sehr erweiterte, sondern auch benachbarte Heilbäder zu diesem Gebiete schlug[371], in welchem Besitze das Heiligtum der Diana noch durch Vespasian geschützt wurde. Neben den Heiligtümern war auch hier mit der Zeit ein bewohnter Ort entstanden.

In Rom gab es sporadisch auf und zwischen den Hügeln viele alte Heiligtümer und Haine der Diana, z. B. im Vicus Patricius zwischen dem Viminal und Esquilin, wo keinem Manne Eintritt vergönnt wurde (Plut. Qu. Ro. 3), ohne Zweifel weil die Göttin auch hier als Lucina, also nur von Frauen verehrt wurde. Ein anderes lag auf der Höhe des Vicus Cyprius, wo Servius Tulius seinen Tod gefunden hatte (Liv. 1, 48), ein drittes auf der Coeliolus genannten Anhöhe, welche an den Caelius stieß (Cic. Harusp. resp. 15); ja man rühmte sich in Rom auch eines Aktäon, in einer jener wunderlichen Stadtmärchen, die an die mittelalterlichen Mirabilia erinnern und wie diese meist aus mißverstandenen Bildern der Vorzeit entstanden waren. Eins der später veralteten Tore der Befestigungen des Servius war mit Erz beschlagen und hieß deshalb p. Raudusculana. Auf dem Torflügel sah man den gehörnten Kopf eines Mannes, den man Genucius Cipus nannte und mit dem griechischen Aktäon verglich, nur daß er nicht wie dieser ein Jäger war und von der Diana bestraft wurde, sondern da er als Prätor eben an der Spitze des Heeres zu diesem Tore hinauszog, wuchsen ihm plötzlich Hörner aus dem Kopfe hervor: ein Prodigium, welches nach dem Ausspruche der Seher für ihn die königliche Wüde, also für die Stadt den Umsturz der Republik bedeutete, daher Cipus als guter Patriot in seine Vaterstadt nimmer zurückgekehrt sei.[372] Berühmter und wichter als alle übrigen Dianentempel aber war der auf dem *Aventin*, eine Stiftung des Servius Tullius, welche für die ältere Geschichte Roms und Latiums von großem Interesse ist. Es war nämlich kein Heiligtum der Stadt Rom insbesondere, sondern ein Bundesheiligtum der Latiner insgemein, in welchem Umstande vermutlich der Grund zu suchen ist, daß der Aventin lange nicht zum römischen Stadtgebiete gerechnet wurde und gelegentlich sogar das Ziel einer Auswanderung der Plebs war. Auch muß der bei der Gründung Roms verschmähte Hügel in der Zeit der Gründung dieses Bundesheiligtums noch ein ganz ländliches Ansehen gehabt haben, reich an Quellen und an schattigen Baumpflanzungen, wie er es auch später noch war, so daß die städtische Sage die Höhle des Cacus dahin verlegen und Picus und Faunus an seinen Abhängen ihr Wesen treiben lassen mochte: bis er später nach Aufhebung der alten lateinischen Bundesverhältnisse zuerst als ager publicus zum römischen Gebiete geschlagen, dann vermöge einer lex Icilia parzeliert und unter die Plebejer verteilt wurde. Der alte Hain und Tempel der Diana muß gleich beim Aufgange des Clivus Publicus gelegen haben, da Fulvius Flaccus bei dem durch C. Gracchus erregten Aufstande sich in dem Tempel wie in einer Burg festsetzte und längere Zeit gegen die auf jenem Clivus andringenden Feinde verteidigte.[373] Noch Dionysius von Halikarnass sah in dem Tempel die alte Bundesurkunde der Dedikation, nach welcher derselbe von den Latinern und Römern auf gemeinschaftliche Kosten und mit einem Asyl gestiftet worden war und jährlich einmal bei allgemeiner Festversammlung der in dem Bunde vereinigten Stadtgemeinden gemeinschaftliche und eigene Opfer dargebracht werden sollten; auch sollten, wenn Streitigkeiten zwischen einzelnen Bundesgliedern ausgebrochen wären, dieselben bei diesem Gottesdienste durch ein aus den übrigen Gemeinden gebildetes Schiedsgericht ausgetragen werden.[374] Das angeblich von Servius Tullius in diesem Tempel dedizierte Bild der Diana folgte dem Typus der ephisischen Diana, woraus mit der Zeit die verkehrte Meinung entstand daß Servius die ganze Idee eines Bundesheiligtums der Diana von den Griechen entlehnt habe. In der Vorhalle des Tempels sah man viele Generationen hindurch ein Paar mächtige Hörner angenagelt. Einst hatte sie, so erzählten die Priester der Diana, eine Kuh getragen, welche auf dem Hofe eines begüterten Sabiners das Licht der Welt erblickte, ein Tier von so wunderbarer Größe und Schönheit, daß die Seher dem Staate das Reich versprachen, dessen Bürger diese Kuh der Diana opfern würden. Also geht der Sabiner mit seinem Wundertier nach Rom und auf den Aventin, wo der römische Priester, nachdem er den Spruch der Seher erfahren, ihn an den Fuß schickt, damit er sich vor dem Opfer wasche, in seiner Abwesenheit aber schnell das Tier opfert.[375] Als Dedikationstag des Tempels wurden die Iden des August gefeiert, vorzüglich von den Sklaven und Sklavinnen, welche in dem Könige Servius eine Art von Schutzpatron verehrten, daher der Tag auch schlechtweg Servorum Dies genannt wurde.[376] Überhaupt scheinen die flüchtigen Sklaven durch ganz Italien eine besondere Beziehung zur Diana gehabt zu haben, da sie Hirsche genannt wurden, vielleicht weil sie als Flüchtlinge wie diese im

Walde hausten, und somit auch der Waldgöttin wie jener rex Nemorensis der Diana von Nemi am besten empfohlen waren. Doch hatten sich auch Spuren einer allgemeinen Bedeutung des Festes darin erhalten, daß die Frauen an demselben Tage den Kopf zu waschen und das Haar zu säubern pflegten (Plut. Qu. Ro. 100), was an jener in dem Haine von Aricia gefundenen Weihgeschenke bekränzter Frauenköpfe erinnert.

Mit diesen Elementen des älteren italischen Dienstes der Diana verband sich also der griechische der Artemis und zwar ziemlich früh, da Artemis überall die treue Gefährtin ihres Bruders ist. Bei dem Lectisternium vom J. 399 v. Chr. wird sie ausdrücklich erwähnt und in dem Tempel des Apollo vor der p. Carmentalis sowie bei den Apollinarischen Spielen ist sie gleichfalls vorauszusetzen. Eben deshalb ist zu vermuten daß der im J. 187 v. Chr. vom Consul M. Aemilius in einer Schlacht mit den Ligurern gelobte und im J. 179 beim Circus Flaminius geweihte T. der Diana gleichfalls der griechischen galt.[377] Dazu kam die Stiftung des Palatinischen Apollodienstes, wo Diana als Victrix an der Seite ihres Bruders verehrt wurde, daher auch ihre Beteiligung an den Secularspielen, zu welchen auch die Diana in Aventino herbeigezogen wurde. Wie Apollo bei diesem Feste vorzugsweise als Sonnen- und als sühnender Lichtgott angerufen wurde, so sie als Mond- und Geburtsgöttin, als Lucina, welche dadurch daß sie die Geburten fördert auch ihrerseits zur Erneuerung und Erhaltung des menschlichen Geschlechts beiträgt.[378] Catull in einem schönen Gedichte auf Diana und Horaz feiern sie auch in der allgemeineren Bedeutung der mächtigen Naturgöttin in Bergen und Wäldern, wo sie das Wild behütet, als Göttin der Ströme, der Seen, des Meeres, in denen sie badet und über deren Fluten sie gebietet, endlich als die große Königin der Nacht und aller nächtlichen Erscheinungen der Geisterwelt, als welche sie mit der Hekate identifiziert wurde, und als die reifende Jahresgöttin der Monde und Monate, welche die Scheuern des Landmanns mit den Früchten des Feldes fülle; wobei sie nach griechischer Weise immer als blühende Jungfrau und Lieblingskind des Jupiter gedacht wird, welche sich aller blühenden Jugend der Mädchen und Knaben erfreut und darum ganz vorzugsweise von diesen verehrt werden müsse. Natürlich werden nun auch ihre Lieblingssitze in Griechenland und Kleinasien, jene berühmten Stätten in Arkadien, im Tale Tempe, auf Euböa, auf Delos, in Ephesus, in Lycien nicht minder eifrig gefeiert als die alten italischen.

7. Mater Matuta

Das Wort Matuta hängt zusammen mit mane, manus und matutinus und bedeutet eine Göttin des Frühlichts, der Morgenröte, welche Mater Matuta in demselben Sinne genannt wird wie Ianus als Pater Matutinus angerufen wurde.[379] Es war eine gute und segensreiche Göttin, welche, wie sie das Licht aus der Finsternis an den Tag führte, also auch eine Göttin der Geburt war und darum vorzüglich von den Frauen angerufen wurde, daher ihr Fest schlechthin Matralia hieß, d. h. das Fest der Mütter, welches zu Rom am 11. Juni begangen wurde, s. Ovid F. VI, 469, die Kalender und Paul. p. 125. Außerdem wurde sie aber auch als See- und Hafengöttin verehrt, wie die griechische Leukothea, mit welcher sie später gewöhnlich identifiziert wurde, wie der an ihrer Seite verehrte Hafengott Portunus mit Palämon oder Melikertes, dem Sohne der Leukothea. Der Kultus der Mater Matuta scheint bei der alten Bevölkerung Italiens sehr verbreitet gewesen zu sein. Sehr berühmt war ihr Tempel zu Satricum im Lande der Volsker, welchen ein dämonischer Ruf mit furchtbaren Drohungen im J. 377 vor der Zerstörung durch die Latiner bewahrte und auch die Römer später verschonten, s. Liv. VI, 33, VII, 27, XXVIII, 11. Auch wurde sie in derselben Gegend zu Cora verehrt, Or. n. 1501, wie in Campanien zu Cales, Mommsen I. N. n. 3952. 3953, ferner zu Pisaurum in Umbrien, Or. 1500, welche Inschriften meist auf den Kult der Matronen deuten. Aber auch die Göttin von Pyrgi, der Hafenstadt von Caere, mit dem reichen, von Dionysius, dem bekannten Tyrannen von Sizilien geplünderten Tempelschatze, welche Göttin die Griechen bald in ihre Eileithyia bald in die Leukothea übersetzten, ist wahrscheinlich die italische Mater Matuta.[380] In Rom wurde ihr zuerst von dem Könige Servius Tullius ein Tempel gestiftet, den Camill um die Zeit der Eroberung von Veji wiederherstellte. Er lag an dem Forum Boarium.[381] Eigentümliche Gebräuche und Vorschriften dieses Kultus waren, daß alle Sklavinnen ausgeschlossen blieben bis auf eine, welche mit einem Backenstreiche aus dem Tempel wieder hinausgetrieben wurde, und daß nur eine in erster Ehe lebende Frau das Bild der Göttin bekränzen durfte, ferner daß die Frauen zuerst für das Wohl ihrer Geschwisterkinder, erst dann für das ihrer eigenen Kinder beteten, endlich daß die Opferkuchen nach altertümlicher Weise gekocht, nicht gebacken wurden[382]: lauter Bestimmungen, welche später so gut es ging durch die Geschichte der Leukothea motiviert wurden. Da auch diese Göttin zugleich eine Göttin des Frühlichts, der beruhigten See und Amme des Dionysoskindes war und an allen Küsten des Mittelmeers, namentlich auch in Elea und Massilia verehrt wurde, so war ihre Verschmelzung mit der Mater Matuta natürlich. Desto weniger paßte Portunus, wahrscheinlich eine Nebenform des Janus zum Melikertes, indessen wurden auch sie gleichgesetzt und der alte italische Hafengott Pater Portunus (Virg. Aen. V. 241) dadurch zu einem Kinde. So entstand die Geschichte daß die thebanische Prinzessin, die Tochter des Kadmus, nach ihrem Sprunge ins Meer von den Nereiden an die Mündung des Tiber geführt worden sei, wo sie ihre Schwester Semele wiedergefunden habe; diese wurde nämlich seit der Verbreitung des Bacchanalien in Ostia unter dem Namen Stimula verehrt. Die von der Juno gehetzten Mänaden wollen ihr das Kind rauben; da flüchtet sie nach Rom, wo Hercules ihr beisteht und Carmentis (die Heiligtümer von beiden lagen nicht weit von dem der M. Matuta) sie gastlich bei sich aufnimmt. Carmentis rät ihr auch in Rom zu bleiben und sich und ihr Kind mit einheimischen Namen zu benennen.

8. *Sol*

Sicheren Spuren einer alten und weit verbreiteten Verehrung des Sonnengottes sind wir schon im Kulte des Janus, auch in dem des Vejovis, des Jupiter Anxur und des Apollo Soranus begegnet, und zwar scheinen namentlich die Sabiner dieser Religion des Lichtes vor Alters zugetan gewesen zu sein. So war ihnen auch der Name Sol für die Sonne eigen, den Varro l. l. V, 68 sogar aus ihrer Sprache abzuleiten geneigt ist, wie Sol denn auch unter den Göttern des T. Tatius genannt wird, ib. V, 74, Dionys H, II, 50. Auch das zweite Wort, welches in Italien die Sonne und ihren leuchtenden Glanz bezeichnete, war bei den Sabinern einheimisch. Es ist dieses ein auf die Wurzel aus, sanskr. ush, lat. uro, welche zugleich brennen und leuchten bedeutet, zurückweisendes Wort, das bei den Sabinern ausel lautete, daher der Geschlechtsname der Auseli, d. h. Aurelii[383], bei den Etruskern der Lichtgott Usil, und in den alten Saliarischen Liedern zu Rom die Anrufung Ozeul adosiose d. i. Sol venerande.[384] Auch das lateinische wort Aurora stammt von derselben Wurzel, so wie das griechische ἀφώς d. i. ἠώς und ἀφέλιος d. i. ἠέλιος. Die alte sabinische Kultusstätte des Sol in Rom befand sich dicht bei dem Tempel des Quirinus[385], vor welchem wohl eben deshalb im J. 293 v. Chr. durch L. Papirius Cursor die erste

Sonnenuhr aufgestellt wurde. Nach den Kalendern des Augusteischen Zeitalters feierte man diesen Sol am 9. August, dem Tage der Schlacht bei Pharsalus, und zwar mit dem Beinamen Indiges, der schwerlich so alt ist, wie man gewöhnlich annimmt. Höchst wahrscheinlich bedeutet er in dieser Anwendung dasselbe wie Index, denn man glaubte in Rom wie in Griechenland, daß der Sonnengott alles Verborgene wisse, also auch verborgene List und Verräterei anzuzeigen vermöge. So habe er auch um die Verschwörung gegen Cäsar gewußt und deshalb an dem Tage vor seiner Ermordung von der sechsten Stunde bis zur Nacht sein Haupt verborgen[386]; daher zu vermuten ist, daß er erst seit dieser Zeit als Indiges verehrt wurde. Auch die Bilder des Sonnengottes in der Gestalt eines umstrahlten Hauptes und seines Tempels auf den Münzen des Antonius und des Octavian wird man am besten durch diesen Glauben erklären. Außerdem wurde Sol im Circus verehrt, wo sein Tempel in der Mitte der Rennbahn stand[387] und sein Bild auf dem Giebel des Tempels; ja er war als der göttliche und unermüdliche Wagenlenker am himmlischen Plane der vornehmste Schutzgott dieses alten für die Circensischen Spiele und die Kunst der Wagenlenkung bestimmten Raumes. Auch der Obelisk im Circus war ihm heilig, wie die ägyptische Theologie es verlangte, und häufig erscheint sein Bild auf den Familienmünzen als Wagenlenker, immer jugendlich und mit der Strahlenkrone. Sonst galt auch hier der Glaube an seine allsehende Kraft und Vorsicht, daher sich dieselbe Verherrlichung des Sonnengottes auf Veranlassung einer diesmal vereitelten Verschwörung bei diesem Kultus in der Geschichte des Nero wiederholte, s. Tacit. Ann. XV, 74. Auch werden dem Sol wegen dieser allwissenden Fürsorge nicht selten öffentliche Denkmäler z. B. der Gräber empfohlen[388], während ihn andere Inschriften wegen seiner gütigen Hilfe als Sol iuvans anrufen, oder als Sol aeternus, d. h. als Bild der Ewigkeit, oder als Sanctissimus, d. h. als strahlendes Bild des Lichtes und der Reinheit[389], obwohl bei solchen Prädikaten schon der spätere, gegen den Ausgang des Heidentums sehr weit verbreitete Sonnenkultus mit im Spiele ist. Daneben erhielt sich das Bild des Sonnengottes auf Münzen und anderen öffentlichen Monumenten als Allegorie des Aufgangs in der geographischen Bedeutung des Ostens, des Sol oriens. So erscheint das Bild oder das Haupt des Sol namentlich auf den Münzen des Vespasian und Trajan, der Sieger über den Orient, und es scheint daß Vespasian in demselben Sinne den Coloß des Nero in den des Sonnengottes umschaffen ließ, als welcher er sich in den folgenden Zeiten erhielt.[390] Auf anderen Münzen wird dasselbe durch das Bild der Aurora ausgedrückt, welche in ältern römischen Gedichten auch wohl die Tochter des Sonnengottes genannt wurde[391] und auf einem Denar der gens Plautia nach griechischer Weise als Führerin der Sonnenrosse auftritt.

9. Luna und die Gestirne

Auch Luna, welche sich zur Diana verhält wie Sol zum Janus, wurde von der italischen Bevölkerung, wenigstens den Sabinern und Etruskern göttlich verehrt. Denn auchsie wird unter den von T. Tatius verehrten Gottheiten genannt, und auf einem etruskischen Spiegel erscheint Losna d. i. Louna, welches wieder auf lux und lumen zurückweist, mit dem Attribute des Halbmondes neben Pollux, auf einem anderen Denkmale als Lala d. i. Lara, Δέσποινα, neben dem Sonnengotte Aplu.[392] In Rom gab es einen Tempel der Luna Noctiluca, welcher in der Nacht erleuchtet wurde, auf dem Palatin, und ein altes, oft erwähntes Heiligtum der Luna, wahrscheinlich das von Servius Tullius gestiftete, auf dem Aventin über dem Circus.[393] Als Monatsgöttin wurde sie am letzten Tage des ersten Monates März gefeiert, s. Ovid. F. III, 883, Fast. Praen. Verfinsterungen des Mondes pflegte man nach einem weit verbreiteten Aberglauben mit lärmendem Getöse von ehernen Becken und Blasinstrumenten zu vertreiben, Liv. XXVI, 5, Tacit. Ann. 1, 28. Übrigens war auch Luna eine zirzensische Gottheit, weil auch sie wie Sol auf einem Wagen fahrend gedacht wurde, nur daß dem Sonnengotte die prächtige und stolze Quadriga vorbehalten blieb und Luna sich mit der bescheidneren Biga und einem Gespann von Mauleseln begnügen mußte.[394] Sol und Luna zusammen aber sind gewöhnliche Bilder der Ewigkeit, er aufsteigend sie niedersteigend, beide mit dem Epitheton aeternus und aeterna, in welcher Weise sie oft neben einander abgebildet, verehrt und pro salute imperii oder pro salute eines Kaisers angerufen wurden.[395]

Unter den Gestirnen wurde auch in Italien vorzüglich der *Morgen-* und *Abendstern* ausgezeichnet. Man nannte ihn Iubar wegen seines strahlenden Glanzes oder weil die Strahlen dieses Glanzes sich mähnenartig ausbreiten[396], auch Vesper oder Vesperugo, welches Wort aus vesperu einer älteren Form für vesperi entstanden ist[397], und Nocturnus d. i. den Stern der Nacht, endlich Lucifer, wenn dieser Name nicht erst durch Übersetzung des griechischen Φωσφόρος entstanden ist. Gewöhnlich galt er für einen Stern der Venus Urania, namentlich als nächtlicher Abendstern, der die Braut zum Bräutigam führt[398], hin und wieder und wohl als Morgenstern auch für einen Stern des Jupiter oder der Iuno Lucina. Außerdem veranlaßten wie überall vorzüglich der große Bär, die Plejaden und Hyaden und der Orion zur volkstümlichen Beobachtung und Benennung. Der große Bär hieß bei den italischen Bauern bald plaustrum und dessen Deichsel temo, bald wegen der nächtlichen Umdrehung septem triones, das sind eigentlich sieben Dreschochsen, die auf der Tenne umgehend das Korn dreschen, triones von terere.[399] Die Pleiaden hießen Vergiliae, nach der gewöhnlichen Erklärung, weil ihr Aufgang mit dem Frühling (ver) zusammenfällt, auch Suculae d. i. ein Rudel kleiner Ferkel und das Gestirn der Palilien (sidus parilicium), weil sie um die Zeit dieses ländlichen Festes erschienen.[400] Endlich der Orion hieß Iugula, welcher Name verschieden erklärt wurde.

10. Winde und Stürme

Auch die Winde und Stürme wurden in Italien und den westlichen Provinzen häufig verehrt, zu Lande und zur See, als wohltätige oder gefähliche Dämonen. Unter den wohltätigen war vor allen beliebt und geehrt der befruchtende Favonius, der dem griechischen Zephyr entspricht und seinen Namen wie der gute Berggeist Faunus von favere hat, denn er wirkte befruchtend wie dieser und brachte, wenn er um die Mitte des Februar zu wehen anfing, die Schwalbe und den Frühling.[401] Gefürchtet dagegen waren besonders die Nordwinde, welche mit markdurchbohrender Kälte aus den nördlichen Gebirgen daherfuhren und die junge Vegetation töteten, der Septemtrio und der Aquilo, d. h. der mit Adlersfittigen daherstürmende, ein gewöhnliches Bild für alle stürmende Kraft auch in Griechenland und im Norden.[402] Doch waren auch die Südwinde gefährlich, welche dicke Wolken und erschlaffende Hitze mit sich führten, der Auster, welcher im Herbst die meisten Gewitter brachte und deshalb wie Jupiter, Juno und andere Götter mit dem Blitze bewehrt gedacht wurde[403], und der von Afrika herüber wehende Africus, vollends wenn sie mit den Winden der entgegengesetzten Richtung, dem Aquilo oder den Ostwinden zusammengerieten.[404] Die wohltätigen, befruchtenden und beruhigenden Winde wurden mit weißen, die bösartigen Aequinoctial- und Winterstürme mit dunkeln Opfertieren bedacht, gewöhlich mit Böcken oder Lämmern[405], und manche Kapelle mit manchem Altare mag sich den Stürmen und Winden (tempestatibus ventisque) an den Küsten oder am Fuße hoher Gebirge erhoben haben, z. B. an dem des Apulischen

Voltur, welcher für Italien ein so auserwählter Sitz der Winde war, daß er dem Volturius den Namen gegeben. Man glaubte in Italien wie anderswo, daß Stürme und Schlossen durch Zaubergesang sowohl erregt als beschworen werden könnten; in den Weinbergen suchte man sich dadurch zu schützen, daß man im Herbste das geweihte Bild einer gemalten Traube zwischen die Weinstöcke stellte.[406] An der Gallischen Küste, vermutlich zu Narbo, hatte Augustus dem Circius, der mit scharfen Schwingen von der Küste übers Meer bis Ostia fuhr und dort wohl selbst die Häuser abdeckte, weil er die Luft reinigte und deswegen der Gesundheit zuträglich war, sogar einen Tempel gestiftet, s. Plin. H. N. II, 47, 46, Seneca Qu. N. V, 17. Werden diese Windesgötter den anderen himmlischen Göttern als Trabanten untergeordnet, so ist gewöhnlich Jupiter ihr Herr.[407] Doch war ihre Verehrung zur See oder mit Beziehung auf die Schiffahrt, also neben dem Neptun, nicht weniger gewöhnlich, auch bei den Römern, deren Feldherrn deshalb, wenn sie in See stechen wollten, neben den anderen Göttern gewöhnlich auch zu den Winden und Stürmen beteten und Spenden oder auch blutige Opfer für sie in die Fluten versenkten.[408] Selbst in Rom hatten diese Seestürme ein eigenes Heiligtum mit bestimmten Opfern bei der porta Capena, wo L. Cornelius Scipio, derselbe dessen Grabinschrift erhalten ist, es gestiftet hatte, wahrscheinlich in Folge eines Gelübdes auf einer Expedition gegen die Sarden und Corsen im J. 259 v. Chr., bei welcher seine Flotte durch die Wut der Stürme beinahe zu Grunde gerichtet wäre.[409]

VIERTER ABSCHNITT

Mars und sein Kreis

Diese Göttergruppe ist in gewisser Hinsicht die interessanteste, weil sie uns nämlich den tiefsten Blick in das alte nationale Leben der Bevölkerung von Italien tun läßt und von fremden Zutaten am wenigsten berührt ist. Es ist das zentrale Land der Berge und Wälder, auf die wir durch sie zurückgewiesen werden, das Land der Viehzucht und des nomadisierenden Hirtenlebens, die Zeit der ersten Ansiedelung und der kriegerischen Ausbreitung und Eroberung. Zugleich zeigt sich in allen Gottesdiensten dieser Gruppe eine eigentümliche Verschmelzung von Naturbegeisterung und den Stimmungen des ältesten Volkstums, wie sie das früheste Stadium der Religionen des vorchrstilichen Altertums überhaupt charakterisiert. Mars ist der Mittelpunkt und das Haupt des ganzen Kreises, der Gott eines mächtigen und männlichen Naturtriebes, wie er sich vorzüglich im Frühlinge offenbart, und der Gott der kriegerischen Begeisterung schlechthin, der sowohl die alten Umbrer und Sabiner samt ihren jüngern Stammgenossen als die Latiner und Römer zum Siege führte. Neben ihm stellt sich im Picus, im Faunus, im Silvanus zugleich die Dämonologie des Waldlebens und das Element der natürlichen Inspiration und der ersten Ansiedelung dar, in einer Reihe von weiblichen Gottheiten, welche neben diesen männlichen Göttern verehrt wurden oder dem Wesen nach zu ihnen gehören, derselbe Liebes- und Befruchtungstrieb auf der einen und dieselbe weissagende und kriegerische Naturbegeisterung auf der anderen Seite. Endlich im Pales, dem männlichen und der weiblichen, kommen noch einmal die Stimmungen und Traditionen jenes altitalischen Hirtenlebens, des zu allen Zeiten in dieser Halbinsel weit verbreiteten, zu Tage. Noch eine Eigentümlichkeit aller dieser Götter und Gottesdienste ist die, daß sich in ihnen eine gewisse Praxis der religiösen Sühne und Weihe ausgebildet hatte, welche bei sehr verschiedenen Gelegenheiten zur Übung kam und wohl in dem Umstande seine Erklärung findet, daß alle Götter dieses Kreises als Frühlingsgötter und Götter der Befruchtung zugleich solche sind, welche den Winter, den Tod und andere im Gedanken sich von selbst anschließende Schrecknisse austreiben und sowohl die Natur als das menschliche Gemüt davon zu befreien die Macht haben. Ein Ideenzusammenhang welcher auch in anderen Naturreligionen gewöhnlich ist und in diesem Kreise, namentlich in der Religion des Mars, des Faunus Lupercus, der Pales, in verschiedenen ebenso altertümlichen als eigentümlichen Gebräuchen sich ausdrückt.

1. Mars

Mars war neben Jupiter der eigentliche Haupt- und Stammgott der italischen Bevölkerung. Sowohl bei den Umbrern wurde er verehrt, wie dieses die Urkunden von Iguvium und andere Denkmäler bezeugen[1], als bei den Sabinern, Pelignern, Aequern, Hernikern, Faliskern und Latinern, bei welchen Völkern ihm nach Ovid F. III, 87 ff. ein eigener Monat geheiligt war. Ihm pflegte die alte Gebirgsbevölkerung jene heiligen Frühlinge ihrer Felder, ihrer Weiden und der Landesjugend zu weihen, welche für die älteste Geschichte Italiens so wichtig sind. Von Mars und seinen heiligen Tieren geführt, suchte und fand diese geweihte Jugend, sobald sie herangewachsen war, außerhalb der Landesgrenzen eine neue Heimat, die Samniter unter der Führung eines Ackerstiers, die Picenter unter der des Spechtes, die Hirpiner unter der des Wolfes, bis endlich die Mamertiner, der letzte und südlichste Sproß dieses lange anhaltenden Auswanderungstriebes, den Namen und die Verehrung des alten Stammgottes bis hinüber nach Sizilien trugen. Auch die Latiner und vollends die Römer bekannten sich seit alter Zeit vorzüglich zu diesem Gotte. Wie in dem Stammlande der latinischen Aboriginer in einem Orte ein sehr alter Tempel des Mars, in einem anderen, Tiora Matiene, ein ebenso altes Orakel des Mars genannt wird, wo der Specht auf einer hölzernen Säule sitzend weissagte (Dionys 1, 14), so finden sich entsprechende Anlagen am latinischen Strande zu Laurentum, dem mythischen Königssitze des Picus, dessen Sohn Faunus, der Vater des Latinus, ein Abkömmling des Mars, in der Landessage für den Begründer der Landeskultur galt. Rom aber hatte seinen Dienst des Mars sogar aus einer doppelten Quelle bekommen, den Palatinischen Mars mit seiner Umgebung des Picus und Faunus und der Sage von Romulus und Remus von den albanischen Latinern, und den Quirinus, d. h. den sabinischen Mars des Quirinals, der später mit dem vergöttlichten Romulus identifiziert wurde, von den Sabinern von Cures, welche mit diesem örtlichen Gottesdienste auch den Namen der Quiriten nach Rom gebracht hatten.

Der alte Wortstamm des Namens scheint mar oder mas zu sein und die männliche Kraft eines zeugenden und aufregenden Gottes zu bedeuten, welcher in der älteren Zeit auch Naturgott war, aber den späteren Generationen bei einseitiger Auffassung immer mehr zum Kriegsgotte schlechthin geworden ist.[2] Aus welchem Namen der Gott im Liede der Arvalischen Brüder um Schutz und Segen der Felder angerufen wird. In der Deklination ist aus demselben Stamme Mar-s Mar-t-is geworden, dahingegen in der Zusammensetzung mit dem patriarchalischen Ehrenprädikate pater die Form Maspiter[3] auf den Stamm mas zurückweist, Marspiter aber die gewöhnliche Zusammensetzung mit der schon zur Deklination vervollständigten Form Mars ist. Aus derselben Form Mars ist ferner durch Einschiebung eines V geworden Maurs, welche sich in einer altertümlichen Inschrift aus Tusculum erhalten hat[4], daraus das gewöhnlichere Mavors. Noch andere Bildungen desselben Stamms sind die Eigennamen Marius und Marcius, desgleichen Mamurius, der Name des Schmiedes der Ancilien, die Adjektivbildung einer Nebenform Mamor; endlich im sabinischen und oscischen Dialekt der Name des Mamercus, eines Sohns des Numa, von welchem die Mamerci Aemilii ihren Namen ableiteten, und der Volksname der Mamertini, beide von der Nebenform Mamers.[5] Der Wurzelbegriff aller dieser Formen ist wie gesagt die männliche und zeugerische Kraft eines Gottes, welcher sich sowohl in der Natur als unter den Menschen durch kräftigen Trieb und belebende Erregung offenbarte, durch den Frühling in Wäldern und Feldern, durch Befruchtung der Herden und des ehelichen Bundes, begeisternde Gemütswirkung, mannhafte Taten, starkes Heldentum und siegreiche Kreigsführung.

Das hohe Altertum dieser Religion bestätigt sich durch die Merkmale eines dem Mars geweihten Baumkultus und einer mit diesem Dienste eng verbundenen Tier- und anderer Symbolik. Auch dem Mars wurden hin und wieder die ältesten Bäume der Vorzeit geheiligt, Eichen, Feigenbäume und andere Bäume.[6] Seine beiden heiligen Tiere sind der Wolf und der Specht, jener ein Bild alles grimmigen und gefräßigen Wesens, wie es dem alten Wald- und Kriegsgotte am meisten zu entsprechen schien, dieser ein Symbol aller Heimlichkeit des Waldes, wie sie sich in den Orakeln des Mars und des Faunus in dunklen Stimmen und Sprüchen offenbarte. Der Wolf hieß bei den Römern deswegen schlechtweg lupus Martius oder lupa Martia, sein Bild stand in den Tempeln des Gottes, seine Erscheinung im freien Felde bedeutete die Hilfe des Mars[7]; allbekannt ist die Teilnahme der Wölfin an der Rettung und Ernährung der römischen Zwillinge. Was die Bedeutung dieses Symbols betrifft, so wird von den Alten natürlich immer am meisten das Grimmige, Blutige, Tückische, den Herden und aller menschlichen Ansiedelung Feindliche des Wolfes hervorgehoben. Doch scheint dieses Tier wie in den Religionen und Mythologien anderer Völker, so auch in Italien neben dieser nächsten Bedeutung des blutigen Mörders die allgemeinere des Wüsten und Unheimlichen überhaupt gehabt zu haben, namentlich die des Winters und seiner allegorischen Nebengedanken: wie andererseits die Götter, deren Symbol der Wolf ist, nicht bloß als seine gleichartigen Herrn und Meister, sondern auch als seine Feinde und Überwinder, also als Repräsentanten einer belebenden Naturmacht gedacht werden, namentlich als Frühlingsgötter, wie der griechische Apollo λυκοκτόνος und der römische, zum Kreise des Mars gehörige Faunus Lupercus. Einfacher ist das Bild des Spechtes, des picus Martius, wie er gewöhnlich in Italien hieß, und des in den Sagen und Bildern Italiens wie anderer Völker oft mit ihm verwechselten Wiedehopfes. Immer erscheint er als Waldvogel und Waldgräber schlechthin, der einsam wohnt und gräbt und hackt und um allerlei verborgene Kunde und Schätze weiß, dabei aber auch mit seinem mächtigen Schnabel und dem Büschel auf seinem Haupte den Eindruck eines martialischen Tieres machte.[8] Sein italischer Name picus (umbrisch peiqu) sollte wahrscheinlich den Schall seiner einsamen Schnabelarbeit im Walde ausdrücken, wenn er als Baumhacker (δρυοκολάπτης) im Walde pickt. In dem latinischen Marsdienste und in den entsprechenden Sagen erscheint er zugleich als Seher und als Krieger, in anderen italischen Traditionen vorherrschend als der Prophet des Mars. Die am adriatischen Meere ansässigen Picenter mit der Hauptstadt Asculum, ein Zweig der Sabiner, leiteten bekanntlich ihren Namen davon ab daß ihren Vätern beim Auszuge aus der Heimat der heilige Vogel des Mars als Führer vorangezogen sei.[9]

Außer diesen Tieren des Waldes waren aber auch die der Kultur vorzugsweise dem Mars geheiligt, der Ackerstier und das Streitroß, auch die Herden der Lämmer und der Schweine; wenigstens wurden ihm von allen diesen Tieren Opfer dargebracht und als eine Auswahl des Herdenreichtums überhaupt vorzüglich ihm die Suovetaurilien, so daß er also jedenfalls ebensosehr Kulturgott gewesen ist, namentlich in den Kreisen der Viehzucht, als blutdürstiger Kriegsgott. Der Ackerstier (bos arator), ein Bild alles Ackerbaus und aller darauf beruhenden Kultur, die Mars als arvalis behütet, schritt den Samnitern als ein von Mars gesendeter Führer voran, als sie gen Süden zogen und die Stadt Bovianum gründeten; das kriegerische Streitroß (equus bellator) wurde dem Mars zu Rom nach altem Brauche bei den Feierlichkeiten des 15. Octb. im Marsfelde geopfert. Auch scheint die Pferdezucht, welche im innern Italien bei den vielen Bergweiden sehr gut gedieh, gleichfalls unter dem Schutze des Mars gestanden zu haben, da ihm die sehr beliebten Wettrennen (Equiria) gefeiert wurden. Immer ist dabei vorzugsweise an das edle, das ritterliche Streitroß zu denken, welches in der Schlacht, wenn die Trompete ruft, so begeistert und wie zusammengewachsen mit seinem Reiter dahinstürmt[10], eine Zierde des Mannes und das Abzeichen des ritterlichen Standes, wie er durch ganz Italien blühte und sowohl den höheren Wohlstand als die feinere Bildung in sich vereinigte. Nur daß als Schutzpatrone dieses ritterlichen Standes auch in Rom sehr früh nach griechischer Sitte die Dioskuren verehrt wurden, dahingegen Mars als kriegerisches Idealbild entweder Gradivus ist, d.h. schwerbewaffneter Kämpfer zu Fuß oder nach Art der griechischen Heroendichtung auf dem Kriegswagen kämpft.

Den Kriegsgott Mars bezeichnete weiter das alte Symbol der Lanze (hasta, curis), sowohl bei den Latinern als bei den Sabinern, in frühester Zeit vermutlich die einzige bildliche Vergegenwärtigung des streitbaren Gottes. Daher die heilige Lanze des Mars in der Regia zu Rom, welche man schlechthin Mars nannte (Plutarch Rom. 29) und der sabinische Quirinus, dessen Kultus in dem Institute der Salier zu Rom mit dem des Palatinischen Mars früh verschmolzen wurde, weshalb auch die hastae Martiae der Regia, und dieser Plural ist häufiger als der Singular, höchst wahrscheinlich von zwei Lanzen, einer des Mars und einer des Quirinus, wie diese Götter in dem alten Göttersystem des Numa nebeneinander erschienen, zu verstehen sind. Es gehörte zu den schwersten und bedeutungsvollsten Prodigien, wenn diese Lanzen sich von selbst bewegten. Der Pontifex Maximus, welcher in der Regia wohnte, mußte darüber alsbald an den Senat berichten, welcher dann die Consuln mit der feierlichen Sühnung zu beauftragen pflegte.[11] Und zwar war dieses nicht allein in Rom der Fall, sondern auch in anderen latinischen Städten, wie die gleichartige Meldung eines solchen Prodigiums aus Präneste bei Liv. XXIV, 10 beweist. In Rom wurden neben jenen heiligen Lanzen der Regia auch die Ancilia der Salier bewahrt und in gleichem Sinne beobachtet, daher auch von ihnen bei solchen Prodigien wiederholt die Rede ist.[12]

Als Gott der Befruchtung war Mars zunächst Frühlingsgott, wie dieses sowohl aus der römischen Märzfeier als daraus erhellt, daß ihm das ver sacrum, d. h. der ganze Ertrag des jungen Jahres, namentlich der Monate März und April geweiht zu werden pflegte. Zwar haben die Römer nach ihrer Weise auch den Beginn des neuen Jahres mit dem Märzmonate durch die kriegerischen Eigenschaften des Gottes erklären wollen, s. Fest. p. 150 Martius mensis, Ovid F. 1, 39, III, 79 ff., doch ist der heilige Monat des Mars so deutlich Frühlingsmonat, daß auch dieses nicht verkannt werden konnte[13], und sowohl die Art der Feier als die allgemeine Verbreitung dieses Monats bei den Latinern[14], endlich die allgemeine Analogie der Monatsbenennung beweist, daß die Beziehung auf die Natur und die Erneuerung des Jahres die ursprünglichere war. Auch wurde Mars bei vielen anderen Gelegenheiten als Gott der natürlichen Produktion gefeiert, selbst im Oktober, da ihm das Pferd ob frugum eventum dargebracht wurde. So baten auch die Arvalischen Brüder bei der Feier der Dea Dia im Mai den Mars und die Laren der Stadtflur um Schutz und Segen der Äcker und Cato in seiner Schrift über den Landbau nennt den Vater Mars wiederholt unter den mächtigsten Göttern der Viehzucht und des Ackerbaus. Der Viehzüchter soll zum *Mars Silvanus* im Walde beten und für jedes Stück Rindvieh eine eigene Spende darbringen (83), zum Mars Silvanus aus demselben Grunde, aus welchem in Italien alle Waldgötter zugleich Götter der Viehzucht sind, Faunus, Silvanus und Pales, weil nämlich die Viehweiden meist im Walde oder zwischen den Wäldern lagen, d. h. sogenannte saltus waren.[15] Der Ackersmann aber soll bei der ländlichen Zeremonie der Ambarvalien, d. h. der Flurweihe also beten (141): „Vater Mars, ich flehe zu Dir und bitte Dich, daß Du mir, meinem Hause, meinem ganzen Hausstande günstig und gnädig sein wollest: zu welchem Behufe ich die Souvetaurilien um meinen Acker, mein Land, mein Grundstück habe herumführen lassen. Daß Du alle Krankheiten, sichtbare und unsichtbare, alle Seuche und Verheerung, Schaden und böde Witterung abhalten, abwehren und abwenden mögest. Daß Du allen Feldfrüchten, allem Korn und dem Weinberge und Baumgarten gutes Gewächs und gutes Gedeihen gewähren, Hirten und Vieh behüten, und mir, meinem Hause und Hausstande gute Gesundheit und alles Heil verleihen mögest". Allerdings erscheint Mars bei solchen Gebräuchen zugleich als Verleiher des natürlichen Segens und als *averruncus*[16], d. h. als Abwender alles Schadens den Krankheit, böse Witterung oder auch der Krieg und andere Calamität den Feldern zufügt. Doch würde ihm und anderen Göttern diese Macht der Abwendung nachteiliger Einflüsse nicht zugeschrieben sein, wenn sie nicht ihrem Wesen nach als gute und segnende Götter gedacht worden wären, wie er denn auch am 25. April bei der Feier der Robigalien neben der Robigo als Schutz gegen den Kornbrand angerufen wurde.[17] Selbst der Umstand, daß der dem Mars geweihte Monat in den verschiedenen Kalendern in verschiedene Jahreszeiten fiel, beweist daß bei den verschiedensten Gelegenheiten zu ihm um den Segen des Jahres gebetet wurde.

Noch deutlicher wird diese Beziehung des Mars zur Natur der Dinge und zur Erneuerung des Jahrs hervortreten, wenn wir die verschiedenen Göttinnen ins Auge fassen, mit welchen ihn der Kultus und die in seinem Kreise gleichfalls besonders lebendigte Mythologie der Römer in eine nähere Verbindung setzte. Zunächst gehört dahin die *Juno*, sowohl als Geburtsgöttin (Lucina) als Göttin der Ehe, daher Mars sowohl an den Kalenden des März als an denen des Juni von den Matronen neben der Juno gefeiert wurde. Die mythologische Begründung ist unklar[18], doch scheint es wohl daß man sich später die Juno nach griechischer Weise als Mutter des Mars und den ersten März als seinen Geburtstag dachte; wozu das Märchen erzählt wurde, daß Juno durch die Berührung einer wunderbaren Frühlingsblume, also ohne Mitwirkung des Jupiter die Mutter des Mars geworden sei.[19] Der wirkliche Grund mag darin gelegen haben, daß Mars in älterer Zeit und namentlich bei den Sabinern auch als Schutzgott der Ehe und des ehelichen Lebens verehrt wurde, in welcher Hinsicht sein Verhältnis zur *Nerio* besonders merkwürdig ist. Dieses war eine sabinische Göttin (Nerio Nerienis, wie Anio Anienis), welche bald für die Minerva bald für die Venus erklärt wird, also sowohl die Eigenschaften einer kriegerischen als einer befruchtenden Liebesgöttin gehabt haben muß. Dem Namen nach entsprach sie meist der römischen Virtus, denn Nero bedeutete in der sabinischen Sprache i. q. fortis und strenuus, beide Wörter aber, Nero und Nerio, auch das umbrische nerf der iguvinischen Tafeln, sind zurückzuführen auf den Sanskritstamm nar (nṛ), mit dem auch das griechische ἀνήρ zusammenhängt.[20] Als die Gattin des Mars und als sabinische Schutzgöttin der Ehe erscheint sie in einem merkwürdigen Bruchstücke älterer römischen Annalen, wo Hersilia bei der bekannten Intercession der Sabinerinnen während des Kampfes der Römer und Sabiner also betet: Neria Martis te obsecro, pacem da, te uti liceat nuptiis propriis et prosperis uti, quod de tui coniugis consilio contigit uti nos itidem integras raperent, unde liberos tibi et suis, posteros patriae pararent[21]: wobei wieder zu bedenken ist, daß der Raub nur eine alte Form der Brautwerbung war, daher Mars als Anstifter dieses Raubes und Gemahl der Nerio gleichfalls ein Schutzgott und Anstifter der Ehe gewesen sein muß; wie denn auch die matronale Feier des Mars und der Juno am 1. März nach Ovid desselben Raubes der Sabinerinnen dachte. Ja es scheint wohl, daß die Ehe des Mars und der Nerio selbst in dieser Hinsicht vorbildlich, d. h. eine durch Raub geschlossene war; wenigstens wissen verschiedene Schriftsteller von einer heftigen, aber abgewiesenen Liebe des Mars zur Nerio oder Minerva[22], während eine Familienmünze der Gellier nach der wahrscheinlichsten Erklärung sogar den Raub der Nerio durch Mars darstellt, dessen Gattin sie auch bei Plautus und anderen älteren Dichtern genannt wird.[23] Noch mehr, auch die gelegentlich erwähnte *Here Martea*, welche neben dem Mars verehrt wurde[24], kann von der Nerio nicht wesentlich verschieden gewesen sein, nur daß sie mehr jener anderen Seite dieser Göttin entsprach, weswegen dieselbe mit der Venus verglichen wurde. Denn der Name Here wird auf denselben Stamm zurückzuführen sein, zu welchem auch die Herie Iunonis und Hersilia, ferner Herentas d. i. Venus, wahrscheinlich auch die lateinische Quellengöttin Ferentina gehört, denselben der in dem oscischen Worte herest d. i. volet hervortritt, so daß also jene Here Martea eine dem Mars gesellte Göttin der Liebe und des Verlangens gewesen sein muß, wie Hersilia in ähnlicher Bedeutung neben dem Quirinus verehrt wurde.

Endlich ist hier des anmutigen Märchens vom Mars und der *Anna Perenna* zu gedenken, zumal da es gleichfalls Festlichkeiten des Märzmonates betrifft und indirekt auf das Bündnis des Mars mit der Nerio zurückweist. Ovid. F. III, 523 ff. hat uns eine lebendige Schilderung von der Feier der Anna Perenna hinterlassen, welche an den Iden des März, also um die Zeit des ersten Vollmonds im neuen Frühlinge, in dem Haine der Göttin am Tiber begangen wurde; derselbe befand sich von der p. Carmentalis an gerechnet beim ersten Meilensteine der via Flaminia, also wahrscheinlich nicht weit von der p. del Popolo.[25] Das Volk zog an jenem Tage hinaus in diesen Hain, warf sich gruppenweise ins grüne Gras, zechte und war guter Dinge, einige unter freiem Himmel, andere in Zelten und Lauben. So oft sie tranken, so viele Jahre wünschten sie einander, wobei natürlich viele über den Durst tranken. Dazu sangen sie die neuesten Weisen, gestikulierten mit beiden Armen, führten taumelnd allerlei Tänze auf, derbe Bursche und geputzte Mädchen, wie man sie bei ähnlichen Volksfesten noch jetzt in Rom beobachten kann. Wenn sie endlich heimzogen, lachten die Begegnenden und freuten sich der lärmenden Neujahrsfeier, welche Laberius in seinen Mimen durch ein eigenes nach der Anna Perenna benanntes Stück verherrlicht hatte. Die Erklärung, was dieser Name zu bedeuten habe, fiel in der gelehrten Zeit des Ovid natürlich sehr verschieden aus. Die Gebildeten dachten gewöhnlich an Anna, die Schwester der Dido, von welcher man erzählte daß sie nach dem Tode ihrer Schwester aus Karthago vertrieben und übers Meer an die latinische Küste verschlagen sei. Hier habe Aeneas sie freundlich aufgenommen, Lavinia aber durch ihre Eifersucht so erschreckt, daß sie in der Nacht aus dem Fenster springt, hinab ins Tal rennt und sich in den Numicius stürzt, neben welchem sie fortan als Nymphe verehrt wurde.[26] Andere erklärten sie für den Mond (v. 657 sunt quibus haec luna est, quia mensibus impleat annum), andere für die Themis als Mutter der Horen, noch andere für die Io, wieder andere für eine Atlantide und für die Nährerin des Jupiter, bei welcher Erklärung die griechischer Vorstellung von den fruchtbaren Plejaden und Hyaden im Spiele ist. Andere wollten wissen, die Feier gelte dem Andenken eines guten Mütterchens aus Bovillae, welche beim Auszuge der Plebs auf den heiligen Berg für die darbende Menge mit geschickter Hand Brot gebacken und das frische und noch dampfende früh Morgens unter den Lagernden ausgeteilt habe: vermutlich eine Erzählung aus Bovillae, wo man die gute Mutter Anna als eine fruchtspendende Göttin verehren mochte. Ganz seltsam aber sei der Inhalt der Lieder, welche die Mädchen bei jenem Feste unter derben Scherzen zu singen pflegten. Mars habe der Anna seine Liebe zur Minerva, d. h. zur Nerio gestanden, Anna ihre Hilfe versprochen. Da habe sich das Mütterchen anstatt ihm zu helfen in der Gestalt jener Göttin und in bräutlicher Verkleidung in seine Kammer geschlichen und den brünstigen Gott hintergangen, der darüber sehr böse geworden sei; aber Anna habe ihn weidlich ausgelacht, und Venus sei über das seltsame Paar ganz entzückt gewesen. Also jedenfalls eine nährende und befruchtende Göttin des Frühlings und des jungen Jahrs, bald als alterndes Mütterchen gedacht bald als ein schönes und reizendes Mädchen; auch erscheint ihr Kopf auf den Münzen der Annia et Tarquitia als ein jugendlicher, mit einem Diadem und reichem Haar- und Ohrenschmuck. Die Erklärung kann schwanken zwischen der von amnis perennis, d. h. der aus beständiger Quelle fließenden Strömung, da sie in Rom am Tiber und bei Lavinium am Numicius verehrt wurde und zwar um die Mitte des März, wenn die Quellen von neuem fließen und alle Flüsse sich von neuem füllen.[27] Oder aber, und dieses scheint mir das Richtigere, Anna ist die wechselnde Mondgöttin des laufenden Jahres, die in jedem Monate alt ist und wieder jung, vollends in dem Frühlingsmonate März, wo sie nicht ohne Grund grade zur Zeit der Iden, d. h. des Vollmonds als Freudenspenderin und als Buhle des Mars mit ausgelassener Lustbarkeit gefeiert wurde. Der Name entspricht genau dem griechischen ἕνη καὶ νέα d. i. Alt- und Neu-Mond, daher ἕνος d. i. annus und ἐνιαυτός, δίενος τρίενος d. i. diennis triennis, vgl. ἕναι ἀρχαὶ die Obrigkeiten vom vorigen Jahre im Gegensatze zu den neugewählten. So ist auch Anna Perenna oder Peranna die Alte und die Junge, immer mit spezieller Beziehung auf Jahres- und Mondeswechsel, daher man ihr öffentlich und privatim mit dem Gebete ut annare perennareque commode liceret opferte[28] und bei jener lustigen Feier in ihrem Haine in so vielen Zügen einander zutrank als man sich Jahre zu leben wünschte. Auch wird sich weiterhin in dem Mamurius Veturius der Mamuralienfeier an dem Vortage der Iden des März eine Gestalt von entsprechender Bedeutung nachweisen lassen. Selbst die Verehrung dieser Göttin an Flüssen und Bächen und ihr Verschwinden im Numicius tritt erst so in das rechte Licht, da die Mondgöttinnen immer das Wasser lieben und das Abnehmen und Verschwinden des Mondes wiederholt auf dieselbe Weise motiviert wird, z. B. wenn die kretische Diktynna vor der Liebe des Minos ins Meer springt.

Der kriegerische Charakter des Mars braucht neben diesen Beziehungen zum Naturleben kaum besonders hervorgehoben zu werden, so sehr ist derselbe mit der Zeit im Bewußtsein der Alten zur Hauptsache geworden. Doch mögen auch hier die wichtigsten Tatsachen des älteren und des nationalen Gottesdienstes zusammengestellt werden.

Von den Symbolen und Attributen dieses Mars ist schon die Rede gewesen, dem grimmigen Wolf, dem zugleich kriegerischen und weissagerischen Specht, dem Streitroß und dem Speere. Außerdem gehört dahin das *Institut der Salier* mit der hüpfenden Bewegung (a saliendo) des kriegerischen Waffentanzes, der über die ganze alte Welt verbreitenden Pyrrhiche, wie dieselbe auch sonst bei den Latinern und überhaupt in Italien seit alter Zeit einheimisch war und im Dienste des Mars, des Hercules und anderer kriegerischer Götter geübt wurde. Denn auch in Tibur und in Tusculum gab es seit sehr alter Zeit Salier, zu Tibur im Dienste des Hercules; namentlich wußte man von einem großen Siege der Tiburtiner über die Volsker, bei dessen Feier die Salier mit ihren altherkömmlichen Waffentänzen hervorgetreten waren. Ferner wurde ein König der Vejenter Morrius als Stifter einer Feier der Salier zu Ehren seines Ahnherrn Alesus, des Eponymen der Falisker genannt, dessen Lob in den Liedern dieser Salier gesungen wurde.[29] Solche Lieder pflegen immer einen mythischen oder historischen Inhalt zu haben, und so mögen denn auch, wie die Salier von Tibur jenes Sieges über die Volsker gedachten, die von Rom des Romulus und T. Tatius, so die von Veji das Andenken jenes alten Königs Morrius erhalten haben, dessen Name dem des Mars (Mamor, Mamurius) verwandt zu sein scheint und dessen Abstammung von Falerii vermuten läßt, daß von diesem Orte aus einmal eine ähnliche Eroberung und Erneuerung von Veji erfolgt war, wie sie in Rom von dem sabinischen Cures aus erfolgte. Genug in allen diesen Städten und wohl noch in vielen anderen gab es seit unvordenklicher Zeit Sodalitäten der Salier, welche bei besondern Veranlassungen mit Opfern und Gebeten für das Wohl ihrer Stadt hervortraten und dazu den alten nationalen Waffentanz aufführten und Lieder sangen, in denen sich die Erinnerung an die Sagen und Taten der Vorzeit fortpflanzten, vornehmlich immer im Kulte des Mars, welcher Gott ohne Zweifel selbst als Salier gedacht wurde. Ja er wird in dem alten Liede der Arvalischen Brüder als solcher geschildert: Satur furere *limen sali*, sta berber, d. h. Satt vom Rasen spring über die

Schwelle und stelle die Geißel: eine Aufforderung, das kriegerische Toben der Schlacht vom Kriegswagen herab zu lassen und im Waffentanze triumphierend heimzukehren in die friedliche Stadt und in seinen Tempel, wo er die Geißel einstweilen aus der Hand legen möge.[30] Auch entspricht diesem Mars der Salier der oft genannte *Mars Gradivus*, ein altes von dem Sturmschritt der Schlacht hergenommenes Epithet des Kriegsgottes.[31] So erschien der Gott den Römern in einer heißen Schlacht gegen die vereinigten Bruttier und Lucaner im J. 472 d. St. (282 v. Chr.), als der Consul nicht anzugreifen wagte. Da schritt ein Jüngling mit der Sturmleiter voran mitten durch die Feinde bis zu ihrem Lager, dessen Wall er rasch erstieg, um von der Höhe herab seine Römer zum mutigen Sturme herbeizurufen, bei welchem er selbst dann so fürchterlich wütete, daß die Zahl der getöteten und gefangenen Feinde alles Maß überstieg. Als man am anderen Tage nach dem Krieger mit doppeltem Helmbusch, den alle gesehen hatten fragte, war er verschwunden, und es blieb nichts übrig, als den Gott mit Dankgebeten zu feiern.[32] Auch der Mars vor der p. Capena in Rom war der Gradivus, s. Liv. XXII, 1, Serv. V. A. 1, 292. Die Dichter beschreiben ihn nicht selten, wie er bald zu Fuß bald zu Wagen in der Schlacht erscheint, umgeben von der Bellona und seinen Gesellen, dem Pavor und Pallor, welche seit Tullus Hostilius in Rom verehrt wurden, obwohl bei solchen Beschreibungen sonst die Vorbilder des griechischen Epos einzuwirken pflegen.[33] Auf den römischen Familienmünzen, bei denen wenigstens einheimische Vorbilder vorauszusetzen sind, obwohl auch diese meist von griechischen Künstlern gearbeitet gewesen sein mögen, erscheint Mars immer jugendlich und behelmt, der Helm oft sehr schön verziert und mit einem stolzen Federbusch versehen, welcher auch in Italien der gewöhnliche Schmuck des Helmes war.[34] Oder sie zeigen ihn auf sturmschnell dahin eilendem Zwei- oder Viergespann, die Lanze schwingend oder mit dem Siegeszeichen der Spolien.

Dieser kriegerische Mars war es auch, der in der gewöhnlichen, beinahe von Jahr zu Jahr wiederholten und durch so viele ruhmvolle Erinnerungen geheiligten Kriegspraxis der Römer vor jedem Auszuge der Bürger und vor und nach jeder Schlacht durch Gebet und Opfer, Gelübde und Gaben des Dankes und in seinem Namen erteilte Auszeichnungen verdienter Krieger gefeiert wurde, daher er zuletzt sowohl in dem öffentlichen als in dem Familienleben der Römer neben dem Capitolinischen Jupiter der eigentliche Staats- und Nationalgott geworden und mit allen Momenten der römischen Geschichte von ihrem Ursprunge an aufs innigste verwachsen war. Beim Ausbruch jedes Krieges wurde er feierlich zur Teilnahme aufgefordert, indem der Feldherr der Legionen in das alte Heiligtum der Regia ging und dort zuerst an die Ancilia, dann an den Speer des Mars schlug und dazu den feierlichen Ruf[35] ertönen ließ: Mars vigila! Auch während des Feldzuges und vor der Schlacht wurde ihm viel geopfert (Sueton Octav. 1), und in seinem Namen vorzüglich wurden auch die kriegerischen Ehren nach erfochtenem Siege erteilt, namentlich die höchste aller militärischen Auszeichnungen, die corona graminea oder obsidionalis, welche immer nur von dem ganzen Heere und zwar nach der Errettung aus einer verzweifelten Gefahr dem Retter in der Not erteilt wurde. Das Gras zu diesem Kranze wurde von dem Boden des Platzes genommen, wo das errettete Heer sich in so verzweifelter Lage befunden hatte: eigentlich ein sinnbildlicher Ausdruck der völligen Übergebung dieses Platzes an den Erretter[36], denn das Gras oder sonst ein Teil des Bodens pflegt bei derartigen symbolischen Handlungen den Boden selbst zu bedeuten; daher die Angabe, daß das Gras dem Mars heilig gewesen sei[37], ihren Grund nur entweder in dieser herkömmlichen Symbolik der feierlichen Übergabe eroberter Gebiete oder in jenem Ehrenzeichen der corona graminea haben kann. Auch scheint es bei dieser seit dem Vorgange des größten Helden der römischen Kriegsgeschichte, des L. Siccius Dentatus, herkömmlich geworden zu sein, daß der mit dieser höchsten Ehre Ausgezeichnete dem Mars ein feierliches Dankopfer darbrachte.[38] Auch von der Beute pflegten immer gewisse Stücke dem Mars dargebracht zu werden, daher der Ausdruck aere Martio von der Beute in einer altertümlichen Inschrift aus Cora.[39] So pflegte man ihm auch Spolien und die in der Schlacht getragenen Waffen zu weihen.[40] Überhaupt wurde dieser Mars je länger desto mehr zum Schutzpatron des gesamten Waffenhandwerks und von allem, was damit zusammenhing, also der Soldaten, der Gladiatoren und was sich sonst dazu bekannte; daher die von den Inschriften hin und wieder erwähnte Verehrung eines Mars Campester und Militaris der römischen Lager und Legionen, denn campus ist nach römischem Sprachgebrauche speziell campus Martius, das militärische Übungsfeld.[41] Andere Inschriften, auch die Münzen, nennen Mars mit Hinsicht auf die verschiedenen Wechselfälle der Schlacht und des Krieges Custos, Conservator, Invictus, Victor, Pacifer, d. h. den durch Krieg zum Frieden führenden, als welcher sein Bild zugleich bewehrt und mit dem Ölzweige geziert war, Amicus et Consentiens usw. Nur Jupiter war auch in solchen Fällen über ihm, teils als höchster Entscheider der Schlacht und des Sieges, teils als höchster Schwurgott sowohl bei allen kriegerischen als bei allen friedlichen Veranlassungen. So wurden nach einem Gesetze Numas die höchsten Spolia opima dem Jupiter Feretrius, die zweiten dem Mars, die dritten dem Janus Quirinus mit gewissen vorgeschriebenen Opfern geweiht (Fest. p. 189) und selbst in solchen Fällen, wo die heiligen Speere in der Regia sich bewegt hatten (Gell. N. A. IV, 6) und sonst bei kriegerischen Veranlassungen wurde zuerst dem Jupiter, dann dem Mars geopfert, ganz in der seit Numa herkömmlich gewordenen Folge der Götter. Und so mag in ähnlichen Fällen auch bei beiden geschworen sein, nur daß auch dann immer Jupiter der höchste Gott blieb. Selbst bei dem merkwürdigen und alten, durch ganz Italien verbreiteten Kriegsgebrauche, in besondern Fällen heilige Scharen zu bilden, deren Mitglieder sich unter den furchbarsten Eiden zum absoluten Gehorsam gegen den Feldherrn und zum Kampfe auf Leben und Tod verpflichteten, wurde Jupiter vor allen übrigen Göttern der alten Schwur- und Verwünschungsformel genannt.[42]

Was endlich die einzelnen Acte, Veranlassungen und Heiligtümer des römischen Mars betrifft, so waren von den letzteren die beiden ältesten das in der Regia und das im Marsfelde; wenigstens scheinen beide aus der Zeit des Numa herzurühren. Das in der Regia, wo sich die heiligen Speere und die Ancilien befanden, wird wiederholt sacrarium, einmal sacrarium Regiae genannt, so daß es als innerstes Heiligtum dieses alten priesterlichen Königssitzes zu denken sein wird, in welchem unter der Oberaufsicht des Pontifex Maximus jene alten Symbole der Vorzeit aufbewahrt wurden, später aber auch ein Pulvinar des Mars und sogar ein vollständiges Bild des Gottes mit einer Lanze in der Hand aufgestellt zu sein scheint.[43] Im Marsfelde bildete ein alter, schon in einem Gesetze des Numa erwähnter und ziemlich in der Mitte des Feldes gelegner Altar[44] den religiösen Mittelpunkt der dortigen Oktoberfeier und der bei jedem Lustrum vorgenommenen Reinigung der bewaffneten Bürgerschaft, welche mit einem Opfer des Mars beschlossen wurde. Das Marsfeld selbst war bekanntlich die alte, dem Mars geweihte Übungsstätte für die körperlichen, kriegerischen und ritterlichen Übungen der römischen Jugend. Ein schönes, seit der Vertreibung der Tarquinier vom Quirinal bis zum Flusse sich hinstreckendes Feld, welches mit der Zeit, namentlich seit August und unter den Kaisern bei fortgesetztem Anbau freilich sehr beengt und eingeschränkt wurde; doch haben jene Heiligtümer der Mitte, der alte Altar, neben welchem später auch verschiedene Tempel des Mars erwähnt werden[45], eine Rennbahn für die Rennen, ein größerer Platz, welcher zu gymnastischen und militärischen Übungen diente und nicht bebaut werden durfte, sich bis in die letzten Zeiten des alten Roms erhalten. Endlich ein drittes, wahrscheinlich auch sehr altes Heiligtum des Mars befand sich beim ersten Meilensteine vor der p. Capena an der südlichen Hauptstraße, der via Appia, in einer Gegend wo sich bald eine lebhafte Vorstadt bildete.[46] Es ist dasselbe Heiligtum des Gradivus, dessen ich bereits erwähnt habe; der Tempel, worin das Bild des Gottes zwischen zwei Wölfen stand, scheint gleich nach dem Abzuge der Gallier geweiht worden zu sein (Liv. VI, 5), was die ältere Existenz eines Haines oder eines Altares nicht ausschließt. Seine überwiegend kriegerische Bestimmung zeigt sich auch darin, daß Waffen und Stücke der Beute vorzüglich dahin geweiht wurden, so wie bei anderen Gelegenheiten.[47] Der Umstand daß diese beiden dem Publikum am besten bekannten Heiligtümer, das im Marsfelde und das der Via Appia, sich außerhalb der Stadt befanden, das eine in der südlichen das andere in der nördlichen Vorstadt, hatte sogar mit der Zeit die unbegründete Meinung zur Folge, daß Mars als Kriegsgott vor August in der Stadt gar nicht verehrt worden sei.[48] Und doch scheint selbst jener Mars vor der p. Capena kein bloßer Kriegsgott gewesen zu sein, sondern in älterer Zeit auch für einen befruchtenden Gott gegolten zu haben, da bei seinem Tempel der sogenannte lapis manalis aufbewahrt wurde, ein Zylinder, welchen die Priester in Zeiten großer Dürre durch die Stadt schleiften, worauf wie man glaubte alsbald Regen erfolgte.[49] Also ein aquilicium so gut wie jene im Kulte des Jupiter erwähnten Beschwörungen; auch wissen wir daß die Anwendung ähnlicher Steine bei dürrer Jahreszeit überhaupt in Italien, namentlich auf dem Lande herkömmlich war[50], wie man sich bei anderen Völkern, den Griechen, Serben und Deutschen zu demselben Zwecke anderer Zeremonien bediente. Möglich, daß jenes Schleifen und Walzen der Steine ursprünglich nur eine sinnbildliche Darstellung des über die Felder und Raine dahin strömenden Wassers gewesen war[51]; wenigstens ist es bei solchen Gebräuchen in den meisten Fällen weniger auf einen Zauber abgesehen als auf einen bildlichen Ausdruck dessen, was man durch die begleitenden Gebete und Gelübde zu erlangen hoffte, z. B. wenn man Wasser über ein junges, mit Gras, Blumen und Kräutern bekleidetes, also die Erde darstellendes Mädchen ausgoß, oder über die Brunnensteine u. dgl. m.

Ehe wir eins der wichtigsten und heiligsten Feste des römischen Kalenders, die Feier des Mars in dem ihm heiligen Monate, dem ersten des Jahres, näher ins Auge fassen, muß von dem römischen Institute der Salier, wie dasselbe seit Numa bestand, ausführlicher die Rede sein.[52] Als der fromme Numa eines Morgens früh vor der Regia stand und seine Hände betend zum Himmel emporhob, fiel aus demselben ein Schild in seine Hände, welches er wegen seiner zu beiden Seiten ausgeschnittenen Gestalt ancile nannte.[53] Zugleich erscholl eine Stimme, der von ihm neugeschaffene Staat werde so lange blühn und alle übrigen an Macht übertreffen, als er diesen Schild, ein gewisses Unterpfand des himmlischen Segens[54], bewahren werde. Daher Numa, um jeder Entwendung zuvorzukommen, zu jenem Wunderschilde elf andere hinzuverfertigen läßt: welche Aufgabe einem wunderbar begabten Künstler, dem Mamurius Veturius so gut gelingt, daß Numa selbst das himmlische Schild nicht mehr von den irdischen zu unterscheiden vermag. Diese zwölf Ancilien wurden seitdem in der Regia neben den heiligen Speeren bewahrt; zur Obhut aber über diese Schilde und zu dem feierlichen Umzuge mit ihnen durch die Stadt im Laufe des Märzmonates stiftete Numa die zwölf Palatinischen Salier, welche ihre Curie auf dem Palatin hatten.[55] Tullus Hostilius fügte dem sabinischen Quirinus auf dem Quirinale zu Ehren ein entsprechendes Collegium von zwölf Agonalischen oder Collinischen Saliern hinzu, welche auf dem Agonalischen oder Collinischen Hügel, d. h. dem Quirinal ihren Sitz hatten und wie die Palatinischen dem Jupiter und den beiden alten Stammgöttern, Mars und Quirinius, geweiht waren.[56] Beide Collegien waren wie die übrigen priesterlichen Sodalitäten organisiert, d. h. sie ergänzten sich durch Cooptation aus den besten und edelsten Familien der Stadt und zerfielen unter sich in jüngere und ältere Mitglieder, von denen jene inihren religiösen Obliegenheiten, den Gesängen, Formeln usw. von diesen unterrichtet wurden. An der Spitze stand wie gewöhnlich ein Magister[57], neben welchem noch die Würde eines Praesul, d. h. des Vortänzers und eines Vaters d. i. vermutlich des Vorsängers erwähnt wird. Noch zur Zeit des Polybius gehörten sie zu den angesehensten priesterlichen Collegien[58]; werden die Salier später auch nicht mehr unter diesen genannt, so rechneten es sich doch immer noch selbst die Kaiser zur Ehre zu ihnen zu gehören. Ihre priesterlichen Funktionen bestanden zunächst in gewissen Opfern: namentlich ist von einem Opfer in der Regia die Rede, welches der Pontifex Max. mit Hilfe sogenannter Salischer Jungfrauen, die dazu gemietet und nach Art der Salier kostümiert wurden, darbrachte[59]; leider ist nicht gesagt an welchem Tage, doch ist zu vermuten daß es im Zusammenhange mit der Märzfeier stand und daß auch die Salier selbst dabei zugegen waren. Um so häufiger wird ihrer Umzüge durch die Stadt gedacht, bei denen sie in einem eigentümlichen, halb kriegerischen, halb priesterlichen Kostüme auftraten und gewisse altherkömmliche Tänze und Gesänge aufführten.[60] Jenes Kostüm bestand in einer bunten Tunika, über welche ein breiter eherner Gurt geschnallt wurde, einer Trabea mit purpunem Vorstoß und dem sogenannten Apex, der gewöhnlichen priesterlichen Kopfbedeckung mit dem auf der Spitze befestigten heiligen Zweige, bei den Saliern in der Form eines Helms. Ferner trug jeder an seiner Seite ein Schwert und am linken Arme das heilige Schild, in der rechten Hand aber eine kleine Lanze oder einen Stab, um damit auf dasselbe zu schlagen.[61] Der Tanz bestand aus Umgängen um die Altäre der Götter und aus allerlei verschlungnen Figuren, bei denen bald alle zusammen bald verschiedene Abteilungen abwechselnd auftraten; der Rhythmus war der des herkömmlichen dreimaligen Auftretens (tribudium), zu welchem eine Flöte den Takt angab.[62] Zu dem Tanze sangen sie die oft erwähnten Lieder, von denen oben die Rede gewesen ist, ein durch den Ursprung von Numa und religiöse Weihe geheiligtes Ganze von verschiedenen Strophen und Anrufungen zunächst der alten römischen Staatsgötter, des Janus, des Jupiter mit der Juno und Minerva, des Mars und Quirinus usw., darauf der berühmtesten Namen und Helden der Vorzeit, namentlich des Romulus und Remus, zu denen seit August auch die Namen der Kaiser und einzelner Mitglieder der kaiserlichen Familie, endlich die der Divi hinzugefügt wurden.[63] Den Schluß des ganzen Liedes bildete eine Anrufung jenes Schmiedes der Ancilien, des Mamurius Veturius.[64] Die Zwölfzahl der Schilde entspricht offenbar der Zwölfzahl der Salier, welche sich als Normalzahl solcher Sodalitäten bei den Arvalischen Brüdern und vermutlich auch bei den Luperci wiederfindet. Doch mögen die Recht haben, welche bei der Zwölfzahl der Ancilien zugleich eine sinnbildliche Beziehung auf das System der zwölf Monate annahmen, wie dasselbe von Numa geordnet wurde[65]; namentlich scheint die Benennung des Mamurius Veturius und eine eigentümliche Zeremonie, welche am Vortage des Idus des März, d. h. des Frühlings-Vollmondes vorgenommen wurde, darauf hinzuweisen. Es wurde nämlich an diesem Tage ein mit Fellen bekleideter Mensch durch die Stadt geführt und mit langen weißen Stäben aus der Stadt hinausgeprügelt, indem man ihn Mamurius Veturius nannte und für eben jenen Schmied der Ancilien erklärte, der darüber sogar zum Sprichworte geworden war[66]: ein Gebrauch, welcher so entschieden an das in Deutschland, bei den Sklaven und sonst gebräuchliche Austreiben des Winters im Monat März erinnert[67], daß man eine ähnliche Bedeutung, wenn sie sich durch andere Gründe unterstützen läßt, nicht abweisen wird. Nun ist Mamurius offenbar eine

Adjektivbildung von Mamor d. i. Mars und Veturius hängt ebenso offenbar mit vetus zusammen, dessen ursprüngliche Bedeutung die eines abgelaufenen Jahres, einer vergangenen Zeit gewesen sein muß, denn vetus ist = Fέτος d. i. annus.[68] Mamurius Veturius repräsentiert also eigentlich den Mars vom alten Jahre, weil Mars im Sinne des älteren römischen Kalenders der Monatsgott schlechthin war, der Anführer der zwölf Monate, welche zusammen das römische Jahr ausmachten, wie später Janus der Jahresgott schlechthin wurde; wobei zu beachten ist daß die Feier der Mamuralien am Vorabende des ersten Vollmonds im neuen Jahre stattfand, an welchem Tage von den Mädchen im Volke in der Anna Perenna, die mit dem jungen Mars des neuen Jahres buhlt, eine entsprechende Gestalt gefeiert wurde. Ward dieser Mamurius Veturius zugleich für den Urheber der elf nachgemachten Schilde gehalten, während das einzige echte, das wahre Unterpfand des Heils, für ein vom Himmel gefallenes, also für eine Gabe des Jupiter galt, so hatte dieses wohl keine andere Bedeutung als daß die ewige Regel alles Wechsels der Monde, die sich an jedem Idustage mit jedem Vollmonde von neuem ankündigte, von Jupiter als dem Urheber alles Lichtes und dem höchsten Gotte im Himmel abgeleitet werden sollte, das Vergängliche aber und Ablaufende in dieser Erscheinung, indem aus zwölf Monaten ein Jahr wurde und darauf dem alten Jahre ein neues folgte, von dem endlichen und irdischen Künstler.

Verfolgen wir die ganze Feier des Märzmonats, welche während der längsten Dauer der Republik eine der heiligsten und populärsten in Rom war, durch ihre einzelnen Akte und nach ihren vollständigen Zusammenhange, so ist damit zurückzugehn bis auf die Lupercalien des 15. Februar, welche als Reinigungs- und Befruchtungsfest des dem Palatinischen Mars nahe verwandten Faunus Lupercus in älterer Zeit gewiß auch in direkter Beziehung zur Frühlings- und Neujahrsfeier im Monate März standen. Zwei Tage darauf wurden die Quirinalien gefeiert und in derselben Zeit bis zum 21. Februar die Feralien als Totenfest des alten Jahrs, endlich am 23. die Terminalien zum Beschluß der ganzen abgemessenen Frist der letzten Vergangenheit. Bald darauf, am 27. Februar[69], begann mit den *Equirien* im Marsfelde der erste Akt der Feier des Mars, in älterer Zeit vielleicht ein Wettrennen, wie es noch jetzt beim Karneval zu Rom im Corso gehalten wird, später aber ein Wettfahren, wie die gewöhnlichen zirzensischen Übungen.[70] Gewöhnlich wurde es im Marsfelde, in der Nähe jener alten ara Martis gehalten, ausnahmsweise, wenn die in dieser Jahreszeit nicht seltenen Überschwemmungen des Tiber das Rennen an jener Stelle untunlich machten, in der Gegend des Caelius, vermutlich beim Lateran.[71] Darauf begann an den *Kalenden des März* die eigentliche Frühlings- und Neujahrsfeier, mit der mehrfach erwähnten Feier der Matronen zu Ehren des Mars und der Juno und vielen anderen Neujahrsgebräuchen, welche später zum Teil auf die Kalenden des Januar verlegt wurden, großenteils aber doch für immer an denen des März haften blieben. So wurde an diesem Tage noch später das Feuer der Vesta neu entzündet, die Türen der Regia und des Vestatempels, auch die der Curien und der Häuser der Flamines mit frischem Lorbeer bekränzt, den Lehrern das Jahresgeld bezahlt, von Senat und Bürgerschaft eine kurze Sitzung zum guten Anfang gehalten und vom Senate an diesem Tage auch die Verpachtung des sogenannten Vectigalia, d. h. der Nutzungen und indirekten Steuern vorgenommen.[72] Auch die Salier scheinen gleich an diesem Tage ihre Opfer und feierlichen Umzüge mit den Ancilien begonnen zu haben; wenigstens wissen wir daß sie während der ganzen Dauer des März durch ihre religiösen Verpflichtungen in Anspruch genommen wurden[73], und einige Kalender nennen den ersten März ausdrücklich als den Geburts-, d. h. Stiftungstag des Mars und den Tag, wo das Ancile vom Himmel gefallen sei[74], was also auf die Stiftung des sacrarium Martis in der Regia deutet. Am 7. März fand wieder eine Feier des Mars statt, diesmal in Verbindung mit Jupiter und Vejovis[75], doch bleibt der nähere Zusammenhang unklar. Einen neuen Aufschwung nahm die Feier mit den Idus, dem alten Festtage des Jupiter, zu dessen Verherrlichung die Salier nicht weniger als zu der des Mars und Quirinus bestimmt waren. Schon am Tage vor den Idus gab es nicht bloß die Feier der *Mamuralien*, sondern auch ein neues Wettrennen im Marsfelde.[76] An den Idus folgte jene volkstümliche Feier der Anna Perenna und ein feierliches Opfer des Jupiter auf dem Capitole unter der Oberaufsicht des Pontifex Maximus und der Virgo Maxima, bei welchem für das Heil des Staates geopfert und um allen guten Segen für das neue Jahr gebetet wurde, jedenfalls unter Beteiligung der Salier, da unter den verschiedenen Gegenden der Stadt, die sie mit ihren Umzügen berührten und an denen sie ihre heiligen Tänze aufführten, ausdrücklich das Comitium und das Capitol genannt wird.[77] Auch der Umstand daß die Consuln in den besten Zeiten der Republik, vom Jahre 531 bis 601 d. St., an den Iden des März ihr Amt antraten, ist ein Beweis der hohen Bedeutung dieses Tags, an welchem also damals auch jene später auf die Kalenden des Januar verlegten Opfer und Gebete der zuerst amtlich auftretenden Consuln stattgefunden haben werden. am 17. März folgte eine Frühlingsfeier des Liber Pater, bei welcher die Salier gleichfalls mitwirkten; wenigstens wurden an diesem Tage neben den Liberalia auch Agonia gefeiert, welche speziell den Mars und die Salier angingen, namentlich die Agonalischen Salier des Quirinals.[78] Zwei Tage darauf, am Tage der Quanquatrus finden wir die Salier mit den Pantifices und dem Tribunus Celerum auf dem Comitium beschäftigt, sie tanzend, während die Pontifices vermutlich opferten[79], vielleicht zur Erinnerung an den Bund des Romulus und T. Tatius, welcher der Sage nach auf dem Comitium abgeschlossen worden war und sowohl von der Sage als in dem Rituale des von Numa begründeten Kultus mit dem Raube der Sabinerinnen und der Frühlingsfeier des Mars in unmittelbare Verbindung gebracht wurde.[80] Weiter folgte am 23. März, dem Tage des Tubilustrium, ein neuer Umzug der Salier und eine gemeinschaftliche Feier des Mars und der Nerio, während das tubilustrium selbst ein Reinigungsfest der beim Gottesdienste gebrauchten Tuben und anderes heiliges Gerätes war, welches in dem sogenannten Schusterhofe (Atrium Sutorium) auf dem Palatin begangen wurde.[81] Endlich waren die Salier auch bei einer zweiten Feier auf dem Comitium, einem Sühnopfer, welches am 24. März unter der Leitung des Rex Sacrorum vollzogen wurde, beteiligt.[82] Also eine ganze Reihe von gottesdienstlichen Akten, wo je nach der Bedeutung des Tags neben Mars andere Götter gefeiert wurden, an den Kalenden Janus und Juno, an den Nonen Vejovis, an den Iden Jupiter, an den Quinquatrus Minerva oder Nerio, und dabei wahrscheinlich immer Umzüge mit den Ancilien und Tänze der Salier bald bei diesen, bald bei jenen örtlichen Heiligtümern der Stadt aufgeführt wurden.[83] Diese ganze Zeit hindurch war das alte Heiligtum des Mars in der Regia geöffnet und die Ancilia in Bewegung (movebantur), bis sie endlich wieder zur Ruhe gebracht (condebantur), d. h. in jenem Heiligtume wieder aufgehängt und das Heiligtum selbst wieder geschlossen wurde[84]: eine Zeit der kriegerischen Bewegung und Aufregung der ganzen Stadt, in welcher sich die ältere Zeit eben deshalb alle wichtigeren Unternehmungen enthielt. Auch galten alle in dieser Zeit abgeschlossenen Ehen für bedenklich, da sie eine stürmische Zukunft befürchten ließen, und die Gemahling des Flamen Dialis mußte während der ganzen Dauer dieser Umzüge ihr Haar ungekämmt lassen. Während der Umzüge aber wurden die Ancilia an verschiedenen Stellen aufbewahrt, wie sie sich z. B. am Vorabende der Idus des März, an welchen Cäsar ermordert wurde, bei diesem als Pontifex Max. befanden[85], zu anderen Zeiten in eigens zu diesem Zwecke gestifteten Mansiones Saliorum, d. h. Einkehrshäusern der Salier und der Ancilien für die Nacht und die Zeit der Mahlzeiten, welche immer so prächtig und üppig ausfielen, daß sie wie die der Pontifices in ihrer Art sprichwörtlich geworden waren.[86]

Im weitern Verlaufe des Jahrs brachte, soviel wir wissen, der römische Kalender nur im Juni und im Oktober neue Feste des Mars, an den Kalenden des Juni jene gemeinschaftliche Feier der Juno und des Mars, bei welcher diesem namentlich in dem Tempel an der Appischen Straße gehuldigt wurde (Ovid F. VI, 191), an den Iden des Oktober neue Rennen im Marsfelde und dabei das merkwürdige Opfer des Oktoberpferdes.[87] Der ganze Zusammenhang dieses alten Gebrauchs scheint dieser gewesen zu sein. Zuerst fand wie gewöhnlich das Rennen zu Ehren des kriegerischen und ritterlichen Gottes statt, dann wurde das Handpferd des Gespanns, welches bei diesem Rennen gesiegt hatte, an jenem alten Altare des Mars geopfert, und zwar *ob frugum eventum*, d. h. zum guten Gedeihn der neuen Aussaat; daher das Haupt des zu opfernden Pferdes mit einem Kranze von Broten behangen wurde, wie beim Feste der Vesta die Esel als Gehilfen der Müller.[88] Dem Haupte und dem Schwanze des geopferten Pferdes wurde eine besondere Kraft der Sühnung zugeschrieben, daher sich um das Haupt ein hitziger Kampf zwischen zwei der ältesten Stadtquartiere erhob, dem der Subura und dem der Sacra Via. Die Bewohner von jenem nagelten es, wenn sie es erlangten, an den Mamilischen Turm, die der Sacra Via an die Mauer der Regia[89], vermutlich weil man glaubte daß das dort angenagelte Haupt seinen Segen über das ganze Quartier verbreiten werde. Der Schwanz wurde so schnell als möglich in die Regia getragen, wo man das Blut auf den Altar der Vesta träufeln ließ, worauf die Vestalinnen aus diesem geronnenen Blute und anderen Ingredienzien das Räucherwerk bereiteten, dessen man zu den Sühnungen der Palilien bedurfte.[90] Es war eine schreckliche Parodie dieses altertümlichen Gebrauchs, als nach den Triumphen Cäsars im J. 46 v. Chr., wie es scheint zur Sühne einer Meuterei unter den Soldaten, auf dem Marsfelde zwei Menschen von den Pontifices und dem flamen Martialis geopfert und ihre Köpfe gleichfalls an der Regia, wo Cäsar als Pontifex Max. wohnte, angenagelt wurden (Dio XLIII, 24). – Endlich scheint auch das am 19. Oktb. gefeierte Armilustrium vorzugsweise dem Mars gegolten zu haben, eine im Armilustrium am Aventin begangene Zeremonie, welche aus einem Opfer unter dem Schall der heiligen Trompeten und einem Umzuge mit den zu lustrirenden Waffen bestand, für welche Varro l. l. VI, 22 die Ancilien nennt.[91]

Inzwischen fand mit der Zeit auch in diesen Kreisen immer mehr die griechische Kunst und die griechische Fabel Eingang, so daß die älteren Kulte des Palatin und Quirinal zuletzt vergessen und verkannt und dafür mit neuen Ideen und nach neuen Mustern auch dem Mars neue Tempel und neue Kulte gestiftet wurden. Schon der T. des Mars, den D. Iunius Brutus Callaicus, der Consul des J. 138 v. Chr. auf Veranlassung eines kriegerischen Erfolges gelobt und der griechische Architekt Hermodor aus Salamis in der Nähe des Circus Flaminius erbaut hatte, scheint speziell zur Aufnahme von griechischen Kunstwerken, namentlich eines sitzenden Colosses des Mars von der Meisterhand des Scopas gedient zu haben.[92] Ganz im Sinne der neuen Zeit und im Familieninteresse des Julischen Geschlechtes, welches zugleich die Venus und den Mars verehrte, erfolgte dann die Stiftung eines neuen Dienstes des *Mars Ultor* durch Augustus. Schon Cäsar hatte, da er die Venus Genitrix auf seinem Forum verherrlichte, auch einen T. des Mars von solcher Pracht und Größe, wie man ihn sonst nirgends fände, erbauen wollen.[93] August nahm diesen Gedanken seines Adoptivvaters wieder auf, indem er zugleich dessen persönliches Andenken und das an die göttliche Strafe, welche seine Mörder getroffen hatte, damit vereinigte. Er gelobte nämlich in dem Kriege gegen Brutus und Cassius 42 v. Chr. dem Mars einen T. pro ultione paterna, daher der Name Mars Ultor, dessen glänzender Tempel zugleich mit dem forum Augusti in Angriff genommen wurde, aber erst im J. 2 v. Chr. eingeweiht werden konnte. Inzwischen erfolgte im J. 20 die Rückgabe der von Crassus an die Parther verlornen Feldzeichen, zu deren Aufnahme August einen kleineren Tempel des Mars Ultor auf dem Capitole erbauen ließ, ein Gegenstück zu dem wiederhergestellten T. des Jupiter Feretrius, in welchem sich, wie man aus häufigen Abbildungen auf römischen und asiatischen Münzen der Zeit sieht, außer den wiedergewonnenen Feldzeichen auch ein Standbild des Mars befand, der in der R. einen Legionsadler, in der L. ein anderes Feldzeichen trug. Die Einweihung dieses Tempels erfolgte schon im J. 19 oder 18 v. Chr., also geraume Zeit vor der des größeren.[94] Dieser letztere, welcher auf dem gewöhnlich forum Augusti, ausnahmsweise auch f. Martis genannten Platze lag und in einigen Trümmern noch vorhanden ist, war einer der prächtigsten in der ganzen Stadt, von innen und von außen geziert mit vielen kriegerischen Ehrenzeichen, kostbaren Kunstwerken und mit Erinnerungen an Aeneas und die Ahnen des Julischen Geschlechts bis hinab zum Divus Julius, während die beiden göttlichen Ahnen dieses Geschlechts, Mars und Venus, in seinem Innern durch eine entsprechende Gruppe vergegenwärtigt waren.[95] Das Einweihungsfest dieses Tempels wurde am 12. Mai unter persönlicher Beteiligung des August mit außerordentlich kostbaren und glänzenden Spielen begangen[96]; die bei Dio LV, 10 in einem Auszuge erhaltene Consecrationsurkunde[97] bestimmte unter anderen Auszeichnungen, daß die jungen Cäsaren nach Anlegung der toga virilis in diesem Tempel opfern, der Senat in ihm über Krieg und Frieden und über die erteilende Triumphe beraten, die zur Verwaltung der Provinzen bestimmten Magistrate von hier in dieselben abgehen, die zurückkehrenden Sieger hier die Attribute ihres Triumphs niederlegen sollten; auch sollten in seiner Nähe alle Triumphatoren älterer und neuerer Zeit in ehernen Bildsäulen verewigt, in ihm alle etwa verlornen und wiedereroberten Feldzeichen aufgestellt werden. So wesentlich war es hier, wie sonst bei den Stiftungen des August, auf eine Verschmelzung des Ruhms der Julier und der Ansprüche ihrer Dynastie mit dem des römischen Namens überhaupt abgesehn.

2. *Quirinus*

Quirinus ist der sabinische Mars als Stammgott von Cures und seiner Bürger, der Quiriten, wie der Albanische Mars der Stammgott der palatinischen Römer war. Deshalb galt jener für den Vater des Gründers von Cures Modius Fabidius, wie der Albanische Mars für den der römischen Zwillinge. Die Wurzel des Namens ist quiris oder curis d. i. auf sabinisch die Lanze, welche so gut das Symbol des sabinischen als des latinischen Mars war. Überhaupt haben wir gesehen daß Mars durch ganz Italien, sowohl bei den Sabinern als bei den Latinern, der nationale Frühlings-, Feld- und Kriegsgott war, daher es nicht auffallen kann, daß dieser Gottesdienst neben seiner allgemeinen Geltung und dem gewöhnlichen Namen hin und wieder eigentümliche und lokale Formen und Namen angenommen hatte. In Rom entstand dadurch der alten Verdoppelung der beiden Stämme, der Latiner auf dem Palatin und der Sabiner auf dem Quirinal, entsprechend eine lokale Verdoppelung des Marsdienstes, welche die römischen Altertumsforscher wohl bemerkt haben, aber sich nicht zu erklären wußten[98], während die Griechen den Mars gewöhnlich in ihren Ares, den Quirinus in ihren Enyalios übersetzen, welche beiden Götter der griechischen Mythologie bekanntlich gleichfalls nur verschiedene Formen eines und desselben nationalen Kriegsgottes waren. Der historische Grund des Unterschieds war darin angedeutet, daß Quirinus für den Gott der mit T. Tatius von Cures nach Rom übergesiedelten und auf dem Quirinale angesiedelten Sabiner galt.[99] An dem Abhange dieses Hügels, in der Gegend von S. Anderea, lag auch das alte Heiligtum des Quirinus und in seiner Nähe das des gleichfalls nationalen Gottes oder Halbgottes Dius Fidius, des sabinischen Hercules. Die große Wichtigkeit dieses Gottesdienstes für die ältere Zeit ist daran zu erkennen, daß Numa den Quirinus neben dem Mars unter die Götter seines Systems aufnahm und dem entsprechend auch dem flamen Quirinalis seine eigene Stelle unter den drei sogenannten Flamines majores anwies[100], ferner daran daß noch Tullus Hostilius dem Quirinus zu Ehren ein zweites Collegium der Salier stiftete. Auch ist der flamen Quirinalis, der sich zur Zeit der Gallischen Not um die Rettung der Heiligtümer der Vesta so verdient machte, immer ein sehr angesehener Geistlicher geblieben, und die Beibehaltung des Schwurs beim Mars und Quirinus in alten Schwurformeln[101] samt anderen Merkmalen alter Tradition beweist, daß der Kultus auch hier konservativer war als die populäre Meinung, für welche Quirinus bekanntlich später für identisch mit dem vergöttlichten Romulus galt. Durch diese Identifikation von zwei ursprünglich ganz verschiedenen Wesen ist denn freilich die Bedeutung des alten nationalen Stammgottes von Cures Quirinus ebensosehr verkürzt, als die des römischen Stadt- und Nationalheroen Romulus erhöht worden.

Gewisse Merkmale der alten Bedeutung und Geltung des Quirinus lassen sich indessen noch jetzt nachweisen. So ist wohl zu beachten daß der flamen Quirinalis außer dem Dienste des Quirinus am 25. Dec. mit den Pontifices ein jährliches Opfer am Grabe der Acca Larentia, ferner am 25. April das jährliche Opfer des Robigus, damit der Kornbrand nicht schade, zu bringen, endlich mit den Pontifices und dem Vestalinnen zusammen am 7. Juli und 21. Aug. die Feier der Conualien zu besorgen hatte[102]: lauter alte Gottheiten der Flur und des Erdbodens, so daß also auch Quirinus notwendig in ähnlicher Weise ein Gott der Flur und des Ackerbaus gewesen sein muß als Mars. Dazu kommt die Verehrung der *Hora Quirini* und sogenannter *Virites Quirini* nach den Auszügen aus priesterlichen Gebetsurkunden bei Gellius (S. 50, 1), welche Namen gleichfalls auf einen Gott der Befruchtung, sowohl des Feldes als der Ehe deuten. Die Virtis Quirini hängen nämlich höchst wahrscheinlich mit virere und virescere zusammen, wie die nachgewiesenen Virae Querquetulanae und die Vires der Diana und ihr Schützling Virbius und Visidianus, der Schutzgott von Narnia.[103] Die Hora Quirini aber, welche auch in den Annalen des Ennius vorkam[104], war den Andeutungen Ovids Met. XIV, 832 ff. zufolge identisch mit der *Hersilia*, d. h. der zur Göttin gewordenen Gemahlin des Romulus Quirinus, welche auf den Romulus aber erst nach seiner Identifizierung mit dem sabinischen Quirinus übertragen sein kann. Juno sagt dort zur Hersilia, wenn sie ihren Gemahl wiedersehn wolle, so solle sie mit ihr gehn zu dem Haine, welcher dem Quirinus auf seinem Hügel grüne.[105] Als sie hingegangen sind, fällt ein Stern vom Himmel und auf den Scheitel der Hersilia, worauf sie verschwindet und von Romulus unter dem Namen der Hora Quirini in seinen Tempel aufgenommen wird.[106] Also eine Göttin gleich der sabinischen Nerio, der Gemahlin des Mars, welche auch zugleich als weiblich hingebend und als kriegerisch und neben dem Mars als Schutzgöttin der Ehe gedacht wurde. Neben diesen Beziehungen zur Natur und Fruchtbarkeit aber wurde Quirinus wie Mars doch vorzugsweise als ein Gott der Waffen und des Kriegs gedacht und verehrt.[107] Sein Bild scheint das eines bärtigen, in einem halb kriegerischen, halb priesterlichen Schmucke dasitzenden Mannes gewesen zu sein.[108]

Plinius erzählt H. N. XV, 29, 36, daß vor dem alten Tempel des Quirinus lange zwei Myrten gestanden hätten, von denen die eine die patrizische, die andere die plebejische hieß. Viele Jahre habe die patrizische Myrte ein fröhlicheres Wachstum gehabt, während die plebejische verkümmerte, solange eben der Senat oben auf und der gemeine Mann zurückgesetzt gewesen sei. Dann aber, während des Marsischen

Kriegs, als die Demokratie die Aristokratie überflügelte, sei die plebejische Myrte auf einmal mächtig aufgeschossen, die patrizische aber verwelkt und eingegangen. Diese beiden Bäume erinnern sehr an die beiden Lorbeern im Heiligtume des Mars in der Regia (Iul. Obseq. 78), und man darf wohl vermuten, daß beide Pflanzungen, die Myrten vor dem T. des Quirinus und die Lorbeern im Heiligtume des Mars, sinnbildlich dasselbe bedeuten sollten, das fröhliche Gedeihen des vereinigten populus Romanus Quiritum unter dem Schutze der beiden alten Stammgötter: bis eine spätere Zeit bei jenen Myrten nicht mehr an die beiden Stämme der Vorzeit, sondern an die feindlichen Stände der Patrizier und Plebejer dachte. Der Apollinische Lorbeer bedeutete Reinheit und Erneuerung, die Myrte aber, das Laub der Venus, Befruchtung und Einigung; daher die Sage ging, daß die Römer und die Sabiner, als sie nach blutigem Streit zur Verbündung geschritten, sich beim Heiligtume der Venus Cluacina mit Myrtenzweigen gereinigt hätten. Wird doch selbst die Stiftung des Dienstes des Quirinus gewöhnlich auf jenen ältesten Bund und Vertrag zwischen den Römern und Sabinern und ebenso der Name Quiritis auf denselben ältesten Grundvertrag des römischen Bürgerrechts und Stadtfriedens bezogen.[109] Vielleicht hängt es damit zusammen daß man später den Qirinus als einen ruhigen und friedlichen Gott dem Mars Gradivus geradezu entgegensetzte (Serv. V. A. 1, 292).

Leider läßt sich die Zeit, wo der erhöhte Romulus und Quirinus zu einer Person verschmolzen, nicht näher bestimmen; jedenfalls kann es nicht eher geschehen sein, als nachdem das Bewußtsein von jener ältesten Tatsache der römischen Geschichte, der Verdoppelung der Bürgerschaft durch Verbündung der Römer und Sabiner, verlorengegangen war. Seitdem ist Romulus Quirinus als alleiniger Stammheros an die Stelle der beiden alten Stammgötter eingerückt, wie die Formel Populus Romanus Quirites oder Quiritium ursprünglich eine Verdoppelung ausgedrückt hatte, aber später nur das eine Volk der römischen Bürger bezeichnete. Gewiß ist, daß zur Zeit des Cicero und der Dichter des Augusteischen Zeitalters Romulus und Quirinus allgemein für dieselbe Person galten.[110]

Das jährliche Fest des Quirinus, die *Quirinalia*, fiel auf den 17. Februar, also in die Annäherung des Frühlings. Leider hören wir von demselben nur auf Veranlassung der Fornacalien, bei welchen denen, welche sich zu keiner bestimmten Curie hielten, eine eigene Feier auf den Tag der Quirinalien angesagt wurde, welchen man deshalb auch den Festtag der Narren, Stultorum ferias nannte.[111] Der alte Tempel des Quirinus wurde im J. 461 (293 v. Chr.) von L. Papirius Cursor nach einem Gelübde seines Vates von neuem erbaut und mit den Spolien der Samniter und einer Sonnenuhr, der ersten in Rom geschmückt.[112] In diesem Tempel wurde, als Quirinus schon allgemein für den göttlichen Romulus galt, dem Cäsar als seinem Abkömmling eine Statue mit der Inschrift „dem unbesiegten Gotte" errichtet.[113] Augustus, welcher sich gleichfalls für einen Abkömmling des Romulus hielt und sich gerne einen zweiten Romulus nennen hörte, stellte den durch Alter und Brand beschädigten Tempel des Quirinus noch einmal her, seit welcher Zeit (er wurde im J. 15 v. Chr. eingeweiht) das Gebäude ein sehr prächtiges und von einer doppelten Säulenhalle umgeben war.[114]

3. *Picus und Picumnus und Pilumnus*

Es ist wieder ein recht deutlicher Beweis von dem märchenhaften Zuge der älteren italischen und latinischen Volkssage, daß aus dem picus Martius, dem heiligen Waldvogel des Mars, im Laufe der Zeit ein Walddämon und ländlicher Schutzgeist, ja in den Sagen der Laurenter sogar ein König und streitbarer Held werden konnte. Als silenenartiger Dämon des Waldes, der die Quellen liebt und weissagerischen Geistes ist, tritt Picus neben dem gleichartigen Faunus auf in dem Märchen bei Ovid F. III. 291 ff., wo Numa beide Dämonen[115] an einer Quelle am Aventin auf dieselbe Weise fängt wie Midas den Silen. In anderen Sagen erscheint er als ein Dämon des Ackerbaus, namentlich des Düngens, daher man ihn einen Sohn des Stercutus, d. h. des Saturnus und den Stifter eines Altares des Stercutus in Rom nannte, offenbar wegen der sterquilinischen Neigungen des Wiedehopfes, an dem solche Unsauberkeit auch sonst in allerlei unpoetischen Beinamen hervorgehoben wird. Wieder andere Sagen oder Kulte nannten ihn Picumnus und neben ihm als seinen Bruder und Doppelgänger den Pilumnus, von denen jener die Düngung der Felder erfunden habe und deshalb Sterculinus genannt worden sei, dieser das Stampfen des Getreides (pinsendi frumenti usum), daher er von den Bäckern (a pistoribus) verehrt werde, deren Mörserkeule (pilum) nach ihm benannt sei[116]: eine volkstümliche Unterscheidung der zwei nahe verwandten, sonst oft verwechselten Vögel, des Stänkers Wiedehopf (upupa, ἔποψ) und des Stampfers Specht (picus, δρυοκολάπτης), welcher also hier zu einem Schutzpatron der pistores geworden war. Gewiß ist, daß Picumnus auch sonst beim Volke für einen ländlichen Dämon galt[117], daher eine Sage ihn zum Gemahl der Pomona machte, wähend Pilumnus in der Sage von Ardea für den Ahnherrn des Königs Turnus galt. Ja Picumnus und Pilumnus hatten selbst in den Gebetsurkunden des römischen Volks eine Stätte gefunden, als Schutzgötter der Kindbetterinnen und kleinen Kinder, daher ihnen, wenn auf dem Lande ein Kind geboren war und dessen Lebenskräftigkeit nach altem Brauche dadurch, daß man es auf die Erde stellte geprüft wurde, als Göttern des ehelichen Kindersegens im Atrium ein Speiselager bereitet wurde[118], doch wohl vermöge der gewöhnlichen Gebrauche erzählt Varro bei Augustin C. D. VI. 9, nämlich daß drei Götter um Schutz für eine Kindbetterin angerufen wurden, damit Silvanus nicht zur Nacht in das Haus schleiche und der Mutter Gewalt antue, und daß um diesen Schutz sinnbildlich auszudrükken, drei Männer in der Nacht um das Haus gingen und beide Schwellen (der Vorder- und der Hintertüre) zuerst mit einem Beile, dann mit einer Mörserkeule (pilum) schlugen, endlich drittens mit einem Besen abfegten: drei Sinnbilder der menschlichen Kultur (weil die Bäume mit dem Beile behauen, das Getreide mit der Keule gestampft, die Feldfrucht mit dem Besen zusammengefegt werde), welche Silvanus so wenig vertragen konnte als in den deutschen Sagen die Riesen des Gebirgs den Pflüger im Tale. Nach jenen drei Handlungen wurden diese Schutzgottheiten der Wöchnerin genannt Intercidona von dem Einschnitte des Beils (a securis incisione), Pilumnus von der Mörserkeule und Deverra von dem Fegen des Besens. Das Fegen der Schwelle erinnert an den Ausfeger (everriator) im Totenhause und ähnliche Gebräuche.[119] Wenn nämlich ein Toter in einem Hause war, so wurde dasselbe mit einer eigenen Art von Besen ausgefegt, doch wohl auch zum Schutze vor bösen und gewalttätigen Dämonen. Endlich als König und als streitbarer Held erscheint Picus in der Sage der Laurenter, die ihn einen Sohn des Saturnus und den Vater des Faunus nannte. Virgil Aen. VII, 170 ff., schilderte seinen Palast mit sehr poetischen Farben, wo aber doch eine altertümliche Überlieferung durchschimmert, Waldeinsamkeit und altherkömmlicher Glaube der Väter, so daß diese angebliche regia Pici zu Laurentum wohl eigentlich ein altes nationales Waldheiligtum des Mars und seines heiligen Vogels gewesen sein möchte, wie das der Aboriginerstadt Tiora Matiene. Dort pflegten die Könige des Landes ihre Würde zu empfangen und einzuweihen, dort sich mit ihren Ältesten zu beraten, dort die Opfermahlzeiten und alle festlichen Schmäuse zu halten. In der Vorhalle sah man die Bilder der Ahnen, des Italus und des Sabinus, des Janus und des Saturnus und anderer alter Könige und Helden, an den Säulen aufgehängt die erbeuteten Waffen, Kriegswagen und Beile, die

Riegel gesprengter Tore und Schiffsschnäbel. Picus selbst aber thronte mit aufgegürteter Trabea, mit dem lituus und am linken Arm ein ancile tragend, der riesige Picus, den seine Gattin Circe in einen Specht verwandelte: so daß er also wie alle alten Könige zugleich als Augur und als Krieger gedacht wurde.[120] Das Märchen von seiner Verwandlung wird ausführlich erzählt von Ovid Metam. XIV, 313–434, welcher dabei eines jugendlichen und reichlich bekränzten Bildes des Picus mit einem Specht auf dem Haupte gedenkt. Immer ist es die Eifersucht und der Zauber der Circe, welche den jungen Ritter in einen Vogel verwandelt, doch nannten einige Circe als seine Gattin, andere die Fruchtgöttin Pomona, noch andere, mit ihnen Ovid, die schöne und gesangreiche Quellnymphe Canens.[121] Picus war ebenso schön als tapfer, in den besten Jahren der Jugend, ein großer Jäger, der Liebling aller Wald- und Quellnymphen von Latium. Er aber liebte nur die eine Canens, die Venilia auf dem Palatium dem Janus geboren hatte. Sie war schön, aber noch schöner war ihr Gesang, nach welchem man sie Canens nannte; wie Orpheus vermochte sie Wälder und Steine zu bewegen, wilde Tiere zu zähmen, den Lauf der Ströme und den Flug der Vögel zu hemmen. Einst, während sie sang, ging Picus auf die Jagd auf mutigem Roß, mit zwei Jagdspeeren bewaffnet und mit einem pupurroten Kragen bekleidet, den vorne eine goldne Spange zusammenhielt. Da sieht ihn Circe, die eben im Walde Kräuter liest und lockt ihn in Liebe entbrennend in den tiefen Wald. Er aber will von keiner anderen Liebe wissen; da verwandelt ihn Circe in den gleichnamigen Vogel, der sich deshalb so scheu in die Wälder zurückzieht und in seiner Wut mit seinem Schnabel in die harten Stämme und die langen Äste der Bäume hackt. Von dem Purpur des Kragens und dem Golde der Spange sieht man die Spur an seinem Gefieder. Die treue Canens suchte ihn sechs Tage und sechs Nächte, ohne Speise und ohne Schlaf, durch Täler und Wälder, bis sie zuletzt am Tiber ermattet hingesunken unter Tränen und süßen Gesängen hinstarb, nur noch ein Hauch, der in der Luft zerfließt. Aber alte Lieder nennen den Ort nach ihrem Namen „zur süßen Stimme". Es braucht kaum hinzugesetzt zu werden daß diese Canens, die Tochter des Ursprungs und der Welle, die Geliebte des einsamen Waldvogels, nichts weiter ist als eine Personifikation des Gesanges in seiner ältesten Wirkung und Bedeutung, wie er aus den Stimmen der Natur, aus Wäldern, Flüssen und Quellen in süßen und lockenden Klängen hervortönt als Gesang der Musen und Nymphen, als Orakel oder als Zauber. Im weiteren Verlaufe dieser Untersuchungen werden sich noch manche andere Spuren finden, daß das alte Italien für solche Naturlaute und Naturwirkungen nicht minder empfänglich war als das alte Griechenland und alle Volkssagen und Volksmärchen.

4. Faunus und Fauna

Dennoch ist Picus, da er wesentlich nur Symbol des Mars war, niemals eigentlicher und selbständiger Kultusgott gewesen, wie sein naher Verwandter Faunus: einer der ältesten und volkstümlichsten Götter Italiens, dessen Eigentümlichkeit und große Wichtigkeit für den Volksglauben man sich oft deswegen hat entgehen lassen, weil er in Rom sehr bald mit dem griechischen Pan identifiziert und wie sein historischer Doppelgänger Evander aus Arkadien hergeleitet wurde. Und doch ist schon der Name ganz italisch, denn Faunus ist der Gute, der Holde, von faveo, wie Faustus und Faustulus und der befruchtende Frühlingswind Favonius. In umbrischen Sprachdenkmälern findet sich das Wort fons in der verwandten Bedeutung von gnädig und hilfreich[122], und wirklich hießen die oft im Plural gedachten Faune in der Volkssprache auch Fones. Auch zeugt eben jene alte griechische Übersetzung des italischen Namens durch Evander für die Richtigkeit der Erklärung, die den Alten nicht entgehen konnte.[123] Also ein guter Geist der Berge, der Triften, der Fluren, orakelnd und den Acker, das Vieh und die Menschen befruchtend, ein Stifter milder und frommer Sitte, alter König und Urheber vieler alter Geschlechter: das sind etwa die Grundzüge eines Glaubens, der durch ganz Italien galt und den auch Varro bei Serv. V. A. VIII, 275 als einen alten italischen und römischen bezeichnet. Im Volke war der Glaube an diese guten Geister der Flur und des Waldes so lebendig und eingewurzelt, daß die Bauern in der Umgegend von Rom fort und fort behaupteten, man sähe sie oft auf den Feldern.[124]

Den gewöhnlichen Volksglauben schildert am besten Horaz Od. III; 18, zu welchem Gedichte die ländlichen Faunalien, wie sie an den Nonen des December gefeiert wurden, Veranlassung gegeben haben.[125] „Faunus, sagt der Dichter, wenn du die flüchtigen Nymphen haschest, gehe mir gnädig über meine Grenzen und sonnigen Fluren[126] und lasse mir die junge Zucht der Trift ungeschoren. Schlachte ich dir doch jährlich, wenn deine Zeit kommt, ein zartes Böcklein, fülle dir die Becher reichlich mit Wein, dem Gesellen der Liebesgöttin, auch duftet der Väter Altar von reichlichem Weihrauch. Alles Vieh hüpft auf der Weide, wenn deine Nonen wiederkehren, das ganze Dorf, mit ihm der Pflugstier feiert dich auf den Wiesen, kein Lamm fürchtet sich vor dem Wolfe. Der Wald streut dir seine Blätter und der Bauer trampelt mit lustigem Tanzschritt auf der Erde, die sonst seine Plage ist". Verliebt ist Faunus wie alle Befruchtungsgötter; die junge Herde soll er verschonen, weil er wie alle Dämonen, wenn man sie vernachlässigt, tückisch wird. Daß er sonst die Herde mehrt und vor dem Wolfe schützt, deutet das Gedicht selbst an, und Faunus wurde deshalb bei den Hirten allgemein als *Inuus* verehrt und als *Lupercus*. Inuus ist der Bespringer, ab ineundo[127], zunächst im Sinne der tierischen Begattung, Lupercus der Wolfsabwehrer, in der nächsten Bedeutung als Beschützer der Herde[128], in der entfernteren als Austreiber des Winters durch die Erneuerung des Jahres im Frühlinge. Wir werden beide Eigenschaften bei den römischen Lupercalien wieder zusammenfinden. Einstweilen mag das Castrum Inui an der Küste von Ardea, wahrscheinlich eine alte latinische Hirtenstation (Virg. Aen. VI, 775), die populäre Geltung dieses Namens beweisen.

In anderen Überlieferungen des Volksglaubens erscheint Faunus oder als Kollektivbegriff das Geschlecht der Faune mehr nach Art des nahe verwandten Silvanus als Waldgeist, der im tiefen Wald haust, in verborgenen Höhlen oder an rauschenden Quellen, wo er weissagt oder die Vögel fängt und die Nymphen jagt. Den Menschen tritt er in solchen Erzählungen meist nur geisterhaft, mahnend und schreckend entgegen, mit gewaltiger Stimme aus dem Walde rufend, so daß alle Herzen erbeben, oder mit allerlei dämonischer Plage des Schlafes und Traumes, wie die alten Gallier sie von ihren Dusiern, die Deutschen von ihren Schraten erzählten.[129] Namentlich ist bei den Römern oft von den Stimmen und Rufen des Faunus die Rede, welcher dadurch mehr als eine Schlacht entschieden haben soll, indem er die Brust der Feinde mit panischem Schrecken erfüllte.[130] Oder man dachte sich dieselben Wesen wie Geister umherschleichend, daher die Hunde in Italien dem Faunus und der Mutter aller guten Geister gesellt wurden, wie in Griechenland der Hekate, weil die Hunde Geister sehen, namentlich glaubte man die jungen Hündinnen vom ersten Wurfe der Mutter. Daher auch der Glaube an allerlei Neckereien der Faune im Schlaf, so daß sie bisweilen ganz als Plagegeister erscheinen wie bei uns der Alp; gegen welche Anfechtungen man sich mit allerlei Wurzeln und Quacksalbereien zu schützen suchte, besonders mit der Wurzel der Waldpäonie, welche man aber nur bei Nacht ausgraben durfte, weil der Marsspecht, wenn er es bemerkte, dem Gräber die Augen aushackte.[131] Vorzüglich hatten sich die Frauen vor den Faunen und Silvanen in Acht zu nehmen, da diese lüsternen Waldgeister sie leicht im Bette beschlichen; daher der volkstümliche Name *Incubus* für solche nächtliche Geister und Kobolde.[132] Dahingegen die Dichter meist nur von dem nächtlichen Spiele und Tanze der Faune und Nymphen in den Schluchten des Waldes erzählen, wo das Echo wiederhallt und die lärmenden Laute oder süße Musik weithin durch die stille Nacht zu den Ohren des Landmanns trägt. Oder sie dichten von dem Jagen und Vogelstellen des Faunes, der darum auch mit der Diana nahe befreundet ist.[133] Immer gehören die Faune und die Nymphen des Waldes zur Lust und ländlichen Staffage des Gebirges, wie es die Arbeit und das Leben der Menschen im Tale mit ahnungsvollem Hintergrunde umgibt und in dasselbe wie Rübezahl mit allerlei dämonischen Spuk, aber doch eigentlich wohlwollenden und gutmütigen Geistes hinübergreift.

Der Faunus dagegen erscheint in latinischen und römischen Überlieferungen zunächst und vorzüglich als ein Gott der Weissagung und Offenbarung, sowohl der unmittelbaren aller erregten und bewegten Natur als der durch Traum oder Verzükkung. Faunus hieß in dieser Eigenschaft *Fatuus* oder *Fatuelus*[134] von fari und fatuari, also der Sprecher in dem Sinne wie unser Wahrsager und der griechische προφήτης. Nimmt doch selbst Numa, der Liebling der Egeria, in solchen Fällen wo es die Geheimnisse der Götterwelt zu erfahren gilt, zum Picus und Faunus seine Zuflucht, welche nach dieser Sage von dem Könige und seinen zwölf Begleitern erst berauscht und dann gebunden und zur Offenbarung des furchtbaren Zaubers gezwungen werden.[135] In einer anderen Erzählung, bei Ovid F. VI, 644, wird ein Traumorakel des Faunus mit sehr altertümlichen Zügen beschrieben. Wieder wird Numa vom Faunus belehrt, diesmal wie in einem unfruchtbaren Jahre die Erde durch ein Opfer von zwei Kühen versöhnt werden müsse. In einem alten dem Faunus geheiligten Walde, wo der gute Geist sich in der Nacht den Träumenden zu offenbaren pflegte, schlachtet Numa zwei Schafe, eins dem Faunus das andere dem Schlafe. Beide Felle werden auf der bloßen Erde ausgebreitet, der König besprengt sein Haupt zweimal mit dem Wasser der Quelle, flicht zwei Kränze von Buchenlaub um sein Haupt und legt sich, durch keusche Enthaltung, Fastenspeise und Entfernung des Ringes von seinem Finger vorbereitet, nachdem er gebetet auf die Felle zum Schlafe nieder. Nun kommt die Nacht und mit ihr Faunus, der die Felle betritt und dem Könige das Gebot jenes Opfers ins Ohr flüstert. Eine dritte Erzählung von den Offenbarungen des Faunus ist die bei Virgil Aen. VII, 79–95, und zwar wird auch hier ein bestimmtes Faunus-Orakel der Latiner beschrieben, in der Hauptsache wie bei Ovid. Seine Stätte war der Hain der Albunea, wahrscheinlich der bei den Wasserfällen von Tibur.[136] Der König Latinus, von bösen Zeichen erschreckt, begibt sich in jenen durch alten Glauben der Latiner und aller umwohnenden Völker geheiligten Hain. Dahin, sagt der der Vorzeit kundige Dichter, ging der Priester um fromme Gaben darzubringen, Schafe zu schlachten und sich auf ihre Felle zum Schlafe zu legen, worauf er viele wunderbare Gesichte sah und viele seltsame Stimmen im Gespräche mit den Göttern hörte. Dahin also ging damals auch Latinus, tat wie alle zu tun pflegten und hörte eine Stimme aus dem Gipfel der Bäume, welche ihm seine Tochter nicht dem Turnus zu geben, sondern für den Fremdling aus weiter Ferne aufzubewahren befahl. Ein anderer Dichter, Calpurnius Ecl. I, 8 ff., weiß von einem Buchenhain des Faunus mit einer Höhle, in welche nur Enthaltsame gehn durften und in deren Nähe die Hirten die Orakel des Faunus in die Stämme der Buchen eingeschnitten fanden, während Fronto de eloq. p. 85 die Faune im allgemeinen vaticinantiums incitatores nennt. Daher die bekannte Ableitung alles ältesten Gesanges, welcher immer religiösen und orakulösen Inhaltes oder Zaubergesang ist und in Italien dieses sehr lange blieb, von Faunus oder den Faunen; aus welchem Grunde auch das Versmaß solcher Gesänge und überhaupt der alten und nationalen Dichtung *das Faunische* hieß oder *das Saturni-*

sche[137], denn Saturnus gehörte in Italien ebenso wesentlich zu dem Bilde der mythischen Vorzeit als Faunus. Wie eben dieser Faunus als Geist der Inspiration in verschiedenen Überlieferungen als ältester Religionsstifter von Latium erscheint und als solcher sogar neben Numa genannt wurde, haben wir oben gesehen.

Nächst dieser weissagenden Natur wird auch in den römischen Gebräuchen und Legenden am meisten hervorgehoben die Kraft der Befruchtung, so namentlich in der Mythe vom Faunus und der *Fauna*, d. h. der Guten, der Holden, der deutschen Frau Hulda, der römischen Bona Dea, welche bald die Tochter, bald die Frau des Faunus heißt und von ihm in Gestalt einer Schlange befruchtet wird, aber auch *Fatura* genannt wurde,[138] weil sie wie Faunus zugleich für weissagerisch galt, für eine sibyllenartige Göttin der ekstatischen Begeisterung und Wahrsagung, auch des Gesanges und Zaubers. Wir werden auf den Kult dieser alten, in Italien unter veschiedenen Formen und Namen verbreiteten Göttin zurückkommen, indem wir hier nur noch auf die altertümliche, der griechischen Natursymbolik nahe verwandte Bildersprache hinweisen, in welcher die oft erzählte Legend vom Faunus und der Fauna oder Bona Dea (s. dort) sich ausdrückt. Nämlich die Myrtenzweige, mit welcher Faunus die Fauna streicht, waren sicher ursprünglich nur ein Bild der Befruchtung, welche im Frühlinge von dem schöpferischen und zaubernden Geiste der Berge und Wälder ausgeht und in der jungfräulichen Erde einen neuen Trieb zu allem Wachstum erweckt. Ebenso der Genuß des Weins, mit welchem er sie trunken macht, denn nun beginnen die Quellen wieder zu strömen und die Blätter zu rauschen und die ganze Natur wird von jenem trunknen Taumel der Liebe ergriffen, welcher auch der ekstatischen Gemütsverzückung, die man beiden, sowohl dem Faunus als der Fauna zuschrieb, ganz nahe verwandt ist. Endlich die Schlange, in deren Gestalt Faunus der Fauna beiwohnt, wie in den griechischen und phrygischen Mythen Zeus der Proserpina oder der Rhea, kann nach der Analogie der gewöhnlichen italischen Symbolik nichts anderes sein als ein Bild des schaffenden Genius und der ewigen Verjüngung und Erneuerung des Jahres, wie das Gefühl für dieselbe denn grade in den römischen Kulten der Lupercalien und des Opfers der Bona Dea mit fast auffallender Lebendigkeit sich ausdrückt.

Endlich wurden Faunus oder die Fauna auch sehr häufig in den mythischen Überlieferungen von der ältesten Vorzeit genannt und zwar in zwiefacher Weise, entweder so, daß Faunus als König der ältesten Landesbevölkerung und als Stammvater seiner Könige und Edlen selbst Bildung und Ordnung stiftet, oder daß die Faune und Nymphen nur die Staffage einer mythischen Vorzeit sind, welche im allgemeinen der griechischen Tradition von eichelessenden Pelasgern entspricht. Doch finden sich in solchen Erzählungen zugleich gewisse Vorstellungen von dem Ursprunge des menschlichen Geschlechts aus dem Walde und aus Bäumen angedeutet[139], welche wie in anderen Ländern, so auch in Italien wirklich volkstümlich gewesen sein müssen. Auch werden sie durch altertümliche Geschlechtssagen z. B. die der Albanischen Silvier bestätigt, während andere Genealogien und Stammsagen direkt auf Faunus zurückgehn, der in den alten italischen Überlieferungen überhaupt sehr oft die Rolle eines ersten Erzeugers gespielt zu haben scheint.[140] Noch andere Überlieferungen nannten die Faune und die Aboriginer, d. h. die italischen Autochthonen als so nahe Verwandte, daß beide darüber zu einem herkömmlichen Bilde für die rohe und naturwüchsige Urzeit geworden sind.[141] Dahingegen sich in Latium solche Sagen zu der Tradition von jenem Aboriginerkönige Faunus, dem Sohne des Picus verdichtet hatten, welcher für einen sehr weisen und verdienten König galt, der nach seinem Tode zum Schutzgott des Landes nach Art der Indigeten geworden war und als solcher durch Opfer und Gesänge verherrlicht wurde.[142] Wenn man ihn in Lavinium den Gemahl der für identisch mit der Circe gehaltnen Nymphe Marica nannte, so waren diese Nymphen und Göttinnen wohl nur verschiedene Lokalformen der einen Fauna oder Bona Dea.

Auch der Kultus des Faunus war meist ein sehr altertümlicher geblieben, da er mit seltnen Ausnahmen im freien Felde verehrt wurde, entweder in Höhlen oder in Hainen und durch heilige Bäume, z. B. den wilden Ölbaum an der laurentischen Küste, an welchem nach Virgil Aen. XII, 766 die Schiffer nach glücklicher Rückkehr ihre Kleider dem guten Schutzgeiste der Heimat zu weihen pflegten. Auf dem Lande scheint man ihm monatlich ein Opfer dargebracht zu haben[143], obwohl ihm speziell die Nonen des Dezember heilig waren, ein ländliches Fest beim Eintritt des Winters, worüber bereits nach Horaz berichtet ist. In Rom dagegen war das alte und altertümliche Fest der *Lupercalia* am 15. Februar, also bei der Annäherung des Frühlings, der Verherrlichung des sühnenden und befruchtenden Lupercus gewidmet, dessen Heiligtum in der bekannten Höhle am Palatinischen Hügel, das sogenannte Lupercal, für das älteste aller Heiligtümer auf städtischem Grund und Boden gehalten wurde. Es war eine Höhle nach Art der griechischen Panshöhlen, dieselbe in welcher der Sage nach die Wölfin des Mars die Zwillinge stillte. Einst hatte sie, von mehr als einer Quelle tropfend, in einem dichten Gebüsch alter und heiliger Bäume gelegen, später war sie in einem der belebtesten und glänzendsten Quartiere der großen Stadt nur noch das altertümliche Merkmal und Wahrzeichen einer Zeit, wo Hirten und Räuber, wilde Tiere und die Fluten des Tiber sich um die Wiege der künftigen Weltstadt stritten[144] Die gewöhnliche Überlieferung war daß unter jenem Aboriginerkönige Faunus der arkadischen Evander an die latinische Küste verschlagen wurde und vom Faunus freundlich aufgenommen auf dem Palatinischen Hügel das sogenannte Palatium gestiftet, an seinem Abhange jene Höhle dem lykäischen Pan seiner Heimat geheiligt habe, demselben welchen die Römer später Lupercus und Inuus nannten.[145] Indessen ist schon von anderen bemerkt worden daß dieser Evander nur eine griechische Maske des alten latinischen Nationalgottes Faunus ist, der hier seine Heiligtümer selbst stiftet so gut wie der römische Hercules selbst den Dienst seiner ganz in der Nähe gelegenen Ara Maxima und in anderen Kultusüberlieferungen andere Götter. Dem Lupercal entspricht die Feier der Lupercalia[146], dessen altertümliche, in Rom immer mit großer Lust und Liebe gepflegte Gebräuche auf Befruchtung und Sühnung des Landes, der Stadt, ihrer Einwohner und ihrer Herden deuten. Als Tag der Sühnung hieß dieser Festtag *dies februatus* von februare in der Bedeutung reinigen und sühnen, daher der ganze Monat Februarius seinen Namen bekommen hatte.[147] Für die Festfeier, d. h. für die Tradition und Verrichtung der herkömmlichen Gebräuche bestanden seit unvordenklicher Zeit zwei Collegien oder Sodalitäten sogenannter *Luperci*, der Fabiani und Quintiliani, welche diese Namen nach ihren mythischen Stiftern und Anführern angenommen hatten und meist junge Leute waren; vermutlich bestand jedes Collegium aus 12 Mitgliedern.[148] Die Feier begann mit einem Bocksopfer im Lupercal, bei welchem der Flamen Dialis zugegen war[149] und auf welches wie gewöhnlich ein Opfermahl folgte. Bei dem Opfer beobachtete man den bedeutungsvollen Gebrauch, daß zwei Jünglinge vornehmer Abkunft herbeigeführt und von den Opferern mit blutigem Messer an der Stirne berührt wurde, worauf andere das Blut mit in Milch getränkter Wolle gleich wieder abwischten, die Jünglinge selbst aber lachen mußten: entweder ein sinnbildlicher Akt der Sühnung durch das Blut des Opfers oder eine Erinnerung an ältere Menschenopfer. Nach dem Mahle umgürteten sich die Luperci mit den Fellen der geopferten Böcke, zerschnitten andere in Riemen und liefen so zunächst um die Palatinische Altstadt, namentlich auf der heiligen Straße auf und ab, dann über das Forum und überhaupt durch die

Stadt, bis auf jene Umgürtung völlig nackend, in welcher Weise auch das Bild des im Lupercal verehrten Faunus kostümiert war.[150] Das römische Volk nannte die Luperci wegen dieser Bekleidung creppi d. i. Böcke, mit einer noch jetzt in Rom und Neapel gewöhnlichen Lautverschiebung für capri.[151] Das Herumlaufen der Luperci und ihr Kostüm erklärte man sich auf verschiedene Weise; der wahre Grund liegt auch hier in den Ideen der Reinigung und Befruchtung, welche durch den Umlauf der mit den Fellen der geopferten Böcke Bekleideten und die Berührung der Begegnenden mit den daraus geschnittenen Riemen durch die ganze Stadt getragen werden sollte[152]: wobei sowohl die verwandte Bekleidung und die ähnlichen Gebräuche der Iuno Sospita von Lanuvium als die Gebräuche der Griechen bei der Sühnungsfeier des Zeus mit dem sogenannten Zeus-Vließe (Διὸς κῴδιον), endlich jene Anwendung der Felle beim Traumorakel des Faunus verglichen werden können. Auch wird in einer leider nicht in allen Punkten verständlichen Stelle bei Varro l. l. VI, 34 ausdrücklich gesagt, daß an dem dies februatus das Volk durch einen sühnenden Umlauf der luperci um die Palatinische Altstadt gereinigt sei[153], so daß also nach dem Opfer im Lupercal zunächst der Umlauf um diesen Teil der Stadt und darauf erst der discursus durch die übrigen Teile erfolgte: bei welcher Gelegenheit von den Frauen der bekannte Gebrauch beobachtet wurde, sich den lupercis in den Weg zu stellen und sich von ihnen mit den Riemen der dem Faunus geopferten Böcke in die flache Hand schlagen zu lassen.[154] Immer galt der Bock und Widder ganz vorzugsweise für das Tier des befruchtenden Triebes, bei den Griechen im Kulte des Hermes und der Aphrodite, bei den Römern in dem des Faunus und der Iuno Lucina; daher die Lupercalien bisweilen ausschließlich auf die Verehrung des Inuus und auf Befruchtung bezogen wurden. Außer den Böcken wurden auch Hunde geopfert[155], welches Tier wie bemerkt wegen seiner feinen Witterung dem dämonischen Wesen des Faunus zu entsprechen schien. Endlich war mit diesen alten sinnbildlichen Gebräuchen allerlei volkstümliche Lust und Kurzweil verbunden, wie sie sich bei einem solchen Aufzuge der meist jungen Männer, wenn sie halb nackend und halb tierisch, von Salben triefend und aufgeregt von Wein und ausgelassener Festlust durch die Stadt liefen und die Frauen ungestraft necken durften, natürlich und von selbst einstellte.[156] Im J. 45 nach der Rückkehr Cäsars aus Spanien wurde ihm zu Ehren ein drittes Collegium der Luperci Iulii gestiftet, und diese waren es welche ihm bei der Lupercalienfeier des nächsten Frühlings durch ihren Vorstand Antonius, der damals Consul war, auf offnem Markte das Diadem anboten[157]: eine verhängnisvolle Auszeichnung, denn vier Wochen darauf fiel Cäsar unter den Dolchen seiner Mörder. Um den Ausartungen der letzten Vergangenheit zu steuern, stellte August das sacrum Lupercale und das alte Heiligtum wieder her, indem unbärtigen Jünglingen für die Zukunft die Teilnahme an dem Umlaufe verboten wurde.[158] Das volkstümliche Fest und die Collegien der Luperci haben sich bis in die letzten Zeiten des römischen Heidentums behauptet.

Außer dem Heiligtume des Faunus im Lupercal gab es wahrscheinlich noch ein anderes sehr altes in jener Gegend am Aventin, wo Numa mit seinen Jünglingen den Picus und Faunus beschlichen hatte. Endlich hatte man im J. 558 d. St. (196 v. Chr.) von Strafgeldern dem Faunus auf der Tiberinsel einen Tempel erbaut, welcher zwei Jahre darauf eingeweiht wurde.[159] Derselbe lag auf der oberen Spitze der Insel, von wo der alte Wald- und Weidegott denn wenigstens den frischen Duft der raschen Strömung des Flusses einatmen und sich nach seinem Ursprunge in den blauen Bergen der Ferne aus der geräuschvollen Stadt hinaus sehnen konnte. Die Bildung des Faunus wurde gewöhnlich wie die des griechischen Pan, die des Geschlechts der Faune wie die der Panisken gedacht, oder auch wohl wie die des Silenos und Marsyas.

Wenigstens ist zu vermuten, daß die Maske oder das Bild des Silenos auf den Münzen verschiedner Städte Italiens, namentlich auf denen von Hatria, die auf dem Reverse den schlafenden Hund zeigen, den einheimischen Faunus bedeutet. Auch die Erzählungen von dem phrygischen Könige Marsyas am Fuciner See, von welchem die Marser ihren Namen und die Kunst der Weissagung ableiteten[160], sind wohl nur ein späterer Ausdruck für den einheimischen Faunusdienst.

5. *Silvanus*

Silvanus entspricht in allen wesentlichen Punkten dem Faunus, nur daß seine Tätigkeit mehr auf das eigentliche Waldleben beschränkt bleibt[161], dafür aber auch das älteste Ansiedler- und Dorfleben im Walde und die durch den Wald gezogenen Grenzen mit umfaßt und behütet; was diesem Gottesdienste in kulturgeschichtlicher Hinsicht ein besondres Interesse verleiht. Wie Faunus ist er ein guter Geist, gelegentlich aber auch ein Spukgeist des Waldes, der in diesem haust, gelegentlich aus demselben wie Faunus einen markerschütternden Ruf ertönen läßt, bei nächtlicher Weile die Kindbetterin im benachbarten Gehöfte beschleicht usw. Auch ist er wie Faunus ein Gott der Fluren und des Viehstandes und Wolfsabwehrer[162], obwohl er nicht wie dieser als mächtiger Naturgott auch auf die befruchtenden Kräfte überhaupt und auf die Gemütserregung wirkt, sondern immer nur um das eigentliche Wald- und Baumleben und um das menschliche Treiben nur soweit es davon berührt wird sich bekümmert. So war auch sein gewöhnliches Bild das eines struppigen Alten, der im Dickicht wohnt, wo er mit den Faunen die Fichten und Steineichen behütet und von Bauern und Hirten an einem ländlich einfachen Altare mit dem Opfer eines Schafbocks oder eines Schweines verehrt wird[163], oder das eines rüstigen Alten, welcher mit einem derben Knittel in der Hand erscheint, gleich dem wilden Mann mit dem entwurzelten Tannenbaum auf dem Wappen mehrerer Fürsten Niederdeutschlands, das Haupt mit Waldblumen bekränzt[164]: ein Freund der Herden und der Hirten und selbst hin und wieder als weidender Hirte gedacht[165], auch ein Freund der Jäger, deren einer ihm in England ein bleibendes Andenken gestiftet hat.[166] Oder man dachte sich ihn als sorglichen Pflanzer und Forstmann, welcher einen zarten Setzling an der Wurzel tragend durch den Wald geht und auf alle jungen Stämme achthat[167], ein Gott der Bäume, der Haine, auch der menschlichen Anpflanzungen und Gärten der Menschen gewöhnlich zu finden war, meist in der allereinfachsten und primitiven Form, wie sie sich aus dem Baumkultus unmittelbar entwikkelt hatte.[168] Alle derartigen Pflanzungen auf dem Felde oder die Lichtungen im Walde, wo ein kühles Laubdach, eine schattige Grotte, eine murmelnde Quelle in der Mittagshitze den Hirten lockte[169] oder am Abend die Dorfjugend versammelte oder bei ländlichen Festen die Umzüge zur Ruhe einlud, wurden von selbst zu geweihten Stätten des Silvanus, der eben dadurch, als stiller Teilnehmer so vieler menschlicher und ländlicher Leiden und Freuden, allen Land- und Dorfbewohnern nicht weniger nahe stand als die Laren, Ceres, Liber Pater, Pales und andere Götter. Daher Silvanus überall zu den Göttern des ländlichen Gottesdienstes gehörte und namentlich bei den Erntefeierlichkeiten immer mit bedacht wurde, sowohl von dem Ackersmann als von dem Winzer und dem Baumzüchter.[170] Eben dieses gemütliche Verhältnis des Silvanus zur menschlichen Ansiedlung und die große Ausdehnung der Wälder im alten Italien machten ihn zugleich zu einem Gotte der Grenzen und des Grundeigentums, sowohl in öffentlichen als in privaten Besitzungen, was diesem Gotte vollends eine große Popularität verliehen hat, so daß namentlich die Inschriften und örtlichen Denkmäler seiner außerordentlich oft gedenken. Die Waldgrenzen sind überall die ältesten[171], daher die Waldgötter notwendig zu den Grenzgöttern gehören, vor allen Silvanus, dem man also im alten Italien auf der Grenze eine Lichtung (lucum) zu weihen und damit die Grenze selbst unter seinen Schutz zu stellen pflegte; vgl. die schöne Schilderung Virgils Aen. VIII, 596 ff. von einem solchen Heiligtume des Silvanus bei Caere, welches die ersten Ansiedler dieser auf der Grenze von Latium und Etrurien gelegenen Gegend geweiht hatten, am kühlen Strome einen weiten, durch alten Glauben geheiligten Hain, der von ausgeschweiften Hügeln und einem dichten Tannengehölz umkränzt war. Im Walde, d. h. auf ausgerodeten Plätzen siedelten sich aber auch die einzelnen Gehöfte zuerst an, denn auch in Italien hat die Axt des Hinterwäldlers lange der Kultur der Dörfer und Städte vorarbeiten müssen; ja das Andenken und die Überlieferungen aus diesen entlegenen Zeiten scheinen sich grade im alten Italien, wo die Kernvölker im Gebirge so lange als möglich in Dörfern und selbst die Römer am liebsten auf dem Lande lebten, besonders lebhaft erhalten zu haben. Daher der Kultus des Silvanus auf jedem italischen Bauernhofe, worüber eine merkwürdige Stelle in den Schriften der römischen Feldmesser (Grom. vet. p. 302) näheren Aufschluß gibt. Seine allgemeine Bedeutung war auch hier die des Grenzgottes, welcher gleichsam von seinem Gebiete, dem Walde, zuerst das Stück zur Rodung hergegeben und auf derselben den ersten Grenzstein des neugewonnenen Grundstücks aufgerichtet hatte. Doch pflegten auf jedem Grundstücke (possessio) drei verschiedene Silvane unter verschiedenen Benennungen verehrt zu werden: 1) der domesticus, welcher für Haus und Hof Sorge trug, 2) der agrestis, welchem die Herden und die Hirten anempfohlen wurden, und 3) der orientalis d. i. der Silvanus der Grenze im engeren Sinne, der tutor finium, wie Horaz Ep. 2, 22 ihn nennt, dem auf der Grenze verschiedener Grundstücke, deren Marken von dort ausgingen (oriebantur) ein eigener Hain geweiht zu werden pflegte.[172] So vielseitig hatte sich also das Wesen dieses einfachen und altertümlichen Waldgeistes mit der Zeit gestaltet; daher ihm auch die Inschriften sehr verschiedene Beinamen geben, meistens um ihn im Interesse des ländlichen Eigentums um seinen Segen und um seinen Schutz zu bitten. So nennen auch sie ihn domesticus, aber auch casanicus oder vilicus, oder auch als den Schutzgott eines bestimmten Grundstückes mit dem Namen desselben oder seines Eigentümers.[173] Oder sie nennen ihn conservator und custos, d. h. Bewahrer und Mehrer des Gutes; ja noch mehr, er ist auch Behüter aller zum Hofe gehöriger Leute, vor allen des Herrn, daher salutaris und ein guter Schutz auf der Reise, indem er für eine fröhliche Heimkehr zum heimischen Herde sorgt und insofern selbst den Laren und Penaten nahe verwandt ist, ja selbst als lar agrestis verehrt wurde.[174] Vorzüglich legen zwei größere Gedichte ein beredtes Zeugnis ab von der Frömmigkeit der Alten und ihrem Sinne für Heimat und stille Ländlichkeit, das eine von einem kaiserlichen Verwalter, welcher auf einer Reise über die Alpen in einem Haine des Silvanus Schutz gefunden hatte und dort um glückliche Rückkehr in seine schöne Heimat bittet, wo er unter des Waldgottes Obhut sein Feld dankbar bauen und ihm tausend hohe und schöne Bäume weihen wolle (Or. n. 1613), das andere aus einem Tale der Abruzzen und das Denkmal der bescheidenen Fürbitte eines Verwalters für das Wohl der guten Antonine und seiner eigenen Angehörigen (Henzen n. 5751). Sehr gewöhnlich ist in solchen Inschriften auch das Beiwort Sanctus, ohne Zweifel auch wegen seiner Fürsorge für Eigentum und Begrenzung. Selbst in der großen Hauptstadt Rom scheint Silvanus in den zahlreichen Parks und Gärten der Kaiserzeit oft nach ländlicher Weise verehrt worden zu sein[175], hin und wieder auch als Schutzgeist (Sanctus Salutaris), als welcher er namentlich auf einer Besitzung des Kaiser Trajan auf dem Aventin durch Tempel und Bilder verherrlicht wurde.[176] Die wiederholt erwähnten collegia Silvani waren vermutlich Leichencommune, da Silvanus mit der Fichte oder Zypresse in der Hand abgebildet zu werden pflegte und beide Bäume eine spezielle Beziehung auf Tod und Leichenbegängnis hatten.[177] Auf den erhaltenen Votivbildern ist seine Darstellung seltner die des truppigen Waldgottes als die des Pflanzers und Gärtners, wie er in den zahlreichen Gärten in und um Rom von den Aufsehern vielfach verehrt sein mag. Die Griechen identifizierten auch ihn und sein Geschlecht mit Pan und den Panisken; daher das Märchen vom Krathis bei Probus z. Virg. Ge. I, 20, wo dieser Flußgott mit einer Ziege den Silvanus erzeugt, der hier als gutmütiger, aber halbtierischer Panisk geschildert wird. Der Eigentümer der Herde erzieht ihn, und Silvanus lohnt die Pflege durch Vermehrung seines Vermögens. Als er aber herangewachsen ist, offenbart sich die echte Waldteufelnatur, daher der Herr ihn in den Wald trägt und dort laufen läßt. Auch der Richtenkranz, die Pansflöte und das Märchen von der Echo[178] wurde von dem griechischen Gotte auf diesen italischen übertragen.

Das Geschlecht der Waldfrauen wird von den römischen Dichtern gewöhnlich mit den griechischen Namen der Nymphen und Dryaden benannt, während das höhere italische Altertum und die volkstämliche Tradition dafür den Namen der Virae, Vires, Virgines und Viragines gebrauchte, s. oben. Die hin und wieder auf alten Denkmälern (Or. n. 2099–2105) erwähnten Silvanae oder Suleviae und Silviae, welche auf Feldern und in den Wäldern, namentlich auf Kreuzwegen zu Hause sind, gehören mehr dem deutschen, keltischen und slavischen Volksglauben an als dem italischen.

6. Maia und Bona Dea

Der Fauna, von welcher beim Faunus die Rede gewesen, mag sich Bona Dea anreihen, dieselbe Göttin und fast derselbe Name, denn Fauna ist die Gute, die Holde, wie die Hulda unsrer Väter, welche auch Frigga d. i. die Freie, die Schöne und Berhta d. i. die Leuchtende, die Helle hieß. Auch Maia war ein anderer Name derselben, denn beide, Bona Dea und Maia, wurden am 1. Mai gefeiert, und die Identität von beiden mit der Fauna wird ausdrücklich in der Stelle eines alten Schriftstellers bezeugt, welcher alle diese Namen für verschiedene preisterliche Anrufungen einer und derselben Erdgöttin erklärt.[179] Der Beiname *Maia,* welcher sich im Tusculanischen Dienste des Jupiter in männlicher Form wiederholt, ist desselben Stammes wie magis, maior, auch mactus usw., so daß der also eigentlich eine Größe, Vermehrung, Wachstum verleihende Göttin bedeutet: daher der Monat Maius, wo alle Vegetation im besten Wachstum begriffen ist. Maia selbst wurde in den alten römischen Gebeten speziell als Maia Volcani angerufen und dessen Frau genannt[180], als eine fördernde und segnende Göttin der Flur, mit welcher sich im Monate Mai die belebende und beseelende Kraft des Feuers verbindet, um alle Blüte und Frucht des Sommers zu erzeugen. Von der *Bona Dea* aber werden bei verschiedenen Autoren allerlei Märchen und Legenden erzählt, welche der bildlichen Darstellung dieser Göttin und den Gebräuchen der nächtlichen Feier im Dezember, wo diese Göttin von den Frauen im Hause des obersten Staatsbeamten um Heil und Segen für das römische Volk beschworen wurde, genau entsprechen.[181] Ihr Bild heilt in der linken Hand ein Zepter, daher man ihr eine königliche Gewalt gleich der Juno zuschrieb, mit welcher sie auch die Eigenschaft teilte, daß sie wesentlich eine Göttin der Frauen und der weiblichen Empfängnis war[182], wie die Erdgöttinnen aller Naturreligionen. Andere verglichen sie mit der Proserpina, weil ihr wie der Ceres und Proserpina bei den Griechen zur Saatzeit Schweine geopfert wurden, andere mit der chthonischen Hekate und mit der Semele, der Mutter des Dionysos. Auch nannte man sie eine Tochter des Faunus, welche den brünstigen Trieben des Vaters widerstrebend von ihm mit einer Myrtenrute gezüchtigt worden sei; sie aber habe selbst nachdem der Vater sie mit Wein berauscht hatte, seinem Gelüste nicht nachgegeben. Da habe Faunus sich in eine Schlange verwandelt und in dieser Gestalt der eigenen Tochter beigewohnt: eine Erzählung welche nicht wohl ander als von der Befruchtung der Erde durch den männlichen Naturgeist des Waldes und aller Vegetation verstanden werden kann, welcher im Winter gewaltsam auftritt, im Frühling aber Erde und Wald mit dem süßen Taumel der Lust erfüllt; daher auch Faunus vorzüglich zu Anfang des Winters und des Frühlings gefeiert wurde. In Rom berief man sich bei diesen Erzählungen darauf daß in dem Tempel der Bona Dea kein Myrtenzweig geduldet wurde, wohl aber eine Weinlaube über ihrem Haupte sich wölbte und ein Krug mit Wein bei ihr zu sehen war, nur daß man den den römischen Frauen in ältester Zeit aufs strengste verbotenen Wein euphemistisch Milch und jenen verdeckt hingestellten Weinkrug einen Honigkrug (mellarium) nannte. Auch sah man eine heilige Schlange bei dem Bilde der Göttin, während andere zahme Schlangen von der Art wie sie in Rom sehr häufig waren in ihrem Tempel gehalten wurden und die Frauen ihre Feier unter geflochtenen Weinlauben zu begehen pflegten. Wieder andere verglichen diese Göttin mit der griechischen Medea, weil in ihrem Tempel allerlei Heilkräuter aufbewahrt wurden, von denen die Priesterinnen den Leidenden verabfolgten, und endlich Varro erzählte, diese Tochter des Faunus sei von solcher Zucht und Keuschheit gewesen, daß sie nie das Frauengemach verlassen und keinen Mann je gesehen habe noch von einem Manne gesehen worden sei, ja man habe niemals ihren Namen öffentlich nennen hören: weshalb auch niemals ein Mann in ihren Tempel gelassen werde. Dagegen galt sie in anderen Erzählungen nicht für die Tochter, sondern für die Frau des Faunus und für eine Waldnymphe, in welchem Zusammenhange auch die Geschichte von ihrer Trunkenheit und dem Schlage mit der Myrtenrute anders lautete: nämlich weil sie heimlich einen ganzen Krug süßen Weins geschlürft und darüber trunken geworden sei, habe der Gemahl sie mit jener Rute gestrichen (Plut. Caes. 9, Qu. Ro. 20). Also eine weibliche Göttin des Erdbodens und der Vegetation wie Fauna, fruchtbar und empfänglich und eine Göttin alles Segens, welchen die Erde spendet, aber zugleich ekstatisch bewegt und verzückt wie Faunus und des Zaubers und der Heilung und allerlei verborgner Wissenschaft kundig wie Circe und Medea und Hekate, daher man auch die *Fatua* nannte, wofür man später auch Fantua sagte.[183] Daß sie in Rom für eine streng jungfräuliche Göttin gehalten wurde, hängt zunächst damit zusammen, daß sie wie Juno zugleich ein Bild der matronalen Fruchtbarkeit und der matronalen Würde war, mit welcher es in guten Zeiten überhaupt und namentlich bei religiösen Gelegenheiten, d. h. im Dienste weiblicher Göttinnen immer sehr strenge genommen wurde; daher auch bei diesem Gottesdienste eigentlich nur ganz unbescholtene Frauen zugelassen werden sollten und vollends bei dem nächtlichen Opfer alles Männliche mit solcher Ängstlichkeit entfernt wurde, daß selbst solche Bilder, auf denen Männer oder Tiere männlichen Geschlechts zu sehen waren, verhängt wurden. Der tiefere Grund aber ist gewiß auch hier in der Natur der Erde und anderer Erdgöttinnen zu suchen, wie z. B. auch die arkadische Demeter und Demter Thesmophoros zugleich als jungfräulich widerstrebend und als züchtige Hausfrau und das göttliche Vorbild jeder zugleich fruchtbaren und streng sittlichen Ehe gedacht wurde. Das alte Heiligtum der Bona Dea befand sich in Rom am Abhange des Aventin gegen die Piscina Publica, unter dem Felsen (saxum), auf welchem Remus die Vögel beobachtet hatte, daher die Göttin in diesem Kulte den Beinamen Subsaxana führte.[184] Auch dieses war ursprünglich ein schattiger Hain mit einer reichlich fließenden Quelle gewesen, daher die Sage ging, daß Hercules, dessen Heiligtümer an der anderen Seite des Aventin lagen, bei seinem Aufenthalte in Rom dürstend nach einem Labetrunk aus der Quelle verlangt habe, aber von den feiernden Frauen und der Priesterin als Mann mit Abscheu zurückgewiesen sei[185], weshalb nun auch seinerseits Hercules befahl, daß keine Frauen bei seinem Gottesdienste zugelassen werden sollten. Der Tempel lag über dem Haine am Abhange des Hügels und war von einer Vestalin Claudia am 1. Mai, dem altherkömmlichen Feiertage der Göttin eingeweiht worden.[186] So hören wir auch im J. 123 v. Chr. von einer frommen Stiftung der Vestalin Livinia in diesem Heiligtume, welches zuletzt durch Livia, die Gemahlin des August, wiederhergestellt worden war, daher die Göttin seitdem offiziell *Bona Dea Restituta* genannt wurde.[187] Jenes nächtliche Opfer der Frauen galt für eins der ältesten und heiligsten in Rom: Cicero de leg. II, 9, 21 nimmt bei seinem Verbote ähnlicher Sacra dieses Opfer ausdrücklich aus. Der Zeit nach fiel es in den Anfang des Dezember[188]: seine Bedeutung war die eines Opfers und Gebetes für das römische Volk (pro populo Romano), daher es in dem Hause des höchsten Staatsbeamten (in ea domo quae est in imperio), entweder des Konsuls oder des Prätors, von dessen Frau und zwar unter Mitwirkung des Vestalischen Jungfrauen dargebracht wurde. Ein weiteres erfahren wir auf Veranlassung des bekannten Frevels des P. Clodius.[189] Dieser vornehme, reiche, verwegene und ausschweifende junge Mann, einer der mächtigsten Führer der geheimen Verbindungen, die damals den Staat und das Recht beherrschten, liebte Pompeja, die Gemahlin Cäsars und war ihrer Gunst sicher; doch wurde sie von Aurelia, der Mutter Cäsars, einer Dame von alter Zucht und Sitte, strenge bewacht, Da nahm Clodius seine Zuflucht zur List, indem er sich in der Nacht, wo im Hause Cäsars das Opfer der Bona Dea dargebracht wurde und alle Mannspersonen aus demselben entfernt wurden, in der Verkleidung einer Harfenistin einschlich. Die Feier ist wahrscheinlich so zu denken, daß zuerst jenes Opfer, ein Sühnopfer zarter Schweine, welches mit einem griechischen Worte Damium hieß, dargebracht wurde[190], ohne Zweifel mit einem feierlichen Gebete für das öffentliche Wohl, den Segen der Äcker, Fruchtbarkeit der Frauen usw. Darauf begann eine ziemlich ausgelassene Festlichkeit der Frauen, bei welcher sie dem Charakter der Göttin gemäß, wie er sich in der Legende spiegelte, unter heiterem Scherz und aufregender Musik allerlei sinnbildliche Gebäuche verrichteten, die die Griechen an die Orphischen Mysterien erinnerten.[191] Bei dieser Feier schlich Clodius sich ein, im Einverständnisse mit einer Magd, welche vorauslief um der Pompeja einen Wink zu geben. Da verirrt er sich in den Gängen des Hauses und wird von einer Magd der Aurelia erkannt, worauf der Skandal stadtkundig und selbst im Senate und im Collegium der Pontifices besprochen wurde. Pompeja wurde von ihrem Gemahle verstoßen, Clodius aber kam mit dem bösen Leumunde davon, so verdorben und bestechlich waren damals die Gerichte.[192] Es war dieses eben nur ein Symptom der allgemeinen Sittenverwilderung, welche sich trotz aller Scheinheiligkeit der Regierung des Augustus und der Livia in den vornehmen Familien und der Damenwelt behauptete, bis sie in den Zeiten des Claudius und Nero ihr Äußerstetes erreichte. In diesem Sinne berichtet Juvenal in seinen Sittenschilderungen des Zeitalters der Agrippinen und Messalinen auch von dem Feste der Bona Dea mit so bitterm Spotte und so grimmigem Ernste, den ausgelassenen Tänzen, den wollüstigen Spielen, daß die damalige Feier der römischen Frauen in Wahrheit hinter dem wildesten und sinnlichsten Orgiasmus der griechischen Mänaden und der phrygischen Mysterien nicht zurückgeblieben zu sein scheint (Sat. II, 83 ff., VI, 314 ff.). Indessen darf man sich durch solche Ausartungen der großen Stadt und der höheren Stände nicht gegen den Dienst der Bona Dea überhaupt einnehmen lassen, welcher in den Umgebungen Roms und sonst in Italien wie der des Faunus und Fauna in ländlicher Einfalt fortbestand. Wenigstens läßt sich der Kultus der Bona Dea mit Hilfe der Inschriften sowohl im südlichen Italien als im mittleren und oberen, aber auch im innern Italien nachweisen, z. B. zu Corfinium, der Hauptsadt der Peligner, wo sie als die Göttin eines ganzen Pagus erscheint.[193] In einer anderen Inschrift heißt sie ausdrücklich agrestis und wird als Heilsgöttin verehrt, welcher ein Leidender die Heilung seiner Augen verdankte (Or. n. 1518). Auch in der Nähe von Bovillae gab es ein ländliches Heiligtum der Bona Dea, das bekannte bei welchem Clodius sein Leben verlor; man glaubte, daß sich die Göttin durch den Mord des Frevlers gerächt habe.[194]

Ihre große Heiligkeit beweisen auch Beinamen wie Sancta und Sanctissima, während andere, wie Caelestis, der späteren Vermengung gleichartiger Kulte zuzuschreiben sind. Denn die Kultusnamen Bonus Deus und Bona Dea hatten mit der Zeit eine sehr allgemeine Bedeutung bekommen, daher auch andere weibliche Göttinnen, namentlich die Magna Mater und die Iuno Caelestis als Bonae Deae verehrt wurden.[195]

7. Carmenta oder Carmentis

Auch diese Göttin war vermutlich nur eine Nebenform der Fauna oder Bona Bea. Rom kannte sie in einer doppelten Gestalt, als hilfreiche Mutter und weissagende Begleiterin des Evander, d. h. des historischen Faunus und seiner Ansiedlung auf dem Palatin, und als eine vorzugsweise von den Müttern verehrte Geburtsgöttin. Jene palatinische Carmenta galt gewöhnlich für eine arkadische Nymphe und Seherin namens Nikostrate[196], was auf kriegerische Begeisterung deutet: ein wesentlicher Zug der ältesten Weissagung und des dem Mars verwandten Faunusdienstes, wie denn auch Evander in Pränestinischen Sagen als streitbarer Held auftritt, der mit einem Riesen kämpft, und in Rom ein sehr alter Dienst der Victoria auf dem palatin für seine Stiftung galt. Die Geburtsgöttin Carmenta wurde in der Nähe der porta Carmentalis, welches Tor von ihr seinen Namen hatte, so eifrig verehrt, daß es einen eigenen Flamen Carmentalis und zwei Kalendertage für sie gab; nämlich am 11. und am 15. Januar wurden sogenannte Carmentalia begangen, welche in der älteren Zeit zu den angesehensten Festen der römischen Matronen gehörten.[197] Der 11. Januar galt der Heil- und Quellengöttin Juturna und der Carmenta gemeinschaftlich, wie die Quellnymphen den Göttinnen der Entbindung immer nahe stehen.[198] Der zweite Festtag soll nach der Eroberung Fidenäs im J. 328 d. St. (426 v. Chr.) durch den Dictator Mamercus Aemilius gestiftet sein.[199] Die gewöhnliche Legende ist wieder einmal ein merkwürdiges Beispiel der Willkür und Confusion solcher Überlieferungen, doch ist die spezifische Beziehung dieses Gottesdienstes auf Schwangerschaft und Geburt auch darin zu erkennen. Es sei den Frauen vom Senate das Fahren verboten worden. Da hätten sie sich unter einander verschworen, sich nicht eher zu den Pflichten der Ehe zu verstehen, als nachdem ihnen die Wagen (carpenta) erlaubt sein würden. Der Senat muß also nachgeben, und nun habe Carmenta einen so reichen Kindersegen geschenkt, daß die Frauen ihr jenes Heiligtum am Carmentalischen Tore und den zweiten Feiertag stifteten.[200] Beim Gebete hörte man die Namen der Porrima und Postverta, zwei Geburtsgöttinnen welche neben der Carmentis als Carmentes verehrt wurden und eigentlich von der Kopf- und Steißgeburt galten; doch dachte man auch bei ihnen gewöhnlich an die Weissagungen der Mutter des Evander.[201] Der Name Carmenta ist natürlich abzuleiten von carmen, welches in der älteren Sprache den weissagenden Gesang nach Art des Fatuus und der Fatua, d. h. des Faunus und der Fauna ausdrückte.[202] Indessen wird man auch hier speziell den Begriff der weissagerischen Geburtsgöttin festzuhalten haben, wie die griechische Eileithyia und die Mören und die Parcen zugleich der Frucht ans Licht helfen und derselben ihr Geschick im Verlaufe des Lebens anweisen.[203] Auch betrafen die nahe verwandten Camenen, eigentlich Casmenen d. i. Carmenen, und unter ihnen Egeria speziell das weibliche Leben und Entbindung. Ohne Zweifel ist Carmenta aus demselben Grunde in der römischen Stadtsage zur Mutter schlechthin, d. h. zur Mutter des Evander, des ersten Ansiedlers von Rom geworden, welchem sie bei Virgil gleich bei dem ersten Ursprunge der Stadt deren ganze Zukunft singt; obwohl sie einige nicht die Mutter, sondern die Frau des Evander nannten (Plut. Rom. 21), also ganz wie die Fauna zum Faunus stellten.

8. Vitula oder Vitellia

Auch diese Göttin scheint eine Nebenform der Fauna zu sein, eine Göttin des Siegs und des Jubels über den gewonnenen Sieg, wie wir bereits der von Evander auf dem Palatin gestifteten Victoria gedacht haben und in der sabinischen Vacuna gleich eine ähnliche Göttin kennenlernen werden. Das alte Wort vitulari und vitulatio, welches Siegesjubel bedeutete und bei den älteren römischen Dichtern Ennius, Naevius und Plautus noch im Gebrauche war[204], wurde von ihrem Namen abgeleitet[205] und hängt jedenfalls mit ihm zusammen. In den Geschlechtsüberlieferungen der Vitellier, welche sabinischer Abstammung waren, hieß dieselbe Göttin Vitellia und die Frau des Aboriginerkönigs Faunus. Es wird dabei ausdrücklich hinzugesetzt, daß siese Göttin in verschiedenen Gegenden Italiens verehrt worden sei.[206]

9. Vacuna

war eine bei den Sabinern viel verehrte Göttin, deren angesehenstes Heiligtum ein Hain in der fruchtbaren Ebne von Reate in der Nähe der Einmündung des Flusses Avens (jetzt Velino) in den Veliner See war.[207] Ein anderes lag auf einem Hügel über dem Tale der Digentia (jetzt Licenza) nicht weit von dem sabinischen Landgute des Horaz, welcher deshalb Ep. 1, 10, 49 schreibt: Haec tibi dictabam post fanum putre Vacunae. Die alten Ausleger zu dieser Stelle teilen aus dem Werke Varros einiges Nähere über diese Göttin mit. Man verglich sei mit der Bellona, der Diana, der Ceres, der Venus, der Victoria, der Minerva, so wenig wollte sich diese Gestalt auf einen der geläufigen mythologischen Begriffe zurückführen lassen. Doch sieht man aus diesen Umschreibungen, daß sie zugleich den friedlichen Charakter einer mütterlichen Göttin der Flur hatte, welche wie Venus, aus dem Feuchten schuf und wie Ceres den Acker mit Korm segnete, und den einer Göttin des Waldes, der Jagd, der kriegerischen Begeisterung und des Sieges. Namentlich muß der Charakter einer Siegesgöttin zu ihrem Wesen gehört haben, da der aus der Gegend von Reate gebürtige Kaiser Vespasian das von Horaz erwähnte Heiligtum unter dem Namen eines Tempels der Victoria von neuem erbaut hat, s. den Dedikationstitel bei Or. n. 1868. Als Mittelpunkt alter sabinischer Gemeindeversammlungen und nationaler Opfer und Opferschmäuse erscheint sie bei Ovid. F. V., 229, welche Stelle man am besten auf das Heiligtum bei Reate beziehen wird. Varro verglich sie mit der Minerva, indem er den Namen von vacare ableitete, als ob sie zugleich eine Göttin der kriegerischen Erregung und des stillen Fleißes gewesen sei[208], welche Erklärung sich doch mit dem Leben und den Sitten der alten Sabiner schwerlich verträgt. Eher möchte man im Hinblick auf die Natur der Landschaft von Reate den Namen von vacuo in dem Sinne von ausleeren ableiten, denn jene Landschaft leidet an Überfülle des Wassers, welche früher durch einen natürlichen, später durch einen künstlichen Abzug in den Nar und durch diesen in den Tiber abgeleitet wurde[209]: in welchem Falle sie als mütterliche Kulturgöttin jenes Tals für die Urhebrin jenes natürlichen Emissärs gehalten worden wäre, welcher das Tal wie die Katabothren des kopaischen Sees das Tal von Orchomenos und Hyle ausleerte und dadurch erst seine Kultur möglich machte; es sei denn daß in den italischen Dialekten ein passenderes Etymon gefunden würde. Dieselbe Göttin läßt sich übrigens als sabinische Victoria noch einmal in derselben Gegend nachweisen, auf einer Insel im See von Cutilia, welcher für den Nabel, d. h. für den Mittelpunkt Italiens galt und als Sitz der latinischen Aboriginer sowie wegen seiner schwimmenden Insel, später auch wegen seiner kalten Bäder berühmt war.[210] Einen größeren Auszug aus den Mitteilungen Varros über diesen merkwürdigen See und seinen Gottesdienst verdanken wir dem Dionysius v. Hal. 1, 15. Derselbe habe einen Umfang von vier Jugera, reichliche Quellen und eine unergründliche Tiefe. Der ganze See sei der Victoria geweiht und deshalb in seinem ganzen Umfange mit heiligen Binden und Gewinden umzogen[211], so daß niemand an das Wasser hinantreten könne. Nur bei gewissen feierlichen Gelegenheiten wurde einmal im Jahre der Bann gehoben, die Insel betreten und dort der Göttin geopfert. Diese mit Sumpfpflanzen und niedrigem Gestrüpp bewachsene, wenig über dem Spiegel des Sees erhabene Insel hatte etwa fünfzig Fuß im Durchmesser und keinen festen Grund, daher sie ihre Stelle beständig wechselte, wie der Wind sie hin und her trieb. Wie am Velinus neben der Vacuna eine Lympha Velinia, neben der Diana von Nemi Egeria als Quellgöttin ihres Hains verehrt wurde, so werden am See von Cutilia neben der Victoia sogenannte Lymphae Commotiae genannt, eben wegen jener beständigen Bewegung der Insel im See, Varro l. l. V, 71.

10. Angitia, Circe, Marica

Auch die Göttin Angitia wird sich hier passend anschließen, da sie von den Nachbarn und Verwandten der Sabiner, den Marsern am l. Fucinus unter ähnlichen Bedingungen verehrt wurde wie die Vacuna am l. Velinus, und zugleich als Heilgöttin, welche sich namentlich auf heilende Kräuter verstand, von selbst zur Bona Dea der Römer zurückführt. Auch ihre Verehrung war die altertümliche und ländliche des Hains, wie davon noch jetzt der kleine Ort Luvo mit einigen Trümmern alter Anlagen ein Andenken bewahrt hat[212], und auch sie muß das Ansehn einer Stammgöttin gehabt haben, da die Marser ihren Namen und ihre ältesten Könige in verschiedenen Erklärungen und Genealogieen von dieser Göttin ableiteten. Da manche Texte ihren Namen Anguitia schreiben, so haben neuere Mythologen sie für eine „Schlangengöttin" erklären wollen; allein der wahre Name ist in den bessern Handschriften und verschiedenen Inschriften entweder Angitia oder Ancitia, welches Wort am natürlichsten auf den weitverbreiteten Stamm ancus zurückgeführt wird. Jene Inschriften sind auch deshalb interessant, weil sie den Dienst dieser Göttin in weiterer Ausbreitung kennen lehren, und zwar in der Form einer Gruppe von mehreren zusammengehörigen Göttinnen, wie die Carmentes, die Corniscae, die Furinae u. a. Eine ist aus Sulmo im Gebiet der Peligner, eine andere aus Antinum in dem der Marser, eine dritte aus peltuinum in dem der Vestiner[213], so daß sie also in dieser ganzen Gegend verehrt wurde und zwar als wohltätige Heilgöttin, zu welcher man pro salute sua oder der Seinigen betete und opferte. Der alte Zentralsitz blieb indessen das Gestade des Fuciner Sees[214], wo der Reichtum der benachbarten Berge eineerseits an giftigen Schlangen, andererseits an offizinellen Kräutern, den auch neuere Reisende hervorgehoben haben, den eigentümlichen Charakter ihrer Verehrung bestimmt hatte. Namentlich rühmten sich die Marser allerlei wirksame Kräuter und Sprüche (carmina) um die Schlangen zu beschwören und ihren Biß unschädlich zu machen von ihr geerbt zu haben.[215] Man identifizierte sie deshalb mit der Circe von Circeji, deren Sohn nun für den Stammvater der Marser galt, bald mit der griechischen Medea, welche nach ihrer Flucht von Kolchis bis nach italien und an den Tucinersee verschlagen sei, oder man nannte sie eine Schwester von beiden. Jene *Circe von Circeji*[216], wo sie noch in späteren Zeiten eifrig erehrt wurde, kann aber ursprünglich auch nichts anderes gewesen sein als solch eine der Bona Dea und der Fauna verwandte Heil- und Zaubergöttin der feuchten Gründe und der Vegetation, in welcher die Cumanischen Griechen ihre Circe wiedererkannten, was sowohl für die Auffassung und Erklärung der Odyssee und anderer Sagen als für die Sagengeschichte von Latium und Italien so viele wichtige Folgen haben sollte. Eine Spur der einheimischen Bedeutung hat sich darin erhalten, daß man sie für identisch mit der *Marica* von Minturnae hielt[217], welche schon als Gemahlin des Faunus, von dem sie den Latinus gebiert, gar sehr an Fauna und Bona Dea, so wie an jene Stammgöttinnen der Sabiner und Marser erinnert, zumal da auch die Verehrung der Bona Dea in Minturnae bekannt ist.[218] Der alte Hain und Tempel der Marica lag an der Mündung des Liris, welcher Fluß nicht weit von den Marsern und Vestinern entsprang und sich bei Minturnae ins Meer ergoß, wo jene in der ganzen Gegend hochverehrte Göttin ihr Heiligtum gleich unter der Stadt hatte.[219] Ihre wahre Bedeutung ist auch daran zu erkennen, daß die griechische Aphrodite, die Göttin des üppigen Vegetationstriebes, neben ihr verehrt wurde. Minturnae war einst eine lebhafte und bedeutende Stadt und die Hauptstadt der umliegenden Ortschaften gewesen. Später war sie ein offener Ort, aber noch immer der Mittelpunkt eines lebhaften Marktverkehrs und auch wegen jener alten Heiligtümer viel besucht. Bekanntlich nahm Marius auf der Flucht vor den Sullanern seine Zuflucht zu dem Haine der Mariva, indem er sich dort, an der Mündung des Liris, im Binsendickicht zu verbergen suchte, aber von Sullas Reitern doch entdeckt und hervorgezogen wurde.[220]

11. Pales

Italien ist von jeher vorzugsweise das Land der Viehzucht, der Viehweiden, der wandernden Hirten gewesen. Der innere Gebirgsstock mit seinen Schluchten und Wiesen liefert im Sommer die beste Weide, der Abhang und die Landschaft bis zur Küste an beiden Seiten in der kühlen und nassen Jahreszeit, und wie im Süden der Halbinsel und auf Sizilien Theokrit, im Norden Virgil zu ihrer Zeit die anmutigsten Genrebilder dieses Hirtenlebens gedichtet haben, so kann der Reisende in Rom und der römischen Campagne noch jetzt entsprechende Erscheinungen beobachten.[221] Ein geordneter Landbau und eine so zahlreiche Ansiedlung, wie sie in Latium und überhaupt in Italien während der besten Blüte seiner Bevölkerung Platz gegriffen hatte, mochte sich mit diesem wandernden Hirtenleben allerdings nicht wohl vertragen. Aber wie es beid em zunehmenden Verfall der kleineren Städte und Völker von neuem um sich griff, so daß die Viehzucht selbst von Cato als die lohnendste Art der Landwirtschaft empfohlen wurde[222], so werden wir es uns in der ältesten Vorzeit, wo jenes politische Leben noch in der Wiege lag, gleichfalls als ein sehr reges zu denken haben. Und wirklich scheint grade auf der Stätte, wo später die Weltstadt Rom sich aufbaute, eben dieses alte latinische Hirtenleben eine der beliebtesten Niederlassungen für den Winter und den nassen Frühling gefunden zu haben, eine Art von castrum Inui, wie jener Ort an der Küste von Ardea noch später hieß. Wenigstens stimmt darin die oft wiederholte Sage der Römer von ihrer ältesten Vorzeit[223] merkwürdig überein mit den örtlichen Kulten des Palatinischen Hügels, auf welchen alle ältesten Erinnerungen der Stadt zurückwiesen, und selbst der Name dieses Hügels und seiner ältesten Ansiedelung, das sogenannte Palatium, der wieder aufs engste mit dem Kulte der Hirtengöttin Pales zusammenhängt, will nichts anderes sagen. Pales war den Alten sowohl in der Bedeutung einer männlichen als einer weiblichen Göttin bekannt[224], obwohl nur die letztere bei der volkstümlichen Palilienfeier am 21. April berücksichtigt wurde. Außerdem gab es in den römischen Religionsaltertümern eine Diva Palatua, die Schutzgöttin des Palatium, mit einem eigenen flamen Palatualis[225], desgleichen ein beim Septimontium in dem Palatium dargebrachtes Opfer, welches Palatuar hieß[226], welche Wörter alle zu demselben Stamme gehören, auch die gräzisierenden Namen Pallas, welcher bald der Großvater des Evander bald sein Sohn genannt wird, und Palantia seine Tochter, und Palanto die Frau des Latinus.[227] Daß aber vorzüglich die beiden Namen Palatium und Pales keine bloß örtlich römische, sondern eine allgemeinere Bedeutung haben, welche auf gewisse Zustände und die Vorzeit Italiens überhaupt zurückweist, lehrt ihr Vorkommen in verschiedenen Gegenden Italiens. Pales wurde als Hirtengöttin nicht allein in Rom und Latium, sondern weit und breit auf dem Lande gefeiert, u. a. bei den Sallentinern in der Gegend von Brundisium, wo auch viel Viehzucht getrieben wurde und wo die pastoricia Pales dem römischen Konsul M. Atilius Regulus im J. 487 d. St. (267 v. Chr.) unter der Bedingung den Sieg gewährte, daß ihr ein Tempel gestiftet werde.[228] So gab es auch mehr als ein Palatium, namentlich eins in der Gegend von Reate, von wo die latinischen Aboriginer nach Latium und in das römische Palatium übergesiedelt zu sein behaupteten (Varro l. l. V, 53); ferner einen Ort um Lande der Sabiner oder Umbrer, von welchem sich Münzen mit der Inschrift Palacinu erhalten haben, mit dem Gepräge des Vulcanuskopfes auf der einen und der geflügelten Silenusmaske auf der anderen Seite, des letzteren wahrscheinlich mit Bezeihung auf einheimischen Faunusdienst. Die vergleichende Sprachforschung aber lehrt daß alle diese Wörter, Palas, Pales, Palatua (vgl. statua, arditυus), Palatium (vgl. Latium) von einer Wurzel pâ, Πάομαι, pa–sco abzuleiten sind, welche die Bedeutung des Nährens, Erhaltens und Weidens hat und sowohl im Sanskrit als im Griechischen und in den italischen und anderen verwandten Stammsprachen viele Wörter, im Griechischen namentlich auch den Namen des Gottes Πάν, dem der männliche Pales entspricht, erzeugt hat.[229] Was namentlich das Wort Palatium betrifft, so scheint es nicht sowohl einen Weideplatz als eine befestigte Hürde, eine zeitweilige Hirtenansiedlung zu bedeuten, aus welcher mit der Zeit eine bleibende Ansiedlung geworden ist, mögen die Hirten und Herden, dieser Neiderlassung nun die der Albanischen Kiönige gewesen sein, wie die gangbare Überlieferung erzählt, oder mögen sie, wohin die Sage von den palatinischen Aborigiern deutet, in jenen ältesten Zeiten wie es die Jahreszeit erforderte zwischen diesen Hügeln und den Weiden von Reate hin- und hergezogen sein. Dieselbe Ansiedelung wird zugleich die gemeinschaftliche Kultusstätte der in diesen Gegenden weilenden Hirten gewesen sein, die also hier ihren Mars, ihren Faunus und Fauna, ihre Pales und andere auf Viehzucht bezügliche Götter feierten, die letztere als Schutz- und Stiftungsgöttin des Palatium, daher ihr Fest, die Palilien am 21. April, in den Überlieferungen der Stadt fort. und fort für deren Stiftungstag galt. Nennen doch noch die Dichter des Augusteischen Zeitalters und spätere, wenn sie der Pales gedenken, diese mit Beziehung auf jenen Ursprung Roms die ehrwürdige, die urgroßväterliche, die altersgraue.[230] Über die Gebräuche dieses Festes der Palilien oder wie man das Wort in Rom gewöhnlich aussprach der Parilien[231] gibt Ovid F. IV, 721 ff. nähere Auskunft. Ein blutiges Opfer durfte an diesem Tage nicht gebracht werden, wohl aber räucherte man mit einer eigentümlichen, von den Vestalischen Jungfrauen bereiteten Mischung vom geronnenen Blute des Oktoberpferdes, der Asche eines kurz vorher, am Tage der Fordividien verbrannten, noch ungebornen Kalbes und Bohnenstroh, welcher Mischung man eine reinigende Wirkung zuschrieb, daher Ovid sie februa casta nennt. Auch mußten die Schafe bei der ersten Dämmerung des Morgens lustrirt werden, zu welchem Zwecke der Schafstall mit Wasser besprengt und mit frischen Besen ausgekehrt, darauf inwendig mit frischem Laube, an der Tür mit Kränzen und Gewinden ausgeschmückt, endlich die Schafe selbst mit Schwefeldämpfen gereinigt wurden. Dann wurde auf dem Herde von Rosmarin-, Fichten-, Oliven- und Lorbeerzweigen ein Feuer angemacht, wobei es für ein gutes Zeichen galt, wenn die letzteren im Feuer recht stark knisterten. Dazu brachte man ein einfaches Opfer, aus Hirse gebackene Kuchen und ein Körbchen mit Hirse, wie es die ländliche Göttin liebte, endlich ein Speiseopfer und Milch, und betete dabei um Segen für das Vieh, den Stall und die Herrschaft, um Verzeihung für allerlei kleine Sünden z. B. wenn der Hirt seine Herde auf einen geweihten Platz getrieben oder wenn er von einem Haine für sie Laub abgeschnitten oder sich unter einem heiligen Baume niedergelassen hatte u. dgl., um Schutz gegen allerlei Seuche und Krankheit und um gute Weide, gutes Wasser, gefüllte Euter, geile Böcke, fruchtbare Schafmütter usw. Ein solches Gebet solle der Hirt nach Morgen gewendet viermal sprechen, darauf ein Gemisch von Milch und frischem Most trinken und alsbald den Sprung durch die Haufen brennenden Strohs tun, von welchem bei diesem Feste immer am meisten die Rede ist. Aus anderen Beschreibungen sieht man, daß es dabei recht lustig zuging, indem vor und nach dem Sprunge von den versammelten Hirten viel getrunken und gesungen wurde[232], aus Ovid selbst im weitern Verlaufe seiner Erörterung, daß das Feuer dazu künstlich angeschlagen wurde und daß nicht allein die Hirten, sondern auch die Herden durch das brennende Stroh sprangen. Die religiöse Bedeutung des Gebrauchs ist deutlich genug die einer Reinigung durch das Feuer, wie sich denn derselbe reinigende Sprung oder Gang durch das Feuer in sehr verschiedenen Gegenden als eine alte und allgemeine Sitte des Heidentums nachweisen läßt.[233] Die gewöhnliche Jahreszeit dieser Reinigung ist bekanntlich die Mitte des Sommers und der Sonnenwende, wo noch jetzt in vielen Gegenden von Deutschland Feuer auf den Bergen angezündet wird und ehemals auch das Springen durch das Feuer selbst in den Städten auf öffentlichen Plätzen herkömmlich war, in welchem Sinne, das lehrt am besten derselbe Gebrauch in Griechenland, wo die Weiber mit dem Rufe „Ich lasse meine Sünden" durch das Feuer springen. Doch gab es in Deutschland neben dem Johannisfeuer auch ein Osterfeuer, welches vorzüglich im nördlichen Deutschland verbreitet war und in alter Zeit wahrscheinlich der heidnischen Licht- und Frühlingsgöttin Ostara galt, jedenfalls aber dem Eintritt des Frühlings entspricht und in dieser Hinsicht dem Feuer der römischen Ralilien nahe verwandt ist. Denn offenbar sind auch diese zugleich Frühlings- und Reinigungsfest, wie die Lupercalien im Februar, die Feier des Mars im März und auch wohl die Feier des Vejovis an den Nonen desselben Monates und die des Apollo Soranus mit der entsprechenden Sitte eines reinigenden Ganges durch das Feuer, indem man an allen diesen Festen zugleich den Winter und allen Schmutz des vergangnen Jahres abtat und sich zu dem neuen Jahre wie zu einer neuen Zukunft reinigte. Auch in dieser Hinsicht ist dieses Fest als Stifungsfest von Rom von religiöser Bedeutung. Die städtische Feier wird sich übrigens von der ländlichen nicht allein durch bestimmte Hinweisung auf Romulus und die Gründungsgeschichte, sondern auch durch andere Ausstattung unterschieden haben, wie man sie z. B. zur Zeit Cäsars mit Pferderennen feierte.[234] Noch später, zur Zeit Hadrians, wurde das Fest mit dem der Dea Roma verschmolzen und als Geburtstag derselben mit lärmender Musik und entsprechenden Gesängen, so wie mit zirzensischen Spielen begangen.

12. Ruminus und Rumina

Gleichfalls am Palatinischen Hügel und zwar in nächster Nähe der Faunushöhle des Lupercal, da wo der durch die römischen Zwillinge so berühmt gewordene Feigenbaum stand, wurde noch ein anderes Paar von Hirtengöttern verehrt, Jupiter Ruminus und die Diva Rumina[235], von welchen jener Feigenbaum den Namen des Ruminalischen bekommen hatte; ja es verdanken ihnen vielleicht selbst Romulus und Rom und die Römer ihre Namen. Jupiter Rumius ist in dieser Zusammenstellung höchst wahrscheinlich als Divus Pater Ruminus zu erklären, neben welchem also Rumina als Diva Mater angerufen wurde; beide aber hießen nach den übereinstimmenden Zeugnissen vieler Schriftsteller a ruma, welches Wort in der Bedeutung der säugenden Brust bei den Hirten und Bauern im Gebrauche blieb. Die Hirten opferten dieser Göttin, wie Varro[236] mit Milch für das junge noch säugende Vieh; dahingegen andere ebenso natürlich an das Bild der säugenden Wölfin mit den Zwillingen dachten, welche unter dem Ruminalischen Feigenbaum stand und höchst wahrscheinlich ein altes Sinnbild derselben nährenden Muttergöttin Rumina war, die von der Fauna Luperca nur durch ihren Namen verschieden gewesen sein kann. Auch der Feigenbaum mit seinen vielen, süßen, samenreichen und nährenden Früchten war ein natürliches Bild dieser gütigen Göttin, daher derselbe Baum in Griechenland der Demeter und dem Dionysos heilig war.

Anhang

Die Sühnungen und Weihungen im Dienste des Mars und der verwandten Götter

Noch mögen hier verschiedene Arten von Sühnopfern und Weihungen der Flur, der Stadt, der Bürgerschaft zur Sprache kommen, wie sie im Kulte des Mars, des Faunus Lupercus, der Bona Dea, der Pales herkömmlich waren, die sich auch dadurch als zusammengehörige Gruppe zu erkennen geben, neben ihnen aber auch in dem der Ceres, des Liber Pater und anderer Götter des ländlichen Segens. Der allgemeine Ausdruck für diese Gebräuche war *lustrare*, welches sich von den sinnverwandten Wörtern februare, purgare, expiare dadurch unterscheidet, daß es den Begriff eines sühnenden Umgangs mit den Opfertieren oder sonst einem Sühnungsmittel um den zu reinigenden Gegenstand, ein Grundstück, eine Stadt, eine Person oder eine größere Anzahl von Personen in sich schließt: wie die Luperci nach jenem Opfer im Lupercal zuerst um die Palatinische Altstadt und dann durch die übrige Stadt liefen. Daher die Benennung der *Ambarvalia* und des *Amburbium*, das sind weihende Umgänge mit Opfertieren, welche nachher unter Gebet und Weihung geschlachtet wurden, um die Felder und um die Stadt[237], die dadurch der magischen Kraft des Opfers und der Weihe des Gebetes teilhaftig gemacht wurden. Die Opfertiere waren bei solchen Gelegenheiten gewöhnlich die sogenannten Suovetaurilien oder, wie man vor alters gewöhnlich sagte, Solitaurilien, das speziell im Kulte des Mars herkömmliche Opfer[238], wie sich denn alle diese Sühnungen und Reinigungen vorzüglich im Kulte des Mars entwickelt zu haben scheinen. Suovetaurilien hieß dieses Opfer, weil es hergebrachtermaßen aus einem männlichen Schwein, einem Schafbock und einem Stier bestand, die dabei die drei wichtigsten Arten der durch ganz Italien unter den Schutz des Mars gestellten Viehzucht vertraten, Solitaurilien, weil diese drei Stücke und Repräsentanten des Herdenreichtums völlig ausgewachsen und durchaus unbeschädigt sein mußten.[239] Für weibliche Gottheiten nahm man Tiere weiblichen Geschlechts, bei anderen Gelegenheiten Tiere zarten Alters, sogenannte Suovetaurilia minora oder lacentia.[240] Dem Blute des Schweines und des Lammes wurde eine sühnende Kraft beigemessen; der Stier scheint mehr als honorarius, d. h. als das edelste Stück und der Führer seiner Herde hinzugefügt worden zu sein.[241] Immer wurden diese Tiere oder statt ihrer im ländlichen Privatgottesdienste das einzelne Opfertier dreimal um den Acker, die Stadt usw. herumgeführt[242] und darauf bei dem Opfer selbst ein feierliches Gebet in alter und herkömmlicher Formel gesprochen[243], welcher man wie immer eine besondre Kraft zuschrieb. Am häufigsten erwähnt werden die ländlichen Ambarvalien, wie sie bei verschiedenen Gelegenheiten dargebracht wurden, besonders in der Zeit wenn die Felder in der Blüte standen und der Ernte allmählich entgegenreiften, in welcher Zeit die Gefahren der Witterung und anderer Schaden am meisten zu befürchten sind.[244] Eine genaue Anweisung wie bei einer solchen Weihe zu verfahren sit gibt Cato r. r. 141, wo Mars noch der eigentliche Schutzgott ist, s. oben. Später wurden statt seiner gewöhnlich Ceres und Bacchus angerufen, während die Sitte des Umgangs dieselbe blieb, so die Schilderungen solcher ländlicher Festlichkeiten bei Virgil Georg. I, 345 und Tibull II, 1. Alles pflegte an solchen Tagen von der Arbeit zu ruhen und sich rein und heilig zu halten, Menschen und Vieh, der Herr und die Knechte und Mägde. Während das Opfertier um die Felder geführt wurde, folgte die Schar der Arbeiter in festlicher Kleidung und mit Ölzweigen in der Hand, zu den Schutzgöttern des Gutes betend für die Saat, den Viehstand, den Landmann und den jungen Nachwuchs der Sklaven, wie um Abwehr alles Schadens. Nicht weniger verbreitet scheint aber auch der verwandte Gebrauch des Amburbium, d. h. der Stadtweihe gewesen zu sein, wo entweder regelmäßig oder auf außerordentliche Veranlassung die sühnenden Opfertiere um die Grenzen der Stadt oder eines Teiles derselben oder um die Stadtflur geführt und dazu gleichfalls um Schutz und Segen gebetet wurde.[245] Ein solches Opfer war dasjenige, auf welches sich die erwähnten Urkunden von Iguvium beziehen; wenigstens wird in denselben, sowit die Deutung bis jetzt gelungen ist, ein Umgang um die Burg (ocris) oder Altstadt beschrieben, bei welchem die Opfertiere um die Grenzen derselben geführt werden, um sodann an drei verschiedenen Punkten den Göttern, unter welchen Jupiter und Mars besonders hervortrten, geopfert zu werden, mit Gebeten welche auch hier um Abwendung aller Landplagen und um Heil und Segen für Stadt und Volk flehen. In Rom wurde die Palatinische Altstadt bei den Lupercalien insbesondre lustrirt; dahingegen sich eine Stelle bei Strabo V p. 230, wo von Opfern der Pontifices die Rede ist, welche an einem bestimmten Tage an verschiedenen Punkten der alten Stadtgrenze dargebracht wurden, entweder auf ein Amburbium der Stadtflur oder auf Ambarvalia publica bezieht.[246] Außerdem werden solche Sühnungen der Stadt wiederholt bei außerordentlichen Gelegenheiten erwähnt, wo es den Zorn der Götter zu beschwören galt[247], u. a. bei Lucan 1, 592 ff, wo beim Ausbruch des Kriegs zwischen Pompejus und Cäsar ein Amburbium um die Grenzen der Stadt beschlossen wird, an welchem sämtliche Priesterschaften des öffentlichen Gottesdienstes teilnehmen, die Pontifices unter der Anführung des Pontifex Maximus und in ihrem Gefolge die Pontifices minores, die Togen cinctu Gabino aufgegürtet, die Vestalischen Jungfrauen unter der der Virgo Maxima, die XV viri sacris faciundis und die phrygischen galli, die Augurn, die VII viri Epulones, die Sodales Titii und die Salier, endlich die Flamines. Noch zur Zeit des Aurelian ist bei drohender Gefahr von ähnlichen Sühnungen der Stadt und der Stadtflur die Rede.[248] Endlich gehört auch die sühnende Weihe der gesamten Bürgerschaft hierher, wie sie nach dem Staatsgrundgesetze des Servius Tullius alle vier Jahre zuerst von den Königen, dann von den Consuln, seit dem J. 311 d. St. von den Censoren zum Beschlusse des gesamten Werkes der Schatzung in dem Marsfelde, wahrscheinlich bei jenem alten Altare des Mars (S. 311), mit religiösen Feierlichkeiten vorgenommen wurde. Auch hier wurden zuerst die gewöhnlichen Solitaurilien des Mars dreimal um die im Schmuck der Waffen versammelte und als Bürgerwehr (exercitus) in Rotten aufgestellte Bürgerschaft herumgeführt, daher die ganze Feier auch ambilustrum genannt wurde.[249] Darauf erfolgte an jenem Altare das feierliche Opfer, wobei der präsidierende Magistrat, von den beiden Censoren immer derjenige den das Los dazu bestimmt hatte, in einer herkömmlichen, von einem Staatssekretär aus der Urkunde vorgelesenen Gebetsformel die Götter um Erstarkung und Mehrung der Macht des römischen Volkes anflehte, eine Formel welche seit Scipio d. J. dahin verändert sein soll, daß man nicht mehr um die Mehrung, sondern nur noch um die Erhaltung dieser Macht betete. Auch Kolonien und Heere wurden auf gleiche Weise lustrirt, desgleichen der Capitolinische Tempelplatz beim Neubau des Vespasian; und zwar sah man wie bei allen religiösen Handlungen immer darauf, daß alles unter den glücklichsten Zeichen vor sich gehe.[250] Selbst bei den Reinigungen von Kranken, namentlich Geisteskranken, denen von Herden Viehs, endlich der bei einem Leichenbegängnisse Versammelten und anderen Anlässen der Art wiederholen sich im wesentlichen dieselben Gebräuche, nur daß das Mittel der Reinigung ein verschiedenes war und eben deshalb auch die Zeremonie sich änderte.[251]

FÜNFTER ABSCHNITT

Venus und verwandte Götter

Sehr verbreitet war der Dienst einer Göttin der Blumen, des Frühlings, der Lust und des irdischen Reizes mit Inbegriff seiner Vergänglichkeit, welche an Quellen, in Hainen und Gärten und in den Monaten April und Mai gefeiert wurde, auch als Göttin des weiblichen Reizes und der Liebe, endlich der bürgerlichen Verbündung und Eintracht, wodurch sie zugleich einen ethischen und politischen Charakter annimmt. Da sie der griechischen Aphrodite, zum Teil auch der Persephone nahe verwandt war, so war es sehr natürlich daß sich ihr Bild mit jenen vermischte. Doch darf das ursprüngliche Wesen dieser Gottheit für italisch genommen werden, so gut die ihr in manchen Stücken verwandte Freyja eine germanische und skandinavische Göttin ist. Unter den verschiedenen Formen, in welchen sie vorkommt, nennen wir zuerst

1. Feronia,

welche Göttin vorzüglich bei den Sabinern, Umbrern und Etruskern, aber auch bei den Latinern und Volskern verehrt wurde. Eine sabinische Göttin nennt sie Varro l. l. V, 74, und so erscheint sie namentlich in der Tradition von dem Kriege des Tullus Hostilius mit den Sabinern bei Liv. 1, 30 und Dionys. III, 32, wo römische Bürger, die zur Messe der sabinischen Feronia gereist waren, festgehalten werden, worüber es zwischen den Römern und Sabinern zum Kriege kommt. Dionys setzt hinzu, dieses Heiligtum der Feronia habe sowohl bei den Latinern als bei den Sabinern in großem Ansehen gestanden, auch daß die Griechen den Namen dieser Göttin bald durch die Blumengöttin oder Kranzliebende (Ἀνθηφόρος, Φιλοστέφανος) bald durch den der Persephone zu übersetzen pflegten, welche Göttin bekanntlich zugleich Frühlings- und Todesgöttin war, so daß schon dadurch ihre nahe Verwandtschaft mit der Flora, der Libera, der Venus deutlich angegeben ist. Bei dem jährlichen Feste sei dort eine Menge Volks zusammengekommen, entweder um zu beten und zu opfern oder in Marktgeschäften, Kaufleute, Handwerker und Bauern, wie diese Messe denn zu den besuchtesten und lebhaftesten in ganz Italien gehörte. Fabretti hat duech die vortreffliche Untersuchung Inscr. Antiq. p. 451 sq. nachgewiesen, daß dieses alte und berrühmte Heiligtum bei Trebula Mutuesca, einem auch durch seine T. des Mars[1] und andere Gottesdienste bekannten Orte lag, wo er selbst mehrere auf den Kult der Feronia bezügliche Inschriften gesunden hat und von wo wahrscheinlich auch die beiden römischen Familien Petronia und Plaetoria stammten, die den Kopf der Feronia auf ihre Münzen gesetzt und uns dadurch ein Bild von dieser Göttin erhalten haben. Es ist das einer jugendlich blühenden Göttin, deren Haar mit Blumen geschmückt ist, ws zu jenen Umschreibungen der Griechen vortrefflich paßt. Außerdem läßt sich der Kult dieser Göttin durch Inschriften auch in der alten sabinischen Metropole Amiternum, zu Aveja bei den Vestinern, in dem Orte Septempeda bei den Picentern und zu Pisaurum in Umbrien nachweisen[2], so daß er also bei der indigenen Bevölkerung des mittleren

Italiens sehr verbreitet gewesen sein muß. Auch der picus Feronius, welcher neben dem picus Martius als ein für die auguralen Beobachtungen sehr wichtiger Vogel genannt wird (Fest. p. 197) hatte jenen Beinamen doch gewiß von der Feronia. Bei den Etruskern war das Heiligtum der Feronia am Fuße des Berges Soracte, der lucus Feroniae, woraus später ein eigener Ort geworden war, ursprünglich hatte es zum Gebiete der Stadt Capena gehört, nicht weniger berühmt und besucht als jenes sabinische bei Trebula Mutuesca. Alles Volk der Umgegend war gewöhnt, die Erstlinge der Feldfrucht und viele Weihgeschenke dahin zu tragen, so daß sich im Laufe der Jahre eine Menge Gold und Silber in dem Tempelschatze gesammelt hatte, welcher den Soldaten des Hannibal bei seinem Rückzuge von Rom zur Beute wurde.[3] Feronia wurde hier neben dem sogenannten Apollo Soranus verehrt und zwar fiel das beiden gemeinschaftliche Fest vermutlich in den Frühling; auch war die hier wie an anderen Orten eine Schutzgöttin der Freigelassenen, also eine Libera, daher auch die Libertinen in Rom ihre Gaben in dieses Heiligtum als das zunächst gelegene trugen.[4] Einen anderen lucus Feroniae genannten Ort, welcher später Petra Sancta hieß, gab es im Innern von Etruien[5]; auch wissen wir durch eine Inschrift aus Florenz, daß sie auch hier als Göttin der Freilassung verehrt wurde, ja es lassen sich die Spuren dieses Gottesdienstes bis nach Verona verfolgen.[6] Ferner muß unter den Latinern Praeneste dieselbe Göttin seit alter Zeit verehrt haben, da sie nach dortiger Sage für die Mutter des Herilus galt, den Evander d. i. Faunus als streitbarer Held erlegte.[7] Endlich gab es an der Küste der Volsker, in der Nähe von Tarracina, ein oft genanntes und durch alte Sagen berühmtes Heiligtum der Feronia in der Umgebung eines anmutigen Hains und einer Quelle, welche aus Horaz Sat. 1, 5, 24 bekannt ist.[8] Auch hier wurden Feronai und Jupiter Anxur, welcher dem Apollo Soranus entspricht, als Paar gedacht, Feronia als segnende Frühlings- und Quellengöttin des Tals und Jupiter als Gott der Höhe und der Sonne, s. Virgil Aen. VII. 799, zu welcher Stelle Servius eine Legende erzählt, welche sie als wohltätige und fruchtbare Göttin des Hains charakterisirt. Noch bemerkt Servius, daß Feronia in dieser Gegend als Juno Virgo neben jenem Jupiter verehrt worden sei, und wirklich lassen sich verschiedene Inschriften nachweisen, welche einer Juno Feronia gedenken[9], während jenes Wort Virgo vermutlich in demselben Sinne verstanden werden muß wie sonst von Divae Virgines die Rede ist, also von einer Göttin der Vegetation und der Quellen. In einem anderen Zusammenhange endlich berichtet derselbe Servius (zu Aen. VIII, 564), daß diese Nymphe Campaniens, so nennt er sie als Quellengöttin der Campagne, gleichfalls eine Göttin der Freigelassenen war, denen in ihrem Tempel das Haar geschoren und darauf der Hut als Symbol der Freilassung aufgesetzt wurde:, auch habe sich in diesem Tempel eine Bank von Stein mit der Inschrift befunden: Benemeriti servi sedeant, sorgent liberi. Varro wollte deshalb den Namen Feronia erklären durch Fidonia, da man doch eher dan denselben Stamm wie in dem Namen der Quellengöttin Ferentina denken möchte, von welcher bei der Venus die Rede sein wird. Auch als eine hilfreiche Göttin der See scheint Feronia wenigstens an dieser Küste verehrt worden zu sein, wenn dieses anders aus der konfusen Sage bei Dionys. II, 49 gefolgert werden darf, nach welcher die vermutlich von Tarent bevorwortete Stammesverwandtschaft der Sabiner und Spartaner durch das Märchen bewiesen werden sollte, daß zur Zeit des Lykurg eine Schaar ausgewanderter Spartaner an diese Küste verschlagen sei. Sie hätten darauf zum Dank für die glückliche Fahrt das Heiligtum der Feronia gestiftet[10] und seien endlich landeinwärts zu den Sabinern gezogen.

2. *Flora*

Auch diese Göttin ist von altitalischer Abkunft und wurde bei den Sabinern und überhaupt im innern Italien viel verehrt. Varro l. l. V, 74 nennt sie unter den Göttern des T. Tatius; auch kennen wir sie und einen eigenen Monat der Flora, welcher dem April oder Mai entsprochen haben wird, aus den von Sabinern, Marsern und Samnitern bevölkerten Gegenden.[11] Es ist die Göttin der Blüten und Blumen in weitester Bedeutung, denn wo immer etwas blüht, wie Ovid sagt[12], auf dem Acker, im Weinberge, in der Olivenpflanzung und im Baumgarten, auch in der Blume des Weins, wenn er sich im Fasse regt, so wie im Honig, dem feinsten Stoffe der Blumen, endlich in der Blüte der Jugend und eines fröhlichen Lebensgenusses „so lange die Rose blüht", da ist Flora tätig. Daher sie auf dem Lande und in den Städten viel verehrt wurde, auch als mütterliche Göttin, Flora Mater[13], des Frühlings, der Feldfrucht und selbst der „guten Hoffnung" der Frauen, deren Symbol die Blüte ist, natürlich weit mehr im Sinne der Venus als in dem der Juno. Denn immer wurde sie in der populären Vorstellung gleich der Acca Larentia und anderen Göttinnen des Frucht empfangenden Erdbodens als „liebe Buhle" gedacht und in diesem Sinne auch allerlei Märchen von ihr erzählt[14] und ihr Fest mit ausgelassenem Frohsinn begangen. In Rom gab es einen eigenen Flamen Floralis[15] und zwei Tempel der Flora, von denen der eine vermutlich sabinischen Ursprungs war und auf dem Quirinale lag, der andere, welcher mit den Spielen der Flora entstand, in der Nähe des Cerestempels am Circus Maximaus.[16] Der Kultus der Flora hatte demnach seit alter Zeit bestanden, d. h. man hatte ihr um die Zeit, wo das Korn in der Blüte stand und der Kornbrand zu fürchten war, sowohl auf dem Lande als in der Stadt geopfert[17], wahrscheinlich auch damals schon mit allerlei derb mutwilligen Späßen und Gebräuchen, welche zum Wesen dieser Gottheit gehören[18] und in Italien zu allen Zeiten beliebt und volkstümlich gewesen sind. Dann aber entstanden bald nach dem ersten punischen Kriege eigene Spiele der Flora, welche namentlich dem gemeinen Manne sehr willkommen, aber gleichfalls sehr ausgelassen waren. Über ihre Entstehung berichten Ovid und Tacitus, daß die beiden Publicii, dieselben von welchen der clivus Publicius am Aventin seinen namen hatte, als plebejische Aedilen jenen T. der Flora beim Circus Maximus und die Spiele in demselben aus eingezogenen Strafgeldern gestiftet hätten.[19] Doch seien diese im J. 514 oder 516 d. St. (240 oder 238 v. Chr.) beschlossen, auf Veranlassung eines von der Flora selbst, weil sie sich vernachlässigt glaubte, verhängten Mißwachses. Genug diese Spiele hatten sich wie die der anderen Götter erst allmählich bis zu solcher Ausdehnung und Ausstattung sowohl zirzensischer als szenischer Lustbarkeiten erweitert, in welcher wir sie bei den späteren Schriftstellern und in den Kalendern des Augusteischen Zeitalters kennenlernen, nach welchen sie vom 28. April bis zum 3. Mai gefeiert wurden.[20] Am 28 April war der Stiftungstag des Tempels, also der alte Festtag der Flora, zu welchem die übrigen Festtage erst mit der Zeit hinzugetreten sein mögen. Von den Spielen, deren entsprechende Ausrüstung zu den wichtigsten Obliegenheiten eines curulischen Aedilen gehörte[21], wird namentlich der charakteristische Gebrauch erzählt, daß bei ihnen Tänzerinnen nicht allein auf der Bühne auftraten, sondern auch, wenn es das Volk verlangte, alle Kleidung abwerfen und völlig entblößt ihre Stellungen und Tänze fortsetzen mußten: ein Herkommen welches zu dem bekannten Auftritte mit dem älteren Cato führte, da er lieber das Theater verlassen als durch seine Gegenwart des Volkes Vergnügen stören wollte.[22] Auch sonst wurde in diesen Tagen viel geschlemmt und viel leichtfertiger und lärmender Spaß getrieben[23]; war doch auch Flora ein lustiges Blut gewesen und die Jahreszeit eine solche, daß die ganze Natur zu Lust und Scherz von selbst einlud.

Daher auch die bunten Kleider bei diesen Spielen und die brennenden Lichter, welche bei den Alten gewähnlich ein Symbol der heitern Festlust sind. Auch die Ziegen und Hasen, welche im Circus gehetzt wurden, entsprechen diesem Chrakter der Flora, denn auch ihre Natur ist üppig und mutwillig, daher der Hase bei den Griechen zur Umgebung der Aphrodite gehörte. Andere Schriftsteller erzählen von einer auch sonst herkömmlichen, bei den Floralien aber vorzüglich beliebten Lustbarkeit, indem Erbsen und Bohnen, die gewöhnliche Kost des gemeinen Mannes, unter das Volk geworfen wurden, wo denn jeder greifend und balgend so gut er konnte seine Taschen füllen mochte[24], noch andere von einem Umlaufe von Personen, welche Blumen, namentlich Rosen trugen und durch die Eile ihres Laufes die Flüchtigkeit alles natürlichen Reizes andeuten sollten.[25] Denn immer ist die Rose vor allen übrigen Blumen das Symbol des Frühlings und aller fröhlichen Lust gewesen, wie sich denn auch in Italien von solcher Anwendung dieser Blume bei öffentlichen und privaten Gelegenheiten viele Spuren nachweisen lassen.[26] Endlich wurden unter den Kaisern noch manche außerordentliche Vergnügungen hinzugefügt, denn fort und fort, sowohl in Rom als in den Provinzen, behaupteten sich die Spiele der Flora unter den beliebtesten Ergötzlichkeiten der schönen Jahreszeit.[27]

3. Venus

Nach der bestimmten Aussage gründlicher Gelehrten, namentlich des Cincius und Varro, dam der Name der Venus weder in den Saliarischen Liedern noch sonst in den öffentlichen und priesterlichen Urkunden der Königszeit vor (Macrob. S. I, 12, 12), so daß also eine Göttin dieses Namens in Rom, d. h. von Staats wegen erst später verehrt worden wäre. Indessen ist ihr darum ein höheres Altertum keineswegs abzusprechen. Sie konnte unter einem anderen Namen oder sie konnte bei den Latinern früher als in Rom verehrt werden; denn Venus ist eben nur ein Name unter den verschiedenen, welche dieser Göttin des Frühlings und der sprossenden und treibenden Vegetation beigelegt wurden, und grade bei den Latinern scheint ihr Kultus in vielen und verschiedenen Formen verbreitet gewesen zu sein, wie der der Feronia bei den Sabinern und verwandten Völkern. Und zwar wurde sie bei den Latinern und von daher auch in Rom seit alter Zeit nicht bloß in der nächsten Naturbedeutung und in der einer Liebesgöttin des Geschlechtes verehrt, sondern auch in der einer Vereinigung und Verbündung überhaupt, gesellige und bürgerliche Stiftenden, wodurch sie die höhere Bedeutung einer Concordia annahm, welche in späteren Zeiten gewöhnlich statt ihrer genannt wird. Daher die besondre Wichtigkeit deses Kultus für den latinischen Bund, welches wieder zur Folge hatte daß mit der Zeit eine gleichartige Göttin des Auslandes, ich meine die griechische und orientalische Aphrodite, von Sizilien und dem südlichen Italien her mit dieser älteren latinischen und italischen Venus verschmolzen und auf diesem Wege zugliech die Sage von Aeneas, dem troischen Helden, dem Sohne der Aphrodite des Idagebirges, in die Traditionen des latinischen Bundes hinübergezogen wurde. Auch der name *Venus* ist altitalisch, da er sich aus der Wurzel ven erklärt, welche lieben, begehren, günstig sein bedeutet, derselben Wurzel von welcher wahrscheinlich auch οἶνος, vinum, Wein abzuleiten ist.[28] Vana ist im Sanskrit lieblich, angenehm, vanas Reiz, Lieblichkeit, das lateinische venustas, und auch im Altnordischen ist vaen i. q. venustus, pulcher, daher vermutlich die Vanen der altnordischen Mythologie ihren Namen haben. Also ist Venus die schöne, liebe Frau des Frühlings, aller Blüten, alles Naturreizes, wie Flora, Feronia, Libera und andere Göttinnen der Art. In Rom hieß sie, wie es scheint, bevor der Name Venus der allgemeine wurde, Murcia, welches mit mulcere zusammenhängt, und Cloacina und Libitina, welche Namen durch gleichfalls altlatinische Wortstämme andere Bezeihungen ihres Dienstes ausdrücken. Bei den oskisch redenden Völkern hieß sie *Herentatis*[29], welcher Name mit dem Worte herest d. i. volet und der Sanskritwurzel hr̥ d. i. nehmen zusammenhängt, also eine Göttin des Verlangens, wie Voluptas und Volupia, Volumnus und Voleta, welche Namen in den Indigitamenten vorkamen und teils von velle teils von volupe abzuleiten sind. Auch der name Cupido, den man später für den griechischen Eros wählte, gehört in diese Reihe. Die oskische Herentatis aber hilft uns zugleich zur näheren Bestimmung der latinischen Quellen- und Bundesgöttin *Ferentina*, die auch nichts weiter als eine eigentümliche Form der Venus gewesen sein kann; bekanntlich war ihr Hain (lucus Ferentinae) und ihre Quelle (caput Ferentinae) in dem anmutigen Tale von Marino unter Alba Longa der Ort, wo wenigstens seit der Organisation des latinischen Bundes durch die Tarquinier die Bundesversammlungen gehalten wurden.[30] Der Name muß im alten Italien sehr verbreitet gewesen sein, da verschiedene Städte desselben Namens vorkommen, bei den Etruskern, den Hernikern und in Apulien.[31] Als latinische Bundesgöttin begegnet uns Venus aber auch in Ardea und Lavinium, also in der wichtigen Gegend, in welche die gewöhnliche Tradition den Ursprung des Bundes und seine ältesten Heiligtümer verlegte. Sowohl in der alten Bundesstadt Lavinium als in der Nähe von Ardea gab es ein Heiligtum der Venus, bei dem die Latiner in gemeinen Angelegenheiten zusammenzukommen pflegten[32], und zwar scheint sich hier zuerst der Kultus und der Name der griechischen Aphrodite von Sizilien her und in Begleitung der Aeneassage eingemischt zu haben[33], welche Vermischung uns nicht abhalten darf, an eine ältere latinische Venus beider Stätten zu glauben. Auch in Alba Longa und in Gabii muß die Venus seit alter Zeit verehrt worden sein, da die Venus von Alba wesentlich zu den gentilen Traditionen des Albanischen Geschlechtes der Julier gehört, die Venus Gabina alber, ein alter Sproß des Albanischen Dienstes, unter den angeseheneren Kulten von Latim und Rom genannt wurde.[34]

Jene Angabe, daß Aeneas ein Bild seiner Mutter aus Sizilien mit sich an die latinische Küste gebracht habe, bezieht sich auf ein altes Kultusbild, welches aus der Gegend des Berges Eryx stammen und für Ardea und Lavinium eine ähnliche Bedeutung haben mochte wie das bekannte Palladium in Rom und Lavinium, samt anderen Götterbildern ältester Fabrik und Herkunft, welche den Eintritt der Idololatrie nach dem Muster der griechischen Holzbilder verraten. Eine Einwirkung des griechischen und phönizischen Aphroditedienstes hatte ohne Zweifel schon früher stattgefunden, da diese Göttin unter ihren übrigen Eigenschaften auch als mächige Schutzgöttin zur See verehrt wurde und ihr Kultus eben deshalb über die verschiedenen Küsten des mittelländischen Meeres und seiner Nebenmeere sich rasch verbreitete. Namentlich scheint die Erycinische Venus auf Sizilien, welche zu dem Geschlechte der von Phönizien und Kleinasien her verbreiteten Dienste der Venus Urania gehörte und in dieser westlichen Gegend einen ähnlichen Mittelpunkt von Sagen und Filialkulten bildete wie die Venus von Kythere an der südlichen Küste des Peloponnes, die von Paphos in den Umgebungen von Cypern, auch in Italien von den Griechen und Etruskern sehr zeitig anerkannt und vielfach angebetet worden zu sein.[35] Was namentlich diese letzteren betrifft, so beweisen nicht allein die verschiedenen einheimischen Namen, mit denen die Liebesgöttin auf den etruskischen Denkmälern benannt wird, sondern auch der außerordentlich große Vorrat etruskischer Venusbilder[36], welche bald mit dem Attribute des Apfels oder der Blüte, bald mit dem eines Eis oder mit dem der brünstigen Taube, oder mit einem Mytrenzweige, einem Balsamgefäß usw. ausgestattet und immer langbekleidet, ausnahmsweise auch beflügelt oder strahlenbekränzt sind, daß der Kultus dieser Göttin und ihrer verschiedenen Formen von der Pandemos bis zur Urania bei desem Volke einen sehr fruchtbaren Boden gefunden hatte.

In Rom gab es drei Heiligtümer der Venus, welche für alt gelten dürfen, das der Murcia, das der Cloacina und das der Libitina. Der Name *Murcia* hängt mit mulcere in dem Sinne von erweichen zusammen[37], welches Wort auch dem Mulciber d. i. Volcanus seinen Namen gegeben hat, obwohl man später meist Murtea schrieb und die so benannten Venus für die Myrtengöttin hielt. Ihr Heiligtum hieß im gewöhnlichen Sprachgebrauch das Murcia schlechthin; mithin kann der vollständigere Name Venus Murcia erst später aufgekommen sein. Es lag am Abhange des Aventin, nahe am hintern Ende des Circus Maximus, dessen Lokalitäten in dieser Gegend oft danach benannt werden; ja der Name der Murcia hatte sich auch auf den Aventin und das ganze dort gelegene Stadtquartier ausgedehnt[38], so daß dieses Heiligtum also jedenfalls ein sehr angesehenes war, wie es denn auch bei anderen Gelegenheiten immer als das älteste und angesehenste der städtischen Venus erscheint. So wurden später die Tempel der Venus obsequens und Verticordia in derselben Gegend am Circus, also in dem Kreise des älteren Heiligtums der Murcia gegründet, und auch die Frühlings- und Weinlesefeier der Venus scheint sich vorzugsweise dahin gewendet zu haben. Da diese Gegend durch Ancus Marcius mit Latinern eroberter Städte bevölkert wurde[39], so mögen diese den Gottesdienst mit nach Rom gebracht haben. Für noch älter galt das Heiligtum der *Colacina* oder *Cluacina*, welches sich in der Nähe des Vomitiums befand, aber für die spätere Zeit mehr ein historisches als ein religiöses Interesse hatte. Es heißt nämlich daß Romulus und T. Tatius, d. h. die Römer und Sabiner vor ihrer feierlichen Verbündung nach blutigem Streite auf dieser Stätte der Venus unter jenem Namen ein Heiligtum gestiftet und sich selbst bei demselben mit Myrtenzweigen gereinigt hätten, daher auch der Name von cluare und cloare doer cluere d. i. Purgare abgeleitet wird[40]: so daß also Venus hier wieder die Göttin der friedlichen Vereinigung und Verbündung ist, gleich der späteren Concordia. Endlich die *Libitina*, welche als Göttin der Lust gewöhnlich Lubentina oder Lubentia und Lubia genannt wird, und dem Namen nach mit dieser identisch ist[41], war zugleich eine Göttin der Gärten, der Weinpflanzungen, der Weinlese, daher ihr Heiligtum wie das der Murcia am 19. Tage der ländlichen Vinalien seinen Stiftungstag feierte[42], und die bekannte Göttin des Todes und der Verstorbenen, für welche nach einer Verordnung des Servius Tullius bei jedem Todesfall ein Stück Geld in ihren Kasten gelegt weden mußte, wie denn auch das zu Leichenbegängnissen Erforderliche, namentlich die Bahren, aus ihrem Haine, dem deshalb oft erwähnten lucus Libitinae entlehnt wurde.[43] Eine ahnungsreiche Zusammenfassung des Gedankens an den Tod und an schwellendes Leben, welche den Naturreligionen überhaupt geläufig ist und sich auch in dem griechischen Dienste der Aphrodite wiederfindet, in Italien aber sehr verbreitet und in der volkstümlichen Naturanschauung tief begründet gewesen sein muß, da auch die sabinische Feronia zugleich mit der Flora und mit der griechischen Persephone verglichen wurde und eine gleichartige Auffassung uns bei der Acca larentia und anderen Göttinnen der Flur von neuem begegnen wird. Eben deshalb könnte der Ursprung einer von Gerhard nachgewiesenen Darstellung der Venus, wo diese zugleich Proserpina, d. h. Todesgöttin ist[44], ebensogut in Italien zu suchen sein als in Griechenland.

Im gewöhnlichen Kultus hatte Venus neben diesen besondern Formen die allgemeinere Bedeutng einer Frühlingsgöttin der Blumen, der Gärten, der Gemüse, der Weinpflanzungen. Die Gärten galten so speziell für ihr Revier, daß sie gewöhnlich unter ihren Schutz gestellt wurden und alle Gärtner, Gemüsehändler, Blumenzüchter die Venus wie eine Göttin ihrer Profession verehrten[45], und was die Weinlese betrifft, so ist schon oben bemerkt worden, daß sowohl die ländlichen Vinalien am 19. August, das eigentliche Weinlesefest, als die sogenannten Vinalia priora am 23. April, wo man den jungen Wein zuerst kostete, dem Jupiter und der Venus galten.[46] Namentlich wurden an diesen Tagen entsprechende Feierlichkeiten im Haine der Murcia und in dem der Libitina vorgenommen, deren Tempel beide den 19. August als ihren Stiftungstag feierten, während im übrigen auch diese Feste ganz vorzüglich von den Gärtnern und Gemüsehändlern begangen wurden. Außerdem scheint von jeher der erste Tag später gefeiert wurde die deutlichsten Merkmale des griechischen und orientalischen Aphroditedienstes an sich trägt, wie man denn später sogar den Namen des Monats Aprilis von Aphrodite ableiten wollte. Richtiger ist die ab aperiendo, quod ver omnia aperit[47], weil die Erde sich denn von neuem öffnet und die Halme und blühend sich aus ihr hervordrängen: was wieder zu dem Begriffe einer Göttin der sprossenden Vegetation zurückführt.

Zu diesen älteren und einfacheren Formen des latinischen Venusdienstes kamen mit der Zeit die bedeutungsvolleren des Auslandes, unter denen die der *Venus Victrix* und der *Venus Genitrix* für die ältesten gelten dürfen. Beide gehören zu der gemeinschaftlichen Wurzel des Dienstes der Venus Urania, welche zugleich als kriegerisch bewehrte Siegesgöttin und als die befruchtende Mutter aller Dinge verehrt wurde; auch mögen beide von demselben Ursprunge des erycinischen Venusdienstes auf Sizilien abzuleiten sein, welcher, wie bereits bemerkt worden, seine Einwirkung auch über Italien, sowohl über die Griechen und Etrusker als über die eingebornen Völker, zunächst wohl die Lucaner, Campaner und Samniter verbreitet hatte. Die Venus Victrix wird von den Römern geradezu mit der Victoria identifiziert[48] und scheint als solche auch sonst in und außerhalb Italiens viel verehrt worden zu sein. Namentlich muß sie in Latium frühzeitig Eingang gefunden haben, da man aus dem Gebrauch der Myrte beim Albanischen Triumphe folgern darf, daß auch hier die Venus Victrix im Spiele war. In Rom hatte sie ein Heiligtum auf dem Capitole, welches vermutlich in dem Kriege mit den Samnitern entstanden war[49], wurde aber auch sonst von den Feldherrn viel verehrt, namentlich von Sulla und von Pompejus, welcher ihr auf der Höhe seines Theaters einen Tempel gestiftet hatte[50], endlich von Julius Cäsar, welchem vermöge seiner Abstammung die Venus Victrix und die Venus Genitrix zu einem und demselben Bilde zusammenschmolzen.[51] Diese letztere wurde nämlich zu Rom immer speziell als Mater Aeneadum, d. h. als Stammmutter der albanischen Geschlechter, welche sich vom Aeneas ableiteten, namentlich der Julier verehrt; daher anzunehmen ist daß dieser Kultus geraume Zeit ein Gentilkult dieses Geschlechtes und seiner nächsten Sippen war, bis er bei zunehmender Bedeutung der Aeneassage für Rom und dessen konventionelle Geschichte zu einem öffentlichen wurde. Schon in der Zeit des ersten punischen Krieges war der Glaube an die troische Abstammung des römischen Volkes ein fest gewurzelter, so daß wir also auch bei diesem Kultus, wenn es sich von den Anfängen des Glaubens handelt, einige Generationen weiter hinauf, also gleichfalls bis in die Zeit der Samniterkriege zurückgehen müssen. Die römische Poesie trug das Ihrige dazu bei, diese Venus noch mehr zu verherrlichen[52], Ennius indem er sie in seinen Annalen als Stammutter des Romulus, also des römischen Namens überhaupt auftreten ließ, Lucrez u. a. indem er sie in ihrer kosmischen Bedeututng besang, d. h. als die Göttin der Zeugung, des Ursprungs, der Entstehung der Dinge überhaupt, welche ihre Macht vorzüglich in der Zeit des Frühlings, des jählich sich erneuernden Ursprungs der Dinge offenbarte und als kosmische Liebesgöttin bereits von dem Eleaten Parmenides und dem Agrigentiner Empedokles gepriesen worden war. Einen eigenen Tempel bekam diese Venus Genitrix bekanntlich durch Lulius Cäsar, welcher sich seiner Abstammung von dieser Göttin und seiner Verwandtschaft mit Romulus und den Albanischen Königen nicht allein sehr gerne rühmte[53], sondern auch in seinem eigenen Wesen etwas von jenen alten Lieblingen der Venus, einem Aeneas, einem Paris u. a. hatte, welche mit großer Liebesfähigkeit und Liebenswürdigkeit ebensoviel Mut und Tapferkeit und die dämonische Gabe des Glücks verbanden; denn auch diese hielt man für ein Geschenk der Venus, daher auch Sulla felix sich eifrig zu dieser Göttin bekannte. In der Schlacht bei Pharsalos gelobte Cäsar ihr in Folge eines Traums den Tempel, welchen er hernach auf seinem Forum sehr prächtig erbaute und am 26. September 708 (24. Juli 46) mit vielen Spielen einweihte.[54] Augustus war ganz der Mann, die mythologischen und religiösen Prätensionen dieses Dienstes zum Vorteil der Dynastie der Julier vollends auszubeuten, daher Mars und Venus, die Stammgötter dieses Geschlechtes, durch ihn zu römischen Stammgöttern überhaupt erhoben[55] und namentlich Venus Gentrix als solche fortan in vielen Gegenden von Italien mit und ohne speziellere Beziehung auf die Julische Familientraditon verehrt wurde.[56] Ja diese Verehrung der Venus Genitrix als der Stammutter des römischen Volks behauptete sich auch nach dem Aussterben des Julischen Geschlechts, da noch Hadrian einen prachtvollen Doppeltempel der Roma und Venus mit zwei kolossalen Statuen der beiden Göttinnen erbaute[57], offenbar wegen des alten und eingewurzelten Glaubens, daß die troische Venus durch Aeneas und die Aeneaden die Stammutter des römischen Volkes sei.

Nachdem die Römer diese Formen des Dienstes der Venus Urania in früheren Zeiten durch Vermittlung der Latiner und anderer italischen Völker kennengelernt hatten, gerieten sie im Laufe des ersten pinischen Kriegs in unmittelbare Berührung mit dem Dienste der *erycinischen Venus* und seinen Traditionen von der Wanderung des Aeneas; ja sie wurden seit dem Frieden vom J. 241 v. Chr. die Herrn über diese Gegend und diese Heiligtümer, welche für sie längst die Bedeutung einer sakralen Metropole hatten und in diesem Sinne fortan auch von ihnen gepflegt wurden.[58] Die Folge war, daß Rom sich den Dienst der erycinischen Venus nun bald unmittelbar von dort aneignete. Im Jahre der Schlacht am Trasimenischen See (217 v. Chr.) wurde auf den Rat der sibyllinischen Bücher der erste Tempel derselben und ein lectisternium gelobt, bei welchem Mars und Venus als zusammengehöriges Paar erschienen, während der neue auf dem Capitol erbaute Tempel der erycinischen Venus im folgenden Jahre eingeweiht wurde.[59] Ein anderer und wie es scheint noch angesehener Tempel derselben Göttin lag vor der p. Collina, wo er im J. 181 v. Chr. eingeweiht wurde, nachdem er einige Jahre vorher von einem Konsul im Felde gelobt worden war.[60] Diese Göttin galt wie das Urbild auf Sizilien für eine weibliche Macht des Himmels und der schöpferischen Natur, auch der beruhigten See, aus welcher Aphrodite geboren ist, aber auch der Buhlerei und Prostitution, von welcher Seite sie in Rom wie anderswo bald lebhaften Anklang fand.

Dazu waren im Laufe der Jahre noch verschiedene andere Formen des griechischen und orientalischen Venusdienstes gekommen, welchen bald in dem alten Bezirke der Murcia bald in anderen Gegenden der Stadt neue Heiligtümer gestiftet wurden. So gab es in der Nähe des Circus Max., also wahrscheinlich in jenem Bezirke, einen T. der V. *Obsequens*, d. h. der Willfährigen, welcher im j. 295 v. Chr. von Q. Fabius Gurges von den Strafgeldern ehebrecherischer Matronen gestiftet worden war[61]: ferner in demselben Bezirke einen T. der V. *Verticordia*, welche der griechischen ἀποστροφία entspricht und auf Veranlassung höchst bedenklicher Spuren von Unsittlichkeit unter den Frauen und Jungfrauen der höheren Stände und eines schrecklichen Vorfalls im J. 114 v. Chr. gestiftet wurde. Brei Vestalische Jungfrauen, Aemilia, Licinia und Marcia, hatten sich damals in verbotenem Umgange mit römischen Rittern betreffen lassen, worauf in jenem Jahre die Sache zur öffentlichen Verhandlung kam und Licinia durch die Beredsamkeit des L. Crassus, Marcia durch einen anderen Anwalt gerettet wurde, so daß nur Aemilia als Opfer fiel. In dem Herbste desselben Jahres, nach den römischen Spielen, war ein römischer Ritter P. Elvius mit Frau und Tochter auf der Rückkehr nach Apulien begriffen, als sie im Freien von einem starken Gewitter überrascht wurden. Die Tochter wird ängstlich, der Vater setzt sie auf ein Pferd, um schneller mit ihr unter Dach zu kommen, da wird sie auf dem Pferde vom Blitz getroffen. An den Kleidern, am Schmuck, an den Schuhen war keine Spur des Blitzes zu finden, auch an ihrem Leibe nicht, nur daß sie mit entblößter Scham dalag und die Zunge aus dem Munde hervorragte, daher man annahm, der Blitz sei durch die Scham hinein und aus dem Munde wieder herausgefahren. Auch das Pferd war getötet worden und der Sattel, Gurt und Zaum lagen zerfetzt umher.[62] In Rom sah man in diesem Vorfall einen deutlichen Ausdruck des göttlichen Zorns über jene Sünden der Vestalischen Jungfrauen und ihrer Buhlen, der Ritter. Die Untersuchung wurde also im folgenden Jahre wieder aufgenommen und jetzt auch Licinia und Marcia verurteilt, ferner auf Veranlassung der sibyllinischen Bücher jenes Heiligtum und ein Bild der V. Verticordia gestiftet, zu welchem Behufe Sulpicia, die Gattin des Q. Fulvius Flaccus unter hundert Frauen als die keuscheste auserwählt wurde.[63] Die Absicht der Stiftung war, daß in Zukunft das Herz der Frauen und Jungfrauen sich um so leichter von der Lust zur Zucht und Keuschheit wenden möge. Noch andere Formen dieses späteren römischen Venusdienstes sind eine V. *Calva*, welcher zu Liebe die in verschiedenen Städten wiederholte Geschichte erzählt wurde, daß die Frauen bei der Belagerung des Capitols durch die Gallier ihr Haar zur Anfertigung von Stricken und Kriegsmaschinen hergegeben hätten.[64] Andere erzählten von einem Aussatze, infolgedessen den römischen Frauen die Haare ausgefallen wären, wobei sie sich auf ein Bild beriefen, welches vermutlich das der V. Calva war, dann aber viel jünger gewesen sein muß als man in Rom glaubte, denn diese Form gehört wesentlich zur orientalischen Familie des Venusdienstes. Das Bild trug nämlich einen Kamm in der Hand und war im Gesichte bärtig, wurde also mann-weiblich gedacht, denn der Kamm (κτεὶς) ist das Merkmal des weiblichen Geschlechts. Wieder eine andere Venus hieß *Equestris*, weil sie zu Pferde saß, angeblich eine Stiftung des Aeneas.[65] Höchst wahrscheinlich war es die griechische πελαγία, denn das Roß hatte in der bildlichen Sprache der Alten sehr oft die Bedeutung der Woge, so daß Venus auf dem Rosse die Herrscherin über das Meer bedeuten sollte, wie die gleichfalls in Rom verehrte V. Marina und Limnesia d. i. die Hafengöttin, welche mit der zeit den gleichartigen Dienst der alten Mater matuta verdrängte. Ferner wird genannt eine V. Myrica, *Myrtea* und *Purpurissa*, mit Beziehung auf das heilige Laub der Tamariske und der Myrte und auf die Purpurfärbung: also gleichfalls Nebenformen der erycinischen, cyprischen oder phönizischen Aphrodite. Ferner gab es eine V. *Salacia*, welche später für die Liebesgöttin der Buhlerinnen galt, ursprünglich aber wohl auch nur die Göttin der salzigen Meeresflut gewesen war, ferner eine namentlich in Campanien, aber auch sonst in Italien und in Rom verehrte *V. Felix*, welche eine Göttin weiblicher Fruchtbarkeit war und als solche wie eine glückliche, eine gesegnete Mutter, ein Kind auf dem Arme abgebildet wurde.[66] Höchst wahrscheinlich ist auch die hin und wieder erwähnte V. *Fisica* mit dieser identisch, da das griechische Wort φυσικὴ dem lateinischen felix in dieser Bedeutung entspricht: eine Schutzgöttin von Pompeji, daher sie auch schlechthin V. Pompeiana heißt[67], wie Venus denn überhaupt in Campanien, von Capua bis nach Sorrent und Bajae, wo die Natur so fruchtbar, das Meer so reizend, die Gesellschaft so genußreich war, das Leben und die Sitte in vielen und verschiedenen Formen beherrschte. Die Gemälde von Pompeji und Herculanum legen davon ein sehr beredtes Zeugniss ab, indem sie uns die italische Venus nun ganz wie die griechische in den verschiedensten Anlässen des Lebens und der Fabel als die alles beseelende und beherrschende Göttin der Schönheit und der Liebe zeigen, neben ihr eine große Anzahl von Eroten und Psychen, deren heitres Spiel auch in der römischen Dekorationsmalerei sehr beliebt war. Eros wurde zum Amor oder zum Cupido, Peitho, eine ebenso unzertrennliche Gefährtin der Aphrodite, zur *Suada*, neben welcher als Göttin der Liebessehnsucht und des sinnenden Glücks oder Unglücks der Liebe eine eigene Venus *Mimnermia* oder *Meminia* verehrt wurde.[68]

Einer so veränderten Auffassung gemäß mußte sich natürlich auch der gewöhnliche Gottesdienst der Venus in Rom wesentlich verändern, da man von der einfacheren Auffassung dieser Göttin als einer Göttin der Vegetation, der Weinberge, des Frühlings und seiner Lust immer entschiedner zu der griechischen und orientalischen übergegangen, d. h. Venus vorherrschend als Göttin des weiblichen Reizes und des Genusses der Liebe zu feiern gewohnt geworden war. Vorzüglich war es der April, wo man Venus in diesem Sinne feierte. Der 1. April galt nun vorzugsweise der V. Genitrix, der Stammutter des römischen Volks, der Erneuerin aller Fruchtbarkeit des Jahres, welcher man jetzt auch die neue Eröffnung des Meeres und der Schiffahrt zuschrieb. Namentlich beteten die Frauen an diesem Tage eifrig zur Fortuna Virilis, d. h. zu der Göttin des Glückes der Frauen bei den Männern, während die Frauen geringeren Standes sogar die Badstuben der Männer aufsuchten, um dort ihre Andacht zu verrichten.[69] Ferner wird von einem Bade der Venus, d. h. ihres Bildes erzählt, bei welchem die Frauen gleich dem Bilde allen Schmuck ablegten, nach dem Bade aber dasselbe mit neuem Geschmeide und mit frischen Blumen, vorzüglich mit Rosen schmückten, worauf auch sie selbst unter grünenden Myrten ein Bad nahmen, wie einst Venus, da sie aus dem Meere aufgestiegen ihr Haar trocknete, vor der Zudringlichkeit lüsterner Satyrn ihre Zuflucht zu einem Myrtengebüsch genommen habe.[70] Endlich empfiehlt Ovid den Frauen an diesem Tage einen Mischtrank aus Milch, gestoßenem Mohn und Honigseim zu nehmen, wie diese auch Venus bei ihrer Vermählung getan habe. Auch Venus Verticordia wurde an diesem Tage als Göttin der weiblichen Zucht und Sitte verehrt, so daß also überhaupt vorzugsweise die Matronen an ihm tätig waren. Dagegen galt der 23. April, der Tag der Vinalia priora, in dieser späteren Zeit speziell der Venus der Buhlerinen und der Prostitution überhaupt, derselben welche Lucrez IV, 1063 die V. Volgivaga nennt und welche bei den Griechen Pandemos hieß. Es war die erycinische Venus vor der p. Collina, wo am 23. die feilen Dirnen mit Myrten und Rosen ihre Andacht verrichteten, während seit Cäsar der 25. April von den feilen Knaben als eigener Festtag ihrer Profession begangen wurde, so sehr war auch dieses Laster schon zu einem anerkannten Bedürfnis geworden.[71] Die unschuldigere Bedeutung der Venus als einer Göttin der weiblichen Geschlechtsreife und Geschlechtsbestimmung tritt auch in dem Gebrauche hervor, daß die Mädchen, wenn sie aufhörten Kinder zu sein, entweder der Diana oder der Venus ihre Puppen weihten.[72]

4. *Priapus*

Mit der Venus war auch Priap nach Italien und Rom gekommen, ganz in derselben Bedeutung wie er in Kleinasien, vorzügich in der Gegend von Lampsacus und überhaupt am Hellespont verehrt wurde, als Dämon aller üppigen Fruchtbarkeit und unverhülltes, aber den Alten durch lange Gewohnheit vertrautes Symbol jedes geilen Naturtriebes. Sein eigentliches Gebiet waren die Gärten und Baumpflanzungen, wo sein Bild in der von Horaz und anderen Dichtern mit so vieler Laune beschriebnen Gestalt zugleichdem praktischen Zweck einer Vogelscheuche und eines Schutzes gegen den bösen Blick des Neides und das Gelüst der Gartendiebe genügte.[73] Doch trat er auch im Gefolge des Bacchus oder der Venus auf, als asiatischer Alter, bärtig, in einem langen Gewande und mit dem asiatischen Kopftuch, Früchte und Trauben im Schoß[74], als ein Gott des ländlichen Segens überhaupt. Ja sein Bild wurde, wie das der Venus und des Cupido, als Symbol der ewigen Regenerationskraft der irdischen Natur selbst an Gräbern aufgestellt[75], während er andererseits in seiner derb unanständigen Weise zu den beliebten Figuren des Volkstheaters[76] und des Volkswitzes überhaupt gehörte.

5. Vertumnus und Pomona

Vertumnus oder Vortumnus galt in Rom gewöhnlich für einen Gott etruskischer Abkunft, aber nur weil sein Bild im Vicus Tuscus stand, einer lebhaften Durchgangsstraße zwischen dem Forum, Velabrum und Circus Maximus, wo ehemals Tusker angesiedelt worden waren (Varro l. l. V, 46). Doch wurde derselbe Gott auch bei den Latinern, den Sabinern und überhaupt in Italien als ein der Ceres und der Pomona nahe verwandter Fruchtgott viel verehrt[77], wie ja auch der Name echt latinisch und italisch ist, so daß also auch in diesem Punkte wie in so vielen anderen der etruskische Götterglaube mit dem des übrigen Italien übereingekommen sein muß. Der Name hängt jedenfalls zusammen mit vertere, und zwar ist Vertumnus speziell der Fruchtgott des annus vertens, dessen wunderbar wechselnde Gaben an Blumen und Früchten, Gewächsen, Bäumen und Beschäftigungen sich in der Wandelbarkeit dieses Gottes und seiner Gestalten und Zierden wiederspiegelt. So ist er zunächst sowohl ein Gott des Frühlings[78] als des fruchtbaren Herbstes, ganz besonders aber dieses letzteren und seiner Spenden in den Gärten und Baumpflanzungen; daher er gewöhnlich wie ein Gärtner und Obstzüchter gedacht und abgebildet wurde, Früchte im Schoß und das Gartenmesser in der Hand; doch besaß er nach dem Glauben des Volks die proteische Natur einer absoluten Wandelbarkeit, so daß er jede beliebige Gestalt annehmen konnte.[79] Den römischen Vertumnus im Vicus Tusxus schildert Properz in einem allerliebsten Gedichte (IV, 2). Es reut ihn nicht, sagt er, Volsinii im Kriege verlassen zu haben (daher mochte das spätere Erzbild stammen), denn es gefasse ihm sehr in der lebhaften Straße zu Rom, wo täglich so viel Volks vorbeilaufe und von wo er auf das geschäftige Forum sehen könne. Einst sei der Tiber da geflossen, doch habe er dessen Strom gewendet, woher er nach einigen seinen Namen bekommen habe[80], dahingegen andere diesen von den mancherlei Früchten ableiteten, die ihm im Laufe des Jahres von dem Landvolke dargebracht wurden. Ihm reife zuerst die Traube, sein Haar werde zuerst von der reifenden Ähre geschmückt, Kirschen, Pflaumen, Maulbeeren, Birnen könne man zuerst bei ihm finden. Alle Gestalten kann er annehmen und paßt zu allen Gestalten, der des Kriegers, des Jägers, des Gärtners, des Fischers, des Hirten, eines Mädchens oder eines Jünglings. Aber am meisten berühmt und bewährt sei er doch als Gärtner, und die Zier der Gärten stehe ihm auch am besten an, Gurken, Kürbisse, zhierlich gebundene Kohlköpfe und alle Blumen. Einst sei sein Bild ein einfacher Ahornstock gewesen, etws zugestutzt mit dem Messer, jetzt stehe er da als gegossenes und geschnitztes Bild von Erz, das Werk eines zweiten Mamurius. Noch hübscher ist das latinische Märchen von Vertumnus und der Pomona bei Ovid Met. XIV, 623 ff, natürlich spielt es in alter Zeit, unter dem Albanerkönige Procas. Pomona ist die schöne Nymphe der Gärten und der Fruchtbäume, Immer ist das Gartenmesser in ihrer Hand, bald um geile Triebe ihrer lieben Bäume zu beschneiden, bald um edle Setzlinge in den wilden Stamm einzulassen. Die Bäume sind ihre ganze Lust, sie zu begießen, zu pflegen, gegen das Gelüste der Waldmänner zu hegen. Von keiner Liebe wußte sie, wie sehr sich auch die lustigen Söhne der Flur und des Waldes um ihre Gunst bemühen mochten, auch Silvan, dessen Herz immer jünger ist als seine Jahre: bis Vertumnus die Spröde bezwang, durch treue Liebe und durch die Schönheit seiner wirklichen Gestalt zu gewinnen, indem er bald als Schnitter zu ihr trat, bald als Mäher, bald als Ochsentreiber, dann wieder als Gärtner, als Winzer, als kühner Krieger mit dem Schwert, als Fischer mit der Angel, zuletzt in der Gestalt eines alten Weibes mit greisem Haar und bunter Haube die an einem Krückenstabe in Pomonas Garten tritt, ihr Obst lobt, die reizende Nymphe küßt, zu den vollen Zweigen verwundert aufschaut und an dem Beispiel der Ulme, an welcher eine Weinrebe voller Trauben reifte, das Glück der liebenden Vereinigung nachweist. Warum sie so spröde sei, von so vielen geliebt? Wohl habe sie Recht, die gemeinen Gesellen des Waldes zu verschmähen, nicht aber den Vertumnus, der in allen Gärten um Alba heimisch sei und Pomona so zärtlich liebe, zärtlicher als alle. Auch sei er jung und schön und seine Leidenschaft für das Obst so groß wie die ihrige. Alles umsonst, bis er seine wahre Gestalt annimmt, die eines schönen Jünglings, so schön wie wenn die Sonne in vollem Glanze strahlend durch die Wolken blickt. Da ergibt sich die Schöne freiwillig dem Schönen und beide sind fortan unzertrennlich. Wirklich scheint es in Italien neben der Pomona einen männlichen Gott desselben Namens gegeben zu haben, welcher in den iguvinischen Opferurkunden *Puemunus* heißt[81] und wohl mit dem Vertumnus identisch gewesen sein mag. Pomona aberhatte zwar auch in Rom einen eigenen Flamen, freilich seiner priesterlichen Würde nach den am wenigsten angesehenen, weil die Äpfel (poma) im Rufe leichtfertiger Sitte standen[82], doch war ihr eigentliches Gebiet natürlich wie das des Vertumnus auf dem Lande. So gab es auf dem ager oder campus Solonius, der sich zwischen Ardea und Ostia erstreckte[83] und damals fleißig kultiviert wurde, ein sogenanntes Pomonal, also einen alten Hain der Pomona, der für die ganze Umgegend von religiöser Bedeutung sein mochte, wenigstens deutet auch die Fabel von Picus und Pomona auf diese Gegend. Endlich wissen wir daß sie auch in der Gegend von Amiternum verehrt wurde.[84] Vertumnus aber hatte außer jener Kapelle mit dem alten Bilde im Vicus Tuscus eine andere am Abhange des Aventin, wo ihm am 13. August, wohl zur Begrüßung der Obstzeit ein Opfer dargebracht wurde.[85]

SECHSTER ABSCHNITT

Gottheiten der Erde und des Ackerbaus

Die Vorstellungen, welche sich dem alten Italien aus der religiösen Verehrung des Erdbodens und der Ergötter ergaben, sind im allgemeinen dieselben wie die der Griechen von den chthonischen Göttern. Es ist der Segen der Ernte und das Empfängnis der Saat, wofür man diesen Göttern dankte, das Glück der agrarischen Kultur, welche Vorstellung sich im Dienste des Saturnus und der Ops zu dem sehr bestimmt ausgeführten Bilder einer seligen Urzeit verklärt hatte; endlich begegnen uns auch hier jene aus höherer Ahnung und gewöhnlichem Aberglauben gemischten Vorstellungen von der Unterwelt und einem Leben nach dem Tode. Durchweg sind diese Götter männliche und weibliche, z. B. Tellumo und Tellus, Saturnus und Ops, Dis Pater und die Mater Larum usw., weil wie Varro bei Augustin C. D. VII, 23 erklärt, die Erde die doppelte Natur einer männlichen Zeugungskraft und einer weiblichen Kraft des Empfängnisses und der Ernährung in sich vereinigt. Die Namen und Kulte der einzelnen Götter gehen zum Teil ziemlich weit auseinander, was uns nicht irren darf, da sich gewisse Grundzüge bei allen wiederholen. Der Einfluß des griechischen Wesens ist wieder recht stark, da der Dienst der Demeter und Persephone im Vereine mit dem des Dionysos von Campanien und dem griechischen Italien her frühzeitig eingedrungen war und auch die Vorstellungen von der Unterwelt sich sichtlich unter dem Einflusse griechischer und etruskischer Vorbilder entwickelt haben. Nichtsdestoweniger läßt sich auch hier die ältere und italische Grundlage wohl erkennen, zumal wenn man von den einfacheren und ländlichen Formen des Gottesdienstes allmählich zu den komplizierteren des städtischen Lebens fortschreitet. Zur Erleichterung der Übersicht handeln wir zuerst von den Göttern der Erde und des Ackerbaus, mit Einschluß des phrygischen Dienstes der Großen Mutter, welcher zugleich der am spätesten in Rom eingeführte und in diesem Kreise der fremdartigste ist. Darauf in einem besondern Abschnitte von den Gottheiten und solchen Religionsgebräuchen, an denen sich die Vorstellungen von der Unterwelt und dem Schicksale der Verstorbenen entwickelt haben.

1. Tellumo, Tellus, Ceres

Tellus und Ceres wurden nämlich in den meisten Fällen zusammen angerufen, z. B. von dem Flamen bei Eröffnung der Saat und bei dem Opfer der porca praecidanea vor der Ernte.[1] Tellumo aber ist nur der männliche Doppelgänger neben der weiblichen Mutter Erde, der Ζεὺς χθόνιος neben der Demeter oder Ge, durch welche die Griechen gewöhnlich die italische Terra oder Tellus übersetzen.[2] Diese ist zunächst die Erde neben und im Gegensatz zum Himmel, daher Tellus Mater und Jupiter bei Eidschwüren und anderen Gelegenheiten, wo das kosmische Ganze der Naturerscheinungen zusammengefaßt werden soll, nebeneinander genannt werden.[3] Weiter ist sie der weibliche und mütterliche Schoß der Erde, der die Saaten empfängt, um sie dem Menschen als goldne Frucht und veredelnde Nahrung zurückzugeben, ein natürliches Bild für den Ursprung und die Veredelung der Dinge überhaupt, daher sie unter den Göttinnen vorzugsweise als Mater angerufen und in demselben Sinne von Denkern und Dichtern gefeiert wird[4]: aber auch das allgemeine Grab der Dinge, welches alles Lebendige wieder zu sich nimmt, daher auch sie wie andere Erdgötter neben den Manen angerufen wurde.[5] Auch ist sie der feste Erdkörper, die Bedingung aller Naturordnung und sichern Gestaltung der Dinge, weshalb man bei Erdbeben zu ihr wie zur griechischen Ge betete, hin und wieder aber auch zur Ceres[6], und das Bild der Tellus stabilita mit entsprechenden Symbolen des Ackerbaus auf Münzen der Kaiser als Sinnbild wiederhergestellter Ordnung und Sicherheit im Gebrauche ist. Endlich ist sie als Göttin zugleich des weiblichen Empfängnisses und der Ordnung auch eine Göttin der Ehe, wie die griechische Demeter Thesmophoros.[7] Ihren Tempel in Rom verdankte Tellus dem Consul P. Sempronius, welcher ihn im J. 268 v. Chr. in einer Schlacht mit den Picentern, während welcher die Erde bebte, gelobt hatte.[8] Er lag auf dem Platze, wo ehemals das Haus des Sp. Cassius gestanden hatte, an einem Abhange des glänzenden Quartiers der Carinen, in welcher Gegend auch Pompejus wohnte, daher dieser Tempel oft genannt wird. Den Namen der Ceres haben schon die Alten richtig mit dem Worte creare zusammengestellt, welches mit dem alte Wort Cerus oder Kerus zu einem und demselben Stamme gehört.[9] Der Kultus dieser alten Erd- und Ackergöttinnen, wie er auf dem Lande und in der Stadt im Laufe des Jahres beobachtet wurde, wird uns diese älteren nationalen Vorstellungen noch besser kennen lehren.

2. *Agrarische Feste*

Zu unterscheiden sind die größeren städtischen Feste, welche unter den Einflusse griechischer Kultur allerlei mythologische Beziehungen und festlichen Pomp zugelassen hatten, z. B. die Cerealien und Saturnalien, von denen ausführlicher die Rede sein wird, und die ländlichen, wo sich mit der einfacheren Sitte auch das ältere Wesen reiner erhalten hatte. Diese waren großenteils sogenannte popularia sacra, d. h. solche, welche ohne Bevorzugung gewisser Geschlechter oder das Bedürfnis von Priestern in allen Familien und Hausständen unter der Aufsicht des Hausvaters oder der Hausmutter begangen und in herkömmlichen Gebräuchen von einer Generation zur anderen fortgepflanzt wurden.[10] Auch liegt es in der Natur der Sache, daß die meisten nicht gebundene, sondern bewegliche Feste waren, d. h. solche, welche von Jahr zu Jahr von den Ortsobrigkeiten oder den Priestern angesagt wurden.

Beginnen wir mit der Zeit der Aussaat, welche im Herbst ihren Anfang nahm und bis in den Januar hinein dauerte, so hießen die dahin gehörigen Festlichkeiten im Allgemeinen *feriae sementinae*, unter welchem Namen sie von den Pontifices angesagt wurden.[11] Es scheint, daß solche sowohl beim Beginn als beim Beschlusse der Saatzeit stattgefunden haben. Wenigstens wissen wir von einem feierlichen Opfer und Gebete an Ceres und Tellus, bei welchem der Flamen, leider ist uns nicht gesagt welcher, alle Götter und Genien des Ackerbaus um ihre Mitwirkung anflehte, auch die Genien des Pflügens, Eggens, Säen usw., so daß es nicht wohl anders als vor der Aussaat stattgefunden haben kann[12]; wie es denn auch die Analogie der Erntefeste im Weinberge und auf dem Acker mit sich bringt, daß vor dem Beginn der eigentlichen Geschäfte gewisse einweihende und eröffnende Feierlichkeiten von seiten der Priester vorgenommen wurden. Setzen wir also diese Zeremonie in den Beginn der Saatzeit, so folgten im Dezember die Consualien und Saturnalien als solche Feste, wo die Saat schon in der Erde ist und baldigen Aufgang verspricht, und darauf im Januar das volkstümliche Fest der *Paganalien*, auch diese ein bewegliches Saatfest, welches aber jetzt den Beschluß der gesamten Mühe und Arbeit der Aussaat bildete und in diesem Sinne auf dem Lande mit großer Heiterkeit gefeiert wurde. Paganalia sind nämlich eigentlich das jährliche Gemeinfest eines Pagus, d. h. eines ländlichen Verbandes von mehreren Dörfern und Bauerhöfen zu Ehren seiner Götter, wie Compitalia die gemeinschaftliche Larenfeier der zu einem und demselben compitum gehörenden Vici. Im engeren Sinne aber hieß so die Feier der Tellus und Ceres, wie sie im Januar, wenn die Saat beendigt war (semente peracata), von den versammelten Bauernschaften mit ländlichen Festlichkeiten begangen wurde und von Ovid F. I, 663 ff, lebhaft und anmutig beschrieben wird.[13] Endlich haben die Ackerstiere Ruhe und stehen bekränzt an der vollen Krippe, denn erst mit dem lauen Frühling wird es wieder für sie zu tun geben. Der Bauer stellt den Pflug beiseite, denn der Erdboden ist gefroren. Alles ruht von der Saat, die Erde und ihre Bearbeiter. Da winkt die Feier der Paganalien, zu welcher sich alle Paganen im Pagus, d. h. in dem gemeinschaftlichen Burgwall, zu dem sie gehören, versammeln, zuerst die Stätte lustriren und auf den alten Opferheerden die jährlichen Opferkuchen darbringen, dann aber ganz vorzüglich der Tellus und der Ceres gedenken, der jetzt von der Saat schwangern Mutter aller Feldfrucht. Dazu wurde um Segen für die an ihrem Busen schlummernde Frucht gebetet, daß ihre Augen sich öffnen, ihre Halme sich strecken, ihr Korn im himmlischen Lichte der Sonne reifen möge. Auch flehte das Gebet um Schutz gegen alle Plage und Gefahren, wie sie der Landmann von einem Monate zum anderen bis zu Ernte zu fürchten hat, räuberische Vögel, gefräßige Ameisen und Feldmäuse, Schaden der Witterung und des Kornbrandes. Vor allem aber galt es den Frieden zu erhalten, den nährenden, segnenden, um den die martialischen Bürger von Rom, trotzdem daß sie immer von einem Kriege zum anderen eilten, ihre Götter bei den verschiedensten Gelegenheiten und immer von neuem zu bitten nicht müde wurden.

Weiterhin, kurze Zeit vor dem Sühnefest der Palilien und in derselben Zeit, da in Rom die Cerealien gefeiert wurden, nämlich am 15. April, gab es eine eigene Feier der *Hordicidia* oder *Fordicidia*, welche auch der Tellus galt, und zwar der fruchtbaren Mutter, welche nun aus ihrem Schoße die Saaten schon in die Höhe schießen und der Ernte entgegenreifen ließ. Gleichfalls ein sehr altes Fest, welches man in Rom von Numa oder gar vom Faunus ableitete, der es auf Veranlassung schlechter Ernten und andauernder Fehlgeburten der Herde gestiftet habe. Bos horda oder forda (der oft bemerkte Lautwechsel der italischen Dialekte) ist die trächtige Kuh, die das Kalb im Leibe trägt.[14] Solche Kühe wurden dann von den Pontifices der Tellus geopfert, ein Bild des reifenden Erntesegens. Ein Teil davon wurde auf dem Capitole geopfert, andere dreißig in den dreißig Curien, nach welchen die alte Bürgerschaft von Rom sich einteilte, so daß dieses Opfer zugleich ein Sühn- und Reinigungsopfer für den Staat und diese Bürgerschaft, d. h. die Patrizier gewesen zu sein scheint. Dem entspricht auch der Gebrauch, die noch ungeborenen Kälber vor dem Verbrennen der Eingeweide aus den schwangern Leibern der Kühe zu reißen und sie in einem eigenen Feuer zu Asche zu verbrennen, welche Asche von den Vestalinnen mit anderen Substanzen vermischt und sechs Tage darauf an den Palilien zur Reinigung der Mitfeiernden benutzt wurde.

Um dieselbe Zeit oder etwas später begannen auf dem Lande die sühnenden Umzüge der Ambarvalien, bei denen wieder vorzugsweise die Ackergottheiten, namentlich Ceres, angerufen wurden. Darauf folgte in den Monaten Juli und August die Zeit der Ernte mit den dazu angesetzten Erntefeiern, welche das städtische Geschäftsleben regelmäßig unterbrachen.[15] Voran gingen auch hier gewisse Sühnopfer, namentlich die sogenannte *porca praecidanea* d. i. das Opfer eines weiblichen Schweins, welches vor dem Schnitt der Felder auf jedem Bauernhofe mit besonderer

Beziehung auf die Toten und etwaige Versäumnisse bei ihrer Bestattung dargebracht wurde; denn auch hier geht der Glaube an die Ackergötter und an die Götter der Unterwelt Hand in Hand, indem man nur von den wohlbefriedigten und versöhnten Mächten der Erdtiefe, bei denen die Toten sind, eine gute Ernte zu hoffen wagte.[16] Wurde doch auch bei der Bestattung eines Toten der Ceres ein ähnlches Opfer zur Reinigung des gesamten Hausstandes dargebracht, noch in Gegenwart des zu bestattenden Toten, daher dieses Opfer *porca praesentanea* genannt wurde.[17] Wie es aber mit jenem Opfer der porca praecidanea zu halten sei, darüber gibt Cato in seinen Regeln der Landwirtschaft (134) eine ausführliche Vorschrift. Man soll es darbringen vor der Einerntung folgender Feldfrüchte, des Far, des Weizens, der Gerste, der Bohnen und der Rübsaat. Vor der ganzen Handlung soll des Janus, des Jupiter und der Juno mit einer Spende von Weihrauch und Wein gedacht werden, vor dem Opfer zuerst des Janus, dann des Jupiter mit neuen Spenden und Gebeten für das Wohl von Haus und Hof. Dann folgte das Opfer des Schweins und während seiner Zubereitung neue Spenden an Janus und Jupiter. Endlich wurden die Eingeweide des Opfertieres und eine Weinspende der Ceres dargebracht. So eng war auch bei dieser Gelegenheit die Verehrung des Gottes von allem guten Anfang und die des höchsten himmlischen Paares mit der der eigentlichen Erd- und Ackergöttin verbunden.

Ein anderer Gebrauch, welcher vor der Ernte vorgenommen wurde, war das sogenannte *praemetium* d. i. der erste der Ceres geweihte Schnitt der Ernte, wahrscheinlich unter Beteiligung der Priester, wie bei den ländlichen Vinalien die Weinlese durch ähnliche Gebräuche eröffnet und später auch von dem erste Moste dem Liber Pater ein auserwählter Anteil dargebracht wurde.[18] Auf dem Lande waren alle diese Feste zugleich natürliche Veranlassungen für das Volk, seinen Gefühlen der Lust und Dankbarkeit in allerlei ländlichen Tanz- und Gesangsweisen Luft zu machen.[19] Auf das Ende der Ernte und die damit zusammenhängende altnationale Erntefeier deuten dagegen die Consualia am 21. August, dem Tage des Raubes der Sabinerinnen, und die Opeconsiva am 25. August, von welchen Festen unten die Rede sein wird.

Endlich möge sich hier auch das altertümliche Fest der *Fornacalia* anschließen, angeblich eine Stiftung des Numa.[20] Es war eine Art von Dankfest für den ersten Genuß des neu gewonnenen Getreides, wie man sich auf ähnliche Weise des neu gewonnenen Weins erfreute. Nach altertümlicher Weise wurde dann aber nur far, das alte nationale Korn Italiens genossen, und zwar wurde es nicht gebacken, sondern nur geröstet, gleichfalls nach altem Gebrauch und wie man es auf dem Lande immer noch gewohnt sein mochte. Dieses Rösten geschah in Backöfen, welche nach einfachster ländlicher Sitte eingerichtet sein mußten und denen zuliebe man eine eigene Göttin Fornax annahm, nach welcher das Fest Fornacalia genannt wurde. Der Zeit nach fiel dasselbe in den Februar, doch war der Tag beweglich. Ein sicherer Beweis seines hohen Altertums ist, daß es wie die Fordicidien nach Curien begangen wurde, also aus den Zeiten der ältesten Bürgerschaft stammte, daher der Curio Maximus, welcher auch die Tage vorher ansagte, die Oberaufsicht führte. Die eigentliche Lust des Festes bestand, wie es scheint, in festlichen Schmäusen, zu denen sich die einzelnen Curien zusammentaten, um sich gütlich zu tun und sich in Erinnerung der alten Zeiten und ihrere Unbehilflichkeit des bürgerlichen Verbandes in heitrer Geselligkeit zu erfreuen. Diejenigen, welche dazu nicht erschienen, wurden Narren (Stulti) gescholten, als ob sie ihre Curie nicht mehr zu finden wüßten, so wesentlich gehörte nach alter Gewohnheit der Curienverband zu dem bürgerlichen und geselligen Charakter jedes Römers von guter Herkunft. Solche „Narren" pflegten dann ihre Fornacalien an dem Tage der Quirinalien, d. h. am 17. Februar als dem letzten Termine zu feiern, daher dieser Tag auch Stultorum feriae genannt wurde.

3. Saturnus und Ops

Dieses Götterpaar gehörte durch ganz Italien zu den ältesten und populärsten. So war in Rom das Heiligtum des Saturnus beim Aufgange zum Capitol eins der ältesten Denkmäler der mit Aboriginern und anderen mythischen Gestalten erfüllten Vozeit von Latium[21]; obwohl daneben auch die Sabiner des T. Tatius ihren eigenen Saturnusdienst mit nach Rom gebracht haben sollen. Ja ein großer Teil von Italien soll einmal Saturnia geheißen haben, und Dionys. I, 34 versichert ausdrücklich, daß man seinen Heiligtümern in diesem Lande sehr oft begegne und viele alte Städte und Stätten nach ihm benannt würden, namentlich die Höhen und die Berge, an denen das Andenken der alten nationalen Götter gewöhnlich am längsten haftet.

Ist Ops deutlich genug die gütige Mutter Erde, so ist Saturnus ebenso deutlich der männliche Erdgott, zunächst als Gott der Saaten, denn Saturnus ist abzuleiten a satu oder a sationibus.[22] In der alten Inschrift eines Gefäßes lautet der Name Saeturnus und wahrscheinlich wurde er in dieser Fom auch in den Saliarischen Liedern angerufen; daraus ist durch Kontraktion der beiden esten Silben Saturnus entstanden. Indessen ist sein Wesen durch diese nächste Bezeichnung auf das Geschäft und den Segen der Aussaat keineswegs erschöpft, sondern er ist der Stifter und Vorsteher des italischen Ackerbaus im weitesten Sinne des Wortes, der eigentlich in die nationale Sage und einen entsprechenden Gottesdienst hinübergetretene Tellumo. So deutet die Sichel, das gewöhnliche Attribut des Saturn, darauf, daß er auch als Erntegott verehrt wurde, und wollten andere in diesem Attribut ein Winzermesser erkennen, so ist es gewiß, daß ihm auch die Stiftungen der Baumzucht und des Weinbaus gewöhnlich zugeschrieben wurden.[23] Ja man schrieb ihm mit den übrigen Erfindungen des Ackerbaus auch die der Düngung zu, daher Saturnus oder sein Sohn Picus in Latium nicht zum wenigsten deswegen gepriesen und unter dem Namen Sterculus oder Stercutus verherrlicht wurde.[24] Endlich ist er als Urheber des Ackerbaus und seiner Segnungen auch der historische Repräsentant derselben, worüber er von selbst zum mythischen Könige wurde, welchen man, sobald man sich einmal von dem höheren Altertum der griechischen Kultur überzeugt und in Griechenland den sinnverwandten Gott Kronos kennengelernt hatte, von dort nach Italien einwandern ließ. So entstand die von römischen und griechischen Schriftstellern oft wiederholte Erzählung[25], daß Saturnus, nachdem Jupiter ihn vom Throne gestoßen, nach längerem Umherirren zur See nach Latium gekommen sei und sich hier verborgen habe, durch welche Verborgenheit gewöhnlich der Name Latium erklärt wurde.[26] In Rom erzählte man, daß er zu Schiff den Tiberstrom bis zum Janiculum hinaufgefahren sei, hier beim Janus freundliche Aufnahme gefunden und an der anderen Stromseite unter dem nachmaligen Capitole, welcher Hügel nach ihm zuerst der Saturnische genannte worden sei, seinen Sitz aufgeschlagen habe. Nämlich an dem Fuße dieses Hügels und zwar am Aufgange vom Forum her, da wo der sogenannte Capitolinische Steig (clivius) begann, lag das sehr alte Heiligtum des Saturnus, dessen Stiftung bald dem Janus, bald dem Hercules zugeschrieben wurde. Ja man wollte dort noch in späterer Zeit die Spuren einer förmlichen Ansiedlung, einer Stadt oder eines Castells nachweisen, so fest hatte sich die Vorstellung eingewurzelt, daß Saturnus wie Janus, Picus, Faunus und andere Kulturgötter der Vorwelt ein wirklicher König gewesen.[27] Auch sprach man von einer ältesten Saturnischen Bevölkerung der Stadt und des Landes, in welchem Sinne, dieses erhellt daraus, daß man von denen, die in alter einfacher Sitte von dem Landbau lebten, zu sagen pflegte, sie allein seien noch übrig von dem Stamme des Königs Saturnus[28], und daß man das älteste kunstlose, aber nationale Versmaß, in welchem Faunus und die von ihm Begeisterten orakelt und die Dichter vor Ennius gedichtet hatten, das Faunische oder das Saturnische nannte. Immer bringt Saturnus den Ackerbau und alle Segnungen desselben mit sich: mit welcher Vorstellung sich sowohl in der Sage als in seinem Gottesdienste das Bild jener seligen und goldnen Vorzeit verschmolz, wie es keinem Volke fehlt und von den Mühseligen und Beladenen im Volke, den arbeitenden und dienenden Klassen immer am eifrigsten festgehalten wird[29]: ein Leben der reichlichsten Fülle, deren Genuß noch durch keine Teilung des Besitzes gestört gewesen sei, des beständigen Friedens, der allgemeinen Freiheit und Gleichheit, da namentlich von Sklaven und von Knechtschaft diese Zeit noch nichts gewußt habe.[30] Zuletzt ist Saturnus „verschwunden“, wie alle diese guten Könige und Wohltäter der Vorzeit, worauf Janus, welcher erst durch ihn die Elemente der Bildung, namentlich auch den Schiffbau und das Münzprägen lernte, sein Geld zur Erinnerung an solche Wohltat und an den innigen Verein auf der einen Seite mit seinem eigenen Kopfe, auf der anderen mit dem Schiffe, welches Saturn nach Italien brachte, geprägt habe. Sicher ist, daß Janus und Saturnus sowohl im Kulte, wo ihre Feste unmittelbar aufeinanderfolgten, als in der gemeinen Vorstellung als Repräsentanten des Anfangs und der goldnen Vorzeit ein eng verbundnes Paar blieben.

Andere nannten den König Tullus Hostilius den Stifter des römischen Saturnusdienstes, namentlich der Saturnalienfeier; dahingegen der erste Bau eines Tempels auch in diesem alten Heiligtum nach sichrer Nachricht erst durch den jüngeren Tarquinius eingeleitet, der Tempel selbst aber erst nach seiner Vertreibung im Jahre 256 oder 257 d. St. eingeweiht wurde.[31] Auch später wurde wiederholt daran gebaut und hergestellt, und jedenfalls ist die jetzige Ruine der acht Säulen, welche mit größter Wahrscheinlichkeit für einen letzten Rest dieses Saturnustempels gehalten wird, eine Restauration der Kaiserzeit. Der Tempel war dem Saturnus und der Ops gemeinschaftlich gewidmet; vor ihm befand sich neben dem Altare eine Kapelle des Gottes der Unterwelt Dis Pate, an welchen auch die Saturnalienfeier durch gewisse Gebräuche erinnerte.[32] Unter dem Tempel befand sich in einem kellerartigen Gewölbe die römische Schatzkammer (aerarium Saturni), welche man in dem Glauben, daß unter Saturnus die goldne Zeit und allgemeiner Wohlstand geherrscht habe, unter den Schutz dieses Gottes gestellt hatte, wie denn auch der Kauf und Verkauf auf dem benachbarten Markte und die Markttage selbst dem Saturnus geweiht gewesen sein sollen.[33] Der auffallende Umstand, daß das in dem Tempel befindliche Bild des Saturnus das ganze Jahr hindurch mit Ausnahme seiner Festtage im Dezember an den Füßen mit wollenen Binden umwickelt und wie gefesselt war[34], erklärt sich am natürlichsten aus dem mehrfach hervortretenden Glauben der Alten, daß man sich durch Fesselung oder Anbindung eines Götterbildes des von dem Gotte ausgehenden Segens und seiner unsichtbaren Gegenwart talismanisch versichern könne. Der Ritus war bei diesem Gottesdienste insofern ein eigentümlicher, als man am Altare des Saturnus nicht wie gewöhnlich mit verhülltem Haupte (velato capite) opferte und betete, sondern mit entblößtem Haupte (aperto capite), was man auch lucem facere nannte[35]: offenbar eine Einwirkung des griechischen Ritus, welche sich dadurch von selbst erklärt, daß auch hier die sibyllinischen Bücher gelegentlich ein entscheidendes Wort gesprochen hatten. Die gewöhnliche Legende erzählte, daß der griechische Hercules bei seiner Anwesenheit in Rom die früheren Menschenopfer des Saturnus abgeschafft und bei dieser Gelegenheit jenen Altar und einfachere Opfer mit dem fremden Ritus gestiftet habe. Eben deshalb wurden die sogenannten

Saturnii, d. h. die mythischen Bewohner der Saturnusstadt von anderen für die zurückgebliebenen Begleiter des griechischen Hercules gehalten.

Die Bedeutung des ebenso alten als beliebten und zu allen Zeiten sehr volkstümlichen Festes der *Saturnalien* läßt sich teils aus der Zeit, in welcher es gefeiert wurde, teils aus den dabei beobachteten Gebräuchen abnehmen. Der eigentliche Festtag war der 17. Dezember, nach dem römischen Kalender so lange dieser Monate bloß 29 Tage hatte a. d. XIV Kal. Ian., seit Cäsar, durch welchen er 31 Tage bekam, a. d. XVI Kal. Ian.: also jedenfalls mitten im Winter und um die Zeit der größten Kälte[36], so daß von einer Erntefeier, an welche alte und neue Mythologen gedacht haben, doch wohl nicht die Rede sein kann. Vielmehr ist Saturnus um diese Zeit recht eigentlich der verborgene Gott der Tiefe, nach welchem Latium das Land des verborgenen Gottes hieß[37], d. h. der Gott der Saaten, der Segenspender aus der Tiefe, wie der nahe verwandte Consus und Dis Pater, von welchen Göttern dieser neben dem Saturnus verehrt, jener wenige Tage vor ihm gefeiert wurde; wie denn auch die gleichartige Segens- und Todesgöttin Acca Larentia und in einigen Familien die Toten überhaupt nicht im Februar, sondern im Dezember ihre Opfer bekamen[38], welcher wegen der Nähe der Sonnenwende und des kürzesten Tages von selbst zu solchen Betrachtungen einlud. Indessen scheint man seit alter Zeit die Saturnalien vom 17. Dez. an sieben Tagen lang gefeiert, also bis in diese Zeit des kürzesten Tages, unserer Weihnachten hinüber gezogen und eben deshalb, wie diese Jahreszeit in so vielen Religionssystemen die Bedeutung einer gesegneten und die einer allgemeinen Erneuerung der Natur hat, zugleich als solche begangen zu haben; wenigstens ist diese Bedeutung des Segens und der Fülle sowohl bei den Saturnalien als bei den dann gefeierten Göttern, dem Saturnus und der Ops, von jeher die populärere gewesen. Noch sind sie verborgen, aber schon kommen sie wieder und bringen mit sich alle guten Gaben und die ganze gesegnete Vorzeit des goldnen Zeitalters; daher der vorherrschende Charakter dieses Festes der einer sinnbildlichen Rückkehr in die glücklichen Zeiten war, wo Saturnus wirklich unter den Menschen gelebt hatte: lauter Freude und Freiheit, ein ausgelassenes Jubeln, Schmausen und Schenken durch die ganze Stadt. Besonders gut hatten es die Sklaven, welche an diesem Feste in Erinnerung an die allgemeine Freiheit und Gleichheit der Saturnischen Vorzeit von den Herrn wie ihresgleichen behandelt, vor der Herrschaft oder mit ihr gespeist, ja wohl gar von derselben bei Tafel bedient wurden und sich überhaupt sehr viel herausnehmen durften.[39] Doch sollte in diesen Tagen nicht bloß die Ungleichheit der Stände aufgehoben, sondern alle Feindschaft, alle Strafe, alle Ahnung bürgerlicher Vergehen wenigstens ausgesetzt werden, daher die Gerichte im Dezember ruhten, Schuldige in dieser Zeit nicht bestraft wurden, und selbst einen Krieg oder eine Schlacht während der friedlichen Saturnalien zu unternehmen galt für bedenklich.[40] Ein eigentümlicher Gebrauch war, sich bei diesem Feste allerlei Geschenke, darunter namentlich Wachskerzen (cereos) und sogenannte oscilla oder sigillaria zu überreichen, kleine Figuren aus Ton, wie sie sonst vorzugsweise den Kindern geschenkt wurden.[41] Hinsichtlich der oscilla mag Varro recht haben, wenn er annimmt, daß sie ursprünglich dem Todesgotte Dis Pater gegolten hatten und aus der Zeit der Menschenopfer als stellvertretender Gebrauch beibehalten waren.[42] Gewiß aber war dieses nicht bei den Wachskerzen der Fall, welche nachmals vorzüglich von den ärmeren Klienten ihren vornehmen Patronen als Angebinde zu diesem Feste überreicht wurden[43], sondern diese hatten schwerlich eine andere Bedeutung als die der Freude und des wieder erstehenden Lichts, zumal da der Gebrauch von brennenden Lichtern, Lampen und Fackeln bei gottesdienstlichen und festlichen Gelegenheiten auch sonst in Rom und überhaupt bei den Alten nichts Seltenes war,[44] und der Gebrauch der Lichter oder des Feuers um die Weihnachtszeit,

d. h. um die Zeit des kürzesten Tages gewiß auch nichts anderes als Freude und die Erneuerung des Lichtes bedeuten soll. Eben dahin gehören die vielen Gelage und Glücksspiele dieser Tage, wobei man sich der Würfel bediente und um Nüsse spielte, welche als Sinnbild der Fruchtbarkeit und des üppigen Segens den Römern auch sonst bekannt waren, oder auch wohl um Geld, was sonst verboten war.[45] Die Jugend pflegte damit den Scherz zu verbinden, daß, wer den besten Wurf getan hatte, der König bei Tafel wurde und als solcher für die geselligen Spiele zu sorgen hatte.[46]

Die Festordnung war im zweiten punischen Kriege, im Jahre vor der Schlacht am l. Trasimenus in Folge von Prodigien und auf Veranlassung der sibyllinischen Bücher dahin bestimmt worden, daß a. d. XIV Kal. Ian. beim T. des Saturn erst ein Opfer dargebracht, ein Lectisternium bereitet und ein öffentliches Gastmahl gehalten, nach demselben aber durch die ganze Stadt an diesem Tage und in der folgenden Nacht der oft erwähnte Festruf Io Saturnalia! erlaubt sein sollte, welcher als Aufruf zur ausgelassenen Freude und zur Befreiung von so vielen Rücksichten des Gesetzes und der Konvenienz eine sprichwörtliche Bedeutung bekommen hatte.[47] Die mit diesem Ruf eröffnete volkstümliche und private Festlust dauerte sieben Tage lang; daher der Ausdruck Septem Saturnalia für die ganze Woche vom 17. bis zum 23. Dezember.[48] Um so leichter mochten sich mit der Zeit auch die öffentlichen Festtage ausdehnen, zumal nachdem durch Cäsars Kalenderreform der alte Festtag vom a. d. XIV Kal. Ian. auf a. d. XVI Kal. Ian. verschoben worden war, seit welcher Zeit gewöhnlich die drei Tage vom 17. bis 19. Dez. gefeiert wurden. Dafür entschied auch ein Edikt des August und zwar so, daß der 17. (a. d. XVI K. Ian.) dem Saturn, der 19. (a. d. XIV K. Ian.) der Ops heilig sein sollte[49]; worauf, wie es scheint, im Publikum der 17. und 18. gewöhnlich dem Saturn, der 19. und 20. als Opalia der Ops gefeiert wurden. Endlich fügte Caligula noch einen fünften Tag hinzu, welcher dies Iuvenalis hieß, also wohl ganz speziell jenen Spielen und Tafelfreuden der Jugend gewidmet war.[50] Im populären Gebrauche aber behielten immer die vollen sieben Tage ihre Geltung und die Dichter und Schriftsteller der Kaiserzeit wissen nicht genug von der „triefenden Lust“ dieser Tage zu erzählen[51], während welcher man das gewöhnliche Bad, welches immer der Mahlzeit voranging, gleich am frühen Morgen zu nehmen und die bequemere Synthese, mit welcher man bei Tische die Toga vertauschte, gar nicht wieder abzulegen pflegte. Im Dezember, sagt Seneca ep. 18, ist das Wohlleben an der Ordnung; überall Lärmen und Aufregung, um zu diesem Feste zu rüsten und es aus dem Grunde zu genießen, als ob jetzt noch ein Unterschied sein könnte zwischen diesem Monate und dem ganzen Jahre. Und Lucian Saturn. 2 läßt den Saturn von seinem siebentägigen Regimente erzählen, wie er dann nichts Ernstes und kein Geschäft dulde, sondern alles müsse trinken und guter Dinge sein, lärmen und scherzen und würfeln und Könige der Festlust wählen; vor allen aber müßten die Sklaven schmausen und singen und springen, daß es eine Lust sei, gelegentlich auch mit geschwärztem Gesicht in das kalte Wasser sich hineinstoßen lassen.[52] Daneben behaupteten sich auch die sogenannnten Sigillaria immer sehr in der Gunst, zunächst jene kleine Figuren von Ton, welche den Kindern geschenkt wurden und mit denen die Fabrikanten in dieser Zeit einen eigenen Markt hielten, dann allerlei andere Geschenke, welche sich die Erwachsenen untereinander machten, Tücher und Löffel, Zahnstocher und Becher, die beliebten Wachskerzen und Papier zu kurz angebundenen Späßen und Versen, wie deren Martial. epigr. l. XIV eine ganze Sammlung hinterlassen hat.[53] Auch die Kaiser pflegten an solcher Heiterkeit gerne teilzunehmen, sich beschenken zu lassen, aber auch ihrerseits zu schenken, wie namentlich von den bald sehr kostbaren bald trivialen und mit geschraubten Epigrammen übersendeten Geschenken Augusts bei den Saturnalien und ähnlichen Gelegenheiten die Rede ist.[54]

Domitian ließ sogar einmal an den Saturnalien über sämtliche Sitzreihen des im Colosseum versammelten Volkes Leckerbissen aller Art ausstreuen und darauf alle Anwesenden an ihren Plätzen reichlich speisen und tränken, während gleichzeitig unten in der Arena allerlei lustige und lärmende Schauspiele gegeben wurden.

Die gute Mutter *Ops* oder *Opis* galt gewöhnlich für die Gattin des Saturnus und wurde als solche sowohl in jenem alten Heiligtume am clivus Capitolinus neben ihm verehrt als an dem Dezemberfeste mit ihm gefeiert, bis zur Kalenderreform des Cäsar an einem und demselben Tage, dem 17., später wie bemerkt an einem besondern, dem 19.[55] Die Grundbedeutung der Erdgöttin tritt vorzüglich in dem altertümlichen Gebrauche hervor, der Ops sitzend und die Erde geflissentlich berührend Gelübde zu tun[56], wie die Griechen bei Beschwörungen der Unterirdischen auf den Knien hockend die Erde mit den Händen schlugen. Im übrigen teilt sie die Eigenschaften des Saturnus, namentlich den Begriff der Fülle und des üppigen Segens, wie dieses schon der Name Ops ausdrückt, dessen Stammbedeutung Fülle und Überfluß ist.[57] Auch der ältere Name für den südlichen Hauptstamm der italischen Bevölkerung, Opici oder Opsci, woraus mit der Zeit Osci geworden, hängt offenbar mit demselben Stammworte und dem mythischen Stammbegriff einer gesegneten Urzeit zusammen, wie die alten Benennungen Latium und Saturnia auf die ländliche Verehrung des bald veborgenen bald in der reichen Frucht der Äcker prangenden Erdgottes zurückweisen und selbst der Name der Siculi, d. h. der ältesten Einwohner von Latium nicht unwahrscheinlich durch „Schnitter" der Saturnusgaben übersetzt wird. Auch wurde Ops ausdrücklich als eine Göttin der Saaten und der Ernte verehrt, nämlich als *Consivia*, unter welchem Namen sie wahrscheinlich seit Numa in der Regia angebetet wurde, in einem Heiligtume, zu welchem nur die Vestalischen Jungfrauen und die Pontifices Zutritt hatten und wo ihr am 25. Aug., also in der Erntezeit unter dem Namen *Opeconsiva* ein Dankopfer gebracht wurde.[58] Wie aber die Gottheiten der Erde und des Ackerbaus fast überall in der übertragenen Bedeutung des Säens auf menschliche Empfängnis und Geburt zugleich für Götter der Anfänge des menschlichen Lebens und der Kinderpflege gelten, so auch dieses alte italische Götterpaar. Namentlich wurden Saturnus und Ops in diesem Sinne in den Indigitamenten unter den Göttern der Geburt und der ersten Kindespflege angerufen, Saturnus neben Ianus Consivius als Pfleger des Keims im mütterlichen Leibe, Ops als gütige Mutter, welche das neugeborne Kind an ihrem Busen aufnimmt.[59]

Sehr merkwüdig ist *Lua Saturni*, welche bei Gellius N. A. XIII. 23 unter den ältesten römischen Gottheiten genannt und beiläufig auch bei Varro l. l. VIII, 36 erwähnt wird. An anderen Stellen wird sie Lua Mater und unter den Göttern genannt, welchen nach alter Sitte nach einer gewonnenen Schlacht die Spolien der Feinde geweiht und auf dem Schlachtfelde vebrannt wurden.[60] Endlich wird sie bei Serv. V. A. III, 139 neben dem Saturn als eine Göttin der Unfruchtbarkeit und der Verwüstung genannt.[61] Höchstwahrscheinlich ist auch dieses die Erdgöttin, nur als Gegenteil von der fruchtspendenden Ops gedacht, daher sie von dieser unterschieden und besonders benannt wurde, die winterliche Erd- und Todesgöttin, wie ja auch Saturnus sich im kalten Winter dem Todesgotte Dis gesellt. So würde sich auch der Name Lua am natürlichsten von luere in der Bedeutung auflösen (solvere) erklären.[62]

Es konnte nicht fehlen, daß auch diese beiden Götter unter der Einwirkung der allgemeinen Gräzisierung des römischen Kultus an ihrem alten und eigentümlichen Wesen manche Einbuße litten. Saturnus wurde seit Ennius gewöhnlich mit dem griechischen Kronos, Ops mit de Rhea identifiziert[63], daher Saturnus auf den römischen Münzen ganz wie jener gebildet ist und zuletzt mit ihm zum bloßen Sinnbilde der ewigen Zeit hinabsank[64], während Ops als Mutter des Jupiter nun auch neben diesem auf dem Capitole verehrt[65] und für eine der höchsten Schicksalsgöttinnen menschlicher Verhältnisse gehalten wurde. In demselben Sinne wurden im J. 7 n. Chr. am 10. August im Vicus Iugarius zwei Altäre der Ceres Mater und der Ops Augusta gestiftet, ohne Zweifel zu Ehren der Livia[66], die sich auch sonst gerne als Rhea gebärdete.

4. Consus

Auch dieser Gottesdienst gehörte zu den ältesten in Rom. Nach Dionys stammte er von den Palatinischen Arkadern, d. h. von Evander, nach der gewöhnlichen Überlieferung war es die Feier der Consualien im August, bei denen die Sabinerinnen geraubt wurden. Die Griechen erklärten den Gott wegen der Wagenrennen an seinem Feste und des in der Erde steckenden Altars für ihren Poseidon Hippios oder Seisichthon, d. h. den Erderschütterer, doch ist schon von den Alten bemerkt worden, daß eine solche Verehrung in oder unter der Erde dem Poseidon fremd ist. Deshalb wollten andere lieber den Namen Consus von den verborgenen Ratschlägen (a consiliis) erklären, welche dieser Gott überhaupt erteile und damals dem Romulus erteilt habe.[67] In Wahrheit aber ist derselbe vielmehr für einen alten Gott der Erde und des Ackerbaus zu halten, eine Art von Tellumo oder Dis Pater, bei welchem uns der unterirdische Altar wiederbegegnen wird; auch spricht dafür die Zeit seiner Opfer und Feste, welche teils die der Saat, teils die der Ernte ist. Den Namen haben von neueren Mythologen einige von condere abgeleitet (consus anstatt conditus, wie clausus, parsus), so daß er der Verborgene wäre, in demselben Sinne wie Saturnus als ein verborgener Gott gedacht wurde, andere von der Sanskritwurzel su, von welcher sero, sevi und consero stamme, so daß Consus zu verstehen sei wie Consivius und Ops Consivia, als Gott der Saaten, welcher eben deshalb zugleich ein Gott der Ehe und Jungfrauenräuber sei: auf welche Weise zugleich die alte Sage von dem Raube der Sabinreinnen grade an den Consualien schicklich erklärt würde.[68] Genug sind wir berechtigt, auch diesen Gott hier einzureihen und die übrigen, leider nur sehr dürftigen Nachrichten von seinem Kulte demgemäß zu erklären. Der alte Altar des Consus, älter als der Circus des Tarquinius, befand sich an dem unteren Ende desselben, in der Nähe der dortigen Wendesäulen.[69] In der Regel mit Erde überschüttet, wurde er bei den Opfern und Festen, welche jährlich dreimal unter der Beteiligung der angesehensten Priester stattfanden, ausgegraben und mit frommen Gaben bedacht. So wurde namentlich an den Nonen des Julius von den Ponifices hier geopfert, das durch den Raub der Sabinerinnen berühmte Fest der Consualien aber am 21. August, wenige Tage vor dem Opfer an die Ops Consivia in der Regia, begangen, und zwar so, daß der Quirinalische Flamen und die Vestalischen Jungfrauen das herkömmliche Opfer besorgten, die Pontifices aber darauf die zirzensischen Rennen mit Wagen und losen Pferden hielten, dieselben zu welchen Romulus die Nachbarn berufen hatte.[70] Mit den Menschen feierten alle Zugtiere diesen Tag, Pferde und Mäuler, welche von der Arbeit ruheten und mit Blumen bekränzt wurden[71]: ein Gebrauch, welcher eigentlich wohl der Ernte galt, wie jene Rennen, an die beim Opfer der Dea Dia und an die Eleusinien, Olympien und andere Spiele der Griechen erinnern, welche meist nach vollendeter Ernte gehalten wurden. Alte Lieder wußten noch von anderen volkstümlichen Lustbarkeiten, mit denen „die Hirten", d. h. die Römer des Romulus sich und ihre Nachbarn erfreut hatten.[72] Endlich wurden noch einmal am 15. Dez. Consualien gefeiert, wenige Tage vor den Saturnalien und wahrscheinlich wie diese beim Abschluß der Saatzeit, auch wieder unter der Beteiligung der Zug- und Ackertiere[73], welche bei solchen Gegelenheiten auf dem Lande immer einen guten Tag hatten. Bemerkenswert ist endlich die enge Verbindung, in welcher Consus durch eine Inschrift seines Altars im Circus mit Mars und den Laren gesetzt wurde[74], mit demselben Mars und denselben Laren, welche von den Arvalischen Brüdern am Altare der Dea Dia angerufen wurden, jener als Abwehrer alles bösen Schadens, diese als segnende und behütende Geister der Flur und aller Wege.

5. Acca Larentia und Dea Dia

Acca Larentia und Dea Dia können nicht wesentlich voneinander verschieden sein, da beide Göttinnen der römischen Stadtflur sind und die eine den Dienst der anderen stiftet. Vielmehr ist Acca Larentia die mythologische und märchenhafte, Dea Dia die ernstere, im Kultus der Arvalischen Brüder festgehaltene Seite einer und derselben Göttin, welche mit der alten italischen Tellus, Ops und Ceres identisch gewesen sein wird und nur durch ihre spezielle Beziehung auf den Segen und die Pflege der römischen Stadtflur diesen ihren eigentümlichen und örtlichen Charakter bekommen haben kann.

Acca Larentia ist eigentlich die Laren-Mutter, unter welchem Namen uns die Erdgöttin der fruchtbaen Tiefe, welcher man die Saaten und die Toten anvertraute, später von neuem begegnen wird. Acca ist i. q. Atta, dasselbe Wort, welches die Kindersprache allerorten wiederholt und auch im Sanskrit in der Form akkâ die Mutter bedeutet; Larentia hängt deutlich genug mit den Laren zusammen. In der römischen Stadtsage erscheint sie bald als Buhle des Hercules, welche in dieser Verbindung ganz der schöpferische und segnende Genius der römischen Stadtflur ist, bald als Pflegemutter der Zwillinge und Mutter der ersten zwölf Arvalischen Brüder. Das Märchen von iher Buhlschaft mit Hercules wurde mit einigen Abweichungen auch von der Flora und einer sonst nicht bekannten Göttin Favola oder Faula erzählt, welche wohl der Fauna gleichzustellen ist[75]; jedenfalls waren alle drei Göttinnen, Flora, Fauna und Acca Larentia, einander nahe verwandt. Der Küster des Hercules kommt in einer müßigen Stunde auf den Einfall, mit dem üppigen Segensgotte um ein üppiges Mahl und eine schöne Dirne zu würfeln, wobei er mit der einen Hand für den Gott, dem er dient, mit der anderen für sich selbst würfelt. Natürlich gewinnt Hercules, worauf der Küster ihm das schönste Mädchen der Zeit, Acca Larentia zuführt, mit welcher er sich in seinem Tempel beim fröhlichen Mahle gütlich tut. Als sie am anderen Morgen davongeht, gibt ihr der Gott alles unverhofften Glücks ein solches mit auf den Weg. Es begegnet ihr nämlich ein reiche alter Herr, ein tuscischer Gutsbesitzer namens Tarutius[76], der, von ihren Reizen hingerissen ihr Mann wird und bald darauf verstorben, sie als reiche Erbin hinterläßt: worauf die Gute nach einigen dem Romulus, nach anderen, welche diese Geschichte in die Zeit des Ancus verlegten, dem römischen Volke alle ihre Besitzungen vermacht; Cato wußte sogar die Namen der Fluren zu nennen, welche durch sie an das römische Volk gekommen waren[77], wie später die Vestalin Gaia Taracia der Stadt den campus am Tiber vermacht hatte. Endlich verschwindet Acca Larentia an demselben Orte, wo ihre seitdem alljährlich am 23. Dez., dem Tage des Larentinal oder der Larentalia, ein Totenopfer gebracht wurde, im Velabrum, wo man auch ihr Grab zeigte. Das Opfer wurde von dem Quirinalischen Flamen und den Pontifices dargebracht und auch Jupiter dabei angerufen.[78] Bekannter war die Geschichte von der Pflegemutter des Romulus, welche daher gewöhnlich mit jener anderen kombiniert wurde[79], wie denn auch diese Acca Larentia oft eine Buhlerin heißt, lupa, welches Tier auch in der deutschen Tierfabel verliebter Natur ist. Nach der ältern Überlieferung aber war sie die Frau des Hirten Faustulus, den ich für den palatinischen Faunus halte. Und von eben dieser Acca Larentia, der Gattin des Faustulus und Pflegemutter des Romulus, wird dann weiter erzählt, daß sie zwölf Söhne gehabt und mit diesen jährlich einmal pro agris geopfert habe. Als einer von ihnen gestorben, sei Romulus als Adoptivsohn statt seiner eingetreten und habe darauf mit seinen Adoptivbrüdern das Collegium der sogenannten fratres Arvales gestiftet, welche an dem priesterlichen Abzeichen eines Ährenkranzes mit weißer Binde zu erkennen waren und für eins der ältesten und heiligsten Institute in ihrer Art galten.[80] Schon ihr Name und dieses Symbol des Ährenkranzes bezeichnet deutlich genug ihre Bestimmung für den Kult einer Flur- oder Ackergöttin[81], welche freilich in dem Kulte selbst einen anderen Namen führte, aber von der fruchtbaen Laren-Mutter, welche diesen Kult mit ihren Söhnen gestiftet hatte, schwerlich wesentlich verschieden gewesen ist.

Näheren Aufschluß über diesen Gottesdienst und die für ihn bestimmte priesterliche Brüderschaft erhalten wir durch die oben erwähnten amtlichen Protokolle, welche zwar sämtlich aus späterer Zeit (sie beginnen mit der Zeit des August und reichen bis in die des Gordian) und in ihren Ausdrücken nicht immer verständlich sind, aber in der Hauptsache dennoch eine ebenso vollständige als belehrende Übersicht geben, eine um so wichtigere, weil man nach dieser Analogie zugleich über viele verwandte Tatsachen des römischen Gottesdienstes urteilen darf. So erfahren wir zunächst über das Collegium der fratres Arvales, daß es sich wie alle Institute der Art durch Cooptation ergänzte, wobei wie bei den Saliern die angesehensten Familien es sich zur Ehre rechneten, wenn die Wahl ihre Mitglieder traf. Der Vorsteher des Collegiums hieß wie gewöhnlich Magister; vermutlich galt Romulus in seinen Akten für den ersten Inhaber dieser Würde. Er wurde wie die übrigen Beamteten von Jahr zu Jahr bei der Feier im Haine der Göttin neu erwählt und hatte neben sich als eventuellen Stellvertreter einen Promagister. Außerdem gab es einen eigenen Flamen und zu seiner Stellvertretung gleichfalls einen Proflamen und zu den dienenden und helfenden Verrichtungen bei den Opfern und Opfermahlzeiten wie gewöhnlich sogenannte Camilli, d. h. ministrierende Knaben, welche wie immer patrimi matrimi sein mußten und gleichfalls aus den besten Familien ausgehoben wurden. Außer ihnen gehörte noch eine zahlreiche Dienerschaft von Schließern, Ausrufern, Schreibern, Aufwärtern usw. zu diesem Kultus, wie man sich denn die ganze Ausrüstung und das Auftreten dieser Brüderschaft und überhaupt der höheren priesterlichen Collegien in Rom als ein sehr vornehmes und glänzendes zu denken hat. Die Versammlungen und priesterlichen Funktionen der Brüder waren ordentliche oder außerordentliche, wie sie von gewissen regelmäßigen gottesdienstlichen Obliegenheiten oder von außerordentlichen Veranlassungen herbeigeführt wurden. Der Mittelpunkt aller gottesdienstlichen Verrichtungen war der Dienst der Dea Dia, so heißt die Göttin der fratres Arvales in diesen Urkunden, während wir aus anderen Quellen von einer Göttin dieses Namens nichts erfahren. Offenbar war es eine Erd- und Ackergöttin, vermutlich wie bemerkt identisch mit der Tellus, Ceres oder Ops, aber auch der Flora und der Fauna nahe vewandt und speziell eine Göttin der römischen Stadtflur, deren Wünsche und Hoffnungen von den Arvalischen Brüdern vertreten wurden. Der Hain dieser Göttin lag nicht weit von der Stadt am rechten Ufer des Tiber, an der Via Campana, d. h. Feldstraße, fünf Millien vom Tore, in derselben Gegend, wo auch jene Urkunden größtenteils gefunden worden sind und wo sich durch Nachgrabung gewiß noch andere Denkmäler der Art würden auffinden lassen.[82] In diesem Haine wurden auch die wichtigsten Akte des jährlichen Gottesdienstes der Dea Dia vorgenommen, während andere vorbereitende oder beschließende in der Stadt und zwar in dem Hause des Magister oder Promagister stattfanden. Und zwar geschah dieses jährlich im Mai, um die Zeit, da die ersten Feldfrüchte reif waren und die Ernte bald beginnen konnte, so daß sich diese Feier der Dea Dia wohl mit den gewöhnlichen Gebräuchen der porca praecidanea und des praemetium auf dem Lande vergleichen läßt.[83] Auch war diese Feier wie die meisten agrarischen keine feststehende, sondern sie wurde zu Anfang jedes Jahrs von dem Magister des Collegiums angesagt, nach den vorhandnen Urkunden indessen so, daß sie entweder auf den 17., 19. und 20. Mai oder zehn Tage später auf den 27., 29. und 30. Mai fiel. Immer wurde der erste Festtag domi, d. h. im Hause des Magister oder Pomagister, also in der Stadt begangen, der zweite als der heiligste im Haine der Dea Dia vor der Stadt, der dritte als eine abschließende Nachfeier wieder „zu Hause". Die Feier des ersten Tags[84] bestand in einem Morgengottesdienste und in einem gemeinschaftlichen Mahle der Brüder und der ministrierenden Knaben, welches nachmittags gehalten wurde. Am frühen Morgen wurde zunächst der Dea Dia mit Weihrauch und Wein geopfert, darauf trockne Früchte, d. h. die Cerealien des vergangnen Jahrs und grüne, d. h. frische des neuen Jahrs berührt[85], auch mit Lobeer bekränzte Brote herumgereicht und das Bild der Dea Dia gesalbt; worauf eine kurze Sitzung gehalten und somit dieser Akt beschlossen wurde. Nach Mittag kamen die Brüder, nachdem sie gebadet, von neuem zusammen, speisten zunächst, wie auch die vier ministrierenden Knaben, opferten dann von neuem mit Weihrauch und Wein, worauf die Knaben nach der frommen Sitte der Alten, die bei jeder Mahlzeit beobachtet wurde[86], mit Hilfe von Dienern von den Speisen, namentlich den neuen Früchten des Jahres einige zum Altare trugen (fruges libatae), empfingen darauf Salben und Kränze, berührten noch einmal die neuen Früchte der Ceres und schritten so zum Nachtisch, dessen Abhub wie die Salben und die Rosen der Kränze verteilt und mit nach Hause genommen wurden, sobald die Brüder mit dem gewöhnlichen Rufe Glück auf (feliciter) auseinander gingen. Der nächste Tag verging ohne Feier, an dem darauffolgenden aber, entweder am 19. oder am 29. Mai, versammelten sich die Arvalen frühmorgens im Haine der Dea Dia vor dem Tore, in welchem außer dem auf einer Anhöhe gelegnen Hain der Göttin im engeren Sinne verschiedene Gebäude und Anlagen genannt werden, ein Tempel, ein goßer Altar und mehrere andere Opferherde und Altäre, ein sogenanntes Tetrastylum und ein Circus. Eröffnet wurde die Feier dieses Tages durch ein vom Magister dargebrachtes Sühneopfer zweier Ferkel und das Ehrenopfer einer weißen Kuh.[87] Darauf versammelten sich alle Brüder in dem Tetrastylum, genossen von den Sühneferkeln und ihrem Blute und zogen darauf in Prozession, mit verhülltem Kopfe und mit dem von Romulus verordneten Ährenkranz mit weißer Binde geschmückt hinauf zum Haine, wo der Magister im Namen aller ein fettes Lamm opferte, dessen Eingeweide der Zeichen wegen mit Fleiß beschaut wurden. Nach diesem Opfer spendeten alle mit Weihrauch und Wein, kehrten darauf zum Tempel zurück und brachten dort eine Gabe in Töpfen dar, während der Magister und der Flamen ein anderes Opfer vor dem Tempel auf grünem Rasen vollzogen. Es folgten noch andere Zeremonien, die nicht mehr verständlich sind; namentlich heißt es, daß zwei Brüder mit einigen Dienern ausgegangen seien, um „Früchte" zu holen, welche sämtliche Brüder sich dann untereinander von Hand zu Hand zureichten, bis sie in die Hände der begleitenden Diener zurückkehrten: eine neue Weihe der Feldfrüchte, wie es scheint, bei welcher vermutlich ein heiliger Acker in der Nähe des Hains oder in demselben vorauszusetzen ist. Darauf begaben sich die Brüder wieder in den Tempel, sprachen ein Gebet über die Töpfe, öffneten die Tür und lagerten sich an dem Abhange, setzten sich darauf auf steinerne Bänke und ließen mit Lobeer bekränzte Brote unter dem versammelten Volke austeilen, salbten die Bilder usw., bis endlich der Tempel geschlossen und alle Diener aus demselben entfernt wurden. Nun begann ein Tanz (tripudium) um den Altar, bei welchem sich die

Brüder aufgürteten und in drei Gruppen, wie es scheint, teilten, und der Gesang eines altertümlichen Liedes, wozu der geschriebene Text unter den Brüdern verteilt wurde, denn es kam hier wie immer ganz wesentlich auf die Worte an, auch wenn der Sinn nicht mehr verstanden wurde. Glücklicherweise ist auch dieses Lied, ein an Mars und die Laren gerichtetes kurzes Gebet, urkundlich bewahrt worden. Der Text lautet in der altertümlichen Sprache so:

E nos Lases iuvate,
Neve luerve Marmar sins incurrere in pleoris.
Satur furere Mars limen sali, sta berber.
Semunis alternei advocapit conctos.
E nos Marmor iuvato.
Triumpe, Triumpe.

Der Sinn scheint in das gewöhnliche Latein übertragen dieser zu sein: Age nos Lares iuvate. Neve luem Mars sine incurrere in plures. Satur furere Mars limen sali, sta verbere. Semones alterni advocabite cunctos. Age nos Mars iuvato etc.[88] Zu Deutsch: Helfet uns ihr Laren. Laß keine Seuche über das Volk kommen Mars. Satt vom Rasen kehre heim in deinen Tempel und höre auf zu geißeln deine Streitrosse. Rufet abwechselnd alle Semonen usw. Also im wesentlichen derselbe Inhalt wie sonst bei solchen Gebeten, nämlich die Bitte um Segen und Schutz vor aller Beschädigung und um Frieden. Nach dieser Zeremonie schritten die Brüder zur Wahl des Magister und Flamen für das folgende Jahr, hielten darauf wieder ein gemeinschaftliches Mahl und begaben sich endlich in den Circus des Hains, wo einer der beigeordneten Knaben das Zeichen zu den Rennen gab, die nun mit Bigen, Quadrigen und sogenannten desultores erfolgten, unter dem Vorsitze von einem oder mehreren Brüdern, welche als Preise Palmen und silberne Kränze (wahrscheinlich Ährenkränze) verteilten. Dann kehrten die Brüder nach der Stadt, in das Haus des Magister zurück, wo sie nochmals zusammen speisen, wieder mit Räucherwerk und Wein opferten und darauf mit Kränzen, Salben und Sporteln beschenkt auseinandergehn. Der dritte und letzte Tag bildete in derselben Weise den Abschluß der ganzen Feier[89] wie der erste den Eingang. Die Gebräuche waren genau dieselben wie am ersten Tage.

Außer diesem feierlichen Dank- und Weihungsfeste für die Erstlinge der Flur gedenken dieselben Urkunden noch wiederholter Sühnungen im Haine der Dea Dia, zu denen verschiedene Vorfälle Anlaß geben. Bald muß ein vor Alter umgefallener oder vom Blitz beschädigter Baum aus dem Haine entfenrt werden, bald ist etwas auf Stein einzugraben oder an den Gebäuden auszubessern, zu welchem Zwecke man ein Eisen in den Hain oder in den Tempel tragen mußte: was jedesmal ein piaculum zur Folge hatte, also einer besondern Sühnung bedurfte, welche dann gewöhnlich sowohl vor als nach jenem Geschäfte mit dem Opfer eines Schweins oder eines fetten Lammes vorgenommen wird. Ausnahmsweise war bei solchen Akten auch der Magister des Collegiums tätig, bei feierlichen Veranlassungen aber sämtliche Brüder zugegen, z. B. als es nötig geworden war, einen Feigenbaum, der sich auf dem Giebel des Tempels der Dea Dia eingenistet hatte, gewaltsam zu entfernen, und als einige Bäume des Hains bei einem starken Gewitter vom Blitze getroffen waren, so daß sie neu gepflanzt und auch sonst im Haine verschiedene Herstellungen vorgenommen werden mußten. Auch hier wird immer sowohl vor dem vorzunehmenden Geschäfte (operis inchoandi causa) als nach demselben (operis perfecti causa) geopfert; und zwar werden bei diesen Anlässen, da die Heiligtümer des Ortes in so außerordentlicher Weise betroffen waren, nicht allein größere Suovetaurilien als Sühnopfer, sondern auch nach diesen jedem einzelnen Gott des Ortes einzelne Opfer gebracht, daher bei diesen Gelegenheiten das ganze im Hain der Dea Dia vereinigte Göttersystem zur Sprache kommt[90] Noch andere Feierlichkeiten wurden in Rom vorgenommen, besonders häufig auf dem Capitol, wo sich die Brüder an verschiedenen Stellen zu versammeln pflegen, doch kommen sie gelegentlich auch in der Regia zusammen, im kaiserlichen Palaste usw. Die gewöhnlichen Veranlassungen zu solchen Zusammenkünften sind die Ankündigung des Festes der Dea Dia oder Beratungen über außerordentliche Vorfälle in ihrem Hain, oder auch die Wahl neuer Brüder, die Teilnahme des Collegiums an gewissen ludis votivis, oder endlich die außerordentlich häufigen Gelübde und Dankgebete für das Wohl, das Gedeihen und die Sicherheit des Kaisers und des kaiserlichen Hauses. Auch bei solchen Gelegenheiten trat das Collegium immer sehr stattlich auf, namentlich war das herkömmliche Gelübde an die drei Capitolinischen Götter immer sehr feierlich. Ihnen wird immer geopfert, zuweilen auch der Salus Augusti, der Salus Populi Romani, der Providentia Deorum, der Concordia, Fecunditas, Felicitas usw., dem Genius Imperatoris, der Iuno Imperatricis, wobei den männlichen Gottheiten gewöhnlich Ochsen, selten Stiere, den weiblichen immer Kühe geschlachtet werden.

6. Angerona

Rom hatte wie alle alten Städte seinen verborgnen Schutzgott, welcher ursprünglich als namen- und geschlechtsloser Genius gedacht wurde, daher man ihn mit der Zeit bald mit diesem bald mit jenem Gotte identifizierte, männlichen und weiblichen, dem Jupiter, der Luna, der Angerona, der Ops Consivia, der Flora.[91] An die Angerona pflegte man bei solchen Mutmaßungen vorzüglich deswegen zu denken, weil sie mit dem Finger auf dem Munde abgebildet wurde, also als eine geheimnisvolle und verschwiegene Göttin, denn diesen Sinn hatte eine solche Gebärde.[92] Weiter wissen wir von ihr nur, daß sie auch unter dem Namen Diva schlechthin oder als Diva Angerona verehrt wurde und als solche namentlich am 21. Dezember ein Opfer bekam, welches ihr von den Pontifices in der Curia Acculeia oder Occuleia, einem Heiligtume der Volupia dargebracht wurde.[93] Auch das Bild der Angerona stand auf dem Altare dieser Göttin eines vergnüglichen, behaglichen Wohlseins, denn so ist der Name Volupia zu verstehn.[94] Das Heiligtum dieser Göttin lag in derselben Gegend, wo sich das Grab der Acca Larentia befand, und so fällt auch jenes Opfer der Angerona der Zeit nach einerseits mit dem des Saturnus und der Ops, andererseits mit dem der Acca Larentia zusammen: daher die Vermutung naheliegt, daß sie eine der Ops, der Acca Larentia, der Dea Dia verwandte Göttin der römischen Stadtflur gewesen, welche eben deshalb auch als Schutzgöttin von Rom gedacht werden konnte. Die geheimnisvolle Gebärde des Schweigens würde dann auf die verborgene Tiefe der Unterwelt deuten, das nahe Verhältnis zur Volupia auf ähnliche Weise zu erklären sein wie der buhlerische Charakter der Acca Larentia und der Flora. Den Namen Angerona deuten die Alten nach ihrer Weise sehr willkürlich, bald durch die Sorgen und Beängstigungen (angores), von denen man durch sie befreit werde, bald durch eine seuchenartige Bräune (angina), an welcher Menschen und Vieh gelitten, bis Angerona geholfen habe. Wahrscheinlich liegt derselbe Stamm zugrunde wie bei der marsischen Angitia und dem volskischen Iupiter Anxur.

7. Ceres, Liber, Libera

Wie diese drei Götter mit einheimisch italischen Namen benannt sind, so waren sie selbst ohne Zweifel altitalischen Ursprungs. Diese bestimmte Gruppe aber, wo Ceres der Demeter entspricht, Liber dem Dionysos, Libera der Persephone als κόρη

Δήμητρος, ist griechischen Ursprungs und für die Geschichte des römischen Gottesdienstes um so wichtiger, da sie zu den ältesten griechischen Kulten in Rom gehörte und sowohl auf die religiösen Ideen als auf die äußerliche Ausstattung des Gottesdienstes der Römer einen nicht geringen Einfluß ausgeübt zu haben scheint. Der Tempel lag beim Circus und heißt gewöhnlich Aedes Cereris, genauer Aedes Cereris Liberi Liberaeque. Gestiftet wurde er im vierzehnten Jahre der Republik, nachdem die Römer durch die Vertreibung der Tarquinier zuerst in den Krieg mit Porsenna, dann in den mit dem mächtigen Anhange der Tarquinier unter den Latinern verwikkelt worden waren und in Folge davon u. a. eine Störung der ohnehin noch nicht geordneten Kornzufuhr entstand, welche bei den schlechten Ernten der letzten Jahre vollends bedenklich wurde. Man wendete sich in dieser Bedrängnis an die sibyllinischen Bücher, die nach ihrer Weise auf die griechischen Götter des Ackerbaus und alles regelmäßigen Ertrages der Erde hinwiesen, wie sie in dem griechischen Italien und in Sizilien allgemein verehrt wurden. Also gelobte der Dictator A. Postumius, der Sieger am l. Regillus im J. 258 d. St. (496 v. Chr.) jenen Tempel, welcher drei Jahre darauf von dem Consul Sp. Cassius, demselben, der das Bündnis mit den Latinern schloß, eingeweiht wurde.[95] Kurz vorher war auf Veranlassung der Secession der Plebs mit dem Volkstribunate auch das Amt der plebejischen Aedilen gestiftet worden, welche im Interesse der Plebs speziell für die Kornzufuhr und den Kornmarkt zu sorgen hatten und dabei zugleich in einem sehr engen Verhältnisse zu diesem neu gestifteten Kulte und Tempel der Ceres standen. Kurz darauf wurde auf Veranlassung einer Hungersnot nach Campanien und Sizilien geschickt, um von dort her eine Kornzufuhr zu vermitteln: daher man aus diesen Tatsachen zusammengenommen folgern darf, daß gleichzeitig mit der Stiftung des griechischen Kultus der Ackergottheiten eine lebhaftere Verbindung mit den griechischen Nachbarn im Süden eingegangen und wohl auch selbst jene polizeiliche Sorge für den Kornmarkt zunächst nach ihrem Beispiele eingerichtet wurde. Der Kultus selbst war so sehr ein griechischer, daß die Priesterinnen der Ceres aus dem griechischen Italien, namentlich aus Neapel, der Kolonie von Cumä, welches bei der ersten Einrichtung des Kultus höchstwahrscheinlich noch selbst tätig gewesen war, und aus Elea herbeigeholt wurden; auch die Sprache und Terminologie des Gottesdienstes blieb die griechische.[96] Auch der über dem Eingange zum Circus am Abhange des Aventin gelegene Tempel der Ceres war nach seiner Architektur, Ausstattung und Dekoration durchaus ein griechischer und von griechischen Künstlern ausgeführt, so daß er als das erste Beispiel griechischer Kunst in Rom, wo bis dahin die etruskische Kunst geherrscht hatte, Epoche machte.[97] Selbst der griechische Ritus der Einweihung von Frauen wurde bei diesem Gottesdienste zugelassen, freilich mit Ausschließung alles heftigen Orgiasmus und der nächtlichen Feier.[98] Was die Oberaufsicht der plebejischen Aedilen betrifft, welche der ihnen obliegenden Sorge für diesen Tempel der Ceres wahrscheinlich sogar den Namen aediles verdanken, so scheint diese sich auf das Praktische der cura annonae, die sie im Sinne der Ceres verwalten sollten, und auf die Cerealischen Spiele beschränkt zu haben. Als Aufseher über die annona hatten sie ihr amtliches Lokal in oder bei dem Tempel der Ceres[99], so daß sie von dort aus ihre Kornmarktspolizei ausübten und unter den Armen ihres Standes gelegentlich auch Korn- und Brotspenden verteilten: daher Ceres und ihr Tempel bald zu Symbolen der plebejischen Freiheiten überhaupt wurden und in solchen Fällen, wo gegen dieselben verstoßen wurde, ihren Anteil an der Buße zu bekommen pflegte.[100] Selbst als später, seit dem J. 389 d. St. (365 v. Chr.), neben den plebejischen Aedilen curulische gewählt wurden, blieb die Sorge für den Kornmarkt und für die Spiele der Ceres ein wesentliches Attribut dieses Amtes, daher wir nun beide, sowohl die plebejischen als die curulischen Aedilen, mit diesen Spielen beschäftigt sehen.[101] Endlich übertrug Cäsar diese doppelte Aufgabe des Kornmarktes und der Cerealischen Spiele zwei neuen plebejischen Aedilen, welche zum Unterschied von den übrigen Cerealische genannt wurden.[102]

Das alte Hauptfest dieser Götter fiel in den April, der wichtigste Tag der Spiele auf den 19. dieses Monats. Die Spiele hießen *Cerialia* oder *ludi Cereales* und wurden wie andere Spiele anfangs nur von Zeit zu Zeit und auf außerordentliche Veranlassung[103], später regelmäßig alle Jahre gegeben. Die Grundidee war die Stiftung des Ackerbaus, nach griechischer Weise mit dem Hintergrunde der Mythe vom Raube des Demeterkindes und seinem Wechsel zwischen Ober- und Unterwelt, in welcher Hinsicht sich die Römer mit dem südlichen Italien überhaupt die Traditionen Siziliens mit dem heiligen Mittelpunkte Enna aneigneten. So wurde in der Zeit der Gracchischen Unruhen auf den Rat der sibyllinischen Sprüche, die ältes Ceres zu versöhnen, eine eigene Gesandtschaft nach Enna geschickt, weil man den römischen Gottesdienst für ein Filial des dortigen Demeterdienstes hielt, und Cicero macht es dem Verres ganz besonders zum Verbrechen, daß er gegen die ehrwürdige Religion der Ceres in ihren heiligsten Stätten und Bildern zu Catana und Enna mit ruchloser Hand gefrevelt habe.[104] Daher auch die römischen Dichter den Raub der Proserpina gewöhnlich nach Anleitung der Legende von Enna erzählen, die eben dadurch immer mehr zur Herrschaft gelangte, namentlich Ovid F. IV, 392 ff., wo er auf Veranlassung der Cerealischen Spiele ausführlich von dieser Göttin und ihrem Kultus berichtet.[105] Sie habe die Menschen in dem Anbau ihrer edlen und veredelnden Frucht unterwiesen, in einer Zeit, wo noch alles einfach und friedlich gewesen sei, daher auch Ceres den Frieden und einfache Gaben liebe, wenn man sie mit reinem Gemüte darbringe, etwas Opfermehl und Weihrauch und brennende Fackeln.[106] Vor allem hüte man sich, einen Stier zu schlachte, denn dieser ist heilig als Diener des Ackerbaus, den Ceres selbst jochen lehrte; wohl aber ist ihr das Opfer von Schweinen willkommen. Auf der fruchtbaren Insel Sizilien, der Kornkammer Italiens, ist ihre Heimat, am liebsten weilt sie in der ganz von Kornfeldern umgebenen Gegend von Enna. Bei einem Mahle, mit welchem Arethusa die Götter von Sizilien bewirtet, wird Proserpina, als sie mit ihren Gespielinnen auf der Frühlingsflur Blumen liest, von Pluton entführt. Ihr Geschrei dringt ach! zu spät zur Mutter, die nun ihr Kind mit rasendem Schmerze umherirrend sucht, zuerst in der Gegend von Enna, dann durch die ganze Insel, bis die Nacht hereinbricht. Da entzündet sie zwei Fichtenstämme an den Gluten des Ätna zu leuchtenden Fackeln, schirrt die Drachen vor ihren Wagen und eilt über das Meer nach Korinth und Attika, wo sie sich zuerst wieder Ruhe gönnt und den Knaben Triptolemos, den Sohn des eleusinischen Keleos, unter allen Sterblichen zuerst mit ihrer Frucht und der Unterweisung ihres Anbaus begnadet. Dann eilt sie weiter nach Asien und über die ganze Welt bis zu den fernsten Völkern des Morgen- und Abendlandes, dann auch am Rhein, am Rhodanus und Po, auch am Tiber ist sie gewesen. Auch am Himmel hat sie gesucht und gefragt, bis endlich die Sterne sie an Sol weisen und dieser die Wahrheit sagt. Jupiter verspricht die Rückkehr unter der bekannten Bedingung, worauf endlich der Beschluß erfolgt, daß das liebliche Kind die Hälfe jedes Jahres unter den Himmlischen und bei der Mutter, die andere Hälfte bei den Unterirdischen zubringen solle. Da kehrt die alte Lust und die alte Güte der Ceres zurück und sie flicht sich den Ährenkranz in das blonde Haar und spendet so reiche Ernten, daß keine Tenne groß genug ist. So soll man sie feiern, als die versöhnte, die gütige Erntegöttin, in einer Zeit, wo die Äcker von neuem in dem hoffnungsvollen Grün prangen, mit dankbarer Freude und in der lichten Kleidung der Freude; denn nur weiße Kleider ziemen der Ceres, daher an den Cerealien alles weiß gekleidet war und namentlich die Priesterinnen und die Geweihten der Ceres nur diese Farbe trugen.[107] Das ganze Fest dauerte nach den Kalendern der Augusteischen Zeit acht Tage lang, vom 12. bis 19. April. Es begann wie die römischen Spiele mit einer feierlichen Prozession durch den Circus[108], worauf die Spiele in demselben folgten, so daß sich die Megalesien vom 4. bis 10. April und diese Spiele der Ceres fast unmittelbar aneinander anschlossen; wie diese Spiele sich auch darin glichen, daß zur Feier des Wohlseins, das beide Göttinnen gebracht, die Bürger sich gegenseitig bewirteten, die Patrizier an den Megalesien, die Plebejer an den Cerealien.[109] Die Aedilen scheinen als Oberaufseher der Spiele auch an dem einleitenden Opfer teilgenommen zu haben[110], welches vermutlich am 19. April dargebracht wurde, dem alten Hauptfesttage der Cerialien und dem volkstümlichsten Tage der ganzen Circusfeier. Dann füllte sich der Circus mit den dichtesten Scharen, unter welche allerlei Geschenke und Eßwaren geworfen wurden, namentlich Nüsse[111], welche Frucht auch in Italien ein altherkömmliches Symbol der üppigen Fruchtbarkeit war. Außer den Pferderennen gab es an diesem Tage eine sehr volkstümliche Fuchshetze durch den Circus, wobei den Füchsen brennende Fackeln an den Schwanz gebunden wurden: eine sinnbildliche Erinnerung an den Schaden, den die Felder vom Kornbrande, den man den Rotfuchs (robigo) nannte, zu befürchten hatten und in dieser verhängnisvollen Jahreszeit, auf mehr als eine Weise beschwur. Ovid hatte sich auf einer Reise in seine Heimat von einem Landmann zu Carseoli den Zusammenhang erzählen lassen (F. IV. 679 ff.). Ein sparsames, hartgewöhntes Paar habe in dieser Gegend ein kleines Gut besessen; der Mann bestellte das Feld, die Frau sorgte für Haus und Hof und war eine fleißige Spinnerin. Sie hatten einen Sohn, der zwölf Jahre alt war und ein mutwilliger Bursche. Dieser fängt einen Fuchs, welcher oft den Hühnerstall beschädigt hatte, wickelte ihn in Stroh und Heu, steckt dieses in Brand und läßt ihn so wieder los, worauf der Fuchs durch das Getreide laufend alles in Brand steckt; daher ein Gesetz von Carseoli den Tod jedes gefangenen Fuchses forderte.[112] Deshalb würden die Füchse auch an den Cerealien dadurch bestraft, daß man ihnen einen Brand an den Schwanz hänge und sie dann durch den Circus hetze. Vielmehr liegt bei diesem Gebrauche und bei jenem Märchen dasselbe Bild zugrunde wie bei dem bötischen Märchen vom Hunde des Kephalos, der den Teumessischen Fuchs verfolgt, bis beide in Stein verwandelt werden.[113] Es ist die Zeit des Hundssterns, wo man den Kornbrand am meisten zu fürchten hatte; folgt in dieser Zeit der heiße Sonnenbrand zu schnell auf den Reif oder den Tau der kühlen Nächte, so rast jenes Übel wie ein brennender Fuchs durch die Fruchtfelder. In der Nähe von Rom gab es einen eigenen Hain der *Robigo* oder des *Robigus*; unter diesem Namen, der von robus d. i. rusus abzuleiten ist, kannte man eine eigene Gottheit, deren Verehrung sehr alt war und bei welcher man sowohl die Ursache des Übels als eine abwendende Hilfe gegen dasselbe suchte[114]: daher man den Mars mit der Robigo und den Robigus mit der Flora zusammen verehrte.[115] Namentlich wurden am 25. April, also bald nach den Cerealien und kurz vor den Floralien, eigene Robigalia begangen, angeblich eine Stiftung des Numa, wo man zu diesen Göttern um Schutz vor dem verheerenden Übel flehte.[116] Es war die Zeit, wo der Hundsstern aufging, daher man an diesem Tage im Haine des Robigus, fünf Millien von Rom, auf dem Wege nach Nomentum, junge Hunde von roter Farbe als Sühnopfer darbrachte, wonach ein benachbartes Tor das Hundstor genannt wurde.[117] Ovid erzählt, wie ihm, als er einst an jenem Tage frühmorgens auf dem Wege von Nomentum nach Rom war, die Prozession nach jenem Haine in weißen Festkleidern begegnet sei, voran der Flamen Quirinalis, um die Eingeweide eines Hundes und die eines Schafes darzubringen. Er tritt hinzu und hört das Gebet des Flamen, in welchem er die große Macht der strengen Robigo pries und um Schonung der reifenden Saat bat, woran sich die gewöhnliche Fürbitte um Segen der Felder und um Frieden anschloß. Darauf wurde zuerst mit Weihrauch und Wein, dann mit den Eingeweiden der beiden Tiere geopfert. Zuletzt wurden auch hier, wie im Haine der Dea Dia, gewisse Spiele aufgeführt.[118]

Eine andere Feier der Ceres, diese vorzüglich die Frauen angehend, fiel in den August, bald nach dem Tage der Schlacht bei Cannä, welche am 2. Aug. des J. 538 d. St. (216 v. Chr.) verloren wurde und ganz Rom so mit Trauer erfüllte, daß die Feier der Ceres darüber unterblieb; daher die Trauer durch ein eigenes Gesetz auf die Frist von dreißig Tagen beschränkt und darauf die Feier der Ceres nachgeholt wurde.[119] Es war ein Fest der Wiedervereinigung der Ceres und der Proserpina nach griechischem Vorbilde, wobei die Frauen sich, wie es scheint, neun Nächte ihrer Männer enthalten mußten und dann in weißer Kleidung und geschmückt mit den Kränzen reifer Ähren die Erstlinge der Früchte darbrachten.[120] Wegen der vorgeschriebenen Enthaltsamkeit und des zugrundeliegenden Mythus von der Trauer der Ceres über den Raub des Kindes galt sie in Rom für eine Widersacherin der Ehe[121], obwohl Ceres sonst in Rom wie Tellus und die Thesmophoros bei den Griechen für eine Ehegöttin gehalten[122] und selbst eine Hochzeit der Ceres oder des Orcus mit großer Feierlichkeit und unter Beteiligung der Pontifices begangen wurde[123]: aus welcher Auffassung auch der Gebrauch zu erklären sein wird, daß bei leichtsinnigen Ehescheidungen der Mann die eine Hälfte seines Vermögens der geschiedenen Frau, die andere der Ceres überlassen und den unterirdischen Göttern ein Opfer darbringen mußte.[124] Endlich wurde seit dem J. 191 v. Chr., wieder auf Anstiften der sibyllinischen Bücher, zuerst alle vier Jahre, dann jährlich am 4. Oktober ein Fasten der Ceres (ieiunium Cereris) beobachtet[125], welches wenigstens der Zeit nach den griechischen Thesmophorien entsprach.

Immer gehörte der Dienst der Ceres und ihr altes Heiligtum am Circus zu den angesehensten in Rom; nach Cicero war sie so einheimisch geworden, daß es den Anschein hatte, als ob sie nicht anderswoher dahin gekommen, sondern von dort zu anderen Völkern gegangen sei.[126] Augustus baute den im J. 31 v. Chr. durch eine Feuersbrunst zerstörten Tempel von neuem auf, worauf er von Tiberius wieder eingeweiht wurde.[127] Der Kaiser Claudius machte sogar den Versuch, die eleusinischen Mysterien nach Rom zu übertragen.

Neben der Ceres also wurden *Liber* und *Libera* verehrt, d. h. im Sinne des griechischen Kultus Dionysos und Persephone, da diese Götter nach dem Vorbilde von Eleusis bei den Griechen überhaupt und so auch in Sizilien und Italien oft zusammengestellt wurden. Namentlich war Campanien das Land, über welches Ceres und Bacchus in gleicher Fülle ihre Gaben ausgeschüttet, oder wie sich die Alten in solchen Fällen eines gleichartigen Anspruchs auszudrücken pflegten, wo diese beiden Götter miteinander gekämpft hatten[128]; und das Märchen von der Einkehr des Bacchus bei guten Freunden, welche er dann den Weinbau lehrt, wurde sogar bis hinauf in das Gebiet des Falerner Weins erzählt, von wo sich der Gott weiter nach Spanien gewendet habe. Indessen kamen auch hier den griechischen Gottesdiensten ältere italische entgegen, wie dieses schon die einheimischen Namen beweisen, mit denen sich auf dem Lande auch die alten volkstümlichen Gebräuche und Feste der Weinlese in herkömmlicher Art und Lustbarkeit erhalten hatten. Liber oder, wie man ihn insgemein nannte, *Liber Pater* ist eigentlich der Befreier[129], der frohe Gott des Scherzes und der heitern Ausgelassenheit, in demselben Sinne, wie man in alter Zeit auch von der libertas, der Freiheit zu reden und diese zu personifizieren und im Bilde zu denken pflegte, als eine schöne und reich geschmückte Frau, von welcher üppige

Fülle und Kraft, reichlicher Segen der Felder und das dadurch bedingte Glück eines heitern und sorgenlosen Lebensgenusses ausgehe. Immer ist dieses die vom Liber und der Libera unzertrennliche Vorstellung, daher auch das Fest der Weinlese immer vorzugsweise von dieser Seite einer ungebundnen Freiheit in der Rede und im Genuß des neu gewonnenen Natursegens aufgefaßt wird[130], wie in der Vorstellung von dem Lande, „wo Milch und Honig fließt", die des ungetrübten nationalen Glücks von selbst enthalten ist. Weiter sind Liber und Libera die Götter aller üppigen Produktion, daher zu ihnen nicht bloß um Segen der Felder, sondern auch um Fruchtbarkeit von Menschen und Vieh gebetet wurde, und zwar schon in den alten pontificalen Gebetsurkunden, ein Beweis mehr, daß wir es hier mit altitalischen Göttern zu tun haben. Daher das in diesem Kreise von Vorstellungen sowohl bei den Griechen als bei der Bevölkerung von Italien und bei vielen anderen Völkern herkömmliche Symbol des Phallos oder wie man in Italien sagte des fascinum, welches zur Zeit der Weinlese auf dem Lande von Ort zu Ort auf einem Wagen mit großer Lust und religiöser Feierlichkeit bis in die Stadt gefahren wurde.[131] Ja in Lavinium, der alten Stadt der latinischen Penaten, war sogar ein ganzer Monat dem Liber heilig, durch dessen ganze Dauer die ungebundensten Späße erlaubt waren, bis jenes Symbol über den Markt geführt und im Tempel des Liber wieder zur Ruhe gebracht worden war. Auch pflegte das fascinum hier, als Symbol des von dem Gotte ausströmenden Segens zugleich ein Gegenzauber gegen jeden Schaden, der diesen Segen durch Neid, bösen Blick, Bezauberung usw. treffen könnte, von der angesehensten Matrone des Ortes öffentlich bekränzt zu werden; wie denn dasselbe Symbol in gleichartiger Auffassung auch sonst bei den Alten, namentlich in der römischen und italischen Sitte etwas ganz Gewöhnliches war.[132] So werden auch die sogenannten fescennini versus, in denen sich die Lust der Weinlese mit derben Späßen Luft machte, am besten von diesem ländlichen Umzuge mit dem fascinum abgeleitet[133], daher dieselben Verse und dieselben Witze auch bei dem Hochzeitszuge gebräuchlich waren. Auch wissen wir, daß dieses Symbol dem Liber Pater als einem Gotte der männlichen Erzeugung überhaupt heilig war und in seinen Tempeln als Anathem dargebracht wurde, während der Libera von den Frauen als einer Göttin des weiblichen Empfängnisses das entsprechende Symbol des weiblichen Geschlechts geweiht wurde, daher man die Libera gewöhnlich für identisch mit der Venus hielt.[134] Genug mit diesen beiden Göttern wurden durch griechischen Einfluß der griechische Dionysos und die griechische Persephone dergestalt identifiziert, daß jener fortan im römischen und lateinischen Sprachgebrauche allgemein Liber und Liber Pater, diese entweder Libera oder vermöge einer in solchen Fällen zumal im höheren Altertum gewöhnlichen Zustutzung des griechischen Wortes für das lateinische Verständnis Proserpina genannt wurde, für welches Wort man nachträglich auch eine etymologische Rechtfertigung fand.[135] So wurden also diese beiden griechischen Götter fortan in Rom und auf dem Lande nebeneinander und neben der Ceres und anderen Gottheiten des ländlichen Segens verehrt, aber nur in dieser populären Bedeutung der segensspendenden Gaben, nicht in der mystischen des ekstatischen Gottesdienstes, wie er bei den Griechen, auch bei denen im südlichen Italien notwendig zur Sache gehörte, aber in Rom durch die natürliche Nüchternheit der religiösen Gewöhnung, später auch durch das Staatsgesetz ausdrücklich ausgeschlossen blieb. Was speziell den Liber Pater betrifft, so wurde er als Behüter und Segenspender ländlicher Grundstücke auch wohl neben dem Silvanus oder nach griechischer Weise in der Umgebung von Panisken und Priapisken[136], in den Städten dagegen häufig als Symbol der bürgerlichen Freiheit verehrt, daher man sein Bild, wie das seines Gesellen, des bekannten Silen Marsyas aus Kleinasien, nicht selten auf den Märkten fand, u. a. in Rom.[137] Die

Hauptfeier des Liber und der Libera blieb immer die Zeit der Weinlese, welche durch ganz Italien mit großer Lust und Ausgelassenheit begangen wurde und wie die Zeit der Ernte selbst in dem ernsten Rom die Geschäfte des Staates und der Gerichte regelmäßig unterbrach.[138] Vornehme und geringe Leute pflegten sich den Freuden der Zeit zu überlassen und namentlich ging es auf dem Lande immer sehr lustig zu, indem teils jene älteren Gebräuche ihr Recht behielten, auch Oscillen an den Bäumen aufgehängt und allerlei Mummenschanz getrieben und dazu als herkömmliches Opfer des Liber Pater Böcke geschlachtet wurden.[139] Auch beim Keltern und der Weinbereitung weihte derselbe Glaube das Geschäft, indem namentlich alle Gefäße, die Kelter, der Most durch eigene Opfer und Spenden zum Dienste des Liber und der Libera geheiligt wurden.[140] Andere Liberalien wurden in Rom am 17. März mitten in der Zeit der Salierumzüge gefeiert, ein städtisches Fest, daher auch der bürgerliche Charakter überwog. Die gewöhnliche Opfergabe waren die sogenannten liba, d. h. Opferkuchen von far, Honig und Öl, wie sie auch sonst dem Liber dargebracht wurden, offenbar wegen des gleichen Klangs mit seinem Namen. Durch die ganze Stadt wurde dieses Gebäck an jenem Tage von betagten Priesterinnen, die sich mit Efeu bekränzten, feilgeboten, indem sie einen kleinen Opferherd zum Opfer für den Käufer gleich bei sich hatten[141]; um sich den Gebrauch zu erklären, behauptete man, daß Liber die Libationen und den Honig und dessen richtigen Gebrauch erfunden und daher wohl gar seinen Namen bekommen habe. Ferner pflegte an diesem Feste den mannhaft gewordenen Jünglingen die sogenannte toga libera gegeben zu werden, wo also Liber wieder der Gott der Freiheit und des ungehinderten Lebensgenusses ist.[142] Eigene Spiele wurden an diesem Tage keineswegs aufgeführt, sondern es sind, wenn von ludi Liberales die Rede ist, die der Ceres im April zu verstehen, welche zugleich den engverbundnen beiden anderen Göttern, dem Liber und der Libera galten.[143] Natürlich hat sich von allen diesen Festen das ländliche Fest der Weinlese am längsten erhalten. Noch in den letzten Zeiten des Heidentums, ja als schon das Christentum zur alleinigen Herrschaft gelangt war, ließ es sich der Landmann so wenig in Italien als in Griechenland nehmen, an diesen fröhlichen Tagen der alten Götter zu gedenken und die alten volkstümlichen Lustbarkeiten so gut es ging zu wiederholen.

8. Die Große Mutter vom Ida

Schon hatte die Aeneassage mit ihrer Heimat am Ida und in dem benachbarten Phrygien die Römer längere Zeit gewöhnt, diese Gegenden für ihre Verwandtschaft zu halten, als im zweiten punischen Kriege, der Zeit außerordentlicher Prüfungen und außerordentlicher Siege, die sibyllinischen Bücher, als wieder einmal bedenkliche Prodigien zu sühnen waren, auch den wichtigsten und alteinheimischen Gottesdienst jenes Ländergebiets nach Rom zu verpflanzen rieten (Liv. XXIX, 10 ff.). Man hatte in diesen Büchern den Spruch gefunden, wenn einmal ein ausländischer Feind in Italien eingefallen sein sollte, so würde dieser besiegt und vertrieben werden können, sobald die idäische Mutter von Pessinus nach Rom gebracht sein werde, ein Rat, welcher um so mehr Sensation machte, da gleichzeitig aus Delphi ein Spruch der Pythia mit der Verheißung eines noch glänzenderen Sieges eingegangen war. Es war nämlich die Zeit, wo Hasdrubal bei Sena geschlagen worden war (207 v. Chr.) und alle Welt sich mit dem Anschlag eines Angriffs in Afrika beschäftigte, den P. Scipio eben damals, im dreizehnten Jahre des Krieges vorbereitete. In Asien hatte Rom zwar noch keinen Bundesgenossen, aber dafür an Attalus einen sehr ergebenen Freund, dessen eigenes Interesse ihn eng mit Rom verband. Sein Reich erstreckte sich von Mysien bis nach Phrygien, wo er die keltischen Galater bezwungen und sich gegen die Seleukiden behauptet hatte; daher Pessinus und seine Heiligtümer, die alte Metropole des weit und breit berühmten Dienstes der Großen Mutter, für deren würdige Ausstattung Attalus nach langer Vernachlässigung gesorgt hatte[144], nur durch ihn zugänglich war. Also wurde im J. 205 eine stattliche Gesandtschaft an ihn geschickt, welche unterwegs in Delphi noch einmal eine günstige Auskunft und die Anweisung bekam, wenn sie die Göttin bis Rom gebracht hätte, sollte sie dafür sorgen, daß „der beste Mann in Rom" ihr Wirt werde. Die Gesandten wurden in Pergamum sehr freundlich aufgenommen und von dem Könige selbst nach Pessinus geleitet, wo er ihnen wirklich den heiligen Stein, welcher bei den Eingebornen für die Große Mutter galt, aushändigte und mit sich nach Rom zu nehmen erlaubte. Es war, so beschreiben ihn spätere Schriftsteller, ein nicht großer Stein, den man ohne Beschwerde in der Hand tragen konnte, von dunkler Farbe und eckiger Oberfläche, der in Rom leicht zu sehen war, da er hier in seiner natürlichen Gestalt, doch in Silber gefaßt, das Gesicht des Idols bildete[145]: also wahrscheinlich ein Meteorstein wie der angeblich von Kronos ausgespiene, von dem schon bei Hesiod die Rede ist. Kaum hatten die Römer dieses Heiligtum in ihrer Gewalt, so eilte einer der Gesandten voraus mit der glücklichen Botschaft und dem Auftrage, jenen „besten Mann" ausfindig zu machen. Im nächsten Jahre, 204, demselben, wo Scipio wirklich von Sizilien nach Afrika übersetzte, gelangte der Transport zur See bis Tarracina. P. Scipio mit dem Beinamen Nasica, ein Sohn des in Spanien gefallnen Cn. Scipio und Vetter des Scipio, auf welchen eben alle Augen gerichtet waren, ein junger Mann, der noch nicht einmal die Quästur bekleidet hatte, war inzwischen vom Senate für den besten Bürger erklärt worden. Also ging dieser mit allen Matronen der Göttin bis Ostia entgegen, nahm den Stein bei der äußern Reede, da das Schiff bei dem damaligen Zustande der Tibermündung nicht weiter gelangen konnte, in Empfang und brachte ihn ans Ufer[146], worauf ihn die ersten Matronen der Stadt, unter ihnen Claudia Quinta (deren bis dahin bedenklicher Ruf durch die Teilnahme an diesem Dienste für immer gereinigt wurde), in ihren Händen hinauf bis nach Rom trugen, eine nach der anderen eintretend. Die ganze Stadt kam ihnen entgegen und in allen Straßen, durch welche der Zug ging, waren Räucherbecken vor die Türen gesetzt, auf denen der Weihrauch dampfte; und überall betete man, daß die hehre Göttin die Stadt in Huld und Gnade betreten wolle. Und wirklich wurde so viel Glaube durch die Ereignisse gerechtfertigt[147]: die Erde trug gleich in dem Jahre der Ankunft eine reichere Ernte als in den letzten zehn, und Hannibal mußte bald darauf (203) Italien räumen, worauf er im folgenden Jahre bei Zama geschlagen und der Krieg mit Philipp von Macedonien gleichfalls nach wenigen Jahren durch den Sieg bei Kynoskephalä beendigt wurde. So ist diese Ankunft der Großen Mutter vom Ida, wie sie gewöhnlich heißt (Magna Mater Idaea), gleichsam ein Markstein zwischen zwei verschiedenen Epochen, indem Rom und sein Gottesdienst sich von jetzt an immer mehr an das Ausland und den hellenisierten Osten verlor, wie dieser phrygische Gottesdienst mit seinem ausländischen Wesen und seinem abergläubischen Anhange schon selbst entschieden zu der Klasse asiatischer Religionen gehörte, die von nun an immer eifriger nach Rom drängten. In Rom erfreute er sich vorzüglich bei der Nobilität eines sehr ergebenen Anhangs, daher auch der Kultus gleich mit besonderm Pompe eingerichtet wurde. Zunächst gab es einen allgemeinen Festtag am 12. April, an welchem Tage der Stein auf das Palatium gelangte und dort vorläufig in dem Tempel der alten Palatinischen Victoria untergebracht wurde. Von allen Seiten wurden fromme Gaben gespendet; auch wurden ein Lectisternium und Spiele veranstaltet, welche man nach dem Vorgange der Griechen und des Gottesdienstes in Pergamum Megalesien (von μεγάλη μήτηρ) nannte[148]. Zugleich wurde noch in demselben Jahre 204 der Bau eines eigenen Tempels in Angriff genommen (Liv. XXIX, 37) und zehn Jahre darauf die Einrichtung getroffen, daß die Megalesien auch durch szenische Spiele gefeiert werden sollten, welche eben damals durch Plautus, Ennius und andere Dichter alle Gebildeten immer mehr anzogen. Die curulischen Aedilen, welche diese Spiele veranstalteten, waren dieselben, welche bei den Römischen Spielen im September desselben Jahres dem Senate zuerst, und zwar auf Veranlassung des Scipio, des Siegers über Hannibal, abgesonderte Plätze anwiesen: ein Ereignis, welches in der Geschichte der römischen Stände Epoche machte und von weniger genauen Schriftstellern auf die Megalesien übertragen wird.[149] Endlich im J. 191 erfolgte die Einweihung des Tempels, natürlich wieder mit Spielen, auch mit szenischen, bei denen unter anderen Stücken der Pseudolus des Plautus zur Aufführung kam.[150] Der Tempel lag nicht weit von dem des Palatinischen Apollo und wurde, wiederholt abgebrannt, wiederholt hergestellt, u. a. von Augustus.

Dieses ist der einfachere Bericht des Livius; dahingegen die Erzählung bei späteren Schriftstellern, namentlich bei Ovid F. IV, 247 schon ganz in dem Charakter der Legende auftritt. Die Göttermutter erscheint hier als eine dem Aeneas und durch ihn der römischen Nobilität sehr nahestehende Göttin, welche beinahe schon mit dem Aeneas nach Rom gekommen wäre; da es aber damals noch nicht an der Zeit war, hat sie ihm wenigstens von ihren heiligen Fichten zum Bau seiner Schiffe überlassen und dieselben dadurch vor jedem Unfall gesichert (Virg. Aen. IX, 80 ff.). Hernach als die Römer kommen, um „die Mutter" zu holen, weigert sich zwar Attalus, das Bild herzugeben, aber die Erde erbebt und aus dem Heiligtum ertönt eine Stimme, die Göttin selbst habe es so gefügt und Rom sei würdig, alle Götter in seinen Mauern zu versammeln. Also wird wieder ein Schiff aus den heiligen Fichten gezimmert, diesmal um die große Göttin selbst „nach Rom" zu tragen. Als dieses Schiff bei Ostia anlangt, eilt alles Volk, die Ritter, der Senat ihm entgegen, auch die Frauen und Jungfrauen, unter ihnen die Vestalinnen. Man beginnt das Schiff stromaufwärts zu ziehn; da bleibt es in der Mündung stecken und keine Gewalt vermag es von der Stelle zu bringen. Nun tritt Claudia Quinta hervor, so schön als adlig, doch war sie wegen der zierlichen Wahl ihres Anzugs und ihrer freien Zunge ins Gerede der Leute gekommen. Sie betet vor allem Volk, daß die Göttin ihr folgen möge, so wahr sie keuschen Sinnes sei, und zieht dann mit leichtem Ruck das Schiff von der Stelle: ein oft beschriebener Vorfall, welcher mit der Zeit sogar auf die Bühne kam und in Bildwerken verewigt wurde; ja die unheilige Claudia, ursprünglich eine vornehme Dame von üblem Ruf, ist darüber zur Vestalin und gar zu einer Heiligen geworden, zu welcher die Schiffer um Schutz für ihre von der Tibermündung bis zur Stadt durch mehr als eine Gefahr bedrohten Schiffe beteten.[151] Mit lautem Jubel wird jenes geweihte Schiff dann weiter gebracht bis zur Tiberkrümmung[152], wo man Nachtruhe hält. Am anderen Morgen wird geopfert und darauf das Schiff bekränzt und bis zu der Stelle gezogen, wo der Almo in den Tiber mündet. Da wäscht ein ehrwürdiger Priester die Göttin und ihre Heiligtümer mit dem Wasser des fortan zu ihrem Dienste geweihten Bachs, während ihre phrygischen Begleiter mit wildem Geheul und unter den grellen Tönen ihrer einheimischen Flöten sich den Rücken blutig geiseln. Wieder setzt sich der Zug in Bewegung, durch die p. Capena in die Stadt, Claudia voran, die Göttin folgt auf ihrem Wagen, der von allen Seiten mit Blumen überschüttet wird. Scipio Nasica empfängt sie nach dieser Erzählung erst in der Stadt.

Der Kultus dieser Göttin wurde im wesentlichen so eingerichtet, wie er sich in dem hellenistischen Zeitalter gestaltet hatte, nur daß man in Rom damals noch allen zu heftigen Fanatismus ausschloß und auch von der entsprechenden Mythologie in dem schwülstigen kleinasiatischen Geschmacke nichts wissen mochte. Den Gottesdienst besorgte ein Priester und eine Priesterin phrygischer Abkunft, welche mit ihrem Anhange, den verschnittenen Gallen[153], jährlich einen Umzug durch die Stadt hielten, wobei sie nach herkömmlicher Weise „für die Mutter" sammelten (μητραγυρτοῦντες) und kleine Bilder an der Brust hängen hatten, während das Gefolge zur phrygischen Flöte allerlei heilige Lieder „von der Mutter" (τὰ μητρῷα μέλη) sangen und dazu weidlich ihre Handpauken erschallen ließen. Den eingebornen Römern war jede Teilnahme an solchen Aufzügen mit der Flöte und in bunter Tracht und überhaupt an allem phrygischen Orgiasmus verboten; auch wurden alle heiligen Gesänge dieses Kultus nur in griechischer Sprache vorgetragen. Vollends die verschnittenen Bettelpriester blieben in Rom, wie früher in Athen, etwas Verächtliches, obschon sie mit ihrem Aberglauben an wundertätige Bilder, Amuletts, Reliquien, Sühnungen und Heilungen unter der schon sehr gemischten Stadtbevölkerung bald Anhang fanden.[154] Dahingegen für die vornehmen Römer die Hauptsache bei diesem Gottesdienste die sogenannten mutitationes und die Megalesischen Spiele waren. Jene waren Gastereien, mit welchen sich die Nobiles zum Andenken an den Heimatwechsel der Göttin gegenseitig bewirteten[155], wie die Plebejer dasselbe an den unmittelbar auf die Megalesien folgenden Cerealien zu tun pflegten. Gleich in dem Jahre ihrer Ankunft in Rom hatten sich für diesen Zweck eigene Sodalitäten gebildet, deren Teilnehmer auf gemeinschaftliche Kosten schmausten, anfangs einfach, aber bald wurden diese Tafelfreuden zu Ehren der Göttermutter so luxuriös, daß „die Häupter des Staats" sich nach einem Senatsbeschlusse vom J. 161 v. Chr. durch einen eigenen Eid vor den Konsuln verpflichten mußten, in dem Aufwande für diese Mahlzeiten nicht über ein gewisses Maß hinauszugehen.[156] Die Spiele, über welche der Prätor die Aufsicht führte[157], waren nach wie vor teils szenische, teils zirzensische und wurden nach den Kalendern vom 4. bis 10. April gefeiert, als die ersten im neuen Jahre mit um so lebhafterer Teilnahme. Am 10. feierte der Zirkus die große Mutter, welche deshalb auch unter den Circensischen Gottheiten die hervorragende Stelle einnahm, welche ihr nach den herkömmlichen Genealogien der Götterwelt vor allen übrigen Göttern zukam.[158]

SIEBENTER ABSCHNITT

Unterwelt und Totendienst

Die Vorstellungen von der Unterwelt scheinen wie bemerkt im alten Italien denen der ältesten Griechen sehr ähnlich gewesen zu sein. Die Erde ist zugleich der Schoß der Saaten und der Verstorbenen, daher der Glaube an Unsterblichkeit und der gesamte Totendienst sich vorzüglich in diesem Kreise, bei den Griechen in dem der chthonischen Götter entwickelt hat. In Italien sind es Tellus, Terra Mater, Ceres, Dis Pater u. a., welche deren Stelle vertreten; namentlich erscheint die Erdgöttin unter verschiedenen Gestalten als Mater Larum, d. h. als die Mutter aller guten Geister, darunter auch der Manen, d. h. der durch den Tod Verklärten, welche sich bei ihr befinden. Die poetische Ausmalung und Ausführung der Unterwelt mit ihren Flüssen, ihren Strafen und Beseeligungen, ist ganz die der griechischen Mythologie. Desto eigentümlicher waren in Rom die verschiedenen Gebräuche und Feste der Totenbestattung und der Alllerseelenfeier. Sie wurden um so sorgfältiger beobachtet und gehören um so mehr in unseren Kreis, weil nach dem allgemein verbreiteten Glauben der Alten solche Beobachtungen nicht bloß den Verstorbenen, sondern auch den unterirdischen Göttern galten, bei denen sich jene befinden: so daß der Zustand der Seelen bei diesen Göttern unter der Erde wesentlich davon abhängt, wie diese letzteren von den Angehörigen auf der Erde verehrt werden.

1. Die Unterwelt und ihre Götter

Auch hier glaubte man an männliche und weibliche Götter, von denen die männlichen, Orcus und Dis Pater, mehr als vollziehende Mächte des Todes und Könige des unterirdischen Reiches erscheinen, die weiblichen dagegen, Lara, Larunda, Mater Larum, Mania usw. als mütterliche Pflegerinnen. Dabei ist die populäre Vorstellung natürlich eine düstere, beängstigte, die Farbe dieser Götter die der dunklen Nacht, das ihnen Geheiligte an Laub und Tieren von gleicher Farbe und unfruchtbar[1], der Glaube an Geisterspuk und allerlei schreckliche Erscheinung hier am meisten ausgebildet. Indessen beweisen manche vereinzelte Reste alten Glaubens, z. B. die Gestalt der Acca Larentia und des Consus, auch die der Tellus und Ceres, sofern sie zugleich Acker- und Unterweltsgottheiten waren, daß auch hier die düstere Seite der Unterwelt keineswegs die einzige war, daß auch hier die Brust des Landmanns, wenn er seine Saaten bestellte, zugleich von langer Furcht und von tröstender Hoffnung bewegt wurde.

Von den beiden männlichen Todesgöttern scheint *Orcus* den populären Glauben am meisten beschäftigt zu haben; wenigstens wird er bei Dichtern und populären Veranlassungen weit häufiger genannt als Dis Pater[2], auch schließen sich die verschiedenen bildlichen Anschauungen, die man mit dem Gedanken an den Tod und die Macht des Todes zu verbinden pflegte, gewöhnlich an seinen Namen an. Derselbe soll früher Uragus gelautet haben, daher Verrius Flaccus den Namen von urgere ableitete[3], dagegen die neuere Etymologie bei Orcus gewöhnlich an das griechische ἕρκος in der Bedeutung eines Verschlusses denkt. Und allerdings dachte man sich auch in Rom das Reich des Todes wie einen solchen, und die berühmte „Pforte des Todes" ist wie bei den Griechen und auf so vielen Kunstdenkmälern, so auch oft genug im Munde der römischen Dichter und Schriftsteller.[4] Indessen findet sich daneben die Vorstellung von einer Schatzkammer des Orcus, in die er wie ein Schnitter seine Ernte einheimst[5], und es scheint wohl, als ob diese Anschauung, wie sie dem Bilderkreise der agrarischen Götter und der ländlichen Bevölkerung näher lag, so auch die ältere gewesen sei. Auch wird Orcus gleich dem griechischen Aides durchweg als der persönliche Todesgott gedacht, bald unter sanfteren, bald unter schrecklicheren Bildern. Bald erscheint er wie ein bewaffneter Streiter, der dem Sterbenden die tödliche Wunde beigebracht hat oder ihn schnellen Laufes von hinten ereilt und lähmt[6], bald wie einer, der in der Stille seinen Umgang hält und zuletzt überall eintritt[7], dann wieder wie einer, der dem Leichenzug vorangeht[8], oder wie ein nächtlicher Dämon mit seinen dunklen Fittichen dahinrauschend[9], oder wie der allgemeine Beruhiger, der alle Menschen endlich zur Ruhe bringt, in dem er sie in sein Reich der „Stillen" oder der „Schweigenden" einführt, wie man die Verstorbenen im populären Sprachgebrauche nicht selten nannte.[10] Mithin scheint Orcus für den eigentlichen vollziehenden Gott des Todes gegolten zu haben, *Dis Pater* oder Ditis Pater[11] dagegen für den Fürsten der Unterwelt im Sinne der griechischen Vorstellung, also auch für den Gemahl der Proserpina, die in den Grabschriften meist neben ihm genannt wird[12]; ja bis in die Anfänge des Christentums ziehen sich diese bald rührenden, bald schreckenden Bilder der griechischen Unterwelt hinüber, so sehr hatte sich die gemeine Vorstellung in sie eingelebt.[13] Der Name Dis Pater wird gewöhnlich erklärt wie Dives, so daß er dem griechischen Πλούτων entsprechen würde.[14]

Die Verstorbenen selbst heißen gewöhnlich *Manes*, d. h. die Reinen, die Lichten, die Guten.[15] Sie werden gedacht als Geister, d. h. des irdischen Leibes entkleidet und unsterblich wie die Götter, daher der sehr alte und auf den Grabinschriften so oft wiederholte Ausdruck *Divi* und *Dii Manes*. Der eigentliche Wohnsitz dieser Manen ist die tiefe Erde[16], aus welcher sie nur zu gewissen Jahreszeiten und bei nächtlicher Weile hervorkommen, um auf der Erde, immer im sublunarischen Kreise umherzuschweifen. Nicht selten wird der Ausdruck Dii Manes auch für die Unterwelt und das Reich der Geister überhaupt gebraucht, deren „Mutter", d. h. die Erde deshalb unter anderen Namen auch den der Mania führte. Ja, in dem Sprachgebrauch der Augurn heißen Manes überhaupt die Götter[17], wie die Grundbedeutung beider Wörter, Manes und Divi, in der Tat in dem Sinne der lichten Reinheit und der Güte übereinkommt.

Sehr bezeichnend ist für das Weitere die Vorstellung von dem sogenannten *mundus*, wie er namentlich bei der Anlage von neuen Städten auf einem öffentlichen Platze ausgegraben wurde, angeblich nach etruskischem Ritus.[18] Es ist eine tiefe Grube in der Form eines umgekehrten Himmels, deren unterer Teil den Dis Manibus, d. h. den Geistern der Verstorbenen und den Göttern der Unterwelt, dem Orcus, der Ceres, der Tellus usw. heilig war und durch einen eigenen Stein, den sogenannten lapis manalis, welcher für die Pforte der Unterwelt galt, verschlossen wurde.[19] Bei der Anlage von Städten wurde zuerst diese Grube gegraben und die Erstlinge von allerlei Feldfrüchten, auch von jedem Anwesenden eine Handvoll heimatlicher Erde hineingeworfen[20], offenbar um sich der Gunst dieser mächtigen Götter der Tiefe im Leben und im Tode zu versichern und sich auf diesem Boden ein für allemal festzusetzen. Dann wurden die Grenzen der Stadt wie im Kreise um diesen Mittelpunkt beschrieben, d. h. mit einer ehernen Pflugschar, vor welcher ein Stier und eine Kuh, beide von weißer Farbe, die Kuh nach innen, der Stier nach außen gespannt wurden, der sogenannte primigenius sulcus gezogen, wobei die hinter dem

Pflug gehenden Personen Sorge trugen, daß alle Schollen einwärts von der Furche zu liegen kamen. Diese so gezogene Ackerfurche ist das Pomoerium; wo ein Tor sein soll, wird die Pflugschar ausgenommen und der Pflug aufgehoben, daher die ganze Stadtgrenze, auch die Mauer, für heilig galt, nur nicht die Öffnung der Tore, durch welche so manches Unheilige und Unreine aus- und eingeht.[21] Mithin ist das ganze Geschäft wesentlich das eines Ackerbauers und die Göttin Erde, welche man dabei versöhnt, zugleich die Saaten emporsendet und die Toten bergende; daher auch die Tage, an denen der Mundus geöffnet wurde, nicht ohne Grund in die Zeit der Ernte und der neuen Aussaat fielen. Es geschah dieses nämlich dreimal im Jahre, am 24. August, d. h. in der Zeit der Ernte, da am 25. der Ops Consivia geopfert wurde, und am 5. Oktober und 8. November. Natürlich wurden diese Tage, wo das Geisterreich offen stand, so daß die Scharen der Schweigenden ungehindert aus- und einfahren konnten, für religiös gehalten: daher man sich an ihnen aller wichtigeren Geschäfte und Unternehmungen sowohl im Staate als in der Familie ängstlich enthielt, also keine Schlacht lieferte, kein Heer ausschrieb, nicht mit dem Heere ausrückte, keine Gemeindeversammlung hielt, nicht in See stach, nicht sein Weib heimführte usw.[22]

Die weiblichen Göttinnen der Unterwelt dürfen, obwohl sie unter verschiedenen Namen und Bildern vorkommen, doch sämtlich für Personifikationen der guten Mutter Erde gehalten werden. Namentlich gehört dahin die mit der Zeit zu einem Popanz der Volkskomödie gewordene *Mania*, deren ursprüngliche Bedeutung man daran erkennt, daß die Compitalien eigentlich ihr und den Laren gegolten haben und in ältester Zeit mit Menschenopfern gefeiert sein sollen, anstatt deren man später allerlei Puppen und Popanze vor den Türen des Hauses aufhing, die nun auch maniae oder maniolae genannt wurden.[23] Andere nannten Mania die Mutter oder Großmutter der Laren oder der Larven, welche letztere für ein böses Gespenst galt, mit welcher die Kindermädchen den Kindern drohten, denn gute Menschen, so glaubte man später, wurden zu Laren, böse aber zu bösartigen und in der Nacht rastlos umherschweifenden Larven und Manien, d. h. Gespenstern.[24] Andere wissen von dunklen und schwarzen, der Mania verwandten Göttinnen[25], welche *Furinae* oder *Furrinae* heißen und früher gleichfalls zu den angeseheneren Kultusgöttern gehört hatten, später aber meist verschollen waren. So gab es in Rom jenseits des Tiber gleich über der Holzbrücke einen Hain der Furina oder der Furinae, der in der Geschichte vom Tode des C. Gracchus genannt zu werden pflegt[26]; auch gab es einen eigenen flamen Furinalis und noch später in den Kalendern einen eigenen Tag der Furrinalia oder feriae Furrinae am 25. Juli. Doch wußten damals wenige von diesen auch auf dem Lande hin und wieder verehrten Göttinnen, die Cicero mit den Furien vergleicht, deren Name allerdings mit demselben Stamme fus und fur zusammenhängt, also eigentlich die Dunklen, die Finstern bedeutete[27]: der gerade Gegensatz zur Dea Dia, d. h. der Lichten, welche aber gleichfalls die Laren und die Mutter der Laren in ihrer Umgebung hat, so dicht drängten sich in diesem Kreise der Erdgottheiten auch im alten Italien die Gegensätze des Lichten und des Finstern, des Holden und des Unholden, des Geheuren und Ungeheuren. Die Diebe, d. h. die im Dunkel Schleichenden (fures, auch laverniones genannt) verehrten in Rom eine eigene Schutzgöttin, die *Laverna*, welche an der Via Salaria gleichfalls einen eigenen Hain hatte, ja es führte nach ihr sogar ein Tor den Namen der p. Lavernalis[28]: höchst wahrscheinlich dieselbe Göttin in einer anderen Gestalt, da der Name wohl mit dem der Laren und der Larven zusammenhängt, ihre Bedeutung aber als Göttin des Schweigens und der Verborgenheit genau dem Wesen der *Dea Muta* oder *Tacita* entspricht, welche ausdrücklich mit der *Lara* oder *Larunda* identifiziert wird. Der Sabinerkönig T. Tatius soll die Römer diese Göttin verehren gelehrt haben[29]; als Mater Larum galt sie speziell für die Mutter des an allen Kreuzwegen verehrten Paars der Lares compitales; als „Stumme“ und „Schweigende“ wurde sie noch zur Zeit des Ovid von abergläubischen Frauen und Mädchen bei der Totenfeier der Feralien angerufen. Natürlich heißt sie so in demselben Sinne wie die Manen taciti und silentes genannt wurden; doch suchte man ihren Namen später nach griechischer Weise durch eine Liebesgeschichte des Jupiter zu rechtfertigen. Sie sei eine Quellnymphe des römischen Tibertals gewesen, eine Tochter des Almo, ihr ursprünglicher Name Lala.[30] Als Jupiter die Juturna liebte und ihr nachstellte, warnt Lala die schöne Nymphe, obgleich Jupiter und der eigene Vater es ihr verboten hatten; ja sie geht zur Juno, um dort zu klatschen. Darum hat Jupiter ihr die Sprache genommen und sie durch Mercur zu den Manen führen lassen, da sei fortan ihre Stelle. Mercur aber gewann sie lieb und so ist sie von ihm die Mutter der Lares compitales geworden. Dahingegen andere Gestalten dieser alten Erd- und Manengöttin wieder recht deutlich ihr eigentliches Wesen ausdrücken, so namentlich die *Genita Mana*, welcher der auch den Laren heilige Hund geopfert wurde, mit einem Gebete, worin man dieser Göttin den Wunsch ans Herz legte, daß niemand aus der Familie „ein Guter“ werden, d. h. sterben möge.[31] Denn offenbar ist „der Gute“ hier zu verstehen wie manus, ein guter Geist, ein Seliger. Als eine Göttin über Leben und Tod, Geburt und Sterben, welche sehr an die Venus Libitina erinnert.

Manches Eigentümliche hatte auch in diese Beziehung der Glaube der Etrusker, obwohl er sich nicht wesentlich von dem bisher geschilderten Glauben des alten Italiens unterschieden zu haben scheint. Auch hier muß, da jener Ritus der Städtegründung so bestimmt von den Etruskern abgeleitet wird, der Kult der Erdgötter die allgemeine Wurzel der Vorstellungen von der Unterwelt gewesen sein. So scheint es auch zwei männliche Todesgötter gegeben zu haben, einen welcher dem römischen Dis Pater entsprach und bei den Etruskern Mantus hieß, welchem die Stadt Mantua und andere etruskische Städte geweiht waren[32], was also wieder auf den mundus und jene Gebräuche der Städtegründung zurückführt. Der andere entspricht als furchtbarer Todesgott dem lateinischen Orcus, nur daß dieser bei den Etruskern gewöhnlich mit dem griechischen Namen Charun genannte wurde, nach dem Χάρων in der Praxis des attischen Theaters aus dem bekannten Fuhrmann zu einer populären Schreckgestalt des Todes überhaupt geworden war.[33] Auch dieser in den etruskischen Gräbern und auf ihren Grabkisten sehr gewöhnliche Charun scheint indessen nicht bloß ein Dämon des Todes, sondern auch des schaffenden Lebens gewesen zu sein[34], obwohl für gewöhnlich allerdings die Idee des furchtbaren Todesgottes überwiegt, des gewaltsamen, alle Bande des Blutes und der Liebe zerreißenden, keine Jugend, keine Schönheit schonenden, alles gewaltsam niederschlagenden Todes, wie sich diesen die Phantasie des Volkes auch sonst am liebsten vorstellt. Es ist eine gräuliche, wilde Gestalt von halbtierischen Aussehen, immer mit einem gewaltigen Hammer bewaffnet, mit dem er seine Beute trifft, bisweilen auch noch mit einem Schwert. Bald sieht man ihn vor der Pforte der Unterwelt sitzen, bald aus derselben hervortreten, oder er ist mit anderen Genien des Todes beschäftigt, liebende Paare, die sich zum letzten Mal die Hände reichen, zu trennen. Auf anderen Denkmälern führt er den Toten zur Unterwelt, wobei der Tote gewöhnlich beritten ist, auf anderen sieht man ihn mit anderen Dämonen des blutigen Todes mitten unter den Streitenden eines Schlachtfeldes oder einer Mordtat. Oder er ist einer der höllischen Plagegeister in der Unterwelt, wie die Phantasie der Etrusker überhaupt an solchen Bildern infernalischer Plage reich war, obwohl auch in Rom daran kein Mangel war.[35] Überhaupt lehren uns die etruskischen Grabgemälde und die Skulpturen ihrer Totenkisten außer dem Charun noch verschiedene andere Genien des Todes, männliche und weibliche kennen. Bald in der Gestalt der griechischen Erinyen, bald in der geflügelter Schicksalsgottheiten, bald sind es lichte und schöne, bald finstere und häßliche Gestalten.[36] Der Todesgott mit dem Hammer pflegte später zu Rom unter den Masken und mimenartigen Zwischenspielen der blutigen Arena des Amphitheaters aufzutreten.[37]

Sehr bedeutend war auch hier der Einfluß der griechischen Mythologie sowohl auf die Etrusker als auf die Römer. So ist der Acheron auch in Italien in solchem Umfange zu einem Symbole für alle Ahndungen und Schrecknisse der Unterwelt geworden, daß die Etrusker sogar ihre priesterliche Literatur, so weit sie sich auf die Seelen der Verstorbenen und allen dahin gehörigen Gottesdienst und Zauber bezog, einen eigenen Abschnitt der von dem Wunderknaben Tages inspirierten Aufzeichnungen, nach dem Acheron benannten.[38] Ohne Zweifel hat auch hier außer dem Epos vorzüglich der Gottesdienst von Cumae eingewirkt, dessen alter, durch die Sage vom Odysseus bekannter Totendienst und das damit verbundene Totenorakel am 1. Avernus durch ganz Italien berühmt war und trotz der Lichtungen, welche Agrippina in dem umgebenden Walde vorgenommen hatte[39], bis zu den letzten Zeiten des Heidentums andauerte. Von den römischen Dichtern hatte zuerst Ennius zugleich von der Seelenwanderung und in der Weise Homers von den Verstorbenen und der Unterwelt gedichtet (Lucret. I, 115 ff.). Später hat Virgil seiner Aeneis nach dem Vorbilde älterer Nekyien und nach Anleitung des Cumanischen Totendienstes jenes schöne und sinnige Gemälde einverleibt, welches sowohl wegen seiner Eigentümlichkeit als wegen seines die spätere Vorstellung bis Dante beherrschenden Einflusses vorzüglich zu beachten ist. Aeneas ist in Cumae, um die dortige Sibylle, eine Dienerin des Apollo und der Artemis, welche in dieser Zeit allgemein mit der Hekate identifiziert wurde, wegen seiner Zukunft zu befragen. Er bittet, da der Eingang in die Unterwelt in der Nähe sei, noch einmal seinen Vater sehen zu dürfen, und die Sybille unterrichtet ihn willig wie er dahin gelangen könne. In dem Haine der stygischen Juno, d. h. in der den Averner See umgebenden, der Proserpina geheiligten Waldung stehe tief verborgen ein Baum mit einem goldenen Zweige, der erst gebrochen sein will (ist er gebrochen, so treibt der Baum alsbald einen gleichen Zweig), ehe der Weg in das Reich der Schatten sich öffnet.[40] Auch müsse Aeneas zuvor für die Bestattung seines jüngst verunglückten Gefährten Misenus sorgen. Als die Trojaner beschäftigt sind, im nahen Walde das Holz zum Scheiterhaufen zu fällen, kommen zwei Tauben geflogen, die Boten seiner Mutter Venus. Sie führen ihn durch den Wald bis an den Avernus, wo sie sich auf jenem Wunderbaume niederlassen. Aeneas bricht den Zweig und reicht ihn seiner Führerin, der Sibylle, worauf beide in einer finsteren Höhle am See der Hekate und den Unterirdischen ein Opfer bringen, derselben Höhle, aus welcher die für alle über den See hinfliegenden Vögel tödliche Dünste hervordrangen und welche nach dem Glauben des Volks für einen Eingang in die Unterwelt galt. Kaum ist das Opfer gebracht, es war gegen Sonnenuntergang, da dröhnt es in der Tiefe, rauscht es im Walde, heulen die Hunde, denn Hekate naht: worauf die Sibylle sich mit einem Zweige in die Höhle stürzt, Aeneas ihr nach mit gezücktem Schwerte.[41] Zuerst führt sie der Weg wie durch einen dunklen Wald, durch den der Mond bei bewölktem Himmel ein unsicheres Zwielicht wirft. Dann kommen sie an die Schwelle des Orcus, wo die Trauer und die Sorge wohnt, Krankheiten und Alter, Furcht und Hunger, Schlaf und Tod, auch der Krieg und die Zwietracht und die Furien haben dort ihre Kammern und die Träume hocken auf einer uralten Ulme; auch lagern hier alle mythischen Ungetüme, Centauren und Scyllen, der schreckliche Briareus und die lernäische Schlange, die feuerspeiende Chimäre, die Gorgonen und Harpyien und Geryon mit seinen drei Leibern. Darauf gelangen sie an den Acheron, der in den Cocytus fließt, wo Charon mit seinem Nachen schaltet, schrecklich und gräulich anzusehen, mit dickem Barte und stechenden Glutaugen. Zu ihm strömen alle Schatten, wie wenn die Blätter des Waldes beim ersten Frost von den Bäumen fallen, oder wie sich die Zugvögel sammeln, wenn sie vor dem Winter in den wärmeren Süden eilen. Alle bitten um die Überfahrt, doch können nur die hinüber und damit zur Ruhe gelangen, welche, wie es die Religion verlangt, bestattet und begraben sind. Die Armen, welchen dieser letzte Dienst nicht geworden: hundert Jahre schweben sie umher an dem Ufer, bis sie endlich zugelassen werden! Sobald Charon die beiden übergesetzt hat, treffen sie zunächst auf den Cerberus; dann begegnen ihnen die wimmernden Seelen der in der ersten Lebensknospe gestorbenen Kinder, darauf die Selbstmörder, die sich nun vergeblich in das Leben zurücksehnen. Nicht weit davon dehnen sich die „traurigen Felder", wo die in unglücklicher Liebe Verstorbenen auf heimlichen Pfaden unter Myrtengebüsch umherirren, immer noch den Pfeil der Liebe im Herzen. Endlich kommen sie an die Grenzen des Bezirks, wo die im Kriege gefallenen Helden weilen, die des tebanischen und troischen Kriegs. Die Sibylle treibt zur Eile, denn schon meldet Aurora das kommende Licht des neuen Morgens. Da gelangen sie an den Scheideweg von Hölle und Elysium. Rechts liegt die alte Wohnung des Pluton und der Proserpina, bei denen die Seligen wohnen, links geht es hinab zur Hölle und zu dem tiefen Abgrunde des Tartarus. Einen Blick hinab wirft Aeneas, und er sieht in der Tiefe eine mit dreifacher Mauer umgebene, von dem glühenden und kochenden Strom des Phlegethon umkreiste, am Tor von der Tisiphone bewachte Burg, aus welcher ewiges Heulen und schallendes Gerassel von Ketten und Geißeln hinauf tönt. Die Sibylle weiß es von ihrer Herrin, daß Rhadamantus dort gebietet. Der foltert die schuldigen Seelen so lange, bis sie gestehen; dann werden sie eine Beute der Furien und es öffnen sich die Pforten der Hölle, aus welchem kein Entkommen möglich ist. Drinnen haust Scylla mit fünfzig Schlünden; nach unten dehnt sich der Abgrund zweimal so tief wie der Himmel nach oben. Da wälzen sich auf dem tiefsten Grunde der ewigen Finsternis die Titanen: auch die Aloiden büßen dort ihren Frevelmut und der freche Salmoneus und die beiden Lapithen, Ixion und Peirithoos: mit ihnen die, welche ihre Brüder gehaßt, ihren Vater geschlagen, gegen ihre Klienten falsch Zeugnis abgelegt haben, auch die Geizigen, welche nur für sich gesammelt haben, die im Ehebruch Gestorbenen und alle Verräter am Vaterland und an der heiligen Treue. Schaudernd eilt Aeneas mit seiner Führerin weiter, einen schattigen Weg durch den Hain der Proserpina, bis sie an die Götterburg der Unterirdischen gelangen. Aeneas betritt die Schwelle, besprengt sie mit frischem Wasser, heftet den goldenen Zweig an den Türpfosten und folgt der Sibylle weiter in die Gefilde der Seligen. Welche himmlische Schönheit und Anmut empfängt sie dort, welch liebliches Grün, ein im reinsten Licht strahlender Himmel, ewiger Sonnenschein und unvergänglicher Frühling. Einige üben ihre Glieder, andere tanzen im Reigen. Orpheus, der thrakische Priester, spielt auf seiner Laute und singt die süßesten Lieder. Aeneas trifft dort die Heroen seines Stammes, den Ilus, Assaracus und Dardanus. Er bewundert das Geschirr der Helden, ihre Waffen, ihre Rosse: lauter Schattengebilde, aber dieselbe Lust, die sie früher im Leben gewährten. Andere lagern im Grase und schmausen und singen den Päan im duftenden Lobeerhaine, an der Quelle des silbernen Bachs, der so schön durch den Wald rauscht: ein herrliches Land mit üppigen Tälern, schimmernden Strömen, duftenden Hainen, ragenden Bergen, die ihre Scheitel in eine ewige heitere Luft emporstrecken. Hier weilen die, welche fürs Vaterland gefallen sind, die reinen Priester und Sänger, die, welche sich durch ihre Erfindungen, ihre Taten um die Menschheit verdient gemacht haben. Sie sammeln sich um die Angekommenen,

Musäus unter ihnen, eines Hauptes länger als alle übrigen.[42] Dieser führt sie über eine Höhe in einen blühenden Talgrund, wo Anchises den Scharen der Seelen zusieht, welche vom Quell der Lethe trinken und dann von neuem auf die Oberwelt zurückkehren. Als Vater und Sohn sich am Entzücken des Wiedersehens gesättigt hatten, erklärt Anchises dem Sohn die Wiedergeburt der Seelen. Derselbe Weltgeist, welcher Himmel und die Gestirne und alle Materie beseelt, ist auch die Ursache des Lebens für Menschen und Vieh, Vögel und Fische. Eine feurige Kraft von himmlischen Ursprung, welche aber durch den Stoff des Leibes gedämpft und geschwächt wird: daher die Begierden, die Furcht, die Sorge, die Lust, das blinde Verlangen der verhafteten und verfinsterten Seele. Auch mit dem Tode löst sich dies verhängnisvolle Band nicht völlig, sondern es ist eine dauernde Reinigung nach dem Tode nötig, damit der eingewurzelte Schaden gehoben werde. Daher werden einige für ihre Sünden gepeinigt, andere durch scharfe Luft, jähen Sturz ins Wasser oder durch Feuer gereinigt, worauf sie geläutert ins Elysium geschickt werden: bis der Geist seine volle Reinheit und Klarheit wiedergewonnen hat und nach dem Trunk der Lethe von neuem in das körperliche Leben zurückkehren kann. Noch zeigt Anchises dem Sohne die glorreiche Reihe der Aeneaden und Roms Zukunft bis August, und endlich kehren die Lebenden durch eins der beiden Tore des Traums wieder in das Leben zurück.

Bei den späteren römischen Dichtern ist hier wie in allen Stücken der Einfluß Virgils wohl zu bemerken, aber mehr in der äußerlichen Einkleidung der Bilder als in dem tieferen Zuge der Ahndung und des Gemüts, welcher jene Dichtung beseelt. Auch haben diese jüngeren Dichter zu viel Lust an dem Gräßlichen und Abenteuerlichen; das mehr und mehr in finsteren Aberglauben erstarrende Heidentum brachte es so mit sich.[43] Merkwürdig ist bei Lucan und Statius die Hinweisung auf einen Obersten der Teufel, der im tiefsten Abgrunde des Tartarus hausend alle übrigen Mächte der Unterwelt beherrscht: wahrscheinlich ein Bild des Orients, wenigstens glauben die Ausleger darin den aus der Bibel bekannten Beelzebub zu erkennen.[44]

2. Die Devotion

Die furchtbare Seite der Unterwelt tritt am meisten in dem altertümlichen Gebrauche der devotio hervor. Diese ist eine eigentümliche Art von Votum, d. h. an die unterirdischen Götter gerichtet und ein Gelübde auf den Tod und gänzlichen Verderben der Feinde, in dem man durch gewisse Opfer und Zeremonien die Mächte der Unterwelt gegen diese zu erregen glaubte. In gewissen Fällen ist sie mit stellvertretender Selbstaufopferung verbunden, wenn nämlich ein großes Unheil für eine Stadt, ein Heer, ein Land usw. zu befürchten war und ein Bürger oder der Feldherr den grollenden Zorn der Götter dadurch auf sich lud, daß er sich den Unterirdischen für alle preisgab. In Rom knüpfte sich eine solche Erinnerung an den I. Curtius auf dem Forum, welcher seinen Namen nach einigen von dem Sabiner Mettus Curtius bekommen hatte, welcher durch seinen Sturz in dieses Wasser den Sieg des T. Tatius entschieden habe, nach anderen von einem edlen Römer M. Curtius.[45] Ein gräßlicher, unergründlicher Schlund öffnet sich mitten auf dem Forum, der nicht ausgefüllt werden kann, es sei denn, daß das römische Volk sein Bestes hineinwerfe. Da stürzt sich M. Curtius, der beste Krieger seiner Zeit, in voller Waffenrüstung hinein, nachdem er sich vorher devoviert und dabei feierlich zu den Göttern der Ober- und der Unterwelt gefleht hatte. Hinter ihm schüttet das Volk fromme Gaben und Feldfrüchte in den Abgrund, der sich über dem Helden schließt: eine Erzählung, welche sehr an jenen Mundus auf dem Comitium erinnert. Ein anderer Fall der Art ist die Devotion der

Alten nach der Schlacht an der Allia, ein dritter und der bekannteste die Devotion der beiden Decier, des Vaters und des Sohnes, in den verhängnisvollen Kriegen mit den Latinern und Samnitern.[46] Eine nächtliche Erscheinung sagt es den römischen Konsuln, daß die Unterwelt, wenn sich einer der beiden Feldherrn devoviere, das ganze Lager der Feinde dem Untergang preisgegeben werde. Am anderen Morgen kommt es zur Schlacht, der Flügel des Decius weicht, also ruft er den Pontifex herbei, um sich und die Scharen der Feinde der Unterwelt weihen zu lassen. Der Pontifex heißt ihn die Prätexta anlegen (das Feierkleid aller sakralen Gelegenheiten), den Kopf verhüllen, die Hand unter der Toga ans Kinn legen, sich mit den Füßen auf einen Speer stellen und so die Devotionsformel nachsprechen: „Janus, Jupiter, Vater Mars, Quirinus, Bellona, ihr Laren, Novensilen, Indigeten, ihr Götter, die ihr über uns und über die Feinde Macht habt und alle guten Geister (Diique Manes), ich rufe euch, ehre euch, bete zu euch um Gunst und Gnade, daß ihr der römischen Quiritengemeinde Kraft und Sieg verleihen, die Feinde aber der römischen Quiritengemeinde mit Furcht, Schrecken und Tod schlagen wollt. Wie ich es mit Worten gesagt, so weihe ich für das gemeine Wesen der Quiriten, das Heer, die Legionen und Hilfsvölker der Quiritengemeinde, die Legionen und Hilfsvölker der Feinde mit mir allen guten Geistern und der Erde (Diis Manibus Tellurique)." Darauf gürtet er sich mit dem Gabinischen Gurt, springt in voller Rüstung aufs Pferd und jagt mitten hinein in die feindlichen Heerscharen. Es war, als ob ein wilder Geist des Schreckens vor ihm hergehe, als ob er die Feinde mit sich in die Unterwelt hinabziehe. Wie er sank, wie er stürzte, ergossen sie sich in wilder Flucht über das Blachfeld; man fand seinen Leichnam erst am folgenden Tage, so dicht waren die feindlichen Leichen und Speere über ihn aufgeschüttet. Livius setzte zur Erläuterung des Gebrauches hinzu, daß der Oberfeldherr, wenn er die Legionen der Feinde devoviere, nicht immer sich selbst zu devovieren brauche, sondern daß auch jeder andere römische Bürger und Legionssoldat seine Stelle vertreten könne. In dem Falle, daß der Devovierte nicht selbst umkomme, müsse ein wenigstens sieben Fuß hohes Bild von ihm in der Erde begraben und darüber ein blutiges Sühnopfer gebracht werden; wo ein solches Bild begraben sei, dürfe kein römischer Magistrat seinen Fuß hinsetzen. Wenn ein Oberfeldherr sich devoviere und nicht wie Decius wirklich den Tod leide, so könne derselbe ferner keine gottesdienstlichen Handlung begehen, weder in seinem eigenen noch in des Staates Namen. Bei der Devotion tue er gut, seine Waffen dem Vulcan oder sonst einem Gotte zu weihen. Der Speer, auf welchem er bei der Devotionsformel gestanden, dürfe nicht in die Hände des Feindes kommen; geschehe es, so müsse Mars mit Suovetaurilien gesühnt werden. So sehr war auch hier die Zeremonie ins Einzelne ausgebildet, ein sicherer Beweis, daß solche Devotionen in dem älteren Italien bei dem blutigen Wechsel der Schlachten unter so vielen streitbaren Völkern, nichts Seltenes waren. Auch liegt etwas ähnliches in solchen Fällen zu Grunde, wo ganze Scharen sich dem Tode weihen, wie bei einem Ausfall der Etrusker aus Fidenä, wo eine Schar sich mit brennenden Fackeln und in wilder Begeisterung wie Furien auf die Römer stürzt[47], desgleichen bei der oben besprochenen Vereidigung ganzer Scharen zum Kampfe auf Leben und Tod. Ja es pflegten auch belagerte Städte auf ähnliche Weise devoviert zu werden, nach dem ihre Götter zuvor evoziert worden waren, gleichfalls mit einem bestimmten Ritus, von welchem uns aber nur die Devotionsformel bekannt ist, welche sich der Evocationsformel unmittelbar anschloß und gleichfalls mit der Berufung sowohl der Mutter Erde als des Jupiter endete.[48] So wird auch die in den römischen Annalen wiederholt erwähnte Zeremonie der lebendigen Vergrabung eines Mannes und einer Frau von ausländischem Herkommen auf einer gewissen Stelle des Forum Boarium am besten als Devotion aufzufassen sein, in dem aller Wahrscheinlichkeit nach dieses Paar, der Grieche und die Griechin, der Kelte und die Keltin usw. stellvertretend die ganze Nation bedeuten, also diese devoviert werden sollte.[49] Ja diese Art von Verfluchungen und Verzauberungen (devotiones und defixiones), wodurch man sich im öffentlichen und im privaten Leben seiner Feinde oder selbst der Angehörigen zu entledigen suchte, wurde mit der Zeit immer häufiger, vorzüglich unter den bösen Kaisern, einem Tiberius und einem Nero, wo der wildeste Aberglaube und die schmählichste Angeberei miteinander wetteiferten.[50]

3. Die Ludi Tarentini und Seculares

Bei anderen Gelegenheiten erscheinen die Unterweltsgötter von der entgegengesetzten Seite einer heilenden und verjüngenden Kraft, wie die Mutter Erde, Consus und Saturnus zugleich segnende Götter sind und der Unterwelt angehören. So vorzüglich in den merkwürdigen Überlieferungen von einem alten Altare der Unterirdischen im Terentum, einer am Tiber gelegenen Strecke des Marsfeldes, an welchem sich später die Stiftung der Secularspiele anlehnte. Der Name Terentum oder Tarentum hängt wahrscheinlich mit dem sabinischen Worte terenum d. i. molle zusammen, so daß er ein weiches Uferland, eine Marsch bedeuten würde.[51] In den Überlieferungen der Secularspiele wird immer hervorgehoben, daß dort einmal ein Feuer oder ein feuriger Dampf aus der Erde aufgestiegen sei, daher dieser Teil des Marsfeldes auch das feurige (campus ignifer) genannt wird.[52] Man schreibt diese Wirkung den unterirdischen Göttern zu und stiftete ihnen deshalb einen Altar, welcher sich wie der des Consus in der tiefen Erde befand und nach der späteren Legende schon in dem Kriege zwischen Rom und Alba Longa gestiftet worden wäre. In diesem sei den Römern ein in schwarzen Fellen gehüllter Mann von schrecklichem Aussehen erschienen, welcher vor der Schlacht ein Opfer für die Unterwelt gefordert habe; eine Überlieferung, welche zugleich an den Gebrauch der Devotion und an den feuerspeienden Cacus, welcher wohl auch nur eine Erscheinung des Gottes der Unterwelt ist, so wie an den Orcus der romantischen Märchen erinnert, in welchen jener alte Todesgott gleichfalls wie ein schwarzes, behaartes und riesiges Ungetüm geschildert wird.[53] Damals also sollen die Römer jenen Altar gestiftet, denselben aber nach dem Opfer wieder zugeschüttet haben, bis er bei einer außerordentlichen Veranlassung, wo dieselben Götter der Tiefe sich als heilende zu erkennen gaben, von neuem aufgefunden wurde. Bei einer schweren Seuche, welche Rom und die Umgebung verheerte, erkrankten dem Valesius, einem reichen Bauer in der Gegend des sabinischen Fleckens Eretum am oberen Tiber, seine Kinder, zwei Söhne und eine Tochter, dergestalt, daß man an ihrem Leben verzweifelte. Der Vater geht an den Herd, um warmes Wasser für die Fiebernden zu holen, da fällt er in seiner Verzweiflung nieder vor den Laren des Hauses und bietet sein Leben für das der Kinder. Alsbald ertönt eine Stimme, die Kranken würden genesen, wenn er sie auf dem Tiber nach Tarent bringe und dort mit warmen Wasser vom Herde des Dis Pater und der Proserpina erquicke. Valesius denkt an die Stadt Tarent, trägt die Kinder in einen Kahn und schifft stromabwärts, bis ihn die Nacht am Marsfelde zu landen nötigt. Die Kleinen liegen wieder im Fieber und leiden Durst; da er im Schiffe kein Wasser wärmen kann, hört er von dem Schiffer, daß in der Nähe ein Rauch aufsteige, an einem Orte, den man Tarentum nenne. Er erkennt seinen Irrtum, schöpft Wasser aus dem Flusse, wärmt dieses an jener Stelle und bringt es den Kindern, welche darauf in einen tiefen Schlaf fallen und genesen. Als sie erwachen, erzählen sie dem Vater, sie hätten im Traume gesehen, wie ihnen ein unbekannter Gott mit einem Schwamme den Körper abgewaschen habe; derselbe habe gefordert, daß bei dem Altare des Dis und der

Proserpina, woher ihnen der heilende Trunk gekommen sei, dunkle Opfertiere geopfert und nächtliche Lectisternien und Spiele gehalten werden sollten. Der Vater läßt nun auf jener Stelle nachgraben; da findet sich zwanzig Fuß tief unter der Erde jener Altar mit einer Dedikation an die Unterirdischen. Als Valesius das vernommen, opfert er die dunklen Opfertiere (furvas hostias) und feiert die Spiele und Lectisternien drei Nächte hintereinander, weil ihm drei Kinder durch jene Götter vom Tode gerettet worden waren.[54] Es ist dieses die Familiensage der Valerier von dem Ursprunge der Secularspiele, deren Geschichte ein gelehrtes Mitglied der Familie, der Geschichtsschreiber Valerius Antias mit Eifer untersucht hatte. Valesius oder Valerius, der reiche sabinische Bauer, ist der Stammvater der römischen Valerii, deren Name Heil und Wohlsein bedeutete und wirklich der mythische Ausdruck alter gentiler Sacra der Heilgötter, in diesem Falle der unterirdischen gewesen sein mag. In einem anderen Berichte lautet die Erzählung noch wunderbarer. Ein Blitz schlägt die Bäume des Hains (der Laren) nieder, der vor dem Hofe steht. Das bedeutet den Tod der Kinder. Verzweifelnd fällt nun Valerius am Herde nieder und verspricht seine Seele und die seiner Frau für die Kinder: da ertönt dieselbe Stimme aus dem zerstörten Haine. Immer ist die Hauptsache, daß er an jener Stelle im Marsfelde durch die unterirdischen Götter Genesung für seine Kinder gefunden und darauf den nächtlichen Gottesdienst derselben gestiftet habe. Er selbst, dieser Stammvater der Valerier, soll danach benannt worden sein Manius Velerius Terentinus, von den Manen, von der Heilung und nach dem Terentum.

Also wahrscheinlich Gentilsacra, welche wie so manche andere mit der Zeit zu öffentlichen erhoben wurden: wobei es interessant ist, zu beobachten, wie die doppelte Beziehung dieses Gottesdienstes, die auf die Unterwelt und die auf die Heilung und Verjüngung, sich auch in dieser neuen Gestalt behauptet hat und immer dieselbe geblieben ist. Leider ist nur die Überlieferung von den römischen Secularspielen eine sehr verworrene. Die Familienansprüche der Valerier und die künstlichen Berechnungen und Erdichtungen der Sibyllinischen Quindecimvirn, welche seit August, vermutlich auch schon früher offiziell mit diesen Spielen zu tun hatten und sie deshalb möglichst alt zu machen suchten, endlich verschiedene Methoden ein sogenanntes Seculum zu berechnen durchkreuzen sich hier dergestalt, daß es schwierig ist, eine klare Übersicht der Hauptsachen zu geben.[55]

Was zunächst den Begriff eines *Seculum* betrifft, so ist derselbe in dieser Gestalt etwas Etruskisches und durch Vermittlung der etruskischen Haruspicin nach Rom gekommen. Zunächst bedeutet seculum dasselbe was Generation oder Zeitalter (αἰών), eine bestimmte Periode, innerhalb deren sich das Leben der Menschen oder der Staaten vollendet und abschließt.[56] Die Staaten durchleben viele secula, der Mensch nur ein einziges, welches nach der Theorie der Etrusker für das Leben der Staaten zum Maßstabe diente. Wer von den am Gründungstage einer Stadt Geborenen am längsten lebte, gab nach den etruskischen Ritualbüchern durch die Dauer seines Lebens bis zu seinem Todestage das Maß des ersten Seculum, der von den an diesem Tag Geborenen am längsten Lebende das des zweiten u. s. f. Um aber solche Zeitabschnitte noch auffallender zu machen, werden von den Göttern vor dem Ablaufe jedes Seculum Zeichen geschickt, welche die Menschen auf eine neue Wendung der Dinge vorbereiten sollen: allerlei außerordentliche Naturerscheinungen, über welche in den Büchern der etruskischen Haruspices genaue Aufzeichnungen zu finden waren. Daher auch die Geschichtsbücher der Etrusker, welche nach Varro seit dem achten Seculum ihrer Nation geführt wurden, sowohl über die Zahl der ihrer Nation im Ganzen gegönnten Secula als über die Dauer, Wendepunkte und Zeichen der einzelnen Secula berichteten. Da stehe geschrieben, daß die ersten vier Secula jedes 100 Jahre gedauert habe, das fünfte 123, das sechste 180, das siebente gleichfalls 180, das achte sei das laufende, das neunte und das zehnte seien noch zu erwarten und würden die letzten sein. Auch in Rom wurden ähnliche Zeichen beobachtet, z. B. im J. 666 d. St., 88 v. Chr., wo der Marsische Krieg zu Ende ging, der scharfe Klageton einer Trompete, welcher bei heiterem Himmel so laut ertönte, daß alle Menschen sich darüber entsetzten[57]: worauf „die Weisen unter den Etruskern" sich in demselben Sinne, nur mehr im Geschmacke der Geistlichkeit vernehmen lassen. Ein anderes Zeichen der Art schien dem etruskischen Aruspex Vulcatius der Stern zu sein, welcher bei den Leichenspielen des Cäsar im J. 43 v. Chr. bei hellem Tage erschien und von Octavian für den Geist seines Adoptivvaters erklärt wurde. Jener Aruspex nannte ihn dagegen vor allem Volk einen Kometen, welcher den Ausgang des neunten und den Anfang des zehnten Seculums verkündige, mit dem Zusatze, daß er selbst alsbald seinen Geist aufgeben werde, weil er gegen den Willen der Götter dieses Geheimnis verraten habe. Und wirklich sank er noch vor dem Schluß seiner Rede entseelt zusammen.[58]

Daß es auch die sibyllinischen Bücher an solchen Weissagungen von einer periodischen Erneuerung der Dinge nicht fehlen ließen, beweist das merkwürdige Gedicht Virgils, die vierte Ecloga. Auch waren es diese Bücher, welche zu der Stiftung regelmäßig wiederkehrender Secularspiele die erste Veranlassung gaben, wie es scheint erst im Verlaufe des ersten punischen Krieges; denn alle früheren Secularspiele sind erst durch spätere chronologische Klügelei in die römischen Annalen gekommen. Und zwar scheint man sich dabei eben an jene gentilen Traditionen der Valerier angeschlossen zu haben: ein Beweis mehr, daß diese wirklich früher des Dienstes der Unterirdischen auf dem Terentum pflegten, bis im Laufe des ersten punischen Kriegs die ersten öffentlichen ludi Tarentini und hernach, je nach dem man das Seculum zu 100 oder zu 110 Jahren berechnete, denselben Göttern regelmäßige ludi Seculares veranstaltet wurden. So soll schon der erste Konsul P. Valerius Poplicola jenen von dem Ahnherrn seines Geschlechts gestifteten Gottesdienst auf Veranlassung einer Pest wiederholt haben, nach einigen im J. 245, nach anderen im J. 250 d. St. dann wieder ein Valerier im J. 298 d. St., wo M. Valerius und Sp. Verginius Konsuln waren: daher nochmals einige jene Spiele des ersten Konsuls, andere diese späteren für die ersten römischen Secularspiele gehalten wissen wollten.[59] Ebenso liegen über die zweiten ganz verschiedene Berichte vor, in dem einige Referenten das J. 353 d. St. nennen, wo Rom wieder von Krankheit und Not bedrängt gewesen sei und unter den Militärtribunen des Jahres wirklich wieder ein Valerier genannt wird[60], dahingegen Verrius Flaccus das J. 406 d. St., die Aufzeichnungen der Quindecimvirn, eine Hauptquelle dieser apokryphischen Nachrichten, dagegen das J. 408 genannt zu haben scheinen[61], immer solche Jahre, wo ein Valerier Konsul war.

Die wirklichen ersten Secularspiele, gewöhnlich galten sie für die dritten, wurden nach den glaubwürdigsten Berichten im J. 505 d. St., nach den Aufzeichnungen der Quindecimvirn im J. 518 gehalten, auf Veranlassung der sibyllinischen Bücher und als ludi Tarentini, aber mit dem Beschlusse (und erst dadurch wurden sie Secularspiele), daß sie fortan mit jedem neuen Seculo wiederholt werden sollten. Ohne Zweifel war es dieses Mal noch der Glaube an Erneuerung der Zeiten und Abwendung einer schweren Gefahr, welcher den Anlaß zu der Wahl gerade von diesen Spielen der Unterirdischen gab. Ist dieser Glaube mit der Zeit verlorengegangen, so war das die natürliche Folge der ganz mechanischen Berechnung des Seculums zu 100 oder 110 Jahren: denn so differenzierte nachmals die Rechnung, wovon eine neue Verwirrung der Zeiten und unter den Kaisern sogar eine lächerlich oft wiederholte Feier der Secularspiele die Folge war. Damals gab der ungünstige Verlauf des ersten punischen

Kriegs und eine außerordentliche Sorge den Anstoß; nämlich der Blitz hatte in die alte Servianische Mauer zwischen der p. Collina und Esquilina so heftig eingeschlagen, daß ein Teil derselben trotz ihrer außerordentlichen Festigkeit eingestürzt war. Die sibyllinischen Bücher versprachen Hilfe in der Not, wenn man den unterirdischen Göttern, d. h. dem Dis und der Proserpina im Marsfelde (vielleicht wurden hier zuerst die griechischen Namen anstatt der älteren einheimischen genannt) in drei aufeinanderfolgenden Nächten Tarentinische Spiele halte und dazu dunkle Opfertiere (furvas hostias) schlachte, auch eine regelmäßige Wiederkehr dieser Spiele nach Ablauf jedes Seculum gelobe[62]: das war also die eigentliche Stiftungsurkunde, aus welcher die sakralen Bestimmungen jener Legende natürlich erst später entstanden sind. Andere sprechen von einer Feier dieses Festes an drei Tagen und drei Nächten und einem schon damals abgesungenen Secularcarmen; doch ist zu befürchten, daß diese Angabe erst aus der späteren Feier der Secularspiele unter August auf diese frühere übertragen ist.

Neue Widersprüche sind hinsichtlich der vierten, eigentlich der zweiten Secularspiele zu schlichten. Wahrscheinlich wurden sie gerade hundert Jahre nach den ersten, also im J. 605 d. St., 149 v. Chr., zu Anfang des dritten punischen Kriegs gefeiert. Doch verlegten sie andere auf das J. 608, noch andere, namentlich jene Kommentare der Sibyllinischen Quindecimvirn, welche das Seculum zu 110 Jahren berechneten, auf das J. 628.[63]

Die nächsten Secularspiele waren die des August, welche im J. 737 d. St., 17 v. Chr. Gehalten wurden und in der Geschichte dieses Gottesdienstes in mehr als einer Hinsicht Epoche machen. In den Stürmen des letzten Ausganges der Republik war er so gut wie viele andere vergessen worden; August zog ihn nicht allein wieder hervor, sondern er erlaubte sich auch mehrere Neuerungen. Die merkwürdigste habe ich schon oben beim Apoll besprochen; es ist die Verschmelzung des Dienstes der Unterirdischen mit dem der Capitolinischen Götter und seines Lieblings- und Schutzgottes, des Palatinischen Apoll: eine Theokrasie, welche in der Geschichte des römischen Gottesdienstes überhaupt sehr bemerkenswert ist und ohne Zweifel daher entsprang, daß nach dem damaligen Glauben die Gnade und Hilfe dieser himmlischen Götter als Schutzgötter des Staates und des Kaisers bei einem so verhängnisvollen Zeitabschnitte wohl noch wichtiger war als die der Unterirdischen. Dazu kam, daß die Quindecimvirn der sibyllinischen Bücher, die eigentlichen Anstifter und Anordner der Tarentinischen Secularspiele, durch August zugleich die Priester des palatinischen Apoll geworden waren. Ihnen also wurde damals auch die Berechnung der Zeit überlassen, wobei sie das Seculum zu 110 Jahren nahmen und von dem J. 737 rückwärts gehend auf die Jahre 628, 518, 408 und 298 geführt wurden, wo nach ihren Berechnungen also nun die früheren Secularspiele trotz aller abweichenden Überlieferungen guter Quellen gehalten sein mußten.[64] Über die Feier selbst geben Zosimus II, 5 und ein von ihm mitgeteiltes sibyllinisches Orakel, welches vermutlich damals publiziert wurde, genaue Nachricht. Vorher, es war im Sommer[65], ging ein Herold durch Rom und durch Italien mit dem auch später bei derselben Gelegenheit wiederholten Rufe der Ankündigung von Spielen, quos nec spectasset quisquam nec spectaturus esset.[66] Einige Tage vor dem Feste wurden von den Qindecimvirn auf dem Capitol und im Tempel des Palatinischen Apoll die zu den vorgängigen Reinigungen nötigen Materialien, d. h. Fackeln, Schwefel und Asphalt verteilt, wobei Sklaven als nicht zur Teilnahme berechtigt zurückgewiesen wurden. Zugleich erhielt das Volk an denselben Stätten und im T. der Diana auf dem Aventin eine Spende von Weizen, Gerste und Bohnen.[67] Dann begann die eigentliche Feier, welche jetzt sowohl den oberen Göttern als den unteren galt, also sowohl bei Tage als bei Nacht stattfand, drei Tage und drei Nächte hintereinander. Geopfert wurde dem Jupiter und der Juno auf dem Capitol, dem Apollo, der Latona und der Diana im kaiserlichen Palaste und endlich Parcen, den Göttinnen der Geburt und dem Dis nebst der Ceres und Proserpina d. i. der herkömmlichen Gruppe unterirdischer Gottheiten. In der ersten Nacht begab sich der Kaiser nach dem Terentum, um dort an drei Altären drei schwarze Lämmer zu opfern, welche ganz verbrannt wurden.[68] Zugleich wurde auf einer Bühne bei künstlicher Beleuchtung ein für diese Gelegenheit gedichteter Gesang vorgetragen, auf welchen die herkömmlichen Spiele folgten. An dem auf diese Nacht folgenden Tage zog eine Prozession aufs Capitol, um hier die vorgeschriebenen Opfer und Spiele der Unterirdischen wie früher fortgedauert zu haben; am zweiten Tage wurde der Gesang im Tempel des Palatinischen Apollo von neun Knaben in griechischer und in lateinischer Sprache, darunter bekanntlich das für diese Gelegenheit bestimmte Gedicht des Horaz.

Auf diese Spiele des August folgten schon im J. 800 unter Claudius neue Secularspiele, weil dieser Kaiser, beiläufig ein gelehrter Altertümler, der Überzeugung war, daß August und seine Ratgeber nicht die rechte Zeit beobachtet hätten. Also ging er auf die allerdings besser beglaubigte Überlieferung zurück, nach welcher die dritten und vierten Secularspiele um 500 und 600 gefeiert worden waren, behauptete, daß die fünften hätten um 700 gefeiert werden müssen und glaubte seinerseits die eben bevorstehenden nicht unterlassen zu dürfen. So zog denn wieder der Herold mit seinem stattlichen Rufe durch Stadt und Land, wurde aber nicht wenig ausgelacht, da wohl noch manche lebten, die vor 63 Jahren die Spiele des Augustus mitgemacht hatten; ja es fand sich sogar ein Mime, der damals getanzt hatte und jetzt von neuem auftrat.[69] So gab es nun vollends zwei verschiedene Canones, welchen die späteren Kaiser nach Belieben folgen konnten. Und wirklich fanden beide ihre eifrigen Anhänger, was bei der zunehmenden Lust an Schauspielen aller Art nicht auffallen kann. So folgte dem Canon des August zunächst Domitian bei der im J. 841, also 41 Jahre nach der des Claudius veranstalteten Feier, von welcher sowohl die Dichter als die Münzen der Zeit zeugen und bei denen der Geschichtsschreiber Tacitus als Quindecimvir beschäftigt gewesen sein muß[70]: ferner Septimius Severus im J. 957 d. St., die achten Secularspiele in der ganzen Reihe, wobei freilich der Abstand von 110 Jahren nicht ganz genau beobachtet wurde.[71] Dahingegen dem das Seculum zu 100 Jahren berechnenden Canon des Claudius vielleicht Antoninus Pius folgte[72], dann gewiß die beiden Philippe, Vater und Sohn, welche im J. 1001 nach sicherer Überlieferung der Münzen und der Schriftsteller wieder Secularspiele gefeiert haben.[73] In den folgenden Zeiten ging man sogar noch einen Schritt weiter, indem man fortgesetzt an beiden Canones festhielt, aber das Maß eines Seculums auf die Hälfte reduzierte, also das des August auf 55, das des Claudius auf 50 Jahre. So ist es zu erklären, daß Gallien schon wieder im J. 1012, also 55 Jahre nach den Spielen des Septimius Severus und Diocletian und Maximian im J. 1051, also 50 Jahre nach denen der beiden Philippe Secularspiele hielten.[74] Diese sind aber auch die letzten geblieben, denn weiterhin, in den Zeiten des Constantin, war das Heidentum schon zu ohnmächtig geworden, als daß man auf diese veralteten Traditionen wieder hätte zurückkommen mögen.

4. Die ludi Taurii

Außer diesen Spielen werden noch ludi Taurii als solche genannt, welche gleichfalls dem Dienste der Unterirdischen gegolten hätten. Sie sollen schon unter Tarquinius Superbus, und zwar auf Veranlassung einer Seuche gestiftet sein, und der Name soll mit dem herkömmlichen Opfer der unfruchtbaren Tiere zusammenhängen.[75] Da diese Spiele im Circus Flaminius begangen wurden, die Secularspiele im Marsfelde beim Terentum, so müssen sie von diesen verschieden gewesen sein, wie beide denn auch der Zeit nach keineswegs zusammenfielen.[76] Also vermutlich eine ähnliche Art von Spielen, nur daß sie nicht wie die Secularspiele regelmäßig, sondern unregelmäßig und in Folge außerordentlicher Veranlassung, wie sie innerhalb der langen Fristen der Secularspiele von Zeit zu Zeit vorkommen mochten, den unterirdischen Göttern gelobt und gehalten wurden.

5. Bestattungsgebräuche und Totenfeier

Mancherlei Licht auf die Vorstellungen von der Unterwelt und dem Schicksal der Verstorbenen werfen auch die Gebräuche der Totenbestattung und die verschiedenen auf Totendienst und Unterwelt bezüglichen Opfer und Feste, von denen wir im Folgenden das Wichtigste, d. h. dasjenige, was religiösen Inhalts ist, hervorheben.

Bei den Gebräuchen der Bestattung lassen sich vier Akte unterscheiden, der Ausstellung des Leichnams, collocatio, πρόθεσις, der des Leichenzuges, der exsequiae, pompa funebris, ferner der Bestattung, in älterer Zeit humatio, später funus im engeren Sinne des Worts[77], endlich der unmittelbar folgenden Familien- oder öffentlichen Feier des Verstorbenen, d. h. der feriae denicales und der ludi funebres. So lange der Tote im Hause ist, ja solange er nicht rite bestattet, d. h. durch alle ihm nach religiösem Herkommen und pontificalem Gesetz gebührenden Zeremonien zu seinem seligen Geiste geweiht ist, so lange gilt das Haus und die Familie für unrein (domus funesta), denn alles Tote verunreinigt. Daher eine ganze Reihe von Reinigungs- und Sühnungsgebräuchen, welche gleich bei der Bahre des Verstorbenen beginnen. Zur Warnung für alle Vorübergehende, namentlich für die Priester, wird eine Kiefer oder eine Zypresse vor die Tür gestellt[78]; das Haus selbst wird mit einer eigenen Art von Besen ausgekehrt, daher der als Erbe zur Bestattung Verpflichtete der Auskehrer (everriator) genannt wurde; ferner wurde gleich jetzt, im Angesichte des Leichnams die porca praesentanea, und später, vor der nächsten Ernte, die porca praecidanea geopfert, beide um die Familien zu reinigen und die Ackergöttin, welche die Verstorbenen in ihren Schoß aufnimmt, günstig zu stimmen. Dann folgte, nach dem die Ausstellung angeblich sieben Tage lang gedauert hatte[79], der Leichenzug über das Forum vor die Stadt, vor welchem Tore jedesmal das Begräbnis war, gewöhnlich mit einem sehr zahlreichen Gefolge und prächtiger Ausstattung, Leichenmusik, Klageweibern, Mimen usw., wie denn schon die zwölf Tafeln gegen diesen Luxus einschreiten mußten. Endlich schritt man zur Beerdigung. Humatio, denn dieses blieb auch später der gewöhnliche Ausdruck, obgleich man damals mit seltenen Ausnahmen die Toten verbrannte: eine wahrscheinlich von den Etruskern und den Griechen angenommene Sitte, da die Toten früher sowohl in Italien als ziemlich allgemein bei allen Völkern begraben, d. h. der Mutter Erde wiedergegeben wurden, daß sie berge und heilige[80]; denn auch in dieser Hinsicht ist der religiöse Glaube die Seele des äußerlichen Gebrauchs. Namentlich war in Rom das ganze Pontificalgesetz Numas, in welchem die Sorge für die Toten einen Hauptabschnitt bildete, auf die Voraussetzung des Begrabens begründet, und in einzelnen Geschlechtern behauptete sich die alte Sitte sehr lange, z. B. in dem der Cornelier bis Sulla, welcher aus Furcht vor Wiedervergeltung, da er sich an den Reliquien des Marius vergriffen hatte, zuerst von dem alten Gebrauche seines Hauses abgewichen sein soll. Auch hatte das Pontificalgesetz selbst für die spätere Zeit des Vebrennens einige symbolische und stellvertretende Gebräuche der früheren Beerdigung zur unumgänglichen Bedingung eines rechten Begräbnisses gemacht, d. h. eines solchen, welches die Kraft hätte, zugleich die Reste des Verstorbenen zu heiligen und die Familie seiner Hinterbliebenen zu reinigen.[81] Besonders gehört dahin die Sitte, dem Toten eine Erdscholle mit in das Grab zu werfen und wenigstens einen Finger von ihm nicht zu verbrennen, sondern zu beerdigen: wozu dann noch verschiedene andere, von dem Religionsgesetze vorgeschriebene und von den Pontifices überwachte Gebräuche, Spenden und Opfer kamen, welche zusammengenommen den Erfolg hatten, den Ort der Bestattung zu einem sepulcrum, d. h. zu einem Heiligtum zu machen[82], den Geist der Verstorbenen aber nicht allein zu beruhigen, sondern auch zu erhöhen, d. h. zu einem reinen und geistigen Wesen gleich den übrigen Dii Manes zu machen.[83] Das Grab wurde mit Wein besprengt und dem Lar, d. h. dem Geiste des Verklärten ein Opfer von Widdern dargebracht, ferner ein eigenes Opfermahl für denselben bereitet und an seinem Grabe hingesetzt, das ist das sogenannte silicernium, welches Wort zugleich sprichwörtlich für hochbetagte Greise gebraucht wurde, denen es, wie es scheint, gewöhnlich preisgegeben wurde.[84] Außerdem sorgte man fleißig für Blumen und Bäume auf dem Grabe, Myrten und Rosen, Veilchen und Lilien und andere anmutige Gewächse, denn es galt sowohl in Italien als anderswo der Glaube, daß zwischen dem Verstorbenen, der in dem Grabe ruhe und den Gewächsen seiner Erddecke ein inniges Wechselverhältnis bestehe, ja daß der Gemütsart des Verstorbenen gemäß bald zartere, bald wildere Gewächse aus derselben keimten, womit auch der bekannte Nachruf: Sit tibi terra levis! zusammenhängt.[85] Endlich folgte zum Beschluß der ganzen Feierlichkeit an dem Grabe selbst eine Reinigung mit Wasser und Feuer und eine Räucherung mit Lorbeer für alle, die am Leichenzuge teilgenommen[86], in der Familie aber an demselben neunten Tage der Bestattung das sacrum oder *sacrificium novemdiale*, auch *feriae denicales* (a nece) genannt, ein letztes Sühnungsopfer und ein Totenschmaus, welche in großer Stille und mit solcher Gewissenhaftigkeit beobachtet wurden, daß selbst die Haustiere an diesem Tage Ruhe hatten und für die Soldaten, welche sich nach geschehener Aushebung zu stellen hatten, ausdrücklich die Bestattung und eine solche Familienfeier als gültige Entschuldigung vorbehalten blieb.[87] Auch die Spiele, welche in vermögenderen Familien zu Ehre der Verstorbenen gegeben wurden, fielen auf diesen Tag, daher sie bald ludi funebres bald ludi novemdiales genannt werden.[88] Vornehmlich waren zu diesem Zwecke Gladiatorenspiele beliebt, was in dem alten Glauben seinen Grund hatte, daß an dem Grabe eines Verstorbenen Blut und zwar Menschenblut fließen müsse[89], daher sie auf diesem Wege in Rom zuerst Eingang fanden, man sagt nach dem Vorbilde etruskischer und campanischer Sitte. Zuerst soll es bei dem Begräbnisse des D. Iunius Brutus in demselben Jahre 264 v. Chr., wo der erste punische Krieg ausbrach, vorgekommen sein, daß die von vielen Geschlechtern zum Totenopfer gesendeten Gefangenen paarweise zum Kampf auf Leben und Tod einander gegenübergestellt wurden, worauf dieselben gewöhnlich auf öffentlichen Plätzen der Stadt veranstalteten Fechterspiele zu Ehren der Verstorbenen bald allgemeinen Anklang fanden, aber lange Zeit nur bei solchen Gelegenheiten herkömmlich blieben

Außer dieser Privat- und Familienfeier, die sich natürlich von Zeit zu Zeit, namentlich bei der Wiederkehr des Sterbetages, durch Spenden am Grabe, Bekränzen desselben usw. wiederholte und unter dem Worte parentatio und parentalia verstanden wurde, gab es aber auch eine allgemeine und öffentliche Totenfeier, eine Art von Allerseelenfest, wie es am Schlusse des Jahrs in dem allgemeinen Sühn- und Reinigungsmonate, d. h. im Februar, von einigen Familien aber ausnahmsweise im Dezember begangen wurde.[90] So war namentlich die Woche vor dem 21. Februar eine herkömmliche Zeit der *dies parentales*, wo jede Familien ihre Toten feierte, bis endlich am 21. der Tag der *Feralia* den Beschluß dieser Totenfeier zu Ende des alten Jahres bildete und am folgenden Tage, also am 22., das allgemeine zum Gedächtnis der Verstorbenen begangene Familienfest der Caristia gefeiert wurde, so daß sich in diesen beiden Festen die altherkömmliche Einteilung der Leichenfeier in das Totenopfer am Grabe und den letzten Totenschmaus im Kreise der Familie von neuem darstellt. Denn die Feralia waren ganz den Gräbern und den in ihnen verborgenen Divi Manes gewidmet[91], in dem man ihnen dann allerlei Speise und fromme Gaben brachte und sie auf jede Weise zu beruhigen suchte. Mehr berichtet Ovid F. II, 531 ff. über diesen Gebrauch, den die Überlieferung auf den frommen Aeneas und die Verehrung seines verstorbenen Vaters zurückführte. Mit geringen Gaben sei den Manen genug getan, einer bekränzten Scherbe, einer Hand voll Salz oder Korn oder etwas Wein mit eingebrocktem Brote oder zerpfückten Veilchen, der ersten Gabe des jungen Jahrs. Das solle man in die Scherbe tun und diese dann mitten auf dem Wege hinstellen und dazu ein frommes Gebet für die armen Seelen sprechen. Einst im langen Kriege waren sie vergessen worden. Da befiel die ganze Stadt ein großes Sterben, und die Seelen kamen in der Nacht scharenweise aus ihren Gräbern hervor und wimmerten und klagten auf allen Straßen, in der Stadt und draußen auf dem Lande, ein ganzes Heer von wehklagenden Geistern. Sobald man ihnen wieder die Ehre gegeben, war sowohl das Sterben vorüber als dieser grausige Spuk. Doch darf man während dieser Aller-Seelentage nur der Toten gedenken; nur an den Gräbern darf die Fackel leuchten, nicht im fröhlichen Gedränge des Hochzeitzuges; nur dort darf geopfert werden, den Manen und den unterirdischen Göttern, nicht den übrigen Göttern, deren Tempel in diesen Tagen vielmehr verschlossen wurden.[92] Namentlich war dieses auch die Zeit, wo man jene Spukgestalten des alten Volksglaubens, der Mania, Muta und Tacita und wie sonst die „Mutter der Laren" hieß, mit allerlei Märchen und abergläubischen Gebräuchen gedachte, die sich vorzüglich in den Kreisen der Ammen und der Kindermädchen fortpflanzten. So schildert Ovid bei dieser Gelegenheit eine Alte, wie sie von neugierigen Mädchen umgeben die Tacita durch einen Zauber verherrlicht, der gegen die böse Zunge und den bösen Blick helfen sollte.[93] Erst nimmt sie mit drei Fingern der Hand drei Häufchen Weihrauch und tut diese unter die Schwelle in ein Mauseloch. Dann wickelt sie allerlei Sprüche murmelnd wollene Fäden um eine Weife von dunkler Farbe[94], wobei sie sieben schwarze Bohnen im Munde hin und her bewegt. Endlich nimmt sie den Kopf einer Mäna[95], der mit Pech beschmiert und mit einer ehernen Nadel durchbohrt ist, näht das Maul zu und dörrt den Kopf an einem Feuer, in welches sie auch Wein tröpfelt, dessen Rest sie mit den Mädchen austrinkt. Auf dieses Fest also folgten gleich am nächsten Tage die *Caristia*, welche auch das Fest der *Cara Cognatio* genannt wurden[96] und dadurch sehr passend bezeichnend werden. Es war nämlich recht eigentlich ein Fest der lieben Verwandtschaft, welches durch die ganze Stadt familienweise mit gegenseitigen Geschenken und fröhlichen Mahlzeiten gefeiert wurde und auf die traurige Zeit der Aller-Seelentage als ein Fest der blühenden Gegenwart und der liebevollen Vereinigung aller Hinterbliebenden folgte.[97] Zugleich war es ein Fest der Eintracht, wo mancher alte Familiengroll ausgeglichen wurde, auch ein Fest des Familienruhms, in dem man unter den Verstorbenen am meisten der berühmten Vorfahren gedachte und von ihnen sang und erzählte. Natürlich wurde auch den Göttern des Geschlechts und den guten Laren des Hauses gehuldigt, durch welche und mit welchem jede Familie in der ab- und zugehenden Schar der Geborenen und Gestorbenen sich fortpflanzte: bis man am Abende mit einer Weinspende und mit herzlichen Glückwünschen für das Wohl der Sippen und des geliebten Vaterlandes auseinanderging. Vergleichen läßt sich damit ein im J. 1505 von dem Bürgermeister Jo. v. Sprekkelsen in Hamburg gestiftetes Familienfest[98], nur daß dieses der religiösen Weihe entbehrte, welches dort der namentlich in Rom tief gemütliche Dienst der Toten und der Hausgötter gewährte. Alljährlich kamen alle des Namens v. Spreckelsen und ihre Nächst-Verschwägerten zum festlichen Mahle zusammen, am Pfingstmontage, nachmittags 4 Uhr, daher das Fest in der Familie die „Pfingst-Hög" d. i. das Pfingstfest hieß. Das Mahl hatte seine bestimmten Gerichte; einer der Vettern war der Ordner und Schaffner: bei ihm fanden sich alle Verwandten zusammen und pflegten in der geschmückten Halle eines fröhlichen Verkehrs. „Sie gedachten in Treuem der heimgegangenen Eltern, Vorfahren oder der sonst in letzter Jahresfrist geschiedenen Lieben, sie schlossen sich einträglich aneinander, teilten Lust und Weh, freuten sich ihres Wohlergehens und trösteten einander in betrübten Zeitläufen, stifteten und erhielten vertrauliche Freundschaft, beredeten auch wohl manch künftig Ehebedürfnis und wo es Not tat, da halfen sie sich aus, in herzlicher Liebe oder um der Familie willen."

6. Der Kult der Laren

Das Wort Lares scheint ursprünglich wie Manes den allgemeinen Sinn von guten Geistern der Erde gehabt zu haben, nur daß der Begriff Manes speziell die Güte und Reinheit dieser Geister hervorhebt, Lares dagegen eigentlich „die Herrn" bedeutet gleich dem griechischen Worte ἥρωες, wie die italischen Laren und die griechischen Heroen denn in der Tat viel Verwandtes haben. Mit der Zeit aber wurden, wie Divi Manes speziell die Geister der Verstorbenen sind, so auch die Laren meist für die verklärten Geister der Vorfahren gehalten: wodurch eine gewisse Idealität dieses Begriffs keineswegs ausgeschlossen wird, da z. B. der lar familiaris eines Hauses als dessen Ursprung und idealer Schutzgeist nicht der Geist eines verstorbenen Mitglieds desselben gewesen sein kann. So ist auch der Kreis, innerhalb dessen die Laren tätig gedacht werden, zu ausgebreitet, als daß man ihn bloß von den Geistern der Verstorbenen ausgefüllt denken könnte, wie andererseits das verwandte Wort larva wie lemur zunächst im allgemeinen den Geist eines Verstorbenen, anima, ψυχή bedeutet, dann speziell den in der Nacht umgehenden Geist. Daher die schwankenden Vorstellungen und Erklärungen der Alten, nach welchen der Volksglaube bei dem Worte Laren meist an die Schutzgötter der Wege und Straßen dachte, während Nigidius Figulus sie bald für die Schutzgötter der Häuser erklärt, bald mit den kretischen Kureten und idäischen Daktylen verglichen, Varro aber bald die italischen Manen und Genien, bald die griechischen Heroen zur Vergleichung herbeigerufen hatte.[99] Noch später, als man die Geister aller Arten und Klassen durcheinander zu werfen und nur noch etwa nach dem Unterschiede von guten und bösen zu sondern pflegte, hieß es gewöhnlich, daß die Seelen von guten Menschen nach ihrem Tode zu Laren, die von bösen zu Larven würden.[100]

Jedenfalls war auch der Glaube an diese guten Erdgeister ein allgemein italischer, da er sich nicht bloß bei den Latinern, sondern auch bei den Sabinern nachweisen läßt und bei den Etruskern schon wegen der Identität des Sprachgebrauchs vorausgesetzt werden darf.[101] Und zwar wird man auch hier den ländlichen Larenglauben gewiß für den ältesten halten dürfen, wo sie als segnende und behütete Geister der Flur, des Weinbergs, der Wege und alles ländlichen Verkehrs verehrt wurden, im Hause aber als familiares, unter denen namentlich der lar familiaris schlechthin der eigentliche Schutzgeist der Familie ist, der für die Fortdauer derselben sorgt und gelegentlich auch selbst zeugend auftritt. So in der merkwürdigen Sage vom Ursprunge des Königs Servius Tullius, welcher dadurch nach lateinischem Glauben für einen Sohn des lar familiaris im königlichen Hause der Tarquinier erklärt wird und als Sohn eines Laren auch die Larenfeier der städtischen Compitalien gestiftet haben soll[102], während in der Familientradition der Valerier die Laren des Herdes oder des Hains vor der Türe ihres Ahnen im Sabinerlande dem verzweifelten Vater den Weg zur Rettung der Kinder zeigen. Nicht weniger altertümlich ist die Sage von dem berühmten Seher Atta Navius, wie dieser als Kind in seiner sabinischen Heimat die Schweine hütete und sich von seiner Herde einst, da er eingeschlafen war, einige Tiere verlaufen hatten. Er weinte bitterlich darüber, denn er fürchtete den Zorn des strengen Vaters; dann aber faßte er sich ein Herz, ging zu der Larenkapelle des nächsten Weinbergs und bat die Laren mit heißem Gebete, daß sie ihm wieder zu seinen Schweinen verhelfen möchten; wenn er sie wiederfinde, wolle er ihnen die größte Traube in dem ganzen Weinberge darbringen. Er fand die Tiere und wollte das Gelübde erfüllen, aber wie sollte er es anfangen, um genau die größte Traube des Weinbergs aufzufinden? Traurig bat er um ein Zeichen, da fand er durch Eingebung die Kunst der Beobachtung des Vogelflugs und eine Traube von wunderbarer Größe, worüber der Vater hinzukam und den Geist seines Sohns erkennend ihn in die Stadt zu den Meistern der Weissagekunst und anderer Wissenschaften führte. So wissen wir auch aus Cicero, daß die Laren auf dem Lande allgemein in Hainen verehrt wurden[103], und der den sanften Stimmungen des ländlichen Lebens ergebene Tibull versichert II, 1, 59: „Auf dem Lande war es, daß zuerst ein Knabe aus Frühlingsblumen Kränze flocht und damit die alten Laren schmückte", während nach Cato r. r. 2 jeder Hausvater, wenn er auf's Land geht, zuerst den lar familiaris begrüßen und erst dann seinen Umgang durch die Felder halten soll. Selbst die Compitalienfeier des Servius Tullius ist nur für die Übertragung eines ländlichen Gebrauchs auf die Stadt zu halten, da es so gut auf dem Lande wie in der Stadt vici und compita gab und sowohl diese größeren Quartiere als die einzelnen Häuser und Höfe neben ihren schützenden Silvanen auch behütende und segnende Laren verehrten.

Den *lar familiaris* schlechthin lehren uns verschiedene Stellen bei Plautus näher kennen. So in dem Prolog zur Aulularia, wo der lar familiaris selbst auftritt und den Zusammenhang des Stücks erklärt. Er sei der Schutzgeist des Hauses. Viele Jahre schon behüte er dasselbe und der Vater wie der Großvater des jetzigen Hausherrn seien seine guten Freunde gewesen. Der Großvater habe ihm einen Schatz anvertraut, den er heimlich am Herde berge; den wolle er jetzt der einzigen Tochter des Hauses zuwenden, einem guten und frommen Mädchen, das ihm täglich Gaben spende, etwas Weihrauch und Wein oder Kränze oder sonst etwas.[104] Ebenso Trinumm. 39 ff., wo der Familienvater beim Wechsel der Wohnung seine Frau auffordert, den lar zu bekränzen, damit ihnen auch die neue Wohnung gesegnet sei. Neben diesem lar familiaris im Singular, welcher auch der lar schlechthin heißt oder als Lar Pater angerufen, auch nicht selten schlechtweg für Haus und Heimat genannt wird[105], gibt es dann auch viele lares oder *lares familiares*, welche wie jener von der Familie als Schutzgötter verehrt und sehr oft neben den Penaten genannt und mit diesen verwechselt werden[106], wie diese beiden Klassen von Geistern denn auch nebeneinander auf dem Herde verehrt wurden. Alles, was die Familie Teures, Heimatliches und an schönen und lieben Erinnerungen besaß, was sie in Freud und Leid bewegte, sowohl die wichtigeren Momente des Tages als die des Jahres, Geburtstage, Hochzeiten, Sterbefälle, Abreise und Wiederkehr des Hausvaters usw., alles pflegte man diesen Göttern ans Herz zu legen, mit ihnen zu beraten, zu ihnen dafür zu beten und bei dem Gebete fromme Gaben darzubringen: daher das römische Altertum keinen innigeren, keinen eigentlicheren Ausdruck für das, was wir Heimat nennen, hatte, als wenn es an die Laren und an die Penaten erinnerte.

Nach alter Sitte, sie erhielt sich am längsten auf dem Lande, war das Atrium der allgemeine Familien- und Speisesaal und in demselben der Herd die Stätte der Laren und der Penaten, vor welchem die Familien bei allen feierlichen und fröhlichen Gelegenheiten zusammenkam und namentlich die tägliche Mahlzeit in traulicher Geselligkeit einnahm.[107] Hier standen die Bilder der Laren, einfach aus Holz geschnitzt, daher die anmutige Dichtung Tibulls I, 10, 15, wenn er die väterlichen laren um Schutz bittet, wie sie seine zarte Jugend, da er noch zu ihren Füßen herumgelaufen, behütet und bewahrt hätten, dieselben alten hölzernen Larenbilder, welche der fromme Großvater mit einfachen Gaben verehrt habe, einer Traube, einem Ährenkranze, in außerordentlichen Fällen etwa mit einem Opferkuchen. Vorzüglich hatte die Hausfrau, die Schaffnerin des Herdes, die Pflicht für den lar familiaris und die Laren überhaupt zu sorgen, daher sie nach Cato r. r. 143 den Herd vor allen Dingen rein halten und täglich, ehe sie zu Bette geht, abkehren, an den Kalenden, Iden und Nonen jedes Monats aber einen Kranz auf den Herd legen und dabei dem lar familiaris nach bestem Vermögen eine Spende darbringen und zu ihm beten solle, wozu bisweilen auch das Opfer eines Schweins hinzutrat. Besonders waren die Kalenden jedes Monats ein Tag solcher frommen Gaben[108], vor allen übrigen Kalenden wie es scheint die des Maimonats, welcher Tag in dem Kal. Venusinum als Tag der Laralia bezeichnet wird, die nach Fest. p. 253 zu den sacra popularia gehörten, d. h. zu solchen Gottesdiensten, welche ohne bestimmtere Beteiligung der Priester familienweise und in allen Hausständen begangen wurden. Dahingegen der Kranz bei den verschiedensten Gelegenheiten, namentlich bei allen Familienfesten die Laren schmückte, und zwar immer ein recht großer und schwerer Kranz, so daß die kleinen Larenbilder gewöhnlich ganz in Blumen und Blättern versteckt waren.[109] Außerdem bekamen die Laren bei jeder Mahlzeit ihre bestimmten Opfer von Speise und Trank, die ihnen, nachdem die erste Schüssel abgegessen war, unter andachtsvollem Schweigen in kleinen dazu bestimmten Schüsselchen (patellae) auf den Herd gesetzt und in die Flamme geschüttet wurden, bis nach dem Rufe Dii propitii! die Mahlzeit fortgesetzt werden konnte.[110] Daher bei Plautus Cistell. II, 1, 46 der Ausdruck: Di me omnes magni minutique et patellarii, d. h. die großen, die kleinen und die Hausgötter, die man täglich beköstigt und die ganz notwendig zur Familie gehören. In den verschiedensten Wendungen und Ausdrücken wiederholt sich dieses Gefühl, daß die Laren recht eigentlich die belebenden und beseelenden Geister des Hauses sind. Jedes Fest trifft sie mit, Geburtstage, der Eintritt eines Sohns in die männlichen Jahre, wo die Bulla der kindlichen Jahre den Laren geweiht wurde, das jährliche Erinnerungs- und Familienfest der Caristien, die Feier der glücklichen Rückkehr eines Familiemmitglieds oder eines Freundes von der Reise oder aus der gefahrvollen See oder aus dem Kriege, wo den Laren auch wohl ein Stück der Beute geweiht wurde, der Genesung aus schwerer Krankheit[111], aber auch alle Not der Familie, Dürftigkeit, Trauer usw.[112] Die Bilder, welche auf dem Lande bei feierlichen Gelegenheiten mit Wachs gebohnt wurden[113], in der Stadt meist von Stein oder Metall waren, hatten ihre herkömmliche Darstellung mit aufgeschürzten Togen und Hörnern, Schalen oder Kannen in der Hand.[114] Tertullian erzählt, daß man mit diesen Bildern so wenig Umstände mache, daß sie, sobald sie abgenutzt wären und eben kein Geld da sei, auch wohl verpfändet, verkauft und zu allerlei unsauberen Zwecken ausgetauscht würden[115]; doch kann dieses nur von der Stadt und den späteren Zeiten gelten, wo man unter den Laren die Hausgötter überhaupt verstand und die Bilder von diesen in den anständigeren Häusern gewöhnlich von Silber waren.

Nächst den lares familiares sind die *lares compitales* oder *viales* die wichtigsten, sowohl auf dem Lande als in der Stadt. Man kann sie lares publici nennen im Gegensatz zu den lares privati[116], denn ihr Gottesdienst gehörte allerdings zu den öffentlichen; doch gingen sie zunächst nur das compitum an, welches unter ihrem Schutz stand, d. h. den Kreuzweg und das zu demselben gehörige ländliche oder städtische Quartier, von dem sie eben verehrt wurden. Compitum ist nämlich eigentlich der Punkt, wo mehrere Wege sich treffen, dann das über einer solchen Wegscheide errichtete Gebäude mit Durchgängen und Kapellen, immer an lebhaften Verkehrspunkten, daher die gesamte Nachbarschaft dort zusammenzukommen, gemeinschaftliche Angelegenheiten zu beraten, volkstümliche Feste zu feiern pflegte, namentlich auf dem Lande.[117] Eben deswegen hatten vorzüglich die schützenden Laren der ganzen Nachbarschaft (vicinia von vicus) dort ihre Kapellen, sowohl auf dem Lande als in der Stadt, wo die Larenkapelle so wesentlich zu den Heiligtümern der Bewohner des Straßenquartiers gehörte, daß nach altem römischen Herkommen jede junge Frau, wenn sie zuerst in das Haus ihres Mannes eintrat, nicht bloß diesem und den lares familiares des Hauses, sondern auch denen des nächsten compitum einen As geben und sich damit symbolisch in die neue Genossenschaft einkaufen mußte.[118] Und zwar sind diese lares compitales die Schutzgeister des gesamten Verkehres der Nachbarschaft und als solche immer viales[119], der Zahl nach in der Stadt immer zwei, welche mythologisch für Brüder, nämlich für Söhne des Mercurius und der Lara galten.[120] Demgemäß gab es auch sowohl ländliche als städtische Compitalien, wie namentlich Cato jener wiederholt gedenkt und auch von den festlichen Schmäusen der Landleute bei ihnen wiederholt die Rede ist.[121] Um so häufiger werden die städtischen genannt, welche Servius Tullius, nach dem Glauben des Volks der Sohn eines Laren, in Wahrheit als Begründer einer das ganze Rom zusammenfassenden städtischen Einteilung in sogenannte vici gestiftet hatte. Mit dieser Einteilung hängt es zusammen, daß damals für alle zu demselben vicus gehörenden Bürger beim nächsten compitum eine Kapelle der Laren und eine jährliche Feier derselben gestiftet wurde, mit einem gemeinschaftlichen Opfer, zu welchem jedes zu dem vicus gehörige Haus einen Opferkuchen steuern mußte. Bei dem Opfer sollten nach der Einsetzungsformel, denen die es im Namen der vicinia brachten, nicht Freie, sondern Sklaven zur Hand gehen, als ob die Laren diese am liebsten sähen: wahrscheinlich ein Rest der guten alten Zeit, wo die Sklaven dem Familienleben noch viel näher standen und wie sie auf dem Felde mitarbeiteten, so auch bei der Ernte und anderen ländlichen Festen mitfeierten: worin man später einen von den vielen Zügen der Güte und Menschenfreundlichkeit finden wollte, die man sich von dem sehr populären Könige Servius Tullius erzählte. Der Zeit nach fiel dieses Fest bald nach den Saturnalien, doch waren die Tage nicht bestimmt, sondern sie wurden jährlich angesagt.[122] Unter den Gebräuchen waren manche, welche an Totendienst und frühere Menschenopfer erinnerten. So wurde vom Volke der Gebrauch beobachtet, den Laren in der Nacht allerlei Gegenstände, namentlich Knäuel und Puppen von Wolle an den Kreuzwegen und vor den Haustüren aufzuhängen und dabei in den Häusern Köpfe von Mohn oder Knoblauch zu opfern, welche wie jene Knäuel (pilae) und Puppen (maniae) für die Häupter und Leiber der Familienmitglieder gelten sollten: wobei man sich erzählte, daß der böse Tarquinius einst wirkliche Kinder als Opfer für die Laren und Mania, ihre Mutter, gefordert, der gute Brutus aber dafür den milderen Gebrauch eingeführt habe.[123] So scheinen bei diesem Feste auch Sühneopfer und andere Opfer zum Andenken an die Verstorbenen an den Kreuzwegen dargebracht zu sein.[124] Dahingegen auf der anderen Seite diese Compitalien wegen der dabei herkömmlichen Spiele und Lustbarkeiten, welche ohnehin gewöhnlich in compitis, d. h. auf den Versammlungsplätzen der vici veranstaltet wurden, ein sehr heiteres und volkstümliches Fest waren, bei welchen der alte Dorfcharakter der Stadt und ihrer aus so vielen Dörfern und kleinen Städten Latiums zusammengesiedelten Bevölkerung wieder einmal recht vernehmlich durchblickte. Denn wie in der Stadt bei den compitis, d. h. an den Straßenecken immer am meisten Leben war, in dem dort die meisten Anschläge zu lesen waren und bald eine Auktion, bald eine Versammlung gehalten wurde[125], so waren auch die Faustkämpfer, Schauspieler, Gladiatoren, welche sich bei den Compitalien dort sehen ließen, zwar nicht immer die besten, dafür aber die volkstümlichsten[126]; daher auch die reicheren Bürger solche Spiele oft gaben oder unterstützten, um sich dadurch bei dem gemeinen Manne beliebt zu machen. Ja es entstanden in den Zeiten der Demokratie und Demagogie eigene collegia compitalicia, d. h. Vereine zum Behuf dieser Spiele, deren Vorsteher, von den Demagogen, der Zeit unterstützt, die ludi compitalicii zu geben und dafür solchen Demagogen einem Clodius und Konsorten mit ihrem Anhang unter dem Janhagel zu jedem beliebigen Gegendienste bereit waren; daher diese Spiele und jene Klubs für den Senat und die Partei der Optimaten ein nicht geringer Greuel waren.[127] Erst als August die politischen Klubs gänzlich beseitigt, den vicis und compitis aber eine polizeiliche Ordnung und in den Viertelsmeistern (den magitris vicorum) einen verantwortlichen Vorstand gegeben hatte, kamen die Compitalien und die ludi compitalicii wieder zu Ehren, wie denn damals auch regelmäßige Bekränzungen der lares compitales vorgeschrieben[128] und für die Feier der Compitalien den neu eingesetzten Viertelsmeistern der Hauptdienst zugewiesen wurde. Zugleich wurde von ihm eine Einrichtung getroffen, welche gewiß mehr wie alle übrigen dazu beigetragen hat, seinen Namen und sein Andenken im Volke zu befestigen. Zu den beiden Laren jeder Compitalkapelle wurde nämlich damals der Genius Augusti, d. h. sein personifizierter Geist und Lebensdämon, der nach seinem Tode zum Gott erhoben wurde, hinzugefügt, so daß das römische Volk fortan durch die ganze Stadt und nicht allein Rom, sondern auch in Italien und soweit sich die neue Einrichtung sonst verbreitete[129], neben jenen altherkömmlichen Schutzgeistern des Quartiers den individuellen Schutzgeist dieses Fürsten verehrte, welcher somit in dieselbe Stellung eines populären Schutzgeistes mit einrückte.[130]

Es ist noch übrig von verschiedenen Arten und besonderen Beinamen dieses städtischen Larendienstes zu sprechen, in welchen sich einzelne Reste des älteren Glaubens erhalten hatten, da sonst die Restauration des August wie in anderen Fällen das Alte meist beseitigt hatte. Zunächst gehören dahin die *Lares grundules*, wahrscheinlich eine alte Larenkapelle, wo zu den beiden Laren ein Mutterschwein mit dreißig Jungen hinzugefügt war, wohl mit Beziehung auf die bekannte Überlieferung von den albanischen Kolonien.[131] Ferner die *Lares praestites*, d. h. die behütenden Vorsteher und Beschützer der Stadt, welche als solche von einem Hunde begleitet und selbst mit Hundsfellen bekleidet waren: auch ein sehr alter, aber mit der Zeit verfallener Altar, an dem man am 1. Mai, dem alten Festtage des Laren opferte, welcher seit August zu einem allgemeinen Festtage der städtischen Laren überhaupt erhoben worden war.[132] Ferner gab es *Lares Hostilii*, denen man einen Schutz der Stadt gegen die Feinde zuschrieb[133], wie anderswo von einem Lar Victor und von Lares militares die Rede ist und auf einer Münze der Familie Caesia die Laren als zwei sitzende und leicht bekleidete, mit einem Speer bewaffnete Jünglinge, zwischen denen ein Hund sitzt, abgebildet werden. Außerdem werden *Lares permarini* genannt, welchen L. Aemilius Regillus nach einem glücklichen Seetreffen mit der Flotte des Antiochus einen Tempel gelobt hatte, der im Marsfelde lag und im J. 575 d. St. (179 v. Chr.) von dem Zensor M. Aemilius Lepidus eingeweiht wurde. Diese Laren hatten auch einen eigenen Festtag am 22. Dezember.[134] Außer diesem Tempel der Laren gab es einen zweiten, der auf der Höhe der Sacra Via, beim Aufgange zum Palatium lag und den *Laribus publicis* heilig war. Augustus nennt ihn unter seinen Neubauten[135]; der Dedikationstag war der 27. Juni, welches also wahrscheinlich der zweite jener beiden von August für den Kult der städtischen Laren angesetzten Festtage war. Endlich werden *Lares alites* erwähnt, d. h. geflügelte Laren, nach denen ein vicus in Rom benannt war. Also wurde den Laren Hilfe und Beistand bei den verschiedensten Veranlassungen zugeschrieben; und auch die Bilder der Laren können höchstens in gewissen Grundzügen, namentlich darin, daß sie immer als Brüderpaar auftraten, dieselben gewesen sein, da sie sonst wenigstens in älterer Zeit hinsichtlich der Darstellung und der Attribute sehr verschieden gewesen sein müssen.

Aus solchen Elementen also bildete sich mit der Zeit ein Kult der Laren, der von dem älteren in mehr als einer Hinsicht verschieden war. Zunächst insofern als man die Laren immer mehr mit den Genien und Seelen der Lebenden oder Verstorbenen identifizierte, in welchem Sinne der Genius Augusti zum lar publicus und die lares compitales zu lares Augusti werden konnten und in diesem Sinne namentlich am 1. August, dem Namenstage des August, gefeiert wurden.[136] Ferner dadurch, daß auch die Familienlaren mehr und mehr mit dem Kult berühmter Verstorbenen und dem der Schutzgötter des Hauses und Hofs überhaupt identifiziert wurden.[137] Endlich konnte auch der Umstand nicht ohne bedeutenden Einfluß auf den Dienst der Laren bleiben, daß der alte Familiensaal mit dem Herde, wo die Bilder der Laren standen, in der Stadt den bequemeren und eleganteren Einrichtungen der Neuzeit weichen mußten; daher wir seitdem eigene Lararien, d. h. Larenschränke und Betkapellen erwähnt finden und zwar entweder gleich beim Eintritt in das Haus in einem Wandschrank auf der Diele, wo die silbernen Larenbilder beim Ein- und Ausgange begrüßt und bei festlichen Gelegenheiten durch Schmuck und Opfer geehrt wurden[138] oder neben dem Schlafzimmer, wo namentlich die Vornehmeren eine eigene Betkapelle der Laren zu haben pflegten.[139] Auch wurden nun außer den Familienlaren im älteren Sinne und den Hausgöttern auch die Genien von Lebenden und Verstorbenen häufig mit verehrt, in allen Privathäusern vor allen der Genius des jedesmaligen Kaisers, in vielen die von geliebten Freunden und Lehrern oder von großen Gönnern.[140] Denn natürlich hatte der Hausgottesdienst im wesentlichen denselben Verlauf wie der öffentliche, so daß in beiden Kreisen die allgemeine Krankheit der Zeit, Apotheose und Theokrasie, in gleichem Maße um sich griff. Hatte doch der Kaiser Alexander Severus in seinem Palaste nicht allein ein, sondern zwei Lararien, das eine neben seinem Schlafgemache, wo er morgens seine Andacht zu verrichten pflegte und wo außer einer Auswahl der konsekrierten Kaiser die Bilder von solchen Männern sah, die durch Weisheit und Heiligkeit berühmt geworden waren, Apollonius von Tyana neben Christus, Abraham neben Orpheus und andere Auserwählte, auch Alexander den Großen und die Bilder der Ahnen. Das andere Lararium enthielt die Bilder von den berühmten Dichtern, Schriftstellern und Helden der griechischen und römischen Vorzeit, das des Virgil, des Cicero, des Achill u. a.[141]

7. Die Larven und Lemuren

Wurden die Laren als holde und gute Geister gedacht, so waren die Larven die unholden, die ungeheuren Geister des römischen Volksglaubens, die als Gespenster umgehenden Seelen der Verstorbenen, sei es daß sie in Folge eines Versäumnisses der vorgeschriebenen religiösen Gebräuche nicht zur Ruhe gekommen waren oder daß sie sonst erregt und umgetrieben wurden; denn wie bei anderen Völkern, so glaubte man auch in Rom nicht allein an die Möglichkeit eines Verkehrs zwischen Verstorbenen und Lebendigen, sondern auch an bestimmte Epochen der Jahreszeit und gewisse Tage, wo die Geister aus ihrer dunklen Tiefe emporkämen und auf der Erde umgehend ihre ehemaligen Wohnungen und ihre Angehörigen aufsuchten. Natürlich verband sich damit bald der Glaube, daß solche Spukgeister entweder durch eigene Verschuldung oder in Folge schwerer Unbill, die sie erlitten, namentlich eines gewaltsamen Todes, nicht zur Ruhe kommen könnten[142]: daher die Larven insgemein für böse und verdammte Geister von schrecklicher Gestalt und sinnverwirrender Wirkung gehalten wurden, die gewöhnlich gleichbedeutend Lemuren[143] aber vermöge der in der römischen Volkssprache früher und jetzt sehr gewöhnlichen Verwechslung von l und r mit dem gewaltsamen Tode des Remus in Verbindung gebracht wurden, dessen zürnender Geist von dem Bruder Romulus erst durch die Stiftung eines eigenen Sühnfestes der Lemurien habe zur Ruhe gebracht werden können.[144] Dieses Fest wurde in drei Nächten, am 9., 11. und 13. Mai begangen und scheint ursprünglich nichts weiter als ein allgemeines Totenfest gewesen zu sein, wie das der Feralien im Februar, nur daß man bei diesen die Toten an ihren Gräbern durch Opfer und Gebete versöhnte, bei den Lemurien aber sie als nächtlich umgehende und ihre alten Wohnungen und Gewohnheiten aufsuchende dachte, also die zu ihrer Beruhigung nötigen Gebräuche im eigenen Hause verrichtete. Diese von jedem Hausvater beobachteten Gebräuche beschreibt Ovid ausführlich.[145] Um Mitternacht erhebt sich derselbe, schreitet mit bloßen Füßen durch das Haus und macht mit der Hand das Zeichen, welches die Geister scheucht.[146] Dann wäscht er sich die Hände mit reinem Quellwasser, steckt schwarze Bohnen in den Mund, wirft diese wieder durch das Haus schreitend hinter sich und sagt dazu neunmal ohne aufzublikken: „Dieses gebe ich her und mit diesen Bohnen erkaufe ich mich und die Meinigen." Denn ungesehen schlüpfen die Geister hinter ihm her und sammeln die Bohnen auf. Dann reinigt er sich abermals mit Wasser, schlägt an ein ehernes Becken und bittet, daß die Geister nun sein Haus verlassen mögen. Hat er dieses neunmal mit den Worten: Manes exite paterni! wiederholt, so darf er umblicken, denn er hat dem alten Brauch Genüge getan. Hernach erzählt auch Ovid das Märchen vom Geiste des Remus und fügt endlich hinzu, in älterer Zeit sei dieser Tag viel heiliger und festlicher gewesen, auch seien damals wie an den Feralien die Tempel verschlossen gewesen und man habe ebenso sorgfältig wie an jenen Tagen alle Heiraten vermieden. Mit der Zeit wurde namentlich die Vorstellung von den Larven noch immer mehr im Sinne des Volksglaubens an böse Geister und Gespenster ausgebildet. Sie schlagen die Lebendigen mit Wahnsinn[147] und sind selbst in der Unterwelt für die Verstorbenen schreckliche Plagegeister.[148] Man dachte sie sich wie abgezehrte Gliederfiguren und Skelette[149] und nannte nun auch die Mania im Sinne dieses Gespensterglaubens nicht mehr die Mutter der Laren, sondern die Mutter oder die Großmutterder Larven.

ACHTER ABSCHNITT

Die Götter des flüssigen Elements

Sehr dürftig ist in Italien die Mythologie des Meeres geblieben, ein sicherer Beweis, daß weder Rom noch seine Vorfahren den Zug zur See und zu den Wundern des Meeres fühlten, der die ganze griechische Geschichte und Mythologie bewegt. Italien ist in dieser Beziehung nicht über die ersten Anfänge hinausgekommen; wie neuerdings auch bemerkt worden ist, daß die lateinische Sprache in allen auf das Seewesen bezüglichen Worten von Haus aus sehr arm ist und bei weitem ihre meisten Ausdrücke der Art von den Griechen entlehnt hat. Desto altertümlicher und volkstümlicher war auch hier die Verehrung der wunderbaren, allbelebenden Elementarkraft des Wassers, so weit es durch eine unmittelbare Naturwirkung in Quellen und Flüssen an die Erscheinung tritt und befruchtend, reinigend und beseelend auf die Erde und ihre Vegetation, auf Tiere und Menschen wirkt. Ja es scheint wohl, daß diese Verehrung der Quellen und Flüsse in dem alten, an schattigen Gründen und an Quellen reichen Italien vorzugsweise verbreitet war, so daß selbst die italienischen und sizilischen Griechen, welche ihren Münzen zufolge gleichfalls in der Verehrung der Flußgötter sehr weit gingen, in dieser Hinsicht von der einheimischen Bevölkerung angeregt gewesen sein mögen.

1. Neptunus

Der Name Neptunus, der bei den Etruskern Nethuns und Nethunus lautete, scheint mit nare, νάω, νέω, vgl. ναῦς und navis zusammenzuhängen[1], also ursprünglich einen Gott der Flut und alles Fließenden und Strömenden zu bedeuten, wie bei den Griechen Okeanos und Poseidon, Nereus und Acheloos. Eine spezielle Beziehung auf das Meer schließt indessen seine Zusammenstellung mit der weiblichen *Salacia*, einer Personifikation der Salzflut in sich, während *Venilia* oder *Venelia*, welche gleichfalls für seine Gattin, in anderen Sagen aber für die Mutter der Canens vom Janus, in noch anderen für die des Rutulerfürsten Turnus galt, eine der Liebesgöttin Venus verwandte Quellengöttin gewesen zu sein scheint.[2] Auch finden sich weiter keine eigentümlichen Ansätze zu einer poetischen und mythologischen Verherrlichung des Meeres und seiner Wunder und Abenteuer, sondern alles, was sonst noch zu erwähnen ist, scheint entweder etruskischen oder griechischen Ursprungs zu sein. Den Einfluß der Etrusker sind wir freilich auch hier genauer abzuschätzen nicht imstande; doch ist zu erwarten, daß ein Volk, welches das obere und untere Meer von Italien beherrschte und mit den Griechen lange um die Herrschaft auf dem Meere kämpfte, auch in seiner Mythologie und in seinen Sagen viel von dem Meere erzählt haben wird, wie denn wirklich auf den etruskischen Gräbern viele Bilder von weiblichen und männlichen Seeungeheuern und geflügelten Seedämonen zu sehen sind, welche auch hier den Zug zum Phantastischen verraten.[3] Auch könnten die Fabeln von den Skyllen und Charybden und die von den Sirenen, welche in den Gewässern von Italien und Sizilien besonders zu Hause waren, wie die vom Könige Phorcus auf Korsika und Sardinien, welcher nach Varro mit dem König Atlas um die Herrschaft gestritten haben und darauf in einen Meeresgott verwandelt sein sollte[4], wohl etruskischen Ursprungs sein, obwohl das Etruskische auch hier sehr schwer von dem Griechischen zu sondern ist. Gewiß ist, daß Rom und das geschichtliche Italien sich aus dieser letzten Quelle die ganze wohlbekannte Bilderwelt des Seelebens angeeignet hatte, Tritonen und Nereiden, unter denen Amphitrite nicht selten auf den römischen Münzen erscheint[5], während sich die übrigen Nereiden hin und wieder truppweise an der Küste sehen ließen und die Tritonen sich in den vielen Grotten und Höhlen derselben Küste auf ihre Muscheln hören ließen; wozu man später auch von Seemenschen, Seeelefanten, Seeböcken, Seebäumen und vielen anderen Ungetümern der See phantasierte.[6] Der Herr und König über diese Wunderwelt, der griechische Poseidon, erscheint in Rom mit anderen griechischen Göttern zuerst bei dem einige Jahre vor der Eroberung Veji's auf Veranlassung der sybillinischen Bücher veranstalteten ersten Lectisternium.[7] Er wurde fortan unter dem einheimischen Namen Neptunus, aber nach griechischer Weise zugleich als Seegott und als Gott der ritterlichen Übung verehrt. Als Seegott ist er bald der wilde, gewaltige, trotzige, wie ihn die Dichter gerne schildern[8], bald der beruhigende, wie er in den Häfen an der Seite der Tranquillitas, der Griechischen Galene, und der sanften Winde verehrt wurde. Für den Vorstand der ritterlichen Übungen scheint es besonders im Circus Flaminius gegolten zu haben, während sich im Circus Maximus der alte latinische Gott Consus behauptete, den man nachmals für einen Neptunus equester hielt. Beim Circus Flaminius befand sich auch der einzige Tempel des Neptun, welcher von diesem Gotte in Rom erwähnt wird, ein von Cn. Domitius entweder neu erbauter oder wiederhergestellter Tempel, in welchem sich eine der berühmtesten Gruppen des griechischen Meisters Scopas befand, Neptun und Thetis und Achill und ein Zug von Nereiden und Tritonen auf und unter allerlei Meeresungeheuern.[9] Neptunalia wurden am 23. Juli gefeiert mit eigenen Spielen, entweder am Tiber oder in Ostia an der See und im Freien, denn es werden Laubhütten (umbrae) erwähnt, durch welche man sich in der heißen Jahreszeit vor der Sonne zu schützen suchte.[10] Sonst waren Portunus, der alte Hafengott[11], und die Laren die Götter, denen man das Glück und die Erfolge zur See zuschrieb, obleich die Römer auf letztere im allgemeinen bei weitem weniger Gewicht legten als auf die zu Lande erfochtenen Siege. Erst Sextus Pompejus gefiel sich so in seiner kurzen Seeherrschaft, daß er sich einen Sohn des Neptun nannte und zuletzt wirklich als solcher gebärdete.[12] Dann war es Agrippa, der größte römische Seeheld, der nicht allein die Flotte des Sextus Pompejus, sondern auch die des Antonius und der Kleopatra eigentlich geschlagen und sich dabei durch verschiedene sinnreiche Erfindungen um das Seewesen verdient gemacht hatte, durch welchen Neptun in Rom noch einmal zu Ehren kam. Er gründete ihm nämlich zum Andenken an jene Siege im Marsfeld ein Heiligtum und eine Halle, welche fortan das ausgezeichnetste Denkmal der römischen Seeherrschaft blieben.[13] An den Wänden der Halle sah man griechische Bilder und Sagen von den Argonauten und ihren Abenteuern.

2. Die Quellen und Flüsse

Für den allgemeinen Ursprung der Quellen und Flüsse galt Janus, er und sein Sohn *Fons* oder *Fontus*, welcher in Rom an mehr als an einer Stelle verehrt wurde[14] und auch sonst in Italien hin und wieder erwähnt wird. In Rom wurde diesem Gotte, der als jugendlicher Janus abgebildet wurde, am 13. Oktober ein eigenes Fest gefeiert, an welchem man Kränze in die Quellen warf und auch einen Brunnen bekränzte.[15] Denn überall, wo das Wasser durch die eigene Kraft der Natur zum Vorschein kam und wo es, um mit den römischen Juristen zu reden, als caput aquae eine perpetua causa hatte, glaubte man auch ein numen annehmen und demzufolge anbeten und dieser Gottheit durch fromme Gaben huldigen zu müssen, daher bei allen Quellen und längs den Strömungen größerer Bäche Haine, Altäre und Tempel errichtet und viele religiöse Gebräuche beobachtet wurden. Eben deshalb schien jede Überbrückung eines Flusses und vollends die Veränderung seines Stromlaufes bedenklich, jede Verunreinigung einer Quelle durch Baden oder auf andere Weise ruchlos. Wurde doch auf einigen Gewässern sogar alle Schiffahrt verboten.[16]

Während fons immer männlich ist, werden die Flüsse und Bäche bald männlich bald weiblich gedacht, je nach der stärkeren oder zarteren, männlichen schöpferischen oder weiblich empfänglichen Naturwirkung, die in ihnen beobachtet wurde. So wird selbst das Wort amnis, obgleich gewöhnlich männlich und eine größere Strömung fließenden Wassers bedeutend, bisweilen auch weiblich gebraucht[17], während das Wort lympha oder lumpha, oscisch diumpa, speziell die in Quellen und Bächen waltende weibliche Gottheit bezeichnet, wie das griechische Wort νύμφη.[18] Gewöhnlich werden die Götter der Flüsse als königliche und väterliche Greise gedacht, die in dem Bette des Flusses hausen, in alten Zeiten wohl aber auch als menschliche Könige über die Landschaft geherrscht haben, die weiblichen Quellengöttinnen als singende und zaubernde Wasserfrauen, welche nach dem Volksglauben denen, die sie im Wasser gesehen, den Sinn berücken[19], aber sonst weiblich fürsorgende Heil- und Geburtsgöttinnen sind und wegen der reinigenden heilkräftigen Natur ihres Wassers bei allen gottesdienstlichen Verrichtungen, besonders aber von den Frauen und Jungfrauen gesucht werden. Daher die im späteren Altertum weit verbreiteten, aus Griechenland stammenden Nymphen, deren es auch in Rom viele gab, d. h. künstlich eingerichtete und mit Bildwerken und Malereien anmutige ausgezierte Quellengebäude, welche zugleich zur religiösen Verehrung der Nymphen bestimmt waren und zu anderen sich anschließenden Lebenszwecken, namentlich zu Hochzeiten dienten.

Dem Fontus als Gott über alle Quellen entspricht gewissermaßen *Iuturna*, die gute, die heilende Nymphe schlechthin, wie dieses auch der Name aussagt, Iu–t–urna von iuvare. Es scheint wohl, daß sich der Volksglaube in Latium seit alter Zeit mit ihr beschäftigt hatte; daher noch die römischen Dichter allerlei latinische Fabeln von ihr zu erzählen wissen. Bald heißt sie eine Geliebte des Jupiters, welche von ihm zur Königin über alle Flüsse und Gewässer in Latium erhoben ist, bald die Gattin des Janus, welche von ihm den Quellengott Fontus geboren.[20] Bei Virgil ist sie die Schwester des Turnus von Ardea und eine Freundin der Albanischen Juno, obgleich Jupiter sie vor allen übrigen Nymphen des Landes liebt; daher wohl ein alter Kultuszusammenhang einer ihr geheiligten Quelle mit den latinischen Heiligtümern auf dem Albaner Berg angenommen werden darf. Auch gab es in der Nähe des durch so manche latinische Sagen geweihten Flusses Numicius im Gebiete von Ardea und Lavinium eine Quelle Iuturna[21], deren Verehrung höchst wahrscheinlich älter war wie die der römischen Juturna, welche mithin, wie in anderen Fällen andere Heiligtümer, nur eine örtliche Übertragung des in Latium allgemein verehrten Namens gewesen sein möchte. Denn auch in Rom waren verschiedene Quellen nach ihr benannt, einmal der bekannte lacus Iuturnae auf dem Forum in der Nähe des T. der Castoren, zweitens eine Quelle im Marsfeld, wo Lutatius Catulus der Juturna sogar einen Tempel gestiftet hatte. Und auch in Rom galt dieses Wasser für das reinste, das heiligste, das wohltätigste, für das Wasser schlechthin, daher alle Gottesdienste und alle Leidende davon zu schöpfen pflegten und alle Gewerke, welche mit Wasser zu tun hatten, der Juturna ein eigenes Fest feierten[22], Iuturnalia am 11. Januar, an welchem Tage auch ihr Tempel eingeweiht worden war und Carmenta neben ihr gefeiert wurde.

Nicht minder alt und merkwürdig ist der Glaube an die heiligende und begeisternde Kraft der Nymphe *Egeria*, welche vorzüglich ihrer Liebe zum König Numa bekannt geworden ist, da sie doch ursprünglich in dem latinischen und römischen Volksglauben eine viel allgemeinere Bedeutung gehabt haben muß. Selbst die Dichtung von Numa scheint nur ein besonderer Zug des älteren Volksglaubens an die begeisternde und weihende Kraft der Nymphen überhaupt zu sein, wie sich derselbe Glaube in den Dichtungen vom Janus und der Juturna, vom Picus und der Canens, von Evander und der Carmenta sowie darin ausspricht, daß Picus und Faunus ehe sie weissagen von einer Quelle am Aventin trinken; dahingegen der Name Egeria beweist, daß dieser Nymphe gleich der Carmenta zugleich eine entbindende Kraft zugeschrieben wurde.[23] Endlich wissen wir, daß die Vestalinnen nach einer angeblichen von der Egeria selbst eingegebenen Vorschrift des Numa das zu den täglichen Reinigungen und Waschungen ihres Dienstes erforderliche Wasser aus ihrem Quell schöpften. Ihr Kultus begegnet uns gleichfalls sowohl in Latium als in Rom. Dort rühmt sich der bekannte Hain der Diana von Aricia einer Quellengöttin Egeria, welche für die Pflegerin des Virbius galt und als Dienerin der Diana von den Frauen gewiß vorzugsweise als entbindende Göttin verehrt wurde, obwohl man auch hier von Numas Liebe zu ihr erzählt.[24] In Rom wurde sie in dem bekannten Hain vor der p. Capena in der Umgebung der sogenannten *Camenae* oder wie sie in älterer Form heißen Casmenae, d. h. Carmenae verehrt[25], welche deutlich dem Carmentes in der Umgebung der begeisternden Nymphe und Geburtsgöttin Carmenta, der Mutter des Evander, entsprechen und wie jene Canens,die Geliebte des Picus, ursprünglich keineswegs den poetischen Gesang der Dichter, sondern den zaubernden und orakelnden der Faune und der Fatuen ausdrücken sollten; obwohl sie später von den römischen Dichtern ganz nach Art der griechischen Musen, welche ursprünglich gleichfalls Quellnymphen gewesen waren, verehrt und angerufen wurden. Der Hain dieser Camenen, vor Alters ein anmutiges Tal mit reichlicher Bewässerung, frischem Rasen, schattigen Bäumen und kühlen Grotten, wie sie ehemals überhaupt in den Umgebungen von Rom nicht selten gewesen waren, lag gleich vor jenem Tore und nicht weit von dem T. des Honos und der Virtus, mit welchem die Quelle der Egeria und jener Hain bei dem rastlos fortschreitenden Anbau der gewaltigen Stadt später sehr ins Gedränge kam.[26] Angeblich hatte schon Numa dort eine kleine Kapelle der Musen von Erz gestiftet, welche später, nachdem sie vom Blitz getroffen war, zuerst in jenem benachbarten Tempel, dann in dem des Hercules Musarum aufbewahrt wurde. Ein anderer Tempel der Camenen wird erwähnt auf Veranlassung einer Dedikation des Dichters Accius, welcher in demselben seine eigen Portraitstatue in Lebensgröße aufgestellt hatte.[27]

Unter den Flüssen beschäftigte natürlich der Tiber die Römer am meisten. Im Gottesdienst hieß er *Tiberinus*, auch Divus Tiberinus und Pater Tiberinus[28], unter welchem Namen er im Gebet gewöhnlich angerufen wurde, und zwar mit dem Zusatze: Adesto Tiberine cum tuis undis, oder wie es bei Ennius und mit geringer Veränderung bei Virgil heißt: Pater Tiberine tuo cum flumine sancto[29]: wo also zugleich das väterliche Walten des mächtigen Stromgottes, des Herren und Vaters aller kleineren Gewässer seines Gebiets[30] und die Heiligkeit seiner Flut für den Glauben und den Kultus so vieler Gegenden und Menschen hervorgehoben wird. Die Sage kannte ihn als einen alten König seiner Landschaft, bald als einen König von Veji, welches einst mit seinem mächtigen Arme über den ganzen unteren Lauf des Stroms, vom Soracte bis zu Mündung geherrscht hatte, bald als einen latinischen Aboriginerkönig oder einen König von Alba Longa, welcher in dem Tiber verschwunden sei, wie Aeneas im Numicius verschwindet[31]: das gewöhnliche Bild, unter welchem man sich die historische Existenz der Ortsgenien höheren Ranges, d. h. der sogenannten Idigeten vergegenwärtigte. Noch eine andere Tradition nannte Tiberinus einen Sohn des Janus und der Camasene. In Rom fügte man die Dichtung hinzu, daß Rhea Silvia, nachdem sie die Zwillinge des Mars geboren, von ihrem harten Oheim in den Tiber gestürzt, hier aber von dem Stromgotte liebreich aufgenommen und zu seiner Gemahlin und königlichen Stromgöttin erhoben worden sei[32]: eine Sage, in welcher sich der alte latinische Glaube an eine heiligende und vergeistigende Kraft des strömenden Wassers wiederholt und zugleich die spezielle Beziehung des Tiberstroms zum römischen Vestadienste angedeutet ist. Übrigens konnte es nicht fehlen, daß eines so mächtigen Stroms, von dem das Wohl und Schicksal der Stadt in mehr als einer Weise bedingt war, bei dem Gottesdienste der Römer vielfach gedacht wurde; da namentlich seine häufigen Überschwemmungen, welche die niedrigeren Teile der Stadt immer stark heimsuchten, vollends in der älteren Zeit den Eindruck nicht allein einer starken, sondern auch einer jähen und heftigen Naturkraft machen mußten. Daher viele Gebete und Anrufungen samt anderen Gebräuchen und gottesdienstlichen Verrichtungen der höheren römischen Priesterschaft, von welchen sich manche Kunde erhalten hat. Sowohl die Pontifices als die Augurn pflegten ihn in ihren Gebeten für das Wohl der Stadt oder sonst bei öffentlichen Gelgenheiten anzurufen[33] und dabei nach Art solcher Gebete mit allerlei Beinamen, die seine Natur und Wirkung ausdrückten, auszustatten, wie er z. B. in den Urkunden der Augurn wegen seiner schlangenartigen Windung vom Marsfelde bis zum Aventin Coluber, d. h. die Säge genannt wurde, bei einer anderen Veranlassung wegen der Wirkung seines Stroms auf die anliegenden Äcker Serra, d. h. die Säge genannt wurde, bei einer anderen Rumon, welches wahrscheinlich wie Almo der Nährende ist.[34] Und zwar müssen solche gottesdienstliche Akte seit sehr alter Zeit bestanden haben, da Romulus als ihr Stifter genannt wird und bei Virgil gelegentlich nach Art des ältesten Kultus von einer heiligen Eiche des Pater Tiberinus die Rede ist.[35] Sonst pflegte man es wohl dahingestellt sein zu lassen, ob seine Wohnung in Rom sei und zwar auf der Insel, wo ihm am 8. Dez. geopfert wurde, oder an seiner Einmündung ins Meer, d. h. zu Ostia, welches gleichfalls ein geweihter Ort war.[36] Eigene Spiele wurden ihm am 7. Juni jenseits des Tiber von den Netz- und Angelfischern seines Stroms gefeiert, welche dadurch, daß sie die Fische zum Opfer des Vulcanus lieferten, auch zu diesem Gottesdienste in einer eigentümlichen Beziehung standen. Bei den Dichtern erscheint er nach griechischer Weise als gehörnter Flußgott oder als majestätischer Wassergreis, welcher zuweilen zwischen den Pappeln seines Ufers aus der Flut emportaucht, angetan mit einem feinen Linnen von bläulicher Farbe und das Haar mit Schilf bekränzt.[37] So vergegenwärtigten ihn auch die Künstler in ihren Bildern zu Rom und zu Ostia, von denen das berühmte Bild des liegenden Stromgottes zugleich eine bildliche Andeutung des reichen Lebens gibt, welches sich im Altertum von der Quelle bis zur Mündung auf seiner Flut und an den Ufern bewegte, eine lebhafte Schiffahrt und Fischerei, reicher Anbau von Villen und Gärten, und an der Mündung wieder das geschäftige Leben einer Handelsstadt, welche nächst Puteoli lange die bedeutendste an dieser Küste und namentlich unter den Kaisern durch die regelmäßige Kornzufuhr aus Ägypten und Afrika von höchster Wichtigkeit war. Daher auch die Parallele des Nil und Tiber in den bekannten Bildern und bei anderen Gelegenheiten, sowohl in Alexandrien als in Rom.[38]

Die merkwürdigsten Beweise der hohen religiösen Verehrung, welche diesem Stromgott in alter Zeit bei den Römern gewidmet wurde, sind aber einmal die spezielle Beziehung des Amtes und Namens der Pontifices zu dem Brückenbau über seinen Strom und zweitens das merkwürdige Opfer der sogenannten Argei. Jene, die Ableitung des Namens der *Pontifices* a ponte faciendo, wird fast allgemein angenommen[39], und die dagegen erhobenen Bedenken sind in der Tat von geringem Belang, so deutlich liegt die Zusammensetzung des Worts vor und so wesentlich hängt diese Benennung mit der religiösen Anschauung der alten Zeiten zusammen. Denn überall sind die Elementarkräfte heilig, darunter vorzüglich die fließende Strömung des Wassers, und überall galt es für eine Anmaßung der Menschen, ja unter Umständen für einen Frevel, wenn das von Natur in freier Kraft dahinströmende Element durch Überbrückung gleichsam unterjocht wurde, wie in demselben Sinne die Brücke, welche Xerxes über den Hellespont geschlagen hatte, bei den Griechen für einen Frevel galt. Der Tiberstrom war überdies oft ungestüm und gefährlich, daher man, wenn seine Überschwemmungen die Stadt beschädigten und die Brücke hinwegrissen, darin um so mehr einen Zorn des Gottes erkennen mochte. Daher das anhaltende, einzig auf religiösen Gründen beruhende Herkommen der Republik, nur den einzigen Pons Sublicius zu dulden und diese Brücke nicht allein nur aus Holz zusammenzusetzen, sondern auch jede Anwendung von Eisen dabei aufs gewissenhafteste zu vermeiden, aus denselben Gründen weshalb auch sonst das Eisen für etwas die heiligen Stätten Verletzendes galt. Auch wurden jedesmal, wenn diese Brücke neu geschlagen oder wiederhergestellt werden sollte, allerlei Opfer und Zeremonien an beiden Ufern und auf der Brücke selbst vorgenommen, und zwar unter der Oberaufsicht der Pontifices, zu deren Insignien deshalb auch die Axt gehörte. Bedenken wir, daß bei solchen Benennungen gewöhnlich eine einzelne Funktion, früher die angesehenste, herausgegriffen wird, während die Kompetenz der Behörde sich mit der Zeit erweiterte, wie dieses bei den römischeen Pontifices erst nach Vertreibung der Könige der Fall gewesen sein kann, so werden jene Bedenken noch weniger ins Gewicht fallen, auch nicht der Gebrauch desselben Namens pontifices für die priesterliche Oberbehörde in anderen Städten von Latium und Italien, wobei ohne Zweifel der römische Sprachgebrauch der bestimmende war. Dahingegen die ähnliche Benennung eines alten priesterlichen Geschlechts in Athen, der Γεφυϱαῖοι, welche aus Böotien eingewandert auf der heiligen Straße nach Eleusis angesiedelt wurden und die Brücke über den Ilissos unterhielten, wobei sie gewisse ihnen eigentümliche Sacra beobachteten, schon von den Alten als passende Analogie angeführt wird. Nicht weniger merkwürdig sind die *Argei*, welche den Kultus und die Stadtchronik von Rom in der doppelten Bedeutung örtlicher Heroen der ältesten Stadtquartiere und in der von menschlichen Figuren beschäftigten, die aus Binsen geflochten und als Äquivalent früherer Menschenopfer an den Iden des Mai in den Tiberstrom geworfen wurden. Gewöhnlich hielt man sie für Begleiter des Hercules, welche mit diesem aus Argos nach Rom gekommen, aber nach seinem Abschiede dort geblieben wären und die Saturnia, d. h. die angebliche Stadt des Saturn am Fuße des Capitols bewohnt hätten.[40] Hernach stürzen sie sich aus Sehnsucht nach ihrer Heimat in den Strom und werden seitdem als Heroen in 24 durch die Altstadt zerstreuten Kapellen verehrt, welche man ihre Gräber nannte[41], offenbar als Ortsgenien (Laren oder Indigeten) der 24 oder mehr Quartiere, in welche die Altstadt bis zu der neuen Einteilung der Stadt durch August zerfiel. Bei diesen Kapellen wurde am 16. und 17. März von den Priestern ein Umzug gehalten, bei welchem die Flaminica Dialis mit ungekämmtem Haar, also in Trauer erschien[42]: wahrscheinlich ein Gedächtnis zum Andenken an diese Heroen, welche den Compitallaren nahe verwandt gewesen sein mögen, in einer Zeit wo der Abschied von dem Winter und die Nähe des Frühlings sich in allerlei Sühnungs- und Freudefesten aussprach. Am 15. Mai aber fand ein gleichfalls nach ihnen benanntes Sühnungsfest auf dem Pons Sublicius statt, bei welchem die Beziehung auf den Stromgott der Stadt unverkennbar ist; und auch hier waren vornehmlich die Pontifices beteiligt, sie und die immer eng mit ihnen verbundenen Vestalischen Jungfrauen. Zuerst brachten die Pontifices gewisse vorbereitende Opfer, dann stürzten die Vestalinnen in Gegenwart der Prätoren und anderer bürgerlicher Magistrate 24 von Binsen geflochtene Menschen-Puppen, die man Argei nannte, mit zusammengeschnürten Händen und Beinen von der Brücke in den Strom[43], angeblich zur Erinnerung an jene Begleiter des Hercules oder weil dieser den stellvertretenden Gebrauch anstatt der früheren Menschenopfer eingeführt habe. Und in der Tat sollen früher bei dieser oder einer anderen Gelegenheit wirkliche Menschen, und zwar sechzigjährige Greise in den Strom gestüzt worden sein; wenigstens wird das Sprichwort sexagenarii de ponte von den Alten u. a. von einem solchen Gebrauche erklärt und auch wohl unmittelbar auf das Argeeropfer bezogen[44]. Die Erklärung des griechischen Namens für diese ältesten Viertelsgenien der Stadt ergibt sich von selbst, wenn wir annehmen, daß sie ursprünglich nach italischer Weise ohne bestimmtere Personifikation und Benennung verehrt wurden, wie der bei dem Kultus des römischen Hercules zu Grunde liegende Genius der Stadt und der Stadtflur, den man später mit dem argivischen Hercules identifizierte. War dieses einmal geschehen, so lag nichts näher als jene ihm gleichartigen Viertelsgenien für seine Begleiter zu halten. Die andere Tradition, nach welcher sie für Saturnii galten, erklärt sich durch dieselbe Voraussetzung, daß sie die Bedeutung vor örtlichen Aboriginern und segnenden Genien hatten, denn Saturnus und sein Geschlecht ist ja nur das Kollektivbild für jene älteste Zeit einer paradiesischen Segensfülle. Die Binsenmänner, welche in den Strom geworfen wurden, können ursprünglich nicht die Viertelsgenien selbst, sondern nur die nach ihnen benannten Stadtviertel vertreten haben, von den vermutlich jedes ein solches Bild, früher also wohl einen Menschen zu dem Gesamtopfer zu stellen hatte.

Neben dem Tiber wurden in jenem Gebete der Augurn, leider weiß man nicht bei welcher Gelegenheit, auch einige seiner kleineren Nebenbäche in der Nähe der Stadt genannt, namentlich der Spino, Almo und Nodinus (Cic. N. D. III, 20, 52), besondere Gebräuche von derselben priesterlichen Behörde aber namentlich bei dem Übergange jedes höheren Beamten der Stadt über jeden, auch den kleinsten Nebenfluß des Tiber beobachtet: worin sich wieder der Glaube an ein jedem fließenden Gewässer einwohnendes Numen deutlich ausspricht. Man nannte in diesem priesterlichen Sprachgebrauche jedes aus beständiger Quelle fließende Wasser fons manalis[45], hielt es aber nur dann für nötig, besondere Übergangs-Beobachtungen, die man auspicia peremnia nannte[46], anzustellen, wenn aus einer derartigen Quelle der Bach zu einem amnis wurde, d. h. in ein größeres Flußsystem abfloß; wie diese Auspicien denn namentlich hnsichtlich der Petronia amnis im Marsfelde erwähnt werden, welcher Bach von den Magistraten bei allen im Marsfelde vorzunehmenden Geschäften überschritten werden mußte.[47]

Auch die größeren Nebenflüsse des Tiber sind ohne Zweifel auf ähnliche Weise wie er selbst, der für ihren gemeinschaftlichen Herrn und Vater galt, verehrt worden, z. B. der schweflige Nar und der liebliche Anio, welche samt dem Avens das sabinische Heimatland in der Gegend von Reate durchströmten, wo auch der l. Velinus und der See von Cutilia durch manche alte Sage und manchen Brauch geheiligt waren. Doch hören wir von diesen Gewässern nur gelegentlich und selbst von einer religiösen Verehrung des Anio, der bei Sublaqueum (Subiaco) und Tibur vorbei das Bett des Tiber sucht, ist etwas Bestimmteres nicht überlieferrt. Wenn anders nicht vielleicht der bei Tibur und an dem Wasserfalle des Anio verehrte *Tiburnus* oder *Tiburtus*[48], welcher für einen der Gründer von Tibur galt, eigentlich der als Divus Pater und Indiges verehrte Stromgott Anio war, welcher bekanntlich jetzt allgemein Teverone heißt. Dazu kommt die Verehrung der weissagenden Nymphe oder wie man sie später nach dem Vorbilde der Cumanischen Sybille und anderer Seherinnen nannte, der Sibylla *Albunea*, welche zu Tibur am Ufer des Anio ein Heiligtum hatte, in dessen Strom der Sage nach ihr Bild mit einem Buche in der Hand gefunden war.

Ihre früher auf der Burg von Tibur im Tempel des Hercules aufbewahrten Sprüche wurden vom römischen Senat später auf das Capitol in die allgemeine Niederlage solcher Runen (sortes) geschafft.[49] Offenbar ist sie die Nymphe, die Fauna der Solfatara von Tibor, deren bereits auf Veranlassung des alten und im latinischen Altertum weltberühmten Faunusorakels von Tibur gedacht ist. Selbst der Flußgott Anio galt wegen dieses Orakels später für einen Sohn des Apollo, noch bestimmter aber wird der andere Gründer von Tibur Catillus als ein dem Faunus verwandter Prophet dadurch charakterisiert, daß ihn die Sage bald einen Begleiter des arkadischen Evander, bald einen Sohn des argivischen Propheten Amphiaraos nannte.[50] Später waren diese Sagen freilich meist verschollen, der alte Kultus durch die Zeit verdunkelt, dagegen die Quelle zu einem häufig besuchten Heilbade geworden, dessen sich schon August bediente. Es war eine kalte Schwefelquelle, in der man entweder badete oder man trank das Wasser, namentlich sollen die Bäder zur Stärkung der Nerven und bei Verwundungen sehr heilsam gewesen sein. Eine aus diesem Orte erhaltene Inschrift spricht den Dank eines rüstigen Jägers aus, der sich in Etrurien auf der Eberjagd eine Wunde geholt hatte und bei jener Quelle Heilung fand, worauf er zum Dank sein Bild, wie er zuerst wieder zu Pferde saß, in Marmor ausgehauen neben der Quelle aufstellte.[51]

Wie man auf dem Lande die Quellen verehrte, davon gibt das liebliche Gedicht des Horaz eine Vorstellung, durch welches er die Quelle seines sabinischen Landgutes, die durch ihn berühmt gewordene Quelle der Bandusia verherrlicht hat, Od. II, 13. Man bekränzte sie mit Blumen, schüttete Wein in das Wasser und schlachtete bei festlichen Gelegenheiten auch wohl ein Böcklein[52], dessen Blut man gleichfalls in das Wasser tropfen und mit diesem dahinfließen ließ. Von der Verehrung größerer Bäche ist die des Clitumnus in Umbrien ein lehrreiches Beispiel, nach der Beschreibung des jüngeren Plinius ep. VIII, 8. Seine Quelle war sehr reich und voll, das Wasser bis zur Durchsichtigkeit klar und dabei frisch wie Schnee, das Ufer reichlich mit Bäumen bestellt, die Felder der benachbarten Stadt Mevania durch diesen Fluß reich gesegnet und durch eine Zucht von weißen Stieren berühmt, deren für den Gebrauch des Gottesdienstes geweihte Farbe man der Wirkung dieses Wassers zuschrieb.[53] Daher ein vor vielen angesehener Kultus dieses Flußgottes, dessen die Alten oft gedenken. Der Hain mit einem Tempel befand sich in der Nähe der Quelle, darin das Bild des Gottes und sogenannte sortes, d. h. auf Blättern oder auf Stäben geschriebene Orakelsprüche wie die der Albunea von Tibur oder Fortuna von Praeneste. Um den Tempel sah mal viele kleinere Kapellen für ebenso viele Götter zweiten Ranges, deren jeder seinen Namen und seinen besonderen Kultus hatte; zum Teil waren es die Götter kleinerer Quellen, die sich in den Clitumnus ergossen und als deren Herr und Vater er verehrt wurde. Ihn selbst nannte man Iupiter, d. h. Divus Pater Clitumnus, welches nach Analogie des Pater Tiberinus, Pater Reatinus und ähnlicher Fälle zu erklären ist. Über den Strom war eine Brücke geschlagen, welche die Grenze zwischen dem heiligen und dem profanen Teile des Flusses bildete, in welchem letzteren man baden durfte. Viele Inschriften des Danks und der Huldigung bedeckten die Säulen und die Wände des Tempels.

Um so leicher wird uns die Verehrung des Flusses Numicus oder Numicius[54] bei Lavinium verständlich werden, welcher die Sage und Dichtung der Latiner und Römer so viel beschäftigte. Es ist der geweihte Fluß der Vesta und der Penaten von Lavinium, in dessen Wellen Aeneas verschwunden war: ein Fluß, der die Sage in früheren Zeiten reichlich und voll durch den fruchtbaren Grund von Lavinium strömen und erst später, nachdem der Gottesdienst vernachlässigt worden sei, so erbärmlich zusammenschrumpfen läßt.[55] Merkwürdig sind die Kraft seines Wassers zum Indiges oder Iupiter Indiges geworden, denn als solcher wurde er an seinem Ufer in einem Haine verehrt, in welchem man den Grabeshügel des troischen Helden zeigte. Entweder opfernd oder in einem siegreichen Gefechte mit den Feinden Latiums verschwindet er plötzlich in dem Strome, worauf jenes Heiligtum gestiftet wird, bei welchem die römischen Pontifices jährlich mit den Konsulen opferten. Dabei wird immer dem Wasser des heiligen Stromes die Kraft zugeschrieben, durch welche der sterbliche Aeneas zum unsterblichen Gott geworden sei[56], ja dieser Aeneas Indiges wird hin und wieder geradezu wie der im Numicius waltende und herrschende Flußgott beschrieben, so daß er ursprünglich wohl nichts anderes gewesen ist als der Divus Pater Numicius, der Flußgott als Indiges und als Stifter der Penatenstadt Lavinium gedacht, deren Vestadienst mit diesem Kulte durch den Gebrauch seines heiligen Wassers eng verbunden war. Vielleicht war es nur die Folge einer Namensverwechslung, hier und in anderen Fällen, daß Aeneas, als die Sage von ihm einmal eingedrungen war, mit diesem Indiges identifiziert wurde, so gut wie bei der Anna Perenna, wobei zuerst gewiß nur die beständige Strömung (amnis perennis) der Numiciusquelle gemeint war, dann aber die karthagische Anna durch die geschäftige Sage herbeigezogen wurde.[57]

Unter den Flüssen Campaniens hat jedenfalls der *Volturnus,* d. h. der sich Wälzende, der Rollende, von volvere (Vol-t-urnus, wie Sae-t-urnus, Iu-t-urna) einen lebhaften Kultus der ganzen Umgegend veranlaßt, wie sich davon auch noch in dem feriale Capuanum einige Spuren erhalten haben[58]. Auffallend ist es, daß wir denselben Kultus auch in Rom finden, wo noch die Kalender der Augusteischen Zeit am 27. August eine Feier der Volturnalia anmerken und dieselbe in einem dieser Kalender ausdrücklich für ein dem Flusse Volturnus dargebrachtes Opfer erkärt wird[59], welcher nicht wohl ein anderer sein kann als der durch ganz Italien bekannte Fluß von Capua oder Volturnum, wie diese Stadt in früherer Zeit geheißen hatte.[60] Also bleibt nichts anderes übrig als eine Übertragung dieses Kultus von Capua nach Rom anzunehmen. Vermutlich geschah es in der Zeit (seit dem J. 543 d. St., 211 v. Chr.), wo die Römer die Stadt Capua gänzlich aufhoben und von ihrem reichen Gebiete in solcher Weise Besitz ergriffen, daß Rom fortan an die Stelle von Capua trat[61]: bei welcher Gelegenheit also jener Kult des Flußgottes und alten Eponymen der Stadt nach Rom übertragen worden wäre, wie bei anderen Gelgenheiten die Kulte von Alba, von Veji, Lanuvium usw. Wie sehr im übrigen durch ganz Campanien und überhaupt im südlichen Italien Flüsse und Quellen den Glauben und die Einbildungskraft der Bevölkerung beschäftigten, beweisen teils die Münzen der griechischen Städte, z. B. die von Neapel[62], teils die hin und wieder erzählten Fabeln von sterblichen Menschen, welche in die Quelle eines Flusses gestürzt zu gehörnten Flußgöttern geworden, oder von Flußgöttern, denen ein Silvan entspringt u. dgl. m.

Eine andere Reihe von gottesdienstlichen Beobachtungen und entsprechenden Sagen schließt sich an die vielen Warmbäder und Heilquellen, welche durch ganz Italien sehr zahlreich waren und im Altertum auch von Leidenden aller Art überall sehr fleißig besucht wurden. Die warmen Bäder waren insgeheim nach giechischer Sitte dem Hercules geweiht, daher sich die Fabel von der Geryonsfahrt und seiner Wanderungen durch Italien auch in Padua fesgesetzt hatte.[63] Anderswo hielt man solche Heilquellen oder Gewässer von heilender Kraft für eine Gunst der Ortsgottheit und warf allerlei fromme Gaben für sie ins Wasser, Münzen, kleine Götterbilder, Köpfe oder andere Gliedmaßen des menschlichen Körpers, welche geheilt worden waren: von welcher Sitte sich ein merkwürdiges Beispiel in einem Alpensee auf Mte

Falterona, auf welchem der Arno entspringt, erhalten hat.[64] Wo dagegen vulcanische Wirkungen, namentlich aufsteigende Schwefeldämpfe beobachtet wurden, an denen Italien so reich ist und im höheren Altertum noch reicher war, da pflegte man die *Mefitis* anzubeten, welcher wir als einer alten italischen Gottheit im mittleren Italien nicht selten begegnen, z. B. beim See von Amsanctum im Waldgebirge der Hirpiner, neben welchem sich eine der Mefitis geheiligte Höhle befand, aus welcher wie aus der Höhle am Averner See bei Cumae erstickende Dämpfe aufstiegen, daher man auch hier an einen Eingang in die Unterwelt glaubte.[65] Auch in Tibur wurde Mefitis verehrt und zwar als Mann neben der Albunea[66], desgleichen in Rom, wo es einen lucus Mefitis auf den Esquilien gab, ein sicherer Beweis, daß auch dort einst gasartige Dämpfe aufgestiegen waren[67], ferner zu Benevent in Samnium, zu Potentia in Lucanien, zu Atina in Campanien usw., auch zu Cremona in der Lombardei.[68] Auf der Insel Ischia hatte man bei vollkommener Hellenisierung des Orts die gleichartigen Heilquellen dem Heilgotte Apoll und den Nymphae oder Lymphae Nitrodes oder Nitrodae gewidmet, welche aus Bildwerken und Inschriften bekannt sind.[69]

Auch der Kultus der *Paliken* in Sizilien mag sich hier anschließen, da er mehr der einheimischen Bevölkerung als den Griechen angehört zu haben scheint und diese Paliken wesentlich Dämonen von Schwefelquellen waren, die von vulcanischen Kräften getrieben wurden, freilich unter sehr eigentümlichen und auffallenden Bedingungen,welche dem Naturgefühl der Alten um so mehr imponierten. Äschylos hatte sie in einer seiner Tragödien verherrlicht und ältere und neuere Reisende und Gelehrte haben sich oft mit dieser Erscheinung beschäftigt.[70] Der Ort befand sich im Oberlande des Flusses Symäthos, schon im Inneren der Insel, zwischen Enna und Syracus; wahrscheinlich ein zusammengestürzter Krater, in dessen innerster Senkung sich noch jetzt bei nasser Jahreszeit Wasser zu sammeln pflegt, welches durch vulcanische Dämpfe, die aus der Tiefe durch verschiedene Löcher aufsteigen, emporgetrieben wird. In alter Zeit muß diese Wirkung und Erscheinung weit energischer gewesen sein, da gewöhnlich von zwei Becken (Krateren) in diesem Grunde die Rede ist, aus denen das heiße und erstickende Dämpfe verbreitende Schwefelwasser bei unergründlicher Tiefe immer von neuem aufgäre und in hohen Sprudeln emporspringe. In der Nähe dieses Phänomens wurden jene Paliken als wohltätige Dämonen verehrt, obwohl sie eigentlich nur die personifizierte Naturerscheinung selbst waren. Bald hießen sie Kinder des Adranos, eines durch ganz Sizilien von der indigenen Bevölkerung verehrten Halbgottes, bald des Vulcan und der Nymphe Aetna, bald, und dieses war die durch Äschylos verherrlichte Fabel, nannte man sie Söhne des Zeus und der Thalia, einer Tochter des Vulcans vom Aetna, welche sich aus Angst vor der eifersüchtigen Juno in die Erde flüchtet, worauf diese anstatt ihrer die Paliken gebiert.[71] Doch unterschied man an dem Orte selbst zwischen den beiden Sprudeln, die man Delli nannte, und den göttlich verehrten Paliken, welche für Heilgötter und gute Genien des Ackerbaus und der Schiffahrt galten. Bei jenen Sprudeln pflegten auch Reinigungseide unter eigentümlichen Gebräuchen abgelegt zu werden, indem man die Schrecknisse des Orts zur Erschwerung des Gewissens und das Auf- und Niedersteigen der Schwefelsprudel zu einer Art von Gottesurteil benutzte, dahingegen das benachbarte Heiligtum der Paliken auch als Orakel und Asyl für Sklaven häufig aufgesucht wurde, auch in dem sizilischen Sklavenkriege, welcher hier sogar recht eigentlich seinen Herd hatte.

NEUNTER ABSCHNITT

Die Götter des feurigen Elements

Es gehören dahin Volcanus als Gott der Naturkraft des Feuers, welche beseelend und bildend, aber auch zerstörend wirkt, und Vesta, die Göttin der Feuerstätte, sofern sie für das menschliche Leben die Bedingung aller Ansiedlung und veredelten Häuslichkeit ist, auch die Göttin der Altarflamme, welche von der Erde zum Himmerl emporweist. Beide zusammen[1], in mancher Hinsicht aber auch Volcanus allein, erinnern sehr an den indischen Agni (ignis), den Feuergott der Veden, welcher gleichfalls sowohl die leuchtende, erwärmende und verzehrende Macht des Feuers als der Feuergott des Altares und des häuslichen Herdes, also des Familienlebens und des Gottesdienstes überhaupt ist. Der Vesta gesellen sich im römischen Kultus die freundlichen Haus- und Herdgeister der Penaten, welche sie auch in das öffentliche Leben des Gemeindeherdes hinüberbegleiten.

1. Volcanus

Der Name wird sowohl in den besseren Texten der Schriftsteller als in den Inschriften gewöhnlich Volcanus[2] geschrieben, später Vulcanus. Eine befriedigende Etymologie ist bis jetzt nicht gefunden.[3] Um so verständlicher ist der Name Mulciber, wie der Gott besonders als allverehrter Waffenschmied gleich dem deutschen Wieland und dem griechischen Hephästos genannt wurde, von mulcere, d. h. von der erweichenden, die festen Metalle flüssigmachenden Kraft des Feuers.[4] Bei den Etruskern hieß er Sethlans, welcher Name vermutlich mit dem griechischen αἴθειν und dem älteren Namen der Insel Lemnos Aἰθάλη, Aἰθάλια, Aἰθάλεια zusammenhängt, den auch die Insel Elba mit ihren großen Vorräten von Eisen und Kupfer führte[5]: welche Schätze in Populonia und sonst bei den Etruskern, da ihr Land überhaupt an Metallen reich war, zu allen Künsten und Übungen des Schmiedegotts, Schmelzöfen, Münzstätten, den berühmten kunstreichen Metallarbeiten usw. reichlichen Anlaß darboten.

In den älteren Kulten und Sagen erscheint Vulcan bald als zerstörende bald als wohltätige, nicht selten auch als beseelende und zeugende Kraft, ja wie Vesta und der indische Agni auch als Gottheit des Herdes, der über dem Bestande der Familie wacht und im Staate Gesellung und Verbündung fördert. In der Pränestinischen Sage galt deshalb Caeculus, der Gründer der Stadt, für einen Sohn des Feuergottes, der „am Herde“ gefunden wird, dann unter den Hirten aufwächst und endlich wie Modius Fabidius in Cures, wie Romulus in Rom das Volk der Umgegend um sich versammelt und den Staat gründet.[6] Nach der latinischen und römischen Sage, wie Dionys und andere Schriftsteller sie erzählen[7], wurde Servius Tullius, der volksfreundliche König und neue Gesetzgeber, in demselben Sinne für den Sohn des Vulcans gehalten, welcher bei dieser Gelgenheit in der Flamme des Familienherdes der Tarquinier als lar familiaris, d. h. als Schutzgott des Hauses erscheint. Tarquinius und die weise Tanaquil sitzen beim Mahle, bei welchem Ocrisia (d. i. die Burg-Jungfrau, von ocris), die gefangene Königstochter aus Corniculum, als Magd aufwartet.

Als sie nach der Sitte des Mahls die Speiseopfer zu den Laren des Herdes trägt und den Wein in die Flamme schüttet, streckt sich ihr aus der Flamme ein fascinum entgegen. Erschrocken meldet sie es der Tanaquil, diese aber heißt sie sich bräutlich schmücken und so an den Herd setzen, worauf sie nach neun Monaten den Servius Tullius gebiert. Auch soll sich Vulcanus bei seinem Sohne wie beim Pränestinischen Caeculus nicht unbezeugt gelassen haben. Denn einst, da Servus als Knabe schlummerte oder, wie andere erzählten, da er nach dem Tode seiner vielgeliebten Gattin in tiefen Seelenschmerz versunken war, sah man sein Haupt und das Haar von lichter Flamme lodern.

Ein wohltätiger und befruchtender Naturgott ist Vulcan auch als Gatte der alten latinischen, der Bona Dea nahe verwandten Gättin Maia, welche zu Rom in alten Gebetsformeln als Maia Volcani verehrt wurde und ihr Opfer am 1. Mai durch den flamen Volcanalis erhielt[8]; eine ähnliche Verbindung also wie die zwischen dem lemnischen und ätnäischen Hephästos und der Naturgöttin Aphrodite, der römischen Venus, daher auch diese Gruppe der römischen Vorstellung nahe lag und von Horaz in den bekannten Versen von der wiederkehrenden Lust des Frühlings Od. I, 4, 5 ff. angewendet wird. Unter den römischen Kultusstätten des Feuergottes ist besonders merkwürdig das alte *Volcanal* des Comitiums, welches wie eine Art von Staatsherd erscheint, gleich jenem Herde in Praeneste, an welchem der Gründer der Stadt gefunden wurde. Es war kein eigentlicher Tempel, sondern nur eine über das Comitium erhöhte Fläche (area), wahrscheinlich mit einer Feuerstätte und einem Septum, wie auch die anderen sogenannten Volcanalia in Rom zu denken sein werden. Indessen hatte dieser Platz für die Stadt und den Staat eine ganz besondere Bedeutung, da er durch die alte Erinnerung an die Verbündung der Römer und Sabiner und eine ebenso alte Praxis der bürgerschaftlichen Versammlungen geweiht war. Hier sollen Romulus und T. Tatius ihre Zusammenkünfte gehalten haben, wie später die verbündeten Römer und Quiriten und die Patrizier überhaupt hier berieten, auf dem comitium, für dessen geheiligten focus nach Art des späteren Vestadienstes also dieses Vulcanal gehalten werden darf. Romulus soll es gestiftet und eine eherne Quadriga als Wahrzeichen seines Triumphs über Cameria auf demselben aufgestellt haben; ein Lotosbaum, welcher sich bis zur Zeit des Plinius auf demselben Platze erhalten hatte, galt für ebenso alt als die Stadt.[9] Die politische Bedeutung des Platzes wurde vollends die vorherrschende, seitdem durch Tullus Hostilius am Comitium die Curia Hostilia enstanden war, zu welcher später die Rostra, die Gräcostasis und andere Gebäude des bürgerlichen und politischen Lebens der Stadt hinzutraten. Doch blieb dem Volcanal nach wie vor auch seine religiöse Bedeutung; ja es wurde noch einmal zu einer Stätte der Ausgleichung und Verschmelzung feindlicher Elemente, als Cn. Flavius, derselbe welcher die Fasten veröffentlichte, auf demselben Platze, wo einst Romulus und Tatius einander die Hände gereicht hatten, eine Kapelle der hergestellten Eintracht, jetzt der zwischen Patriziern und Plebejern errichtete.[10] Das alte Heiligtum des Feuergottes aber erkennt man z. B. daran, daß wiederholt solchen Personen, die vom Blitze, dem Feuer des Himmels geroffen waren, auf dem Volcanal Statuen errichtet wurden, wie Vulcanus denn wenigstens bei den Etruskern, deren Aruspices in solchen Fällen zu entscheiden pflegten, als Feuergott zugleich ein blitzschleudernder Gott war.[11]

Das Hauptfest des Vulcan fiel in den heißen Monat August, wahrscheinlich deshalb, weil Sonne und Feuer bei den Alten, auch bei den Römern oft gleichbedeutend gedacht und für einander gesetzt werden.[12] Es war der 23. August, an welchem Tage später auch zirzensische Spiele zu Ehren des Vulcan gehalten wurden.[13] Ein in religiöser Hinsicht sehr merkwürdiger und gewiß sehr alter Gebrauch dieses Tages war der, daß die Römer dann, wahrscheimlich jeder Familienvater für sich und die Seinigen, gewisse Fische als Opfer in das Feuer (des häuslichen Herdes) warfen, ohne Zweifel waren es die auch sonst als stellvertretendes Opfer pro animis humanis erwähnten kleinen Fische, welche man in Rom maenae nannte. Diese wichtigen Fische wurden von den Tiberfischern geliefert, aber nicht auf dem gewöhnlichen Fischmarkt, sondern auf einer area Vulcani feilgeboten (vermutlich nicht jener alten, sondern auf dem Platze vor dem Vulcanustempel im Marsfelde), wofür ihnen die Stadt dadurch lohnte, daß sie am 7. Juni durch den Stadt-Prätor eigene Fischerspiele (ludi piscatorii) für die Zunft der Fischer und den guten Ertrag ihres Gewerbes am jenseitigen Stromufer halten ließ.[14] Die Volcanalien aber wurden nicht allein in Rom, sondern auch in Ostia gefeiert, wo ein mehrfach erwähnter praetor sacris Volcani faciundis dabei den Vorstand hatte[15]: vermutlich derselbe Gottesdienst und mit denselben, den Fischfang im Tiber so nahe angehenden Gebräuchen, in denen sich zugleich der alte Glaube, daß das menschliche Seelenleben dem Feuer verwandt sei, recht vernehmlich ausdrückt. Ein anderer Festtag des Vulcan war der 23. Mai, wo die beim Gottesdienste gebrauchten Trompeten und ähnliches Metallgerät lustriert und dabei dem Vulcan geopfert wurde[16], wie am 23. März ein ähnlicher Gebrauch mit einer Feier der Minerva verbunden war. Also galt Vulcan bei dieser Gelegenheit für den kunstreichen Schmied und Vorsteher aller Gewerke, welche im Feuer schaffen und arbeiten.

Sonst ist er gewöhnlich der verzehrende Feuergott[17] und zwar in der doppelten Bedeutung eines solchen, dem das durch Feuer zu Vertilgende geweiht wird, und eines solchen, der über jede Feuersgefahr und Feuersbrunst gebietet, also auch gegen dieselbe Schutz gewährt. In jener Beziehung wird Vulcan nicht selten unter den Kriegsgöttern erwähnt, da es in Italien ein altes Herkommen war, nach gewonnener Schlacht die geringe Beute auf dem Schlachtfeld selbst zu verbrennen und zu diesem Zwecke dem Vulcan und anderen Göttern der Vernichtung zu weihen[18]; es sei denn, daß auch dabei das Bild des göttlichen Waffenschmiedes im Spiele war, wenigstens sind es immer Waffen, welche dem Vulcan bei solchen Gelgegenheiten geweiht werden. Andererseits war es allgemeiner Gebrauch, den Feuergott als Schutz gegen Feuersbrünste zur verehren, zu welchem Behufe allerlei Beschwörungsformeln an die Wände der Häuser gemalt wurden, wodurch man diese unter den Schutz Vulcans zu stellen glaubte. Und zwar halfen auch darin die Etrusker mit ihrem Aberglauben aus, wenn anders eine der beliebtesten Formeln der Art Arse Verse, welches averte ignem bedeuten soll, wirklich etruskischen Ursprungs ist.[19] In Perusia wurde sogar, nachdem im Kriege zwischen Octavian und Antonius die ganze Stadt bis auf das Vulcanal abgebrannt war, fortan Vulcan anstatt der Juno, die sonst in den etrurischen Städten Schutzgöttin zu sein pflegte, als Schutzgott verehrt.[20] In Rom, wo die Straßen bis auf den großen Brand unter Nero in der Regel enge, die Häuser hoch, also die Feuersbrünste meist sehr verheerend waren, wurde neben dem Vulcan eine *Stata Mater* verehrt, als weibliche der Vesta verwandte Schutzgöttin der Straßen und öffentlichen Plätze, welche das Feuer zum Stehen brachte und sowohl die Häuser als das Straßenpflaster gegen seine verheerende Wirkung schützte. Das erste Beispiel eines Bildes dieser Stata Mater sah man auf dem Forum, nachdem dieses durch Cotta gepflastert worden war; hernach verbreitete sich dieser Kultus schnell durch die ganze Stadt und die einzelnen vici, daher sich verschiedene Inschriften erhalten haben, in denen die Viertelsmeister, vicorum magistri, der Stata Mater solche Heiligtümer stiften.[21] Augustus errichtete später auf dem Forum, vermutlich neben jenem Bilde der Santa Mater, auch ein Bild des Vulcanus, von welchem die Dedikationsinschrift gleichfalls erhalten ist (Grut. 61, 1), ein Vorgang, welcher gleichfalls in den übrigen Teilen der Stadt Nachahmung fand; wenigstens wurde bald darauf, nachdem eine Feuersbrunst den Aventin verheert hatte, die bei dem Vicus Armilustri in der Gegend von S. Alessio zum Stehen gekommen war, von den dortigen Viertelsmeistern dem Volcanus Quietus und der Stata Mater ein Heiligtum gestiftet.[22] Ja dieser Kultus verbreitete sich mit der Einteilung der Stadt in vici und der Ortspolizei der vicomagistri auch außerhalb Roms über die Municipien und sonst, daher ähnliche Inschriften in verschiedenen Gegenden vorkommen.[23] Aus demselben Grunde pflegte man, eben weil Vulcan mit der Zeit immer mehr zu einem Gott der Feuersbrünste wurde, die Tempel desselben lieber außerhalb der Stadt anzulegen.[24] Und wirklich lag der einzige bekannte Tempel dieses Gottes in Rom nicht in der Stadt, sondern im Marsfelde, wahrscheinlich in der Nähe des Circus Flaminius, in welchem auch die zirzensischen Spiele der Volcanalien am 23. August gehalten wurden.

2. *Vesta und die Penaten*

Der Name Vesta ist nicht etwa aus dem griechischen Ἑστία entstanden, wie man später in Rom glaubte (Cic. N.D. II, 27, 67), sondern beide sind von demselben Stamme abzuleiten, welcher im Sanskrit was lautet und wohnen, verweilen bedeutet.[25] Also eine Göttin des Herdfeuers, sofern dieses der Mittelpunkt und das Prinzip des häuslichen Lebens ist, ja in weiterem Umfange auch des städtischen und bürgerlichen Lebens, da der Staat und die Stadt wesentlich auf der Zusammenfassung vieler Häuser und Familien mit einem und demselben Gesellungsprinziep beruht, welches von den Alten gleichfalls unter dem Bilde eines lodernden Herdfeuers dargestellt wurde. Daher die innige Gesellung der Penaten, welche eigentlich Hausgeister sind, auch mit der öffentlichen Vesta in Latium und Rom. Im häuslichen Leben entsprach sie ebenso wesentlich der festen und altherkömmlichen Einrichtung des latinischen und wohl überhaupt italischen Hauses, nach welcher das Atrium mit seinem Herde und den auf diesem verehrten Göttern die Mitte und das Herz des gesamten häuslichen Verkehres war. Ja das Atrium selbst hatte seinen Namen von dem Herdfeur, um welches es sich ausbreitete; es ist nämlich eigentlich die Küche und die damit unmittelbar zusammenhängende Diele[26], die in der Mitte einen offenen Raum hatte, wo der Rauch abzog und der Himmel von oben hineinblickte. Eben diese Diele war der allgemeine Familiensaal, um welchen die einzelnen zur Wohnung erforderlichen Räume (Kemenaten) herumlagen; auf derselben aber bildete wieder der Herd (focus, culina) mit seinem Vestafeuer und den Bildern der Laren und Penaten das alte Familienheiligtum, bei welchem täglich und bei allen festlichen Gelegenheiten die Familienandacht verrichtet wurde und an welchem alle teuersten Erinnerungen hingen. Dort versammelte sich die Familie zum täglichen Mahle, dort stand auch das Ehebett, dem Eingange gegenüber (lectus genialis, adversus), eine Stätte der schaffenden Genien des Hauses, dort war das Matrimonium, in welches die junge Frau bei der Hochzeit feierlich eingeführt wurde, dort die Spinnstube, wo die Hausfrau unter ihren Mägden waltete, den Herd und die Arbeit zugleich beaufsichtigend, während der Hausherr in derselben Halle als das Familienoberaupt gebietet, zur täglichen Arbeit ein- und ausgehend. Den Eingang von der Straße her bildete das vestibulum, mit welchem das religiöse Gebiet der Vesta des Herdes begann[27], während der offene Raum in der Mitte der Diele, das sogenannte cavaedium sowohl zu den praktischen Zwecken eines inneren Hofes und Gartens als zur Verehrung anderer Hausgötter diente.[28] Feuer und Wasser sind die Elementarbedingungen jedes Hausstandes, daher beide Elemente auch gleich wesentlich zu jedem Dienste der Vesta gehörten, sowohl dem öffentlichen als dem des Hausherrn und der Hausfrau, von denen diese deshalb, wenn sie durch den Hochzeitszug in das

Haus eingeführt wurde, mit Feuer und Wasser kam, und jener, wenn die junge Frau ihm an der Schwelle entgegentrat, dieselbe mit dem Feuer und Wasser seines Herdes empfing.[29] Dazu kam die Bedeutung des Herdes für die Zubereitung und den Vorrat der täglichen Nahrung, welcher letztere penus genannt wurde, von welchem wieder die am Herde verehrten Penates ihren Namen haben[30]: ein sicherer Beweis, daß diese ursprünglich als freundliche Hausgeister gedacht wurden, die für den Bedarf des täglichen Brotes sorgten. Denn der penus, von welchem im religiösen Sinne des Penatendiestes die Rede ist, darf unmöglich von dem Herde der Vesta getrennt werden, wie diese Göttin denn selbst in ihrem öffentlichen Dienste einen sogenannten penus, d. h. einen Vorrat der zu ihrem Dienste erforderlichen Elementarbedüfnisse hatte. So bestand auch der häusliche Dienst der Penaten wesentlich darin, daß man sie wie die Laren beim täglichen Mahle beteiligte und auf eigenen Platten und Tischen nach altem Herkommen namentlich Salz und einige Speisen vor ihren Bildern hinstellte, zu welchem Behufe auch in den Zeiten der größten Einfachheit in jedem Hause wenigstens ein Salzfaß und eine kleine Speiseschüssel von Silber vorhanden sein mußte[31], während andere auch wohl nach jedem Mahle für diese freundlichen Hausgeister einige Speisen auf dem Tisch liegen und dazu auch die Lampen brennen ließen.[32] Ein Blick auf die gleichartigen Zustände und den gleichartigen Glauben unserer Vorfahren wird alles dieses so viel leicher verständlich machen. Denn auch in dem alten deutschen, namentlich norddeutschen Bauernhause bildete der Herd den Mittelpunkt, hinter welchem die Frau vom Hause thronte und das Ehebett stand, so daß sie alles übersehen konnte und Tag und Nacht unter Augen hatte. Auf einem solchen Herde brannte das Feuer den ganzen Tag und glimmte selbst die Nacht hindurch; nur wenn der Hausherr gestorben war, wurde es ausgeslöscht. Selbst in dem reicheren Bürgerhause war die Küche eine stattliche, oft schön gewölbte Halle, und in geselligen Stunden versammelte sich wohl auch die Familie in der Küche und verzehrte ihr Abendbrot am häuslichen Herde. Auch wies der Volksglaube immer dort den guten Hausgeistern ihren Sitz an und in eigens am Herde angebrachten kleinen Speisen legte man ihnen Speise hin, auch etwas Reisholz und von Zeit zu Zeit ein Käppchen und Röckchen zum Lohn für treue Dienste.[33] Bei den Alten war dieser Glaube an gute Hausgeister um so mehr ausgebildet, als er eben nur eine, die gemütliche Seite ihres allgemein eingreifenden Geisterglauben ist; das Wesentliche ist aber auch hier, daß der Herd als geistiger Mittelpunkt des Hauses auch der Sitz der Hausgeister ist, sowohl der Laren als der Penaten, welche mehr dem Namen als ihrem Wesen nach verschieden zu sein scheinen. Denn was von der Sorge der Laren für das Haus und die Familie gesagt ist, das gilt auch von den Penaten.[34] Auch diese sorgen und schaffen für das Wohl des ganzen Hauses und aller Hausgenossen, freuen sich oder leiden mit ihnen, je nachdem das Haus blüht oder verfällt, einig ist oder entzweit usw. Bei ihnen schwört man, mit ihnen verbündet man sich, sie gewähren allen Mitgliedern der Familie das sie überall begleitende Gefühl einer Heimat, eines durch Natur und alte heilige Gewohnheit befestigten, unter allen Umständen zuverlässigen Anhaltes für das ganze Leben. Sie waren für den Römer die Götter seiner Väter und seines Stammes, die, welche für den Besitz seines Hauses sorgten, in seinem Innersten hausten und seine Wände und Räume rings behüteten.[35] Kurz die Vorstellung von diesen freundlichen Geistern führte von den verschiedensten Seiten zu dem einen Gedanken an Haus und Hof, an Weib und Kind, an Vater und Mutter zurück, mit welchem alle zarten und feineren Fäden unseres Gemütslebens auf unsichtbare Weise zusammenhängen. Auch hat dieser Kultus der Hausgötter in ihren verschiedenen, ganz nahe untereinander verwandten Klassen sich bis an die letzten Grenzen des Heidentums behauptet[36], worauf er allmählich in den ins Christliche übersetzten Glauben an Schutzengel, Schutzheilige usw. übergegangen ist.

Diesen häuslichen Gewohnheiten also entspricht aufs genaueste der öffentliche Dienst der Vesta und der Penaten, denn beide sind auch hier aufs engste verbunden, und der Staat beruht in seinen Anfängen überall auf patriarchalischer Grundlage. Jede Stadt hatte ihre Vesta und ihre Penaten, gewiß nicht bloß bei den Latinern, wo man die Penaten später von troischer Einwirkung ableitete, sondern auch bei anderen italischen Völkern, da wenigstens die Vesta von Varro l. l. V, 74 auch unter den sabinischen Gottheiten, Penaten aber auch bei den Etruskern genannt werden. Auch herrschte in Italien wie in Griechenland die Sitte, daß die Pflanzstädte das Feuer ihrer Vesta an dem Herde ihrer Mutterstadt entzündeten und dieselben Penaten wie sie verehrten; wie dieses auch der Kern der mit der Zeit sehr verwilderten Überlieferung von der Vesta und den Penaten in Lavinium, Alba Longa und Rom ist. Es leidet wohl keinen Zweifel, daß Alba Longa die gemeinschaftliche Metropole von Lavinium und von Rom war; aber in Folge der frühen Zerstörung Albas und der Auflösung der alten latinischen Bundesverhältnisse bis auf das zwischen Rom und den Laurentern ist es gekommen, daß Lavinium zur latinischen Bundesstadt schlechthin und zur mythischen Metropole von Rom wurde: daher seine Vesta und seine Penaten, welche vollends nach der Anknüpfung an die Aeneassage nicht mehr nach Alba Longa, sondern nach Troja hinwiesen, von Rom aus immer mit großer Devotion verehrt wurden. Denn auch hier waren Vesta und die Penaten aufs engste verbunden, daher die römischen Konsulen und Diktatoren, wenn sie nach altem Herkommen beim Antritte ihres Amtes und beim Abtritte von demselben den latinischen Bundesgöttern in Lavinium ihre Huldigung darbrachten, immer außer dem Iupiter Indiges am Numicius, welcher für Aeneas gehalten wurde, der Vesta und den Penaten in Lavinium mit Hilfe der Pontifices und anderer Priester ihre Opfer darbrachten.[37] Auch haben sich von diesem alten latinischen Vestadienste in Lavinium noch andere Traditionen erhalten, z. B. darin daß Amata, die Gattin des Latinus und Mutter der Lavinia, einen Namen führt, der in der pontificalen Sprache eine Vestalin bedeutete, ferner in der Angabe, daß das Wasser zu diesem Vestadienste aus dem Numicius geholt werden mußte, endlich in der Erzählung von zwei im T. der Penaten zu Lavinium, d. h. im Vestatempel schlafenden Jungfrauen, also Vestalinnen, von denen die eine wegen ihrer Unkeuschheit vom Blitze geroffen sei.[38] Von den Penaten für ausgemacht galt, für die bürgerlichen Ursprungsgötter von Lavinium und Rom galten[39], obwohl die spätere Klügelei nicht versäumte, auch das Feuer auf dem Herde der Vesta von Lavinium, Alba und Rom von dem Feuer der troischen Vesta abzuleiten.[40] Alle diese altertümlichen Sacra von Lavinium aber werden noch in einer unter dem Kaiser Claudius konzipierten Inschrift[41] die sacra principia populi Romani Quiritium nominisque Latini genannt, d. h. die Heiligtümer, an welche sich die Tradition vom Ursprung sowohl der römischen Bürgerschaft als der latinischen Nation überhaupt knüpften.

Auch in Alba Longa hatte es einen sehr heiligen Dienst der Vesta und der Penaten gegeben. Daher die Sage, daß Ascanius die von Aeneas in Lavinium angesiedelten Penaten mit nach Alba genommen habe, daß dieselben aber zweimal freiwillig nach Lavinium zurückgekehrt seien, worauf man beschließt, die Bilder in Lavinium zu lassen und zu ihrer Pflege 600 Ansiedler von Alba nach Lavinium zurückzuschicken: ein entstellter Nachklang der ursprünglichen Tatsache, daß auch Lavinium von Alba Longa aus gegründet worden.[42] Auch hatte sich trotz der Zerstörung der alten Hauptstadt jener Dienst seiner Vesta und seiner Penaten, vermutlich das wahre Stammes- und Zentralheiligtum für sämtliche Latiner, auf der ehrwürdigen Stätte noch später erhalten, wo Rom für diese Sacra sorgte, nachdem es angeblich durch eine von dem Albanischen Berge herab erschallende Stimme dazu ermahnt worden war. Es ist dieses die *Vesta Albana*, welche sich freilich später der römischen Vesta gegenüber eine untergeordnete Würde gefallen lassen mußte[43], wie der Albanische Jupiter neben dem Capitolinischen. Auch Albanische Penaten werden erwähnt und für den Kultus von beiden Albanische Vestalinnen, Virgines Albanae.

Was endlich den öffentlichen Vestadienst von Rom anlangt, so stritt man sich später, ob Romulus oder Numa für den Stifter desselben anzusehen sei. Unmöglich könne Romulus, der Sohn einer Vestalin, der in priesterlicher Wisssenschaft Gebildete, der in Alba erzogene Gründer der Stadt diese ohne eine Vesta gelassen haben. Dennoch ist diese nur spätere Reflexion und von der älteren Überlieferung wird es allgemein als Tatsache anerkannt, daß Numa der Stifter sowohl des Pontificats und der theokratischen Verfassung überhaupt, durch welche die bis dahin getrennten Römer und Sabiner zu *einer* bürgerlichen und geistlichen Gemeinde wurden, als des Vestadienstes war, welcher das heilige Symbol und der ideale Mittelpunkt dieser Gesamtverfassung und eben deshalb aufs engste mit dem Pontificate verbunden war. Der Tempel dieser Vesta mit dem dazu gehörigen Haine lag am Abhange des Palatin gegen das Forum und die Sacra Via; das atrium Vestae oder atrium Regium, gewöhnlich schlechthin Regia genannt, wo der Pontifex Maximus und die Vestalinnen wohnten, stießen unmittelbar an diese Plätze. Der angeblich von Numa selbst gegründete Tempel war rund, wie man ihn auch auf Münzen abgebildet sieht, d. h. er war eigentlich nur die überbaute und überwölbte Feuerstätte der Vesta, auf welcher das ewige Feuer brannte[44], kein templum im engeren Sinne des Worts, d. h. nicht von den Augurn geweiht, daher auch keine Sitzungen des Senats in ihm gehalten werden konnten. Ein eigener, durch Matten umspannterRaum in diesem Tempel hieß der penus Vestae, welcher als Aufbewahrungsort für die zum Dienste der Göttin und anderen sakralen Bedarf nötigen Vorräte diente. In einem anderen, nur den Vestalinnen zugänglichen Raume befanden sich das Palladium und andere verborgene Heiligtümer; denn der Tempel selbst mit dem lodernden Herdfeuer war bei Tage jedem zugänglich, und nur in der Nacht war der Zutritt von Männern untersagt. Ein Bild der Vesta, wie sie später nach dem Vorgange der Griechen auch in Rom etwas Gewöhnliches waren, gab es in diesem Tempel nicht; wohl aber befand sich ein solches im Vestibulum des Tempels[45]. Die größte Einfachheit und die größte Reinheit, diese in dem prägnanten Sinne des Altertums, wo sie zugleich äußere Reinlichkeit und innere Reinheit (castitas, ἁγνότης) bedeutet, waren die Grundzüge des Vestadienstes; daher alles Kultusgeräte, die heiligen Gefäße usw. einfaches Tongeschirr sein mußten[46], und die Waschungen mit frischem, von der Quelle geschöpften Wasser täglich[47] und außerdem bei besonderen Gelegenheiten noch viele außerordentliche Reinigungen und Sühnungen vorgenommen wurden. Daher auch die jungfräulichen Vestalinnen, welche schon im zarten Kindesalter in den Dienst der Vesta eintraten und sich demselben wenigstens dreißig Jahre lang mit der strengsten Enthaltung von allem Umgange mit Männern und allem Familienleben widmen mußten: ein Dienst, welcher außer der Pflege des heiligen Feuers wesentlich mit dem Schöpfen, Tragen, Anwenden des reinigenden Wassers beschäftigt war, weshalb auch die Vestalinnen in der Sage und Legende meist Wasser schöpfend und Wasser tragend geschildert werden.

Auch die Einsetzung dieser Vestalinnen wird einstimmig dem König Numa zugeschrieben. Anfangs waren ihrer vier, dann wurden, seit Tarquinius Priscus oder Servius Tullius, sechs gewählt, welche Zahl auch später die normale blieb. Wie sie durch den Pontifex Max. gewählt (capirt) wurden, immer aus den besten und unbescholtensten Familien der Stadt und solchen Häuser, wo beide Eltern am Leben waren, so standen sie fortgesetzt unter der Aufsicht und oft sehr strengen Zucht des Pontifex M., welcher gewissermaßen ihr geistlicher Vater war und auch über den Diest der Vesta die Oberaufsicht führte, so daß die Vestalinnen zu ihm in einem ähnlichen Verhältnisse standen, wie sonst im Gottesdienste die Camillen zun den Flamines. Zwischen dem sechsten und zehnten Lebensjahre traten sie ein, indem sie sich zu einem dreißigjährigen Dienste verpflichteten, während dessen sie die ersten zehn Jahre lernten, die zweiten zehn den Dienst ausübten und in den dritten zehn die Novizen unterrichteten: ein Leben, welches mit manchen Ehren und Auszeichnungen, aber dafür auch mit vielen und schweren Entbehrungen verbunden war. Immer mußten sie in der Nähe der Vesta verweilen und das heilige Feuer Tag und Nacht hüten, sich selbst vor jeder Verunreinigung bewahren, namentlich jeden Gedanken an eheliches Glück vor dem Ablauf der dreißig Jahre unterdrücken; und war diese Frist abgelaufen, so konnten sie zwar austreten und sich vermählen, doch geschah es sehr selten und man glaubte, daß sie kein Glück ins Haus brächten. Auszeichnungen waren die Heiligkeit ihrer Person und die Ehrfurcht des Volks, ein so würdiges Auftreten im Publikum, daß selbst die höchsten Behörden vor ihnen auswichen, manche Privilegien in zivilrechtlicher Hinsicht, endlich das schöne Recht der Gnade und des sakralen Schutzes, da ihre Begegnung den zur Strafe geführten Verbrecher rettete, ihre Begleitung vor jedem Angriff schützte, ihre Fürbitte allen Angeklagten mächtige Hilfe bot. Aber welche Strafe auch in solchen Fällen, wo sie ihre Pflicht und ihres Gelübdes vergessen hatten! Das Erlöschen des heiligen Feuers war jedesmal eins der schlimmsten Zeichen, welches den Staat treffen konnte; daher die schuldige Vestalin dafür von dem Pontifex M. mit blutigen Streichen auf bloßem Rücken gegeißelt wurde.[48] Das Schlimmste aber erwartete sie, wenn sie sich auf verbotenem Umgang ertappen ließen; und in der älteren Zeit war schon eine Abweichung von der vorgeschriebenen höchst einfachen Tracht, ein freieres Betragen, eine ungewöhnliche Bildung im Stande, den schlimmsten Verdacht zu erwecken.[49] War die Schuld erwiesen, so wurde die schuldige Vestalin in einem unterirdischen Gemache lebendig begraben, der Verführer aber entblößt in einen Block gespannt und in diesem auf öffentlichem Markte zu Tode gegeißelt.[50] Unter Tarquinius soll der erste Fall der Art vorgekommen sein; im Laufe der Republik wiederholte sich der Skandal in den Jahren d. St. 273, 419, 481, 482, 538, bis endlich im J. 640 (114 v. Chr.) drei schuldige Vestalinnen auf einmal betroffen und zwei von ihnen erst dann bestraft wurden, als die Götter selbst durch schreckliche Zeichen ihren Zorn über solche Schamlosigkeit der Zeit offenbarten.[51] Bald darauf schien auch die letzte Scheu von der sonst so heiligen Vesta gewichen zu sein, als im J. 82 v. Chr. der Pont. M. und ausgezeichnete Rechtsgelehrte Q. Mucius Scaevola, eine Zier seines Namens und der römischen Nobilität, von den Marianern vor dem Bilde der Vesta, zu dem er sich aus der Curie geflüchtet hatte, niedergehauen wurde und ein andermal, bei einem ähnlichen Blutvergießen, ein wilder Haufen bis in den Hof der Vestalinnen eindrang.[52] Während doch früher Vesta selbst, wenn die ihrem Dienste geweihten Jungfrauen ohne Verschuldung angeklagt wurden, mit unerhörten Wundern zu ihrer Rettung eingeschritten war. So hatte einst Aemilia nach dreißigjährigem Dienste aus Nachlässigkeit, nicht aus sträflicher Leidenschaft das Feuer verlöschen lassen, wäre aber dennoch mit dem Tode bestraft worden, wenn die strenge Göttin nicht ihr Gebet erhört und vor dem ganzen Kollegium der Pontifices und den übrigen Jungfrauen an einem Zipfel ihres Kleides das Feuer von neuem entzündet hätte.[53] Und eine andere Vestalin namens Tuccia hatte die falsche Anklage verletzter Keuschheit dadurch zunichte gemacht, daß sie starken Mutes hinab zum Tiber ging, vor allem Volk aus seiner Flut in ein Sieb schöpfte und das Wasser in diesem Siebe hinauf bis zum Forum trug, um es dort vor den Füßen der Pontifices auszuschütten.

Das Feuer der Vesta durfte als ein heiliges, wenn es je erloschen war, an keiner anderen, durch das Leben und seine Bedürfinsse entweihten Flamme entzündet werden, sondern es mußte der Natur von neuem abgewonnen werden, entweder so, daß man ein Stück Holz von einem fruchttagenden Baume so lange bohrte, bis sich eine Flamme bildete, worauf das Feuer in einem ehernen Siebe aufgefangen und schleunig in den Tempel der Vesta getragen wurde, oder durch Entzündung eines neuen Feuers an der Sonne, dem Urquell des Feuers.[54] Ja dieses Feuer der Vesta wurde alljährlich zur Zeit des alten Jahresanfangs am 1. März erneuert, gerade wie auf der Insel Lemnos jährlich einmal ein neues und reineres Feuer von dem Sonneneilande Delos geholt und in alle Häuser und Werkstätten verteilt wurde. Und so durfte auch das zum Kulte der Vesta erforderliche Wasser nur ein fließendes sein, wie es entweder der Tiberstrom oder die Quellen der Stadt spendeten, namentlich die Quelle der Egeria im Haine der Camenen. Das Röhrwasser der Aquäducte war ausdrücklich ausgeschlossen und selbst das fließende Wasser, welches die Vestalinnen zum Dienste der Vesta auf ihren Köpfen herbeitrugen, durfte von ihnen nicht auf die Erde gestellt werden, daher sie sich zu diesem Zwecke eigener Gefäße bedienten, die nicht ohne ihren Inhalt zu verschütten auf die Erde gestellt werden konnten.[55]

Ein eigenes Fest der Vesta wurde im Juni gefeiert, mit Gebräuchen, in denen zugleich der Grundcharakter der Reinheit und Einfachheit und die Beziehung der Vesta auf Nahrung und Speisung im Sinne der alten Zeit anschaulich hervortritt. Am 7. Juni wurde der penus der Vesta geöffnet, um an diesem und den folgenden Tagen aufs sorgfältigste gesäubert und ausgekehrt zu werden; daher diese Tage für religiös bedenklich galten, so daß man Hochzeiten vermied und die Gemahlin des Flamen Dialis in diesen Tagen weder ihr Haar kämmen noch ihre Nägel beschneiden noch ihren Mann berühren durfte.[56] Am 9. folgte das eigentlich Fest der Vesta, die *Vestalia*, wo die Matronen der Stadt mit bloßen Füßen zum Tempel der Vesta wallfahrteten, um an dem Gemeindeherde in einfachen Schüsseln Speiseopfer darzubringen[57], wie sie sie sonst an ihrem eigenen Herde den Laren und Penaten des Hauses darbrachten. Zugleich war dieser Tag in Erinnerung der alten Zeit, wo jeder Hausstand noch selbst sein Gebäck besorgte und der Herd allgemein auch zur Bereitung des Brotes diente, ein allgemeines Fest der Müller und Bäcker, bis hinab zu den Müllereseln, welche die Mühle trieben, also nach der gemütlichen Weise der Alten auch mit bei diesem Feste beteiligt wurden. Mühlen und Mühlesel wurden an diesem Tage mit Kränzen geschmückt, den Eseln auch an Schnüren aufgezogene Brötchen um den Hals gehängt, wie bei einer anderen Gelegenheit, dem Oktoberfest; es ist noch ein Bild von dieser heiteren Lust in einem Pompejanischen Gemälde erhalten, wo Amoren die Menschen vertreten und es sich in einer Mühle unter bekränzten Eseln mit Blumen und Bechern wohl sein lassen, während einer von ihnen im Vordergrunde beschäftigt ist, einem Esel den Kranz um den Hals zu legen.[58] Endlich am 15. Juni wurde die Reingung des Tempels beendigt, indem man an diesem Tage allen Unrat entweder in den Tiber warf oder am Capitolinischen Steige in einem eigens dazu bestimmten, durch die sogenannte Mist-Porte veschlossenen Hofe unterbrachte; daher von nun an Vesta wieder ganz rein war und die römischen Mädchen wieder unbedenklich freien und der Prätor wieder Recht sprechen durfte.[59]

Außer dem Feuer der Vesta gab es in ihrem Tempel noch gewisse verborgene Heiligtümer, welche nur den Vestalinnen und Pontifices zugänglich waren und vor dem Publikum so verborgen gehalten wurden, daß nur wenige genau unterrichtet waren. Namentlich ist von diesen Heiligtümern die Rede bei der Zerstörung Roms durch die Gallier, wo sie durch den Flamen Quirinalis und die Vestalinnen zum Teil in kleinen Fässern verpackt in der Nähe der Wohnung jenes Flamen vergraben, zum Teil nach dem befreundeten Caere gerettet wurden.[60] Gewöhnlich aber wurden sie in dem s. g. penus interior der Vesta, d. h. dem Penetrale des Tempels aufbewahrt, auch hier in tönernen Fässern, die bei den Alten zur Aufbewahrung sehr verschiedener Gegenstände dienten; daher diese Heiligtümer sonst auch die sacra penetralia der Vesta genannt werden.[61] Namentlich gehörte dahin das troische Palladium, welches in solchem Grade heilig und verborgen gehalten wurde, daß selbst der Pontif. M. L. Metellus, als er es im J. 241 v. Chr. bei einer Feuersbrunst aus dem Tempel rettete, darüber, so glaubte man später, das Licht seiner Augen eingebüßt hatte.[62] Doch ist außer diesem Bilde wiederholt noch von anderen Heiligtümern die Rede, wobei man zunächst an alterümliche Symbole und Penatenbilder nach Art der zu Lavinium im Vestatempel bewahrten zu denken hat, wo allerlei Bilder und Symbole von Metall und Ton verwahrt wurden, Heroldstäbe und altertümliche Götterfiguren, welche für die troischen Penaten galten, wie diese denn auch sonst immer als kleine Figuren von Holz oder Stein beschrieben werden.[63] Außer diesen und anderen Reliquien, welche bei den Alten immer sehr heilig gehalten wurden und für magische Unterpfänder des öffentlichen Wohls galten[64], wurde auch jenes alte Symbol der zeugenden Naturkraft, welches zugleich für das sicherste Amulet gegen allen Schaden des Neides und des bösen Blicks galt, am Herde der Vesta von ihren jungfräulichen Dienerinnen verehrt[65]: ein merkwürdiges Beispiel von der Naivität alter Sitte und alten Glaubens. Was die Penaten von Rom betrifft, so gab es für diese später allerdings einen eigenen Tempel, welcher an den Velien lag, in der Straße, die vom Forum zu den Carinen führte. Dort sah Dionys ihre Bilder, der diesen Tempel als eng und dunkel, die Bilder als zwei sitzende, mit Speeren bewaffnete Jünglinge beschreibt, denen man auch sonst häufig in den älteren Tempeln zu Rom begegne; und in der Tat finden wir sie auf römischen Münzen gleichfalls so abgebildet. Indessen unterscheidet jener Schriftsteller selbst bei dieser Gelgenheit jene allgemein zugänglichen Bilder und gewisse geheime Heiligtümer im T. der Vesta, von denen er nicht sprechen wolle[66], und noch bestimmter erfährt man aus der Erzählung bei Tacitus Ann. XV, 41 vom Neronischen Brand, daß damals der T. der Vesta cum Penatibus populi Romani verbrannt sei, so daß sich also jene ältesten und heiligsten Bilder in diesem Tempel befunden haben müssen. Penaten des römischen Volks, das sind die öffentlichen im Gegensatze zu denen der Privaten; dahingegen beide, sowohl die öffentlichen als die privaten, in dem nicht selten erwähnten Schwure beim Jupiter und den Penaten zu verstehen sind, dem höchsen und besten Gott, welcher vom Capitole aus über den ganzen römische Staat waltet, und den unsichtbaren Haus- und Herdgeistern, welche aus dem Innersten aller Häuser und des Gemeindeherdes für das Wohl aller Familien sorgen. Die spätere Zeit gesellte zu diesen himmlischen auch die Herrn der Erde, d. h. die Divi oder die konsekrierten Kaiser und den Genius des regierenden Kaisers.[67]

Vesta war aber als Göttin des heiligen Herdfeuers der Stadt und aller Häuser auch die Göttin des heiligen Feuers überhaupt, d. h. jedes Altarfeuers, daher sie wie Janus bei jedem Gottesdienst mitverehrt und wie jener Gott zuerst so sie zuletzt genannt wurde[68]: eine Bedeutung für den Gottesdienst im allgemeinen, welche von ihr auch auf ihre Dienerinnen, die Vestalischen Jungfrauen übergegangen war. Denn auch diese werden bei verschiedenen gottesdienstlichen Veranlassungen als solche genannt, welche für das Römische Volk beten oder gewisse sehr heilige Sacra verrichten. Namentlich war dieses der Fall bei dem Geheimopfer der Bona Dea am 1. Mai, desgleichen bei dem der Ops Consivia am 25. August, bei welchem sie mit den

Pontifices den Dienst hatten, und bei anderen Gelegenheiten.[69] Überhaupt wurde dem Gebete der Vestalinnen eine ganz besondere Kraft zugeschrieben, daher sie täglich im T. der Vesta für das allgemeine Wohl des Volkes beten und auch in Zeiten der Not oder auf Veranlassung von Prodigien für alle beten und Gelübde tun, später aber in gleicher Weise auch für den Kaiser und die Kaiserliche Familie ihr Gebet sprechen mußten.[70] Und so erscheinen sie auch bei der Bereitung von heiligen Materialien zum Behufe von Opfern und Sühnungen als solche, die nicht bloß der Vesta, sondern, auch darin wohl von den Pontifices angeleitet, dem römischen Gottesdienste überhaupt dienen, namentlich bei den Fordicidien und Palilien; obwohl auch die mola salsa, welche von ihnen dreimal im Jahre nach einem vorgeschriebenen Zeremoniell bereitet wurde, nicht bloß dem Kulte der Vesta, sondern auch dem anderer Götter gedient haben mag.[71] Diese drei Tage waren die der Lupercalien, der Vestalien und der Idus des September, lauter sehr alte und heilige Festtage, die für Rom und das römische Kalenderjahr eine hohe religiöse Bedeutung hatten. Die Ähren zu dem dazu erforderlichen far wurden vom 7. bis zum 14. Mai von den drei ältesten Vestalinnen immer an einem Tage um den anderen in Erntekörben gesammelt und darauf von allen gedörrt, geschrotet und gemahlen. Zu diesem Mehl wurde dann das mit gleicher Sorgfalt zubereitete Salz getan, welches ungereinigt erst in einem Mörser gestoßen, dann in einem tönernen, bedeckten, mit Gips überzogenen Topfe in einem Backofen ausgekocht, darauf mit einer Säge von Eisen in Stücke zerschnitten wurde, um endlich in der Vorratskammer der Vesta in einem Fasse aufbewahrt und in demselben mit fließendem Wasser angefeuchtet zu werden. Aus diesen Zutaten also wurde von ihren reinen Händen das sogenannte far pium oder die mola casta salsa zubereitet, welche hernach von ihnen bei jenen heiligen Opfern für das Wohl des römischen Volkes gebraucht wurde. Aus jener doppelten Bedeutung der Vesta als der Herd- und der allgemeinen Kultusgöttin mag es sich ferner erklären, daß in gottesdienstlichen Urkunden, namentlich denen der Arvalischen Brüder, neben der Vesta schlechthin, d. h. der immer jungfräulich gedachten des Herd- und Altarfeuers eine besondere *Vesta Mater* genannt wird, worunter ich eben jene allgemeine Kultusgöttin verstehen möchte, wie sie den letzten Abschluß des römischen Göttersystems bildete, nicht als ob sie im Gegensatze zur jungfräulichen Vesta als eine mütterliche Göttin gedacht worden wäre, sondern in dem selben Sinne wie die Zusätze Pater und Mater nach unvordenklichem Herkommen auch sonst im römische Kultus gebräuchlich waren.[72]

Hatte man in früheren Zeiten die Überlieferung, daß die Penaten von Lavinium, Alba Longa und Rom die troischen seien, auf Treu und Glauben angenommen, so wollte man später den historischen Zusammenhang ergründen und wurde dadurch in schwierige Untersuchungen verwickelt, welche von einer falschen Voraussetzung ausgehend nur zur Verwirrung führen konnten. Unter den Griechen hatte sich zuerst Timäos von Sizilien auf diese Frage eingelassen und sich deshalb selbst nach Lavinium, also gewiß auch nach Rom begeben; nach ihm versuchten sich verschiedene andere Gelehrte in allerlei abenteuerlichen Kombinationen, welche man bei Dionysius I. 67 ff. nachlesen mag. Unter den Römern vertieften sich Varro und Nigidius Figulus mit großem Eifer auch in diese Untersuchung. Bei der Frage nach der Geschichte der sogenannten Palladien, alter Kultusbilder einer kriegerischen Schutzgöttin, die in vielen Städten zu finden waren und zuletzt alle von einem und demselben Orte abstammen sollten, lag wenigstens die alte durch das Epos verherrlichte Überlieferung vor, daß das troische das älteste von allen gewesen. Von troischen Penaten dagegen konnte genau genommen gar nicht die Rede sein, da der Begriff der Penaten etwas so spezifisch Römisches ist, daß die Griechen ihn nur durch verschiedene Umschreibungen zu übersetzen wußten. Man half sich gewöhnlich dadurch, daß man bis auf Samothrake und seinen geheimnisvollen Gottesdienst zurückging. Von dort ließ die gewöhnliche Sage den Dardanos nach der Küste von Troja übersiedeln; also hieß es, daß die auf Samothrake verehrten Kabiren oder Großen Götter (ϑεοὶ μεγάλοι, dii magni) auch die troischen und römischen Penaten seien, welche Dardanos von Samothrake nach Dardanien, Aenaes von Troja nach Lavinium gebracht habe. Schon der ältere Annalist Cassius Hemina hatte in dieser Weise von Aenaes und seinen Penaten erzählt, später versuchte Varro eben deshalb jene Gottheiten von Samothrake und die römischen Penaten im Sinne seines theologischen Systems auf die beiden Großen Götter, d. h. den Himmel und die Erde zu deuten.[73] Andere Forscher, namentlich Nigidius Figulus, hielten Apollo und Neptun, die Erbauer der troischen Burg, für die Penaten von Troja, vermischten dann aber weiter auch die Spitzfindigkeiten der etruskischen Götterlehre mit dieser ohnehin so verwickelten Untersuchung.[74] Noch andere erklärten die drei Capitolinischen Götter Jupiter, Juno und Minerva für die öffentlichen Penaten, wobei sie dieses Wort in dem sehr allgemeinen Sinne von Schutz- und Lebensgöttern überhaupt verstanden. Im allgemeinen ist festzuhalten, daß alle Götter geringeren Grades, welche dämonenartig gedacht und eben deshalb nur klassenweise benannt und angerufen wurden, eigene Namen ursprünglich nur ausnahmsweise führten, in Griechenland sowohl als in Italien; daher sie der späteren Forschung, welche alles historisch bestimmen und auf einen fortlaufenden Zusammenhang zurückführen wollte, natürlich um so mehr zu tun gaben.

Nachdem es seit August herkömmlich geworden war, daß der jedesmalige Kaiser als solcher zugleich Ponitfex Max. war, kam der Vestakult und das Institut der Vestalinnen unter die persönliche Aufsicht der Kaiser, was sowohl seine guten als seine sehr schlimmen Folgen hatte. August wirkte auch hier als Restaurator, indem er die Vestalinnen so gut es ging wieder zu Ehren brachte, den Raum ihrer Wohnungen durch Überlassung der regia erweiterte, ihnen eigene Plätze im Theater anwies usw.; doch war es schon dahin gekommen, daß die altadligen Familien sich scheuten, ihre Töchter zu dieser Würde herzugeben, daher er sich genötigt sah, auch solche Familien, welche von Freigelassenen abstammten, zur Konkurrenz zuzulassen.[75] Dafür brachten die Vestalinnen ihrer Vesta am 6. März, an welchem Augustus Ponitfex Max. geworden war (im J. 12 v. Chr.), ein eigenes Dankopfer.[76] Bald darauf, am 28. April, folgte ein neuer Festtag der Vesta, welcher demselben Kaiser seine Entstehung verdankte. Derselbe hatte nämlich bald nach siner Wahl zum Pontif. M. und in Folge dieser neuen Würde, welche nach altem Herkommen einen Kult der Vesta und der Penaten notwendig in der Nähe haben mußte, neben der alten Vesta und ihren verborgenen Heiligtümern einen neuen Palatinischen Kultus der Vesta und der kaiserlichen Penaten in seinem Palaste gestiftet, welcher dem des Palatinischen Apollo gewissermaßen entsprach, so daß seitdem nun auch diese Vesta ihren eigenen Festtag hatte, und zwar wie gewöhnlich an ihrem Stiftungstage.[77] Den unter Nero mitverbrannten T. der alten Vesta am Forum stellte Vespasian wieder her, die unter den Nachfolgern Augusts wieder sehr verfallene Zucht der Vestalinnen fand einen sehr strengen Aufseher in Domitian, unter welchem verschiedene Übertretungen des Keuschheitsgelübdes zuerst mit dem Tode der Verführten und Verbannung der Verführer, dann nach alter Weise bestraft wurden.[78] Unter Commodus bedrohte eine Feuersbrunst, welche den Friedenstempel zerstörte, auch den neuen T. der Vesta, bei welcher Gelegenheit die Vestalinnen das Palladium mitten über die Staße in den kaiserlichen Palast retteten.[79] Caracalla und Heliogabal erlaubten sich die schnödesten Mißhandlungen der Vestalinnen und der Vesta.[80] Dennoch behauptete sich der alte Gottesdienst bis in die letzten Zeiten des Heidentums. Sowohl die römischen als die albanischen Vestalinnen bestanden noch in der Zeit des Symmachus: ja es scheint sich dieses Institut in ecclesia pressa noch einmal recht zusammengenommen und in seiner Würde bei den Gläubigen gehoben zu haben.[81] Noch Constantin hatte ihre Privilegien ungeschmälert gelassen; erst Gratianus, der erste Kaiser welcher nicht mehr Ponitfex Max. sein wollte, ließ mit den übrigen Tempelgütern auch die der Vesta einziehen.

ZEHNTER ABSCHNITT

Schicksal und Leben

Ich stelle unter dieser Überschrift die Götter zusammen, welche ihren Kultus mehr der Abstraktion und dem Glauben an das Dämonische als dem älteren Polytheismus der Naturreligion verdanken. Es sind zunächst die Mächte des Schicksals und der nahe verwandte Kultus der Genien in seiner spezielleren Anwendung auf das Leben, dann die Götter der alten pontifikalen Indigitamenta, welche sich wieder dem Kultus der Genien anschließen lassen, endlich alle übrigen Hilfsgötter und Personifikationen des praktischen Lebens, wie sie entweder die griechische Bildung oder die natürliche Neigung der Römer zur abstrakten Begriffsbildung von selbst mit sich führte. Denn auch in der griechischen Mythologie ist die Personifizierung abstrakter Gedanken die Quelle vieler Neubildungen gewesen, obwohl ihr Ursprung gewöhnlich ein poetischer war und die ganze Summe solcher Begriffsgüter im Vergleiche mit den wirklich mythologischen immer eine geringe geblieben ist. Bei den Römern dagegen begegnet uns gleich in der frühsten Periode ihrer Glaubensgeschichte eine große Anzahl dämonischer Mächte, deren Ursprung wesentlich Reflexion und Abstraktion ist, nur daß die Begriffsbildung dieser Zeit noch wesentlich die des Zerimonialgesetzes und der priesterlichen Liturgie ist und deshalb mit dem Gepräge einer naiven und altertümlichen Frömmigkeit auftritt. Dahingegen mit der Zeit, je mehr der Naturglaube seine Frische und das alte Zerimonialgesetz seine Kraft verlor, auch diese Schöpfungen immer nüchterner geworden und zuletzt zur bloßen Konvention einer halb politischen halb pantheistischen Religiosität herabgesunken sind.

1. Fortuna

Schicksal und Glück sind eigentlich verschiedene Begriffe; auch deutet manches darauf, daß man sich in Italien dieses Unterschiedes wohl bewußt war. Dennoch mußte für gewöhnlich die Anbetung der Fors oder Fortuna sowohl dem einen als dem anderen Bedürfnisse des menschlichen Gemütes entsprechen, außer und neben den eigentlichen Kultusgöttern eine dämonische Macht von unbestimmter, ja unendlicher Tragweite zu verehren, welche bald in günstigen bald in ungünstigen Fügungen als die Quelle alles Unverhofften und Unberechenbaren im Verlaufe des menschlichen Lebens angesehen werden konnte. Jedenfalls war die Anbetung dieser dämonischen Macht schon im alten Italien eine weit verbreitete. Denn nach Varro l. l. V, 74 verehrten auch die Sabiner eine weibliche Macht der Fors oder Fortuna, obwohl sie sie anders benannten, und in Umbrien gab es eine Stadt des Namens Fanum Fortunae[1], bei welcher ein altes und angesehenes Heiligtum vorausgesetzt werden darf, da nur aus solchen bedeutendere Ortschaften hervorzugehen pflegen. Endlich in Latium waren die Fortunen zu Antium und Präneste seit unvordenklicher Zeit berühmt, außer welchen bei Liv. XXI, 62 noch eine Fortuna in Algido, dem bekannten Waldgebirge der Aequer genannt wird. Überall mag Fortuna in älterer Zeit mehr als positive Glücksgöttin, in späterer als indifferentes Geschick gedacht worden sein; wenigstens läßt sich dieses bei dem römischen Kulte der Fortuna nachweisen. Hier galt nämlich

Servius Tullius, der Lieblingskönig des Volks, in seinem Munde für das rechte Glückskind[2] und deshalb auch für den Urheber alles älteren Fortunadienstes: der Sohn des Genius und der vertraute Liebling der Fortuna, welche den Sohn der Sklavin bis zum Könige erhöht hatte, freilich ohne den widernatürlichen Leidenschaften seiner Tochter und dadurch der endlichen Katastrophe seines Geschicks vorbeugen zu können. Man zeigte nämlich in Rom zwei Tempel der Fortuna, welche man vor allen übrigen für alt und für echte Stiftungen des Servius hielt; der eine hieß der der *Fors Fortuna* und lag außerhalb der Stadt am rechten Tiberufer, beim ersten Meilensteine der Via Portuensis, der andere der der Fortuna schlechthin, welche auf dem Forum Boarium lag. Jene war ganz vorzugsweise die Glücksgöttin des günstigen Zufalls, wie sie am meisten vom gemeinen Manne angebetet wurde[3], welcher das Außerordentliche von ihr erwartete und dabei des Servius gedachte; obwohl nach dem Beispiele dieses Königs auch andere Mächtige sie verehrt und ihr in derselben Gegend noch andere Tempel gestiftet hatten.[4] Am 24 Juni, unserm Johannistage, war der Stiftungs- und Festtag, wo namentlich alle Gedrückten und Hoffenden, auch die Sklaven, aus der ganzen Stadt zu dieser Fortuna eilten, entweder über die Brücken oder in schaukelnden Kähnen auf dem Fluß, der an diesem Tage viel lustiges und leichtfertiges Volk zu tragen hatte, die Kähne mit Blumen geschmückt, die Rudernden tapfer zechend und in fröhlichen Gesängen des guten Königs und seiner verschämten Geliebten gedenkend.[5] Dahingegen die Fortuna des Forum Boarium durch die Erinnerung an den Tod des Servius zu ernsteren Gedanken aufforderte. Wenigstens glaubte man dort neben dem Bilde der Göttin ein Bild des Servius zu besitzen, ein ganz verhülltes Bild, welches niemand berühren, geschweige denn sehen durfte und von dem man Wunder über Wunder erzählte.[6] Es war ein Bild von Holz und vergoldet, ganz in zwei Togen eines alten und künstlichen Gewebes verhüllt, welche die kunstreiche Tanaquil, die königliche Pflegemutter des Servius, mit eigener Hand für ihn gewebt und welche er als König getragen hatte.[7] Warum das Bild so verhüllt war, das wußte niemand genau zu sagen. Gewöhnlich hieß es, Fortuna habe diesen Mann so heiß wie keinen geliebt, aber als Göttin nur verstohlen und heimlich, daher sie bei nächtlicher Weile durch ein kleines Fensterchen in seine Kammer geschlüpft sei[8]; deshalb halte sie auch jetzt noch sein Bild unter der Toga verborgen. Die Klugen versicherten, die Plebs sei nach dem schmählichen Tode des Königs so aufgeregt gewesen, daß man sein Bild aus Politik verhüllt habe; die Wundergläubigen, daß die schreckliche Tochter gleich nach dem Morde ihres Vaters in diesen von ihm gestifteten Tempel zu gehn und unter die Augen seines Bildes zu treten wagte, worauf dieses die Hand vor seine Augen erhoben und sich für immer verhüllt habe. So spielte auch in Rom die Phantasie des Volkes, während in Wahrheit diese Fortuna gar keine Glücksgöttin im gewöhnlichen Sinne des Worts, sondern eine vornehmlich von den Frauen verehrte Göttin der weiblichen Zucht und Sitte gewesen zu sein scheint, daher auch jenes verhüllte Bild, welches selbst die Frauen nicht berühren durften, von besser Unterrichteten für ein entsprechendes Bild der Schamhaftigkeit gehalten und *Fortuna Virgo* genannt wurde.[9] Aber natürlich ließ sich das Volk seinen Glauben nicht nehmen. Vielmehr als der Tempel gelegentlich vom Feuer verzehrt und nur jenes Bild gerettet wurde, erkannte alle Welt in diesem neuen Wunder die Hand des Vulcan, desselben Gottes, welcher den Servius im Feuer des Herdes gezeugt habe.

Plutarch, welcher sich in einer eigenen Schrift mit der Fortuna der Römer beschäftigt, hat viele andere Beinamen gesammelt, unter welchen diese Göttin in Rom verehrt wurde, meistens in altertümlichen Kulten, welche die gemeine Überlieferung gewöhnlich gleichfalls für Stiftungen des Servius hielt. Sie drücken die verschiedenen praktischen Beziehungen dieser dämonischen Macht aus, deren Begriff in dieser

Hinsicht ebenso elastisch ist wie der des Genius, bald auf den ganzen Staat bald auf gewisse Stände, Kreise und Klassen der Bürgerschaft, einzelne Korporationen und hervorragende Personen. Oder sie schildern den natürlichen Wankelmut dieser Göttin, wie sie den Menschen bald ihre Gunst bald ihre Ungunst zeigt, den einen mit trügerischen Hoffnungen täuscht, dem anderen Wort hält, immer wechselnd, immer flüchtig, immer neuen Glauben findend. Die wichtigsten unter diesen verschiedenen Fortunen ist die *Fortuna publica* oder *Fortuna Populi Romani*, zwar nicht so alt wie die übrigen, aber oft genug erwähnt.[10] Plutarch sagt von dieser Göttin, sie habe dem Persischen und Assyrischen Reiche früh den Rücken gekehrt, sei durch Macedonien flüchtig hindurch geeilt, habe in Ägypten und Syrien unter Ptolemäern und Seleuciden eine kurze Blüte geweckt und den Karthaginiensern hin und wieder gelächelt, bis sie nach Rom gekommen sei und ihre Flügel abgelegt, die Schuhe ausgezogen, von der rollenden Kugel ein für allemal herabgestiegen sei um zu bleiben, von dort aus über alle Welt zu herrschen und über diese ihre wahre und letzte Heimat alle Reichtümer der Erde und des Meeres, aller Flüsse und aller Goldgruben auszuschütten. Also die Tyche der Staat in dem politischen Sinne des Worts, wie sie in den hellenischen und hellenistischen Städten angebetet zu werden pflegte. Obgleich in Rom nicht sowohl dieser griechische Gottesdienst als vielmehr der berühmte Kultus der Fortuna Primigenia von Präneste das nächste Vorbild gewesen zu sein scheint; wenigstens gab es eine Fortuna Publica Primigenia sowohl auf dem Capitol als auf dem Quirinal. Die Stiftung von jener wurde in der gewöhnlichen Tradition wieder dem Servius Tullius zugeschrieben[11], die auf dem Quirinal war im Laufe des Hannibalischen Kriegs im J. 204 v. Chr. gelobt und zehn Jahre darauf am 25. Mai eingeweiht worden, welcher seitdem als Stiftungstag gefeiert wurde; doch gab es außer ihr auf demselben Hügel noch eine andere Fortuna Publica, welche am 5. April gefeiert wurde.[12] Einen natürlichen Gegensatz zu diesem Begriffe bildet die bei Plutarch erwähnte Fortuna *Privata* (ἰδία) auf dem Palatin, vermutlich eine kollektive Glücksgöttin des bürgerlichen Familienlebens, dahingegen andere Fortunen mit Rücksicht auf die einzelnen Stände, Klassen und Geschlechter der Bevölkerung benannt waren. So zunächst die oft erwähnte F. *Muliebris*, welche zu Ehren der römischen Frauen und zum Andenken an den Abzug des Coriolan gestiftet worden war. Das Heiligtum befand sich beim vierten Meilensteine der Via Latina, an derselben Stelle wo Coriolan sich damals zur Umkehr hatte bewegen lassen; auch wurden die jährlichen Opfer und Gebete für das Wohl der Stadt an demselben Tage von den Frauen dort dargebracht. Valeria, eine Schwester des Valerius Publicola, welche an ihrer Spitze gestanden, war auch die erste Priesterin. Von den Bildern war das eine auf Staatskosten, das andere aus einer Collecte der Frauen gestiftet; mit welchem letzteren sich das Wunder begab, daß es nach der Dedikation zweimal mit lauter Stimme sein Wohlgefallen ausdrückte, daher es fortan nur von solchen Frauen, die in der ersten Ehe lebten, berührt und bekränzt werden durfte.[13] Also eins der wichtigsten Denkmäler des hochherzigen und von dem Staate bei mehr als einer Gelegenheit anerkannten Patriotismus der römischen Frauen, während in einer anderen Gegend der Stadt ein prächtiger T. der F. *Equestris* aus späterer Zeit an einen der zahlreichen Erfolge erinnerte, durch welche die römische Ritterschaft so oft das Glück der Schlachten entschied. Diesmal wurde die Schlacht in dem spanischen Kriege vom J. 179 v. Chr. geschlagen, wo der Feldherr Fulvius Flaccus, als er die Feinde in aufgelöster Flucht davonsprengen sah, jenen Tempel der Fortuna und außerordentliche Spiele des Jupiter gelobte.[14] Er befand sich in der Nähe des von Pompejus erbauten Theaters, wo ihn noch Vitruv nennt, wo er aber bald darauf durch eine Feuersbrunst zerstört zu sein scheint. Wieder in anderer Hinsicht zu erwähnen sind die F. *Barbata*, welcher die männliche Jugend die Erstlinge des Bartes zu weihen pflegte[15], die F. *Virilis*, welche in den Bädern verehrt und als eine Göttin der Befruchtung von den Frauen neben der Venus angerufen wurde[16], und die F. *Seia*, deren Heiligtum sich in der Gegend des Vicus Sandaliarius befand[17] und deren Name wohl wie der der Ops Consivia zu erklären ist. Einen noch engeren Begriff haben endlich solche Fortunen, welche durch die Eigennamen von Personen oder von Grundstücken als individuelle Schutzgöttinnen oder als die von Corporationen, von Gebäuden usw. bezeichnet werden, in welchen Fällen die Identität der Fortuna mit der Tutela, d. h. dem weiblichen Genius vollends einleuchtet. So wird eine Fortuna Tulliana, Torquatiana, Flavia genannt, desgleichen eine Fortuna Horreorum, eine Fortuna Praetoria und die Fortuna Cohortis I Batavorum, eine Fortuna Municipii in den Municipalstädten usw.[18] Daher neben dem Genius des Kaisers und in gleichem Sinne wie dieser auch eine Fortuna Caesaris oder Fortuna Augusta verehrt und bei derselben geschworen wurde[19], wie die Kaiser selbst ein eigenes Bild der Fortuna in dem seit August zur kaiserlichen Wohnung geweihten Palatium, aber auch auf Reisen bei sich führten, welche Fortuna regia oder aurea hieß und wie eine Schutzgöttin des höchsten Oberhauptes von einem Kaiser auf den anderen überging.[20]

Andere Beinamen charakterisieren die Fortuna als wechselnde Glücksgöttin, welche unter den verschiedensten Veranlassungen angerufen wird und solche Gebete bald erhörend bald nicht erhörend die Herrin und Herrscherin über allen guten Ausgang der Dinge bleibt. So die F. *Respiciens*, welche auf dem Palatin und auf den Esquilien verehrt wurde, ein häufiger Beiname der günstigen Glücksgöttin, wie der Venus.[21] Desgleichen die F. *Obsequens* d. i. die Gnädige, die Gefällige, welche gleichfalls oft erwähnt wird und nach welcher ein Vicus der ersten Region benannt war.[22] Ferner eine *Fortuna Huiusce Diei* oder wie sie in den Kalendern und auf Inschriften heißt Huiusque Diei d. i. die dem griechischen Kairos entsprechende Glücksgöttin der günstigen Gelegenheit, welche als solche von einem Tage zum anderen neu ist. Es scheint einen Tempel von ihr beim Circus Maximus und einen anderen im Marsfelde gegeben zu haben; eine davon war von Catulus in der entscheidenden Schlacht mit den Cimbern gelobt worden, wahrscheinlich derselbe, welcher wiederholt wegen der in seiner Nähe befindlichen Kunstwerke von ausgezeichnetem Wert erwähnt wird. Ihr Festtag wurde am 30. Juli mit zirzensischen Spielen begangen.[23] Ebenso die F. *Viscata*, eigentlich die mit Vogelleim bestrichene, also dieselbe, welche sonst F. *Dubia* hieß[24], die mit eitlen Hoffnungen ködernde und verlockende. Etwas ähnliches ist die im Vicus Longus verehrte F. εὔελπις, welche gewöhnlich durch F. Bonae Spei übersetzt wird[25], auch die F. *Brevis* d. i. die unstete, eine kurze Zeit dauernde, zu welcher den Gegensatz bildet die von Horaz Od. III, 29 53 gepriesene und auf Münzen des Commodus erwähnte F. *Manens*. So gab es ferner eine F. *Mala* in ungesunder Gegend, dahingegen die *Bona* Fortuna in vielen Dedikationen gepriesen wird.[26] Noch wird in Rom erwähnt eine F. ἀποτρόπαιος, deren lateinischer Name fehlt und eine F. *Mammosa*, d. h. die abgelebte mit hängender Brust in der Region der Piscina Publica, wo ein Vicus nach ihr benannt war[27], endlich die sehr häufig von Inschriften und Münzen genannte *Fortuna Redux* d. i. die Göttin der glücklichen Reise und Heimkehr, welche seit der Regierung des August bei längerer Abwesenheit der Kaiser Altäre, Tempel und Opfer gestiftet zu werden pflegten. Als Augustus nämlich im J. 19 v. Chr. am 12. Oktober aus Asien nach Rom zurückkehrte, wurde dieser Tag ein für allemal zu einem Festtage erhoben und ein Altar der F. Redux gestiftet, dessen Dedikation am 15. Dez. erfolgte.[28] Daraus wurde hernach eine schuldige Konvenienz z. B. bei der pomphaften Rückkehr Domitians aus Germanien, wo man sogar einen eigenen T. der F. Redux im Marsfelde dekretierte, während andere Altäre der Art in anderen Gegenden der Stadt gelegen haben werden, wie jedesmal die Rückkehr des Kaisers durch diese oder jene Vorstadt erfolgte. Auch fehlte es nicht an Nachahmung in anderen Städten, entweder mit Beziehung auf den Kaiser und andere hohe Personen, oder um überhaupt den Heimkehrenden Gelegenheit zu geben, gleich am Tore der Vorsehung ihren Dank auszudrücken.[29] So wird hin und wieder auch eine F. *Dux* als Geleitsgöttin erwähnt, und eine F. *Tranquilla* der günstigen Meeresfahrt, welche im Hafen von Rom neben Portunus verehrt wurde. Noch andere Namen haben sich aus verschiedenen Gegenden durch Inschriften erhalten, welche meist den Schutz der Fortuna entweder daheim oder im Felde anrufen[30], bis endlich Trajan der Fortuna als allgemeiner Weltmacht einen eigenen Tempel stiftete, in welchem am Neujahrstage geopfert wurde.[31] Es ist dieselbe Göttin, von welche Plinius sagt, daß sie vor allen übrigen Göttern angerufen, gescholten und gelobt werde, wie bei Lucian in der Götterversammlung Momus sich beklagt, daß niemand mehr den Göttern opfern wolle, weil ja doch eigentlich nur Fortuna regiere. In der bildlichen Darstellung waren ihre gewöhnliche Attribute das Füllhorn als Inbegriff aller guten Gaben und das Steuerruder als Symbol ihrer unsichtbaren Lenkung aller Dinge, während das Flüchtige und Veränderliche ihres Wesens durch einen Aufsatz von Federn auf ihrem Kopfe, die rollende Kugel unter ihren Füßen und ein hinzugefügtes Rad ausgedrückt wurde.[32] Andere Bilder heben andere Eigenschaften hervor, bis zuletzt auch sie zur pantheistischen Heil- und Segensgöttin geworden ist.

Unter den Kulten der Fortuna außerhalb Roms wissen wir von dem der *Nortia* in Vulsinii nur so viel, daß in ihrem Tempel die Jahresnägel eingeschlagen wurden, wie in Rom in dem des Capitolinischen Jupiter.[33] Mehr ist bekannt von der *Fortuna Primigenia* zu Präneste, einer Natur- und Schicksalsgöttin von allgemeiner Bedeutung, welche für die Mutter des Jupiter und der Juno galt und ihren Willen durch Lose offenbarte, die in dem Felsen, auf welchem der Tempel stand, durch ein Wunder zutage gekommen waren. Numerius Suffucius, ein edler Pränestiner, war durch viele, zuletzt drohende Traumerscheinungen angetrieben worden, auf einer gewissen Stelle in diesem Felsen nachzugraben. Als er dieses endlich trotz des Spottes seiner Mitbürger tat, fanden sich jene Lose, d. h. Stäbe von Eichenholz, in welche altertümliche Buchstaben eingegraben waren; man zeigte die wunderbare Stelle später in dem Fortunentempel, dicht bei dem sitzenden Bilde der Fortuna mit den beiden göttlichen Säuglingen in ihrem Schoße. Ein zweites Wunder ließ zu derselben Zeit auf demselben Felsen Honig aus einem Ölbaum fließen, nach dem Ausspruche der Seher ein göttliches Zeugnis für die unträgliche Wahrhaftigkeit jener Lose; daher man aus dem Holze dieses Ölbaums eine Lade machte und sie in derselben verwahrte. Wenn man sie zu befragen wünschte, mußte man sich mit Gebet und Opfer an die Göttin des Tempels wenden, worauf ein Knabe jene Lose zuerst mischte und dann eines zog.[34] Der stehende Beiname dieser Göttin Primigenia, wie sie namentlich auch in den an Ort und Stelle gefundenen Dedikationen heißt, bedeutet die Erstgeborne und Allerzeugende[35], denn die höchsten Götter des Himmels und der Erde, Jupiter und Juno, galten hier für ihre Kinder und saßen als solche in ihrem Schoße, dem Schoße der säugenden Mutter, welche als solche von allen Müttern mit der größten Andacht verehrt wurde.[36] Beide Götter wurden aber auch sonst in diesem Kulte neben ihr verehrt, Jupiter als Puer und zwar mit besonderer Beziehung auf die Lose, Juno in einer eigenen Abteilung des Tempels und in einem eigenen Monate.[37] Der heiligste Festtag war der 11. April, wo der Fortuna Primigenia und dem Iupiter Puer von den Ortsbehörden geopfert und zugleich ein Tag bestimmt wurde, wo das Orakel allen zugänglich sein sollte.[38] Das Altertum dieses Gottesdienstes und Orakels war gewiß ein sehr hohes, doch dauerte es geraume Zeit, ehe das letztere auch bei den Römern, welche unter allen Latinern die Pränestiner am längsten zu fürchten hatten, öffentliche Anerkennung fand. Noch im ersten punischen Kriege wurde ein römischer Konsul, welcher sich nach Präneste begeben hatte, um dort die Lose der Fortuna vor seinem Auszuge selbst zu befragen, durch eilende Boten des Senats und Bedrohung mit Lebensstrafe daran verhindert.[39] Im Hannibalischen Kriege dagegen, wo die Pränestiner sich nach der Schlacht bei Cannae durch ihre tapfre Verteidigung von Casilinum sehr verdient machten[40], scheint auch ihre Fortuna allgemeines Vertrauen erworben zu haben, daher fortan sowohl die obersten Staatsbehörden als selbst fremde Könige in ihrem Tempel zu Präneste opferten und dort wie auf dem römischen Capitole für das Wohl des römischen Volks beteten. Darauf wurde Präneste und wahrscheinlich auch sein Fortunatempel im Kriege zwischen Marius und Sulla von der Hand des letzteren sehr schwer getroffen, dann aber wieder aufgerichtet, da er die verwüstete Stadt neu bevölkerte und auch jenen Tempel verschönerte[41], wahrscheinlich sogar von neuem aufbaute, so daß er sich seitdem auf mächtigen Substruktionen über die ganze Höhe zog und die Stadt in die darunter gelegene Fläche hinabdrückte. Dieses neue Präneste wurde wegen seiner schönen und gesunden Lage immer viel besucht, auch von den Kaisern, unter denen sich Fortuna und ihre Lose in ungeschwächtem Ansehn behaupteten.[42] Ob die sogenannten mystischen Cisten aus Präneste, darunter die Ficoronische, welche in Form und Verzierung einander ähnlich sind und alle Badegerät und Putzutensilien enthielten, in irgendeiner näheren Beziehung zum Dienste der Fortuna gestanden, wie man gewöhnlich annimmt, muß dahingestellt bleiben.[43] Endlich hatte auch die alte Hafenstadt *Antium* an der latinischen Küste eine berühmte Fortuna, welche der Pränestinischen manchen Abbruch getan haben mag. Horaz hat sie in dem schönen Gedichte Od. 1, 35 verherrlicht, auf Veranlassung einer kriegerischen Unternehmung des August, bei welcher diese Göttin und ihr Orakel wahrscheinlich konsultiert wurde. Auch sie galt für eine allgemeine Schicksals- und Heilgöttin, welche über Leben und Tod, zu Lande und zu Wasser gebiete und als Schutzgöttin von Rom und Latium in weiten Kreisen gefürchtet werde. Horaz bittet sie, die bestehende Ordnung der Dinge zu wahren und schildert sie, wie immer die herbe Notwendigkeit ihr voranschreite, Klammern und Keile und geschmolzenes Blei in der Hand führend, während die Hoffnung und die Treue an ihrer Seite gehn. Eigentlich waren es zwei Fortunen, welche in diesem Gottesdienste verehrt wurden, daher gewöhnlich im Plural von ihnen die Rede ist; und zwar wurden sie als Schwestern gedacht, die eine, wie die Münzen der gens Rustia lehren, kriegerisch und bewehrt, die andere matronal.[44] Es scheint, daß jene den Beinamen der Fortuna Equestris führte, diese den der F. Felix im Sinne der fruchtbaren und befruchtenden.[45] Orakel erteilten sie durch Bewegung der Bilder, indem dieselben auf einer Bahre getragen wurden, eine Art der Weissagung, welche sich auch in Ägypten, Syrien und Karthago nachweisen läßt.

Anhangsweise mag hier auch von den Parcen und von anderen Mächten des Schicksals die Rede sein. Die *Parcae* sind eigentlich Göttinnen der Geburt wie die Carmentes, denn das Wort hängt zusammen mit partus. Ursprünglich hießen sie Parca von der Geburt überhaupt und Nona und Decuma von den beiden entscheidenden Monaten der Geburt, doch scheint man später, um sie den griechischen Mören zu assimilieren, die Parca weggelassen und zur Nona und Decuma eine Morta als Todesgöttin hinzugefügt zu haben[46], so daß sie fortan wie jene das individuelle Lebensschicksal in der Stunde der Geburt und des Todes entschieden. Das sind die drei spinnenden Schwestern, deren Erscheinung und Tätigkeit von den römischen Dichtern und Bildwerken bis auf einige Nebenumstände ganz nach dem Vorbilde der griechischen Mythologie ausgeführt wird.[47] Daneben ist viel die Rede vom *fatum* und den *fatis*. Jenes ist eigentlich das gesprochene Wort, der ausgesprochene Wille des Jupiter als höchsten Weltregierers, aber auch der anderen Götter, so daß also dieser Begriff ganz der griechischen Αἶσα oder Διὸς Αἶσα entspricht.[48] Dagegen kommt der Plural in der doppelten Bedeutung vor sowohl der partikulären Schicksale von Menschen, Städten usw. und des darüber durch den Mund von Propheten, Sibyllen usw. verlauteten Götterwillens[49] und in der sehr eigentümlichen Übertragung auf weissagende Frauen, welche alt zu sein scheint und sehr an die Fatui oder Fatuae, d. h. an die Weissagung der Fauna erinnert. So in dem altertümlichen und volkstümlichen Ausdruck Fata Scribunda für die singenden Geburtsgöttinnen[50] und in dem seit dem Augusteischen Zeitalter auch in der Literatur immer weiter um sich greifenden Gebrauch des Wortes Fata für die Parcen, während in der Volkssprache daraus zuletzt der Name und Begriff der Feen entstanden ist.[51] Daher die Tria Fata auf dem römischen Forum der späteren Kaiserzeit und eine Straße in tribus fatis, wobei vielleicht auf die drei Sibyllen in der Nähe der Rostra zurückzugehn ist. Die griechische *Nemesis* wurde unter diesem Namen höchst wahrscheinlich aus Angst vor dem Beschreien und dem Zauber des bösen Blicks u. a. von den Triumphierenden verehrt. Man pflegte nämlich diese Göttin auch sonst in demselben Sinne anzurufen und dabei den Ringfinger der rechten Hand erst mit dem Munde naß zu machen, dann hinter das rechte Ohr zu legen, weil der Speichel und das Ausspucken für ein Mittel gegen den Zauber galt, die Stelle hinter dem rechten Ohre aber in eine besondre Beziehung zur Nemesis gesetzt wurde.[52]

2. *Der Kultus der Genien*

Da von dem Wesen und den verschiedenen Arten der Genien bereits die Rede gewesen ist, so bedarf es hier bloß eines Nachtrags über ihre Verehrung im häuslichen und öffentlichen Leben. Im Hause waltete der Genius teils als der befruchtende Schutzgeist der Ehe, durch welche die Familie fortdauert, teils als individueller Schutzgeist der einzelnen Familienmitglieder. Die geheiligte Stätte von jenem ist das Ehebett (lectus genialis) der Hausflur, früher wohl das wirkliche Ehebett von Vater und Mutter, später wie es scheint nur ein symbolisches, welches bei Vermählungen dem Genius oder den Genien geweiht wurde.[53] Denn gewöhnlich wurden in solchen Häusern, wo es Mann und Frau gab, zwei Genien verehrt, eigentlich ein Genius und eine Juno. Die gewöhnliche bildliche Darstellung dieser dämonischen Wesen war hier wie überhaupt die Schlange (serpens draco), die man deshalb gerne bei sich in den Häusern und in den Schlafzimmern hielt, in Rom ein so gewöhnlicher Brauch, daß Plinus sagt, die Schlangenbrut würde, wenn ihr nicht die Feuersbrünste Einhalt täten, den Menschen über den Kopf wachsen.[54] Daher die Erzählung von der übernatürlichen Abkunft des Scipio. Die Ehe seiner Eltern sei lange unfruchtbar gewesen, so daß der Vater schon die Hoffnung auf Nachkommenschaft aufgegeben hatte: bis man einmal, als der Vater gerade verreist gewesen, im Schlafgemache bei der schlafenden Mutter eine große Schlange habe liegen sehn.[55] Ähnlich wurde von dem Vater der Gracchen erzählt, daß er einst auf seinem Ehebette ein Schlangenpaar gesehen und deshalb die Haruspices befragt habe. Diese rieten ihm eine von beiden zu töten, die andere zu entlassen, mit dem Bemerken, daß der Tod des Männchens seinen Tod, der des Weibchens den seiner Gattin, der edlen Cornelia, der Tochter jenes Scipio zur Folge haben werde: worauf Tiberius aus Liebe zu seiner Frau und weil sie die jüngere war, die weibliche Schlange entschlüpfen läßt und bald darauf wirklich stirbt.[56] In diesen Fällen also ist der Genius das schöpferische Prinzip der Familie; in anderen identifiziert er sich völlig mit den einzelnen Personen als Genius meus, tuus usw. oder Iuno mea, tua, welcher in der Familie als Genius natalis gefeiert wird. Der Geburtstag ist der natürliche Festtag dieses unsichtbaren Wesens, denn er ist zugleich der angeborne Schutzgeist des einzelnen Menschen und die Kausalität seines Lebens; daher man bei der Geburtsfeier den Gebrauch beobachtete, dem Genius nur unblutige Gaben darzubringen, Weihrauch, Wein, Kränze, Opferkuchen u. dgl., keine blutigen, weil an einem Tage, der dem Opfernden selbst oder einer geliebten Person das Leben gegeben, keinem Geschöpfe das Leben genommen werden dürfe.[57] Immer ist der Genius als solcher gut und die Ursache aller guten Gaben und Stunden, die das Leben des einzelnen Menschen schmücken, auch die Ursache seiner körperlichen und geistigen Gesundheit[58], mit einem Worte sein guter Geist: daher die Schwüre und Beschwörungen bei dem eigenen Genius oder dem eines anderen, bei welchen letzteren neben dem Genius des Freundes, der Geliebten oft seine Rechte, d. h. seine Ehre, seine Augen, d. h. das Licht seines Leibes, seine Penaten, d. h. die Heiligtümer seines Hauses und seiner Heimat genannt werden.[59] Doch ist der Genius als individueller Schutzgeist auch den Schwankungen und Irrungen der menschlichen Natur unterworfen, daher Horaz bei der Frage, warum von zwei Brüdern der eine Müßiggang, Spiel und Wohlleben liebe, der andere harte Arbeit und ununterbrochene Tätigkeit, dafür den Genius verantwortlich macht.[60] So ist auch der Genius des einen Menschen mächtiger als der des anderen, in welchem Sinne einst ein ägyptischer Priester zum Antonius sagte, daß sein Genius den des Augustus fürchte (Plut. Anton. 33). Übrigens begleitet dieser Genius den ihm anvertrauten Menschen durch das ganze Leben, von der Stunde der Geburt bis zum Tode, wie ein unsichtbarer Freund und Rater, immer zum Guten und Freudigen helfend, aber auch mitleidend und mitfühlend.[61] Ja man glaubte, daß der Genius bei drohender Lebensgefahr selbst auf das heftigste mitbeängstigt werde: welches auch der Kern der bekannten Geschichte des Brutus und des Dichters Cassius von Parma ist, welchen vor ihrem Tode nicht ein böser Geist, sondern ihr Schutzgeist in der Gestalt eines sich Entsetzenden, von äußerster Furcht Bewegten erscheint, während in einem anderen Falle der Schutzgeist den dem Tode verfallenen Menschen, ehe dessen Stunde kommt, verläßt.[62] Die dualistische Unterscheidung zwischen zwei Genien jedes Menschen gehört nicht dem Volksglauben, sondern der Philosophie.

Wie die einzelnen Familien und Personen so haben auch die Kollektivpersonen der Völker, Städte, Bürgerschaften usw. ihre Genien[63], welche überall mit großem und abergläubischem Eifer verehrt wurden. In Rom glaubte man in diesem Sinne an den Genius Publicus oder Genius Populi Romani als Schutzgeist, ursprünglich ein geschlechts- und namenloses Wesen, bis man später nach griechischer Art auch hier die bestimmtere Personifizierung zuließ. Zuerst wird er beim Anfang des zweiten Punischen Kriegs (218 v. Chr.) erwähnt, wo unter verschiedenen nach Anleitung der sibyllinischen Bücher angeordneten Gebräuchen auch ein Opfer von fünf größeren Tieren an den Genius beschossen wird (Liv. XXI, 62). Höchst wahrscheinlich hatte er schon damals seinen Stand auf dem Forum, in der Nähe des Concordientempels, in der Gestalt eines bärtigen Mannes mit dem Diadem, der in der R. das Füllhorn, in der L. ein Zepter trug, anstatt welcher Darstellung sich später die des Jünglings mit dem Fruchtmaß auf dem Haupte, der Schale in der R., dem Füllhorn in der L. geltend machte.[64] Ein regelmäßiges Opfer wurde am 9. Okt. dargebracht; daß er auch sonst viel verehrt wurde, beweist die häufige Erwähnung auf Münzen und Inschriften.[65] Der Kaiser Aurelian stiftete ihm ein goldnes Bild auf den in derselben Gegend befindlichen Rostren; von Julian wird erzählt, daß er den Genius Publicus, welcher ihm vor seiner Erhebung auf den Thron in Gallien erschienen war, auch vor seinem Ende auf dem Feldzuge gegen die Perser wiedergesehen habe, diesmal in trauriger Gestalt und mit verhülltem Haupt und Füllhorn. Natürlich wurde dieser Genius auch außerhalb Roms viel verehrt, doch hatte jede größere Stadt auch ihren eigenen Genius, auch die Länder und Völker, deren Genius in älterer Zeit auch wohl Feindschaft und kriegerische Rüstung gegen Rom auszudrücken wagte. So der Genius von Italien auf einer Münze aus der leidenschaftlichen Zeit des Bundesgenossenkrieges in Italien, wo der Genius gepanzert und mit Schwert und Lanze bewaffnet dasteht, den Fuß auf ein am Boden liegendes Feldzeichen setzend, neben ihm der Stier als Symbol von Italien.[66] Auch hatten diese örtlichen Schutzgötter hin und wieder wie die Schutzgöttinnen eigene Namen, wie deren Varro verschiedene erhalten hat[67], welche zum Teil zu der Klasse der Genien und Fortunen gehört haben mögen. Gewöhnlich aber nennen sie sich einfach nach dem Orte, dessen höheres Lebensprinzip sie darstellen, und drücken durch ihre Attribute nur den Segen des Friedens und der Fülle aus. Zahlreiche Inschriften veranschaulichen die weite Verbreitung und Ausdehnung dieser einfachen Art, das Sichtbare mit dem Unsichtbaren in Verbindung zu setzen. So der Genius Coloniae Ostiensium, der Genius Coloniae Puteolanorum, welcher im Sinne der lebhaften und reichen Handelsstadt, des wichtigsten Hafens im südlichen Italien, auf ausgezeichnete Weise gefeiert zu sein scheint und in einigen Dedikationen Sanctissimus Deus oder Sanctissimus Deus Patrius genannt wird, der von Stabiä, von Benevent, und von vielen anderen Kolonien und Municipien[68], neben denen hin und wieder auch Genien der pagi conventus sowie von ganzen Provinzen und Ländern erwähnt werden[69], aber auch die von Legionen, Lagern, Kollegien, Zünften, Verkaufsplätzen usw.[70] Denn auch die Plätze, die Straßen, die Tore, wo viel Leben war und ein eigentümliches durch den Ort bestimmtes Treiben sich offenbarte, wurden unter den Schutz eines eigenen Genius gestellt, dessen herkömmliches Schlangenbild dann nicht selten im Sinne der Einwohner einen kräftigen Fluch gegen Verunreinigung des Ortes aussprach[71], auch die zahlreichen Bäder und die Theater, wie die interessante Vorstellung des Ortsgenius in Gestalt eines großen serpens draco aus dem Theater zu Capua erhalten ist[72], die einzelnen Quartiere, Häuser, Ställe[73] usw. Vollends in der freien Natur, wo ein heimlicher Platz liebe Erinnerungen weckt, eine schöne oder erhabne Aussicht die Seele beschwingt, eine fruchtbare Trift oder ein wohlbestellter Acker die Vorstellung göttlichen Segens erregt, liebte man es sehr, durch einen einfachen Altar und das Bild einer Schlange an die höhere Ursache und die verborgene Seele des Orts zu erinnern. Und zwar wurde in allen diesen Fällen häufig neben dem genius loci oder anstatt desselben die weibliche Fortuna oder *Tutela* verehrt, namentlich die letztere, welche noch spezieller als Fortuna die Bedeutung eines örtlichen oder persönlichen Schutzgeistes hatte.[74]

Eine sehr wichtige Art des Kultus der Personalgenien wurde mit der Zeit der des Genius des jedesmaligen Kaisers, welcher somit gewissermaßen an die Seite des Genius Publicus trat. Wie man den Genius eines Freundes, eines Gönners verehrte und ihm an seinem Geburtstage spendete, so war es auch wohl sehr natürlich, wenn der Genius oder die Fortuna solcher Männer wie des Cäsar, des Augustus von ihren Anhängern und überhaupt von den Bürgern privatim viel verehrt wurden.[75] Also etwas Außerordentliches und Verderbliches wurde dieser Kultus erst dann, als er im Sinne des Despotismus gesetzlich gefordert und wenn unterlassen bestraft wurde, wie diese Wendung denn sehr bald eintrat. Augustus ging auch hier voran, indem er seinen Genius in allen Compitalkapellen der Stadt zu den beiden von jeher verehrten Laren hinzufügte. Dieser Kultus blieb auch unter den folgenden Kaisern, für welche selbst nach dem Aussterben des Hauses der Julier Augustus immer der göttliche Urheber der neuen Staatsordnung und der Kaiser schlechthin geblieben ist; nur daß fortan auch der Genius des regierenden Kaisers öffentlich verehrt werden mußte, worauf namentlich die schlimmeren Kaiser mit unerbittlicher Strenge hielten. Eine natürliche Folge von diesem Kultus war die gleichfalls allgemeine und öffentliche Geburtstagsfeier des Kaisers, auch sie ein Nachlaß des Cäsars und August, und der Schwur beim Genius oder der Tyche des Kaisers, denn so übersetzten die Griechen gewöhnlich den lateinischen Genius. Schon unter Augustus war dieser Schwur gewöhnlich.[76] Tiberius sperrte sich nach seiner Weise, doch überwogen Gewohnheit und Angst.[77] Caligula und die späteren Gewaltherrscher belegten die Unterlassung oder den Mißbrauch mit harten Strafen.[78]

Noch eine eigentümliche Art der Genienverehrung ist die der genii deorum und die an den Gräbern der Verstorbenen, wo der Genius dem griechischen ἥρως entspricht und wie gewöhnlich unter dem Bilde einer Schlange vorgestellt wurde, daher auch die Gräber nicht selten Bilder von Schlangen zeigen[79]: auch dieses mit der Zeit eine allgemeine Sitte, wie die späteren Kalender denn selbst das Totenfest der Feralien im Februar Genialia oder Ludi Genialici nennen.[80] Endlich ist zu bemerken, daß auch die Götter hin und wieder im Privatkultus als Genien eines Hauses, d. h. als deren Schutzgötter verehrt wurden[81], in demselben Sinne wie Sulla den Apoll, Cicero die Minerva, der römische Senat die Victoria als seine Schutzgöttin verehrte.

3. Die Götter der Indigitamenta

Mit den Genien vergleicht Censorin recht passend die zahlreichen Schutz- und Lebensmächte, welche in den pontificalen Indigitamenten angerufen wurden, indem sie sich im Grunde nur dadurch von den gewöhnlichen Genien unterscheiden, daß diese ein für allemal denselben Menschen oder denselben Ort unter ihren Schutz genommen hatten, jene kleineren Götter oder numina dagegen nur bei gewissen Veranlassungen des menschlichen Lebens als mitwirkende Mächte hervortreten. Sie haben insofern eine gewisse Ähnlichkeit mit den Engeln des populären Glaubens, welche gleichfalls nicht bloß für persönliche Schutzengel galten, sondern auch für Gelegenheitsengel möchte ich sagen, d. h. für solche, welche nur bei bestimmten Gelegenheiten als wirksam gedacht und als solche namentlich in einzelnen alten Grabschriften und Kinderliedern geschildert werden[82]; wie denn wirklich schon die christlichen Kirchenväter diese hilfreichen Lebensmächte jener altertümlichen Gebetsformeln mit unsern Engeln verglichen haben. Dennoch war dieser Glaube in Italien und Rom sehr alt, da er wesentlich auf dem Gottesdienste des Numa und den von ihm formulierten priesterlichen Gebeten beruhte, welche speziell als Anrufungen solcher Mächte Indigitamenta genannt wurden. Ja man darf behaupten, daß nur ein solcher mehr pantheistischer als polytheistischer Glaube, wie der der religiösen Gesetzgebung Numas zu Grunde liegende, imstande war, neben den wenigen Hauptgöttern des Himmels und der Erde, die er aufstellte, eine so große Schar von dienenden Mächten zuzulassen, daher diese eben deshalb, sobald der griechische Polytheismus um sich griff, je länger desto mehr aus dem Gedächtnis des Volks und der Praxis des priesterlichen Gebets verloren gegangen sind. Sie erschienen übrigens in diesen Gebeten nicht allein, sondern zusammengestellt mit den Hausgöttern des älteren römischen Glaubens, welche aber bei solchen Gelegenheiten gleichfalls nicht in ihrer vollen Geltung und gesamten Wirkung, sondern nur in der speziellen Beziehung auf den jedesmal vorliegenden einzelnen Fall einer Geburt, einer Vermählung usw. angerufen wurden: ein Beweis mehr, daß die Indigitamenta nicht, wie man neuerdings gewöhnlich angenommen, priesterliche Verzeichnisse des ältesten Götterglaubens gewesen sind, sondern für gewisse Veranlassungen des Lebens bestimmte Gebets- und Anrufungsformeln. Es wäre sehr wichtig, wenn diese Veranlassungen sich näher bestimmen ließen, indessen wird dieses kaum weiter möglich sein als sofern diese Gebete selbst auf gewisse Gelegenheiten hindeuten. Auch ist wohl zu bedenken, daß unsre Kenntnis von denselben nicht unmittelbar auf den priesterlichen Originalurkunden, sondern nur auf den Auszügen Varros beruht, oder vielmehr größtenteils nur auf den Auszügen, welche die Kirchenväter zum Behufe ihrer Polemik aus jenem Werke Varros gemacht hatten. So muß es auch dahingestellt bleiben, ob Varro diese vielen Götternamen in jenen priesterlichen Urkunden zu einem ähnlichen Ganzen zusammengestellt gefunden hatte, wie er selbst sie in einem Werke zusammengestellt hatte, oder ob sie nicht vielmehr in jenen Urkunden in viele einzelne Gruppen zerfielen und je nach den besondern Veranlassungen des Kultus oder des Lebens in verschiedenen Gebeten und Liturgien zusammengestellt waren, welches letztere ich aus verschiedenen Gründen für das Wahrscheinlichere halte. Varro hatte nämlich diese Götter, wie wir aus Augustin C. D. VI, 9 erfahren, in zwei Abteilungen behandelt, indem er zuerst sämtliche Götter aufzählte, welche das menschliche Leben unmittelbar, von der Geburt eines jeden bis zu seinem Tode betrafen, und zweitens diejenigen Namen zusammenstellte, welche nicht sowohl den Menschen selbst als seine äußerlichen Bedürfnisse, Lebensunterhalt, Kleidung usw. angingen.[83] Er hatte ferner dazu einen erklärenden Kommentar hinzugefügt, indem er jeden Götternamen entweder aus dem Sprachgebrauche oder aus den Gewohnheiten der alten Zeit erläuterte, welche Erläuterungen er zum Teil in anderen Schriften noch weiter ausgeführt hatte: so daß wir auf diesem Wege viel Wichtiges und Interessantes über die Sitte und Sprache des höheren Altertums erfahren. Nur daß wir uns wie gesagt genügen lassen müssen auf den Spuren Varros, von welchem hier wie gewöhnlich alle späteren Schriftsteller abhängen, einherzugehn, ohne uns daraus einen unmittelbaren Schluß auf die Gestalt und Beschaffenheit der Indigitamenta selbst zu erlauben.

Nach dieser Anleitung also und den Auszügen der beiden Kirchenväter Tertullian und Augustin, die das meiste erhalten haben, wollen wir zunächst die Götter aufzählen, welche mit Beziehung auf die Schwangerschaft und Geburt der Mutter und die erste Woche des Kindes, wir wissen nicht, ob bei einer und derselben oder bei verschiedenen Kultusgelegenheiten angerufen wurden.[84] Durch sorgfältige Prüfung dieser Texte und Ausscheidung aller überflüssigen Polemik, welche diesen Schriftstellern die Hauptsache war, gewinnen wir eine fortlaufende Reihe von Göttern und Götternamen, deren gemeinschaftliche Beziehung das menschliche Leben ist, wie es keimt, ans Licht tritt und sich dann weiter entwickelt: alte Kultusgötter, deren Namen in dieser und den folgenden Reihen die leitenden Begriffe und gleichsam die Knotenpunkte des liturgischen Gesamtgedankens sind, und eine große Anzahl von helfenden und dienenden Gottheiten (potestates, numina), deren Benennungen und Personifizierungen nicht allein sehr genau, sondern hin und wieder auch, wie mich dünkt, mit Hartheit und Innigkeit auf alle Miniaturbeziehungen des menschlichen Lebens eingehen. Zuerst wird *Janus* genannt, überall der Anfang der Dinge, auch jedes Gebets und Opfers, hier Consivius, d. h. der Anfang alles keimenden Lebens, dann *Saturnus*, weil jede Ehe eingegangen wurde liberorum procreandorum causa oder wie die Griechen mit ihrem lebhafteren Gefühle für alles Natürliche sagten, ἐπὶ σπόρῳ, ἐπ' ἀρότῳ παίδων, daher der Gott aller Saaten auch hier an seiner Stelle war. Dann folgen *Liber* und *Libera*, welche schon deshalb, weil sie in dieser nach Anleitung der Indigitamenta gebildeten Reihe mit aufgeführt werden, für altrömische Kultusgötter gelten müssen. Liber ist in diesem Zusammenhange der Gott der männlichen Zeugungskraft, Libera die Göttin des weiblichen Empfängnisses.[85] Beide werden aus demselben Grunde zusammen genannt, aus welchem wir auch weiterhin in diesen Gebetsfragmenten häufig männliche und weibliche Mächte (Divi Patres und Divae Matres) zusammengestellt finden werden: weil nämlich nach einer dem ganzen Heidentum gemeinsamen Grundanschauung die polarisch entgegengesetzten Erscheinungen des menschlichen und animalischen Geschlechtslebens auf einen gleichartigen Gegensatz der göttlichen Kausalität zurückgeführt werden. Diese Gottheiten also sind es, welche das eheliche Beilager segnen und befruchten; andere, größtenteils dienende Genien der *Juno* oder auch die abgesonderten Eigenschaften dieser höchsten Gottheit alles weiblichen Lebens, werden als solche angerufen, welche die keimende Frucht im Mutterleibe bilden und pflegen. So die *Fluonia*, auch *Fluviona* oder *Fluvionia*, ursprünglich nur ein Beiname der Juno, welcher dieser Göttin durch die Hemmung der monatlichen Blutabsonderungen während der Schwangerschaft einen wesentlichen Einfluß auf die Erzeugung und Ernährung des Kindes im Mutterleib zuschrieb.[86] Ferner nach Tertull. d. An. 37 die weiblichen Mächte *Alemona*, welche die zarte Frucht nährt, und die beiden Göttinnen der entscheidenden Monate, *Nona* und *Decima*, endlich die *Partula* als die bei der Geburt selbst behilfliche Göttin: über welche drei Göttinnen wir durch einen ausführlicheren Auszug aus dem 14. Buche der Religionsaltertümer Varros, in welchem er über diese Götter gehandelt hatte (S. 63, 1), von Gellius N. A. III, 16 belehrt werden. Varro hatte dort nämlich gelehrt, daß die Geburt frühestens im achten, spätestens im elften Monate erfolge, wobei er sich auf Aristoteles berufen hatte. Die alten Römer aber hätten auf solche außerordentliche Fälle keine Rücksicht genommen, sondern den neunten und zehnten Monat für die gewöhnliche Zeit angesehen und danach ihre Parcen, d. h. Geburtsgöttinnen benannt, die eine von der Geburt überhaupt, die andere von jenen beiden Monaten. Ferner schließt sich hier an die unvermeidliche Anrufung der *Iuno Lucina* als der eigentlichen Entbindungsgöttin, endlich die der männlichen Gottheiten *Vitumnus* und *Sentinus*, die dem Kinde Leben und sinnliche Empfindung verleihen[87], und die des Jupiter selbst in seiner Eigenschaft als *Diespiter*, d. i. der Gott des lichten Tages, welcher das neugeborne Kind mit dem alles belebenden und beseelenden Lichte empfängt. Auch Vitumnus und Sentinus werden nur für besondre Abstraktionen von dem allgemeinen Begriffe Jupiter zu halten sein, welcher hier wie überall für die höchste Quelle alles Lebens und aller Beseelung galt.[88]

Es folgen die eigentlichen Geburtshelferinnen, denen sozusagen die Manipulation bei der Entbindung oblag, wie die Griechen in demselben Sinne neben der Hera und Artemis noch die Eileithyia oder mehrere Göttinnen desselben Namens verehrten. Zunächst gehört dahin die *Candelifera*, weil bei der Entbindung eine Kerze angesteckt wurde, wahrscheinlich als sinnliche Darstellung des Lichtes, an welches das Kind durch die Geburt gelangt; und zwar durfte es nur eine Kerze sein, keine Öllampe, weil der Geruch einer verlöschenden Lampe für sehr gefährlich galt.[89] Ferner die beiden *Carmentes*, welche durch Besprechung und magische Formeln bei der Entbindung helfen und selbst bei dieser Hand anlegen, daher man eine *Prosa* oder Porrima und eine *Postverta* unterschied, je nachdem das Kind zuerst mit dem Kopfe oder umgekehrt ans Licht kam.[90] Ferner gehört hierher die Nymphe *Egeria*, daher der häufige Gebrauch des Namens Egerius im alten Latium, und *Numeria* d. i. die Göttin der schnellen und leichten Geburt, daher Numerii eigentlich solche hießen, welche schnell und leicht zur Welt gekommen sind[91], auch *Natio* als eine alte, auf dem Gebiete von Ardea verehrte Geburtsgöttin[92]; dahingegen die sogenannten *Nixi Dii* griechischen Ursprungs waren und hier nur als gleichartige Wesen erwähnt werden mögen. So nannte man nämlich drei Götterbilder, welche auf dem römischen Capitol vor der Cella der Minerva zu sehen waren und nach einigen aus der Beute des syrischen Kriegs, nach anderen aus der korinthischen Beute stammten. Sie befanden sich in knieender Stellung, galten aber für hilfreiche Götter der Entbindung und werden als solche auch bei Ovid Met. IX, 293 neben der Lucina angerufen: eine Darstellung, welche sich am natürlichsten dadurch erklärt, daß die Alten das Niederknien bei der Entbindung für förderlich hielten.[93]

Endlich eine Reihe von Gottheiten, welche das neugeborne Kind schützen und pflegen, teils männliche, teils weibliche. Augustin IV, 11 nennt zuerst die *Opis* d. i. die Mutter Erde als kinderpflegende Göttin, daher bei den Römern das neugeborne Kind nach alter Sitte alsbald auf die Erde gelegt oder gestellt wurde.[94] Dann der *Deus Vagitanus*, der dem neugebornen Kinde mit dem ersten Schrei den Mund öffnet[95], und die *Dea Levana*, welche die Kinder von der Erde wieder aufhebt, nach der bekannten Sitte, das neugeborne Kind vor dem Vater auf die Erde zu legen, worauf dieser es aufhob und damit seine Pflege und Erziehung übernahm, aber auch alle Rechte der väterlichen Gewalt sich vorbehielt.[96] Ferner die beiden eng verbundenen Göttinnen *Cunina* und *Rumina*. Jene ist die Schutzgöttin der Wiege, in welcher sie das Kind vor Schaden und Zauber behütet, während Rumina für die volle Brust der Mutter oder der Amme beim Nähren des Säuglings sorgt.[97] Einen wichtigen Moment brachte weiter für Knaben der neunte, für Mädchen der achte Tag nach der Geburt, d. i. der sogenannte dies lustricus, wo das Kind seinen Namen bekam und zugleich lustriert und gegen allen Zauber geweiht wurde, namentlich dadurch, daß man ihm allerlei zierliche Kleinigkeiten (crepundia) und die Bulla um den Hals hängte, ein goldenes Medaillon mit darin verborgenen Schutzmitteln (praebia) gegen den Neid und bösen Blick. Darauf bezieht sich die Verehrung der *Dea Nundina*, welche von diesem neunten Tage ihren Namen hat.[98] Auch wurde an diesem Tage dem Kinde, welches nun als eigene Person ins Leben trat, eine Art von Prognostikon seiner Zukunft gestellt, was Veranlassung gab, alle Schicksalsmächte anzurufen, Fortuna und die Carmentes und die Fata Scribunda. Der neunte Tag wurde zu diesen Gebräuchen ausersehen, weil dieser überhaupt und so auch für die Wöchnerinnen ein kritischer Tag ist, die sich erst dann von ihrem Lager wieder erheben und an dem Familienleben von neuem Anteil nehmen.

Eine zweite Reihe von solchen dienenden Mächten bilden die Namen der Götter und Göttinnen, welche die Jugend des zarten Kindes behüten und pflegen, es essen und gehen und sprechen lehren, die verschiedenen Gemütsaffekte und geistigen Tätigkeiten in ihm entwickeln, mit ihm aus und eingehen und es in die Schule begleiten[99], bis zur Juventas und Fortuna barbata, mit welchen wieder ein neuer Lebensabschnitt beginnt. Zunächst gehören dahin die *Potina* und *Educa*, denn dieses scheinen die richtigen Formen der sehr verschieden geschrieben Namen zu sein[100], d. h. die beiden Göttinnen, welche das Kind, nachdem es entwöhnt worden, an Speise und Trank gewöhnen. Ein anderer Schriftsteller fügt, gleichfalls aus Varro, die *Cuba* hinzu, die das Kind von der Wiege ins Bettchen legt.[101] Weiter schließt sich hier an die *Dea Ossipago*, welche dazu hilft, daß die Knochen der Kinder fest und derbe werden, ferner die göttlichen Mächte des Stehen-, Gehen- und Sprechenlernens, welche nun wieder männlichen Geschlechts sind, wahrscheinlich weil man sich jene Göttinnen, die Potina Educa Cuba mehr nach Art der Ammen, diese dagegen mehr nach Art der Pädagogen dachte. Sie heißen *Divus Statanus* oder *Statilinus* und *Divus Fabulinus*, welchem beim ersten Stehen und Sprechen der Kinder ein Dankopfer gebracht wurde.[102] Andere nennen eine weibliche Göttin *Statina* und fügen zu der ganzen Gruppe noch die *Adeona* und *Abeona* hinzu, welche wohl nicht die Beschützer der Kinder beim Aus- und Eingehn sind, sondern die der ersten Laufversuche mit dem bekannten Ab- und Zulauf zwischen zwei Paaren schützender Arme. Dem Fabulinus stand noch ein besonderer *Farinus* zur Seite, auch ein *Locutius*[103], von denen jener sich auf die ersten Sprechlaute des Kindes bezieht; dahingegen Fabulinus schon ein Ausdruck des zusammenhängenden Schwätzens, Locutius aber der des deutlichen Sprechens ist. Nun beginnt das Kind auszugehn, in die Schule zu gehn, dort etwas zu lernen. Auch dabei begleiten es eigene Schutzgötter; zunächst die *Iterduca* und *Domiduca*, welche es die ersten Wege aus dem Hause und wieder in dasselbe zurückgeleiten, ferner alle die Mächte, welche das Gemütsleben und die geistigen Affekte und Anlagen des Kindes wecken und bilden.[104] So zunächst die *Mens*, welche einen verständigen Sinn in den Kindern erzeugt, *Divus Volumnus* und *Diva Volumna*, das sind die Götter des Verlangens, während die von Tertullian genannte *Diva Voleta* mehr das sittliche Wollen (velle) im Gegensatze zu dem Nicht-Wollen (nolle) ausdrückt.[105] Ferner die *Paventia* oder *Paventina* von dem kindlichen Affekte des Bangens und Schreckens und *Venilia* d. i. die Göttin des sichern Hoffens und der unbefangenen Erwartung.[106] Ihnen schließen sich weiter an *Volupia* und *Lubentina* oder *Lubia* als Göttinnen der Lust und des sinnlichen Verlangens[107], ferner *Praestana* oder *Paestitia*, das ist eine Göttin des Strebens und der Kraft, wie *Valentia* und *Pollentia*, welche gleichfalls zu Rom in besondern Bildern verehrt wurden.[108] Daher sich diesen Göttinnen alsbald der männliche *Agonius* und *Peragenor* gesellt, begleitet von der weiblichen *Agenoria*, lauter Numina der ausführenden und durchsetzenden Tatkraft, wie sie in Rom so frühzeitig erweckt und geübt wurde.[109] Ferner gehören in diese Reihe die *Stimula* d. i. der heiße und heftige, mit Aufregung verbundene Trieb der Liebe, des Ehrgeizes usw., daher man diesen Namen später auf die griechische Semele, die Mutter des Bacchus übertrug, samt ihrem Widerspiel der *Dea Murcia* d. i. die Göttin der Ermüdung und Erschlaffung, wie sie auf jede heftige Aufregung folgt, eigentlich Venus. Weiter *Strenua* d. i. die Göttin der gesunden leiblichen Entwicklung und *Numeria* und *Camena* nach den beiden Hauptstücken des römischen Schulunterrichts, dem Rechnen und Singen, d. h. Auswendiglernen und Vortragen guter Lieder[110], endlich der *Divus Catius*, der die Kinder gescheut (catos) macht[111], *Consus*, durch welchen sie Nachdenken und Ratschlagen lernen, und *Sentia*, welcher sie gute Gedanken (sententias) und den treffenden Ausdruck derselben verdanken. Ihren letzten Abschluß bekommt diese Periode durch die *Iuventas* und *Fortuna Barbata*, welche die endlich mündig gewordnen Jünglinge verehren, während die Mädchen bei demselben Lebensabschnitte der Venus, der Diana und der Fortuna Virginalis ihre Huldigung darbrachten.

Eine neue Reihe bilden die Gottheiten der Ehe und des ehelichen Beilagers, man kann sie im allgemeinen die Dii Nuptiales nennen, neben welchen die Bräute noch sogenannte Camelae Virgines angerufen haben sollen, vermutlich eine Gruppe von Nymphen, welche mit der Zeit den griechischen Beinamen γαμήλιαι angenommen hatten. Die übrigen Namen, soviel wir von dieser Reihe wissen, denn die Auszüge der Kirchväter werden hier etwas tumultuarisch und verweilen mit besonderer Vorliebe beim Obszönen[112], lassen sich nach den verschiedenen Akten einer römischen Hochzeit ordnen. Zuerst sei erwähnt die *Dea Iuga* und der *Deus Iugatinus*, jene eigentlich die Juno, welche überhaupt in diesem Kreise wieder die dominierende Göttin ist. Beide, Iuga und Iugatius, sind recht eigentlich die Götter der ehelichen Verbindung überhaupt, des coniugium. Weiter schließen sich an die *Dea Afferenda* ab afferendis dotibus, welches auf einen eigenen dazu angesetzten Akt schließen läßt, wo der Vater, die Verwandten, die Klienten ihre Gaben und Geschenke zur Mitgift und Aussteuer darbrachten. Weiter der *Deus Domiducus* und die *Dea Domiduca* oder *Iterduca*, welche sich auf den festlichen und fröhlichsten Akt einer antiken Hochzeit beziehn, die Heimführung der jungen Frau in das Haus des sie dort erwartenden Mannes. Die Braut erschien dabei in Rom zuerst als nupta, als nova nupta, wie es bei Catull in dem allerliebsten und höchst malerischen Hochzeitsgedichte 61, 80 heißt, d. h. mit dem sogenannten flammeum verschleiert, einem großen Kopftuche von dunkelgelber oder feuerroter Farbe, welche die Gemahlin des Flamen Dialis als Priesterin der Juno immer trug.[113] Darunter war das Haar gescheitelt, zu welchem Zwecke die sogenannte celibaris hasta gebraucht wurde, und in sechs Zöpfe geflochten, nach einigen, weil dies die alte Nationaltracht der römischen Mädchen überhaupt gewesen, nach anderen, weil die Vestalinnen ihr Haar ebenso trugen.[114] Außerdem war der Kopf mit einem hohen turmartigen Aufsatze geschmückt[115], bei dem übrigen meist sehr kostbaren Anzuge aber war von besonderer Wichtigkeit der kunstreich geschürzte Gürtel, welcher immer aus Schafwolle gewebt sein mußte und mit dem sogenannten Herculesknoten geschürzt wurde.[116] Geführt wurde die Braut von zwei Knaben aus guter und noch blühender Ehe, während ein anderer Knabe von gleicher Herkunft mit einer brennenden Fackel, welche vom Weißdorn oder Hartriegel genommen wurde, ein dritter Knabe oder auch ein Mädchen mit einem Becken voll Wassers, das aus einer reinen Quelle geschöpft sein mußte, voraufschritt.[117] Außerdem wurde ein farreum, d. h. ein aus far gebackner Kuchen und Rocken und Spindel vor ihr hergetragen[118], während sie selbst drei Asses bei sich führte, um dieselben bei dem Antritte ihrer neuen Würde an ihren Hausherrn, an die Laren des Hauses und an die nächsten Compitallaren des Quartiers zu geben. Natürlich fand sich dazu noch allerlei andere Begleitung von Verwandten und Freunden der Braut und des Bräutigams mit Musik, Gesang und Scherz, namentlich in der beliebten Manier der fescennini versus oder der fescennina locutio, wie Catull sich ausdrückt. Ein anderer herkömmlicher Gebrauch war das Ausstreuen von Nüssen, welche bei demselben Dichter von einer allegorischen Person, dem *Concubinus* verteilt werden, einer Personifikation des Liebesabenteuers und der ungebundenen Neigung, welche jetzt von dem Manne Abschied nimmt, um sein Regiment dem Gott der Ehe zu überlassen. Das Ausstreuen der Nüsse bei dieser und bei anderen Gelegenheiten wird von den römischen Altertumsforschern verschieden, aber nicht richtig erklärt.[119] Vielmehr haben die Haselnüsse bei vielen und verschiedenen Völkern eine erotische Bedeutung, als Sinnbilder der Liebe, der Befruchtung, der Lebensverjüngung, wie dieses neuerdings aus jenen alten italischen und aus französischen und deutschen Gebräuchen, Sprichwörtern und Liedern ausführlich nachgewiesen ist.[120] Ja es haben sich sogar in einigen Gegenden von Frankreich ganz ähnliche Hochzeitsgebräuche erhalten, da man in der einen Nüsse über das am Altare kniende Paar zu schütten, in einer anderen der Braut in der ersten Hochzeitsnacht dieselbe Frucht zu spenden pflegte. Die Anrufungen und Personifikationen des Hymenaeus und des *Talassio* oder *Talassius* dagegen, wie sie uns gleichfalls durch die anmutigen Gedichte Catulls 61 und 62 vergegenwärtigt werden, sind teils griechischen teils sabinischen Ursprungs, wie die sabinische Sitte überhaupt bei den matronalen Überlieferungen und Hochzeitsgebräuchen der Römerinnen einen bedeutenden Einfluß behauptete.[121] Talus soll ein vornehmer Sabiner und Genosse des T. Tatius, Talassius ein beim Raube der Sabinerinnen hervorragend beteiligter Genosse des Romulus gewesen sein, der zu dem sprichwörtlichen Gebrauche seines Namens bei allen Hochzeiten Anlaß gegeben habe[122]: vielleicht ursprünglich nur ein Beiname des Quirinus, aus welchem mit der Zeit diese historische Person geworden war. Endlich gelangte der Zug an die festlich geschmückte Schwelle des Hauses, wo neue Gebräuche zu beachten waren. Zunächst wurden die Türpfosten von der Braut mit Öl oder Fett bestrichen und mit wollenen Binden umwunden[123], letzteres in dem gewöhnlichen Sinne der Heiligung und Consecration, während bei jenem Gebrauche das gewöhnliche Fett oder Öl wohl nicht anders als reichliche Fülle und exuberanten Segen ausdrücken sollte, das Wolfsfett dagegen, welches einige vorzogen, indem sie demselben eine averrunzierende Wirkung zuschrieben (ne quid mali medicamenti inferretur), eine bestimmtere Beziehung auf den Dienst des Mars andeutet. Wegen des ganzen Gebrauches hieß Juno unter anderen auf Hochzeit und eheliche Verbindung deutenden Beinamen auch *Unxia*[124], während als eigene Schutzgötter der Schwelle und des Aus- und Eingangs Forculus und Limentinus und die weibliche Göttin Cardea verehrt wurden, von denen hernach die Rede sein wird. Weiter mußte die Braut mit der größten Vorsicht jeden Anstoß an der Schwelle vermeiden, daher sie gewöhnlich, um jeder Möglichkeit eines bösen Omens zuvorzukommen, über dieselbe hinübergetragen wurde.[125] Von der Schwelle gelangte sie durch das Vestibulum in den Familiensaal, wo der Mann ihr mit Feuer und Wasser vom Herde des Hauses entgegentrat, sie aber ihn mit der altherkömmlichen Anrede empfing: Ubi tu Gaius ego Gaia, nach der gewöhnlichen Erklärung mit Beziehung auf Gaia Caecilia oder Tanaquil, das Ideal einer guten Hausfrau; doch war eigentlich auch hier wohl nur die Sorge für ein gutes Omen im Spiel, denn der Name Gaius ist entstanden aus Gavius (die oskische Form ist Gaavius), welches mit gaudere (gav-isus) zusammenhängt, also auf Freude und liebliches Wesen hindeutet.[126] Darauf läßt sie sich in dem Saale auf einem wollenen Vließe nieder[127], denn sie ist unter dem Schutze der *Manturna* eingetreten und wird auf dieser Stätte nun bleiben, aber nicht, um die Hände in den Schoß zu legen, sondern um sie fleißig zu rühren und unter den Mägden bis in die Nacht hinein zu spinnen, wie uns die keusche Lucretia geschildert wird. So ist sie also in matrimonium ducta, d. h. feierlich eingeführt in das Haus, wo sie fortan als mater familias leben und walten soll, nachdem die Ehe selbst an der den Genien des Hauses geweihten Stätte vollzogen und mit dem Segen der Fruchtbarkeit gesegnet worden. Auch dieser natürliche Akt und Gedanke wurde im Sinne dieser altertümlichen Frömmigkeit durch eine eigene Reihe von liturgischen Anrufungen und entsprechenden Gebräuchen ausgedrückt, auf welche die Kirchenväter in ihrem polemischen Eifer nur zu gerne zurückkommen. Zunächst gehören dahin die Anrufungen der (Iuno) *Cinxia* und *Virginensis*, jener mit Rücksicht auf die Lösung des Gürtels der Braut, dieser weil diese jetzt ihre Jungfernschaft preisgibt. Weiter die für unsre Gewöhnungen allerdings sehr anstößige Huldigung an einen eigenen Genius des weiblichen Empfängnisses und der männlichen Befruchtung, den *Mutunus Tutunus*, bei welcher sich die junge Frau auf ein fascinum setzte.[128] Endlich folgende den weiteren Verlauf des ersten ehelichen Beilagers betreffende Gottheiten: ein *Deus Subigus*, ut viro subigatur (virgo), eine *Dea Prema*, ut subacta ne se commoveat prematur, ferner die *Dea Pertunda*, quae preasto est virginalem scrobem effodientibus maritis, und die *Dea Perfica*, welche das Werk vollends zum guten Ende ausführt.[129] Daß solche Gottheiten nicht bloß in den priesterlichen Gebetsformeln existierten, sondern in und außerhalb Roms auch vom Volke und zwar von Männern und Frauen angebetet wurden, beweist die Kapelle des Mutunus Tutunus in Rom, in welcher die Frauen verhüllt zu opfern pflegten (Fest. p. 154) und ein neuerdings in der Gegend von Rimini aufgefundenes seltsames Bildwerk in der Gestalt der Hufe eines Pferdes oder Esels mit der Inschrift Prema Arimn [ensis oder si] Mutino[130], welches sich auf den Kultus einer Göttin der Viehzucht und der tierischen Begattung zu beziehen scheint.

Auch bei den übrigen Lebensbeziehungen lassen uns die Exzerpte der Kirchenväter im Stich; nur die Reihe der den Tod und das Begräbnis betreffenden numina läßt sich einigermaßen herstellen. Eine *Viriplaca*, welche in einer Kapelle auf dem Palatin verehrt wurde, deutet auf gestörtes Vernehmen zwischen Mann und Frau.

So oft zwischen beiden Streit entstanden war, behauptet Val. Max. II, 1, 6, gingen sie in diese Kapelle, sprachen sich dort und offen gegeneinander aus und kehrten darauf versöhnt wieder in ihr Haus zurück. Die Reihe der Todesgötter beginnt bei Tertullian ad Nat. II, 15 mit dem *Deus Viduus*, welcher die Seele von dem Körper scheidet (viduat) und als Todesgott nicht innerhalb der Stadt, sondern vor derselben verehrt wurde. Ihm schließen sich an der *Deus Caeculus*, der die Augen der Sterbenden bricht (qui oculos sensu examinat) und die gleichfalls zu Rom verehrte *Dea Orbona*, welche das Licht der Augen vollends auslöscht.[131] Dann folgt die eigentliche Todesgöttin *Mors* oder *Morta*, welche von einigen zu den drei Parcen gerechnet wurde[132], darauf *Libitina* als die Göttin der Leichenbegräbnisse und *Naenia* d. i. die Personifikation der üblichen Todesklage, mit welcher Varro die Reihe dieser auf den Verlauf des menschlichen Lebens bezogenen Gottheiten geschlossen hatte. Sie hatte eine eigene Kapelle vor dem Viminalischen Tor, wahrscheinlich doch in der Nähe des lucus Libitinae. Es ist die Göttin der Todesklage wie sie während des Leichenzugs entweder von den Verwandten oder von dazu gemieteten Klageweibern (praeficae) gesungen wurde.[133] Mit dieser Klage, deren schwermütige Laute in dem Namen der Naenia nachklingen, war eine kurze Aufzählung der Verdienste des Verstorbnen verbunden, wie uns davon das Libell des Seneca vom Tode des Kaisers Claudius 12 eine anschauliche Vorstellung gibt. Von diesen unter Begleitung von klagenden Flöten während des Leichenzugs vorgetragenen Gesängen werden von genauen Schriftstellern unterschieden die Klagen und Gesänge, welche am Grabe des schon Bestatteten unter den Klängen einer eigenen Art von Tuben von sogenannten Siticines vorgetragen sein sollen.

Auf diese erste Reihe also folgte bei Varro eine zweite, welche alle äußeren Verhältnisse und Bedingungen des menschlichen Lebens wiederspiegelte, Nahrung, Kleidung usw. Leider liegen bei diesem Abschnitte größtenteils nur abgerissene Exzerpte der späteren Schriftsteller vor; doch lassen sich folgende Gruppen unterscheiden. Zuerst die Namen solcher Götter, deren Tätigkeit sich auf das städtische und örtliche Leben, den Häuserbau und die notwendigsten häuslichen Einrichtungen bezog[134], an ihrer Spitze vermutlich wieder Janus, hier als Gott der Bögen und Durchgänge, und neben ihm eine entsprechende weibliche Göttin, die *Diva Arquis* und *Iana*. Dann wurde vermutlich das sehr alte städtische Fest *Septimontium* erwähnt, wo auf sieben Höhen der Stadt von den Bewohnern der benachbarten Quartiere den Schutzgöttern dieser Höhen (montes), wie es scheint, ein Opfer dargebracht wurde, nämlich auf dem Palatium, den Velien, dem Fagutal, einer ehemals befestigten Höhe über der Subura, dem Germalus, d. h. der Ecke des Palatin, wo die Zwillinge (germani) gefunden worden, endlich dem Oppius und Cispius, mit sakralen Beziehungen und Erinnerungen, über welche leider kein genauer Bericht vorliegt.[135] Weiter gab es einen eigenen *Divus Ascensus* und eine *Dea Clivicola*, Personifikationen der vielen Steige (clivi) und Gruben im alten Rom, wo man um von dem einen Quartier ins andere zu gelangen, viel bergauf und bergab laufen mußte[136]; daher sich hier auch die *Divi Limones* anschließen mögen, d. h. die Schutzgenien der schiefen Abhänge.[137] Ferner gehören dahin die Götter der Schwellen, der Deus Forculus und die *Diva Cardea*, *Divus Limentinus* und *Diva Limentina*, endlich der gelegentlich erwähnte *Divus Lateranus*[138], ein eigener Schutzgeist der Herde, welche von ungebrannten Backsteinen erbaut wurden. Wieder andere Genien und Schutzgeister der Art hatten es mit den Küchen und Backöfen, den Bädern, den Ställen, den Gefängnissen, den Bordellen zu tun, wie z. B. in den Ställen gewöhnlich die Epona verehrt wurde. Es sind männliche oder weibliche Ortsgenien, welche sich von den gewöhnlichen Genien in der Tat nur dadurch unterscheiden, daß sie je nach der besondern Beziehung des Orts oder der damit herkömmlich verbundenen Tätigkeit einen eigenen Namen bekommen hatten. Eine andere Reihe solcher Personifizierungen bezog sich dagegen auf die Hilfsmittel und Bedingungen des täglichen oder bürgerlichen Lebens, den Erwerb usw.[139] So der *Deus Honorinus*, ein eigener Gott der Ehrenstellen, die *Dii Lucrii* als Götter des Gewinnstes, die *Dea Pecunia* als göttliche Macht des Geldes, welche in Rom bekanntlich immer sehr viel gegolten hat. Auf die beiden Arten des Geldes beziehn sich der *Deus Aesculanus* und sein Sohn, wie Augustin ihn nennt, der *Deus Argentinus*[140], die Personifikationen des Erz- und Silbergeldes, welches letztere in Rom selbst erst seit dem J. 485 d. St., 269 v. Chr., fünf Jahre vor dem ersten punischen Kriege geprägt wurde, woraus man zugleich einen Schluß auf das Alter dieser Gebilde ziehen kann. Eben dahin gehört der *Deus Arculus*, der Gott der Kasten und Laden, in denen man das Geld verwahrte (Paul. p. 16). Wieder auf eine andere Reihe von städtischen Lebensbeziehungen deutet die *Diva Fessonia* d. i. eine Schutzgöttin der Ermüdeten, welcher sich die in verschiedenen Gegenden vor der Stadt verehrte *Quies* anschließen mag, eine Göttin des Ausruhens am Wege und der stillen Sammlung von der Mühe des Lebens und dem Geräusche der Stadt.[141] Ferner die *Diva Pellonia*, welche die Feinde vertreibt und sich insofern mit dem *Deus Tutanus* und *Deus Rediculus* gesellen mag, den man auf der Stelle verehrte, wo Hannibal, angeblich durch außerordentliche Gesichte bestimmt, vor Rom umgekehrt war.[142]

Vollständiger ist die Reihe der Götter des Ackerbaus (dii agrestes), welche Varro höchst wahrscheinlich in demselben zweiten Abschnitte unter den zum Unterhalte des menschlichen Lebens gehörenden Göttern behandelt hatte. Die bestimmenden Hauptgötter sind hier Tellus, Ceres, Saturnus, Ops usw. Ihnen gesellen sich für das Einzelne zunächst die *Dea Rusina* (von rus), der *Deus Iugatinus*, die *Dea Collatina*, die *Dea Vallonia*, je nachdem der zu bestellende Acker entweder im offnen Felde oder an Bergesabhängen oder auf einem Hügel oder im Tale gelegen war.[143] Weiter wurden als Schutzgottheiten der Saat vornehmlich die beiden der Tellus oder Ops verwandten, also weiblichen Göttinnen unterschieden, *Seia* und *Segetia*. Jener Name ist von sero sēvi abzuleiten, so da sie eigentlich Sevia heißen müßte, denn es ist speziell die Göttin der Aussaat, die das noch im Schoße der Erde schlummernde Korn behütet und befruchtet, wofür auch die Namen *Fructiseia* und *Semonia* vorkommen. Dahingegen jene andere Göttin, welche auch *Segesta* hieß, die Göttin der schon aus der Erde hervorsprossenden Saat (seges) ist.[144] Weiter entsprechen dann den einzelnen Entwicklungsstadien der keimenden, wachsenden und reifenden Saat über der Erde folgende Schutzgötter. Zunächst die *Proserpina*, welcher Name vermutlich aus dem der griechischen Persephone entstanden ist, in diesem Zusammenhange aber die Fürsorge der Ceres oder Tellus für die aus der Erde hervorkeimenden Halme ausdrückt[145], ferner ein *Divus Nodotus*, welcher dem aufstrebenden Halm von einem Knoten zum anderen emporhilft[146], eine *Volutina*, welche die deckenden Hülsen der Ähren bildet, endlich die *Patelena*, welche diese Hülsen öffnet, damit die Ähre daraus hervorwachsen kann.[147] Bei einem anderen Schriftsteller wird noch genauer zwischen einer *Dea Patellana* und einer *Dea Patella* unterschieden, von welchen jene die Ähre aus der umgebenden Hülse hervorlocke, diese aber die Göttin der hervorgetretenen und im Lichte des Himmels reifenden Ähre sei.[148] Also wäre diese die eigentliche Erntegöttin, die blonde Ceres der Griechen (ξανϑὴ Δημήτηϱ, flava Ceres), und in der Tat scheint die Erntegöttin in dem alten Italien meist unter diesem Namen verehrt worden zu sein. Wenigstens nennen die iguvinischen Tafeln eine Göttin *Padella* und die oskische Weihinschrift von Agnone eine Patana[149], die höchst wahrscheinlich mit jener Patella identisch sind, und auch die *Dea Panda*, welche am Abhange des Capitols verehrt wurde, wo nach ihr ein Tor die p. Pandana hieß, die mit Recht mit ihr verglichen worden, da auch dieser Name auf denselben Kult einer Erntegöttin zurückführt.[150] Es scheint sogar, daß dieser Name bei den Sabinern und anderen Völkern des mittlern Italiens der gewöhnliche anstatt der latinischen und römischen Ceres gewesen ist.[151] Doch gibt es auch hier für den weiteren Verlauf der Reife des Getreides bis zur Ernte und Einspeicherung noch eine ganze Reihe einzelner Gottheiten, welche nicht selten mit den Beinamen der griechischen Demeter übereinkommen.[152] So wurde zur *Dea Hostilina* gebetet, daß sie die Ähren in gleicher Höhe wachsen lassen möge, denn hostire ist in der ältern lateinischen Sprache i. q. aequare[153], zur *Flora*, daß sie die Blüte des Getreides in ihren Schutz nehme, zur *Lacturcia*, neben welcher ein männlicher *Deus Lactans* verehrt wurde, daß sie die jungen, noch milchigen Ähren, zur *Matura*, daß sie das reifende Korn behüte.[154] Auf sie folgt die *Dea Runcina*, welche das Geschäft besorgt, welches die Alten runcari segetes nannten, d. h. die Saat durch Ausrupfen des Unkrauts und der unbrauchbaren Ähren reinigen, darauf die *Dea Messia*, welche das reife Korn schneidet, endlich die *Tutilina*, welche das Einfahren und Einheimsen des geschnittenen Korns[155], und eine *Dea Terensis*, welche das Ausdreschen des Getreides auf der Tenne besorgt.[156] Und hier dürfen wir auch auf das oben aus Serv. V. G. 1, 21 erwähnte Gebet des Flamen beim Opfer der Ceres zurückkommen, wo zuerst Tellus und Ceres, gewiß aber auch der männliche Tellumo oder Saturnus und nach ihm folgende männliche Götter angerufen wurden: der Vervactor, Reparator, Imporcitor, Insitor, Obarator, Occator, Sarritor, Subruncinator, Messor, Convector, Conditor, Promitor, durch welche Namen die wichtigsten Geschäfte des Landmanns von der Aussaat bis zur Ernte personifiziert werden. *Vervactor* ist nämlich der erste Umbrecher des Ackerbodens, worauf er als vervactum oder ager novalis eine Zeitlang ruht[157], *Reparator* der welcher ihn zum zweitenmale umbricht, Imporcitor endlich der wirkliche Pflüger, welcher mit dem Pfluge die Balken oder Bänke (porcas) zwischen den Furchen aufwirft[158], in welche darauf von dem *Insitor* die Saaten eingestreut werden. Darauf folgt das Geschäft des *Obarator*, welcher den Acker nach eingestreuter Saat überpflügt, und des *Occator*, welcher mit der Egge nachhilft.[159] Weiterhin, nachdem die Saat aufgegangen ist, beginnt die Tätigkeit des *Sarritor*, welcher mit der Hacke das Unkraut aushebt, und des *Subruncinator*, welcher vor der Ernte mit der Hand jätet. Endlich beginnen die Geschäfte des *Messor*, d. h. des Schneiders, des *Convector*, d. h. des Einfahrers, des *Conditor*, d. h. des Speicherers, des *Promitor*, d. h. des Ausgebers. In einem anderen Zusammenhange wird erwähnt ein *Deus Spinensis*, den man bat, die Dornen und anderes Gestrüpp (spinas) von den Äckern zu entfernen.[160]

Auch für die Geschäfte des Weinbaus, der Baum- und Obstzucht, der Bienenpflege und der Viehzucht gab es wahrscheinlich ähnliche Gebete und Personifikationen, doch ist hier nur wenig erhalten. Zum Weinbau gehört die *Dea Meditrina*, welcher das Fest der Meditrinalia entspricht.[161] Der Obst- und Baumzucht entsprechen Vertumnus und Pomona, der Bienenzucht eine *Dea Mellona* oder Mellonia[162], der Viehzucht außer dem Silvanus, der Pales usw. ein *Deus Nemestrinus* als Gott der nemora. Endlich gab es zwei eigene Göttinnen der Rindviehzucht und der Pferdezucht, *Bubona* und *Epona*.[163] Jene scheint durch eigene Spiele, die ludi Bubetii hießen, verherrlicht worden zu sein, diese, die Epona, von epus anstatt des gewöhnlichen equus (vgl. das griech. ἵππος, celt. epo, und die Stadt Eporedia j. Ivrea), wurde weit und breit in Italien und den romanisierten Ländern in den Ställen verehrt, und zwar nicht bloß als Schutzgöttin der Pferde, sondern auch als die der Esel und Mäuler. Entweder wurde in einer Nische in der Mitte des Hauptbalkens, der die Decke des Stalls trug, eine kleine Kapelle errichtet und ihr Sitzbild in derselben bei festlicher Gelegenheit mit Rosen und anderen Blumen bekränzt, oder es wurden mit ihrem Bilde ganze Praesepien von Pferden, Eseln, Mauleseln und anderen Tieren in Gemälden oder in Bildwerken ausgeführt und für den Gebrauch der Ställe geweiht.[164]

Wie weit die ältere Zeit diesem Triebe der Personifikation aller sakralen Akte folgte, sieht man auch aus den über die Vorgänge im Haine der Dea Dia aufgenommenen Protokollen der Arvalischen Brüder t. XXXII u. XLIII. Einmal soll ein Feigenbaum vom Giebel des Tempels entfernt werden. Da wird sowohl vor als nach dieser Arbeit zuerst den Göttern des Orts geopfert, dann aber der *Adolenda*, *Commolenda* und *Defersunda*, das sind Personifikationen des bei Hinwegräumung jenes Baums beobachteten Verfahrens, indem man ihn erst von dem Tempel herunternahm, dann zerhackte und endlich verbrannte. In einem anderen Falle, wo einige von dem Blitz beschädigte Bäume aus dem Hain entfernt werden, wird wieder zuerst den Göttern und dann der *Adolenda* und *Coinquenda* geopfert, welche letztere in diesem Falle dasselbe bedeutet was dort die Commolenda, während die Deferunda von selbst wegfiel. Auch dabei liegt aber keineswegs die bloße Willkür der Personifikation abstrakter Tatsachen zu Grunde, sondern eine gewisse herkömmliche, durch priesterliche Satzung und Weihung geheiligte Formel. Wurde doch selbst auf dem Lande kein heiliger Baum gefällt, kein Hain gelichtet, ohne daß man vorher in einer bestimmten, von Cato r. r. 139 vgl. Plin. H. N. XVII, 28 beschriebenen Weise geopfert und gebetet hatte.

4. Andere Götter und Personifikationen des praktischen Lebens

Auf diese Vorstellungen einer älteren, noch meist von priesterlichen Satzungen bestimmten Zeit möge nun eine Reihe ähnlicher Götter und Personifikationen folgen, welche wie jene meist das praktische und bürgerliche Leben betreffen. Teils sind es ältere Götter des einheimischen Lebens, teils spätere Personifizierungen schon ganz abstrakter Begriffe, teils endlich griechische Götter, welche letztere besonders in diesem Kreise supplementarisch auftreten, d. h. gewisse Berufskreise und Tätigkeiten darstellen und mit diesen nach Rom kamen, die das ältere Italien gar nicht oder nicht so entwickelt kannte, also erst durch die griechische Zivilisation kennenlernte. Namentlich gehören dahin die Interessen des Handels und Wandels und dessen ganze Profession samt ihrem griechischen Schutzgott, dem Hermes, daher ich dessen lateinischen Stellvertreter zuerst einführe, um darauf später die italischen und griechischen Heilgötter und endlich die Begriffsgötter verschiedener Kreise folgen zu lassen.

a) Handel und Wandel

Mercurius

Schon der Name sagt, daß wir es hier lediglich mit einem Handelsgotte zu tun haben, dem Schutzgotte der mercatores und des collegii mercatorum, welches gleichzeitig mit seinem Kulte, also unter dem Einflusse griechischer Handelsverbindungen entstand, die wir zunächst in Cumae und Sizilien suchen dürfen, s. Liv. II, 34. Das ältere Rom hatte einen selbständigen Handelsverkehr gewiß nicht gehabt noch gesucht; selbst die Anlage von Ostia unter Ancus Marcius drückt schwerlich etwas anderes aus als das Bestreben, sich die zu allen Zeiten für Rom außerordentlich wichtige Zufuhr auf dem Tiber zu sichern. Wohl aber verdankte Rom hier wie in allen übrigen Dingen den Tarquiniern einen lebhaften und großartigen Aufschwung, wie dieses sehr deutlich durch den ersten Handelstraktat zwischen Rom und Karthago bewiesen wird. Daher die Erscheinung, daß unter den nationalen Göttern des Römischen Glaubens weder ein eigener See- noch Handelsgott sich befinden, denn Janus ist dieses nur beiläufig wie Neptunus jenes. Wohl aber hatte sich durch die über das ganze mittelländische Meer, namentlich auch über Campanien, das südliche Italien, Sizilien, das südliche Frankreich verbreiteten Kolonien der Griechen auf diesem Meere damals ein ebenso spezifisch griechischer Handelsverkehr gebildet, wie später im Mittelalter und seit demselben durch die Handelsverbindungen der Pisaner, der Genuesen, der Venetianer ein spezifisch italienischer; daher sowohl Rom als Etrurien, sobald sie in diesen Verkehr eintraten, mit den Vorteilen desselben auch dessen Hilfsmittel, Terminologie und religiöse Bilder entlehnten, wie z. B. auch die lateinische und römische Buchstabenschrift eine Gabe dieses griechischen, zunächst durch Cumae vermittelten Handelsverkehrs ist. In Etrurien hieß der griechische Hermes Turms, welches aus dem griechischen Namen auf ähnliche Weise entstanden ist wie Turan aus Urania. Rom gab ihm, vermutlich nach dem Vorgange anderer latinischer Städte den Namen Mercurius[165], d. h. des Handelsgottes, denn nur dieses bedeutete ihnen der griechische Hermes und nur als solcher ist er lange Zeit in Rom verehrt worden. Den näheren Zusammenhang erkennt man ziemlich deutlich aus Livius. Nach der Vertreibung der Tarqunier litt Rom unter äußern und innern Verwicklungen nicht selten sehr an Kornmangel, daher eben in jener Zeit und zwar in denselben drei Jahren 257 –259 d. St. zugleich der einheimische Dienst des Saturnus, des alten Kornspenders, gefördert und die Dienste der Ceres und des Mercurius nach griechischen Mustern eingeführt wurden. Der T. des Mercur wurde im J. 259 an den Iden des Mai gestiftet, ohne Zweifel mit Rücksicht auf seine Abstammung vom Jupiter und der Maia, von denen jener der Gott aller Iden war und diese nun mit der arkadischen Atlantide Μαῖα, der Mutter des Hermes identifiziert wurde.[166] Mit der Dedikation sollte zugleich die annona geregelt und eine eigene Zunft von Kaufleuten eingerichtet werden (Liv. II, 21. 27), ein deutlicher Beweis, daß diese Stiftung zunächst im Interesse des durch den Wucher der Patrizier arg gedrückten Kornmarktes und einer regelmäßigen Verbindung mit den griechischen Handelsplätzen gemacht wurde. Jene Zunft heißt bald die der mercatores, bald die der Mercuriales; also bildete sie, wie ihr Stiftungsfest mit dem des Mercur zusammenfiel[167], zunächst auch die engere Gemeinde dieses Gottesdienstes, welche ohne Zweifel, wie der der Ceres und andere fremde Gottesdienste, in seiner Symbolik und in seinen liturgischen Einrichtungen vor der Hand ein griechischer blieb. Mit der Zeit ist der römische Mercurius dann zum Gott des Kaufs und Verkaufs überhaupt geworden, auch des Budenverkehrs und aller Krämer, deren es in Rom in allen lebhafteren Straßen und Plätzen eine große Menge gab. So hatten nun auch alle diese Straßen ihre besondern Bilder und Kapellen des Mercurius mit besondern Beinamen[168], während der alte Haupttempel an dem südlichen Ende des Circus Maximus lag, wo sich zwischen demselben und dem Aventin einige Reste von ihm gefunden haben. An den Iden des Mai opferten die Kaufleute dem Mercur und seiner Mutter Maia[169], indem sie sich zugleich durch einen abergläubischen Gebrauch der Gunst und des unmittelbaren Beistandes dieses Gottes der List und alles Betruges zu verschaffen suchten, welcher ebenso wesentlich zum Kramhandel der Griechen und Römer gehörte, wie es noch jetzt in den Bazars von Smyrna und Constantinopel der Fall ist. Nicht gar weit von jenem Tempel des Mercur, in der Nähe der p. Capena befand sich eine ihm geweihete Quelle, aus welcher der Kaufmann an diesem Tage Wasser schöpfte. In dieses tauchte er einen Lorbeerzweig, besprengte sein Haupt und seine Waren mit dem Wasser und betete dabei zum Mercur, wie Ovid F. V, 673 ff. erzählt, daß er die Schuld jedes begangenen Betrugs von seinem Haupte und von seinem Kram abwaschen und letzteren trotz alles Betrugs auch für die Zukunft mit Gewinn segnen möge. Auch bei Plautus im Prologe zum Amphitruo ist Mercur noch ganz der Gott des Handels und Wandels und bei Horaz heißt es gelegentlich von einem geschickten Hausmakler, er führe beim Volk den Spitznamen Mercurialis.[170] Doch beweist derselbe Dichter, wenn er sich selbst Od. II, 17, 29 einen vir Mercurialis nennt, daß die Gebildeten bereits an den feineren und vielseitigeren Begriff des Hermes gewöhnt waren, wie Horaz diesen so schön Od. I, 10 und zwar mit Andeutung des mythologischen Hintergrundes ausführt.[171] Mit Mercur hatte sich auch sein Symbol des friedlichen Verkehrs, das κηρύκειον, über das mittlere Italien verbreitet und zwar recht früh, wie man aus der lateinischen Übertragung caduceus schließen darf[172]; doch haben sich die einheimischen Fetialen dieses Symboles nie bedient. Von Rom aus aber hat sich Mercurius mit dem römischen Handelsverkehre weiter über das ganze Gebiet desselben nach dem Westen und Norden verbreitet, wie davon nicht allein zahlreiche Inschriften Zeugnis ablegen[173], sondern auch viele kleine Bronzestatuen, welche ihn gewöhnlich mit den beiden herkömmlichen Attributen des Schlangenstabes und des Seckels darstellen.[174] Besonders häufig finden sich solche Bilder und andere Denkmäler des Mercuriusdienstes in Lothringen, im Elsaß und in den deutschen Rhein- und Donauländern, wo allerdings auch der römische Handelsverkehr ein sehr lebhafter war. Häufig sind diese Denkmäler aber auch auf die Rechnung des einheimischen, d. h. keltischen und germanischen Götterglaubens zu setzen, welcher sich bei den Benennungen und Abbildungen seiner Götter bekanntlich sehr bald durch die römische Mythologie bestimmen ließ. Wissen wir doch, daß derselbe griechische Künstler Zenodoros, welcher den Koloß des Nero goß, auch den Arvernern eine Statue ihres Mercurius, ein Werk von großer Kostbarkeit und Schönheit gegossen hatte.[175] In der römischen Kaiserzeit durchkreuzten sich mit den griechischen Vorstellungen die vom ägyptischen Hermes als priesterlichem Gesetzgeber und Stifter aller religiösen Gebräuche und Kulte.[176]

b) Heilgötter

Auch hier hat mit der Zeit das griechische Wesen überwogen, da die einheimischen Vorstellungen und Bedürfnisse sowohl was das geistige als was das leibliche Heil betrifft einem Kultus besonderer Heilgötter wenig entgegenkamen. Jupiter ist die wahre Quelle alles Heils, neben ihm etwa Vejovis als Gott der Sühnung und Juventas, auch Mars sofern er averruncus ist. Doch stellte sich unter und neben diese Götter sehr früh der griechische Apollo, in Rom speziell als Medicus verehrt, welchem später sein Sohn Aesculapius nachfolgte. Indessen ist einiges Ältere nachzuholen. So zunächst die alte sabinische Göttin

Strenia

oder Strenua, deren Name durch die zu Anfang des Jahrs gewechselten strenae verewigt ist. Ihr Kultus soll von dem sabinischen Könige T. Tatius herrühren.[177] Der Name hängt mit dem lateinischen strenuus zusammen und bedeutete dieselbe Göttin, welche in Rom gewöhnlich Salus hieß. Ein altes Heiligtum der Strenia, umgeben von einem Haine geweihter Glücksbäume, lag in der Nähe des Colosseums, beim Ausgange der Carinen, wo die Sacra Via in ihrer ursprünglichen und priesterlichen

Bedeutung begann, d. h. die Prozessionsstraße verschiedner gottesdienstlicher Veranlassungen, deren Endpunkte der Hain der Strenia und der alte Auguralsitz auf der Capitolinischen Arx waren.[178] Aus dem Haine der Strenia wurden seit der Stiftung des T. Tatius zu Anfang jedes Jahres geweihete Zweige auf die Arx getragen, aus welchem heiligen Gebrauche mit der Zeit jener populäre und profane der strenae entstanden ist. Der gewöhnliche Name der Heilgöttin also war

Salus

auch sie eine sabinische Göttin, daher sich ihr Heiligtum auf dem Quirinale befand, wo eine Anhöhe nach demselben collis Salutaris und das benachbarte Stadttor porta Salutaris hieß. Einen Tempel bekam sie erst im Laufe der Samniterkriege. Er wurde im J. 452 d. St., 302 v. Ch. eingeweiht und war den kunstverständigen Römern deswegen teuer, weil ihr eigener Mitbürger Fabius Pictor, von welchem dieser Zuname auf seine Nachkommen überging, ihn ausgemalt hatte. Der Festtag und der Dedikationstag des Tempels war der 8. August.[179] Daß dieselbe Göttin auch in anderen Gegenden von Italien verehrt wurde, beweisen verschiedene Inschriften.[180] In Rom wurde sie im öffentlichen Gottesdienste für das Römische Volk und für den Kaiser angerufen, daher eine eigene Salus publica oder Salus publica Populi Romani, welche neben den drei Capitolinischen Göttern genannt zu werden pflegt[181], und die von Münzen und Inschriften oft erwähnte Salus Augusta oder Salus Augustorum.[182] Zu beiden wurde von den priesterlichen Collegien und den Behörden des Staats viel und oft gebetet, namentlich zu Anfang des Jahres, bei eintretenden Krankheiten, an Geburtstagen usw. mit der größten Feierlichkeit aber vermittelst des sogenannten *Augurium Salutis*, welches nach einem alten Brauche eigentlich jährlich, vermutlich gleichfalls zu Anfang des Jahres oder bald nach dem Amtsantritte neuer Consuln vorgenommen werden sollte, aber wegen der vielen dabei zu beobachtenden religiösen Rücksichten nicht selten unterblieb. Es bedurfte nämlich einer vorgängigen Anfrage und Beobachtung der öffentlichen Augurn, ob ein solches Gebet den Göttern angenehm sein würde, ferner eines Tags welcher ohne allen kriegerischen Lärm in- und außerhalb der Stadt verliefe: worauf die feierliche Fürbitte für das Römische Volk und seine höheren und niederen Behörden[183] von den höchsten Staatsbeamten, vermutlich mit der gewöhnlichen Beteiligung der Pontifices gesprochen wurde. Darüber unterblieb der Gebrauch nicht selten, vollends in der stürmischen Zeit der bürgerlichen Kriege, bis August und später noch einmal Claudius ihn wieder ins Leben riefen.[184] Ausnahmsweise wurde auch wohl für einzelne Personen zur Salus gebetet, wie z. B. dem Pompejus im J. 49 v. Chr., als er während des Krieges gegen Cäsar in Neapel schwer erkrankte, die große Auszeichnung zuteil wurde, daß durch ganz Italien eine öffentliche Fürbitte für ihn getan wurde.[185] Unter den Kaisern wurde dieses vollends zur Pflicht und Nero stiftete sogar pentaeterische Spiele, die sogenannten Neronia, welche seinem Wohle und der Dauer seiner Herrschaft galten.[186] So pflegte man nun auch per salutem der Kaiser zu schwören, ein Schwur welchen auch die Christen für unverfänglich hielten, während sie den beim Genius oder der Fortuna der Kaiser zu umgehen suchten. Übrigens war es mit der Zeit herkömmlich geworden, die alte italische Salus mit der griechischen Hygieia, der Tochter und Gesellin Aesculaps zu identifizieren, daher auch ihre bildliche Darstellung durch diese bestimmt wurde. Schon im J. 180 v. Chr. wurden auf Veranlassung einer schweren Pestilenz spezielle Gebete an Apollo, Aesculapius und die Salus beschlossen (Liv. XL, 37) und später dachte vollends Jeder bei diesem Namen an die griechische Göttin. Ihr Bild sieht man auf den Münzen Tibers, Neros, M. Aurels u. a., ein jugendlich frisches Mädchen von einfacher Tracht, gewöhnlich mit dem Attribut der Schlagen, die sie aus der Schale tränkt. Noch eine verwandte Göttin des älteren Volksglaubens ist

Carna oder Cardea

denn beide Namen kommen nebeneinander vor, obwohl die Göttin eine und dieselbe zu sein scheint. Einige Schriftsteller beschreiben sie als eine Göttin welche Herz und Eingeweide stärke, andere nennen sie Cardea und eine Göttin der Türangeln, die sie mit den gleichartigen männlichen Gottheiten, dem Forculus und Limentinus zusammenstellen.[187] Die Auflösung dieses Widerspruchs gibt Ovid F. VI, 101 ff. welcher auf Veranlassung ihres Festes an den Kalenden des Juni folgendes Märchen erzählt. Am Tiber lag ein alter Hain des Helernus, wo die Pontifices regelmäßige Opfer brachten. Daher stamme die Nymphe, welche eigentlich Cranae geheißen habe, aber durch Janus zur Carna, d. h. zur Schutzgöttin aller Angeln und alles Aus- und Eingangs geworden sei. Als Nymphe sei sie keusch und rüstig gewesen wie Diana; sprach ein Jüngling ihr von Liebe, so schickte sie ihn mit dem Verbote sich umzusehen ins Gebüsch und entwich hinterrücks. Auch dem liebenden Janus dachte sie so zu entkommen; aber dieser mit seinem Doppelgesichte war nicht zu hintergehen. So gewann er sie, gab ihr das Schutzrecht über alle Türangeln (das ius cardinis) und dazu einen Weißdorn (spinam albam), um damit allen bösen Schaden von den Türen abzuwenden, vor allem die gräulichen Strigen, welche in der Nacht kommen und den Kindern das Blut aussaugen. Das sind garstige Flügelgestalten mit großem Kopf, starrenden Augen, dem Schnabel eines Raubvogels, aschgrauem Gefieder und scharfen Krallen. Wenn die Amme nicht aufpaßt, schlüpfen sie bei Nacht ein, nehmen das Kind aus der Wiege und sättigen sich mit seinem Blute. Strigen heißen sie von stridere, στρίζειν, weil sie in der Nacht unheimlich schwirren; wie sie entstanden weiß man nicht, ob sie ein eigenes Vogelgeschlecht sind oder ob böser Zauber alte Weiber nach ihrem Tode in solche Vögel verwandeln kann. So drangen sie auch in die Kammer des latinischen Königskindes Proca, welches fünf Tage alt beinahe ihre Beute geworden wäre. Sie sogen von seinem Herzblute, vergebens wimmerte das Kind nach Hilfe. Die Amme eilt herbei und sieht die Spur der Krallen an der zarten Wange; schon hatte das Kind eine Farbe wie das welke Laub der Bäume. Da nimmt sie ihre Zuflucht zur Carna, welche gleich an die Wiege des kleinen Prinzen tritt, die Eltern tröstet und ihrer Not hilft. Zuerst berührt sie die Pfosten und die Schwelle dreimal mit dem Laube des Erdbeerbaumes (arbutus), dann besprengt sie den Eingang mit Wasser und nimmt die Eingeweide eines Spanferkelchens in ihre Hand. Nun spricht sie den Segen: Schont ihr nächtlichen Vögel der Eingeweide des Kindes, das zarte Tier gelte für den zarten Knaben, Herz für Herz, Eingeweide für Eingeweide, Seele für Seele. Dann legt sie die Stücke ins Freie, niemand darf sich nach ihnen umblicken. Endlich legt sie die Janusruthe von Weißdorn ins Fensterloch und nun kann keine Strige mehr hinein und das Kind bekommt schnell seine Farbe wieder. Warum man an dem Festtage der Carna, den Kalenden des Juni, Speck und Bohnen esse und der Göttin davon darbringe? Weil man diese Speisen für besonders nahrhaft hielt[188]; vollends wer sie an dem ersten Juni genieße, welcher Tag deshalb Kalendae fabariae hieß, der könne das ganze Jahr hindurch auf gesunde Eingeweide rechnen. Also das derbe Mahl, das nur der gesunde Magen verträgt, zu Ehren der Göttin, die Fleisch und Blut segnet und behütet. Eine Göttin die der Strenia und Juventas verwandt ist, deren Ovid F. VI, 65 gleichfalls zu den Kalenden des Juni gedenkt, auch der Juno, der eigentlichen Schutzgöttin aller Wochenstuben, welcher diese Kalenden vor den übrigen heilig waren. Weil Carna die Wochenstube an Tür und Fenster behütet daß kein

Spuk eindringe, hielt man sie für eine Göttin des Ein- und Ausgangs, weil sie sich auf geheimnisvolle Künste versteht, liebt sie den Versteck. Auf dem Caelius hatte sie ein eigenes Heiligtum, angeblich hatte es Iunius Brutus gleich nach Vertreibung des Tyrannen gestiftet, wobei wieder die Kalenden des Juni im Spiele sind, aber auch der Doppelsinn des Wortes cor. Nämlich man betete zu ihr um Segen für Herz und Nieren und alle Eingeweide[189], wo das Wort cor (καρδία) eigentlich den Magen bedeutete, das zur Gesundheit des ganzen Menschen so wesentliche Organ, wie dieses der römischen Plebs von dem klugen Menenius Agrippa mit so gutem Erfolge zu Gemüte geführt wurde. Andere nahmen cor für den Verstand und so entstand die Legende, daß Brutus der Urheber dieses Dienstes sei.[190] Die Strigen haben den Aberglauben der alten Griechen und Italiener auch sonst viel beschäftigt. Sie fressen Herz und Eingeweide verstorbener Kinder, indem sie dafür Stroh einstopfen, zehren das Mark der Lebendigen und rauschen durch die Luft wie unsre Hexen.[191] Der Weißdorn und der Hartriegel (cornus d. i. κράνεια, daher der Name Cranae) lieferte auch die Hochzeitsfackel, der Hartriegel wegen seiner Härte, weswegen man ihn auch zu Lanzenschäften, vermutlich auch zu Türangeln verwendete, welche bei den Alten als Zapfen oben und unten am Türflügel angebracht in die obere und untere Schwelle eingelassen wurden. Dem Weißdorn (ῥάμνος) wurde auch in Asien und Griechenland eine Gegenwirkung gegen dämonische Einflüsse zugeschrieben, daher man ihn bei Geburten und Leichenbegängnissen draußen an der Tür anheftete oder davon vor der Tür verbrannte oder sich und die Häuser mit einer daraus gewonnenen Salbe bestrich.[192] Lauter Vorstellungen und Hilfsmittel des populären Aberglaubens, welcher sowohl in Griechenland als in Italien außerordentlich erfinderisch war und wie die Geschichte des Märchens bei den Alten einer eingehenderen Beobachtung würdig wäre. In anderen Fällen half man sich mit der einfachen Personifikation des Gefürchteten Übels, z. B. der

Febris

welche in dem feuchten Tibertale von jeher zu Hause gewesen ist und zu Rom in drei Kapellen verehrt wurde, im Palatium, auf dem Platze der Marianischen Monumente, d. h. auf dem Esquilin und in der Langen Gasse (vicus longus), d. h. auf dem Quirina.[193] Die Leidenden pflegten die Heilmittel, welche sie an ihrem Leibe getragen hatten (quae corporibus aegrorum adnexa fuerant), nach erlangter Heilung in diese Kapellen zu weihen: ein Ausdruck welcher auch wieder auf den Aberglauben der Amulette und sogenannter περίαπτα schließen läßt, welche in der populären Medizin der Alten eine große Rolle spielten und nicht bloß an Hals, Arm und Brust, sondern auch an anderen Teilen des Körpers getragen wurden.[194] Dazu kam endlich der griechische Dienst des

Aesculapius.

Es war im J. 291 v. Chr., nachdem eine schwere Pest, wie sie oft erwähnt werden und gewöhnlich neue Religionen herbeizogen, mehrere Jahre hindurch Stadt und Land verheert hatte, als die sibyllinischen Bücher den Rat gaben, den Aesculap von Epidauros, damals dem angesehensten Kultusorte, nach Rom zu holen. Man hatte in diesem Jahre nur noch die Zeit zu einer allgemeinen Fürbitte an den griechischen Heilgott; aber gleich im nächsten Jahre schritt man zur Ausführung.[195] Noch hatte Rom kein näheres Verhältnis zu Griechenland, doch durften sich die Legaten auf das Gewicht des römischen Namens verlassen. Man führte sie zu Epidauros in den bekannten Tempel, fünf Millien von der Stadt, und bat sie zu nehmen was ihrer Heimat frommen werde. Da soll sich die heilige Schlange des Aesculap, deren Erscheinung immer Heil und Segen bedeutete, zu den Füßen des Bildes erhoben und friedlich langsam den römischen Gesandten gefolgt sein, durch die Stadt in den Hafen und auf das Schiff, wo sie sich auf dem Hinterdeck in dem Zelte des Führers der Gesandtschaft aufringelte und ruhig liegen blieb. Die Römer ließen sich alsbald in dem Kultus dieser Schlange, in welcher man den Genius des Aesculap erblickte[196], von den Priestern des Ortes unterrichten und eilten heimwärts. Unterwegs als sie in Antium anlegten, schlüpfte die Schlange ans Land und ringelte sich in dem dortigen Haine des Apollo um eine hohe Palme, drei Tage lang, worauf sie auf das Schiff zurückkehrte: daher ein angesehener T. des Aesculap auch zu Antium.[197] Als das Schiff in Rom anlangt, schwimmt die Schlange nach der Tiberinsel und wählt sich dort ihr Heiligtum, worauf die Pest alsbald aufhört. Bei Ovid haben sich auch die Wunder dieser Legende sehr vermehrt. Der Tempel lag ziemlich in der Mitte der Insel in der Gegend der jetzigen Kirche di S. Giovanni, wo man neuerdings verschiedene Anatheme, wie sie in Heilanstalten geweiht zu werden pflegten, unter dem Kreideniederschlag des Flusses gefunden hat, Füße, Beine, Hände, Arme und andere Gliedmaßen von Terracotta.[198] In seiner Nähe lag ein Tempel des Diiovis oder Vejovis, mit welcher er den Festtag am 1. Januar gemein hatte. Der Kultus und die Ausstattung war ganz der griechische, das Bild mit dem Stabe versehen und mit Lorbeer bekränzt, das Opfer das eines Hahns, neben welchem Tiere aus mythologischen Gründen auch die Hunde diesem Gott heilig waren (Paul. p. 110). Die symbolische Bedeutung der Schlange und ihre Heiligkeit leuchtete den Römern um so leichter ein, da auch ihr einheimischer Genienglaube diesem Tiere eine geweihte Bedeutung verlieh. Jedenfalls war eine Heilanstalt mit dem Tempel verbunden, wahrscheinlich wie dieses bei den zahlreichen Asklepieen der Griechen der Fall war, eine Inkubation, wo die Leidenden sich zum Schlafe niederlegten, um im Traume eine Offenbarung über das anzuwendende Heilmittel zu erlangen.[199] Die ganze Tiberinsel wurde darüber zum Heiligtum und zur Aesculapiusinsel[200]; man hatte ihr zum Andenken die auch in Bildwerken verewigte Ankunft der Schlange[201] die Gestalt eines Schiffs gegeben, d. h. ihre Ufer in dieser Gestalt aufgemauert, wie davon noch jetzt an der Spitze bei Ponte rotto deutliche Spuren zu sehen sind. Natürlich zog er auch manche griechische Heilkünstler nach sich, doch war eben dieses der Grund weswegen sich bei der nationalen Partei lange eine entschiedene Opposition gegen alle griechischen Heilanstalten behauptete. Im J. 219 v. Chr., ein Jahr vor dem Ausbruch des zweiten Punischen Krieges, hatte sich der erste griechische Wundarzt in Rom niedergelassen; er bekam sogar das Bürgerrecht und auf Staatskosten einen Laden in compito Acilio, welche Straße eben daher (von ἀκέομαι) ihren Namen bekommen hatte.[202] Allein dieser Arzt wütete so unbarmherzig mit Messer und Brenneisen, daß der Name eines Chirurgen und der eines Schinders gleichbedeutend wurde und Cato es für seine Pflicht hielt die Römer nachdrücklich vor dieser griechischen Kunst, hinter welcher der Alte sogar eine Verschwörung witterte, zu warnen und auf das alte Herkommen der Hausmittel und Arzneibücher zu verweisen. Jetzt hieß es, eben deshalb habe man den T. des Aesculap nicht in der Stadt, sondern außerhalb derselben gestiftet, und als man lange nach Cato die Griechen überhaupt aus Italien verwies, wurden die Ärzte nicht ausgenommen (Plin. H. N. XXIX, 1, 6–8). So hat auch später die Kunst der Medizin in Rom niemals festen Fuß fassen können; wenigstens haben sich die Römer selbst auf dieses Gewerbe, das ihnen schon als solches anstößig war, nur in seinen Ausnahmen eingelassen, sondern es immer den Griechen überlassen, unter denen es natürlich viele Quacksalber und Charlatane gab, zumal da sich die Polizei nicht um sie bekümmerte.[203] Desto mehr hatte auch der Aberglaube freies Spiel, welcher den Aesculapiusdienst zugleich beförderte und bestimmte. Hatte er sich von Griechenland aus über den hellenistischen Orient verbreitet, wo er mit allerlei anderen Kulten, namentlich dem des Serapis verschmolz, so verbreitete er sich nun von Rom aus durch Italien und die romanischen Länder, immer in derselben herkömmlichen Gestalt, Aesculapius und an seiner Seite Salus oder Hygiea, häufig auch Telesphorus und bisweilen ein einer eigenen Personifikation der Gott des Schlafs (Somnus), weil in seinem Tempel gewöhnlich der Schlaf zur Heilung führte.[204] Ein außerordentlich weit verbreiteter und sehr heilig gehaltener Gottesdienst, zu welchem Not und Aberglaube so häufig ihre Zuflucht nahmen, daß Aesculap mit am längsten unter den Göttern des Heidentums gegen das Christentum ausgehalten hat. Man nannte ihn den Herrn und König (βασιλεύς), den Heiland (σωτήρ) und den Menschenfreund schlechthin (φιλανδρωπότατον) und pflegte seine Epiphanieen, seine Wunder, seine Orakel den Christen gegenüber mit besonderem Nachdruck geltend zu machen.[205]

c) Sieges-, Kriegs-, und Friedensgötter

Victoria

Diese treue Freundin der Römer begegnet uns gleichfalls in verschiedenen Formen, einer einheimischen älteren und der griechischen. Eine ältere Siegesgöttin wurde auf dem Palatin verehrt, vermutlich eine der sabinischen Vacuna oder Victoria verwandte Göttin.[206] Außerdem scheint die zu Rom am Fuße der Velien, wo einst das Haus des Valerius Publicola gestanden hatte, verehrte Vica Pota eine ältere Göttin des obsiegenden Erfolgs gewesen zu sein; wenigstens wird sie in diesem Sinne von Cicero erklärt.[207] Einen anderen T. der Victoria weihte der Konsul L. Postumius im Samniterkriege, 294 v. Chr. s. Liv. X, 33. Vermutlich lag er auf dem Capitol, wo die wahre Stätte der Siegesgöttin war und ein für die Verehrung des Iup. Victor bestimmtes Heiligtum wiederholt erwähnt wird. Auf dem Capitol wurden auch gewöhnlich die jetzt ganz dem anmutigen und lebensvollen Vorbilde der Griechen folgenden Victorien aufgestellt, welche bald einheimische Feldherrn bald auswärtige Völker und Könige weihten, darunter die goldne, 220 Pfund schwere, welche der treue und verständige Hiero von Syracus gleich nach der Niederlage von Cannä schickte; dahingegen es bei der von Cato gestifteten Kapelle der Victoria Virgo unentschieden bleibt, ob sie auf dem Capitol oder auf dem Palatin gelegen (Liv. XXXV, 9). Bald wurden nun auch zur Ehre siegreicher Feldherrn eigene Spiele der Victoria gefeiert, namentlich zum Andenken an Sulla und seinen verhängnisvollen Sieg an der p. Collina, welche Spiele vom 27. Okt. bis zum 1. Nov. dauerten und zum Andenken an Cäsar und den Sieg bei Pharsalus, welche Spiele (ludi Victoriae Caesaris) vom 20. bis 30. Juli gefeiert wurden und mit denen der Venus Genitrix identisch waren.[208] Endlich überstrahlte den Ruhm von allen die von August in die Curia Julia geweihte Victoria. Das Bild stammte aus Tarent, vermutlich eine vergoldete Bronzestatue von solcher Bildung, wie sie oft auf den Münzen Augusts erscheint, auf der Weltkugel schwebend. August weihte und verehrte sie zum Andenken an den entscheidenden Sieg bei Actium; noch bei seinem Leichenzuge ging sie ihm voran, durch das Triumphaltor hindurch zur langen Ruhe im Märzfelde und zur göttlichen Verklärung im Himmel.[209] Die Curia Iulia verschwand mit der Zeit, aber jene Victoria blieb dem Senate auch in dem neuen, von Domitian in der Gegend von S. Martina erbauten Senatsgebäude; ja sie wurde jetzt zur Schutzgöttin des Senats, als Denkmal der von

August begründeten und auf dem alten Götterglauben beruhenden Ordnung der Dinge, daher sich gegen den Ausgang des Heidentums zwischen der altrömischen und der christlichen Partei ein heftiger Kampf um dieses Bild entspann. Natürlich gab es neben diesen ausgezeichneteren Tempeln, Altären und Bildern der Victoria noch eine große Menge anderer Siegesdenkmäler; war diese Göttin doch wie Fortuna nirgends so heimisch geworden als in dieser letzten Haupt- und Weltstadt des Altertums, welche den Sieg und das Glück ein für allemal an sich gefesselt zu haben schien. Die Münzen und die Inschriften geben eine reiche Auswahl von Beispielen, wie sie in den Tempeln, an den Triumphbögen, bei den zahlreichen Trophäen, in den Rennbahnen, den Prachtforen der Kaiser zu sehen war, bald nach diesem bald nach jenem Umstande zubenannt, unter den Kaisern gewöhnlich nach den Feldzügen (Victoria Armeniaca, Parthica, Medica usw.), oder nach den einzelnen Siegern und Regierungen, oder im Allgemeinen Victoria Augusta.[210] Eben so mannigfaltig war ihre Ausrüstung und Darstellung, je nachdem sie bald fahrend abgebildet wurde, was sich auf einen Sieg im Circus bezieht, oder schreitend, schwebend, sitzend, mit einem Tropäon, einem Votivschilde beschäftigt, oder auf der Weltkugel, gewöhnlich mit dem Attribute der Palme. Neben ihr gab es dann aber auch früh eine eigene Kriegsgöttin

Bellona

oder Duellona (Varro l. l. VII, 49), welche der griechischen Enyo entspricht und wahrscheinlich sabinischer Abkunft war. Wenigstens soll schon Appius Claudius Regillus, welcher im J. 259 d. St. Konsul war, die Bilder seiner Vorfahren in einem T. der Bellona aufgestellt und mit Inschriften versehen haben[211], und der bekannte T. der Bellona in Rom war gleichfalls die Stiftung eines Claudiers, des berühmten Appius Claudius Caecus, welcher ihn im J. 458 d. St., 296 v. Chr. in einer heißen Schlacht mit den Etruskern gelobt hatte.[212] So gab es auch in Präneste einen eigenen T. der Bellona. Jener römische Tempel, als dessen Dedikationstag der 3. Juni gefeiert wurde, lag als T. der Kriegsgöttin an der Grenze des Marsfeldes, d. h. nicht weit von der nördlichen Stadtgrenze und dem dortigen Haupttore; daher er sehr geeignet zu solchen Senatssitzungen war, wo es mit den aus dem Felde zurückkehrenden Feldherrn oder mit den Gesandten auswärtiger Völker, welche die Stadt nicht betreten durften, zu verhandeln gab.[213] Später wurde Bellona mit der Virtus identifiziert. Die Mythologen nannten sie bald die Gattin des Mars, wodurch sie der sabinischen Nerio gleichgestellt wird, bald seine Schwester.[214] Jedenfalls muß diese ältere Bellona von der jüngeren asiatischen unterschieden werden, auf welche ich zurückkommen werde. – Weiter gehören zu den eigentlichen Kriegsgöttern als Gesellen des Mars und der Bellona

Pavor und Pallor

welchen angeblich schon Tullus Hostilius eigene Heiligtümer gestiftet hatte[215], der König welcher in den Erinnerungen der Stadt vorzugsweise für den kriegerischen, tollkühnen und frevelmütigen galt. Es ist zu vermuten daß diese Bilder des panischen Schreckens ursprünglich mit dem Glauben an Faunus und Silvanus zusammenhingen, da nach italischem Glauben von ihnen der panische Schrecken in der Schlacht ausgeht.[216] Später wurden sie mit den griechischen Dämonen der Schlacht Δεῖμος und Φόβος identifiziert. Pavor ist der Schrecken als Gemütsaffekt, Pallor seine äußerliche Wirkung des Erbleichens. Man sieht die Bilder von beiden auf Münzen der

Hostilia, das des Pavor in der Bildung eines entsetzten Mannes mit schwachem Bart und gesträubtem Haar, das des Pallor in knabenhafter Bildung, die Miene verstört, das Haar aufgelöst. Ein anderes in diesen Zusammenhang gehörige Paar sind

Homos und Virtus

d. h. die kriegerische Tapferkeit und ihre Anerkennung durch bürgerliche Ehre.[217] Es gab in Rom verschiedene Heiligtümer, in denen sie bald getrennt bald neben einander verehrt wurden; das bekannteste ist das bei der p. Capena gelegene. Zuerst hatte Q. Fabius Verrucosus im J. 521 d. St., 233 v. Chr. einen T. des Honos an dieser Stelle dediziert. Diesen erneuerte M. Marcellus, der bekannte Eroberer von Syracus, welcher in einem früheren Feldzuge dem Honos und der Virtus einen Tempel gelobt hatte und diese nun zu jenem hinzufügen wollte, wogegen das Collegium der Pontifices Einspruch tat, weil zwei göttliche Wesen nicht ohne bedenkliche Folgen für die bei Prodigien zu beobachtenden Gebräuche in demselben Raume verehrt werden könnten. Also ließ er neben der erneuerten Cella des Honos eine zweite Cella der Virtus erbauen und beide wenigstens architektonisch zu einem Gebäude verschmelzen.[218] Das Ganze wurde mit den aus Syracus entführten Meisterwerken griechischer Kunst geschmückt, das erste Beispiel einer solchen Auszierung mit eroberten Kunstschätzen, welche mit der Zeit in Rom immer beliebter wurde. Nachmals soll Scipio d. J. nach der Eroberung von Numantia einen eigenen T. der Virtus gestiftet haben, während Honos einen vor der p. Collina gelegenen Tempel dem zufälligen Funde eines Blechs mit seinem Namen auf jener Stelle verdankte.[219] Endliche gab es noch einen T. des Honos und der Virtus, den Marius von der Kriegesbeute der Cimbern und Teutonen erbaut hatte.[220] In den meisten Fällen also hatten diese Stiftungen eine militärische Veranlassung[221], indem die Feldherrn solche Tempel zugleich als Denkmäler ihres Ruhms errichteten und in diesem Sinne ausstatteten, daher der von Marius erbaute Tempel wiederholt ein monumentum Marii genannt wird. Die Köpfe der beiden Götter sieht man auf verschiedenen Münzen der Republik.[222] Honos erscheint immer knabenhaft jugendlich mit dichten Locken und einem Lorbeerkranz, die weibliche Virtus auch jugendlich und gelockt, aber mit reich verziertem Helm. Dem Honos ist der Kopf des Triumpus[223] auf den Münzen der Papia ziemlich ähnlich, nur daß er ein reiferes Alter zeigt und hinter ihm ein Tropäon zu sehen ist, obwohl auch Virtus bisweilen neben einem solchen, also als triumphierende erscheint. Einen eigenen Festtag hatten beide, Honos und Virtus, am 29. Mai, welchen Tag Augustus dazu bestimmte.[224] Auch auf den Münzen der späteren Kaiser, des Galba, des Vitellius, des M. Aurel u. a. erscheinen sie oft und zwar in ganzer Figur, Virtus gerüstet und als siegreiche Überwinderin der Feinde, Honos friedlich und mit dem Füllhorn. – Endlich fehlte es dieser späteren Zeit auch nicht an einem eigenen Kultus der Friedensgöttin

Pax

welche eigentlich den befriedigten und beruhigten Zustand eines Landes bedeutet, wo der Ackerbau und alle Künste des Friedens gedeihen, denn das Wort hängt zusammen mit paciscor und pacatus, vgl. Tibull I, 10, 45 ff. Doch dachte man gewöhnlich an den Gegensatz des Kriegs, in welchem Sinne zuerst Augustus der Friedensgöttin einen Altar im Marsfelde stiftete, an welchem dreimal im Jahre, am 30. Januar, am 30. März und am 4. Juli geopfert wurde.[225] Hernach, als die Herrschaft der Julier aufhörte und die Furie des Bürgerkriegs von neuem wütete, konnte Galba zuerst auf die Ehre Anspruch machen, der Stadt Rom und dem römischen Reiche den Frieden wiedergegeben zu haben[226], bis endlich Vespasian den großen und prächtigen Friedenstempel in der Nähe des Forums errichtete, welcher zu den schönsten Monumenten der Dynastie der Flavier gehörte. Er war mit vielen Kunstwerken von ausgezeichnetem Werte verziert, hatte aber das Schicksal unter Commodus ohne sichtbare Veranlassung zu verbrennen, worüber sich eine große Aufregung im Volke verbreitete. Die gewöhnlichen Attribute dieser Friedensgöttin sind der Ölzweig und der Stab des Friedens (caduceus) oder ein Füllhorn.[227] Auf einigen Münzen erscheint sie geflügelt wie die Siegesgöttin und in Begleitung einer Schlange, welche an Minerva erinnert, ferner mit einer eigentümlichen Bewegung des Kleides von der Brust zum Gesichte, welche sonst der Nemesis eigen ist und in dieser Übertragung auf das göttliche Verhängnis des Krieges deutet; daher man diese wahrscheinlich dem Nemesisdienste zu Smyrna entlehnte Figur der Friedensgöttin Victoria Nemesis genannt hat.[228] Eine andere der Pax verwandte Personifikation ist die Securitas P. R., eine lässig dasitzende Figur, deren Linke mit der Lanze bewaffnet ist, während sie ihr Haupt in der Rechten ruhen läßt.

d) Freiheits-, Glücks- und Segensgötter

Diese Reihe mag eröffnen

Libertas

deren Name mit dem des Iup. Liber, Liber Pater und der Libera zusammenhängt, also eigentlich den heitern Genuß eines von den Göttern der Fruchtbarkeit gesegneten Lebens, Sorglosigkeit und Ausgelassenheit bedeutet, bis später im Sinne des römischen Staatsrechts die Freiheit des Bürgers im Gegensatze zur Sklaverei, noch später die Befreiung vom Joche der Tyrannei darunter verstanden wurde. So ist auch das Bild der Libertas auf den römischen Familienmünzen das einer schönen und reichgeschmückten Frau, die sich von der Venus nicht sehr unterscheidet, dahingegen unter Brutus und Cassius die Attribute des Dolchs und der Freiheitsmütze (pileus libertatis) hinzutreten. Wo das oft erwähnte Atrium Libertatis der Republik gelegen ist nicht sicher auszumachen.[229] Es war ein Geschäftslocal des öffentlichen Lebens, wo Gesetze und Bekanntmachungen angeschlagen, die Censoren ihr Bureau und ihr Archiv hatten, Manumissionen vorgenommen, gelegentlich aber auch Verhaftete untergebracht wurden. Außerdem gab es einen eigenen T. der Libertas auf dem durch so manche Erinnerungen der communalen Freiheit geweihten Aventin. Er war gestiftet von Ti. Sempronius Gracchus, dem Vater des Siegers bei Benevent, welcher die lustige Feier dieses Siegs, dem so viele Sklaven ihre Freiheit verdankten, mit unverkennbarer Beziehung auf diesen Umstand durch ein Gemälde in jenem Tempel darstellen ließ (Liv. XXIV, 16). Endlich wird noch ein Atrium Libertatis erwähnt, welches Asinius Pollio erbaute oder wieder herstellte und darin die erste öffentliche Bibliothek gründete.[230] Es war an den Iden des April dediziert worden, daher dieser Tag fortan der Libertas und dem Iup. Victor zugleich heilig war (Ovid F. IV, 621). Unter den Kaisern verstand man unter Libertas die Befreiung von dem Joche des Despotismus im Gegensatze zu dem milderen Regiment der besseren Kaiser, daher auch die unter Claudius und Galba geschlagenen Münzen von wiederhergestellter Freiheit reden. Commodus hatte vor dem Senat sein eigenes Bild im Kostüme des Hercules mit gespanntem Bogen aufgestellt, ein Symbol seiner unermüdlichen Grausamkeit und Gewalttätigkeit. Nach seiner Ermordung hatte der Senat nichts Eiligeres zu tun als dieses Bild umzustürzen und dafür das der Freiheit aufzustellen (Herod. I, 14). Ferner gehört hierher

Spes

die Göttin der Hoffnung, zunächst der Hoffnung des Pflanzers und Gärtners, dann die der schwangeren Frauen, endlich die der Hoffnung auf eine fruchtbare und gedeihliche Zukunft überhaupt. Ihr Bild wird uns durch die römischen Münzen und andere Bildwerke oft vergegenwärtigt, wie sie mit der L. das Gewand zierlich emporhebend, in der R. eine noch geschlossene oder eben im Aufbrechen begriffene Blüte tragend leise einherschreitet, wie das Mädchen aus der Fremde, eine rechte Frühlings- und Gartengöttin; auch liegt bei diesen Bildern unverkennbar der alte Typus einer Venus der Gärten zu Grunde.[231] Wo ihre Bilder einer freieren Auffassung folgen, wie in einem Relief aus Rom, da ist sie doch mit Blumen bekränzt und die Verkünderin einer gesegneten Ernte, auf welche die Ähren und Mohnköpfe in ihrer Hand hinweisen, samt der Unterschrift, laut welcher ein Pförtner des T. der Venus in den Gärten des Sallust dieser Spes einen Altar weihte. Im Verlaufe des ersten punischen Kriegs wurde ihr ein eigener, später wiederholt erneuerter Tempel am Forum Olitorium gestiftet, vermutlich mit Rücksicht auf die Gärtner und Pflanzer, welche dort ihr Gemüse feilboten. Außerdem gab es eine Spes vetus vor dem esquilinischen Tore, in der Gegend der Horti Pallantiani, d. h. der Porta Maggiore, wo mehrere größere Gärten nebeneinander lagen und die ganze Vorstadt nach diesem Tempel genannt wurde.[232] Im römischen Kalender war der erste August der Spes am f. Olitorium geweiht und der Geburtstag des Kaisers Claudius, welcher deshalb diese Göttin sehr verehrte, daher ihr Bild auf seinen Münzen oft zu sehen ist. Sie war in dieser Zeit schon ganz zur Glücksgöttin im gewöhnlichen Sinne des Worts geworden, welche man an Geburtstagen, Hochzeiten und ähnlichen Veranlassungen anrief, daher sie nicht selten das Füllhorn trägt oder mit der Juventas und der Fortuna zusammen genannt wird.[233] Da der Begriff der Hoffnung dadurch in das Gebiet einer unbestimmten Erwartung verschoben wurde, so pflegte man nun auch wohl bei Dedikationen Bonae Spei zu sagen, welche schon Cicero in Catil. II, 11, 25 als gute und ruhige Zuversicht dem Pessimismus und der radikalen Verzweiflung entgegensetzt. Eine andere Personifikation der Fruchtbarkeit und des positiven Glücks ist

Felicitas

welche insofern von der Fortuna wohl zu unterscheiden ist. Denn diese ist nur die indifferente Schicksalsgöttin, welche sowohl günstig als leidig sein kann (bona Fortuna, mala Fortuna), jene dagegen ist unter allen Umständen der befruchtende und anhaftende Segen des Glücks, wie dieses schon der Name Felicitas aussagt, welcher mit feo, fetus, fecundus zusammenhängt. So sagte man felices arbores von fruchttragenden Bäumen, felices pueri und puellae von solchen Kindern die aus einer noch blühenden und gesegneten Ehe stammten[234], und forderte diese Art von felicitas, d. h. bei guter und blühender Abkunft einen schönen und gesunden Leib besonders von allen Priestern, zumal von den Vestalinnen. Auch sagte man in demselben Sinne Venus felix, Mercurius felix (auf Münzen des Postumus), Portus Traiani felix von dem Hafen an der Tibermündung, welcher vorzüglich dazu diente den zur See herbeigeführten Kornbedarf für die Stadt zu sammeln und zu speichern; wie die Bäcker und ähnliche Gewerke an ihren Häusern etwa das gewöhnliche fascinum anzubringen und darunter Hic habitat Felicitas zu schreiben pflegten.[235] Daher der Zuruf feliciter! beim Mahle, bei Hochzeiten, im Theater und sonst, wie es sich auch in Pompeji unzählige Male an die Wand gemalt findet, und die alte Formel des Glückwunsches bei allen festlichen und feierlichen Gelegenheiten, namentlich auch beim neuen Jahre: Quod bonum faustum felix fortunatumque sit oder die von den Consuln häufig gebrauchte Formel: ut ea res mihi magistratuique meo, populo plebique Romano bene atque feliciter eveniat.[236] Endlich und vor allen ist felix derjenige Mensch mit welchem der Erfolg ist, diese große Gottheit, welche das Urteil der Menge so oft besticht[237], in welchem Sinne sich namentlich Sulla in römischer Sprache felix, in griechischer ἐπαφρόδιτος zu nennen pflegte, weil die Griechen bei solchen Glückskindern gewöhnlich an eine besondere Gunst der Aphrodite dachten.[238] Den ersten Tempel der Felicitas soll Lucullus in Rom erbaut haben, der dem Sulla sehr ergeben und von der dämonischen Macht des Glücks so gut wie jener überzeugt war.[239] Er lag im Velabrum und war mit sehr schönen Kunstwerken aus der Beute des Mummius verziert; als beim Triumphe Cäsars die Achse seines Wagens bei diesem Tempel zerbrach, galt das für eine sehr schlechte Vorbedeutung. Ein zweites t. Felicitatis wurde an der Stelle der alten Curia Hostilia erbaut, nachdem Sulla und sein Sohn Faustus diese hergestellt, Cäsar aber den Neubau wieder eingerissen hatte.[240] Ferner gab es eine Felicitas im Marsfelde und eine Felicitas publica auf dem Capitol, wo sie wie Salus publica neben den höchsten Göttern angerufen wurde.[241] Auf den Münzen der Lollia sieht man ihren Kopf mit hoher Stirnbinde, auf anderen Münzen führt sie als Attribute das Füllhorn und den Caduceus. Unter den Kaisern ist viel von der felicitas Augusti oder der einzelnen Kaiser die Rede, auch von der felicitas temporum und der felicitas seculi, welche unter verschiedenen Bildern allegorisch dargestellt wurden. Auch von der Laetitia temporum und von der Jucunditas reden und dichten diese späteren Zeiten gerne, während die Fruchtbarkeit der Kaiserinnen durch Gebete zur Fecunditas verherrlicht zu werden pflegte.[242] Der Felicitas nahe verwandt ist

Bonus Eventus

eigentlich eine ländliche Gottheit, denn eventus ist speziell das gute Gedeihen und Aufgehen der Feldfrucht.[243] In allgemeinerer Bedeutung aber bringt er jede günstige Fügung und Wendung des Lebens und des Geschicks, daher die so oft wiederholte Formel: Quod bene eveniat, während das Wort eventus allein wie Fortuna den indifferenten Sinn jeder Schicksalsfügung hat, auch der traurigen, selbst des Todes.[244] In der griechischen Vorstellung entspricht dem Bonus Eventus der gute Dämon, ἀγαὸς δαίμων, eigentlich auch ein Genius des ländlichen Segens; daher das Bild dieses griechischen Dämons auf den römischen übertragen wurde.[245] Mit der Zeit scheint dieser Gott in der allgemeinen Bedeutung eines freundlichen Geschicks noch mehr zu Ehren gekommen zu sein, da es später in Rom in der Nähe des Pantheon sogar einen eigenen Tempel und eine Halle Eventus Boni gab.[246] Auch wird er oft in Dedikationstiteln genannt, namentlich mit dem Wunsche eines glücklichen Ausgangs der Unternehmungen, Reisen usw. der Kaiser. Endlich mag sich hier anschließen die Personifikation der für Rom, namentlich das kaiserliche, so überaus wichtigen

Annona

d. h. des jährlichen Kornvorrats auf dem Markte und der davon abhängigen Kornpreise.[247] In älterer Zeit reichte die Produktion Italiens hin um Rom zu versorgen; ja die Preise sollen damals unglaublich gering gewesen sein. In außerordentlichen Fällen wurde ein eigener praefectus annonae ernannt, in welchem Amte namentlich L. Minucius Augurinus bald nach den Zeiten der Decemvirn sich um die Plebs sehr verdient gemacht hatte, daher ihm dieselbe vor der p. Trigemina ein Ehrendenkmal stiftete. Es war eine Statue auf einer aus Getreidescheffeln zusammengesetzten Säule, die man auf den Münzen der Minucier abgebildet sieht, welches Geschlecht an dem Ruhme seines Vorfahren festhaltend auch später einen gemeinnützigen Sinn zeigte. So erbaute M. Minucius Rufus, welcher im J. 110 v. Chr. Consul war, in derselben Gegend eigene Hallen zur Aufspeicherung und Verteilung des Getreides, welche unter dem Namen der porticus Minuciae auch unter den Kaisern oft erwähnt werden. Und mit diesem von Hallen umgebenen und unter den Schutz einer eigenen Ortsgottheit gestellten Platze mag auch die Minucia porta und das sacellum Minucii zusammenhängen[248], welcher letztere vermutlich der genius loci dieser wichtigen Getreidehallen war, wie anderswo ein Genius fori Vinarii, ein Genius conservator Horreorum Galbianorum u. dgl. m. erwähnt werden. Mit der Zeit wurde dann die Kornzufuhr zur See immer wichtiger, daher Pompejus dadurch, daß er das Meer von den Seeräubern reinigte und jene Zufuhr von neuem regelte, noch in den Zeiten Trajans neben diesem als Wohltäter genannt wurde. Darauf erfolgten die von einer Generation zur anderen aufgeschobenen, zuletzt ganz unerläßlich gewordenen Bauten und Restaurationen an der Tibermündung, namentlich die des Claudius (dessen Verdienste um den Hafen und die Annona sich Nero aneignete) und Trajan, durch welche für die Bedürfnisse und somit auch für die Ruhe der großen Stadt hinlänglich gesorgt wurde.[249] Seitdem erscheint auch die Personifikation der Annona nicht selten auf Münzen und anderen Denkmälern, mit und ohne Ceres, meist wird sie durch das Füllhorn und ein neben ihr stehendes Getreidemaß charakterisiert.[250] Die meiste Zufuhr kam in diesen Zeiten aus Afrika, d. h. aus Numidien über Karthago und andere Seeplätze und aus Ägypten über Alexandrien, daher auch in diesen Städten in Bildern und Denkmälern der Annona Urbis gedacht wurde.[251] Auf den römischen Denkmälern war sonst auch die Copia (daher cornu Copiae), Abundantia und ihr entsprechend die Liberalitas der Kaiser eine sehr gewöhnliche Figur.

e) Virtutes

Cicero macht aus den consecrirten Tugenden eine eigene Abteilung der Götterwelt, so geläufig war seiner Zeit diese Art von Personifikation geworden. Indessen kann unter den von ihm erwähnten nur die Fides für alt gelten, und auch diese nicht als Tugend im gewöhnlichen Sinne des Worts, sondern als eine sittliche, aus dem Dienste des Jupiter abstrahierte Macht, auf welcher alle Zuverlässigkeit im öffentlichen und bürgerlichen Verkehre beruhte. Nicht viel anders verhält es sich mit der Concordia, Pudicitia und Mens, welche zum Teil nachweisbar zum Teil wahrscheinlich aus den Kulten der Venus, der Juno, der Fortuna abstrahiert sind, bis endlich nach solchen Vorbildern auch dieser Trieb der Consecration immer freier und eigenmächtiger schaltete, namentlich in den Zeiten der griechischen Bildung und unter den Kaisern. Eine der ältesten Gestalten ist die der

Concordia

d. h. der Eintracht zwischen den Bürgern, den Mitgliedern eines Geschlechts, einer Familie usw. Im Verlaufe der Republik ist sie meist politisch gemeint, als gute Eintracht der Stände, deren Zwietracht den Staat so oft in die äußerste Gefahr brachte; daher sie der Venus Cloacina nahe steht und ursprünglich wohl nur eine Nebenform jener conciliatorischen Venus war, welche wir bei den Latinern und in Rom nachgewiesen haben. Wiederholt wird nach bedeutenden Krisen, wenn sich die Stände endlich wieder versöhnt haben, der Concordia ein Heiligtum gestiftet: zuerst von Camill nachdem im J. 387 d. St., 367 v. Chr. durch die Licinischen Gesetze ein neuer Boden der Verfassung gewonnen und das gute Vernehmen wiederhergestellt war. Höchst wahrscheinlich lag dieser Tempel da wo noch jetzt die Ruine der Concordia zu sehen ist, gleich hinter dem Bogen des Septimius Severus, wo er nachmals von Tiberius von neuem erbaut wurde.[252] Weiter wurde wieder nach einer bedeutenden Verfassungskrise von dem merkwürdigen Parvenu dieser Jahre, dem Aedilen Q. Flavius auf der area Vulcani, also gleich über dem Comitium, eine kleine Kapelle der Concordia geweiht, welche den sehr erbitterten hohen Adel der Stadt dem Volke wiedergewinnen sollte.[253] Ferner erbaute der Consul Opimius, der Sieger über C. Cracchus, im Auftrage des Senats im J. 121 v. Chr. einen dritten T. der Concordia, welcher vermutlich mit der gleichfalls von ihm erbauten Basilica Opimia zusammenhing.[254] Endlich gab es auch auf der Burg (in Arce) einen T. der Eintracht, der zu Anfang des zweiten punischen Kriegs auf Veranlassung einer glücklich beigelegten Meuterei im Heere gestiftet wurde.[255] Der Stiftungstag dieser Concordia in Arce war der 5. Febr., der der Concordia des Camillus dagegen wahrscheinlich der 16. Jan., an welchem Tage wenigstens Tiberius seinen neuen Tempel einweihte. Außerdem wurde die Göttin der Eintracht bei dem Familienfeste der Caristien im Februar und am 1. April, dem Tage der Venus und der Fortuna Virilis, von den verheirateten Frauen angerufen, in diesen Krisen also als das gute Prinzip des Familienlebens. Auch betete man zu ihr am 30. März, dem Tage der Pax, wo man sie neben dieser und dem Janus und der Salus (Ovid F. III, 881), lauter begriffsverwandten Gottheiten anrief. Einen anderen Charakter nahm dann freilich auch diese Göttin unter den Kaisern an, da sie fortan meist als Augusta auftrat, d. h. dem persönlichen Interesse des Kaisers und der kaiserlichen Familie untergeordnet wurde. Schon Livia, die Gemahlin des August, stiftete mit Beziehung auf diese Ehe, obschon sie den Frieden in seinem Hause untergrub, ein neues Heiligtum der Concordia, welches auf dem Platze der Porticus Livia lag und am 11. Juni seinen Stiftungstag feierte (Ovid F. VI, 631). Auch war es Livia, welche jenen alten T. der Concordia beim Bogen des Severus unter dem Namen einer Concordia Augusta wiederherstellte, obwohl sie die Einweihung ihrem Erstgeborenen Tiberius überließ, welcher dieselbe am 16. Jan. des J. 10 n. Chr. vor seinem letzten Feldzuge am Rhein in seinem und seines verstorbenen Bruders Drusus Namen vollzog.[256] Das sonst sehr einfache und würdige Bild der Concordia, deren Kopf auf älteren Münzen mit einem hohen Diadem und einem dichten Schleier versehen ist, war in diesem mit vielen kostbaren Kunstwerken verzierten Tempel mit Lorbeer bekränzt[257], eine Beziehung auf die Siege der beiden Söhne der Livia, welche der nicht weit davon am Eingange des Capitolinischen Clivus gelegene Triumphbogen des Tiberius noch weiter ausführte. Später ist Concordia nicht selten ein Bild der ehelichen Eintracht und des ehelichen Segens im kaiserlichen Hause z. B. auf verschiedenen unter Antonius Pius, M. Aurel und Commodus geschlagenen Münzen.[258] Oder es wurde auch wohl die Eintracht der kaiserlichen Brüder gefeiert, wie die zwischen den sich aufs Blut hassenden Söhnen des Septimius Severus, Geta und Caracalla, bei welcher Gelegenheit Concordia das ihr vom Senat zugedachte Opfer selbst vereitelte (Dio LXXVII, 1). Endlich wurde Concordia auch außerhalb Roms viel verehrt, entweder in demselben Sinne einer die verschiedenen Elemente des bürgerlichen Lebens verbindenden Kraft oder wie die hellenistische Ὁμόνοια, d. h. als Eintracht verschiedener durch Religion und Vertrag verbundener Städte.[259] Eine freiere Abstraktion ist

Pietas

die Göttin der natürlichen Hingebung in dem Pflichtverhältnisse zwischen Göttern und Menschen, zwischen Eltern und Kindern und Blutsverwandten überhaupt, dem Vaterlande und seinen Söhnen. Einen eigenen Tempel hatte diese Tugend am forum Olitorium, wo später das Theater des Marcell erbaut wurde, in welchem die bekannte Geschichte als Veranlassung erzählt wurde. Ein armes junges Weib aus dem Volke, die ein Kind an der Brust hatte, habe einen Vater gehabt (nach anderen war es die Mutter), welcher wegen eines Verbrechens zum Tode verurteilt in strenger Haft gehalten wurde. Vergebens versucht sie dem Vater Nahrungsmittel zuzuführen, doch läßt man sie endlich zu ihm, worauf der Gefängniswärter sie eines Tages überrascht, wie sie den Hunger des Vaters mit ihrer Brust stillt: ein so rührendes Beispiel der Pietät, daß man beiden das Leben schenkt und auf derselben Stelle jenen Tempel zu erbauen beschließt. Eine jener wandernden Geschichten, die an mehr als einer Stelle als Ortslegenden auftreten, wie man denn in Athen dieselbe Geschichte erzählte und hier den Vater Mykon nannte, dessen Name in der Überlieferung mit dem berühmteren Kimon vertauscht wurde.[260] In Wahrheit war jener Tempel durch M. Acilius Glabrio in der Schlacht bei den Thermopylen vom J. 191 v. Chr. gelobt worden, worauf ihn dessen Sohn gleichen Namens einweihte. Außerdem wird noch eine Pietas beim Flaminischen Circus erwähnt, wo am 1. Dec. geopfert wurde.[261] Als im J. 22 n. Chr. Livia bedenklich erkrankte, machte Tiberius ihr zu Ehren allerlei Anstalten, welche vom Senate durch eine Stiftung zu Ehren der Pietas Augusta verherrlicht wurden[262], daher diese Göttin auch auf den Münzen dieser Jahre oft erscheint, ein ernstes Frauenbild mit Schleier und Diadem. Sonst ist der Storch das Symbol dieser Tugend[263], Äneas aber, der seinen Vater und die Penaten aus dem Brande rettende, das mythologische, Antoninus Pius wegen seiner Dankbarkeit gegen Hadrian das geschichtliche Beispiel der Pietät. Weiter die weibliche Tugend der

Pudicitia

welche das Weib in demselben Maße ziert wie die Tapferkeit, virtus, den Mann.[264] Eine alte Kapelle der Pudicitia patricia, wo die Matronen patrizischer Abkunft opferten, gab es auf dem Forum Boarium. Einige hielten sie für identisch mit der dortigen Fortuna, welche gleichfalls speziell die Frauen anging, so daß diese Kapelle wohl in ihrem Tempel zu suchen ist.[265] Ein in den Kreisen der römischen Damenwelt ausgebrochener Streit, welcher zur Charakteristik der ständischen Leidenschaften in den älteren Zeiten der Republik dient, hat uns das Andenken an diese Stiftung erhalten. Aus einem alten paricischen Hause, dem der Virginii, war eine Tochter an den plebejischen Consul des J. 458 d. St., 296 v. Chr. L. Volumnius verheiratet. Solche Mischehen waren nicht weniger verhaßt als die vielen Rechte und Freiheiten, welche sich die Plebs in jenen Jahren errungen hatte: also wollten die hochedelgeborenen Damen der Virginia nicht mehr den Zutritt zu jenem Gottesdienste erlauben. Umsonst bewies sie daß sie allen Bedingungen desselben genüge, d. h. daß sie immer keusch gewesen und demselben Manne noch vermählt sei, dem sie als Jungfrau in sein Haus gefolgt war, welches durch bürgerliche Ehren und das Gedächtnis rühmlicher Taten viele alten Häuser verdunkelt hatte.[266] So kam sie zuletzt zu dem Entschluß eine neue Kapelle der Pudicitia plebeia in ihrem eigenen Hause in der langen Gasse (in vico longo) zu stiften, d. h. denselben Gottesdienst unter denselben Bedingungen der Teilnahme für die Matronen plebejischer Abkunft. Beide Kulte gerieten zuletzt in Vergessenheit, in einer Zeit als die römischen Frauen und Jungfrauen sich weder von der Sitte noch von sonst einer Regel des Anstandes beherrschen lassen wollten: welchen Verfall der pudicitia die Kundigen seit dem J. 154 v. Ch. datierten, als über dem Haupte des Jupiter im Capitolinischen Tempel zuerst eine Palme emporgewachsen war und den Triumph über den macedonischen König Perseus vorbedeutet hatte, an derselben Stelle aber bald darauf ein Feigenbaum, das Symbol der Unkeuschheit, sich einnistete.[267] Nachmals pflegte man der Livia, die sich gerne an die Spitze der römischen Damenwelt gestellt sah, und anderen Kaiserinnen, wenn es ihr Lebenswandel anders erlaubte, das Kompliment der pudicitia zu machen.[268] Das Bild dieser Tugend ist das einer verschleierten Dame, die ihre Rechte in ihrem Kleide verbirgt. Weiter die

Mens

schwerlich ein so abstrakter Begriff, wie man gewöhnlich annimmt, sondern wahrscheinlich eine Nebenform der Venus Erycina, mit welcher zugleich ihr auf Geheiß der sibyllinischen Bücher im J. 217 v. Chr. ein Tempel auf dem Capitol gestiftet wurde.[269] Beide Tempel lagen nebeneinander und wir wissen daß Venus auch als Mimnernia oder Meminia verehrt wurde. Die erycinische Venus ist die himmlische, welcher man außer ihren natürlichen Eigenschaften auch manche geistige zuschrieb, daher sie in verschiedenen Beziehungen der Minerva nahe stand. Bei jener Stiftung, als deren Tag der 8. Juni gefeiert wurde, meinte man freilich wohl nur einfach die Göttin der Besinnung und Besonnenheit, denn es waren die kritischen Zeiten nach der Schlacht am Trasimenus. Später in den gleich gefährlichen Tagen der Cimbrischen Schlachten soll M. Aemilius Scaurus eine ähnliche Stiftung gemacht haben, in einer Zeit, da schon die Aufklärung und die Phrase das Wort führte, daher man damals von solchen abstrakten Göttern und Göttinnen viel Wesens machte, wie Plutarch sagt de Fort. Ro. 5. 10. Sonst heißt diese Göttin, besonders als Personifikation einer loyalen Gesinnung, auch im politischen Sinne des Worts, gewöhnlich Mens Bona, unter welchem Namen ihr in und außerhalb Roms nicht selten Statuen und Altäre geweiht wurden, auch wohl neben der Fides und anderen begriffsverwandten Gottheiten, zumal wenn nach einer Periode der Aufregung wieder Ruhe und Besinnung eingetreten war.[270] Der Gegensatz ist Mens Laeva oder Mala, welche der griechischen Ate entspricht.[271] Ferner die spezielleren Tugenden der

Aequitas

d. h. der Billigkeit, welche schon Aristoteles höher stellte als die nach dem Buchstaben des Gesetzes entscheidende Gerechtigkeit. Und wirklich scheint sie auch bei den Römern mehr gegolten zu haben als die *Iustitia*, deren schöner Kopf uns nur auf den Münzen des finsteren Tiberius begegnet, dahingegen die Aequitas in Rom und Italien oft verehrt und im Bilde dargestellt worden zu sein scheint. So ist neuerdings die in grammatischer Hinsicht merkwürdige Inschrift *Aecetiai Pocolom* auf einer Schale aus Vulci zur Sprache gekommen, in welcher man eine ältere oder provinzielle Form für Aequitatis poculum erkannt hat.[272] Außerdem wird Aequitas als Göttin genannt von Arnob. IV, 1 und ein Bild von ihr in den T. der Pränestinischen Fortuna geweiht b. Grut. 76, 3. Endlich ist auf den Münzen der Kaiser oft von der Aequitas publica die Rede und zwar mit spezieller Beziehung auf die vom Kaiser und dem Senate geprägten Münzen, welche nichtsdestoweniger immer schlechter wurden. Das gewöhnliche Symbol der Aequitas ist die geöffnete linke Hand welche weil ungeschickter, deshalb auch ehrlicher zu sein schien als die rechte. Auch erscheint sie oft mit der

Wage in der Hand, welches Attribut von ihr auf die Personifikation der Moneta übergegangen ist, also sich speziell auf das Gewicht der Münzen bezog. Dieser Tugend nahe verwandt ist die

Clementia

die hervorstechende Tugend Cäsars, daher man ihm und der Clementia, wie sie sich gegenseitig die Hände reichten, ein gemeinschaftliches Heiligtum stiftete.[273] Gleich nach seinem Tode hieß es, er habe sich diesen durch seine Milde zugezogen, später er sei darüber zum Gott geworden.[274] Einen um so widerwärtigeren Eindruck macht es, wenn man manchmal auch den hartherzigsten Tyrannen, einem Tiberius und Caligula, mit gleichem Lobe huldigte.[275] Noch andere Tugenden der Art, d. h. solche die man an den Kaisern vergötterte, sind die *Constantia*, welche auf den Münzen des Claudius erscheint, dessen Imbecillität man dadurch zur Charakterstärke stempelte, eine sitzende Frau, die ihre rechte Hand auf den Mund legt, weil das Schweigen und Verschweigen von jeher für das Merkmal eine kräftigen Charakters gegolten hat, ferner die *Liberalitas* und *Indulgentia*, die Freigebigkeit und Gnade, diese letztere schon ein Symptom des Despotismus.[276] Endlich die

Providentia

durch welches Wort bald die göttliche Vorsehung bald die menschliche Vorsicht und Fürsorge bezeichnet wird, beides zum Lobe der Kaiser. Bald ist nämlich von der Providentia Deorum in dem Sinne der Vorsehung die Rede welche den Kaisern die Herrschaft verliehen, indem sie ihnen das Scepter oder die Weltkugel überreicht oder durch einen Adler aus der Höhe sendet, so daß man diese Idee etwa in die Kaiser von Gottes Gnaden nach unserem Sprachgebrauch übersetzen könnte. Bald ist es die Providentia Augusta oder Augustorum oder auch die einzelner Kaiser z. B. Divi Caesaris, Ti.Caesaris, Divi Titi u. a., welche durch Münzen, Inschriften und andere Denkmäler gefeiert wird, in welchen Fällen also die Fürsorge der noch regierenden oder schon consecrirten Kaiser für Rom und die Römer durch ein weises oder strenges Regiment oder auch ganz materiell durch Zufuhr von Getreide u. dgl. zu verstehen ist.[277]

ELFTER ABSCHNITT

Halbgötter und Heroen

Eine Heldensage und einen Heroendienst im Sinne der griechischen darf man in dem alten Italien nicht suchen. Diese Erscheinungen hängen aufs engste mit dem epischen Gesange und der epischen Dichtung zusammen, wozu es dort nun einmal nicht gekommen ist. Wohl aber wirkte auch hier das Bedürfnis eines übernatürlichen Anfangs der Geschichte, wo die Götter wie Menschen auf der Erde leben und als Könige über die Völker herrschen, wie wir einen solchen Glauben in den Fabeln vom Janus, Saturnus, Faunus wirklich nachweisen konnten; obwohl auch diese in dem Lichte einer patriarchalisch ruhigen und friedlichen, keineswegs einer kriegerisch und episch bewegten Vorzeit erscheinen. Dazu kam der Glaube an die Semonen und Indigeten, an die Genien und Laren, lauter halbgöttliche halbmenschliche Wesen, welche sich zur Ausfüllung einer mythischen Vorgeschichte der Nation wohl geeignet hätten. Aber überall fehlt jenes ästhetische Bedürfnis, jener poetische Trieb der Verdichtung und Lokalisierung solcher Fabeln, welcher allein zum Epos führen konnte, überall sind solche Züge der Landessage und des volkstümlichen Gesanges auf der Stufe der Märchendichtung stehen geblieben, welche wohl auf einen poetischen Trieb im Volke schließen läßt, aber durch die priesterlichen und praktischen Bestrebungen der höheren Stände und des früh entwickelten Staatslebens, auch wohl durch den Zudrang ausländischer Bildung in ihrer weiteren Entwicklung gestört wurde. Also können hier auch nur wenige eigentümliche und nationale Gestalten zur Sprache kommen, der sabinische Semo Sancus und der latinische Hercules, welcher letztere seinen Namen und die mythische Einkleidung schon von dem griechischen Heroen erborgt hat, endlich die älteren, gleichfalls sehr entstellten Züge der Äneas- und der Romulussage. Alles Übrige ist griechischen Ursprungs, die Castoren als ideale Vorbilder der Ritterschaft, Diomedes, Ulysses, Telephus, Äneas und Antenor als älteste Ansiedler des südlichen, mittleren und nördlichen Italiens: wie diese Fabeln, die letzten Nachklänge der griechischen Nostendichtung, durch die in Campanien, Großgriechenland und Sizilien angesiedelten Griechen sich allmählich verbreitet und durch Verschmelzung gleichartiger Sacra zuerst einen festen Boden gewonnen hatten, darauf zum Bedürfnis der konventionellen Geschichtsüberlieferung geworden waren. Allerdings ist sehr vieles Alte und Einheimische gewiß verlorengegangen. Rom war nach seiner ganzen Art und im Drange der Umstände viel zu lange und viel zu sehr mit Taten beschäftigt, um der Erinnerungen seiner eigenen Vorzeit, geschweige denn der anderen italischen Völker, mit Worten und Erzählungen pflegen zu mögen.[1] Könnten wir nach anderen Quellen als den römischen über die Sabiner und Samniter, Alba Longa und die Latiner urteilen, so würde freilich auch die italische Sagengeschichte eine ganz andere Gestalt haben.

1. Semo Sancus oder Dius Fidius

Unter diesen Namen wurde bei den Sabinern, Umbrern und Römern ein Wesen verehrt, welches dem Jupiter in der Bedeutung des himmlischen Lichtgottes, wie derselbe sich in Rom vorzüglich in dem Institute der Fetialen und anderen Zügen eines altertümlichen Gottesdienstes darstellt, sehr nahe gestanden haben muß. Der Name Dius Fidius ist durch sich selbst klar. Dius ist desselben Stammes wie Diovis, dies, dialis usw. und kann in dieser Verbindung, da Dius Fidius nicht für einen Gott, sondern nur für einen Genius, nach griechischer Vorstellung für einen Heros galt[2], nichts anderes bedeuten als einen das Wesen des Diovis oder Diespiter in irdischen Kreisen darstellenden Halbgott, der auf Recht und Ordnung sieht, besonders im menschlichen und internationalen Verkehr der Eidschwüre und Verträge, der Ehe und Gastfreundschaft; denn Fidius hängt jedenfalls zusammen mit fido, fides, foedus in dem oben entwickelten Ideenzusammenhange. Von dem Begriffe des Semo ist zuvor bereits die Rede gewesen, wo wir denselben gleichfalls durch den entsprechenden Begriff des Genius zu erklären suchten. Sancus oder Sangus, denn beide Formen waren gebräuchlich, hängt mit dem lateinischen sancio und sanctus zusammen, obwohl der alte Stammbegriff der Wurzel allgemeiner gewesen sein und der Naturempfindung näher gestanden haben mag, wahrscheinlich so daß Semo Sancus dasselbe bedeutete wie Dius Fidius, ein dem Himmel entstammendes Wesen der Heiligkeit und der Treue.[3] Wir haben wiederholt gesehen daß solche Vorstellungen und diese tiefe Innigkeit einer alten Religion des Lichts bei den Sabinern vorzüglich zu Hause waren; so wird auch die Verehrung dieses Wesens nach dem einstimmigen Berichte der Alten vorzüglich ihnen zugeschrieben.[4] Außerdem wurde Dius Fidius oder Semo Sancus aber auch bei den verwandten Umbrern unter den ältesten und heiligsten Göttern verehrt, wie wir dieses aus den iguvinischen Gebetsurkunden schließen dürfen, nach denen die Burg von Iguvium ocris Fisius, d. h. collis Fidius hieß und Fisus oder Fisovius Sancius d. i. Fidius Sancus gleich nach dem höchsten Gott Jupiter angerufen wird.[5]

Überaus wichtig ist die Bemerkung des Aelius Stilo bei Varro l. l. V, 66, daß Sancus in sabinischer Sprache dasselbe Wesen sei was in griechischer Hercules, denn es wird sich aus dem weiteren Verlaufe dieser Untersuchung herausstellen, daß wirklich der griechische Name nicht allein in Rom und Latium, sondern auch bei den Sabinern und sonst in Italien den älteren Namen eines gleichartigen Wesens verdrängt hat, welches mit dem griechischen Hercules sowohl die heroische Natur als die nahe Beziehung zum höchsten Gotte des lichten Himmels gemein gehabt haben mag. So erfahren wir gelegentlich daß es bei den Sabinern eine eigene Klasse von Priestern gab, die sich Cupenci nannten und speziell für den Kult des Hercules[6], d. h. also des Semo Sancus bestimmt waren.

Aus ihrer Metropole Cures brachten die Sabiner unter T. Tatius diesen Kultus mit sich nach Rom, wo sie dem Semo Sancus oder Duis Fidius auf dem Quirinal, ganz in der Nähe ihres anderen Nationalgottes, des Quirinus, d. h. des Mars von Cures, ein Heiligtum stifteten.[7] Die Nachrichten von diesem Gottesdienste sind nicht zahlreich, doch fehlt es nicht an charakteristischen Merkmalen. Zunächst war Dius Fidius vorzugsweise Schwurgott, wie Iupiter und Diespiter, daher die alte Schwurformel Me Dius Fidius, welche dem Me Hercules oder Mehercule ziemlich gleichbedeutend war.[8] Und zwar durfte nach sabinischer Sitte dieser Schwur nur unter freiem Himmel geschworen werden, in welchem Gebrauche man die alte Beziehung auf den Gott des Lichtes und des Tages deutlich erkennt; daher auch sein Tempel im Dache ein Loch hatte, damit der Himmel durchscheine, und wenn zu Hause bei ihm geschworen werden sollte, der Schwörende zu diesem Ende aus dem Saale in das sogenannte compluvium, d. h. den innern unbedeckten Hof des Hauses hinaustrat.[9] Ferner war Dius Fidius ein Gott des öffentlichen Gast- und Völkerrechts, auch des internationalen Verkehrs und der Sicherheit der Straßen, daher diese unter seinen Schutz gestellt waren und die alte Urkunde des von Tarquinius Superbus mit den Gabinern abgeschlossenen Bündnisses in seinem Tempel niedergelegt wurde.[10] Endlich muß dieser Sancus auch in der sabinischen Auspizienlehre eine hervorragende Bedeutung gehabt haben, da eine gewisse Art von Adlern in seinem Schutze stand und deshalb avis Sanqualis genannt wurde. Das von T. Tatius gestiftete Heiligtum auf dem Quirinal wurde durch Tarquinius Superbus zum Tempel ausgebaut, dessen Einweihung aber erst in den ersten Jahren der Republik, im J. 288 d. St., 466 v. Chr. vollzogen wurde, und zwar an den Nonen des Juni, welcher Tag dem Dius Fidius in colle auch in dem späteren römischen Kalender heilig blieb.[11] In diesem Tempel befanden sich Spindel und Rocken sowie die Sandalen der Gaia Caecilia den römischen Matronen als Ideal einer treuen und gewissenhaften Hausfrau verehrt wurde, deren Fleiß und häusliche Tugenden eben durch jene Andenken vergegenwärtigt werden sollten.[12] Auch eine eherne Statue dieser königlichen Matrone, welche zugleich für eine gute Ärztin und Erfinderin von untrüglichen Mitteln des Gegenzaubers galt, war in diesem Tempel zu sehn: so daß Sancus wohl auch, wie Quirinus und Iuno Curitis, die Bedeutung eines Schutzgottes der Martonen und ihrer ehelichen Rechte gehabt haben mag.

Außer diesem alten Heiligtum des Semo Sancus gab es ein zweites auf der Tiberinsel, wo dieser Kultus vielleicht mit dem des Diiovis und des neuerdings bekannt gewordenen Iupiter Iurarius zusammenhängt. Die Christen, welche die Inschrift des Bildes mißverstanden, haben daraus gefolgert daß der Zauberer Simon Magus von den Römern göttlich verehrt worden sei.[13] Endlich werden Heiligtümer des Sangus oder Semo Sancus auch in Velitrae und in der Gegend von Marino erwähnt.[14]

2. *Sabinische Sagentrümmer*

Wir wollen hier gleich die sonst erhaltenen Sagen des sabinischen Stammes anschließen, da sie dem Ideenzusammenhange nach hierher gehören. Dionys H. II, 48 ff. erzählt diese Sagen nach Varro, einem griechischen Schriftsteller Zenodot und Cato, welcher letztere am meisten Glauben verdient. Nach ihm war die Hochebene von Amiternum der eigentliche Stammsitz der Sabiner und ein offener Ort (sie kannten nur solche) Testrina ihre Metropole, d. h. der Ort, von welchem sie den Ursprung ihres Namens und den Heroen, welcher denselben zuerst getragen, ableiteten. Er hieß Sabus oder Sabinus, in welchem Worte das b dem äolischen Digamma gleich zu achten ist, da die nahe verwandten Samnites d. i. Sabnites auf griechisch Σαυνῖται und auf einer Münze der Italiker Safineis heißen: worüber man auf die Vermutung kommen könnte daß Sabus verwandt sei mit Saur, in welchem Worte wir oben eine provinzielle Form für Saul oder Sol erkannt haben. Genealogisch nannte man diesen Saubus einen Sohn des Sancus, welcher nicht allein Nationalgott der Sabiner, sondern auch ihr ältester König gewesen sein soll[15], in diesem Zusammenhange aber wohl in der Bedeutung eines himmlischen Urwesens wie Ianus oder Iupiter aufgefaßt werden muß. Die gewöhnliche Sage dachte sich ihn als den ersten Winzer[16], welcher sein Volk wie Noah den Weinstock pflanzen gelehrt und dadurch die älteste Kultur begründet habe, so daß also in diesen ältesten Erinnerungen noch ganz die friedliche Beschäftigung mit Acker- und Weinbau durchschimmert. Von Amiternum drangen die Sabiner erobernd weiter vor in die fruchtbare Gegend von Reate, wo der sabinische Hercules, d. h. Semo Sancus als Pater Reatinus, also gleichfalls als Stammvater, Gründer und ältester König der Stadt und Landschaft verehrt wurde[17], wie dasselbe Wesen später auch in Amiternum für einen Hercules galt. Von Reate endlich noch weiter vordringend fanden sie einen neuen Mittelpunkt in Cures, einem später dürftigen und kleinen Orte[18], von welchem die ältere Überlieferung aber sowohl T. Tatius als Numa ableitet. Eine altertümliche Sage über die Entstehung dieses Orts erzählt Dionys II, 48 nach Varro. In der Gegend von Reate sei eine Jungfrau vornehmen Geschlechts zum gottesdienstlichen Tanze des sabinischen Mars Quirinus geführt worden. Während des Tanzes in dem Haine eilt sie in heiliger Verzückung in das innere Heiligtum und wird dort von dem Gotte schwanger, wie Rhea Silvia in der Höhle bei Alba. Als die Zeit gekommen gebiert sie einen Knaben, welcher zum Helden seines Volks und zum Gründer von Cures bestimmt war. Sein Name sei gewesen Modius Fabidius, wo das erste Wort an den Sabiner Mettus oder Metius Fusetius erinnert, was wieder mit dem oskischen medix oder meddix d.i. Fürst, summus magistratus, zusammenhängen mag, das zweite Wort an das uralte römische Geschlecht der Fabii, welches sich vom Hercules abzustammen rühmte und Gentilsacra auf dem Quirinal hatte (Liv. V, 46). Dieser Modius Fabidius also wird als ein wahrer Held beschrieben, übernatürlich groß und stark und unüberwindlicher Sieger in allen Schlachten seines Volks. Doch will er nicht allein kämpfen, sondern auch friedlich herrschen, daher er viel Volks im sich versammelt und in wunderbar kurzer Zeit die Stadt Cures gründet, die er nach seinem Vater, dem kriegerischen Lanzengotte benannte.

Nach einer anderen Sage waren die Sabiner Abkömmlinge der Lacedämonier und ihr Stammvater Sabus ein lacedämonischer Flüchtling, der auf wunderbaren Wegen in diese Gegend verschlagen sei. Dionysius II, 49 bezieht sich dabei ausdrücklich auf inländische Überlieferung[19], so daß wir dieselbe nicht allzugering achten dürfen. Gewöhnlich denkt man an die strenge Zucht der Spartaner und Sabiner, als ob man wegen dieser Ähnlichkeit der Sitten die letzteren für die Abkömmlinge von jenen gehalten habe; und allerdings gefiel man sich später in Rom in dieser Erklärung des erdichteten Zusammenhangs. Doch fragt es sich ob nicht vielmehr ein genealogisches Spiel der Griechen, namentlich der Tarentiner, den ersten Anlaß gegeben hat. In Tarent nämlich nannte man nicht bloß den Ktisten Phalanthos einen Herakliden, sondern alle Tarentiner ließen sich gerne Phalanthiden, also Herakliden nennen[20], wie die Athenienser sich gerne Thesiden nennen hörten. Da nun dem griechischen Herakles der sabinische Sancus entsprach, so lag es sehr nahe den Stammvater der Nation Sabus gleichfalls für einen Herakliden und Abkömmling von Lakedämon auszugeben, wodurch die Tarentiner und Samniter, welche wie Apulien mit Tarent in lebhafter Verbindung standen und auch die griechische Bildung frühzeitig von dort angenommen hatten, von selbst zu nahen Verwandten wurden. Wird uns doch bei Strabo V p. 250 ausdrücklich von den Samnitern überliefert, daß nach einigen Lakedämonier sich unter ihnen angesiedelt hätten und darüber das Volk so viel Neigung zur griechischen Sitte und Bildung bekommen habe. Es sei, setzt er hinzu, dieses eben nur eine Erdichtung der Tarentiner, welche ihren mächtigen Nachbarn zu einer Zeit, wo sie von ihrer nationalen Weise schon zu weichen begannen, dadurch hätten schmeicheln und sie ihrem eigenen Interesse dienstbar machen wollen: wodurch man von selbst an die Lage der Dinge zur Zeit der Samniterkriege und des Königs Pyrrhus erinnert wird. Es wird also diese Dichtung wahrscheinlich zunächst die Sabiner von Samnium gemeint haben und von dort erst später auf die anderen Sabiner übertragen sein, woraus hiernach die abenteuerliche, beim Heiligtum der Feronia von Terracina anknüpfende Erzählung von einer Landung der Spartaner in dortiger Gegend entstanden ist.

3. *Hercules*

Man hat auch diesen Namen neuerdings für einen italischen erklären wollen[21], was ich aber nicht für richtig halte. Vielmehr ist es der wohlbekannte griechische Ἡρακλῆς, dessen Namen die oskisch und latinisch redenden Völker in ihnen mundgerechter Weise umgebildet haben, die Osker nach der ihnen eigentümlichen Aussprache in Herecles oder Hereclus, die Latiner und Römer in Hercoles oder Hercules[22], während die Etrusker gewöhnlich Hercle sagten und in Sizilien, in der Volkssprache eine eigentümliche Deminutivform Ἡρύκαλος oder Ἡρυλλος im Gebrauche war.[23] Hatte sich doch die Sage von keinem griechischen Heroen so weit verbreitet als die von diesem Heros aller Heroen, dem Lieblingssohne des Zeus, dem engverbundenen Freund des Apollon, welcher alles Ungeheure vertilgend, alle Völker bildend und veredelnd die Welt durchzog. Auf Sizilien waren die Sagen und Kulte dieses Halbgottes schon durch die Phönizier heimisch geworden, welche denselben Heros in einer mit der griechischen vielfach sich durchkreuzenden Form verehrten; ja es ist nicht unwahrscheinlich daß auch die Etrusker, welche sich von lydichen Herakliden abzustammen rühmten, also den Hercules für ihren Nationalheros achteten[24], diesen Mythen direkt von Asien her mitbrachten oder kennen lernten. Die speziellere Durchbildung und Gestaltung derselben erfolgte durch die griechischen Kolonien, unter denen wir außer Tarent und mit besonderer Beziehung auf Latium und Rom wieder vorzüglich Cumae ins Auge fassen müssen. In Rom tritt Hercules zuerst bei dem ersten Lectisternium auf, welches auf Veranlassung einer Pestilenz im J. 355 d. St. unter unverkennbarer Einwirkung der Apollinischen Religion gehalten wurde, bei welcher letzteren wir durch die sibyllinischen Bücher von selbst nach Cumae gewiesen werden. Es ist der bei allen Griechen viel verehrte Hercules ἀλεξίκακος neben Apollo ἀλεξίκακος[25], den wir trotz der mangelhaften Nachrichten auch in Cumae und seiner Umgegend wirklich nachweisen können; denn auf Cumanischem Gebiete hatte Herakles mit den Giganten gekämpft und zwischen dem Averner See und dem Meere einen Damm aufgeworfen[26], wie er denn auch bei dem Totendienste und Totenorakel an jenem See ohne Zweifel als begleitende Figur neben den Unterirdischen und Hermes Psychopompos mitverehrt wurde. Ja, es läßt sich mit großer Wahrscheinlichkeit nachweisen, daß selbst die Form, in welcher die Fabel vom Hercules seit alter Zeit in Rom erzählt wurde, von Cumae aus dorthin verpflanzt oder vielmehr in Cumae für Rom gewissermaßen redigiert worden war.

Diese Form ist die einer Episode der Geryonssage, die aus hellenischen und occidentalischen Elementen auf eine merkwürdige Weise vermischt ist. Soviel wir wissen hatte Stesichorus von Himera in Sizilien, dessen Blüte in die Regierung des Servius Tullius fällt, zuerst eine Geryonis in größerem Umfange gedichtet und in derselben wahrscheinlich auch schon manche Localsagen des Littorals am tyrrhenischen Meere berührt, welches er von seinem Geburtsorte aus oder durch Vermittlung der benachbarten Griechen in Italien wohl kennen konnte, wie dieser Dichter denn auch zuerst von der Flucht des Äneas nach Hesperien gewußt hat.[27] Später hat wahrscheinlich ein anderer Schriftsteller aus Sizilien, Timäus von Tauromenium, welcher zur Zeit der Kriege Roms mit den Samnitern, mit Tarent und mit Pyrrhus lebte und selbst in Latium gewesen war, die Sage in der Form abgeschlossen wie sie bei Diodor von Sizilien IV, 19–24 erzählt wird. Doch wird von römischen Schriftstellern auch gelegentlich auf den Verfasser einer Stadtgeschichte von Cumae verwiesen, welcher von den Aboriginern, von Cacus und Evander, von Hercules und Äneas nach der gewöhnlichen Tradition erzählt hatte.[28] Nimmt man dazu, daß Hercules nach seinen Abenteuern in Rom sich nach Cumae wendet und daß nicht allein Evander, sondern auch der böse Cacus, wie er gewöhnlich verstanden wird, nämlich als Gegensatz zum guten Evander, Produkte einer griechischen Überarbeitung lateinischer Fabeln sind, die den campanischen Griechen in Folge ihres Verkehrs mit den Latinern früh gekannt sein mußten, so ist es wohl sehr wahrscheinlich daß wir in Cumae die Stätte dieser und anderer Einschwärzungen griechischer Vorstellungen in die lateinische und römische Geschichte zu suchen haben.

Um diesen griechischen Masken gegenüber auch gleich den alten lateinischen und italischen Kern der Erzählung ins rechte Licht zu stellen, so ist zunächst wegen der Hauptfigur, des Hercules, bereits auf den sabinischen und römischen Semo Sancus und Dius Fidius verwiesen worden, welcher dem griechischen Heroen später allgemein gleichgesetzt wurde. Der Glaube an diesen Genius des Lichtes und der Wahrheit, welcher in einheimischen Sagen zugleich als Held und Überwinder von Ungetümen gefeiert sein mag, scheint in Italien, namentlich auch in Latium, unter verschiedenen, näher oder entfernter verwandten Auffassungen allgemein verbreitet gewesen zu sein. Die ländliche Auffassung dachte ihn sich gewöhnlich als einen dem Silvanus nahe verwandten Genius des Segens, welcher mit dem Füllhorn ausgestattet neben jenem, aber auch neben der Ceres verehrt und durch die Beinamen Hercules Silvanus, agrestis u. a. von den städtischen Formen unterschieden wurde[29]: ein Hüter des ländlichen Hofes und der Habe wie Silvanus, daher man ihn auch domesticus nannte und custos oder tutor, aber auch wie jener ein weidender Hirte und der Hort der Hirten, der mit seinen Herden durch ganz Italien zieht: bei welcher Vorstellung wieder die griechische Geryonssage anknüpft, welche in einigen Erzählungen sogar den Namen Italia von einem der heiligen Kälber (vitulus) dieses Hercules ableitete. Eine ähnliche Vorstellung lag auch bei dem römischen Dienste des Hercules zu Grunde, da er auch hier vorzugsweise für einen wohltätigen Genius der römischen Stadtflur und den Urheber alles unverhofften Segens und Reichtums galt, daher man ihm von jedem reichlichen Erwerbe den Zehnten darbrachte und dabei den festlichen Schmaus des sogenannten polluctum feierte, aber ihn auch in verschiedenen städtischen und gentilen Überlieferungen neben dem Faunus und Silvanus als ländlichen Gott und Urheber der ältesten Geschlechter schilderte. So die oft wiederholte Legende von der römischen Larenmutter und Flurgöttin Acca Larentia, wie sie sich als schöne Buhle zu dem Hercules der Ara Maxima gesellt habe und darüber von ihm mit reichen Besitzungen gesegnet sei, welche durch sie wieder dem Romulus oder dem römischen Volke vermacht werden. Ferner die Sage daß Hercules mit einer Tochter des Evander den Palas, einen der Pales entsprechenden Dämon der Hirten, und mit der einen der Pales entsprechenden Dämon der Hirten, und mit der Fauna den Latinus, den bekannten Eponymen der Latiner erzeugt habe[30], und die gleichartige andere daß eine einheimische Nymphe vom Hercules den Fabius, den Ahnherrn der Fabier, am Tiberstrome[31], oder daß die Priesterin Rhea von ihm den Aventinus geboren habe.[32] Ferner gab es in Rom eine keineswegs zu verachtende Tradition daß der Sieger über den wilden Cacus eigentlich gar nicht Hercules geheißen habe, sondern Garanus, welcher ein Hirt von außerordentlicher Leibeskraft gewesen und erst später mit dem griechischen Collectivnamen Hercules benannt worden sei[33]: eine Tradition in welcher wir den Namen Garanus schon oben durch das alte latinische und italische Wort Cerus d. i. Genius erklärt haben. Und doch galt der römische Hercules keineswegs nur für einen Genius der Fülle und des ländlichen Segens, sondern auch er war, wie jener sabinische Semo Sancus oder Dius Fidius, zugleich ein Genius der Wahrheit und der Treue, bei welchem daher grade so wie bei jenem geschworen wurde. Ja es wird ausdrücklich überliefert daß solche Verträge, die mit besonderer Feierlichkeit vollzogen werden sollten, bei dem ältesten und heiligsten

Denkmale des römischen Herculesdienstes, der von ihm selbst gestifteten Ara Maxima auf dem Forum Boarium beschworen wurden.[34] Auch wurde ihm wie dem Dius Fidius propter viam, d. h. vor der Reise also als einem Schutzgotte der öffentlichen Sicherheit geopfert[35]: wie wir andererseits bei dem sabinischen Hercules, d. h. dem in Reate und Amiternum verehrten den Gebrauch der Zehntenopferung bei jedem außerordentlichen Gewinn wiederfinden[36], da der sabinische Sancus auch schon deswegen, weil er für den Vater des ersten Pflanzers und Winzers Sabus galt, notwendig zugleich die Bedeutung eines ländlichen und befruchtenden Genius gehabt haben muß. Dahingegen in anderen latinischen und sabinischen Diensten die kriegerische und politische Bedeutung eines ersten Gründers und Königs überwogen zu haben scheint, z. B. in der alten latinischen oder sabinischen, später verschollenen Stadt Caenina in der Nähe von Rom, wo der von Romulus bezwungene König Acron, dessen spolia opima zur Verehrung des Iupiter Feretrius auf dem Capitole den ersten Anlaß gaben, ein Sohn des Hercules genannt wurde.[37] Ferner gab es einen durch ganz Latium berühmten Kultus des Hercules in Tibur, dessen prächtiger und reicher, mit Säulenhallen und einer Bibliothek ausgestatteter Tempel auf der Burg von Tibur, d. h. in der Gegend der jetzigen Kathedrale von Tivoli lag und dessen Gottesdienst seit alter Zeit von einer ähnlichen Sodalität von Saliern begangen wurde, wie der des Mars in Rom und anderen Städten.[38] Anderswo wie in Cures und Reate, hatte dieser alte italische Hercules in Erinnerung an den sabinischen Sancus neben den kriegerischen Beinamen Victor und Invictus den geweihten Namen Sanctus oder Sanctus Pater beibehalten[39], oder doch, wie in der Abgeschiedenheit zu S. Agnone in Samnium, trotz aller Verschmelzungen und Neuerungen der städtischen und griechischen Sitte den alten ländlichen Charakter treu bewahrt.[40] Genug wir müssen bei diesem allgemein verbreiteten Herculesdienste, von dem Dionysius sagt daß man seinen Heiligtümern und Altären fast überall in den Städten, auf dem Lande und an den Straßen begegne[41], im mittleren Italien wie bei so vielen anderen scheinbar griechischen Göttern zunächst immer an einen älteren und nationalen Ursprungs denken, welcher durch die griechische Hülle erst später verkleidet worden.

Dasselbe gilt aber auch von den beiden anderen Figuren des gewöhnlichen Märchens, dem Evander und Cacus. In jenem haben wir wiederholt den alten latinischen Nationalgott faunus erkannt, in diesem scheint ein unterweltlicher Feuergott gleich dem Dis Pater des Tarentum im Marsfelde zu stecken. Die wahre Form des Namens ist nämlich Cacus, Κᾶκος, woraus die Griechen erst später im Gegensatz zu ihrem, „Guten Mann" Evander einen bösen Κᾶκός gemacht haben. Cācus aber oder Cacius, neben welchem auch eine Art der Vesta verehrte Caca, angeblich seine Schwester erwähnt wird[42], ist vermutlich derselbe Name wie Caecus und jener Praenestinische Sohn des Vulcanus Cacculus[43], den man später durch caecutiens erklärte, der aber früher eine unmittelbare Beziehung zum Feuerdienst ausgedrückt haben muß, wie καίω, caleo, caldus, canus, candere, vielleicht auch caelum, zumal da auch Cacus ein Sohn des Vulcan genannt wird. Beschrieben wird er als feuerspeiendes Ungetüm, welches aus seiner Höhle im Aventin dem Hercules dicken Rauch und Flammen entgegenspeit, während dieser von oben in die Höhle eindringt und nach Überwindung des Cacus den ganzen feurigen Abgrund der Schlucht einstößt[44]: ein Kampf, welcher sehr dem eines schützenden Genius der Flur mit vulcanischen Kräften gleicht, die das alte Latium aus reichlicher Erfahrung kennen mußte. Es wäre möglich daß die Fabel erst durch Übertragung aus einer anderen Gegend nach Rom gekommen wäre, wo übrigens jene ansteigende Dämpfe des „feurigen Feldes" am Tiber so bestimmt auf den in diesem Zusammenhänge als wildes Ungetüm beschriebenen Gott der Unterwelt zurückgeführt werden, daß ich eben deshalb auch den finsteren und wilden Cacus für einen gleichartigen Dämon halten möchte.

Die gewöhnliche Erzählung lautete daß Hercules auf der Rückkehr von Erytheia, wo er den Riesen Geryon getötet und seine Rinder entführt hatte, mit diesen über die Alpen gestiegen und darauf durch Ligurien und Etrurien nach Rom gekommmen, von hier aber weiter nach Cumae und durch den Süden von Italien nach Sizilien gezogen sei. In Rom habe er den guten Evander in seiner Ansiedlung auf dem Palatin und den bösen Räuber Cacus getroffen, welcher in einer Höhle des Aventin am Tiber hauste und die ganze Umgegend unsicher machte. So freundlich Evander den Helden aufnimmt, so feindlich erweist sich Cacus, indem er von seinen Rindern einigen heimlich und beim Schwanze (um durch die falsche Spur zu täuschen) in seine Höhle hineinzieht[45] und diese, auch als ihr Gebrüll den Raub verraten hatte, nicht wieder herausgeben wollte. Da erschlägt ihn Hercules mit seiner Keule und stiftet seinem Vater Jupiter wegen des glücklichen Fundes auf der Stelle des Kampfes, d. h. vor der Höhle, in welcher er die Rinder wieder gefunden hatte, einen Altar, an welchem er eins der Rinder opfert. Darauf wird er von Evander und den Seinigen in vollem Jubel als Sieger und Retter in der Not empfangen. Sie bekränzen sich mit Lorbeer, ziehen ihm mit ihren Herden entgegen und laden ihn zu Gaste; ja Evander, welcher durch die Gabe seiner Mutter um alle Zukunft wußte, begrüßt und verehrt ihn zuerst auf römischem Boden als Gott. Darüber erfreut bewirtet Hercules alle Römer mit seinen Rindern und dem Zehnten seiner Beute, beschenkt sie mit erobertem Gebiete und stiftet endlich seinen eigenen Gottesdienst, wie er fortan in Rom begangen werden solle, indem er namentlich zwei edle Familien, die Potitier und Pinarier, in den Opfergebräuchen unterrichtet.[46] Sie ist damals namentlich die Ara Maxima auf dem Forum Boarium, wo seine Rinder geweidet hatten, durch ihn selbst gestiftet worden, das authentische und zu den ältesten Heiligtümern der Altstadt zählende Denkmal seiner Gegenwart in Rom. Sie lag nicht weit von den Eingängen des Circus Maximus zwischen dem Palatin und Aventin[47], zu den Füßen der ältesten palatinischen Ansiedlung, wo zuerst Evander und dann Romulus sich niederließen. Wurden doch auch eine sogenannte Stiege des Cacus oder Cacius gezeigt, welche von dieser Palatinischen Altstadt hinunter zum Circus und auf das Forum Boarium führte, wo ein eigenes atrium Caci, d. h. ein nach ihm benannter Saal noch bestimmter an den vom Hercules bezwungenen Unhold erinnerte.[48] Vermutlich gehörte er zu den übrigen Kultusgebäuden, welche im Laufe der Zeit in den Umgebungen jener Ara Maxima entstanden, teils als notwendige Räume für die vielen Opfer und Opferschmäuse, bei denen es gewöhnlich sehr reichlich und festlich zuging, teils als Stiftungen von einzelnen dankbaren Kaufleuten oder Feldherrn, welche dem Hercules den Segen ihr Habe oder den ihrer Waffen zuschrieben; den sehr bald vereinigte sich mit dem Kulte des älteren römischen Genius des Segen und der Treue der des griechischen Kallinikos, den man durch Victor oder Invictus übersetzte. So wird namentlich ein heiliger Raum oder Saal (fanum, conseptum, atrium) erwähnt, in welchem als Reliquien des griechischen Helden seine Keule, welche keinen Hund über die Schwelle ließ, ein mächtiger, mit Pech ausgegossener Humpen von Holz, und ein altes, angeblich von Evander gestiftetes, nach griechischer Weise mit der Löwenhaut bekleidetes Bild des Hercules zu sehen war.[49] Ferner befand sich dort ein eigener Tempel des Hercules Victor, aus welchem sich viele Inschriften und eine Bronzestatue, welche wie die Inschriften dem Zeitalter er Kaiser angehört, erhalten haben.[50] Ein zweiter Tempel desselben Hercules Victor befand sich in der Nähe jenes angeblich von ihm gestifteten Altares des Iupiter Inventor am Abhange des Aventin zu Tiber, in der Nähe der Salinen und der porta Trigemina.[51] Von jenen beiden alten

Geschlechtern, den Politiern und Pinariern, welche Hercules selbst in den Gebräuchen seines Gottesdienstes unterrichtet haben soll, wird auch sonst oft erzählt. Jenen gebührte der Vorstand des Opfers und der priesterliche Ehrenanteil an den Opfertieren, während den Pinariern nur eine dienende Verrichtung beim Opfer und die Aufsicht über das Heiligtum zustand, so daß sie auch an den häufigen und reichlichen Schmäusen aus gelobten Zehnten keinen Anteil hatten: eine auch durch die Namen angedeutete Ungleichheit der Rechte, welche durch die Legende begründet wurde daß die Potitier dem Rufe des Hercules, als er das Opfer früh morgens einsetzen wollte, auf der Stelle, die Pinarier dagegen zu spät Folge geleistet hätten.[52] Die Potitier ließen sich später durch Appius Claudius den Blinden verleiten, ihren Anteil an diesem heiligen und wichtigen Opfer aus den Händen zu geben und an den Staat zu überlassen, seit welcher Zeit der Praetor Urbanus den Dienst mit Hilfe von Staatssklaven verrichtete.[53] Das soll sich an den Potitiern alsbald so schrecklich gerächt haben, daß das blühende Geschlecht, welches damals 12 Familien und 30 erwachsene Männer zählte, binnen Jahresfrist ausgestorben war, während Appius Claudius, der im Kriege gegen Pyrrhus und sonst so berühmte Mann, als Urheber des verberlichen Rates eben darüber erblindet sein soll; dahingegen sich die Pinarier bis auf späte Zeiten behaupteten. Vielleicht bot dieselbe neue Ordnung des Gottesdienstes eine Veranlassung zu den Reformen im Sinne des griechischen Einflusses, um derentwillen derselben später gewöhnlich für einen schlechthin griechischen angesehen wurde.

Unter den Opfern und Opferschmäusen dieses Hercules sind das ordentliche und die außerordentlichen zu unterscheiden. Jenes ist das jährlich an einem bestimmten Tage, vermutlich dem 12. August[54], von dem Prätor im Namen der Stadt dargebrachte Opfer eines jungen Rindes (iuvencus oder iuvenca), diese die dem Hercules als dem Mehrer aller Habe und Spender alles außerordentlichen Segens[55] sehr häufig ex voto dargebrachten Zehnten der Habe oder des Gewinns, bei welchen auf das Opfer ein gewöhnlich sehr reichliches Mahl, das in seiner Art sprichwörtlich gewordne polluctum folgte.[56] Der Ritus und die Ausstattung des gesamten Gottesdienstes war in solchem Grade der griechische, daß man sich wegen der griechischen Ursprünge Roms vorzüglich auf diesen Umstand zu berufen pflegte.[57] Namentlich wurde das Opfer nach griechischer Weise operto capite, d. h. mit verhülltem Haupte dargebracht, wie im Dienste des Saturnus, das Haupt selbst aber sowohl beim Opfer als bei dem festlichen Mahle mit Lorbeer bekränzt, wozu die Zweige von einem Haine auf dem benachbarten Aventin genommen wurden.[58] In dieser Weise wurde namentlich auch jenes regelmäßige Opfer von dem Praetor Urbanus dargebracht, indem er dazu den Wein aus eben jenem großen Becher von Holz spendete, welchen der Sage nach Hercules selbst, der wackre Zecher, im Gebrauch gehabt hatte. Bei dem auf das Opfer folgenden Schmause pflegten die Teilnehmer nach alter Weise nicht zu Tische zu liegen, sondern zu sitzen.[59] Die Frauen waren sowohl von den Opfern als von den Opferschmäusen des Hercules ausgeschlossen, wie die Männer von denen der Bona Dea; daher sich die Frauen auch des Eides beim Hercules enthielten, beim Castor dagegen wegen des Anklanges an castum und castitas um so lieber schwuren.[60]

Der Gebrauch den Zehnten eines Gewinns dem Hercules zu weihen war nicht allein in Rom, sondern auch in anderen Gegenden von Italien herkömmlich[61] und überdies in dem Wesen dieses Gottes, namentlich nach seiner altertümlichen und volkstümlichen Auffassung so wohl begründet, daß an eine spätere Entstehung desselben in Rom nicht zu denken ist. Vielmehr wird die gewöhnlich als Beweis dafür angeführte Erzählung von der Übertragung dieses Gebrauchs von dem Hercules der

Ara Maxima auf den Hercules Victor zu verstehen sein: eine Neuerung welche sowohl für den Kultus der Ara Maxima als hinsichtlich des Gebrauchs, den man fortan von solchen Weihungen und Schmäusen ex voto machte, von wichtigen Folgen begleitet war. Es wird nämlich erzählt[62] daß ein gewisser Octavius Hersennius, welcher in seiner Jugend Pfeifer (tibicen) gewesen, sich nachmals auf den Handel gelegt und dabei, wenn es ihm gut gehe, nach herkömmlichem Glauben dem Hercules seinen Zehnten gelobt habe. Als er dann übers Meer schiffte und einen Angriff von Seeräubern tapfer zurückgeschlagen hatte, erfuhr er im Traume daß kein anderer Gott als Hercules ihm zu diesem Siege verholfen hatte, weshalb er nach seiner Heimkehr dem Hercules Victor einen Tempel mit einem Bilde stiftete, welcher das älteste Denkmal des Hercules Victor in Rom gewesen zu sein scheint. Mag es nun dieser Vorgang gewesen sein oder der Einfluß des griechischen Herakles im allgemeinen, dessen Feldzüge und Siege im Orient neben denen des Bacchus von jeher die idealen Vorbilder für glückliche Sieger und ehrgeizige Eroberer gewesen waren, genug es wurde mit der Zeit auch in Rom immer mehr Gebrauch, den Hercules der Ara Maxima vorzüglich in diesem Sinne zu verehren und namentlich vor einem Feldzuge oder bei der triumphierenden Rückkehr aus demselben einen Zehnten der Beute oder der gesamten Habe an jenem Altare darzubringen und darauf auch den herkömmlichen Schmaus zu veranstalten[63], mit einer Üppigkeit und Verschwendung, die nun freilich weit mehr auf den Beifall des gemeinen Mannes berechnet als eine Folge des alten Glaubens war: bei welchen Gelegenheiten auch jenes alte, angeblich vom Evander herstammende Bild des Hercules als das eines Triumphierenden kostümiert wurde und demgemäß den Namen Hercules triumphalis bekam.[64] So erfaren wir von einer Speisung des Sulla, bei welcher ein so großer Überfluß herrschte daß täglich viele Speisen in den Fluß geworfen wurden, auch des Lucullus, welcher als der reichste und üppigste Mann seiner Zeit auch in dieser Hinsicht das Außerordentliche leistete, endlich des Crassus, bei dessen Weihung vom Zehnten seiner Habe jeder Römer drei Monate lang seine Zehrung auf Crassus' Kosten bekam.[65] Und so sind ohne Zweifel auch die vielen Bilder und Tempel des Hercules, welche sich teils in der Gegend der Ara Maxima, teils auf dem Capitol und Forum, oder auch in anderen Gegenden der Stadt befanden und gewöhnlich nach dem dedicirenden Feldherrn benannt wurde, in den meisten Fällen bei solchen Veranlassungen des Triumphes entstanden, wo außer dem Iupiter O. M. auf dem Capitol nach griechischem Glauben nun auch immer sein Sohn und Werkzeug auf Erden Hercules Victor zu bedenken war. Besonders interessant ist die in der Gegend des Lateran gefundne Dedikationsinschrift des L. Mummius, worin derselbe als Sieger über Achaja und Korinth nach seinem Triumphe in Rom einen Tempel und ein Bild des Hercules Victor stiftet, wie er es im Felde gelobt hatte.[66] Auch gehören dahin ein sogenannter Hercules tunicatus auf dem Forum, den Lucullus als Feldherr von der Beute geweiht hatte, ein Hercules Sullanus in der Gegend der P. Maggiore und ein Hercules Pompeianus beim Circus Maximus[67], endlich eine aedes Aemiliana des Hercules auf dem Forum Boarium, welche, wenn diese Lesart die richtige ist, eine Art von Familienheiligtum des Hercules Victor und etwa nach dem Triumphe des Siegers von Pydna gestiftet sein möchte.[68]

Außer diesem Hercules begegnen wir in Rom dem Hercules Custos, welcher beim Circus Flaminius ein eigenes Heiligtum hatte[69], ferner dem H. Defensor und Salutaris, welcher dem griechischen ἀλεξίκακος entspricht.[70] Natürlich fanden außerdem mit griechischer Sitte und Bildung auch die übrigen Formen des allgemein verbreiteten Heraklesdienstes Eingang. So der Herakleskult der Bäder, Gymnasien und Palästren, welcher in Sizilien seit alter Zeit einheimisch war und sich in Etrurien und überhaupt in Italien bei der großen Anzahl von Heilquellen und warmen Bädern früh und allgemein festsetzte.[71] Diesen Hercules verehrten auch die Professionisten der Palästra, während die Soldaten, die Gladiatoren und andere Professionisten der körperlichen Kraft oder Behendigkeit das Ideal des Hercules in ihrem Sinne kultivierten[72], die oft in den Steinbrüchen arbeitenden Soldaten aber einen eigenen Hercules Saxanus verehrten, welchen viele Inschriften nennen.[73] Die feineren Kreise, die in griechischer Kunst und Poesie zu Hause waren, hielten sich dagegen zu dem Bilde des von seiner Mühe ausruhenden Hercules, der es sich beim Mahle wohl sein läßt und darum als heitrer Genius aller Tafelfreuden verehrt wurde, auch als Pacifer und Hercules Musarum, welchem letzteren M. Fulvius Nobilior in der Nähe des Circus Flaminius einen mit schönen Kunstwerken verzierten Tempel gestiftet hatte, den L. Marcius Philippus, der Stiefvater des August erneuete.[74] So waren natürlich auch die Bilder des Hercules und seiner Taten meist die griechischen, sei es daß sie als gute Beute aus Griechenland entführt oder in Rom von griechischen Künstlern verfertigt wurden, die Bilder seiner Jugend[75], die seiner Kämpfe und Feldzüge, und das Idealbild des vollendeten Helden mit den Hesperidenäpfeln in der Hand, welche als Preis seines letzten Kampfes gewöhnlich das Attribut des Hercules Victor überhaupt waren. Dazwischen spielen auch die Bilder aus dem Kreise des lydischen Hercules und der Omphale, welche durch die genealogischen Fabeln der Etrusker frühzeitig nach Italien verpflanzt wurden[76], und die des Tyrischen, Punischen und Gaditanischen Hercules, welche auch nach dem Verfall von Tyrus und Karthago in großem Ansehn standen.[77] Doch blieben die auf Sieg und Triumph deutenden Formen immer die vorherrschenden, namentlich in der Zeit der Kaiser, wo Hercules als Sohn des Jupiter und als Besieger und Beherrscher der Welt von selbst zum Symbole der kaiserlichen Macht wurde, vollends wenn die Lorbeern des Siegers den Kaiser schmückten. Schon Antonius der Triumvir, welcher sich vom Hercules abzustammen rühmte, gefiel sich darin den Hercules zu spielen; später sind es besonders die Kaiser von spanischer Abkunst, Galba, Trajan und Hadrian, auf deren Münzen und Denkmälern der göttliche Heros als Sinnbild zugleich ihrer Heimat und ihrer Taten erschien.[78] Weiter liebte es bekanntlich Commodus nicht allein im Kostüme des Hercules aufzutreten, sondern auch auf der blutigen Bühne des Amphitheaters als solcher zu würgen, worüber sich die ganze Stadt mit entsprechenden Herculesbildern anfüllte.[79] Hernach gefielen sich Severus und Caracalla darin, Hercules und Bacchus, die Sieger des Orients, als die Götter ihres Hauses zu verehren, während Caracalla in der schweren Verfinsterung seines Gemüts, wo durch das ganze Reich alle Sühngötter in Bewegung gesetzt wurden, vorzüglich zur Verehrung des Alexicacus aufforderte.[80] Eine neue Wendung schien diese Symbolik durch Postumus in Gallien nehmen zu wollen, da durch ihn der gallische, d. h. keltische Hercules zu Ehren kam, doch wiederholen auch seine Münzen im wesentlichen den alten hellenischen Bilderkreis.[81] Bis endlich unter Diocletian und Maximian die erstaunte Welt noch einmal den Vater und den Sohn, Jupiter und Hercules, in diesen beiden Kaisern den Thron besteigen sah; denn einen solchen Glauben befahl die politisch wohlberechnete Reichsreligion des Diocletian und das Zeremoniell der neuen Hofordnung, welche die neue Würde eines Caesar Herculius durch Adoption sogar auch auf die nächsten Nachfolger fortpflanzte.[82]

4. Castor und Pollux

Auch der Kultus der Dioskuren hatte sich sehr bald über Sizilien und Italien verbreitet. In Großgriechenland waren Tarent und Locri eifrige Verehrer der reisigen Jünglinge; in Etrurien müssen sie gleichfalls viel verehrt worden sein, da ihre Bilder zu den gewöhnlichsten Verzierungen der etruskischen Spiegel gehören, wo ihre Namen Kastur (ausnahmsweise Kasutru) und Pultuc oder Pultuke, auch Pulutuke lauten. Eines Tempels zu Ardea mit alter griechischer Malerei gedenkt Plin. H. N. XXXV, 3, 6, unter den latinischen Städten scheint ihnen besonders Tusculum seit alter Zeit ergeben gewesen zu sein.[83] In Rom wurden sie vorzugsweise vom Ritterstande und als ideale Vorbilder der Ritterschaft verehrt, wie dieses auch in jenen bedeutenden, durch ihre Ritterschaft glänzenden Städten in Großgriechenland der Fall war, welche auf den Glauben und die Sitten der höheren Stände in Apulien, Lucanien und Campanien und durch deren Vermittlung auch auf Latium und Rom überhaupt und namentlich in diesem Falle einen nicht geringen Einfluß ausgeübt haben. Von Tarent bezeugen viele schöne Münzen sowohl die hohe Blüte der ritterlichen Übungen als eine entsprechende Verehrung der Tyndariden, welche den Tarentinern wie Herakles von ihrer Heimat her angestammt waren. Die Dioskuren von Locri waren durch das Wunder der Schlacht am Flusse Sagra durch Griechenland und Italien berühmt geworden. Bedrängt von der Übermacht der Krotoniaten hatten die Lokrer in Sparta um Hilfe gebeten, aber nichts weiter erlangen können als eine Hinweisung auf den Schutz der Dioskuren, dem sie sich gläubig anvertrauten. Als es bald darauf zur Schlacht kam, zwischen 15 000 Lokrern und 120 000 Krotoniaten, siehe da schwebte ein Adler, der Bote des Zeus, über den Reihen der Lokrer und verließ sie nicht eher als nachdem sich der Sieg für sie entschieden hatte. An den beiden Flügeln aber sah man zwei Jünglinge in glänzender Rüstung kämpfen, ragende Gestalten in purpurnen Mänteln und auf schneeweißen Rossen, die gleich nach der Schlacht verschwunden waren. Und Wunder über Wunder, an demselben Tage, wo diese Schlacht geschlagen wurde, erfuhr man davon bei den Olympischen Spielen, welche eben gefeiert wurden, so daß die Botschaft sich schnell durch ganz Griechenland verbreitete.[84] Münzen der Bruttier, der Lucaner, der Apuler beweisen die Verehrung der Dioskuren auch bei diesen Völkern, und aus der Erzählung bei Liv. VIII, 11, daß die Treue der Campanischen Ritter im latinischen Kriege in Rom durch das Bürgerrecht und eine Gedächtnistafel im Tempel der Castoren belohnt worden sei, darf man folgern daß derselbe sowohl in Capua als in Rom speziell die Ritterschaft anging. Übrigens lautet der Bericht von der Veranlassung des Kultus in Rom so ganz ähnlich jenem Berichte von der Schlacht am Flusse Sagra, daß eine unmittelbare Einwirkung kaum abzuweisen sein dürfte. In der Schlacht nämlich, welche die kaum von den Tyrannen befreiten Römer im J. 258 d. St., 496 v. Chr. gegen die Tusculaner und Tarquinier am See Regillus auf Tusculanischem Gebiete zu bestehn hatten, wo die Römische Ritterschaft den Sieg entschied, soll sich im wesentlichen dasselbe begeben haben. Auch hier sind die Römer sehr im Gedränge, da erscheinen dem Dictator Postumius zwei jugendliche Ritter von außerordentlicher Größe und Schönheit, setzen sich an die Spitze der römischen Geschwader und jagen die Tusculaner schnell in die Flucht; in einem Felsen an jenem See sah man noch zur Zeit des Cicero die deutliche Spur vom Hufe des Pferdes, auf welchem Castor geritten. Und kaum war der Sieg gewonnen, so verbreitet sich auch hier das Gerücht mit geisterhafter Geschwindigkeit, indem die göttlichen Jünglinge selbst auf dem römischen Markte erschienen, noch in der vollen Aufregung und Rüstung der Schlacht und ihre schweißgebadeten Rosse am Bassin der Juturna waschend, wobei sie dem neugierig andrängenden Volke von der Schlacht und von dem Siege erzählen, Zweifelnde durch ein neues Wunder bekehren und endlich wie dort spurlos verschwinden.[85] Ja auch die Zeit der Schlacht und der Epiphanie war dieselbe, denn die Iden des Juli, an denen man beide feierte, entsprechen der Zeit der Olympiafeier, d. h. beide fielen um die Zeit des Vollmondes nach der Sommersonnenwende und dem längsten Tage, was sich merkwürdiger Weise auch bei späteren Epiphanieen der Dioskuren in der römischen Geschichte wiederholt, so daß hier ein bestimmter Kultusgrund im Spiele sein muß. Denn auch um die Zeit der Schlacht bei Pydna im J. 168 v. Chr. und des Siegs über die Cimbern in der Gegend von Verona im J. 101 v. Chr. erschienen und meldeten die Castoren den Sieg in Rom, in beiden Fällen wieder um die Zeit des Sommeranfangs und der Sonnenwende[86]: weshalb zu vermuten ist daß die Griechen im Mutterlande wie in Sizilien und Italien seit alter Zeit diese lichten Götter und ihre Epiphanie grade in dieser Jahreszeit feierten und daß dadurch später auch der Glaube und der Kultus der Römer bestimmt wurde. Genug jene Schlacht am See Regillus bewog die Römer zur Erbauung eines Tempels der griechischen Götter auf derselben Stelle des Markts, wo sie dem Volke als Siegesboten erschienen waren; hatte ihnen doch der Dictator Postumius gleich auf dem Schlachtfelde einen eigenen Tempel in Rom gelobt.[87] Auch das Bassin der Juturna, welches sich dicht bei diesem Tempel befand, wurde ihnen nun heilig, zum Gedächtnisse aber des Siegs und der Stiftung eine jährliche Feier am 15. Juli angeordnet, welche zu den glänzendsten Festlichkeiten in Rom gehörte und neben einer gleichartigen Feier an den Lupercalien der Ritterschaft eine regelmäßige Gelegenheit bot, sich in dem vollen Glanze und kriegerischen Staate ihres Standes der Stadt zu zeigen. Es ist dieses die sogenannte transvectio equitum, ein Paradezug der römischen Ritter durch die Stadt, welcher in solcher Art und Ausrüstung, wie er in den besten Zeiten der Republik gehalten wurde, freilich erst durch den Censor Q. Fabius Maximus im J. 450 d. St., 304 v. Chr. angeordnet sein soll.[88] Er begann vor dem Tore, wo auch damals der Dictator mit seinem Magister Equitum und den tapfern Rittern triumphierend eingezogen war, in älteren Zeiten wie es scheint beim T. des Honos gleich vor der p. Capena, in späteren weiter hinaus beim T. Martis, d. h. in der Gegend des Tores von S. Sebatiano.[89] Von dort setzten sich die Ritter in Bewegung, abgeteilt nach den alten Stämmen und nach Turmen, kriegerisch gerüstet auf ihren Pferden, als kämen sie direkt aus der Schlacht, bekränzt mit den Zweigen des Ölbaums und im vollen Ornate der trabea mit purpurnen Streifen, alle mit ihren kriegerischen Ehrenzeichen geschmückt, in guten Zeiten an die 5000 Mann stark, der höchste Glanz der Stadt und die Blüte ihrer adligen Jugend. Sie zogen aufs Forum um hier den Castoren die Ehre des Tags zu erweisen, für den ihnen von Seiten des Staates durch ein reichliches Opfer gedankt wurde, und von dort auf das Capitol, um auch dem Jupiter, dem Lenker der Schlachten, dem Vater der Dioskuren und dem Herrn aller Idus ihren Dank darzubringen. Die gewöhnlichen Namen der beiden Heldenjünglinge waren in Rom Castor und Pollux, doch lautete der letztere in der älteren Sprache Polluces.[90] Nicht selten gebrauchte man den einen Namen im Plural für beide, am gewöhnlichsten den des Castor; daher der Witz des M. Bibulus, der in der curulischen Aedilität und anderen Ämtern Cäsars College war, daß es ihm wie dem Pollux neben seinem Bruder Castor ergehe.[91] So hieß auch jener von dem Sohne des Siegers Postumius an den Iden des Juli im J. 270 d. St. geweihte, von Tiberius neu erbaute Tempel gewöhnlich schlechthin der Castortempel, aedes Castoris[92]: ein ansehnliches Gebäude welches oft zu Senatssitzungen diente und wegen seiner Lage am Forum häufig erwähnt wird. Auch geschworen wurde viel beim Castor und Pollux, in den bekannten Formeln Edepol und Mecastor, von denen man jene im Munde von Männern und Frauen, diese nur in dem der Frauen fand. Der außerordentlich häufige Gebrauch der Castorenbilder auf den älteren Münzen der Republik ist wieder eine Folge ihrer ritterlichen Natur, daher sie auch zu den vornehmsten Göttern des Circus gehörten, sowohl im Circus Maximus als im Circus Flaminius, wo sie an den Iden des August durch eigene Spiele gefeiert wurden und einen eigenen Tempel hatten.[93] Als Götter der beruhigten See und einer günstigen

Schiffahrt wurden sie auch in den Häfen viel verehrt, z. B. in Ostia.[94] Dieses gab Veranlassung zu ihrer Identifikation mit den Göttern von Samothrake, daher auchsie den von dort verbreiteten Namen der Dii Magni führten.

5. *Diomedes, Ulysses, Telephus*

Unter den Helden des troischen Sagenkreises hatte sich durch die Griechen der Ruf des Diomedes und Ulysses auch in Italien weit verbreitet. Sowohl die Kolonien als die geschäftige Sage trugen das ihrige dazu bei, die letztere indem sie bei dem älteren Epos anknüpfend in dem Sinne desselben fortdichtete oder seine Bilder in die neuen Kreise der Länder- und Völkerkunde des Westens übertrug. Unter den späteren epischen Gedichten haben vorzüglich die Nosten[95] in diesem Sinne gewirkt; die örtliche Anknüpfung boten gewöhnlich die Abenteuer des Ulysses und das Palladion des Diomedes. Neben ihnen wurden auch andere Heroen als älteste Ansiedler von Italien genannt, z. B. Philoktetes und Idomeneus, und wir wissen namentlich von Tarent, daß dort nicht bloß Diomedes und Ulysses, sondern auch die Atriden und Aeaciden, also der ganze Kreis der griechischen Helden vor Troja, zu gewissen Zeiten mit heroischen Opfern verehrt wurden.[96] Doch rühmte sich Italien immer am liebsten jener beiden in der Schlacht und im Abenteuer so oft vereinigten Helden, des kühnen Tydiden und des listigen Laertiaden. Wo sich dieselben auch bei den eingeborenen Stämmen einbürgerten, da haben in den meisten Fällen gewisse einheimische Überlieferungen und entsprechende Bilder des örtlichen Glaubens mitgewirkt, welche den griechischen Traditionen sinnverwandt entgegenkamen; doch sind wir selten im Stande diesen Zusammenhang befriedigend nachzuweisen. Bemerkenswert ist daß das Gebiet der italischen Diomedessage vorzugsweise das Littoral des ionischen und adriatischen Meeres geblieben ist, das der Sage vom Ulysses die Küste des tyrrhenischen Meers. Diomedes soll nämlich zwar auch von den Griechen in Metapont und Thurii als Gott verehrt worden sein, aber weit mehr als diese wußten von ihm die Daunier in Apulien zu erzählen, welche in ihren Ansiedelungen von Canusium bis Arpi auch viele Denkmäler seiner Gegenwart und Herrschaft zeigten.[97] Jener Heros soll hier, aus Argos vertrieben, ein neues und mächtiges Reich gegründet und lange als König und reisiger Held geherrscht haben, bis er zuletzt auf einer an der Küste gelegenen, nach ihm benannten Insel verschwand und fortan für einen Gott galt, während seine Gefährten in die Diomedeischen Vögel verwandelt wurden, eine Art von Reihern (ἐρωδιός, ardea), deren Lebensweise und griechenfreundliches Benehmen fort und fort an die Abkunft aus Argos erinnerte.[98] Von dieser Küste der Daunier hatte sich die Sage und der Kultus des Diomedes dann auch weiter hinauf zu den Umbrern in der Gegend von Ancona und zu den Henetern an der Pomündung verbreitet.[99] Hier also mag der einheimische Kultus eines Gottes der Rossezucht und der Seefahrt zu Grunde gelegen haben, mit denen sich der Name und das Andenken des Diomedes verschmelzen konnte; dahingegen die Fabel vom Ulysses meist durch den Einfluß der Griechen, vorzüglich der Cumaner, bei den eingeborenen Stämmen der anderen Küste, sowohl den Ausonern als den Latinern verbreitet zu sein scheint. Ulysses oder Ulixes ist nur eine andere griechische Form für das alte epische Ὀδυσσεύς, welche sich vermöge des Sprachgebrauchs der Griechen in Sizilien und Italien über die ganze Halbinsel geltend gemacht hat.[100] Die Sage von seinen Abenteuern an den fernen Küsten und Inseln des Okeanos hat bekanntlich sehr früh auf die Länder- und Völkerkunde des westlichen Italiens eingewirkt, wo Cumae mit seinem alten Totendienste, der Sage von der Fahrt in die Unterwelt und von den Kimmeriern zuerst einen örtlichen Anhalt geboten haben mag, worauf sich die Abenteuer bei der Kalypso, bei den Cyclopen, beim Aeolus, den Lästrygonen, der Circe, den Sirenen, endlich der Scylla und Charybdis allmählich von selbst an den übrigen, von so vielen Griechen besuchten und durch so viele Untersuchungen wohlbekannten Punkten der Küste von Italien und Sizilien einrichteten.[101] Die alte latinische Zaubergöttin und Zauberinsel, welche auf die Circe übertragen wurde, wurde bald zu einem neuen Mittelpunkt der Sagenbildung, da namentlich die Telegonie des Eugammon, das Gedicht von den späteren Schicksalen des Ulysses und denen des Telegonos, seines Sohnes von der Circe, sich ohne Zweifel näher auf diese Gegenden eingelassen hatte, von denen sich bekanntlich die erste sichre Spur in den jüngeren Anhängen der Hesiodischen Theogonie v. 1011 ff. findet. Es werden nämlich in diesem Gedichte als Söhne des Ulysses und der Circe genannt: Agrios d. i. wahrscheinlich Faunus und Latinos und Telegonos, mit dem Zusatze daß diese drei Brüder sehr weit nach Sonnenuntergang in einer Inselbucht über alle Tyrrhener geherrscht hätten, welche in dieser Zeit von den Latinern und anderen eingebornen Stämmen noch nicht näher unterschieden wurden.[102] Um so weniger werden wir uns bedenken die verwandten Sagen und Genealogien dieser Stämme für alt zu halten, namentlich für älter als die Aeneassage, welche nicht durch die Griechen, die den feindlichen Troer wohl nicht verehren konnten, sondern durch Vermittlung der Elymer auf Sizilien nach Latium vorgedrungen zu sein scheint. So die vermutlich schon zur Zeit der Tarquinier verbreitete Sage der Mamilier, eines edlen Geschlechts von Tusculum, welches Telegonos als den Gründer der Burg von Tusculum und dessen Tochter Mamilia als Stammmutter verehrte.[103] Ferner die gleichfalls wohl ziemlich alte Sage, nach welcher Ausonien diesen Namen von Auson, einem Sohne des Ulysses und der Kalypso, andere nannten auch ihn einen Sohn der Circe, bekommen habe, und zwar zunächst die Gegend von Benevent und Cales, von wo sich der Name allmählich weiter verbreitet hatte.[104] Wurden doch in einigen genealogischen Kombinationen der Griechen selbst Romos, Antias und Ardeas Söhne des Ulysses und der Circe genannt[105]; und auch sie müssen ziemlich alt sein, da sie jenen beiden Küstenplätzen, Antium und Ardea, noch so viel Bedeutung beilegen. Endlich wurden Ulysses und seine Söhne auch bei den Etruskern hin und wieder genannt und verehrt, namentlich zu Cortona, wo man den aus anderen Sagen bekannten Nanos, das Bild eines heimatlos Umhergetriebenen, auch wohl mit Ulysses identifizierte und dessen Grab zeigte[106], und in Clusium und Caere, wo man mit ähnlichen Kombinationen lieber auf seine Söhne Telegonus und Telemachus zurückging.[107] Weit einheimischer scheinen indessen in Etrurien die Sagen von dem mysischen Herakliden Telephus gewesen zu sein, welcher nicht selten anstatt des Herakles als Vater des Tyrrhenos oder des Tarchon und Tyrrhenos genannt wurde, von denen man gewöhnlich den Namen der Stadt Tarquinii und den der Nation ableitete.[108] Auch bei den tyrrhenischen Campanern, wenigstens in Capua, muß man diesen Herakliden als Ktisten verehrt haben, da sein Kopf und die Geschichte seiner Jugend auf den dortigen Münzen zu sehen ist.[109] Von einigen wurde Telephus sogar mit Latinus identifiziert, weil auch dieser hin und wieder für einen Sohn des Hercules galt.[110] Die mythologische Anknüpfung ist wie gewöhnlich die Zerstörung von Troja, nach welcher auch dieser Heros nach Italien verschlagen sein soll.

6. Aeneas. Antenor

Die neuerdings so oft besprochene Aeneassage[111] unterscheidet sich von den bisher behandelten vorzüglich dadurch daß sie mit einer gewissen Form des asiatischen Aphroditedienstes Hand in Hand gehend die auf dem Haupte des Aeneas und der Aeneaden ruhenden Verheißungen dieser Religion von Troja auf Rom übertrug, also zugleich dem politischen und dem historischen Ehrgeiz der Römer schmeichelte. Anfangs in geringen und lokalen Anfängen auftretend ist sie allmählich durch die Ehrsucht einzelner Geschlechter und die Phantasie der Dichter und Sagenschreiber in die Mitte der latinischen und römischen Sagengeschichte gerückt worden, bis der Ruhm der Julier unter Cäsar und August und das dadurch bestimmte Gedicht Virgils ihr vollends den Vorrang vor allen übrigen hellenisch-römischen Sagen gesichert hat.

Jenen Verheißungen begegnet man schon in der Ilias. Aeneas und Priamus sind hier die Häupter von zwei verschiednen Geschlechtern, von denen jenes zurückgesetzt wird, aber für eine neue und größere Zukunft aufbewahrt, Priamus dagegen und sein ganzes Haus dem Untergange verfallen ist.[112] Nach dem Gedichte des Arktinos von der Zerstörung Trojas verließ Aeneas die Stadt noch vor derselben, gleich nach der Katastrophe Laokoons, indem er sich ins höhere Gebirge nach dem alten Stammsitze der Landschaft Dardania mit dem ächten Palladion zurückzog; auch dichtete Sophokles so in seinem Laokoon, in welchem Stücke Aeneas teils durch das schreckliche Ende Laokoons teils durch die Weissagungen der Aphrodite zu seinem Auszuge bestimmt wurde.[113] Spätere Schriftsteller erzählten von einer Herrschaft der Aeneaden und Hectoriden, welches Geschlecht nun auch wieder zu Ehren gekommen war, zuerst in Alt-Skepsis im hohen Gebirge, später in dem tiefer im Aesepostale gelegnen Neu-Skepsis, wo beide Geschlechter noch lange geherrscht haben sollen, andere von anderen Gründungen und Herrschaften des Aeneas und der Aeneaden in den Umgebungen des Idagebirges.[114] Immer ist es Aphrodite, welche den Sohn des geliebten Anchises behütet und begleitet und über die Erfüllung ihrer alten Verheißungen wacht.

Diese trojanische und asiatische Aphrodite war aber nicht bloß eine befruchtende Glücksgöttin des festen Landes, sondern auch eine mächtige Göttin der See und der Schiffahrt und an verschiedenen Punkten des mittelländischen Meeres als solche verehrt, hin und wieder unter dem Beinamen der Aphrodite Αἰνειάς, wodurch ihr enges Verhältnis zum Aeneas am entschiedensten ausgedrückt wird. Offenbar hat dieser Umstand am meisten zur Verbreitung der Aeneassage beigetragen. So treffen wir den Aeneas mit seinem Vater und der mütterlichen Schutzgöttin zunächst in der für den Verkehr zwischen Asien und Europa von jeher sehr wichtigen Bucht von Salonichi, wo er eine Stadt Aenos oder Aenea und auf dem Vorgebirge einen Tempel der Aphrodite gründet.[115] Weiter findet sich an der gleichfalls immer vielbesuchten Küste von Zante bis Corfu eine ganze Reihe von Kulten der Aphrodite und damit verbundnen Erinnerungen an Aeneas und Troja. So soll Aeneas auf Veranlassung einer Windstille auf Zante einen Dienst der Aphrodite gestiftet haben, welcher den Einwohnern immer sehr heilig blieb. Ebenso auf Leukas, wo Aeneas in dem jetzigen Kanal von Sta Maura ein Heiligtum der Aphrodite Aineias stiftet, und wieder auf dem benachbarten Vorgebirge von Actium, wo auch die „Großen Götter", d. h. die Kabiren oder Dioskuren von Samothrake als schützende Dämonen der Schiffahrt verehrt wurden. Desgleichen gab es in Ambracia ein Heiligtum der Aphrodite und des Aeneas, endlich der Insel und Stadt Corfu gegenüber bei dem alten Buthrotum wieder einen von Anchises und Aeneas gestifteten T. der Aphrodite. Eine dritte Gegend endlich, wo Troja von neuem aufgelebt zu sein schien, diese schon ganz dem Westen angehörig und mitten in der Verkehrslinie zwischen Karthago und der latinischen Küste gelegen, war die nordwestliche Spitze von Sizilien, wo der Berg Eryx mit dem T. der erycinischen Aphrodite weit und breit berühmt war und an seinem Fuße die Elymer in mehreren Städten wohnten, unter denen Egesta oder Segesta die bekannteste ist. Auch hier wiesen alte Sagen und örtliche Erinnerungen sehr bestimmt auf einen Zusammenhang mit dem alten Troja, so bestimmt daß selbst Thukydides sich nicht gescheut hat daran zu glauben[116], und zwar häuften sich diese Merkmale am meisten in der Gegend von Segesta, wo ein Heiligtum des Aeneas in der Stadt und ein Altar der Aphrodite Aineias auf einer benachbarten Höhe, ja im Tale selbst die beiden trojanischen Bäche Simois und Skamander gezeigt wurden. Diese Gegend ist aber eben wegen ihrer mittlern Lage zwischen Karthago und Italien für die Geschichte der Aeneassage besonders wichtig. Wie die Phönizier und später die Punier sich vorzüglich dort festgesetzt hatten, die Elymer und Phönizier gegen die Griechen zusammenhielten und zwischen dem Aphroditedienst auf Eryx und dem der Küste von Afrika ein alter Kultuszusammenhang bestand[117], so leidet es wohl keinen Zweifel daß sich der Zusammenhang der Aeneassage mit Karthago und ihre antihellenische Tendenz, d. h. die Hoffnung eines endlichen Triumphes über den alten Erb- und Nationalfeind, die Griechen, vorzüglich hier ausgebildet hat. Wie andererseits die Erinnerungen des latinischen Aphroditedienstes und der auch hier aufs engste damit verschmolzenen Aeneassage so bestimmt auf Segesta und den Kreis der erycinischen Venus zurückweisen, daß man auch in dieser Beziehung am besten tun wird sich einfach an diese Gegend zu halten, zumal da auch der Verkehr zwischen den Seeplätzen der latinischen Küste, darunter Ardea und Lavinium, und jener Gegend von Sizilien ein sehr lebendiger gewesen sein muß, schon wegen jenes alten Handeltraktats zwischen Rom und Karthago (Polyb. III, 22). Hatte die latinische Aeneassage von Lavinium doch selbst in ihrer späteren Tradition eine bestimmte Hinweisung auf Segesta erhalten, da sie unter den Begleitern des Aeneas und als Haupt der Gründer von Lavinium einen Aegestus nennt, welcher höchst wahrscheinlich daher seinen Namen hatte[118], wie die alte Verwandtschaft und Freundschaft zwischen Rom und Segesta denn auch sonst oft hervorgehoben und in Rom immer bereitwillig anerkannt wurde.

Wichtig wäre es wenn sich die Zeit, wo dieser Dienst der Aphrodite und die Aeneassage sich bis nach Latium fortrankte, genauer bestimmen ließe, doch ist dieses nur annäherungsweise möglich. Man hat die Spuren der latinischen Aeneassage schon bei dem sizilianischen Dichter Stesichorus aufzufinden geglaubt, aber dessen Ausdruck daß Aeneas von Troja „nach Hesperien" gezogen sei ist doch noch zu unsicher und eine unmittelbare Beziehung der ilischen Tafel auf seine Dichtung zu bedenklich, als daß man daraus seine Bekanntschaft mit dem letzten Ziele der Wanderung des troischen Helden in Latium und Rom folgern dürfte.[119] Eben so wenig wird sich nachweisen lassen daß Cumae lange vor Rom den Aeneas als Ktisten verehrt habe, wie manche dem angeblichen Zeugnisse des Stesichorus und gewissen sibyllinischen Verheißungen von der Zukunft des Aeneas[120] zu Liebe angenommen haben, da bei diesen Sprüchen eine spätere Interpolation mehr als wahrscheinlich ist und Cumae selbst, die alte griechische Pflanzstadt, wohl den Ulysses, aber schwerlich den Aeneas unter ihren Heroen verehrt haben wird. Vielmehr läßt sich in der griechischen Literatur mit Sicherheit kein älteres Zeugnis für den trojanischen Ursprung von Latium und Rom nachweisen als das des Aristoteles, dessen Schüler Theophrast sich nach Plinius zuerst eingehender mit Rom beschäftigt hatte[121], wie Aristoteles selbst denn darüber allerdings noch sehr ungenau unterrichtet gewesen zu sein scheint. Bestimmter trat die Überzeugung vom trojanischen Ursprunge Roms auf bei Kallias, welcher um 300 v. Chr. die Geschichte des Agathokles beschrieben hatte, bis endlich Timäos, der Zeitgenosse des Königs Pyrrhos, die vollständige Aeneassage und zwar mit Berücksichtigung der latinischen und römischen Überlieferung erzählt hatte.[122] Namentlich vermutet man daß aus ihm die in der Alexandra des Lycophron v. 1236 ff. zusammengestellten Nachrichten entlehnt sind, welches Gedicht nach dem übereinstimmenden Urteile gründlicher Gelehrten entweder ganz oder doch in diesem das römische Altertum betreffenden Abschnitte in der Zeit des Kampfes zwischen Antiochus und Rom entstanden ist. In Rom selbst hatte man sich freilich schon um ein Bedeutendes früher, nämlich um die Zeit des ersten punischen Kriegs, gewöhnt in Troja die Ursprünge Roms und des Römischen Namens zu suchen[123], daher man mit den ersten Anfängen der Sage immerhin noch einige Generationen höher hinauf gehn muß. Doch glaube ich kaum daß sie älter ist als der latinische Krieg und die Unterwerfung der Latiner im J. 338, in solchem Grade macht sie den Eindruck einer gänzlichen Verkümmerung der latinischen Bundesverhältnisse und Bundeserinnerungen. Wähend des Kriegs mit Tarent und Pyrrhus mag sie sich in Rom vorzüglich durch ihre antihellenische Tendenz empfohlen haben, wie später, im Verlauf der Punischen Kriege, vorzüglich der Triumph über Karthago hervorgehoben wurde.

Hernach übernahm die kombinierende Dichtung und Sagenschreibung die Aufgabe, die verschiedenen Punkte wo sporadisch vom Aeneas erzählt wurde in einen historischen und geographischen Zusammenhang zu bringen, auf welchem Wege die gewöhnliche Tradition bei Cato, Varro, Virgil, Dionysius v. Halicarnass u. a. entstanden ist. Bald sind es bloße Namen, welche zur Anknüpfung dienen, bald verwandte Gottesdienste und Sagen. So ließ man den Aeneas jetzt aus der Bucht von Salonichi zunächst nach Delos gelangen, weil es dort alte Traditionen von einem König und Seher Anios gab, dann nach Kythere, weil das dortige sehr alte Heiligtum der Aphrodite nun gleichfalls für seine Stiftung gelten konnte. Von Kythere macht er einen Abstecher nach Arkadien, weil Dardanos, der Stammvater aller troischen Königsgeschlechter, nach der gewöhnlichen Sage für einen Sohn der Plejade Electra galt, also eigentlich aus Arkadien stammte.[124] Dann gelangt er zur See weiter nach Zante und den übrigen vorhin genannten Punkten der Küste von Acarnanien und Epirus, wo er bei Virgil mit dem troischen Seher Helenus und der Andromache zusammentrifft. Von dort ließen ihn einige direkt nach Mittelitalien gelangen, hier mit Ulysses zusammentreffen und in Gemeinschaft mit diesem und den Söhnen des Telephos zum Ansiedler werden[125], während ihn andere den weiteren Seeweg um das südliche Italien nach Afrika und Sizilien und von dort an der westlichen Küste Italiens hinauf bis Latium führten. An der südlichen Küste von Italien leitete man jetzt an verschiedenen Stellen, namentlich in Siris, alte Palladien vom Aeneas ab[126], so daß er also hier den Diomedes verdrängte, wie an der westlichen den älteren Ulysses. Bei den Ortssagen nämlich, welche in diesen Gegenden bei der Fahrt des Aeneas anknüpfen, läßt sich entweder ihre frühere Unabhängigkeit von diesem mythologischen Faden oder eine ältere Beziehung auf die Fahrten des Ulysses nachweisen. So ist die Erzählung vom Palinurus eben nur eins von den vielen griechischen Schiffermärchen, welche alle Küsten und Buchten des mittelländischen Meers belebten, eine Personifikation des günstigen Windes der Rückkehr (πάλιν οὖρος), welcher zum Steuermann geworden war und als solcher in verschiedenen Gegenden die Sage beschäftigte, denn auch in der Gegend von Cyrene und bei Ephesus gab es Vorgebirge des Palinuros.[127] Ein ähnliches Märchen ist das vom Misenus, dem Sohne des Windgottes Aeolus, daher Schiffstrompeter, so gut wie die Tritonen auf der Muschel zu trompeten pflegen, also eine Personifikation als stürmischen Vorgebirges bei Bajä, dessen Eponym in der Cumanischen Sage für einen Begleiter des Ulysses galt, während man später mit beiden Namen bei der Aeneassage anknüpfte.[128] Auch die anderen Punkte, Prochyte, Caieta und die Insel Aenaria konnten erst dann als Beweise für den Glauben der Aeneasfahrt gelten, nachdem dieselbe zu einem beliebten Sagenkomplex dieser Gegenden geworden war.[129] Von dem Besuche des Aeneas in Cumae und seiner Befragung der dortigen Sibylle scheint allerdings schon Naevius gewußt zu haben, doch kann auch dieses für das höhere Altertum der Aeneassage in Cumae nichts beweisen.

Für Rom bildete diese Sage zugleich den Stamm der dürftigen Erinnerungen welche sich aus dem latinischen Altertum erhalten hatten, ein sichrer Beweis daß die Blüte des latinischen Bundes längst vorüber war als diese Erinnerungen eine feste Form annahmen. Von Alba Longa hatte sich nur ein dunkles Gerücht behauptet, welches im weitern Verlaufe dieser Sagenbildung sogar noch mehr entstellt wurde; von den übrigen latinischen Städten ist gar nicht die Rede, da sie seit 338 v. Chr. ihre Selbständigkeit verloren hatten und die Bevölkerung sich seitdem immer mehr in Rom zusammendrängte (Liv. XLI, 8). Nur Lavinium war als letzter Rest des latinischen Bundes übrig geblieben, daher sich auch die Erinnerungen an den Ursprung und die Heiligtümer desselben dort allein erhalten hatten. Wohl aber ist Rom und seine Zukunft die eigentliche Zweckbeziehung aller Schickungen, von denen die Aeneassage erzählte, so sehr hatte sich diese ganze Sage unter dem Einflusse des Grundgedankens gebildet, daß Latium und Alba Longa nur um Roms willen existiert hätten. In Rom mag zunächst das Geschlecht der Julier diese Erinnerungen gepflegt und sie mit der Aeneassage vermischt haben, bis diese allmählich allgemeinere Geltung gewann und gleich bei den ersten Anfängen der römischen Literatur sowohl von der Poesie als von der Geschichte begierig ergriffen wurde. Naevius, welcher im ersten und zweiten punischen Kriege lebte, machte zuerst poetischen Gebrauch von der Aeneassage, indem er in seinem Gedichte über den ersten Krieg zwischen Rom und Karthago die Feindschaft beider Städte von der Entzweiung der beiden Stifter, des Aeneas und der Dido, ableitete; wenigstens wissen wir daß in diesem Gedichte ausführlich von der Flucht des Aeneas und seines Vaters, ihren Abenteuern auf der Fahrt, der gastlichen Aufnahme in Karthago und endlich von der Ankunft in Latium die Rede gewesen.[130] Dann erzählte Ennius die Sage ausführlich im Eingange seiner Annalen, als mythische Vorgeschichte der Gründung von Rom. Wie flüssig noch zu seiner Zeit die Überlieferung war beweist der Umstand daß Alba Longa nach seiner Erzählung bei der Ankunft des Aeneas schon existierte, ferner daß Ilia nach ihm die Tochter des Aeneas, also Romulus dessen Enkel war; und so hatte vor ihm auch Naevius gedichtet.[131] Weiter hatten unter den älteren römischen Geschichtsschreibern namentlich Cato und Cassius Hemina die Aeneassage mit Sorgfalt erforscht und bearbeitet. Und zwar wird aus Cato zuerst die wichtige Neuerung angeführt, nach welcher die dreißig Ferkel des weißen Mutterschweins, welche ein altes Symbol der Metropole Alba mit ihren drießig Kolonien war, nicht mehr diese, sondern die dreißig Jahre, welche angeblich zwischen der Gründung von Lavinium und der von Alba verflossen, bedeuten sollten: eine chronologische Klügelei welche den wirklichen Zusammenhang der Tatsachen nun vollends entstellte. Endlich hatte Varro sich mit großem Eifer auch auf diesen Abschnitt des römischen Altertums eingelassen[132], in Samothrake nach der Bedeutung der Penaten geforscht, Epirus wegen der dortigen Erinnerungen an Troja und Aeneas bereist, dessen Ankunft in Latium und den Bund mit Latinus, ferner die Gründung Albas und die Geschichte der Albanischen Könige mit chronologischer Genauigkeit beschrieben, und in Rom selbst Untersuchungen über die trojanischen Geschlechter, d. h. über die Familien welche sich vom Aeneas und seinen Trojanern abzustammen rühmten angestellt. Endlich Virgils Aeneide, bei welchem Gedichte man nicht weiß was man mehr bewundern soll, die Kunst der Dichtung und der Sprache, den patriotischen Ernst des Studiums, die seelenvolle Empfindung so mancher tiefergreifenden Schilderung, oder die angeborne Armut und Dürftigkeit des Stoffs in allen Punkten wo der Dichter die Hand seiner griechischen Führer verläßt und die Vorzeit von Italien und Latium durch ihre eigenen Erinnerungen zu beleben sucht.

Die gewöhnliche Erzählung von der latinischen Vorzeit beginnt mit der kahlen Abstraktion der Aboriginer, welche den griechischen Autochthonen entsprechen[133] und von den späteren Schriftstellern, Lucret. V, 923 ff., Sallust Cat. 6 u. a. wie diese als wilde Waldmenschen, Höhlenbewohner, Eichelesser, ohne Sitte und Gesetz, ohne Ackerbau und höheres Bedürfnis geschildert werden. Von ihnen führt uns diese Tradition alsbald an die von der Natur in jeder Hinsicht vernachlässigte Küste der Laurenter, welche niemals einen bedeutenden Einfluß auf die Geschicke der Dinge gehabt haben kann, aber hier dennoch für den Boden ausgegeben wird, wo der Wunderbaum der römischen Zukunft seine erste Wurzeln getrieben habe. Antium, die alte Seestadt der Volsker, und Ardea, die Stadt des Turnus und der Rutuler, sind die letzten Punkte die sich einer günstigen Lage erfreuen. Von Ardea bis zur Tibermündung zieht sich ein hügeliger, von einzelnen Bächen durchfurchter Strand, welcher jetzt meist mit Gebüsch und niedriger Waldung (macchia) bestanden und nur in günstiger Jahreszeit bewohnbar ist. Entfernt man im Gedanken den breiten Gürtel von sandigen Dünen, der sich im Laufe der Jahrhunderte vor dieser und überhaupt der westlichen Küste von Italien abgelagert hat, und denkt man sich dazu eine fleißige Kultur, wie sie in dem höheren Altertum in diesen Gegenden jedenfalls vorhanden war und unter den Kaisern der Natur noch einmal Herr zu werden versuchte, so mag die Lage der Dinge immerhin eine etwas bessre gewesen sein. Der Name der Laurenter, wie sich die Bevölkerung insgemein nannte, wird von einem heiligen Lorbeerbaume abgeleitet, welcher nach Art der ältesten Zeiten ein nationales Heiligtum gebildet hatte, woraus mit der Zeit der kleine Ort Laurentum entstand.[134] Die Hauptstadt war immer Lavinium in ziemlich günstiger Lage, denn es liegt auf einem ansehnlichen Hügel unweit des Meeres und zwischen fruchtbaren Gründen, obwohl sie eine maritime Bedeutung höchstens nur bis in die früheren Jahre der Republik gehabt haben kann.[135] Laurentum war usprünglich wohl nur ein für diese latinischen Küstenbewohner ehrwürdiges Heiligtum des Mars nach Art jener älteren im Gebirge, wo der heilige Vogel Specht als Prophet waltete.[136] Darum galt Picus für den ersten König der Laurenter und dabei für einen Sohn des Saturnus[137], weil solche Bilder und Erinnerungen von selbst mit denen der seligen Urzeit zusammenfielen. Für seinen Sohn und Nachfolger galt der verwandte Nationalgott Faunus, von dessen Verehrung in dieser Gegend noch später ein ihm geheiligter Oleaster zeugte. Auf ihn folgt Latinus, nach der gewöhnlichen Sage der Sohn dieses laurentischen Faunus und der benachbarten Nymphe Marica, der schon der Hesiodischen Theogonie bekannte Eponym des latinischen Volks, welchen die griechische Fabel zum Sohne des Ulysses und der Circe, die römische zu dem des Hercules und der Fauna machte. Es scheint daß er in Lavinium als Indiges, d. h. nach griechischen Begriffen als Heros Ktistes verehrt wurde; wenigstens wird erzählt daß er in der Schlacht mit Mezentius, dem Tyrannen von Caere, wie Aeneas plötzlich verschwunden und zum Iupiter Latiaris erhöht worden sei, d. h. zum Divus Pater Latiaris, dem göttlichen Vater und Urheber des latinischen Namens, mit welchem Glauben auch gewise an den latinischen Ferien beobachtete Gebräuche zusammengehangen haben sollen.

Zum Latinus kommt Aeneas, wahrscheinlich herbeigezogen durch den Venusdienst der Latiner und Ardeaten und den Verkehr mit Segesta und den Elymern in Sizilien, worauf er in Folge seiner Identifikation mit dem am Numicius verehrten Pater Indiges, welcher vermutlich früher den zum Könige dieser Landschaft potenzierten Flußgott Numicius bedeutet hatte, bald festeren Fuß faßte und die ganze

Erbschaft des Kultus und der Sagen antrat, welche eigentlich diesem Pater Indiges der Laurenter gegolten hatten. Namentlich half dazu der religiöse Zusammenhang, in welchem dieser Indiges zu der Vesta und den Penaten von Lavinium stand, welche dadurch, daß sie seit der Auflösung des latinischen Bundes nächst den Erinnerungen der latinischen Ferien der einzige Rest desselben waren, eine um so wichtigere Bedeutung bekommen hatten. Daher jene jährlichen Opfer der höheren Magistrate und Priester von Rom, welche sie an Ort und Stelle der Vesta, den Penaten und dem Pater Indiges von Lavinium darbrachten, in der Überzeugung daß dieser Gottesdienst den Ursprung des latinischen und römischen Namens unmittelbar angehe: daher die Sacra von Lavinium und die des Albaner Bergs den Römern für gleich alt und heilig galten und namentlich Lavinium für die Metropole nicht bloß von Rom, sondern auch für die von Alba Longa und aller Latiner gehalten wurde.[138] Möglich daß die alte Gewöhnung der Latiner die Venus als Bundesgöttin zu verehren die erste Veranlassung zur Einschiebung ihres durch die Dichtung vom troischen Kriege so berühmt gewordnen Helden anstatt jenes namenlosen Indiges gegeben hatte. Die natürliche Folge davon aber war eine vollkommne Umkehr der früheren Tradition und älteren nationalen Überzeugung. Was heimisch war und bisher dafür gegolten hatte, der mit den häuslichen und städtischen Einrichtungen und Stiftungen der Latiner so eng zusammenhängende Penatendienst, das wurde nun aus dem fernen Auslande abgeleitet. Die wirkliche Metropole und das alte Haupt des latinischen Bundes, Alba Longa, wurde zur zweiten, erst von der Küste und mit Hilfe der troischen Vesta gegründeten Stadt. Daher nun auch Aeneas, der in der älteren Überlieferung immer nur seinen Vater Anchises, den Geliebten der Aphrodite, deren Verheißungen auf dem Vater und dem Sohne ruhten, oder etwa das troische Palladion mit sich führt, von jetzt an vorzüglich als Träger und Retter der troischen Penaten geschildert wird, von denen die alte Überlieferung so wenig wußte, daß man sich in Rom später über ihren Ursprung und ihre Bedeutung in Troja umsonst den Kopf zerbrach.[139] Troja war und blieb fortan die wahre Metropolis von Rom, ein Glaube welcher eine Zeit lang eben nur der Eitelkeit schmeichelte und hin und wieder politisch ausgebeutet wurde, dann aber in mehr als einer, namentlich auch in religiöser Hinsicht die wichtige Folge hatte daß die Römer sich immer mehr gewöhnten in dieser entlegenen, moralisch und politisch längst verkommenen Gegend, am troischen Ida und in Phrygien, die ältesten Vorbilder ihrer Sitte und ihres Glaubens zu suchen. Bei der Einführung der Phrygischen Sacra hat dieser Aberglaube jedenfalls mitgewirkt und bei dem schnellen Zufluß so mancher Verweichlichung seit der Zeit, wo Roms Legionen zuerst in Asien auftraten, wird er wenigstens oft zur Entschuldigung gedient haben. Hat er doch auch bei dem seit Cäsar immer von neuem auftauchenden Plane, die Hauptstadt des Reiches von Rom nach dem Osten zu verlegen, den lockenden Hintergrund der älteren Heimat vorgespiegelt[140], so daß noch Constantin bei der endlichen Ausführung des alten Planes zuerst gleichfalls auf Troja zurückging.

Trotz dieses mit der Zeit immer stärker aufgetragenen ausländischen Kolorits haben sich in der latinischen Aeneassage manche Züge altertümlicher Sitte und Erinnerung erhalten, welche einer besonderen Beachtung wert sind. Zunächst gehören dahin die beiden Wahrzeichen, welche Aeneas zur Ansiedelung bestimmen. Nach der gewöhnlichen Erzählung wurden sie ihm unterwegs von griechischen oder troischen Propheten und Orakeln verkündigt, in Wahrheit beruhten sie vielmehr auf einheimischer, d. h. latinischer und italischer Sitte. So die verzehrten Tische bei der ersten Landung der Trojaner. Als dieselben nämlich am laurentischen Strande ausgestiegen sind und sich auf dem Rasen ein spärliches Mahl bereiten, bedienen sie sich dabei als einer Tafel der bei den Hirten und Bauern im Süden gewöhnlichen runden und tafelartigen Brotfladen. Der Appetit ist so groß daß sie zuerst die Speisen, dann die Tafeln mit verzehren, worauf Aeneas der Weissagung gedenkt, sein Leben werde unstet bleiben, bis seine Gefährten von Hunger gepeinigt selbst die Tische aufgegessen haben würden. Das soll ihm nach Varro das Orakel zu Dodona, nach anderen die erythräische Sibylle, nach Virgil die Harpyie Keläno und der troische Seher Helenus geoffenbart haben, während in Wahrheit diese Brottische die natürlichen Symbole des latinischen und römischen Penatendienstes sind, in dem sie gewöhnlich als Unterlage der beim täglichen Mahle darzubringenden Speisen dienten. Wer so weit gekommen daß er diese Brottische angreifen mußte, der mußte sich wohl in der äußersten Not befinden. Eben diese der Ansiedelung in einer schützenden Stadt mit ihren Häusern vorangehende Not und natürliche Armut der Heimatlosigkeit sollte also geschildert werden[141], wie man in Griechenland bei Hochzeiten und anderen Gelegenheiten zuerst Eicheln herumreichte, um durch sie an die Not und Hilflosigkeit der alten Wald- und Erd-Pelasger zu erinnern, darauf die Frucht der Ceres, um die große Wohltat der gütigen Göttin in diesem Gegensatze um so tiefer empfinden zu lassen. Erst der Gipfel der Heimatlosigkeit sollte der Wendepunkt des Loses dieser armen, weit und breit herumgetriebenen Trojaner sein, welche endlich in Lavinium eine neue Heimat fanden, oder sagen wir richtiger der latinischen Ansiedler, welche sich bisher als nomadisierende Hirten zwischen der Küste und dem Gebirge hin und hergetrieben hatten, nun aber im Begriffe standen unter dem Schutze der Vesta und der Penaten den festen Grund einer bedeutenden politischen Zukunft zu gewinnen. Das zweite Zeichen ist das Wunder der trächtigen Sau, welche den Ort der Ansiedlung anzeigt. Die Penaten werden nämlich nach jenem ersten Zeichen ans Land gebracht und Aeneas ist im Begriff ihnen die Sau zu opfern; da rennt diese vom Strande landeinwärts bis zu dem Hügel von Lavinium, lagert sich dort und wirft dreißig Junge. Als Aeneas erschrickt daß er in dieser höchst unfruchtbaren Gegend bleiben solle[142], erschallt aus dem Walde die Stimme des Faunus, nur er selbst solle dort bleiben, sein Sohn werde dreißig Jahre später der Gründer von Alba Longa werden. Das ist die spätere Deutung des Wunders, während in der älteren Erzählung Alba Longa bei der Landung der Trojaner schon existierte und die weiße Sau mit ihren dreißig weißen Ferkeln[143] unverkennbar ein Sinnbild dieser Stadt mit ihren dreißig Kolonien oder vielmehr den unter ihr als Metropole verbündeten latinischen Bundesstädten ist; denn das Schwein ist das gewöhnliche Bundesopfer[144], wie es bei den Penaten und der Vesta des latinischen Bundes in Alba und den übrigen Bundesstädten von Jahr zu Jahr dargebracht sein mag. Höchst wahrscheinlich befanden sich im alten Latium entsprechende Bilder und Sagen in allen Bundesstädten. Später schmeichelte man sich in Lavinium das älteste und ursprüngliche Bild der Art zu besitzen. Aeneas hatte das Schwein und die Ferkel, so glaubte man, seinen Penaten auf jener Höhe geopfert, die es im Laufe erreichte und auf welcher man unter anderen Denkmälern eine ähnliche Hütte des Aeneas zeigte, wie das römische Palatium eine Hütte des Romulus besaß.[145] Auch war dort ein Bild des Schweins mit seinen dreißig Jungen in Erz gegossen öffentlich aufgestellt; ja man behauptete eine Art von Mumie des wirklichen Mutterschweins zu besitzen, welche vermutlich unter den Heiligtümern des Vesta- und Penatentempels zu Lavinium gezeigt wurde.[146] Daß dasselbe Symbol als Sinnbild eines Städtebundes oder des Verhältnisses der Mutterstadt zu ihren Kolonien auch sonst in Italien herkömmlich war beweisen die Münzen der umbrischen Stadt Tuder, welche eine Sau mit drei Ferkeln zeigen, und die der sizilischen Stadt Abacaenum.

Es folgt der Bund zwischen Latinus und Aeneas. Der Laurenterkönig Latinus, durch einen Krieg mit Ardea und den Rutulern bedrängt, hört von der Landung des

Aeneas und schließt alsbald ein Bündnis mit ihm, kraft dessen er ihm ein Stück Landes an der Küste für die Trojaner überläßt[147] und sich dafür seinen Beistand gegen die Rutuler ausbedingt, die darauf glücklich aus dem Felde geschlagen werden. Aeneas vermählt sich mit der Lavinia, der Tochter des Latinus, nach welcher die neue Penatenstadt Lavinium benannt wird. Bei Erbauung derselben ereignet sich ein neues Wunder. In dem benachbarten Haine nämlich entzündet sich von selbst ein helles Feuer. Ein Wolf schleppt trocknes Holz herbei um die Flamme zu nähren, ein Adler senkt sich aus hoher Luft herab um sie mit dem Schlage seiner Fittiche anzufachen, ein arglistiger Fuchs schleicht sich herbei um sie mit seiner Rute, die er in den Fluß getaucht, wieder auszulöschen. Alsbald entspinnt sich zwischen diesen Tieren ein heftiger Kampf, bis der feindliche Fuchs vom Adler und dem Wolfe verjagt wird: welcher Kampf gleichfalls in Erz gegossen auf dem Markte von Lavinium zu sehen war.[148] Das auflodernde Feuer bedeutet die Vesta von Lavinium, der in dem Walde der Laurenter gegründeten Bundesstadt. Der Wolf ist das Symbol des latinischen Nationalgottes Mars, der Adler das des höchsten latinischen Bundesgottes Jupiter.[149] Der Fuchs dagegen ist das redende Wahrzeichen der Rutuler, d. h. der Rötlichen, wie sonst der robigo, und wirklich mögen diese Rutuler in ihrem Malepartus, d. h. ihrer festen Burg zu Ardea, welches noch jetzt den Eindruck einer stark befestigten Stadt macht, für den Latinerbund und seine Versuche die Küste zu gewinnen dereinst gefährliche Feinde gewesen sein. Was den Namen Lavinium und den der Lavinia oder Lavna betrifft, so wiederholt sich derselbe in der Sage von Alba Longa und in der des römischen Palatium, in welcher letzteren Lavna die Tochter des arkadischen Evander, d. h. des Faunus heißt.[150] Es scheint eine Göttin des Waldes und der Flur zu sein, gleich der Fauna, der Fatua, der Acca Larentia, wie diese befruchtenden und weissagenden Mütter und Töchter der Flur sich denn in der latinischen Sage unter wechselnden Gestalten immer von neuem wiederholen.

Endlich die Kriege mit dem Könige Turnus von Ardea und Mezentius von Caere und der Tod und die Erhöhung des Latinus und Aeneas. Turnus ist ein naher Verwandter der Amata, der Gemahlin des Latinus, d. h. der ersten Dienerin der Vesta von Lavinium. Lavinia ist seine Verlobte, daher er jetzt von neuem mit seinen Rutulern anrückt, gegen Latinus und Aeneas. Bei Lavinium kommt es zur Schlacht, in welcher die Rutuler unterliegen, aber Latinus fällt, worauf er zum Jupiter, d. h. Divus Pater Latiaris erhöht und auf der Burg von Lavinium als göttlicher Stamm- und Ahnherr der Latiner verehrt wurde.[151] Noch einmal erheben sich die Rutuler, jetzt mit dem Beistande des Mezentius, des Königs von Caere, und wieder kommt es in der Gegend von Lavinium zur Schlacht, in welcher nun auch Aeneas entrückt wird, worauf ihm Ascanius als verklärtem Iupiter Indiges den Grabeshügel am Flusse Numicius errichtet. Auch diese Sagen enthalten schätzbare Erinnerungen aus der älteren Geschichte des Latinerbundes, welcher bei jenen Gründungen an der Küste ohne Zweifel mit mächtigen Feinden zu kämpfen hatte, unter denen die mächtige Etruskerstadt Caere die gefährlichste Feindin sein mochte. Es darf für historisch gelten daß die Etrusker in so früher Zeit an der Mündung des Tiber und an der latinischen und volskischen Küste, ja bis zum Liris geherrscht haben[152]; Ardea, dessen König deshalb Turnus heißt, und Tarracina, dessen Namen an Tarchon erinnert, scheinen die mittleren Glieder einer Kette von Gründungen gewesen zu sein, welche von Tarquinii und Caere bis Capua und zu den wichtigen Buchten und Landzungen am Vesuvius hinabreichten. Ehe die Griechen in Cumae, die Latiner in Latium (beide werden bis in die Zeiten des Porsenna und der wichtigen Schlacht bei Aricia meist verbündet zu denken sein) diese Kette sprengten, müssen heftige und langwierige

Kämpfe stattgefunden haben. Die latinische Sage hat ein entferntes Andenken daran in der Erzählung von diesen Schlachten der Indigeten des latinischen Bundes mit den Königen von Ardea und Caere bewahrt, übrigens deutlich so daß derselbe entscheidende Kampf unter zwei verschiedenen Versionen erzählt wurde, welche man später unter mancherlei Abweichungen zu einem Ganzen verschmolzen hat: in der Erzählung der Schlacht mit dem Könige Turnus von Ardea, in welchem Latinus, und in der der Schlacht mit Mezentius von Caere, in welchem Aeneas den Sieg entschied und zum Bundesheroen wurde.[153] Eine andere Sage, welche sich in der Form einer Legende des ländlichen Festes der Vinalien erhalten hatte, setzte hinzu daß Mezentius sich bei den Rutulern als Lohn für seine Hilfe die sonst immer den Göttern dargebrachten Erstlinge der Kelter von allen Weinbergen in Latium ausbedungen hatte[154], worauf die Latiner diese Erstlinge ihrem Jupiter, dem Entscheider der Schlachten, von neuem weihten und darauf mit der vollen Zuversicht des Sieges in den Kampf gingen. Immer wird Mezentius oder, wie man seinen Namen früher geschrieben hatte, Messentius oder Medientius, mit den schwärzesten Farben als ruchloser und grausamer Tyrann geschildert, als Bild eines alten etruskischen Seeräuberfürsten[155], weil die Etrusker weit und breit, an den italischen und griechischen Küsten, als wilde und erbarmungslose Piraten verschrieen waren. Die Folge des entscheidenden Siegs der Latiner über Mezentius soll die gewesen sein, daß fortan der Tiberstrom als Grenze zwischen den Etruskern und Latinern anerkannt wurde (Liv. I, 3). Gewiß ist, daß in den früheren Generationen Roms nicht mehr Caere, sondern Veji als die gefährlichste Nachbarin und Nebenbuhlerin in der Herrschaft über den wichtigen Grenzstrom auftritt.

Von Ardea und Turnus ist schon bemerkt worden, daß Virgil nach latinischer Sage den ländlichen Dämon Pilumnus seinen Ahnherrn und die See- und Quellengöttin Venilia, eine Schwester der Amata, als seine Mutter und die der Juturna nennt.[166] Sein Vater heißt Daunus, welcher Name sich durch den Umstand erklärt daß auch in dieser Gegend ein Volk der Daunier erwähnt wird, es sei denn daß auch hier die häufige Verwechslung von d und l, also ein der Lavinia verwandter Name im Spiele ist. Dieselbe Tradition ist wahrscheinlich der Anlaß zur Übertragung der griechischen Fabel der Danae auf diese Küste geworden. Die argivische Danae soll zur Zeit des Pilumnus in ihrem Kasten an dieses Land getrieben sein und mit ihm Ardea gegründet haben, daher Turnus bei Virgil zu einem Abkömmlinge der alten Heroen von Argos und Mycen geworden ist, wie Aeneas seinerseits das feindliche Troja vertritt.[157] Noch verdient die von verschiedenen römischen Schriftstellern wiederholte Tradition Erwähnung, daß der römische Stamm der Luceres seinen Namen von einem Könige oder Lucumo von Ardea bekommen habe, welcher dem Romulus im Kriege gegen T. Tatius zu Hilfe gezogen sei, wodurch wieder sehr bestimmt auf einen Zusammenhang des alten Ardea mit den Etruskern jenseits des Tiber gedeutet wird.[158] Noch im ersten Jahre der Republik wurde ein Vertrag zwischen Ardea und Rom abgeschlossen (Dionys V, 1). Im J. 312 d. St. schickte Rom eine Kolonie dahin, welche nächst Ostia die älteste colonia maritima war und mit jenem auch in der Folge meist dasselbe Schicksal gehabt hat. Die Überlieferung daß die alten Rutuler von Ardea sich zum Teil nach Sagunt in Spanien übersiedelten (Liv. XXI, 7) beweist einen alten Seeverkehr mit diesen Gegenden. Von dem Dichter Silius Italicus ist sie geschickt benutzt worden, um dem Kampfe um Sagunt im zweiten punischen Kriege so viel mehr Bedeutung für Latium und Rom zu geben.

Lavinium, die Hauptstadt der Laurenter, seit 416 d. St. 338 v. Chr. der einzige Rest des latinischen Bundes, scheint durch die lex Iulia vom J. 90 v. Chr. die Civität bekommen zu haben. Obschon durch seine Gottesdienste und Erinnerungen ehrwürdig war es doch zur Zeit des Nero so verfallen, daß, wie Lucan VII, 394 sagt, der jährlich dort wegen jener Sacra zu einem nächtlichen Aufenthalte genötigte Senator den Numa als hypothetischen Urheber auch dieses Gottesdienstes verwünschte. Unter Claudius wird derselbe wieder mit Auszeichnung erwähnt. Dieser Kaiser, welcher den neuen Hafen bei Ostia anlegte und auch sonst für diese Gegend manches tat, scheint auf Veranlassung von Prodigien und eines Ausspruchs der sibyllinischen Bücher im J. 52 n. Chr. unter anderen Cerimonieen auch den alten Brauch der jährlichen Erneuerung des Bündnisses zwischen Rom und den Laurentern wieder hervorgesucht zu haben.[159] Die folgenden Kaiser trugen gleichfalls Sorge daß die Gegend bevölkert und angebaut blieb. Seit Vespasian und bis in die Zeit der Antonine wurden verschiedene Ansiedelungen dort vorgenommen, daher seitdem von Lavinium und Laurolavinium, wie die Stadt nun als Hauptstadt und mit Inbegriff der Laurenter, d. h. dieser Küstenbevölkerung überhaupt genannt wird, auch in Inschriften oft die Rede ist, namentlich mit Beziehung auf gewisse bürgerliche und priesterliche Privilegien der alten Penatenstadt, welche mit persönlichen Auszeichnungen und Immunitäten verbunden waren und deshalb um so eifriger gesucht wurden.

Als die Sage von den Trojanern in Latium einmal eingewurzelt war, berief man sich dafür auch auf manche Umstände, welche erst durch die Aeneassage ein Gewicht bekommen hatten oder wohl gar erst eine Folge des Glaubens an dieselbe waren. So zeigte man an der laurentischen Küste einen Ort Troja, wo Aeneas zuerst gelandet sei, sein Lager aufgeschlagen und seiner Mutter ein Heiligtum gestiftet habe: also jedenfalls nur ein Platz von monumentaler und sakraler Bedeutung, keine Ansiedelung, obgleich er dafür galt und der Name Troja sich in Folge davon an diesem Strande in immer weiterem Umfange geltend machte.[160] Ferner pflegte man sich auf den ludus Trojae zu berufen, ein ritterliches Spiel patrizischer Knaben und Jünglinge, welches angeblich Ascanius bei der Erbauung von Alba Longa gestiftet und seiner Heimat zu Liebe das Spiel von Troja genannt haben soll, s. Virgil Aen. V, 596 ff. Wir haben aber erst aus der Zeit des Sulla und der früheren Kaiser eine sichre Kunde von demselben; namentlich haben es die Julier, vor allen Augustus, sehr in Aufnahme gebracht, weil darin eine Erinnerung mehr an die göttliche Abkunft seines Geschlechts gegeben war. Wahrscheinlich hängt der Name zusammen mit dem der Trossuli, d. h. der Ritter, auch mit den altertümlichen Wörtern antroare und redantruare, die sich im Gebrauche der Salier erhalten hatten[161], so daß es immerhin von altem Ursprunge gewesen sein mag, aber gewiß nicht von trojanischem. Endlich und am meisten berief man sich auf den trojanischen Ursprung verschiedener Albanischer Geschlechter in Rom, welche auch in Virgils Aeneide verherrlicht werden und für Varro und Hygin ein Gegenstand besonderer Untersuchungen gewesen waren.[162] Sie leiteten sich zum Teil von den Begleitern des Aeneas ab, wie die Cäcilier, die Clölier, die Geganier, die Memmier, die Sergier und Cluentier, die Junier und die Nautier, zum Teil von Aeneas selbst, wie die Aemilier und die Julier, welche letzteren schon vor Cäsar und August alle übrigen an Adel und Ansehn übertrafen. Dionysius I, 85 berichtet daß es zu seiner Zeit noch etwa fünfzig Familien trojanischer Abkunft gegeben habe.[163] Ja es gab noch in dem dritten und vierten Jahrhundert n. Chr., nachdem die Julier lange ausgestorben waren, angeblich Abkömmlinge des Aeneas in Rom, deren einen Pertinax vergeblich statt seiner zum Kaiser zu machen suchte. Die Frangipani behaupteten sogar noch im Mittelalter den Ruhm des trojanischen Ursprungs.

Endlich mag hier noch des zweiten Trojaners gedacht werden, der nach der Zerstörung Trojas nach Italien veschlagen und dort der Gründer einer Stadt geworden sein soll. Nämlich *Antenor* gilt schon in der alten epischen Tradition für den beharrlichen Griechenfreund in Troja, daher er bei der Zerstörung der Stadt verschont wird.[164] Die Sage ist daß er an der Spitze eines Haufens von Henetern, welche aus Paphlagonien flüchtig geworden, über Thracien und Illyrien an das Adriatische Meer und an den Po gelangt sei, wo er den König der einheimischen Euganeer bezwungen und darauf Patavium, das jetzige Padua gegründet habe.[165] Einige ließen seine Söhne und deren Gefährten noch weiter bis Lusitanien vordringen. Auch bei dieser Erzählung berief man sich auf Ortsnamen und andere Merkmale, welche nur bei solchem Gefallen an griechischer Sage, wie sie später durch ganz Italien herrschte, beweisende Kraft haben konnten. Merkwürdig ist daß schon Herodot, dem die Heneter oder Veneter übrigens einfach ein illyrischer Stamm sind, von einem großen Zuge der Myser und Teukrer aus Kleinasien über Thracien ans ionische Meer weiß, welcher Zug noch vor dem trojanischen Kriege stattgefunden haben soll.

7. Sagentrümmer von Alba Longa und den übrigen Latinern

Die Erinnerungen an Alba sind bei dem frühen Untergange dieser Stadt natürlich sehr unsicher geworden, doch tritt uns das Bild des ersten und ursprünglichen Hauptes des latinischen Bundes auch so noch ziemlich deutlich entgegen, besonders wenn man sich im Geiste auf die schöne Höhe über dem Albaner See versetzt, wo einst seine Mauern standen, und von dort in die Ebene und das Flußtal des Tiber hinabschaut, nach welchem sich einem allgemeinen Gesetze der Geschichte zufolge die spätere Entwicklung der Kultur und des politischen Lebens hinabzog. Rom und Lavinium hatten in jenen Bildern der weißen Sau mit den dreißig Ferkeln ein sprechendes Sinnbild der Zeiten bewahrt, wo dreißig verbündete Städte (wie gewöhnlich eine runde Zahl) in Alba ihre Mutterstadt verehrten[166], und wenn von den Penaten in Lavinium später erzählt wurde, sie seien, als Ascanius sie mit nach Alba genommen habe, freiwillig in die von Aeneas gegründete Stadt zurückgekehrt, worauf man ihnen von Alba 600 Familienväter zur bleibenden Ansiedlung nachgeschickt habe[167], so braucht man in dieser Erzählung nur das Wunder zu streichen um eine wichtige historische Tatsache wiederherzustellen. Auch die Albanischen Gottesdienste, welche die Stadt überlebten, lassen sich ziemlich vollständig herstellen, Iupiter Latiaris und Juno und Vejovis, ferner Mars und die latinische Venus, welche in den Sagen und Überlieferungen von den römischen Zwillingen und in denen der Julier so bedeutungsvoll hervortreten und von denen namentlich Mars mit seinen Umgebungen des Faunus und der Fauna, des Silvanus usw. auch in dem alten Alba Longa nächst Jupiter der angesehenste Gott gewesen sein wird[168], endlich Vesta und die Penaten, deren Kultus nur hier die volle Bedeutung eines Bundesheiligtums haben konnte. Andere Traditionen hatten sich durch die Albanischen Geschlechter in Rom erhalten, worunter die von dem Ursprunge des königlichen Geschlechts der Silvier für besonders altertümlich gelten darf.[169] Als ihr Ahnherr wurde Silvius genannt, auch er der Sohn einer Lavinia, welche in der gewöhnlichen Überlieferung für die Tochter des Latinus, also für die Gattin des Aeneas galt. Nach der Entrückung desselben sei sie aus Furcht vor ihrem Stiefsohne Ascanius in die Wälder geflohn, zum Tyrrheus, dem treuen Aufseher der Herden und Weiden des Latinus, dessen idyllisches Leben im Walde Virgil schildert.[170] Bei ihm wird Lavinia von einem Knaben entbunden, den sie nach solchen Umgebungen Silvius, d. h. den Waldgebornen nennt. Als er herangewachsen wird er als Sohn der einheimischen Lavinia vom Volke zum ersten Könige von Alba erwählt, nicht ohne Widerstand des Julus, des Sohnes des Ascanius, welcher Alba gegründet hatte. Doch läßt sich Julus statt der königlichen mit der höchsten priesterlichen Würde abfinden, welche sich seitdem in dem Geschlechte der Julier erblich erhalten habe[171], wie dieses Geschlecht denn wirklich auch in Rom und Bovillae durch erblichen Besitz gewisser Sacra, namentlich des Vejovis und der Venus sich auszeichnete. Außer diesen beiden Namen, dem des königlichen Silvius und des priesterlichen Julus, hatten sich endlich in der Volkssage und örtlichen Überlieferung noch einige andere alte Namen erhalten, aus denen man weit später in Rom, erst in den jüngeren Zeiten der römischen Literatur und mit Hilfe der Griechen, eine zusammenhängende Reihe von Albanischen Könige herzustellen versuchte, denn die ältere Zeit hatte sich einfach an den Haupttatsachen genügen lassen und ohne chronologische Bedenken den Romulus zum Enkel des Aeneas gemacht. So entstand jene aus Virgil, Livius und Dionysius bekannte Reihe, nach welcher auf Silvius, von welchem gewöhnlich die sogenannten Prisci Latini abgeleitet werden, worunter keineswegs alle alten Latinerstädte zu verstehen sind, sondern nur solche welche von dem latinischen Bunde in der früheren Periode der Oberhoheit von Alba Longa gegründet wurden oder zu dem Bunde gehörten, im Gegensatze zu den späteren Kolonien des Bundes unter der Oberhoheit von Rom.[172] Dann folgen Alba, Capetus, Capys, Calpetus, Tiberinus, von welchem der früher Albula genannte Tiberstrom seinen Namen bekommen haben soll, Agrippa, Romulus Silvius, welcher mit märchenhaften Zügen als Frevler und den Göttern verhaßter Tyrann geschildert wird[173], darauf Aventinus, dessen Grab dem römischen Hügel seinen Namen gegeben habe, endlich die besser bewährten Namen des Procas und seiner beiden Söhne, des guten Numitor mit seiner Tochter Rhea Silvia und des bösen Amulius, der seinen Bruder entthront und später selbst von seinen Enkeln, den römischen Brüdern entthront wird.

So unsicher und mythisch die Entstehungsgeschichte von Alba Longa ist, ebenso mythisch ist auch die von seinem Untergange. Den wirklichen Zusammenhang ahnt man, wenn man außer dem natürlichen Zuge der Geschichte von den Bergen in das Flußtal bedenkt, einmal daß Rom nach der Zuwanderung der Sabiner seinem Albanischen Ursprunge entfremdet war, zweitens daß andere latinische Städte, namentlich die nächsten Nachbarn von Alba, Tusculum und Aricia, nach dem Sturze desselben mächtig und mit Rom verbündet waren[174], endlich daß die Einwohner der zerstörten Stadt nicht bloß in Rom, sondern auch sonst in Latium, z. B. in Bovillae am Fuße des Albaner Berges untergebracht zu sein scheinen. Die gewöhnliche Sage begnügt sich die nahe Verwandtschaft, welche zwischen Rom und Alba bestanden, in einem lebendigen Bilde hervorzuheben. Die römischen Drillinge sollten eigentlich wohl die drei Stämme des römischen Patriziats bedeuten. Man stellte ihnen dann Albanische Drillinge gegenüber und wußte nicht gewiß zu sagen, welcher von beiden Städten die Horatier, welcher die Curiatier angehört hätten. Noch dazu war die Schwester der Horatier einem der Curiatier verlobt, ja man erzählte weiter, daß die Mutter dieser beiden Paare von Drillingen Schwestern gewesen und sich zu gleicher Zeit verheiratet, auch ihre Söhne zu gleicher Zeit geboren hätten.[175] Der bunte Kriegsrock des erschlagenen Curiatiers, mit dem der übrig gebliebne Horatier (gewöhnlich gelten diese für Römer) triumphierend heimkehrt, ist jenem von der eigenen Schwester des Siegers, der Braut des Erschlagenen gewebt und geschenkt worden; daher ihr Fluch und ihr Tod von der Hand des Bruders. Die Richter verurteilten diesen, aber der Vater und das Volk verziehen ihm, während der Leichnam der Schwester, die ihren Bräutigam mehr als das Vaterland liebte, auf der Straße liegen blieb und erst durch das Mitleid der Vorübergehenden mit Steinen und Erde überschüttet wurde. Alte Denkmäler in Rom und vor der Stadt in der Richtung nach Alba Longa dienten zur Bestätigung dieser Sage, in Rom das sogenannte Sororium Tigillum, ein Denkmal des ältesten Beispiels einer durch richterlichen Spruch erkannten Blutsühne[176], die pila Horatia, das Grab der Schwester am Tore, die Gräber der erschlagenen Albaner und Römer auf dem Schlachtfelde, der Graben des Cluilius, welcher zuerst die Albaner geführt habe. Als sich diese trotz des feierlich geschlossenen Bündnisses feindlich erweisen, wird der Verräter Mettus Fuffetius zwischen zwei in entgegengesetzter Richtung getriebenen Wagen gespannt und so zerrissen. Dann wird Alba mit Ausnahme der Tempel zerstört und die ganze Bevölkerung, so behauptete man in Rom, nach Rom geführt und auf dem Caelius angesiedelt, wo die Luceres vornehmlich aus diesen Geschlechtern bestanden. Jedenfalls eine sehr bedeutende Verstärkung des latinischen Elements in Rom, daher auch Tullus Hostilius, der Repräsentant dieser Luceres, zwar als Abkömmling eines Königs aus der Fremde, eines Eindringlings, aber immer als Latiner und in manchen Zügen sogar als der zweite Romulus erscheint.[177]

Von den übrigen latinischen Städten sind die wenigen Sagen, welche den Ruin der Zeiten überdauert hatten, größtenteils schon besprochen worden. Als man in Rom auf solche Erinnerungen und alte Urkunden aufmerksam wurde, war es schon zu spät um mehr zu retten. Cato hatte meist ältere Nachrichten gesammelt, die späteren Erdichtungen im griechischen Geschmack Hygin zusammengestellt, aus welchem wieder Solin eine kleine Auswahl solcher mythologischen Aftergeschichten erhalten hat, welche eine nähere Berücksichtigung nicht verdienen. Von Tusculum hatten die Mamilier mit so vielen anderen latinischen Geschlechtern ihre Traditionen mit sich nach Rom gebracht. In Aricia und Lanuvium bewahrten der Dienst der Diana und der Juno manches Altertümliche, in Tibur die Erinnerungen des alten Faunusorakels an der heilenden Quelle. Am meisten Altertum hatte sich bis zu der blutigen Katastrophe im Kriege der Marianer und Sullaner in Praeneste, der entlegenen und festen Stadt am Saume des Aequergebirges[178] erhalten, namentlich in den Erinnerungen an Caeculus, den Sohn des Vulcan, den die Schwester der Divi Fratres, das sind die Indigeten von Praeneste, am Herde sitzend empfängt[179] und welcher nach seiner Geburt von den zur Quelle gehenden Jungfrauen (den Vestalinnen?) in der Nähe des Jupitertempels bei einem Feuer gefunden wird. Dann wächst er wie Romulus und Remus, wie Cyrus und der thebanische Hercules, unter den Herden und als König der Hirten auf, oder als Räuberhauptmann, wie andere Nachrichten sein Leben beschrieben, bis er endlich jene Burgveste von Praeneste erbaute, die benachbarten Völker wieder wie Romulus durch Spiele an sich zog und durch den Ruhm seiner Taten und seiner Abkunft an sich fesselte. Soll er doch einst, als das Volk an ihm zweifelte, die versammelte Menge mit Hilfe seines Vaters mit loderndem Feuer umgeben haben. Andere Praenestinische Sagen erzählten von einem Zweikampfe des Evander, d. h. des guten Waldgeistes Faunus mit dem Riesen Herilus, dem Sohne der Feronia, die ihm drei Seelen verliehen hatte, so daß er dreimal getötet werden mußte.[180] Eine Fabel welche an die leider nur durch Griechen erhaltne von dem Centauren Μάρης erinnert, welcher Namein italischer Sprache einen Roßmann bedeute. Dieser sei der erste von allen Bewohnern Ausoniens gewesen und dreimal gestorben, aber dreimal wieder aufgelebt und 123 Jahre alt geworden.

8. Die Ursprünge Roms

Auch die römische Sage ist kein Produkt der Dichtung, sondern der Stadtchronik, ein Gewebe griechischer und römischer Sagenschreiber, von denen die letzteren sich meist durch die ersteren bestimmen ließen. Doch liegen alte Tatsachen des römischen Kultus und der römischen Geschichte zu Grunde, und diese sind es welche der Erzählung trotz ihrer Mißverständnisse und Entstellungen ein nicht geringes Interesse verleihen.

Diese mit der älteren römischen Literatur entstandne, später in einzelnen Zügen immer weiter ausgeführte Stadtchronik begann mit Janus und Saturnus, den Königen des Anfangs, von denen jener das Janiculum dieser das Capitol bewohnt habe. Darauf folgte die erste Palatinische Ansiedlung durch Evander mit seiner Mutter Carmenta und seinem Sohne Pallas, welchem Virgil ein so schönes Andenken gestiftet hat: bei welchen Fabeln schon jene alten Heiligtümer an und auf dem Palatium im Spiele sind, welche die römische Stadtsage in so verschiedenen Zügen beschäftigten, der Dienst des Faunus und des oder der Pales so wie der der nahe verwandten Carmenta. Zum Evander kommt Hercules, der den bösen Cacus erschlägt und seinen Dienst an der Ara Maxima stiftet, bei welcher Fabel wieder die Erzählung von den Argeern anknüpft, welche in diesem Zusammenhange zu Argivern, d. h. in Rom gebliebenen Begleitern des Hercules wurden. Das ganze Gewebe macht sehr bestimmt den Eindruck einer griechischen Komposition. So weit Vermutung statthaft ist, möchte ich die Quelle in einer Cumanischen Chronik suchen, da namentlich die Gruppe Evander–Cacus und Hercules auf eine solche zurückweist. Auch ist es sehr bemerkenswert daß Evander nicht bloß in der römischen Stadtsage, sondern auch in der von Tibur und Praeneste genannt wurde, endlich daß er in der gewöhnlichen Tradition für den Erfinder des latinischen Alphabets galt, welches das griechische und höchst wahrscheinlich Cumanischen Ursprungs war.[181]

Auf diese Vorgeschichte folgte die Erzählung von der Gründung Roms, d. h. der Palatinischen Altstadt, für deren Gründer Romulus galt. Offenbar liegen dabei wieder alte Kulte und Kultuserinnerungen zu Grunde, namentlich die des Palatinischen Mars, dessen Salier die Zwillinge zuerst in ihren Liedern gefeiert haben mögen, des Faunus und der Fauna, welche in dieser Fabel als Faustulus und Acca Larentia oder Lupa und Luperca auftreten, endlich des Ruminus und der Rumina und die des Ruminalischen Feigenbaumes, unter welchem die Wölfin mit den Zwillingen, wie sie fort und fort der kurzgefaßte Inbegriff der Geschichte vom Ursprunge Roms geblieben ist, so auch höchst wahrscheinlich das älteste Symbol derselben und die erste Veranlassung zur erzählenden Ausführung war.[182] Jedenfalls ist die Idee der Zwillinge eine sehr alte, da der Palatinische Hügel in dieser Gegend deswegen den Namen Germalus führte[183] und dieselbe Idee sich in den Sagen anderer latinischer Städte wiederholt, namentlich in der von Praeneste und Tibur.[184] Auch die öffentlichen Laren Roms wurden durch die ganze Stadt als Brüderpaar dargestellt, und so mögen denn auch Romulus und Remus in der ältesten Auffassung nichts weiter als die Laren oder Indigeten der Palatinischen Altstadt gewesen sein, welche sich mit der Zeit zu den zwölf Laren der Stadtflur, d. h. der Arvalischen Brüder erweiterten. Eben so alt war aber auch der Name Roma d. i. die heilige Ursprungsstätte der Romani oder vielmehr der Ramnes, wie sich die Angehörigen der Palatinischen Stammtribus nannten.[185] Daher die Namen Romulus und Romus oder Remus für die beiden Zwillinge, zunächst die von der Wölfin unter dem Ruminalischen Feigenbaum gesäugten[186], wobei zu bemerken daß auch der Tiber in den heiligen Urkunden der Römer den Beinamen Rumon d. i. vermutlich des Nährenden führte, ferner daß es in der Nähe von Rom einen Ort Remona oder Remuria und einen Remurinus ager, im Lande der Hirpiner eine Stadt Romulea gab.[187] Der Tiber mit seinen Überschwemmungen, die Höhle des Faunus in Lupercal, die Wölfin als das geweihte Tier des Mars oder der Fauna, der heilige Specht und der Kibitz, dieser als Symbol der Vesta, boten den nächsten Anlaß zur Belebung und bildlichen Ausführung der Szene, d. h. der Geschichte der beiden Zwillinge, welche für den ältesten Teil und den Kern der ganzen Erzählung von Romulus und Remus gelten darf. Eine Familienmünze der Pompeia, auf welcher Fostlus d. i. Faustulus, der Ruminalische Feigenbaum mit jenen Vögeln, die Wölfin mit den säugenden Zwillinge abgebildet sind, ist für uns das älteste authentische Denkmal des Vorgangs.[188]

Eine neue Erweiterung erfolgte sobald man für die Zwillinge eine Mutter suchte, bei welchem Punkte die Kombinationen der Griechen und die der Römer bedeutend voneinander abwichen. Die Griechen gingen mit ihrer Heroine Roma oder dem Eponymos Romus oder Romulus entweder einfach auf die gegebenen Ahnherrn der italischen Genealogie zurück, Ulysses oder Aeneas oder Latinus usw., oder sie nannten Roma eine edle Dame aus Troja, welche mit dem Aeneas in diese Gegend verschlagen vom Aboriginerkönige Latinus die Zwillinge geboren habe.[189] In der römischen Sage dagegen treten gewisse alte Tatsachen des nationalen Glaubens und der latinischen Geschichte deutlich genug hervor. Immer ist der Albanische Mars der Vater und eine Albanische Vestalin die Mutter, weil man sich des Ursprungs von Alba deutlich bewußt war und weil Mars der nationale Befruchtungsgott, Vesta die allgemein verehrte Göttin des Gemeindeverbandes war. Grade so galt bei den Sabinern der Gründer von Cures für einen Sohn des Quirinus und einer geweihten Jungfrau, während die Abstammung des Pränestinischen Caeculus vom Vulcan, die des Servius von dem Feuergotte des Herdes schon bestimmter an Vesta erinnert, Amata aber als Königin von Lavinium, die Mutter der Lavinia, durch jenen Namen sogar ausdrücklich als Dienerin der Vesta bezeichnet wird. Der Name jener Albanischen Vestalin ist in der gewöhnlichen Überlieferung Rhea oder Rea Silvia, in der gräcisirenden Ilia. Von jenen ist Silvia der Gentilname, Rea aber, woraus vermutlich die gräcisierende Schreibart Rhea erst später entstanden ist, bedeutet entweder die Angeklagte oder voti rea, d. h. die Geweihte, den Göttern Verlobte[190], mit einem Worte die Vestalische Jungfrau aus dem königlichen Geschlechte der Silvier. Bei den älteren Dichtern Naevius und Ennius ist Ilia noch die Tochter des Aeneas, also Romulus dessen Enkel[191], so fremd war ihnen noch die chronologische Vorsicht der späteren Schriftsteller, welche die ganze Reihe der Albanischen Könige einschoben, um einen beruhigenden Zusammenhang der Zeitrechnung herzustellen. Dessenungeachtet ist die Beziehung auf Aeneas und Troja bei diesen verschiedenen Kombinationen so sehr die Hauptsache, daß die latinische Aeneassage also damals in ihren Grundzügen schon fertig vorgelegen haben muß.

Ein anderer Maßstab für die jüngere Entstehung der gewöhnlichen Geschichte vom Romulus ergibt sich daraus daß Romulus, der Gründer der Palatinischen Roma, und Quirinus, der nationale Gott und Führer der Quirinalischen Sabiner, bei derselben aufgehört hatten verschiedene Personen zu sein, was auf ein ziemlich junges Zeitalter führt, d. h. auf dasselbe, wo sich die gewöhnliche römische Stadtchronik überhaupt gebildet hat. So verdankt Romulus die Hersilia nur dieser Verwechslung mit Quirinus.[192] Noch deutlicher aber tritt diese Konfusion in der Erzählung von seinem Ende und seiner Erhöhung zum Gott hervor, und hier gewinnen wir zugleich eine Andeutung über die wahre Quelle dieser und anderer Erweiterungen. Es ist keine andere als die gentile Tradition und Sagenfabrik der Albanischen Julier, dieselbe welcher wir auch in der Geschichte des Kults der Venus Genetrix und in der Aeneassage begegnet sind. Nicht ohne Grund heißt es nämlich daß Romulus nach seiner Entrückung zuerst dem Proculus Iulius, d. h. einem Edlen (vgl. procus, proceres) aus dem Geschlechte der Julier erschienen sei, und zwar auf dem Quirinale, mit der Forderung daß man ihm auf diesem Hügel als Quirinus einen Tempel erbauen solle.[193] So sehr hatte man schon damals die alte und ursprüngliche Bedeutung dieses alten Heiligtums auf dem Quirinal vergessen, welches eben deshalb später von Augustus, dem Aeneaden und Julier, so eifrig und prächtig restauriert wurde, wahrscheinlich am 29. Juni, welcher Tag seitdem gleichfalls ein Festtag des Quirinus war[194], d. h. des Romulus Quirinus, keineswegs des alten Kriegsgottes der Sabiner von Cures und Reate.

Die vollständige Geschichte der Zwillinge, der Gründung Roms und der Regierung des Romulus bis zu seiner Verklärung, in welche noch viele andere soziale und historische Erinnerungen aus den ältesten Zeiten der Stadt verwebt wurden, hatte unter den Dichtern zuerst Ennius in seinen Annalen in hochpoetischer Ausführung vorgetragen.[195] Unter den Annalisten erzählte schon Fabius Pictor, wenn dieses der alte Annalist des Namens ist, nach der Probe bei Dionys. 1, 79 zu urteilen, die Sage ganz im Geschmack eines griechischen Romans und in pragmatischer Breite. Die gewöhnliche Tradition ist bei Cicero, Ovid, Livius, Dionys, Plutarch u. A. zu finden.[196] Als Dienerin der Albanischen Vesta geht Rhea Silvia, die Tochter des frommen Numitor, um Wasser zu schöpfen an eine heilige Quelle im Haine des Mars. Ein Wolf, das Tier des Mars, scheucht sie in eine Höhle, wo dieser sie findet[197], oder, wie Ovid und andere Dichter erzählen und verschiedene Kunstdenkmäler den Vorgang darstellen, an der Quelle in sanften Schlummer versunken wird sie von dem Gotte überrascht.[198] Da wurden unter großen Zeichen und Wundern die Zwillinge empfangen, welche die Stadt der Zukunft gründen sollten.[199] Als Ilia sie geboren, büßt sie ihr Glück mit dem Leben, da Amulius sie in den Tiber (nach anderen in den Anio) stürzen läßt, wo der Flußgott sie liebend aufnimmt und zu seiner Gattin erhöht. Auch die Kinder sollen in dem Flusse umkommen, daher man sie in einer Mulde an seinem Ufer aussetzt. Der überschwellende Strom treibt diese bis an den Fuß des Palatinischen Hügels, da wo der Ruminalische Feigenbaum stand und in der Nähe die heilige Höhle des Lupercus war. Aus dieser Höhe eilt die Wölfin herbei um die hilflosen Zwillinge zu stillen, während der Specht und der Kibitz sie schützend umschweben. Da findet sie Faustulus, der Aufseher der königlichen Herden, welcher sie seinem Weibe, der Acca Larentia übergibt. So wuchsen sie unter Herden und Hirten heran, in solcher Schönheit und Kraft daß alle sich ihnen willig fügten, wie davon besonders in alten Liedern gesungen wurde.[200] Als Denkmäler dieser Jugend zeigte man auf dem Palatin eine Hütte des Faustulus und des Romulus. Nach anderen wurden sie zum höhern Unterrichte nach Gabii getan, wobei die Erinnerung an eine alte Priesterschule und Auguraldisziplin in dieser Stadt, die gleichfalls Albanische Kolonie war, zu Grunde liegt.[201] Dann erfolgt die Erkennung in Folge von Händeln zwischen den Hirten des Numitor und des Amulius, von welchen die letzteren den Remus in einem Hinterhalt oder bei der Lupercalienfeier fangen und nach Alba führen. Romulus befreit ihn und stürzt den Amulius, worauf Numitor den Jünglingen Land und Leute zur Gründung von Rom anweist.

Bei dieser sind die Auspicien und der Zwist der Brüder das Bedeutungsvolle. Daß Rom auspicato gegründet worden wird oft hervorgehoben und war im Sinne der römischen Auguraldisziplin, nach welcher jeder öffentliche Vorgang durch die Auspicien geheiligt und geweiht werden mußte, etwas Unerläßliches.[202] Der Zwist der Brüder und der Tod des einen war zunächst vielleicht nur die Folge ihrer älteren Zwillingsnatur, da die spätere Sage nur einen Ktisten für Rom brauchen konnte. Indessen hat sie von dieser Dichtung einen geschickten Gebrauch gemacht, da sie zugleich die lange Vernachlässigung des Aventin dadurch rechtfertigt und der Stadt auf dem Palatin eine um so größere Weihe verleiht. Der Aventin hat eine weit günstigere Lage als der Palatin, dicht am Strome und luftiger, auch leichter zu befestigen; man kann es sich kaum denken daß die Albanische Ansiedelung ohne dringende Veranlassung nicht ihn, sondern den Palatin zur Gründung einer Stadt erwählte; wie andererseits Remus als Repräsentant des lange verschmähten, endlich der Plebs überlassenen Hügels eben dadurch mit der Zeit eine volkstümliche Bedeutung bekommen hat.[203] Genug die bekannte Erzählung ist die, daß gleich über den Ort der Gründung unter den Brüdern Streit und Parteiung ausgebrochen sei. Romulus mit seinem Anhange wählt den Palatin, Remus den Aventin. Die Götter, d. h. die Auspicien sollen entscheiden, daher jeder sich auf den Gipfel seines Bergs begibt und mit Gebeten und frommen Gebräuchen die Nacht hindurch bis zum frühen Morgen der Zeichen harrt. Kaum erhob sich die Sonne[204], da erscheinen dem Remus zuerst sechs, aber unmittelbar darauf dem Romulus zwölf Geier, so daß Remus nachgeben mußte, obwohl er bittern Groll im Herzen behielt. Er bewies es durch den höhnenden Sprung über die niedrige Mauer des Romulus, der ihn darauf zürnend erschlug: eine Allegorie der Heiligkeit und Unverletzlichkeit dieser Mauer, obwohl man es später für geraten hielt, um den Brudermord zu beseitigen, den Reiterhauptmann Celer anstatt des Romulus zu nennen und diesen den Geist des erschlagenen Bruders durch die Stftung der Lemurien versöhnen zu lassen.[205] Als Gründungstag des Palatinischen Rom wurden die Palilien am 21. April gefeiert, als die Stätte, wo Romulus seine Gründung begonnen, die sogenannte Roma quadrata gezeigt, welche vermutlich der Mundus dieser ältesten urbs gewesen war.[206] Sie lag in derselben Gegend, wo man auch die Hütten des Romulus und Faustulus zeigte, auf dem Germalus, d. h. dem Zwillingshügel und in der Nähe jener anderen Heiligtümer, welche man zum Belege der wunderbaren Geburt und Jugend der Zwillinge zeigte.[207]

Einen bedeutenden Zuwachs an Bevölkerung soll die junge Stadt durch das sogenannte Asyl des Romulus inter duos lucos bekommen haben, von welcher Überlieferung der Kern in dem alten Kulte des Vejovis nachgewiesen ist. Darauf folgt die Feier des Consualien und der Raub der Sabinerinnen, in welchen Erzählungen sich wieder alte Kultusideen und alte Traditionen des ehelichen Jungfrauenraubs und des matronalen Lebens mit der historischen Tatsache einer sabinischen Ansiedlung auf dem Quirinal und einer Verbündung zwischen dieser und dem Palatinischen Rom verschmolzen haben.[208] Die dreißig Sabinerinnen, denn nur so viele kannte die ältere Überlieferung, galten zugleich für die Stammmütter (Matres) des palatinischrömischen Patriziats und für die schützenden Heroinen des patriarchalischen Institutes der dreißig Curien, die nach ihnen benannt sein sollen[209], bei welcher Auffassung wohl zu beachten ist daß bei vielen Völkern des Altertums, auch in Griechenland und Kleinasien, die edlen Geschlechter sich nicht von Ahnherrn, sondern von Ahnfrauen ableiteten. Der als Gewalttat aufgefaßte Raub motiviert dann weiter die ersten Kriege Roms, d. h. den Triumph des Romulus über Caenina und seinen König Acron, bei welcher Gelegenheit der Dienst des Iup. Feretrius gestiftet wird, und den Krieg mit den Sabinern unter T. Tatius, welcher mit ihrer Niederlassung auf dem Quirinal endigt. Da man sich aus sakralen Überlieferungen, namentlich denen der Augurn, verschiedener Stiftungen der Sabiner auf der Capitolinischen Burg erinnerte, die erst durch die Anlage des forum Traiani so entschieden wie es jetzt der Fall ist von dem Quirinal getrennt wurde, so ließ man diesen Krieg mit der Einnahme des Capitols durch die Sabiner beginnen. Dies ist die Sage von der Tarpeia, der Tochter des Capitolinischen Burgvogtes Spurius Tarpeius, durch deren Verrat sich die Sabiner der wichtigen Burg bemächtigen. Auch dabei lag ein örtlicher Kultus zu Grunde, der mit der Zeit unverständlich geworden war, denn es wird ausdrücklich überliefert, daß Tarpeia auf dem nach ihr benannten Felsen, dem Saxum Tarpeium, von welchem die Verbrecher hinabgestürzt wurden, ein Grab hatte und von den Römern mit jährlichen Totenopfern verehrt wurde.[210] Vom Capitol herab stürmen die Sabiner gegen die Römer, deren Burg der Palatin ist, so daß die Niederung zwischen beiden Hügeln, das spätere Forum, das Schlachtfeld bildet. An der Spitze der Sabiner kämpft Metius Curtius, von welchem die Stadtsage den Namen des lacus Curtius auf dem Forum ableitete, an der der Römer Hostus Hostilius, der kriegerische König aus der Fremde, dessen Enkel der spätere König Tullus Hostilius ist. In der höchsten Bedrängnis des Kampfes gelobt Romulus den Tempel des Iup. Stator an dem gewöhnlichen Eingangstore des Palatin von der Via Sacra, denn so weit waren die Sabiner vorgedrungen. Endlich stürzen sich die geraubten Sabinerinnen zwischen den Kämpfenden, indem sie den friedlichen Bund vermitteln, der auf dem Comitium zwischen Romulus und T. Tatius abgeschlossen wird. Die Römer bewohnten fortan den Palatin und Caelius, über welchen Hügel sich ihre Ansiedelung allmählich erweiterte, bis sich aus dieser unter dem Namen der Luceres eine neue Stammtribus, die jüngste der drei alten patrizischen bildete, die Sabiner den Quirinal und das Capitol. T. Tatius wohnt als sabinischer Priesterkönig und Augur auf der Arx; auch die Sodales Titii, welche ein entferntes Andenken von ihm bewahrten, bezogen sich speziell auf das Auguralwesen.[211] Die gewöhnliche Überlieferung schilderte ihn als einen Tyrannen[212], namentlich die von seinem Tode, bei welcher die Erinnerung an eine Feindschaft zwischen den Sabinern in Rom und dem latinischen Bunde, welchem Rom durch sie vermutlich entfremdet wurde, deutlich durchblickt. Die Verwandten des Tatius plündern erst im Gebiete der Laurenter und erschlagen dann deren Gesandte, als sie in Rom Genugtuung fordern, deren sich auch der sabinische König weigert. Deshalb wird T. Tatius bald darauf bei dem latinischen Bundesopfer zu Lavinium, wohin er und Romulus sich als Repräsentanten Roms begeben, von den Latinern erschlagen.[213] Romulus stiftet ihm in Rom, am Abhange des Aventin im sogenannten Laurentum, ein Grab und Denkmal, bei welchem man jährliche Totenopfer brachte.[214] Ferner weiß die Überlieferung von jährlichen Sühnungsopfern „der Städte" am Ferentinischen Tore[215], welches in Rom sonst nie genannt wird, daher vermutlich die Quelle der Ferentina, der bekannte Ort der latinischen Bundesversammlung dafür zu setzen ist.

Was sonst noch von Romulus erzählt wird, der nun wieder eine geraume Zeit allein regiert haben soll, betrifft meistens die fundamentalen und elementaren Ordnungen der römischen Bürger- und Wehrverfassung, welche nicht hierher gehören. Außerdem ist viel von seinen Kriegen mit Fidenä und Veji die Rede, welche jedenfalls die bedenklichsten Feinde Roms waren und dieses bekanntlich bis zu den Zeiten des Camill beschäftigt haben. Endlich wendet sich die Sage zu seinem Ende und zur Verklärung als Romulus Quirinus. So alt der dabei zu Grunde liegende Kultus des Quirinus war, so sehr macht die Erzählung vom Tode des Romulus den Eindruck einer modernen Erfindung. Romulus hält eine Musterung des Volks im Marsfelde, da erhebt sich ein heftiges Ungewitter mit Sturm und Regen, Donner und Blitz, in welchem er verschwindet. Ennius hatte nach dem Vorbilde der griechischen Fabel von der Verklärung des Hercules eine förmliche Auffahrt zum Himmel daraus gemacht, indem Romulus durch den Wagen seines Vaters Mars entführt wurde.[216] Aber nur die Näherstehenden hatten das Wunder mit ihren Augen gesehen, darum erscheint Romulus dem Proculus Iulius in verklärter Gestalt[217], nennt sich Quirinus und fordert jenen Tempel und Gottesdienst auf dem Quirinal. Für den Tag der Verklärung hielt man den der s. g. Nonae Caprotinae, d. h. die Nonen des Julius, wo sich immer viel Volks im Marsfelde versammelte.[218] Eine andere Tradition, die eines Rationalisten und eifrigen Republikaners, erzählte daß die Senatoren den greisen Romulus, der zuletzt auch zum Tyrann geworden sei, im Senate zerrissen und die blutenden Glieder heimlich beiseite geschafft hätten. Später sei dem Volk das Märchen von seiner Apotheose aufgebunden worden.

9. *Dea Roma*

Von den Griechen hatten sich die Römer auch eine personifizierte Dea Roma aufreden lassen, welche indessen von den Griechen selbst, namentlich den kleinasiatischen, und in Rom keineswegs in derselben Gestalt verehrt wurde, sondern dort mehr unter dem Bilde einer personifizierten Tyche von Rom, hier unter dem einer kriegerischen Heroine. In Kleinasien, wo man nach dem Beispiele der Pergamenischen Könige und der Insel Rhodus seine Augen früh nach Rom richtete, rühmte sich Smyrna den ersten Tempel der Stadt Rom erbaut zu haben, schon im J. 195 v. Chr., als Karthago noch gestanden und mächtige Könige (Antiochus) noch in Asien geherrscht hätten.[219] Bei einer anderen Veranlassung, als im J. 170 während des Krieges gegen Perseus von vielen Städten zugleich, griechischen und asiatischen, eine Gesandtschaft nach Rom geschickt wird, rühmt sich Alabanda, eine durch Handel und Industrie blühende Stadt in Karien, einen Tempel und jährliche Spiele zu Ehren der Stadt Rom gestiftet zu haben, diese ohne Zweifel unter dem Namen Ῥώμαια. Seitdem wurde eine Vergötterung Roms, des Römischen Volks, des Römischen Senats in Asien immer gewöhnlicher, wie dazu namentlich die Münzen dieser Städte die entsprechenden Bilder geben, unter denen die der Dea Roma gewöhnlich nach Art der in den meisten Städten als Schutzgöttinnen verehrten Tychen mit der Mauerkrone versehen, und dazu mit dem Füllhorn, mit anderen Attributen des Heils und Segens, mit der Lanze usw. ausgestattet sind. Später ließen sich auch die römischen Proconsuln in diesen in Adulation und Servilismus lange geübten Gegenden recht gerne Tempel und Altäre gefallen, bis Augustus, nachdem man ihn längere Zeit um die Erlaubnis eines ähnlichen Kultus seiner eigenen Person gebeten hatte, zuletzt die Entscheidung traf daß gewisse Städte seinen Adoptivvater, den Divus Iulius, andere ihn selbst göttlich verehren dürfen sollten, aber beide nur in der Form einer Vereinigung der Dea Roma mit diesem neuen Kultus. Ephesus und Nicäa sollten Tempel des Divus Iulius und der Dea Roma errichten, und zwar sollten diese Kulte speziell für die unter ihnen angesiedelten Römer bestimmt sein, Pergamum und Nicomedien Tempel des Augustus und der Dea Roma und zwar speziell für die Hellenen, so nannte er in seinem Schreiben alle Nicht-Römer.[220] So schmückten sich also fortan diese und andere Städte in Asien mit solchen Tempeln und Bildern, von denen wieder die Münzen in sehr verschiedenen Gegenden eine Ansicht geben.[221] Auch jährliche Spiele und Feste wurden zu Ehre dieser Paare viel gestiftet und begangen, auch in Italien z. B. in Neapel, wo unter anderen Spielen Ῥώμαια Σέβαστα, d. h. ludi Romae et Augusti erwähnt werden.[222] Dagegen erscheint Roma in Rom selbst, namentlich auf den Münzen, immer kriegerisch, bald mehr der Minerva bald einer Amazone ähnlich[223], übrigens in den verschiedensten Stellungen, stehend auf ein Schild gestützt, auf Waffen sitzend, die Siegesgöttin auf ihrer Rechten oder in Begleitung der Siegesgöttin, ein Tropäon aufzurichten beschäftigt usw. Es ist dieses die alte Ῥώμη der griechischen Stadtsage, die personifizierte Heroine der Stadt, welche man nun gerne in Valentia übersetzte, dieselbe welche in einem griechischen Gedichte aus den Zeiten der Republik, aber schon der entschiedenen Weltherrschaft, eine Tochter des Ares genannt wird.[224] Da die Silbermünzen der italischen Bundesgenossen mit offenbarer Nachahmung der römischen Denare auf dem Av. den ähnlich bewaffneten Kopf der Italia zeigen[225], so sind die römischen Münzen mit dem entsprechenden Kopf der Roma jedenfalls älter als dieser Krieg, vollends diejenigen wo die Züge der Roma-Minerva noch sehr strenge sind und eine ältere Kunstbildung verraten. Den Andeutungen dieser Münzen gemäß können entsprechende Bilder auch in Rom selbst nicht selten gewesen sein, und namentlich mag es auf dem Capitol ein altes

Vorbild dieser Dea Roma gegeben haben.[226] Scheint doch selbst in dem von Catulus dedicirten Tempel des Capitolinischen Jupiter das Tempelbild auf seiner Rechten ein Bild der Dea Roma getragen zu haben.[227]

Unter Hadrian entstand nun auch in Rom der große und prächtige Doppeltempel Romae et Veneris, dessen letzte Trümmer in der Nähe des Titusbogens noch zu sehen sind. Dieser Tempel war von Hadrian an den Palilien, d. h. am 21. April eingeweiht worden, daher dieser Tag fortan nicht bloß als Geburtstag der Stadt, sondern auch als Stiftungstag dieses Templum Urbis, wie man ihn später zu nennen pflegte, unter dem Namen eines Festes der Roma (Ῥώμαια) mit lärmenden Umzügen und zirzensischen Spielen gefeiert wurde.[228] In dem Tempel waren beide Göttinnen thronend abgebildet, Venus als Genitrix und Victrix, Roma in derselben kriegerischen und amazonenartigen Kleidung und Haltung, wie sie die meisten Münzen und noch erhaltnen Kunstdenkmälern aus den Zeiten der Kaiser zeigen.[229] Die weitere Ausstattung und Dekoration des Tempels scheint in Gemälden und Gruppen auf die mythische Geschichte der Stadt Rom von der Zerstörung Trojas bis zur Gründung des Romulus hingewiesen zu haben[230], in welchem Sinne auch durch Antoninus Pius, den Nachfolger Hadrians, dieselben Erinnerungen durch öffentliche Denkmäler und das Gepräge seiner Münzen gepflegt wurden.[231] Die vereinzelte Spur einer friedlicheren Auffassung findet sich in dem Bruchstücke eines sonst unbekannten Dichters, wo Roma die Tochter des Aesculap genannt, also als Salus gedacht wurde.[232]

Aus der Zeit Hadrians stammt auch der Name Roma aeterna, unter welchem die Schutzgöttin der Stadt, je mehr das römische Reich und mit ihm die alte Hauptstadt dem Verfall entgegeneilte, desto sehnsüchtiger gefeiert und angerufen wurde. Commodus hatte als der letzte Antonine von echtem Stamm wenigstens noch den Stolz eines Römers auf die ewige Stadt, deren Namen er mit dem seinigen zu veschmelzen suchte.[233] Und aus dieser Zeit mögen auch die jüngeren Bilder der Dea Roma stammen, welche sie noch immer kriegerisch und thronend, aber vollständig und sehr prächtig bekleidet darstellen, namentlich ein Frescogemälde im Palast Barberini in Rom, wo sie auf einem goldnen Throne in gestickter Toga und purpurnem Kriegsmantel dasitzt, eine Victoria mit dem Vexillum auf der Rechten, das Zepter in der Linken, das Schild seitwärts angelehnt, die ewige, d. h. die immer blühende und unbestrittene Weltherrscherin.[234] Aber von Septimius Severus an, dem Afrikaner und Militärdespoten, dem das alte römische Wesen zuwider war, bemächtigte sich das instinktive Gefühl des Verfalls in solchem Grade der Stadt, daß gelegentlich im Circus, in einer Pause der Spiele, wie auf dämonischen Anlaß unter der versammelten Menge ein allgemeines Wehklagen um die kaiserliche, die unsterbliche Roma entstand, welche sich in vielen leidenschaftlichen Worten und Gebärden Luft machte.[235] Bald sollte es auch an einer gefährlichen Konkurrenz nicht fehlen, zumal seitdem die alte Nebenbuhlerin Karthago das stolze Haupt von neuem erhob und mit Alexandrien um den zweiten Rang nach Rom wetteiferte[236], und endlich vollends seit der Stiftung von Constantinopel, die sich nicht allein Nova Roma ausdrücklich nannte, sondern auch die städtischen Erinnerungen und Symbole der alten Hauptstadt geflissentlich kopierte. Auch hier fehlte es nicht an einer Tyche der Stadt, deren Vernachlässigung durch Constantin sich nach dem Glauben des Volks durch Schiffbrüche rächte, daher Constantin sie neben seinem eigenen Bilde anzubeten erlaubte. Sie unterscheidet sich von dem Bilde der alten Roma durch die Mauerkrone und dadurch daß sie den einen Fuß auf das Vorderteil eines Schiffes stellt.

ZWÖLFTER ABSCHNITT

Letzte Anstrengungen des Heidentums

Mit der Einholung der Großen Mutter von Pessinus im J. 204 v. Chr. hatte Rom den ersten Schritt nach Asien getan. Bald darauf folgten die Kriege mit den Königen von Macedonien und Syrien, durch welche auch seine Herrschaft über jene Gegenden ausgebreitet wurde, in denen sich seit Alexander d. Gr. und seinen Nachfolgern durch Vermischung des griechischen Geistes mit dem orientalischen die außerordentlichsten Bewegungen der Zukunft vorbereiteten. Die alten nationalen Formen des Völkerlebens wurden zerschlagen, die griechische Bildung gelangte zur alleinigen Herrschaft, mit ihr die griechische Mythologie und Kunstübung, aber nur noch in ihrer ästhetischen und symbolischen Bedeutung, da der religiöse Inhalt sich aus diesen Formen lange verloren hatte. Die Welt bedurfte einer tieferen religiösen Erregung und sie kam aus dem Orient, wie dieser sich in religiöser Hinsicht immer weit produktiver bewiesen hat als der Okzident. Freilich konnte zunächst auch er nur Veraltetes bieten, die abgelebten Formen seines Heidentums wie es sich bis dahin in den einzelnen Ländern, in Ägypten, Phrygien, Syrien, Persien usw. nach einheimischer Weise gestaltet und behauptet hatte, nun aber in der allgemeinen Gärung der hellenistischen Kulturperiode ein neues Kleid anlegte und damit aus der engeren Heimat auf die größere Bühne der Weltbewegung hinübertrat. Ein merkwürdiges Schauspiel wie diese alten Götter, die starren Steingestalten Ägyptens, der fanatische Attis, der weichliche Adonis, der Himmelskönig und die Sterngeister von Syrien und Babylon, der persische Mithras sich von neuem beleben, sich wandernd in Bewegung setzen, alle jetzt nach Rom und von dort weiter in die romanische Welt vordingend: begleitet von ihren Priestern und Pfaffen, deren abergläubische Geheimweisheit Gebildete und Ungebildete in Rom und Italien nun bald ebenso angelegentlich beschäftigt als in Korinth und Athen, in Ephesus, Antiochien und Alexandrien. Aber auch ein sehr klägliches Schauspiel, denn niemals hat sich der gänzliche Verfall, die völlige Ohnmacht einer überlebten Kulturperiode so einleuchtend herausgestellt als in diesen letzten Restaurationsversuchen des antiken Heidentums. Das Neue was sie bieten konnte war eben nur neue Aufregung, neue Verwirrung, keine Belehrung, keine Beruhigung. Es waren eben nur die geflickten Lappen des alten Kleides, welche bald wieder zerrissen und die garstige Blöße der verfallenen Menschheit nun erst recht sehen ließen.

Um es begreiflich zu finden daß diese Gottesdienste trotzdem eine so weite Verbreitung fanden und sich auch im Okzident so lange behaupten konnten, muß man verschiedene Umstände bedenken. Zunächst daß auch die römische Staatsreligion wie alle Partikulärformen des damaligen Glaubens ihrem Verfall mit raschen Schritten entgegenging, wie dieses bereits in der Einleitung angedeutet worden. Die beiden Untersuchungen über die Baccanalien und über die untergeschobenen Bücher des Numa sind die deutlichsten Symptome des Verfalls und zugleich in geschichtlicher Hinsicht sehr merkwürdig, daher wir darauf zurückkommen. Im übrigen sei nur noch bemerkt daß trotz aller Restaurationsversuche des August die altherkömmliche Religion nun erst recht zur Larve wurde, zusammengesetzt aus Formeldienst, welcher nur noch ein gelehrtes Interesse hatte, und aus der sinnlichen Lust und Aufregung der zirzensischen und szenischen Schauspiele, welche immer weichlicher, lüsterner[1] und brutaler wurden. Ein zweiter Umstand sind die ganz veränderten Bevölkerungs- und Kulturverhältnisse von Rom und Italien. Je mehr Rom zur Hauptstadt der Welt, d. h. der alten Zivilisation mit Inbegriff des hellenisierten Ostens wurde, desto mehr drängten natürlich alle Völker, alle Götter dahin[2], desto mehr wurde Italien, namentlich das mittlere mit den beiden alten Kulturländern Campanien und Etrurien, zur dienenden Umgebung der großen Hauptstadt, wo sich die verschiedensten Kultureinflüsse durchkreuzten und zum letzten Anlauf auf Rom selbst vorbereiteten. Denn noch war die Religionspolizei in der Stadt selbst, wenigstens in der Altstadt sehr strenge; aber unmöglich konnte sie Rom auf die Länge vor der Contagion bewahren, wenn die ganze Umgegend davon ergriffen war, zumal da in Rom selbst wie in Italien die Bevölkerung der unteren Klassen durch die vielen Sklaven und Freigelassenen, die zuwandernden Fremden, die angesiedelten Soldaten eine durchaus andere geworden war. Daher die sich immer wiederholende Erscheinung daß jene ausländischen Gottesdienste, einmal in Italien eingeschleppt[3], sich bald in der Nähe Roms und in seinen Vorstädten bemerkbar machen, darauf von dort in die Stadt selbst, wohl gar bis aufs Capitol vordringen, hier in der ältern Zeit von der Obrigkeit zwar barsch zurückgewiesen werden, aber dennoch nicht mehr ganz zu tilgen sind; wie die Isismysterien sich schon unter den Triumvirn eine angewiesene Stätte in der Vorstadt des Marsfeldes eroberten und die Phrygischen Mysterien der Großen Mutter und des Attis seit Claudius so gut in Rom als in Kleinasien gefeiert wurden. Waren es früher nur die unteren Stände gewesen, in welchen und durch welche solche Sacra Wurzel schlugen, die Handwerker, der gemeine Mann, der kleine Bürger, darunter vorzüglich die Frauen und Mädchen, die schönen und einflußreichen Libertinen, so wurden sehr bald auch die höheren Stände, selbst der kaiserliche Hof von derselben Ansteckung ergriffen, sei es aus Aberglauben oder aus Lust am Seltsamen und raffiniert Unsittlichen, wodurch diese Geheimdienste so oft reizten, wie z. B. schon Otho sich öffentlich zur Religion der Isis bekannte und Neros Glaube der Aberglaube der gemeinsten Hefe des Volkes war, mit welcher er viel verkehrte. Noch später, seit der Zeit der Antonine, bekam die hellenistische Bildung ohnehin die Oberhand über die römische, und endlich geriet ja auch der kaiserliche Palast in Rom in die Macht einer Reihe von Kaisern, welche alles andere, nur keine Römer waren, fanatische Afrikaner oder syrische Weichlinge oder rohe Thraker und Illyrier, die von der Pike auf gedient und ihr Gemüt in zarten Jahren mit dem rohen Aberglauben der Legionen genährt hatten, der in diesen letzten Zeiten also natürlich auch im Reiche immer mehr um sich griff.

Endlich ist zu bedenken daß diese Gottesdienste, vorzüglich die künstlicheren Formen, früher die ägyptischen und phrygischen Mysterien, später die Taurobolien und die Mysterien des Mithras, manche Eigentümlichkeiten besaßen welche grade dem Geiste dieser Zeiten des allgemeinen Verfalls besonders zusagen mußten. Sie waren eine geschickte Vereinigung von exoterischen und esoterischen Elementen, rohem Aberglauben und geheimnisvoller Andeutung und Weihe, daher sie sowohl den gemeinen Mann als die Gebildeten lockten und in der aufsteigenden Folge von einem Grade zum anderen auch wohl manchen ernsten Mann spannten und eine Zeitlang hinhielten. Wie ein glänzender, schon durch sein ausländisches Wesen imponierender Kultus die Phantasie beschäftigte, so wurde der Intelligenz das Versprechen einer höheren und reineren Gotteserkenntnis, dem in dieser Zeit überall sehr geschärften Gewissen in vielen Bußübungen die Verheißung des Heils und der Sündenvergebung geboten. Dazu kam der große Reiz einer Symbolik, welche die Bilder

der Natur und der Mythologie mit den Bedürfnissen des menschlichen Geistes in anziehender Weise zu verschmelzen wußte, und mit ihr verbunden die scheinbare Hilfe der sogenannten Theokrasie, mit welcher sich der Polytheismus in Griechenland schon längst zu helfen gesucht hatte, bis er in der hellenistischen Kulturperiode sogar zum herrschenden Prinzip aller religiösen Neubildungen geworden war. Es ist die Vermischung und Verschmelzung verschiedener, bis dahin getrennt gewesener Kultusformen und Götterbegriffe, welche sich auf dem Gebiete der Mythologie und der bildenen Kunst als Pantheismus darstellt, d. h. als synkretistische Übertragung verschiedener Götternamen und Beinamen, Eigenschaften, Attribute und Bilder auf eine und dieselbe Göttergestalt, welche dadurch die Bedeutung eines All-Gottes erhielt: eine natürliche Folge sowohl der Auflösung aller nationalen Eigentümlichkeit als des alten und latitierend in allen polytheistischen Göttersystemen mitwirkenden Triebes, aus der zersplitternden Vielheit des örtlichen Gottesdienstes auf die höhere Einheit eines allgemeinen Gottesbegriffs zurückzugehn und sich auf diesem Wege zugleich zu vertiefen und zu vereinfachen.

Einer besondern Berücksichtigung bedurfte zum Schluß der Kultus der regierenden und verstorbenen Kaiser, wie er, seit August zum herkömmlichen Schmuck des Kaisertums geworden, doch auch in religiöser und kulturgeschichtlicher Hinsicht sehr merkwürdig ist. Die Griechen und die hellenistischen Reiche, namentlich Alexandrien, ja noch früher die despotischen Gewöhnungen der großen Reiche des Orients, hatten auch in dieser Hinsicht die älteren Muster aufgestellt, so daß die Erscheinung als solche keineswegs neu ist. Wohl aber ist sie in diesem Zusammenhange wichtig und der letzte Abschluß des römischen Wesens dieser Zeiten als eine Art von oberster Reichsreligion, welche die verschiedenden Teile und Glaubensformen in der Anbetung der verstorbnen Kaiser und in dem Glauben an den Genius, den Stern, die gebenedeite Majestät des regierenden Kaisers zu einer halb religiösen halb politischen Einheit verknüpfte und darin zugleich dem gemischten Charakter des Kaisertums selbst entsprach, da auch dieses aus den höchsten Attributen sowohl der geistlichen als der weltlichen Herrschaft zusammengesetzt war.

1. Symptome des Verfalls der älteren römischen Staatsreligion

a) Die Unterdrückung der Bacchanalien im Jahre 186 v. Chr

Schon früher hatten sich hin und wieder mystische und fanatische Sacra ausländischen Ursprungs in Rom eingeschlichen. Die Griechen im südlichen Italien, die Etrusker im Norden waren immer reich an solchem Aberglauben: in Zeiten schwerer Bedrängnis, wenn entweder der Staat litt oder eine schwere Pestilenz das Leben von Tausenden fraß, drangen sie wohl auch nach Rom, wo man aber in den älteren Zeiten immer sehr kurzen Prozeß mit ihnen machte. So weiß Livius IV, 30 schon im J. 327 d. St., 427 v. Chr., wo der lange Krieg mit Veji begann und außerordentliche Dürre des Jahrs eine schlimme Seuche zur Folge hatte, von einer Invasion ausländischer Sühnungen und Weissagungen, welche durch die ganze Stadt beim gemeinen Mann und zuletzt selbst bei den höheren Ständen Anklang fanden, dann aber vom Senate mit der Weisung unterdrückt wurden, daß keine andern Götter als die römischen verehrt und kein anderer Ritus als der von alters herkömmliche geduldet werden solle. Ja diese Fälle wiederholten sich im weitern Verlaufe der Stadtgeschichte so oft, daß auf dieselbe Weise häufig eingeschritten werden mußte.[4] Indessen waren es früher nur einzelne Gebräuche und einzelne Winkelpriester dieser lichtscheuen Religionsübung gewesen welche sich bis nach Rom gewagt hatten; jetzt aber, in den Bacchanalien, trat der Aberglaube zum erstenmale als ganzes System eines religiösen Bekenntnisses auf, das auf einem neuen, der Sittlichkeit und dem alten Götterglauben gleich gefährlichen Prinzip beruhte. Die Form war die der griechischen Mysterien, aber nicht die einfachere und reinere der in Griechenland öffentlich anerkannten z. B. der attischen Eleusinien, welche von jeher auch den Gebildeten und unter ihnen selbst den Edelsten teurer waren, sondern die ausgeartete eines ebenso fanatischen als unsittlichen Aberglaubens, wie wir sie in Athen seit der Zeit des peloponnesischen Kriegs durch die Dichter der älteren attischen Komödie, auch durch Plato, Euripides und Theophrast kennen und im allgemeinen auf die Orphiker und andere separatistische Religionsvereine zurückführen können. Immer hatte sich dieser Aberglaube mit besonderer Vorliebe dem bacchischen Kreise mit seiner doppelsinnigen Allegorie und seinen maßlos ausschweifenden Gebräuchen angeschlossen. Neben dem einfacheren Dienste des Gottes der Weinberge und der Weinlese gab es nämlich einen andern, den fanatisch-mystischen Bacchusdienst, welcher sich vorzugesweise mit dem thrakischen und thebanischen Dionysos beschäftigte, dem Sohn der Semele oder der Persephone, dem periodisch unterliegenden und wiederauflebenden Symbole des Naturlebens, dessen Feste und Geheimdienst meist bei Nacht und von Frauen in der höchsten sinnlichen Aufregung des religiösen Gefühls begangen wurden. Allerlei ausländischer Aberglaube und verdorbne Philosophie hatte sich hinzugefunden, bis daraus zuletzt eine eigene Geheimreligion geworden war, welche auch in Italien, sowohl in den gräcisierten Gegenden als in Etrurien, ziemlich früh Aufnahme gefunden hatte. Die Gegend von Tarent, wo die Dionysien mit großer Ausgelassenheit gefeiert wurden und wo die Verfolgung der Bacchanalien am längsten dauert, werden wir für einen alten Herd dieses Übels halten dürfen; doch wurde Bacchus, der des populären und der des mystischen Glaubens, ja auch sonst in Italien und Sizilien, Apulien, Campanien, Etrurien viel verehrt, so daß es an lokalen Anknüpfungspunkten nicht gefehlt haben kann. Selbst in Rom war dieser Gottesdienst bereits seit längerer Zeit und zwar ziemlich öffentlich geübt worden, ehe man gegen ihn einschritt.[5] Freilich war er auch hier zuerst in einer unschuldigeren Gestalt aufgetreten, bis er durch den Einfluß einzelner Personen, einer Priesterin aus Campanien und von zwei Brüdern niedrer Geburt aus Rom und zwei Fremden aus Falerii und Campanien, eine so abscheuliche Wendung genommen hatte, wie man endlich im J. 186 zum allgemeinen Entsetzen der Stadt erfahren mußte, s. Liv. XXXIX, 8–18. Ein junger Römer von guter Familie, P. Aebutius, hatte eine Liebschaft mit einer ihm sehr ergebenen Freigelassenen Hispala Fecenia. Sein Stiefvater suchte den Unbequemen mit Hilfe seiner eigenen Mutter beiseite zu schaffen; die Mutter gab in dieser Absicht ein Gelübde vor, infolgedessen sich der Jüngling in jene Mysterien einweihen lassen müsse. Er spricht davon mit seinem Mädchen, diese erschrickt heftig und bestürmt ihn mit den dringendsten Vorstellungen, sich auf diese Einweihung nicht einzulassen. Sie hatte noch als Sklavin ihre gnädige Frau bei solchen Gelegenheiten begleiten müssen und darüber diese Conventikel kennen und aufs tiefste verabscheuen gelernt. Der junge Mann läßt sich glücklicher Weise abhalten, überwirft sich darüber mit seiner Mutter, nimmt seine Zuflucht zu seiner Tante, einer Dame von alter Zucht, die ihn bestimmt eine Anzeige zu machen. Der Senat und die Consuln griffen die Sache alsbald mit großem Ernste an; das treue Mädchen wurde glänzend belohnt. Das Ergebnis der Untersuchung war in der Kürze folgendes. Ein griechischer Winkelpriester war nach Etrurien gekommen und hatte den bacchischen Geheimdienst dort zuerst in engeren, dann in weiteren Kreisen verbreitet. So war er bis in die Nähe von Rom vorgedrungen, wo der Hain der Stimula, d. h. der Semele an der Tibermündung, also bei Ostia[6], wo alles ausländische Wesen bei lebhaftem Handelsverkehr leicht Eingang fand, dieser Weihe eine willkommne Stätte darbot. Die Aufnahme geschah nach zehntägiger Enthaltung vom geschlechtlichen Umgang und entsprechenden Waschungen. Anfangs wurden nur Frauen zugelassen, auch wurde die Einweihung nur dreimal im Jahre und zwar bei Tage vorgenommen, und Matronen bekleideten abwechselnd das Priestertum. Dann aber hatte jene Priesterin aus Campanien unter dem Vorwande göttlicher Eingebung alles verändert, Männer zugelassen, die Weihe in die Nacht verlegt, statt der dreimaligen Feier in jedem Jahre eine fünfmalige in jedem Monate angeordnet, auf die religiöse Feier wüste Gelage folgen lassen. Seitdem waren diese Orgien zum Deckmantel der schändlichsten Ausschweifung geworden; wer sich nicht preisgeben wollte, wurde durch den Lärm fanatischer Musik betäubt, überwältigt und auf die Seite geschafft. Die Frauen und entartete Männer waren die eifrigsten; beide tobten berauscht am Tiberufer, in wilder Aufregung der Nacht, die Männer in verzückten Tänzen weissagend, die Frauen in dem phantastischen Aufzuge der Mänaden, mit fliegenden Haaren und mit lodernden Fackeln. Es zeigte sich auch hier wie verführerisch, seuchenartig das Laster ist, wenn es die Maske der Scheinheiligkeit vorlegt. Immer zahlreicher wurde die Schar der Eingeweihten, unter denen sich auch Töchter und Söhne aus den besten Familien befanden. Man hatte um vorzüglich die Jugend zu fangen zuletzt bestimmt daß niemand über zwanzig Jahr alt aufgenommen werden sollte; und nicht bloß die Feier der Orgien verband die Teilnehmenden zur Übung des Lasters, sondern es hatten sich unter ihnen beständige Konspirationen gebildet, durch welche zuletzt der gesamte Sitten- und Rechtszustand des Staates gefährdet wurde. Vorzüglich dieses politisch Gefährliche des Geheimbundes war für die Obrigkeit der entscheidende Grund zur rücksichtslosen Strenge. Es sollen über 7000 Männer und Frauen bei der Untersuchung beteiligt gewesen sein, die in Rom ihren Anfang nahm und sich allmählich über ganz Italien ausdehnte, wo sie noch in den Jahren 184 und 181 in der Gegend von Tarent und in Apulien mit den letzten Resten dieser Bacchanalien zu tun hatte.[7] Die bloß um die Weihe Wissenden wurden ins Gefängnis gesteckt, die bei den Ausschweifungen der Conventikel und dem Unfug der geheimen Verbindungen Beteiligten, und dieses war die Mehrzahl, wurden hingerichtet. Endlich wurde das bekannte S. C. de Bacchanalibus erlassen, dessen summarischer Inhalt sich in dem Original einer Erztafel, wie sie den Verbündeten von Rom aus zugesendet wurden, erhalten hat. Alle Bacchanalien, d. h. bacchischen Mysterien wurden dadurch ein für allemal in Rom und ganz Italien untersagt, mit alleiniger Ausnahme einzelner Lokalkulte und besonderer Gewissensbeschwerung[8], in welchen Fällen aber vorher bei dem Stadt-Prätor Anzeige gemacht und von diesem der Senat befragt werden sollte. Wenn der Senat in einer Sitzung von wenigstens 100 Senatoren seine Einwilligung gegeben habe, so sollten an einem solchen Gottesdienste nur höchstens 5 Personen, 2 Männer und 3 Frauen teilnehmen dürfen; auch dürfe zu solchem Zwecke nie eine gemeinschaftliche Kasse gebildet oder ein eigener Vorsteher oder Priester gewählt werden. So bewies also damals der römische Staat noch die ganze rücksichtslose Strenge seiner altherkömmlichen Grundsätze in Sachen der Religionspolizei; obwohl die einmal vorhandne Tendenz zur Unsittlichkeit und zur politischen Verschwörung sich mit der Zeit auch wohl der einheimischen Sacra zu ihren Zwecken bedienen lernte, z. B. des nächtlichen Opfers der Bona Dea und der städtischen Compitalienfeier. Von der mystischen Bacchusfeier aber lassen sich wirklich seitdem nur wenige Spuren in Rom und Italien nachweisen.[9] Wohl aber ist mit dem übrigen Apparate der griechischen Bildung und Gewöhnung auch der mythologische Bacchus den Römern immer geläufiger geworden, namentlich der *indische Bacchus* als Sieger und Weltbezwinger, wie derselbe schon bei den Griechen neben dem Hercules verehrt wurde und nun auch in Rom allen glücklichen Feldherrn und Eroberern als Idealbild vorschwebte. Marius entschuldigte in seinen alten Tagen seine Neigung zum Trunk mit dem Beispiele des indischen Bacchus, Pompejus bediente sich bei seinem Triumphe nach demselben Vorbilde zuerst der Elefanten[10], Cäsar soll sogar einen neuen Gottesdienst des Liber Pater aus Armenien nach Rom verpflanzt haben[11], und Antonius gefiel sich gleich sehr in der Rolle des triumphierenden Bacchus wie in der des Hercules. Noch Septimius Severus stiftete nach seinem Triumphe dem Hercules und Bacchus, den beiden großen Eroberern, einen neuen Prachttempel in Rom.[12]

b) Die apokryphischen Bücher des Numa im J. 181 v. Chr.

Sind die Bacchanalien ein trauriges Symptom des sittlichen Verfalls, welcher den Volksglauben in Italien mit Einschluß der römischen Stadtbevölkerung ergriffen hatte, so darf diese zweite Erscheinung für ein nicht minder bedenkliches Symptom des Verfalls der eigenen römischen Staatsreligion und zwar in den höheren Kreisen der Gebildeten angesehen werden.[13] Im J. 181 v. Chr., also fünf Jahre nach dem S. C. de Bacchanalibus, wurden auf dem Grundstücke eines Notars (scriba) L. Petillius am Abhange des Janiculum beim tieferen Umgraben der Erde zwei steinerne Särge von 8 F. Länge und 4 F. Breite gefunden, deren Deckel mit Blei verschlossen waren. Beide hatten eine lateinische und griechische Inschrift, von denen die eine aussagte daß in diesem Sarge Numa Pompilius, der Sohn des Pompo[14], König der Römer begraben sei, die andere daß sich in dem anderen Sarge die Bücher des Numa befänden. Der Eigentümer des Grundstücks öffnete die Särge und fand in dem einen, worin sich der Leichnam befinden sollte, keine Spur von Gebein oder sonst etwas, in dem anderen aber zwei sorgfältig geschnürte Bündel von je sieben Bücherrollen, die nicht allein gut erhalten waren, sondern ganz wie neu aussahen.[15] Die sieben lateinischen handelten von den amtlichen Obliegenheiten der Pontifices, die sieben griechischen fügten im Sinne der neueren Zeit einen philosophischen Kommentar über diese Gesetze Numas hinzu. Die Tendenz dieses Kommentars war die der pythagoreischen Philosophie, weil Numa in dieser Zeit allgemein für einen Schüler des Pythagoras galt. Die Bücher wurden zuerst von L. Petillius und seinen Freunden gelesen, dann in weiteren Kreisen besprochen, bis endlich der Stadtprätor Q. Petillius, ein Freund und Gönner jenes Notars, sich dieselben zur Prüfung ausbat. Er brauchte bloß die Inhaltsanzeigen zu lesen um zu der Überzeugung zu gelangen, daß diese Schriften auf Übersetzung der positiven Religion in Philosophie ausgingen. Er sagte also dem Notar daß er sie ins Feuer werfen werde, doch werde es ihm ganz recht sein wenn er sich vorher jedes erlaubten Rechtsmittels bedienen wolle, um wieder zu seinem Eigentum zu gelangen. Der Notar wandte sich also an die Volkstribunen, diese brachten die Sache an den Senat. Der Prätor erbot sich einen Eid auf seine Überzeugung zu schwören, daß jene Bücher nicht gelesen und erhalten werden dürften. Der Senat entschied daß man sich darauf verlassen könne und die Bücher in kürzester Frist auf dem Comitium verbrennen solle, wie dieses alsbald vor allem Volk geschah. Eine dem Notar gebotene Entschädigungssumme wollte derselbe nicht annehmen. Dieses die einfache Erzählung des Livius, zu welcher aus Plinius, der sich auf verschiedene ältere Autoren beruft, hinzuzusetzen ist daß diese Bücher auf Papier (charta) geschrieben waren, welches Schreibmaterial bekanntlich erst von Alexandrien aus in allgemeineren Gebrauch kam. Hat man sich neuerdings nichts desto weniger von verschiedenen Seiten bei dem Urteile des entschlossenen Prätors nicht zufrieden geben wollen, so liegt dabei eine nicht geringe Unkunde des Geistes und der Praktiken dieser Zeit zu Grunde. Die Überzeugung daß Numa ein Schüler des Pythagoras gewesen beruhte, so wenig sie chronologisch haltbar ist, einmal auf dem alten Ruhme dieses Weisen in Italien, wo seine Schule trotz der Katastrophe des pythagoreischen Bundes in Großgriechenland niemals untergegangen war, sondern in Tarent eine bleibende Stätte gefunden hatte; wenigstens lassen sich ihre Spuren in dieser Stadt seit Philolaos und Archytas bis in die Zeiten des Hannibalischen Kriegs verfolgen.[16] Ja diese Schule hatte von Tarent aus auch bei den griechisch Gebildeten in Samnium lebhaften Anklang gefunden, und selbst in Rom sah man seit der Zeit der Samniterkriege die Statue des Pythagoras neben der des Alcibiades als die des Weisesten neben dem Tapfersten.[17] Zweitens konnte wirklich manches in den Gesetzen Numas an Pythagoras und seine Schule erinnern, sowohl im allgemeinen ein gewisser symbolischer Grundzug als manches einzelne.[18] Deshalb also wagte man damals den Versuch, das alte Cerimonialgesetz durch Anwendung der pythagoreischen Philosophie, wahrscheinlich vermittelst allgegorischer Interpretation, von neuem zu beleben. Er mißlang weil er zu plump war, sowohl dem Inhalte nach als der Form, obwohl sich der Prätor mit einfachem Römerverstande nur an den Inhalt hielt; wir aber dürfen wohl hinzusetzen daß eine Zumutung wie diese, sich den alten Numa als Verfasser von 14 Büchern, 7 lateinischen und 7 griechischen zu denken, nur in einem Zeitalter wie dem alexandrinischen, dem Zeitalter der Bibliotheken und der Apokryphen möglich war. Genug, der Prätor hatte recht, die Bücher zu verbrennen; aber der Versuch die Philosophie anstatt des Gesetzes in Rom einzuschwärzen ist nichtsdestoweniger sehr merkwürdig, zumal wenn man ihn im Zusammenhange mit den verwandten Erscheinungen dieser und der späteren Zeit auffaßt. Hatte doch um dieselbe Zeit auch Ennius die Römer zugleich mit der seichten Aufklärung des Euhemerus und dem spekulativen Tiefsinn der Schule des Pythagoras bekannt gemacht, welche letztere vermutlich auch er in Tarent kennen gelernt hatte.[19] Zwanzig Jahre darauf, im J. 161 v. Chr., wurden die Philosophen zum erstenmal ausgewiesen. Im J. 155, auf Veranlassung jener berühmten Gesandtschaft, kamen sie wieder, jetzt direkt aus Athen, dem Herde der griechischen Philosophie, und zwar die Häupter aller bedeutendsten Schulen der Zeit, der Akademiker, Stoiker und Peripatetiker, neben denen sich nun auch die Epikureer sehr bald in Rom geltend machten. Daneben beweist das merkwürdige Beispiel des Valerius Soranus wie weit schon damals die Lust an allegorischer Erklärung und einem „tieferen Verständnis" des alten römischen Glaubens gehen durfte[20], etwas später das des Nigidius Figulus, daß neben den attischen Schulen der Philosophie auch der alte und neue Pythagoreismus bei solchen Römern vielen Anklang fand, welche mit mathematischen und physikalischen Studien eine Neigung zur allegorischen und mystischen Grübelei verbanden. Auch die Überzeugung daß Numa ein Schüler des Pythagoras gewesen ließ sich trotz aller Bedenken der Historiker und Chronologen nicht irre machen.[21]

2. *Ägyptische Sacra*

Isis und Serapis

Nun mag die Reihe der ausländischen Gottesdienste folgen, wie sie nacheinander in dem aufgelockerten Boden Wurzel gefaßt und von Rom aus sich weiter im Westen und Norden verbreitet haben, zunächst der ägyptische oder vielmehr alexandrinische der Isis und des Serapis. Denn nur der tiefere nationale Grund ist altägyptisch, die Einkleidung und der Gottesbegriff ist wesentlich hellenistisch, d. h. ein Produkt der Bildung von Alexandrien, der neuen Haupt- und Handelsstadt der Ptolemäer. Daher die schnelle Verbreitung nicht sowohl im alten Ägypten, wo dieser Gottesdienst anfangs keinen rechten Eingang finden wollte, als vielmehr in dem ganzen griechisch gebildeten Küstengebiete des mittelländischen Meers, welche Gegenden das altägyptische Wesen hier zuerst in einer ihrer Anschauungsweise und den Bedürfnissen der Zeit angemessenen Umbildung kennenlernten.

Die ältere Grundlage ist der Dienst der Isis und des Osiris, einer der ältesten ägyptischen Kulte und dabei so volkstümlich und ein so lebendiger Ausdruck der Natur des ägyptischen Landes und seiner Bewohner, daß er schon zur Zeit Herodots durch ganz Ägypten und selbst darüber hinaus verbreitet war. Osiris (ägypt. Hesiri), den die Griechen gewöhnlich mit ihrem Dionysos identifizieren, ist der männliche Befruchtungsgott des Landes, als Nil die Bedingung seiner Existenz, als König der Urheber aller Kultur, als Naturprinzip dem Wechsel des Jahres unterworfen, wie die leidenden Götter des Orients und der Griechen überhaupt, daher er stirbt und nur in der Unterwelt noch selbst fortlebt, während auf der Erde der Apisstier für sein Bild und seine Inkarnation galt. Isis (ägypt. Hes) ist die weibliche Frucht- und Kulturgöttin neben diesem männlichen Prinzip, die Demeter der Griechen, das empfangende Land, welches dem Osiris alle Fruchtbarkeit verdankt, deshalb nach seinem Tode der Verzweiflung verfällt: auch sie zugleich eine Göttin der Ober- und der Unterwelt, ja auch die Göttin aller Flut und Schiffahrt auf dem Nil und auf dem Meere, in welcher Beziehung die sogenannte Isis Pharia, d. h. der Isisdienst auf der Insel Pharos schon ein Gemisch von ägyptischen und phönizischen Kulturelementen, zur Erweiterung des ägyptischen Gesichtskreises wesentlich beigetragen zu haben scheint. Andere Figuren dieser Gruppe sind der Sonnen- und Lichtgott Horus (äg. Hor oder Har, als älterer Horus Harver d. i. Arueris), der Sohn der Isis und des Osiris, so lange dieser noch auf der Oberwelt war, ferner Harpocrates (äg. Harpechruti d. i. Horus das Kind), den Isis vom Osiris in der Unterwelt empfangen, der sterbliche Lichtgott, welcher als nacktes Kind mit an den Mund gelegtem Finger abgebildet wird. Ferner Nephthys (Nepti oder Nebteï), welche mit der griechischen Aphrodite und Nike verglichen, aber mehr in der Unterwelt als in der Oberwelt beschäftigt ist und vom Osiris den Anubis (Anup oder Anupu) geboren hat, den Hermes Psychopompos der Griechen, welcher als Wächter und Begleiter der Isis gedacht wird und auf den ägyptischen Monumenten als Mann mit dem Schakalkopfe oder ganz als Schakal erscheint, bei den Griechen und Römern dagegen in der Gestalt des gewöhnlichen Hundes. Endlich Set-Typhon, das böse Prinzip der ägyptischen Natur, der Feind und Mörder des Osiris, welcher als Glutwind aus Süden die feuchten Etesien besiegt, den Nil ausdörrt und zuletzt, wenn die Tage immer kürzer werden, das Licht schwindet, das Laub fällt, vollends zur Herrschaft zu gelangen droht: bis Horus ihn besiegt und Osiris wiedergefunden wird und mit ihnen Sonnenlicht und Sonnenwärme und der Frühling und die Befruchtung des Nils zurückkehrt.

Auch der Name Serapis oder Sarapis[22] ist ägyptischen Ursprungs, eigentlich ein Beiname des Osiris. Wahrscheinlich ist er entstanden aus Osorapis d. i. Osiris-Apis, eigentlich Osiris als Stier, weil der Stier das Symbol des Osiris war wie die Kuh das der Isis. Man glaubte nämlich daß die Seele des Osiris in dem Apisstiere fortlebe, während er selbst nach seinem Tode der König der Unterwelt geworden sei, daher auch der Name Serapis vorzugsweise diesen letzteren, den Pluton der Griechen bedeutete und der Apis selbst als Symbol des verstorbenen Gottes schwarz sein mußte. Auch wird überliefert daß es ein kleineres Heiligtum der Isis und des Serapis auf derselben Stelle, wo unter den Ptolemäern der große Serapistempel erbaut wurde, schon gegeben habe; ja es scheint daß auch Memphis schon vor den Ptolemäern ein Heiligtum des Serapis gehabt hat. Obwohl zu bemerken ist daß dieser Name hieroglyphisch bis jetzt nicht gefunden wurde und selbst der Inschrift von Rosette aus der

Zeit des Ptol. Epiphanes noch nicht bekannt ist, dahingegen in den Papyrusurkunden von Memphis aus der Zeit des Philometer Osiris schon ganz von ihm verdrängt ist. Weiterhin sind dann freilich Isis und Serapis auch in Ägypten ganz an die Stelle von Isis und Osiris getreten.

Also ein ägyptischer Name, aber ein alexandrinischer Gottesdienst, an welchen sich das alte Ägypten nur sehr allmählich und lange widerstrebend gewöhnen mochte.[23] Die gewöhnliche Stiftungslegende des Tempels in Alexandrien, als dessen Erbauer bald Ptol. Soter bald Philadelphus genannt wurde, leitete das Tempelbild bekanntlich ab aus Sinope, der alten griechischen Kolonie am Pontus, wohin ein Traumgesicht den König gewiesen und woher aus einem alten Tempel des Pluton und der Persephone jenes Bild unter dem Beistande eines attischen Eumolpiden und des Apoll von Delphi geholt sein soll.[24] Dagegen behaupteten andere daß der Gott von Seleucia in Syrien nach Alexandrien gekommen sei, eine Andeutung von Vermischung der ägyptischen und syrischen Religionskreise, welche sich nach anderen Spuren in noch viel weiterer Ausdehnung nachweisen läßt[25], wieder andere, daß Memphis die eigentliche Heimat auch des alexandrinischen Serapisdienstes sei. Genug es hatten sich in diesem Gottesdienste verschiedene Kulturelemente dergestalt durchdrungen, daß sowohl der Kultus als der Begriff des Gottes ein synkretistischer, d. h. aus den Elementen verschiedener Religionskreise gemischter war; eben darin bestand sowohl seine Neuheit als seine Eigentümlichkeit. Griechisch war vorzüglich das neue, von der ägyptischen Art ganz abweichende Kultusbild[26] und die glänzende Architektur des Tempels, welcher, auf der Burg von Rhakotis gelegen, eine der schönsten Zierden von Alexandrien war. Der Begriff des Gottes war so weit, daß sowohl der alte ägyptische Osiris und der griechische Pluton als der griechische Heilgott Aesculap und der höchste und allmächtige Gott des Himmels Zeus oder Jupiter hineinpaßte; ja auch der Sonnengott wird nicht selten in diese Mischung mit hineingezogen, daher Serapis auf griechischen Inschriften häufig Ζεὺς Ἥλιος μέγας genannt wird, auf lateinischen I. O. M. Sol.

Dieser neue Gottesdienst verbreitete sich von Alexandrien aus sehr schnell über das Mittelmeer, teils unmittelbar von dort teils unter Vermittlung der benachbarten Hafenstadt Canopus, deren Inkubationsanstalt und Heilorakel des Serapis einen sehr starken Zulauf hatte.[27] Die Spuren der neuen Religion lassen sich seit den ersten Ptolemäern von der Küste Kleinasiens und den griechischen Inseln bis nach Athen, Korinth und Paträ verfolgen, von wo sie bald weit in die innern Landschaften des Peloponnes und in die von Böotien und Phokis vordrang und sich durch den ausländischen Reiz ihrer Symbolik, das Geheimnis ihrer Weihe, ihren Anschluß an Schiffahrt und Handel überall beliebt machte. Gewöhnlich wurden Serapis, Isis und Anubis zusammen verehrt, neben ihnen bisweilen auch Harpokrates und Canopus. Serapis galt vorherrschend für einen Heilgott gleich dem Asklepios, Isis für eine Göttin der Frauen und der Schiffahrt und wegen ihrer Kuhgestalt für identisch mit der argivischen Io, was für die Mythologie von beiden seine eigentümlichen Folgen hatte.[28]

So mag die neue Religion auch ziemlich früh nach dem entlegenen Westen vorgedrungen sein, nach der Insel Malta und nach Sizilien, wo sich weit ältere Spuren eines Verkehrs mit Ägypten nachweisen lassen, dessen Vermittler die Phönizier gewesen, endlich nach dem südlichen Italien und in die Gegend von Neapel, wo Puteoli, Pompeji, Herculanum und andere Punkte noch jetzt so merkwürdige Reste des Isis- und Serapisdienstes erhalten haben.[29] Von dort verbreitete er sich weiter über Campanien und Etrurien, wo Isis Regina in Florenz einen angesehenen Tempel hatte.[30] In Rom rühmte sich ein später bestehendes Collegium der Pastophoren des Serapis zur Zeit des Sulla entstanden zu sein; eine ganze Reihe von Verboten, die aber immer eigentlich nur die Stiftungen des neuen Glaubens auf dem Capitol und innerhalb der Altstadt betrafen, erging in den letzten Zeiten der Republik. So wurden im J. 58 v. Chr. Serapis und Isis, Harpokrates und Anubis unter heftigem Widerstande der demokratischen Partei vom Capitol verwiesen und die ihnen dort unter stürmischen Auftritten errichteten Altäre zerstört[31], so sehr waren damals diese fremden Religionen eine Angelegenheit besonders der unteren, mit vielen ausländischen Elementen vermischten Kreise der städtischen Bevölkerung. Im J. 53 erfolgte ein wiederholtes Verbot und die Zerstörung einiger von Privatpersonen in der Altstadt errichteten Heiligtümer, und doch war im J. 50 schon wieder eine ähnliche Exekution nötig, bei welcher, als kein Arbeiter Hand anzulegen wagte, der Consul selbst den ersten Hieb mit der Axt tat[32], desgleichen im J. 48. Cäsars Demokratie und seine Liebe zur Cleopatra mag das ägyptische Wesen in Rom vollends befördert haben, daher die Triumvirn im J. 42 sogar selbst den Bau eines Tempels der Isis und des Serapis beschlossen; vermutlich war es der im Campus, also in der Vorstadt des Marsfeldes, aber doch nicht weit vom Tore und in einer schon stark bevölkerten Gegend gelegenen Tempel, welcher immer der angesehenste geblieben ist, das Iseum et Serapeum in der Gegend von S. Maria sopra Minerva.[33] Selbst Augustus bestand zwar auf dem Verbote dieses Gottesdienstes innerhalb des Pomoeriums, nahm sich aber desselben sonst in soweit an daß er die Wiederherstellung von Privatstiftungen betrieb und sogar selbst einige Heiligtümer wiederherstellte.[34] Zuletzt wurde unter Tiberius im J. 19 v. Chr. vom Senate und zwar zugleich gegen die ägyptischen und jüdischen Sacra eingeschritten[35], bald darauf in Folge einer schändlichen Kuppelei der ägyptischen Priester diese gekreuzigt, der Tempel zerstört und das Bild der Isis in den Tiber geworfen; wie der Isisdienst denn auch sonst in sittlicher Hinsicht immer übel berüchtigt war. Denn Isis wurde als Heil- und Entbindungsgöttin vorzüglich von Frauen und Mädchen gesucht, am meisten von den zahlreichen Libertinen gemischter Abkunft, welche damals bekanntlich in dem galanten Rom eine große Rolle spielten. Die Dichter des Augusteischen Zeitalters wissen daher viel von den Enthaltungen, welche der Isisdienst ihren Geliebten auflegte, aber auch viel von seinen Kuppeleien zu erzählen[36], dahingegen der Serapisdienst auch in Rom von dem gemeinen Manne vorzüglich wegen seiner medizinischen Inspiration gesucht wurde.[37] Unter den folgenden Kaisern wurde der ägyptische Kultus und die Weihe der Isis auch in der vornehmen Welt zu einer Sache der Mode[38], bis er unter den Flaviern und vollends unter den Antoninen in der Altstadt zuerst geduldet, dann sogar vom kaiserlichen Hofe aus eifrig befördert wurde.[39] Endlich war Caracalla ein so entschiedener Anhänger des Serapis, daß er in verschiedenen Quartieren der Stadt neue Tempel für diese Religion stiftete und den Gottesdienst mit größerer Würde und mit größerem Glanze ausstattete.[40] Namentlich stammte von diesem Kaiser der T. der Isis und des Serapis, welcher nicht weit vom Colosseum lag und der dritten Region ihren Namen gab. Von Rom aus lassen sich die Spuren desselben Kultus weiter in Spanien, Gallien, der Schweiz, bis an den Rhein und nach Deutschland verfolgen, wo Tacitus eine der ägyptischen Isis verwandte Göttin erwähnt, welche in Wahrheit eine unter verschiedenen Namen verehrte altgermanische Göttin war, deren Kultus in einigen Gebräuchen an die Isis erinnerte.[41]

Der Kultus bestand teils in einem täglichen Morgen- und Abend-Gottesdienste teils in jährlich wiederkehrenden Festen, welche im Frühlinge bei Eröffnung der Schiffahrt und im Spätherbste vor dem Eintritt des Winter gefeiert wurden. So wurde nach dem späteren römischen Kalender am 5. März das „Schiff der Isis" (Isidis Navigium) gefeiert, von welchem Feste Apulejus nach seinen Beobachtungen in

Korinth eine lebendige Schilderung hinterlassen hat.[42] Es war Frühling und Vollmond, das Meer im Begriff sich zu beruhigen. Am frühen Morgen begab sich ein Festzug ans Meer, der aus einer großen Menge Volks mit Fackeln, Lichtern und Lampen, Musik und Chorgesang, der Schar der Geweihten, den Priestern mit den Attributen und Symbolen der Götter[43], endlich den Göttern und Heiligtümern selbst bestand, denen zuletzt der Oberpriester folgte. Am Ufer des Meeres wurde ein nach ägyptischer Weise bemaltes Schiff zuerst geweiht und darauf als Bild und Gelübde der neu eröffneten Schiffahrt festlich geschmückt und von allem Volke mit Specereien gefüllt und mit reiner Milch besprengt dem Meere übergeben, worauf man sein Verschwinden auf der Höhe desselben abwartete und endlich in Prozession nach der Stadt und zum Tempel der Isis zurückkehrte. Hier wurde noch ein Gebet für das Wohl des Kaisers, des Senats, der Ritter, des ganzen römischen Volkes gesprochen und endlich mit den Worten Λαοῖς ἄφεσις das Volk entlassen, welches nun mit Jubel einfiel und mit Zweigen, Kränzen und Blumen in den Tempel eilte um dort die Füße eines silbernen Bildes der Isis zu küssen. Dieses Fest und Isis als Schutzpatronin der Schiffahrt scheint damals weit und breit an allen Küsten des Mittelmeeres gefeiert worden zu sein.[44] Andere Feste, namentlich ein Tag der Isis Pharia und ein anderes des Serapis, fielen in den April, doch wissenwir von diesen nichts Näheres.[45] Dann aber folgte im Herbst, gegen den Ausgang des Oktober und zu Anfang des November[46], das mythologische Hauptfest der Isis und des Serapis, indem in diesen Tagen nach herkömmlicher Weise die Geschichte der Göttin aufgeführt und das Gemüt wie gewöhnlich bei solchen mit der Jahreszeit korrespondierenden Festen zuerst in heftigster Trauer aufgeregt, dann in ebenso ausgelassener Freude des Wiederfindens beruhigt wurde. Es ist die Klage der Isis um den verlorenen und ihr und des Volkes über den wiedergefundenen Osiris oder Serapis; wenigstens wird das Fest von verschiedenen christlichen Schriftstellern in dieser Art beschrieben[47], nur daß von einigen nicht Osiris, sondern Horus oder Harpokrates, der Sohn der Isis genannt wird, welcher somit ganz an die Stelle des eleusinischen Iacchos oder des Orphischen Zagreus getreten war. Zuerst wird der verschwundne Sohn oder der verstorbne Gemahl gesucht, dann klagen mit der Isis ihre Priester und die Geweihten, heulen und schlagen sich die Brust. Darauf hießt es plötzlich: „Wir haben ihn gefunden! Wir freuen uns mit ihr!“ und nun jubelt alles mit der glücklichen Mutter[48] und mit Anubis, welcher der suchenden Mutter als Spürhund gedient hat.

Neben dieser populären Seite des Gottesdienstes gab es endlich eine Weihe der Isis und des Osiris, welche in den Zeiten der römischen Kaiser gleichfalls allgemein und namentlich auch in Rom und dem römsichen Reiche verbreitet war. Die Geweihten hießen Ἰσιακοί und Ὀσιριακοί, waren am linnenen Kittel und dem geschworenen Haupte zu erkennen und befleißigten sich eines heiligen Lebenswandels.[49] In jener von Apulejus beschriebenen Prozession bilden sie eine besondere Schar, Männer und Frauen von jedem Alter und von jedem Stande, alle in linnenen Gewändern, die Frauen verschleiert, die Männer geschoren, alle mit Sistren von Erz, Silber oder Gold klappernd. Derselbe Apulejus beschreibt auch die Einweihung seines Lucius ausführlich, obwohl novellistisch und mit einem starken Anfluge von Ironie; doch erkennt man darin den gewöhnlichen Gang solcher Einweihungen von einem Grade zum anderen, durch allerlei symbolische Schrecknisse der Finsternis und des Todes zum Licht und zur Verklärung, mit einem seltsamen Wechsel von sinnlicher Aufregung[50] und geistiger Beruhigung. Die letzte Weihe erhält Lucius in Rom, worauf er in das dort seit Sulla bestehende Collegium der Pastophoren aufgenommen wird. Die Christen wollten in manchen Gebräuchen dieser und anderer Weihen eine Entstellung ihrer eigenen Gebräuche finden, z. B. des Sakraments der

Taufe[51], auch ist es nicht zu verkennen daß die Symbole, Ideen und asketischen Übungen der verschiedenen Religionskreise, mit Inbegriff der jüdischen und christlichen, sich damals mannigfach berührten und durchkreuzten. Das letzte Ziel und ein besonderer Reiz solche Mysterien bestand für die Gebildeten immer in einer Art von reinerer und monotheistischer Gotteserkenntnis, d. h. einer solchen soweit ihrer das Heidentum mit seinen synkretistischen und pantheistischen Kombinationen überhaupt fähig war. Interessant sind in dieser Hinsicht die Berichte des Rhetors Aristides und des Macrobius S. I, 20 vom Serapis. Jener schildert ihn als den Gott der Götter, der alle Welt und alle Göttheit in sich umfasse, von dem für die Seele Weisheit, für den Leib Gesundheit und in allen Dingen alles Gute komme. Er sei mächtig im Himmel und auf Erden und auf dem Meere, wo er Stürme errege und besänftige, wie er am Himmel die Sonne lenke und den Segen der Wolke spende und aus der Tiefe der Erde Reichtum und allen Segen für Menschen und Vieh emporsende. Sowohl das Licht als das Dunkel sei sein Gebiet, Leben und Tod, Freude und Trauer, und immer sei er der Allgütige, ganz Menschenfreundliche. Macrobius, der nach seiner Art vorzüglich auf Sonnendienst ausgeht, führt ein Orakel des Serapis an, durch welches er auf eine Anfrage des Königs Nikokreon von Zypern nach seinem Wesen geantwortet habe, sein Haupt sei der Himmel, sein Leib das Meer, die Erde seine Füße, seine Ohren ruheten im Äther, sein Auge sei die strahlende Sonne. Neben ihm wird Isis auf ähnliche Weise als Allgöttin beschrieben in der bekannten Stelle des Apulejus (Metam. XI), wo es von ihr heißt, die Phryger verehrten sie als Große Mutter, Athen als Minerva, Zypern als Paphische Venus, Kreta als Dictynna, Sizilien als Proserpina, Eleusis als Ceres, andere als Juno, als Bellona, als Hecate usw., doch sei sie eigentlich das weibliche Alles in Allem.[52] So ist neuerdings auf der Insel Andros ein griechischer Hymnus auf die Isis gefunden worden, welcher sich für die Übersetzung der Inschrift einer Denksäule vor dem Tempel der Isis zu Memphis ausgibt und die Vorstellungen dieser späteren Zeit gleichfalls gut vergegenwärtigt.[53] Isis wird hier gepriesen als die Gründerin ihrer Mysterien und ihres Kultus, als Tochter des Kronos, Schwester und Gemahlin des Osiris, als Stifterin aller milden Sitte und aller Kultur auf Erden, Herrscherin über die Bahn der Sonne und des Mondes, Urheberin der Schiffahrt, des Rechtes[54], der Ehe, der Geburt und der Kinderzucht. Sie ist zugleich Erdgöttin, himmlische Göttin und Meeresgöttin. Sie läßt die Inseln aus dem Meee aufsteigen, schafft Berge, Ackerland und Weidegrund usw. Ein Bild welches sich nach anderen Schriftstellern und Inschriften noch weiter ausführen ließe.[55] Auch scheinen hin und wieder wirklich Berührungen zwischen dem alexandrinischen Serapisdienste und dem dortigen Judentum und Christentum eingetreten zu sein; wenigstens waren die Heiden geneigt an eine Verwandtschaft dieser prinzipiell so ganz verschiedenen Bekenntnisse zu glauben.[56]

3. Neue Sacra aus Phrygien und Cappadocien

Diese Gottesdienste zeichnen sich vor allen übrigen durch einen besonders hohen Grad von Wildheit und fanatischer Raserei aus, wie darin ihre Heimat, das Land der Amazonen, der Korybanten und Gallen, der fanatischen Diener der Kybele und Artemis, von jeher ausgezeichnet gewesen ist. Selbstverstümmelung und Blut ist der gewöhnliche Ausdruck einer bis zum Äußersten gesteigerten Gefühlserregung. Desto mehr Reize boten diese Sacra und die synkretistischen Formen der hellenistischen und römischen Periode dem Bedürfnis der Buße, der Reinigung, der Sündenvergebung, welches als ein zum Wesen der menschlichen Natur gehöriges auch in allen Formen des Heidentums wohl erkennbar, nirgends aber so stark, in den Taurobolien sogar auf eine widerlich abschreckende Weise auftritt als in den religiösen Gebräuchen dieses Kreises.

a) Die asiatische Bellona

Die Heimat dieser Bellona war Comana in Cappadocien; die Göttin selbst schein eine Mond- und Naturgöttin nach Art der von Amazonen umgebenen, in Kleinasien, Thracien und Scythien unter verschiedenen Gestalten bekannten gewesen zu sein.[57] Dem abergläubischen Sulla, der in Cappadocien gewesen war, erschien diese furchtbare Göttin im Traume, ehe er im J. 88 v. Chr. gegen Rom zog, um ihn zum blutigen Triumphe über seine Gegner zu ermuntern. So mag er ihren Kult in Rom befördert haben, auf Unkosten der alten italischen und sabinischen Bellona, von welcher oben die Rede gewesen ist. Die Dichter des Augusteischen Zeitalters gedenken ihrer nicht selten, namentlich Tibull[58] in einer lebhaften Schilderung der Oberpriesterin, wie sie von Bellonas heiligem Wahnsinn ergriffen nicht das Feuer, nicht die Geißel scheut. Ja sie zerfleischt sich mit dem Doppelbeile selbst die Arme, die Göttin mit ihrem Blute bespritzend. So steht sie da, die Seite durchbohrt, mit blutender Brust, und singt die Zukunft wie es die Göttin eingibt. Mehr erzählen die christlichen Kirchenväter[59], welche gewöhnlich der ebenso fanatischen Priester, der s. g. Bellonarii gedenken, die im Dienste derselben Kriegsgöttin sich gleichfalls an den Schenkeln, dem Nacken und den Armen verwundeten, den Altar mit ihrem Blute besprengten und in solcher Aufregung für prophetisch galten. In dunkler Kleidung und mit zottigen Mützen von schwarzem Fell pflegten sie mit fliegenden Haaren und gezückten Schwertern um den Altar zu laufen, zu toben und zu rasen, ganz wie die fanatischen Diener der Großen Mutter und andere Priester der Art, deren Geist jetzt in den Derwischen der Türkei und Persiens fortlebt. Das Blut der Bellonarii pflegte das Volk mit der Hand aufzufangen und davon zu genießen, weil man ihm eine sühnende Wirkung zuschrieb. Verschiedene Inschriften lehren daß dieser Dienst der Bellona sich mit dem der Großen Mutter und der Isis leicht verständigte.[60]

b) Die Märzfeier der Magna Mater und des Attis

Als der Gottesdienst der Großen Mutter von Pessinus während des zweiten punischen Kriegs in Rom zugelassen wurde, hielt man es für notwendig seinen Fanatismus und das ausländische Wesen so viel als möglich zu beschränken; die Megalesien, das einzige Fest, war nur ein Gedächtnisfest der Ankunft und des ersten Empfanges. Doch liegt es in der Natur dieser Zeiten und dieser immer stark mit Pfaffentum gewürzten Religionen aus Asien, daß auch solche Sacra beim gemeinen Mann bald lebhaften Anklang fanden. Verschiedene Vorfälle beweisen daß ihr Einfluß seit der Zeit des Marius und Sulla im Zunehmen war[61], und die römischen Dichter beschäftigen sich seit Lucrez und Catull so gern und häufig mit der Schilderung des Phrygischen Gottesdienstes, seiner auffallenden Gebräuche, des Lärmens seiner gellenden Rohrflöte und der ehernen Handpauken, des rasenden Orgiasmus der Gallen und ihrer Selbstverstümmelung, daß man auch daraus sieht wie er sich immer mehr einnistete.[62] Der vollständige Gottesdienst, namentlich das im März um die Zeit des Frühlingsanfangs begangene Fest der Großen Mutter und des Attis, in welchem die ganze Mythologie und Symbolik dieses Kreises nach phrygischem Herkommen sich ausbreitete, scheint durch den Kaiser Claudius in Rom zugelassen zu sein.[63] Die Sinnbilder und der Geist dieses Festes sind im wesentlichen dieselben wie bei den Festen der Isis, der Aphrodite, der Demeter, eine suchende Mutter die ihren einzigen Liebling, den Attis[64] verloren hat und wiederfindet, mit dem tieferen Grunde eines ausgelassenen Naturschmerzes und eines ebenso ausgelassenen Naturjubels. Das ganze Fest dauerte nach dem Kalender des Constantius (die Kalender der augusteischen Zeit kennen dieses Fest noch nicht) vom 22. bis 27. März. Der erste Festtag, am 22. März, hieß Arbor intrat, weil dann „die Fichte" d. i. das Symbol des entmannten und gestorbenen Attis unter den heftigsten Klagen in den Tempel der Großen Göttin getragen und dort mit wollenden Binden umhüllt und mit Blumen geschmückt wurde: wie einst jene Fichte, unter welcher Attis seine blühende Jugend dahingegeben hatte, mit Veilchen, die aus seinem Blute entsprangen, und mit wärmenden Binden wie eine Leiche geschmückt, von der Großen Mutter in ihre Höhle getragen und dort unter den heftigsten Klagen von ihr beweint worden war.[65] Nach diesem Akte begann eine Zeit des Fastens[66] und der Trauer, welche ihren höchsten Gipfel am 24. März erreichte, einem Tage blutiger Selbstverstümmelung, welcher eben deshalb schlechthin der Tag des Blutes hieß, Sanguen oder Dies Sanguinis. Es war der Tag wo die heilige Wut der Galli, an ihrer Spitze des Archigallus, sich in ihrer höchsten Glorie zeigte; die christlichen Schriftsteller erzählen oft davon, vor allen ausführlich Prudentius, wie sie dann tobten und rasten, ihren Leib verwundeten und ihr Blut vergossen, sich kastrierten, brannten, oft darüber starben und dann mit großem Gepränge begraben wurden.[67] Gleich darauf folgte, wie es bei solchen Gottesdiensten gewöhnlich der Fall ist, ein Tag der Freude und der Auferstehung aus dem Grabe, der mit einem für solche Tage gebräuchlichen griechischen Namen Hilaria (τὰ Ἱλάρια) genannt wurde[68]; es war der 25. März, wo der Tag zuerst wieder den Sieg über die Nacht gewinnt[69] und Attis der Mutter wieder gegeben wurde. Dann folgte am 26. ein Tag der Ruhe (Requietio) und endlich am 27. eine große Prozession der Art wie sie bei keinem größeren Feste in Griechenland und dem Orient fehlte. Es war dieses nämlich der Tag des Bades der Großen Mutter (Dies Lavationis), des Bades im Almo, auf welches schon die Legende der Ankunft bei Ovid deutet, so daß also vielleicht schon früher ein Umzug der Galli an diesem Tage stattgefunden hatte. Jetzt war ein sehr bunter und lustiger Festtag für ganz Rom daraus geworden, eine Art Karneval, wo jeder Spaß erlaubt war und allgemeine Maskenfreiheit herrschte; auch pflegten sich alle Stände bei dem Zuge zu beteiligen und namentlich die vornehme Welt noch immer ihre Vorliebe für den Kultus der Göttermutter zu beweisen.[70] Alles drängte sich um den Wagen, auf welchem das Bild mit dem heiligen Steine aus Pessinus saß, um sich durch die Stadt bis zum Almo gleich vor Porta S. Sebastiano fahren zu lassen und dort ein Bad zu nehmen, welches die doppelte Bedeutung hatte ihre Rückkehr aus der Gruft des Todes und des Schmerzes an die Welt des Lichtes und der Oberwelt auszudrücken und an die erste Ankunft in Rom zu erinnern.[71] Zu bemerken ist daß die Oberaufsicht über diese Prozession und das Bad den Palatinischen Quindecemvirn zustand, derselben alten auf Veranlassung der sibyllinischen Sprüche eingesetzten Priesterbehörde, welche durch August vom Capitol auf den Palatin versetzt worden war und hier bei der nahen Nachbarschaft der Tempel des Palatinischen Apollo und der Magna Mater die oberste Aufsicht über beide Kulte erhalten zu haben scheint.[72]

c) Die Weihe der Taurobolien und Kriobolien

Auch diese blutige Weihe ist eine Ausgeburt des Phrygischen Gottesdienstes, obgleich sich nach Art der damaligen Zeit andere Elemente damit vermischt hatten. Der Name bezieht sich auf das charakteristische Opfer eines Stieres und eines Widders, dem man eine sühnende Wirkung zuschrieb[73]; daher die noch vorhandenen

Altäre, welche sich auf die Vollziehung einer solchen Weihe beziehn und immer sehr genau datiert sind, gewöhnlich den Kopf eines Stiers, eines Widders und ein Opfermesser in der Gestalt der orientalischen Harpe zeigen. Auch wissen wir aus verschiedenen Schriftstellern, daß blutige Stieropfer von symbolischer Bedeutung im Cule der lydischen und phrygischen Kybele immer herkömmlich gewesen[74], wie andererseits das Opfer des Widders speziell den Attis angeht, welcher auch in den Inschriften jener Altäre gewöhnlich neben der Göttermutter genannt wird. Nur daß auch diese Weihe ihre Götterbegriffe im Sinne des Synkretismus zu kosmischen Wesen von so allgemeiner Bedeutung umgebildet hatte, daß man sie kaum noch zu fassen vermag. Die Große Mutter, die alte in den Bergen thronende Mutter Erde, ist zur Mutter aller Dinge und aller Götter geworden, welche selbst ungeboren und „eine Jungfrau ohne Mutter" neben dem Zeus thront[75], daher man sie mit der Virgo Caelestis der syrischen und afrikanischen Religion und mit der Minerva und Diana identifizieren konnte, wie sie denn in einigen Inschriften des südlichen Italiens ausdrücklich Minerva Berecintia nach dem bekannten Berge in Phrygien genannt wird. Neben ihr ist Attis der schöne Liebling, dem die Große Mutter alles, selbst „den gestirnten Hut" (τὸν ἀστερωτὸν πῖλον) geschenkt hat und der nach kurzer Untreue, nachdem er das Glied seiner Begierden geopfert hat, als verklärter Halbgott zu ihr zurückkehrt und nun auf ewig mit ihr verbunden ist, der König der Ehren, durch den die Große Mutter alles wirkt und alles schafft[76]: nach seiner Naturbedeutung der Sonnengott, dher er auf den Dedikationstiteln der Taurobolienaltäre nicht selten Menotyrannus (μηνοτύραννος) d. i. der Herr der Monate und Jahreszeiten, einmal Pantelius d. i. Πανθήλιος, der Sonnengott als Allgott genannt wird. Bei diesen Göttern also suchten die Teilnehmer der Weihe Reinigung und Sühnung von den Befleckungen des Lebens, vermittelst eines stellvertretenden Sühnopfers, bei welchem der Glaube an die reinigende Kraft des Blutes ins Barbarische und Ekelhafte ausgeartet ist. Der kirchliche Dichter Prudentius hat eine genaue und anschauliche Beschreibung des seltsamen Gebrauchs hinterlassen. Der Einzuweihende wurde in eine Grube gesteckt, welche oben mit siebartig durchlöcherten Brettern zugedeckt wurde. Auf diese Bedeckung wurde der festlich geschmückte Opferstier geführt und mit jenem Opfermesser vorn in die Brust durchbohrt, so daß das Blut aus der Wunde in einem breiten Strome hervorquoll und sich noch als warmes Lebensblut durch die Löcher über den in der Grube Befindlichen ergoß, welcher ganz davon durchnäßt und durchdrungen wurde; ja die Gläubigen pflegten das Blut mit dem Munde aufzufangen und sich das ganze Gesicht damit zu waschen, die mit demselben gesättigten Kleider aber sorgfältig aufzuheben.[77] Man schrieb dieser Bluttaufe die sühnende und reinigende Kraft einer „Wiedergeburt" zu, wie sich die Inschriften wiederholt mit diesem vermutlich schon dem Christentum entlehnten Worte ausdrücken.[78] Außer dem Blute der Opfertiere wurde auch den Testikeln eine besondre Kraft zugeschrieben; wenigstens reden die Inschriften wiederholt von einem Hinnehmen, einer Weihung, einer Beisetzung der vires, welche nicht wohl etwas anderes bedeuten können.[79] Die Einweihung selbst wurde bald von Einzelnen für ihr eigenes Heil und Wohl, bald von mehreren Personen, auch wohl von ganzen Kommunen, Städten und Provinzen und in diesem Falle an einem Stellvertreter vollzogen, gewöhnlich pro salute des Kaisers oder pro statu coloniae z. B. von Lyon.[80] Die Geschichte dieser eigentümlichen Weihe ist noch sehr unklar. Ohne Zweifel entstand sie im hellenistischen Orient, vermutlich in Kleinasien. In Italien ist das älteste der bis jetzt bekannt gewordenen Denkmäler aus der Gegend von Neapel und vom J. 133 n. Chr. d. i. aus den letzten Jahren Hadrians[81], so daß also auch hier der orientalische Verkehr in Puteoli die Übertragung in den Okzident vermittelt haben mag. Andere Denkmäler haben sich in Benevent, Venafrum, Teate, Formiä u. a. m. gefunden.[82] In Rom hatte sie seit der Zeit der Antonine Eingang gefunden und sich von dort weiter, namentlich nach der Gallia Narbonensis und nach Lyon verbreitet. Die Stätte der blutigen Sühnungsopfer war in Rom der Vatican, merkwürdiger Weise grade da wo sich mit dem Christentum die Peterskirche über dem Grabe des Apostels erhob, beim Circus des Nero oder dem Caianum, wie dieser Circus in Rom gewöhnlich genannt wurde.[83] Die Einweihung erfolgte vermutlich gleich nach dem vorhin beschriebenen Feste der Großen Mutter und des Attis im März.[84] Die in der unmittelbaren Nähe der Peterskirche gefundenen Denkmäler sind aus den Jahren 305, 350, 374, 377, 383 und 390 v. Chr., so lange hat sich auch dieser düstre Gebrauch in dem hartnäckig am Heidentum hängenden Rom behauptet. Unter den Altären in Lyon ist der älteste vom J. 160, und zwar wurde das Taurobolium, welchem zu Ehren dieser Altar errichtet wurde, noch auf dem Vatican zu Rom vollzogen.[85] Andere Altäre in Lyon sind von den J. 184, 190, 194, 197, andere Denkmäler desselben Dienstes finden sich in Narbonne. In Rom hatte sich u. a. der Kaiser Heliogabal in diese Weihe der Großen Mutter einweihen lassen.[86] Unter den christlichen Schriftstellern ist Julius Firmicus Maternus unter Constantius und Constans der erste welcher derselben gedenkt. Nur das Blut Christi, sagt er, habe eine erlösende Kraft, alles im Götzendienste vergossene Blut könne nur beflecken, nicht reinigen, auch nicht die garstige Überschüttung der Taurobolien und Kriobolien.[87]

4. Syrische und Punische Gottesdienste

Auch die Gottesdienste von Syrien, Phönizien, Palästina und den benachbarten Gegenden gerieten durch die Herrschaft der Seleuciden und die hellenistische Kultur in eine neue Bewegung. Es sind die alten, aus der h. Schrift und Herodot bekannten Götter des Himmels, Baal und Astarte, von denen jener durch Saturnus und Jupiter, diese durch die Juno und Venus Caelestis übersetzt zu werden pflegt, ferner Derketo oder Atargatis, eine Göttin der Erde und Flut, welche aus dem Feuchten schafft, die Mutter der Semiramis, welche von den Philistern zu Askalon in Fischgestalt verehrt wurde. Andere orientalische und griechische Götter des Himmels und der Erde schlossen sich ihnen an, Apollo und Diana, der Sonnen- und der männliche Mondgott (Deus Lunus), welcher in Mesopotamien und Phrygien viel verehrt wurde, und viele andere. Nirgends war das Heidentum so götzendienerisch und grausam, lüstern und sinnlich ausschweifend als in diesem nationalen Kreise, welcher den Juden und Griechen seit alter Zeit vertraut, den Römern vorzüglich durch die Eroberungen des Pompejus, später durch die des Vespasian bekannt wurde, obwohl einzelne Formen des syrischen Gottesdienstes, z. B. die Weissagung seiner Prophetinnen schon früher nach Rom gedrungen war.[88] Weiter verschafften die syrischen Mädchen und Frauen als gefällige Wirtinnen und Bajaderen mit ihren weichlichen Tänzen und Gesängen[89] auch ihren Göttern und Göttinnen, der syrischen Venus und dem Adonis immer mehr Eingang, wie z. B. Nero vorzüglich solche Umgebungen liebte. Unter den Flaviern hatte dieses syrische Wesen dergestalt um sich gegriffen, daß Juvenal III; 62 ff. sagen konnte, schon längst habe sich der syrische Orontes d. i. der Fluß an welchem Antiochia liegt, in den Tiber ergossen und Sprache, Sitten und Musik verdorben. Vespasian erfuhr seine Bestimmung zur Weltherrschaft zuerst auf dem Carmel, Trajan befragte auf seinem Zuge gegen die Parther den Jupiter von Heliopolis auf dringendes Anraten seiner Freunde, welche die außerordentlichsten Beweise von seiner Macht empfangen haben wollten, Hadrian opferte dem Jupiter Casius auf seiner heiligen Höhe bei Antiochien.[90] Der größte Triumph war diesen Göttern aber in dem Zeitalter der Antonine vorbehalten, zumal in dem der Pseudo-Antonine syrischer Abkunft. Antoninus Pius baute den prachtvollen Tempel zu Heliopolis, unter Commodus war Jupiter Dolichenus bereits auf dem römischen Aventin angesiedelt, dann holte sich Septimius Severus, durch die Verheißungen einer großen Zukunft bestimmt, seine zweite Frau aus Emesa, seit welcher Zeit deren Familie eine Zeitlang den römischen Hof beherrschte. Selbst die abscheuliche Unzucht und Frechheit des Heliogabal scheint nur die höheren Stände ein für allemal abgeschreckt zu haben, denn in den niedren dauerten die Einflüsse des Handels und der Legionen fort und namentlich diese letzteren haben zur Verbreitung solcher Kulte wesentlich beigetragen. Verschiedene Legionen waren nämlich kürzere oder längere Zeit in Syrien stationiert gewesen, daher sie später, wenn sie nach dem Okzident verlegt wurden oder einzeln in ihre Heimat zurückkehrten, den ihnen vertraut gewordenen Gottesdienst dahin verpflanzten. Die einzelnen Götter, welche hier in Betracht kommen, sind folgende.

a) Dea Syria

deren angesehenstes Heiligtum sich in Hierapolis nicht weit vom Euphrat und der Grenze Mesopotamiens befand; die Stadt hieß auch Bambyke, bei den Syrern Mabog (jetzt Mambig oder Bambig). Die Göttin hieß in der Landessprache Atargatis, d. i. dieselbe welche die älteren Griechen gewöhnlich Derketo nennen, die späteren und die Römer die syrische Göttin schlechthin.[91] Als Crassus sich auf seinem Feldzuge gegen die Parther an ihren Schätzen vergriff, gab sie ihm das erste Unglückszeichen, wie Plutarch erzählt, welcher hinzusetzt daß einige sie für die Venus, andere für die Juno hielten, noch andere für das feuchte Prinzip in allen natürlichen und für das gute in allen menschlichen Dingen.[92] Am ausführlichsten berichtet Lucian in der bekannten Schrift über diesen Kultus. Das Heiligtum war sehr alt und angeblich von der Semiramis begründet, doch verdankte es seinen späteren Flor den Seleuciden, unter denen eine Königin Stratonike es mit prächtigen Gebäuden, zahlreichen Scharen von Priestern und Verschnittenen und einem glänzenden Gottesdienst ausgestattet hatte. Der alte nationale Begriff der Göttin und ihre bildliche Darstellung hatten sich in Folge davon so erweitert daß sie zugleich an Juno, die strenge Gemahlin des Jupiter, an Venus, die Buhle des Adonis, an die phrygische Rhea, die Geliebte des Attis, und außerdem noch an Minerva, Diana[93], an die Parcen und andere Götter erinnerte. Am Eingange des Tempels standen zwei riesige Phalli, welche angeblich Bacchus errichtet hatte, im Tempel selbst thronten die vergoldeten und kostbar geschmückten Bilder des Jupiter und dieser Juno, beide auf einem Paar symbolischer Tiere die sie trugen, das des Jupiter auf zwei Stieren, das der Juno auf zwei Löwen.[94] Zwischen ihnen stand ein kleineres Bild der Semiramis; anderswo im Tempel befand sich ein Thron des Sonnengottes, weil man von ihm selbst kein Bildnis machen wollte, und ein Bild des Apoll, welcher hier wie in Heliopolis bärtig und ganz bekleidet war und durch die Bewegungen seines Bildes Orakel erteilte. Ferner sah man im Tempel und draußen an einem großen Altare in seltsamer Vermischung der griechischen und orientalischen Mythologie und Sage die Bilder des Atlas, des Hermes, der Eileithyien, der Semiramis, der Helena, der Hekabe, des Paris usw., des Kombabos, welcher das Idealbild der Verschnittenen dieses Orts war, angeblich Geliebter der Stratonike, Alexanders d. Gr. und Sardanapals. In der Nähe des Tempels befand sich ein großer Park für die geweihten Tiere, Ochsen, Pferde, Adler, Bären und Löwen, und immer waren große Scharen von Priestern beschäftigt zu schlachten, zu spenden, Feuer anzuzünden, über dreihundert, alle weiß gekleidet und mit einer spitzen

Kegelmütze auf dem Kopfe. Außerdem gab es eine große Menge von Flötisten, Verschnittenen und Bajaderen. Täglich wurde zweimal geopfert; jährlich aber wurden zwei große Feste gefeiert, das eine zur Erinnerung an eine große Wasserflut, wobei man in großer Prozession einen heiligen See besuchte, wahrscheinlich vor dem Eintritt der Regenzeit, das andere beim Beginn des Frühlings und mit Beziehung auf die Wiederkehr der Sonne, bei welcher Gelegenheit ein großer Scheiterhaufen errichtet und mit vielen Opfertieren, Kostbarkeiten und Specereien zuerst durch einen Umzug geweiht und dann verbrannt wurde. Namentlich bei diesem Feste pflegten die Verschnittenen mit ihren heiligen Tänzen aufzutreten, bei denen sie sich verwundeten, stießen und entmannten, unter der Begleitung einer eigentümlichen Musik von Pauken und Flöten und unter Absingung gewisser heiliger Gesänge. Immer versammelte sich zu solchen Festen eine große Menge Volks aus Syrien, Arabien, auch vom anderen Ufer des Euphrat und aus Cappadocien. Außerdem pflegten aber auch viele ambulante Trupps von jenen Fanatikern und Verschnittenen unter diesen Völkern, ja bis nach Griechenland und Italien herumzustreifen, um durch ihre verzückte Tänze und Weissagungen den Dienst ihrer Göttin zugleich zu verbreiten und milde Gaben für sie zu sammeln: eine Propaganda welche bei derartigen Kulten von jeher herkömmlich war. Nach solchen Vorbildern werden uns diese Geweihten der syrischen Göttin von Lucian in seinem Lucius oder der Esel c. 35 und 37 und nach ihm von Apulejus Metam. VIII p. 571 sqq. beschrieben, wo das scheinheilige und liederlicher Wesen dieser vagabundierenden Bettelpriester mit den grellsten Farben gemalt wird. Wenn der Zug in ein Drof gekommen, steht der Esel mit dem Bilde der Göttin still und die Verschnittenen beginnen mit gelösten Haaren ihre Tänze, wobei sie mit dem Kopfe wackeln, den Leib wirbeln, sich die Arme und die Zunge verwunden, endlich aber Geld und Victualien einsammeln, alles zur Ehre ihrer Göttin. Es sind die Kedaschim der Bibel, welche in den späteren Zeiten oft mit den Veschnittenen der Großen Mutter verwechselt wurden.[95] Daß der Dienst der Dea Syria auch im Rom und Italien und weiter im Abendlande hin und wieder Anklang gefunden hatte, wird sowohl durch die Nachricht von Neros vorübergehender Vorliebe als durch verschiedene Inschriften bewiesen, obwohl deren im Vergleiche mit anderen ausländischen Gottesdiensten nicht viele sind.[96]

b) Maiuma

eine Form der syrischen Venus, welche vermutlich durch den Handelsverkehr von Gaza nach Ostia gekommen war[97], wo man ihr ein beliebtes Frühlingsfest feierte. Es fiel in den Mai, wo auch die vornehme Welt das Meer suchte, wahrscheinlich auf der Insel bei Ostia, welche dieser Göttin zu Ehren im Frühling einen neuen Schmuck von Blumen anzulegen schien und deshalb den Namen Libanus Almae Veneris führte. Man findet denselben Kultus auch in anderen Häfen und Handelsstädten, namentlich in Constantinopel und Gaza. Vorzüglich aber feierte die Hauptstadt Antiochien Maiuma, auch im Frühlinge, aber einen ganzen Monat hindurch und am meisten bei Nacht, mit Fackeln, Illumination und szenischen Darstellungen aus dem Kreise des Bacchus und der Venus, wobei es an groben Ausschweifungen nicht fehlte.[98]

c) Deus Sol Elagabal

wie dieser Gott auf den römischen Münzen heißt. Seine Heimat war Emesa auf dem Wege von Antiochia nach Palmyra und Damaskus, wo er in einem großen und prächtigen Tempel verehrt wurden, nicht bloß von den Syrern und Phöniziern, sondern auch von den Königen und Satrapen der benachbarten Gegenden, welche jährlich kostbare Weihgeschenke darbrachten. Auch hier gab es kein Bild des großen Sonnengottes, sondern nur das Symbol eines kegelförmigen Steins von schwarzer Farbe, der für ein Diopetes galt und an welchem man gewisse Erhabenheiten und Bilder von besonderer Bedeutung bemerken wollte.[99] Beide Enkel der Julia Maesa, Bassianus, der spätere Elagabal, und Alexinus, der spätere Alexander Severus, waren Priester dieses Gottes; namentlich war Elagabal, schon als Knabe durch die Verwandtschaft mit Septimius Severus zu dieser Würde erhoben, dem Dienste seiner Heimat mit Leib und Seele ergeben. Seinem Priestertum und seiner reizenden, durch den priesterlichen Schmuck und die glänzende Pracht des Gottesdienstes wunderbar gehobenen Schönheit[100] verdankte er die Gunst der Soldaten, welche ihn bekanntlich nach dem Tode des Caracalla, für dessen Sohn er gehalten wurde, durch die Intrigen seiner Mutter und Großmutter bestimmt auf den Thron setzten, auf welchem er die Welt mit dem seltsamen Schauspiel eines Kaisers überraschte, der zugleich orientalischer Lustbube und fanatischer Priester seines Gottes war. Denn gleich nach seiner Erhöhung machte er es sich zum Berufe den Elagabal, dessen Name auf ihn übergegangenist, in Rom selbst zum Gotte aller Götter zu erheben. Er nahm den heiligen Stein von Emesa mit sich nach Rom, weihte ihm unterwegs in einem Dorfe am Taurus einen Tempel, den M. Aurel der Faustina zu Ehren gestiftet, Caracalla dieser Bestimmung wieder entzogen hatte[101], und feierte ihn darauf mit gleicher Inbrunst und luxurianter Pracht in Nicomedien, wo er den Winter zubrachte. Von römischer und griechischer Tracht wollte er nichts wissen, immer ging er ganz in Seide gekleidet und in dem weichlich orientalischen Schmukke seines Priestertums, immer begleitet von der rauschenden Musik der Flöten und Handpauken, daher man ihn in rom den Assyrier nannte (in der damaligen Sprache so viel wie Syrer) oder Sardanapal und Pseudo-Antoninus. Ja er ließ sich in dieser Tracht als Priester neben dem Steine malen und schickte dieses Bild nach Rom, wo es im Senate über dem Bilde der Victoria aufgehängt werden mußte, damit jeder Senator beim Eintritt in die Curie seine Andacht vor demselben verrichten könne; auch befahl er daß alle Magistrate bei öffentlichen Gebeten vor allen übrigen Göttern des römischen Staates den Elegabal anrufen sollten. Als er dann selbst in Rom anlangte, richtete er auf dem Palatin, dicht bei dem kaiserlichen Palaste einen prächtigen Tempel[102] und Kultus für seinen Gott ein, in welchem er alle heiligsten Heiligtümer der Stadt Rom versammelte, das alte Bild der Großen Mutter aus Pessinus und das Feuer der Vesta und das Palladium und die Ancilien und andere Heiligtümer, denn er sollte fortan kein anderer Gott sein als Elagabal, dem er selbst als Hoherpriester diente; auch von den Juden, den Samaritern, den Christen forderte er dieselbe Anerkennung. Rings um diesen Tempel wurden viele Altäre gestiftet, wo er jeden Morgen ganze Hekatomben von Stieren und Schafen schlachtete und dazu mit den kostbarsten Specereien räucherte, mit den kostbarsten Weinen spendete, so reichlich daß sich ganze Ströme des edlen Weins bildeten, vermischt mit dem Blut der Opfertiere. Dazu tanzte er syrische Weisen um die Altäre in fanatischer Aufregung, Cymbeln und Pauken mit den Händen schwingend, unter den Augen des ganzen Senats und der Ritterschaft, welche stehend zusahen, während die angesehensten Personen die Dienste der Handereichung leisten mußten. Wie er sich dann selbst vermählte, so sollte auch sein Gott eine Frau haben, zu welcher Ehre zuerst die jungfräuliche Pallas und das troische Palladium, dann die „himmlische Jungfrau" von Karthago und das alte Bild der Dido ausersehen wurde, welches deshalb mit allen Tempelschätzen als Aussteuer zur Vermählungsfeier in Rom ausgeliefert werden mußte. Einen zweiten Tempel errichtete er in seinem Park der Vorstadt zur Spes Vetus[103], wohin er jährlich im Sommer seinen Gott in eigener Person auf einem Wagen geleitete, wie davon verschiedene Münzen der Zeit eine Ansicht geben.[104] Das Fest war mit vielen Spielen, Wettrennen und anderm Sinnenkitzel für den Gaumen und das Ohr des großen Haufens gewürzt, zu welchem Behufe er in jenem Park einen Circus, ein Theater und andere Gebäude errichten ließ. Der Kaiser selbst führte den mit Gold und Edelsteinen verzierten, von sechs weißen Rossen gezogenen Wagen, vor demselben rückwärts einherschreitend, damit sein Gesicht sich keinen Augenblick von dem Steine abwende; das Volk begleitete ihn zu beiden Seiten mit vielen Fackeln, Kränze und Blumen werfend; die Ritter und die Soldaten zogen vorauf mit allen möglichen Götterbildern und vielen prächtigen Symbolen und Attributen der kaiserlichen Gewalt. Es war ein kurzer Rausch, den der Wahnsinnige bald mit seinem Tode büßte. Nach demselben wurde der Stein nach Emesa zurückgeführt, wo noch Aurelian ihm seine Huldigung darbrachte. In Rom und im Occidente sind nur wenige Spuren von diesem Kultus übrig geblieben[105], dahingegen die nun folgenden sich schon weiter verbreiteten und länger behaupteten.

d) Iupiter O. M. Heliopolitanus

wie ihn die römischen Münzen und Inschriften gewöhnlich nennen.[106] Der Stammsitz war das syrische Heliopolis d. i. die Stadt des Sonnengottes (Baalbek), welche zwischen dem Libanon und Antilibanon auf dem Wege von Byblus nach Damascus, nicht weit von der Quelle des Orontes lag. Das Bild, welches angeblich aus dem ägyptischen Heliopolis stammte, war das eines jungen Mannes, dessen Rechte wie die eines Wagenlenkers erhoben und mit einer Geißel bewaffnet war, während die Linke zugleich den Blitz und Ähren hielt: welche Attribute diesen Gott also zugleich als den Lenker des Sonnenwagens, als den Schleuderer der Blitze und als den Spender milden Segens charakterisieren.[107] In demselben Tempel befand sich das in diesen Zeiten sehr berühmte Orakel, welches für eine Stiftung des Apollo galt, dessen Bild auch hier ein bärtiges war und in seinen Attributen zugleichauf friedlichen Segen und auf Krieg und Sieg deutete.[108] Die Orakel wurden durch die Bewegungen des auf eine Bahre gesetzten und von den Edelsten des Landes getragenen Bildes des Jupiter erteilt; doch konnte man diesen Gott auch aus der Ferne durch schriftliche Anfrage konsultieren, auf welche er schriftlich antwortete. Die Syrer nannten diesen von ihnen als höchste männliche Potenz verehrten Sonnengott Adad, welches nach Macrobius den Einzigen und Alleinigen bedeutet.[109] Neben ihm wurde Atargatis als höchste weibliche Muttergöttin angebetet. Der prächtige Tempel in Heliopolis, dessen Trümmer noch jetzt das Erstaunen der Reisenden sind, war von Antoninus Pius erbaut worden. Auch in Palmyra, dem alten Tadmor, welches sich in den ersten Jahrhunderten n. Chr. als Handelsort in der Wüste hob und in der Friedenszeit der Antonine außerordentlich blühte, wurden diese und andere syrische Götter verehrt, wie davon sowohl die Trümmer ihrer Tempel als vereinzelte Denkmäler zeugen.[110] Der Jupiter von Heliopolis und der ihm wahrscheinlich nah verwandte Jupiter von Damascus hatte in Italien namentlich in Puteoli eine kleine Gemeinde, welche meist aus Kaufleuten von Berytos bestand.[111] Andere Denkmäler weisen nach Rom, nach Siebenbürgen, nach dem südlichen Frankreich und nach Numidien.[112] Weit mehr verbreitet war im Okzident der nah verwandte, aber dem kriegerischen Geiste der Legionen besser entsprechende

e) Iupiter O. M. Dolichenus

dessen Heimat Doliche ist, eine Stadt im nördlichen Syrien, die auf einem für den Handelsverkehr von Syrien, Mesopotamien, Armenien, Cappadocien und Cilicien sehr wichtigen Punkte lag und überdies durch ihre Bäder und Heiligtümer lockte.[113] Strabo gedenkt dieser Stadt noch nicht, erst in den Zeiten der Antonine scheint sie sich zu größerer Bedeutung erhoben zu haben. So mag auch der Kultus des Iup. Dolichenus, über dessen Entstehung wir nichts Näheres wissen, der jüngste von allen diesen syrischen Jupitersdiensten sein. Die bildliche Darstellung ist in einigen Punkten der von Heliopolis und Hierapolis verwandt, in anderen erinnert sie mehr an den kriegerischen Zeus der Bevölkerung von Kleinasien.[114] Immer ist es das Bild eines Mannes in römischer Kriegsrüstung, welcher auf einem ausschreitenden Stiere von kräftiger Bildung steht. Einige Denkmäler zeigen ihn jugendlich und mit einer Strahlenkrone, andere bärtig und mit den Attributen des Blitzes und eines Doppelbeils[115], alle in der Umgebung der Siegesgöttin und des Adlers. Mehrere Inschriften verbinden seinen Namen mit dem des Jupiter von Heliopolis, andere nennen neben ihm die syrische Juno oder eine eigene Iuno Dolichene, andere den Sol, den Hercules, die Diana. Offenbar ist der Stier nach Anleitung des Gottesdienstes zu Hierapolis zu erklären, das Doppelbeil nach Analogie des Zeus Stratios und des lydischen und tarsischen Hercules. Jedenfalls ist auch dieser Jupiter als eine höchste Macht des Himmels, speziell als Sonnen- und Donner-Gott gedacht worden, einerseits streitbar und siegreich, andererseits segnend und befruchtend, ja selbst dem Heilgott Aesculapius verwandt, mit welchem sein Name mehr als einmal verbunden wird.[116] Indessen scheint die kriegerische Auffassung vorgeherrscht und er sich vorzüglich dadurch den Legionen empfohlen zu haben, welche diesen Gottesdienst wie die Mysterien des Mithras auch im Okzident sehr weit mit sich herumgetragen haben, durch Siebenbürgen und Ungarn bis nach Kärnten, Steiermark, Tirol und in das Gebiet von Venedig und die Lombardei, ja bis an den Main und Rhein und nach England und Algier. Doch hat auch der Handel zu seiner Verbreitung beigetragen, daher auch das südliche Italien, namentlich Puteoli, an Votivsteinen dieses Dienstes reich ist und im südlichen Frankreich Marseille ihn kannte. So gab es auch in Rom ein angesehenes Heiligtum dieses Gottes, mitten in der Stadt, auf dem Aventin, wo das Dolocenum der Regionen nichts anderes ist als das durch zahlreiche Inschriften bestätigte Heiligtum des Iup. Dolichenus.[117] Dasselbe bestand schon unter Commodus, scheint aber unter Septimius Severus und seinen Söhnen zu besonderem Ansehn gelangt zu sein, da mehrere Weihungen pro salute L. Septimii Severi, seiner Gemahlin und seiner Familie vorhanden sind, namentlich aus der Zeit, wo dieser Kaiser mit seinen Söhnen in Syrien beschäftigt oder von dort gegen die Parther aufzubrechen im Begriffe war. Andere Dedikationen fallen in die Zeiten des Gordian, Aurelian und Diocletian. Endlich

f) Iuno Caelestis

oder Virgo Caelestis von Karthago, die alte Burggöttin der Dido, welche im dritten punischen Kriege förmlich evoziert und nach Rom übertragen wurde[118], unter den Kaisern aber mit dem von neuem aufblühenden Karthago von neuem zu Ehren kam. Es ist die Astarte der Phönizier, wie sie besonders in Sidon mit großem Glanze verehrt wurde, die weibliche Macht des Himmels, welche über Mond und Sterne, über Blitz und Regen gebietet, eine jungfräuliche, strenge und fanatische Göttin, daher sie mit der Diana, der Juno, nicht selten auch mit der phrygischen Cybele identifiziert wurde, aber auch Liebesgöttin, daher man sie auch Venus Caelestis nannte, wie sie in der Mythologie durch Dido und Anna vertreten und im Kultus bei gewissen Gelegenheiten mit lasziven Gebräuchen und Gesängen verherrlicht wurde.[119] Ihr Bild sehen wir auf karthagischen Kaisermünzen z. B. denen des Septimius Sev. und Caracalla[120]: eine Göttin welche auf einem laufenden Löwen thront und in der R. den Blitz, in der L. eine Lanze führt; neben ihr erinnert ein Fels, aus welchem Wasser hervorquillt, an den Segen der Höhe, um den sie in Karthago und ganz Afrika angegangen wurde.[121] Denn durch ganz Afrika wurde sie verehrt und als die himmlische Göttin (Urania) und als Herrin der himmlischen Heerscharen ('Αστροάρχη) angerufen, obwohl man sie gewöhnlich eine Mondgöttin nannte.[122] Auch für eine Heilgöttin und höchste Schicksalsgöttin galt sie, daher ihre Hierodulen in Karthago als Weissagerinnen aufzutreten pflegten, auch über politische Angelegenheiten und die Zukunft des Reichs, so daß das leicht erregbare Volk durch ihre Sprüche mehr als einmal in wilde Gärung versetzt wurde.[123] Wie sehr diese Göttin in den sinkenden Zeiten auch in Rom und Italien Anklang gefunden hatte, beweisen die Inschriften, in welchen sie bald Caelestis schlechthin, bald Virgo Caelestis, Bona Dea Caelestis, Iuno, Diana, Venus Caelestis, Invicta Caelestis Urania usf. genannt wird.[124]

5. Sol Invictus und die persischen Mithrasmysterien

Es ist ein Lieblingsgedanke dieses Zeitalters, daß es eine höchste göttliche Macht der natürlichen, geistigen und sittlichen Ordnung der Dinge gebe, welche sich sinnlich in der Erscheinung der Sonne darstelle. Daher die Deutung der Götter fast von allen Nationen auf den Sonnengott, des Serapis, des Adonis, des Attis, des syrischen Zeus, des persischen Mithras, des griechischen Apollo usw. Zugleich bekam dieser Glaube eine eigentümliche politische Wendung dadurch, daß die römischen Kaiser ihn sich zu eigen machten, als ob der Kaiser die höchste Macht auf Erden sei wie der Sonnengott am Himmel: ein Glaube, welcher in den alten orientalischen Reichen Ägyptens, Mediens und Persiens von jeher geherrscht hatte, in dem römischen Reiche aber, vermutlich nach dem Vorbilde, des damaligen Perserreichs, zuerst durch Aurelian einen bestimmteren Ausdruck bekam. Aurelian war aus Sirmium in der Gegend von Belgrad gebürtig und geringer Herkunft, einer von jenen glücklichen und tüchtigen Generalen, denen das römische Reich zuletzt anheimfiel. Seine Mutter soll Priesterin bei einem Tempel des Sonnengottes in jener Gegend gewesen sein; Aurelian gefiel sich später darin, für einen Sohn eben dieses Gottes zu gelten, welcher seine Zukunft früh verkündigt und ihn in allen Gefahren väterlich behütet habe. Sein Bild glaubte er in dem des Sonnengottes einer Schale wiederzuerkennen, die man ihm bei einer Gesandtschaft in Persien überreichte, dergleichen sonst nur von dem Könige der Perser an die römischen Kaiser überreicht zu werden pflegten. Hernach in der entscheidenden Schlacht gegen die Zenobia, welche in der Nähe von Emesa geliefert wurde, soll der Sieg durch eine göttliche Erscheinung gewonnen sein, deren Bild dem Aurelian gleich darauf in dem Tempel des Elagabal zu Emesa begegnete.[125] Daher seine große und freigebige Fürsorge sowohl für diesen Tempel, den er von neuem baute und mit kostbaren Weihgeschenken überhäufte, als für den Sonnentempel in Palmyra; daher die Stiftung eines neuen Sonnenkultus in Rom. Auch hier war der Tempel ein sehr großer und prächtiger; wahrscheinlich haben sich die zu dieser Anlage gehörigen Gebäude vom Garten Colonna am Quirinal bis zu der darunter gelegenen Piazza S. S. Apostoli hinuntergezogen. Er war nach orientalischem Geschmack dekoriert und in seinem Innern mit vielen Bildern, Gemälden, Teppichen, kostbaren Gewändern, namentlich aber mit den Spolien Palmyras verziert; das Bild des Sonnengottes scheint ein doppeltes gewesen zu sein, sowohl das des syrischen Baal, wie es ihm bei Emesa erschienen war, als das des gewöhnlichen Helios oder Sol[126] d. h. des Wagenlenkers mit dem strahlenden Haupte, wie er auf den Münzen der römischen Kaiser von Commodus bis Constantin[127] als Sinnbild der höchsten Weltmacht und Schutzgott des Kaisers sehr oft erscheint. Auch die Münzen Aurelians sind reich an Beziehungen zu diesem Gotte; sie nennen ihn bald mit seinem gewöhnlichen Namen Sol Invictus, bald Dominus Imperii Romani, d. h. den eigentlichen und göttlichen Herrn und Vorsteher des römischen Reichs, während Aurelian selbst sich auf denselben Münzen nennt Deus et Dominus *natus* Aurelianus Augustus oder Restitutor Orbis, Restitutor Orientis usw., also gleichsam für den inkarnierten Sonnengott, der auf Erden Ordnung schafft, gehalten wissen wollte.[128] Sol Invictus heißt er als der unbesiegbare, immer von neuem über Nacht und Winter triumphierende Held und König der himmlischen Heerscharen, den man nach dem Vorbilde der Phönizier und Perser um die Zeit des kürzesten Tages, in Rom am 25. Dez., feierte.[129] Unter Diocletian erlebte diese abstrakte Reichs-Sonnenreligion ihre höchste Blüte und selbst Constantin scheint trotz seines Anflugs von christlichem Glauben im Wesentlichen diesem politisch wohlberechneten Glauben an den Sol Invictus, den Gott der Götter, den König der Könige, anhängig geblieben zu sein, bis Julian ihm noch einmal in seiner merkwürdigen Rede auf den Sonnenkönig, wo er sich selbst den stellvertretenden Diener dieses höchsten Königs nennt[130], zu empfehlen wagte.

Neben diesem kaiserlichen und abstrakteren Sonnenkultus fehlte es nicht an populären Formen desselben Glaubens, welche auf dem Wege des Aberglaubens und einer geheimen Weihe demselben Zuge des Zeitalters entgegenkamen; in welcher Hinsicht die weit verbreiteten *Mithrasmysterien* von besonderm Interesse sind. Sie sind altpersischen Ursprungs, hatten sich aber im Laufe der Zeit, wie alle diese Gottesdienste, durch Synkretismus und Überhäufung mit Symbolik und Asketik sehr verändert. Mitra oder Mithra ist ein altarischer Gott des Lichts, den auch die Hymnen der Vedas kennen. In dem an ihn gerichteten Hymnus der Zendavesta ist er die höchste Macht des geschaffenen Lichtes, welche zugleich eine physikalische und eine moralische Bedeutung hat, die des allsehenden, allgegenwärtigen, alles durchdringenden Geistes, und die der personifizierten Wahrheit und Treue, des Wahrers von allem Verkehr unter den Menschen, des Schutzes aller Armen und Unterdrückten. Zugleich ist er ein König über alle Geister, die er durch Nacht und Tod zur Unsterblichkeit führt, auch ein streitender Held und Gegner aller finsteren Dämonen, daher er als Krieger auf gewaltigem Schlachtwagen, mit goldenem Helm und silbernem Panzer, mit einem Gefolge von verwandten Genien des Lichtes und der Wahrheit einherfahrend gedacht wurde.[131] Aus anderen Quellen des persischen Altertums wissen wir, daß auf Erden speziell die Könige ein Bild und eifrige Verehrer des Mithras waren, wie sie denn auch gewöhnlich bei ihm schworen[132], ferner daß um die Zeit des kürzesten Tags, wo auch wir das neue Jahr feiern, ein Mithrasfest begangen wurde, bei welchem wieder die Könige besonders hervortraten[133] und welches sich noch jetzt bei den Persern in dem sechstägigen Feste Mihragân behauptet hat. Es lag also sehr nahe, ihn mit dem über Nacht und Winter triumphierenden Sonnengotte zu identifizieren, wie dieses später wirklich geschah[134], wo man ihn deshalb auch den Mittler nannte, d. h. den Mittler zwischen Licht und Finsternis, Ormuzd und Ariman. In der allgemeinen Gärung und Vermischung der Religionssysteme, zu welcher erst das Persische Reich, dann das Alexanders d. Gr. und der Diadochen Veranlassung gab, mag sich aus solchen Anfängen der mystische Dienst und Bilderkreis des Mithras ergeben haben, wie wir ihn aus den späteren Schriftstellern und

Denkmälern kennen. In der hellenistischen Kulturperiode läßt sich sein Name von Syrien bis nach Athen und der Insel Thera nachweisen[135], während die Könige von persischer Abkunft, die des Pontus und später die der Parther, sich oft nach ihm benennen und die indisch-griechischen und indisch-scythischen Münzen des bactrischen Reichs unter anderen Göttern auch den Mithras als Sonnengott zeigen, eine Gestalt in orientalischen Gewändern, die nun schon sehr an den Mithras der gewöhnlichen Denkmäler erinnert.[136] Ist der Höhlenkultus des Mithras wirklich in Persien entstanden, wie alte Schriftsteller versichern[137], so würde auch die Weihe des Mithras ein Produkt des dortigen Priestertums sein, denn beide, diese Weihe und jene Höhle, hängen aufs engste zusammen. In der römischen Welt wurde dieser neue Gottesdienst zuerst zur Zeit des Pompejus bei den Seeräubern bemerkt, welche ihre Plünderungen über das ganze mittelländische Meer ausgebreitet hatten. Sie sollen von Cilicien her, wo ihre Heimat war und Tarsos auch später ein Mittelpunkt des Mithrasdienstes blieb, diesen Kultus zuerst dem Abendlande mitgeteilt haben.[138] Daß er sich zwischen dem ersten und zweiten Jahrhundert n. Chr. bereits in Rom festgesetzt hatte, beweisen die römischen Mithrasdenkmäler, unter welchen verschiedene von recht guter Arbeit sind.[139] Unter Hadrian und den Antoninen scheint er vollends in Schwung gekommen zu sein, obgleich diese Weihe unter den zahlreichen Geheimdiensten der Art wegen ihres barbarischen Ursprungs und ihrer rohen und überladenen Symbolik eine der am wenigsten geachteten war.[140] Erst unter der Militärdespotie des Septimius Severus und seiner Söhne gehörte dieser Kultus zu denen der Domus Augusta[141], und immer scheinen nach den erhaltenen Denkmälern zu urteilen die römischen Legionen eine besondere Vorliebe für ihn gehabt zu haben. Überdies brachte es der letzte und schon verzweifelte Kampf des Heidentums mit dem Christentume mit sich, daß die Anhänger von jenem sich vorzüglich solchen Mysterien anschlossen, welche mit dem Christentum eine gewisse äußere Ähnlichkeit und auch wohl manche Gebräuche, z. B. die Taufe, eine Art Abendmahl, das Bild der Auferstehung[142], von dort entlehnt hatten. Gewiß ist, daß „die schwarzen Mithrashöhlen", deren noch der christliche Dichter Paulinus von Nola zu Anfang des 5. Jahrh. gedenkt, sich in Rom, Constantinopel und Alexandrien unter den letzten Agonien des Heidentums behauptet hatten.

Eben jene zahlreichen Denkmäler der Mithrasmysterien, welche entweder in solchen Höhlen wirklich gefunden sind oder eine gleiche Kultusstätte voraussetzen lassen, sind zugleich die wichtigsten Quellen unserer Kenntnis von denselben. Sie haben sich sowohl im südlichen Italien gefunden[143] als auch in Rom, wo es wenigstens zwei Mithrashöhlen gab, und in Ostia, ferner im nördlichen Italien, in Tirol, in der Gegend von Wien, in Siebenbürgen, hin und wieder am Neckar und am Rhein, auch im südlichen Frankreich in der Gegend von Vienne und Lyon, endlich in England und in Numidien: so daß wir also hier noch einmal einem durch den ganzen romanischen Okzident verbreiteten Gottesdienste begegnen.[144] Fassen wir die wichtigsten Tatsachen dieser Bildwerke und Denkmäler zusammen, so ist Mithras immer die Hauptfigur, eine jugendliche Erscheinung in dem nationalen Anzuge der Meder, Perser und Armenier.[145] Seine Bedeutung ist die des Sonnengottes, speziell des Sol Invictus, d. h. des streitenden, aus dem Kampfe mit den Mächten der Finsternis immer von neuem siegreich hervorgehenden.[146] Eben deshalb ist er als ein Kämpfender und Überwindender dargestellt, nämlich in dem Augenblicke, wo er mit seinem Dolch einen Stier niederbohrt, welcher nach seiner äußerlichen Auffassung und Gruppierung genau dem Opferstiere der Siegesgöttin (Νίκη βουθυτοῦσα), einer beliebten Gruppe der älteren griechischen Kunst, entspricht. Über die Bedeutung dieses Stieropfers ist ebensowenig ins Klare zu kommen wie über die der phrygischen

Taurobolien, welche sich mit den Mithrasmysterien mannigfach berühren, und die jener alten symbolischen Darstellung des den Stier überwindenden Löwen, von welcher Gruppe die orientalische Symbolik so oft Gebrauch macht, u. a. an der Treppe des Palastes von Persepolis. Höchstwahrscheinlich bedeutet der Löwe so gut wie Mithras die Sonne[147], der Stier vermutlich die der himmlischen Natur der Sonne und des Lichtes entgegengesetzte und widerstrebende irdische Natur mit ihrer fruchttragenden Kraft[148], aber auch mit ihrem wilden Stürmen und Fluten, welches von dem Sonnengotte, dem Vater und Schöpfer aller Dinge, erst überwunden werden muß, ehe Ordnung und Erlösung in die Welt kommt. Daher der Kampf in der Höhle, welche so wesentlich der Schauplatz dieses Kampfes und der Mithrasweihe ist, daß auch sein Heiligtum immer eine Höhle (σπήλαιον, spelaeum) sein mußte, doch wohl als Sinnbild des Dunkels, aus welchem er immer von neuem hervortritt, um der Welt zu leuchten und sie zu beherrschen. Daher Mithras in diesen Diensten selbst als ὁ ἐκ πέτρας, der aus dem Felsen, aus der tiefen Bergschlucht Geborene angerufen[149] und auch der Zeit nach sein Triumph in die Jahresepoche verlegt wurde, wo das Licht den Sieg über die Finsternis gewinnt, entweder in die des neuen Jahres oder in die der Frühlings-Tag- und Nachtgleiche[150], wo die Perser ihr Newruz, d. h. den neuen Tag (den älteren Jahresanfang im März), feiern; wie denn auch die Einweihung in die Mithrasmysterien den vorhandenen Denkmälern zufolge gewöhnlich in dieser Jahreszeit vorgenommen wurde, entweder im März oder im April. Auch passen zu dieser Auffassung die übrigen Figuren, mit welchen die Hauptgruppe auf den Mithrasdenkmälern umgeben ist, namentlich die beiden kleineren, wie Mithras gekleideten Gestalten mit gehobener und gesenkter Fackel, welche Auf- und Untergang bedeuten, wie oben in den Ecken die Brustbilder von Sol und Luna. Dagegen sind andere Gleichnisse wieder schwer verständlich, besonders die vielen Tiere, zahme und wilde, reine und unreine, welche bei dem Stieropfer zugegen sind und zum Teil von seinem Blute kosten; vielleicht sollen sie die verschiedenen Arten und Geschlechter der irdischen Natur ausdrücken, welche wie diese vergänglich, sündhaft und der Erlösung bedürftig sind. Jedenfalls hatte sowohl das Stieropfer der Mithrasmysterien als das der Taurobolien die Bedeutung eines Sühneopfers, wie dieses auch hin und wieder durch eine Inschrift ausdrücklich angedeutet wird.[151] Andere Bilder, welche bei einigen Mithrasdenkmälern die innere Tafel mit dem Stieropfer wie eine Einfassung umgeben[152], scheinen die Geschichte des Mithras und des Stieres weiter auszuführen, hin und wieder auch die verschiedenen Grade der Einweihung anzudeuten. Wieder andere zeigen den Mithras auf dem niedergeworfenen Stiere stehend.[153] Noch andere fügen der gewöhnlichen Vorstellung die Figur des Aeon hinzu, welche in einigen Mithreen auch als besondere Statue gefunden wurde und jedenfalls mit zu ihrem Bilderkreise gehörte: eine abenteuerliche, aus tierischen und menschlichen Gliedern zusammengesetzte und mit vielen Attributen beladene Figur, welche schon ganz im Geschmack des spätesten Heidentums eine Anschauung von der ewigen Zeit, dem persischen Uranfange der Dinge geben sollte.[154]

Was wir sonst noch von diesen Mysterien erfahren, teils durch die vorhandenen Inschriften, teils aus anderen Quellen, betrifft meist die Prüfungen und asketischen Übungen, welche der Weihe überhaupt oder den verschiedenen Graden derselben vorhergingen, oder diese Grade selbst oder endlich die Bedeutung derselben. Der Prüfungen, welche vor der Einweihung zu bestehen waren, sollen achtzig gewesen sein, eine Stufenfolge von leichteren zu immer schwereren Übungen, in denen der Einzuweihende Mut und Seelenstärke beweisen und sich durch Buße zur heiligen Handlung vorbereiten sollte. So die Aufgabe durchs Feuer zu gehn, starken Frost, Hunger und Durst auszuhalten, mehrere Tage zu wandern oder zu schwimmen, in der Wüste zu fasten u. dgl. m.[155] Endlich folgte die Weihe in verschiedenen Graden, von denen wir meist nur die Namen kennen, welche bald an die symbolischen Tiere der Mithrasbilder erinnern, bald zur Voraussetzung anderer Symbole anleiten.[156] So hieß der erste Grad der der Raben (κόρακες, die Weihe κορακικά), dann folgte ein Grad der κρύφιοι d. i. der Geheimen, welchen wie es scheint gewisse Bilder geheimer Gottheiten (τῶν θεῶν κρυφίων) gezeigt wurden, dann der der Streiter (milites), welche in der Mithrashöhle ein Schwert und mit demselben einen Kranz bekamen, den sie erst aufs Haupt setzen, dann wieder von demselben herunterstoßen mußten mit den Worten, Mithras sei ihr einziger Kranz.[157] Weiter folgte die Stufe der Löwen oder Löwinnen (leones, λέαιναι, λεοντικά), denn auch in diese Mysterien konnten sowohl Männer als Frauen eingeweiht werden: bei welcher Weihe namentlich auf Reinheit und Heiligung gedrungen wurde, immer in symbolischen Handlungen.[158] Von diesem Grade gelangte man weiter zu dem des Persers oder Perseus (Persei, Persica, Gradus Persicus), darauf zu dem eines Sonnenläufers (Ἡλιοδρόμος, Ἡλιακά), endlich zu dem höchsten und letzten eines Vaters (Pater, Πατρικά), welcher Name vermutlich dem des Vater Mithras entspricht.[159] Jedem Grade scheint überdies eine eigene korporative Verfassung entsprochen zu haben und die unteren Stufen den oberen dergestalt untergeben gewesen zu sein, daß das Ganze dadurch eine in sich zusammenhängende hierarchische Verfassung bekam.[160] Mochte dieses in einer so zerrissenen Zeit für viele eine Anziehung sein, so ließen sich andere durch die Verheißung höherer Aufschlüsse oder eines besondern Trostes für dieses und jenes Leben oder endlich durch abergläubische Hilfs- und Heilmittel des Leibes und der Seele anlocken, welche diese und andere Mysterien ihren Eingeweihten zu überliefern pflegten. Wenigstens deuten die späteren Schriftsteller, wenn sie von dieser Weihe sprechen, auf einen verschiedenartigen Inhalt, einige auf die Lehre von der Seelenwanderung[161], andere auf eine Erkenntnis des kosmischen und siderischen Weltzusammenhangs[162], noch andere auf allgemeine religiöse Beruhigung für das Leben und den Tod.[163] Mithras selbst aber wird in verschiedenen Inschriften mit besonderer Betonung der Unbegreifliche (indeprehensibilis), der Allmächtige (omnipotens), der Große (magnus) genannt[164], während die Schriftsteller ihn als Herrn und Schöpfer aller Dinge, als Vater und Anfang alles Lebens, alles Heils preisen[165], so daß wir auch in ihm eine jener pantheistischen Göttergestalten des absterbenden Heidentums erkennen dürfen. Auch wurde mit der Zeit nicht allein die Weihe der Taurobolien und die des Mithras oft verbunden[166], sondern auch der Begriff des Mithras mit dem der verwandten Götter anderer Religionskreise, des alexandrinischen Serapis, des syrischen und babylonischen Baal, des griechischen Apollo verschmolzen.[167]

6. Astrologie und Magie

Nichts reizte diese Zeit so sehr als das Geheimnis der Zukunft, in solchem Grade war es allen Aufregungen der Angst und Sorge, des Ehrgeizes und anderer Leidenschaften preisgegeben. Daher die vielen Orakel und Arten der Divination, so zahlreich und Produkte so verschiedenen Aberglaubens wie in keinem anderen Abschnitt der Kulturgeschichte. Zu den beliebtesten Mitteln, den Schleier der Zukunft zu heben, gehörten aber die der Astrologie und Magie, deren oft verbotene Künste jetzt auch in Rom und der römischen Welt, namentlich unter den Vornehmen, großen Anhang fanden.

Die Astrologie ist bekanntlich ägyptischen und babylonischen Ursprungs, doch heißen ihre Meister bei den Griechen und Römern gewöhnlich schlechthin Chaldäer. Sie stützt sich auf den Glauben einerseits an ein unabänderliches Fatum, wie derselbe mit dem Verfall des Heidentums je länger je mehr um sich griff und in dem allgemeinen Gewirr der Götter und Göttersysteme zuletzt das einzige Feste blieb, andererseits auf die Überzeugung von einer spezifischen Göttlichkeit der Gestirne als ätherischer Wesen des Himmels und eines bestimmenden Einflusses dieser himmlischen Mächte auf Geburt und Schicksal der Menschen und irdischen Geschöpfe: wie dieser Glaube ja zu allen Zeiten ein sehr anziehender gewesen ist. In Griechenland waren die späteren Pythagoreer, Platoniker und Stoiker diesem Glauben sehr zugetan; namentlich war Posidonius, ein wissenschaftlich und durch Reisen vielseitig gebildeter Mann, der in Rom viel Anerkennung fand, der Astrologie sehr ergeben und eine der bedeutendsten Autoritäten für ihre Anhänger.[168] Hernach wurde Alexandrien ein Mittelpunkt ebensosehr der Astrologie als der Astronomie.[169] In Rom warnt schon Cato den Landmann zugleich vor dem Haruspex, dem Augur, dem Wahrsager (hariolus) und dem Chaldäer, und nicht lange darauf, im J. 139 v. Chr., machen sich diese letzteren schon so lästig, daß sie aus Rom und ganz Italien ausgewiesen wurden.[170] Die ersten Spuren eines Einflusses auf die höheren Stände sind aus der Zeit des Marius und Sulla, worauf sich Cicero veranlaßt findet, vor den Weissagungen und Nativitätsstellungen, mit denen die Astrologen chaldäischer und ägyptischer Herkunft der Gewinnsucht, dem Ehrgeize und anderen Lastern auf die unverschämteste Weise schmeichelten, mehr als einmal nachdrücklich zu warnen.[171] Zu den Gläubigen gehörten die ersten Gelehrten der Zeit, sowohl Varro, welcher die Überzeugung von der göttlichen Substanz der Gestirne sehr bestimmt ausspricht und seinen Freund Tarutius, einen im Chaldäismus wohl bewanderten Römer, das Horoskop der Stadt Rom zu stellen bewog[172], als Nigidius Figulus, welcher für die späteren Astrologen von allen Römern die größte Autorität war.[173] Er soll auch dem Vater des August die Größe seines Sohns gleich nach dessen Geburt aus den Sternen geweissagt haben, wie denn Augustus selbst von der Macht seines Gestirns gleich fest überzeugt war[174] und die häufigen Anspielungen der Dichter auf Konstellation und Nativitätsstellung die zunehmende Verbreitung des Aberglaubens deutlich beweisen. Es ist dabei zu bedenken, daß die Astrologen neben ihren Weissagungen über außerordentliche Wendungen des Geschicks und die Stunde und Art des Todes, welche die Meisten anlockten, sich doch auch auf allerlei praktische Lebensverhältnisse des städtischen und ländlichen Lebens einzulassen hatten und eben deshalb auch die Wissenschaft und Erfahrung des praktischen Lebens z. B. des Kalenders mannigfach gefördert haben. Vorzüglich aber hat doch auch die Astrologie der Alten immer in den Zeiten politischer Aufregung geblüht und diese durch Erregung ehrgeiziger Erwartungen und die Verkündigung außerordentlicher Katastrophen gewöhnlich sehr vermehrt, daher die Chaldäer unter den Kaisern fast bei allen Verschwörungen und Majestätsprozessen mit im Spiele waren und immer von neuem ausgewiesen doch immer von neuem zur Stelle sind, selbst unter den größten Gefahren des harten Exils oder Gefängnisses.[175] Erst unter der Regierung des ehrgeizigen und kühnen, dabei ganz der Astrologie ergebenen Septimius Severus, erlangten sie eine öffentliche Anerkennung selbst von Seiten des kaiserlichen Hofs.[176] Nach ihm hat Alexander Severus den Mathematikern sogar einen eigenen Lehrstuhl in Rom eingeräumt.[177] Unter den Kirchenvätern gewährt Augustin in einem lehrreichen Exkurse über die Astrologie und ihre Unverträglichkeit mit dem Glauben an die göttliche Vorsehung und die Freiheit des menschlichen Willens einen Blick in den Streit des Publikums, Gelehrter und Ungelehrter, welche für und wider die Astrologen Partei nahmen.[178]

Nicht weniger verbreitet war in diesen aufgeregten Zeiten die Kunst der Magie und Geisterbeschwörung, gleichfalls ein alter Aberglaube, welcher aber jetzt bei dem Zusammenfluß so vieler Arten von geheimer Weisheit und dem Verfall aller echten Wissenschaft eine Bedeutung bekam wie nie zuvor. In Griechenland war der Dienst der Hekate, namentlich in Thessalien, und der der Unterirdischen, namentlich an solchen Stätten wo sich sog. Psychopompeen befanden, eine Schule dieser Übungen gewesen.[179] Damit vermischte sich jetzt die Magie der Perser, der Babylonier und Ägypter, bis Alexandrien und seine Philosophie unter anderem Wahnglauben auch diesen zu stützen unternahm. In Rom mußten schon im J. 97 v. Chr. die Menschenopfer zu magischen Zwecken durch ein eigenes Senatuskonsult verboten werden, worauf von solchem Greuel in der nächsten Zeit allerdings nicht gehört wurde.[180] Doch gehören seitdem die Wunder des Zaubers und der Beschwörung bei den Dichtern zu den beliebten Schilderungen, und bei der Untersuchung über den Tod des Germanicus kamen auch von neuem Spuren von heimlicher Menschenschlächterei zur Sprache[181], bis endlich Nero unter anderen Arten des Aberglaubens auch diesem aufs angelegentlichste ergeben war. So werden auch jene Schilderungen der Dichter in dieser Zeit auf eine merkwürdige Weise zugleich ausführlich und düster und grauenvoll, namentlich die bei Lucan Pharsal. VI, 507 ff., wo S. Pompejus in der Nacht vor der Schlacht bei Pharsalus die zu ihrer Zeit berühmte Hexe Erichtho[182] in der Nähe des Schlachtfeldes aufsucht, um durch sie aus dem Mudne eines Verstorbnen die Zukunft zu erfahren, und eine andere bei Statius Theb. IV, 406 ff., wo Tiresias, dieser alte durch das griechische Epos und das attische Theater so berühmte Prophet, nun auch zum Nekromanten geworden ist. Das Ziel und der Anlaß solcher Fragen an das Schicksal waren hier wie bei der Astrologie gewöhnlich die politischen Leidenschaften der Zeit, daher beide, die Magier und die Astrologen, oft nebeneinander genannt und verfolgt werden, bis bei der allgemeinen Verfinsterung auch die Magie immer weniger Anstoß erregte. Hadrian verschmähte nicht das Opfer des Antinous, um sein Leben zu verlängern, Marc Aurel versammelte vor dem Feldzuge gegen die Markomannen die Priester, Seher und Magier aller Nationen, um die verschiedensten Arten von Beschwörungen und Sühnungen zu versuchen; wie er denn auch den berühmten Regen, welcher ihn im Kriege mit den Quaden rettete, nach der gewöhnlichen Überlieferung nicht dem Gebete der Christen, sondern dem Zauber eines ägyptischen Priesters verdankte.[183] Sein Sohn, der wilde Commodus, soll sogar viele Kinder getötet haben, wo es galt durch Zauber eine ihm drohende Gefahr abzuwenden.[184] Auch Septimius Severus glaubte nicht bloß an Astrologie, sondern an Magie und Geheimweisheit aller Zeiten und Länder, daher er eine bedeutende Literatur der Art zusammenbrachte, welche er, nachdem er sie für seinen Bedarf ausgebeutet hatte, zuletzt in dem Grabe Alexanders d. Gr. in Alexandrien verschlossen haben soll. Noch weiter ging sein Sohn Caracalla, der Bösewicht, welcher es in seiner Gewissensangst mit allen Orakeln und allen möglichen Arten von geheimer Weisheit, Magie, Astrologie und Eingeweideschau versuchte. Kein Priester, der sich auf solche Dinge verstand, entging seinen spähenden Blicken, und auch die Geister wurden oft zitiert, selbst der Geist seines Vaters und des Commodus, bei welcher Gelegenheit sich der Geist seines ermordeten Bruders ungerufen miteingestellt haben soll.[185] Dazwischen hört man in diesen späteren Zeiten auch nicht selten von dem Zauber und der Weissagung der nördlichen Völker, der Gallier, der Briten, der Deutschen, deren Priester immer in solchen Künsten wohl erfahren waren, vor allen die Druiden, deren Magie wegen der damit verbundenen Menschenopfer unter Tiberius und Claudius verboten wurde.[186] Doch verschmähte es weder Aurelian noch Diocletian, sich bei Druidenweibern wegen ihrer Zukunft Rat zu erholen.

Sowohl in Griechenland als auch in Italien war der Dienst der *Hecate* seit alter Zeit der Mittelpunkt und die religiöse Sanktion aller Zauberkünste und alles Geisterspuks gewesen. Schon bei Hesiod wird sie als eine durch alle drei Naturgebiete mächtige Göttin geschildert, und ihre auch in der römischen Mythologie allgemein anerkannte Gleichsetzung mit der Diana und der Proserpina trug vollends dazu bei, ihren Begriff auf dem Wege des Kultus immer mehr in diesem Sinne auszubilden. So wurde auch sie in diesem Zeitalter, wo alle Theokrasie und Mystik blühte und das Grauenvolle mehr als das Schöne galt, zu einem Lieblingsbilde alles pantheistischen Aberglaubens, namentlich des der Nachtseite der Natur und den Gespenstern des Grabes zugewendeten. Noch Diocletian gründete zu Antiochien einen unterirdischen Dienst der Hecate in einer Krypta, zu welcher man auf 365 Stufen hinabstieg.[187] Auch sind aus dieser späten Zeit verschiedene Bilder der Hecate erhalten, welche auf geheime Weihen deuten, in denen sie mit den gewöhnlichen Mitteln der damaligen Symbolik, d. h. durch Überladung mit verschiedenartigen Attributen und Eigenschaften, für ein kosmisches Urwesen erklärt werden mochte, welches aus der Tiefe über Himmel und Erde, Meer und Unterwelt und das Schicksal sowohl der Lebendigen als der Toten gebiete.[188] Auch in den Dedikationstiteln dieses Zeitalters erscheint die Weihe der Hecate nicht selten neben denen des Bacchus, der Isis und des Serapis, der Großen Mutter, des Mithras[189], welche zusammengenommen gewissermaßen einen letzten Auszug des verfallenen Heidentums darstellten.

7. Der Kaiserkultus

Im Orient war die göttliche Verehrung der lebenden und verstorbenen Könige etwas Altes; sie gehörte dort sowohl zum Wesen des Despotismus als der Religion, welche die irdische Gewalt für den unmittelbaren Ausfluß und die sinnliche Darstellung der himmlischen nahm. In Griechenland führte das Beispiel des Orients, der herkömmliche Heroendienst und der Verfall der Freiheit und des alten Götterglaubens zu derselben Entartung, zunächst in Kleinasien, wo schon dem Lysander Altäre errichtet und Opfer und Spiele gestiftet wurden. Zur Zeit des Demetrios Poliorketes war dieser neue Kultus auch in Athen bereits zur widerlichsten Routine der Adulation geworden, und als hernach statt der griechischen und macedonischen Feldherrn die Römer kamen, wurde das ausgebildete System der Apotheose auch auf diese angewendet, auf die Feldherrn sowohl als auf die Präfekten, einen Flamininus, einen Sulla, einen Lucullus usw. Vollends aber war dieses schmähliche System der Menschenfurcht in den hellenistischen Reichen des Orients, wo die Hofsitte der alten orientalischen Despotie und die Gewandtheit des griechischen Geistes zusammentrafen, zur höchsten Blüte gediehen und eine Quelle für immer neue Stiftungen von Tempeln und Festen geworden, bei den Seleuciden und namentlich bei den alexandrinischen Ptolemäern, von denen vermutlich manche konventionell gewordene Formen und Formeln der Adulation und Apotheose nachmals unmittelbar auf Rom und die römischen Kaiser übergegangen sind.

In Rom führten dieselben Ursachen zu demselben Resultate, indem die Griechen auch hier die ersten Lehrer waren. Wurden doch auch bei den italischen und sizilischen Griechen in den letzten Zeiten der Republik ähnliche Feste auf die römischen Feldherrn und Prokonsuln gefeiert wie in Griechenland und Kleinasien, z. B. in Syracus einem Wohltäter C. Marcellus und seiner Familie zu Ehren eigene Marcellea, welche Verres die Frechheit hatte in Verrea zu verwandeln.[190] Als es daher später zwischen Cäsar und Pompejus zur Entscheidung kam, war es im Sinne der Griechen nichts Außerordentliches, als die Neapolitaner, Puteolaner und andere Griechen für das Wohl des in Neapel schwer erkrankten Pompejus beteten und opferten. Wohl aber war es etwas Neues und das sicherste Symptom, daß es mit der Freiheit vorbei und die Stunde des Despotismus gekommen war, was nach gefallener Entscheidung in Rom selbst vom Senate zur Auszeichnung Cäsars beschlossen wurde. Mit dem Halbgotte fing man an und mit dem Gotte hörte man auf: die gottesdienstliche Feier seiner Siege, seines Geburtstags, die öffentlichen Gebete für sein Wohl, die Benennung des Monates Julius, der Tempel, in welchem sein eigenes Bild und das seiner Milde göttlich verehrt wurde, diese und andere Beschlüsse überboten sich in rascher Folge bis zu seinem Tode.[191] Anfangs abwehrend ließ sich der große Mann solche Huldigungen doch bald gefallen; wobei ihm außer dem allgemeinen Servilismus der Zeit zur Entschuldigung gereichen mag, daß gewisse Elemente des älteren Glaubens, z. B. der an die Laren, die Genien, die Indigeten, bei den Gebildeten auch die herkömmliche euhemeristische Ansicht von der Entstehung des Götterdienstes der Apotheose leicht entgegenkamen. Aber was bei dem Genius im Sinne der Zeit als verzeihliche Huldigung erschien, das wurde nach seinem Tode, zum Mittel der Staatsklugheit und der Dynastie. Gleich auf der Brandstätte des Leichnams auf dem Markte wurde ein Altar errichtet und auf demselben dem Cäsar wie einem Gotte geopfert; dann benutzte Octavian die Einweihung des Tempels der Venus auf dem Forum Julium, um an den göttlichen Ursprung seines Geschlechts, den gleichzeitig erscheinenden Kometen um den Volksglauben, daß dieser Stern der göttlich verklärte Geist des Cäsar sei, durch Bild und Schrift zu befestigen.[192] So wurden nun nicht allein alle früher beschlossenen, dann wieder abgeschafften Ehren von neuem hervorgesucht und vermehrt, sondern Cäsar oder der göttliche Julius (Divus Iulius), wie er von nun an hieß, wurde bald zu einem ebenso idealen Bilde und Garanten der Monarchie wie Romulus Quirinus, auch er ein Julier, es für diese Zeit war. Namentlich machte in dieser Hinsicht die Stiftung des Tempels des Divus Iulius auf dem Markte, auf derselben Stelle, wo früher jener Altar gestanden[193], Epoche, so sehr daß Augustus als Urheber dieses Kultus der Urheber des neuen Götterkultus der verewigten Kaiser überhaupt genannt zu werden pflegt. Auch war es mit dieser neuen Gottheit so ernsthaft gemeint, daß ausdrücklich das Verbot erging, kein Bild des Cäsar solle in Zukunft bei einem Leichenbegängnisse seines Geschlechts folgen, da er wirklich und in Wahrheit ein Gott sei; wie man andererseits an den hervorstechenden Ruhm seiner göttlichen Milde dadurch erinnerte, daß man seinem Tempel, obwohl der Altar noch vor kurzem die Stätte einer höchst blutigen Rache an seinen Mördern gewesen war, die volle Gerechtigkeit eines Asyls gab.

Als der Kampf um die Monarchie von neuem entbrannte, machten schon alle Gewalthaber auf heroische und göttliche Ehren Anspruch, jeder auf seine Weise. S. Pompejus hielt es nicht mehr für genügend, an den Ruhm seines Vaters zu erinnern; er ließ sich in dem Kreise seiner Matrosen und Kapitäne alles Ernstes als einem Sohne des Neptun huldigen.[194] Antonius behauptete vom Hercules abzustammen und Bacchus, der große Gott und Sieger, war das Ideal seines Lebens[195]; daher er in Rom, vollends nach dem Siege bei Pharsalos, vor aller Welt den Herakliden spielte, bei den Griechen und Asiaten aber, als Bacchus von Ort zu Ort zog und sich mit schwärmenden Gesängen und Festzügen, Schmäusen und Geldern, Mädchen und Buben den Hof machen ließ, bis er nach Alexandrien kam und dort von der Kleopatra als Aphrodite empfangen und gebändigt wurde.[196] Weit vorsichtiger und klüger verfuhr Octavian, der deshalb sein Ziel um so sicherer erreichte: niemals ergreift er die Initiative, sondern alles läßt er sich aufnötigen, und immer will er nur als Friedensfürst erscheinen, als Wohltäter des menschlichen Geschlechts und Begründer einer neuen Ordnung der Dinge, als Gott nur in den Provinzen, in Rom offiziell nur als guter Genius, obwohl er sich von seinen Dichtern und Schmeichlern doch auch recht gern als einen Gott, etwa als Apollo oder als den künftigen Gott der Götter begrüßen ließ.[197] Die außerordentlichen Ehren und Auszeichnungen häuften sich seit dem Siege über S. Pompejus; dann war der Sieg bei Actium, von welchem Augustus selbst seine Monarchie datierte, für Rom und das ganze römische Reich das Signal, daß die Zeit gekommen war. Schon begann in Asien seine göttliche Verehrung an der Seite der Dea Roma, obwohl er für die dortigen Römer nur die Verehrung des Divus Iulius in derselben Gruppierung zuließ und in Rom eine göttliche Verehrung seiner eigenen Person, so lange er lebte, beharrlich ablehnte.[198] Indessen wetteiferten die Hauptstädte Kleinasiens, Ägyptens und Syriens, die verbündeten Könige und nach Maßgabe ihrer Mittel auch die Griechen um so nachdrücklicher in dem neuen Kaiserkultus[199], und die westlichen Provinzen, Spanien und Numidien, Gallien, auch Italien, konnten um so weniger zurückbleiben, je mehr sie die persönliche Nähe und die Wohltaten des um die Ordnung des Reichs im höchsten Grade verdienten Fürsten empfanden, wie namentlich Spanien und Gallien.[200] Auch wurde der Name Augustus neben dem der Roma je länger desto mehr zum Symbole der politischen Wiedergeburt des römischen Reiches, seiner Rechte, seines Glaubens und seiner Zivilisation, in welcher Hinsicht dieser Kultus sich sogar zu einer Art von Propaganda des neubegründeten Reiches unter den gallischen und germanischen Völkern und Häuptlingen ausbildete; wie sich bei der Ara Romae et Augusti in Lyon fünfzig Völker durch ihre Häuptlinge zum gemeinsamen Bekenntnis einer religiösen Verehrung dieser politischen Mächte vereinigten[201] und nach dem Muster dieser Stiftung mit der Zeit in anderen Gegenden ähnliche entstanden, namentlich auf der Stätte von Köln die Ara Ubiorum, eine Schule der römischen Gesinnung für die germanischen Häuptlinge. Kurz, es erhoben sich während der Regierung des August und nach derselben eine Menge von Altären, Tempeln, Basiliken, Propyläen usw., die seinen Namen und sein Andenken wetteifernd verherrlichten, wie davon die Inschriften und Münzen so vieler Städte, hin und wieder auch die Ruinen zeugen.[202] In Spanien wurde Tarraco schon unter August zum Mittelpunkte einer Verehrung, welche mit der Zeit immer glänzender wurde[203], während in Neapel gleichfalls noch bei seinen Lebzeiten pentaeterische Spiele zu seiner Ehre eingesetzt wurden[204] und die benachbarten Städte, namentlich Puteoli und Cumä, nicht zurückblieben. In Rom selbst ging man freilich einen langsameren Schritt, doch bedeutete schon der Name Augustus, welcher ihm im J. 27 v. Chr. vom Senate verliehen wurde (die Griechen übersetzen ihn durch Σεβαστός), den höchsten Grad von persönlicher Weihe und Heiligkeit.[205] Im J. 12, nachdem endlich Lepidus gestorben war, wurde er Pontifex Maximus und somit auch die höchste geistliche Person im römischen Staate, daher er seitdem auch die Attribute und Symbole dieser Gewalt um seine Person und um seine Wohnung auf dem Palatin, welche seitdem der kaiserliche Palast schlechthin wurde, versammelte. Vier Jahre darauf wurde der Monat August nach ihm benannt und der erste Tag ein für allemal der religiösen Feier seines Andenkens geweiht; bald darauf bei der neuen Einteilung der Stadt der öffentliche Larenkult reorganisiert und bei der Gelegenheit der Genius Augusti neben den beiden Laren zum städtischen Schutzgott erhoben. Endlich als er hochbetagt und reich gesegneten Andenkens zu seinen Vätern ging (14 n. Chr.), konnte dem Werk die Krone aufgesetzt und der sterbliche Mann nun von Rom aus für das ganze Reich zum Gott erhoben werden, als welcher er allen Nachfolgern des August, nicht bloß den Juliern, sehr heilig und sehr nützlich gewesen ist. Kaum war er gestorben, so wurde er vom Senate für einen Divus erklärt und darauf die Ausstellung und Bestattung des Leichnams in Rom ganz so vorgenommen, wie es seitdem bei den Konsekrationen der Kaiser herkömmlich geblieben ist. Zwei Tempel wurden ihm gestiftet, ein öffentlicher in der Nähe des Forums, ein prächtiger Tempel mit vielen Säulen und Bildern, den man oft auf den Münzen des Tiberius und Caligula sieht, von denen ihn jener gebaut dieser eingeweiht hatte[206], und ein für die kaiserliche Familie und die Domus Augusta bestimmter, welchen Livia, jetzt Iulia Augusta und Priesterin des Divus Augustus, im Palatium begründet hatte.[207] Zugleich wurde damals das neue priesterliche Kollegium der Sodales Augustales gestiftet, auf welches ich zurückkommen werden, und neue ludi Augustales zu Ehren des Divus Augustus, welche von jetzt an acht Tage lang vom 5. bis 12. Okt. mit zirzensischen und szenischen Spielen gefeiert wurden.[208] Außerdem wurde vorzüglich der 1. August und der 23. Sept., letzterer als Geburtstag, zu seinem Andenken gefeiert, auch in den folgenden Zeiten, wo alle diese Feste und Tempel freilich, wie der Name Augustus überhaupt, neben der persönlichen Beziehung auf den ersten Kaiser die allgemeinere auf das Kaisertum überhaupt und den jedesmal regierenden Kaiser annahmen. Nimmt man dazu die vielen anderen Fest- und Gedächtnistage seiner Siege, seiner bürgerlichen Ehren, seiner glücklichen Heimkehr usw., von denen die Kalender der Zeit Bericht geben, ferner die Verewigung seines Gedächtnisses durch den Kult der lares Augusti und durch so viele Stiftungen und Spiele in Italien und allen Provinzen[209], so ist es sehr begreiflich, daß dieser Name den folgenden Geschlechtern immer mehr in der Glorie einer idealen Verklärung des römischen Kaisertums überhaupt erschien[210], obgleich seine menschliche Persönlichkeit gleich nach dem Untergang der Dynastie der Julier mit großem Freimut beurteilt wurde.[211] Zunächst sorgten freilich seine Witwe und sein Nachfolger dafür, daß nicht allein er selbst auf jede Weise gefeiert, sondern auch das ganze Geschlecht der Julier durch ihn und den göttlichen Iulius und den mythologischen Hintergrund der Abstammung von Romulus und Aeneas in das verklärende Licht eines höheren Berufs zur Herrschaft erhoben wurde. So galt namentlich jenes neue Priestertum der Sodales Augustales nicht allein dem Divus Augustus, sondern der religiösen Verherrlichung der Gens Iulia überhaupt[212], welche seit dieser Zeit überhaupt mehrfach als Objekt eigener sakraler Stiftungen genannt wird.

Unter Tiberius ging ein großer Teil der feierlichen Würde, mit welcher Augustus sich umgeben hatte, auf seine Witwe, die Kaiserin Mutter über, welche als Iulia Augusta zugleich in die Gens Iulia und an die Spitze des dem Divus Augustus geweihten Kultus trat. Schon bei ihren Lebzeiten wurde sie in den Provinzen viel als Iuno, Ceres, Vesta, Rhea, als mater patriae, genitrix orbis usw. allein oder neben ihrem göttlichen Gemahl verehrt[213], während Tiberius solche Auszeichnungen nicht gerne sah und zuletzt sogar unterdrückte, daher sie nach ihrem Tode erst durch den Kaiser Claudius zur Diva Augusta erhoben und als solche auch in Rom in beiden Tempeln des Divus Augustus neben diesem verehrt wurde.[214] Tiberius selbst verbat sich für seine Person, solange er lebte, alle göttlichen Ehren in Rom, hielt aber um so strenger auf den neubegründeten Kultus seines göttlichen Adoptivvaters, so daß selbst die geringsten Verstöße gegen die Heiligkeit desselben mit dem Tode bestraft wurden.[215] Auch in Asien wollte er nur in Smyrna einen ihm, seiner Mutter und dem römischen Senate gemeinschaftliche geweihten Tempel erlauben, während jede Vernachlässigung des Divus Augustus auch hier scharf geahndet wurde.[216] Um so mehr gefiel sich Caligulas Tollheit in dem ausschweifendsten Mißbrauche aller Mittel der Adulation, dahingegen der schmählich vergiftete Claudius von seinem Nachfolger zuerst wieder zum Divus erhoben wurde, ein Anlaß zu vielem Spott für die Eingeweihten, ja Nero riß den bereits zur Hälfte erbauten Tempel zuletzt selbst wieder ein; doch wurde derselbe von Vespasian wieder aufgebaut und Claudius in allen Stükken den übrigen Divis der Gens Iulia gleichgestellt.[217] Nero trieb es toll genug sowohl in Rom als in den Provinzen, wo die Griechen und Asiaten ihn natürlich wieder mit den höchstmöglichen Ehren überhäuften. Als es mit ihm zu Ende ging, dem letzten der Aeneaden und dem letzten Iulier, begab sich nach späteren Berichten ein großes Wunder.[218] Als Livia gleich nach ihrer Vermählung mit Octavian nach ihrer in der Nähe von Veji am Tiber gelegenen Villa reiste, ließ ein Adler ein weißes Huhn, das einen Lorbeerzweig im Schnabel hatte, in ihren Schoß fallen. Sie setzt das Huhn und pflanzt den Zweig; jenes brütete eine so große Menge junger Hühner aus, daß die Villa seitdem ad gallinas hieß, aus dem Zweige aber wurde ein ganzer Hain, aus welchem die jungen Cäsaren den Lorbeerschmuck zu ihren Triumphen nahmen. Die dazu gebrochenen Zweige wurden gewöhnlich in demselben Haine wieder gesteckt und man wollte beobachtet haben, daß bei dem Absterben eines jeden auch der von ihm gepflanzte Baum wieder einging. Jetzt aber, als Neros Ende bevorstand, ging nicht allein der ganze Lorbeerhain auf einmal aus, starb nicht allein der ganze Hühnersegen, sondern es schlug der Blitz in den dort befindlichen Tempel der Cäsaren, so daß alle ihre Bilder die Köpfe verloren, ja selbst den Händen des Divus Augustus entfiel das Zepter.

Vespasian war ein zu einfacher Mensch als daß er nicht ein offenes Auge für den Plunder der irdischen Majestät gehabt haben sollte.[219] Desto eifriger waren Titus und Domitian, von denen jener für die Konsekration des Vaters sorgte und wahrscheinlich auch die Sodales Flaviales stiftete, Domitian den Tempel Divorum Vespasiani et Titi am Fuße des Capitolinischen Tabularium erbaute, denselben von welchem noch die drei Säulen vorhanden sind, und aus dem Privathause des Vaters, in welchem er selbst geboren war, ein templum Gentis Flaviae machte, welches zugleich Familienbegräbnis und Familienheiligtum sein sollte.[220] So suchte sich auch diese Familie zur religiös und mythologisch geweihten Dynastie zu konstituieren, wobei es nicht an Genealogen fehlte, die mit dem Stammbaum des Vespasian, der sabinischen Ursprungs und aus der Gegend von Reate gebürtig war, bis auf Hercules und seine Begleiter zurückgingen. Domitian, der sich schon ganz als orientalischer Despot betrog, wollte als solcher auch persönlich mit großem Glanze, der Statuen, vielen Opfern an seinen Genius und jener Profusion von Ehrenbogen, langen Dedikationstiteln, Lobgedichten und Schmeicheleien sowohl im Senate als bei allen öffentlichen Schauspielen gefeiert sein, in welcher diese Zeit das Äußerste leistete.[221] Nach seinem Tode wurde seine Konsekration von den Soldaten gefordert, aber noch war der Senat zu mächtig, als daß eine Konsekration von Militärdespoten im offenbarsten Widerspruch mit der öffentlichen Meinung möglich gewesen wäre. Vielmehr war der nächste Divus Nerva, den sein Adoptivsohn Trajan dazu erhob[222], während dieser selbst nur die einfachsten und unvermeidlichen Auszeichnungen sich gefallen ließ, nach seinem Tode aber von seinem Nachfolger Hadrian und dem Senate wetteifernd mit allen Ehren der Apotheose bedacht wurde. Der unstete und wunderliche, mehr griechisch als römisch gesinnte Hadrian wäre ohne die dringende Fürbitte des Antoninus Pius beim Senate nicht konsekriert worden.[223] Die folgenden Kaiser bildeten unter dem Namen der Antonine bis Caracalla auch im Kulte der Divi eine zusammenhängende Gruppe: eine Folge der außerordentlichen Popularität, deren sich die beiden ersten Antonine erfreuten, welche nicht allein gleich nach ihrem Absterben vom Senat mit seltener Einstimmigkeit zu Guten Göttern erhoben, sondern mit der Zeit in der Vorstellung der späteren, durch so manche schwere Heimsuchung bedrängten Generationen zu wahren Idealbildern einer friedlichen, frommen und gerechten Regentengröße verklärt wurden. Namentlich war Marcus trotz seiner persönlichen Schwächen der Liebling seines Zeitalters und der Abgott der späteren Geschlechter, wozu der philosophische Heiligenschein seines Andenkens viel beigetragen hat, denn der Kultus der Philosophie stand damals in seiner Blüte und Marcus war eine Art von Ideal eines stoischen und asketischen Weisen, wie es diese Zeit mit vielen Seufzern und Gebeten suchte. Auch die Regierung des abscheulichen Commodus trug dazu bei, die Popularität der beiden früheren Antonine zu verstärken[224], daher Septimius Severus es für geraten hielt, sich in das Geschlecht der Antonine sogar gewaltsam einzudrängen. Er machte sich nämlich, obwohl Marcus bereits vor 15 Jahren gestorben war, aus eigener Machtvollkommenheit zum Adoptivsohne desselben, so daß nun Commodus sein Bruder wurde, also auch Divus' werden mußte, was Septimius mit seinen Soldaten dem Senate jetzt kurzweg über den Kopf nahm.[225] Derselbe Skandal wiederholte sich beim Tode des Caracalla. Obgleich offenkundiger Mörder seines Bruders und ein arger Sünder in jeder Hinsicht, wurde er dennoch mit Rücksicht auf die Soldaten zum Divus erhoben.[226] Hatte er doch selbst mit brutaler Verspottung der Zeremonie, als sie auf den ermordeten Bruder angewendet wurde, von diesem gesagt: Sit Divus dum non sit vivus. Auch der kaiserliche Schandbube aus Emesa verdankte seine Erhebung auf den Thron vornehmlich der außerordentlichen Popularität des Namens der Antonine auch bei den Soldaten[227], obwohl er es in kurzer Zeit dahin brachte, daß sein eigener Vetter Alexander Severus nicht mehr Antoninus heißen mochte.[228] Noch die Kaiser der letzten Militärperiode wurden, wenn sie es nicht gar zu arg gemacht hatten, nach ihrem Tode, regelmäßig zu Divis erhoben; auch tauchte mit dem in Rom außerordentlich beliebten Kaiser Claudius noch einmal der Kultus der Gens Flavia auf, bei welchem später die Constantine anknüpften.[229] Selbst Constantin d. Gr. und sein Sohn Constans, ja noch Valentinian wurden nach ihrem Tode konsekriert und Divi genannt, nur in einer dem Christentum angepaßten Form und in einem anderen Sinne.[230]

Versuchen wir uns die allgemeinen Grundzüge des Kaiserkultus zu vergegenwärtigen, sowohl der regierenden als der verstorbenen, so blieb zunächst der Kultus des Genius eines jeden regierenden Kaisers, wie sie sich im Sinne der römischen Religion von selbst verstand und seit August herkömmlich geworden war, immer eine Hauptsache. Ebenso natürlich war die Geburtstagsfeier des Kaisers, welche auch im Orient allgemein war und auch hier mit dem Kultus des Genius eng zusammenhängt.[231] In Rom pflegte außer diesem natürlichen Geburtstage der Tag des Regierungsantritts (natalis imperii) feierlich begangen zu werden, beide mit Geschenken, Opfern und Spielen.[232] Dazu kamen noch jene von August auf das Kaisertum und den regierenden Kaiser überhaupt übergegangenen Feste und die regelmäßigen Vota für das Wohl des Kaisers und des kaiserlichen Hauses, welche gleichfalls aus der Zeit des August stammten, aber allmählich zu einer drückenden Last für das ganze Reich wurden.[233] August war wirklich ein Retter in der Not und Wiederhersteller des Friedens und einer besseren Ordnung; daher man sich während seiner Regierung in Aufmerksamkeiten aller Art erschöpfte und bei jeder außerordentlichen Veranlassung, Heimkehr, Genesung usw. seine Teilnahme durch Geschenke und Gelübde zu erkennen gab. Dazu kamen die regelmäßigen Veranlassungen, namentlich beim Jahresanfange, d. h. am 3. Januar, wo alle Stände, alle priesterlichen Kollegien mit den öffentlichen Beamten und Priestertümern in Gelübden wetteiferten.[234] Ferner die vota decennalia, quinquennalia, quindecennalia usw., welche gleichfalls aus der Regierung des August stammen, da dieser im J. 27 v. Chr. die Miene machte, als ob er die Republik herstellen wollte und sich nur durch die dringendsten Vorstellungen des Senats bewegen ließ, die absolute Gewalt von neuem auf zehn Jahre zu übernehmen; daher seitdem die gesetzliche Bestätigung seines Imperium und dabei auch feierliche vota decennalia immer auf dieselbe Frist wiederholt wurden, auch unter Tiberius, wo diese Feierlichkeit schon zur bloßen Form geworden war, wie unter den späteren Kaisern.[235] Die Quinquennalia waren eine Art von mittler und geringerer Feier der Decennalia, woraus mit der Zeit Vota XV, XXV, XXXV entstanden. Immer pflegten diese Gelübde gleich nach dem Regierungsantritt eines Kaisers zuerst ausgesprochen und darauf von zehn zu zehn, später von fünf zu fünf Jahren zugleich gelöst und von neuem ausgesprochen zu werden[236], und immer waren sie mit Opfern, prächtigen Spielen, kostbaren Geschenken verbunden, aus welchen mit der Zeit drückende Steuern wurden, welche namentlich die Provinzen außerordentlich beschwerten. Außer diesen einzelnen Festen, Jahrestagen und Zeitabschnitten wurden hin und wieder wohl auch ganze Monate den Kaisern geweiht, d. h. nach ihnen benannt, gleichfalls nach dem Vorbilde des Cäsar und August, wie schon dem Tiberius ein gleicher Antrag gemacht wurde und später die Schmeichelei unter Nero, Domitian und Commodus auch darin das Äußerste leistete.[237] Ein allgemeiner Ausdruck für die übernatürliche persönliche Würde des Kaisers blieb der Titel Augustus und die Attribute numen und maiestas, neben welcher ihm bald auch aeternitas zugeschrieben wurde.[238] In seinem persönlichen Auftreten drückte sich dieselbe Würde durch die Strahlenkrone (corona radiata) aus, welche eigentlich nur den Göttern gebührte, aber im Oriente z. B. von den Königen Syriens schon früher getragen, also nach diesem Beispiel in Rom zuerst dem Cäsar im Theater zu tragen erlaubt wurde.[239] Nero ist der erste Kaiser, welcher sich auf seinen Münzen mit dieser Krone abbilden läßt, die immer häufiger mit dem Lorbeerkranze, dem sonst gewöhnlichen Kopfschmucke der Kaiser, abwechselt, bis anstatt ihrer der Nimbus erscheint, zuerst auf einer Münze des Antoninus Pius. Ebenso wurde die griechische Sitte, die Statuen verdienter Personen bei oder in den Tempeln der Götter aufzustellen, seit Cäsar auf alle Kaiser angewendet, wie diese Bilder auch bei öffentlichen Prozessionen, namentlich der der römischen Spiele, im Zirkus neben denen der Götter und der verklärten Divi zu erscheinen pflegten; ja es wurde schon unter Tiberius Sitte, bei solchen Statuen zu opfern und seine Andacht zu verrichten, so daß später nur noch in der Zahl und dem Werte derselben, wie sie namentlich auf dem Capitol aufgestellt wurden, eine Auszeichnung bestand.[240] Außerdem dachte man sich natürlich den Kaiser in dem speziellen Schutz aller Götter, speziell des Jupiter stehend, daher es bald sehr gewöhnlich wurde, die Götter mit besonderer Beziehung auf den Augustus und die Domus Augusta zu verehren und zu benennen; oder aber die Kaiser identifizierten sich selbst mit den Göttern, so daß sie sich in ihrem Kostüme abbilden ließen oder persönlich in demselben auftraten und eine entsprechende Verehrung forderten. Noch häufiger als bei den Kaisern wurde diese Art von Adulation bei den Kaiserinnen beobachtet, welche namentlich in Bildern und auf den öffentlichen Monumenten mit den verschiedensten Attributen als Iunones, Cereres, Veneres, auch als Vesta, Concordia, Fecunditas, Pudicitia usw. verehrt wurden, wie die Frauen denn auch bei der Juno der Kaiserin zu schwören pflegten, wie die Männer bei dem Genius des Kaisers. Ein anderes, seit der Zeit der Antonine wiederholt erwähntes Symbol der kaiserlichen Majestät, daß vor dem Kaiser und der Kaiserin, wenn sie öffentlich erschienen, ein Feuer getragen wurde[241], scheint mit dem von Augustus eingeführten Vestadienste im Palatium zusammenzuhängen, indem dieser Herd im kaiserlichen Palaste und das auf ihm lodernde Feuer auf dieselbe Weise zum Symbole der höchsten Reichsgewalt geworden war, wie der Herd und das Feuer im alten Vestatempel die Seele der alten römischen Staatsgemeinschaft bedeutet hatte. Der Titel Dominus wurde zuerst von Caligula und Domitian geduldet, die Adoration (προσκύνησις) nach orientalischer Weise forderte zuerst Diocletian, welcher sein persönliches Auftreten und den Ornat der Kaiser überhaupt ganz nach dem Vorbilde des orientalischen Sultanismus modelte.[242]

Die verstorbenen und konsekrierten Kaiser hießen als solche Divi, welches Wort seit Cäsar und August speziell in diesem Sinne gebräuchlich war[243] und von den Griechen durch Θεοὶ übersetzt wird. Es wurden sowohl Kaiser als auch Kaiserinnen nach ihrem Ableben zu Göttern erhoben, würdige und unwürdige, wie dieses und das ganze System der Adulation gegen die Kaiser schon von den Alten oft mit Bitterkeit gerügt wird.[244] Beispiele der Divae sind nach der Diva Augusta besonders Plotina, die Gemahlin Trajans und Marciana und Matidia, seine Schwester und Nichte, welche auch in Rom und anderswo durch Tempel und andere Stiftungen ausgezeichnet wurden[245], ferner die beiden Faustinen, die ältere als Gemahlin des Antoninus Pius und die jüngere, die des Marcus Antoninus, welche trotz ihres liederlichen Lebens nach ihrem Tode gleichfalls zur Göttin erhoben wurde, desgleichen die Frauen der syrischen Dynastie, Iulia Domna, Mammaea u. a. Der gewöhnliche Verlauf der Konsekration war der, daß der Nachfolger oder Sohn eines verstorbenen Kaisers (der Gemahl oder Sohn einer verstorbenen Kaiserin) beim Senat darauf antrug und dieser dann die Apotheose beschloß und diesen Beschluß zugleich näher formulierte.[246] In Ausnahmefällen, z. B. bei der gegen Wunsch und Willen des Senats befohlenen Konsekration des Commodus und in ähnlichen Fällen, hatte diese wenigstens auf die Dauer keine Folge, da solche Divi gewöhnlich später wieder beseitigt wurden. Der Ritus der Konsekration wird bei verschiedenen Gelegenheiten ausführlich beschrieben.[247] Er ist dem orientalischen Ritus der Verbrennung des Hercules entlehnt und in derselben Weise ohne Zweifel schon von den Griechen nach Alexander bei der Bestattung und Apotheose fürstlicher Personen angewendet worden.[248] In Rom sind die Gebräuche von der Konsekration des August bis zu der des Septimius Sev. und späterer Kaiser im Wesentlichen dieselben geblieben. August starb den 19. Aug. des J. 14 in Nola, daher der Leichnam erst nach Rom gebracht werden mußte. Hier erfolgte am 17. Sept. im Senate der Beschluß der „himmlischen Ehren", d. h. eines Tempels und Kultus, eigener Spiele und der Sodales Augustales.[249] Vorher aber mußten die sterblichen Reste vertilgt und die Apotheose symbolisch dargestellt werden. Es wurde also zunächst der Leichnam wie gewöhnlich ausgestellt, doch so, daß der wirkliche Leichnam verborgen blieb und nur ein Wachsbild des Verstorbenen sichtbar war, mit welchem bei der Bestattung des Pertinax und des Septimius Sev. sogar die letzten Tage der Krankheit noch einmal sinnbildlich aufgeführt wurden.[250] Dann folgt die Bestattung mit prächtigem Gefolge, indem sich der Zug zunächst aufs Forum begab, wo die übliche laudatio gesprochen wurde[251], dann durch das Marsfeld zum Bustum. Hier wird die Bahre auf einen in Form einer Pyramide von mehreren Stockwerken errichteten Scheiterhaufen gesetzt, welcher auf den Konsekrationsmünzen oft zu sehen ist.[252] Bei demselben wird dem Verstorbenen durch die geistlichen und weltlichen Behörden, die Ritter, die Leibwache usw. durch Umzüge und Spenden die letzte Ehre erwiesen und darauf der Scheiterhaufen in Brand gesteckt. Während dieser verbrennt, schwingt sich aus der Spitze des Scheiterhaufens ein Adler zum Himmel empor, eine sinnbildliche Darstellung der auffahrenden Seele, welche man von nun an unter den Göttern heimisch dachte; ja bei der Bestattung des Augustus fand sich sogar ein Senator, Numerius Atticus war sein Name, welcher eidlich aussagte, daß er den Verstorbenen genauso wie Romulus habe zum Himmel fahren sehen, wofür er von der Livia mit einer ansehnlichen Summe Geldes honoriert wurde.[253] Darauf wurde der Kultus eingerichtet, ganz wie bei jeder Stiftung eines neuen Gottesdienstes. Zunächst wurde der Tempel gestiftet und erbaut, in demselben ein Pulvinar für die Supplikationen, Altäre für die Opfer eingerichtet, ein Flamen eingesetzt, der Verklärte als Divus Pater, als hilfreicher Schutzgott der Römer verehrt und im Bilde dargestellt.[254] Weiter wurden jährliche oder in größeren Zeitabschnitten sich wiederholende Feste, zirzensische und szenische Spiele u. dgl. mehr beschlossen, je nachdem sich der Verstorbene mehr oder weniger um die Stadt und den Staat verdient gemacht hatte. Endlich erfolgte gewöhnlich auch die Einsetzung eigener Sodales, wie diese gleichfalls zuerst zur Verherrlichung des Divus Augustus beliebt und nach diesem Vorbilde später gewöhnlich bei neuen Konsekrationen geschlechterweise wiederholt wurden, so daß die Sodales Flaviales für den Kult der konsekrierten Flavier, die Antoniniani für den der Divi aus der Familie der wirklichen und Pseudo-Antonini zu sorgen hatten.[255] Denn immer hatten es diese Sodalitäten mit den Sacris eines ganzen Geschlechts zu tun, der Gens Iulia, Flavia usw., deren sakrale und mythologische Traditionen durch solche Stiftungen fortgepflanzt werden sollten, und immer wurden sie, wie die Luperci, die Fratres Arvales, die Salii in bestimmter Anzahl unter den vornehmsten Männern des Staats gewählt, zu denen die Prinzen des regierenden Hauses als natürliche Mitglieder eines solchen Vereins hinzutraten. Auch die so häufig auf Inschriften erwähnten *Augustales* und *Seviri Augustales* hängen höchst wahrscheinlich mit dieser neuen Stiftung zusammen.[256] Wenigstens wissen wir, daß sich neben jenen von Staats wegen zu Ehren des Divus Augustus und der Gens Iulia eingesetzten Sodalen zahlreiche Privatvereine für den Kultus des August in und außerhalb Roms gebildet hatten[257]: aus welchen Vereinen in den Munizipien mit der Zeit ein besonderer Stand der Augustalen entstanden zu sein scheint, welcher als munizipaler Mittelstand ungefähr dem römischen Ritterstande entsprach, wie der munizipale Dekurionenstand dem römischen Ordo Senatorius. Mithin wurde dieser neue Kult des Divus Augustus und der Divi überhaupt für einen großen Teil des Reichs zugleich zu einem neuen sozialistischen Prinzip; denn ohne Zweifel war auch bei diesen Privatvereinen die religiöse Verehrung des Divus Augustus oder der übrigen Divi der Anfang und die Hauptsache des Vereins[258], so daß sich die weitere korporative Verfassung und Verpflichtung der Mitglieder zu gemeinschaftlichen Opfern, Mahlzeiten, Geldbeiträgen usw., zuletzt der eigene Stand der Augustalen, aus jenem religiösen Prinzip erst allmählich weiterentwickelt haben kann. Noch andere Ehren der Divi, durch welche sie den übrigen Göttern des römischen Staats gleichgestellt wurden, war die Folge ihrer Bilder bei der großen Prozession der Römischen Spiele und ähnlichen Gelegenheiten auf eigenen, gewöhnlich von Elefanten gezogenen Prozessionswagen[259], ihre Anrufung bei feierlichen Gelegenheiten und in den Gesängen der Salier, der Eidschwur bei ihnen, wo gewöhnlich der Genius des regierenden Kaisers zuletzt genannt wurde[260], bei den verdienteren, z. B. bei August und Trajan, auch eigene Spiele. Außer den Tempeln der einzelnen Divi oder einer bestimmten Familiengruppe derselben gab es in Rom auch verschiedene templa Divorum, d. h. solche, in denen alle Divi, so viele sich nämlich auf die Dauer als solche behauptet hatten, gemeinschaftlich verehrt wurden.[261] Namentlich wurden die Geburtstage von diesen fort und fort sowohl öffentlich als von jenen Sodalitäten und Privatvereinen gefeiert, daher sich verschiedene Verzeichnisse derselben aus späterer Zeit erhalten haben.[262]

Noch ist übrig, von dem Kulte der Kaiser, sowohl der regierenden als der verstorbenen, in den Provinzen einen kurzen Begriff zu geben, namentlich von dem bei den Griechen und in dem hellenistischen Asien. Von dem römischen unterscheidet er sich durch noch weit größere Bereitwilligkeit und Mannigfaltigkeit der Adulation, wie diese Gegenden ja, besonders Kleinasien, in solchen Künsten und Huldigungen seit alter Zeit geübt waren. Schon die römischen Prokonsuln wurden oft vergöttert, bald sie selbst bald ihre Tugenden[263], eine Art von Apotheose, welche auch in Rom neben der gewöhnlichen und als Motivierung derselben wiederholt vorkommt. Darauf folgten die Zeiten des Cäsar, des Antonius, des August, dessen Sieg bei Actium als die entscheidende Tatsache der neuen Monarchie auch in Griechenland und im Orient viel gefeiert wurde. Nun erhoben sich die Tempel zu Ehren der Dea Roma und des Divus Iulius oder des Augustus mit den dazugehörigen Spielen, von denen die diesem Paare, der Dea Roma und dem Augustus, gewidmeten gewöhnlich Ῥώμαια Σέβαστα heißen, die dem Cäsar gewidmeten Καισάρεια.[264] Namentlich wurden beide, Cäsar und August, viel als Retter in der Not (Σωτῆρες), als Befreier und hilfreiche Götter verehrt und Augustus als solcher in Ägypten, um welches er sich gleichfalls sehr verdient gemacht hatte, selbst mit dem Titel Ζεὺς Ἐλευθέριος bedacht, während er in Alexandrien und sonst hin und wieder an den dortigen Küsten als Beschützer der Schiffahrt und unter den Göttern der See angebetet wurde[265]: so sehr konkurrierte damals auf allen Gebieten der Natur und Weltregierung die Furcht vor der irdischen Majestät mit dem Glauben an das unsichtbare Walten der Götter. Auch in Athen, in Sparta und anderen Hauptstädten von Griechenland erhoben sich dieselben Altäre und Tempel zu Ehren des Cäsar und August, vor allen in Korinth, welches bekanntlich durch Cäsar wiederhergestellt worden war.[266] In Italien aber zeichnete sich vorzüglich Neapel, jetzt die erste Stadt Campaniens und der Sitte nach griechisch, durch jene zu Ehren des August gestifteten Spiele aus, die nach griechischer Weise alle fünf Jahre mit gymnastischen und musischen Schauspielen, auch mit Theater gefeiert und von den berühmtesten griechischen Künstlern und Athleten wetteifernd besucht wurden. Augustus selbst hatte diesen Spielen noch kurz vor seinem Tode präsidiert, und immer blieben diese gleichfalls Ῥώμαια Σέβαστα genannten Spiele, wie später ähnliche zu Ehren des Hadrian gestiftete[267], eine wichtige Schule der griechischen Sitte in dieser Gegend von Italien. Neben Augustus wurde Livia viel verehrt, in Smyrna auch neben ihrem Sohne Tiberius.[268] Dann nahm Caligula den großen und prachtvollen Tempel des milesischen Apollo für sich in Beschlag, da, wie er sagte, Ephesus bereits von der Artemis, Pergamum von Augustus, Smyrna von Tiberius besetzt sei[269]; doch war seine Regierung zu kurz, um dauernde Merkmale der Schmeichelei zu hinterlassen. Anders war es mit Nero, unter welchem sich in Asien die ersten Spuren des Neocorats zeigen; denn auch diesem Kaiser wurde in Griechenland und Asien auf alle erdenkliche Art geschmeichelt. Zeus Eleutherios heißt er auf einigen Münzen, Apollo und Herakles auf anderen wegen seiner agonistischen Bemühungen, welche sein Anhang in Rom mit ähnlichen Huldigungen belohnte, der Welt Heiland (Σωτὴρ τῆς Οἰκουμένης) auf anderen.[270]

Später gefiel sich Hadrian ganz außerordentlich in solchen Adulationen der Griechen und der gräzisierten Gegenden, welche allerorten Tempel seines Namens errichteten. Namentlich machte sich dieser Kaiser um Athen, den alten Mittelpunkt der griechischen Bildung, sehr verdient, daher ihm der von ihm selbst ausgebaute Tempel des Ζεὺς Ὀλύμπιος geheiligt und ein großer Teil der Stadt nach ihm benannt wurde.[271] Denn auch dieses wurde nach dem Vorgange Alexanders und seiner Nachfolger jetzt im römischen Reiche immer mehr Sitte, ganze Städte nach ihrem kaiserlichen Wohltäter oder Stifter zu benennen, in welchen Städten dann natürlich der Kultus der Kaiser oder der Kaiserin, die ihnen den Namen gegeben hatte, eine Hauptsache war. Jenen Tempel des Olympischen Zeus hatten schon früher die befreundeten und verbündeten Könige auf gemeinschaftliche Kosten ausbauen und dem Genius des Augustus heiligen wollen. Jetzt erwuchs für Hadrian daraus der Beiname Ὀλύμπιος, daher auch die ihm in Athen, in Asien und in Neapel gefeierten Spiele Olympische genannt wurden.[272] Dazu kam der neue Kultus seines Lieblings Antinous, der sich in Ägypten für seinen abergläubischen Herrn, welcher dadurch sein Leben zu verlängern hoffte, aufgeopfert hatte und dafür weit und breit als Gott verehrt und durch eigene Spiele gefeiert wurde.[273] Die folgenden Kaiser von Antoninus Pius bis Septimius Sev. und seine Deszendenz traten auch in den Provinzen meist als eine Folge auf; namentlich scheint Severus in seinem Eifer, für einen Sohn des Marcus zu gelten, den Kult der Antonine und die Feier eigener 'Αντωνινίανα erst recht befördert zu haben, obwohl er selbst und seine Familie syrischer Abkunft doch auch nicht selten unter ihren eigenen Namen gefeiert wurden. Auch hängen die seit dieser Zeit besonders häufig gefeierten Pythien und Aktien als Spiele des Apollo höchstwahrscheinlich mit dem Kulte des syrischen Sonnengottes zusammen, welcher in dieser Familie erblich war und nicht selten mit dem des Apollo verschmolz.[274] Anderswo wurden Θεογάμια zu Ehren der Vermählung des Septimius Sev. mit der Julia Domna, Χρυσάνθινα zu Ehren dieser und späterer Kaiserinnen, Φιλαδέλφεια zu Ehren der feindlichen Brüder, des Geta und Caracalla, gefeiert usw.[275]

Ein eigentümliches und noch nicht genug aufgeklärtes Institut des asiatischen Kaiserkultus ist das *Neocorat.*[276] Bei den Griechen ist νεωκόρος ein bloßer Tempeldiener, dagegen wurde in Asien, namentlich in Ephesus, mit demselben Worte ein sehr angesehenes Ehrenamt beim Kulte der Schutzgöttin der Stadt, der bekannten Diana von Ephesus, bezeichnet.[277] Eben dieses Amt scheint nun hier und in anderen asiatischen Städten von dem Kulte der älteren Schutzgottheiten auf den der göttlich verehrten Kaiser übertragen zu sein, welche gleichfalls für die Schutzgötter der ihrem Kultus ergebenen Städte oder Distrikte angesehen wurden. Genug, das Eigentümliche des Neocorats besteht darin, daß gewisse Städte, hin und wieder auch sogenannte κοινά, sich mit spezieller Beziehung auf die Verehrung der Kaiser und die damit zusammenhängenden Feste und Spiele νεωκόροι nennen. Und zwar findet sich dieses Institut zuerst in diesem Kreise von Asien, vorzüglich in den großen Hauptstädten, in denen der Kaiserkultus mit besonderem Pomp begangen wurde, in Ephesus, Smyrna, Pergamum, Nicomedia, von wo es sich einerseits nach Thracien und Macedonien, andererseits nach Cilicien weiter ausgebreitet hat. Immer war der Νεωκόρος eine sehr angesehene Person, entweder ein Priester oder der erste Beamte, welcher im Namen des Staates für diesen Gottesdienst, den der älteren Schutzgötter und den der römischen Kaiser, zu sorgen hatte und deshalb zugleich Eponym war; dahingegen andererseits die Kaiser solchen Städten gewisse Auszeichnungen und Privilegien verliehen.[278] Die ersten Anfänge dieses Instituts fallen in die Zeit des Nero, wenigstens geben die Münzen früher keine sichere Spur; und zwar zeigen sich nicht allein diese frühesten Spuren des Neocorats in Ephesus, sondern dasselbe hat sich in dieser Stadt auch am weitesten ausgebildet, so daß wir Ephesus wohl für die Wiege desselben halten dürfen. Am meisten blühte es im Zeitalter der Antonine, wo die asiatischen Städte sich gewöhnlich mehrerer Neocorate, eines ersten, zweiten und dritten, zu rühmen wissen, Ephesus sogar eines vierten: was vermutlich so zu erklären ist, daß zu dem ersten Neocorate der älteren Schutzgottheit zuerst das des Augustus, darauf das des Hadrian usw. hinzutrat, indem die pentaeterisch zu feiernden Spiele von Jahr zu Jahr abwechselnd gefeiert wurden.[279] Immer konnten sich solche Städte diese Würde nicht eigenmächtig aneignen, sondern es bedurfte dazu eines Dekrets des römischen Senats, wie diese auf manchen Münzen ausdrücklich bemerkt wird. Dieselben Münzen prunken mit den Tempeln und Statuen der von ihnen verehrten Kaiser, den Insignien der ihnen zu Ehren veranstalteten Spiele, und in der Tat scheinen diese Gebäude und diese Spiele in den größeren Städten sehr ansehnlich und prächtig gewesen zu sein. Gewöhnlich nennen sich solche Städte die Metropolen bestimmter Distrikte, z. B. Ephesus die Metropole von Asien, Milet die von Jonien, mit welcher Würde ein Vorzug bei den gemeinschaftlichen Versammlungen, Festen und Festaufzügen verbunden war. Die provinziellen Gemeinschaften im Ganzen dagegen nennen sich κοινά, communia von Asien, Macedonien usw., welche als solche die Stiftung eines Tempels z. B. Romae et Augusti beschließen und für die Ausrüstung der Feste sorgen, daher auch wohl als κοινά das Neocorat zu besetzen hatten, während die Tempel sich natürlich immer in der Metropole befanden und auch die Feste dort begangen wurden.

ANMERKUNGEN

EINLEITUNG

1 Samnites (Σαυνῖται) ist = Sabnites oder Sabinites, vgl. Varro l. l. VII, 29, Samnites a Sabinis orti. Da die Samniter oskisch redeten, so muß auch die Sprache der Sabiner der oskischen nahe verwandt gewesen sein, vgl. Varro l. l. VII, 28 cascum significat vetus: eius origi Sabina, quae usque radices in Oscam linguam egit. Die Verwandtschaft der Umbrer mit den Sabinern erhellt aus Dionys. H. II, 49.

2 S. außer der Hauptstelle bei Livius V, 33 besonders Servius V. A. XI, 567, wo Exzerpte aus Cato zu Grunde liegen.

3 S. J. Olshausen über phönizische Ortsnamen außerhalb des semitischen Sprachgebiets, Rh. Mus. f. Phil. N. F. VIII, 3 S. 332 ff.

4 Cic. de Rep. II, 19, 34 *Influxit enim non tenuis quidam e Graecia rivulus in hanc urbem, sed abundantissimus amnis illarum disciplinarum et artium.*

5 Strabo VIII p. 376, Justin XLIII, 3, vgl. Böckh metrol. Unters. S. 208.

6 Nach Diodor XII, 76 im J. 326 d. St. (428 v. Chr.), nach Liv. IV, 44 im J. 334 (420 v. Chr.). Wenn bei Justin XX, 1 die *Falisci, Nolani* und *Abellani* Kolonisten der Chalcidenser genannt werden, so können unter diesen nur die in Cumä angesiedelten verstanden werden. Bei den Falsikern ist an eine Niederlassung in der Gegend des M. Massicus zu denken, vgl. Virg. Aen. VII, 724, wo Halaesus, der Stammvater der Falisci, in dieser Gegend zu Hause ist.

7 Liv. 1, 20 *quamquam ipse plurima sacra obibat, ea maxime quae nunc ad Dialem flaminem pertinent.*

8 *L. Krahner* Grundlinien zur Geschichte des Verfalls der römischen Staatsreligion bis auf die Zeit des August. Halle 1837.

9 So urtheiit auch Polybius VI, 56, indem er zugleich die Religiosität des römischen Staates höchlichst rühmt: καί μοι δοκεῖ τὸ παρὰ τοῖς ἄλλοις ἀνθρώποις ὀνειδιζόμενον, τοῦτο συνέχειν τὰ Ῥωμαίων πράγματα, λέγω δὲ τὴν δεισιδαιμονίαν· ἐπὶ τοσοῦτον γὰρ ἐκτετραγῴδηται καὶ παρεισῆκται τοῦτο τὸ μέρος παρ' αὐτοῖς εἴς τε τοὺς κατ' ἰδίαν βίους καὶ τὰ κοινὰ τῆς πόλεως, ὥστε μὴ καταλιπεῖν ὑπερβολήν, ὃ καὶ δόξειεν ἂν πολλοῖς θαυμάσιον. *ἐμοί γε μὴν δοκοῦσι τοῦ πλήθους χάριν τοῦτο πεποιηκέναι.* εἰ μὲν γὰρ ἦν σοφῶν ἀνδρῶν πολίτευμα συναγαγεῖν ἴσως οὐδὲν ἦν ἀναγκαῖος ὁ τοιοῦτος τρόπος. Grade so urteilt Varro, und ohne Zweifel sprach Polybius in jenen Worten nicht bloß seine eigene Ansicht, sondern auch die der ihm bekannten Kreise in Rom aus.

10 Augustin C. D. 1, 30. Auch bei Cicero Tusc. 1, 16, 37 erscheint das Theater als die Schule des gewöhnlichen mythologischen Glaubens und Varro nennt, wenn er eine mythologische, eine bürgerliche und eine natürliche Religion unterscheidet, ausdrücklich das Theater als Quelle der ersten, b. Augustin VI, 5.

11 *Itaque multa auguria, multa auspicia, quod Cato ille sapiens queritur, negligentia collegii amissa plane et deserta sunt.* Cic. de Divin. 1, 15.

12 Cic. de Leg. II, 21, 52. *Itaque si vos (Scaevolae) tantummodo pontifices essetis, pontificalis maneret auctoritas, sed quod iidem iuris civilis estis peritissimi, hac scientia illam eluditis.*

13 Cic. de Leg. II, 12, 30; 13, 33, de Divin. I, 47, 105.

14 Cic. de Divin. II, 24, 51. Über den Mißbrauch der sibyllinischen Sprüche ib. 54.

15 L. Krahner de Varr. Antiquitatum libris, Hal. 1834. Vgl. die Fragmente der libri rerum divinarum bei R. Merkel Ovid Fast. p. CVI etc. Nach dem durch Hieronymus erhaltenen Kataloge der Schriften Varro's (Ritschl Rh. Mus. f. Philol. Bd. VI und XII) schrieb derselbe XLV libros Antiquitatum und ἐπιτομὴν Antiquitatum ex libris XLII libros VIIII. Die Zahl XLII scheint die richtige zu sein, 41 Bücher der Antiquitates und ein eigenes Buch allgemeiner Einleitung.

16 Cic. Acad. poster. 1, 3, 9 *nos in nostra urbe peregrinantes errantesque tanquam hospites tui libri quasi domum deduxerunt, ut possemus aliquando qui et ubi essemus agnoscere* etc. Vgl.

Augustin C. D. III, 17 *quod scribens de aedibus sacris tam multa ignorata commemorat.* Cic. N. D. 1, 29 *etenim fana multa exspoliata et simulacra deorum de locis sanctissimis ablata videmus a nostris.* Vgl. die Ausleger zu Horat. Od. III, 6. In demselben Sinne sagt Varro selbst bei Augustin 1. c. IV, 31 *ad eum finem illam* (die Geschichte des alten Götterglaubens) *se scribere ad perscrutari, ut potius eos magis colere quam despicere vulgus verlit.* Ib. VI, 2 *timere se ne pereant dii non incursu hostili, sed civium negligentia: de qua illos velut ruina liberari a se dicit et in memoria bonorum recondi atque servari, utiliore cura quam Metellus de incendio sacra Vestalia et Aeneas de Troiano excidio Penates liberasse praedicatur.*

17 Über Scaevola berichtetAugustin C.D. IV, 27, wahrscheinlichnach Varro. Nach ihm gab es drei *genera tradita deorum, unum a poetis, alterum a philosophis, tertium a princibus civitatis.* Das erste war für ihn ein *genus nugatorium, quod multa de diis figantur indigna.* Das zweite schien ihm nicht für das bürgerliche Leben zu passen, *quod habeat aliqua supervacua, aliqua etiam quae obsit populis nosse* z. B. *non esse deos Herculem, Aesculapium, Castorem, Pollucem.* Von der Religion der Dichter wird darauf mit einer ebenso lebhaften moralischen Entrüstung gesprochen wie bei Plato, Zeno und Epicur. Über Varros Unterscheidung der drei Religionen s. Augustin VI, 5. Die mythologische Religion hieß bei ihm das *genus mythicon, quo maxime utuntur poetae.* Auch hier dieselben Gründe der Verwerfung: *in eo sunt multa contra dignitatem et naturam immortalium ficta.* Die natürliche Religion ist das *genus physicon, quo philosophi utuntur,* die positive das *genus civile,quo populi utuntur.*

18 Augustin C. D. VI, 3 *Ipse Varro propterea se prius de rebus humanis, de divinis autem postea scripsisse testatur, quod prius exstiterint civitates, deinde ab eis haec instituta sint.* Ib. VI, 4 *sicut prior est, inquit, pictor quam tabula picta, prior faber quam aedificium, ita priores sunt civitates quam ea quae a civitatibus sunt instituta.* Bei einer Darstellung der natürlichen Religion würde er seine Sache anders angegriffen haben. Auch sprach er es wiederholt nachdrücklich aus, daß der Glaube der positiven Religion nicht der seiner persönlichen Überzeugung sei und daß er, wenn es sich nicht um die Geschichte des römischen Staates, sondern um die Gründung eines neuen Staates handele, dann auch ein anderes Bekenntnis aufstellen würde, ib. IV, 31.

19 Augustin C. D. III, 4 *Varro utile esse civitatibus dicit, ut se viri fortes, etiamsi falsum sit, ex dis genitos esse credant.* Ib. IV, 27 *expedire igitur existimat (Scaevola) falli in religione civitates, quod dicere etiam in libris Rerum Divinarum ipse Varro non dubitat.*

20 Augustin VII, 5 *Fatetur interim vir doctissimus, animam mundi ac partes eins esse veros deos.* Ib. 6 *Dicit idem Verro de naturali Theologia proloquens, Deum se arbitrari esse animam mundi etc. Adiungit mundum dividi in duas partes, coelum et terram. Ib. 28 Dicturus de feminis h. e. de deabus: Quoniam, inquit, ut in primo libro dixi de locis, duo sunt principia deorum animadversa de coelo et terra, a quo dii partim dicunter caelestes partim terrestres, ut in superioribus initium fecimus de coelo, cum diximus de Iove, – sic de feminis initium scribendi fecimus de Tellure.* Auch kam er in demselben Zusammenhange auf die samothrakischen Mysterien, in denen er eine Darstellung der drei Prinzipien der Dinge, des Himmels, der Erde, und der Ideen zu finden glaubte. Vgl. de ling. lat. V, 57, 58.

21 Augustin VII, 9 *In hanc sententiam* (daß Jupiter dieWeltseele sei) *etiam quosdam versus Valerii Sorani exponit idem Varro in eo libro, quem seorsum ab istis de cultu deorum scripsit, qui versus hi sunt: Iupiter omnipotens, regum rex ipse deusque Progenitor genitrixque deum, deus unus et omnis. Exponuntur autem in eodem libro ita ut eum marem existimaret qui semen emitteret, feminam quae acciperet, Iovemque esse mundum et eum omnia semina ex se emittere et in se recipere:* wobei die stoische Lehre vom λόγος σπερματικὸς zu Grunde liegt. Jener Valerius Soranus ist eine merkwürdige Erscheinung der Zeit des jüngeren Scipio, s. Gerlach Lucil. Satir. reliq. p. XXXI. Der vollständige Titel der von Augustin zitierten Schrift des Varro war *Curio de deorum cultu,* ein Abschnitt der logistorici.

22 Auszüge daraus bei Augustin C. D. XVIII. Den Pendant bildete das Buch *de vita populi Romani.* Jenes führte den Leser von den alten Königen Sikyons, mit denen die Chronologen zu beginnen pflegten, durch die übrigen Könige der griechischen Vorzeit zu denen der Laurenter, *ex quibus evidentior ducitur origo Romana post Graecos;* dann durch den trojanischen Krieg und Aeneas nach Rom. Augustin XVIII, 2.

23 Namentlich scheint Varro die unglückliche Pelasger-Hypothese zuerst auf die Vorzeit der latinischen Aboriginer angewendet zu haben, s. Macrob. 1, 7, 28 vgl. Dionys. 1, 19.

24 *S. Pompei Festi de verborum significatione quae supersunt cum Pauli Epitome em. et annot. a. C. O. Muellero,* Lips. 1839. Vgl. praef. p. XII sqq. Zu beachten sind auch die Glossen des Placidus bei A. Mai Class. auct. e Vat. codd. ed. t. III und N. Jbb. f. Philol. u. Paedag.

Suppl. II p. 439–471, 485–492, und die aus verschiedenen Mss. zusammengetragenen lateinisch griechischen und griechisch lateinischen Glossen ed. h. Stephanus P. 1572 und Car. Labbé P. 1679.

25 Macrob. S. 1, 24, 16 wo zuerst Vettius seine Bewunderung über Virgil ausspricht, *quia doctissime ius pontificium tamquam hoc professus in multa et varia operis sui parte servavit,* er getraue sich den Beweis zu führen, daß Virgil recht gut Pontifex Maximus hätte sein können. Worauf Flavianus behauptet: *apud poetam nostrum tantam scientiam iuris auguralis invenio ut, si aliarum disclipinarum doctrina destitueretur, haec illum vel sola professio sublimaret.* Ähnliche Aussprüche liest man wiederholt bei Servius.

26 Die Ausgabe von R. Merkel Berl. 1841 ist besonders wegen ihrer Prolegomena *de obscuris Ovidii Fastorum* zu empfehlen.

27 Z. B. Augustin C. D. VI, 3 *Vel hominum sunt ista instituta vel daemonum, non quales vocant illi daemones bonos, sed ut loquar apertius immundorum spirituum.*

28 J. A. Ambrosch, Studien und Andeutungen im Gebiet des altrömischen Bodens und Kultus, Breslau 1839.

29 L. Preller, Die Regionen der Stadt Rom, Jena 1846.

30 Vgl. über diese priesterliche Literatur die Annales Pontificum, die Libri und Commentarii Pontificum, Augurum, Saliorum usw. Becker Handb. d. röm. Alterth. 1, 4ff., Schwegler Rö. Gesch. 1, 7ff, und 31ff.

31 G. Marini, Gli Atti e Monumenti de' fratelli Arvali, Roma 1795, 2 Bde. 4. Vgl. Gius. Melchiorri Appendice agli Atti e Monum. Roma 1855. 4. Auch Th. Mommsen und zuletzt De Rossi Bullet. dell' Inst. Arch. 1855 p. LII haben kleinere Nachträge publiziert. Das alte carmen fratrum Arvalium allein ist behandelt von Klausen de carm. fr. Arval. Bonn 1836 und Corssen Orig. Poesis Ro., Berl. 1846 p. 86 sqq., in welchem Buche auch andere dahin gehörige Reste, namentlich die der Saliarischen Lieder gesammelt und erörtert sind. Vgl. Th. Bergk de Carm. Saliarium reliquiis, Ind. lect. Marb. hib. 1847–48 und über das Lied der Arval. Brüder Ztschr. f. A. W. 1856 n. 17–19.

32 Marini Atti p. 129, Or. n. 42. 2471. 2472, Henzen n. 6057. 6058, Mercklin Die Cooptation der Römer S. 212 ff.

33 Aufrecht und Kirchhoff, Die Umbrischen Sprachdenkmäler, 2 Bde, Berl. 1849, 51

34 Th. Mommsen, Die Unterital. Dialekte S. 128–144. Vgl. Ph. Ed. Huschke, Die Oskischen und Sabellischen Sprachdenkmäler, Elberfeld 1865 S. 2–32

35 *Inscriptionum latinarum selectarum amplissima collectio ad illustrandam Romanae Aatiquitatis disciplinam accommodata ed.* I. C. Orelli, Turici 1828. 2 Voll. 8. *Vol. tertium Collectionis Orellianae Supplementa Emendationesque exhibens* ed. W. Henzen, Turici 1856.

36 Eckhel D. N. VII p. 28 sqq.

37 „Von der größten Wichtigkeit scheint Ein Resultat, welches aus dieser Untersuchung hervorgeht, daß nämlich die römische Religion des klassischen Zeitalters unter dem Einflusse fremder Götterhimmel mit ihren Sagengeschichten, besonders des griechischen, völlig verändert und sich selbst entfremdet worden war. Es ist ein alterTempel von einem Überbau verhüllt worden, sodann sind beide eingestürzt, und wir haben nun die Trümmer des ersteren Gebäudes unter dem Schutte des zweiten hervorzugraben."

ERSTER ABSCHNITT

1 Der Himmel sei der Ursprung aller Dinge und die höchste Macht. Das beweise der ältere Name des Jupiter Diovis und Diespiter d. i. Dies Pater. *A quo dei dicti qui inde* (d. h. welche daher, coelitus stammen), *et dius et divum, unde sub divo, Dius Fidicus* usw. Vgl. Pott etymol.Forsch. 1, 98ff. 265 und J. Grimm D. Mythol. S. 175ff.

2 Vgl. Drakenborch zu Liv. 1, 32 9.

3 So liest Perizonius mit Recht für Iuno, Quirine.

4 Non. Marc. p.141. Vgl. Serv. V. A. III, 134 *quidam aras superorum deorum volunt ess, medioximorum i.e. marinorum focos, inferorum, vero mundos,* wo die *dii marini* die θαλάσσιοι der Griechen sind.

5 Ennius b. Serv. Aen. VI, 764 *Romulus in coelo cum dis genitalibus aevum degit.* Vgl. Auson. Perioch. Iliad. 4 *Juppiter interea cum dis genitalibus una Concilium cogit Superum de rebus Achivis.* Zu vergleichen *genitalia corpora, genitalia semina,* d. h. die Elemente der Dinge, die befruchtenden Stoffe. In einem anderen Sinne wird *dii genitales* von den Göttern der

Geburt und der Entbindung gesagt auf einer Münze der Crispina, Gemahlin des Commodus, Eckhel D. N. VII p. 139.

6 Der Todesgott erscheint nach der Legende der römischen Secularspiele b. Zosimus II, 1–3 als τις τερατώδης τὴν ὄψιν, ἠμφιεσμένος δέρματι μέλανι. Auch können die finstern, die schwarzen, die unholden Götter, von denen einige Schriftsteller wissen, keine anderen sein, als die des Todes und der Unterwelt, vgl. Plin. H. N. II, 7 *atri coloris,* Arnob.III, 14, Martian. Cap. II, 164 *dii aquili,* Placidi glossae: *Diaquilii inferi. Aquilosi antiqui nigros dicebant,* zu lesen: *Dii aquili* und *Aquilos.* Daher die *Furinae* und *furvae hostiae,* die *Furiae* und *Proserpina furva,* Paul p. 84. 93, Valer. Max. II, 4, 5, Horat. Od. II, 13, 21.

7 Augustin C. D. II, 11 *Labeo, quem huiuscemodi rerum peritissimum praedicant* (es ist der Jurist unter August) unterschied zwischen *numina bona* und *numina mala. – Malos deos propitiari caedibus et tristibus supplicationibus, bonos autem obsequiis laetis atque iucundis, qualia sunt, ut ipse ait, ludi, convivia, lectisternia.*

8 Gellius N. A. XIII, 23 *Comprecationes deum immortalium, quae ritu Romano fiunt, expositae sunt in libris sacerdotum populi Romani et in plerisque antiquis orationibus. In his scriptum est: Luam Saturni, Salaciam Neptuni, Horam Quirini, Virites Quirini, Maiam Volcani, Heriem Iunonis, Moles Martis Nerienemque Martis.*

9 Augustin C. D. III, 12 *ut Varro dicit – in omnibus generibus deorum sicut in animalibus mares et feminas.* Ib. IV, 32 *Dicit etiam de generationibus deorum magis ad poëtas quam ad physicos* (die Philisophen) *fuisse populos inclinatos et ideo et sexum et generationes maiores suos i.e. veteres credidisse Romanos et eorum constituisse coniugia.* Der Eifer anderer gegen die *coniugia* und *matrimonia deorum,* z. B. des Stoikers Balbus b. Cic. N.D. II, 28 und des Seneca b. Augustin C. D. VI, 10 trifft nur die Griechen.

10 Ζεὺς πατήρ und Δημήτηρ bei den Griechen, Δειπάτυρος bei den epirotischen Tymphäern nach Hesych. s.v., d. i. wahrscheinlich der italische Jupiter, *Vater* bei den Deutschen für Gott, *Allvater* Odin u. dgl., s. J. Grimm D. M. 20, nach welchem die Letten beinahe jeder Göttin das Epithet *mahte, mahmina* d. i. Mutter, Mütterchen anhängen.

11 So führte Lucilius in seiner Götterversammlung einen Gott redend ein*: Ut nemo sit nostrum quin pater optinu' divum, Ut Neptunu' pater, Liber Saturnu' pater, Mars Ianu' Quirinu' pater nomen dicatur ad unum,* s. Lactant. Inst. IV, 3, 12. Vgl. Gell. N. A. V, 12 nach alten Gebetsformeln: *Sic et Neptunuspater coniuncte dictus est et Saturnuspater et Ianuspater et marspater, hoc enim est marspiter, itemque Iovis Diespiter appellatus.*

12 Augistun C. D. VII, 3 *Unde dicit etiam ipse Varro, quod Diis quibusdam Patribus et Deabus Matribus sicut hominibus ignobilitas acccidisset,* wobei nur die Götter der Indigitamenta gemeint sein können. Vgl. ib. VI, 10, wo Augustin diese Götter, bei denen Varro keine männliche oder weibliche Hälfte hinzugefügt hatte, *caelibes* und *viduae* nennt.

13 Tertull. ad. Nat. 1, 10 *Sed et Diogenes nescio quid in Herculem lusit et Romani stili Diogenes Varro trecentos Ioves seu Iuppiteres dicendum est sine capitibus inducit.* Vgl. Tertull. Apolog. 14 und Oehler Varr. Menipp. p. 48. 238 sq., Tertull. Vol. 1 p. 171.

14 Vgl. auf einem anderen Gebiete Liv. V, 22, von dem Transporte des Bildes der Juno Regina von Veji nach Rom: *Dein cum quidam seu spiritu divino tactus seu iuvenali ioco „Visne Romam ire Iuno?" dixisset, adnuisse ceteri deam conclamaverunt.*

15 So ist diese Stelle verbessert worden von Lachmann z. Lucret. p. 111. Bei den Annales wäre zu denken an die des Ennius, aus denen Lachmann den bekannten Vers anführt: *Iuppiter hic risit tempestatesque serenae Riserunt omnes risu Iovis omnipotentis.*

16 S. J. Burckhardt, Die Zeit Constantins d. gr. S. 363.

17 Tacitus Ann. II, 17 gebraucht das Wort sogar von einer begeisternden Erscheinung von acht Adlern vor einer Schlacht der Römer mit den Deutschen: *Interea pulcherrimum augurium, octo aquilae petere silvas et intrare visae imperatorem (Germanicum) advertere. Exclamat, irent sequerentur Romanas aves, propria legionum numina,* mit Beziehung auf die Legionäradler.

18 Cic. de Divin. 1, 45, 101. zu Satricum im Lande der Volsker rettet *eine vox horenda edita templo cum tristibus minis* den Tempel der Mater Matuta bei der Zerstörung der Stadt durch die Latiner, Liv. VI, 33. Vgl. auch Virgil. Ge. I, 476 *Vox quoque per lucos vulgo exaudita silentes Ingens et simulacra modis pallentia miris Visa sub obscurum noctis etc.*

19 Gellius N. A. II, 28 *Propterea veteres Romani, cum in omnibus aliis vitae officiis tum in constituendis religionibus atque in dis immortalibus animadvertendis castissimi cautissimique, ubi terram movisse senserant nuntiatumve erat, ferias eius rei causa edicto imperabant, sed Dei nomen ita uti solet, cui servari ferias oporteret, statuere et edicere quiescebant, ne alium*

pro alio nominando falsa religione populum alligarent. Eas ferias si quis polluisset piaculoque ob hanc rem opus esset, hostiam Si Deo Si Deae immolabant, idque ita ex decreto Pontificum observatum esse M. Varro dicit, quoniam et qua vi et per quem deorum dearumve terra tremeret incertum esset. Obwohl bei Erdbeben gewöhnlich die Götter der Erde angerufen wurden, s. Tellus.

20 S. Serv. V. A. II, 351, wo diese Unbestimmtheit der Schutzgötter und Ortsgenien auf die Sitte diese Götter bei Belagerung einer Stadt zu evozieren zurückgeführt und dann hinzugesetzt wird: *et in Capitolio fuit clypeus consecratus, cui inscriptum erat: Genio Urbis Romae Sive Mas Sive Femina, et Pontifeces ita precabantur: Iupiter Optime Maxime sive quo alio nomine te appellari volueris.* Vgl. die Vorschrift bei Cato r. r. 139 für die Säuberung eines Hains, wobei man so beten solle: *Si Deus si Dea es quoium illud sacrum est* etc. und die Acta fratr. Arv. t, 32, wo in einem ähnlichen Falle sämtlichen Göttern des Haines der Dea Dia geopfert wird und darauf *Sive Deo Sive Deae, Virginibus Divis, Famulis Divis* etc. und darauf *Sive Deo Sive Deae, in cuius tutela hic lucus locusve est, Fonti, Florae* etc., beidemal offenbar örtlichen Schutzgöttern. Vgl. Marini Atti p. 370 sq.

21 Serv. V. Georg. I, 10 *Hoc enim in sacris fieri solebat, ut post specialia ad eam rem, de qua agrebatur, invocata numina omnes Dii vel Deae confuse invocarentur.* Ib. vs. 21 zu den Worten *Dique Deaeque omnes: Post specialem invocationem transit ad generalitatem, ne quod numen praetereat, more Pontificum, per quos ritu veteri in omnibus saccris post speciales Deos, quos ad ipsum sacrum quod fiebat necesse erat invocari, generaliter omnia numina invocabantur.* Vgl. zu Aen. VIII, 103 und Brisson. de formulis I, 88 und 89 p. 49 sq.

22 Wenn es bei Ovid. Fast. VI, 298 u. A. heißt, Vesta werde zu Anfang angerufen, so ist dieses vielmehr die griechische Sitte, s. Griech. Mythol. I, 271.

23 Bei Augustin C. D. VII, 9 *penes Ianum sunt prima, penes Iovem summa.*

24 Festus p. 185 *Ordo sacerdotum aestimatur deorum (ordine, ut deus) maximus quisque. Maximus videtur Rex, dein Dialis, post hunc Martialis, quarto loco Qurinalis, quinto Pontifex Maximus. Itaque in (conviviis) solus Rex supra omnis accubat, sic et Dialis supra Martialem et Quirinalem, Martialis supra proximum, omnes item supra Pontifecem.* Es ist die alte von Numa eingesetzte Folge der Götter: Janus, Jupiter, Mars, Quirinus, Vesta, die sich darin bestätigt, daß die frei *flamines maiores* immer in derselben Folge *Flamen Dialis, Martialis, Quirinalis* genannt werden und Janus und Vesta immer den Anfang und das Ende bilden, vgl. auch Serv. V. A. VIII, 663 *Salii – sunt in tutela Iovis, Martis, Qurini* und Polyb. III, 25, wo die Fetialen die Verträge beschwören beim Iup. Lapis, Mars und Quirinus. So lange es Könige gab, werden diese den Kult des Janus und der Vesta besorgt haben, letzteren freilich auch mit Hilfe der Vestalinnen. Hernach verglichen sich der Rex Sacrorum und der Pontif. max. in der Weise wie Festus es andeutet. Vgl. Gellius X, 15, 21, Serv. Aen. II, 2 und die verschiedenen Erklärungen von Ambrosch, Mercklin und Marquardt bei Diesem Handb. d. R. A. 4, 187.

25 Tertull. ad. Nat. II, 12. *Varro antiquissimos deos Iovem, Iunonem et Minervam refert.* Vgl. Varro l. l. V. 158.

26 J. Grimm D. M. 98. 102. Es verdient Beachtung und ist ein Beweis von der hohen Achtung, dessen das weibliche Geschlecht im alten Italien genoß, daß von den drei Capitolinischen Gottheiten zwei weiblichen Geschlechts sind.

27 Vgl. O. Müller Etrusker 2, 64 und Fest. p. XLIV.

28 Iuno, Vesta, Minerva, Ceres, Diana, Venus, Mars, Mercurius, Iovis, Neptunus, Vulcanus, Apollo.

29 Varro nennt sie ausdrücklich *städtische* Götter, *deos urbanos*, und setzt ihnen deshalb *zwölf ländliche* Gottheiten entgegen, lauter alte italische und fortwährend auf dem Lande verehrte etc., auch diese nach Paaren geordnet: Iupiter Tellus, Sol Luna, Ceres Liber, Robigus Flora, Minerva Venus, Lympha Bonus Enentus.

30 Henzen z. Or. n. 5083, vgl. Becker Handb. d. R. A. 1, 318.

31 Orelli n. 2119 aus einer Stadt in Pannonien: *I. O. M. ceter(isque) Dis Cons(en)tibus M. Opellius cet. n. 2120* aus Spoletum: *Consentio Deorum Mariana Sozomene* etc. n. 2121 Alba Julia in Siebenbürgen: *I. O. M. et Consessui Deorum Dearumque pro salute imperii Romani et virtute leg. XIII cet.* vgl. Arnob. III, 40 und Augustin C. D. IV, 23 *inter Consentes, quos dicunt in consilium Iovis adhiberi.* Die Griechen pflegten einen solchen *consessus decorum* eine ἀγορὰ θεῶν zu nennen.

32 Cic. Tusc. I, 13, Ovid Ibis 81, Augustin C. D. VII 2 *inter illam quasi plebeiam numinum multitudinem minutis opusculis deputatam. Ib. 3 cum igitur in his minutis operibus – etiam*

ipsos selectos videamus tanquam Senatum cum plebe pariter operari. Numina minora der Ovantes im Gegensatz des Iupiter O. M. b. Serv. A. III, 189. Auch bei Plautus Cas. II, 5, 24 sind die *dii minuti* keine Zwerge, wofür J. Grimm D. M. 409 sie nimmt, sondern *dii minores.*

33 Sueton 70. Tiberius erbaute bei seinem Aufenthalte auf Capri zwölf Villen, welche vermutlich nach den zwölf Göttern benannt waren, s.Tacit. Ann. IV, 67, Sueton Tib. 65.

34 Vgl. das leonfuse Excerpt aus Varro b. Arnob. III, 40 und O. Müller Etrusker I, 81.

35 Merkel Ovid Fast. p. CLXXXV sqq. scheint mir nicht immer das Richtige zu treffen, am wenigsten in der Art wie er die einzelnen Götter über diese Bücher verteilt.

36 Der gewöhnliche Text hat *certe deos*, doch liest die Ausgabe von Burmann, marini Atti Arv. p. 381 und Merkel Ovid Fast. p. CLXXXV *certos deos.* Vgl. Intp. Mai. Virg. Aen. X, 76 p. 103 Keil. *Varro rerum divinarum XIIII de diis certis*, in welchem Buche namentlich die Götter der Indigitamenta vorkamen. Vermutlich hatte auch Gellius N. A. XIII, 23 und V, 12 diesen Abschnitt des Varro vor Augen.

37 Daher zur Einleitung die bei Augustin C. D. VII, 17 erhaltenen Worte. Varro, sagt Augustin, komme bei allen seinen Erklärungen nicht über Schwanken und Zweifeln hinaus. *Nam et trium extremorum primum cum de diis certis absolvisset librum, in altero de diis incertis dicere ingressus ait: „Cum in hoc libello dubias de diis opiniones posuero, reprehendi non debeo. Qui enim putabit iudicari oportere et posse, cum audierit faciet ipse. Ego citius perduci possem ut in primo libro quae dixi in dubitationem revocem, quam in hoc quae perscribam omnia ad aliquam dirigam summam.“* Ita, setzt Augustin hinzu, *non solum de diis incertis,sed etiam illum de certis fecit incertum.* Es scheinen aber in diesem Buche besonders viele Fabeln zur Sprache gekommen zu sein, die vom Liber Pater, vom Hercules, vom Aesculapius usw.

38 Augustin C. D. VII, 2. Janus, Jupiter, Saturnus kamen auch in den Reihen der Indigitamenta vor, Liber Pater als mythologischer Gott vermutlich auch im zweiten Buche, usw.

39 Tuscul. I, 13 *Si scrutari vetera et ex his ea quae scriptores Graeciae prodiderunt eruere coner, ipsi illi maiorum gentium dii qui habentur hinc a nobis profecti in coelum reperientur.* Er meint Geschichten wie von der Geburt und dem Tode des Jupiter, der Flucht des Saturn nach Italien usw., wie Ennius sie den Römern aus dem Euhemerus zusammengetragen. Vgl. auch die gelegentliche Mitteilung bei Cic. N. D. III, 19, 49 *Nostri quidem publicani, quum essent agri in Boeotia deorum immortalium excepti lege censoria, negabant immortales esse ullos qui aliquando homines fuissent.* Es handelte sich um die Grundstücke des Trophonius bei Oropos.

40 Ibid. *Alio loco genium dicit esse uniuscuiusque animum rationalem et ideo esse singulos singulorum: talem autem mundi animum Deum esse, – ut tanquam universalis genius ipse mundi animus esse credatur.* Vgl. ib. VII, 23, nach welcher Stelle Varro in diesem Abschnitte vom Genius drei verschiedene Stufen der Seele unterschied, die der vitalen Lebenskraft, welche sich in den organischen Teilen des Körpers offenbare, die der sinnlichen Empfindung d. h. die Tätigkeit der fünf Sinne, und endlich drittens die Seele als Geist, als Intelligenz, wodurch die menschliche Seele den Vorrang vor allen tierischen habe und den Göttern verwandt sei. Diese Seele nun heiße im Weltganzen Gott, in uns einzelnen Genius *(hane partem animae mundi dicit deum, in nobis autem genium vocari).*

41 Gloss. Labb. *Geruli* πρακτῆρες, *gerulus* ἀνύτης, διοικητικός.

42 Ovid. A. Am. I, 125 *ducuntur raptae, genialis praeda, puellae.* Stat. Silv. II, 3, 108 *genialia iura,* d. h. *coniugalia.*

43 Bei Plautus ist dieser Gebrauch des Wortes sehr häufig. Einer der Geld hat erklärt Persa II, 3, 11 *nunc et amico meo prosperabo et genio meo multa bona faciam.* Ein anderer, dem Geld entwendet ist, klagt Aulular. IV, 9, 15 *egomet me defraudavi, Amicum meum geniumque meum.* Trucul. I, 2, 80 heißt es: *Sed isti qui cum geniis suis belligerant parci promi,* und von einem Gutschmecker Pers. I, 3, 28, *Sapis multum ad genium.* Sehr häufig heißt auch der gute Freund *genius meus.* Vgl. Terent. Phorm. I, 1, 11 *Quod illi uniciatim, vix de demenso suo Suum defrudans genium comparsit miser.*

44 Th. Bergk Ind. lect. Marb. hib. 1847–48 p. VIII.

45 Aufrecht und Kirchhoff, umbr. Sprachdenkm. 2, 265.

46 Mommsen Unterital. Dial. S. 128. 133. 270.

47 Arnob. III, 40 Caesius (wohl Caecina s. S. 61) *et ipse has sequens (sc. disciplinas Etruscas) Fortunam arbitratur (esse Penates) et Cererem Genium Iovialem ac Palem, sed non illam feminam quam vulgaritas accipit, sed masculini nescio quem generis ministrum Iovis ac villi-*

cum. Gewöhnlich interpungiert man *Cererem, Genium Iovialem,* aber vgl. Servius A. II, 325 *Tusci Penates Cererem, Palem et Fortunam dicunt.*

48 Liv. II, 9. Daher Larth Larthia oft als Ehrenname auf etruskischen Grabschriften vorkommt. Der Unterschied in der Deklination wird von den lateinischen Grammatikern angemerkt, s. Charis. I, 142 p. 110 und den alten Zusatz zu Priscian V, 3 T. I p. 175 ed. Krehl. Auf etruskischen Spiegeln ist Lasa wiederholt der Name einer weiblichen Flügelfigur, Gerhard I. 37. 181, Lala der der mondgöttin, ib. 45.

49 Varro l. l. VI, 4 *Diei principium mane, quod tum manat dies ab oriente, nisi potius quod bonum antiqui dicebant manum, ad quoiusmodi religionem Graeci quoque quom lumen adfertur solent dicere* φῶς ἀγαθόν. Paul. p. 122 *Matrem Matutam autiqui ob bonitatem appellabant – et Inferi Dii Manes, ut suppliciter appellati bono essent.* lb. p. 125. *Manea Diis Manibus dixerunt, nam mana bona dicitur.* Non. Marc. p. 66. *Manum dicitur clarum. – Inde volunt etiam Deos Manes manes appellari i. e. bonos ac prosperos. – Inde immanes non boni, ut saepe.* Vgl. Serv. A. III, 63. Die Elben oder Elfen sind nach Grimm D. M. 413 ursprünglich lichte, weise, gute Geister. Über die *Holden, Holdichen, Holderchen,* die sich zur Frau Holde verhalten, wie Manen zur Mania, s. ib. 425.

50 S. die reiche Sammlung von Grabinschriften bei Fabretti Inscr. p. 70 sqq. und Orellli n. 1723 ff. Auch Junones von Verstorbenen gab es, Fabr. p. 74.

51 Serv. V. A. III, 63 *Sunt etiam qui putent Manes eosdem esse, quos vetustas Genios appellavit, duosque Manes* (ein guter und ein böser Dämon) *corporibus ab ipsa statim conceptione assignatos fuisse, qui ne mortua quidem corpora deserant consumptisque etiam corporibus sepulcra inhabitent.* Es sind die Neuplatoniker s. Augustin C. D. IX, 11.

52 Arnob. III, 41 *Varro similiter haesitans nunc esse illos (sc. lares) Manes et ideo Maniam Matrem esse cognominatam Larum, nunc aerios rursus deos et heroas pronuntiat appellari, nunc antiquorum sententias sequens larvas dicit lares, quasi quosdam genios et defunctorum animas.*

53 Ukert über Dämonen, Heroen und Genien in den Abh. d. Philol. Histor. Cl. der K. Sächs. Gesellsch. d. W. I, 137–219, Schömann de Dis Manibus, Laribus et Geniis, Opusc. acad. I, p. 350–380.

54 *Nigidius – disciplinas Etruscas sequens genera esse Penatium quator (prodidit) et esse Iovis ex his alios, alios Neptuni, Inferorum tertios, martalium hominum quartos, inexplicabile nescio quid dicens. Caesius et ipse eas sequens Fortunam arbitratur et Cererem Genium Iovialem ac Palem etc.* Vh. oben S. 71 und O. Müller Etrusker 2, 88 ff.

55 Plin. H. N. II, 7 *maior caelitum populus etiam quam hominum –, cum singuli quoque ex semetipsis totidem deos faciant, Iunones Geniosque adaptando sibi.*

56 Serv. V. A. VI, 743 *cum nascimur duos Genios sortimur. Unus est qui hortatur ad bona, alter qui depravat ad mala: quibus assistentibus post mortem asserimur in meliorem vitam aut condemnamur in deteriorem.*

57 So übersetzt Dionys. Hal. die *lares compitales* durch *ἥρωες* προνώπιοι und Derselbe IV. 2 und Plutarch d. fort. Ro. 10 in der Geschichte des Servius Tullius den Ausdruck *lar familiaris* durch ὁ κατ' οἰκίαν *ἥρως oder ἥρως οἰκουρός.* Vgl. die Gloss. Labb. *ἥρωες lares, lares* ἥρωες κατοικίδιοι und Cicero Fragm. Timaei 11 *Reliquorum autem, quos Graeci δαίμονας appellant, nostri ut opinor lares, si modo hoc recte conversum videri potest.*

58 So die geöhnliche Erklärung welche für unrichtig zu halten mich die Bedenken von Bergk Ztschr. f. A. W. 1856 n. 18 nicht bestimmen können.

59 *Sicut Varro in Mystagogicon (v. Mystagogorum) libro ait: Semoneque inferius derelicto Deum pinnato (v. depinnato) orationis attollam eloquio.* Einige unterschieden zwischen Halbgöttern und Heroen, z. B. Labeo b. Augustin C. D. II, 14, welcher Plato zu den Halbgöttern rechnete, wie Hercules und Romulus. *Semideos autem heroibus anteponit, sed utrosque inter numina collocat.*

60 Vgl. M. Hertz de P. Nigidii Fig. stud. p. 20. 36. Cato d. ä. hatte eine Rede de Indigitibus gehalten, s. Fest. p. 339 Sequester, so daß also die Vorstellung bis dahin ziemlich feststehen mußte.

61 Arnob. I, 64 *tyrannos ac reges vestros – appellatis Indigetes ac Divos.* Vgl. Sil. Ital. X, 432 *Indigetesque Die, sponte inter numina nostra.* Claudian de bello Gildon. 131 *Moerent Indigetes et si quos Roma recepit aut dedit ipsa deos.*

62 Klausen Aeneas und die Penaten S. 907 ff.

63 Vgl. die verstümmelte Inschrift vom Forum in Pompeij, die zu einem Bilde des Aeneas gehörte, bei Mommsen I. N. n. 2188 *Aeneas Veneris et Anchisae filius – (cum nimbo exort)o*

non con(paruisset dictus) est Indigens (et in deorum) numero relatus. Placidus Gloss. p. 474 ed. Mai *Indiges dicitur interdum hermitheus – ab indigendo divinitate, qui cum homines fuerint, indiguerint tamen divinis. Dicunt etiam quidam Indigentes deos naturales et caelestes a contrario, quod nullis indigeant.*

64 So ist zu lesen für das gewöhnliche τὸν γενάρχην Ἥλιον κ. τ. ἐνεργέτιν.

65 Es war seit alter Zeit streitig ob zu interpunktieren sei *Dii patrii, indigetes* oder nicht.

66 Vgl. das Glossar. b. Barth. Advers. XXVIII, 19 *Indigetes dii, quorum nomina non audebant proferre.* Auch die Erklärungen der Gloss. Labb. *Indigetes* ἡμίθεοι, Κουρῆτες δαίμονες *und Indigetes* Κουρῆτες οἱ περὶ τὸν Παιᾶνα charakterisieren die Indigetes als schützende Dämonen und ἀλεξίκακοι, zumal da auch die Laren nicht selten mit den Kureten verglichen werden, s. Lobeck Agl. p. 1177. Bei Macrob. Somn. Scip. 1, 9 werden die Hesiodischen Dämonen, Op. 124, durch Indigetes Divi übersetzt.

67 J. Grimm D. M. 903 ff.

68 Vgl. noch die Inschrift aus Pompeij oben S. 81 und Dionys. 1, 64, τὸ δὲ Αἰνείου σῶμα *φανερὸν οὐδαμῆ γενόμενον* οἱ μὲν εἰς θεοὺς μεταναστῆναι εἴκαζον οἱ δ' ἐν τῷ ποταμῷ – διαφθαρῆναι. Zonar. Ann. VII, 1 *ἀφανὴς δὲ ὁ Αἰνείας γενόμενος,* οὔτε γὰρ ζῶν ὤφθη ἔτι οὔτε μην τεθνεώς, ὡς θεὸς παρὰ Λατίνοις τετίμητο.

69 Augustin C. D. XVIII, 19 *Sabini etiam regem suum primum Sangum – retulerunt in deos.* Vgl. Or. n. 1858.

70 Liv. 1, 16 *subito coorta tempestas cum magno fragore tonitribusque tam denso regem operuit nimbo, ut conspectum eius concioni abstulerit nec deinde in terris Romulus fuit.* Ebenso heißt es in der Chronik des Hieronymus: *Romulus apud paludem Caprae nusquam comparuit et suadente Iulio Proculo Quirini nomine apud suos consecratus est,* und bei dem Chronographen vom H. 354 *subito nusquam comparuit,* s. Mommsen in den Philol. Histor. Abh. der K. Sächs. G. d. W. 1 S. 645 und 691.

71 Plutarch Qu. Ro. 35 λέγεται δὲ αὐτὴν ἔνδοξον οὖσαν ἤδη καὶ θεοφιλῆ νομιζομένην. *ἀφανῆγενέσθαι περὶ τοῦτον τὸν τόπον* ἐν ᾧ καὶ τὴν προτέραν ἐκείνην Λαρεντίαν κεῖσθαι. Von dem Hirten Faustulus, welcher gleichfalls ein örtlicher Dämon ist, zeigte man ein Grab auf dem Comitium, Fest. p. 177 Niger lapis.

72 Sueton d. clar. rhet. 4 *Hic Epidius ortum se ab Epidio Nursino praedicabat, quem ferunt olim praecipitatum in fontem fluminis Sarni paulo post cum cornibus exstitisse ac statim non comparuisse in numeroque deorum habitum.* Vgl. Serv. Aen. III, 108 vom Scamander: *victor in Xantho flumine lapsus non comparuit.*

73 Auch die Sibylle von Cumä verschwindet so, Gell. N. A. 1, 19 *postea nusquam loci visam constitit,* desgleichen die Dioskuren in der Schlacht bei Sagra, Justin XX, 3, 4 *nec ultra apparuerunt quam pugnatum est,* Vgl. auch Cicero de Divin. I, 28, 58 von einem Traume seines Bruders, wo dieser ihn zu Pferde in einem Flusse verschwinden, (*nusquam apparuisse)* und dann wieder auftauchen sah.

74 Dionys H. I, 79 οἵους ἄν τις ἀξιώσειε τοὺς ἐκ βασιλείου τε φύντας γένους καὶ ἀπὸ δαιμόνων σπορᾶς γενέσθαι νομιζομένους, *ὡς ἐν τοῖς πατρίοις ὕμνοις ὑπὸ Ῥωμαίων ἔτι καὶ νῦν ᾄδεται.* Plut. Num. 5 καὶ Ῥωμύλον μὲν οὗτοι παῖδα θεῶν ὑμνοῦσι φήμαις καὶ τροφήν τινα δαιμόνιον αὐτοῦ καὶ σωτήριαν ἄπιστον ἔτι νηπίου λέγουσιν. Wobei zu bedenken ist, daß ᾄδειν und ὑμνεῖν bei den überschwenglichen Griechen auch von dem Lobe in gebundener Rede gesagt wird.

75 Cicero Tusc. IV, 2 *gravissimus auctor in Originibus dixit Cato, morem apud maiores hunc epularum fuisse, ut deinceps qui accubarent canerent ad tibiam clarorum virorum laudes atque virtutes.* Vgl. Cic. Brut. 18, 19 und Non. Marc. p. 76 Varro de vita pop. R. lib. II: *in conviviis pueri modesti ut cantarent carmina antiqua, in quibus laudes erant maiorum, et assa voce et cum tibicine.*

76 S. Cäsars Leichenrede zur Ehre seiner Tante bei Sueton 6 und Virgil Aen. VI, 756 ff.

77 Appian de bell, civ. III, 16. Derselbe hebt es II, 151 in einer Parallele Alexanders d. Gr. und Cäsars hervor, daß beide große Männer vom Stamme des Zeus waren, ὁ μὲν Αἰακίδης τε καὶ Ἡρακλείδης, ὁ δὲ ἀπὸ Ἀγχίσου τε καὶ Ἀφροδίτης.

78 Tacit. Ann. XII, 58 *Romanum Troia demissum et Iuliae stirpis auctorem Aeneam aliaque haud procul fabulis vetera.*

79 Petron. 13 *Rogo vos, oportet credatis, sunt mulieres plus sciae, sunt nocturnae et quod sursum est deorsum faciunt.* Vgl. die intpp. und Muncker zu Hygin f. 92 p. 149. *Vira* ist eigentlich *Männin.* Vgl. die slavischen *Wilen.* Über die Form *Vires* s. unten bei der Diana und *Virbius,* dessen Name vermutlich auch mit diesem Worte zusammenhängt.

80 Vgl. über die δαίμονες πρόπολοι Lobeck Aglaoph. p. 1234 sq.

81 So namentlich Cincius b. Arnob. l. c. *nam solere Romanos religiones urbium superatarum partim privatim per familias spargere partim publice consecrare ac ne aliquis deorum multitudine aut ignorantia praeteriretur, brevitatis et compendii causa uno pariter nomine cunctos Novensiles invocari.*

82 Varro. 1. 1. V, 74 *Feronia, Minerva, Novensides a Sabinis.* Die Vertauschung von d und l ist in den italischen Dialekten etwas sehr gewöhnliches.

83 Mommsen Unterital. Dial. S. 339 und 342, Huschke Osk. und Sabell. Sprachdenkm. S. 254. In beiden Inschriften erscheint die Form Novensides (NOVESEDE) als die ursprüngliche.

84 Arnob. l. c. *Novensiles Piso deos esse credit novem in Sabinis apud Trebiam constitutos. Hos Granius Musas putat. Consensum accommodans Aelio novenarium numerum tradit Varro etc.* Vgl. Arnob. III, 44 *Novensiles Musae sunt, Trebiani quinimmo dii sunt,* und Plin. H. N. III, 12, 17 *Anio in monte Trebanorum ortus,* wo das jetzige Trevi gemeint ist. Eine Stadt Trebia b. Sueton Tib. 31, Trebiates in Umbrien b. Plin. III, 14, 19. Der Name ist identisch mit Trebla und Trebula, unter welchem Namen zwei sabinische und eine campanische Stadt bekannt sind, s. Aufrecht u. Kirchhoff Umbr. Sprachdenkm. 2 S. 120.

85 So nannte Manilius die neun Götter, welchen Jupiter nach etruskischer Theorie den Blitz überließ, Novensiles, während andere alle dii novicii, d. h. die divi ex hominibus facti so genannt wissen wollten, s. Arnob. III, 38, 39. Martian Cap. 1, 46 dagegen verbindet *Fons, Lymphae, Dii Novensiles.*

ZWEITER ABSCHNITT

1 Lactant. 1, 22 *Sed ut Pompilius apud Romanos institutor ineptarum religionum fuit, sic ante Pompilium Faunus in Latio, qui et Saturno avo nefaria sacra constituit et Picum patrem inter deos honoravit.* Er zitiert weiterhin diese Verse des Lucilius: *Terriculas Lamias, Fauni quas Pompiliique instituere Numae.* Probus Virg. Georg. 1, 10 *Existimatur autem fuisse Faunus rex Aboriginum, qui cives suos mitiorem vitam docuerit ritu ferarum viventes et primus loca certis numinibus et aedificia quaedam lucosque sacraverit.* Das Opfer bei den lateinischen Ferien nach einigen *initum ex imperato Fauni*, Schol. Bob. in Cic. pr. Planco p. 256.

2 *Quod si adhuc mansisset, castius dii observarentur.*

3 *Qui primi simulacra deorum populis posuerunt, eos civitatibus suis et metum dempsisse et errorem addidise.*

4 Cicero de Leg. II, 8, 18 *Constructa a patribus delubra in urbibus habento, lucos in agris habento et larum seds.* Vgl. 10, 26 die Erklärung: Tempel müsse es in den Städten geben, *nec sequor magos Persarum, quibus auctoribus Xerxes inflammasse templa Graeciae dicitur, quod parietibus includerent deos.* Ib. 11 *Melius Graeci atque nostri, qui ut augerent pietatem in deos, easdem illos urbes quas nos incolere voluerunt.*

5 Gregorii M. Dialogi II, 8.

6 J. Grimm D. Mythol. 59 ff. und 614, C. Bötticher, der Baumkultus der Hellenen, Berl. 1856.

7 Virgil Ge. III, 332 *Sicubi magna Iovis antiquo robore quercus Ingentes tendat ramos, aut sicubi nigrum Ilicibus crebris sacra nemus accubet umbra.* Tibull. 1, 1, 11 *Nam veneror seu stipes habet desertus in agris Seu vetus in trivio florea serta lapis.* Ovid. Amor. III, 1, 1 *Stat vetus et multos incaedua silva per annos, Credibile est illi numen inesse loco, Fons sacer in medio speluncaque pumice pendens Et latere ex omni dulce queruntur aves.* Vgl. Virg. Aen. I, 165 ff. und die schöne Beschreibung des uralten Haines in Gallien b. Lucan III, 399 ff.

8 Ep. 41 *Si tibi occurrit vetustis arboribus et solitam altitudinem egressis frequens lucus et conspectum coeli densitate ramorum aliorum alios protegentum submovens, illa proceritas silvae et secretum loci et admiratio umbrae in aperto tam densae atque continuae fidem tibi numinis facit. Et si quis specus saxis penitus exesis montem suspenderit non manu factus sed naturalibus causis in tantam laxitatem excavatus, animum tuum quadam religionis suspicione percutiet. Magnorum fluminum capita veneramur, subita ex abdito vasti amnis eruptio aras habet, coluntur aquarum calentium fontes et stagna quaedam vel opacitas vel immensa altitudo sacravit.*

9 *Exuvias populi veteris sacrataque gestans dona ducum.* Exuviae ist Alles was aus- oder abgezogen wird, auch Spolien der Feinde, Attribute der Götter. Doch sind hier wahrscheinlich Tierfelle gemeint. Vgl. J. Grimm D. M. 646. Von der Eiche wurde auch in Rom oft das

Laub zur Bekränzung des Jupiter z. B. des Victor oder der höchsten Verdienste z. B. bei der civica corona des August genommen s. Plin. H. N. XVI, 4, 3–5 *Civica iligna primo fuit, postea magis placuit ex aesculo Iovi sacra, variatumque et cum quercu est* etc. *Iuglans* hieß eine besondere Art von Nußbaum, dessen Nüsse den Eicheln glichen und von außerordentlich angenehmem Geschmack waren, daher man sie Iuglandes nannte, angeblich nach Jupiter, s. Varro l. l. V. 102 *quod cum haec nux antequam purgatur similis glandis, haec glans optuma et maxuma ab Iove et glande iuglans est appellata.* Vgl. Macrob. S. III, 18, Serv. V. Ecl. I, 17. Doch fragt sich, ob die Silbe *iu* in dieser Zusammensetzung nicht einfach große Annehmlichkeit bedeutet.

10 Er hieß daher gewöhnlich *ficus Navia*, auch war ein Bild des Augurs neben ihm aufgestellt, s. Fest. p. 169, Dionys H. III, 71 und Tacit. Ann. XIII, 58. *Eodem anno Ruminalem arborem in Comitio, quae octingentos et quadraginta ante annos Remi Romulique infantiam texerat, mortuis ramalibus et arescente trunco deminutam prodigii loco habitum est, donec in novos fetus reviresceret.*

11 Paul. p. 119 Lucani, Iustin. XXIII, 1. Vgl. Calpurn. Ecl. VII, 16.

12 Tacitus Germ. 9 *ceterum nec cohibere parietibus deos neque in ullam humani oris spciem adsimulare ex magnitudine coelestium arbitrantur. Lucos ac nemora consecrant deorumque nominibus appellant secretum illud quod sola reverentia vident.*

13 Paul. p. 187 *Oblucuviasse dicebant antiqui mente errasse, quasi in luco deorum alicui occurrisse.* Serv. V. A. I, 441 *dicuntur enim heroum animae lucos tenere.* Ecl. V, 40 *quia heroum animae habitant vel in fontibus vel in nemoribus.* V. A. XI, 740 *in altos lucos. Illic enim epulabantur sacris diebus.* Auf die Verletzung mancher Haine standen wenigstens in älterer Zeit Kapitalstrafen, s. Paul. D. p. 66 capitalis lucus.

14 Paul p. 119 *Lucaria festa in luco colebant Romani, qui permagnus inter viam Salariam et Tiberim fuit, pro eo quod victi a Gallis fugrientes e proelio ibi se occultaverint.* Vgl. Macrob. Sat. I, 4, 15 und Kal. Maff. und Amitern. z. XIV. und XII. Kal. Aug.

15 Virgil Aen. III, 679 *quales cum vertice celso aëriae quercus aut coniferae cyparissi constiterunt, silva alta Iovis lucusoe Dianae.* Vgl. Serv. V. Ge. III, 332 *nam – et omnis quercus Iovi est consecrata et monis lucus Dianae.*

16 Paul. p. 87 *Fagutal sacellum Iovis, in quo fuit fagus arbor, quae Iovi sacra habebatur.* Plin. XVI, 10, 15 *silvarum certe distinguebatur insignibus (nämlich Rom), Fagutali Iovis etiam nunc ubi lucus fageus fuit, porta Querquetulana, colle in quem vimina petebantur, totque lucis, quibusdam et geminis* (er meint wohl die Heiden des Vejovis auf dem Capitol) *Q. Hortensius dictator, cum plebs secessisset in Ianiculum, tegem in aesculeto tulit etc.* Von solchen aesculetis leitet Varro l. l. V, 49 mit anderen den Namen der Esquilinen ab, weil damit auch andere Ortsnamen der Umgegend übereinstimmten, *quod ibi lucus dicitur Fagutalis et Larum Querquetulanum sacellum* (vgl. oben S. 88) *et lucus Mefitis et Iunonis Lucinae, quorum angusti fines. Non mirum, iam diu enim late avaritia nunc est.* Ib. 51 *Viminalis a Iove Vimino, quo ibi arae.* Vgl. Fest. p. 376 Auch der Caelius soll einmal Mons Querquetulanus geheißen haben, Tacit. A. IV, 65.

17 Paul. p. 4 Albiona ager trans Tiberim dicitur aluco Albionarum, quo loco bos alba sacrificabatur.

18 Es verdient Beachtung, daß der Specht, der Wolf, das Pferd, welche im Kultus des Mars als heilige Tiere besonders hervortreten, auch bei den nördlichen Völkern, den Slaven, Germanen und Kelten für heilig galten. Über den Specht s. Grimm D. M. 639 und 925.

19 S. Cassel, Schamir, ein archäol. Beitrag zur Natur- und Sagenkunde, Denkschr. d. K. Akad. d. gemeinsütz. W. in Erfurt, 1854 S. 48–112.

20 Fest p. 180, welcher die Pferdeopfer der Lacedämonier vergleicht, *qui in monte Taygeto equum ventis inmolant ibidemque adolent, ut eroum flatu cinis eius per fines quam latissime diferatur*, und die der Sallentiner in Apulien, welche ihrem Iupiter *Menzana* ein Pferd ins Feuer stürzten, und die Rhodier, welche dem *Sol* jährlich ein Viergespann ins Meer stürzten, *quod is tali curriculo fertur circumvehi mundum*. Aber weit besser passen zum Vergleich die Beispiele bei Grimm D. M. 42 und 6621 ff.

21 Den ganzen Kreis der auguralen Beobachtungen nennt Paul,. p. 260 *Quinque genera signorum observant augures, ex coelo, ex avibus, ex tripudiis, ex quadrupedibus, ex diris.* Dem Angang (Grimm D. M. 1072) entsprechen die *pedestria auspicia s. Paul. p. 244* Pedestria auspicia nominabantur quae dabantur a vulpe, lupo, serpente, equo animalibus quadrupedibus.

22 Fest. p. 197 Oscines, Non. Marc. p. 518 Picumnus, Plin. H. N. VIII, 22, 34 vom Wolf: *inter auguria ad dexteram commeantium praeciso itinere, si pleno id ore fecerit, nullum ani-*

mal praestantius. Nach Cicero d. Divin. 1, 41, 92 war die Beobachtung der Vögel am weitesten gediehen in Phrygien, Pisidien, Sizilien, Arabien und in Italien in Umbrien, größtenteils Gebirgsgegenden. Vgl. ib. 42, 94 *Arabes autem et Phryges et Cilices, quod pastu pecudum maxime utuntur campos et montes hieme et aestate peragrantes, propterea facilius cantus avium et volatus notaverunt, eademque et Pisidiae cause fuit et huic nostrae Umbriae.*

23 Serv. V. A. V, 517 *Nulla enim avis caret consecratione, quia singulae aves numinibus sunt consecratae.* Vgl. Marquardt Handb. d. R. Alterth. IV S. 358.

24 Vgl. Marquardt Handb. IV, 232 und Schwegler R. Gesch. I, 240 ff., welcher letztere aber die Gebräuche der Devotion mit denen der Ver Sacrum verwechselt.

25 Vgl. J. Grimm D. M. 67 und Bötticher Baumkultus 80 ff.

26 S. die Stellen bei Müller Etrusker, I, 265. Auch die Laren wurden wohl deshalb cinctu Gabino bekleidet gedacht, weil sie für allezeit expedite und hilfreiche, rastlos allgegenwärtige Genien gehalten wurden.

27 Ambrosch Studien und Andeutungen S. 1–40.

28 Wenigstens müssen wir dieses nach Liv. 1, 20 und 32 vermuten, dahingegen später unter den Kaisern die Sache gerne so dargestellt wurde, als ob die Könige wie diese die Würde des Pontifex Max. niemals von der ihrigen getrennt hätten, s. Serv. V. A. III, 81, Plutarch Numa 9, Zosim. IV, 36.

29 Paul. p. 150 *Maiores flamines*, Fest. p. 154 *Maximae dignationis*, vgl. Gai. 1, 112. Ennius scheint dem Numa auch die Einsetzung dieser geringeren Flamines zugeschrieben haben, Varro l. l. VII, 45, und jedenfalls waren die meisten von ihnen alt, wie die Gottesdienste, denen sie entsprachen. Nur neun sind bekannt, der *fl. Volcanalis, Volturnalis, Palatualis, Furrinalis, Floralis, Carmentalis, Portunalis, Falacer, Pomonalis.*

30 Weil Quirinus später allgemein mit dem Divus Romulus identifiziert wurde, läßt Dionys. II, 63 schon Numa den Kultus des Romulus stiften.

31 Daher der Pontifex auch für den Fl. Dialis fungierte, sobald dieser duch Krankheit oder sonst verhindert war. Auch während der 75 Jahre, wo die Stelle des Fl. Dialis gar nicht besetzt wurde, sorgte der Pontifex für den Dienst, s. Tacit. A. III, 58.

32 Mercklin, die Cooptation der Römer S. 91 ff., 131 ff.

33 Paul. p. 16 Arcani, p. 18 Auguraculum.

34 Liv. II, 36 *ut nihil belli domique postea nisi auspicato gereretur, concilia populi, exercitus vocati, summa rerum, ubi aves non admisissent, dirimerentur.*

35 Cic. de Leg. II, 8, 21 *interpretes autem Iovis Opt. Max. publici Augures signis et auspiciis providento (für postea vidento).* Vgl. Rubino Untersuchungen über rö. Verf. und Gesch. I, 37 ff.

36 Cic. pr. Cael. 11, 26 *Fera quaedam sodalitas et pastoricia atque agrestis Germanorum Lupercorum, quorum coitio illa silvestris ante est instituta quam humanitas atque leges, si quidem non modo nomina inter se deferunt Sodales, sed etiam commemorant sodalitatem in accusando, ut ne si quis forte nesciat timere videretur.* Bei Macrob. 1, 16, 32 gelten die sacrificia, sodalitates und nundinae für Stiftungen des Romulus und T. Tatius. Pauil. p. 296 erklärt *Sodales dicti quod una sederent et essent, vel quod ex suo datis vesci soliti sint, vel quod inter se invicem suaderent quod utile esse.* Bei den Griechen waren die Ὀργεῶνες und Θιασῶται etwas Ähnliches.

37 Cic. de Rep. II, 14 *Sacrorum ipsorum diligentiam difficilem, apparatum perfacilem esse voluit. Nam quae perdiscenda quaeque observanda essent multa constituit, sed ea sine impensa.*

38 Tertullian Apolog. 21 *Pompilius Numa, qui Romanos operosissimis superstitionibus oneravit.* De Praescript. Haeret. 40 *Si Numae Pompeii superstitiones revolvamus, si sacerdotalia officia et insignia et privilegia, si sacrificalia ministeria et instrumenta et vasa ipsorum sacrificiorum ac piaculorum et votorum curiositates consideremus, nonne manifeste diabolus morositatem illam Iudaicae legis imitatus est?* Vgl. Apolog. 25.

39 Cic. N. D. II, 3, 8 *Si conferre volumus nostra cum externis, ceteris rebus aut pares aut etiam inferiores reperiemur, religone i. e. cultu deorum multo superiores.* Sallust Catil. 12 nostri maiores religionsissimi mortales. Vgl. unter den Griechen Polybius oben S. 22 und Posidonius bei Athen. VI, 107 p. 264, unter den Kirchenvätern Tertull. Apolog. 25 *illa praesumptio dicentium Romanos pro merito religiositatis diligentissimae in tantum sublimitatis elatos ut orbem occuparint, et adeo deos esse ut praeter ceteros floreant qui illis officium praeter ceteros faciant.*

40 Fest. p. 289 *Religiosi dicuntur qui faciendarum praetermittendarumque rerum divinarum secundum morem civitatis delectum habent nec se superstitionibus* (d. h. vom Staaate nicht

rezipierten Sacris) *implicant*. In demselben Sinne sagt Cotta bei Cic. N. D. III, 2 *Sed cum de religione agitur Ti. Coruncanium, P. Scipionem, P. Scaevolam pontifices maximos, non Zenomen aut Cleanthem aut Chrysippum sequor*. Diese Religion verstand auch Varro unter seinem genus civile, obwohl er das Wort religiosus in dem Sinne eines Übermaßes von Frömmigkeit erklärte, wie superstitiosus, c. Gellius N. A. IV, 9. Etwas anderes ist religiosum im objektiven Sinne des Wortes, von Tagen, Stätten usw., wo es von sacrum und sanctum unterschieden wurde, s. Fest. p. 289, Macrob. S. III, 3, Serv. V. A. II, 686, Gellius I. c.

41 Tertullian Apolog. 25 *Nam etsi a Numa concepta est curiositas superstitiosa, nondum tamen aut simulacris aut templis res divina apud Romanos constabat. Frugi religio et pauperes ritus et nulla Capitolia certantia ad caelum, sd temeraria de cespite altaria et vasa adhuc Samia et nidor ex illlis et deus ipse nusquam. Nondum enim tunc ingenia Graecorum atque Tuscorum fingendis simulacris urbem inundaverant*. Vgl. Plut. Numa 8.

42 Persiuus II, 59 *Aurum vasa Numae Saturniaque impulit aera, Vestalesque urnas*. Cic. N. D. III, 17 *docebo meliora me didicisse de colendis diis immortalibus iore pontificio et maiorum more capedunculis iis, quas Numa nobis reliquit, de quibus in illa aureola oratiuncula dicit Laelius, quam rationibus Stoicorum*. Dionys. H., II, 23 ἐγὼ γοῦν ἐθεασάμην ἐν ἱεραῖς οἰκίαις δεῖπνα προκείμενα θεοῖς ἐν τραπέζαις ξυλίνοις ἀρχαϊκαῖς, ἐν κανοῖς καὶ πινακίσκοις κεραμίοις ἀλφίτων μάζας καὶ πόπανα καὶ ζέας καὶ καρπῶν τινων ἀπαρχὰς καὶ ἄλλα τοιαῦτα λιτὰ καὶ εὐδάπανα καὶ πάσης ἀπειροκαλίας ἀπηλλαγμένα· καὶ σπονδὰς εἶδον ἐγκεκραμένας οὐκ ἐν ἀργυροῖς καὶ χρυσοῖς, ἄγγεσιν, ἀλλ᾽ ἐν ὀστρακίναις κυλίσκαις καὶ πρόχοις, καὶ πάνυ ἠγάσθην τῶν ἀνδρῶν ὅτι διαμένουσιν ἐν τοῖς πατρίοις ἔθεσιν, οὐδὲν ἐξαλλάττοντες τ ῶν ἀρχαίων ἱερῶν εἰς τὴν ἀλαζόνα πολυτέλειαν.

43 Von Tieropfern ist ausdrücklich die Rede bei Liv. I, 20, auch wissen wir, daß in der Regia und bei anderen Gelegenheiten Widder und Lämmer geschlachtet wurden. Überdies enthielt das Ritualgesetz auch über solche Opfer genaue Vorschriften, s. Varro l. l. V, 98, Serv. A. XII, 170 u. a. Also geht Plutarch Numa 8 zu weit, wenn er im Vergleiche Numas und der Pythagoreer keine blutigen Opfer anerkennen will: ἀναίμακτοι γὰρ ἦσαν αἵ τε πολλαὶ δι᾽ ἀλφίτου καὶ σπονδῆς καὶ τῶν εὐτελεστάτων πεποιημέναι.

44 Plin. H. N. XVIII, 2 *Numa instituit deos fruge colere et mola salsa supplicare*. Nach Dems. XIV, 12, 14 wurden die von Romulus eingesetzten Opfer ohne Wein dargebracht, die von Numa nur von dem Wein beschnittener Reben.

45 Ennius b. Varro l. l. VII, 43 von Numa: *mensas constituit idemque ancilia ... libaque, fictores, Argeos et tutulatos*. Ib. 44 *fictores dicti a fingendis libis*. Vgl. die Nachweisungen b. Marquardt IV, 198.

46 Dionys. II, 25, Plin. H. N. XVIII, 8, 19. Vgl. ib. 8, 11 *Populum Romanum farre tantum e frumento CCC annis usum Verrius tradit*, und 3, 3 *gloriam denique ipsam a farris honore adoream appellabant*. Non. Marc. p. 52 *ador frumenti genus quod epulis et immolationibus sacris pium putatur*. Ib. p. 114 *Varro de vita populi Ro. lib. 1. In eorum sacris liba quum sunt facta, iniicere solent farris semina et dicere se ea februare i. e. pura facere*.

47 Macrob. V, 19, 13 *Prius itaque et Tuscos aeneo vomere uti, cum conderentur urbes, solitos in Tageticis eroum sacris invenio, et in Sabinis ex aere cultros quibus sacerdotes tonderentur*. Serv. V. A. 1, 448 *flamen Dialis aereis cultris tondebatur*. Auch bei dem Bau der alten Holzbrücke durfte kein Eisen gebraucht und in die Haine und Heiligtümer der Götter ohne vorgängige Sühnungen kein Eisen gebracht werden. Vgl. Lobeck Aglaoph, p. 686, 896 und Lasaulx Studien des class. Altertums S. 117.

48 Die allgemeine Vorschrift bei Cicero de Leg. II, 8, 19 *Ad divos adeunto caste, pietatem adhibento, opes amovento: qui secus faxit, deus ipse vindex erit*.

49 Arnob. IV, 31 *Si in cerimoniis vestris rebusque divinis postilionibus locus est et piacularis dicitur contracta esse commissio, si per imprudentiae lapsum aut in verbo quispiam aut simpuvio deerrarit, aut si rursus in sollemnibus ludis curriculisque divinis commissum omnes statim in religiones clamatis sacras, si ludius constitit aut tibicen repente conticuit, aut si patrimus ille qui vocitatur puer omiserit per ignorantiam lorum aut tensam tenere non potuit*. Vgl. Cic. de Harusp. resp. 11, 23 und Plut. Coriolan 25. In demselben Sinne sagt Virg. Aen. VI, 569 *commissa piacula* und Cic. de Leg. II, 9 *sacrum commissum, quod neque expiari poterit, impie commissum est; quod expiari poterit, publici sacerdotes expianto*. Doch sind piacula auch die *victimae, quibus facinus expiabatur admissum*, Schol. Horat, Od. 1, 28.

50 Macrob. S. III, 2, 6 *Haec vox propria sacrorum est, ut reus vocetur qui suscepto voto se numinibus obligat, damnatus autem qui promissa vota iam solvit*. In diesem Sinne konnte

auch eine Vestalin *rea* heißen, und ich glaube, daß dieses der Grund der Benennung der *Rea Silvia* ist.

51 Arnob. II, 73 *Non doctorum in litteris continetur, Apollinis nomen Pompiliana Indigitamenta nescire?* wo aber wohl nur der älteste Teil der Sammlung zu verstehen ist, denn die Vestalinnen nannten in ihren Gebeten auch den Apoll. Serv. V. Ge. 1, 21 *in Indigitamentis i.e. in libris pontificalibus, qui et nomina deorum et rationes ipsorum nominum continent.* Auch Cic. N. D. 1, 30,. 84 meinte gewiß diese Bücher: *Deinde nominum non magnus numerus, ne in pontificiis quidem nostris, deorum autem* (d. h. der wirklilch existierenden und in aller Welt verehrten) *innumerabilis.*

52 J. A. Ambrosch über die Religionsbücher der Römer, Bonn 1843. 8.

53 Wenn der Name nicht vielleicht gleichbedeutend mit *axamenta* ist, s. weiter unten.

54 Censorin d. d. n. 3 *alii sunt praeterea die compeures hominum vitam pro suaquisque portione adminiculantes, quos volentem cognoscere Indigitamentorum libri satis edocebunt.*

55 Varro b. Non. Marc. p. 352 *Numeriam, quam deam solent indigitare etaim Pontifices.* Serv. V. A. VII, 330 *Tiberinus – a Pontificibus indigitari solet.* Macrob. 1, 12, 21 von der Maia: *Auctor est Cornelius Labeo – hanc eandem Bonam Faunamque et Opem et Fatuam Pontificum libris indigitari.* Ib. 17, 5 *Virgines Vestales ita indigitant: Apollo Medice, Apollo Paean.* Daher Serv. V. A. XII, 794 indigeto durch precor et invoco erklärt. Vgl. Paul p. 114 *indigitanto imprecanto.* Gloss. Labb. *Indigitamenta* ἱερατικά.

56 Paul. p. 114 *Indigitamenta incantamenta vel indicia.* Tertull. de leiunio 16 *Cum stupet coelum et aret annus, nudipedalia denuntiantur, magistratus purpuras ponunt, fasces retro avertunt, preces indigitant, hostiam instaurant.*

57 Gell. N. A. XIII, 2, 23 (22) *Comprecationes deum immortalium, quae ritu Romano fiunt, expositae sunt in libris Sacerdotum Populi Romani.* Darunter sind die Pontifices zu verstehen.

58 Lobeck Aglaoph. p. 400 sq.

59 Tertull. ad Nat. II, 11 *Nec contenti eos deos asseverare, qui visi retro, auditi contrectatique sunt, quorum effigies descriptae, negotia digesta, memoria propagata, umbras nescio quas incorporales inanimales et nomina de rebus efflagitant deosque sanciunt.* Augustin C. D. IV, 8 *Quando autem possint uno loco libri huius commemorari omnia nomina deorum aut dearum, quae illi grandibus voluminibus vix comprehendere potuerunt, singulis rebus propria dispertientes officia numinum?* Vgl. IV, 24 und Serv. Georg. 1, 21 *Nam, ut supra diximus, nomina numinibus ex officiis constat imposita.*

60 De anima 37 *nos officia divina angelis credimus.*

61 Augustin C. D. IV, 9 *turba minutorum deorum.* IV, 11 *turba quasi plebeiorum deorum.* Vgl. oben S. 54 und VII, 4, wo er diese Götter *tanquam minuscularios vectigalium conductores* nennt.

62 S. die Nachweisungen b. Marquardt Handb. IV, 197 ff.

63 Liv. IX, 46, Plin. H. N. XI, 37, 65. Immer wurde bei solchen Gelegenheiten die einzuweihende Stätte zuerst von den Augurn von dem profanen Gebrauche losgesprochen und darauf von einem weltlichen Magistrate unter dem Beistande der Pontifices die Konsekration vorgenommen. Und zwar wurden mit dem Tempel auch alle darin befindlichen oder zu ihm gehörigen Geräte, der Opfertisch, der Altar usw. geweiht, s. Serv. V. A. 1, 446; VIII, 279. Mehr bei Marquardt Handb. IV S. 223 ff.

64 Liv. IV, 27; XXXVI, 2 u. a.

65 Liv. V, 41; VIII, 9; X, 28.

66 Serv. V. Ge. 1, 31 *Nuptiae fiebant – farre, si per Pontificem Max. et Dialem Flaminem per fruges et molam salsam coniungebantur, unde confarreatio appellabatur.* Vgl. die Inschrift b. Or. n. 2648, Plutarch Qu. Ro. 50 und Gai. 1, 112 nach welchem die Handlung vorgenommen wurde *cum certis et sollemnibus verbis, praesentibus decem testibus.*

67 Gellius N. A. XIII, 23 (22) vgl. V, 12, wo zu schreiben ist *in antiquis precationibus.* Von den Exordien der alten Redner Serv. V. A. XI, 301 *nam maiores nullam orationem nisi invocatis numinibus inchoabant, sicut sunt omnes orationes Catonis et Gracchi*, vgl. Symmach, Ep. III, 44 *Iovem deosque ceteros Catonis lege praefabimur.* Daß bei feierlichen Gelegenheiten der Pontifex die solemnen Worte des Gebetes vorsprach, darf man nach Liv. XXXIX, 15 voraussetzen: *concione advocata cum sollemne carmen precationis, quod praefari priusquam populum adloquantur magistratus solent, peregisset consul, ita coepit.* Gleich der Eingang seiner Rede beweist, daß es eine Aufzählung und Anrufung der Götter gewesen *quos colere, venerari precarique maiores instituerunt.*

68 Serv. V. Ge. 1, 21, Macrob. S. 1, 17, 15.

69 Cic. N. D. III, 20, 52 *in Augurum precatione Tiberinum, Spinonem, Almonem, Nodinum, alia propinquorum fluminum nomina videmus*, vgl. Serv. V. A. VIII, 95. Fest. p. 351 *Bene sponsis beneque volucris in precatione augurali. Serv. V. A: XII, 175 per speciem augurii, quae precatio maxima appellatur –, cum plures deos quam in ceteris partibus auguriorum precatur* Ib. VI, 167 *proprie effata sunt Augurum preces.*

70 Iul. Capitolin. M. Antonin. Philos. 4, dieser Kaiser sei in der Sodalität der Salier sowohl *praesul* als *vates* und *magister* gewesen, *et multos inauguravit atque exauguravit nemine praeeunte, quod ipse carmina cuncta didicisset.*

71 Quintil. 1, 11 *Saliorum carmina vix sacerdotibus suis satis intellecta mutari vetat religio et consecratis utendum est.*

72 Paul. p. 3 *Axamenta dicebantur carmina Saliaria, quae a Saliis sacerdotibus canebantur in universos daemonas compositi. Nam in deos singulos versus facti a nominibus eroum appellabantur, ut Ianui, Iovii, Iunonii, Minervii.* Für *daemonas* gibt der gewöhnliche Text homines, wofür Müller deos wollte, Hartung Rel. d. St. 1, 42 *Semones.* Für *Ianui, Iovii* gibt derselbe Text *Ianuli.*

73 Vgl. Scaliger zu Paul. p. 301 ed. Lindem., Marini Atti p. 595 und Corssen Orig. Po. Ro. p. 45 sq. vgl. Paul. p. 8 *axare nominare*, Gloss. Labb *anaxant* ὀνομάζουσιν, *axamenta* στίχοι ἐπὶ θυσιῶν Ἡρακλέους (eine Verwechslung mit Mars).

74 Strabo IV, p. 180 vgl. Mommsen Rö. Gesch. 1, 220.

75 Seneca b. Augustin C..D. VI, 10 *Alius numina deo subiicit, alius horas Iovi nuntiat, alius lictor est, alius unctor, qui vano motu bracchiorum imitatur ungentem. Sunt quae Iunoni ac Minervae capillos disponant; longe a templo, non tantum a simulacro stantes digitos movent ornantium modo. Sunt quae speculum teneant, sunt quae ad vadimonia sua deos advocent, sunt qui libellos offerant et illos causam suam doceant. Doctus archimimus, senex iam decrepitus, quotidie in Capitolio mimum agebat, quasi dii libenter spectarent quem homines desierant- Sedent quaedam in Capitolio quae se a Iove amari putant* etc. Offenbar ist hier manches Spätere auszuscheiden, doch gehören die Wurzeln dieses Aberglaubens der Idololatrie der älteren Zeit an, vgl. die Toilette und Garderobe der griechischen Tempelbilder bei Müller Handb. d. Archäol. § 69. Neuerdings erzählt Granius Licinianus Annal. fragm. p. 32 ed. K. A. F. Pertz von einer matrona *quae quasi mente commota sedit in consilio Iovis*, worauf das Capitolium lustriert wird.

76 Dio Cass. LI, 1 ἀγῶνα – ἱερόν, οὕτω γὰρ τοὺς τὴν σίτησιν ἔχοντας ὀνομάζουσι, κατέδειξεν.

77 Liv. XXXIII, 42, Cic. de Or. III, 19, 73, Marquardt Hanb. IV, 291 ff. Wenn nach Cicero die Pontifices *illud ludorum epulare sacrificiorum* schon nach der Stiftung Numas besorgten, so ist das nur eine von seinen vielen Ungenauigkeiten. Nach Paul. p. 78 hießen die Epulones in älterer Sprache *Epoloni*. Er setzt hinzu: *Datum est autem his nomen, quod epulas indicendi Iovi ceterisque diis potestatem habent.*

78 Liv. I, 35, 9 *Ludicrum fuit equi pugilesque ex Etruria maxime acciti. Solemnes deinde annui mansere ludi, Romani Magnique varie appellati.*

79 Marquardt a. a. O. S. 294 ff.

80 Liv. X, 8 *decemviros sacris faciundis, carminum Sibyllae ac fatorum populi huius interpretes, antistites eosdem Apollinaris sacri cerimoniarumque aliarum.* Vgl. Jul. Obseq. 47 (107) *apud aedem Apollinis decemviris immolantibus.*

81 Plin. H. N. XXXXV, 12, 45 *Plastae laudatissimi fuere Damophilus* (vermutlich aus Himera in Sizilien gebürtig, s. Bröcker Unters. S. 35) *et Gorgasus, iidem pictores, qui Cereris aedem Romae ad Circum Maximum utroque genere artis suae excoluerant, versibus inscriptis graece quibus significarent ab dextra Damophili esse, ab laeva Gorgasi. Ante hanc aedem Tuscanica omnia in aedibus fuisse auctor est Varro.*

82 Ich stimme also nicht mit Marquardt Handb. IV, 52 ff. überein, der diese Gebräuche für griechische hält, doch bedarf es einer ausführlicheren Nachweisung. Hier nur einige Stellen zum Beweise, daß die lecti und pulvinaria deorum, auch das Speisen der Götter und das supplicare etwas Altes und Volstümliches war: Plin. H. N. XXXII, 2, 10 in einer Verordung des Numa: *ut convivia publica et privata coenaeque ad pulvinaria facilius compararentur.* Serv. V. A. X. 76 *Varro Pilumnum et Picumnum infantium deos ait eisque pro puerpera lectum in atrio sterni, dum exploretur an vitalis sit qui natus est.* Vgl. die Sitte der Juno bei Geburten einen Tisch zu bereiten b. Tertull. de An. 39, Serv. V. Ecl. IV, 62. Im Liede der Salier: *Divum Deo supplicante*, Varro l. l. VII, 27. Supplicare ist eigentlich kniefällig beten.

83 Liv. XL, 37 *Maiores duodecim annis omnes coronati et lauream in manu tenentes supplicaverunt.* Vgl. XXVII, 11. 37; XXXIV, 55; XXXVI, 37.

84 Bei Dionys. H. 1, 67 κηρύκια σιδηρᾶ καὶ χαλκᾶ καὶ κέραμον Τρωϊκὸν εἶναι τὰ ἐν τοῖς ἀδύτοις τοῖς ἐν Λαουϊνίῳ κείμενα ἱερά.

85 Plin. H. N. XVI, 40, 79 *Nonne simulacrum Veiovis in arce e cupresso durat a condita urbe DCLXI anno dicatum?* Leider ist die Zahl verdorben.

86 Tertullian ad. Nat. II, 9. Außer den von Varro unterschiedenen diis certis, incertis und selectis sei noch zu unterscheiden zwischen den diis publicis und adventiciis. *Hoc enim arae docent adventiciorum ad fanum Carnae, publicorum in Pa(latio).* Das Heiligtum der Carna lag auf dem Caelius, wo allerdings besonders viele Metökengötter zu finden gewesen sein mögen. Vgl. übrigens Fest. p. 157 *Municipalia sacra vocanatur quae ab initio habuerunt ante civitatem Romanam acceptam, quae observare eos voluerunt pontifices et eo more facere quo adsuessent antiquitus,* was auch für die nach Rom eingewanderten Bürger aus solchen Städten galt, s. Marquardt Handb. IV, 37 ff.

87 Liv. VIII, 14. Vgl. Ambrosch Studien S. 183 ff.

88 Cincius erklärte den Namen der Novensides durch diese Sitte, s. oben S. 90, 1. Vgl. S. 124 und Fest. p. 257 *Peregrina sacra appellantur quae aut evocatis dis in oppugnandis urbibus Romam sunt eoacta aut quae ob quasdam reliones per pacem sunt petita, ut ex Phrygia Matris Magnae, ex Graecia Cereris, Epidauro Aesculapii: quae coluntur eorum more, a quibus sunt accepta.* Die dii evocati waren natürlich meist italischen, die auf Veranlassung der sibyllinischen Bücher geholten Götter ausländischen Ursprungs.

89 Liv. X, 42 *in ipso discrimine, quo templa diis immortalibus voveri mos erat.* Beispiele von ludis votivis gibt Friedländer bei Marquardt IV, 474.

90 Liv. IX, 46 *ne quis templum aramve iniussu Senatus dedicaret.* Tertull. Apolog. 5 *vetus erat decretum ne qui deus ab imperatore consecraretur nisi a Senatu prabatus. Scit M. Aemilius de deo suo Alburno.* Ad. Nat. 1, 10 *ne qui imperator fanum, quod in bello vovisset, prius dedicasset quam Senatus probasset, ut contigit M. Aemilio, qui voverat Alburno Deo –, ut deus non sit nisi cui esse permiserit Senatus* etc. Die Quelle ist auch in diesen Stellen Varro. Die Geschichte des Gottes Alburnus scheint in ihrer Art berühmt gewesen zu sein.

91 Merkwürdige Beispiele solcher leges consecrationis sind die des t. Iovis Liberi zu Furfo im Lande der Vestiner b. Or. n. 2488, Mommsen I. N. n. 2488, und die des t. Martis Ultoris b. Dio LV, 10. Mehr bei Marquardt a. a. O. 225.

92 Virg. Aen. VIII, 600 *Silvano fama est veteres sacrasse Pelasgos, Arvorum pecorumque deo lucumque diemque,* wozu Servius: *Hoc a Romanis traxit, apud quos nihil fuit tam sollemne quam dies consecrationis.* Vgl. die Nachweisungen bei Marquardt 148.

93 Macrob. S. 1, 15, 14 *Iduum porro nomen a Tuscis, apud quos is dies Itis vocatur, sumptum est. Item autem illi interpretantur Iovis fiduciam. Nam cum Iovem accipiamus lucis auctorem, unde et Lucetium Salii in carminibus canunt et Cretenses Δία τὴν ἡμέραν vocant, ipsi quoque Romani Diespitrem appellant ut diei patrem, iure hic dies Iovis fiducia vocatur, cuius lux non finitur cum solis occasu, sed splendorem diei et noctem continuat illustrante luna: quod semper in plenilunio i.e. medio mense fieri solet. Iovis fiducia* ist die Bürgschaft, das Unterpfand, s. Cic. de Off. III, 17, pr. Caecina 3, pr. Flacco 21 u. a. Doch ist, wie ich unten zeigen werde, so wenig diese Idee bloß etruskisch als das Wort *idus,* welches vielmehr Teilung bedeutet und der griechischen διχομηνία entspricht, s. Macrob. l. c. 16 *Idus – dies qui dividit mensem. Iduare enim Etrusca lingua dividere est, unde vidua.* Varro l. l. VI, 28 *Idus ab eo quod Tusci Itus, vel potius quod Sabini Idus dicunt.* Das Wort ist allgemein italisch und Itus nur die etruskische Form von Idus. Über den Kalender der Etrusker s. O. Müller Etr. 2, 323 ff.

94 Macrob. S. 1, 15, 18, Ovid Fast. 1, 55.

95 Varro l. l. VI, 28 *ut novus annus Kalendae Ianuariae ab novo Sole appellatae.* Ovid. Fast. 1, 163 *Bruma novi prima est veterisque novissima Solis, Principium capiunt Phoebus et annus idem.* Vgl. Plutarch Qu. Ro. 19.

96 Der Maius und die Maia werden allgemein latinisch genannt bei Fest. p. 134. Bei den Oskern hieß er *Maesius,* ib. p. 136. Im Monate *Aprilis* wurde seit alter Zeit die Venus gefeiert, s. dort. J. Grimm D. M. 749 vergleicht mit den Monaten März, April, Mai die drei deutschen Frühlingmonate. Über die Namen der römischen Monate vgl. Macrob. S. 1, 12 und Merkel Ovid F. p. LXXIX sq.

97 Dies atri waren z. B. alle Tage nach den Kalenden, Nonen und Idus, weil die römischen Waffen an solchen Tagen wiederholt schweres Unglück erlitten hatten, s. Macrob. S. 1, 16, 21, Gellius N. A. V., 17.

98 Cic. de Leg. II, 8, 19. Die Feste sollen nach dem Kalender begangen werden, *certasque fruges certasquew bacas sacerdotes publice libanto, hoc certis sacrificiis ac diebus. 20. Itemque alios ad dies ubertatem lactis feturaeque servanto. Idque ne committi possit, ad eam rem ratione cursus annuos sacerdotes finiunto.*

99 Liv. IV, 3 *Obsecro vos, si non ad fastos, non ad commentarios pontificum admittimur* etc.

100 Vgl. über die dabei üblichen Zeichen Merkel Proleg. Ovid Fast. p. XXXI sqq.

101 Varro l. l. VI, 31 *Intercisi dies sunt per quos mane et vesperi est nefas, medio tempore inter hostiam caesam et exta porrecta fas.*

102 Sie hießen *praeciae* oder *praeciamitatores* und gehörten zu der Klasse der calatores, s. Paul. p. 224, Fest. p. 249, Macrob. 1, 16, 9 und 19, Serv. V. Ge. I, 268. Über die Festtage und ihre Heiligung s. Cic. de Leg. II, 12, 29, Serv. ib. 272, Marquardt S. 233, 1398.

103 Macrob, I, 16, 6 *conceptivae sunt quae quotannis a magistratibus vel sacerdotibus, comcipiuntur in dies vel certos vel etiam incertos, ut sunt Latinae, Sementivae, Paganalia, Compitalia.* Vgl. Marini Att. Arv. p. 128.

104 S. den Abdruck der Kopie des Pighius bei Merkel Ovid. Fast. p. XII sq.

105 Herausgegeben von Foggini, Rom 1781 fol. Abgedruckt bei F. A. Wolf zu Sueton Vol. IV p. 315 ff.

106 Eine unzureichende Sammlung ist die bei Orelli Inscr. II p. 379 – 413. Verbesserte Ausgaben des Kal. Amitern. b. Mommsen I. N. 5750, des Venusinum ib. 698, der Fasti Capranicorum ib. 6748, des Farnesianum ib. 6749, des Allifanum ib. 4741, des Antiatinum b. Henzen Suppl. Or. n. 6445.

107 Kellermann bei O. Jahn Spec. Epigr. p. 1–22, Mommsen I. N. n. 2557.

108 Bei Or. Inscr. II, p. 380. Vgl. Mus. Borbon. t. II tav. 44.

109 Zuerst publiziert von Avellino Opuscoli T. III p. 215–307 mit einem ausführlichen Kommentar. Neuerdings berichtigt und besprochen von Mommsen in den Berichten der K. Sächs. Ges. d. W. zu Leipzig 1850 S. 63 ff. Der Text auch bei Henzen Suppl. Or. n. 6112.

110 Calendarium Romanum sub Imp. Constantio, Imp. Constantini Magni filio, circa a. Chr. 354 compositum et Valentino cuidam dedicatum, nach der Ausgabe von Lambecius wiederholt in Graevii thes. Antiq. Ro. T. VIII. p. 97 sqq. Vgl. Th. Mommsen über den Chronographen vom J. 354, Abh. d. Philolog. histor. Classe der K. Sächs. Ges. d. W. Bd. I S. 569 ff.

DRITTER ABSCHNITT

1 Cic. N. D. II, 27 *quumque in omnibus rebus vim haberent maximam prima, principem in sacrificando Ianum esse voluerunt.* Vgl. die Devotionsformel b. Liv. VIII, 9, die Formeln b. Cato d. r. r. 134 und 141 und die Götterreihen der Arvalischen Tafeln. Varro b. Augustin C. D. VII, 9 *penes Ianum sunt prima, penes Iovem summa.*

2 Varro l. l. VII, 27 führt aus dem Liede der Salier den Vers an: *Divum empta cante, Divum Deo supplicante. Deorum Deus* b. Macrob. I, 9, 14. *Iano Patri* s. die Acta fr. Arval. t. XXXII, 1, 25 und die Inschriften b. Or. n. 1583. 1584. 5739, vgl. die Münze des Gallien b. Eckhel D. N. VII p. 396 und Plin. H. N. XXXVI, 5, 4.

3 Varro r. r. I, 37, 3, *Nunquamne rure audisti octavo Ianam et crescentem et contra senescentem?* Nach Tertullian Apolog. 10 fand sich im Liede der Salier der Ablativ *Iane.* Ein Dativ *Ianui Quirino* findet sich bei Fest. p. 189, 17 ein Ablativ *Ianu* in einer Inschrift aus Cales bei Mommsen I. N. n. 3953.

4 Macrob. I, 9, 9, *Ianum quidam Solem demonstrari volunt et ideo geminum, quasi utriusque ianuae caelestis potentem, qui exoriens aperiat diem, occidens claudat.*

5 Ovid Fast. I, 139 *Sic ego prospicio caelestis ianitor aulae Eoas partes Hesperiasque simul.* Procop. d. bello Goth. 1, 25 καὶ τοῦ προσώπου θάτερον μὲν πρὸς ἀνίσχοντα τὸ δὲ ἕτερον πρὸς δύοντα ἥλιον τέτραπται, θύραι τὲ χαλκαῖ ἐφ' ἑκατέρῳ προσώπῳ εἰσίν.

6 Ovid F. I, 171 *Mox ego: Cur, quamvis aliorum numina placem, Iane, tibi primum thura merunque fero? Ut possis aditum per me, qui limina servo, Ad quoscunque voles, inquit, habere deos.* Daher galt er auch für den Stifter alles Gottesdienstes in Italien, Macrob. 1, 9, 3, vgl. ib. 9, wo auch die Sitte ihn bei jedem Opfer zuerst anzurufen durch die Absicht erklärt wird *ut per eum pateat ad illum cui immolatur accessus, quasi preces supplicum per portas suas ad deos ipse transmittat.* Arnob. III, 29 *quem in cunctis anteponitis precibus et viam vobis pandere deorum ad audientiam creditis.*

7 Macrob. I, 9, 16 *Iunonium quasi – mensium omnium ingressus tenentem; in ditione autem Iunonis sunt omnes Kalendae.*

8 Wohl aber finden sich Spuren desselben Glaubens in der deutschen und skandinavischen Mythologie, wo Phol und Balder zugleich Sonnen- und Quellengötter sind. Grimm D. M. 207.

9 Tertull. ad. Nat. II, 11 *quia consationibus concubitalibus praesit.* Augustin C. D. VII, 2 *ipse primum Ianus cum puerperium concipitur – aditum aperit recipiendo semini.* Ib. 9 *Varro enumerare deos coepit a conceptione humana, quorum numerum exorsus est a Iona.*

10 Iuvenal S. VI, 393 *dic antiquissime Divum – Iane Pater.* Herodian 1, 16 ϑεὸς ἀρχαιότατος τῆς Ἰταλίας ἐπιχώριος. Martial X, 28, 1 *annorum mundique sator. Septim.* Seren. Anthol. 1, 191 *O cate rerum sator, o principium deorum, – cui reserata mugiunt aurea claustra mundi.* Paul. p. 52 *cui primo supplicabant veluti parenti et a quo rerum omnium factum putabant initium.*

11 Varro sagte nach Io Lydus d. Mens. IV, 2 im 14. B. Rerum Divinarum vom Janus αὐτὸν παρὰ Θούσκοις οὐρανὸν λέγεσθαι καὶ ἔφορον πάσης πράξεως.

12 Z. B. bei der p. Carmentalis s. Becker Handb. d. röm. Altert. 1, 137. Besonders häufig genannt wurden die drei Iani auf dem Forum, in welcher Gegend die Wechsler ihre Buden hatten, Horat. Ep. I, 1, 54 c. intpp. Nachmals baute Domitian durch die ganze Stadt viele Iani und arcus, von denen die letzteren als Triumphbögen mit Quadrigen, Spolien, Bildern der Feldzüge und des Sieges geschmückt waren, Sueton Domit. 13.

13 Ovid Fast. I, 257. 263, Procop. de bello Goth. I, 25, Becker Handb. I, 255 ff., 348 ff. Becker scheint mir auch S. 119 die Hypothese Niebuhrs, daß dieser Janus ursprünglich auf den Verkehr der Römer auf dem Palatin und der Sabiner auf dem Quirinal berechnet gewesen sei, treffend widerlegt zu haben.

14 Serv. V. A. 1, 294 *Ideo autem Ianus belli tempore patebat, ut eiusdem conspectus per bellum pateret, in cuius potestate esset exitus reditusque.*

15 Mon. Ancyr. *Cum post Romam conditam Ianum Quirinum* (das war der offizielle Name. Bei Horat. Od. IV, 15, 9 heißt es ungenau Ianum Quirini) *bis omnino clausum ante me fuisse prodatur memoriae, ter me principe claudendum esse decrevit Senatus.* Vgl. Sueton Octav. 22.

16 Vgl. Ovid F. I, 275 *Ara mihi posita est parvo coniuncta sacello, Haec adolet flammis cum strue farra suis.*

17 Virgil Aen. VIII, 358, Ovid F. I, 245, Macrob. I, 7, 19 u. A. Jedenfalls war hier ein alter und wichtiger Durchgang, s. Paul. p. 104 *Ianiculum dictum quod per eum (montem) Romanus populus primitus transierit in agrum Etruscum.*

18 Cic. de Leg. II, 22, 56, wo mit den besten Handschriften zu lesen ist *ad Fontis agras.* Vielleicht sind zwei Altäre anzunehmen, wie bei der Quelle in der Nähe von Laurentum, s. S. 151. Vgl. Arnob. III, 29, Becker Handb. I, 656.

19 Kal. Capranic. XVI Kal. Sept. *Iano ad theatrum Marcelli.* Kal. Amitern. XV Kal. Nov. *Iano ad Marcelli.* Vgl. Tacit. A. II, 49 und Becker S. 138, 259.

20 In den Zwölftafelgesetzen stand portus noch für domus, s. Fest. p. 233. Die Wurzel ist πόρος, vgl. hortus von chors. Über Portunus vgl. Paul. p. 56 *claudere et clavis ex Graeco descendit, cuius rei tutelam penes Portunum esse putabant, qui clavim manu tenere fingebatur et deus putabatur esse portarum.* Die Inschrift b. Or. n. 1585 *Iano Portuno* ist verdächtig.

21 Varro l. l. VI, 19 *Portunalia dicta a Portuno, cui eo die aedes in portu Tiberino facta et feriae institutae.* Intp. Veron. Aen. V, 241 *Portunus, ut Varro ait, deus port(uum porta) rumque praeses. Quare huius dies festus Portunalia, qua aput veteres claves in focum add ... mare institutum.* Ich lese: *quo apud veteres aedes in portu et feriae institutae.* Vgl. die alten Kalender XVI Kal. Sept.

22 Athen. XV p. 692 E. vgl. Ovid F. I, 233 ff., Plutarch Qu. Ro. 41, Macrob. S. 1, 7, 22.

23 Varro b. Macrob. I, 9, 16, Paul. p. 104. Vgl. Io Lyd. d. Mens. IV, 2. wo u. a. ὁ δὲ Βάρρων – καὶ Ποπάνωνα (αὐτὸν λέγεσθαι) διὰ τὸ ἐν ταῖς καλάνδαις ἀναφέρεσθαι πόπανα.

24 Varro spricht von mehreren Tagen, I. I. VI, 12 *Agonales (dies) per quos rex in regia arietem inmolat, dicti ab agone? eo quod interrogatur a principe civitatis et princeps gregis immolatur.* Vgl. Paul. p. 10 *Agonium* und Ovid F. I, 317 ff. In den Kalendern sind noch drei andere Tage mit AGON, AGO oder AG bezeichnet, der 17. März, der 21. März und der 11. Dezember, doch ist dabei nur an den altertümlichen Ritus, nicht an ein und dasselbe Fest zu denken. Ovid F. V, 721 *ad Ianum redeat qui quaerit Agonia quid sint* verweist seine Leser auf das, was er über diesen Ausdruck im mt. Januar gesagt habe.

25 Athen. XV p. 692 E, Klausen Aeneas u. d. P. 714.

26 Z. B. die irdene bei Passeri luc. fictil. 1, 6 und die bronzene aus Pompeji in der Sammlung von Roux VI t, 48, vgl. Böttiger kl. Schr. 3 307 ff., Fabretti Inscr. p. 500 n. 36. 37, Mommsen I. N. 6308, 2–4. Für Hadrian und Antonius Pius bestimmte Münzen mit der Inschrift S. P. Q. R. A. N. F. F., d. h. Senatus Populusque Romanus Annum Novum Faustum Felicem bei Eckhel D. N. VI p. 508; VII p. 11.

27 Sueton Octav. 57, Dio Cass. LIV, 31, Sueton Tiber 34, Calig. 42, Nero 46. Die Sitte dauerte bis auf Arcadius und Honorius.

28 Ovid F. 1, 167 *Quisque suas artes ob idem delibat agendo Nec plus quam solitum testificatur opus*. Vgl. Seneca Ep. 83, Columella d. r. r. XI, 2, 98.

29 Ovid ex Ponto IV, 9, 7, Fast. 1, 75 ff., Becker Handb. II, 2, 122 ff. Die Beschreibung bei Io Lyd. IV, 3 kann höchstens für die Zeit der späteren Kaiser gelten.

30 Marini Atti Arv. p. 56, Avellino Opusc. III p. 241 sqq., Marquardt Handb. d. R. A. IV, 219, wo ich aber den Beweis vermisse, daß am ersten Januar von den neuen Konsuln vota pro salute reipublicae konzipiert wurden. Dio Cass. 21, 19 spricht von öffentlichen Gebeten der Priester im allgemeinen. Tacitus IV, 70 unterscheidet ausdrücklich die *Sacra* des ersten und die *Vota* des dritten Januars.

31 Ovid F. 1, 247 *Tunc ego regnabam patiens cum terra deorum esset et humanis numina mixta locis.*

32 Ein beliebter Witz, s. Seneca de morte Claudii 9 *qui semper videt ἅμα πρόσσω καὶ ὀπίσσω.* Pers. 1, *O Iane, a tergo quem nulla ciconia pinsit.*

33 Serv. V. A. VIII, 330, Demophilus b. Athen. XV p. 692 E., Plutarch Qu. Ro. 22, welche Schriftsteller mit thessalischen und epirotischen Völkernamen bei diesem Paare anknüpfen. Camese könnte stehen für Camere, vgl. Tutere.

34 Bei Martian. Cap. 1, 4, *Ianusque Argionam utraque miratur effigie* ist wohl zu lesen *Carnam*.

35 Plin. XXXIV, 7, 16, Macrob. S. 1, 9, 10, Suid. v. Ἰανουάριος, Io Lyd. IV, 1. Ein Janusbild mit dem Stabe hat Panofka auf einer Gemme nachgewiesen. Auf der M. Galliens erscheint Janus *stans togatus d. vateram s. sceptrum*. Eckhel D. N. VII p. 396.

36 Lucret. V, 1186 *in caeloque deum sedes et templa locarunt,*
per caelum volvi quia lux et luna videtur,
luna, dies et nox et noctis signa serena,
noctivagaeque faces caeli flammaeque volantes,
nubila, sol, imbres, nix, venti, fulmina, grando
et rapidi fremitus et murmura magna minarum.

37 Varro. I. I. V, 66 oben S. 45, vgl. Lachmann z. Lucret. IV, 211, wo auch über *sub diu* und *sub divo*. Paul. p. 71 *Dium antiqui ex graeco appellabant ut a deo ortum et diurnum sub caelo lumen,* ἀπὸ τοῦ Διός. *Unde adhuc sub diu fieri dicimus quod non fit sub tecto et interdiu cui contrarium est noctu*. Ib. 87 *Dialis autem appellatur (flamen) a dio, a quo vita dari putabatur hominibus*, weil vom Himmel Licht und Leben kommt. Fest. p. 185 *Dialis – universi mundi sacerdos, qui appellabatur dium,* wo mundus i. q. caelum ist, vgl. Lucret. V. 1434 *vigiles mundi magnum versatili' templum Sol et luna suo lustrantes lumine circum*.

38 *Διοφυει Φερσορει ταυρομ*, Oskische Inschrift b. Mommsen Unterital. Dial. S. 191. Anonym. b. A. Mai Auct. Class. V p. 151 *Legimus in Capro hic Iovis. Etiam Naevius, Attius, Pacuvius, omnes isti utuntur exemplo. Diove* statt *Iove* auf einem Erztäfelchen aus republikanischer Zeit, Archäol. Ztg. 1846 n. 257.

39 Varro l. l. VIII, 74 *nunc in consuetudine aliter dicere, pro Iovis Iuppiter, pro bovis bos.* Sowohl Jupiter als Juppiter findet sich auf Münzen und Steinen guter Zeit, doch ist eigentlich kein Grund zu der Verdoppelung des p, da Iupiter aus Iu-pater gebildet ist wie jucundus aus jov-cundus, nuper aus nov-per, vgl. naufragium, auspex, augur, nicht aus Iovispater, wie man in Rom gewöhnlich erklärte, s. Gell. V, 12. Die iguvinischen Tafeln haben gewöhnlich *Invepater*, daneben aber auch *Iupater*. Interessant ist Δειπάτυρος bei einem epirotischen Volke, s. oben S. 50, 3.

40 Ennius Epicharm. p. 169 *Haece propter Iuppiter sunt ista* (die Luft, der Wind, der Regen) *quae dico tibi, quoniam mortalis atque urbes beluasque omnes iuvat*. Vgl. Cic. N. D. II, 25, 64, Gell. N. A. V, 12 *Iovem Latini veteres a iuvando appellavere eundemque alio vocabulo iuncto patrem dixerunt*.

41 Cic. N. D. II, 25, 65 *Hunc igitur Ennius – nuncupat ita dicens: Aspice hoc sublime candens, quem invocant omnes Iovem. – Hunc etiam Augures nostri, quum dicunt Iove fulgente, ton-*

ante. Horat. Od. 1, 1, 25 *sub Iove frigido.* III, 10, 7 *audis ut glaciet nives puro numine Iopiter.* Virg. Ecl. VII, 60 *Iupiter et laeto descendet plurimus imbri.*

42 Ennius Ann. 561 *divum domus altisonum cael.* Non. p. 180 Varro Bimarco: *Tunc repente caelitum altum tonitribus templum tonescit.* Lucret. II, 1030 *Suspicito caeli clarum purumque colorem quaeque in se cohibet palantia sidera passim, lunamque et solis praeclara luce nitorem. 1039 caeli lucida templa.*

43 Paul. p. 114 *Lucetium Iovem appellabant quod eum lucis esse causam credebant.* Macrob. 1, 15, 14, oben S. 140, Gell. V, 12, 6 *itemque Iovis Diespiter appellatus i.e. diei et lucis pater.* Vielmehr gehört das s in Dies zum Stamme.) *Idcircoque simili nomine Iovis Diiovis dictus est et Lucetius, quod nos die atque luce quasi vita ipsa afficeret et iuvaret. Lucetium autem Iovem Cn. Naevius in libro belli Poenici appellat.* Serv. V. A. IX, 570 *lingua Osca Lucetius est Iupiter dictus a luce, quam praestare dicitur hominibus.* Vgl. Mommsens Unterital. Dial. S. 274.

44 Das Gebet der Salier nach der Herstellung Bergks: *Cume tonas, Leucesie, prae tet tremonti.*

45 Bei Serv. V. A. 1, 254 s. oben S. 52, 2 vgl. Virg. Aen. 1, 254 *Olli subridens hominum sator atque deorum Vultu quo coelum tempestatesque serenat.* Apul. de Mundo p. 371 *Dicitur et Fulgurator et Tonitrualis et Fulminator, etiam Imbricitor et item Serenator, et plures eum Frugiferum vocant.* Ennius b. Varro l. l. V, 65 *Istic est is Iuppiter quem dico, quem Graeci vocant Aërem: qui ventus est et nubes, imber postea Atque ex imbre frigus, ventus post fit, aër denuo.* Als Regengott heißt Iupiter *pluvius* bei Tibull. 1, 7, 26, *pluvialis* in einer Inschr. aus Pompeji b. Mommsen n. 2254. Imbricitor sagt Ennius auch vom Winde: *spiritus Austri imbricitor*, b. Macrob. VI, 2. Iup. Serenus oder Serenator ist vorzüglich der Aufheiternde nach dem Sturm, daher er neben der Fortuna Redux und in ähnlichen Verbindungen genannt wird, s. Or. n. 1262. 1761. 4310.

46 Inschriften aus Lambaese in Numidien bei Marini Atti. p. 774, Or. n. 1271, Renier Inscr. Ro. de l'Algérie, n. 6 *Iovi O. M. Tempestatium Divinarum Potenti Leg. III* etc. n. 7. *Ventis Bonarum Tempestatium Potentibus Leg. III* etc.

47 Iup. Fulgur b. Fest. p. 229, 2, Iovi Fulguri Fulmini b. Henzen z. Or. n. 5629, Iovi Fulminari ib. n. 5630, Iovi Fulgeratori Or. n. 1238. 1240. 3931, I. O. M. Fulm. Ful. ib. n. 1239, Iovi Fulmin. Fulg. Tonanti ib. 1241.

48 Plin. H. N. II, 50 vgl. Io Lydus de Ostentis 43, auch Lucret. VI. 357 ff. und die schöne Schilderung bei Virgil Ge. 1, 311 ff.

49 Ovid Fast. III, 261 ff., Plut. Numa 15, Valer. Antias b. Arnob. V, 1, vgl. Varro l. l. VI, 94, Liv. 1, 20.

50 Plin. H. N. II, 53 *Exstat annalium memoria sacris quibusdam et precationibus vel cogi fulmina vel imetrari. Vetus fama Etruriae est impetratum Volsinios urbem depopulatis agris subeunte monstro quod vocavere Voltam, evocatum et a Porsenna suo rege. Et ante eum a Numa saepius hoc factitatum in primo annalium suorum tradidit L. Piso gravis auctor, quod imitatum parum rite Tullum Hostilium ictum fulmine.* Noch zur Zeit des Alarich beschwören die etruskischen Priester ein Donnerwetter gegen die Barbaren, Zosim. V 41.

51 Auf die alten Beobachtungen der Etrusker deutet Lucret. VI, 379 ff. Von Caecina s. Cic. de Div. 1, 33. Wichtige Auszüge aus seinem Werke bei Seneca Qu. Nat. II, 32–49. Auch Varro, Nigidius Figulus u. a. hatten über die Lehre von den Blitzen nach römischem und etruskischem Gebrauch geschrieben, vgl. Plin. H. N. II, 52–54, Serv. V. A. 1, 42, Io Lydus d. ostent. 21–52, O. Müller Etrusker 2, 31 ff.

52 Bei Seneca Qu. N. II, 49 werden u. a. genannt *regalia fulmina*, d. h. solche *quorum vi tangitur vel comitium vel principalia urbis liberae loca, quorum significatus regnum civitati minatur.* Ein Blitz in das Prätorium des Lagers bedeutet Eroberung desselben und Tod des Feldherrn, Dionys IX, 6, ein Blitz in den T. der Juno Gefahr der Frauen, Liv. XXVII, 27.

53 Serv. V. A. VI, Paul. p. 92 *fulguritum id quod est fulmine ictum, qui locus statim fieri putabatur religiosus, quod eum deus sibi vindicasse videretur.*

54 Becker Handb. d. R. A. 1, 280, t. 5, 6, Marquardt IV, 250.

55 Acta fr. Arv. I. 43, Paul. p. 295 strufertarios.

56 Fest. p. 178, Plin. H. N. II, 54. Vgl. Serv. V. A. II, 649 und den Fall bei Ammian. Marc. XXIII, 5, 13. Ein Q. Fabius Eburneus, welchen ein Blitz am After getroffen hatte, bekam darüber den Spitznamen Pullus Iovis, Fest. p. 245.

57 Tertullian Apolog. 40, vgl. Petron Sat. 44 und die ähnlichen Gebräuche bei Grimm D. M. 159. Etwas anderes ist der Tuscus aquilex bei Varro Non. Marc. p. 69, s. O. Müller Etr. 2, 340.

58 Cato r. r. 50. 131. 132, Paul. p. 68 *daps apud antiquos dicebatur res divina quae fiebat aut hiberna sementi aut verna.* Vgl. Grimm D. M. 1185 ff.

59 *Almus* und *Ruminus* heißt er bei Augustin C. D. VII, 11 *quod aleret omnia, quod ruma i. e. mamma aleret omnia.* Ib. VII, 12 *et Pecunia vocatur, quod eius sint omnia.*

60 Ovid F. VI, 343 ff., Lactant. 1, 20, 33. Man gefiel sich sehr, die Not der damaligen Belagerung auszumalen und bezog darauf auch einen Altar des Iup. Soter auf dem Capitol, s. Serv. V. A. VIII, 651. Doch gab es bis zu dem Kriege mit Perseus keine pistores in Rom, auch bedeutet pinsere überhaupt tundere, molere, frangere, s. Plin. H. N. XVIII, 11, 28, Varro b. Non. Marc. p. 152.

61 Varro l. l. VI, 16 *Vinalia a vino. Hic dies Iovis, non Veneris. Huius rei cura non levis in latio, nam aliquot locis vindemiae primum ab sacerdotibus publice fiebant, ut Romae etiam nunc. Nam flamen Dialis auspicatur vindemiam* (dieses auspicari ist immer zugleich ein inchoare der einzuweihenden Handlung) *et ut iussit vinum legere* (dies ist das kalare des Anschlags in hortis Tusculanis) *agna Iovi facit, inter quoius exta caesa et porrecta flamen prorsus (codd. porus) vinum legit.* Müller hat diese Stelle nicht richtig verstanden.

62 Ib. *In Tusculanis ortis est scriptum: Vinum novum ne vehatur in urbem ante quam Vinalia kalentur*, Paul. p. 264 *Rustica Vinalia XVI Kal. Sept. celebrabant, quo die primum vina in urbem deferebant.* Für *ortis* haben die Ausgaben *sacris*, doch hat der cod. Flor. sortis und es ist kein Grund zu ändern, vgl. Varro l. l. VI, 20 *Vinalia Rustica dicuntur a. d. XIV Kal. Sept., quod tum Veneri dedicata aedes et orti ei deae dicantur. Hortus* ist in der älteren und ländlichen Sprache jeder eingehegte Platz, sowohl eine Pflanzung als der ganze bäuerliche Hof, also auch eine Weinpflanzung. Vgl. Mommsen Unterital. Dial. S. 131.

63 *Novum vetus vinum bibo, novo veteri vino morbo medeor.* Varro l. l. VI, 21.

64 *Quod haberet impellendi, statuendi, resupinandi potestatem,* setzt Augustin hinzu. Mit Furcht erfüllte Jupiter auch die Plebs auf dem Mons sacer, daher sie sich zur Rückkehr nach Rom entschloß und jenen Hügel unter einem entsprechenden Beinamen dem Jupiter weihte, s. Paul. p. 319, Dionys VI, 90.

65 Liv. X, 36 vgl. Varro b. Macrob. III, 4, 2, Orelli n. 33, Becker Handb. I, 608. Ein signum Iovis Statoris bei Arretium erwähnt Cic. de Divin. 1, 35, 77. Iup. Stator in Alba Fuccentia b. Mommsen I. N. n. 5628–5633. Vgl. Or. n. 1263. 1264. 2155. 5644 und eine Inschrift aus Thagaste: *Iovi Opt. Max. Statori et Iun. Aug. Reg.* b. Renier Inscr. de l'Algérie 1 n. 2898.

66 Liv. X, 29. Wenige Jahre darauf, nach dem glorreichen Siege des L. Papirius Cursor bei Aquilonia im J. 461 (293) ist wieder von diesem Jup. Victor die Rede, Liv. X, 42.

67 Cic. de Leg. II, 11, 28 *cognomina Statoris et Invicti Iovis.* Vergl. Becker Handb. 1, 422.

68 Er wird bald nach dem Tode Cäsars und seitdem wiederholt erwähnt. Dio Cass. XLV, 17 wo der Blitz einschlägt *ἐς τὸν νεὼν τὸν τῷ Διΐ τῷ Χαπιτολίῳ ἐν τῷ Νικαίῳ ὄντα.* XL VIII, *40 ἐς τὸν τοῦ Νικαίου Διὸς βωμόν.* LX, 35 *ἡ αὐτόματος τοῦ ναοῦ τοῦ Διὸς τοῦ Νικαίου ἄνοιξις.* Also ein eigener T. des Iup. Victor, einer von den vielen, die den größeren Tempel des Capitolinischen Jupiter umgaben. Das Bild vergegenwärtigt eine Inschrift aus Cirta bei L. Renier Inscr. de l'Alg. 1 n. 1890 in einem Verzeichnis von Tempelschätzen: *Iovis Victor argenteus in Capitolio habens in capite coronam argenteam querqueam folior. XXV, in qua glandes n. XV, ferens in manu destra orbem argenteum et Victoriam palmam ferentem ... XX et coronam folior. XXXX ..., sinistra hastam arg. tenens.* Ohne Zweifel nach einem Vorbilde des Römischen Capitols.

69 Virg. Aen. XI, 83 Indutosque iubet truncos hostilibus armis Ipsos ferre duces inimicaque nomina figi.

70 Valer. Max. III, 2, 3, vgl. Hertzberg in Schneidewins Philol. I p. 331–339.

71 Dio Cass. LIV, 8, vgl. Pinder in den Abh. der philol. histor. Kl. d. Berl. Akad. 1855 S. 612 und t. IV, 3.

72 Paul. p. 104 *Idulis ovis dicebatur omnibus quae omnibus Idibus Iovi mactabatur.* Fest. p. 290 *Sacram Viam – quod eo itinere utantur sacerdotes idulium sacrorum conficiendorum causa. Itaque ne eatenun quidem, ut vulgus opinatur, sacra appellanda est, a Regia ad domum Regis Sacrificuli, sed etiam a Regis domo ad sacellum Streniae et rursus a Regia usque in Arcem.* Varro l. l. V, 47 *qua sacra quotquot mensibus feruntur in Arcem.* Vgl. Macrob. I, 15, 16, Ovid F. I, 55 und 587.

73 Besonders bei Gellius N. A. X, 15, welcher seine Mitteilungen mit den Worten beginnt: *Cerimoniae impositae flamini Diali multae, item castus multiplices, quo in libris qui de sacerdotibus publicis compositi sunt, item in Fabii Pictoris librorum primo scriptos legimus.* Ande-

res ist durch Festus und Paulus, Servius zum Virgil und Plutarch erhalten. Vgl. Marquardt Handb. d. R. A. IV, 271.

74 Gellius I. c. *Iurare Dialem fas nunquam est.* Daher weiterhin die Worte aus dem Edict. Perpet. des Praetors: *Sacerdotem Vestalem et Flaminem Dialem in omni sua iurisdictione iurare non cogam*. Der Grund ist auch hier die besondere Heiligung und Reinheit der Person. Ein bloßes Ja sollte genügen.

75 Gellius I. c. *Annulo uti nisi pervio cassoque fas non est. – Nodum in apice neque in cinctu neque alia in parte ullam habet.* Es sollte nichts Bindendes, nichts Fesselndes an diesem geweihten Leibe sein. Denn auch der geschlossene Ring ist eine Art von Fessel, wie in der Mythe vom Prometheus. Der apex ist eigentlich das Reis vom Ölbaume auf dem galerus, dann der geweihte Hut. Es wurde gewöhnlich mit geweihten wollenen Fäden befestigt, auf dem Hute des Dialis also ohne Knoten. Der galerus selbst war ein *albogalerus*, d. h. genommen von einer *hostia alba Iovi caesa*, Paul. p. 10. Auch darin ist die Symbolik des Lichtes durchgeführt.

76 Er durfte nach der älteren Bestimmung keine Nacht außerhalb der Stadt zubringen, auch nach Augusts Bestimmung nicht mehr als zwei Nächte und nur zweimal in demselben Jahre und mit Erlaubnis des Pont. Max. abwesend sein, s. Liv. V, 52, Tacit. Ann. III, 71.

77 Gellius I. c. *tunicam intimam nisi in locis tectis non exuit, ne sub caelo tanquam sub oculis Iovis nudus sit*. Vgl. Plut. Qu. Ro. 40.

78 Val. Max. I, 1, 4 *Consimili ratione P. Cloelius Siculus, M. Cornelius Cethegus, C. Claudius propter exta parum curiose admota deorum immortalium aris variis temporibus bellisque diversis flaminio abire iussi sunt coactique etiam. At Sulpico inter sacrificandum e capite apex prolapsus eidem sacerdotium abstulit*. Vgl. Liv. XXVI, 23, Plut. Marc. 5.

79 Paul. p. 93 Flaminius camillus. Eine ähnliche camilla ging der Flaminica zur Hand, s. ib. v. Flaminica.

80 Es war eine toga praetexta aus schwerer Wolle, daher laena genannt. Auch die Flaminica und überhaupt die Priester trugen Wolle.

81 Serv. V. A. IV, 137, Paul. p. 113 Inarculum. Offenbar ist der Zweig der Granate ein Sinnbild der Fruchtbarkeit, welche ebensosehr zum Wesen der Juno als zu dem einer guten Hausfrau gehörte. Der geweihte Ölzweig auf dem Apex des Dialis und der anderen Priester ist analog aufzufassen, also etwa als Symbol des Segens und der Fruchtbarkeit.

82 Macrob. S. 1, 16, 28 ff. Vgl. Niebuhr R. G. 2, 242 ff, Becker Handb. II, 3, 61.

83 Macrob. 1, 15, 13 vgl. Varro r. r. II praef., Dionys. II, 28, Orelli Inscr. II p. 406 sq., Merkel Ovid Fast. p. XXXI sq. Von der Verbreitung und Einführung der siebentägigen Woche im Okzident s. Grimm D. M. 111.

84 Cic. de Rep. III, 13, 23 *Sunt enim omnes qui in populum vitae necisque potestatem habent tyranni, sed se Iovis Optimi nomine malunt reges vocari*. Vgl. Cäsars Worte b. Dio Cass. XLIV, 11, als Antonius ihn zum König machen will, ὅτι Ζεὺς μόνος τῶν Ῥωμαίων βασιλεὺς εἴη, worauf er das Diadem auf dem Capitol niederlegen läßt. Jupiter wird nur ausnahmsweise Rex genannt, weil das Wort der Republik überhaupt fatal war, desto häufiger Juno neben ihm *Regina*. Der Iup. Imperator von Praeneste (Liv. VI, 29) ist zu verstehen wie Ennius Ann. 86 *omnibus cura viris uter esset indupeator*, nämlich ob Romulus oder Remus. Auch der *Iupiter Maius* der Tusculaner wurde erklärt a magnitudine et maiestate, Macrob. 1, 12, 17. Doch halte ich es für richtiger, ihn mit der Maia zu verbinden.

85 Cic. N. D. II, 25, 64 *Iupiter i.e. iuvans pater – a maioribus nostris dictus Optimus Maximus, et quidem ante optimus i.e. beneficentissimus quam maximus, quia maius est certeque gratius prodesse omnibus quam magnas opes habere*. Die Pontifices beteten weislich: *Iupiter Optime Maxime sive quo alio nomine te appellari voueris*. Serv. V. A. II, 351.

86 Das Wort hängt zusammen mit optare und ist wie optimas von dem angesehensten Bürger zu verstehen, vgl. Mercklin die Cooptation d. R. S. 6. Als höchster von allen Göttern wurde dieser Iupiter O. M. oft einfach neben den übrigen genannt, vgl. die alte Formel der Votivinschrift des Cinicinnatus b. Liv. VI, 29 und die Formel *Iovi Optimo maximo ceterisque diis deabusque immortalibus* bei Orelli n. 1211. 1218, Henzen n. 5654, 7414 γ p. 495, 7414 αβ p. 498 u. a. Vgl. Horat. Od. I, 12, 17 *Unde nil maius generatur ipso, Nec viget quidquam simile aut secundum: Proximos illi tamen occupavit Pallas honores*.

87 Vgl. Becker Handb. II, 2 S. 69.

88 Zuerst beim Caligula, Marini Atti p. 359.

89 Cic. de Fin. III, 20, Paul. p. 101 *Herceus Iuppiter intra conseptum domus cuiusque colebatur, quem etiam deum penetralem appellabant*. Vgl. den Iup. O. M. Domesticus bei Or. n. 1236.

90 Ein sacellum Iovis Praestitis bei Iul. Capitol. Max. et Balbin. 5. Vgl. die Inschrift aus Tibur: *Iovi Praestiti Hercules Victor*, Or. n. 1253, Bullet. Archeol. 1846 p. 91.

91 Or. n. 1249, Henzen n. 5638. 5639.

92 In Privatangelegenheiten als Bewahrer des Hauses und Hofes z. B. bei Herzen z. Or. n. 5619 *Iovi O. M. Conservatori possessionum Rosciorum. Iup Tutator* wird auf Münzen und Inschriften wiederholt genannt, Iup. Tutor in einer Inschrift aus Ostia bei Henzen n. 5650. Iup. Vindex bei tacit. Ann. XV, 74. *Ultor* bei Iul. Capitol. Pertin. 11.

93 Cic. de Fin. II, 20 *Atque etiam Iovem quum Optimum et Maximum dicimus quumque eundem Salutarem, Hospitalem, Statorem, hoc intelligi volumus, salutem hominum in eius esse tutela.* Vgl. Or. n. 1260 *Iovi Salutari Ulpianus gravi infirmitate liberatus.* Treb. Poll. Gallien. 5, nachdem das Reich von schwerem Unglück heimgesucht worden: *Pax igitur deum quaesita inspectis Sibylliae libris factumque Iovi Salutari ut praeceptum fuerat sacrificium.*

94 Inschrift aus Lambaese in Numidien bei L. Renier Inscr. de l'Alg. 1 n. 28 *Iovi Valenti, Aesculapio et Saluti.*

95 Tacit. Ann. XV, 64; XVI, 35. In sinkenden Zeiten wurde er im Monate Oktober durch Spiele gefeiert. Vgl. m. Regionen d. St. Rom.

96 Plaut. Amphitr. II, 2, 107 nennt ihn Iup. *Prodigialis*, vgl. Phlegon Trall. Mirab. 6, wo der Kaiser Claudius auf Veranlassung der Geburt eines Hermaphroditen dem Z. Ἀλεξίκακος auf dem Capitole einen Altar stiftet, und Or. n. 1230 *Iovi Depulsori pro salute Dom. N. Imp. M. Aur. Antonini.*

97 Henzen n. 5621 *Iovi Depulsori, Genio Loci.* Or. n. 1231 *Iovi Depulsori et Nymphis.* A. de Boissieu Inscr. de Lyon p. 3 n. 1 I. O. M. *Depulsori et diis deabusque omnibus et Genio loci* etc., in einem Bade gefunden.

98 Cic. pr. Mil. 31, 85 *Latiaris sancte Iupiter.* Lucan Phars. I, 198 *et residens celsa Latialis Iupiter Alba.* Die Schreibart schwankt, weil die Aussprache zwischen l und r schwankte, wie Palilia und Parilia u. dgl. Doch gilt Latiaris für die bessere, s. die Ausleger zu Sueton Calig. 22 und zu Liv. XXI, 63, 8. Bei Henzen n. 7415 p. 499 findet sich Iup. *Latius.*

99 Daher die Überlieferung, daß das Fest ex imperato Fauni oder nach dem Verschwinden des Königs Latinus gestiftet worden, b. Fest. p. 194 Oscillantes und Schol. Bobiens. Cic. pr. Plancio IX, 23, obwohl der Iupiter Latiaris in der Geschichte des Latinus anders zu erklären sein möchte. Auch die Prodigien auf dem Mons Albanus b. Liv. 1, 31 deuten auf sehr alten Gottesdienst.

100 So berichten Dionys a. a. O. und Plutarch Camill. 42, doch liegt hier wahrscheinlich eine Verwechslung mit den römischen Spielen zugrunde, s. Mommsen Rö. Gesch. 1, 429.

101 Dionys VI, 49 vgl. Macrob. l. c. *Latinarum tempore, quo puplice quondam induciae inter populum Romanum Latinoque firmatae sunt.*

102 Cic. ad Qu. Fr. II, 4. Latiar ist wie Palatuar zu verstehen, s. Fest. p. 148 *cui sacrificium quod fit Palatuar dicitur.* Vgl. Lupercal, Ianual u. dergl.

103 Vgl. die Data bei Marquardt IV, 443. Im März hätten die Römer wegen der Feier der Salier nicht gekonnt, und auf den April lauten die meisten Angaben. Bei Cic. de Div. 1, 11, 17 ist von Schnee die Rede, der sich dort oben sehr lange hält. Die Reste der Fasten s. Marini Atti p. 129, Or. n. 2471. 2472, Mommsen I. N. 6750.

104 Vgl. Marquardt S. 441 und über den Praef. Urbi Latinarum causa Gellius XIV, 8, Becker Handb. II, 2, 149.

105 Dionys. IV, 49. Plinius H. N. III, 5, 9 gibt ein alphabetisches Verzeichnis verschollener Städte, welche einst am Opfer und an dem Fleische des Opfertieres teilgenommen haben sollen, *cum his carnem inmonte Albano soliti accipere populi: Albenses (dieses sind die Einwohner von Alba Fucentia, die auch bei Strabo V p. 240 zu Latium gerechnet werden, vgl. Klausen Aeneas S. 794), Albani, Aesulani, Accienses, Abolani, Bubetani* usw., indem er zuletzt hinzusetzt: *Ita ex antiquo Latio LIII populi interiere sine vestigiis.*

106 Von dem Opfermahl spricht ausdrücklich Dionys. a. a. O. ἵνα συνερχόμενοι καθ' ἕκαστον ἐνιαυτὸν εἰς τὸν ἀποδειχθέντα τόπον πανηγυρίζωσι καὶ *συνεστιῶνται* καὶ κοινῶν ἱερῶν μεταλαμβάνωσιν. Auch liegt es in dem Ausdruck *visceratio* von der Verteilung des Fleisches bei Serv. V. A. 1, 211. Von den Teilnehmenden heißt es gewöhnlich *carnem petere*, weil jeder ein Recht auf sein Stück hatte, s. Cic. pr. Plancio IX, 23 *nisi forte te Labicana aut Gabina aut Bovillana vicinitas adiuvabat, quibus e municipiis vix iam qui carnem Latinis petant reperiuntur.* Varro l. l. VI, 25 *Latinae feriae – a Latinis populis, quibus ex Albano monte ex sacris carnem petere fuit ius cum Romanis.* Dionys. a. a. O. ἑνὸς δὲ

ταύρου κοινῶς ὑπὸ πασῶν θυομένου μέρος ἑκάστη τὸ τεταγμένον λαμβάνει. θύουσι δὲ ὑπὲρ πάντων καὶ τὴν ἡγεμονίαν τῶν ἱερῶν ἔχουσι Ῥωμαῖοι.

107 Ovid F. 1, 83, Virg. Ge. II, 146. Vgl. Arnob. II, 68 *in Albano antiquitus in monte nullos alios licebat quam nivei tauros immolare candoris*. Es sind *iuvenci*, Farren, männliche Kälber, welche frisch von der Weide und der Mutter kommen, s. die schönen Verse bei Lucret. II, 352 ff. und Virgil Aen. IX, 625 f. Die Hörner waren bei solchen Opferstieren immer vergoldet, sie selbst mit Binden behangen, daher Virg. Aen. V, 366 *velatum auro vittisque iuvencum*, IX, 627 *aurata fronte iuvencum candentem*. Einige Altertümler behaupteten, dem Jupiter dürften keine *tauri* geopfert werden, s. Macrob. S. III, 10, 3 und Serv. V. A. III, 21, doch sind junge Stiere auch Stiere, daher sich auch Virgil Aen. III, 20 nicht geniert zu sagen *superoque nitentem Coelicolum regi mactabam in litore taurum*, vgl. die oscische Inschrift bei Mommsen Unterital. Dial. S. 191 t. XII *Diovei Versorei taurom*. Ja, Numa selbst hatte das Opfer eines bos für die Spolia Opima erster Ordnung an den Iup. Feretrius vorgeschrieben, Fest. p. 189.

108 Liv. XLI, 16, wo von mehreren Opfertieren die Rede ist, bei denen indessen der eine weiße Bundesstier recht wohl bestehen kann, vergl. Dionys a. a. O. καὶ φέρουσιν εἰς ταύτας αἱ μετέχουσαι τῶν ἱερῶν πόλεις *αἱ μὲν ἄρνας* αἱ δὲ τυροὺς αἱ δὲ γάλακτός τι μέτρον etc. Von einer Spende mit Milch zur Einweihung des Festes, die der Konsul brachte, spricht Cic. de Div. 1, 1, 17, von einer lactata potio Schol. Bob. Cic. pr. Plancio IX, 23.

109 S. Liv. V, 17 und Plut. Camill. 4, wo etwas bei der Konzeption versehen ist, Liv. XXXII, 1, wo Ardea sein Stück Fleisch nicht bekommen hat, XXXVII, 3, wo die Laurenter nicht das rechte Stück Fleisch bekommen haben, XLI, 16, wo der Magistrat von Lanuvium das Gebet nicht richtig gesprochen hat. Vgl. Ritschl Parerga Plautina S. 309 ff., Friedländer b. Marquardt Handb. d. R. A. IV, 476.

110 Tertull. Apolog. 9, Scorp. 7, Lactant. 1, 21, 3 Minuc. Fel. 13; 30, 4, Prudent. adv. Symmach. I, 379 Porphyr de Abstin. II, 56 u. a. Auch gab es in Rom seit alter Zeit einen collis Latiaris, Varro l. l. V, 52.

111 Plin. H. N. XXVII, 7, 28, vgl. Quintil. III, 1, 5 *parum hic liber mellis, absinthii multum, salubrior quam dulcior*.

112 Vom Bilde des Jupiter ist wiederholt bei Dio die Rede. s. XXXIX, 15, XLVII, 40, vom T. der Juno ib. XXXIX, 20. Vgl. Or. n. 1288 *Iunoni Albanae* und n. 1393 *Iovi Optimo Maximo, Minervae, Iunoni, Vestae Alban. Sacr.* Ein eigenes Haus zum Aufenthalte für die Konsuln erwähnt Dio LIV, 29.

113 Liv. 1, 38, Dionys. III, 69, vgl. meinen Aufsatz „Zur Gesch. und Topogr. des röm. Capitols" im Philologus 1 S. 72.

114 Vgl. das Capitulum hernicum b. Plin. H. N. III, 5, 9, 63, Strabo V p. 238 und Scaliger und J. G. Vossius b. Schwegler Rö. Gesch. 1, 793. Die gewöhnliche Legende b. Liv. 1, 55. Bei Plin. XXVIII, 2, 4 ist sie schon erweitert. Noch später wird der Kopf der eines berühmten etruskischen Sehers Olus oder Aulus, noch später ein caput humanum litteris tuscis scriptum Caput Oli Regis, s. Arnob. VI, 7 Serv. V. A. VIII, 345, Catal. Imper. p. 645 Mommsen, Isidor XV, 2. Natürlich spricht dann auch die Sibylle ein Wort mit, s. Dio Cass. fr. 25, 9 ὅτι Σιβύλλης χρησμὸς ἔφασκε τὸ Καπιτώλιον κεφάλαιον ἔσεσθαι τῆς οἰκουμένης μέχρι τῆς τοῦ κόσμου καταλύσεως

115 Vgl. Eckhel D. N. VI p. 327, O. Jahn Archäol. Beitr. S. 80. Gewöhnlich sind alle drei Götter thronend abgebildet, bisweilen die beiden Göttinnen stehend. Auf den Platz der Minerva zur Rechten beziehen sich die zitierten Worte des Horaz. Die gewöhnliche Formel der Anrufung war dagegen *Iovi Iunoni Minervae* s. Marini Atti p. 104.

116 Plin. H. N. XXXV, 12, 45 *Praeterea elaboratam hanc artem (plasticen) Italiae et maxime Etruriae, et Volcanium (?) Veiis accitum, eui locaret Tarquinius Priscus Iovis effigiem in Capitolio dicandam; fictilem eum fuisse et ideo miniari solitum. – Ab hoc eodem factum herculem qui hodieque materiae nomen in Urbe retinet.* XXXIII, 7, 36 *Enumerat auctores Verius, quibus credere necesse ist, Iovis ipsius simulacri faciem diebus festis minio inclini solitam triumphantiumque corpora; sic Camillum triumphasse. Hac religione etiamnum (minium) addi in unguenta cenae triumphalis et a censoribus in primis Iovem miniandum locari.* Roth ist nämlich die Farbe der festlichen Freude und des Glücks, der *felicitas*, auch eine Symbolik der Etrusker, s. Macrob. S. III, 7. Übrigens vgll. Arnob. VI, 25 *riciniatus Iupiter atque barbatus, dextra fomitem sustinens perdolatum in fulminis morem.* Ovid F. 1, 202 *inque Iovis dextra fictile fulmen erat.*

117 Liv. 1, 35, Plin. III, 5, 9 vgl. Cic. in Verr. V, 14, 36 *Nunc sum designatus Aedilis: – mihi ludos*

antiquissimos, qui primi Romani sunt nominati, maxima cum dignitate ac religione Iovi Iunoni Minervaeque esse faciendos. Vgl. de Rep. II, 20, 35.

118 Dionys V, 1 vgl. Becker handb. II, 2, 95. So wurde auch die Mola Salsa von den Vestalinnen an den Lupercalien, den Vestalien und den Idus des September bereitet, Serv. V. Ecl. VIII, 82, endlich die corona graminea oder obsidionalis, die höchste aller militärischen Auszeichnungen vom Senate dem August an den Idus des September überreicht. Plin. H. N. XXII, 6, 6.

119 Kal. Antiat. Id. Sept. EPVLILV, d. h. epulum Iovis ludorum causa, Das Kal. Capranic. bemerkt zu demselben Tage IOVI. Unter Tiberius wurde die Vereitelung der Verschwörung des Libo an den Iden des Sept. gefeiert, s. Tacit. Ann. II, 32, Kal. Amitern.

120 Serv. V. A. IX, 628, Marini Atti p. 47.

121 Valer. Max. II. 1, 2 *Iovis epulo ipse in lectulum, Iuno et Minerva in sellas ad coenam invitabantur, quod genus severitatis aetas nostra diligentius in Capitolio quam in suis domibus conservat*. Vgl. Plin. XXV, 9, 59 *hac Iovis mensa verritur*.

122 Vgl. die Geschichte von P. Africanus d. Ä. und T. Gracchus den Vater b. Gell. N. A. XII, 8, Liv. XXXVIII, 57 und die Anekdote vom Lucull. b. Plin. H. N. XXVIII, 5. Es ging bei dieser Mahlzeit, wie bei den pontificalen und saliarischen, sehr hoch zu, s. martial. XII, 48, 11 *Non Albana mihi sit comissatio tanti nec Capitolinae Pontificumque dapes*. Daher Lucilius b. Non. p. 204 *Idem epulo cibus atque epulatio (1. epulo est) Iovis Omnipotentis*. Auch die Epulones waren speziell Epulones Iovis O. M., s. Cic. d. Harusp. resp. 10, 21, oben S. 129.

123 Vgl. Dio XXXIX, 30, Sueton Domit. 13, Ael. Lamprid. Alex. Sev. 36.

124 Dionys II, 34 von dem Triumphe des Romulus: ἵνα τὸ βασίλειον ἀξίωμα σώζῃ τεθρίππῳ παρεμβεβηκώς. Vgl. ib. 54 und Plut. Rom. 24 von der ehernen Quadriga, welche Romulus als Siegeszeichen auf dem Vulcanal aufstellt.

125 Nach einer anderen Version der Legende erobern die Römer die Quadriga, worauf jenes Viergespann aus Veji gelaufen kommt, der Sieger bei der p. Ratumena stirbt und die Pferde sich erst beim Anblicke der Quadriga auf dem Gipfel des Tempels beruhigen, s. Fest. p. 274 Ratumena porta, Plut. Poplic. 13, Serv. V. A. VII, 188.

126 Fest. p. 364 *Tensam (von tendere) ait vocari Sinnius Capito vehiculum, quo exuviae deorum ludicris Cercensibus in Circum ad pulvinar vehuntur. Fuit et ex ebore et ex argento*. Vgl. Serv. V. A. 1, 17, Ascon. in Verr. p. 200.

127 Nach Sueton Vespas. 5 erhielt Nero vor seinem Sturze im Traume die Mahnung, *ut tensam Iovis O. M. e sacrario in domum Vespasiani et inde in Circum deduceret*, vgl. Dio LXVI, 1. Das sacrarium ist der besondere Raum für die Tensen auf dem Capitol, auf den einige Militärdiplome deuten: *tabula aenea, quae fixa est in Capitolio ad latus sinistrum thensarum extrinsecus*. Die tensa Iovis zerbricht bei Dio L, 8, die der Minerva b. Dio XLVII, 40. Alle drei Capitolinischen Götter und ihre Tensen sind zu sehen auf den Denaren der Rubria, die des Jupiter mit dem Blitz, worüber eine Victoria schwebt, die der Juno mit dem Pfau, die der Minerva mit der Eule. Merkwürdig ist die Goldmünze mit dem Kopfe Octavians bei Riccio 59, 27, wo eine Quadriga als Symbol des Jupiter in einer Tense zum Circus gefahren wird.

128 Dionys III, 61, Liv. X, 7, Sueton Octav. 94, Müller Etrusk. 1, 373 ff. Der Stuhl des Jupiter mit seinen Attributen, dem Blitz, dem Adler, dem Zepter usw. bei Braun Vorschule der Kunstmythologie t. 6.

129 S. die Stellen b. Becker Handb. 1, 491, Friedländer b. Marquardt IV, 498 ff.

130 Es machte viel Sensation, als C. Terentius Varro, derselbe, welcher als Konsul die Schlacht bei Cannä verlor, als Aedil einen gemieteten Knaben von großer Schönheit auf der tensa Iovis die Exuvien dieses Gottes tragen ließ, worüber Juno, wie man glaubte, eifersüchtig geworden, jene Niederlage herbeigeführt habe. Val. max. 1, 1, 16, Lactant. II, 16, 16.

131 Liv. V, 41 *quae augustissima vestis est tensas ducentibus triumphantibusve*.

132 Vgl. Dionys VII, 72, welcher nach Fabius Pictor berichtet, aber viel Fremdartiges einmischt, und Tertull. de Spectac. 7, wo das Gewühl der Prozession recht lebendig beschrieben wird.

133 *Probatio quorum*, vgl. Dio LV, 10.

134 Liv. VI, 42; XXXIX, 7. Der fünfte Tag wurde nach dem Tode Cäsars hinzugefügt.

135 Becker Handb. II, 2, 324 ff. Statt der curulischen Aedilen bekamen unter den Kaisern die Prätoren die Aufsicht über die Spiele, ob. II, 3, 264.

136 Cic. d. Rep. II, 20, 35 *eundem primum ludos Maximos, qui Romani dicti sunt, fecisse accepimus*. Liv. 1, 35 *sollemnes deinde annui mansere ludi, Romani Magnique varie appellati*. Paul.

p. 122 *Magnos ludos Romanos ludos appellabant, quos in honorem Iovis, quem principem deorum putabant, faciebant.* Vgl. Ritschl. Parerga p. XXIII sqq. und 290, Marquardt Handb. IV, 474.

137 Cic. De Div. 1, 26, Liv. II, 36, Dionys Vii, 68, Macrob. S. 1, 11, 3, Augustin C. D. IV, 26 u. A.

138 Vgl. Sigonius zu Liv. XXXIX, 22, 1. Das Gelübde wurde von dem Konsul oder dem Diktator praeeunte Pontifice Maximo gesprochen, Liv. IV, 37. Als Beispiel diene das vom J. 191 v. Chr. Beim Ausbruch des Kriegs gegen Antiochus, s. Liv. XXXVI, 2. Die ludi votivi des Pompejus, welche er im Kriege gegen Sertorius gelobt, dauerten 15 Tage, Cic. in Verr. Act. 1, 10, vgl. Sueton Octav. 23 *V ovit et Magnos ludos Iovi Opt. Max., si respublica in meliorem statum vertisset* (nach der Varusschlacht), *quod factum Cimbrico Marsicoque bello erat.* Ib. Ner. 11 *ludis, quos pro aeternitate imperii susceptos appellari Maximos voluit.*

139 Scipio opfert nach seiner Rückkehr aus Spanien eine Hekatombe von Stieren auf dem Capitol, Liv. XXVII, 38. Nach der Schlacht am l. Trasimenus wurde sogar bubus trecentis geopfert und das Ver Sacrum gelobt, d. h. ein Opfer von allem quod ver attulerit ex suillo, ovillo, caprino, bovillo grege, welches später wirklich gebracht wird, s. Liv. XXII, 9. 10; XXXIII, 44; XXXIV, 44.

140 Ascon. In Verr. P. 143 *Plbeii ludi quos exactis regibus pro libertate plebis fecerunt aut pro reconciliatione plebis post secessionem in Aventinum.* Am wahrscheinlichsten ist die Einsetzung dieser Spiele nach der Rückkehr vom h. Berge, wo auch zu den latinischen Ferien ein neuer Tag hinzugefügt wurde.

141 Vgl. Die Kalender und Liv. XXV, 2, XXVII, 36, XXIX, 38, XXX, 9, XXXI, 4, XXXII, 7, XXXIII, 42. Immer heißt es *et epulum Iovis fuit ludorum causa*, so sehr wurden die Spiele überall zur Hauptsache. Die Kalender bemerken zu den Idus Nov. Epul. Indict. Oder Epulum indicitur.

142 S. die Didaskalie b. Ritschl Parerga p. 261.

143 Serv. V. Ge. II, 384, Tertull. De Spectac. 5. Iup. Tarpeius bei Ovid F. VI, 34 und Ulpian tit. XXII § 6.

144 Plut. Rom. 25, wo die Worte θύοντες ἐπινίκια nicht auf den Triumph überhaupt, sondern auf den des Romulus vom 15. Okt. zu beziehen sind, vgl. Qu. Ro. 53 und Fest. P. 322 *sardi venales.* Andere leiteten dieses Sprichwort richtiger von einem entscheidenden Siege über die Sarder ab. Vgl. Den Gebrauch *bona Porsennae regis vendendi* b. Liv. II, 14.

145 Eben dieses scheint der Sinn der Worte bei Festus I. c. zu sein: *quod ludis (Capitolinis qui) funt a vicinis (praetextatis au)ctio Veientium (fieri solet),* wo gewöhnlich mit Scaliger *a vicanis* gelesen wird. Nach der Hinrichtung des Manlius Capitolinus wurde verboten *ne quis patricius in Arce aut Capitolio habitaret,* Liv. VI, 20.

146 Liv. XLII, 49 *Per hos forte P. Licinius consul votis in Capitolio nuncupatis paludatus ab Urbe profectus est. Semper quidem ea res cum magna dignitate ac maiestate geritur* etc. XLV, 39 *Diis quoque, non solum hominibus debetur (triumphus). – Consul proficiscens praetorve paludatis lictoribus in provinciam et ad bellum vota in Capitolio nuncupat. Victor perpetrato eodem in Capitolio triumphans ad cosdem deos, quibus vota nuncupavit, merita dona populi Romani traducit.* Vgl. Becker Handb. II, 2, 64 und von den Bedinungen des Triumphs ib. 79, von der Feier selbst Marquardt III, 2, 446ff.

147 Virg, Ge. II, 148, Plutarch Aemil. Paul. 33, Comment. Cruq. Horat. Ep. 9, 22. Nach Serv. V. A. IX, 627 wurden von den triumphierenden auch Suovetaurilien dargebracht, aber nicht dem Jupiter, sondern den anderen Göttern des Krieges.

148 Liv. V, 23 *Iovis Solique equis aequiparatum dictatorem in religionem trahebant.* Mithin war auch die tensa Iovis gewiß so bespannt.

149 Liv. X, 7, vgl. Serv. V. Ecl. X, 27, Sueton Octav. 94. Es scheint sogar, daß die tunica palmata und die toga picta den Triumphierenden e Capitolio verabfolgt wurden, s. Lamprid. Alex. Sev. 39, Iul. Capitol. Gordian 4, Vopisec. Prob. 7. Von dem Kranze s. Plin. H. N. XXXIII, 1, 4 und oben S. 97, 1 u. 199, von der Färbung des Gesichts S. 194 und Serv. V. Ecl. VI, 22, X, 27.

150 So ist Plin. H. N. XXVIII, 4, 7 zu verstehen: *Fascinus imperatorum quoque, non solum infantium custos, qui deus – currus triumphantium sub his pnedens defendit medicus invidiae, iubetque eosdem resipicere* (so schreibt Sillig mit Recht f. respircere) *similis medicina linguae* (nämlich die Spottlieder der Soldaten), *ut sit exorata a tergo Fortuna gloriae carnifex.* Vgl. Dio Cass. LIX, 17, wo Caligula vor seinem Triumphe bei Puteoli dem Neptun opfert καὶ ἄλλοις τισὶ θεοῖς φθόνῳ τε, μὴ καὶ βασκανία τις αὐτῷ ὡς ἔφασκε γένηται.

151 Der große Cäsar machte diesen letzten Gang auf seinen Knien, was Claudius nachahmte, s. Dio Cass. XLIII, 21, LX, 23. So kletterte auch Carl d. Gr. die Stufen von S. Peter kniend empor, in dem er jede Stufe küßte.

152 Von dem Lobeer der Fasces s. Dio Cass. LIV, 25 und Lipsius Exc. D. Tacit. Ann. II, 26. Auf zwei alten Gemälden, welche die Kaiser Hadrian und Antoninus Pius auf Triumphwagen darstellen, Mon. dell' Inst. III t. X. XI, haben die Kaiser den zu weihenden Lorbeer in der Hand. Auch das *palmam dedit* der Triumphalfasten ist auf diesen Akt zu beziehen, vgl. Macrob. II, 7, 8.

153 Vgl. Liv. XLV, 39, Varro b. Non. Marc. p. 94 caenatus und Cato Orig. b. Gell. N. X, 24, wo mit Beziehung auf dieses Festmahl der Befehlshaber der punischen Reiterei zum Hannibal sagt: *Mitte mecum Romam equitatum; die quinti in Capitolium tibi cena cocta erit.*

154 Vgl. Liv. III, 29; IV, 20 u. a.

155 Vgl. Plut. Lucull. 37, Dio LV. 2, wo Tiber das Volk auf dem Capitol und durch die ganze Stadt speist, Livia und Julia aber im Palatium die Damen. Ähnlich ib. 8.

156 Liv. V, 50, Plin. H. N. XXXIII, 1, 5, Sueton Caes. 54, Octav. 30, Dio XLI, 39.

157 Atil. Fortunat. P. 2680 *P. apud nostros in tabulis antiquis, quas triumphaturi duces in Capitolio figebant victoriaeque suae titulum Saturniis versibus prosequebantur, talia repperi exmpla* etc. Vgl. Marini Atti p. 37, Ritschl inscriptio quae fertur columnae rostratae Duellianae, Bonn 1852. Die erhaltenen Beispiele sind: 1) das von Cincinnatus b. Liv. VI, 29 vgl. Fest. P. 363. 2) die an den Seesieg des L. Aemilius Regillus über die Flotte des Antiochus erinnernde Inschrift b. Liv. XL, 52. 3) die des Ti. Sempronius Gracchus, welche von einer bildlichen Darstellung der Insel Sardinien und seiner auf ihr gefochtenen Schlachten begleitet war, Liv. XLI, 28.

158 Plin. XXXV, 4, 7 vgl. Papencordt Cola di Rienzo S. 73.

159 Liv. XXII, 37. Vgl. Die von dem numidischen Könige Bocchus dem Sulla zu Ehren aufs Capitol geweihten Νῖκαι τροπαιοφόροι b. Plutarch Mar. 32, Sulla 6. *Victoria quadrigam in sublime rapiens*, ein Gemälde des Nicomachus auf dem Capitol, Plin. XXXV, 10, 36.

160 Propert. III, 11, 45 von den Trophäen des Marius. *Tropaea Germanici in tribunali quae sunt ad aedem Fidei Populi Romani* auf einem Militärdiplome. Vgl. Tacit. Ann. XV, 18 und Henzen in den Jbb. d. V. v. Altertumsfr. Im Rheinl. XIII S. 26 und 59.

161 Vgl. Cicero Cat. III, 8, Dio XXXVII, 9, XLI, 14, Sueton Vespas. 8.

162 Plin. H. N. XXXIV, 7, 18. Zu den Füßen des Kolosses stand ein kleines Bild des Carvilius, welches aus den Abfällen der Feile gegossen war. Kleinere Votivtempel des Jupiter, wahrschainlich Betkapellen mit einem Altare und Bilde, werden erwähnt bei Liv. XXXV, 41. Eine columna – secundum *Iovem Africum* auf Militärdiplomen.

163 Cic. Catil. III, 8, de Divin. 1, 12, Dio XXXVII, 9, vgl. Becker Handb. 1, 394.

164 Cic. Verr. IV, 57, 128ff., ad. Att. VI, 1, 17, Plin. IV, 13, 27, XXXIV, 7, 8, Dio XLI, 14, XLII, 26.

165 In der Nähe derselben alten Königsbilder fiel Ti. Gracchus, s. Plin. XXXIII, 1, 4. 6. XXXIV, 6, 11, Appian b. civ. 1, 16, Dio XLIII, 45, Ascon. Cic. Scaur. P. 30 Or.

166 Cic. Ad Att. VI, 1, 17, Dionys. II, 66, Valer. Max. III, 1, 1; 6, 2, Sueton Cal. 34.

167 Liv. XXXVIII, 56, Val. Max. VIII, 15, 1 Appian Hisp. 23.

168 Liv. XXVI, 19, Gell. VI, 1, Dio Cass. Fr. 57, 40 p. 65 Bekk.

169 Liv. XLIV, 28 *Iovem velut praesentem intuens motus animo est. Itaque haud secus quam si in Capitolio immolaturus esset, sacrificum amplius solito apparari iussit.* Vgl. Chalcid. In Plat. Tim. P. 440 ed. Meurs. Und Brunn Gesch. D. griech. Künstler 1, 543. Daher schrieb Varro de vita populi Ro. Liber I b. Non. Marc. P. 162 *Quid inter hos Ioves intersit et eos qui ex marmore ebore auro nunc fiunt* etc.

170 So übersetzt Dio LIV, 4 den Iup. Tonans. Z. Βροντῶν ist eine sehr geläufige Form des Zeuskultus der späteren Zeit, namentlich in Kleinasien. Der auf römischen Münzen zuweilen genannte *Iup. Cantaber* scheint identisch mit dem Iup. Tonans zu sein. Über die Glöckchen am Giebel s. Sueton 91, welcher hinzusetzt, daß solche Glöckchen meist an den Türen zu hängen pflegten. Anders Dionys LIV, 4, wo August dem Jupiter Tonans selbst ein Glöckchen anhängt. οἱ γὰρ τὰς συνοικίας νύκτωρ φυλάσσοντες κωδωνοφοροῦσιν, ὅπως σημαίνειν σφίσιν ὁπόταν βουληθῶσι δύνωνται.

171 Eckhel D. N. VI p. 377 und Pinder in den Abh. D. Berl. Akad. 1855 S. 625 t. VI, 7. Zwischen den Säulen thront in der Mitte Jupiter, während Juno und Minerva zur L. und zur R. stehen. Oben auf dem Gipfel sieht man die Quadriga. Über verschiedene Reliefs, welche Ansichten von dem Giebelfelde dieses Tempels geben, s. Brunn sul frontone del

tempio di Giove Capitolino, Annal. dell' Inst. 1851 p. 289 sq. Vgl. Cavedoni Bullet. Arch. 1852 p. 157, O. Jahn Archäol. Beitr. S. 81.

172 Tacit. Hist. III, 74, wo mir *aramque posuit casus suos in marmore expressam* die richtige Lesart zu sein scheint. Weiterhin deuten die Worte *seque in sinu Dei sacravit* auf dem Tempelbild. Der Iup. Conservator ist auf den M. Domitians dargestellt stans d. fulmen s. hastam, der Iup. Custos sedens d. fulmen vel Victoriolam. Beide entsprechen dem Z. Σωτὴϱ der Griechen, s. Or. N. 1225–1228, Henzen n. 5619a., besonders Or. 1228 aus Tuder, wo im Namen dieser Kolonie und ihrer Obrigkeiten *Iovi Opt. Max. Custodi Conservatori* gedankt wird, weil er einen bösen Zauber, den ein servus publicus gegen die hohe Obrigkeit gerichtet hatte, vereitelt hatte. Von dem T. des Iup. Custos auf dem Capitol glaubt man gleich hinter dem Palaste der Conservatoren Trümmer gefunden zu haben.

173 Das gewöhnliche Thema waren die laudes Capotolini Iovis und natürlich die des Domitian, s. Quintil. III, 7, 4, Sueton Domit. 4 und die Inschrift b. Or. N. 2603 und Mommsen I. N. n. 5252. Auch Herodian 1, 9 spricht von diesen Spielen. Vgl. Ritschl. Rh. Mus. N. F. 1, 309 und Studer ib. II, 210.

174 Bei Sueton Octav. 59 verfügen einige alte Herrn sogar testamentarisch, daß ihre Erben nach ihrem Tode auf dem Capitol opfern sollten quod superstitem Augustum reliquissent. Vgl. Sueton Calig. 5 von der allgemeinen Verzweiflung bei den bösen Nachrichten über die Krankheit des Germanicus: *Lapidata sunt templa, subversae deum arae, lares a quibusdam familiares in publicum abiecti, partus coniugum expositi.* Als es dann heißt, es gehe besser, läuft alles aufs Capitol, *passim cum luminibus et victimis in Capitolium concursum est ac paene reversae templi fores, ne quid gestientes vota reddere morarentur.* Vgl. Sueton Tib. 53 und von den unablässigen Opfern unter Domitian, *quum saevissimi domini atrocissima effigies tanto victimarum cruore coleretur, quantum ipse humani sanguinis profundebat*, Plin. Panegyr. 53, aus späterer Zeit Flav. Vop. Prob. 12.

175 Sueton Domit. 13, Plin. I. c. 52. Die silbernen Statuen waren den Römern zuerst durch den Triumph des Pompejus bekannt und unter Augustus schon zu einem gewöhnlichen Mittel der Adulation geworden, Plin. H. N. XXXIII, 12, 54. Dem Kaiser Claudius, dem Besieger der Goten, wurde sogar eine goldene statua equestris, 10 F. hoch, vor dem großen Tempel errichtet, Oros. Hist. VII, 23, Trebell. Poll. Claud. 3.

176 Vgl. Herodian II, 14, III, 8, Lamprid. Alex. Sev. 56, Treb. Pollio Gallien. 8, wo der Zug aufs Capitol besonders feierlich ist. Die Stände voran, das ganze Volk, die Frauen mit Lichtern und Fackeln, unendlich viele und reich geschmückte Opfer, 100 weiße Ochsen mit vergoldeten Hörnern usw.

177 Mon. Ancyr. 1, 23 *cumque pluris triumphos mihi Senatus decrevisset, iis agendis supersedi et tantum laurus deposui in Capitolio votis quae pro republica in quoque bello nuncuparam redditis*, s. Zumpt p. 45. Ebenso Domitian Sueton 6, vgl. Nero 13. Die Feldherren mußten sich mit den Insignien des Triumphes begnügen, welche sogar bald zur gewöhnlichen Dekoration wurden.

178 Plin. Panegyr. 1, 8, Dio LXVIII, 3.

179 A. Vogel der Kaiser Diocletian, Gotha 1857 S. 23 ff. Daher nannte Diocletian sich Iovius, auch sind seine Münzen voll von Beziehungen auf diesen Kult, s. Eckhel D. N. VIII p. 49. In Rom stiftete er eine Campus Iovis und ein Nympheum Iovis, s. m. Regionen S. 136. 169. Über Aurelian vgl. Flav. Vopisc. 29. 33.

180 Or. N. 1267–1269, Mommsen I. N. n. 1068. 3581. Bei Or. N. 1269 heißt es: *Iovi O. M. Summo Exsuperantissimo, Divinarum Humanarumque Rerum Rectori Fatorumque Arbitro*, vgl. Die Inschr. B. Henzen n. 5609 und die Gebetsformeln b. Vogel a. a. O. S. 90.

181 Or. N. 228 ff., Henzen 5642, vgl. J. Grimm D. M. 154 und Jbb. D. V. der A. F. im Rheinl. XI S. 17 ff. Daneben gab es aber auch einen *I. O. M. Apenninus* s. Or. N. 1220, Henzen 5613, vielleicht derselbe, welchem Aurelian in seinem Tempel des Sonnengottes *Apenninis sortibus additis* unter dem Namen *Consul* oder *Consulens* ein Bild stiftete, Flav. Vopisc. Firm. 3. Votivsteine des *Iup. O. M. Culminalis* und *I. O. M. et viis semitibusque* b. Mommsen in den Monatsber. D. Ak. D. W. zu Berlin 1857 S. 454.

182 Namentlich scheint es in Benevent ziemlich früh ein Capitolium mit dem Kulte der drei Götter gegeben zu haben, s. Sueton d. illustr. Gramm. 9, vgl. die Inschr. B. Mommsen I. N. n. 1377–1383, wo außer dem Iup. O. M. auch ein Iup. Tutator und Iup. Tonans erwähnt wird, auch Iuno Regina. Ein Capitolium in Maruvium s. b. Mommsen I. N. n. 3301, zu Histonum ib. 5242 *Capitolium Fabius Maximus instauravit.* Das zu Capua weihte Tibe-

rius ein, Sueton Tiber. 40, Calig. 57. Andere Capitole sind bekannt aus Florenz, Ravenna, hin und wieder in Spanien, in Toulouse, Narbonne, Nismes, Besançon, Rheims, Köln, Augsburg u. a. Vgl. Braun, die Capitole, Bonn 1849.

183 Liv. XLI, 20, vgl. O. Müller Quaest. Antiochen. 1 p. 55 u. C. Grani Liciniani fr. Ed. Pertz p. 46, nach welchem Epiphanes zwei eherne Kolosse von 12 Ellen Höhe errichtete, *unum Olympio alterum Capitolion Iovi.*

184 Dio LXVI, 7, LXIX, 12.

185 Tertull. d. Spectac. 12 *Capitolium omnium daemonum templum.* Serv. V. A. II, 319 *in Capitolio omnium deorum simulacra colebantur.* Vgl. Vitruv. 1, 7, Arnob. 1, 34, IV, 16, V, 9, Lactant. 1, 11, 39.

186 Cic. D. Div. 1, 10, Liv. Epit. XIV, Plin. XXIX, 4, 14.

187 Ovid F. VI, 725, Kal. Amitern. Exquil. Venus. Vgl. Liv. XXX, 29 unter den Prodigien des J. 197 v. Chr. *Quod aedes Vulcani Summanique de caelo tacta erant.*

188 Fest. P. 348 Summanalia. Vgl. Hesych. V. ἐλασίβροντα – ἐπεὶ δοκεῖ ὄχημα τοῦ Διὸς ἡ βροντὴ εἶναι. Grimm D. M. 151.

189 Fest. P. 229 provorsum fulgur, Paul. P. 75 dium fulgur, Plin. H. N. II, 52.

190 Vgl. die Inschr. B. Or. N. 1216 *V. S. L. M. Iovi Alto Summano* d. i. *Altitonanti et Summano.*

191 Gloss. Labb. P. 105 κεραυνοβόλιον ἡμερινόν, *fulgurium l. fulgur dium*, κεραυνοβόλιον ἀπὸ πρωΐ νυκτερινόν, *fulgur submanum.* Wenn dieselben Glossen p. 179 den Summanus durch Προμηθεύς erklärten, so dachten sie ihn als nächtlichen Lichtgott.

192 Arnob. V, 37, Martian Cap. II, 161, vgl. Augustin C. D. IV, 23.

193 Plin. H. N. XXII, 2, 5 *utroque nomine (sagmina* und *verbenae) idem significatur h. e. gramen ex Arce cum sua terra revulsum, ac semper e legatis cum ad hostes clarigatumque mitterentur i. e. res raptas clare repetitum unus utique verbenarius vocabatur.* Fest. P. 321. *Sagmina vocantur verbenae i. e. herbae purae es loco sancto Arcis dantur (v. Arcebantur) a consule praetoreve legatis proficiscentibus ad foedus faciendum bellumque indicendum, vel a sanciendo i. e. confirmando.* Mehr Stellen bei Marquardt IV, 385. 390.

194 Paul. P. 92 *Feretrius Iupiter –, ex cuius templo sumebant sceptrum per quod iurarent, et lapidem silicem, quo foedus ferirent.* Da ancus Marcius den T. des Jup. Feretrius erweitert und das ius fetiale in Rom eingeführt haben soll (Liv. 1, 32), so mögen jene Heiligtümer durch ihn dort niedergelegt worden sein.

195 J. Grimm D. M. 163. 1171. Ist in späterer Zeit von mehreren Kieseln der Art die Rede, die für verschiedene gleichzeitige Sendungen der Fetialen bereit liegen (Liv. XXX, 43), so kann das eben nur eine Aushilfe der späteren Praxis gewesen sein.

196 Virg. Aen. XII, 200 *audiat haec genitor, qui foedera fulmine sanxit.* Vgl. Die Erzählung bei pausan. V, 24, 2 von dem Z. ὅρκιος im Ratshause zu Olympia, bei dem die Kämpfer über den Stücken eines geopferten Schweins schwuren, daß sie die Gesetze des Olympischen Kampfspiel^e in keiner Weise verletzen wollten: ὁ δὲ ἐν τῷ βουλευτηρίῳ πάντων ὁπόσα ἀγάλματα Διὸς μάλιστα ἐς ἔκπληξιν ἀδίκων ἀνδρῶν πεποίηται· ἐπίκλησις μὲν Ὅρκιός ἐστιν αὐτῷ, ἔχει δὲ ἐν ἑκατέρᾳ κεραυνὸν χειρί.

197 Paul. P. 115 *Lapidem silicem*, wo ja nicht mit Müller bei *Dispiter* oder *Diespiter* an den Iup. Infernus zu denken ist. Ausführlicher gibt Polyb. III, 26 die Formel, aber auch er nicht vollständig. Vgl. Danz der sakrale Schutz im röm. Rechtsverkehr, Jena 1857 S. 13 ff.

198 Gell. N. A. 1, 21 *Iovem lapidem, quod sanctissimum iusiurandum est habitum, paratus ego iurare sum.* Vgl. Cic. Ad Famil. VII, 12, Apulei. De Deo Sacr. P. 131 Oudend. Auch die Art wie Horat. Od. III, 2, 29 den Namen Diespiter gebraucht: *Saepe Diespiter neglectus incesto addidit integrum* ist wohl aus dieser alten Rechtspraxis der Fetialen zu erklären.

199 Vgl. Liv. IX, 5 Einige wollten sogar den Beinamen des Iup. Feretrius, bei dem jenes Symbol der Strafgewalt aufbewahrt wurde, a feriendis hostibus erklären, Prop. IV, 10, 46.

200 Vgl. Dionys H. II, 72, nach welchem der Fetial für den Fall der Untreue sowohl sich als seinen Staat mit den stärksten Flüchen verfluchte.

201 Bei anderen Völkern wurde vor dem Kriege eine Fackel in das feindliche Land geworfen, von einem eigenen πυρφόρος, welcher gleichfalls eine geheiligte Person war, s. Schol. Eur. Phoeniss. 1377 und Welcker über die Dariusvase in d. Arch. Ztg. 1857 S. 52. Über den ganzen Ritus der clarigato und Kriegankündigung, wodurch der Krieg erst zum *bellum pium* oder *iustum* wurde, s. Cic. De Off. 1, 11, 36 und Varro b. Non. Marc. P. 529 Fetiales.

202 Serv. A. IX, 53, Ovid F. VI, 205 u. A. b. Becker Handb. 1, 607.

203 Dionys II, 75, Plut. Numa 16. Vgl. Cic. De Off. 1, 7 *fundamentum iustitiae fides i. e. dictorum conventorumque constantia et veritas.* Partit. 22 extr. *Iustitia in rebus creditis fides*

nominatur. Terent Andr. 1, 5, 55 *te oro per tuam fidem.* Ad. III, 4, 79 *homo antiqua virtute et fide.* Cic. De Fin. II, 20 *regulus sua voluntate, nulla vi coactus propter fidem quam dederat hosti ex patria Karthaginem revertit.*

204 Vgl. Den Spruch des Freidank: *Niman doch gevelschin mac Gotis Wort unde lichten tac*, der im alten Rathause zu Erfurt in einer Reihe von Bildern und Sprüchen aus dem Freidank von einem edlen Frauenbilde, einer Art von Fides gesprochen wurde. P. Cassel das alte Erf. Rathaus u. s. Bilder, Erf. 1857 S. 43.

205 Varro l. l. V., 86 *Fetiales quod fidei publica inter populos praeerant, nam per hos fiebat ut iustum conciperetur bellum et inde desitum ut foedere fides pacis constitueretur. – Per hos etiam nunc fit foedus, quod fidus Ennius scribit dictum.*

206 Becker Handb. 1, 403, wo aus dem oben S. 208, 3 zitierten Militärdiplome die tropaea Germanici – *quae sunt ad aedem Fidei Populi Romani* hinzuzusetzen sind. Vgl. Valer. Max. III, 2, 17 *in aedem Fidei Pubblicae convocati Patres.* VI, 6, 1 *de Fide publica.*

207 Cic. De Off. III, 29 *qui iusiurandum violat, is Fidem violat, quam in Capitolio vicinam Iovis O. M., ut in Catonis oratione est, maiores nostri esse voluerunt.*

208 Roma von der Πίστις bekränzt auf einer Münze von Locri in Italien. Val. Max. VI, 5, 5 *illam curiam mortalium quis concilium an non Fidei templum dixerit?* Der alte T. der Fides in Palatio, von welchem der Grieche Agathokles bei Fest. P. 269 spricht, scheint ein bloßes Kompliment an Rom zu sein.

209 *Ad id sacrarium flamines bigis curru arcuato vehi iussit manuque ad digitos usque involuta rem divinam facere, significantes fidem tutandam sedemque eius etiam in dextris sacratam esse.* Vgl. Serv. V. A. 1, 292. Das Wort tutari gilt dem Schirmdache des Wagens, s. Liv. III; 22 *Valsci tutabantur se vallo.* Cic. N. D. II, 57 *genae ab inferiore parte tutantes (oculus) subiectae.* Tacit. A. I, 30 *Hiems imbribus adeo saevis ut non egredi tentoria, vix tutari signa possent.*

210 Plin. H. N. XI, 45, 103 *inest et aliis partibus quaedam religio, sicut dextera oasculis aversa appetitur, in fide porrigitur.* Vgl. Die Redensarten dextram fidemque dare u. dgl. Bei Danz der sakrale Schutz im Rechtsverkehr S. 133. 139.

211 Über die heiligen Binden und ihre Anwendung zur Weihe s. Bötticher Baumkultus S. 43. 418. Nach Phot. P. 180, 7 und Lex. Rhet. P. 273, 25 banden sich die Mysten, wahrscheinlich bei den Eleusinien, einen Faden um die rechte Hand und den rechten Fuß, vermutlich über dem Knöchel. Auch dieses scheint der symbolische Ausdruck einer Heiligung oder eines Gelübdes zu sein.

212 Horat. Od. I, 35, 21 *albo Fides velata panno.* Val. Max. VI, 6,1 *cuius imagine ante oculus posita venerabile Fidei numen dexteram suam, certissimum salutis humanae pignus ostentat.* Vgl. Hesiod. T. W. 197 λευκοῖσιν φαρέεσσι καλυψαμένω χρόα καλὸν – Αἰδὼς καὶ Νέμεσις.

213 Sil. Ital. Pun. II, 484 ff. Vgl. Virgil Aen. 1, 292 und Ennius b. Cic. De Off. III, 29, 104 *o Fides alma apta pinnis et iusiurandum Iovis*, im Thyest, wo nur die Rede von verletzter Treue sein kann, vgl. Die folgenden Verse bei Ribbeck v. 411 *nulla sancta societas nec fides regni est.* Sonst heißen Cupido, die Musen, Fama bei den römischen Dichtern pinnatae, was immer dem griechischen πτερωταί entspricht.

214 Cic. Rep. II, 14, 26 *primum agros, quos bello Romulus ceperat, divisit viritim civibus.* Vgl. Dionys II, 76. Der magische Pagi war zugleich der Grenzaufseher in jedem pagus, dessen Mitglieder pagani hießen, wie die Glieder jedes vicus vicani. Das Wort pagus hängt zusammen mit pago und pax und bedeutet eigentlich Dorffrieden, den ländlichen Gemeindeverband sämtlicher zu demselben pagus gehörenden Bauernschaften.

215 Paul. P. 368 Termino und Dionys II, 74. Natürlich galten diese Gesetze ebensosehr für die Gebietsnachbarn und die Grenzsteine des Gebiets als für die Besitzungen auf römischen Grund und Boden. Über verwandte Gesetze und Gebräuche s. Rudorff zu den Gromat. Vet. II p. 236 sqq. Und J. Grimm Deutsche Grenzaltertümer, Abh. Der Berl. Akad. V. J. 1843.

216 Paul. P. 368 Terminus, Serv. V. A. IX. 448 *unde in Capitolio prona pars tecti patet, quae lapidem ipsum Termini spectat, nam Termino nonnisi sub divo sacrificabatur.*

217 Auf Münzen des M. Terentius Varro, des berühmten Gelehrten, der sie als Proquästor im Gefolge des Pompejus schlug. Über die Herme aus der Gegend von Ravenna mit der Inschr. IOV. TER. M. VAL. ANT. AN. TI: CO: V. L. S. s. Gerhard Annali dell'Inst. 1847 p. 327 Pl. S. T. und Henzen z. Or. N. 5648, der nur eine Dedikation dieser Herme an den Iup. Terminalis, nicht eine Darstellung desselben gelten lassen will. Jedenfalls ist es eine

griechische Form der Darstellung, vgl. Griech. Myth. 1, 252, und nichts daraus für das italische Altertum zu schließen. Scheint man doch später jenen alten symbolischen Grenzstein im T. des Capitolinischen Jupiter für den Stein ausgegeben zu haben, den Saturnus anstatt des Jupiter verschluckt haben soll, s. Lactant. 1, 20.

218 Gromat. Vet. P. 350. Die Überschrift ist: Ex libris Vegoiae Arrunti Veltymno. Also ein aus den Büchern des Vegoia entlehntes Orakel, welches an den Arruns Veltymnus gerichtet war. Nach den ersten Worten Scias – remotum ist etwas ausgefallen, da notwendig von der Entstehung der Erde und ihrer Verteilung unter den verschiedenen Völkern die Rede sein mußte. Auch weiterhin nach den Worten quos quandoque quis scheint etwas ausgefallen zu sein, Der ganzen Sprache merkt man die Übersetzung an.

219 Vgl. Die Inschr. Eines terminus bei Or. N. 4332 *quisquis hoc sustulerit aut laeserit, ultimus suorum moriatur.*

220 Vgl. Cic. De Harusp. Resp. 19 und 25. Nach Deutschem Glauben sind die unseligen Geister und Irrwische solche, die bei ihren Lebzeiten am Ackerfeld frevelten oder die Heiligkeit der Grenze nicht achteten, s. Mösers Patriot. Phantas 3, 309, Grimm D. M. 870.

221 Varro l. l. VI, 13 *Terminalia quod is dies anni estremus constitutus; duodecimus emim mensis fuit Februarius et quom intercalatur inferiores quinque dies duodecimo demuntur mense.* Vgl. Ovid F. II, 49, Macrob. S. 1, 13, 15, Censorin 20, 6, Liv. XLIII, 11, XLV, 44.

222 Siculi Flacci de condicionibus agrorum, Gromat. Vet. P. 141.

223 Ovid F. II, 653, Horat Epod. 2, 59 *vel agna festis caesa terminalibus.*

224 Vgl. Gromat. Vet. P. 366 und Varro ib. P. 393, wo nicht allein die Begrenzumg der Äcker und der Friede, sondern auch alle Meßkunst in Zeit und Raum vom Terminus abgeleitet wird. Vgl. Plut. Numa 16, Qu. Ro. 15, Numa habe den terminus geheiligt ὡς ἐπίσκοπον καὶ φύλακα φιλίας καὶ εἰρήνης, weshalb auch früher keine blutigen Opfer erlaubt gewesen wären. Dasselbe versichert Dionys. II, 74.

225 Auf dem Spiegel ist Atropos (Athrpa), d. h. des unabwendbare Schicksal eben im Begriff den Nagel über dem Haupte des Meleager einzuschlagen s. bei Gerhard 1, 176.

226 Cic. Verr. V, 21, 53 *ut hoc beneficium, quemadmodum dicitur, clavo trabali figeret.* Petron. 71 *nosti, quod semel destinavi, clavo trabali fixum est.* Plaut. Asinar. 1, 3, 4 *fixus hic apud nos est animus tuus clavo Cupidinis.* Vgl. Aeschyl. Suppl. 907 τῶνδ' ἐφήλωται τορῶς γόμφος διαμπὰξ ὡς μένειν ἀραρότως.

227 Augustin C. D. VII, 1, wo mundus der Himmel ist, das dium, s. oben. Vgl. den Ausdruck columen reipublicae, familiae, rerum und Horaz in dem Gedichte auf die Fortuna Antias Od. 1, 35, 13 *iniurioso ne pede proruas stantem columnam*, d. h. die bestehende Ordnung der Dinge.

228 Plin. H. N. XXVIII, 6, 17 *clavum ferreum defigere in quo loco primum caput fixerit corruens morbo comitiali absolutorium eius mali dicitur.* Vgl. Die Zaubernägel bei O. Jahn über den Aberglauben des bösen Blicks bei den Alten, in den Berichten über d. V. d. K. Sächs. G. d. W. Leipzig 1855 S.107 und die Geschichte aus Falerii bei Plutarch Parall. 35, wo eine Pestilenz durch das Opfer einer Jungfrau beschwichtigt werden soll. Da kommt ein Adler vom Himmel, der das Opfer unterbricht und *einen Hammer* auf den brennenden Altar legt, mit welchem dann die Jungfrau die Kranken schlägt und dadurch heilt.

229 Dionys III, 69, Plin. H. N. XXIX, 4, 14; XXXV, 10, 108; Dio LIV, 19.

230 Serv. V. Ecl. IV, 50 *Iovem merito puerorum dicunt incrementa curare, quia cum pueri togam virilem sumpserint, ad Capitolium eunt.* Augustin C. D. IV, 11 *ipse (Iupiter sit) Dea Iuventas, quae post praetextam excipiat iuvenilis exordia etc.* Vgl. Valer. Max. V, 4, 4, Sueton Claud. 4, Petron. 88.

231 Im Kal. Cumanum (S. 145, 4) heißt es zum 18. Octbr.: *Eo di Caesar togam virilem sumpsit. Supplicatio Spei et iuve(ntati).* Vgl. Das Kal. Antiat. Zu dems. Tage. Es geschah in seinem 14. Lebensjahr. Auch die erste Schur des Bartes gab zu ähnlichen Festlichkeiten Anlaß, in dem man die Erstlinge der Fortuna Barbata oder dem Apoll darbrachte, oder sie auch, wie Nero, auf dem Capitole niederlegte, s. Dio XLVIII, 34, Iuval. III, 186, Martial. 1, 31, Petron 29 und über Nero, der bei dieser Gelegenheit s. g. *Iuvenalia*, d. h. Spiele der vornehmen Jugend veranstaltete, Sueton Nero 12, Dio LXI, 19, Lips. Z. Tacit. Ann. XIV, 15. Eine ähnliche Beziehung hat vermutlich die *Iuventas* und *Iup. Iuvenis* auf Münzen des M. Aurel und des Commodus.

232 Cic. Ad Att. 1, 18, 4, Paul. P. 104, Liv. XXXVI. 36.

233 Mon. Ancyr. Auch in den Provinzen wurde die Iuventas oder Iuventus auf ähnliche Weise verehrt, s. den flamen Iuventutis bei Or. N. 2213.

234 Liv. XXI, 62, Cic. N. D. 1, 40. 112. Ovid F. VI, 65.

235 Für in antquis *spectationibus* ist zu lesen *precationibus*. Vgl. Meine Abhdlg. In den Leipz. Berichten der K. Sächs. G. d. W. 1855 S. 203ff.

236 Varro l. l. V, 74, wo zu lesen ist *Vediiovi* Saturnoque. Die durch Müller beliebt gewordene Form *Vedius* findet sich nur bei martian. Cap. II, 142. 166. Bei Ammian Marc. XVII, 10, aus welcher Stelle man einen blitzschleudernden *Veiovis* der Etrusker gefolgert hat: *ut in Tageticis libris legitur Veiovis fulmine mox tangendos*, haben die Mss. Vegonicis, so daß eher *Vegoiicis* zu schreiben sein möchte, vgl. Plin. H. N. II, 54.

237 S. Klausen Äneas u. d. Penaten S. 1083 T. IV, 3 Ritschl Mon. Epigr. P. 29, Canina Via Appia p. 209 t. XLVIII, 2. Die Einwohner von Boavillae nennen sich auf Inschriften gewöhnlich Albani Longani Bovillenses.

238 Becker Handb. 1, 387. 400.

239 Serv. V. A. II, 761, O. Jahn in den Leipz. Ber, 1847 S. 421ff.

240 Dieselbe Ziege erscheint wieder auf den Münzen des Antonius Pius und des Gallien, auf jenen mit dem Attribute eines Adlers, auf diesen mit der Inschrift *Iovi Crescenti*, Eckhel D. N. VII p. 33. 398, so daß also die Erklärung des Veiovis durch den kleinen Jupiter haften blieb. Auch einige haben Familienmünzen deutlich einen Doppelblitz und keine Pfeile, obwohl Ovid nur von letzteren wissen will.

241 Paul. p. 105 *Humanum sacrificium dicebant quod mortui causa fiebat.* Diese mortuus ist entweder von einem Getöteten im Sinne der Blutsühne zu verstehen oder in dem eines homo sacer, d. h. eines für todeswürdig erklärten und deshalb ausgestoßenen Verbrechers, der eigentlich getötet werden sollte, aber nach einem stellvertretenden Sühneopfer wieder zu Gnaden angenommen wird, vgl. Virgil Aen. V, 482, wo Entellus, nachdem er den Stier anstatt des Dares erschlagen, hinzufügt: *Hanc tibi, Eryx, meliorem animam pro morte Daretis persolvo.* Eben deshalb unterschied man *hostiae animales*, d. h. solche wo die anima, das der Gottheit dargebrachte Leben die Hauptsache war und consultatoriae, wo es auf die Untersuchung der Eingeweide abgesehen war, s. Macrob. III, 5, 1, Serv. V. A. IV, 56.

242 Die Fasti Praenest, nennen Veiovis, Ovid F. 1, 289ff., Liv. XXXI, 21 und XXXIV, 53 jupiter oder Diiovis, welcher Name bei Livius XXXI, 21 mit H. Valesius zu restituieren ist.

243 Eine auf der Stelle, wo der T. des Äskulap gestanden, gefundene Inschrift: *(Ex sententia) C. Volcaci C. F. Har(uspicis) de stipe Iovi Iurario (factum m)onimentom.* Vgl. Canina Bullet. D. inst. Arch. 1854 p. XXXVII, Henzen Suppl. Or. N. 5633a. Vielleicht ist dieser Iup. Iurarius aber auch nur eine Übersetzung des Z. ὅρκιος.

244 Macrob. S. III, 9, 10, Martian. Cap. 1, 58; II, 142. 166.

245 G. Curtius in der Zeitschr. F. vergl. Sprachf. 1, 29 ff. Vgl. Cato bei Varro r. r. II, 3, 3 *in Sausacti Fiscello caprae ferae sunt* etc., wo von einem anderen Berge die Rede ist. Die Endung acte ist zu vergleichen mit Teate, Reate.

246 Plin. H. N. II, 93, 95. Varro wußte auch von einer heißen Quelle am Soracte, die um Sonnenaufgang besonders stark fließe und deren Wasser den Vögeln tödlich sei, ib. XXXI. 2. 19. Über die Örtlichkeiten s. Dennis, die Städte und Begräbnisplätze Etruriens, Lpz. 1852 S. 119 ff.

247 Hirpi oder irpi ist das sabinische Wort für lupus und nur dialektisch davon verschieden. Der Wolf heißt nämlich sanskr. Vrka, slav. Ulk, volk, vlüku, griech. λύκος, lat. lupus, sab. Irpus (p für k), goth. Wulfs (f für das lat. P), immer daselbe Wort. Auch die samnitischen Hirpiner hatten ihren Namen daher. Über die Hirpi Sorani s. Varro b. Serv. A. XI, 787, Plin, H. N. VII, 2, Strabo V p. 226, Solin. 8. Augur Soranus, Cic. De Divin. 1, 47, 105.

248 J. Grimm D. M. S. 579ff.

249 Macrob. S. 1, 12, 17, vgl. Henzen Suppl. Or. N. 5637.

250 S, Mommsen Unterit. Dial. T. XVI S. 359ff., Aufrecht und Kirchhoff Umbr. Sprachdenkm. II, 400, Th. Bergk Zeitschr. F. A. W. 1856 n. 18. Die Inschrift ist *Cais Paiz Veriens* (der Name) *Iuve zalsesure.*

251 S. oben S. 76 und Seneca Ep. 110 *singulis aut Genium aut Iunonem dederunt.* Tibull. III, 6, 47 *etsi perque suos fallax iuravit ocellos Iunonemque suam perque suam Venerem.* IV, 6, 1 *Natalis Iuno sanctos cape turis acervos.* Vgl. Petron. 25 und die Inschriften b. Fabretti Inser. Antiq. P. 73 sq. Or. N. 1319–1328. Charisius p. 117 ed. Lindem. kennt den Schwur Ejuno, wie Ecastor, Edepol.

252 Iuno Lucina unter den Göttern des T. Tatius, Varro l. l. V, 74, in Campanien s. die Inschr.

Aus Cales bei Mommsen I. N. 3953. Eine sehr altertümliche bei demselben n. 6762 IVNONEI LOVCINA. Nach Apulei. Met. VI, 4 p. 389 nannte der ganze Orient die Juno Ζυγία, der ganze Okzident Lucina. Nach Martian. Cap. II, 149 gab es auch eine Iuno Lucetia. Die Griechen übersetzen Ἥρα φωσφόρος.

253 Plaut. Aulul. IV, 7, 11, Terent. III, 4, 41, Propert. IV, 1, 95, vgl. Ovid F. II, 447ff., Plut. Qu. Ro. 77, Tertull. D. An. 39, Arnob. III, 21. 23 u. a.

254 Vgl. Paul. P. 304 Supercelia.

255 Serv. V. A. IV, 518, Ovid F. III, 257ff. Man schenkte deshalb den Frauen Schlüssel, ob significandam partus facilitatem, Paul. p. 56 clavim. Nach Fulgent. p. 389 pflegte die von Zwillingen Entbundene der Juno s. g. oves ambinas zu opfern, d. h. ein Mutterlamm mit *zwei* kleinen zu beiden Seiten angebundenen Lämmern.

256 Dieser Hain galt für älter als die Stadt, man leitete sogar den Namen Lucina davon, s. Plin. XVI, 44, 85. Vgl. Ib. 31, 57 von einem Haine der Juno in Nuceria.

257 Namentlich die auf Veranlassung einer glücklichen Entbindung der Lucilla geschlagenen Münzen mit der Inschrift *Iunoni Lucinae* b. Eckhel D: N. VII p. 99. Auch wiederholt sich derselbe Typus auf M. der Mammäa und Salonina. Die von H. Brunn Ann, d. Inst. 1848 p. 430 sq. besprochene Darstellung der tav. N., wo die Göttin eine Fackel in der R. hält und mit der linken Brust ein Kind stillt, während hinter ihr ein Baum mit einer Jagdtasche zusehen ist, scheint die Iuno Lucina im Sinne der späteren Zeit zu sein, wo sie oft mit der Diana identifiziert wurde, vgl. Catull. 34, 13 und die auf eine Entbindung der Kaiserin Salonina geschlagene M. mit der Inschr. Iunoni Cons(ervatrici) Aug. Und dem Bilde eines Hirsches. Verschiedene Inschriften, welche in der Gegend des alten Heiligtums gefunden sind und sich auf Gelübde und Geschenke glücklich entbundener Frauen, Gebete für das Wohl der kaiserl. Familie u. a. beziehen, b. Or. N. 874. 1297. 1298, Stephani Bullet. Archeol. 1845 p. 65 sq.

258 Mater, materfamilias und matrona ist so ziemlich dasselbe, s. Paul. P. 125, Serv. V. A. IX, 216; XI. 474. 581, Gellius N. A. XVIII, 6.

259 Ovid F. III, 170ff., Tibull. III, 1, Plut. Romul. 21, Paul. P. 147 Martias Kalendas und die Stellen bei Marquardt Handb. IV, 446.

260 Paul. p. 92 *Fluoniam Iunonem muliere colebant, quod eam sanguinis fluorem in conceptu retinere putabant.* Vgl. Tertull. ad Nat. II, 1 und Plin. VII, 15, 13 *haec est generando homini materia.* Augustin C. D. VII, 2 kennt eine eigene *Dea Mena, quae menstruis fluoribus praeest, Iovis filia.*

261 Arnob. III, 30 *Si aer illa est, – nulla soror et coniunx omnipotentis reperietur Iovis, nulla Fluvionia, nulla Pomana, nulla Osspagina, nulla Februtis, Populonia, Cinxia, Caprotina.* Ib. IV, 7 *Nam quae durat et solidat infantibus parvis ossa, Ossilago ipsa memoratur.* An jener Stelle ist zu lesen: *nulla Lucina, nulla Opigena nulla februlis,* vgl. Martian Cap. II, 149, an dieser *Ossipago.*

262 Liv. VIII, 14 Fest. P. 343 *Sispitem Iunonem, quam vulgo Sospitem appellabant, antiqui usurpabant. Iunone Seispitei* Henzen n. 5659a. Auf M. des Antoninus Pius und b. Or. N. 1309 heißt sie *Sispita*, bei Or. 1292. 1293 *Lanumvina.*

263 Liv. VIII, 30, XXXIV, 53 wo für l. *Matutae* mit Sigonius zu schreiben ist *Sospitae*. Vgl. Ovid F. II, 55.

264 Liv. XXII, 1, Iul. Obseq. 5. 46 u. A. Besonders machte das Gesicht der Cäcilia im J. 90 v. Chr. Sensation, nach welchem der Senat sich des vernachlässigten Kults eifrig annahm, s. Cic. D. Divin. 1, 2. 44, Iul. Obseq. 55. Inschriften erwähnen eine Priesterin der Juno und einen Sacerdos et Pontifex Lanuvinorum immunis, s. Mommsen I. N. n. 5786–89. Im Tempel befanden sich u. a. zwei Bilder der Helena und der Atalante, d. h. der hingebenden und der spröden Weiblichkeit, Plin. XXXV, 6, 17. Über die Lage des Tempels s. Abeken Mittelitalien S. 215.

265 S. Iul. Capitolin 8. Daher die Münzen dieses Kaisers und des Commodus, welcher gleichfalls dort geboren war, mit dem Namen und dem Bilde der Göttin, s. Eckhel D. N. V p. 293.

266 Or. N. 1308. 1309, Henzen n. 5659 a, Mommsen I. N. 6763 vgl. Or. 4014. Abgekürzt I. S. M. R., auch auf den Denaren des Thorius Balbus mit dem Stier.

276 Cic. N. D. 1,29, 83 *illam vestram Sospitam, quam tu nunquam ne in somniis quidem vides nisi cum pelle caprina cum hasta, cum scutulo, cum calceolis repandis.* Vgl. Die Grabinschrift einer Priesterin dieser Juno b. Or. N. 1308, *quae in aede Iunonis Sospitae Matris reginae scutulum et clypeum et hastam et calceos rite novavit voto* und die Familienmünzen der

Cornificii, Mettii, Papii, Procilii, Roscii, Thorii, und die nach der M. der Roscii restaurierte Statue im M. Pio Q. b. Visconti II t. 21. Wichtiger Kopf b. Panofka Terracotten des K. Mus. Z. Berlin T. X.

268 Virg. Aen. 1, 42 u. dazu Serv., welcher Stellen aus Attius und Varro zitiert, vgl. Liv. XXXII, 1 *Iovi donum fulmen aureum pondo L factum, Iunoni Minervaeque ex argento.*

269 Paul. p. 85 *februarius mensis quod tum – populus februaretur i. e. lustraretur, vel a Iunone februata, quam alii februalem, Romani februlim vocant, quod ipsi eo mense sacra fiebant eiusque feriae erant Lupercalia, quo die mulieres februabantur a Lupercis amiculo Iunonis i. e. pelle caprina, quam ob causam is qoque dies februatus appellabatur.*

270 Tertull. Apolog. 24 *Faliscorum in honorem Patris Curis et accepit cognomen Iuno.* Vgl. Die Inschriften b. Or. N. 13404 und Henzen n. 5659 und die aus Tibur b. Or. N. 1303. Die aus Benevent b. Mommsen I. N. n. 1381 hält Henzen Suppl. Or. III p. 135 für unecht.

271 Dionys. II, 50 von T. Tatius: ἐν ἁπάσαις ταῖς κουρίαις Ἥρᾳ τραπέζαι ἔθετο Κυριτᾳ (1, Κυριτίδι) λεγομένῃ, αἳ καὶ εἰς τόδε χρόνου, Paul. p. 64 *Curiales mensae, in quibus immolobatur Iunoni, quae Curis appellata est.* Da die Curie ein weiblicher Begriff ist, konnte ihre Schutzgöttin nur eine Juno sein.

272 Paul. p. 62 coelibari hasta, vgl. Plut. Qu. Ro. 87, Ovid F. II, 559, Arnob. II, 67. Man nahm dazu gerne eine Lanze, die in dem Körper eines dadurch getöteten Gladiators gesteckt hatte. Vgl. den verwandten Aberglauben b. Plin. H. N. XXVIII, 4, 6.

273 Serv. V. A. 1, 17 *in sacris Tiburtbus – sic precantur: Iuno curalis tuo curru clypeoque tuere meos curiae vernulas same (*l. *Sanos)*, wo vernulae in demselben Sinne zu verstehen sind wie in dem Gebote Numas für das vereinigte Volk der Römer und Quiriten b. Fest. p. 372 vernae.

274 Arnob. II, 30, Macrob. III, 11, 5, Seneca b. Aug. C. D. VI, 10, der diese Göttin unter den viduae, d. h. ohne einen Gemahl verehrten nennt, Martian Cap. II, 149 und die Inschriften aus Aesernia und Teanum Sidicinum b. Or. N. 1306, Mommsen I. N. n. 3983–3987, vgl. Dessen Unterit. Dial. S. 143.

275 Plaut. Cas. II, 3, 14 *Heia, mea Iuno, non decet te esse tam tristem tuo Iovi. Vgl. Varro b. Serv. V. Ecl. VIII, 30.*

276 Strabo V p. 241, Sil. Ital. VIII, 432, Grut. p. 1016, 2, vgl. Varro l. l. V, 159, Mommsen Unterit. Dial. S. 350.

277 Serv. V. A. VIII, 285 *quidam dicunt Salios a Morrio rege Veienlanorum institutos, ut Alesus Neptuni filius eorum carmine laudaretur, qui eiusdem regis familiae auctor ultimus fuit.* Veji und Falerii erscheinen in der römischen Geschichte meist eng verbündet; möglich auch daß Veji einmal seinen König von Falerii bekommen hatte. Daß Halesus ein Sohn des Neptun heißt, hängt wahrscheinlich mit ritterlichen Übungen zusammen, s. Virg. Aen. VII, 723 *Hinc Agamemnonius, Troiani nominis hostis, curru iungit equos.*

278 Paul. p. 91 *Faleri oppidum a fale dictum*. Ib. p. 88 *falarica genus teli missile, quo utuntur ex falis i. e. ex locis exstructis dimicantes*, und *falae dictae ab altitudine, a falando, quod apud Etruscos significat coelum*. Ein kleiner sabinischer Ort in der Nähe von Reate, der Geburtsort Vespasians, hieß Falacrine oder Falacrinum, Sueton Vespas. 2, Anton. Itinerar. Auch Alsium, der Hafen von Caere, hatte nach Sil. Ital. VIII, 476 seinen Namen von Halaesus bekommen.

279 Appian d. bell. civ. II, 20, weil auch Diomedes Argiver und als solcher ein Diener der Juno war. *Falisca Argis orta, ut auctor est Cato*, Plin. H. N. III, 5, 8. Auch die Picentiner in der Gegend von Salernum verehrten eine Juno, die sie für die argivische und zwar für eine Gründung des Iason hielten, Plin. ib. 9.

280 Ovid F. VI, 57 ff., Macrob. 1, 12, 30, vgl. Paul. p. 103 *Iunium mensem dictum putant a Iunone. Iidem ipsum dicebant Iunonium et Iunonalem*. Varro b. Censorin 22.

281 Becker Handb. 1, 392. Es ist die Höhe der Kirche und des Klosters von S. Maria in Araceli.

282 S. oben. Auch auf dem Albaner Berge gab es einen T. der Moneta, Liv. XLV, 15. In Benevent, wo man wie in Rom ein Capitol hatte, eine Regio Exquilina, eine Regio Viae Novae etc., auch den Iup. O. M. und die Iuno Regina verehrte, gab es eine *Iuno Veridica* s. Mommsen I. N. n. 1384, welche vermutlich der Moneta entsprach. Den Kopf der römischen I. Moneta sieht man auf den Münzen der gens Carisia. Von ihrem Kulte am 1. Juni s. Ovid F. VI, 183, Macrob. l. c., Io Lyd. IV, 57, Kal. Venus. Spätere Erklärungen des Namens b. Suidas v. Μονήτα und Schol. Lucan. 1, 379. Der alte Dichter Livius hatte in seiner Odyssee die griechische Μνημοσύνη durch Moneta übersetzt, die dadurch zur Mutter der Camenen wurde.

283 Paul. p. 64 *Corniscarum Divarum locus erat trans Tiberim cornicibus dicatus, quod in Iunonis tutela esse putabantur*. Vgl. die trans Tiberim gefundene Inschr. b. Or. n. 1850 DEIVAS CORNISCAS SACRVM, wahrscheinlich für den Dativ Deivaï Corniscaïs, s. Ritschl de fictil. litter. p. 26. Auch zu Lanuvium waren die Krähen der Juno heilig, s. die M. der g. Cornificia bei O. Müller Denkm. A. K. I, 45, 341.

284 Lucret. V, 1082, Virg. Ge. 1, 388, Horat. Od. III, 17, 12, Ovid Am. II, 6, 34.

285 Serv. V. A. 1, 422, Appian bell. civ. V, 49 von Perusia, diese Stadt sei eine der 12 Hauptstädte Etruriens gewesen, διὸ καὶ Ἥραν ἔσεβον οἷα Τυρρηνοί. Vgl. Dio XLVIII, 14 und die Juno Regina in Veji.

286 Die Iuno v. Ardea s. Virg. Aen. VII, 419 und die Inschrift des Künstlers, der den Tempel der Göttin, *Reginae Iunonis supremi coniugis* templum, mit Gemälden verziert hatte, b. Plin. H. N. XXXV, 10, 37. Die Inschrift aus Pisaurum b. Ritschl. de fictil. litter. p. 27. Rh. Mas. f. Philol. IX p. 19 IVNONE REg MATRONA PISAVRESE DONO DEDROT, d. h. *Iunoni Reginae matronae Pisaurenses dona dederunt*, eine aus Tereventum b. Mommsen I. N. n. 5164. Auch die Iuno Moneta führte den Titel Regina Or. n. 1299.

287 Vgl. die Acta fr. Arv. t. XXXII z. A. und Marini p. 160, Ovid F. VI, 34 und 37.

288 Lucret. IV, 680 *humanum longe praesentit odorem Romulidarum arcis servator, candidus anser*. Vgl. Liv. V, 47 Plin. H. N. X, 22, XXIX, 4, Plut. de fort. Ro. 2. Silberne Gans in Capitolio, zum Andenken, Serv. V. A. VIII, 655.

289 Petron Sat. 137 *occidisti Priapi delicias, anserem omnibus matronis acceptissimum*. Daher Jupiter bei der Leda nicht selten die Gestalt einer Gans annimmt.

290 Liv. XXVII, 37. Die zwei Kühe und zwei Bilder sollten vermutlich für die Matronen intra et extra urbem gelten. Dieselbe Feierlichkeit wurde nach römischer Weise später bei ähnlichen Veranlassungen unverändert wiederholt, s. Iul. Obseq. 46. 48.

291 Varro l. l. VI, 18, Kall. Maff. Amitern., Macrob. 1, 11, 36, III, 2, 14, Plut. Rom. 29, Camill. 33, Auson. Ecl. de fer. Rom. 9. Auch Augustin C. D. II, 6 scheint sich auf dieses Fest zu beziehen: *ubi Fugalia celebrarentur effusa omni licentia turpitudinum et vere Fugalia, sed pudoris et honestatis*.

292 Lobeck Aglaoph. p. 680, Marquardt Handb. d. R. A. IV, 267.

293 Varro l. l. VI, 18 *Nonae Caprotinae quod eo die in Latio Iunoni Caprotinae mulieres sacrificantur et sub caprisio faciunt, e caprifico adhibent virgam*.

294 Plin. H. N. XV, 19, Colum. XI, 2, 59 Pallad. IV, 10, 28; VII, 5, 2. Vgl. Martial IV, 52 *Gestari iunctis nisi desinis Hedyle capris, Qui modo ficus eras, iam caprificus eris*.

295 Liv. XXIV, 3, XXVIII, 46, XXX, 20, Cic. d. Divin. 1, 24, 48.

296 Liv. XLII, 3, vgl. Lactant. II, 7, 16.

297 Plut. Pomp. 24, Strabo VI p. 261, vgl. die Inschr. aus Kroton b. Mommsen I. N. n. 72 *Herae Laciniae Sacrum pro salute Marcianae Sororis Aug. Oecius Lib. Proc.*

298 Boissieu Inscr. Antiques de Lyon p. 55 sqq., De Wal de Moedergodinnen, Leyden 1846. Sehr oft ist von ihnen in den Jbb. des Vereins d. A. F. in d. Rheinlanden die Rede, da solche Denkmäler besonders häufig am Niederrhein gefunden werden.

299 Vgl. Or. u. 849. 1290. 1301 und oben S. 244, 1. Wie in Rom in solchen Fällen der Iuno Lucina, so wurde in Ägypten bei ähnlichen Veranlassungen der Isis Λοχιάς geopfert, s. Letronne Rec. des Inscr. Gr. et Lat. de l'Egypte 1 p. 379.

300 Eckhel D. N. VII p. 358, Welcker kl. Schr. 3, 199.

301 Quintil. 1, 4, 17 *Quid? non E quoque I loco fuit? ut Menerva et leber et magester et Dijove et Vejove pro Diiovi et Veiovi?* Vgl. die Inschr. b. Or. n. 1421 *Pl. Specios Menervai donom port.* und die Form promenervat für monet aus dem carmen Saliare b. Fest. p. 205. Das V wird oft nach R eingeschoben, wie in dem Liede der Arvalen luerve d. i. luervem für luerem steht und arvum von arare gebildet ist, vgl. auch caterva, nervus, servus, cervus u. a. Bei Paul. p. 123 heißt es Minerva dicta quod bene moneat. Sonst pflegen die Alten speziell die Tätigkeit des Gedächtnisses, der memoria, von der Minerva abzuleiten, s. Augustin C. D. VII, 3, Arnob. III, 118.

302 Dionys I, 14, vgl. Varro l. l. V, 74 und das Capitolii, vetis ob. 158. Auch bei den Aurunkern und in Campanien und Samnium wurde Minerva verehrt, s. Mommsen I. N. n. 4093. 5356, Klausen Aeneas S. 692.

303 Vgl. Liv. XXXII, 1, XLV, 33 und Virgil. Aen. I, 42, XI, 259 mit den Noten des Servius.

304 Liv. VII, 3. Varro erklärte Jupiter für den Himmel, Juno für die Erde, Minerva für die Ideen, dieses im Sinne der Platonischen Philosophie, *coelum a quo fiat aliquid, terram de qua fiat, exemplum secundum quod fiat*, August. C. D. VII, 28.

305 Fulgent. p. 560 iniuges boves. Kühe, die das Joch noch nicht getragen haben, sind iuvencae. Die Beziehung auf die Jungfräulichkeit der Minerva ist später hineingelegt.

306 Über die Lage s. Becker Handb. 1, 454, wo Orosius Hist. V, 12 übersehen ist, nach welcher Stelle dieser Tempel nicht weit von dem der Diana lag. Nach Verr. Flaccus in den Präestin. Fasten u. Fest. p. 257 wurde der Tag der größeren Quinquatrus, d. h. der 19. März zugleich als Geburtstag der Minerva und als Stiftungstag dieses Tempels gefeiert, nach Ovid F. VI, 722 und dem Kal. Amitern. und Esquil. der 19. Juni, bald nach den kleineren Quinquatrus.

307 Fest. p. 333 *Seribas proprio nomine antiqui et librarios et poetas vocabant. – Itaque cum Livius Andronicus bello Punico secundo scripsisset carmen, quod a virginibus est cantatum, quia prosperius resp. populi R. geri coepta est, publice adtributa est ei* (vulg. *et*) *in Aventino aedis Minervae, in qua liceret scribis histrionibusque consistere ac dona ponere in honorem Livi, quia is et scribebat fabulas et agebat.* Vgl. Valer. Max. III, 7, 11 und O. Jahn in den Leipz. Berichten 1856, 293 ff.

308 Ovid F. III, 835 ff. *Capitale vocamus ingenium sollers: ingeniosa Dea est.* Vgl. Io Lyd. de Mens. IV, 39 κεφαλαίαν δὲ 'Αθηνὰν τὴν φρόνησιν ἄν τις εἴποι, und Cic. ad Q. Fr. II, 13, 4 von dem Historiker Philistus: *Siculus ille capitalis, creber, acutus* etc. Trebell. P. XXX tyr. 10 *capitali etiam ioco regna promeruit.* Die bei Ovid zuletzt erwähnte Beziehung des Namens auf Kapitalstrafen wird durch Paul. p. 66 capitalis lucus unterstützt, vgl. Brunn Annal. dell' Inst. 1849 p. 376.

309 Man zählte nämlich von den Idus an Triatrus, Quinquatrus, Sexatrus, Septimatrus, Decimatrus, s. Varro l. l. VI, 14, Fest. p. 254. Vgl. Charis. 1 p. 62 und Serv. V. Georg. l, 277.

310 Vgl. Dio LIV, 28. Auch Domitian feierte sie auf seinem Albanum mit Gladiatoren, Dio LXVII, 1. Von Rom und Italien verbreiteten sich diese blutigen Spiele auch nach Griechenland, z. B. nach Korinth und Athen, wo unter den Kaisern sowohl bei den Panathenäen als bei den Dionysien Gladiatoren auftraten, Philostr. v. Apollon. IV, 22.

311 Plin. H. N. XXXV, 11, 40 wo vermutlich zu lesen ist: *Simus (pinxit) iuvenem requiescentem, officinam fullonis Quinquatrus celebrantem.* Vgl. O. Jahn Archäol. Ztg. 1854 S. 191 und das Fragm. des Novius bei Non. Marc. p. 508, 20 *fullonem compressi Quinquatrubus.*

312 S. m. Regionen S. 133. Es scheint daß Varros Satire Quinquatrus eine Gesellschaft von Ärzten, welche dieses Fest feierten, darstellte. Auch die *Minerva Memor* verschiedener Inschriften aus der Gegend von Placentia, Valleja und Mediolanum b. Or. n. 1427–1429 kann von der M. Medica nicht wesentlich verschieden gewesen sein.

313 Sueton Octav. 71 *Quinquatrus satis iucunde egimus.* Vgl. Tacit. Ann. XIV, 4 und 12 und die Münzen von Nero, Titus, Nerva u. A. b. Eckhel D. N. VI p. 270. 276 u. a., wo bei der Inschrift CONG. DAT. POP. S. C. der Kaiser auf einer Tribüne sitzend die Geschenke verteilt, das Bild der Minerva und ihrer Attribute neben ihm aber wahrscheinlich auf die Quinquatrus deutet.

314 Varro l. l. VI, 17 *Quinquatrus Minusculare dictae Iuniae Idus ab similitudine Maiorum, quod tibicines tum feriati vagantur per urbem et conveniut ad aedem Minervae.* Vgl. Fest. p. 149, Ovid F. VI, 645 ff, Liv. IX, 30, Valer. Max. II, 5, 4, Censorin d. d. n. 12.

315 Zosim. V. 24. Sonst pflegt auch die Sapientia und Providentia Principis durch die Attribute der Minerva ausgedrückt zu werden, s. Eckhel D. N. VIII p. 65.

316 Sueton. Domit. 15, Quintil. X, 1, 91, Philostr. V. Apollon. VII, 24.

317 Sueton. 4, Dio LXVII, 1, Stat. Silv. III, 5, 28, IV, 2, 64 ff.; 5, 21. Auch V, 3, 228 und oft bei Martial wird auf diese Wettkämpfe, bei denen goldene Kränze verteilt wurden, angespielt.

318 Die späteren Kaiser unterhielten diese Stiftung, s. Aurel. Vict. Caes. 14, Lamprid. Alex. Sev. 34, Iul. Capitol. Perinax 11, Gord. 3, Dio LXXIII, 17.

319 Aurel. Vict. 27, Catal. Imp. p. 647 ed. Mommsen. Über die Neronia s. Tacit. Ann. XIV, 20, Dial. de Orat. 1l, Suet. Nero 12.

320 So berichtete Varro. Nach einer anderen Erzählung, welcher Virgil und Dionys VI, 69 folgen, war Nautes schon in Troja ein Liebling und Priester der Pallas. Vgl. Virgil Aen. V, 704 und Serv. zu d. St. und zu Aen. II, 166, III, 407, Cassius Hemina bei Solin. 8, Sil. Pun. XIII, 65 ff., Procop. bell. goth. 1, 15. Über das troische Palladion im südlichen Italien und in Rom s. Strabo VI p. 261, XIII p. 601, Lycophr. Alex. 1261. Neben so vielen anderen Städten rühmte man sich später auch in Neu Ilion, es zu besitzen, s. Iul. Obseq. 56, Serv. V. A. II, 166.

321 Cic. pr. Scauro 2, 48, der das Palladium ein pignus nostrae salutis atque imperii nennt, vgl. Phil. XI, 10, 24, Dionys. I, 69, II, 66, Ovid F. VI, 425 ff., Val. Max. 1, 4, 4, Plin. H. N. VII,

43, 45, Lucan I, 592, IX, 991 u. A.

322 Herodian I, 14 vgl. V, 6, Lamprid. Heliog. 6. Bei der Neronischen Feuersbrunst wird seiner nicht gedacht. s. Tacit. A. XV, 41.

323 Serv. V. A. VI, 321, vgl. Aristot. Mirab. 95, Pausan. X, 12, 8, Petron. Sat. 48, Iustin M. Cohort. 37.

324 Virgil Aen. III, 443 ff., VI, 9 ff., vgl. Ovid. Met. XIV, 101 ff.

325 Varro bei Lactant. 1, 6, 9, vgl. Strabo VI p. 243 sq.

326 Dionys H. IV, 62, Gellius N. A. 1, 19, Tzetz. Lycophr. 1278–80. Varro, welcher zehn Sibyllen unterschied und die Erscheinung der Cumanischen aus chronologischen Gründen, die aber hier nicht gelten können, unter Tarquinius Priscus setzte, scheint gleich die erste Sammlung für eine gemischte gehalten zu haben, wie es die spätere wirklich war, s. bei Lactant. 1, 6, 7, vgl. Serv. V. A. VI, 36, Plin. H. N. XIII, 13.

327 Schatzhäuser von Caere und Spina zu Delphi, s. Strabo V p. 214. 220, vgl. Herod. 1, 167. Eine spätere Sendung der Römer nach Delphi ist die nach der Schlacht bei Cannä, wo der Annalist Q. Fabius Pictor teilnahm, s. Liv. XXII, 57, XXIII, 45, XXVIII, 45, Appian Hannib. 27. Vgl. auch Liv. XXXVIII, 48, XLV, 27.

328 Macrob. S. 1, 17, 15. In den Indigitamenten des Numa fehlte Apollos Name, s. oben S. 119, 1. Auf die Verehrung des sühnenden Apollo deutet auch die Übertragung der Reliquien des Orest von Rhegium nach Aricia und von dort nach Rom, s. Hygin. f. 261, Serv. V. A. II, 116, VI, 136.

329 Paul. p. 22, Macrob. 1, 17, 14.

330 Paul. p. 22 *Aperta idem Apollo vocubatur, quia patente cortina responsa ab eo dentur*. Vgl. Ritschl im Rh. Mus. f. Philol. 1857 S. 106 ff. und 476. In einem vermutlich Ennianischen Verse bei Cic. de Divin. 1, 21, 42 heißt es noch: *ut se édoceret óbsecrans Apóllonem*. Vgl. die Form APOLONES bei Or. n. 1433, APOLENEI auf einem Stein aus Pisaurum, APOLLINEI bei Henzen n. 5700. Der Pythische Apollo hieß lateinisch Putius, Placidi gl. p. 492.

331 Liv. III, 63 *in prata Flaminia, ubi nunc aedes Apollinis est, iam tum Apollinarem appellabant, avocavere senatum*. Es ist wohl hinzuzudenken *lucum*.

332 Liv. IV, 25 *Aedis Apollini pro valetudine populi vota est* etc. Der bei Liv. VII, 20 erwähnte Tempel ist wahrscheinlich derselbe, auch der T. Apollinis Medici bei Liv. XL, 51, wo wohl zu lesen ist: *et post Spei ad Tiberim [et ad] aedem Ap. M.*

333 Vgl. oben S. 133 und Liv. V, 13 *tota Urbe patentibus ianuis promiscuoque usu rerum omnium in propatulo positis notos ignotosque passim advenas in hospitium ductos ferunt et cum inimicis quoque benigne ac comiter sermones habitos, iurgüs ac litibus temperatum, vinctis quoque dempta in eos dies vincula; religioni deinde fuisse, quibus eam opem dei tulissent, vinciri*. So mögen von den Griechen die Theoxenien, die Metageitnien und ähnliche Feste des Apollo begangen sein.

334 Liv. XXV, 12, Macrob. 1, 17, 27 ff. (bei beiden ist nach Apollini zu ergänzen et Dianae), vgl. Liv. XXVI, 23, XXVII, 11. 23, Paul. p. 23.

335 *Hostes Romani si ex agro expellere vultis, Vomica quae gentium venit longe etc.*

336 Macrob. 1, 17, 25, Fest. p. 326 *Salva res est dum cantat senex*, ein aus diesem Vorfall entstandenes Sprichwort. Die welche auch bei diesen Spielen an den Heilgott Apollo dachten, beriefen sich auf die Zeit mitten im heißen Sommer. Die bei Festus l. c. erwähnten parasiti Apollinis sind die für seine Spiele eingesetzten Schauspieler, Mimen usw., deren Zunft zu seinem Tempel in einem ähnlichen Verhältnisse gestanden zu haben scheint wie die der Pfeifer und der Dichter zu dem der Minerva auf dem Aventin, s. Friedländer bei Marquardt IV, 533.

337 Cic. Brut. 20, 78 vergl. Liv. XL, 51 und Ritschl Parerga S. 217. 291.

338 Vgl. Valer. Max. 1, 1, 18, Appian. Pun. 127. Weniger Umstände machte man mit einem alten Bilde des Apoll, welches nach dem plötzlichen Tode des jüngeren Scipio drei Tage lang weinte. Dio Cass. fr. 84.

339 Macrob. 1, 17, 27, vgl. Charis. 1, 18, 20 und Serv. V. A. VI, 70, welcher diese Überlieferung falsch verstanden hat. Daher auf einem As des P. SVLA an der prora novis der Kopf der Sibylla angebracht ist. Auf dem römischen Forum befanden sich in der Nähe der Rostra drei eherne Bilder der Sibylla, die man für sehr alt hielt, Plin. H. N. XXXIV, 5, 11.

340 Plut. Sulla 12. 29, Valer. Max. 1, 2, 3. Vgl. Cic. de Divinat. 1, 19, II, 57.

341 Vgl. Dionys. H. IV, 62, welcher sich auf Varros Untersuchungen bezieht, und Tacit. Ann. VI, 12. Sprüche von stark monotheistischer Färbung führen Iustin. M. Coh. 16 u. Lact. 1, 6 an, vgl. Aug. C. D. XVIII, 23 und die Andeutung einer der römischen Staatsreligion

gefährlichen Tendenz bei Cic. de Divin. II, 54, 110. Auch jüdische Weissagungen hatten sich in diese spätere Sammlung eingedrängt, sowohl aus Palästina als aus Alexandrien, s. Pausan. X, 12, 5.

342 Vgl. Virgil in der bekannten, wahrscheinlich gegen Ausgang des J. 40 v. Chr. gedichteten Ecl. IV, 4 und dazu Servius. Die Verteilung der verschiedenen Weltalter an verschiedene Götter stammt aus der ägyptischen Theologie, s. Nigidius Figulus bei Servius zu vs. 10. Auch Horaz in dem Carmen Seculare identifiziert Apollo mit Sol, Diana mit Luna.

343 Arnob. IV, 35, Serv. V. A. III, 332. Vgl. die M. des L. Torpuatus III vir mit dem K. der Sibylle und dem Dreifuß und Eckhel D. N. VI p. 316.

344 Vgl. den Gentilkult des Vejovis – Apollo bei den Juliern, oben. Einige erklärten den Namen der Cäsaren und die traditionelle Verehrung des Apollo von einer Geburt durch den Kaiserschnitt, s. Serv. V. A. VII, 761, X, 315.

345 Vgl. Virgil Aen. VIII, 704 in der poetischen Beschreibung der Schlacht bei Actium: *Actius haec cernens arcum intendebat Apollo desuper* etc. und Propert. IV, 6, 29 *cum Phoebus astitit Augusti puppim super et nova flamma luxit in obliquam ter sinuata facem.*

346 Horat. Od. IV, 6 ad Apollinem, ein prooemium des carmen seculare, wo diese geflissentlich hervorgehoben wird. Achill würde Troja zerstört haben, *ni tuis victus Venerisque gratae vocibus Dixom Pater annuisset rebus Aeneae potiore ductos alite muros*, ganz im Sinne der griechischen Sage, s. m. Griech. Mythol. 2, 308. Bei Virgil Aen. VI, 69 ff. erscheint sogar die Erbauung des T. des Palatinischen Apoll wie die Lösung eines Gelübdes des Aeneas, vgl. Serv. zu v. 69.

347 Sueton Octav. 70, vgl. Serv. V. Ecl. IV, 10 *tangit Augustum, cui simulacrum factum est cum Apollinis cunctis insignibus*. Comm. Cruq. Hor. Ep. 1, 13, 17 *Palatinus Apollo dictus est a monte Palatino, ubi Caesar in bibliotheca sibi statuam posuerat habitu ac statu Apollinis.*

348 Vellei. Pat. II, 81, Sueton Octav. 29, Dio XLIX, 15, vgl. Becker Handb. I, 425. Im J. 28 wurde er eingeweiht, wie es scheint am Jahrestage der Schlacht bei Actium, da gleichzeitig die Feier der *Actischen Spiele in Rom* eingesetzt wurde, s. Dio LIII, 1, daher auch Propert. IV, 6 in dem Gedichte vom Palatinischen Apoll zugleich von der Schlacht bei Actium singt. Die vierte Feier dieser römischen Aktien erwähnt Dio LIV, 19, eine spätere LIX, 20, Stat. Silv. II, 2, 8, Or. n. 2633 u. A.

349 Eckhel D. N. VI p. 93 sq. Über die Ausstattung des Tempels s. O. Müller Handb. der Arch. § 125, 4, 361, 4, O. Jahn Archäol. Aufs. S. 22 ff. Da der Tempel nach dem Neronischen Brande von Domitian neu erbaut oder restauriert wurde (Tacit. Ann. XV, 39, Martial XII, 3, 9) und unter Commodus ein neuer Brand den kaiserlichen Palast verheerte (Dio LXXII, 24), wird auch die Tempelstatue später nicht mehr dieselbe gewesen sein; und wirklich ist auf den Münzen des Commodus das Bild des Palatinischen Apoll ein anderes als auf den früheren. Um so schwieriger ist es den Beinamen *Ap. Rhamnusius* zu erklären, der nur aus den Regionen bekannt ist, s. m. Reg. S. 182.

350 Sueton Octav. 31, vgl. Dio LIV, 17 und die Anspielungen bei Virgil Aen. VI, 69 ff. mit Servius zu vs. 72, so wie die epikritischen Maßregeln Tibers bei Tacit. Ann. VI, 12 und Dio LVII, 18.

351 Horat. carm. sec. 37 ff. und 61 ff., Od. 1, 21, 13 *hic bellum lacrimosum, hic miseram famem pestemque a populo et principe Caesare in Persas atque Britannos vestra molus aget prece*. Vgl. Zosimus II, 1 συντελεῖ δὲ πρὸς λοιμῶν καὶ φθορῶν καὶ νοσων ἀκέσεις und 4, wo es von August heißt, er habe das Fest aus denselben Gründen erneuert. Anders erklärt den Zusammenhang K. F. Hermann de loco Apollinis in carmine Horatii seculari, Gott. 1843.

352 Plin. H. N. XIII, 5, 11, XXXVI, 5, 28, wenn dieser Tempel wirklich mit jenem alten identisch ist. Es könnte auch ein kleinerer Tempel in der Nähe des größeren gewesen sein, vorzüglich zur Aufnahme jener seltenen Kunstwerke bestimmt.

353 Von einer Feier der Agrippa, als er Prätor war, s. Dio XLVIII, 20, von einer Feier der circenses Apollinares unter Antoninus Pius, bei welcher der Circus einstürzte, Catal. Imper. p. 647, Iul. Capitol. Antonin. P. 9. Auf szenische Apollinares scheint sich die Terracotta bei D'Agincourt Rec. de fragm. de sculpt. en terre cuite, P. 1814 Titelv. zu beziehen, vgl. O. Jahn Archäol. Beitr. S. 209.

354 Der Ap. *Sandaliarius* und *Tortor* d. i. der Schinder des Marsyas gehörten zu den von August und Agrippa an den Kreuzwagen und Wasserbassins aufgestellten Kunstwerken, s. Sueton Octav. 57 und 70. Andere Bilder befanden sich hin und wieder in den Tempeln und Hallen, darunter *Apollo und die neuen Musen* in einem eigenen T. bei der Halle der Octavia oder jenem alten Tempel s. Plin. XXXVI, 5, 34, Iuvenal. VII, 37, Martial. XII, 3, 9. Ein

Apollo Monetae wird genannt auf Münzen des Commodus, eine *area Apollinis* bei den Regionariern. Der Heilgott Apollo, *Salutaris, Conservator* etc. wird auf den Münzen des Caracalla und der späteren Kaiser oft genannt und scheint mit dem älteren Palatinus identisch zu sein, daher bisweilen neben ihm die Diana Victrix erscheint, s. Eckhel D. N. VII p. 212. 357. 372. 383. 395.

355 Vopisc. Aurel. 18, 19, Ammian. Marc. XXIII, 3, Claudian bell. Got. 228, Rutil. Namat. II, 52 p. 215 ed. Zumpt.

356 *Belis* heißt er bei Herodian VIII, 3 als ein Hauptgott der Gegend von Aquileia, sonst *Belenus* oder *Belinus*, s. Tertull. Apolog. 24, ad Nat. II, 28, nach welchem er überhaupt in Noricis verehrt wurde, vgl. J. Grimm D. M. 579 und oben S. 240. *Ap. Grannus*, oft erwähnt in rheinischen und elsassischen Inschriften, ist Grannaur, d. h. der Schöngelockte, s. Martin rel. des Gaulois chap. 21 sqq. und Creuzer Deutsche Schr. z. Archäol. 2, 120. 456.

357 Horat. Od. 1, 21, 6, III, 23, 9, IV, 4, 58, Carm. Sec. 69, vgl. Abeken Mittelitalien S. 215. Algidum ist die Stadt, von algor und algere, Algidus der Berg. Vgl. Virgil Aen. VII, 746 *horrida praecipue cui gens assuetaque multo venatu nemorum duris Aequicula glebis.*

358 S. oben. Vgl. Grut. 1011, 1 *Dianae et Viribus Sacrum*, Ib., 89, 9 *Viribus Sacrum*, mit einem auf Jagd bezüglichen Relief, Or. n. 2324 *Nymphis et Viribus Augustis L. Granius etc. – fontem et omne opus*. Vgl. Cassiodor Orthogr. 6 *alii deum qui Viribus praesit interpretantur*, was Buttmann Mythol. 2, 152 nicht richtig verstanden hat.

359 Virg. Aen. VII, 761 ff. und Servius zu vs. 761, vgl. Ovid F. III, 265 ff., VI, 731, Metam. XV, 545 u. A. Ein flamen Virbialis wird mehrfach erwähnt, s. Or. n. 2212. 4022. 4102, Mommsen I. N. n. 2456.

360 S. Uhden in den Abh. der Berl. Akad. 1818 S. 189 ff. Das bei derselben Ausgrabung vom J. 1791 gefundene altertümliche Relief, welches im Almanach aus Rom von Sickler und Reinhart 1810 S. 85 abgebildet ist, bezieht sich aber nicht auf den Auftritt eines neuen Rex Nemorensis, sondern es stellt nach der wahrscheinlichsten Erklärung den Mord des Aegisth dar. Nach Ovid Met. XV, 538 ist vorauszusetzen, daß Virbius gewöhnlich nicht als Jüngling, sondern als Mann gedacht wurde. Nach Serv. V. A. VII, 784 durfte sein Bild nicht berührt werden. Der clivus Virbii bei Pers. S. VI, 56 Schol., wo die Bettler Posto zu fassen pflegten, ist vermutlich identisch mit dem in Urkunden des 9. und 10. Jahrh. erwähnten clivus Aricinus in der Gegend von Genzano, in welcher Gegend auch das von Uhden besprochene Bild des Virbius samt anderen Altertümern zum Vorschein gekommen ist.

361 Strabo V p. 239, wo wohl zu lesen ist: ὑπέρκειται δ' αὐτῆς (über Aricia), τὸ μὲν Λανούιον – ἐν δεξιᾷ τῆς 'Αππίας ὁδοῦ, – τὸ δ' 'Αρτεμίσιον, ὃ καλοῦσι Νέμος, ἐκ τοῦ ἐν ἀριστερᾷ μέρους τῆς ὁδοῦ τοῖς ἐξ 'Αρικίας ἀναβαίνουσιν. τῆς δ' 'Αρικίνης τὸ ἱερὸν λέγουσιν ἀφίδρυμά τι τῆς Ταυροπόλου usw. Vgl. Sueton Cal. 35, Pausan. II, 27, 4, Serv. V. Aen. VI, 136, Ovid Met. XV, 497, A. Amat. 1, 259, Lucan. III, 84 ff., VI, 73, Sil. Ital. IV, 366. Die Geschichte des Orest, welche schon bei Cato und Varro erzählt wurde, s. bei Solin 8, Prob. Virg. Ecl. prooem., Serv. V. A. II, 116, Hygin. f. 261.

362 Ovid Fast. III, 273 ff., Met. XV, 485 ff., Martial. VI, 47.

363 Fest. p. 145 *Manius Egeri[us lucum] Nemorensem Dianae consecravit, a quo multi et clari viri orti sunt et per multos annos fuerunt, unde et proverbium: Multi Mani Ariciae*. Vgl. Pers. S. VI, 55 c. Schol.

364 Cato bei Priscian IV, 4 p. 153 Kr. *Lucum Dianium in nemore Aricino Egerius Laebius Tusculanus dedicaxit dictator Latinus. Hi populi communiter: Tusculanus, Aricinus, Lanuvinus, Laurens, Coranus, Tiburtis, Pometinus, Ardeatis Rutulus* ... Vielleicht folgten noch mehr Namen. Tusculum und Aricia erscheinen auch sonst als Verbündete, s. Dionys V, 36.

365 Appian de bello civ. V, 24 mit dem Zusatze, ἐν αἷς μάλιστα πόλεσι καὶ νῦν εἰσὶ θησαυροὶ χρημάτων δαψιλεῖς. Des Tempels gedenkt Vitruv. IV, 7. Das Topographische s. bei Bormann altlatin. Chorograph. 134 ff.

366 Stat. Silv. III, 1, 52 ff., dessen Beschreibung auf die Zeit der Hundstage und auf die Iden des August führt, welche mitten in die Zeit der Hundstage fallen. Vgl. Martial Epigr. XII, 67.

367 Propert. II, 32, 9, Ovid F. III, 267 ff., Gratius Fal. vs. 483 und die Inschriften bei Orelli n. 1453–56. Virg. Aen. VII, 764 nennt den Altar dieser Diana wegen der vielen Gaben und ihrer freundlichen Hilfe pinguis et placabilis.

368 Vgl. den Bericht über eine ältere Ausgrabung zu Nemi und die Abbildungen bei Tomasinus de donariis c. 2, Graev. thes. T. XII p. 754. Auch die Inschrift bei Or. n. 1455 wurde bei dieser Gelegenheit gefunden, so wie eine Statue der Diana, welche durch Ludwig XIII. nach Frankreich kam und vielleicht die berühmte der Diana von Versailles ist. Auch die Diana aus Gabii, jetzt in der Glyptothek zu München, ist als Pflegerin des Wildes dargestellt, ein Reh haltend und mit einer Krone aus Rehböckchen geschmückt.

369 Der Name hängt zusammen mit tifa und tiba, d. i. Hügel, Berg, s. Varro r. r. III, 1, 6, Paul. p. 366, Mommsen Unterital. Dial. S. 300.

370 Vgl. Mommsen I. N. n. 3576. 3634. 3636. 3789, und Minervini im Bullet. Arch. Napol. 1856 n. 104 p. 41 sq.

371 Vellei. Paterc. II, 25, vgl. Plut. Sulla 6 und Mommsen I. N. n. 3575 *Imp. Caesar Vespasianus Aug. Cos. VIII fines agrorum dicatorum Dianae Tifat. a Cornelio Sulla ex forma Divi Aug. restituit.* Auch der Revers der Münze mit der Inschrift L. Buca und dem K. der Venus bei Riccio 2, 15 bezieht sich wahrscheinliche auf dieses Ereignis.

372 Plin. H. N. XI, 37, 45 *Actaeonem enim et Cipum etiam in Latia historia fabulosos reor.* Vgl. Val. Max. V, 6, 3, Ovid Met. XV, 565 ff.

373 Oros. Hist. V, 12 p. 316 Haverk., eine Stelle die von Becker s. 450 ff. und anderen Topographen übersehen ist. Das *Ianium* ist das *Dianium*.

374 Dionys. H. IV, 26. Als Bundesheiligtum und Zufluchtsort erscheint dieser T. der Diana auch bei Varro l. l. V, 43, wo der Name Aventinus u. a. erklärt wird *ab adventu hominum, quod commune Latinorum ibi Dianae templum sit constitutum.*

375 Liv. I, 45 vgl. Val. Max, VII, 3, 1, Plut. Qu. Ro. 4 und die Münze der g. Postumia bei Riccio t. 40, 1.

376 Fest. p. 343 *Servorum dies festus vulgo existimatur Idus Aug., quod eo die Ser. Tullius, natus servus, aedem Dianae dedicaverit in Aventino, cuius tutelae sint cervi, a quo celeritate fugitivos vocent cervos.* Vgl. Paul. p. 345, Kal. Capran. Amitern. Antiat. Martial. XII, 67. Auch die Brettii, d. h. servi fugitivi sind eigentlich cervi, s. Bergk Zeitschr. f. A. W. 1851 n. 3.

377 Liv. XL, 52. Auch den Bau des L. Cornificius, von dem Sueton Octav. 29 erzählt, wird man am besten in diese Gegend verlegen. Bei Plin. H. N. XXXV, 10, 36 *Eiusdem (Apellis) arbitrantur manu esse et in Annae templo Herculem aversum* ist gewiß zu lesen: *in Dianae templo.*

378 Horat. Carm. Sec. 13 *Rite maturos aperire partus lenis, Ilithyia tuere matres, sive tu Lucina probas vocari seu Genitalis.* Vgl. Od. 1, 21; III, 22; IV, 6, 37; *Catull* seculare carm. ad Dianam 34, *Virgil* Ecl. IV, 10.

379 Paul. p. 122, Non. Marc. p. 66, Priscian II, 10 p. 94, vgl. oben S. 73, 1 und Lucret. V, 654 *roseam Matuta per oras aetheris auroram differt et lumina pandit.*

380 Strabo V p. 226, Müller Etr. 2, 55.

381 Liv. V, 19. 23, XXV, 7, XXXIII, 27, XLI, 28, Ovid F. VI, 467 ff., Becker Handb. 1, 481 ff.

382 Varro l. l. V, 106, Tertull. de Monogam. 17, Plut. Camill. 5, Qu. Ro. 16. 17, vgl. Cic. N. D. III, 19, Tusc. 1, 12, Ovid F. l. c., Prob. V. Ge. 1, 437, Lactant. 1, 21, 23.

383 Paul. p. 23 *Aureliam familiam ex Sabinis oriundam a Sole dictam putant, quod ei publice a populo Ro. datus sit locus in quo sacra faceret Soli, qui ex hoc Auseli dicebantur, ut Valesii, Papisii pro eo quod est Valerii, Papirii.*

384 Bergk de Carm. Saliar. reliq. p. IV. Vgl. den etruskischen Spiegel bei Gerhard t. 76 und desselben Gottheiten der Etrusker t. II.

385 Quintil. 1, 7 *in pulvinari Solis, qui colitur iuxta aedem Quirini*, Varro l. l. V, 52, wo man am besten liest: *advorsum Solis pulvinar cis aedem Salutis*, vgl. K. F. Hermann de loco Apoll. in carm. Horat. sec. p. 8.

386 Virg. Georg. 1, 463 ff. und Serv. zu vs. 466 *constat autem occiso Caesare in senatu pridie Iduum Martiarum Solis fuisse defectum ab hora sexta usque ad noctem*, vgl. Ovid Met. XV, 785. Bei Diod. Exc. Mai. XXXVII, 4 in dem Eide des Drusus ist für τὸν γενάρχην Ἥλιον zu lesen Ἐνυάλιον, s. oben.

387 Tertull. de Spectac. 8. Vermutlich am Abhange des Aventin über dem Circus, da die Regionen ihn zwar in der 11. Region, aber neben dem T. der Luna nennen, s. meine Reg. d. St. Rom.

388 Or. n. 4791 *Sol tibi commendo qui manus intulit ei.* n. 4792 *Quisquis ei laesit aut nocuit Severae immerenti, Domine Sol tibi commendo, tu indices eius mortem.* Ich glaube, daß auch das so oft als Amulett angebrachte und abgebildete Auge ursprünglich als Symbol den Schutz des Sonnengottes ausdrücken sollte.

389 Or. n. 910. 1928. 4934.

390 Eckhel D. N. VI p. 335. 439. Vgl. Virg. Aen. V, 739 *et me saevus equis Oriens afflavit anhelis*, für *Sol oriens*. Über den Coloß des Nero s. Becker S. 220 A. 441.

391 Fest. p. 197 *Obstinet dicebant antiqui quod nunc est ostendit, ut in veteribus carminibus: Sed iam se caelo cedens Aurora obstinet suum patrem.* Vgl. Riccio t. 37, 12; 62, 6 und Eckhel D. N. VI p. 442.

392 Gerhard etrusk. Spiegel t. 171, Gotth. d. Etrusk. S. 39 t. II. Losna f. Louna wie casnar für canus. Cic. N. D. II, 27 *Luna a lucendo nominata; eadem est enim Lucina.*

393 Tacit. Ann. XV, 41, vgl. Liv. XL, 2, Appian bell. civ. 1, 78, Becker Handb. 1, 456.

394 Tertull. de Spectac. 9, vgl. Paul. p. 148 mulus und Anthol. ed. h. Meyer n. 891, 17 *lunae biga datur semper, Solique quadriga, Castoribus simpli rite dicantur equi.*

395 Or. n. 1926–29, O. Jahn Archäol. Beitr. S. 89.

396 Varro l. l. VI, 6, VII, 76, Paul. p. 104, Placid. p. 474. *Iubar* hieß überhaupt alles, was einen strahlenden Glanz verbreitete, daher man auch iubar solis, lunae, argenti und gemmarum sagte, daher der Stern Iubar bei Serv. V. A. IV, 130 wohl richtig durch Iuvar und stella Iovis erklärt wird. Also wäre auch dieses Wort und vermutlich auch Iugula d. i. Orion, Paul. p. 104, auf den Stmm Iov zurückzuführen, s. oben.

397 Quintil. 1,7 *interim g quoque (adiecta), ut est in pulvinari Solis, qui colitur iuxta aedem Quirini VESPERV G, quod vesperuginem accpimus.* Vgl. Plaut. Amphitr. 1, 1, 116 *credo ego hc noctu Noturnum obdormuisse ebrium* und die Inschriften bei Henzen z. Or. n. 5757. 58.

398 Catull. 62, vgl. Serv. V. A. IV, 130 und Augustin C. D. VII, 15. Nach Varro führte der Venusstern den Aeneas nach Latium, Serv. V. A. II, 801.

399 Varro l. l. VII, 73–75, Serv. V. A. 1, 744, vgl. J. Grimm D. M. 688.

400 Plin. H. N. XVIII, 26, 246, Fest. p. 372 Vergiliae, Serv. V. A. 1, 744. Vgl. das Kal. Venus. Mai. Non.

401 Varro d. r. r. 1, 28. 29. Cic. Verr. II, 5, 10, Horat. Od. 1, 4, 1 *Solvitur acris hiems grata vice veris et Favoni.* Lucret. 1, 11 *genitabilis aura Favoni, V, 735 ist ver et Venus et veris praenuntius ante pennatus graditur Zephyrus.* Vgl. Plin. H. N. II, 47, 47 und XVIII, 34, 77.

402 Die stürmende Kraft der Nordwinde beschreibt Varro b. Non. Marc. p. 46 v. syrus, Varro Marcipore: *Ventique frigido se ab axe eruperant frenetici, Septemtrionum filii, secum ferentes tegulas, tamos, syrus.* Vgl. Virg. Ge. III, 196 ff.

403 Lucret. V, 742 *Inde aliae tempestates ventique secuntur, altitonans Volturnus et Auster fulmine pollens.* Vgl. Serv. V. A. VIII, 429 *Nonnulli vero manubias fulminis his numinibus i. e. Iovi, Iunoni, Marti et Austro vento adserunt attributas.* Der Name Auster hängt mit αὔω und austerus zusammen. Vgl. Horat. Od. II, 14, 15; III, 23, 5, Sat. II, 6, 18, Virg. Georg. III, 277 *nigerrimus Auster*, IV, 261, Macrob. Somn. Scip. II, 5, 20.

404 Ennius b. Macrob. S. VI, 2, 28, Horat. Od. 1, 3, 12, Epod. X, Virg. Aen. II, 416 ff.

405 Horat. Ep. X, 23, Virg. Aen. III, 120, V, 172, Or. n. 1339 Ara Tranquillitatis. 1340 Ara Neptuni, auf der Rückseite Ara Ventorum, vgl. die beiden Windesgötter in den Monum. Archeol. 1855 T. VIII u. IX und p. 50. Mommsen I. N. 5012 Tempest. Sacr. aus Aesernia in Samnium.

406 Plin. H. N. XVIII, 29, 70. Vgl. XVII, 28 *cum averti carmine grandines credant plerique, cuius verba inserere non equidem serio ausim.* Seneca Qu. N. IV, 7 *rudis adhuc antiquitas credebat et attrahi imbres cantibus et repelli.*

407 S. oben, 1. Henzen z. Or. n. 5615 *I. O. M. autori bonarum tempestatum*, aus dem südlichen Frankreich. Auch in dem Fragmente des Etruskers Vegoja (S. 229) sendet Jupiter Stürme und Wirbelwinde.

408 Cic. N. D. III, 20, Lucret. V, 1224 ff., vgl. Virgil. Aen. III, 120 und 527, V, 772 ff., Liv. XXIX, 27, Appian d. b. civ. V, 98, wo Octavian vor dem Aufbruch der Flotte gegen S. Pompejus im Hafen von Puteoli opfert ἀνέμοις εὐδίοις καὶ ἀσφαλείῳ Ποσειδῶνι καὶ ἀκύμονι θαλάσσῃ d. h. *Ventis bonis, Neptuno et Tranquillitati.* Vgl. die Münze des Commodus b. Eckhel D. N. VII p. 129, wo vor dem Aufbruch der Afrikanischen Flotte Stiere ins Meer versenkt werden.

409 Ovid Fast. VI, 193, vgl. meine Regionen d. St. Rom S. 118.

VIERTER ABSCHNITT

1 Vgl. die in der Nähe von Iguvium mit einem Bilde des Mars gefundene Inschrift Marti Cyprio b. Or. n. 4950. 51, Henzen n. 5669, oben und Sil. Ital. Pun. IV, 220 *Gradivicolam celso de colle Tudertem.*

2 Vgl. Corssen über die Formen und Bedeutungen des Namens Mars in den italischen Dialekten, Ztschr. f. vgl. Sprachforschung Bd. 2 (1853) S. 1–35. Andere etymologische Erklärungen s. b. Mommsen unterit. Dial. S. 276, welcher die Formen Mavors und Maurs für die ursprünglichen und die Bedeutung des Abwendens und Abwehrens, das avortere, für die primitive hält, und b. Bergk Zeitschr. f. A. W. 1856 n. 17 S. 143, welcher Mars für einen Sonnengott erklärt. Vgl. auch A. Kuhn in Haupts Zeitschr. f. D. Alterth. V, 491 und L. Meyer z. ältesten Gesch. d. griech. Mythol. S. 47, welche den italischen Mars wie den griechischen Ares für einen Gott des Sturms halten und auf die Sanskr. Wurzel marút Sturm zurückgehn.

3 Varro l. l. VIII, 49, IX, 75, X, 65. Der Genitiv war nach Priscian Maspiteris oder Maspitris. Vgl. Fest. p. 161 *Marspedis sive sine r littera Maspedis in precatione Solitaurilium.*

4 Henzen z. Or. n. 5674 M. FOVRIO. C. F. TRIBVNOS. MILITARE. DE. TRAIDAD. MAVRTE. DEDET.

5 Paul. p. 131 Mamercus und Mamers, Fest. p. 158 Mamertini, Plut. Numa 8.

6 Quercus antiqua Marti sacra, Sueton Vespas. 5, Mars Ficanus b. Henzen n. 7194, vgl. oben. Auch der angeblich aus einer Lanze des Romulus entsprungene Cornelkirschbaum auf dem Palatin, Plut. Rom. 20, Serv. V. A. III, 46, Arnob. IV, 3, war vermutlich ein altes Heiligtum des Mars.

7 Liv. X, 27, XXII, 1, vgl. Cic. d. Divin. 1, 12, 20, Horat. Od. 1, 17, 9, Virg. Aen. IX, 566, Prop. IV, 1, 55, Justin XLIII, 2, 7, Serv. V. A. 1, 273, II, 355 u. A. Allerlei Aberglaube bei Plin. H. N. XXVIII, 10, 44; 20, 81 und Serv. V. A. IV, 458. Auch glaubte man so gut in Italien wie in Arkadien und Deutschland an Wehrwölfe, s. Varro b. Augustin. C. D. XVIII, 17, Virg. Ecl. VIII, 97, Plin. VIII, 22, 34, Petron. Sat. 62.

8 Plut. Qu. Ro. 21 καὶ γὰρ εὐθαρσὴς καὶ γαῦρός ἐστι καὶ τὸ ῥύγχος οὕτως ἔχει κραταιόν, ὥστε δρῦς ἀνατρέπειν ὅταν κόπτων πρὸς τὴν ἐντεριώνην ἐξίκηται. Bei den Griechen heißt der Specht wegen seines Schnabels πελεκᾶς, παρὰ τὸ πελεκᾶν τὰ ξύλα, wie der Schnabel des Wiedehopfs πελεκὺς hieß, s. Plin. X, 18, Aelian H. A. 1, 45, III, 26. Als Schatzgräber erscheint er bei Plaut. Aulul. IV, 8, 1 *Pici divitiis, qui aureos montes colunt,* vgl. Non. Marc. p. 152. Keltisch bedeutete *becco* den Schnabel des Hahns, s. Sueton Vitell. 18, vgl. in den romanischen Sprachen becco, bec, bicco.

9 Paul. p. 212 Picena regio, Strabo V p. 240.

10 Virg. Ge. III, 83, vgl. Lucret. II, 662 *lanigerae pecudes et equorum duellica proles* und den Ausdruck *equus bellator* b. Virg. Aen. X, 891, XI, 89, Prop. IV, 4, 14, Ovid F. 1, 698, II, 12, Met. XV, 368 u. A. Wenn die Dichter von den Rossen des Mars sprechen, so ist immer an seinen Kriegswagen zu denken, s. Virg. Aen. XII, 332, Georg. III, 91, Horat. Od. III, 3, 16, Ovid F. II, 856 u. A.

11 Gell. N. A. IV, 6, vgl. Jul. Obseq. 60. 96. 104. 107. 110, Liv. XL, 19.

12 Liv. Epit. LXVIII, vgl. Iul. Obseq. 104, Dio XLIV, 17, Io Lyd. IV, 42.

13 Vgl. Ovid F. III, 235 ff., und Isodor Orig. V, 33, 5 *Martius – propter Martem Ro. gentis auctorem vel quod eodem tempore cuncta animantia agantur ad mares et ad concumbendi xoluptatem.*

14 Verrius Fl. Fast. Praen.: *Martius ab Latinorum deo Marte. Appelandi itaque apud Albanos et plerosque populos Latii mos idem fuit ante conditam Romam.* Vgl. Ovid F. III, 87 ff.

15 Vgl. Varro l. l. V, 36 *quos agros non colebant propter silvas aut id genus, ubi pocus possit pasci, et possidebant, ab usu salvo saltus nominarunt; haec etiam Graeci* νέμη, *nostri nemora.* Vgl. L. Spengel üb. d. Kritik d. Varron. Bd. d. ling. lat. Münch. 1854 S. 42. Fest. p. 302 *Saltus est ubi silvae et pastiones sunt, quarum causa casae quoque. Si qua particula in eo saltu pastorum aut custodum causa aratur, ea res non peremit nomen saltuis.* Auch die Hirtengöttin Pales ist silvicola, Ovid F. IV, 746.

16 Auch der Deus Averruncus bei Varro l. l. VII, 102, Gellius N. A. V, 12, 14 ist höchst wahrscheinlich Mars.

17 Tertull. d. Spectac. 5 *Post hunc (Romulum) Numa Pompilius Marti et Robigini fecit.* Vgl. Ovid F. IV, 907 ff., Plin. H. N. XVIII, 29.

18 Ovid F. III, 169 *Cum sis officiis Gradive virilibus aptus, Dic mihi matronae cur tua festa*

colant. Vgl. VI, 191 und Verr. Fl. Fast. Praen. 2. März. Ovid gibt F. III, 231 ff. verschiedene Erklärungen.

19 Ovid F. V, 253. Die Einkleidung der Fabel ist ganz griechisch. Doch wurde Iuno Lucina mit einer Blume in der Hand abgebildet (S. 244) und die Frauen trugen in jenen Tagen Frühlingsblumen in ihren Tempel. Einige erklärten sogar den Namen Gradivus, quia gramine sit ortus. Paul. p. 97.

20 Gell. N. A. XIII, 23 (22), Sueton Tib. 1, Io Lyd. d. Mens. IV, 42, vgl. Pott etymol. Forsch. 1, 106, Aufrecht und Kirchhoff Umbr. Sprachdenkm. 2, 157, Ebel in der Zeitschr. f. vgl. Sprachf. 1, 307 u. a. Auch die Namen Nerius, Neria, Neratius gehören dahin.

21 Gellius a. a. O. Vgl. Roeper im Philologus 1852 S. 591.

22 Porphyrion z. Horat. Ep. II, 2, 209 *Maio mense religio est nubere et item Martio, in quo de nuptiis habito certamine a Minerva Mars victus est et obtenta virginitate Minerva Nerine est appellata*. Vgl. Martian. Cap. 1, 3, 1 *certumque esse Gradivum Nerienis coniugis amore torreri*. Io Lyd. d. Mens. IV, 42, am 23. werde das Tubilustrium gefeiert, καὶ τιμαὶ Ἄρεος καὶ Νερίνης, θεᾶς οὕτω τῇ Σαβίνων γλώσσῃ προσαγορευομένης, ἣν ἠξίουν εἰναι τὴν Ἀθηνᾶν ἢ καὶ Ἀφροδίτην. Vgl. die M. der Gellia b. Riccio t. 21, 1. 2.

23 Plaut. Trucul. II, 6, 34 *Mars peregre adveniens salutat Nerienem uxorem suam*. Vgl. das Fragm. eines älteren Komödiendichters Gellius Imbrex b. Gell. a. a. O. *Nolo ego Neacram te vocent, set Nerienem, cum quidem Mavorti es in connubium data*. Aus Ennius im ersten Buche der Annalen wird angeführt: Nerienem Martis, aus Varros Satiren der Vocativ Nerienes.

24 Paul. p. 100 *Herem Marteam antiqui accepta hereditale colebant quae a nomine appellabatur heredum et esse una ex Martis comitibus putabatur*. Zu vergleichen ist Cerfus Martius und ähnliche Namen in den iguvinischen Urkunden s. Aufrecht und Kirchhoff Umbr. Sprachdenkm. 2, 265.

25 Kal. Vatic z. 15. März: *Feriae Annae Perennae Via Flam. ad lapidem primum*. Von demselben Haine spricht Martial. IV, 64, 16 ff., wo das *illic* nicht auf den Hain der Anna Perenna zu beziehn ist, sondern auf den Punkt der Aussicht aus dem beschriebenen Garten auf dem Janiculus.

26 Aus dem Flusse ertönt, als sie gesucht wird, eine Stimme: *placidi sum nympha Numici, Amne perenne latens Anna Perenna vocor*.

27 So erklärt Mommsen unterit. Dial. S. 248.

28 Macrob. S. 1, 12, 6 vom März: *eodem quoque mense et publice et privatim ad Annam Perennam sacrificatum itur, ut annare perennareque commode liceat*. Vgl. Varro in einer seiner Satiren bei Gell. N. A. XIII, 22 *Te Anna ac Peranna, Panda te, Lato, Pales, Nerienes [et] Minerva, Fortuna te ac Ceres*.

29 Serv. V. A. VIII, 285. Daß Mars einer der wichtigsten Götter von Falerii war, folgt aus Ovid F. III, 89. Salier in Alba s. Or. n. 2247. 2248, in Lavinium, Mommsen I. N. n. 2211. Dionys II, 71 vergleicht mit dem Tanze der Salier ganz richtig den κουρητισμὸς der ludiones bei der Prozession der römischen Spiele und im Theater: ἐπιχώριον δὲ Ῥωμαίοις καὶ πάνυ τὶμιον ὁ κουρητισμός, ὡς ἐκ πολλῶν μὲν καὶ ἄλλων ἐ συμβάλλομαι, μάλιστα δ' ἐκ τῶν περὶ τὰς πομπὰς τάς τε ἐν ἱπποδρόμῳ καὶ τὰς ἐν τοῖς θεάτροις γινομένων· ἐν ἁπάσαις γὰρ αὐταῖς πρόσηβοι κοῦροι χιτωνίσκους ἔνδεδυκότες ἐκπρεπεῖς, κράνη τε καὶ ξίφη καὶ πάρμας ἔχοντες στοιχηδὸν πορεύονται, καὶ εἰσυβ ιὖτοι τῆς πομπῆς ἡγεμόνες, καλούμενοι πρὸς αὐτῶν – *ludiones*, εἰκόνες ὡς ἐμοὶ δοκεῖ τῶν Σαλίων.

30 Vgl. Ovid F. III z. A. *Bellice depositis clipeo paulispen et hasta Mars ades et nitidas casside solve comas*.

31 Paul. p. 97 *Gradivus Mars appellatus est a gradiendo in bello ultro citroque*. Serv. V. A. III, 35 *Gradivum*, θούριον Ἄρηα *i. e. exsilientem in proelia*.

32 Val. Max. 1, 8, 6, Ammian. Marc. XXIV, 4, 24, Liv. Epit XI.

33 Virg. Aen. VIII, 700 ff., XII, 331 ff., vgl. Sil. Ital. IV, 430 ff. u. A. Ob die *Molae* oder *Moles Martis*, deren Gellius XIII, 23 (22) nach alten römischen Gebetsurkunden gedenkt, sich auf den Krieg bezogen, muß dahingestellt bleiben. Vgl. den Jupiter Pistor oben.

34 Vgl. Liv. IX, 40 in der Schilderung der auserlesenen Samniter: *galeae cristatae, quae speciem magnitudini corporum adderent* und den Helm des Romulus bei Virg. Aen. VI, 779 *viden ut geminae stant vertice cristae?*

35 Serv. V. A. VIII, 3 vgl. VII, 603 und Virg. Aen. X, 228 *Vigilasne deum gens Aenea? Vigila et velis immitte rudentes*.

36 Plin. H. N. XXII, 3, 4 *namque summum apud antiquos signum victoriae erat herbam porrige-*

re victos h. e. terra et altrice ipsa humo et humatione etiam cedere, quem morem etiam nunc durare apud Germanos scio. Vgl. die Formel *Herbam do* in der Bedeutung *victum me fateor, cedo vitoriam,* Serv. V. A. VIII, 128, Paul. p. 66, Placid. p. 470 und Michelsen über die festuca notata S. 12. 20. 23. Auch bei den Verbenen der Fetialen scheint ein ähnlicher Zusammenhang zu Grunde zu liegen, s. oben.

37 Serv. V. A. XII, 119, Paul. p. 97.

38 Varro bei Fulgent. p. 560 *et ipsum primum sacrum fecisse Marti.* Vgl. Plin. H. N. VII, 28, Val. Max. III, 2, 24 und Liv. VII, 37, Plin. XXII, 5, 5, wo P. Decius dem Mars einen ihm vom Consul geschenkten auserlesenen weißen Stier mit vergoldeten Hörnern opfert, die übrigen 100 Ochsen des Ehrengeschenks aber seinen Kameraden in der Schlacht überläßt.

39 Zeitschr. f. A. W. 1845 S. 787.

40 Propert IV, 3, 71 *armaque quae tulero portae votiva Capenae.* Sehr oft wird Mars auf den römischen Münzen als propaeophorus abgebildet.

41 Or. n. 1355. 1356. 3496, Henzen n. 5672. Das Amphitheater war dem Mars und der Diana geweiht, weil dort außer den Kämpfen der Gladiatoren auch die Hetzjagden der wilden Tiere gegeben wurden, s. Tertull. de Spectac. 12.

42 Liv. IV. 26, IX, 39, X, 38. Vgl. den gleichartigen Fall bei Liv. II, 45 *Centurio erat M. Flavoleius, inter primores pugnae flagitator. Victor, inquit, M. F bi revertar ex acie. Si fallat, Iovem Patrem Gradivumque Martem aliosque iratos invocat deos.*

43 Gell. N. A. IV, 6, Iul. Obseq. 78, Serv. V. A. VIII, 3, vgl. Becker Handb. I, 228 ff. Auch bei Iul. Capitolin. Antonin. Ph. 4 ist vermutlich von diesem sacrarium Regiae die Rede.

44 Vgl. Fest. p. 189 a 16 und meine Regionen der St. Rom S. 171 ff.

45 Dio LVI, 24, Ovid F. II, 858, vgl. Becker a. a. O. S. 630.

46 Der Tempel lag gleich vor der späteren p. Appia, jetzt p. S. Sebastiano. Die ganze Vorstadt hieß ad Martis. Vgl. Becker S. 511, meine Regionen S. 116, Canina im Bullet. Arch. Ro. 1850 p. 85.

47 Vgl. Propert. IV, 3, 71 und die altertümliche, in jener Gegend gefundne Inschrift b. Grut. p. 56, 7, Mommsen I. N. n. 6766 MARTEI | m. CLAVDIVS M. f. | c ONSOL DED et. Dort versammelt sich die junge Mannschaft bei Liv. VII, 23, dort beginnt der Zug der Ritter b. Dionys VI, 13. Später wurde dort ein arcus Traiani und andere Triumphbögen errichtet. Es war eben der Haupteingang von der Südseite.

48 Serv. V. A. 1, 292, vgl. Vitruv. 1, 7 *Marti extra urbem, sed ad campum.*

49 Paul. p. 128 *Manalem vocabant lapidem etiam petram quandam, quae erat extra p. Capenam inxta aedem Martis, quam quum propter nimiam siccilatem in Urbem pertraherent, insequebatur pluxia statim, eumque quod aquas manarent manalem lapidem dixerunt.* Vgl. ib. p. 2 aquae licium, Serv. V. A. III, 175 *lapis manalis, quem trahebant pontifices quoties siccitas erat,* und Varro bei Non. Marc. p. 547 trulleum, nach welchem man lapis manalis und manale sacrum in derselben Bedeutung sagte wie urceolus aquae manalis, ein Krug aus dem das Wasser strömt, vgl. Paul. p. 128 *manalem fontem dici quod aqua ex eo semper manet.*

50 Labeo in seinem Werke über die etruskischen Ritualbücher b. Fulgent. p. 559 *Fibrae iecoris sandaracei coloris dum fuerint, manales tunc vertere opus est petras i. e. quas solebant antiqui in modum cylindrorum per limites trahere pro pluviae commutanda inopia.*

51 Vgl. den altertümlichen Ausdruck „Wie Kugel walzt und Wasser rinnt" zur Bezeichnung einer Markscheide nach der Schneeschmelze bei J. Grimm Deutsche Grenzaltertümer, Abh. der Berl. Ak. 1843 S. 124 und die verwandten Gebräuche anderer Völker bei J. Grimm D. M. 560 ff., Bötticher Baumkultus S. 409.

52 Vgl. Plut. Numa 13, Dionys II, 70, Paul. p. 131 Mamuri Veturi, Ovid Fast. III, 357 ff.

53 Varro l. l. VII, 43 *Ancilia dicta ab ambecisu, quod ea arma ab utraque parte ut Thracum incisa.* Paul. p. 131 *ancile i. e. scutum breve, quod ideo sic est appellatum, quia ex utroque latere erat recisum, ut summum infimumque eius latius medio pateret.* Also von an oder am in der Bedeutung von ἀμφίς, utrimque, vgl. anfractus und ancaesa *i. e. vasa caelata, quod circumcaedendo talia fiunt,* Paul. p. 20. In dem zweiten Worte cilia ist l wie oft für d eingetreten, vgl. caelare und incilia i. e. fossae, Paul. p. 107. Man sieht die Ancilien der Salier abgebildet auf Denaren des P. Licinius Stolo und auf Erzmünzen des Antoninus Pius, s. Eckhel D. N. VII p. 13, Riccio t. 27, 19, 20, endlich auf einer Gemme des Mus. Florent. II, 23. Auch der Schild der Iuno Lanuvina ist im wesentlichen von derselben Bildung.

54 Paul. l. c. *unaque edita vox omnium potentissimam fore civitatem quamdiu id in ea mansisset.* Ovid F. III, 346 *imperii pignora certa dabo.* Florus 1, 2 *ille ancilia atque palladium, secreta*

quaedam imperii pignora (dedit). Vgl. Serv. V. A. VII, 188. Nach den späteren Dichtern, namentlich Lucan IX, 475, Stat. Silv. V, 2, 132 fielen alle Ancilia vom Himmel, nicht bloß das eine Prototyp.

55 Curia Saliorum Palatinorum s. Cic. de Div. 1, 17, Dionys fr. XIV, 5, Val. Max, 1, 8, 11, welche ihrer sämtlich auf Veranlassung des Wunders gedenken, daß der dort aufbewahrte lituus Romuli nach einer Feuersbrunst, die das Gebäude verzehrt hatte, unbeschädigt wiedergefunden wurde.

56 Serv. V. A. VIII, 663 *Salii sunt in tutela Iovis, Martis, Quirini*, vgl. oben S. 57 und Liv. V, 52 *quid (loquor) de ancilibus vestris, Mars Gradive tuque Quirine Pater?* Über die Stiftung des Tullus Hostilius s. Liv. 1, 27, Dionys II, 70, III, 30, Serv. V. A. VIII, 285 *duo sunt genera Saliorum, sicut in Saliaribus carminibus invenitur*. Dio Cass. 1, 7. Wie sie ihre eigene Curie hatten, nämlich auf dem Quirinal, so hatten sie auch ihr eigenes Archiv, Varro l. l. VI, 14 *in libris Saliorum quorum cognomen Agonensium*.

57 Iul. Capitolin. M. Antonin. Philos. 4, vgl. Valer. Max. 1, 1, 9, Stat. Silv. V, 3, 180, Fest. p. 270 redantruare.

58 Polyp. XXI, 10 τῶν τριῶν ἓν σύστημα, δἰ ὧν συμβαίνει τὰς ἐπιφαςεστατας θυσίας ἐν τῇ Ῥώμῃ συντελεῖσθαι τοῖς θεοῖς. Hier sind die Pontifices, die Decemviri Sacris Faciundis und die Salii gemeint. Später galten für die 4 summa oder amplissima collegia die Pontifices, Augures, XV viri S. F. und die VII viri Epulones, wozu als fünftes unter Tiberius die Sodales Augustales hinzutraten.

59 Fest. p. 329 *Salias virgines Cincius ait esse conducticias, quae ad Salios adhibeantur cum apicibus paludatas: quas Aelius Stilo scripsit sacrificium facere in Regia cum Pontifice paludatas cum apicibus in modum Saliorum.*

60 Liv. I, 20 *Salios item duodecim Marti Gradivo legit tunicaeque pictae insigne dedit et super tunicam aeneum pectori teg umen caelestiaque arma, quae ancilia appellantur, ferre ac per Urbem ire canentes carmina cum tripudiis solemnique saltatu*. Vgl. Dionys II, 70 und Plut. N. 13. Die bunten Tuniken, χιτῶνες ποικίλοι erinnern an die tunicae versicolores der auserlesenen samnitischen Krieger bei Liv. IX, 40. Über die trabea, welche aus der Zeit der Könige stammte und später nur von den Priesters im Dienste der Götter und den Augurn getragen wurde, s. Serv. V. A. VII, 187, Isid. Orig. XIX, 24.

61 Außer den solennen Akten des Tanzes und Opfers, d. h. bei den Umzügen durch die Stadt trugen sie die Ancilien auf dem Rücken, oder sie wurden ihnen von Bedienten nachgetragen, s. Dionys II, 71, Lucan 1, 603, Stat. Silv. V, 2, 129.

62 Dionys l. c. κινοῦνται γὰρ πρὸς αὐλὸν ἐν ῥυθμῷ τὰς ἐνοπλίους κινήσεις, τοτὲ μὲν ὁμοῦ τοτὲ δὲ παραλλὰξ, καὶ πατρίους τινας ὕμνους ᾄδουσιν ἅμα ταῖς χορείαις. Plut. l. c. κινοῦνται γὰρ ἐπιτερπῶς ἑλιγμοὺς καὶ μεταβολας ἐν ῥυθμῷ τάχος ἔχοντι καὶ πυκνότητα μετὰ ῥώμης καὶ κουφότητος ἀποδιδόντες. Serv. V. A. VIII, 285 *Salii sunt qui tripudiantes aras circumibant – ritu veteri armati*. Horat. Od. 1, 36, 12 *neu morem in Salium sit requies pedum*, wozu ein altes Scholion: *Salii dicentur – ab exsilitione, eo quod in circuitu ararum deorum tripudiando salitarent*. Od. IV, 1, 28 *pede candido in morem Salium ter quatient humum*. Seneca Ep. 15, 4 *saltus – Saliaris aut ut contumeliosius dicam fullonius*. Diomed. p. 473 *Numam Pompilium – hunc pedem pontificium appellasse memorant, cum Salios iuniores aequis gressibus circulantes induceret spondeo melo patrios placare Indigetes*. Bei Censorin d. d. n. 12 *non cum tibicine aut triumphus ageretur Marti* ist wohl zu lesen *avitus triumphus*, mit Beziehung auf die Salierfeier.

63 Mon. Ancyr. II, 18 *nomenque meum inclusum est in Saliare carmen*. Dio LI, 20 ἐς τοὺς ὕμνους αὐτὸν ἐξ ἴσου τοῖς θεοῖς ἐσγράφεσθαι. Vgl. Tacit. Ann. II, 83, IV, 9 Capitolin. Antonin. Ph. 21.

64 Bei Ovid F. III, 389 bittet sich Mamurius aus: *Merces mihi gloria detur nominaque extremo carmine nostra sonent*, d. h. in dem Anrufe: *Marmuri Veturi*.

65 Io Lyd. de Mens. IV, 2 δυοκαίδεκα πρυτάνεις πρὸς τοῦ Νουμᾶ τοὺς καλουμένους Σαλίους ὁρισθῆναί φασιν, ὑμνοῦντας τὸν Ἰανὸν κατὰ τὸν τῶν Ἰταλικῶν μηνῶν ἀριθμόν. Vgl. Corssen in der oben angeführten Abhandlung.

66 Io Lyd l. c. III, 29, IV, 36, vgl. das Kal. Constantini prid. Id. Mart., Serv. V. A. VII, 188 *cui et diem consecrarunt, quo pellem virgis caedunt ad artis similitudinem* (weil auch der Schmied hämmert, nur freilich nicht mit Ruten), Minuc. Fel. Octav. p. 223 *Nudi cruda hieme discurrunt* (die Luperci), *alii incedunt pileati, scuta vetera circumferunt, pelles caedunt* (die Salii). Auch das Kal. rust. Farnes. bemerkt im März das Sacrum Mamurio. Die Regionen nennen eine statua Mamuri in der sechsten Region, zwischen den Thermen des Con-

stantin und dem T. des Quirinus. Auch hat sich das Andenken eines clivus und eines vicus Mamuri in den Umgebungen des Quirinals erhalten.

67 J. Grimm D. M. 724 ff.

68 Pott etymol. Forschungen 1, 108. 230. Die Alten erklärten den Namen durch vetus memoria, Varro l. l. VI, 45 *itaque Salii quod cantant Mamuri Veturi significant veterem memoriam.*

69 Es ist dieses die Zeit wo die ersten Schwalben nach Rom kamen, gewöhnlich am 21. Febr. Fast überall gilt der März für den eigentlichen Frühlingsmonat. Auch die alten Sklaven begannen ihr Jahr mit ihm, s. Grimm D. M. 734. 741.

70 Ovid F. II, 855 ff. spricht bestimmt von Wagen. Unbestimmter drückt sich Varro l. l. VI, 13 aus: *Equiria ab equorum curus; eo die enim ludis currunt in Martio campo.* vgl. Paul. p. 81 Equiria.

71 Paul. p. 131 Martialis campus. Unter Augustus wurden sie einmal auf dem forum Augusti gehalten, Dio LVI, 27.

72 Ovid. F. III, 135 ff., Macrob. S. 1, 12, 6. 7.

73 Die Salier durften sich im Laufe des Monats März, 30 Tage lang κατὰ τὸν καιρὸν τῆς θυσίας, nicht mit profanen Dingen beschäftigen noch von dem Orte entfernen, wo sie sich eben befanden, eigentlich wohl nicht aus Rom, s. Polyb. XXI, 10, 12, Liv. XXXVII, 33; daher es sich von selbst verstand, daß Consuln und Prätoren, so lange sie diese Ämter bekleideten, von den Verpflichtungen des Saliats freigesprochen wurden. Auch Dionys II, 70 nennt die Feier der Salier eine ἑορτή – δημοτελὴς ἐπὶ πολλὰς ἡμέρας ἀγομένη.

74 Das Kal. Constantini nennt den ersten März den *Natalis Martis*, vgl. oben und die Kalender der Mss. des Ovid bei Merkel Ovid F. p. LV, wie einer zu demselben Tage bemerkt *Casus Ancilis*, ein anderer: *Festum Martis, Ancilia feruntur.*

75 Kal. Praen. ɪOVIs ᴍARTIS VEDIOVIS INTER DVOS LVCOS, s. oben. Das Kal. Constant. bemerkt zwei Tage darauf, zum 9. März: *Arma Ancilia movent.*

76 Ovid F. III, 519 ff., vgl. Kal. Maff. und Vatic.

77 Dionys a. a. O. Vgl. Io Lydus de Mens. IV, 36 εἰδοῖς Μαρτίαις ἑορτὴ Διὸς διὰ τὴν μεσομηνίαν καὶ εὐχαὶ δημόσιαι ὑπὲρ τοῦ ὑγιεινὸν γενέσθαι τὸν ἐνιαυτόν. ἱεράτευον δὲ καὶ ταῦρον ἐξέτη ὑπὲρ τῶν ἐν τοῖς ὄρεσιν ἀγρῶν (d. i. pro saltibus, für die Viehweiden) ἡγουμένου τοῦ ἀρξιερέως καὶ τῶν κανηφόρων τῆς μητρόχου, d. i. die Virgo Maxima. Nach Augustin C. D. IV, 23 wollten beim Bau des Capitols nicht weichen Mars, Terminus und Iuventas, so daß immerhin auch ein altes Heiligtum des Mars der Salier auf dem Capitole angenommen werden darf.

78 Varro l. l. VI, 14 *in libris Saliorum, quorum cognomen Agonensium, forsitan hic dies ideo appelletur potius Agonia,* vgl. Kal. Vatic. und Macrob. s. 1, 4, 15 *Masurius etiam secundo Fastorum Liberalium dies, inquit, a Pontificibus agonium Martiale appellatur.* Auch der Name *Mons Agonus* f. Quirinalis, p. *Agonalis* f. Collina, endlich der Salii *Agonales* oder *Agonensis* scheint mit diesem Opfer zusammenzuhängen. Vgl. über die Agonia oben.

79 Kal. Vat. z. 19 März: QVINQ. FERIAE MARTI, Verr. Fl. Fast. Praen ... fACIVNT IN COMITIO SALTVs adstantibus ponTIFICIBVS ET TRIB CELERum. Vgl. Varro l. l. V, 85 *Salii a salitando, quod facere in Comitio in sacris quotannis et solent, et debent.* Auch Dionys l. c. sagt: ἑορτὴ δ' αὐτῶν ἐστι περὶ τὰ Παναθήναια, das sind die Quinquatrus, so daß um diese Zeit wohl die bedeutungsvollsten Akte der Feier stattfanden, vermutlich speziell die Feier des Mars und der Minerva-Nerio.

80 Fest. p. 372 *Vernae qui in villis vere nati, quod tempus duce natura feturae est et tunc rem divinam instituerit Marti Numa Pompilius pacis concordiaeve obtinendae gratia inter Sabinos Romanosque ut vernae viverent:* d. h., daß sie wie Söhne eines Frühlings, also wie Brüder zusammenleben sollten. Vgl. das Gebet der Tiburtiner b. Serv. V. A. 1, 7 *Iuno curulis – tuere meos curiae vernulas sanos,* und Martial. X, 76 *de plebe Remi Numaeque verna.* Über das comitium und die mythische Bedeutung des Raubes der Sabinerinnen s. Plut. Rom. 19 und oben.

81 Varro l. l. VI, 14 und Verr. Fl. Fast Praen. zum 23. März. Es waren die *Tubi, quibus in sacris utuntur,* welche dann lustrirt wurden, und zwar geschah es mit dem Opfer eines Lamms, s. Fest. p. 352, Paul. p. 353, und durch die s. g. tubicines sacrorum, eine eigene zum priesterlichen Stande gehörige Zunft, welche bei Fest. l. c., Gell. N. A. 1, 12 und in verschiedenen Inschriften erwähnt wird, s. Marquardt Handb. d. R. A. IV, 376. Auch der lituus Romuli und die litui überhaupt wurden wegen ihrer Gestalt zur Gattung der tubi gerechnet, ein Wort, welches ursprünglich eine weitere Bedeutung gehabt haben muß als tuba, vgl. Gelli-

us V, 8, 8, Cic. de Divin. 1, 17, 30. Also wurden auch die litui an diesem Tage lustrirt, vermutlich auch die Ancilia, s. Charis. 1 p. 62 *Quinquatrus a quinquando i. e. lustrando, quod eo die* (er versteht die Quinquatrus in der späteren Bedeutung als fünftägiges Fest) *arma Ancilia lustrari sint solita.*

82 Fest. p. 278 Regifugium, vgl. Müller p. 403 und Marquardt a. a. O. S. 265.

83 Dionys a. a. O. ἐν αἷς διά τῆς πόλεως ἄγουσι τοὺς χοροὺς εἴς τε τὴν ἀγορὰν καὶ τὸ καπιτώλιον καὶ πολλοὺς ἄλλους ἰδίους τε καὶ δημοσίους τόπους. Auch die Lieder der Salier gedachten verschiedener Opfer, von denen in dieser Zeit auch eins auf dem pons Sublicius stattgefunden zu haben scheint, s. Varro l. l. V, 110, Fest. p. 141 molucrum, Serv. V. A. II, 165, Catull. 17, 5.

84 Serv. V. A. IV, 301 *Moveri sacra dicebantur cum solemnibus diebus aperiebantur templa instaurandi sacrificii causa, cuius rei Plautus in Pseudolo 1, 1, 107 meminit. – Hoc vulgo apertiones appellant.* Vgl. Sueton Otho 8, Tacit. Hist. 1, 89.

85 Dio Cass. XLIV, 17 τά τε γὰρ ὅπλα τὰ Ἄρεια παρ' αὐτῷ *τότε* ὡς καὶ παρὰ ἀρχιερεῖ κατά τι πάτριον κείμενα ψόφον τῆς νυκτὸς ἐποίησε, wo das Wort τότε beweist, daß die Ancilia nicht immer dort waren, sondern eben nur in dieser Nacht, da am folgenden Tage der Zug aufs Capitol und das dortige Opfer unter der Leitung des Pontif. M. erfolgte. Nun wohnte der Pontif. M. zwar in der Regia, aber das Sacrarium Martis, wo die heiligen Speere und die Ancilia gewöhnlich aufbewahrt wurde, war jedenfalls ein anderer Raum als seine Wohnung. Dieses gegen Becker Handb. 1, 230.

86 Or. n. 2244 *Mansiones Saliorum Palatinorum a veteribus ob armorum annalium (l. ancilium) custodiam constitutas longa aetate neglectas pecun. sua reparaverunt Pontifices Vestae* etc. Fest. p. 329 *Salios, – quibus per omnis dies ubicumque manent quia amplae ponuntur cenae, si quae aliae magnae sunt, saliares appellantur.* Vgl. Cic. ad Att. V, 9, Horat. Od. 1, 37, 2, Sueton. Claud. 4. 33 u. A.

87 Fest. p. 178 October equus, Paul. p. 220 Panibus, Plut. Qu. Ro. 97. Im Kal. Constant Id. Octob. *Equus ad Nixas fit* ist dasselbe Opfer gemeint, s. meine Regionen d. St. R. S. 173.

88 Lactant. 1, 21, 26. Am 21. Dez. wurde nach Macrob. S. III, 11, 10 dem Hercules und der Ceres geopfert *sue praegnante, panibus, mulso.* Vgl. die panes laureati der fratres Arvales bei Marini p. 526.

89 Fest. l. c. Vgl. das Abschneiden und Annageln des Pferdehauptes in Deutschland, Grimm D. M. 41 und 624 ff. Auch sonst wurden bei den Alten Weihgeschenkte, Teile von Opfertieren u. dgl. an Heiligtümer angenagelt, s. Bötticher Baumkultus S. 69.

90 Prop. IV, 1, 19, Ovid F. IV, 731.

91 Vgl. Paul. p. 19, Kal. Maff. Amitern.

92 Corn. Nepos b. Priscian VIII, 4 p. 370, vgl. Plin. H. N. XXXVI, 5, 26.

93 Im Marsfelde, vermutlich in der Gegend des Pal. Farnese, s. Sueton Caes. 39, 44, Dio XLIII, 23, meine Regionen S. 160. 218.

94 Dio LIV, 8, vgl. Becker Handb. 1, 371 und Pinder in der S. 178, 2 angeführten Abhandlung.

95 Ovid Trist. II, 296 *stat Venus Ultori iuncta, vir* (d. i. Vulcan) *ante fores,* nach der Emendation von Haupt b. Lachmann z. Lucret. p. 199. Vgl. Ovid F. V, 550 ff. Auch das Schwert des Divus Iulius wurde in diesem T. aufbewahrt, s. Sueton Vitell. 8.

96 Vgl. Vellei. Pat. II, 100, Kal. Maff. zum 12. Mai, Ovid F. V, 597. Nach dem Kal. Venus. war der 14. Mai dem Mars Invictus heilig.

97 Vgl. Sueton Octav. 29.

98 Dionys H. II, 48 nach Varro: τὸν δ' Ἐνύαλιον οἱ Σαβῖνοι καὶ παρ' ἐκείνων οἱ Ῥωμαῖοι μαθόντες Κυρῖνον ὀνομάζουσιν, οὐκ ἔχοντες εἰπεῖν τὸ ἀκριςὲς εἴτε Ἄρης ἐστὶν εἴτε ἕτερός τις ὁμοίας Ἄρει τιμὰς ἔχων· οἱ μὲν γὰρ ἐφ' ἑνὸς οἴονται θεοῦ πολεμικῶν ἀγώνων ἡγέμονος ἑκάτερον τῶν ὀνομάτων κατηγορεῖσθαι, οἱ δὲ κατὰ δυοῖν τάττεσθαι δαιμόνων πολεμιστῶν τὰ ὀνόματα. Vgl. Plut. Rom. 29.

99 Varro l. l. V, 51 *Collis Quirinalis ob Quirini fanum. Sunt qui a Quiritibus, qui cum Tatio Curibus venerunt Romam, quod ibi habuerint castra.* Vgl. Fest. p. 254 Quirinalis. Nach Varro ib. 74 und Dionys II, 50 brachte T. Tatius die Verehrung des Quirinus nach Rom. Über die Lage des Tempels s. Liv. VIII, 20, Urlichs in der Beschr. d. St. Rom III, 2, 366, Becker Handb. 1, 569. Auch die p. Collina hieß mit einem anderen Namen p. Quirinalis, und auch in ihrer Nähe befand sich ein sacellum Quirini, Paul. p. 255.

100 Vgl. oben und Fest. p. 185 *Quirinalis (flamen) socio imperii Romani Curibus adscito Quirino.* Vgl. Liv. V, 39. 40 und Plut. Camill. 20, aus welchen Stellen zugleich hervorgeht, daß

der fl. Quirinalis in der Nähe des t. Quirini wohnte. Selbst die Wohnung des Numa wurde von einigen an den Quirinal verlegt, s. Plut. Num. 14, Solin. 1, 21. Galt Numa für den Stifter des Kultus des Quirinus, so ist das eben nur von der Einreihung dieses Gottes in sein Göttersystem zu verstehn, s. Dionys II, 63, wo der sabinische Gott wie später allgemein mit Romulus Quirinus verwechselt wird. Auch Mamurius, der Schmied der Ancilien, war am Quirinal zu Hause, s. oben.

101 Vgl. oben, Liv. V, 52, VIII, 9 und den Schwur des Drusus S. 81. Zu bemerken ist auch der alte Schwur *Equirine* d. i. beim Quirinus, wie Eiuno, Eccere, Ecastor, Paul. p. 81 und die altherkömmliche Kultusformel *Quirinus Pater* b. Ennius und Lucilius.

102 Gellius VII, 7, 7, Ovid F. IV, 910, Tertull. de Spectac. 5.

103 Tertull. Apolog. 24, Ad Nat. II, 8. Zu bemerken ist, daß in jener Stelle des Gellius weder die Lesart Virites Quirini ganz sicher steht noch die Deutung als Plural, was auch von den Moles Martis S. 308, 4 gilt.

104 Bei Non. Marc. p. 120 *Quirine Pater veneror Horamque Quirini.* Bei Plut. Qu. Ro. 46 hießt sie Horta, welcher Name nach Antistius Labeo abzuleiten wäre ab hortando, die zu guten und löblichen Taten ermahnende. doch ist die Form Hora (b. Ennius Hōra, b. Ovid Hŏra) am besten beglaubigt. Nach Plutarch l. c. stand ihr Tempel immer offen, vgl. oben. Über den Namen der Hersilia.

105 *Colle Quirino qui viret et templum Romani regis obumbrat.* Vielleicht waren die Virites Quirini die Göttinnen dieses Hains, der wie gewöhnlich das älteste Heiligtum des Gottes war.

106 *Priscum pariter cum corpore nomen mutat Horamque vocat, quae nunc Dea iuncta Quirino est.*

107 Stat. Silv. V, 2, 129 *humeris quatere arma Quirinus (monstrabit).* Vgl. Fest. p. 217 *persillum,* so hieß im priesterlichen Sprachgebrauche ein eigentümliches Gefäß, *rudusculum picatum, ex quo unguine flamen Portunalis arma Quirini unguet.*

108 Auf Münzen der Memmia der K. des Quirinus, würdig, langbärtig in gelockten Reihen, mit einem Myrten- oder Lorbeerkranz. Auf M. der Fabia (Pictor) *Quirinus sedens d. apicem s. hastam et clypeum.* Auf dem Schilde die Inschrift QVIRIN.

109 Fest. p. 254 *Quirites autem dicti post foedus a Romulo et Tatio percussum communionem et societatem populi factam indicant.* Vgl. Plut. Rom. 29.

110 Orelli Onomast. Tull. v. Quirinus. Wenn Cic. de Off. III, 10 sagt: *Romulus fratre interempto sine controversia peccavit, pace vel Quirini vel Romuli dixerim,* so ist das nur der gewöhnliche Unterschied zwischen dem sterblichen und unsterblichen Romulus. Virg. Ge. III, 27 *victorisque arma Quirini.* Aen. 1, 292 *Remo cum fratre Quirinus.* Ovid F. II, 476, III, 41, VI, 369 *lituo pulcher trabeaque Quirinus.* Iuvenal. XI, 105 *geminos Quirinos* von Romulus und Remus. Vgl. Plin. H. N. XV, 29, 36, Plut. Rom. 29 u. A.

111 Varro l. l. VI, 13, Fest. p. 254 Quirinalia, Ovid F. II, 473 ff., vgl. Kal. Maff. und Farnes. 17 Febr.

112 Liv. X, 46, Plin. H. N. VII, 60.

113 Dio XLIII, 45. Daher Cicero ad Att. XIII, 28 den Cäsar einen contubernalis Quirini nennt.

114 Dio LIV, 19, Vetruv. III; 2, 7, Becker Handb. 1, 569.

115 Sie sagen von sich v. 315 *di sumus agrestes et qui dominemur in altis montibus.*

116 Serv. V. A. IX, 4, X, 75, Martian. Cap. II, 158 *comminuendae frugis farrisque fragmenta Pilumno assignat Italia.* Sonst ist pilum der Wurfspieß, daher *pilumnoe poploe* d. i. Romani im Liede der Salier, Fest. p. 205.

117 Aemilius Macer (ein Dichter der Augusteischen Zeit, Freund Virgils und Ovids) in theogoniae (lies Ornithogoniae) lib. I b. Non. Marc. p. 518 *et nunc agrestis inter Picumnus habetur.*

118 Non. Marc. p. 518. 528. Varro de vita P. R. lib. II. *Natus si erat vitalis ac sublatus ab obstetrice, statuebatur in terra ut auspicaretur rectus esse, diis coniugalibus Pilumno et Picumno in aedibus lectus sternebatur.* Serv. V. A. X, 76 *Varro Pilumnum et Picumnum infantium deos esse ait eisque pro puerpera lectum in atrio sterni, dum exploretur an vitalis sit qui natus est.* Eine andere Sitte war die der Vornehmen, s. Serv. Ecl. IV, 62 *proinde nobilibus pueris editis in atrio domus Iunoni lectus, Herculi mensa ponebatur.*

119 Paul. p. 77. Als Reinigungsgebrauch wird dieses Ausfegen auch unter den vorbereitenden Reinigungen der Palilien erwähnt, Ovid F. IV 736 *unda prius spargat virgaque verrat humum.*

120 Doch wird am Picus immer, sowohl an dem Vogel als an dem Aboriginerkönige, vorzugsweise die augurale Tätigkeit und Bedeutung hervorgehoben, s. Fest. p. 197 Oscines, p. 209 Picum avem, Non. Marc. p. 518 Picumnus, Plin. H. N. X, 18, 20, Serv. V. A. VII, 190 *hoc ideo fingitur, quia augur fuit et domi habuit picum, per quem futura noscebat, quod pontificales indicant libri.*

121 Vgl. Plut. Qu. Ro. 21 und Serv. V. A. VII, 190.

122 Aufrecht und Kirchoff 2, 139, vgl. Bugge in der Zeitschr. f. vgl. Sprachf. 3, 41. Mart. Cap. II, 167, Glossa Isidori: *Fones, dei silvestres.*

123 Serv. Georg. 1, 10 *quidam Faunos putant dictos ab eo quod frugibus faveant.* A. VIII, 314 *quidam Faunum appellatum volunt eum quem nos propitium dicimus.*

124 Prob. z. Virg. Ge. 1, 10 *plures autem existimantur esse et praesentes. Idcirco rusticis persuasum est incolentibus eam partem Italiae, quae suburbana est, saepe eos in agris conspici.*

125 Porphyrion bemerkt zu diesem Gedichte: *Nonis Decembribus Faunalia sunt h. e. dies festus Fauni, in cuius honorem pecudes lasciviunt.* Vgl. Acron ib.

126 Ovid F. IV, 761 *nec Dryadas nec nos videamus labra Dianae, nec Faunum medio cum premit arva die.*

127 Paul. p. 110 *init ponitur interdum pro concubitu.*

128 Paul. p. 15 *arcere prohibere est. Similiter abarcet prohibet. Porcet quoque dictum ab antiquis quasi porro arcet.* Ib. p. 25 *abercet prohibet.*

129 Grimm D. M. 448.

130 Cic. d. Divin. 1, 45, 101 *saepe etiam in proeliis Fauni auditi.* Vgl. N. D. II, 2, 6, III, 6, 15 und die Erzählungen von der Schlacht mit den Etruskern in der Nähe der silva Arsia, wo einige den Silvanus, andere den Faunus nannten, Liv. II, 7, Dionys V, 16, Val. Max. 1, 8, 5.

131 Plin. VIII, 40, 62, XXV, 4, 10, XXX, 10, 24. Über das Geistersehen der Hunde s. Grimm D. M. 632.

132 Augustin C. D. XV, 23, Isidor Orig. VIII, 103, Serv. V. A. VII, 776, Macrob. S. Scip. 1, 3, 7 u. A. Der Incubus oder Incubo, ab incumbendo dictus, entspricht dem griechischen ἐπιάλτης. Wegen ihrer geilen Produktionskraft nannte man sie auch *Fauni ficarii*, Hieron. in Isai. V, 13, 21 *vel Incubones vel Satyros vel silvestres quosdam homines, quos nonnulli Faunos ficarios vocant*, vgl. Isidor. Orig. VIII, 11. Nach einer gothischen Sage war das Volk der Hunnen aus der Vermischung solcher Fauni ficarii mit Alraunen, d. h. zaubernden Nymphen, Hexen entsprungen, Iornandes d. reb. Get. 24.

133 Lucret. IV, 570 ff., Virg. Georg. I, 10, Aen. VIII, 314, Prop. IV, 2, 33, Grat. Fal. Cyneg. 16 ff. u. A.

134 Serv. V. A. VI, 776, VII, 47, VIII, 314, Fest. p. 325 *versus quibus Faunus fata cecinisse hominibus videtur.* Auch der *Deus Vaticanus*, von welchem der Vatikanische Hügel seinen Namen bekommen hatte, wird am besten abgeleitet *a vaticiniis, quae vi atque instinctu eius dei in eo agro fieri solita essent,* Gell. V. A. XVI, 17. Also wohl auch ein alter Dienst des Faunus.

135 Ovid F. III, 291 ff., Arnob. V, 1, Plut. Numa 15, oben.

136 Nach Servius der bei Tibur, nach Probus z. V. Georg. I, 10 in Laurentinorum silva, daher Bormann altlatin. Chorogr. S. 49 ff. das von Virgil beschriebene Orakel an die Solfatara d'Altieri in der Gegend von Ardea verlegt; doch weist der Ausdruck sub alta Albunea und der große Ruhm des Ortes mehr nach Tibur. Vermutlich waren beide Stätten dem Faunus und der Fauna heilig. Auch Vitruv. VIII, 3 nennt beide Solfataren als gleichartige Erscheinungen zusammen.

137 Ennius Ann. v. 221 *scripsere alii rem versibus quos olim Fauni vatesque canebant* etc., wozu Varro l. l. VII, 36 bemerkt: *hos (Faunos) versibus quos vocant Saturnios in silvestribus locis traditum est solitos fari futura, a quo fando Faunos dictos*, eine beliebte, aber falsche Etymologie. Vgl. Fest. p. 325 Saturno, Mar. Victorin A. Gramm. III, 18, Placid. Gl. p. 463. Alte Propheten, welche Apollinis operta, d. h. dunkle Sprüche der Weissagung, in solchen Versen gesungen hatten, waren Marcius und Publicius, s. Cic. de Divin. 1, 50, 115, II, 55, 113.

138 Iustin. XLIII, 1 *Fauno fuit uxor nomine Fatua, quae assidue divino spiritu impleta velut per furorem futura praemonebat; unde adhuc qui inspirari solent fatuari dicuntur.* Vgl. Serv. V. A. VII, 47 u. A.

139 Virg. Aen. VIII, 314 *Haec nemora indigenae Fauni Nymphaeque tenebant gensque virum truncis et duro robore nata* etc. Iuvenal Sat. VI, 11 *Quippe aliter tunc orbe novo coeloque recenti vivebant homines, qui rupto robore nati compositive luto nullos habuere parentes.* Vgl. Griech. Myth. 1, 57.

140 Vgl. Virg. Aen. X, 550, Sueton Vitell. 1 und die Sage vom umbrischen oder etruscischen Ocnus b. Silius It. V, 7 vgl. Virg. A. X, 197 und Müller Etr. I, 132, II, 274.

141 Gell. N. A. V, 21, XIII, 9.

142 Dionys 1, 31, vgl. Prob. z. Virg. Ge. I, 10, Iustin XLIII, 1, Aurel. Vict. 4 u. A.

143 Probus l. c. *Eundem Pana, eundem Inuum, eundem Faunum quidam interpretantur, quod ei in Italia quidam annuum sacrum celebrant, quidam menstruum.*

144 Dionys I, 79; II, 32, vgl. meine Regionen der St. R. S. 187 ff. Bei Virg. Aen. VIII, 630 *fecerat et viridi fetam Mavortis in antro procubuisse lupam, geminos huic ubera circum ludere pendentis pueros* etc. ist zu verbinden Mavortis lupam. Faunus ist in der Geschichte der Zwillinge Faustulus, die Wölfin acca Larentia, welche auch Lupa genannt wird, oder Fauna d. i. in diesem Kulte Luperca, s. Arnob. IV, 3 *quod abiectis infantibus pepercit lupa non mitis Luperca Dea est auctore appellata Varrone.* Lactant. 1, 20, 1 *Romuli nutrix Lupa honoribus est affecta divinis.*

145 Liv. I, 5, vgl. Ovid F. V, 99, Serv. Georg. I, 10, Schwegler R. G. 1, 351 ff.

146 Dionys 1, 32, Ovid F. II, 265 ff., Plut. Rom. 21, Kal. Maff. und Farnes. z. 15. Febr.

147 Varro l. l. VI, 13. 34. *Rex (Sacrorum) quom ferias menstruas Nonis Februariis edicit* (S. 140), *hunc diem februatum appellat. Februum Sabini purgamentum, et id in sacris nostris verbum, nam et Lupercalia februatio, ut in Antiquitatum libris demonstravi.* Vgl. Ovid F. II, 19 ff.

148 Ich folgere dieses aus Arnob. V, 1, wo die zwölf casti iuvenes, die den Picus und Faunus an der Quelle greifen, höchst wahrscheinlich die Luperci sind. Über die Fabiani und Quintiliani s. Paul. p. 87, Orelli n. 2253 ff. und Marquardt Handb. IV, 400 ff. Die Fabiani entsprechen der gens Fabia, die Quintiliani der Albanischen gens Quintilia. Auf gewisse Vorzüge der Fabii oder Fabiani beim Opfer deutet Ovid F. II, 371 ff., vermutlich waren die Quintiliani von späterer Stiftung. In der populären Tradition galten Romulus und Remus für die Stifter der beiden Haufen.

149 Varro l. l. V, 85, VI, 13 *Luperci quod Lupercalibus in Lupercali sacra faciunt.* Ovid F. II, 280 und Serv. V. A. VIII, 341 *sub monte Palatino est quaedam spelunca, in qua de capro luebatur i. e. sacrificabatur unde et Lupercal dictum nonnulli putant:* eine falsche Etymologie, deren auch Quintil. 1, 5, 66 gedenkt.

150 Iustin XLIII, 1, *Ipsum dei simulacrum nudum caprina pelle amictum est, quo habitu nunc Romae Lupercalibus decurritur.*

151 Paul. p. 57. So sagten die Bauern *fibra* für herba, Nigid. Fig. p. 22 Hertz, und nach Placid. gl. sagte man *dracumis* für lacrimis, *frestram* für fenestram.

152 Ovid F. II, 31 *Mensis ab his dictus, secta quia pelle luperci Omne solum lustrant idque piamen habent.* Vgl. ib. v. 281 ff., Plut. Rom. 21, Varro b. Augustin C. D. XVIII, 12 und 17, welcher in dem Auf- und Ablaufen der luperci auf der Sacra Via eine Beziehung auf die Deucalionische Flut zu finden glaubte.

153 *Quod tum februatur populus i. e. lupercis nudis lustratur antiquom oppidum Palatinum gregibus humanis cinctum*, wo die greges humani wohl nach Analogie des sacrificium humanum Paul. p. 103 von Sühnopfern und das cingere wie circuire, also der ganze Ausdruck von lustrirenden Umzügen zu verstehen ist. Vgl. Dionys 1, 80 ἡνίκα ἐχρῆν τοὺς περὶ τὸ Παλάντιον οἰκοῦντας τῶν νέων ἐκ τοῦ Λυκαίου τεθυκότας περιελθεῖν δρόμῳ τὴν κώμην γυμνούς, ὑπεζωσμένους τὴν αἰδῶ ταῖς δοραῖς τῶν νεοθύτων. τοῦτο δὲ καθαρμόν τινα τῶν κωμητῶν πάτριον ἐδύνατο, ὡς καὶ νῦν ἔτι δρᾶται.

154 Iuvenal Sat. II, 142 *nec prodest agili palmas praebere luperco.* Vgl. Plut. Rom. 21, Caes. 61, Serv. V. A. VIII, 343, Paul. p. 85 Februarius.

155 Plut. Rom. 21, Qu. Ro. 68.

156 Liv. I, 5 *ut nudi iuvenes – per ludum et lasciviam currerent.* Vgl. Cic. Philipp. XIII, 15, Plut. Anton. 12.

157 Dio Cass. XLIV, 6, Sueton Caes. 76. 79, Plut. Caes. 61, Anton. 12.

158 Sueton. 31, Mon. Ancyr. IV, 2.

159 Liv. XXXIII, 42, XXXIV, 53. Das Opfer wurde an den Idus des Februar gebracht, zwei Tage vor den Lupercalien, Ovid F. II, 193. Vitruv. III, 2 spricht von einer aedes Iovis et Fauni.

160 Plin. H. N. III, 12, 17, Solin. 2, 6, Sil. Pun. VIII, 503, Serv. V. A. III, 359.

161 Aurel. Victor. Or. G. Ro. 4 *Hunc Faunum plerique eundem Silvanum a silvis, [quidam] Inuum deum, quidam etiam Pana esse dixerunt.*

162 *luporum exactor,* Lucilius b. Non. Marc. p. 110, vgl. Virg. Aen. VIII, 600 *arvorum pecorisque deo.*

163 Horat. Od. III, 29, 22 *horridi dumeta Silvani.* Martial. C, 92, 5 *semidocta villici manu structas tonantis aras horridique Silvani,* wo tonans sein schallendes Rufen im Walde ausdrückt, s. Liv. II, 7. Vgl. Iuven. VI, 447.

164 Virg. Ecl. X, 24, Georg. II, 494, Grat. Falisc. Cyneg. 20.

165 Vgl. die Inschrift aus der Gegend von Capistrano in den Abruzzen b. Henzen n. 5751 *Magne Deus Silvane potens, sanctissime pastor.*

166 S. die Inschr. aus Stanhope bei Or. n. 1603 *Silvano Invicto Sacrum – ob aprum eximiae formae captum, quem multi antecessores praedari non potuerunt.*

167 Virg. Ge. I, 20 und dazu Servius.

168 Die Inschr. b. Or. n. 1613 *Silvane sacra semicluse fraxino Et huius alti summe custos hortuli.* Vgl. das simulacrum Silvani unter dem alten Feigenbaum vor dem T. des Saturnus in Rom, Plin. XV, 18, 20 und Lucilius b. Non. Marc. p. 110, wo Silvanus luporum exactor et fulguritarum arborum genannt wird, weil jede Beschädigung der Bäume eines Waldes oder eines Hains für ein böses Zeichen angesehn wurde und solche Bäume namentlich aus den Hainen der Götter aufs sorgfältigste entfernt wurden.

169 Prop. IV, 4, 3 ff.

170 Vgl. Virg. Ge. I, 20, Horat. Epod. 2, 17 ff., Ep. II, 1, 139 ff., Or. n. 1612, wo Liber, Silvanus und Hercules, auch ein Gott des ländlichen Segens, zusammen genannt werden.

171 Vgl. über die Waldgrenzen im deutschen Altertum J. Grimm in den Abh. d. Berl. Akad. 1843 S. 111 und 116 ff. Ein Waldgeist haut die Grenze zwischen Schweden und Rußland, Ders. D. Myth. S. 455**).

172 *Orientalis, cui est in confinio lucus positus,* wobei zur Erklärung hinzugesetzt wird: *a quo inter duos pluresve* (zwischen 2 oder 3 Nachbarn) *fines oriuntur. Ideoque inter duo pluresve est et lucus finis.*

173 So wird genannt ein Silvanus Staianus, Sinquas, Pegasianus, Caeserianensis und Caminensis usw., vgl. die Inschriften b. Orelli n. 1587 ff., Henzen n. 5740 ff. und Mommsen Unterital. Dial. S. 132.

174 Or. n. 1604, vgl. 1587–89, 1595. 96, Henzen n. 5750.

175 Vgl. die aedes Silvani in colle Viminali einer Inschrift vom J. 111 n. Chr. b. Or. n. 4856.

176 Or. n. 1596. 2518. Trajan wohnte auf dem Aventin, ehe er Kaiser wurde, und machte auch später dort verschiedene Anlagen, s. meine Regionen S. 200 ff. Sehr gewöhnlich ist der Silvanus Augustus als Schutzgeist des Kaisers und des kaiserlichen Hauses; daher die Abkürzung S. A. S. d. i. Silvano Augusto Sacrum, Marini Atti p. 542.

177 Daher Silvanus Dendrophorus Or. n. 1602 und die oft erwähnten Collegia Dendrophororum. Vgl. Virg. Ge. I, 20 und die Script. rer. mythic. lat. 1, 6 und 178.

178 Vgl. das mehrfach wiederholte Relief mit der Inschrift: Silvano littorali et Musae Laetus, wo Wieseler unter der Muse die Nymphe Echo versteht, auch in den Versen des Attius b. Cic. N. D. II, 35 *Silvani melo consimilem ad aures cantum et audiutum refert* liegt eine Übertragung aus dem Griechischen zugrunde. Vgl. Böttcher Baumkultus fig. 6. 16–18 und 32.

179 Macrob. I, 12, 21 *Auctor est Cornelius Labeo hiuc Maiae i.e. terrae aedem Kalendis Maiis dedicatam sub nomine bonae Deae, et eandem esse Bonam Deam et Terram ex ipso ritu occultiore sacrorum doceri posse confirmat. Hanc eandem Bonam Faunamque et Opem et Fatuam pontificum libris indigitari* etc.

180 Gellius N. A. XII, 23, Macrob. I, 12, 18.

181 Außer Macrob. I, 12, 23 ff. vgl. Plut. Caes. 9, Qu. Ro. 20, Tertull. ad Nat. II, 9, Arnob. I, 36, V, 18, Lactant. I, 22, 9.

182 Die Griechen nannten sie deshalb ἡ θεὸς γυναικεία s. Macrob. 1. 12, 27, Plut. Caes. 9. Daher Prop. IV, 9, 25 femineae loca clausa Deae.

183 Martian. Cap. II, 167 und dazu Kopp. Vgl. oben und Lactant. 1. c. *quam gabius Bassus Fatuam nominatam tradit, quod muleiribus fata canere consuerisset ut Faunum viris.* Bei Serv. V. A. VIII, 314 *hic Faunus habuisse filiam dicitur omam castita et discipoinis omnibus eruditam, quam quidam quod nomine dici prohibitum fuerat Bonam Deam appellatam volunt,* ist zu schreiben *omnium castissiman.*

184 Ovid F. V. 148 ff., meine Regionen d. St. R. S. 196.

185 Propert. IV, 9, 23 ff., Macrob. I, 12, 28. Es scheint wohl, daß dieser Hain und diese Quelle dieselben sind, wo Picus und Faunus von Numa gefangen werden, s. S. 170. 338.

186 Ovid F. V. 155, Macrob. I, 12, 21, vgl. Cic. pr. domo 53, 136. Es ist bedenklich, jene Vestalin Claudia für identisch mit der Matrone Claudia Quinta zu halten.

187 Ovid F. V, 157, vgl. Marini Atti p. 543. Hadrian versetzte den T. an eine andere Stelle, s.

Spartian Hadr. 19 *aedem Bonae Deae transtulit*, doch wohl innerhalb der alten Grenzen des Heiligtums.

188 Im J. 63 v. Chr. wo es im Hause des Cicero begangen wurde, in die Nacht vom 3. zum 4. Dec., Plut. Cic. 19, Dio XXXVII, 35. Auf dieselbe Zeit, aber einen beweglichen Tag führen die Briefe Ciceros ad Att. I, 12 und XV, 25. Vgl. Drumann Gesch. Roms II, 204. V, 502.

189 Cic. ad Att. I, 13, 3, de Harusp. resp. 17, 37, Seneca Ep. 97, 2, Plut. Caes. 9, Dio Cass. XXXVII, 45.

190 Iuvenal S. II, 86 *atque Bonam tenerae placant abdomine porcar et magno eratere Deam.* Der große Krug ist jener Weinkrug. Die Opfertiere also waren jene porcae oder porciliae piaculares, wie sie in den Urkunden der Arvalischen Brüder wiederholt erwähnt werden und als Sühnopfer an die Götter der Erde und der Fruchtbarkeit herkömmlich waren. Über das Wort Damium s. Placid. gl. p. 451 und Paul. p. 68, welcher hinzusetzt: *Dea quoque ipsa Damia et sacerdos eius damiatrix appellabatur.* Aus dem Lateinischen wird sich dieses Wort nicht erklären lassen. Vielmehr ist es das griechische *δάμιον* und mit so manchen anderen Gebräuchen und Benennungen aus dem griechischen Ritual, etwa dem des in den ersten Jahren der Republik eingeführten Demeterdienstes herübergenommen.

191 Plut. Caes. 9. Auch Cicero ad Att. XV, 25 nennt das Fest mysteria.

192 Cic. ad Att. I, 16, 5, Seneca Ep. 97.

193 Mommsen I. N. n. 5351. Dedikationen an die Bona Dea aus Canusium in Apulien, aus der Umgegend von Neapel, aus Minturnae, aus Aquinum ib. 638. 2588. 4053. 4310. Andere Inschriften aus Rom, Florenz, Verona und anderen Gegenden gibt Orelli n. 686 und 1512 ff. Gewöhnlich sind es die Frauen, welche diese Göttin verehren.

194 Cic. p. Mil. 31, 86 und dazu Ascon. p. 32 Or. Vgl. die Inschrift aus Bovillae bei Orelli n. 1515.

195 Mommsen I. N. n. 4608, Or. n. 1523. Vgl. Or. n. 1522 *Bonae Deae Veneri Cnidiae*, n. 1272 *Bona Deo Brontonti*, n. 1934 ff. *Bona Deo puero Phosphoro.*

196 Virg. Aen. VIII. 335 ff. Dionys. 1, 31, Strabo V p. 230, Serv. V. A. VIII, 51. 130. 336.

197 Varro l. l. VI, 12, Macrob. I, 16, 5 vgl. Cic. Brut. 14 und über die Lage der uralten ara Carmentis und ihres fanum Becker Handb. 1, 137. Der Dienst war bei diesem und einigen anderen Heilitümern mit solcher Gewissenhaftigkeit ein unblutiger, daß kein Leder, weder von einem geschlachteten noch von einem gefallenen Vieh in den heiligen Raum kommen durfte, Ovid F. 1, 629, Varro l. l. VII, 84, Serv. V. A. IV, 518.

198 Ovid F. 1, 461 ff., der diesen Tag ein sacrum pontificale nennt Vgl. Kal. Maff. Praen.

199 Verr. Fl. Fast. Praenest.

200 Ovid F. 1. 616 ff., Plut. Qu. Ro. 56. Es liegt dabei teils ein etymologisches Spiel mit den Wörtern Carmenta und carpenta, teils eine dunkle Erinnerung daran zugrunde, daß die Matronen das Recht der Wagen einer besonderern Erlaubnis nach der Eroberung von Veji verdankten, Liv. V, 25.

201 Ovid F. 1, 626 ff., Varro bei Gellius XVI, 16, 4.

202 Virg. Aen. VIII, 339 ff. Serv: *Ideo Carmentis appellata, quod divinatione fata vaneret, nam antique vates carmentes dicebantur, unde etiam librarios qui eorum dicta perscriberent carmentarios nuncupatos.*

202 Plut. Rom. 21 τὴν δὲ Καρμένταν οἴονταί τινες Μοῖραν εἶναι κυρίαν ἀνθρώπων γενέσεως, διὸ καὶ τιμῶσιν αὐτὴν αἱ μητέρες.

203 Macrob. S. III, 2, 11, Varro l. l. VII, 107, Ennius bei Paul. p. 369 *Is habet coronam vitulans victoria*, Naevius bei Non. Marc. P. 14, Plaut. Pers. II, 3, 2.

204 Macrob. 13 *Hyllus libro quem de dis composuit ait Vitulam vocari deam quae laetitiae praeest. Piso ait Vitulam Victoriam nominari etc.* So ist auch bei Varro 4. c. zu schreiben: vitulantes a Vitula. Einige leiten das Wort ab a bonae vitae lommodo (Non. Marc.), Andere von vitulus, Paul. p. 369 *vitulans laetans gaudio ut pasturitulus.* Die 1. Silbe wird gewöhnlich lang gebraucht.

205 Sueton Vitell. 1. *Exstat Qu. Eulogii ad Q. Vitellium Divi Augusti Quaestorem libellus, quo continetur Vitellios Fauno Aboriginum rege et Vitellia, quae multis locis pro numine coleretur, ortos toto Latio imperasse. Horum residuam stirpem ex Sabinis transisse Romam* etc.

206 Plin. H. N. III, 12, 17, welche Stelle so zu lesen ist: *Sabini – Velinos accolunt laxus roscidis collibus. Nar amnis exhaurit illos, sulphureis aquis Tiberim ex his petens, replet e monte Fiscelle Avens iuxta Vacunae nemora et Reate in eosdem conditus.* Der Hain lag vermtulich bei Piè di Luco über dem See. S. meinen Aufsatz in den Leipz. Berichten 1855 S. 191 ff.

207 Acron z. Virg. 1. c. *Sed Varro in primo rerum divinarum Victoriam ait et ea maxime hi gaudent, qui sapientiae vacant.* Der Comm. Cruq. schreibt f. Vivtoriam Minervam, vgl. Merkel Ovid Fast. p. CX. Die Erklärung Varros bestimmte die späteren Dichter.

208 Vgl. Varro b. Serv. A. VII, 712, Cic. ad Att. IV, 15, 5, pro Scauro fr. XII, 27 *nuper quum Reatini – me suam publicam causam de Velini fluminibus et cuniculis apud hos consules agere voluissent,* vo die flumina Velini die Zuflüsse zum Velinus sind, cuniculi die Abzüge, Tacit. Ann. 1, 79.

209 Plin. H. N. II, 95, III, 12, XXXI, 2, 6, Seneca Qu. Nat. III, 25, 6, Macrob. S. I, 7, 29.

210 Vgl. Prop. IV, 9, 24 ff., von dem Haine der Bona Dea in Rom: *Devia puniceae velabant limina vittae.*

211 Schon bei den Alten werden die Lucenses als ein besonderer Pagus der Marser erwähnt, Plin. III, 12, 7. Über den 1. Fucinus und die anliegenden Örtlichkeiten s. G Kramer der Fuciner See, Berl. 1856, über den Hain der Angitia Klausen Aeneas S. 1041 Taf. IV, 2.

212 Or. n. 115. 1846, Mommsen I. N. n. 5433 Angitiis, n. 5592 Angitiae, n. 6012 Dis Ancitibus.

213 Virg. Aen. VII, 750 ff. und dazu Servius. Vgl. v. Salis Reisen in verschiedenen Provinzen des K. R. Neapel 1, 259 ff., 268, 274.

214 Plin. H. N. VII, 2.2, XXV, 2, 5, Solin. 2, 27, Gell. N. A. XVI, 11. Überhaupt waren die Marser und Sabeller, d. h. jene kleineren Seitenzweige sabinischer Abkunft in Rom als Zauberer, Wahrsager und Quacksalber bekannt, s. horat. Sat. 1, 9, 29, Epod. 17, 28, Iuven. S. III, 169.

215 Virg. Aen. VII, 10 ff., vgl. Cic. N. D. III, 19, 48.

216 Lactant. 1, 21, 23, vgl. Virg. Aen. VII, 45 ff. und Servius zu d. St. und zu Aen. XII, 164 *Latinus secundum Hesiodum in* ἀσπιδοποιΐα *Ulixis et Circae filius fuit, quam multi etiam Maricam dicunt.*

217 Mommsen I. N. n. 4053.

218 Strabo V p. 233. 237, Horat. Od. III, 17, 7, Lucan. II, 424, Vib. Seq. v. Liris und Marica, u. a.

219 Vellei. Pat. II, 19, Plut. Mar. 37. 38.

220 Vgl. die eingehenden Schilderungen bei Dionys. 1, 37 und Plin. III, 5, 6, und Timäus und Varro bei Gell. XI, 1.

221 Cic. de Off. II, 25, 89.

222 Varro d. r. r. II, 1, 9 *Romanorum vero populum a pastoribus esse ortum quis non dicit? quis Faustulum nescit pastorem fuisse nutricium, qui Romulum et Remum educavit? non ipsos quoque fuisse pastores obtinebit, quod Parilibus potissinum vondidere Urbem?* etc. Vgl. Tibull. II, 5, 25, Propert. IV, 1 und 4 und die Stellen b. Schwegler R. G. 1, 457.

223 Serv. V. Ge. III, 1 *Pales – dea est pabuli. Hanc – alii, inter quos Varro, masculino genere vocant, ut hic Pales.* Vgl. Arnob. III, 40 oben, 1. Martian. Cap. I, 50, V, 425.

224 Varro l. l. VII, 45, Fest. p. 245.

225 Fest. p. 348 Septimontio.

226 Varro l. l. V, 53, Serv. V. A. VIII, 51, Paul. p. 220 Palatium, vgl. Dionys 1, 32. 33 und Schwegler R. G. 1, 443, Bekanntlich haben die Greichen den römischen Evander d. i. Faunus als erster Ansiedler und Inhaber des Palatium zu einem aus der kleinen Bergstadt Pallanteum in Arkadien gebürtigen Griechen gemacht.

227 Flor. Epit. 1, 15 (20), Schol. Veron. V. Ge. III, 1 p. 78 ed. Keil, wo Pales Matuta wohl i. q. mana, bona ist. Mommsen Unterital. Dial. 275 versteht darunter „die Göttin der mit dem ersten Morgenstrahl austreibenden Hirten." Ovid nennt die Pales rustica und silvicola F. IV, 744, 746. Vgl. Schol. Pers. 1, 72 *Varro sic ait: Palilia tam privata quam publica sunt, et est genus hilaritatis et lusus apud rusticos* etc.

228 Die Sanskritwurzel pa bedeutet tueri, sustentare. Das griechische πάομαι hat sich nur im Aor. ἐπᾶσάμην und im Perf. πεπᾶμαι erhalten. Daher πᾶμα, ποιμήν (lit. pëmu) und der Gott Πάν, im Lat. Pa-sco, pa-bu-lum. In anderen Formen tritt das l hinzu, wie in Pales und palea d. i. ursprünglich Viehfutter, Plin. H. N. 18, 72, vgl. Sanskr. pâlajâmi, ein demominatives Verbum vom Substantiv pâla-s rex, dominus, vgl. das slav. pâ-n Herr und das lydische πάλμυς rex. Grimm D. M. 592 vergleicht mit dem männlichen Pales den slavischen Hirtengott, russ. Volos, böhm. Weles. Den Begriff des Nahrhaften hebt hervor das Adjectiv *alma* Pales Ovid F. IV, 722. 723.

229 Virg. Ge. III, 1 magna pales, 294 veneranda Pales, Stat. Theb. VI, 111 cana Pales, Nemesius Ecl. 1, 68 grandaeva Pales.

230 Es ist die volkstümliche Aussprache, wie man Remures sagte für Lemures u. dgl. Daß es die gewöhnliche war, sieht man aus dem Sprachgebrauch der meisten Schriftsteller, Römer, und Griechen, s. Ovid F. IV, 721, VI, 257, Plin. H. N. XVIII, 26, 246 sidus Parilicium, Colum. VII, 3, 11, Solin. 1, Dionys. 1, 88, Plut. Ro. 12, Athen. VIII p. 361 F., Dio Cass. XLIII, 421, Schol. Pers. 1, 72. Daher die falsche Erklärung der Parilia a partu pecoris oder a partu Iliae, Paul. p. 222, Dinys., Solin. 1. c.

231 S. Dionys. 1, 88, wo Romulus als Gründer der Stadt den Gebrauch einsetzt, Tibull. II, 5, 87 ff., Prop. IV, 4, 75 ff., Pers. 1, 71 mit den Scholien, Probus z. Virg. Ge. III, 1. Vgl. Ovid F. IV, 795 und 805.

232 Grimm D. M. 581 ff.

233 Dio XLIII, 42, vgl. Athen. VIII p. 361 F. Aus dieser Identifikation der Pales mit der Dea Roma oder der Tyche der Stadt im griechischen Geschmack erklärt es sich, daß nach Serv. V. Ge. III, 1 Einige die Pales für die Vesta, andere für die Mater Deum erklärten.

234 Augustin C. D. VII, 11 s. oben S. 173, 3. Andere wissen nur von der Rumina, welche von Seneca b. Augustin VI, 10 sogar zu den viduis, d. h. zu den vermählten Göttinnen gerechnet wird.

235 Varro d. r. r. II, 11, 5 *Non negarim ideo apud Divae Ruminae sacellum a pastoribus satam ficum. Ibi enim solent sacrifivari lacte pro vino et pro lactentibus. Mammae enim rumes sive rumae, ut ante dicebant, a rumi, et inde dicuntur subrumi agni.* Vgl. Varro b. Non. Mars. p. 167 oben S. 54 und Paul. p. 271 *Ruminalis dicta est ficus, quod sub ea arbore lupa mammam dederat Remo et Romulo. Mamma autem rumis dicitur, unde et rustici appellant hoedos subrumos, qui adhuc sub mammis habentur.* Plin. H. N. XV, 18, 20. Andere leiteten den Namen ficus Ruminalis ab von rumen d. i. der wiederkäuende Schlund und riminari d. i. Wiederkäuen, s. Fest. p. 270, Plut. Rom. 4, welcher von der Diva Rumina hinzusetzt: καὶ θεόν τινα τῆς ἐκτροφῆς τῶν νηπίθν ἐπιμελεῖσθαι δοκοῦσαν ὀνομάζουσι Ρουμιλίαν καὶ θύουσιν αὐτῇ νηφάλια καὶ γάλα τοῖς ἱεροῖς ἐπισπένδουσιν.

236 Virg. Ecl. V, 75 *quum lustrabimus agros.* Dazu Servius: *lustrare hic circuire, dicitur enim ambarcale sacrificium.* Daher *ambarvalis hostia, quae rei divinae causa circum arva ducitur ab his qui pro frugibus faciunt,* nach Pomp. Festus bei macrob. II, 5, 7, daher bei Paul. p. 5 zu schreiben ist: *Ambarvales hostiae dicebantur quae pro arbis atque frugibus (für a duobus fratribus) sacrificantur.* Die Form ist zu erklären wie *amtermini qui circa terminos provinciales manent, amiciri* u. dgl. Paul. p. 17. Der Sache nach vgl. das feierliche Umtragen und Umführen der Götterbilder bei Grimm D. M. 1202.

237 Cato d. r. r. 141, Liv. VIII, 10. Fest. p. 189 Opima Spolia. Namentlich durften dem Jupiter eigentlich keine Suovetaurilien geopfert werden, s. Macrob. S. III, 10, 3, Serv. V. A. IX, 267.

238 Quintil. 1. 5. 67 mit der Note von Spalding und Fest. p. 293 *Solitaurilia – quia sollum Osce totum et solidum significat,* so daß also a potiori bloß der Stier genannt worden wäre. Vgl. Charis. 1 p. 84 P.

239 Serv. V. A. XII., 170, Marini Atti Arv. p. 364.

240 Marini Atti p. 216. 310. Namentlich war das Schwein bei Griechen und Römern das allgemeine Sühnopfer, bei den Römern auch für die Laren, s. Horat. Sat. II, 3, 164, Prop. IV, 1, 23 intpp., Cato d. r. r. 139. Waren junge Schweine nötig, so mußten sie wenigstens zwei Monate alt sein, weil sie erst dann zu säugen aufhören und ad sacrifivium puri sind, Varro r. r. II, 20. Als solche hießen sie sacres, s. Plaut. Rud. IV, 6, 4, menaechm. II, 2, 15, Fest. p. 318. Dasselbe bedeuten die porcar oder porciliae piaculares der Arvalischen Urkunden, s. Marini p. 307. 587.

241 Virg. Ge. I, 345 *terque novas circum felix eat hostia frugum.* Vgl. Dionys. IV, 22 von den Suovetaurilien beim Lustrum und Servius V. A. VI, 229. Dasselbe wurde bei dem sühnenden Umzuge um Iguvium beobachtet, s. Aufrecht und Kirchhoff Umbr. Sprachdenkm. 2 S. 272.

242 Fest. p. 161 *Marspedis* oben S. 296, 2 und p. 210 *Pesestas inter alia quae inter precationem dicuntur cum fundus lustratur significare videtur pestilentiam, ut intelligi ex ceteris possit quom dicitur: Avertas morbu, mortem, labem, nebulam, impetignem.*

243 Virg. Ge. I, 338 ff. *Inprimis venerare deos atque annua magnae sacra refer Cereri laetis operatus in herbis* (wenn die Saat blüht) *extremae sub casum hiemis, iam vere sereno.* Vgl. das Kal. Farnes. rust. im Mai: Segetes lustrantur und Marini Atti p. 137 sq. Auch das feriale von Capua (s. 146) schreibt für den 1. Mai eine lustratio ad flumen, d. h. am Volturnus und zwar bei Casinum vor, offenbar eine lustratio segetum. Die zweite, in demselben feriale

für den 25. Juli und zwar ad iter Dianae (d. h. Tifatinae) vorgeschriebene lustratio ad flumen scheint der porca praecidanea beim Beginn der Ernte zu entsprechen.

244 Paul. p. 5 *Amburbiales hostiae appellabantur quae circum termitnos urbis romae ducebantur.* Serv. V. Ecl. III, 77 *dicitur autem hoc sacrifivium ambarvale, quod arva ambiat victima, sicut amburbiale vil amburbium dicitur sacrificium quod urbem circuit et ambit victima.*

245 Es ist von einem Orte Festi zwischen dem 5. und 6. Meilenstein die Rede, wo ehemals die Grenze gewesen sei, οἵ ϑ' ἱερομνήμονες ϑυσίαν ἐπιτελοῦσιν ἐνταῦϑά τε καὶ ἐν ἄλλοις τόποις πλείοσιν ὡς ὁρίοις αὐϑημερόν (an einem und demselben Tage), ἣν καλοῦσιν 'Αμβαρουίαν, wofür entweder 'Αμβούρβιον zu schreiben ist oder 'Αμβαρουάλια.

246 Liv. XXI, 62, XXXV, 9, XLII, 20, iul. Obseq. passim. Bei Lucan heißt es: *Mox iubet* (ein etruskischer Aruspex) *et totam pavidis a civibus Urbem ambiri et festo purgantes moenia lustro longa per extremos pomoeria cingere fines.*

247 Flav. Vopisc. Aurel. 20 *lustrata Urbs, cantata carmina, amburbium celebratum, ambarvalia promissa.* Vgl. Hieroym. ad Vital. ep. 132 *Inveniemus lustralibus hostiis – portentuoses soboles tam in hominibus quam in armentis ac pecudibus expiatas.*

248 Liv. I, 44, Varro r. r. II, 1, 10, Valer. max. IV, 1, 10, wo Kempf mit Recht hergestellt hat in solitaurili sacrificio, Pseudo – Ascon. Cic. Divin. 3, 8 p. 103 Or., Dionys. IV, 22, vgl. Becker Handb. II, 2, 243. Auch der Pontifex war bei dem Opfer beschäftigt, s. Serv. V. A. VIII, 183.

249 Cic. de Divin. 1, 45 vgl. Cato r. r. 141 und Tacit. Hist. IV, 53.

250 Virgil Aen. VI, 229 ff. von der Reinigung am Schlusse eines Leichenbegängnisses, Plaut. Amphitr. II, 2, 144 und Serv. V. A. VI, 229 von der von Geisteskranken mit einer Fackel oder mit Schwefel, einer Art von Exorzismus, vgl. Tibull. 1, 2, 62, 5, 11, Ovid Met. VII, 261.

FÜNFTER ABSCHNITT

1 Iul. Obseq. 43. Vermutlich stammte auch der Kult der römischen novensides von dort. s. oben.

2 Mommsen I. N. n. 5753. 5983, Henzen z. Or. n. 6000, Ritschl de fictil. litt. p. 27, Maffei Mus. Veron. p. 471, 1.

3 Liv. XXVI, 11, Sil. Ital. Pun. XIII, 84 ff., vgl. Strabo V p. 226, Plin. H. N. III, 5, 8, A. W. Zumpt Commentat. epigr. Berol. 1850 p. 347. Cäsar und August hatten ihre Veteranen u. a. in diesem Orte untergebracht.

4 Liv. XXII, 1, vgl. XXVII, 4.

5 S. die Urkunde bei Grut. p. 220, deren Echtheit Holsten gegen Cluver dargetan hat, und Ptolem. Geogr. III, 1. t. VI.

6 Or. n. 1317. 1318.

7 Virgil Aen. VIII, 564 *nascenti cui tris animas Feronia mater – dederat, terna arma movenda.*

8 In alter Zeit erstreckten sich die Befestigungswerke von Tarracina bis zu diesem Heiligtume, s. Plin. H. N. II, 55.

9 Fabretti p. 452, Or. n. 1314. 1315. 1317.

10 Der Name wird dabei für einen griechischen genommen und ἀπὸ τῆς πελαγίου φορήσεως abgeleitet. So machte man aus einem alten, später zerstörten Orte dieser Küste Amuclai oder Amunclae ein spartanisches Amyclae, Plin. H. N. III, 5, 9.

11 Or. n. 1620, Mommsen I. N. n. 6755, vgl. die Inschr. von S. Agnone bei Mommsen Unterit. Dial. S. 128 und die aus Pompeji ib. S. 180, wo fluusai oscisch = Florae ist. Über den Mt. der Flora s. Or. n. 2488, Mommsen I. N. n. 6011, Unertit. Dial. S. 339, 4. In der Inschrift aus Furfo, welche vom J. 58 v. Chr. ist, steht mense Flusare, in der anderen, welche aus Amiternum oder dem Lande der marser stammt, mesene Flusare f. mense Florali.

12 Ovid F. V, 261 ff. Vgl. Lactant. 1, 20, 7 *deam finxerunt esse quae floribus praesit, eamque oportere placari ut fruges cum arboribus aut vitibus bene prospereque florescerent.*

13 Rustica Flora bei Martial. V, 22, 4. Vgl. das Kalend. Rust. Farnes. im Mt. Mai. In den Urkunden der Arval. Br. wird sie als eine der Göttinnen genannt, denen bei der Pflanzung von Bäumen zu opfern ist, t. XLIII, Marini p. 377. Flora mater heißt sie bei Lucret. V, 737 und Cic. in Verr. V, 14, 36. Vgl. Arnob. III, 23 *Flora illa genetrix et sancta.*

14 Lactant. 1, 20, 5 *Flora quum magnas opes ex arte meretricia quaesivisset, populum scripsit*

heredem certamque pecuniam reliquit, cuius ex annuo foenore suus natalis dies celebraretur etc. Offenbar ist sie hier, wie sonst Acca Larentia, eine Göttin der römischen Stadtflur.

15 Varro l. l. VII, 45, vgl. die inschr. bei Mommsen I. N. 5192.

16 Becker Handb. 1, 577 und über den angeblichen circus Florae Ib. S. 673, Tacit. Ann. II, 49.

17 Varro r. r. 1, 1, 6 *quarto Robigum ac Floram, quibus propitiis neque rubige fromenta atque arbores vorrumpit neque non tempestive florent.* Plin. H. N. XVIII, 29, 69.

18 Ovid Fast. V, 331 ff., 351 *Non est de tetricis, non est de magna professis, Volt sua plebeio sacra patere choro, Et monet aetatis specie dum floreat uti, Conemni spinam cum cecidere rosae.* Vgl. Lucret. V, 1393 ff.

19 Ovid F. V, 277 ff., Tacit Ann. II, 49. Nach Vellei. Pat. 1, 14, 8 und Plin. XVIII, 29, 69 wurden die Floralien gleich im Jahre 516 *ex oraculis Sibyllae, ut omnia bene deflorescrent,* also auf Veranlassung eines Mißwachses gestifet, vgl. Verr. Flacc. F. Praen. 28. April. Die Münzen der gens Servilia nennen den C. Servilius C. F. als ersten Urheber der ludi Florales, was sich vermutlich wie bei den Cerealien auf eine spätere Anordnung bezieht. Der Kopf der Flora auf derselben M. ist jugendlich und mit Blumen und Geschmeide reichlich geschmückt.

20 Kal. Maff. Praen. Venus., wo nach Mommsen I. N. n. 698 die Worte LVD. IN CIRCO FLORAE zum 3. Mai gehören, aber dennoch zu verbinden ist Ludi Florae in Circo. Vgl. Ovid F. V, 185 *Incipis Aprili, transis in tempora Maii, Alter te fugiens, vum venit alter habet.*

21 Cic. in Verr. V, 14, 36.

22 Val. Max. II, 10, 8, Seneca Ep. 97, 7, Martial. 1, 1. Vgl. Iuvenal VI, 249 mit den Scholein une Augustin C. D. II, 26, Arnob. III, 23, VII, 33, Lactant. 1, 20, 10. Es scheinen vorzüglich Mimen aufgeführt worden zu sein.

23 Varro Eumenides bei Non. Marc. p. 11, 10 *contra cum psalte pisia (psallis?) et cum Flora lurcare ax strepis.*

24 Pers. V, 177 an einen Ehrgeizigen: *Vigila et cicer ingere longe rixanti populo, nostra ut Floralia possint aprici meminisse senes.* Vgl. Horat. S. II, 3, 182 und Martial. VIII, 78, 8.

25 Philostr. Ep. 55 p. 360 Kayser: Eros liebe die Rosen, doch seien beide vergänglich, ἐχθρὸς γὰρ ὁ θεὸς καὶ τῇ κάλλους ὀπώρᾳ καὶ τῇ ῥόδων ἐπιδημίᾳ· εἶδον ἐ Ῥώμῃ τοὺς ἀνθοφόρους τρέχοντας καὶ τῷ τάχει μαρτυροῦντας τὸ ἄπιστον τῆς ἀκμῆς. Doch wohl an diesem Feste, vgl. Ovid F. V, 194 *dum loquitur vernas efflat ab ore rosas.*

26 So wurde nach dem feriale von Capua am 13. Mai in Capua ein eigenes Rosenfest gehalten, während in Rom der Kalender des Constantin ein ähnliches Fest am 23. Mai andeutet. Privatfeste gleicher Art werden in einzelnen Collegienordnungen und Grabschriften erwähnt. Vgl. Marini Arv. p. 573. 580 sq., Avellino Opusc. III p. 247 sqq.

27 Vgl. Sueton Galb. 6 und die Inschr. aus Algier bei L. Rénier l. n. 1875 *Honoratus Baebianus – per diem ludorum Floralium – quos triumvir sua pecunia fecit.*

28 Kuhn in d. Zeitschr. f. vergl. Sprachf. 1, 191, 2, 461.

29 Mommsen unterital. Dial. S. 263. Herius und Herennius, zwei bei den Samnitern sehr beliebte Namen stammen eben daher, auch die Herie Iunonis und die Hersilia Quirini, s. oben S. 245. 328.

30 Liv. I, 50–52. Bei Liv. II, 28 heißt es ad caput Ferentinum. H und f wurden in den italischen Dialekten oft verwechselt.

31 Das Ferentinum der Herniker zählte später zu Latium und hatte für dieses eine volkstümliche Bedeutung, s. Ribbeck Com. Lat. p. 125. Aus Ferentinum in Etrurien, welches in der Gegend von Viterbo lag, stammten die Vorfahren des Otho, s. Sueton Otho 1 und Dennis die Städte und Begräbnispl. Etruriens S. 136. Ferentum oder Forentum in Apulien wird b. Horat. Od. III, 4, 16 erwähnt, vgl. Diod. XIX, 65.

32 Strabo V p. 232 ἀνὰ μέσον δὲ τούτων τῶν πόλεων ἐστι τὸ Λαουίνιον ἔχον κοινὸν τῶν Λατίνων ἱερὸν Ἀφροδίτης, ἐπιμελοῦνται δ' αὐτοῦ διὰ προπόλων Ἀρδεᾶται· εἶτε Λαύρεντον· ὑπέρκειται δὲ τούτων ἡ Ἀρδέα, κατοικία Ρουτούλων. – ἔστι δὲ καὶ ταύτης πλησίον Ἀφροδίσιον, ὅπου πανηγυρίζουσι Λατῖνοι. Plin. III, 5, 9 *Ardea, – dein quondam Aphrodisium.*

33 Solin 2, 14 nach Cassius Hemina: *Aeneam aestate ab Iloi capto secunda Italicis littoribus appulsum, ubi dum simulacrum, quod secum ex Sicilia advexerat, dedicat Veneri Matri, quae Frutis dicitur, a Diomede Palladium suscipit.* Paul. p. 90 *Frutinal templum Veneris Fruti.* Servius V. A. I, 720 *Dicitur et – Erycina, quam Aeneas secum advexit.* Die wahrscheinlichste Erklärung jener Venus Frutis ist die Scaligers, daß das Wort aus dem griechischen Ἀφροδίτη verdorben sei.

34 Or. n. 1367. 1368. Die Gabinische Venus ist die der Antestier, d. h. die auf den Münzen dieser Familie, vgl. Klausen Aeneas S. 730.

35 Vgl. Mommsen Unterital. Dial. S. 142 und Gerhard Gottheiten der Etrusker S. 38. 40. Eine Inschr. aus Potenza in Lucanien: *Veneri Erycinae Sacr. Oppia M. Liberta Restituta* etc. bei Mommsen I. N. n. 374, Henzen n. 5677. Opfertisch der Venus Erycina mit oskischer Aufschrift aus Herculanum bei Mommsen Unterit. Dial. S. 179. Campanischer Ziegel mit der Inschr. VENERVS HERVC bei Marini Atti p. 418. Etrusk. Inschr. *Mi Venerus finucenas* in der Vaticanischen Bibliothek. Der etruskische Name Turan scheint der Urania zu entsprechen wie Turms dem Hermes. Außerdem finden sich auf etruskischen Denkmälern die Namen Thalna und Malacisch für Venus. Der letztere könnte dem lateinischen Murcia entsprechen.

36 Gerhard über Venusidole, S. 6.

37 Klausen Aeneas S. 733. Eben dahin gehört *murcus und murcidus*, s. Serv. V. A. VIII, 636 und Augustin C. D. IV, 16 *Deam Murciam quae praeter modum non movret ac faceret hominem, ut ait Pomponius, murcidum i. e. nimis desidiosum et inactuosum.* Dem Sinne nach ist Murcia also identisch mit der Libentina und Volupia.

38 Varro l. l. V, 1543 *Intumus Circus ad Murcim vocatur* etc. Vgl. die Metae Murciae bei Tertull. de Spectac. 8 *Murciam enim deam amoris volunt, cui in illa parte aedem vovere*, d. h. am südlichen Ende des Circus, keineswegs im Circus selbst, und Paul. p. 148 und Serv. V. A. VIII, 636, nach welchen der benachbarte Abhang des Aventin ehedem Murcus und das Circustal die Vallis Murcia geheißen hätte. Die Aussprache schwankte zwischen Murtea und Murcia, s. Varro i. c., Plin. XV, 29, 36, Plut. Qu. Ro. 20.

39 Liv. I, 33 *quibus, ut iungeretur Palatio Aventinum, ad Murciae datae sedes.*

40 Plin. I. c., Serv. V. A. I, 720. Daher cloaca, Cluilia fossa, Cloatius oder Cluatius, Cluentius, Cluvius und die spätere Geschichte, T. Tatius habe das Bild der Cloacina in der cloaca maxima gefunden, Lactant, 1, 20, 11. Über die Lage vgl. Liv. III, 48, Becker Handb. 1, 320. Münzen der Gens Mussidia mit der Inschrift CLOAC an einer Tribüne bei Riccio t. XXXIII, 2. 3 und t. LXI, 1.

41 Varro l. l. Vi, 47 *Ab lubendo libido, libidinosus ac Venus Libentina et Libitina.* Vgl. Cic. N. D. II, 23, 61, Serv. V. A. I, 720, Non. Marc. p. 64 prolubium.

42 Varro l. l. VI, 20, Fest. p. 265 und 289.

43 Dionys H. IV, 15, Plut. QU. Ro. 23, Numa 12. Daher die häufige Erwähnung der Libitina auf Veranlassung von Pestilenzen, Liv. XL, 19, XLI, 21, Sueton Ner. 39 und überhaupt mit Beziehung auf Sterben und Leichenbegängnis, Horat. Od. III, 30, 6, Sat. II, 6, 19, ferner die Redensarten Libitinam execere, facere, die Libitinarii, d. h. die beim Leichenbegängnis Beschäftigten, die Libitinensis porta beim Amphitheater. Besonders die Bahren und das zum Verbrennen Nötige wurden von dort geholt, Ascon. Argum. Cic. Mil. und Martial. X, 97. Die Abgabe des Totengeldes hieß lucar Libitinae, Or. n. 3349. Der lucus Libitinae wird auch zur Bezeichnung des Wohnortes genannt, s. Or. 1378, Henzen n. 5683. Leider hat seine Lage noch nicht mit Sicherheit bestimmt werden können.

44 Gerhard Archäol. Nachlaß aus Rom S. 121–195. Vgl. dessen Abh. über Venusidole S. 9. ff.

45 Varro r. r. 1, 1, 6 *Item adveneror Minervam et Venerem, quarum unius procuratio olivete, alterius hortorum, quo nomine rustica Vinalia instituta.* Daher Naevius Venus für olera sagte, Paul. p. 56 cocum. Vgl. Plin, XIX, 4, 19 und bei Or. n. 1369. 1462 die Venus hortorum Sallustianorum.

46 Varro l. l. VI, 20 *Vinalia Rustica dicuntur a. d. XIV Kal. Sept., quod tum Veneri dedicata aedes et horti ei deae dicantur ac tum fiunt feriati loitores.* Vgl. Fest. p. 265 und 289 und die Kalender, von denen das Kal. Capran. für denselben Tag ein Opfer an die Venus beim Circ. Max., d. h. an die Murcia vorschreibt. Nach Plut. Qu. Ro. 45 erfolgten an den Veneralien, wofür Vinalien zu schreiben, reichliche Weinspenden beim T. der Venus. Von den Vinalia priora s. Plin. XVIII, 29, 69. Varro hatte eine Satire unter dem Titel Vinalia περὶ ἀφροδισίων geschrieben.

47 Varro l. l. Vi. 33. Ovid F. IV, 87 ff., Censorin 22, 9, Macrob. I, 12, 8 ff., wo der griechische Anthesterion verglichen wird. Vgl. Ovid F. IV, 125 ff. *Nec Veneri tempus quam ver erat aptius ullum, Vere nitent terrae, vere remissus ager, Nunc herbae rupta tellure cacumina tollunt, Nunc tumido gemmas cortice palmes agit.*

48 Varro l. l. V, 62, Gellius N. A. X, 1, 7. Vgl. die Inschriften aus Sizilien, Umbrien und Dalmatien bei Or. n. 1375, Henzen n. 5678–80.

49 Wenigstens findet sich bei Plutarch Parall. 37 die abgerissene Notiz, daß Fabius Fabricia-

nus, ein Verwandter des Fab. Maximus, nach der Eroberung von Tuxium (?), einer Hauptstadt der Samniter, τὴν παρ' αὐτοῖς τιμωμένην Νικηφόρον 'Αφροδίτην nach Rom geschickt habe. Ein T. der V. Victrix auf dem Capitol wird erwähnt in dem Kal. Amitern. zum 9. Octb. Derselbe scheint identisch zu sein mit dem T. der Venus Capitolina bei Sueton Cal. 7.

50 Plut. Pomp. 68, Gellius I. c., vgl. Becker Handb. 1, 676, welcher auch das vom Kal. Amitern. zum 12. Aug. vorgeschriebene Opfer an die Venus Victrix auf diese Pompejanische bezieht. Was Sulla betrifft, so ist die Venus auf seinen Münzen höchst wahrscheinlich V. Victrix.

51 Prop. IV, 1, 46 *Vexit et ipsa sui Caesaris arma Venus, arma resurgentis portans victricia Troiae.* Dio Cass. XLIII, 43 καὶ διὰ τοῦτο καὶ γλυμμα αὐτῆς ἔνοπλον ἐφόρει καὶ σύνθημα αὐτὴν ἐν πλείστοις καὶ μεγίστοις κινδύνοις ἐποιεῖτο. Auch auf Cäsars Münzen ist die V. Victrix oft zu sehen, gewöhnlich bekleidet mit Schild und Lanze, häufig auch mit der Victoria auf der R.

52 Bei Ennius betete Ilia vor ihrer Hinrichtung: *Te sale nata precor Venus, te genetrix patris nostri, ut me de caelo cisas cognata parumper,* s. Nonius p. 378, 16. Vgl. Lucret. de rer. nat. z. A. und Ovid F. IV, 91 ff.

53 *Caesar Venere prognatus* Cic. Ep. Fam. VIII, 15, 2. Vgl. Cäsars Rede bei Sueton 6 und Vellei. Pat. II, 41 *nobilissima Iuliorum genitus familia et quod inter omnes antiquissinos constabat ab Anchise ac Venere deducens genus.* Mehr bei Dio XLII, 34 und XLIII, 43.

54 Becker Handb. 1, 363 ff., Fischer Röm. Zeittafeln S. 289. Bei Serv. V. A. I, 720 ist für Venus Nutrix ex Caesaris somnio sacrata zu lesen Genitrix.

55 Mars und Venus sind die Stammgötter der Julier, s. Dio LIII, 27 vom Pantheon des Agrippa, C. I. Gr. n. 2957, vo Iul. Caesar ἀπὸ "Αρεως καὶ 'Αφροδίτης abgeleitet wird, vgl. Tacit. Ann. IV, 9. Daher Romulus nach der Erklärung des Verrius Flaccus und anderer Gelehrten der Augusteischen Zeit den ersten Mt. seines Jahres seinem Vater Mars, den 2ten der Venus Genitrix d h. der Mutter der Aeneaden weiht, s. Verr. FI. Fast. Praen. zum 1. April: *Aprilis a Venere, quod ea cum Anchise parens fuit Aeneae regis, qui genuit Iulum, a quo populus Romanus ortus,* Ovid F. IV, 25 ff., Macrob. S. I, 12, 8.

56 Vgl. Or. n. 1377, Mommsen I. N. n. 1385 und 4837. Über das Bild der Vensu Genitrix s. Visconti M. Pio Ci. III, 8, Gerhard Venusidole S. 3.

57 Becker Handb. 1, 444. Daß auch diese Venus des Hadrian die Venus Genitrix war, und zwar in der erweiterten Bedeutung einer Genitrix Gentis Martiae, Arnob. IV, 35, folgt auch aus der Stifung zu Ehren des Marc Aurel und der Faustina bei Dio LXXXI, 31.

58 Tacitus Annalen IV, 43, Sueton Claud. 25. Vgl. Eckhel D. N. 1 p. 236.

59 Liv. XXII, 9, XXIII, 30. 31, Becker S. 403.

60 Liv. XXX, 38, Strabo VI p. 272.

61 Nach Liv. X, 31, vgl. Serv. V. A. I, 720, wo Fabius Gurges diesen Tempel nach dem Samniterkriege stiftet, weil Venus sich ihm gnädig erwiesen. Er setzt hinzu: *Hanc Itali Postvotam dicunt,* welcher Name wohl verdorben ist.

62 Liv. Epit. 63, Plin. H. N. VII, 35, Iul. Obseq. 37 (97), Oros. V, 15, Fischer Röm. Zeitt. im J. 114 und 113.

63 Plin. I. c., Val. Max. VIII, 15, 12. Daß das Heiligtum im Bezirk der Murcia lag, folgt aus Serv. V. A. VIII, 636.

64 Serv. A. I, 720, nach welchem andere die Venus calva erklärten wie pura, noch andere quod vorda amantium calviat i. e. fallat atque eludat. Die Geschichte, daß die Frauen ihr Haar zu Kriegsmaschinen hergegeben, wurde auch von der Belagerung Karthagos und von der von Byzanz und Aquileja erzählt, s. Lactant. 1, 20, 27, Iul. Capitol. Maximin. Iun. 7.

65 Schol. II. 2, 820, Serv. I. c.

66 Or. n. 1366 und 4036, Mommsen I. N. n. 3903. 4986. 6034, vgl. Visconti M. P. CI. II p. 313 und Müller Handb. der Archäol. § 376, 3. Venus felix ist zu verstehen wie arbor felix von feo, fetus usw.

67 Or. n. 1370, Mommsen I. N. n. 2253, vgl. Dens. im Rh. Mus. f. Philol. 1847 S. 457 und das Bullet. Archeol. Napol. 1854 p. 58. Die Mefitis Fisica bei Mommsen I. N. n. 307 bedeutet wohl eine heiße Schwefelquelle, in deren Nähe die Vegetation gut gedieh. Pompeii heißt COLonia VENeria CORnelia entweder nach dem Diktator Sulla oder nach seinem Neffen P. Corn. Sulla. Vgl. Martial. IV, 44 *Haec Veneris sedes, Lacedaemone gratior illi,* und Bulet. Nap. 1853 n. 27. Bekannt ist die Venus von Capua, vgl. Mommsen n. 3561 *Magistri Venerus Ioviae.* In Sorrent aedes veneris, ib. n. 2123. 2124.

68 Serv. V. A. I, 720.

69 Verr. Flacc. b. Macrob. I, 12, 15 und Fast. Praen. 1. April. *Frequenter muleires supplicant Fortunae Virili, humiliores etiam in balineis, quod in iis ea parte corporis utique nudantur, qua feminarum gratia desideratur.* Vgl. Ovid F. IV, 145 ff., Io Lyd. d. Mens. IV, 45.

70 Ovid I. c. v. 133 ff., vgl. Plut. Numa 19. Vermutlich hängt damit zusammen die 'Αφροδίτη ἐπιταλάριος bei Plut. fort. Ro. 10, welche neben der Fortuna Virilis verehrt wurde.

71 Ovid F. IV, 863 ff., Verr. FI. Fast. Praen. z. 25. April. Eben dahin gehört die V. militaris, d. h. *quae castrensibus flagitiis praesidet et puerorum stupris,* Arnob IV, 7, Serv. V. A. I, 720. So spricht Varro r. r. II, 10, 6 von einer V. pastoralis, d. h. einer Göttin des Liebesbedürfnisses der Hirten.

72 Pers. II, 70, vgl. Anthol. Pol. VI, 280 und O. Jahn z. Pers. p. 139. Vgl. Varro b. Non. Marc. p. 156 *Properate vivere puerae, quas sinit aetatula, ludere, esse, amare et Veneris tenere bigas.*

73 Virgil Ge. IV, 110 mit den alten Auslegern, Horat. S. 1, 8, vgl. Plin. H. N. XIX, 4, 19 *hortoque et foro tantum vontra invidentium effascinationes dicari videmus in remedio satyrica signa, quamquam hortos tutelae Veneris adsignante Plauto,* O. Jahn in den Berichten der K. Sächs. Ges. d. W. 1855 S. 72. Inschriften b. Or. n. 1623 und eine merkwürdige griechische aus Rom C. 1. Gr. n. 5960.

74 Petron. Satyr. 60, vgl. O. Jahn in dens. Berichten 1856 S. 235 ff. In einer Inschr. b. Grut. p. 95, 4 heißt Priapus der conservator propaginis villicorum, in einer griechischen Inschrift aus Rom C. 1. Gr. n. 5962 γενέσεως ποιμήν.

75 Inschriften von Gräbern b. Henzen n. 5756 a aus Rom: *Custos sepulchri pene destricto deus Priapus ego sum mortis et vitai locus,* vgl. Or. n. 1624 aus Verona: *Dis Manib. C. H. C. locus adsignatus monimento in quo est aedicula Priapi* etc. Vgl. Mommsen I. N. n. 4218 aus Interamna am Liris: *Manibus* und dazu als Bild: Venus nuda iacet cum Cupidine, vgl. Or. n. 4585. Ein Priapus Pantheus b. Or. n. 2117.

76 Augustin C. D. VI, 7.

77 Vgl. Varro. 1. 1. V, 74, Mommsen I. N. n. 375 und 636. Neben der Ceres wird er genannt b. Mommsen n. 373 und b. Henzen z. Or. n. 5718.

78 Columella X, 308 *mercibus et vernis dives Vertumnus abundet.* Vgl. Prop. IV, 2, 11 *seu quia vertentis fructum praecepimus anni, Vertumni rursus creditur esse sacrum.* Tibull. IV, 2, 14 *Talis in aeterno felix Vertumnus Olympo: mille habet ornatus, mille decenter habet.*

79 Daher Horat. S. II, 7, 14 *Vertumnis quotquot sunt natus iniquis.* Er wurde darüber und wegen seiner Stelle im Vicus Tuscus, wo es viele Buden gab, Horat. Ep. I, 20, 1, II, 1. 269, Martial. XI, 27, 11, auch zum Gotte des Kaufs und Verkaufs, s. Ascon. in Verr. II, 1, 154 p. 199 – *Vortumnus autem deus invertendarum rerum est i. e. mercaturae.* Über seine gewöhnliche Bildung s. Welcker z. Müller Handb. d. Arch. § 404, 1.

80 v. 10 *Vertumunus verso divor ab amne deus.* Vgl. Ovid F. VI, 403 und Serv. V. A. VIII, 90. Über das Örtliche s. Becker Handb. 1, 154. 489 und meine Regionen S. 151.

81 Aufrecht und Kirchhoff Umbr. Sprachdenkm. 2 S. 364. Neben dem Puemunus und in steter Vervbindung mit ihm erscheint auf den iguvinischen Tafeln eine Göttin Vesuna, die sich auch bei den Volskern und Marsern findet, aber noch nicht sicher erklärt ist, vgl. Mommsen Unterital. Dial. t. XIV S. 321. 325.

82 Varro l. l. VII, 45, Fest. p. 154 Maximae dignationis.

83 Fest. p. 250, vgl. Bormann altlatin. Chorogr. S. 118.

84 Vgl. die oskische Inschrift aus jener Gegend bei Mommsen Unterit. Dial. t. XV S. 339 *mesene flusare poimuni [e] d. i. mense Florali Pomonae.* Das oskische Wort für pomum ist sonst posmum = pômum, dessen langes o auf Wegfall eines Konsonanten deutet. Pott etymol. Forsch. 1, 271 leitet es ab vom Sanskr. pusch d. i. nutrire. Vgl. noch die Inschr. aus Salerno bei Mommsen I. N. n. 122, wo einer eine Summe legirt *ad exornandam aedem Pomonis* etc.

85 Kal. Capranic. Amitern. zu. d. Id. Aug. Auch die aedes Vertumni b. Fest. p. 209 Picta ist wahrscheinlich auf den Aventin zu beziehn, s. Becker Handb. 1, 450. 453. 489. Andere Stellen sind zweifelhaft, weil die Namen Vortumnus und Volturnus leicht verwechselt wurden.

SECHSTER ABSCHNITT

1 Varro b. Non. Marc. p. 163, Serv. V. G. I, 21.

2 Dionys H. VIII, 79, Appian Bell. Civ. II, 126.

3 Varro r. r. 1, 1, 5, vgl. die Eidesformel b. Macrob. S. III, 9, 12 *Tellus Mater teque Iupiter obtestor. Cum Tellurem dicit, manibus terram tangit, cum Iovem dicit, manus ad coelum tollit.* Vgl. oben.

4 Lucret. II, 589 ff., V, 792, 818 ff. In einer afrikanischen Inschrift aus Cuicul b. L. Rénier Inscr. de l'Algérie n. 2531 heißt es: *Telluri Genetrici res publica Cuiculitanor. templum fecit* etc.

5 Varro l. l. V, 64 *Haec enim terris gentes omnes peperit et resumit denuo, quae dat cibaria, ut ait Ennius.* Vgl. die Formeln der Devotion bei Liv. VIII, 9, X, 28 und A. Victor Caes. 33 vom Tode des verhaßten Gallien: *quum irruens vulgus pari clamore Terram Matrem Deosque Inferos precaretur, sedes impias uti Gallieno darent.*

6 Liv. XLI, 28. Vgl. Eckhel D. N. VI p. 509, VII p. 110.

7 Virgil Aen. IV, 166 nennt sie deshalb neben der Iuno pronuba. Vgl. Servius zu d. St. und Roßbach über d. röm. Ehe S. 302.

8 Flor. 1, 19, vgl. Becker S. 524.

9 Serv. V. G. I, 7 *alma Ceres – a creando dicta, quamvis Sabini Cererem panem appellant,* wofür vermutlich zu lesen ist *Pandam.* Über den Sanskritstamm kri, Kar d. i. facere, creare und die dahin gehörende lateinischen Wörter s. oben. Eine falsche Etymologie ist die bei Varro l. l. V, 64 und Cicero N. D. II, 26, Ceres habe früher Geres geheißen, *a gerendis frugibus, antiquis enim C quod nunc G.*

10 So verstehe ich Fest. p. 253 *Popularia sacra sunt, ut ait Labeo, quae omnes cives faciunt nec certis familiis attributa sunt: Fornacalia, Parilia, Laralia, Porca praecidanea.*

11 Varro l. l. VI, 26 *Sementinae feriae dies is qui a pontificibus dictus appellatus a semente, quod sationis causa susceptae.* Paul. p. 337 *Sementinae feriae fuerunt institutae, quasi ex iis fruges grandescere possint.* Vgl. Ovid F. 1, 657 ff. und Io Lydus d. mens. III, 6, welcher letztere ausdrücklich von der ἀρχὴ σπόρου spricht.

12 Serv. V. Ge. I, 21, Tellus erscheint auch bei Varro r. r. 1, 2 als die Hauptgöttin der feriae sementinae.

13 Vgl. Varro l. l. VI, 24, 26. Dionys. H. IV, 15.

14 Varro l. l. VI, 15, d. r. r. II, 5, 6. Vgl. Paul. p. 83 Fordicidis, p. 102 Horda und Ovid F. IV, 629 ff.

15 Seneca Apocol. 7, 4, Plin. Ep. VIII, 21, Stat. Silv. IV, 4, 40, vgl. Mommsen Leipz. Ber. 1850 S. 67.

16 In anderm Sinne nannte man praecidaneae hostiae solche Opfertiere, welche vor anderen Opfern zur Sühnung eines eventuellen piaculum dargebracht wurden, daher es auch eine praecidanea agna gab, vgl. auch Fest. p. 238 *propudianus porcus dictus est, ut ait Capito Ateius, qui in sacrificio gentis Claudiae velut piamentum et exsolutio omnis contractae religionis est.* Dahingegen die praecidanea porca sich immer speziell auf Ceres und den Schnitt der Felder bezieht, s. Gell. N. A. IV, 6, 7 *Porca praecidanea appellata, quam piaculi gratia ante fruges novas captas immolare Cereri mos fuit, si qui familiam funestam aut non purgaverant aut aliter eam rem quam oportuerat procuraverant.* Vgl. Paul. p. 219 und 223, Non. Marc. p. 163, wo aus Varro de vita populi Ro. lib. III diese Worte angeführt werden: *quod humatus non sit* (d. h. wenn die stellvertretende Erdscholle vergessen war), *heredi porca praecidanea suscipienda Telluri et Cereri, aliter familia non pura est.*

17 Fest. p. 250 praesentanea porca, vgl. Mar. Victorin A. Gramm. p. 2470. Sind die cerriti d. i. larvati wirklich von der Ceres abzuleiten (S. 71), so würde diese Göttin auch als mater larvarum gedacht worden sein.

18 Paul. p. 235 *praemetium quod praelibationis causa ante praemetitur.* Ib. p. 319 *sacrima appellabant mustum quod Libero sacrificabant pro vineis et vasis et ipso vino conservandis, sicut praemetium de spicis, quas primum messuissent, sacrificabant Cereri.* Vgl. Plin. H. N. XVIII, 2, 2 *ac ne degustabant quidem novas fruges aut vina, antequam sacerdotes primitias libassent* und oben.

19 Virg. Ge. 1, 347 *neque ante falcem maturis quisquam supponat aristis, quam Cereri torta redimitus tempora quercu det motus incompositos et carmina dicat.* Vgl. Tibull. II, 1, 51 ff.

20 Varro l. l. VI, 13, Fest. p. 253 Popularia sacra, p. 254 Quirinalia, Paul. p. 83 und 93 Fornacalia, Ovid F. II, 511 ff., Plin. H. N. XVIII, 2, 2, Lactant. 1, 20, 35.

21 Dionys. 1, 19, Justin. XLIII, 1, Macrob. I, 7, 28, Varro l. l. V, 74.

22 Varro l. l. V, 57. 64 und bei Augustin C. D. VI, 8, VII, 13, Tertull. ad Nat. II, 12, Fest. p. 186 Opima Spolia und p. 325 Saturno. Jene Inschrift des neuerdings bekannt gewordenen Gefäßes lautet SAETVRNI POCOLOM. Vgl. Ritschl de fictilibus litteratis latin. antiquiss. Berol. 1853.

23 Fest. l. c., Macrob. S. I, 7, 24, vgl. ib. 25 *Huic deo insertiones surculorum pomorumque educationes et omnium huiusmodi fertilium tribuunt disciplinas* und Arnob. III, 29, VI, 12. Eine angeblich aus dem Lande der Peligner stammende griechische Inschrift 'Αμπελοφύτης Κρόνος C. I. Gr. III n. 5877 c wird von Mommsen I. N. fals. n. 829 für unecht erklärt.

24 Tertull. Apolog. 25, Ad Nat. II, 9, Augustin C. D. XVIII, 15, Lactant. 1, 20, Plin. H. N. XVII, 9, 6, bei denen die Formen Sterces, Sterculus und Sterculius, Stercutus und Stercutius nebeneinander vorkommen. In Rom soll es eine von Picus gestiftete ara Stercuti gegeben haben, Isidor. Orig. XVII, 1, 3. Vgl. oben S. 331.

25 Tertullian ad Nat. II, 12, Lactant. 1, 13, Minuc. Fel. Octav. p. 209, welche sich auf andere Schriftsteller, u. a. auf Varro berufen, Virg. Aen. VIII, 319 ff., Ovid F. I, 233 ff. Ennius scheint diese Sage in den Annalen kurz berührt, im Euhemerus ausführlich erzählt zu haben, s. Vahlen p. 169 sqq.

26 Virg. Aen. VII, 321 *Is genus indocile ac dispersum montibus altis composuit legesque dedit Latiumque vocari maluit, his quoniam latuisset tutus in oris*. Ovid F. I, 236 *Dicta quoque est Latium terra latente deo*. Vgl. Ennius p. 171 ed. Vahlen.

27 Varro l. l. V, 42 *Hunc autem montem Saturniam appellatum prodiderunt et ab eo late Saturniam terram, ut etiam Ennius appellat. Antiquum oppidum in hoc fuisse Saturnia scribitur. Eius vestigia etiam nunc manent tria, quod Saturni fanum in faucibus, quod Saturnia porta, quam Iunius scribit ibi, quam nunc vocant Pandanam, quod post aedem Saturni in aedificiorum legibus privatis parietes postici muri sunt scripti*. Vgl. Fest. p. 322 Saturnia, Solin. 1, 13, Virg. Aen. VIII, 355.

28 Varro r. r. III, 1, 5 *Nec sine causa Terram eandem appellabant Matrem et Cererem, et qui eam colerent piam et utilem agere vitam credebant, atque eos solos reliquos esse ex stirpe Saturni regis*.

28 Lucret. II, 1168 *tristis item vetulae sator atque vietae temporis incusat momen caelumque fatigat et crepat antiquum genus ut pietate repletum perfacile angustis tolerarit finibus aevom*.

30 Virg. Ge. II, 536, Aen. VIII, 324 ff., Iustin. XLIII, 1, Macrob. S. I, 7, 26.

31 Liv. II, 21, Dionys V, 1, Macrob. S. I, 8, vgl. meine Regionen d. St. R. 145 ff. und Canina Indicazione topogr. di Roma antica p. 276 ed. 4, Annal. dell' Inst. 1849 p. 260.

32 Macrob. S. I, 11, 48 *sacellum Ditis arae Saturni cohaerens*. Vgl. I, 7, 31.

33 Macrob. I, 8, 3, Plut. Public. 12, Qu. Ro. 42. Daß dieses Aerarium ein kellerartiges Gewölbe unter oder hinter dem Tempel war, folgt aus der Beschreibung bei Lucan. Pharsal. III, 153 ff. Auf einer Inschrift b. Or. 1507 führt S. den Beinamen Conservator.

34 Macrob. I, 8, 5, daher Stat. Silv. 1, 6, 4 von den Saturnalien: *Saturnus mihi compede exsoluta et multo gravidus mero December*. Vgl. Arnob. IV, 24, Minuc. Fel. p. 184 *pedibus Mercurius alatis, Pan ungulatis, Saturnus compeditis*.

35 Fest. p. 322 Saturnia, Paul. p. 119 lucem facere, vgl. Dionys. 1, 38, Plut. Qu. Ro. 11, Macrob. I, 7, 27; 8, 2.

36 So sagt ein Atellanendichter Mummius bei Macrob. I, 10, 3 *Nostri maiores velut bene multa instituere, optime a frigore fecere summo septem Saturnalia*. Vgl. ib. 19.

37 Herodian 1, 16 διὰ ταῦτά τοι καὶ μέχροι νῦν 'Ιταλιῶται τὰ μὲν Κρόνια προεορτάζουσι θεῷ τῷ λαθόντι, τὴν δὲ τοῦ ἔτους ἀρχὴν ἱερομηνίαν ἄγουοι τῷ τῆς 'Ιταλίας θεῷ, d. h. dem Ianus.

38 Plut. Qu. Ro. 34.

39 Horat. Sat. II, 7, 4 und Od. III, 17, 4, wo der Dichter gleichfalls die Saturnalien im Sinne hat, vgl. Martial. XIV, 70. Mehr bei Macrob. I, 7, 26. 37; 24, 23, Iustin. XLIII, 1, Dio LX, 19, Athen. XIV p. 639 B, Arrian Epictet. Diss. IV, 1, 58 u. A.

40 Macrob. I, 10, 1; 16, 16, Sueton Octav. 32.

41 Macrob. I, 11, 1.

42 Macrob. I, 7, 28 ff. vgl. 11, 48, Dionys. 1, 19, Lactant. 1, 21, 6, vgl. oben. Nach einigen galten auch die Gladiatorenspiele vorzugsweise dem Saturnus, s. Lactant. VI, 20, 35, Auson. ecl. de fer. Rom. 33, wobei aber doch nur späterer Gebrauch zugrunde liegen kann. Vielleicht wirkte hier der Dienst des punischen Saturnus ein, auf welchen wohl auch Tertull. testim An. 2, de Pallio 4 zu beziehn ist.

43 Varro l. l. V, 64, Paul. p. 54, Macrob. I, 7, 33.

44 Marini Atti p. 290, Bötticher Tektonik 2, 337, Baumkultus S. 49. Vgl. über das Feuer um Weihnachten in Frankreich und Deutschland Grimm D. M. 593.

45 Martial. V, 30, 8, XIV, 1, 3, Macrob. I, 5, 11.

46 Tacit. Ann. XIII, 15, Arrian Diss. Epict. 1, 25, Lucian Saturn. 3.

47 Liv. XXII, 1, Macrob. I, 10, 18, vgl. Petron. Sat. 58, Martial. XI, 2, 5 *clamant ecce mei iam Saturnalia versus*, Dio LX, 19 von den Soldaten in Britannien: συμβοήσαντες ἐξαίφνης τοῦτο δὴ τὸ θρυλούμενον Ἰὼ Σατουρνάλια, ἐπειδηπερ ἐν τοῖς Κρονίοις οἱ δοῦλοι τὸ τῶν δεσποτῶν σχῆμα μεταλαμβάνοντες ἑορτάζουσι.

48 Macrob. I, 10, 3, wo verschiedene Stellen aus Atellanendichtern für diesen Sprachgebrauch angeführt werden. Natürlich waren die Saturnalien auf der Volksbühne sehr populär. Laberius hatte einen Mimus desselben Inhalts gedichtet, Gell. N. A. XVI, 7, 11.

49 Macrob. I, 10, Fest. p. 185 Opalia, Merkel Ovid F. p. XX. Die Kalender wissen zwar nur von einem Tage des Saturn, dem 17., und einem der Ops, dem 19., aber auch hier scheint die Sitte bald weiter gegangen zu sein und sowohl dem Saturn als der Ops zwei Tage gefeiert zu haben.

50 Sueton Cal. 17, Dio LIX, 6, LX 25.

51 Martial. XI, 6 *unctis falciferi senis diebus*. XIV, 1, 9 *quid agam potius madidis Saturne diebus*. Stat. Silv. 1, 6, 5 *multo gravidus mero December*. Vgl. Seneca Ep. 18, Martial. XIV, 1, 1, Tertull. Apolog. 42.

52 Auf ähnliche Späße deutet Martial. XIV, 1, 4 *cum videat gelidos tam prope verna lacus*.

53 Vgl. Martial. V, 18, VII, 53 u. a.

54 Sueton 75, vgl. Stat. Silv. 1, 6 und Spartian Adr. 16 *Saturnalia et Sigillaritia frequenter amicis inopinantibus misit et ipse ab his libenter accepit et alia invicem dedit*.

55 Varro l. l. VI, 22, Macrob. I, 10, 18. Auch die Anspielungen auf einen Schatz im T. der Ops bei Cic. Philipp. I, 7, 17, II, 14, 35 beziehen sich wohl auf das Aerarium des Saturn. Vgl. Or. n. 1506 *locus adsignatus aedi Opis et Saturni*.

56 Macrob. I, 10, 21 *Huic deae sedentes vota concipiunt terramque de industria tangunt*. Vgl. ib. III, 9, 12 (S. 402, 3) und Il. IX, 567 ff., Hymn. in Apoll. 332.

57 Paul. p. 187 *Opis dicta est coniux Saturni, per quam voluerunt terram significare quia omnes opes humano generi terra tribuit, unde et opulenti terrestribus rebus copiosi et hostiae opiamae praecipue pingues et opima magnifica et ampla spolia*. Vgl. Fest. p. 186 opima spolia und Varro l. l. V, 57. 64. Daher ops in der ältern Sprache für opulentus und das Gegenteil inops, Fest. p. 190, und copi, copem für copioso und copiosum, Non. Marc. p. 84, desgleichen copia, inopia usw.

58 Varro l. l. VI, 21, Fest. p. 186, Macrob. III, 9. 4, Kal. Maff. Capran. Allif. a. d. VIII K. Sept.

59 Augustin C. D. IV, 11 *ipse opem ferat nascentibus exipiens eos sinu terrae et vocetur Opis*. Vgl. ib. 21 und Plin. H. N. II, 63 *quae nos nascentes excipit* etc.

60 Liv. VIII, 1, XLV, 33.

61 *Iunoni procreationem liberorum, sterilitatem horum tam Saturno quam Luae (v. Lunae). Hanc enim sicut Saturnum orbandi potestatem habere*.

62 Vgl. diluere und die Persephone XXX der Griechen, Gr. Myth. 1, 496.

63 Plaut. Cistell. II, 1, 39, Ovid F. VI, 279.

64 Der Kopf ist mit reichlichem Barte versehn, daneben sieht man auf einigen Münzen die gezahnte Sichel, auf anderen die orientalische Harpe. Auch wurde er gewöhnlich wie Kronos obvoluto capite abgebildet, Serv. V. A. III, 407. Auf spätern Kaisermünzen bedeutet er die ewige Zeit, s. Eckhel D. N. VII p. 381.

65 Liv. XXXIX, 22 *aedis Opis in Capitolio de caelo tacta*. Auch ihr wurde am 25. Aug. geopfert, s. Kal. Capranic. Vgl. die Inschr. aus Praeneste bei Grut. p. 26, 4 *Opi Divinae et Fortunae Primigeniae sacrum*, aus der Zeit des Kaisers Pertinax.

66 S. die Kalender zum 10. August. Vgl. die Ops Augusta auf Münzen des Antonin b. Eckhel D. N. VII p. 143.

67 Dionys. I, 33, II, 31, Liv. I, 9, Ovid F. III, 199, Plut. Rom. 14, Paul. p. 41 Consualia, vgl. Tertull. de Spectac. 5, Augustin C. D. IV, 11, Arnob. III, 23, Serv. V. A. VIII, 635. 636. Die Gloss. Labb. p. 40 identifizieren ihn mit dem ägypt. Harpokrates, dem Gotte des Schweigens und der verborgnen Weisheit. Die Ableitung von consilium ist nicht zu rechtfertigen, da dieses Wort aus consul entstanden, consul aber nach Analogie von praesul zu erklären ist.

68 Vgl. Hartung Rel. der Römer II, 87, Schwegler R. Gesch. 1, 471 ff., Roßbach über die rö. Ehe 330 ff.

69 Tacit. Ann. XII, 24, Tertull. de Spetac. 5 und 8.
70 Varro l. l. VI, 20, Dionys II, 31, Plut. l. c. die Kall. z. 21 Aug.
71 Dionys I, 33, Paul. p. 148 mulis, Plut. Qu. Ro. 48.
72 Non. Marc. p. 21, 9 cernuus. – Varro de Vita populi Rom. lib. I. *Etiam pelles bubulas oleo perfusas percurrebant ibique cernuabant. A quo ille versus vetus est in carminibus: Sibi pastores ludos faciunt coriis Consualia.* Vgl. oben S. 203.
73 Kal. Maff. Praen. Amitern. Antiat. zum 12. Dec. Da einige von diesen Kalendern zum 21. Aug. und 15. Dez. von einem Consus in Aventino reden, so muß es auch auf dem Aventin, wahrscheinlich am Abhange über dem Circus, einen Altar des Consus gegeben haben.
74 Tertull. de Spect. 5 *Et nunc ara Conso illi in Circo defossa est ad primas metas* (dieses sind die metae Murciae, s. S. 386), *sub terra, cum inscriptione huius modi: CONSVS CONSILIO, MARS DVELLO, LARES COILLO POTENTES.* Vgl. Ascon. in Cic. Verr. 1, 31 p. 142 Or. *Alii ideo Magnos Ludos vocatos putant, quod Consiliorum Secretorum Deo – et Dis Magnis i. e. Laribus Urbis Romae dati sunt, quibus aiunt raptas Sabinas esse.* Jene Inschrift kann so alt nicht sein, doch kann die Gruppe Mars Consus Lares nicht erdichtet sein. Über das verdorbne Wort COILLO ist viel gemutmaßt worden, s. Oehler z. Tertull. l. c. Ich glaube, daß am besten COMPITO zu lesen ist.
75 Macrob. S. I, 10, 11, ff., Gell. N. A. VII (VI) 7, Plutarch Rom. 4. 5, Qu. Rom 35, Lactant. 1, 20, 5. Vgl. Tertull. ad Nat. II, Augustin C. D. VI, 7.
76 Tarutius oder Tarrutius lautet der Name bei den meisten Schriftstellern, Carutius bei Macrobius. Die Erinnerung an das Legat der Vestalin Gaia Taracia scheint sich mit dem Märchen von der Acca Larentia verschmolzen zu haben.
77 Macrob. I, 10, 16 *Cato ait Larentiam meretricio quaesu locupletatam post excessum suum populo Romano agros Turacem, Semurium, Lintirium et Solinium reliquisse et ideo sepulchri magnificentia et annuae perentationis honore dignatam.* Der ager Semurius wird auch bei Cic. Phil. VI, 5, 14 erwähnt. Über die Vestalin Taracia s. Plin. H. N. XXXIV, 6, 11, Gell. N. A. VII (VI), 7.
78 Varro l. l. VI, 23, Verr. Fl. z. Fast. Praen., Ovid F. III, 55 ff., Macrob. I, 10, 11. 15. Über das Örtliche Becker S. 492. Die Pontifices nennt Cic. ep. ad. Brut. 1, 15, 8, den fl. Quirinalis Gellius l. c.
79 Liv. I, 4, Ovid F. III, 53 ff., Plut. Rom. 4, Qu. Ro. 35, Lactant. 1, 20 u. A.
80 Plin. H. N. XVIII, 2, Gell. l. c., Fulgentius p. 560.
81 Plin. l. c. nennt sie arvorum sacerdotes. Vgl. Varro l. l. V, 85 *Fratres Arvales dicti sunt qui sacra publica faciunt propterea ut fruges ferant arva, a ferendo et arvi Fratres Arvales dicti. Sunt qui a fratria dixerunt; fratria est graecum vocabulum partis hominum, ut Neapoli etiam nunc.* Vielmehr ist fratres zu verstehn wie sodales, s. oben. Die fratres Arvales werden sonst nur noch bei Minuc. Fel. Octav. 25 genannt.
82 Der Ort heißt jetzt Affoga l'asino und liegt grade vier Millien vor dem jetzigen Stadttor an der Via Portugese, was genau zu jenen Angaben paßt. Im Jahre 1573 wurden dort 19 solcher Tafeln und bei anderen Gelegenheiten andere ausgegraben, während sich andere in der Nachbarschaft verschleppt haben. Überdies läßt sich aus Aufzeichnungen des 16. Jahrhunderts nachweisen, daß selbst die alten Gebäude des Hains sich zum Teil bis zu jener Zeit erhalten hatten, s. Abeken Ann. dell'Inst. 1841 p. 121, Melchiorri Append. agli Atti e Mon. de'Fr. Arv. p. 57, De Rossi Bullet. d. Inst. Arch. 1855 p. LIV. Über die Via Campana s. meine Regionen S. 97. 230.
83 Vom 7. bis zum 14 Mai sammelten die Vestalinnen die spicas adoreas (Dinkel, Spelt) zu dem von ihnen bereiteten far pium, Serv. V. Ecl. VIII, 82. Unbekannt ist die Beziehung von Paul. p. 91 *Florifertum dictum quod eo die spicae feruntur ad sacrarium.*
84 Die ältern Urkunden berichten über diese Gebräuche kürzer, die späteren immer ausführlicher, als ob sich die Sicherheit der mündlichen Tradition mit der Zeit verloren hätte. So ist hier und überhaupt besonders tab. XLI a. b. zu vergleichen, die wichtigste unter allen diesen Urkunden, welche aber erst aus der Zeit des Elagabal ist.
85 Der Ausdruck der Urkunden ist: *fruges aridas et virides contigerunt*, wo contingere wohl ein weihendes Berühren und Kosten bedeutet, s. Plin. H. N. XVIII, 2, 2 *ac ne degustabant quidem novas, fruges aut vina antequam sacerdotes primitias libassent*, und XXVIII, 2, 5 *cur ad primitias pomorum haec vetera esse dicimus, alia nova optamus?* Vgl. oben. Fruges sind Feldfrüchte, speziell Cerealien, s. Marini p. 201. Heilige Brote kommen auch sonst vor, s. oben. Hier sind sie zur Weihe mit Lorbeer bekränzt und vermutlich von frischem Korn gebacken.

86 Serv. V. A. I, 730 *apud Romanos coena edita sublatisque mensis primis silentium fieri solebat, quoad ea quae de coena libata fuerant ad focum ferrentur et igni darentur ac puer deos propitios nuntiasset*: wobei für gewöhnlich an die Laren und Penaten zu denken ist.

87 *Ad aram immolavit porcilias duas luci coinquendi et operis faciundi, ibique vaccam honorariam albam ad foculum immolavit. Lucum coinquire* ist i. q. collucare, sublucare arbores, *opus facere* ist den Gottesdienst verrichten, s. Marini p. 309. 339. Offenbar säuberte man den Hain, ehe man die heiligen Gebräuche in ihm vornahm, und brachte eben deshalb vorher das Sühnopfer, s. oben. Die vacca *honoraria* bildet als honoris ergo dargebrachtes Opfer einen Gegensatz zu den porciliis *piacularibus*, s. Marini p. 310. Ohne Zweifel galt sie der Dea Dia als der lichten und wohltätigen Ackergöttin. Die Eingeweide dieser Kuh wurden auf einem Altare in dem Circus niedergelegt.

88 *E* steht entweder wie in den Schwurformeln Ecastor, Equirine, Eccere, oder es ist mit nos zu verbinden, wie in eccum, ellum, ellam u. dgl. Luerve ist luervem d. i. luerem, luem. *Sins* scheint eine veraltete Imperativform zu sein für sine, vgl. Fest. p. 205 *in Saliari carmine – prospices prospice – perfines perfringas. Pleoris* sind plures, der Sinn wie οἱ πολλοί, plebs, das Volk. Zu *satur furere* vgl. Horat. Od. 1, 2, 37 heu nimis longo satiate ludo. Über das Folgende s. oben, *sta verbere* (das e ist am Schlusse weggefallen wie in advocapit) ist zu verstehen: Stehe still, halte Ruh mit deiner Geisel, vgl. Ovid Met. XIV, 821 *conscendit equos Gradivus et ictu verberis increpuit. Advocapit* ist das Futurum anstatt des Imperativs. Daß die Tanzenden in drei Gruppen verteilt waren, folgere ich aus der dreimaligen Wiederholung des Textes in der Urkunde. Außer den S. 39, 2 Zitierten vgl. Mommsen R. G. 1, 204.

89 Immer heißt es von diesem Tage, daß die Brüder zusammenkommen ad consummandum sacrificium. So auch in der Ankündigung des Festes t. XXXII, 1, 18; XIII K. lund. consummabitur domi. Vgl. Marini p. 198. 286.

90 Vgl. t. XXXII, 21 und t. XLIII.

91 Macrob. S. III, 9, 4, Io Lyd. d. Mens. IV, 50,. 51 vgl. oben S. 56, 1. Als der S. 33, 1 erwähnte Q. Valerius Soranus als Volkstribun den Namen dieses Schutzgottes öffentlich auszusprechen wagte, wurde er mit dem Tode bestraft, Plin. H. N. III, 5, 9, 65, Serv. V. A. I, 277.

92 Man pflegt deshalb gewisse kleine nackte Frauenbilder, die als Amulette gedient haben, und andere Bilder der Art voreilig Angerona zu nennen, s. O. Jahn Leipz. Berichte 1855 S. 47. 48.

93 Varro l. l. VI, 23 *Angeronalia ab Angerona, cui sacrificium fit in curia Acculeia et cuius feriae publicae is dies*. Vgl. die Kalender z. 21. Dez., von denen das Maff. den Tag DIValia nennt, Verrius Flaccus aber zu den Fast. Praen. eine leider verstümmelte Anmerkung macht, welche vielleicht zu lesen ist: *Feriae Diva(les) appell(antur) … in ar(a curiae) Occul(eiae)*. Mehr bei Macrob. I, 10, 7, vgl. Paul. p. 17 Angeronae Deae und die Glossae Labb. p. 12, welche die Angeronia für eine Göttin τῆς βουλῆς καὶ καιρῶν erklären.

94 Ennius Annal. 247 *quocum multa volup ac gaudia clamque palamque*. Daher die Volupia auch unter den Gottheiten puerilis aetatis angerufen wurde, neben der Venilia und Libentina.

95 Dionys. VI, 17 und 94. Vgl. Tacit. Ann. II, 49, Becker Handb. 1, 471.

96 Cic. pro Balbo 24, 55 *Sacra Cereris – summa maiores nostri religione confici ceremoniaque voluerunt: que quum essent assumta de Graecia et per Graecas semper curata sunt sacerdotes et Graeca omnia nominata*. (Vgl. S. 138, 1). *Has sacerdotes video fere aut Neapolitanas aut Velienses fuisse, foederatarum sine dubio civitatum*. Diesen Priesterinnen wurde immer vorher durch einen besondern Gemeindebeschluß die Civität gegeben, s. Cic. l. c. und Valer. Max. I, 1, 1.

97 Plin. H. N. XXXV, 12, 45 (S. 133, 1) vgl. Bröcker Unters. über die Glaubwürdigkeit der altröm. Gesch. S. 26.35 ff., und über die Lage des Tempels Dionys. VI 94 und Liv. XL, 2.

98 Cic. de Legg. II, 9 vgl. ib. II, 15, 37 und Dionys. II, 19.

99 Liv. III, 55, vgl. Plin. H. N. XVIII, 3, 4, Non. Marc. p. 44 pandere, Becker Handb. d. R. Alterth. II, 2, 292 ff.

100 Liv. II, 41, vgl. XXXIII, 25 und Plin. H. N. XXXIV, 4, 9.

101 Liv. X, 23, vgl. Cic. in Verr. V., 14, 36.

102 Becker – Marquardt Handb. II, 2, 327, 3, 248. Ein solcher Aedilis Cerealis des Cäsar war C. Memmius C. F., welcher sich auf Münzen der Memmia nennt, mit der Aufschrift MEMMIVS AED. CERIALIA PREIMVS FECIT und dem Bilde der Ceres.

103 Liv. X, 23, XXX, 39.

104 Cic. in Verr. V, 72, 187, vgl. Val. Max. I, 1, 1.

105 Vgl. Stat. Theb. XII, 270 ff., Sil. Ital. Pun. XIV, 239 ff., Claudian de raptu Proserpinae, und als letzten Nachklang der sizialianischen Legende die Erzählung bei Iul. Firmicus Mat. 7 p. 10 ed. Bursian.

106 Nach Dionys. 1, 33 wäre der Gottesdienst der Ceres in Rom ohne Wein begangen worden. Vgl. aber Virg. Georg. I, 344 und dazu Servius.

107 Ovid F. IV, 619, V, 355, Tertull. de pallio 4 *ob cultum omnia candidatum et ob notam vittae et privilegium galeri Cereri initiantur*. Die vitta war nämlich das priesterliche Abzeichen im Dienste der Ceres. Der galerus scheint hier nicht eine Kopfbedeckung wie beim fl. Dialis, sondern eine eigentümliche Haartracht gewesen zu sein, vgl. Iuvenal S. VI, 50, Tertull. de test. an. 2, de cult. Fem. II, 7.

108 Ovid F. IV, 389, welche Worte schon auf die Cerealien zu beziehen sind. Vgl. Varro d. r. r. 1, 2, 11.

109 Gellius N. A. XVIII, 2, 11. Bei solchen Mahlzeiten ging es üppig zu, daher Cereales coenae für ein reichliches, üppiges Mahl, Plaut. Menaechm. 1, 1, 25.

110 Tertull. d. idolatr. 10, wo von den verschiedenen Schulferien die Rede ist: *Flaminicae et Aediles sacrificant, creatis schola honoratur feriis*. Höchstwahrscheinlich bezieht sich dieses auf die Cerialien. Von einem Opfer der Ceres, bei welchem ein goldnes und ein silbernes Schwein gebraucht wurde, spricht Fest. p. 238 porcam. Auch auf dem Lande war der 19. April der herkömmliche Festtag, s. Or. n. 1495.

111 Fest. p. 177 *Nuces mitti in Cerialibus*. Auch bei Tacit. Ann. XV, 53 sind die Cerialien ein durch seine Heiterkeit ausgezeichnetes Fest; daher es ein nicht geringes Versehen war, als die Aedilen gelegentlich bei diesen Spielen anstatt der gewöhnlichen Rennen Gladiatoren auftreten ließen, Dio XLVII, 40.

112 Ovid l. c. *nam vivere captam nunc quoque lex volpem Carseolana vetat*. Die Stelle ist verdorben und sehr verschieden emendiert, s. Merkels Ausgabe und Hertzbergs Rec. in der Zeitschr. f. A. W. 1846 n. 19 ff.

113 Griech. Mythol. 2, 97.

114 Gell. N. A. V., 12, Varro l. l. VII, 102, vgl. Plin. H. N. XVII, 44, 2, XVIII, 28, 68. Im Griechischen heißt der Kornbrand gleichfalls wegen der roten Farbe ἐρυσίβη, daher Apollo ἐρυθίβιος auf Rhodos, s. Strabo XIII p. 912.

115 Tertull. d. Spectac. 5, Varro r. r. 1, 1, 6, vgl. oben S. 302, 1, 379, 6.

116 Plin. XVIII, 29, 69, vgl. Varro l. l. VI, 16, Paul. p. 267, Serv. V. Ge. I, 151, nach welchem die Bauern den Kornbrand calamitas nannten d. i. also eigentlich Halmschaden, Kal. Maff. Praenest.

117 Paul. p. 45 *Catularia porta Romae dicta est, quia non longe ab ea ad placandum Caniculae sidus frugibus inimicum rufae canes immolabantur, ut fruges flavescentes ad maturitatem perducerentur*. Vgl. Festl p. 285 *rutilae canes*, Colum. X, 342. Auch bei Plin. XVIII, 3, 3, *Ita est in commentariis pontificum: Augurio canario agendo dies constituantur priusquam frumenta vaginis exeant et antequam in vaginas perveniant* ist an diese Feier zu denken.

118 Verr. Flacc. z. Fast. Praen. ROB. *Feriae Robigo via Claudia ad milliarium V, ne robigo frumentis noceat. Sacrificium et ludi cursoribus maioribus minoribusque fiunt.*

119 So werden sich die verschiedenen Berichte am ersten vereinigen lassen, s. Liv. XXII, 56 und XXXIV, 6, Val. Max. I, 1, 15, Plut. Fab. 18, Paul. p. 97 *Graeca sacra festa Cereris ex Graecia translata, quae ob inventionem Proserpinae matronae colebant* etc., wo irrig von einer Beschränkung der Trauer auf 100 Tage die Rede ist. Vgl. Fest. p. 154 *Minuitur populo luctus – cum in casto Cereris est.*

120 Ovid Met. X, 431 *Festa piae Cereris celebrabant annua matres*, vgl. Merkel O. F. p. CLXXX. Auch die sacra Cereris Matris b. Arnob. II, 73 gehören wohl hierher.

121 Serv. V. A. III, 139, V. A. IV, 58 *Alii dicunt, – Cererem propter raptum filiae nuptias execratam. – Et Romae cum Cereris sacra fiunt observatur ne quis patrem aut filiam nominet, quod fructus matrimonii per liberos constet*, mit Beziehung auf die geraubte *Libera*, vgl. Cic. N. D. II, 24, 62 *sed quod ex nobis natos liberos appellamus, idcirco Cerere nati nominati sunt Liber et Libera, quod in Libera servant, in Libero non item*. Immer liegt bei diesen Vorstellungen das Bild der Ceres deserta zugrunde, wie sie b. Virg. Aen. II, 714 heißt, wozu der Int. Mai. bemerkt: *perpetuum epitheton factum propter raptum Proserpinae*.

122 Serv. V. A. IV, 58, vgl. Paul. p. 87 *facem in nuptiis in honorem Cereris praeferebant*. Daß auch der Dienst der griechischen Thesmophoros in Italien verbreitet war, lehrt die Inschr. aus Pompeji b. Or. n. 2190, daß sie den Römern wohlbekannt war Cic. Verr. V, 72, 187.

123 Plaut. Aulul. II, 6, 5 auf Veranlassung einer Hochzeit, wo der Wein fehlt: *Cererine has facturi nuptias?* Serv. V. Ge. I, 344 *aliud est sacrificium aliud nuptias Cereris celebrare, in quibus revera vinum adhiberi nefas fuerat, quae Orci nuptiae dicebantur, quas praesentia sua Pontifices ingenti solemnitate celebrabant.* Also eigentlich die Hochzeit des Pluton und der Persephone, wie sie in Griechenland im Sommer viel gefeiert wurde, s. Griech. Mythol. 1, 485, daher auch in Rom an dieselbe Jahreszeit zu denken sein wird. Man scheint sich die Ceres dabei als Gastgeberin gedacht zu haben. Auch das letisternium Cereris b. Arnob. VII, 32 gehört vermutlich in diesen Zusammenhang.

124 Plut. Rom. 22. Da Ehescheidungen vor 231 v. Chr. in Rom unerhört waren, so kann dieses Gesetz nicht wohl älter sein.

125 Liv. XXXVI, 37, Kal. Amitern. z. 4. Okt.

126 Cic. Verr. l. c. Wirklich war später durch ganz Italien der Name Ceres der vorherrschende, Demeter wird nur ausnahmsweise genannt, z. B. in der Inschrift aus Cumae b. Or. n. 1498, vgl. Mommsen I. N. ind. p. 459. Überall war diese Religion sehr angesehn und namentlich wurden die Priesterinnen der Ceres vielfach ausgezeichnet, s. die Inschriften aus dem südlichen Italien, Pompeji, Capua, Samnium b. Mommsen I. N. n. 375. 1083. 2206. 2207. 3563. 3572. 3573. 4535. 4743 und die aus Verona b. Or. n. 1494. Besondre Erwähnung verdient die Ceres Helvina oder Elvina in Aquinum, s. Iuvenal Sat. III, 319, Mommsen I. N. n. 4312.

127 Tacit. Ann. II, 49. Eine supplicatio der Ceres und Proserpina nach dem Neronischen Brande b. Tacit. A. XV, 44.

128 Plin. H. N. III, 5, 9, vgl. Sil. Ital. Pun. VII, 162 ff.

129 Der Stamm ist lib, in der älteren Sprache loeb, wohl zu unterscheiden von lŭbet, lĭbet wovon Libentia, Libitina usw. Paul. p. 121 *Loebesum et loebertatem antiqui dicebant Liberum et libertatem. Ita Graeci* λοιβὴν ετ λείβειν. Vgl. Serv. V. G. I, 7 *Sabini – Liberum Loebasium (appellant). Dictum autem quia graece* λοιβὴ *dicitur res divina.* Allerdings hängst wohl auch λείβειν, libare mit diesem Stamm zusammen, nur nicht bloß in dem Sinne der gottesdienstlichen Spende, sondern in dem allgemeineren des fließenden und strömenden Segens, des vegetativen Überflusses überhaupt, s. Augustin C. D. VII, 21 *Liberi sacra, quem liquidis seminibus ac per hoc non solum liquoribus fructuum, quorum quodammode primatum vinum tenet, verum etiam seminibus animalium praefecerunt.* Hinsichtlich des Nebenbegriffs der Befreiung von Sorge und Mühe, der in Italien zur Hauptsache geworden, entspricht dem italischen Liber am meisten der griechische Λύσιος oder Λύαιος, wie denn auch einige Liber von luo ableiten, s. Lobeck Aglaoph. p. 644. In der deutschen Mythologie entsprechen Fro und Frôwa dem italischen Paare Liber und Libera, s. Grimm D. M. 191 ff., 1209.

130 Paul. p. 115 *Liber repertor vini ideo sic appellatur, quod vino nimio usi omnia libere loquantur.* p. 116 Naevius: *Libera lingua loquemur ludis Liberalibus.* Pomponius b. Ribbeck Com. lat. p. 211 *cuiusvis leporis Liber diademam dedit.* Auch die libera coena bei Petron. 26 wird so zu verstehen sein, vgl. Ael. Lampr. Heliog. 11 *vere liberam vindemiam esse quam sic celebrarent.* Dahingegen Seneca d. tranq. an. 15, 15 den Liber nicht ob licentiam linguae so benannt wissen will, *sed quia liberat servitio curarum animum.*

131 Augustin l. c. nach Varro.

132 Vgl. die lehrreiche Abh. von O. Jahn über den Aberglauben des bösen Blicks bei den Alten, in den Berichten der K. Sächs. Ges. d. W. z. Leipzig 1855 S. 68 ff. und oben.

133 Horat. Ep. II, 1, 145 ff., Virg. Ge. II, 385, Liv. VII, 2. Die Ableitung von fascinum leuchtete auch den Alten ein, nur daß sie auch hier an eine everrunzierende Wirkung dachten, Paul. p. 85. Die Stadt Fescennium in der Gegend von Falerii, von welcher auch Serv. V. A. VII, 695 die nuptialia carmina ableitet, hatte ihren Namen vermutlich von einem besonders eifrigen Kulte des fascinum bekommen, dessen Bild man als mächtigen Gegenzauber noch jetzt hin und wieder über den Toren alter Städte in Italien angebracht findet.

134 Augustin C. D. VI, 9. Höchstwahrscheinlich ist auch das hin und wieder in Inschriften des südlichen Italiens erwähnte Priestertum der Ceres und Venus auf Ceres und Libera zu beziehen, s. Mommsen I. N. n. 4227. 5434, vgl. n. 5006.

135 August. C. D. IV, 8 vgl. VII, 20 *Proserpinam – praefecerunt frumentis germinantibus – dictam a proserpendo.* Arnob. III, 33 *quod sata in lucem proserpant cognominatam esse Proserpinam.* Ennius übertrug nach Varro l. l. V, 68 dieselbe Erklärung auf Proserpina als Mondgöttin, *quod haec ut serpens modo in dexteram modo in sinistram partem late movetur*, denn serpere und proserpere sei in der alten Sprache z. B. bei Plaut. Poen. V, 2, 74 proser-

pens bestia dasselbe. Übrigens wurde Proserpina gewöhnlich als Gattin des Dis Pater, Libera als Tochter der Ceres gedacht, vgl. Cic. N. D. II, 26, 66.

136 Mommsen I. N. n. 5009 *Libero Gratilliano* n. 5984 (Or. 1487) *Sig. Lib. Patris et Silvani* etc. unter einer Nische, in welcher die beiden Bilder standen. n. 4834 *L. Octavius Charito operi faciundo praefuit et parietem supra arcus de suo fecit, signum Liberi et Priapisci posuit.* Eben dahin gehört die versifizierte Inschrift aus Lambaese in Numidien b. Henzen z. Or. n. 5716: *Alfinio Fortunato / Visus dicere somnio / Leiber Pater bimatus* (ein Versehn des Steinmetzen für bimater), */ Iovis e fulmine natus / Basis hanc novationem / Genio domus sacrandam. / Votum deo dicavi / Praefectus ipse castris. / Ades ergo cum Panisco / Memor hoc munere nostro / Natis sospite matre. / Facias videre Romam / Dominis munere honore / Mactum coronatumque*: wo Liber Pater eben der genius domus ist, dem Alf. Fort. in der Fremde Weib und Kind und seine eigene Rückkehr nach Rom anbefiehlt.

137 Serv. V. A. III, 20, IV, 58, Schol. Cruq. z. Hor. S. 1, 6, 120. Als einen Gott der üppigen Freiheit bekränzte ihn Livia, die Tochter Augusts, bei ihren nächtlichen Schwärmereien, s. Plin. XXI, 3, 6, Seneca d. Benef. VI, 32, Dio LV, 10. Das Bild dieses Marsyas sieht man auf den Münzen er g. Marcia und Vibia.

138 Sowohl für den Senat als für die Gerichte brachten der September und Oktober Ferien, s. Sueton Octav. 35, Minuc. Fel. Octav. p. 10. Daß auch die Städter und die vornehme Welt an diesen oft sehr ausgelassenen Freuden eifrig teilnahm, sieht man aus Tacit. Ann. XI, 31, Ael. Lampr. Heliog. 11, vgl. Iul. Capitol. Anton. P. 11, Gell. N. A. XX, 8. Für Campanien bestimmt das feriale Capuanum den 15. Okt. zur Feier, der Weinlese, und zwar soll dieses Fest am acherusischen See bei Cumä begangen werden.

139 Virg. Ge. II, 380 ff., wo der Dichter die italischen Gebräuche der Weinlese aus Griechenland, speziell aus Attika ableitet, wie denn nachmals auf dem Lande die beiderseitigen Gebräuche sich immer mehr ausgeglichen haben mögen. So bleibt es zweifelhaft, ob die oscilla bei dieser Gelegenheit altherkömmlich oder Nachahmung der attischen αἰώρα waren, vgl. Serv. Philarg. und Prob. z. Virgil l. c., Fest. p. 195 oscillum. Der ganzen ländlichen Feier gedenkt auch Tibull. II, 1, 55 ff., des Bocksopfers Varro r. r. 1, 2, 19 u. a. Varro liebte es auch, in seinen Satiren auf die Genüsse und Feste des Bacchus anzuspielen, s. den Preis des Weins b. Non. Marc. p. 28 v. coagulum und ib. p. 59 *Homines rusticos in vindemia incondita cantare, sarcinatrices in machinis.*

140 Paul. p. 319 Sacrima (oben S. 407, 2), p. 349 *Suffimenta dicebant quae faciebant ex faba milioque molito mulso sparso. Ea diis eo tempore dabantur, quo uvae calcatae prelo premebantur.* Vgl. Colum. XII, 18, 4.

141 Varro l. l. VI, 14, vgl. Kal. Maff. Farnes. z. 17. März und oben S. 320. Über die ganze Feier Ovid f. III, 711 ff., vgl. Serv. V. A. VII, 109, Varro l. l. VII, 44.

142 Ovid. vs. 777 *Sive quod es Liber, vestis quoque libera per te sumitur et vitae liberioris iter.* Vgl. Cic. ad Att. VI, 1, 12, IX, 9, 4. Die Jünglinge opferten auf dem Capitole, wo deshalb auch Liber sein Heiligtum hatte, Serv. V. Ecl. IV, 50, Kal. Farnes. LIBERalia LIBERO IN CApitolio, vgl. Tertull. de Idolol. 16, Appian B. C. IV, 30 u. A. Nach Tertull. Apol. 42 fanden auch öffentliche Schmäuse an den Liberalien statt, wenn hier nicht die Cerealien im April gemeint sind. Übrigens pflegen die römischen Schriftsteller auch die griechischen Dionysien Liberalia zu nennen.

143 Cic. Verr. II, 5, 14 *ludos – Cereri Libero Liberaeque faciundos.* Serv. V. Ge. I, 7 *quia eis templa simul posita sunt et ludi simul eduntur.* Vgl. Ovid F. III, 785. Ob diese Spiele später szenisch waren, wie die griechischen Dionysien, muß dahin gestellt bleiben, s. Ritschl Parerga Plaut. p. 287, Marquardt Handb. d. R. Alt. IV, 309.

144 Strabo XII p. 567. Auch unter der römischen Herrschaft blieb Pessinus sehr angesehn, s. Val. Max. l, 1, 1, vgl. C. I. Gr. n. 4039.

145 Arnob. VII, 49, vgl. Prudent. Martyr. Rom. 206 *nigellus lapis evehendus essedo muliebris oris clausus argento sedet.* Herodian 1, 11 nennt ihn ein ἄγαλμα διοπετές. Vgl. auch Claudian d. rapt. Proserp. 1, 200 ff. Das alte Bild existierte noch zur Zeit des Theodosius, Zosim. V, 33.

146 Inschriften erwähnen wiederholt eine Mater Deum Magna Portus Augusti et Traiani, welche wahrscheinlich ebenso alt als die in Rom ist, s. meine Abh. über Ostia in den Leipz. Ber. 1849 S. 19 und den Sarkophag aus Ostia mit der Inschr. *Sacerdos M. D. M.* bei Gerhard Antike Bildw. t. XXVIII, Bullet. Archeol. 1849 p. 101–103.

147 Plin. H. N. XVIII, 3, 4, Arnob. VII, 49.

148 Varro l. l. VI, 15 *Megalesia dicta a Graecis, quod ex libris Sibyllinis arcessita ab Attalo rege*

Pergama, ubi prope murum Megalesion templum eius deae, unde advecta Romam. Also wurde das Bild von Pessinus zuerst nach Pessinus gebracht und dort bis zur Abfahrt nach Rom in dem Megalesion deponiert. Andere schreiben Megalensia und ludi Megalenses.

149 Liv. XXXIV, 54, vgl. Val. Max. II, 4, 3, Cic. de Harusp. resp. 12, 24.

150 Liv. XXXVI, 36, Madvig Opusc. Acad. p. 102 sq., Ritschl Parerga Plaut. 293 ff., vgl. Friedländer bei Marquardt Handb. d. R. Alt. IV, 524 und über den Tempel Becker ib. 1, 421.

151 Cic. pro Coelio 14, 34, Sueton Tib. 2, Val. Max. I, 8, 11, welcher von einer Statue der Claudia in der Vorhalle des T. der Großen Mutter erzählt, die zweimal beim Brande verschont geblieben, vgl. Tacit. Ann. IV, 64, Sil. Ital. Pun. XVII, 1–47, Herodian 1, 11, Macrob. II, 5, 4, Iulian in Matr. Deor. Or. V p. 159 Spanh., wo Claudia das Schiff an ihrem Gürtel zieht. Julian fügt hinzu, daß der ganze Vorfall oft beschrieben sei, σωζόμενα δέ καὶ ἐπὶ χαλκῶν εἰκόνων ἐν τῇ κρατίστῃ καὶ θεοφιλεῖ Ῥώμῃ. Noch vorhandne Bilder zitiert Zoega Bassiril. 1 p. 89. 90, vgl. das bekannte Relief einer am Tiber unter dem Aventin, wo der Hafen für die Flußschiffahrt bis zur Stadt war, gefundnen Ara mit der Inschrift MATRI DEVM ET NAVISALVIAE etc. bei Wieseler Denkm. d. A. K. II t. LXIII, 816 und die gleichartige Inschrift b. Or. n. 1906 *Navisalviae et Matri Deum*, wo diese neben der M. D. verehrte Navisalvia nach der wahrscheinlichsten Erklärung eben diese im Munde des Volks zu einer Schutzpatronin der Tiberschiffahrt gewordene Claudia ist.

152 Ovid vs. 329 *Fluminis ad flexum veniunt, Tiberina priores Atria dixerunt, unde sinister ubit.*

153 Dieser Name ist nach Ovid F. IV, 363 und Herodian 1, 11 von einem Flusse Gallus in der Nähe von Pessinus abzuleiten, dessen Wasser eine aufregende Wirkung hatte. Daher das Zeitwort gallare i. q. bacchari Varro b. Non. Marc. p. 119.

154 Cic. de Leg. II, 16, 40 *Stipem* (ἀγερμὸν) *sustulimus nisi eam, quam ad paucos dies propriam Idaeae Matris excepimus. Implet enim superstitione animos et exhaurit domus.* Vgl. Dionys. II, 19 u. Serv. V. Ge. II, 394 *Hymni Matris deum ubique propriam i. e. graecam linguam requirunt.* Ein eigentümliches Opfer der M. D. war das s. g. moretum, ein Gemisch von Milch und Kräutern, Ovid F. IV, 367 ff.

155 Verr. Flacc. F. Praen. z. 4. April, vgl. Ovid F. IV, 352.

156 Cato b. Cic. d. Senect. 13, 45, vgl. Gellius N. A. II, 24, 2; XVIII, 2, 11. Die Dichter der Volkskomödie benutzen diese Schmäuse zu lustigen Genrebildern, s. Com. latin. reliq. ed. Ribbeck p. 138. 163.

157 Dionys. d. a. O., Martial. X, 41, 4.

158 Tertull. de Spectac. 8. Die Bilder vom Circus zeigen sie auf einem Löwen sitzend in der Nähe des Obelisken. Sonst pflegte sie in Rom wie bei den Griechen auf einem von zwei Löwen gezogenen Wagen abgebildet zu werden, z. B. auf der M. der Familie Volteia.

SIEBENTER ABSCHNITT

1 Vgl. Paul. p. 93 *furvum bovem*, die Erklärung des Begriffs der arbores infelices bei Macrob. S. III, 20, 2 und oben S. 47. Selbst die Bedeutung der Zeichen war bei diesen Göttern die umgekehrte, s. Sueton Otho 8 *et victima Diti Patri litavit, quum tali sacrificio contraria exta potiora sint.*

2 Vgl. die Orcini liberti, d. h. solche, die durch das Testament ihres Herrn die Freiheit bekommen und die Orcini Senatores bei Suet. Octav. 35, auch die Orci nuptiae S. 439, 4, vgl. Cic. Verr. II, 4, 50, 111 *ut Verres alter Orcus venisse Ennam et non Proserpinam asportasse, sed ipsam abripuisse Cererem videretur.* So ist Orcus auch bei Plautus und in den Fragmenten der Komiker der gewöhnliche Name für den Todesgott.

3 Fest. p. 202 *Orcum quem dicimus ait Verrius ab antiquis dictum Uragum, quod et u litterae sonum per ö efferebant et per e litterae formam nihilominus g usurprabant.* Die Form Uragus ist vielmehr nach der Analogie von Aesculapius, Hercules, Tecumesa, Alcumena als Dehnung zu erklären, durch ein eingeschobenes ä.

4 Plaut. Bacch. III, 1, 1 *Pandite atque aperite propere ianuam hanc Orci.* Lucret. III, 67 *leti portae*, V, 373 *leti ianua.* Laberius p. 249 Ribb. *Tollat bona fide vos Orcus nudas in catonium*, wo zu schreiben ist catomium d. i. ergastulum.

5 L. Attius p. 124 Ribb. *Orci messis*. Vgl. die Grabschrift des Naevius für sich selbst bei Gell. N. A. 1, 24 *postquam est Orci traditus thesauro*. Ennius Iphig. p. 124 Vahlen: *Acherontem nunc obibo, ubi Mortis thesauri obiacent.*

6 Ennius Ann. 540 *me gravis impetus Orci pertudit in latus.* Horat. Od. III, 2, 14 *Mors et*

fugacem persequitur virum nec parcit poplitibus. Petron. S. 62 *erat autem miles fortis tanquam Orcus apoculanius (Pacuvianus?).*

7 Horat. Od. I, 4, 13 *pallida Mors aequo pulsat pede pauperum tabernas regumque turres.* Ovid Her. 21, 46 *Persephone nostras pulsat acerba fores.*

8 Der Atellanendichter bei Suet. Ner. 39 *Orcus vobis ducit pedes.* Vgl. Plin. H. N. VII, 8 *ritu naturae hominem capite gigni mos est, pedibus efferri.*

9 Horat. S. II, 1, 57 *seu Mors atris circumvolat atris* Od. II, 17, 22 *te Iovis impio tutela Saturno refulgens eriput volurisque Fati tardavit alas.* Grat. Fal. Cyneg. 347 *Stat Fatum supra totumque avidissimus Orcus pascitur et nigris orbem circumsonat alis.* Vgl. Eurip. Alc. 262 *πτερωτὸς*"Αιδας.

10 Fest. p. 257 *Quietalis ab antiquis dicebatur Orcus.* Vgl. *taciti Manes* bei Ovid F. V, 422 *Animae silentum* ib. vs. 483. Virg. Aen. VI, 264 *Umbrae silentes.* Lucan. III, 29 *regesque silentum permisere sequi.* Claudian in Rufin. 1 v. 125 *ubi fertur Ulixes sanguine libato populum movisse silentem*

11 Auch diese Form ist nicht selten, s. Muncker z. Hygin. XLI p. 735, Intpp. z. Petron. 120, Oehler z. Tertull. ad. Nat. 1, 10 p. 331.

12 Vgl. die Inschriften bei Or. n. 1467 ff. Auch Plutoni et Proserpinae kommt vor, desgleichen Plutoni et Cereri bei Henzen z. Or. n. 5711. Vgl. Lucan. 1, 455 *tacitas Erebi sedes Ditique profundi pallida regna.*

13 Sehr merkwürdig sind in dieser Hinsicht die beiden Bilder aus den Katakomben in Rom bei Perret Catacombes de Rome Vol. I pl. LXXII. LXXIII. Auf dem einen ist die *abreptio Vibies et descensio* wie der Raub der Proserpina vorgestellt, auf dem anderen das Urteil über die verstorbene Vibia vor dem Throne des *Dis Pater* und der *Abra Cura* d. i. ἁβρὰ κούρα, welchem zur R. die *Fata Divina* stehen, d. h. die drei Parcen, ganz verhüllte Gestalten, zur L. Vibia geführt von der *Alcestis*, der Heroine der Gattenliebe und dem *Mercurius Nuntius*, welcher für sie zu dem thronenden Paare spricht.

14 Cic. N. D. II, 26, 66. Anders Varro l. l. V, 66.

15 S. Paul. p. 122. 125, Fest. p. 146, Non. Marc. p. 66, Serv. V. A. II, 268, III, 63, oben S. 73. Die Griechen übersetzen daher Manes durch χρηστοί. Über Dii Manes s. Cic. de Leg. II, 9, 22, Plin. H. N. VII, 55, 56, Fabretti Inscr. p. 79 und 86.

16 Plin. XXXIII, 1 *imus in viscera terrae et in sede Manium opes quaerimus.* Vgl. die Sammlung von allerlei Stellen und Ansichten über die Manen bei Serv. V. A. III, 63.

17 Paul. p. 156 *Manes dii ab auguribus vocabantur, quod eos per omnia manare credebant, eosque deos superos atque inferos dicebant.* Vielmehr sind auch hier Manes das Gegenteil von Immanes, die Lichten, die Reinen, vgl. den Cerus manus und manui i. e. boni im Liede der Salier bei Paul. p. 122, Fest. p. 146. Dagegen in der Inschr. Bei Or. n. 1480 I. O. M. *Dis Manibus pro salute* usw. der höchste Gott des Himmels und die Unterwelt gemeint sind.

18 Varro l. l. V, 143 *oppida condebant in Latio Etrusco ritu.* Vgl. Fest. p. 285 Rituales libri und Plut. Rom. 10.

19 Fest. p. 154 *Mundus.* – Quid ita dicatur sic refert Cato in commentariis iuris civilis: „Mundo nomen impositum est ab eo mundo qui supra nos est, forma enim eius est, ut ex his qui intravere cognoscere potui, adsimilis illi". Eius inferiorem partem veluti consecratam Dis Manibus clausam omni tempore nisi his diebus – *maiores censuerunt habendam* etc. Paul. p. 128 *Manalem lapidem putabant esse ostium Orci, per quod animae inferorum ad superos manarent, qui dicuntur Manes.* Nach Fest. p. 142. 22 hieß er Cereris mundus, nach Macrob. I, 16, 17 war er dem Dis Pater und der Proserpina heilig und jener Verschluß die faux Plutonis. Vgl. den Dillestein der Deutschen Mythologie b. Grimm 766.

20 Nach Ovid F. IV. 820 wurde die Grube mit Erde zugeschüttet und darüber ein Altar errichtet, auf welchem alsbald Feuer angemacht wurde, vermutlich um die Superi nicht weniger als die Inferi zu ehren. Nach Plut. Rom. 10 befand sich der Mundus in Rom auf dem Comitium. Vgl. Io Lyd. de Mens. IV, 50.

21 Daher über diesen das fascinum als Amulet. Vgl. Becker Handb. 1, 94 ff. Die Heiligkeit der Mauern bezeugt Cic. N. D. III, 40, 94 *proque Urbis muris, quos vos Pontifices sanctos esse dicitis diligentiusque Urbem religione quam ipsis moenibus cingitis.* Plut. Qu. Ro. 27 πᾶν τεῖχος ἀβέβηλον καὶ ἱερὸν νομίζουσι.

22 Fest. p. 142, 23 und 154. Paul. p. 156, Varro bei Macrob. S. I, 16, 16.

23 Macrob. I, 7, 14, wo u. a. *idque aliquandiu observatum ut pro familiarum sospitate pueri mactarentur Maniae Deae Matri Larum.* Varro l. l. IX, 61 *videmus enim Maniam Matrem Larum dici.* Vgl. Arnob. III, 41.

24 Paul. p. 128, Fest. p. 129 Manias, vgl. Arnob. VI, 26, Martian. Cap. II, 162, Munck de fab. Atellan. p. 43 sqq. So wurden die Kinder bei uns mit der Frau Holle und Bertha bedroht, Grimm D. M. 481.

25 Martian. Cap. II, 164 *In his etiam locis Submanes eorumque praestites Mana atque Manuana, dii etiam quos aquilos dicunt, item Fura Furinaque et Mater Mania.*

26 Appian B. C. 1, 26, Oros. V, 12, Plut. C. Gracch. 17, Aurel. Vict. de vir. ill. 65, vgl. Becker Handb. 1, 144. In einer Inschr. Aus Rom b. Or. n. 2551 Mommsen I. N. 6892 wird eine ara Forinarum genannt.

27 Varro l. l. V, 84 ; VI, 19, III, 45, vgl. die Kal. Maff. Pinc. Allif. z. 25. Juli und Cic. ad Quint. fr. III, 2, 4 *ab eo ponticulo qui est ad Furinae Satricum versus,* N. D. III, 18, 46. Es ist derselbe Stamm, der in fur, fuscus, furvus u. a. zu Grunde liegt, s. Paul. p. 84. 93.

28 Varro l. l. V, 163, Paul p. 117 laverniones, vgl. Novius bei Non. Marc. p. 483, 20 und Horat. Ep. I, 16, 57 ff. Und dazu der Comm. Cruq: *Leverna in via Salaria lucum habet. Est autem dea furum et simulacrum eius fures colunt et qui consilia sua volunt tacita, nam preces eius cum silentio exercentur.* Auch Arnob. IV, 24 gedenkt ihrer.

29 Varro l. l. V, 74, Lactant. 1, 20, 35 *Quis quum audiat Deam Mutam tenere risum queat? Hanc esse dicunt ex qua sint nati Lares et ipsam Laram nominant vel Larundam.* Auson. Technop. de diis v. 9 *Larunda progenitus Lar.* Vgl. Ovid F. II, 581 ff. und Placid gl. p. 478 *Larundam quam quidam viam (aviam?) dicunt.*

30 Lala ist Lara vermöge der gewöhnlichen Vertauschung von l und r. Nach Plut. Numa 8 wurde Tacita (vgl. Ovid F. II, 570) als Muse, d. h. als Nymphe im Hain der Camenen verehrt, in dessen Nähe sich auch der Almo befand.

31 Plut. Qu. Ro. 52, welcher dabei aus Aristoteles den merkwürdigenPassus einer Bundesurkunde zwischen den Arkadern und Lakedämoniern anführt: μηδὲν χρηστὸν ποιεῖν (in dem Sinne von ἀποκτιννύναι) θείας χάριν τοῖς λακωνίζουσι τῶν Τεγεατῶν.

32 Serv. V. A. X, 198 *alii a Tarchone Tyrrheni fratre conditam dicunt, Mantuam autem ideo nominatam, quod Etrusca lingua Mantum Ditem Patrem appellant, cui etiam cum ceteris urbibus et hanc consecravit.* Vgl. die Schol. Veron. p. 103 ed. Keil.

33 Ambrosch de Charonte Etrusco, Vratisl. 1837.

34 So erscheint er ithyphallisch auf einer von Braun erwähnten Vase Annal. d. Inst. Arch. IX p. 272 und einer Bacchantin gegenübergestellt auf einer Vase des Berliner Museums bei Ambrosch T. 1.

35 Plaut. Capt. V, 4, 1 *Vidi ego multa saepe picta quae Acherunti fierent cruciamenta.* Lucret. III, 1014 *carcer et horribilis de saxo iactu' deorsum, verbera, carnifices, robur, pix, lammina, taedae.* Vgl. Cic. pr. Cluent. 61, 171, Tusc. 1, 6, N. D. II, 1, 5 Iuven. II, 149.

36 Verschiedene Bilder aus der etruskischen Unterwelt bei Gerhard Gotth. d. Etr. t. VI. Mehr bei G. Dennis die Städte und Begräbnisplätze der Etrusker S. 289. 490, 498 ff.

37 Tertull. ad Nat. 1, 10 *Risimus et meridiani ludi de deis lusum, quod Ditis Pater, Iovis frater, gladiatorum exsequias cum malleo deducit* etc.

38 S. die *sacra Acherontia*, quae Tages *composuisse dicitur*, b. Serv. V. A. VIII, 398 und die *libri Acherontici* b. Arnob. II, 62, vgl. O. Müller Etrusk. 2, 27. Auch in Rom und bei den römischen Dichtern, Ennius, Lucrez, den älteren Tragikern sind der Acheron und die Acherusia templa das gewöhnliche Bild für die Unterwelt, z. B. b. Ennius p. 102 Vahlen: *acherunsia templa alta Orci salvete infera, palida leti, obnubila tenebris loca.*

39 Strabo V. p. 244, vgl. Philolog. 1847 p. 485. Dabei passierten allerlei Zeichen und Wunder, s. Serv. u. Philargyr. z. Virg. Ge. II, 162. Unter den Mimen des Laberius gab es einen betitelt: Lacus Avernus und Necyomantia. Auch Lucrez beschäftigt sich mit diesen Überlieferungen VI, 740 ff., 762 ff., desgleichen Petronius c. 120. Noch das feriale Capuanum bemerkt z. 27. Juli: PROFECTIO AD IFER AVERNI, wo Mommsen liest inferias, ich möchte lieber lesen ad Inferos, d. h. zu dem Heiligtume der Inferi am Avernus. Es ist der Rest eines alten Sommerfestes der Unterirdischen.

40 Auch Ovid Met. XIV, 113 ff, weiß von diesem Zweige. Serv. V. A. VI, 136 erinnert an einen Gebrauch im Haine der Diana von Aricia, welche später auch wie alle Dianen für identisch mit der Trivia und Hecate galt, doch will der Gebrauch sonst nicht passen. Da der Zweig später in der Unterwelt an der Schwelle der Proserpina niedergelegt wird, so dachte ihn Virgil sich als Bittzweig. Übrigens scheint der weit verbreitete Glaube an die magische Kraft des Mistels zu Grunde zu liegen, s. Grimm D. M. 1156 ff.

41 So wehrt Ulysses bei Homer den Geistern mit gezücktem Schwerte. Vgl. Petron 62 *gladium strinxi et – umbras ovidi donec ad villam amicae meae pervenirem.*

42 Plato d. Rep. II p. 363 C. gedenkt eines Gedichtes über das Leben der Seligen, welches unter dem Namen des Musäos ging. Auf dasselbe deutet Virgil.
43 Vgl. Lucan. Pharsal. VI, 662 ff. und 695 ff., Stat. Theb. IV, 472 ff., Silius Ital. Pun. XIII, 522 ff.
44 Lucan. VI, 742 *Paretis? an ille compellendus erit, quo numquam terra vocato non concussa tremit* etc. Stat. Theb. IV, 514 *ni te Thymbraee vererer et triplicis mundi summum, quem scire nefastum est. Illum sed taceo* etc.
45 Liv. Vii, 6, Dionys. II, 42, Dio Cass. fr. 30 p. 26 Bekk.
46 Liv. VIII, 6. 9. 10, X, 28. 29, Val. Max. 1, 7, 3.
47 Liv. IV, 33. So sieht man auch die etruskischen Priester hin und wieder mit Schlangen und Fackeln, s. Dennis a. a. O. 1, 256.
48 Macrob. III, 9, 9, wo aber auch die Formel überarbeitet ist. Er setzt hinzu: *In Antiquitatibus autem haec oppida inveni devota: Stonios (?), Fregellas, Gabios, Veios, Fidenas, haec intra Italiam, praeterea Carthaginem et Corinthum, sed et multos exercitus oppidaque hostium Gallorum, Hispanorum, Afrorum, Maurorum aliarumque gentium, quas prisci loquuntur Annales.* Vgl. Iul. Capitol. Max. et Balb. 8 und Flav. Vopisc. Aurelian. 21.
49 Wenigstens muß man dieses nach der Art wie Plinius H. N. XXVIII, 2, 3 davon spricht voraussetzen: *Boario vero in foro Graecum Graecamque defossos aut aliarum gentium cum quibus tum res esset etiam nostra aetas vidit* etc., während andere Schriftsteller diese Opfer als Sühnungsopfer schildern, die auf Veranlassung der sibyllinischen Bücher von Zeit zu Zeit wiederholt wurden, s. Becker Handb. d. R. A. 1, 485.
50 Tacit. Ann. II, 69, III, 13, IV, 52, XII, 65, XVI, 31. Vgl. Plin. H. N. XXVIII, 2, 4 *defigi quidem diris precationibus nemo non metuit,* die Inschriften b. Henzen z. Or. 6114 ff., 7408. 7409 und Marquardt Handb. IV, 134.
51 Macrob. S, III, 18, 13 *Nux terentina dicitur quae ita mollis est ut vix attrectata frangatur. De qua in libro Favorini sic reperitur: Item quod quidam Tarentinas oves vel nuces dicunt, quae sunt terentinae a tereno, quod est Sabinorum lingua molle, unde Terentios quoque dictos putat Varro ad Libonem primo.* Es ist das griechische τέϱην, τέϱεν, das gewöhnliche lateinische teres und tener. Andere Ableitungen b. Fest. p. 351.
52 Valer. Max. II, 4, 5, Zosim. II, 1–3, vgl. Becker Handb. 1, 628
53 Grimm D. M. 454, vgl. oben S. 47, 4.
54 Vielmehr ist die Dreizahl der Kinder erst aus der Dreizahl der Nächte entstanden. Diese Zahl ist bei allen Sühnungen wie beim Totendienste die heilige.
55 Vgl. Roth über die römischen Secularspiele im Rh. Musf. Philol. 1853 S. 370 ff.
56 Varro l. l. VI, 11, Censorin d. d. n. 17, Zosim. II, 1. O. Müller Etr. 2, 232 glaubt, daß seculum und ἡλιкία dasselbe Wort ist. Auf den iguvinischen Tafeln und oskischen Sprachdenkmälern bedeutet zicolom nicht seculum, sondern dies, s. Aufrecht und Kirchhoff Umbr. Sprachd. I, 107, II, 72.
57 Auch Varro hatte davon erzählt, in einer eigenen Schrift de seculis, s. Serv. V. A. VIII, 526, vgl. Suid. v. Σύλλας, Dio fr. 102 p. 91 Bekker.
58 Serv. V. Ecl. IX, 47. Die Berechnung der dem römischen Volke zugemessenen Dauer von 1200 Jahren bei Censorin 17, 15 ist dagegen ein Resultat römischer oder umbrischer Auguralwissenschaft, nicht etruskischer Haruspicin.
59 Val. Max. II, 4, 6, Zosium. III, 3, vgl. Fest. p. 329, Censorin. 17, Plut. Popl. 21.
60 L. Valerius Potitus IV. Zosimus II, 4 nennt ihn irrig einen Consul. Nach Liv. V, 13 wurde um dieselbe Zeit das erste Lectisternium gehalten.
61 Fest. p. 329 in einer verstümmelten Stelle nannte ein Jahr, wo Popillius Laenas Consul war, vermutlich das J. 406, M. Pop. Laen. IV, M. Valerio Corvo Coss., die Commentarii XV vir. b. Censorin 17 (p. 47 ed. O. Jahn) das J. 408, M. Valerio Corvo II, C. Poetilio Coss.
62 Censorin 17, vgl. Comm. Cruq. z. Horat. Carm. Saec. 1, wo der Ursprung dieser Spiele sogar auf Numa zurückgeführt wird, Liv. Epit. l. XLIX, Val. Max. II, 5, 5. Bernays macht im Rh. Mus. f. Phil. XII (1857) S. 436 ff. darauf aufmerksam, daß mit dem J. 505 d. St. auch die regelmäßige und amtliche Aufzeichnung der Prodigien beginne, was wahrscheinlich mit der etruskischen Seculartheorie zusammenhänge.
63 Censorin und Liv. Epit. l. c., Fischer, Rö. Zeittafeln z. J. 605. 628.
64 Censorin l. c., vgl. Zosim l. c., Sueton Octav. 31, Dio LIV, 18. Alle sprechen von den fünften Secularspielen, ein sicherer Beweis, daß auch das bei Censorin erwähnte Edikt des August nach vorhergegangener Berechnung der Quindecimvirn denselben Ausdruck ge-

braucht hatte. Die Disposition des Festes machte Atejus Capito, der berühmte Jurist und ebenso große Kenner des pontificalen Rechts.

65 Man vernutet im Juli, zur Zeit der ludi Apollinares. Die Angabe bei Zosimus κατὰ τὴν ὥραν τοῦ θέρους wird bestätigt von Claudian de VI Cons. Honor. 388 *iam flavescentia centum messibus aestivae detondent Gargara falces* etc.

66 Diesen Herold sieht man auf den Münzen Augusts von diesem Jahre und auf denen der Gens Sanquinia, ferner auf denen Domitians, s. Eckhel D: N. VI p. 385. Überhaupt sind die römischen Münzen, namentlich die Domitians, reich an Beziehungen auf diese außerordentliche Feier.

67 Auf den Münzen Domitians, wo der Kaiser selbst bei diesen Verteilungen präsidiert, werden diese FRVGes genannt, jene Reinigungsmittel (τὰ καθάρσια, λύματα) dagegen SVFfimenta.

68 Nach den Münzen Domitians wurde bei derselben Gelegenheit von dem Kaiser der Tellus ein Schwein geopfert, vgl. Horat. Carm. sec. 29, nach anderen in dieser ersten Nacht am Tiber den Unterirdischen ein Bock und ein Lamm, später auf dem Capitole dem Jupiter ein Stier. Auch der Gesang der Knaben und Mädchen im T. des Palat. Apoll, gleichfalls in Gegenwart des Kaisers, ist auf diesen Münzen abgebildet.

69 Sueton Claud. 21, Plin. H. N. VII, 48, 49, Censorin 17, 11.

70 Tacit. Ann. IX, 11, vgl. Martial. IV, 1, 5, X, 63, Stat. Silv. 1, 4, 17, IV, 1, 37, Sueton Domit. 4, Zosim. II, 4, Censorin l. c. Der Altar im Terentum wurde nach jeder Feier wie der des Consus von neuem zugeschüttet.

71 Herodian III, 8, Eckhel D. N. VII p. 185.

72 Aurel. Victor Caes. 15 *celebrato magnifice Urbis nongentesimo.*

73 Aur. Vict. Caes. 28, vgl. Eckhel D. N. VII p. 323 sqq. und den Chronogr. v. J. 354 p. 647 ed. Mommsen: *Hi seculares veros in Circo Max. ediderunt.*

74 Eckhel D. N. VII p. 409, VIII p. 20 sqq.

75 Serv. V. A. II, 140, nach welchem die hostia taurea d. i. sterilis der forda d. i. gravida entgegengesetzt wurde. Andere Erklärungen b. Paul. p. 350, Fest. p. 351.

76 Vgl. Varro l. l. V, 154 und Liv. XXXIX, 22, nach welchem im J. 567 d. St. zwei Tage lang ludi Taurii gefeiert wurden.

77 Serv. V. A. II, 539 *funus enim est iam ardens cadaver, quod dum portatur exsequias dicimus, crematum reliquias, conditum iam sepulcrum.* Vgl. Sueton Dom. 15. In dem älteren Sprachgebrauche ist funus das Ganze der Bestattung speziell der Leichenzug.

78 Plin. H. N. XVI, 10, 18; 33, 60, Serv. V. A. III,64, IV, 507 u. A. Die Räucherpfanne bei der Bahre (Paul. p. 18 acerra) diente wohl nur zur Reinigung der Luft.

79 Serv. V. A. V, 64 *Apud maiores ubicunque quis fuisset exstinctus, ad domum suam referebatur et illic erat septem diebus. Octavo incendebatur, nono sepeliebatur, unde Horat. Epod. 17. 48 novemdiales dissipare pulveres. Unde etiam ludi, qui in honorem mortuorum celebrabantur, novemdiales dicuntur.* Später scheint die Ausstellung gewöhnlich nur drei Tage gedauert zu haben, s. Comm. Cruq. z. Horat. l.c.

80 Cic. de Leg. II, 22, 56, Tusc. 1, 12, 13, Plin. H. N. II, 63, VII, 54, 55.

81 Varro l. l. V, 23, Cic. de Leg. II, 22, 55 und 57, Paul. p. 148 *membrum abscidi mortuo.*

82 Daher die sepulcra maiorum zu den öffentlichen Heiligtümern einer Stadt gehören, vgl. Liv. XXVI, 13 *arae, foci, deum delubra, sepulcra maiorum.* Flor. II, 7, 4 *cum ille ultra ius victoriae in templa, aras et sepulcra ipsa saeviret.* Daraus entstanden mit der Zeit förmliche Tempel, Mausoleen usw. Non. Marc. p. 464 *templum et sepulcrum dici potest veterum auctoritate,* mit Hinweisung auf Virg. Aen. IV, 457, vgl. Sil. Ital. I, S. 1 ff., XV, 260 ff. u. A.

83 Vgl. Plut. Qu. Ro. 14, wo erzählt wird, daß beim funus die Söhne eines Verstorbenen mit verhülltem Haupte, die Töchter aber mit bloßem Kopf und gelöstem Haar zu folgen pflegten und dann von den Hinterbliebenden überhaupt nach Varro hinzugesetzt wird: καὶ γὰρ ἐπὶ τῶν τάφων, ὥς φησι Βάρρων, περιστρέφονται καθάπερ θεῶν ἱερὰ τιμῶντες τὰ τῶν πατέρων μνήματα, καὶ καύσαντες τοὺς γονεῖς ὅταν ὀστέῳ πρῶτον ἐντύχωσι θεὸν γεγονέναι τὸν τεθνηκότα λέγουσι. Natürlich schloß sich hier die Consecration sehr leicht an, wie in Griechenland der Heroendienst und die Apotheose. Vgl. Tertull. Apolog. 13 *Quid omnino ad honorandos eos (sc. deos) facitis quod non etiam mortuis vestris conferatis?*

84 Tertull. l. c. *Quo differt ab epulo Iovis silicernium? a simpulo obba? ab haruspice pollinctor? Nam et haruspex mortuis apparet.* Über das silicernium, griechisch περίδειπνον,

vgl. Fest. p. 294, Paul p. 295, wo glaube ich, der Name richtig erklärt wird, *quia cuius nomine ea res instituebatur, is iam silentium cerneret,* vgl. oben S. 454, Non. Marc. p. 49, Donat. z. Terent. Adelph. IV, 2, 48, Serv. V. A. V, 92, Fulgent p. 560, Arnob. VII, 24. Obba ist das Instrument zur Weinspende, s. Paul. p. 263. Auch hier waren die Zwölf Tafeln gegen den Luxus eingeschritten, Fest. p. 158 murrata. Der pollinctor hatte für den Leichnam sowohl auf dem Paradebette als bei der Bestattung zu sorgen, s. Tertull. d. Spect. 10, Scorp. 7.

85 Grimm D. M. 786 ff., Koberstein Vermischte Aufsätze Leipz. 1858 S. 33 ff., Bötticher der Baumkult der Hellenen S, 282. 292. 452 ff. 457.

86 Paul. p. 2 *aqua et igni*. p. 117 *laureati*.

87 Gell. N. A. XVI, 4, 4, Colum. II, 22, 5, Cic. de Leg. II, 22, 55. Vgl. Paul. p. 70 denicales feriae, Fest. p. 242 privatae feriae, Serv. V. A. V, 64, Porphyr. z. Horat. Epod. 17, 48, Tacit. Ann. VI, 5, Petron. 65.

88 Auch diese Spiele werden, wie jene Ferien, als Beweis für die göttliche Verehrung der Verstorbenen angeführt, s. Varro b. Augustin C. D. VIII, 26, vgl. Macrob. S. I, 16, 4.

89 Serv. V. A. III, 67, V, 78, vgl. Valer. Max. II, 4, 7, Liv. Epit. XVI. Über die Darstellungen von Leichenspielen in den etruskischen Gräbern von Chiusi, Tarquinii usw. Dennis die Städte und Begräbnisplätze der Etr. 2, 603.

90 Cic. de Leg. II, 21, 54, Plut. Qu. Ro. 34, vgl. Marquardt Handb. d. R. A. IV, 258 ff. Weil der Februar der herkömmliche Monat der Totenfeier war, leitete man später seinen Namen gewöhnlich von einem besonderen Deus februus d. i. Dis Pater ab, welchen die ältere Überlieferung aber nicht unter diesem Namen kennt, s. Macrob. S. I, 13, 3, Placid. gl. p. 472, Io Lyd. d. Mens. IV, 20.

91 Varro l. l. VI, 13, vgl. Kal. Maff. Farnes., Paul. p. 85, Macrob. l., 4, 14; 13, 3; 14, 7.

92 Indessen wurde auch bei den Gebeten und Opfern der parentatio der Anfang mit Janus und Jupiter gemacht, s. Macrob. I, 16, 25.

93 Vs. 579 *Hostiles linguas inimicaque vinximus ora.*

94 Vs. 573 *Tum cantata ligat cum fusco licia rhombo*. Diese Lesart scheint mir besser als plumbo, weil der rhombus und das Spinnen und Drehen immer wesentlich zum Zauber gehört, so gut wie die licia, d. h. wollene Fäden, vgl. Petron. 131 *illa de sinu licium protulit varii coloris filis intortum cervicemque vinxit meam*, vgl. Virg. Ecl. VIII, 73, Ovid. Amor. 1, 8, 8. Dagegen dienten Bleitafeln zum Eingraben von Zaubersprüchen.

95 Der oft erwähnte Fisch, der wegen seines Namens die Seele, anima, vertritt.

96 Caristia oder Charistia heißt das Fest bei Ovid F. II, 615 ff. und Val. Max. II, 1, 8, Cara Cognatio bei Tertull. Idololatr. 10 und in der lex collegi Aesculapi et Hygieae bei Fabretti Inscr. p. 724 n. 443, vgl. Martial. IX, 54. 55. Das Wort carus galt speziell dem Gefühle der Verwandtschaft, s. Cic. d. Off. 1, 17, 57 *cari sunt parentes, cari liberi, propinqui, familiares, sed omnes omnium caritates patria una complexa est.* Auf einen ähnlichen Gebrauch in Athen deutet Plin. XXXV, 11, 40 *Athenion – pinxit – Athenis frequentiam quam vocavere syngenicon.*

97 Ovid vs. 617 *Scilicet a tumulis et qui periere propinquis Protinus ad vivos ora referre iuvat, Postque tot amissos quicquid de sanguine restat Aspicere et generis dinumerare gradus.*

98 O. Beneke Hamburger Geschichten und Denkwürdigkeiten, Hamb. 1856 S. 53 ff.

99 Arnob. III, 41 vgl. Hygin. f. 139. Nach Serv. V. A. V, 64 vgl. VI, 152 wären die Verstorbenen eines Hauses in alter Zeit sogar in demselben begraben worden, doch ist das wohl nur eine Conjektur um die Entstehung des Dienstes der Hauslaren und der Penaten zu erklären, die man für die Geister der Verstorbenen hielt. Nach Fulgent. expos. p. 560 wurden die Leichen von Kindern unter vierzig Tagen dicht am Hause unter dem Schirmdache (suggrunda) eingescharrt, daher solche Gräber suggrundaria hießen.

100 Apulej. d. Deo Socr. p. 152 Oudend, Augustin C. D. IX, 11, Martian. Cap. II, 155.

101 Varro l. l. V, 74. Die Etrusker rühmten sich im Besitze gewisser Sacra zu sein, durch welche die Geister der Verstorbenen zu Göttern (dii animales), d. h. zu Laren und Penaten erhoben wurden, s. Arnob. II, 62. Serv. V. A. III, 168.

102 Dionys. Hal. IV z. A., Plin. H. N. XXXVI, 27, 70.

103 Cic. de Leg. II, 8, 19 *lucos in agris habento et larum sedes.* 11, 27 *neque ea quae a maioribus prodita est cum dominis tum famulis posita in fundi villaeque conspectu religio larium repudianda est.* Vgl. Serv. V. A. I, 441, 302 und oben S. 71. In Rom gab es u. a. einen vicus larum ruralium.

104 Man kannte in Italien auch eine eigene Klasse von Geistern, welche von verborgenen

Schätzen wissen und dieselben behüten. Sie heißen incubones und tragen Kappen (ein Symbol ihres verborgenen und heimlichen Wesens). Wenn man ihnen dieselben raubt, kann man sie zur Offenbarung des Schatzes zwingen. Also ganz wie unsere Hausgeister. Petron. S. 38 vgl. Grimm D. M. 479.

105 Plaut. Merc. V, 1, 5 *Dii Penates meum parentum familiaeque Lar Pater.* Horat. Od. I, 12, 43 *avitus apto cum lare fundus.* Der Prolog des Laberius bei Macrob. II, 7, 3 *eques Romanus ex lare egressus meo domum revertar mimus.* Sallust. Cat. 21 *illos binas aut amplius domos continuare, nobis larem familiarem nusquam ullum esse?* Seneca Med. 20 *per urbes erret ignotus, egens, exsul, – incerti laris.* Martial. XI, 82, 2 *lar conductus.* Virgil Ge. IV, 43 gebraucht lar von dem Stocke der Bienen, wie er ihnen v. 155 auch Penaten zuschreibt, Valer. Flacc. IV, 44 von dem Neste der Vögel.

106 Cic. Rep. V, 5, 7 *ad vitam autem usumque vivendi ea descripta ratio est iustis nuptiis, legitimis liberis, sanctis Penatium Deorum Larumque familiarium sedibus* (d. h. durch Einteilung des Grund und Bodens unter den verschiedenen Familien und Hausständen), *ut omnes et communibus commodis et suis uterentur.* Pro Domo 41, 108 *ista tua pulchra Libertas Deos Penates et familiares meos Lares expulit.* Vgl. pro Quinct. 26, 83 und 27, 27, Virg. Aen. IX, 258. Bei Ennius Ann. vs. 163 ist zu lesen: *Vosque Lares, tectum (et) nomen qui funditus curant.* Bei Sueton Calig. 5 heißt es zur Charakteristik der Verzweiflung nach dem Tode des Germanicus: *lapidata sunt templa, subversae deum arae, Lares a quibusdam familiares in publicum abiecti, partus coniugum expositi.* Or. n. 1666 *lares domestici.*

107 Serv. V. A. I, 726 *nam, ut ait Cato, et in atrio et duobus ferculis epulabantur antiqui.* Varro b. Non. Marc. p. 531, 14 *in foco larum familiarium.* Plaut. Aulul. II, 8, 16 *haec imponentur in foco nostro lari.* Harot. S.II, 6, 65 *ipse meique: – ante larem proprium vescor.* Ovid F. VI, 299 *ante focos olim scamnis considere longis nos erat et mensae credere adesse deos.* Plin. H. N. XXVIII, 20, 81 *focus larum, quo familia convenit.* Colum. XI, 1, 19 *consuescat (villicus) rusticos circa larem domini focumque familiarem semper epulari atque ipse in conspectu eorum similiter epuletur.* Schol. Horat. Epod. 11 *iuxta focum dii Penates positi fuerent Laresque inscripti ideo, quod ara deorum Larum focus sit habitus.* Daher die drei Gebote nach Varro bei Non. Marc. p. 479 Non male dicere, pedem in focum non imponere, sacrificari und die Zusammenfassung aller Heiligtümer einer Stadt in der Formel *arae et foci*, d. h. die Heiligtümer der Tempel und der Häuser, s. Serv. V. A. III, 134.

108 Tibull. I, 3, 33 *ut mihi contingat patrios celebrare Penates redereque antiquo menstrua tura Lari.* Vgl. Propert. IV, 3, 53, Horat. Od. III, 19, 9 und 23 z. A. *Caelo supinas si tuleris manus nascente luna, rustica Phidyle, si ture placaris et horna fruge Lares avidaque porca.*

109 Paul. p. 69 Donaticae coronae.

110 Serv. V. A. I, 730, vgl. oben S. 426, 4 und die Erzählung von der Ocrissia, welcher sich der lar familiaris bei diesem Speiseopfer in der Flamme des Herdes zeigt, s. Doinys. IV, 2, Ovid F. VI, 621 ff., Plut. de fort. Ro. 10. Vgl. Plin. XXVIII, 2, 5 *in mensa utique id* (ein zur Erde gefallener Bissen) *reponi adolerique ad larem piatio est.* Varro b. Non. p. 544 patella: *Quocirca oportet bonum civem legibus parere et deos colere, in patellam dare* μικρὸν κρέας. Ovid F. II, 638 *nutriat incinctos mixta patella lares.* Vgl. Pers. S. III, 24 c. Schol. Bei Petron. 60 werden die Larenbilder auf den Tisch gesetzt, weil der Herd nicht in der Nähe ist. Sie heißen hier Cerdo, Felicio und Lucio.

111 Plaut. Aulul. II, 8, 15, Horat. S. II, 3, 163, Propert. II, 30, 23, Ovid F. II, 629 ff., Pers. S. V, 30, Iuvenal. XII, 86 ff., 113, vgl. Henzen z. Or. n. 5770 *a. C. Salvius Entychus Lar(ibus) Cas(anicis) ob redit(um) Rectinae nep. v. s.*

112 Propert. IV, 1, 127; 3, 53, Tibull. I, 1, 23.

113 Horat. Epod. 2, 66 *positosque vernas – circum renidentes Lares,* wenn dieses nicht auf den fettigen Glanz der Speiseopfer zu beziehen ist. Iuvenal. XII, 87 *inde domum repetam, graciles ubi parva coronas accipiunt fragili simulacra nitentia cera.*

114 Ovid F. II, 634 *incincti*, Pers. V, 31 *succincti*. Vgl. die Nachweisungen bei O. Jahn zu ds. St. und b. O. Müller Handb. d. Arch. § 405, 7.

115 Tertull. Apolog. 13, vgl. Iuven. VIII, 110 *ipsi deinde Lares, si quod spectabile signum, si quis in aedicula deus unicus.*

116 Plin. H. N. XXI, 3, 8 *iam tunc coronae deorum homos erant et larum publicorum privatorumque ac sepulcrorum et Manium.*

117 Pers. IV, 28 mit den Scholien und Auslegern, vgl. Philargyr. z. Virg. Ge. II, 382, Isidor. Orig. XV, 2, 15 u. a. In der einfacheren Bedeutung des Scheidewegs, *ubi plures viae competunt*, wird das Wort z. B. von Varro b. Non. Marc. p. 94 und von Pers. V, 35 gebraucht, in

der eines Gebäudes b. Grut. p. 107, 1 *compitum refecerunt,* Mommsen I. N. 1504 *compitum a solo pecunia sua fecerunt,* Grat. Cyneg. 483 *molimur compita lucis.*

118 Varro b. Non. Marc. p. 531. Zu vergleichen ist der Kaufschilling, welcher für die Geborenen, die Neubürger und die Verstorbenen in den Kasten der Lucina, Iuventas und Libitina getan werden mußte. Auch mußte bei jeder Compitalienfeier jedes Haus einen Opferkuchen steuern, Dionys. H. IV, 14.

119 Varro l. l. VI, 25 *Compitalia dies attributus Laribus ut alibi; ideo ubi viae competunt tum in compitis sacrificatur.* Man liest gewöhnlich Laribus Compitalibus, doch würde es leichter und natürlicher sein zu ändern *Vialibus,* vgl. Plaut. Merc. V, 2, 22 *in voco vos Lares viales ut me bene iuvetis,* und die Inschriften b. Or. n. 1762. 1894. Über Tertull. de Spectae. 5 s. oben S. 421, 6.

120 Ovid F. II, 613 *fitque gravis geminosque parit qui compita servant et vigilant nostra semper in Urbe lares.* Vgl. oben S. 459.

121 Cato r. r. 5, 4 und 57, vgl. Plin. H. N. XIX, 6, 34, Anthol. lat. ed. H. Meyer n. 105, 27, Grut. p. 106, 13, Fabretti p. 232, 610.

122 Varro l. l. VI, 25, Paul. p. 62 conceptivae feriae, Macrob. S. I, 16, 6. Nach Dionys. IV, 14 fielen sie gleich nach den Saturnalien, nach Cic. in Pis. 4, ad Att. II, 3, VII, 7, 3 gewöhnlich in den Januar. Die Ankündigungsformel des Prätor hat Gellius N. A. X, 24 erhalten: *Dienoni* (für die nono) *populo Romano Quiritibus Compitalia erunt. Quando concepta fuerint nefas.* Vgl. Macrob. I, 4, 27 und Marini Atti p. 128

123 Paul. p. 121 laneae effigies, p. 239 pilae, vgl. Non. Marc. p. 538 *Varro Sesquiulixe: Suspendit Laribus manias (v. marinas), molles pilas, reticula ac strophia,* und Macrob I, 7, 34

124 Propert. IV, 1, 23 *parva saginati lustrabant compita porci.* Charis. I, 13, 5 p. 20 *Compitalia i. e. ubi eos qui peregre moriuntur colunt parentarium dicitur.* Auch Prudent. adv. Symmach. 1, 190 *tot templa deum Romae quot in Urbe sepulera heroum numerare licet, quos fabula Manes nobilitat, noster popules veneratus adorat,* meinte die compita.

125 Vgl. Cic. de lege agr. 1, 3, Horat. S. II, 3, 25; 6, 50, Iuvenal 1, 63, Ammian. M. XXVIII, 4, 29 *videre licet per fora et plateas et conventicula circulos multos collectos.* Vgl. meine Regionen S. 79 ff.

126 Horat. Ep. I, 1, 49 *Quis circum pagos et circum compita pugnax magna coronari contemnat Olympia?* Vgl. Sueton Octav. 43 und 45, Tacit. Hist. II, 95. Auf solche Spiele beziehe ich auch das Fragment des Naevius b. Fest. p. 230, Comici lat. ed. Ribbeck p. 20 *Theodotum compiles, qui aras Compitalibus sedens in cella circumtectus tegetibus Lares ludentes peni pinxit bubulo,* wo die spielenden Laren höchst wahrscheinlich die üblichen Vergnügungen dieser Spiele vergegenwärtigen sollten. Afranius hatte eine fabula togata, Laberius einen Mimus unter dem Titel Compitalia gedichtet.

127 Cic. in Pis. 4, 8 und dazu Ascon. p. 7 Or., vgl. Mommsen de collegiis p. 74 sqq.

128 Sueton Octav. 31, Acron. z. Horat. S. II, 3, 281.

129 Vgl. die aus verschiedenen Gegenden gesammelten Inschriften b. Or. n. 1654 ff. und Boissieu Inser. de Lyon p. 48 sqq.

130 Ovid F. V, 145 *Mille lares geniumque ducis qui tradidit illos Urbs habet et vici numina trina colunt.* Vgl. Marini bei Visconti Mus. P. Cl. IV p. 298 ff., meine Regionen S. 82 ff., und W. A. Zumpt de Augustalibus et Seviris August p. 3 sqq.

131 Non. Marc. p. 114 *Grundules Lares dicuntur Romae constituti ob honorem porcae, quae triginta pepererat.* Vgl. Cassius Hemina b. Diomed. 1 p. 379 ed. P., wo dieses Wunder auf die Gründung Roms bezogen wird, und Arnob. 1,28. Man leitete den Namen ab von grunnire d. i. grunzen.

132 Ovid F. V, 129 ff., eine in mehr als einer Hinsicht unklare Stelle, Plut. Qu. Ro. 51. Der Name Lares Praestites ist zu erkären wie Iup. Praestes, Genius Praestes usw., s. Martian. Cap. II, 152 c. nota. Der Hund war auch der Mana Genita heilig, s. oben.

133 Paul. p. 102. Da aber hostis in alter Sprache der Fremde ist, so dürften es ursprünglich die in der Fremde behütenden Laren gewesen sein. Übrigens vgl. Ovid F. V, 135 Stant quoque pro nobis et praesunt moenibus Urbis etc. und Propert. III, 3, 10 Hannibalem Lares Romana sede fugantes: daher der genius Tutanus, Non. Marc. p. 47. Lares Militares b. Or. n. 1665, Henzen n. 5631, Lar Victor Or. n. 1673.

134 Liv. XL, 52, wo die Verse der Dedikation erhalten sind, Macrob. I, 10, 10. Die Fasti Praen. bemerken zum 22. Dez.: *Laribus perma RINIS IN PORTu.*

135 Mon. Ancyr. t. IV, 7, vgl. Tacit. Ann. XII, 24, Solin 1, 23 *Ancus Marcius in summa Sacra Via, ubi aedes Larum.* Die Dedikationsinschrift vom J. 4 v. Chr.: *Laribus Publicis Sacrum*

Imp. Caesar Divi F Augustus etc. ist in derselben Gegend gefunden, s. Or. n. 1668, Mommsen l. N. n. 6764. Den Tag bemerkt Ovid F. VI, 782. Ob der bei Cic. N. D. III, 25 erwähnte T. der Laren derselbe ist, muß dahingestellt bleiben.

136 Ovid F. V, 147 *Quo feror? Augustus mensis mihi carminis ius habet.* Auch die von August im J. 7 v. Chr. eingeführten Vicomagistri traten ihr Amt am 1. August an, welcher nach Papencordt Cola di Rienzo S. 125 noch jetzt ein Freudentag in Rom ist.

137 Or. n. 1604 *Silvano lari agresti Martius Proculus*, vgl. Henzen Suppl. p. 148.

138 Hieronym. in Esai. I. XVI c. 57, 7. *nullusque fuerit locus qui non idololatriae sordibus inquinatus sit, in tantum ut post fores domorum idola ponerent, quos domesticos appellant lares et tam publice quam privatim animarum suarum sanguinem funderent.* Vgl. Petron S. 29 und die Inschriften b. Or. n. 3838, Henzen n. 5770.

139 Sueton Domit. 17 vgl. Octav. 7 und die Fortuna aurea oder regia im Schlafzimmer der Kaiser, Iul. Capitolin. Antonin. P. 12, Ael. Spartian. Sev. Imp. 23.

140 Sueton Vitell. 2, Iul. Capitol. M. Antonin. Ph. 3. Eben dahin gehört die Verehrung der Laren eines Hauses durch einen Klienten desselben, Or. n. 2411. 2412.

141 Ael. Lamprid. Alex. Sev. 28.

142 Liv. III. 58 *Manesque Virginiae, motuae quam vivae felicioris, per tot domos ad petendas poenas vagati nullo relicto sonte tandem quieverunt.* Vgl. Plaut. Mostell. II, 2, 68 und über den Gespensterglauben überhaupt Lucret. 1, 131 ff., Virg. Aen. X, 641.

143 Horat. Ep. II, 2, 208, Pers. V, 185 c. Schol., Non. Marc. p. 135 *Lemures larvae nocturnae et terrificationes imaginum et bestiarum,* Augustin C. D. IX, 11. Andere gebrauchen das Wort Lemures von den Geistern der Verstorbenen überhaupt, Larvae von den Gespenstern der Bösen, Apul. de Deo Sacr. p. 152 vgl. Apolog. p. 535, Martian. Cap. II, 162.

144 Ovid F. V, 451 ff., Serv. V. A. l, 276 und 292, Porphyron z. Horat. l. c. zu lesen: *lemures umbras vagantes hominum ante diem mortis mortuorum et ideo metuendos* etc.

145 Fast. V, 419 ff., vgl. die Kal. Maff. Venus. z. 9. 11. 13. Mai und Paul. p. 87 fabam. Auch Carro b. Non. Marc. p. 135 spricht von diesem Gebrauche: *Quibus temporibus in sacris fabam iactant noctu ac dicunt se lemures domo extra ianuam eiicere.*

146 Vs. 433 *Signaque dat digitis medio cum pollice iunctis, Occurrat tacito ne levis umbra sibi.*

147 Paul. p. 119 larvati; Non. Marc. p. 44 cerriti et larvati, vgl. Plaut. Amphitr. II, 2, 145 Aulul. IV, 4, 15, Captiv. III, 4, 66, Casina III, 4, 2, Menaechm. V, 4, 2 u. a.

148 Plin. H. N. 1 praef. 10, Seneca Apocol. 9, 3.

149 Seneca Ep. 24 *larvarum habitum nudis ossibus cohaerentium*. Anthol. lat. 1647, 12 *macies larvalis*. Ammian. M. XXXI, 1, 3 *larvale simulacrum regis*. Daher b. Petron. 34 eine solche larva von Silber, *sic aptata ut articuli eius vertebraeque laxatae in omnem partem verterentur* auf den Tisch geworfen wird, um nach der beliebten Sitte der Alten durch die Erinnerung an den Tod zum Lebensgenuß aufzufordern. Paul. p. 128 *Sunt qui Maniam larvarum matrem aviamve putant.* Wie unsre des Teufels Großmutter.

ACHTER ABSCHNITT

1 S. Schömann zu Cic. N. D. II, 26. „Für ein Diagamma in den Wörtern nare, νάω, νέω, zeugen die Formen ναύω, das Fut. νεύσομαι oder νευσοῦμαι, und ναῦς, navis. Also wäre Nevitunus, Nevtunus, Neptunus nicht unglaublich und der Name gleiches Stammes mit dem griechischen Νηρεύς." Nethuns ist die gewöhnliche Form der etruskischen Spiegel, Nethunus ist nachgewiesen von O. Jahn Vasenb. S. 39 T. IV D. Vgl. Arnob. III, 40, Serv. V. A. VIII, 285 und den Namen der etruskischen Stadt Nepet, auch Nepete und Nepte. Etymologieen der Alten b. Varro l. l. V, 72, Cic. l. c., Arnob. III, 31.

2 Varro l. l. V, 72, Augustin C. D. VII, 22, vgl. Virg. Aen. X, 76 und dazu Servius und die Intp. Mai. p. 103 ed. Keil, Ovid Met. XIV, 334. Venulus ein mythischer König aus der Vorzeit von Tibur oder Lavinium. Virg. Aen. VIII, 9 Serv. Wäre der Name Venilia eines Stammes mit ventus, so würde auf die Wurzel vâ, wehen zurückzugehen sein. Da Venilia in den Indigitamenten aber auch als Göttin des Verlangens genannt wurde, so wird der Name wohl wie der der Venus erklärt werden müssen. Über *Salacia* Neptuni s. S. 50, 1. Sie wird auch der Tethys und der Amphitrite gleichgesetzt und war also die eigentliche Meeresgöttin, s. Cic. Tim. fr. XI, Serv. V. Ge. I, 31, Aen. 1, 44, Pacuvius b. Fest. p. 326 *hinc saevitiam Salaciae fugimus.* Martian. Cap. I, 54 nennt neben dem Neptunus eine weibliche Göttin *Neverita* oder *Nerita*, vielleicht ein weiblicher Νηρεύς, wie die Empedokleische Νῆστις.

3 G. Dennis die Städte und Begräbnispl. Etruriens S. 480 ff.

4 Serv. V. A. V, 824. Nach Alexander Polyh. b. Serv. V. A. I, 388 war Rhoetus, Marrubiorum rex, ein Sohn des Phorcus.

5 Auf denen der Crepereia und des P. Plautius Hypsaeus.

6 Plin. H. N. IX, 5, 4, XXXII, 11, 53.

7 S. oben S. 134. Sonst war im südlichen Italien besonders berühmt der Poseidon von Tarent, s. Horat. Od. I, 28, 29, Mommsen in den Ber. d. K. Sächs. Ges. d. W. 1849 S. 49 ff. Bei einem Lectisternium der zwölf Götter im Hannibalischen Kriege erscheint Neptunus nach griechischer Weise an der Seite der Minerva, s. Liv. XXII, 10, vgl. die Inschr. a. England b. Or. n. 1338 *Neptuno et Minervae tempulum* etc.

8 Plaut. Trin. IV, 1, 6 Ennius Sat. p. 156, Virg. Aen. I, 124 ff. Ennius nennt in den Annalen vs. 490 das Meer imber Neptuni, dahingegen Naevius b. Paul. p. 58 *cocus edit Neptunum, Venerem, Cererem* unter Neptun die Fische, unter Venus die Gemüse versteht. Bei Catull. 31, 3 ist uterque Neptunus der des Meeres und der des festen Landes. Vgl. b. dems. 64, 28, Priscian. II, 585 die Form Thetis Neptunine.

9 Plin. H. N. XXXVI, 5, 2, vgl. die Inschr. b. Grut. 318, 5 *Abascanto Aug. Lib. Aedituo Aedis Neptuni, quae est in Circo Flaminio.* Eine ara Neptuni in circo Flaminio erwähnt Liv. XXVIII, 11.

10 Kal. Maff. Pinc. Allif: z. 23 Juli, Varro l. l. VI, 19, Horat. Od. III, 28, Tertull. de Spectac. 6, Paul. p. 377 umbrae. Die Neptunalia, welche am 1. Sept. zu Ehren des Sieges bei Actium gefeiert sein sollen, beruhen auf einer falschen Lesart des Kal. Maff. b. Or. II p. 398.

11 S. oben S. 158. 268. Aber auch Portunus wurde später ganz als Neptunus gedacht.

12 Dio XLVIII, 19. 31, Appian b. c. V, 100.

13 Dio LIII, 27. Diesselbe Halle wird als τὸ Ποσειδώνιον erwähnt ib. fr. 57, 60, wo auch von einem Altare die Rede ist, und LXVI, 27. Später heißt das Gebäude Basilica Neptuni s. die Regionen d. St. R. S. 177. Den von Agrippa dedizierten Neptun sieht man auf seinen Münzen, stehend, nackt, die Chlamys über die Schultern, in der R. einen Delphin, in der L. den Dreizack, also ganz nach griechischer Weise. Auch unter den späteren Kaisern ist nur ausnahmsweise von Neptun die Rede, s. Eckhel D. N. VI p. 330.

14 Über die ara Fonti am Janiculum s. S. 157. Außerdem gab es ein delubrum Fontis, welches C. Papirius Maso im J. 231 v. Chr. ex voto gestiftet hatte, Cic. N. D. III, 20, 52. Auch die p. Fontinalis setzt ein derartiges Heiligtum voraus. In den Urkunden der fr. Arvales wird Fons t. 32 u. 43 erwähnt: *Virginibus Divis, Famulis Divis, Laribus, Matri Larum, Fonti, Florae* etc., desgleichen auf einer Inschrift aus Caudium in Campanien b. Mommsen I. N. n. 1853. Sonst kommen auch Fontes im Plural vor, z. B. b. Or. n. 1223. 1635. 1636. Das Wort ist abzuleiten a fundendo, s. Paul. p. 84 und Varro l. l. V, 123 *fons unde funditur e terra aqua viva.*

15 Varro. l. l. VI, 22, vgl. Kal. Maff. Amitern. u. Paul. p. 85.

16 Tacit. A. I, 79 *Optume rebus mortalium consuluisse naturam, quae sua ora fluminibus, suos cursus, utque originem ita fines dederit. Spectandas etiam religiones maiorum, qui sacra et lucos et aras patriis amnibus dicaverint.* Vgl. Ann. XIV, 22 und Plin. Ep. VIII, 8 vom Clitumnus: *Pons terminus sacri profanique. In superiore parte navigare tantum, infra etiam natare concessum.* Ib. 20 vom I. Vadimonis: *Nulla in hoc navis (sacer enim est), sed innatant insulae herbidae* etc. Vgl. Rudorff Zeitschr. f. geschichtl. Rechtsw. XV,214 ff.

17 Varro l. l. V, 28 erklärt *amnis id flumen, quod circuit aliquid, nam ab ambitu amnis. – Oppidum Interamna quod inter amnes est constitutum, Antemnae quod ante amnis, qui Anio, influit in Tiberim.* Auch sagte man amnis vom Tiber, s. Horat. Od. I, 2, 18 *uxorius amnis.* Dessenungeachtet sagte man auch Petronia amnis, Fest. p. 250.

18 Amnes und Lymphae zusammen unter vielen Mächten und Göttern der Fruchtbarkeit in der oscischen Inschr. von Agnone b. Mommsen Unterit. Dial. S. 128. Auch Varro nennt die Lympha unter den Göttern des Ackerbaus, s. oben S. 60, 2.

19 Daher die lymphati und lymphatici, welche den griechischen νυμφολήπτοις entsprechen, Varro l. l. VII, 87, Paul. p. 120, Tertull. d. baptism. 5. Auch die Fabeln vom Nymphenraub scheinen in Italien verbreitet gewesen zu sein, vgl. die Geschichte vom schönen Trasimenus, den die Nymphen des Sees geraubt, b. Sil. Ital. V, 7 ff.

20 Virg. Aen. XII, 135 ff., Ovid F. II, 583 ff. Arnob. III, 29.

21 Serv. V. A. XII, 139, vgl. Bormann altlatin. Chorogr. S. 58

22 Varro l. l. V, 71, Serv. l. c., vgl. Ovid F. I, 462.

23 Paul. p. 77 *Egeriae Nymphae sacrificabant praegnantes, quod eam putabant facile conceptam*

alvum egerere. Vgl. Plin. H. N. VII, 11 *uno abortu duodecim puerperia egesta.*

24 Virg. Aen. VII, 763 Serv., Ovid F. III, 273 ff., Met. XV, 487 ff., Schol. Iuven. S. III, 17. Vgl. oben S. 279 und Mommsen I. N. 5728 aus Cliternia: Lumpheis Dian ...

25 Varro l. l. VII, 26, Paul. p. 43. Daß auch sie Quellnymphen waren, wahrscheinlich die von kleineren Quellen in der Nähe des größeren Egeria, geht hervor aus Varro b. Serv. V. Ecl. VII, 21 vgl. Tertull. in Marcion. 1, 13 und Vitruv VIII, 3 von einem Wasser, welches so süß sei, *uti nec fontinalis ab Camenis nec Marcia saliens desideretur.* Sulpicia Sat. 67 *Nam laureta Numae fontesque habitamus eosdem.* Später gab es in derselben Gegend einen Ort, den die Griechen wegen seiner reichlichen Bewässerung 'Ενυδρία nannten, s. Corp. I. Gr. n. 5968.

26 Liv. I, 21, Iuvenal Sat. III, 10 ff., vgl. Becker Handb. I, 513 ff.

27 Serv. V. A. I, 8, Plut. Numa 13, Plin. H. N. XXXIV, 5, 10. Von der Muse Tacita b. Plut. N. S. s. oben S. 459.

28 Virg. Ge. IV, 369 *Pater Tiberinus.* Serv. V. A. VIII, 330 *Tiberinus – a Pontificibus indigitari solet.* Zu vs. 31 *in sacris Tiberinus, in coenolexia Tiberis, in poëmate Tibris vocatur.* Vgl. die Inschr. aus Hortanum in Etrurien, in der Nähe der Vereinigung des Nar mit dem Tiber, b. Fabr. p. 432, 6 *Sex Atusius etc. primus omnium aram Tiberino posuit, quam caligatus voverat,* und die aus der Gegend von Tuder b. Or. n. 4946 *Divo Tiberino.*

29 So betet Ilia in ihrer Not b. Ennius Ann. 55 und so Aeneas b. Virg. Aen. VIII, 72, vgl. Servius.

30 Virg. Aen. VIII, 77 *Corniger Hesperidum fluvius regnator aquarum.* Fronto Ep. d. orat. p. 249 ed. Rom. (p. 129 Nieb.) *Tiber amnis et dominus et fluentium circa regnator. Ennius: Postquam consistit fluvius qui est omnibu' princeps qui sub caerules* ... Vgl. die Inschr. bei Or. n. 1054 *Impp. Diocletianus et Maximianus Augg. repurgatis fontium rivis et itinerib. eorum ad perennem usum refectis Tiberino Patri aquarum et omnium et repertoribus mirabilium fabricarum priscis viris honori dederunt* etc. Daß Tiberinus auch in den Genealogieen der umliegenden Städte und Landschaften oft genannt wurde, darf man aus Virg. Aen. X, 199 schließen: *Ocnus – fatidicae Mantus et Tusci filius amnis.*

31 Varro l. l. V, 30, wo der angeblich ältere Name Albula offenbar die weißlich gelbe Farbe des Flusses ausdrückt (flavus Tiberis), wie Nar eigentlich sulfureus bedeutet, vgl. Liv. I, 3, Ovid F. II, 387, Met. XIV, 614, Serv. V. A. VIII, 72 *Tiberim alii a rege Aboriginum dictum volunt qui iuxta dimicans interemtus est, alii ab eo rege (l. a beor. rege* d. i. *a Veiorum rege), quem Glaucus Minois filius in Italia interemit, alii – ab Albano rege, qui in eum cecidit.* Vgl. Virg. Aen. VIII, 330 Serv. Der Name ist auf den in vielen altitalischen Ortsnamen hervortretenden Stamm tib oder tif zurückzuführen und scheint einen Gebirgsstrom zu bezeichnen, vgl. Tebae, Tibur, Tiburnus, Tifata, Tifernus, Mommsen Unterit. Dial. S. 300.

32 Horat. Od. l, 2, 17. Nach Porphyrion z. ds. St. hatte Ennius auch diesen Vorgang dichterisch beschrieben. Vgl. auch Claudian in Prob. et Olybr. Cons. 225 *(Tiberis) palla graves humeros velat, quam neverat uxor Ilia percurrens vitreas sub gurgite telas.* Nach einer anderen Tradition war sie die Gemahlin des Anio geworden, Ovid Anm. III, 6, 45, Serv. V. A. I, 273.

33 Cic. N. D. III, 20 52, Serv. V. A. VIII, 330

34 Serv. V. A. VIII, 95, vgl. Virg. A. VIII, 62 *Ego sum, pleno quem flumine cernis stringentem ripas et pinguia culta secantem, Caeruleus Thybris, coelo gratissimus amnis* und dazu Servius, wo Rumon erklärt wird *quasi ripas ruminans et exedens.*

35 Aen. X, 423, Augustin C. D. IV, 23 *ut quid ergo Romulus constituit deos Ianum, Iovem, Martem, Picum, Faunum, Tiberinum, Herculem et si quos alios?* Vgl. Seneca ib. VI, 10.

36 Kal. Amitern. z. 8. Dec.: *Tiberino in Insula,* vgl. Serv. V. A. VIII, 65 und Merkel z. Ovied Fast. p. CXLVII. Auf einen Hain an der Mündung deutet Virgil Aen. VII, 29ff., auf eine religiöse Verehrung der Quelle Aen. VIII, 75. Von Ostia sagt Serv. A. I, 13: *Ostiam veteres consecratam esse voluerunt sicut Tiberim.* Auch bei den Etruskern wurde Tiberinus jedenfalls als Gott verehrt.

37 Virg. Aen. VIII, 31 ff., 77. Vgl. Aen. X, 205 *velatus arundine glauca Mincius.*

38 Die Statue des Tiber s. Mus. P. Cl. I, 38, Millin Gal. Myth. I, 74, 308. Auch auf Alexandrinisschen Münzen sieht man das Bild des Tiber, s. Eckhel D. N. IV p. 63, vgl. ib. p. 69 Tiber und Nil 'Ομόνοια, d. h. Eintracht zwischen Rom und Ägypten, wovon die Kornzufuhr wesentlich abhing. Nach solchen Vorbildern wurden auch der Rhenus, Danubius u. a. Flüsse als liegende Greise mit der Wasserurne und charakterisierenden Attributen abgebildet.

39 Varro l. l. V, 83 *Pontifices, ut Scaevola Quintus Pontifex Maximus dicebat, a posse et facere ut*

potifices. Ego a ponte arbitror, nam ab his sublicius est factus primum ut restitutus saepe, quom in eo sacra et uls et cis Tiberim non mediocri ritu fiant. Dionys H. II, 73, III, 45 καὶ τὴν ξυλίνην γέφυραν, ἣν ἄνευ χαλκοῦ καὶ σιδήρου θέμις ὑπ' αὐτῶν διακρατεῖσθαι τῶν ξύλων ἐκεῖνος (Ancus Marcius) ἐπιθεῖναι τῷ Τιβέρει λέγεται, ἣν ἄχρι τοῦ παρόντος διαφυλάττουσιν ἱερὰν εἶναι νομίζοντες. εἰ δέ τι πονήσειεν αὐτῆς μέρος, οἱ ἱεροφάνται θεραπεύουσι θυσίας τινὰς ἐπιτελοῦντες ἅμα τῇ παρασκευῇ πατρίους Plut. Num. 9, wo richtiger bloß vom Eisen die Rede ist, Suid. Ποντίφιξ, Marquardt Handb. IV, 184 ff.

40 Varro. l. l. V, 45 *Argeos dictos putant a principibus, qui cum Hercule Argivo venerunt Romam et in Saturnia subsederunt.* Vgl. Dionys I, 34, Macrob. I, 7, 27, Ovid F. V, 650 ff. 'Αργεῖος ist die griechische Form, vgl. Tibur Argeum b. Horat. Od. II, 6, 5, Ovid Am. III, 6, 46, denn auch Tubur galt für eine Gründung argivischer Ansiedler.

41 Paul. p. 19 *Argea loca Romae appellantur, quod in his sepulti essent quidam Argivorum illustres viri.* Vielmehr nannte man auch diese Kapellen im sakralen Sprachgebrauche Argei, s. Liv. I, 21, wo Numa diesen Kult einsetzt: *multa alia sacrificia locaque sacris faciendis, quae Argeos pontifices vocant, dedicavit.* Dionys. I, 39 zählt dreißig solcher Kapellen, Varro l. l. V, 45 sieben und zwanzig, dahingegen er VII, 44 nur von 24 Binsenmännern spricht. Vgl. Schwegler R. G. I, 376 ff., Marquardt Handb. IV, 200 ff.

42 Ovid F. III, 791, Gell. X, 15, 30 u. A.

43 Varro l. l. VII, 44, Paul. p. 15 Argeos, Dionys I, 38, vgl. Ovid F. V, 621 ff., Plut. Qu. Ro. 32, Macrob. S. I, 11 47.

44 Fest. p. 334 Sexagenarios, Paul. p. 75 Depontani. Zu vergleichen wären die bei der Austreibung des Todes ins Wasser geworfenen Puppen, s. Grimm D. M. 728 ff., doch paßt die Jahreszeit des römischen Opfers nicht zu dieser Vorstellung. Eher paßt der alte und weit verbreitete Glaube, daß der Stromgott, der Nix oder die Nixe, sein jährliches Opfer fordere, s. ib. 462.

45 Fest. p. 157, Paul. p. 128

46 Fest. p. 245 *Peremne dicitur auspicari qui amnem aut aquam, quae ex sacro oritur, auspicato transit.* Das sacrum ist die Quelle, der fons manalis, vgl. Horat. Od. I, 1, 21 *nunc ad aquae lene caput sacrae.* Cic. N. D. II, 3, 9 klagt über die Vernachlässigung der peremnia auspicia.

47 Fest. p. 250 *Petronia amnis.* die Quelle dieses Bachs hieß Cati fons, Paul. p. 45. Die Augurn hatten überhaupt viel mit den Flüssen und fließendem Wasser zu tun, s. Serv. V. A. IX, 24 *secundum augurum morem, apud quos fuerat consuetudo ut, si post acceptum augurium ad aquam venissent, inclinati haurirent exinde et nanibus et fusis precibus vota promitterent, ut visum perseveraret augurium, quod aquae intercessu disrumpitur.*

48 Horat. Od. I, 7, 12 *domus Albuneae resonantis et praeceps Anio ac Tiburni lucus et uda mobilibus pomaria rivis.* Sueton v. Horatii: *domus eius ostenditur circa Tiburni luculum.* Vgl. Stat. Silv. I, 3, 74, Plin. H. N. XVI, 44, 87.

49 Lactant. I, 6, 12 nach Varro, vgl. Serv. V. A. VIII, 336 *alii etiam Tiburtem dicatam sc. Carmentam*, Tibull. II, 5, 69, Stat. Silv. I, 3, 79, Einige übersetzten den Namen Albunea in den griechischen Leucothea, wobei man gleichfalls an Schwefel dachte, Serv. V. A. VII, 83. Die späteren Bäder heißen immer aquae Albulae, s. Strabo V, 3, 11, Vitruv. VIII, 3, Plin. XXXI, 2, 6, Sueton Octav. 82, Martial. I, 13 u. A.

50 Solin. 2, vgl. Horat. Od. I, 18, 2 *circa mite solum Tiburis et moenia Catili*, Virg. Aen. VII, 670. Catilus oder Catillus ist i. q. Catus, der Gescheute, der Seher. Es scheint, daß er speziell als Gründer der Burg von Tibur verehrt wurde, wo der T. des Hercules lag.

51 S. die von Haupt und Lachmann hergestellte Inschrift bei Mommsen. I. N. n. 7146. Mehr über die Quelle und die Bäder bei Canina sull' antico edifizio dei bagni delle acque Albule, Bullet. dell' Inst. Arch. 1855 p. XXXIII, die letzte Arbeit des würdigen und vielverdienten Mannes, welcher selbst in diesen Bädern Heilung suchte.

52 Oder ein zartes Schweinchen, Martial. VI, 47.

53 Virg. Ge. II, 146 und dazu Philarg., Prop. II, 15, 25, Sil. Ital. IV, 544 ff., VI, 647. Vgl. Sueton Calig. 43.

54 Beide Formen kommen vor, s. Drakenborch z. Liv. I, 2, 6. Der Name scheint verwandt zu sein mit dem des Numa und des Numitor, des frommen Bruders des wilden Amulius.

55 Virg. Aen. VII, 150 Serv. Es ist entweder der Rio di Turno bein Pratica, dem alten Lavinium, oder der Rio Torto zwischen Pratica und Ardea.

56 Tibull. II, 5, 45 *illic sanctus eris, cum te veneranda Numici unda deum coelo miserit Indigetem.* Iuvenal. XI, 60 von Aeneas und Hercules: *alter aquis alter flammis ad sidera missus.* Vgl. Ovid Met. XIV, 588 ff. und die beiden, oben S. 83 angeführten Stellen b. Dionys I, 64

und Arnob. I, 36. Bei Liv. I, 2 und Plin. H. N. III, 5, 9 heißt der am Numicius verehrte Gott Iupiter Indiges, und dies scheint der wirkliche Kultusname gewesen zu sein. Es scheint nicht, daß der Name Aeneas im Kultus hinzugfügt wurde.

57 Ovid F. III, 647 ff., vgl. oben S. 305 und Sil. Ital. VIII, 50 ff. Da das Wort und der Begriff amnis zugleich männlich und weiblich ist und in der älteren und ländlichen Sprache wohl auch etwas anderes gelautet hat, vgl. Mommsen Unterit. Dial. S. 248, so könnte der *amnis* Numicius wohl auch den Namen des *Aeneas* herbeigezogen haben. Hat man in gläubigen Zeiten doch selbst das Janiculum des Namens wegen für eine Gründung des Aeneas erklärt.

58 S. oben S. 146. Am 1. Mai und am 25. Juli sind Lustrationen am Fluß, d. h. am Volturnus vorgeschrieben, die erste bei Casilinum, an derselben Stelle, wo das jetzige Capua liegt, die andere bei der Brücke der Dianenstraße, welche von Capua in nordöstlicher Richtung zum Flusse und zum T. der Diana auf dem Berge Tifata führte.

59 Alle Kalender bemerken zum 27. Aug. VOLT oder VOLTVRN., das Kal. Capranic. nach der Ausg. von Mommsen I. N. n. 6748 setzt hinzu: VOLTVRN: FLVMINI SACRIFICIVM. Auch bei Varro l. l. VI, 21 ist deshalb zu schreiben *Volturnalia a deo Volturno, cuius feriae tum*, vgl. Paul. p. 379 *Volturnalia Volturno suo deo sacra faciebant, cuius sacerdotem Volturnalem vocant* d. i. der flamen Volturnalis s. oben S. 400. Freilich konnten beide Namen, Volturnus und Vortumnus, in der Aussprache leicht verwechselt werden.

60 Liv. IV, 37. Es gab auch eine römische Kolonie Volturnum unweit der Mündung des gleichnamigen Flusses, Varro l. l. V, 29

61 Liv. XXVI, 16. Daher die Capuanischen Münzen mit dem Namen der Römer.

62 Dessen Flußgott Sebethus auf Münzen und Inschriften als Gott erscheint, s. Or. n. 1647, Mommsen I. N. n. 2445 und die Münzen im Bullet. Arch. Napol. 1852 n. 3. 6. 8. t. IV. Vgl. die Inschriften aus der Umgegend von Neapel bein Mommsen I. N. n. 2599 *Numini Nympharum* und Or. 1648 *Nymphis Aufidi Servatric. Sacr.* Eine interessante Sammlung von großgriechischen Münzen mit verschiedenen Bildern von Flußgöttern gibt Riccio repert. delle monete di città antiche Nap. 1852 t. 1.

63 Sueton Tib. 14. Vita Theodorici p. 149 Thermen des Hercules bei Caere erwähnt Liv. XXII, 1, zu Allifae in Samnium eine Inschrift b. Mommsen I. N. n. 4758.

64 S. Braun im Bullet. dell' Inst. 1842 p. 179 – 184, G. Dennis die Städte und Begräbnispl. Etruriens S. 431 ff.

65 Die schöne Beschreibung des Orts b. Virg. Aen. VII, 563 ff., zu welcher Stelle Servius bemerkt, daß Varro alle gleichartigen Stätten in Italien aufgezählt hatte. Vgl. Plin. H. N. II, 93 und 107, Cic. de Divin. I, 36, 79, Claudian r. Proserp. II, 350. Amsanctum ist, wie Serv. A. VII, 565 richtig erklärt, *locus amsanctus i. e. omni parte sanctus.*

66 Virg. A. VII, 84 *Albunea nemorum quae maxima sacro fonte sonat saevamque exhalat mefitim.* Dazu Servius: *Mefitis proprie est terrae putor, qui de aquis nascitur sulfuratis – Alii Mefitim deum volunt Leucotheae (d. i. Albuneae) connexum.*

67 Varro l. l. V, 49, Fest. p. 351 a.

68 Tacit. Hist III, 33, vgl. Mommsen I. N. n. 376 – 378, 1403, 4540, Henzen n. 5808 ff.

69 L. Stephani. Ind. Schol. Dorp. a. 1850, Braun Ant. Marmorw. II t. Vb, Gerhard Neap. Ant. Bildw. S. 142 n. 546. 547, Mommsen I. N. n. 3513 – 3518. Der Ort heißt noch jetzt Nitroli. Den Bildwerken zufolge scheinen dort auch gymnische und musische Spiele gefeiert worden zu sein.

70 Macrob. S. V, 19, 15 ff. Vgl. G. Michaelis, die Paliken, ein Beitrag zur Würdigung altitalischer Kulte, Dresd. 1856.

71 Daher der Name, πάλιν γὰρ ἵκουσ' ἐκ σκότους τόδ' εἰς φάος, wie es bei Äschylos hieß. Vgl. die Beschreibungen der Sprudel b. Strabo VI, p. 275, Silenos b. Steph. B. v. Παλική. Es ist eine Nachbildung der böotischen Fabel von der Geburt des Tityos. Vermutlich ist weder der Name Delli noch der der Palici griechischen Ursprungs.

NEUNTER ABSCHNITT

1 Nach Dionys. II, 50 verehrte sie schon T. Tatius zusammen. Dagegen ist die Zusammenstellung bei Liv. XXII, 10 die griechische.

2 VOLCANI POCOLOM auf einer Schale aus Tarquinii, die sich jetzt in Berlin befindet. Münzen von Aesernia mit der Inschrift VOLCANOM. Vgl. Orelli n. 1380 ff.

3 Nicht zu gebrauchen sind die Etymologien bei Varro l. l. V, 70 und Isidor Orig. VIII, 11 39. Cicero N. D. III, 24, 62 verzichtet auf jede Erklärung. A. W. Schlegel dachte an das indische ul-kâ, feuriges Meteor, s. Pott etymol. Forsch. 1 S. 128. 265. Neuerdings haben Mehrere nach dem Vorgange von Secchi den aus Hesych und Münzen von Phästos bekannten Zeus Velchanos oder Gelchanos verglichen, andere das „phönicisch-pelasgische" Wort Τελχίν, s. Gerhard Gotth. d. Etr. S. 6. 29, Rofs Ztsch. f. A. W. 1851 n. 50, Huschke die osk. u. sabell. Sprachdenkm. S. 11. 198.

4 Paul p. 144 Mulciber, Macrob VI, 5, 2, vgl. die Inschr. b. Or. n. 1382 *Volk. Miti sive Mulcibero.*

5 O. Müller Etrusker 1 S. 240.

6 Virg. Aen. VII, 678 ff. mit den alten Auslegern.

7 Dionys. IV, 2, Ovid F. VI, 621 ff., Plin. H. N. XXXVI, 70, Plut. de Fort. Ro. 10. Dieselbe Geschichte abenteuerlich entstellt und auf Alba Longa und die Geburt der Zwillinge b. Plut. Rom. 2.

8 Gell. N. N. XIII, 23 (22), vgl. Macrob. I, 12, 18. Varro l. l. V, 84. Nach Piso hieß die uxor Vulcani nicht Maia, sondern Maiesta. Doch ist dieses derselbe Name, d. h. die Vergößernde, Wachstum Verleihende, vgl. oben S. 352.

9 Dionys. II, 50. 54, Plin. XVI, 44, 86, Plut. Rom. 24, Qu. Ro. 47, vgl. Becker Handb. I S. 287. Da der Mundus sich unter dem Comitium befunden haben soll, und über demselben nach Ovid F. IV, 820 ff., nachdem die Gruppe zugeschüttet worden, ein Altar errichtet und Feuer angemacht wurde (S. 456, 4), so könnte dieses vielleicht mit dem Vulcanal zusammenhängen.

10 Liv. IX, 46, Plin. XXXIII, 1, 6, Ovid F. VI, 93. Der Platz hieß deshalb fortan die area Vucani et Concordiae, Liv. XL, 19, vgl. XXXIX, 46.

11 Fest. p. 290 statua, Gellius N. A. IV, 5.

12 Ennius b. Varro r. r. I, 4 von den vier Elementen: *aqua, terra, anima (die Luft) et sol*, b. Varro l. l. V, 59 von der menschlichen Seele: *est de sole sumptus ignis, isque totus mentis est.* Vgl. die Sage vom Prometheus bei Probus und Serv. z. Virg. Ecl. VI, 42 und das Sonnenrad bei Grimm D. M. 578.

13 Varro l. l. VI, 20, vgl. die Kalender, unter denen der Kal. Capran. hinzufügt: *Vocano in Circo Flaminio.* Nach Dio LXXVIII, 25 schlug es am Tage der Volcanalien ein, weil Macrin das Wagenrennen zu Ehren des Vulcan abgeschafft hatte.

14 Fest. p. 210 und 238 piscatorii ludi, Ovid F. VI, 237 ff., oben S. 512.

15 S. die Inschr. b. Marini Atti p. 357, Or. n. 1381, vgl. n. 2204. 2205. Weil die Vulcanalien in die Zeit fielen, wo die Tage abnahmen, fing Plinius d. Ä. mit diesem Tag an des Morgens bei Licht zu arbeiten; dieses und weiter nichts sagt die oft mißverstandene Stelle bei seinem Neffen ep. III. 5.

16 Ovid F. V, 725, wo purae tubae die gweihten, zum Gottesdienste bestimmten tubae sacrorum sind, vgl. die Kalender z. 23. Mai und oben S. 261. Auch auf den römischen und anderen italischen Münzen erscheint Vulcan gewöhnlich als Schmied, mit Hammer und Feuerzange.

17 Ennius Ann. v. 477 *cum magno strepitu Volcanom ventus regebat.* Attius Nyctegr. p. 168 ed Ribbeck. *Scandit oras, laterum texta (flamma) Volcani edax.* Virgil Aen. V, 662 *Furit immissis Volcanus habenis transtra per et remos et pictas abiete puppes.*

18 Liv. I, 37 VIII, 10 XXX, 6, XLI, 12, vgl. Virg. Aen. VIII, 561 und Liv. XLV, 33 *precatus Martem, Minervam Luamque Matrem* (S. 419) *et ceteros deos, quibus spolia hostium dicare ius fasque est.* Eben dahin gehört der VOLKANVS VLTOR auf Münzen des August, s. Eckhel D. N. VI, 96, welcher auch den Volkanus militaris b. Grut. 1069, 5 aus demselben Gebrauche erklärt.

19 Plin. XXVIII, 2, 4 *etiam parietes incendiorum deprecationibus conscribuntur.* Vgl. Paul. p. 18 Arseverse und die oft besprochene Inschrift aus Cortona b. Or. n. 1384, welche Huschke im Rh. Mus. f. Philol. 1856 S. 364 ff. aus dem Umbrischen zu erklären versucht.

20 Appian b. c. V. 49, Dio Cass. XLVIII, 14, wo auch das Bild der Juno gerettet wird.

21 Fest. p. 317 Statae Matris, vgl. meine Regionen d. St. R. S. 84 und Orelli n. 1386–1388, Henzen n. 5684. 5685. Stata Mater ist zu erklären wie Iupiter Stator, quae sistit incendia. Gewöhnlich wird sie für eine Nebenform der Vesta gehalten, vgl. die Inschrift aus Lyon bei Boissieu p. 15, Henzen n. 5686 *Augustae Deae Vestae, Augusto Deo Volcano.*

22 Or. n. 1385, vgl. Mommsen I. N. n. 6776, Unterital. Dial. S. 134.

23 Or. n. 1386 aus Florenz, Henzen n. 5685 aus dem Lande der Marser, n. 5684 aus Achaja.

Auch die Inschrift aus Tarent bei Or. 1380 ist wohl ähnlich zu erklären: *Volcano ex aere publico in via recta Civ. Tar. pontificum iussu statuit P. Cornificius.*

24 Vitruv. I, 7, Plut. Qu. Ro. 47, Liv. XXIV, 10. Auf M. des Valerian und Gallien wird ein T. des Vulcan angedeutet, welcher bei andauernder Pestilenz als Heilgott angerufen wurde, Eckhel. D. N. VII p. 384.

25 Pott etymol. Forsch. 1 S. 279. Im Griechischen gehören zu demselben Stamme ἕζομαι, ἐφέστιον d. i. οἶκος, auch ἄστυ d. i. die Stadt als Inbegriff sämtlicher Häuser.

26 Serv. I, 726 *ibi et culina erat, unde et atrium dictum est; atrum enim erat ex fumo.* Vgl. A. Kuhn in der Zeitschr. für vglch. Sprachf. VI, 239,welcher auf den Zend – Stamm âtar d. i. Feuer zurückgeht, welcher Stamm sich auch im Sanskr. atharvan und in einigen anderen Ableitungen erhalten habe. Auch αἴθω, αἰθάλη, αἴθαλος hänge damit zusammen, wahrscheinlich auch das lateinische aedes. Weiterhin ist atrium der Name für jeden größeren Saal geworden.

27 Ovid F. VI, 295 *At focus a flammis et quod fovet omnia dictus, qui tamen in aedibus ante fuit. Hinc quoque vestibulum dici reor unde precamur* etc. Vgl. Non. Marc. p. 53 vestibula, Varro b. Serv. V. Ecl. VIII, 29, A. II, 469.

28 Virg. Aen. II, 512 ff., VII, 59; Plin. H. N. XIV, 3, Sueton Octav. 92 u. a.

29 Paul. p. 2 aqua et igni, p. 87 facem. Vgl. Varro l. l. V, 61, b. Non. p. 182 titionem, b. Serv. V. A. IV, 103, Dionys. II, 30, Ovid F. IV, 792, Stat. Silv. I, 2, 4–6.

30 Cic. N. D. II, 27, 67 schlägt eine doppelte Etymologie vor, *sive a penu ducto nomine, est enim omne quo vescuntur homines penus, sive ab eo quod penitus insident, ex quo etiam penetrales a poëtis vocantur.* Die Ableitung von penus ist die richtige, denn penas verhält sich zu penus wie optimas zu optimus, vgl. primas, cuias, Antias, Fest p. 253 penates. Doch ist zu bedenken, daß das Wort penus zu demselben Stamm gehört wie penes, penitus also schon dadurch für etwas zu den Penetralien des Hauses Gehöriges erklärt wird, wie der Herd und die Penaten, vgl. Paul. p. 208 *penetralia sunt penatium deorum sacraria.* Serv. V. A. III, 12 *penates ideo appellantur quod in penetralibus aedium coli solebant.* Virg. Aen. V, 660 *conclamant rapiuntque focis penetralibus ignem.* Non. Marc. p. 51 *peni, penus et penoris – proprietatem docti veteres hanc esse voluerunt, quod quae in ea sunt quasi penitus et in penetralibus recondantur.* Mehr über den Begriff von penus b. Klausen Aeneas und die Penaten S. 636 ff.

31 Naevius b. Probus z. Virg. Ecl. V, 31 p. 14 Keil, Liv. XXVI, 36, Plin. XXXIII, 12, 54, Val. Max. IV, 4, 3, Fest. p. 157 mensae, p. 329 und 344 salinum, Arnob. II, 67 *in penetrabilus et culinis fovetis focos, sacras facitis mensas salinorum apposit u et simulacris deorum*, vgl. Porphyrion z. Horat. Od. II, 16, 14. Nach Serv. Aen. I, 736, III, 257, VII, 111 waren diese Tische häufig Brottische, mensae panicae; daher der bekannte Zug der latinischen Aeneassage.

32 Plut. Sympos. Qu. VII, 4, 1, und 7. Nach dem Kal. rust. Farnes. wurde auf dem Lande regelmäßig im Januar den Penaten geopfert.

33 J. Möser patriot. Phantasien 3, 139, Riehl über die Familie 164: Über die Speiseopfer Grimm D. M. 478. Auch die Perser brachten ihren Genien Speiseopfer, Athen. VI p. 252.

34 Serv. V. A. II, 469 *singula enim membra domis sacrata sunt diis ut culina diis Penatibus* etc. III, 178 *focis, quia privatum sacrificium sequitur, nam Penatibus sacrificat.* XI, 211 *focus est ara Penatium* Daher Virg. Aen. I, 704 und Macrob. S. I, 24, 22 Penates für focus sagen.

35 Nach Dionys. I, 67 übersetzten die griechischen Schriftsteller das lateinische Wort Penates bald durch οἱ πατρῷοι, bald durch οἱ γενέθλιοι, oder durch οἱ κτήσιοι, οἱ μύχιοι, οἱ ἑρκεῖοι, so vielseitig war diese Vorstellung. ἔοικε δὲ, setzte er hinzu, τούτων ἕκαστος κατά τινος τῶν συμβεβηκότων αὐτοῖς ποιεῖσθαι τὴν ἐπίκλησιν, κινδυνεύουσί τε οὐ τὸ αὐτὸ πάντες, ὅμως γέ πως τὸ αὐτὸ λέγειν.

36 Theodos. M. L. 106 *Th. de Paganis: Nullus omnio secretiore piaculo Larem igne, mero Genium, Penates nidore veneratus* etc. Es sind die täglichen Speiseopfer für die Laren und Penaten und die Weinspende für den Genius Natalis gemeint.

37 Macrob. III, 4, 11, Val. Max. I, 6, 7, Ascon. Cic. Scaur. p. 21, Serv. V. A. II, 296, III, 12, VIII, 664, Schol. Veron. Aen. I, 259.

38 Serv. V. A. III, 12, VII, 150, Gell. I, 12, 19.

39 Varro l. l. V, 144 *oppidum quod primum conditum in Latio stirpis Romanae Lavinium, nam ibi dii Penates nostri.* Plut. Coriol. 28 Λαουΐνιον ὅπου καὶ θεῶν ἱερὰ Ῥωμαίοις πατρῴων ἀπέκειτο καὶ τοῦ γένους ἦσαν αὐτοῖς ἀρχαὶ διὰ τὸ πρώτην ἐκείνην κτίσαι τὸν Αἰνείαν.

40 Dionys. II, 65, Prop. IV, 4, 69, Ovid Met. XV, 730, F. I, 528, III, 29, VI, 227, Lucan V, 400, IX, 990 ff., Schol. Veron. V. Aen. II, 717.

41 Or. n. 2276, Mommsen l. N. n. 2211

42 Dionys. I, 67. Auch von Lavinium und Rom wird dieselbe Fabel erzählt, Serv. V. A. III, 21. Sie will nichts weiter sagen, als daß die Penaten von Lavinium *damals* für die ältesten galten.

43 Iuvenal. IV, 60 *quamquam diruta servat ignem Troianum et Vestam colit Alba minorem.* Vgl. die Scholien und Ascon. Cic. Mil. p. 41 Virgines Albanae, Or. n. 1393. 2240 *Virgini Maximae Arcis Albanae*, Lucan IX, 990, Stat. Silv. IV, 5, 2 *prisca Teucrors Alba colit lares.* Auch in Tibur gab es einen alten Kult der Vesta, Marini Atti p. 6 und 22 n. 39, Or. n. 2239, Bormann altlatin. Chorogr. S. 228.

44 Fest. p. 262 rotundum, Ovid F. VI, 263 ff., Plut. Numa 11 Νομᾶς δὲ λέγεται καὶ τὸ τῆς Ἑστίας ἱερὸν ἐγκύκλιον περιβαλέσθαι τῷ ἀσβέστῳ πυρὶ φρουράν, Serv. V. A. VII, 153. Vgl. Ovid F. VI, 285 *nec tu aliud Vestam quam vivam intellige flammam, v. 288 Esse diu stultus Vestae simulacra putavi, mox didici curvo mulla subesse tholo. Ignis inexstinctus templo celatur in illo, effigiem nullam Vesta nec ignis habent.*

45 Liv Epit. LXXXVI *Q. Mucius Scaevola Pont. Max. fugiens in vestibulo aedis Vestae occisus est.* Cic. N. D. III, 32 sagt *ante simulacrum Vestae*, vgl. d. Orat. III, 3, Flor. III, 21. Vesta ist auf den Münzen des Vitellius, Caligula, Vespasian u. a. bald sitzend bald stehend abgebildet, immer verschleiert und ganz bekleidet, mit den Attributen der Schale und der Fackel, des simpulum und des Scepters, des Palladiums u. s.

46 Val. Max. IV, 4, 11, Prop. IV, 1, 21 ff.

47 Plut. Numa 13, vgl. Tacit. Hist. IV, 53, Suid. v. Νουμᾶς.

48 Liv. XXVIII, 1, vgl. Val. Max. I, 1, 6, Liv. Epit. XLI, Iul. Obseq. 8 (62). Vgl. Paul. p. 106 ignis Vestae und Pluto. Numa 10.

49 Liv. IV, 44, VIII, 16. Die Kleidung war weiß. Alle Salben und alle Blumen waren verboten. Bei allen Opfern erschienen sie mit einem großen weißen Kopftuch, dem s. g. suffibulum.

50 Plut. I, c. Zonar. Ann. VII, 8 p. 29.

51 S. oben S. 392 und die näheren Umstände besonders b. Dio Cass. fr. 87 p. 85 Bekk. Die anderen Fälle findet man bei Livius, Dionysius und Orosius. Im J. 681 wurde Fabia, eine Schwester der Frau des Cicero, des verbotenen Umgangs mit Catilina angeklagt, aber vor Gericht freigesprochen.

52 Appian b. c. I. 54 u. 88, vgl. S. 539, 1 und Lucan II, 126 ff.

53 Dionys. II, 68, Prop. IV, 11, 53, Val. Max. I, 1, 7, vgl. oben S. 123. Das Wassertragen im Siebe ist auch sonst ein gewöhnliches Gottesurteil, s. Grimm D. M. 1066.

54 Paul. p. 106 ignis Vestae, Plut. Numa 9. Vgl. Grimm D. M. 570 ff. über das s. g. Notfeuer.

55 Fest. p. 158 muries, Serv. V. A. XI, 339, vgl. Prop. IV, 4, 15, Ovid F. III, 12. Ein solches Gefäß hieß vas futile, daher homo futilis ein Mensch, der nichts bei sich behalten kann.

56 Fest.p. 250 penus, Ovid F. VI, 223 ff., Kal. Constant. 7. Juli.

57 Ovid F. VI, 304, 389 ff.

58 O. Jahn Archäol. Ztg. 1854 S. 192, vgl. Ovid F. VI, 303 ff. Prop. IV, 1, 21 ff., Lactant. I, 21, 26 und das Bild im Mus. Borbon. VI, 51, b. Gerhard Ant. Bildw. 62, 3.

59 Kal. Maff. Venus. 15. Juni, vgl. Varro l. l. VI, 32, Paul. p. 259, Fest. p. 344 stercus, Ovid F. VI, 223 ff.

60 Liv. V, 39. 40, Plut. Camill. 20.

61 Lamprid. Heliog. 6. Dieser penus interior ist wohl zu unterscheiden von dem penus exterior der Opfervorräte, s.Fest. p. 161a. 1. Penetralia sacra, penetralia sacrificia sind überhaupt solche, welche in dem Allerheiligsten eines Tempels sich befinden oder vorgenommen werden, s. Fest. p. 250 penetr. sacrif.

62 Ovid F. VI, 431 ff. Früher hatte man ihm den Verlust seiner Augen durch die Feuersbrunst zum Ruhme angerechnet und dafür in die curie zu fahren erlaubt, s. oben S. 265 und Dionys. II, 66, wo er nicht bloß das Palladium, sondern die ἀπόρρητα überhaupt rettet, wie auch Liv. Epit. XIX sacra nennt. Über die Feuersbrunst, welche auf eine große Flut folgte, s. Oros. IV, 11

63 Timäus b. Dionys. I, 67 (oben S. 136, 1) vgl. Serv. V. A. I, 378, III, 148, Schol. Veron Aen. II, 717, Lobeck Aglaoph. p. 1240. Nach Plutarch Camill. 20 dachten bei jenen verborgenen Heiligtümern der Vesta die meisten an das Palladium, andere an die samothrakischen Heiligtümer, welche Dardanus nach Troja, Aeneas nach Italien gebracht hatte. Das sind eben die Penaten.

64 Liv. XXVI, 27 *Vestae aedem petitam et aeternos ignes et conditum in penetrali fatale pignus imperii Romani*, womit das Palladium gemeint ist. Ovid F. VI, 359 *Iliacae pignora Vestae.*

439 *pignora fatalia.* Augustin C. D. III, 18 *sacra fatalia.* Sieben pignora imperii zählt Serv. V. A. VII, 188 *Septem fuerunt paria (l. pignora), quae imperium Romanum tenerent: acus* (Lob. Agl. p. 304 liest cestus. Ich möchte eher lapis für das Richtige halten, s. oben, *Matris Deum, quadriga fictilis Veientorum, cineres Orestis, sceptrum Priami, velum Ilionae, Palladium, Ancilia.*

65 Plin. H. N. XXVIII, 4, 7 *qui deus inter sacra Romana a Vestalibus colitur* etc.

66 Dionys. I, 67. 68. In einer in demselben T. befindlichen Inschrift las er DENATES für PENATES, indem er das altertümliche P für D hielt. Mehr über diese populären Penatenbilder auf Münzen u. s. b. Klausen Aeneas u. d. P. S. 660 ff. Auch bei Virg. Aen. III, 147 ff. erscheinen die troischen Penaten dem schlafenden Aeneas in menschlicher Bildung. Bei Schol. Pers. V, 32 sind die Penaten mit den Laren verwechselt.

67 So in der Schwurformel der Stadtrechte von Salpensa und Malaca: *iurare per Iovem et Divom Augustum et Divom Titum Augustum et Genium Imperatoris Caesaris Domitiani Augsti Deosque Penates quae fieri oporeteat se facturum.* Vgl. den Schwur der Bantinischen Tafel (zwischen 625 und 636 a. U.): *Iouranto per Iovem Deosque [Penateis sese quae ex hac lege fieri oport] ebit facturum.* Cic. Acad. Pr. II, 20, 65 *iurarem per Iovem Deosque Penates* und die gleichartige Zusammenstellung der Capitolinischen Götter überhaupt oder des Iup. O. M. allein mit den Penaten b. Liv. III, 17 und Or. n. 1675. 1677.

68 Cic. N. D. II, 27 *Vis autem eius ad aras et focos pertinet. Itaque in ea dea, quae est rerum custos intimarum, omnis et precatio et sacrificatio extrema est.* Vgl. oben u. Iuvenal VI, 385 *et farre et vino Ianum Vestamque rogabat.* Vellei. II, 131 *Iupiter Capitoline et auctor et stator Romani nominis, Gradive Mars perpetuorumque custos Vesta ignium.* Viele Beispiele von solchen Anrufungen und Opfern, die mit dem Janus anfangen und mit der Vesta endigen, geben die tabb. fr. Arval., welche t. 43, 12 auch eine Vesta Deorum Dearumque nennen.

69 Vgl. die Anrufung des Apoll oben, ihre Hilfe beim Argeenopfer, ihre Teilnahme an den Idusopfern, namentlich dem des März, Horat. Od. III, 30, 9, endlich Serv. V. A. X, 228 *Virgines Vestae certa die ibant ad Regem Sacrorum et dicebant: Vigilasne Rex? Vigila!:*

70 Cic. pr. Fonteio 17, 36, Horat. Od. I, 2, 26 ff., Appian b. c. II, 106 vgl. Eckhel D. N. VII p. 101.

71 Fest. p. 158 muries, Non. Marc. p. 225 sal, Serv. V. Ecl. VIII, 82. Vgl. Paul p. 65 casta mola und die ἱεροὶ ἄροτοι, ἀλετοί, μυλῶνες der Griechen.

72 Ein Pontifex Vestae Matris wird erwähnt b. Or. n. 1181. Verschiedene Erklärungen b. Marini Atti p. 378 sqq. Daß Vesta als Feuergöttin notwendig jungfräulich zu denken, bemerkt Isidor Orig. VIII, 11, 67. 68. Porphyr. b. Euseb. Praep. Ev. III, 11 p. 110 C ed. Colon 1688 sagt nichts als daß die eine Erde unter veschiedenen Namen angebetet werde, die zentrale Erde als jungfräuliche Hestia, die nährende als Mutter usw. Von der Vesta Mater ist gar nicht die Rede. Im Kal. Constant. Id. Febr. *Virgo Vesta parentat* ist wohl zu lesen: Virgo Vestalis, denn der 13. Febr. gehört zu den dies parentales.

73 Macrob. S. III, 4, 7 und 9, vgl. Serv. V. A. I, 378, III, 12. 148. Die weitere Ausführung der Ansicht Varros von den Großen Göttern (Dis Magnis, Potentibus) s. de ling. lat. V, 58, bei Prob. z. Virg. Ecl. VI, 31 p. 21 ed. Keil, Augustin C. D. VII, 18. Bei Virg. Aen. VIII, 679 kämpft August bei Actium *cum patribus populoque, Penatibus et Magnis Dis,* wo die letzteren wohl die samothrakischen Schutzgötter zur See sein sollen.

74 Macrob. III, 4, 6. 8 vgl. Arnob. III, 40 und oben S. 76.

75 Sueton 31 u. 44, Dio Cass. LIV, 27, LV, 27.

76 Ovid F. III, 417 ff., Kal. Maff. Praen.

77 Ovid F. IV, 949 ff., Met. XV, 864, Verr. Flacc. Fast. Praen. z. 28. April. Die kaiserlichen Penaten sind als solche laurigeri, s. Martial. VIII, 1, 1. Vgl. Sueton Octav. 92 und die Beschreibung des Palastes des Priamus b. Virg. Aen. II, 512 ff.

78 Sueton 8, Plin. Ep. IV, 11.

79 Herodian. I, 14.

80 Dio LXXVII, 17, Herodian V, 6, Lamprid. Heliog. 6.

81 Ambrosch Stud. u. And. S. 18. Ein schlimmes Sittenzeugnis stellt Minuc. Felix Octav. p. 236 ed Ouz. den Vestalinnen und den römischen Priestern überhaupt.

ZEHNTER ABSCHNITT

1 Gromat. vet. p. 30. Daher Fanestris Fortuna ib. p. 256.

2 Der Ausdruck Fortunae filius findet sich bei Horat. S. II, 6, 49, Petron. 43. Ausnahmsweise nennt Plut. d. fort. Ro. 5 den Ancus Marcius als Stifter des Fortunadienstes.

3 Cic. de leg. II, 11, 28 *Fortuna sit vel Huiusce Diei – vel Fors, in quo incerti casus significantur magis*. Terent. Phorm. V, 6, 1 *O Fortuna, o Fors Fortuna, quantis commoditatibus hunc onerastis diem!* Wozu Donat bemerkt, das Fest der trans Tiberim verehrten Fors Fortuna werde vorzüglich von denen gefeiert, *qui sine arte aliqua vivunt*. Vgl. Ovid F. VI, 772 *Plebs colit hanc, quia qui posuit de plebe fuisse fertur et ex humili sceptra tulisse loco*. Die Griechen übersetzen aus Mißverstand Τύχη ἀνδρεία Dionys. IV, 27, Plut. l. c.

4 Neben dem T. des Servius Tullius baute Sp. Carvilius Max. als Sieger über die Samniter und Etrusker im J. 461 d. St., 293 v. Chr. ein zweites Heiligtum, Liv. X, 46. Einen anderen T. der Fors Fortuna stiftete Tiberius beim sechsten Meilensteine der Via Portuensis, s. Becker S. 479.

5 Ovid F. VI, 765 ff., Varro l. l. Viv, 17 und die Kalender z. 24. Juni. Vgl. noch Or. 1770 *Numini Fortis Fortunae*, die Widmung eines Soldaten, und eine M. des Divus Gal. Val. Maximianus, wo auf dem Rev. FORTI FORTVNAE, das Bild mit dem Steuer, dem Füllhorn und dem Rade. Aus Liv. XXVII, 11 sieht man, daß das alte Bild der Fors Fortuna den gewöhnlichen hohen Kopfaufsatz hatte.

6 Ovid F. VI 563 ff., vgl. Dionys. IV, 27 u. 40, Val. Max. I, 8, 11, Becker S. 481,Canina Mon. d. Inst. 1854 p. 60.

7 Plin. H. N. VII, 48, 74, Non. Marc. p. 189 undulatum. Plinius weiß auch von einem mit sehr alten Prätexten bekleideten Bilde der Fortuna, welches Servius Tullius geweiht hatte und später Sejanus besaß, vgl. Dio LVIII, 7.

8 Ovid vs. 571 *Nocte domum parva solita est intrare fenestra, unde Fenestellae nomina porta tenet*. Es war eine Stelle am Palatin, bei der Wohnung des Tarquinius Priscus, dabei ein s. g. thalamus Fortunae.

9 Varro b. Non. Marc. p. 189 *a quibusdam dicitur esse Virginis Fortunae ab eo quod duobus undulatis togis opertum*. Vgl. Fest. p. 242, wo das Bild der Pudicitia in foro Boario, welches einige für das der Fortuna hielten, vermutlich dasselbe Bild ist. Auch Plut. d. Fort. Ro. 10 kennt eine Fortuna Virgo in Rom, desgleichen Arnob. II, 67 *puellarum togulas Fortunam defertis ad Virginalem*. Togen trugen in alter Zeit nicht bloß die Männer, sondern auch die Frauen. Dazu kommt, daß der Tage des solennen Opfers dieser Fortuna der der Matralia am 11. Juni war, d. h. des matronalen Festes der Mater Matuta, deren T. auch von Servius Tullius gestiftet wurde und vermutlich neben dem der Fortuna lag.

10 Liv. I, 46, II, 40, III, 7 Fortuna Urbis, VI, 30, VII, 34, Cic. pr. Mil. 32, 87 u. A. Auf den M. des M. Arrius Secundus bedeutet F. P. R. Fortuna Populi Romani. Ihr Bild ist mit einem reichen Diadem geschmückt.

11 Plut. l. c. 10, Qu. Ro. 106. In der bekannten Inschrift von Präneste, Anthol. I n. 622, können die Worte *Tu quae Tarpeio coleris vicina Tonanti* doch auch nur die Verehrung der Pränestinischen Fortuna sowohl in Präneste als auf dem römischen Capital bedeuten. Vgl. Dio Cass. XLII, 26 und Clem. Al. Protr. 4, 51, welchem zufolge sich dieser T. in der Nähe der s. g. porta stercoraria befand.

12 Ovid F. IV, 375, V, 729 und die Kalender z. 5. April u. 25. Mai, vgl. Liv. XLIII, 13 und Becker S. 579. In der Nähe der p. Collina gab es eine Gegend ad tres Fortunas.

13 Liv. II, 40, Dionys. VIII, 55 ff., Val. Max. I, 8, 4, V, 2, 1, Plut. Marc. 37, d. Fort. Ro. 5, Fest. p. 242, Serv. V. A. IV, 19, Tertull. Monogam. 17, Augustin. C. D. IV, 19, Lactant. II, 7, 11. Der Ruf des Bildes lautete: *Rite me matronae dedistis riteque dedicastis*. Vielleicht war es eine Neuerung, daß Frauen eine Dedikation vollzogen. Das erste Opfer wurde Kal. Decemb. des J. 267 d. St. gebracht, nachdem der Krieg glücklich beendet war. Der T. und das andere Bild wurden im folgenden Jahre vom Consul Proculus Virginius am 6. Juli geweiht, und ohne Zweifel war dieses der Jahrestag des Ereignisses und der regelmäßige Festtag.

14 Liv. XL, 40. 44, XLII, 3. 10, Iul. Obseq. 53, vgl. Becker Handb. I, S. 618.

15 Tertull. ad Nat. I, 11, Augustin C. D. IV, 11, vgl. oben S. 234, 2.

16 S. oben. Inschriften b. Henzen z. Or. n. 5796. 5797 kennen eine eigene *Fortuna Balnearis*, auch *Fortuna Balneares*, welche pro salute angerufen werden, also als Heilgöttinnen des Orts gedacht wurden. Vgl. die Fortunae Salutares b. Or. 1767 und Anthol. lat.n. 899 *Fausta novum domini condens Fortuna lavacrum Invitat fessos huc properare viros*.

17 Plin. H. N. XXXVI, 22, 46, Or. n. 18, Becker S. 561.

18 Or. n. 1754–56, 1769, 4881, Mommsen l. N. n. 5163 u. a.

19 Dio LIX, 4. 15, Mommsen I. N. n. 2219 ff.

20 Iul. Capitol. Antonin. Pius 12, Ael. Spartian. Sev. Imp. 23.

21 Plut. d. Fort. Ro. 10, wo zu lesen ist καὶ ἐν Αἰσκυλίαις Επιστρεφομένης. Auf dem Palatin gab es einen eigenen Vicus Fortunae Respicientis. Auch Dio XLII, 26 meint doch wohl diese Fortuna, indem er einen „nicht übersetzbaren" Namen so umschreibt: ἣν ἐκ τοῦ πάντα τά τε ἐν τοῖς ὀφθαλμοῖς καὶ τὸ κατόπιν καὶ ἐφορᾶν καὶ ἐκλογίζεσθαι χρῆναί τινα μηδὲ ἐπιλανθάνεσθαι ἐξ οἵων οιος ἐγένετο ἱδρύσαντο.

22 Plut. l. c., Qu. ro. 74, Plaut. Asinar. III, 3, 126. Inschriften b. Or. n. 1750. 1751, Henzen n. 5789 und Münzen des Antoninus Pius schreiben F. *Opsequens*.

23 S. die Kall. z. 30. Juli. Die Basis Capitolina nennt einen Vicus Huisque Diei in der 10. Region, d. h. in der des Circus Max. Vgl. Plut. Mar. 26, Plin. H. N. XXXIV, 8, 54. 60. Cic. d. Leg. II, 11, 28 setzt erklärend hinzu: *nam valet in omnes dies*.

24 Es gab einen Vicus F. Dubiae auf dem Aventin. Vgl. Plut. II. cc., Lucilius b. Non. Marc. p. 396 *Omnia viscatis manibus* (d. h. mit solchen, an denen alles hängen bleibt) *leget, omnia sument*. Seneca ep. 8 *viscata beneficia*. Plin. ep. 9, 30 *viscatis hamatisque muneribus*.

25 Plut. d. Fort. Ro. 10, Qu. Ro. 74, vgl. Becker S. 580 und die Tempel der Spes und Fortuna in den Regionen S. 13 u. 139.

26 Cic. N. D. III, 25 u. A. b. Becker S. 82, Or. n. 1743. 1744 *Fortunae Bonae Domesticae*, Henzen n. 5787 *Bona Fortuna Domina Regina*.

27 S. meine Regionen und über die Bedeutung des Adj. mammosa M. Hertz Vindic. Gellianae Greifsw. 1858 p. 7.

28 Kal. Amitern. z. 12. Okt. u. 16. Dez., auf welchen Tag dieser Kalender die Dedikation verlegt, während das Kal. Cumanum den 15. Dez. nennt. Vgl. Kellermann b. O. Jahn Spec. Epigr. p. 15.

29 Martial VIII, 65, vgl. die Inschriften b. Or. n. 332. 922. 1760 ff. 1776. 3096. 4083, Henzen n. 5791, Mommsen I. N. n. 6756. 6879. F. Dux auf Münzen des Commodus und b. Mommsen n. 4831. *Portumno et F. Tranquillae* b. Nibby Analisi II p. 649.

30 Or. n. 1736 *Deae Fortunae Tutelae*. 1737 *Fortunae Adiutrici et Tutelae*. 1745, Henzen n. 5788 F. *Conservatrici*. O. 1748 *Genio loci et F. Magnae*. 1753 F. *Opiferae*. Henzen 5792. 93 *F. Supera*. 5795 F. *Victrix cum simulacris Victoriarum*. Mommsen I. N. 4311 *F. Sanctae*.

31 Io Lyd. d. Mens. IV, 7, welcher sie τὴν πάντων Τύχην nennt. Plin. H. N. II, 7 *Tota quippe mundo et omnibus locis omnibusque horis omnium vocibus Fortuna sola invocatur ac nominatur, una accusatur, una agitur rea, una cogitatur, sola arguitur et com conviciis colitur, volubilis a plerisque, a plerisque vero et caeca existimata, vaga, inconstans, incerta, varia indignorumque fautirx*.

32 Das Füllhorn und das Steuer erwähnen Petron. 29, Plut. d. Fort. Ro. 4, Arnob. VI, 25, Lactant. III, 29, 7, die übrigen Attribute Fronto orat. p. 125 ed. Nieb. *Omnes Fortunas, Antiates, Praenestinas, Respicientes, Balnearum etiam Fortunas omnes cum pennis, cum rotis, cim gubernaculo reperias*. Cic. Pis. 10 *Fortunae rotam pertimescere*. Ovid ex Ponto II, 3. 56 *Dea in orbe stans*. Pacuvius b. Ribbeck trag. lat. p. 104 *Fortunam insanam esse et caecam et brutam perhibent philosophi saxoque instare in globoso praedicant volubili*. Vgl. Grimm D. M. 825 ff. Außer den Münzbildern sind viele Bronzen erhalten, unter den Pompeianischen Altertümern und sonst, s. Monum. d. Inst. 1840 T. XVI. XVII. Eine pantheistische Fortuna omnium gentium et deorum im Bullet. Arch. Nap. 1855 t. VII, 1 p. 182. Mehr b. O. Müller Handb. d. Arch. § 398 und Wieseler D. A. K. II t. 73.

33 S. oben, Iuvenal. S. X, 74 Schol. Tertull. ad Nat. II, 8, Apolog. 24. Einen T. der Salus oder Fortuna in dem etruskischen Ferentinum erwähnt Tacit. Ann. XV, 53.

34 Cic. de Divin. II, 41, 85 vgl. I, 18, 34. *Sors* in Gestalt eines Knaben mit einer Lade auf den M. des M. Plaetorius Cestianus b. Riccio t. 36, 2. Über die Weissagung per sortes s. Marquardt Handb. IV, 103 ff.

35 Or. n. 1756 ff., vgl. Bormann altlatin. Chorogr. S. 212.

36 Cic. l. c. *Is est hodie locus septus religiose propter Iovis Pueri, qui lactens com Iunone Fortunae in gremio sedens, mammam appetens, castissime colitur a Matribus*, d. h. von den mit Kindern gesegenten Matronen. Das Bild der Fortuna war stark vergoldet, s. Plin. H. N. XXXIII, 3, 19 wo als Name wohl aurea Fortuna zu supplieren ist.

37 Des Monates gedenkt Ovid F. VI, 62, eine eigene Abteilung des Tempels, welche das *Iunonarium* hieß, ist neuerdings durch eine merkwürdige, im Bezirk des alten Heiligtums

gefundene Inschrift bekannt geworden: *L. Sariolenus Naevius Fastus Consularis ut Triviam in Iunonario, ut in Pronao Aedis statuam Antonini August.* (wahrscheinlich des Caracalla), *Apollinis, Isi, Tyches, Spei, ita et hanc Minervam Fortunae Primigeniae dono dedit cum ara*: wo also alle dieser Bilder von demselben Mann in denselben T. geweiht wurden, s. Monum. d. Inst. 1855 p. 85. Früher war Jupiter auch als Imperator in Präneste verehrt worden, s. oben.

38 Verr. Flacc. Fast. Praenest. III Id. April., wo Foggini liest: fest VM MAXIMum Iovis et FORTVNAE PRIMIGeniae VTRO EROVM DIE omnibus (s. matribus) ORACLVM PATET. Il VIRI VITVLVM Immolant. Diese Duumvirn werden auch pr. Non. Mart. bei einem Opfer zu Ehren des August erwähnt. Das Kalb galt jedenfalls dem Iup. Puer. Als orakelnder Gott heißt dieser Jupiter in Inschriften Iup. arkanus, s. Anthol. lat. n. 622, 16, wo neben ihm und der Fortuna auch Apollo als Gott aller Weissagung verehrt wird, vgl. Or. n. 2391. 3045. Wie die „Pränestinsichen Schwestern" b. Stat. Silv. I, 3, 79 sich zu diesem Orakel verhalten, ist nicht klar. Vgl. Paul. p. 368 *Tenitae credebantur esse sortium deae dictae quod tenendi haberent potestatem.*

39 Val. Max., I, 3, 1, wo etwa zu lesen ist: *sortes adire ut ipse consuleret.*

40 Liv. XXIII, 19. Der damalige Prätor der Pränestiner M. Anicius hatte das Andenken an diese Waffentat in mehr als einem Monumente verewigt: *Statua eius indicio fuit Praeneste in foro statuta, loricata, amicta toga, cum titulo lamnae aeneae inscripto, M. Anicum pro militibus qui Casilini in praesidio fuerint votum vovisse. Idem titulus tribus signis in aede Fortunae positis fuit subiectus.* Die tria signa sind Fortuna mit Juputer und Juno als herkömmliche Gruppe auch bei Votivbildern. Bald darauf, im J. 204 v. Chr. weihte P. Sempronius Tuditanus einen T. der F. Primigenia zu Rom, welcher auf dem Quirinale lag s. Liv. XXIX, 36, XXXIV, 53, daher die Sempronier mit dem Bilde der Fortuna münzten.

41 Plin. H. N. XXXVI, 25, 64, vgl. Strabo V, 3 p. 238, Bormann a. a. O. S. 207.

42 Sueton Octav. 72. 82, Tib. 63, Domitian 15, Gell. N. A. XVI, 13, Lamprid. Alex. Sev. 4. Über die noch vorhandenen sortes Praenestinae oder Antiates s. Or. n. 2485 und A. Stoll im Philol. 1856 p. 304 sqq.

43 Am ersten wäre es denkbar, daß solche Laden der Fortuna und den beiden göttlichen Kindern bei bestimmten Veranlassungen des Familienlebens als Anatheme dargebracht wurden. Von neueren Ausgrabungen s. die Monumenti, Annali e Bullet. dell. Inst. Arch. 1855 l. c. und den Archäol. Anz. 1856 n. 87.

44 Riccio t. 41, 2, Wieseler D. A. K. II t. 73, 937 – 939. Vgl. Sueton Cal. 57, Martial. V, 1, 3, wo sie veredicae sorores heißen, Or. n. 1738 ff., wo n. 1739 sie Fortunae Victrices nennt.

45 Tacit. Ann. III. 71. Fortunae Felici auf einer Inschrift aus Antium b. Fabretti p. 632. Über das Orakel s. Macrob. I, 23, 13.

46 Varro b. Gell. N. A. III, 16, Tertull. d. An. 36.

47 Catull. 64, 306 ff., vgl. Klausen Zeitschr. f. A. W. 1840 n. 27 – 30. Auch den Etruskern waren die Namen und Bilder der griechischen Mören geläufig, nur daß sie sie mit den ihrer Vorstellung geläufigeren Attributen ausstatteten, s. oben.

48 Serv. V.A. X, 628 *Vox enim Iovis fatum est.* Ib. XII, 808 *Iuno sciens fatum esse quidquid dixerit Iupiter.* Isidor Orig. VIII, 11, 90 *fatum dicunt quidquid dii fantur, quidquid Iupiter fatur.*

49 Daher fata Iovis, fata Iunonis, aber auch fata Troiae, fata Populi Romani, fata mea usw. Speziell wird auch hier immer an den Tod gedacht, daher fato fungi, dies fatalis, fatifer ensis u. dgl. Aber auch die weissagenden Sprüche sind fata, daher libri fatales, fata Sibyllina, fata Pythiae, vgl. Ennius ed. Vahlen p. 7 *doctusque Anchisa, Venus quem pulcherrima divum fata docet fari, divinum ut pectus haberet*, d. h. Venus hatte ihm die Gabe der Weissagung verliehn.

50 Tertullian de An. 39, vgl. Augustin C. D. IV, 11 *in deabus illis, quae fata nascentibus canunt et vocantur Carmentes.*

51 Propert. IV, 7, 51, *Iuro ego Fatorum nulli revolubile carmen.* Stat. Silv. V, 1, 259 *ubi supplice dextra pro te Fata rogat*, Theb. VIII, 26 *Fata ferunt animas et eodem pollice damnant.* Vgl. Gell. N. A. III, 16, 9, Fulgent. Mythol. I, 7, die Fata Victricia bei Eckhel D. N. VIII p. 6 und die Inschriften aus sehr verschiedenen Gegenden bei Or. n. 1771 ff. Dativ Fatabus b. Henzen n. 5799. In der Volkssprache sagte man auch fatus meus. Petron. 42. 77. Über den romanischen Sprachgebrauch Grimm D. M. 382.

52 Plin. H. N. XI, 45, 103, XXVIII, 2, 5. Auch in Capua und Venafrum wude Nemesis angebetet, s. Mommsen I. N. n. 3584. 4605.

53 Paul. p. 94 *genialis lectus qui nuptiis sternitur in honorem Genii.* Arnob. II, 69 *cum in matrimonia convenitis, toga sternitis lectulos* (vgl. Varro v. Non. Marc. p. 540 toga) *et maritorum genios advocatis.* Censorin d. d. n. 3 *Nonnulli binos genios in his duntaxat domibus, quae essent maritae colendos putaverunt.* Vgl. oben.

54 Plin. H. N. XXIX, 4, 22, vgl. die Geschichte vom Kaiser Tiberius bei Sueton 72 und die vom Tode des Plotin b. Porphyr. v. Plot. 2, ferner Seneca de Ira II, 31, 5, Martial. VII, 87, 7, Lucian Alex. 7, Philostr. Her. VIII, 1 p. 706. Auch die Schätze behütenden dracones kannte der römische und griechische Volksglaube, Paul. p. 67.

55 Liv. XXVI, 19, Gellius N. A. VI, 1. Vgl. die verwandte Erzählung von der übernatürlichen Zeugung des August durch eine Schlange im T. des Apoll, d. h. durch den Genius dieses Gottes b. Sueton Octav. 94, Dio XLV, 1.

56 Cic. de Divin. I, 18, 36, Plut. Ti. Gracch. 1. Dem D. Laelius erschienen zu Rom *in lecto uxoris duo angues in diversum elapsi,* worauf er bald darauf im Sertorianischen Kriege starb, Iul. Obseq. 58.

57 Censorin d. d. n. 2.3. Tibull. II, 2; IV, 5, wo der Genius angeredet wird: *Mane Geni cape tura libens* etc.

58 Die Stirn war dem Genius geweiht, wie das Ohr dem Gedächtnisse, die Finger (womit man zählt) der Minerva, die Kniee dem Mitleiden usw. Daher man beim Gebet zum Genius die Stirn berührte. Serv. V. Ecl. VI, 3, Aen. III, 607.

59 Horat. Ep. I, 7, 94 *Quod te per Genium dextramque deosque Penates obsecro et obtestor.* Tibull. III, 6, 47 oben S. 242, 1 und IV, 5,8 *perque tuos oculos per Geniumque rogo.*

60 Horat. Ep. II, 2, 186 *Scit Genius, natale comes qui temperat astrum, naturae deus humanae, mortalis in unumquodque caput, voltu mutabilis, albus et ater.* Daher die Redensarten *genium propitium, iratum, sinistrum, habere* d. i. *deos iratos habere, diis iratis natum esse.*

61 Censorin. 3. *Genius ita nobis adsiduus observator appositus est, ut ne puncto quidem temporis longius abscedat, sed ab utero matris acceptos ad extremum vitae diem comitetur.* Vgl. Seneca Ep. 110, Apulei. de Deo Socr. p. 156 Oud.

62 Plut. Brut. 36. 48. Valer. Max. I, 7, 7. Ammian. Marc. XXI, 14.

63 Symmach. Ep. X, 61 *ut animae nascuntur, ita populis natales genii dividuntur.* Vgl. Prudentius c. Symm. II, 369.

64 Dio XLVII, 2, L, 8. Die ältere Form auf M. der Cornelia (Lentuli Spintheris) mit der Inschrift G. P. R. und der früheren Kaiser, wo das Bild des Genius bisweilen die Züge des Kaisers annimmt, die jüngere auf den M. Diocletians, S. Eckhel D. N. V p. 181, VII p. 97, VIII p. 8.

65 Or. n. 1683 *I. O. M. et Genio P. R.* n. 1684 *(Si) quis hanc aram laeserit, habeat Genium iratum Populi Romani et Numina Divorum,* d. h. der consecrierten Kaiser. Vgl. Henzen n. 5774 und die Regionen d. St. R. S. 141.

66 J. Friedländer Osk. Münzen t. IX, 1–5 S. 75 ff.

67 Nach Varro werden b. Tertull. ad Nat. II, 8, Apol. 24 als solche örtliche Schutzgötter, *qui per Italiam municipali consecratione censentur,* genannt: *Casiniensium, Delventinus, Narniensium Visidianus, Atinensium, Numiternus, Asculanorum, Ancharia, Volsiniensium Nortia, Ocriculanorum Valentia* (Or. n. 1869), *Sutrinorum Hostia, Faliscorum Pater Curis.*

68 Mommsen I. N. n. 2464–72, vgl. Or. 1690 ff., Henzen n. 5775 ff. und über den Genius Lugduni Boissieu Inscr. d. Lyon p. 46.

69 Or. n. 1685 ff., Henzen n. 5778.

70 Or. n. 1704–1711, 4087, 4922, Henzen n. 5780 ff.

71 Persius I, 113 *Pinge duos angues: pueri sacer est locus, extra mejite!* Vgl. Serv. V. A. V, 85 *nullus locus sine genio est, qui per anguem plerumque ostenditur* und O. Jahn Pers. p. 111.

72 Winckelmann Werke I t. 11, Millin Gal. Myth. 38, 139, Mommsen I. N. n. 3577.

73 Prudent. c. Symm. II, 444 *Quamquam cur Genium Romae mihi fingitis unum, cum portis, domibus, thermis, stabulis soleatis assignare suos genios, perque omnia membra Urbis perque locos geniorum millia multa, ne propria vacet angulus ullus ab umbra?*

74 Or. n. 1698 Deo Tutel. Genio Loci. n. 1699 *Genio et Fortunae Tutelaeque huius loci.* n. 1700 *Tutelae Domus Rupil.* Acta fr. Arv. t. XXXII *Sive Deo Sive Deae, in cuius tutela hic lucus locusve est.* Petron. 57 *ita Tutelam huius luci habeam propitiam.* Ib. 105 *Tutela navis.* Vgl. Eckhel D. N. VIII p. 136 sqq., Fabretti Inscr. p. 79, Marini Atti Arv. p. 374 sqq., Boissieu Insc. de Lyon p. 11 n. 9.

75 Virgil Ecl. I, 43 der auf regelmäßige Opfer an den Kalenden, wo man den Hauslaren opferte, deutet. Vgl. Horat. Od. IV, 5, 33 ff., Ovid F. II, 635.

76 Horat. Ep. II, 1, 16. Später wurde daraus der Schwur beim Augustus schlechthin oder dem numen Augusti oder dem Divus Augustus, s. Sueton Claud. 11, Tacit. Ann. I, 73.

77 Dio LVII, 80 vgl. LVIII, 2. 6. 12.

78 Sueton Calig. 27 vgl. Ulpian Dig. XII, 2 de Iurei. 13, 6.

79 Virg. Aen. V, 75 ff., Valer. Flacc. III, 457, Sil. Ital. II, 581 ff., vgl. die Erzählung vom Grabe des Scipio b. Plin. H. N. XVI, 44, 85 und L. Friedländer de oper. anagl. in monum. gr. sepulcr. p. 39.

80 Das Feriale Capuanum z. 11. Febr. und das Kal. Constantii z. 11. und 12. Febr. vgl. oben und über die Genien der Verstorbnen S. 73, vgl. Mommsen I. N. n. 3778 aus Capua, Boissieu Inscr. de Lyon p. 47 n. 29. 30.

81 Or. n. 1257 *Iovi Regi Genio Domus Isidori Larinatis*, vgl. die Inschrift des Alfinius Fortunatus oben, A. W. Zumpt z. Rutil. M. Namatian. vs. 16.

82 Vgl. die Grabinschrift des Landgrafen Friedrich mit der gebissenen Wange auf dem Grabsteine in Reinhardsbrunn: Ich will heynt schlafen gehn, Zwölf Engel sollen mit mir gehn, Zween zu Häupten, Zween zur Seiten, Zween zu Füßen, Zween die mich decken, Zween die mich wecken, Zween die mich weisen, Zu den himmlichen Paradeisen. Derselbe Spruch war als Kinderlied bekannt, s. Simrock Deutsches Kinderbuch n. 167 und das andere n. 44 Fünf Engel haben gesungen, Fünf Engel kommen gesprungen, Der erste bläst das Feuer an, der andere stellt das Pfännel dran, Der dritt schütt das Süppchen nein, Der vierte tut brav Zucker hinein usw. Noch näher liegt der Vergleich der begleitenden Dämonen des griechischen Götterkultes z. B. in dem der Demeter des Ἁδρεύς d. i. der Reifende, ἀπὸ τῆς καρπῶν ἁδρύνσεως Etym. M., der Γενετυλλίδες, des Τύχων, des Ὑμέναιος in dem der Aphrodite, Lob. Agl. p. 630 und 1234, des Ἄκρατος und anderer Satyrn und Nymphen in dem des Dionysos, der das menschliche Leben in den verschiedensten Tätigkeiten vor- und nachbildenden Eroten und Psychen in der späteren griechischen Kunst.

83 Augustin l. c. *Denique et ipse Varro commemorare et enumerare deos coepit a conceptione hominis: quorum numerum exortus est a Iano eamque seriem perduxit usque ad decrepiti hominis mortem et deos ad ipsum hominem pertinentes clausit ad Naeniam deam, quae in funeribus senum cantatur. Deinde coepit deos alios ostendere, qui pertinerent non ad ipsum hominem, sed ad ea quae sunt hominis, sicuti est victus, vestitus et quaecunque alia huic vitae sunt necessaria, ostendens in omnibus quod sit cuiusque munus et propter quid cuique debeat supplicari*. Mit Unrecht hat man diese erklärenden Zusätze Varros auf die Originalurkunden der Indigitamenta bezogen, verführt durch Servius V. Ge. I, 21, wo es von diesen libri pontificales heißt, *qui et nomina deorum et rationes ipsorum nominum continent, quae etiam Varro dicit*: in welcher Stelle diese letzten Worte, verglichen mit der genaueren Angabe Augustins beweisen, daß dieser Grammatiker seine Weisheit eben auch nur dem Varro verdankte.

84 Tertullian ad Nat. II, 11, de An. 37, Augustin C. D. IV, 11 und 37, VII, 2 und 3. Vgl. Ambrosch in dem S. 119, 2 angeführten Buche und Marquardt Handb. d. R. A. IV S. 7–21.

85 Nach Augustin IV, 11 weil jener virorum, diese feminarum seminibus praeest, nach VII, 2 *quod marem effuso semine liberat*, während Libera (Venus) den Frauen denselben Dienst tue. Vgl. ib. VI, 9 oben S. 442. Natürlich stammen diese Erklärungen aus dem Werke Varros.

86 Plin. H. N. VII, 15 vgl. oben.

87 *Per quem viviscat infans et sentiat primum*, Tertull. ad Nat. II, 11.

88 Macrob. S. I, 10, 15 *quod aestimaverunt antiqui animas a Iove dari et rursus post mortem eidem reddi*, wo freilich dieser letzte Zusatz nach späterem Glauben schmeckt. Doch galt Luft und Licht immer für das Prinzip der Beseelung, *anima* (ἄνεμος), welches Wort Ennius gleichbedeutend mit Luft gebrauchte, und Sonnenlicht, s. Ennius b. Varro l. l. V, 59, r. r. I, 4 p. 5 und 168 ed. Vahlen, Pacuvius p. 71 ed. Ribb., Grimm D. M. 786, oben.

89 Plin. H. N. VII, 7 *Miseret atque etiam pudet aestumantem quam sit frivola animalium superbissimi origo, cum plerumque abortus causa odor a lucernarum fiat exstinctu.*

90 S. oben. Ein auf dem umgekehrten Wege, zuerst mit den Füßen ans Licht Gekommener heißt *Agrippa* s. Plin. VII, 8, 6, Gellius XVI, 16.

91 Varro im Cato vel de liberis educandis b. Non. Marc. p. 352: *ut qui contra celeriter erant nati fere Numerios praenominabant, quod qui cito facturum quid se ostendere volebat, dicebat numero id fore: quod etiam in partu precabantur Numeriae, quam deam solent indigetare etiam Pintifices.*

92 *Cui cum fana circuimus in agro Ardeati rem divinam facere solemus: quae, quia partus matronarum tueatur, a nascentibus Natio* (al. *Nascio*) *nominata est*, Cic. N. D. III, 18, 47.

93 Welcker kl. Schr. 3, 185 ff., vgl. meine Griech. Myth. I, 320.

94 Ovid Trist. IV, 3, 46 *tactaque nascenti corpus haberet humus*. Sueton Octav. 5 *esse se possessorem ac velut aedituum soli, quod primum D. Augustus nascens attigisset*. Vgl. oben.

95 *Qui in vagitu os aperit*, Tertull. I. c. vgl. Augustin. IV, 8 *aut Vagitano, qui infantum vagitibus praesidet*. IV, 21 *Quid necesse erat Opi Deae commendare nascentes, Deo Vaticano vatientes, Deae Cuninae jacentes* etc. Varro wollte nämlich auch den Deus Vaticanus wie Vagitanus erklären, s. Gell. N. A. XVI, 17 und oben.

96 Dionys. II, 26 ff., Virg. A. IX, 212, Horat. S. II, 5, 46, Intpp. Terent. Heaut. IV, 1, 13.

97 Lactant. I, 20, 36 *Colitur et Cunina, quae infantes in cunis tuetur ac fascinum submovet*. Vgl. Augustin IV, 34. Die Inschr. b. Or. n. 1851 ist unecht.

98 Macrob. S. I, 16, 36, vgl. O. Jahn Leipz. Ber. 1855 S. 44.

99 Im allgemeinen kann man sie *Dii Nutritores* nennen, wodurch auf einer M. des Saloninus die griechischen θεοὶ κουροτρόφοι übersetzt werden, Eckhel D. N. VII p. 421.

100 Augustin. IV, 11 *Diva Potina potionem ministrat, Educa (v. Edulica) escam praebet*. IV, 34 *sive Educa et Potina (v. Potica) escam potumque sumpserunt*. Vgl. VI, 9, Tertull. ad Nat. II, 11, wo sie Potina u. Edula heißen, und Varro im Cato b. Non. Marc. p. 108, wo zu lesen ist: *Cum primo cibo et potione initiarent pueros, sacrificabantur ab edulibus Educae (v. Edusae), a potione Potinae nutrices*. Educa ist abzuleiten von educare in dem Sinne von füttern, nutrire, s. Non. Marc. p. 447 *Varro Cato vel de liberis educandis: Educit enim obstetrix, educat nutrix, instituit paedagogus, docet magister*.

101 Donat z. Ter. Phorm. I, 1, 11 *apud Varronem legitur initiari pueros Educae et Poticae et Cubae Divis edendi et potandi et cubandi, ut primum a lacte et cunis transferuntur*.

102 Non. Marc. p. 532 *Statilinum et Statanum et Fabulinum praesides deos Varro Cato vel de lib. educandis puerilis aetatis (v. puerilitatis) affirmat: „Alii Statano et Statilino, quorum nomina habent scripta Pontifices. Sic cum primo fari incipiebant, sacrificabant Divo Fabulino"*. Vgl. Tertull. ad Nat. II, 11, d. An. 39, Augustin IV, 21.

103 Tertull. l. c. *[Deus est dictus] et ab effatu Farinus (v. Farmus) et aliis a lo[quendo Locutius]*. Vgl. Varro. l. l. VI, 52 *fatur is qui primum homo significabilem ore mittit vocem. Ab eo ante quam ita faciant pueri dicuntur infantes, quom id faciant iam fari* etc. Vielleicht unterschieden sich der Statanus und Statilinus (von statuere) ähnlich wie der Farinus und Fabulinus. Über den in der Nähe des Vestatempels verehrten Aius Locutius oder Loquens s. oben und Becker Handb. I, 244.

104 Augustin IV, 11 und 21, VII, 3, Tertull. l. c.

105 *Deo Volumno et Deae Volumnae (nascentes commendant) ut bona vellent*, August. IV, 21. Doch sind diese Namen nicht von velle abzuleiten, sondern von volup (Volup-nus).

106 *De spe quae venit Venilia*, August. l. c. Auch bei Tertullian ist Venilia die dea spei. Zugrunde liegt eine Erklärung Varros s. Intp. Mai. V. A. X, 76 *[Varro rerum div]inarum XIIII de dis certis: Spes cum conciliata non frustra esset et evenisset, [Veniliae sacrifica]bantur, quam deam cum Neptuno coniungunt multi*. Vgl. oben.

107 August. IV, 8 *aut Volupiae, quae a voluptate appellata est, aut Libentinae, cui nomen a libidine*. Vgl. oben.

108 Tertull. ad. Nat. II, 11 *[praesta]ntiae Praestitiam*. Arnob. IV, 3 nennt die Dea Praestana, welche auf Veranlassung eines kräftigen Lanzenwurfs des Romulus verehrt worden sei, vgl. Plut. Rom. 20, Serv. V. A. III, 46. Die Göttin Pollentia wird erwähnt b. Liv XXXIX, 7 vgl. Plaut. Cas. IV, 4, 3. Eine *Diva Peta* a rebus petendis dica nennt Arnob. IV, 7.

109 Tertull. l. c. *ab actu Peragenorem*. August IV, 6 *Deam Agenoriam, quae ad agendum excitaret, Deam Stimulam, quae ad agendum ultra modum stimularet, Deam Murciam, quae praeter modum non moveret ac faceret hominem, ut ait Pomponius* (der Attellanendichter), *murcidum i. e. nimis desidiosum et inactuosum*. Vgl. IV, 11 und Paul. p. 10 *Agonium etiam putabant deum dici praesidentem rebus agendis*.

110 *Numeria quae numerare doceat, Camoena quae canere*, Augustin. IV. 11. Sonst ist Minerva die Göttin der Schulen, namentlich des Memorirens, s. Aug. VII, 3 *cui per ista minuta opera puerorum memoriam tribuerunt*.

111 Aug. IV, 21 *quid opus erat Deo Catio Patre, qui catos i. e. acutos faceret*. Daher die Namen Cati und Corculi. Ein merkwürdiges Beispiel der vollständigen Benennung dieser Gottheiten mit Divus Pater, Diva Mater s. oben. So heißt es weiterhin b. Aug. VI, 9 *Deus Pater Subigus et Dea Mater Prema*.

112 Tertull. ad Nat. II, 11, Augustin. IV, 11, VI, 9, Arnob. IV, 7 und 11.
113 Paul. p. 89. 92 flammeo, Plin. H. N. XXI, 8, 22, Non. Marc. p. 541. Schol. Iuvenal. VI, 225 u. a.
114 Fest. p. 339 senis crinibus. Vgl. O. Müller zu Paul. p. 63 v. comptus.
115 Lucan. II, 354 ff.
116 Paul. p. 63 Cinxiae Iunonis und Cingulo.
117 Fest. p. 245 patrimi et matrimi, Paul. p. 87 facem, vgl. die verschiedenen Erklärungen bei Plin. H. N. XVI, 18, 30 und Varro b. Serv. V. A. IV, 103, Ecl. VIII, 29, Non. Marc. p. 112 fax. Um die Hochzeitsfackel rissen sich zuletzt die beiden Parteien der Braut und des Bräutigams, *ne aut uxor eam sub lecto viri ea nocte ponat aut vir in sepulcro comburendam curet, quo utroque mors prorpinqua alterius utrius captari putatur*, Fest. p. 289. Die fünf Fackeln oder Kerzen, von denen Plut. Qu. Ro. 2 spricht, gehören wohl zu einem anderen Akte der Vermählungsfeier, desgleichen der Camill mit der Lade verborgener Heiligtümer b. Varro l. l. VII, 34, Paul. p. 50 und 63.
118 Plin. H. N. XVIII, 3, 3, Plut. Qu. Ro. 31.
119 Virg. Ecl. VIII, 30, Pers. I, 10 vgl. oben und Serv. z. Virgil a. a. O., Schol. Veron. p. 76 Keil. Vorzüglich dienten die nuces iuglandes zu diesem Zweck s. Plin. H. N. XV, 22, 24, vgl. oben.
120 Mannhardt in der Zeitschr. f. deutsche Mythol. u. Sittenk. 3, 95 ff.
121 Lucan. II, 368 *Non soliti lusere sales nec more Sabino excepit tristis convicia festa maritus.*
122 Liv. l., 9 vgl. Dionys. II, 46, Hieronym. b. Mommsen üb. die Chronogr. v. J. 354 S. 691. Talus war nach Fest. p. 359 ein gewöhnlicher Vorname der Sabiner. Ein Rutuler Talus b. Virg. Aen. XII, 513. Varro erklärte den Namen durch τάλαϱον d. i. quasillum, also Talassio für eine Personifikation der den Matronen obliegenden Wollarbeit, Serv. V. A. I, 651, Plut. Qu. Ro. 31. Andere Erklärungen b. Roßbach d. röm. Ehe S. 345 und Huschke die osk. und sabell. Sprachdenkm. S. 244.
123 Plin. H. N. XXVIII, 9, 37, Serv. V. A. IV, 458, vgl. Non. Marc. p. 69 *Adipatum veteres honeste pro pingui et succulento et opimo posuerunt*. Bei den Persern glaubte man sich durch Einreibung mit Löwenfett eine besondre Gunst beim Volk oder bei den Königen zu verschaffen, Plin. XXVIII, 8, 25.
124 Martian. Cap. II, 149 *Iterducam et Domiducam, Unxiam, Cinxiam mortales puellae debent in nuptias convocare, ut earum et itinera protegas et in optatas domos ducas et quum postes ungant faustum omen affigas et cingulum ponentes in thalamis non relinquas*.
125 Plaut. Cas. IV, 4, 1, Catull. 61, 166 vgl. Non. Marc. p. 53 vestibulo, p. 479 sacrificantur, Varro b. Serv. V. Ecl. VIII, 30, Plut. Qu. Ro. 29.
126 Mommsen Unterit. Dial. S. 253, Aufrecht in der Zeitschr. f. vgl. Sprachf. I, 232, vgl. Paul p. 95 Gaia Caecilia, Quintil. I, 7,28, Plut. Qu. Ro. 30.
127 Paul. p. 114 *In pelle lanata nova nupta considere solet –, quod testetur lanificii officium se praestaturam viro*. Vgl. Plut. Qu. Ro. 31, Liv. I, 57.
128 S. außer Tertull. ad Nat. II, 11 u. Apolog. 25 Augustin C. D. IV, 11, Arnob. IV, 7 *Tutunus, cuius immanibus pudendis horrentique fascino vestras inequitae matronas et auspicabile ducitis et optatis*. Vgl. ib. 11 und Lactant. I, 20, 36 *colitur et – Tutinus, in cuius sinu pudendo nubentes praesident, ut illarum pudicitiam prior deus delibasse videatur*. Augustin. VI, 9 *Priapus nimis masculus, super cuius immanissimum et turpissimum fascinum sedere nova nupta iubebatur more honestissimo et religiosissimo matronarum*. VII, 24 *in celebratione nuptiarum super Priapi scapum no va nupta sedere iubebatur*. Die beiden Namen erklärt Salmasius Exercitatt. Plin. ad Solin. XXIV p. 219, Mutunus durch das griechische μύτυος s. μύττων d. i. τὸ γυναικεῖον, Tutunus durch πόσϑη, πόσϑων. äol. πόϑϑων, lat. Puttunus und Tuttunus. Arnob. V, 18 nennt diese Genien des ehelichen Beilagers deos conserentes.
129 Augustin. VI, 9, Arnob. IV, 7.
130 Monum. d. Inst. Archeol. 1854 p. 83.
131 *Quae in orbitatem lumina exstinguit*, so ist b. Tertullian a. a. O. für *semina* zu lesen. Vgl. Lucret. III, 1013 *lumina sis oculis etiam bonu' Ancus reliquit, qui melior multis quam tu fuit*. v. 1031 *lumine ademto animam moribundo corpore fudit*. Plin. H. N. VII, 43, 45 *Metellus orbam luminibus exegit senectam*. XI, 37, 55 *Coclites – qui altero lumine orbi nascuntur*, und den Gebrauch der Wörter orbus für caecus, orbitas für caecitas. Dieselbe Göttin wird erwähnt b. Cic. N. D. III, 25 und Plin. II, 7, 5 *ideoque etiam publice Febris fanum in Palatio dicatum est, Orbonae ad aedem Larum ara et Malae Fortunae Esquiliis*. Andere erklärten sie

weniger richtig für eine Schutzgöttin der orbi, d. h. der Verwaisten, Arnob. IV, 7 vgl. Paul. p. 183.

132 Tertull. l. c., Cic. N. D. III, 17, 44, Gell. N. A. III, 16, 11 oben S. 364.

133 Paul. p. 163, Non. Marc. p. 66 und 145, Cic. de Leg. II, 24, 62, vgl. Gell. N. A. XX, 2, Non. M. p. 54 siticines.

134 Vgl. die leider sehr entstellte Übersicht bei Tertull. ad. Nat. II, 15.

135 Becker Handb. I, 222 ff., Marquardt IV, 159. Über die Subura vgl. Fest. p. 309.

136 Lucian de Merc. Cond. 26 σὺ δ' ἄθλιος τὰ μὲν παραδραμὼν τὰ δὲ βάδην ἄναντα πολλὰ καὶ κάταντα (τοιαύτη γὰρ ὡς οἶσθα ἡ πόλις) περιελθὼν ἱδρωκάς τε καὶ πνευστιᾷς.

137 Arnob. IV, 9 *Quis curatores obliquitatum (credat esse deos) Limones (cod. lemons), quis Saturnum praesidem sativis, quis Montinum montium?*

138 Arnob. IV, 6 *Lateranus – deus est focorum et genius, – quod ex laterculis crudis caminorum istud exaedificetur genus.* 9. *Quis Limentium, quis Limam (l. Limentinam) custodiam liminum gerere.* Vgl. Tertull. l. c.

139 S. namentlich Augustin. C. D. IV, 21, Arnob. IV, 21.

140 Augustin l. c. *nam ideo patrem Argentini Aesculanum posuerunt, quia prius aerea pecunia in usu esse coepit, post argentea.* Vgl. IV, 28, Plin. H. N: XXXIII, 3, 13. Gold wurde erst 62 Jahre später geprägt. Da ein Deus Aurinus nicht verehrt wurde, wäre die Zeit zwischen dem ersten und zweiten punischen Kriege etwa als Grenze dieser Sprachbildungen festzuhalten.

141 Augustin IV, 16 nennt eine aedes Quietis extra p. Collinam, Liv. IV, 41 ein fanum Quietis an der via Labicana. Vgl. August. IV, 21 und Cic. Or. I, 1 *qui locus quietis et tranquillitatis plenissimus fore videbatur, in eo maximae moles molestiarum et turbulentissimae tempestates exstiterunt.*

142 Paul. p. 283 Rediculi fanum, Plin. H. N. X, 43, 60 Non. Marc. p. 47 Tutanus, wo dieses Bruchstück aus einer Satire Varros erhalten ist: *Noctu Annibalis com fugavi exercitum Tutanus, hoc Tutanu' Romae nuncupor. Hacpropter omnes qui laborant invocant.*

143 Augustin C. D. IV, 8 *Nec agrorum munus uni alicui deo committendum arbitrati sunt, sed rura Deae Rusinae, iuga montium Deo Iugatino, collibus Deam Collatinam, vallibus Valloniam.*

144 Augustin IV, 8.21, vgl. Macrob. S. I, 16, 8 *apud veteres quoque qui nominasset Salutem, Semoniam, Seiam, Segetiam, Tutilinam ferias observabat.* Die Dea Segetia sieht man in einem eigenen T. auf M. de Salonina, der Gemahlin Galliens, Eckhel D. N. VII p. 418. Nach Plin. H. N. XVIII, 2 standen die Bilder der Seia und Segesta im Circus, ein drittes Bild aber, welches neben ihnen stand, hatte einen verborgenen Namen. Immer sind die Göttinnen der Saat zugleich Göttinnen der Geburt und des Todes, daher zur mystischen Allegorie besonders einladend.

145 Augustin l. c. *Praefecerunt ergo frumentis germaninatibus Proserpinam.* Arnob. III, 33 *et quod sata in lucem proserpant cognominatam esse Proserpinam.* Vgl. oben.

146 Augustin l. c. *geniculis nodisque culmorum Deum Nodotum.* Arnob. IV, 7 *Nodotus dicitur Deus qui ad nodos perducit res satas.*

147 Augustin l. c. *involumentis folliculorum Deam Volutinam, cum folliculi patescant, ut spica exeat, Deam Patelenam.* Wie genau auch hier im praktischen und sakralen Sprachgebrauche unterschieden wurde, sieht man aus Paul. p. 211 *pennatas impennatasque agnas in Saliari carmine spicas significat cum aristis et alias sine aristis, agnas novas voluit intelligi.* Serv. V. Ge. I, 314 *spicos de maturis frugibus abusive dicimus, nam proprie spicus est com per culmi folliculum i. e. extremum tumorem aristae adhuc tenues in modum spiculi eminent.*

148 Bei Arnob. IV, 7 lese ich: *Patellana numen est et Patella, ex quibus una est patefactis, patefaciendis frugibus* (für rebus) *altera praestituta.*

149 Aufrecht und Kirchhoff Umbr. Sprachd. 2, 80, Mommsen Unterit. Dial. 128 und 135.

150 Verschiedene Erklärungen bei Arnob. IV, 3, welcher sie Dea Panda vel Pantica nennt, und bei Non. Marc. p. 44 pandere, wo diese Stelle aus Varro de vita pop. Ro. lib. I angeführt wird: *Hanc Deam Aelius* (also wurde sie in den Liedern der Salier genannt) *putat esse Cererem, sed quod in asylum* (nämlich der inter duos lucos) *qui confugisset, (ei) panis daretur, esse nomen fictum a pane dando pandere, quod est aperire.* Die p. Pandana war mit der p. Saturnia identisch, Becker Handb. I, 119, daher es naheliegt bei der Panda an die Ops zu denken.

151 Serv. V. Ge. I, 7 *Sabini Cererem Panem appellant,* wo also höchst wahrscheinlich zu schreiben ist *Pandam.* Auch in Varros Satiren kam der Name *Panda* vor und eine Göttin *Empan-*

da nennt Paul. p. 76. Vgl. die Göttin *Πανδινα* auf Münzen von Hippon und Terina, welche durch die Attribute von Mohnköpfen und Ähren als Ceres bestimmt wird.

152 Δ, ἀμαία, ἀμαλλοφόρος, Ιουλώ, Σιτώ, Ἱμαλίς, μεγαλόμαζος, μεγάλαρτος, Griech. Mythol. I, 475.

153 Augustin IV, 8 *cum segetes novis aristis aequantur, quia veteres aequare hostire dixerunt*. Vgl. Fest. p. 270 *redhostire*.

154 Augustin l. c. *florescentibus frumentis Deam Floram, lactescentibus Deam Lacturciam, maturescentibus Deam Maturam*. Zur Lacturcia vgl. Virgil G. I, 315, wozu Servius bemerkt: *Varro in libris Divinarum dicit Deum esse Lactantem, qui se infundit segetibus et eas facit lactescere. Et sciendum inter lactantem et lactentem hoc interesse, quod lactans est quae lac praebet, lactens cui praebetur*. Vgl. Nemesian. Cyneg. 290 *inde ubi pubentes calamos duraverit aestas, lactentesque urens herbas siccaverit omnem messibus humorem culmisque armarit aristas* etc.

155 Tertull. Spectac. 8 vom Circus: *Columnas Sessias* (leg. *Seias*) *a sementationibus, Messias a messibus, Tutulinas a tutelis fructuum sustinent*. Wahrscheinlich standen auf jeder Seite drei gleichartige Göttinnen, vlg. Plin H. N. XVIII, 2. Über die Dea Tutilina s. Augustin. l. c., Non. Marc. p. 47, Grut. 99, 6. So feierte man in Athen der Demeter eigene Ἐπικλείδια.

156 Arnob. IV, 7 *quae praeest frugibus terendis Noduterensis*, wo zu lesen ist Terensis. 1l *Pertundam, Perficam, Noduterensem*, zu lesen Nodotum, Terensem.

157 I. M. Gessner im lex. rusticum z. Ausg. der Script. rei rust., welcher das Wort von vertere und agere ableitet, während Plin. H. N. XVIII, 19, 49 erklärt: *quod vere semel aratum est a temporis argumento vervactum vocatur*. Reparator ist der das Feld von neuem umbricht, proscindit. Das ganze Geschäft des zweimaligen Umwendens und das Darauffolgen des Fluges umfaßt der attische Τριπτόλεμος.

158 Paul. p. 108 *Imporcitor qui porcas in agro facit arando. Porca autem est inter duos suclos terra eminens*. Vgl. Placid. p. 492.

159 Plin. H. N. XVIII, 20, 49 *aratione per transversum iterata occatio sequitur, ubi res poscit crate vel rasto* etc. Vgl. Virg. G. I, 94, Plaut. Merc. Prol. 72 *tibi aras, tibi occas, tibi seris, tibi eidem metis*. Das Wort hängt zusammen mit occidere s. Varro r. r. I, 31, Fest. p. 181.

160 Augustin IV, 21.

161 S. oben, Paul. p. 123 und den attischen Gebrauch, am Tage der Pithögien vor dem ersten Trunk zu beten, ἀβλαβῆ καὶ σωτήριον αὐτοῖς τοῦ φαρμάκου τὴν χρῆσιν γενέσθαι, Plut. Symp. Qu. III, 7, 1.

162 Augustin IV, 34, Arnob. IV, 7.

163 Aug. IV, 24, 34, Plin. H. N. XVIII, 3. Der durch eine Inschrift aus der Gegend der Eifel bekannt gewordene *Caprio* scheint dagegen ein keltischer Gott zu sein, s. J. Becker Zeitschr. f. A. W. 1851 n. 16.

164 Iuvenal. VIII, 156, Apulei. Metam. III p. 225. Vgl. Tertull. ad Nat. I, 11, Apolog. 16, Minuc. Fel. Octav. 28. Daher auch die Inschriften diese Göttin oft nennen, s. Grut. 87, 4–6, Or. n. 402. 4792–94, Henzen n. 5804. Auch sind verschiedene Bildwerke der Art erhalten, s. v. Florencourt Jbb. d. V. v. A. F. im Rheinl. III, 47 ff. und Chr. Walz ib. VIII, 129 ff. Einmal steht sie in langem Gewande und liebkosend zwischen zwei Füllen, ein andermal sitzt sie auf einem Pferde usw.

165 Auf einem Spiegel bei Gerhard t. 182 wird der Name geschrieben MIRQVRIOS, i für das gewöhnliche e, Vel. Long. p. 2236 P., qu für c, wie im SC de Bacchanalibus OQVOLTOD für occulto u. dgl., vgl. Lachmann Lucret. p. 220.

166 Ovid F. V, 81 ff., Macrob. S. I, 12, 19, Plut. Numa 19, Io. Lyd. IV, 52, vgl. oben.

167 Paul. p.148 *Maiis Idibus mercatorum dies festus erat, quod eo die Mercurii aedes esset dedicata*. Das collegium der Mercuriales erwähnt Cic. ad Qu. fr. II, 5. Ähnliche Collegia fanden sich in vielen anderen Städten Italiens.

168 Ovid F. V, 671, Paul. p. 124, Serv. V. A. IV, 638. Fest. p. 161 *Malevoli Mercurii signum erat proxime Ianum*. Den Namen Malevolus habe er geführt, *quod in nullius tabernam spectabat*. Paul. p. 296 *Sobrium vicum Romae dictum putant vel quod in eo taberna nulla fuerit vel quod in eo Mercurio lacte, non vino supplicabatur*. Vgl. Henzen n. 5094 *numularius a Mercurio Sobrio*. Über den T. des Mercur s. Becker S. 470.

169 Macrob. l. c. Kal. Venus. 16. Mai. Doch waren die Iden, d. h. 15. Mai der eigentliche Festtag, vgl. noch Martial XII, 67 *Maiae Mercurium creastis Idus*. Eine Inschrift aus Lyon bei Boissieu p. 606 nennt Tiber und seine Mutter Livia Mercurius Augustus und Maia Augusta.

170 Horat. S. II, 3, 24, vgl. Pers. V, 112 *nec gluto sorbere salivam Mercurialem*, d. h. *quae lucri cupiditate movetur.*

171 Ovid F. V, 665 *pacis et armorum superis imisque deorum arbiter, – laete lyrae pulsu, nitida quoque laete palaestra, quo didicit culte lingua docente loqui.* Den M. ψυχοπομπός setzt das Märchen bei Ovid F. II, 606 ff. voraus, den νόμιος die Ableitung des Evander von ihm und der arkadischen Nikostrate. Auch erscheint auf römischen und romanischen Bildwerken der Bock neben ihm als Attribut, z. B. auf dem Relief aus Lyon bei Boissieu p. 13. Vgl. das vielsagende Gedicht bei Or. n. 1417, Corp. I. Gr. n. 5953.

172 Vgl. oben und die älteren italischen Bronzemünzen, wo Mercurius und sein Stab zu den ältesten Zeichen gehören. Immer galt der caduceus vorzugsweise als signum pacis, doch führten die Fetialen statt seiner die sagmina, s. Gell. X, 27, Non. Marc. p. 528, Marcianus Dig. I, 8, 8, oben.

173 Or. n. 1394 ff., Henzen n. 5690 ff. Den Handelsgott charakterisieren folgende Prädikate, Or. n. 1404 *Mercurio lucrorum potenti et conservatori*, n. 1409 *Deo Mercurio Nundinatori*, n. 1410 *Mercurio Negotiatori*. Daneben wird er als Redux und als Genius Pacifer gefeiert b. Or. n. 1411–13.

174 Pers. S. VI, 62, Schol. Pers. V, 112.

175 Plin. H. N. XXXIV, 7, 18.

176 S. die M. des M. Aurel bei Eckhel D. N. VII p. 60.

177 Symmach. X, 28 (35).

178 Varro l. l. V, 47 *Ceroliensis, a Carinarum iunctu dictus Carinae, postea Cerolia, quod hinc oritur caput Sacrae Viae ab Streniae sacello, quae pertinet in Arcem* etc. Vgl. Fest. p. 290 oben S. 179, 1. Das Wort Ceroliensis scheint eine sakrale Bedeutung zu haben, s. oben.

179 Kal. Capranic. Amitern. Antiat. Becker S. 578.

180 Eine zu Hortanum gefundene, jetzt im Gregorianischen Museum aufbewahrte Schale mit der Inschrift *Salutes pocolom*. Auch von den altertümlichen Inschriften aus Pisaurum betrifft eine die Salus (Salute für Saluti). Vgl. Or. n. 1827 *Saluti sacrum*, aus Signa in Latium.

181 Fr. Arv. t. 23, 41; 32, 1. 8, vgl. Marini p. 98, Or. n. 1829, Henzen n. 7419.

182 Or. n. 689. 1171. 1577. 2193. 6121.

183 Fest. p. 161 Max. Praet., Dio Cass. XXXVII, 24, vgl, Cic. de Leg. II, 8, 20, de Divin. I, 47, 105, Rubino Unters. 1, S. 52.

184 Dio LI, 20, Sueton Octav. 31, Tacit. Ann. XII, 23.

185 Dio XLI, 6, vgl. Cic. Tusc. I, 35, 86.

186 Dio LXI, 21 vgl. oben S. 265, 1. Auch stiftete er nach der Verschwörung des Piso einen neuen T. der Salus, Tacit. ib. XV, 74.

187 Macrob. S. I, 12, 31, vgl. Tertull. de Idolol. 15, de Corona 13, ad Nat. II, 15, Scorp. 10, Augustin C. D. IV, 8, VI, 7. In allen diesen Stellen ist Cardea wohl die beste Lesart.

188 Macrob. I, 12, 33 *cui pulte fabacia et larido sacrificatur, quod his maxime rebus vires corporis roborentur*. Vgl. Ovid F. VI, 181, Plin. H. N. XVIII, 12, 30.

189 *Ut iecinora et corda quaeque sunt intrinsecus viscera salva conservet.* Vgl. Lucret. VI, 1150 *morbida vis in cor moestum confluxerat aegris*. Horat. S. II, 3, 29 *in cor traiecto lateris miseri capitisve dolore*. Vgl. v. 161 *non est cardiacus*, d. h. der an einem schwachen Magen leidet. Manche leiteten den Namen Cardea ab von cor.

190 Macrob. l. c. *quia cordis beneficio, cuius dissimulatione brutus habebatur, idoneus emendationi publici status exstitit, hanc deam quae vitalibus praeest templo sacravit*. Vgl. Cic. Tusc. I, 6, 18 *Aliiis cor ipsum animus videtur, ex quo excordes, vecordes concordesque dicuntur et Nasica ille prudens – Corculum et egregie cordatus homo* etc. Lucret. V, 1105 *ingenio qui praestabant et corde vigebant.* Petron, 75 *Corculum est quod homines facit, cetera quisquilia omnia*. Das fanum Carnae erwähnt auch Tertull. ad. Nat. II, 9.

191 Vgl. Plaut. Pseudol. III, 2, 31, Petron. 63 und 134, Fest. p. 314 Stri*[gem, ut ait Verri]us Graeci* στρίγγα, *ap[pellant], quod maleficis mulieribus nomen inditum est, quas volaticas etiam vocant. Itaque solent his verbis eas veluti avertere Craeci*: Στρίγγ' ἀποπέμπειν νυκτιβόαν, τὰν στρίγγ' ἀπὸ λαῶν, Ὄρνιν ἀνωνύμιον, στρίγγ' ὠκυπόρους ἐπὶ νῆας, wie M. Haupt diese Verse hergestellt hat, ἐπὶ νῆας, d. h.fort mit ihnen ins Meer, in den Ocean. Vgl. Isidor XI, 4, 2, XII, 7, 42, Gloss. Labb. *Striga* λαιστρύγων καὶ γυνὴ φαρμακίς und den vewandten Aberglauben bei Crimm D. M. 992. 1035.

192 Hesych. u. Phot. v. ῥάμνος. Vgl. Diog. L. IV, 57 und andere Stellen bei Bötticher Baumkultus S. 360.

193 Cic. N. D. III, 25, 63, de Leg. II, 11, 28, Plin. H. N. II, 7, 5, Val. Max. II, 5, 6.

194 Marquardt Hand. d. R. A. IV, 116 ff.

195 Liv. X, 47, Epit. l. XI, Val. Max. I, 8, 2, Ovid Met. XV, 622 ff., Plut. Qu. Ro. 94, Aurel. Vict. v. ill. 22.

196 *in quo ipsum numen esse constabat*, Liv. Epit. l. c.

197 Val. Max. l. c., Ovid Met. XV, 722, Liv. XLIII, 4. Bei Oros. Hist. III, 22 ist für *horrendumque Epidaurium colubrum cum ipso Aesculapii lapide advexerint* zu schreiben *cum ipso Aesculapio*. Das Wort lapide ist durch Dittographie entstanden, ein beim Orosius nicht seltener Fehler.

198 Canina Bullet. dell' Inst. Arch. p. XXXVII sq. Vgl. Grimm D. M. 1131.

199 Vgl. Sueton Claud. 25 und die meist griechischen Inschriften dieses römischen Aesculapiusdienstes im Corp. I. Gr. III n. 5973c.–5980, wo von allerlei wunderbaren Heilungen und im Traume offenbarten Heilmitteln die Rede ist, vgl. auch die Inschrift eines Erzblechs b. Marini Iscriz. Alb. p. 5 und Or. n. 1573.

200 Dionys. V, 13 νῆσος εὐμεγέθης Ἀσκληπιοῦ ἱερά vgl. Plut. Publ. 8, Sueton l. c. *insula Asclepii*, Sidon. Apollin. Ep. I, 7 *insula serpentis Epidaurii*. Der Hain des Aesculap, von welchem Val. Max. I, 1, 19, erzählt, ist der auf der Insel Kos, s. Dio LI, 9.

201 S. die M. des Antonius Pius b. Eckhel D. N. VII p. 32. 33 und das Bronzemedaillon aus der Zeit des Commodus bei Wieseler D. A. K. II t. XXI, 778.

202 Daher auf den Münzen der Acilia der Kopf der Salus und *Valetudo*, welche hier die griechische Hygieia vertritt.

203 Noch Macrobius S. I, 20, 4, sagt ganz im Sinne der gemeinen Praxis: *Apollodorus in libris quibus titulus est* περὶ θεῶν *scribit, quod Aesculapius divinationibus et auguriis praesit. Nec mirum, siquidem medicinae atque divinationum consociatae sunt disciplinae*.

204 Vgl. die Inschriften b. Or. n. 1572 ff., Henzen n. 5736–38. Eine Sammlung von Bildern griechischen und römischen Ursprungs bei Wieseler D. A. K. II t. LX. LXI.

205 Orig. c. Cels. III p. 124 ed. Spencer.

206 Dionys. I, 32, Liv. XXXIX, 14.

207 Cic. de Leg. II, 11, 28 *a vincendo et potiundo*, vgl. Liv. II, 7, Plut. Val. Pobl. 10, Ascon. Cic. Pis. 22 p. 13 Or., wo für aedis Victoriae herzustellen ist Vicae Potae. Bei Seneca Apocol. 9 Diespieter Vicae Potae filius scheint indessen eine Göttin des Erwerbs gemeint zu sein. Arnob. III, 25 erklärt *Victa et Potua sanctissimae victui potuique procurant*.

208 Von den Spielen des Sulla s. Vellei. Pat. II, 27, Merkel Ovid Fast. p. XXVII sq., von denen Cäsars Dio XLV, 7, Merkel ib. p. IX, Marquardt Handb. IV, 454. Jene waren 6tägige circenses, von den 11tägigen Spielen Cäsars waren die 4 letzten Tage circenses.

209 Dio LI, 22, Sueton Octav. 100, Becker Hand. I, 346 ff.

210 Auch das römische Militär- und Lagerleben hatte seine eigene Religion, in welcher die Victorien, die Trophäen, die Feldzeichen eine hervorragende Bedeutung hatten, s. Tertullian Apolog. 16 *sed et Victorias adoratis, cum in tropaeis cruces* (das innere Gestell des feretrum, s. Varro b. Non. Marc. p. 55, vgl. oben S. 177, was der Kirchenvater in seinem Sinne deutet) *intestina sint tropaeorum. Religio Romanorum tota castrensis signa veneratur, signa iurat, signa omnibus deis praeponit*.

211 Plin. H. N. XXXV, 3, 3, vgl. Tacit. Ann. IV, 9 *Sabina nobilitas, Attus Clausus ceteraeque Claudiorum effigies*.

212 Liv. X, 19, Ovid F. VI, 201, Kal. Venus. Vgl. Dio fr. 109 p. 97 Bekk.

213 Becker Handb. I, 606.

214 Seneca b. Augustin C. D. VI, 10, vgl. Lacant. I, 21, 16 und die Inschrift aus der Gegend von Mainz b. Or. n. 4983, wo ein Hügel der Dea Virtus Bellona geweiht wird. Plaut. Amphitr. Prol. 42 nennt Virtus, Victoria, Mars, Bellona neben einander als herkömmliche Figuren der römischen Tragödie. Ein vicus Bellonae in Rom b. Grut. 654, 7. *Belonai Pocolom* auf einer Schale Millingens, die wahrscheinlich aus Etrurien stammt.

215 Liv. I, 27, Tertull. adv. Marc. I, 18, Augustin C. D. IV, 23, Seneca b. dems. l. c. Die Nachricht bei Serv. V. A. VIII, 285, daß Tullus Hostilius Salier des Pavor und Pallor gestiftet habe, beruht auf einem Irrtum. Bei Arnob. I, 28 *qui Pausos reverentur atque Bellonas* ist zu schreiben *Pavores*.

216 „So brechen in den altböhmischen Liedern Tras und Strach aus Waldesschatten in die Haufen der Feinde, jagen sie, drängen sie im Nacken und entpressen den Kehlen lauten Schrei. Sie sind geisterhaft und gespenstig." Grimm D. M. 188. Vgl. oben S. 337. 347.

217 Vgl. die Scipioneninschriften b. Or. n. 555 *Quoiei vita defecit, non honos. Honore is hic situs, quei numquam victus est virtutei*. n. 558 *Mors perfecit tua ut essent omnia brevia, honos*

fama virtusque.

218 Liv. XXVII, 25, Val. Max. I, 1, 8, Plut. Marcell. 21 u. 28, Becker Handb. I, 509. Später scheint der Verfall des Gebäudes von selbst die Zerstreuung jener Kunstzierden zur Folge gehabt zu haben, bis Vespasian es von neuem herstellen und von guten Meistern ausmalen ließ.

219 Cic. de Leg. II, 23, Plut. de Fort. Ro. 5.

220 Becker S. 405 ff. Doch läßt sich gegen die Lage auf dem Capitol Manches einwenden.

221 Vgl. Or. n. 1842 *Virtuti et Honori L. Ulpius Marcellus Leg. Aug.* etc. n. 3681 *L. Firmio L. F. Prim. Pil. Tr. Mil.* etc. *Honoris et Vertutis caussa.*

222 Vgl. die Münzen der Aquillia, der Lollia und der Fusia Mucia.

223 Plin. H. N. XXXV, 4, 10 *Super omnes Divus Augustus in foro suo celeberrima in parte tabulas duas (posuit) quae Belli faciem pictam habent et Triumphum.* Virtus in ganzer Figur bei einem Tropäon, ihr rechter Fuß auf einem Harnisch usw. auf den M. der Poblicia (Maleolus).

224 Dio LIV, 18, Kal. Const. Auf M. Hadrians bezieht sich die *Virtus Augusti* auf seine rüstige Jägerkraft, auf M. Galliens erscheint die *Virtus Augustorum* mit den Attributen des Hercules. Nach Zosimus V, 41 erregte die Einschmelzung eines Bildes der Virtus von edlem Metall zur Zeit der Gotenkriege eine Allgemeine Bestürzung in Rom.

225 Ovid F. I, 709 ff., III, 881, Fast. Praen. III Kal. Febr., Amitern. IV Non. Iul., Dio LIV, 35. Die verschiedenen Tage bezogen sich auf verschiedene Dedikationen.

226 Zuerst erscheint die *Pax Augusti* auf den M. Galbas. *Mulier stans armorum acervum admota face comburit s. cornucopiae,* ein oft wiederkehrender Typus, der sich durch die oben besprochene Sitte erklärt. Hiernach folgen die M. Vespasians mit den Inschriften *Pax Augusti, Paci Augusti, Paci Orb. Terr. Aug., Pacis Event.* und entsprechenden Typen. Über den Friedenstempel s. Becker S. 437 ff. und meine Regionen S. 127.

227 Eine Pax glaube ich auch in einer der Figuren des schönen Reliefs der Villa Albani, Mon. dell' Inst. 1844 t. IV vgl. Annali p. 155 sqq. zu erkennen. Antoninus Pius ist hier von zwei weiblichen Figuren begleitet, deren eine sicher Roma ist. Die andere nennt der Erklärer Felicitas oder Abundantia, doch deutet der caduceus bestimmt auf die Pax, wie denn auch Roma durch das Abnehmen des Wehrgehenks als eine friedliche charakterisiert wird. Antoninus Pius liebte über Alles, s. Iul. Capitolin. 9.

228 Eckhel D. N. VI, p. 236 sq. Zuerst erscheint diese Figur auf einem Golddenar des Vibius Varus, dann auf einer auf Claudius geschlagenen M. aus Smyrna.

229 Becker S. 458 ff., meine Regionen. Interessant ist die Nachricht von P. Corn. Lentulus, dem Consul d. J. 592 b. C. Gran. Licinian. fragm. ed. Pertz p. 30, derselbe habe im Auftrage des Senats in Campanien Ländereien aufgekauft, um daraus Gemeinfeld zu bilden, *formamque agrorum in aes incisam ad Libertatis fixam reliquit, quam postea Sulla corrupit.* Vermutlich ist von dem T. auf dem Aventin die Rede.

230 Becker S. 460.

231 Vgl. Gerhard über Venusidole, B. 1845, O. Müller Handb. S. 669 Ausg. 3. Das Relief b. Boissard IV p. 130, vgl. Tibull. I, 1, 9 *nec Spes destiluat, sed frugum semper acervos praebeat et pleno pinguia musta lacu.* Über den T. der Spes s. Becker S. 601.

232 S. Becker S. 550, meine Regionen S.131. Auch in Ostia gab es einen T. der Spes, Or. n. 3882.

233 Horat. Od. I, 35, 21 von der F. Antias: *te Spes et alba Fides colit* und die Τύχη εὔελπις. Bilder der Spes in den T. der Pränestinischen Fortuna geweiht, Or. n. 1758. Eine Sacerdos Spei et Salutis Aug. in Gabii Or. n. 2193. Vgl. das Kal. Cuman. XV K. Nov. *Eo die Caesar togem virilem sumpsit. Supplicatio Spei et Iuventae.* Grut. 1075, 1 *Bonae Spei Aug.*

234 Paul. p. 92, Macrob. S. III, 20, 2. 3, Serv. V. A. IV, 167, Seneca Controv. I, 2 p. 86 sqq. ed. Bip.

235 O. Jahn in den Leipz. Berichten 1855 S. 75, Jbb. d. V. v. A. F. im Rheinl. XIII S. 111.

236 Marini Atti Arv. p. 274 und 581. Faustus hängt mit favere zusammen, fortunatus ist in dem Sinn zu verstehen wie Servius Tullius glücklich war. Horat. Od. IV, 5, 18 bildet das Substantiv faustitas, welches er wie felicitas gebraucht.

237 Iuvenal S. VII, 190 *felix et pulcher et acer, felix et sapiens et nobilis et generosus, felix orator quoque maximus et iaculator.*

238 Plut. Sulla 34, de fort. Ro. 4. Sulla feelix auf Münzen seines Sohns *Faustus*, dem Sulla selbst diesen Namen gegeben hatte, wie seiner Tochter den Namen *Fausta*. Vgl. noch Appian b. c. I, 97. 105 und Plin. H. N. VII, 43, 44. Ἐπαφρόδιτος entspricht dem lateinischen Venus-

tus, vgl. Terent. Andr. I, 5, 10 *Adeon hominem esse invenustum aut in felicem quemquam ut ego sum!*

239 Augustin C. D. IV, 18. 23, vgl. Becker. S. 482.

240 Dio XL, 50, XLIV, 5.

241 S. das Fragment eines alten Kalenders aus Urbino b. Fabretti inscr. p. 454 und die Acta fr. Arv. t. XV. XVI. XXXVIII. Nach dem Kal. Antiat. wurde der Felicitas in Capitolio am 1. Juli geopfert, nach dem Kal. Amitern. am 9. Oct. dem Genius Publicus, der Fausta Felicitas und der Venus Victrix in Capitolio.

242 *Felicitas Tiberi* auf dem neuerdings gefundenen Schwerdte, vgl. Sueton Tib. 5 *Tiberium quidam Fundis natum existimant, – quod mox simulacrum Felicitatis ex S. C. publicatum ibi sit.* Schon auf der ara Augusti von Narbone b. Or. n.2489 heißt es vom Geburtstage des August: *VIIII K. Octobr. qua die eum seculi felicitas orbi terrarum rectorem edidit. Supplicationes templumque Fecunditati (decretum)* auf Veranlassung der Niederkunft der Poppaea b. Tacit. Ann. XV, 23. Unter M. Aurel wird die Fruchtbarkeit der liederlichen Faustina iun. durch Münzen mit der Inschrift Fecunditas Augustae und dem Bilde des Kindersegens gefeiert.

243 So das Opfer des Oktoberpferdes ob frugum eventum und das Gebet bei den Ambarvalien nach Cato r. r.141 *utique tu fruges, frumenta, vineta virgultaque grandire beneque evenire sinas.* Daher Bonus Eventus unter den ländlichen Gottheiten b. Varro I, 1, 6 oben S. 60, 2.

244 Vgl. die Inschriften b. Fabretti p. 409, Marini Atti p. 236, wo in der Grabschrift eines früh verstorbenen Kindes dieses zur Mutter sagt: *Nolite dolere parentes, eventum meum properavit aetas, hoc dedit fatum mihi.*

245 Die Attribute sind in der R. eine Schale, in der L. Ähren und Mohn, s. Plin. XXXV, 8, 19, XXXVI, 5, 4. Eben so auf Münzen des Galba und Titus mit der Inschr. *Bon. Event.*

246 Ammian Marc. XXXIX, 6, 19. Vgl. Or. n. 907 und 1780 ff.

247 Cato b. Gell. N. A. II, 28 *Non lubet scribere quod in tabula apud Pontificem Max. est, quotiens annona cara, quotiens lunae aut solis lumini caligo aut quid obstiterit.* Vgl. Plin. H. N. XVIII, 3, 4.

248 Paul. p. 122 *Minutia porta Romae est dicta ab ara Minuti, quem deum putabant. Ib. p. 147 Minucia porta appellata est eo quod proxima esset sacello Minucii.* Vgl. Becker S. 164 und meine Reg. S. 168.

249 S. meinen Aufsatz in den Leipz. Berichten 1849 S. 8 ff., 27 ff., 146 und die Münzen Neros mit der Inschrift *Annona Augusti, Ceres.* Vgl. das Schreiben Aurelians an den Präf. Annonae in Rom bei Fl. Vopisc. 47 *Neque enim populo Romano saturo quicquam potest esse laetius.* Personifikation der Fames b. Ovid Met. VIII, 799 ff.

250 Brunn in den Annali dell' Inst. Arch. 1849 p. 135 sqq.

251 Vgl. die Inschrift aus Rusicada, einem Hafenorte Numidiens, bei L. Renier Inscr. de l'Alg. I n. 2174 *statuas duas, Genium patriae nostrae et Annonam Sacrae Urbis, sua pecunia posuit,* und die aus Rom b. Or. n. 1810. *Annonae Sanctae* etc. Die Alexandriner pflegten darauf zu trumpfen, daß Rom ohne sie gar nicht bestehen könne, *quodque in suo flumine, in suis navibus vel abundantia nostra vel fames esset,* Plin. Panegyr. 31.

252 Ovid F. I, 641 ff., Plut. Camill. 42, Becker S. 311.

253 Liv. IX, 46, Plin. XXXIII, 1, 6.

254 Appian b. c. l, 26, Plut. C. Gracch. 17, Varro l. l. V, 156 *Senaculum supra Gaecostasim, ubi aedis Concordiae et basilica Opimia.* Vgl. Augustin C. D. III, 25.

255 Liv. XXII, 33, Fast. Praen. Non. Febr. Kurz vor dem Tode Cäsars wurde ein T. der von ihm hergestellten Eintracht und ein jährliches Fest derselben beschlossen, doch kam der Beschluß nicht mehr zur Ausführung, Dio XLIV, 4.

256 S. Fast. Praen., Ovid F. I, 637 ff., Sueton Tib. 20, Dio LV, 8. Auch die Inschriften erwähnen dieses Tempel oft, s. Or. n. 25. 26. 1811. 1812. 2442 u. a.

257 Ovid F. VI, 91 *Venit Apollinea longas Concordia lauro nexa comas, placidi numen opusque ducis.* Vgl. das Bild der Concordia auf den M. der Vinicia, wo sie gleichfalls einen Lorbeerkranz trägt und mit Halsband und Ohrenschmuck versehen ist, während der ältere Kopf auf den M. der Aemilii Lepidi noch ganz einfach und strenge ist.

258 Verbundene Hände und die zärtliche Taube (Horat. Ep. I, 10, 4) dienen als Symbol der Eintracht, während Concordia selbst, behaglich dasitzend und auf ein Bild der Spes Augusta gelehnt, auf den zu hoffenden Segen deutet. Vgl. Gerhard Venusidole t. VI S. 11 ff.

259 L Renier Inscr. de l'Alg. I. n.1868 *Concordiae coloniarum Cirtensium.* n. 1522 *Concordiae Populi et Ordinis, quod sumtus reip. manibus copiisque relevaverint.* Or. 151 *Concordiae*

Agrigentinorum S. Vgl. Mommsen I. N. n. 4221. 4455.

260 Fest. p. 209 *pietati*, Liv. XL, 34, Plin. VII, 36, 36, Val. Max. II, 5, 1, V, 4, 7 u. a. Hygin. f. 254 *Xanthippe Myconi patri incluso carceri lacte suo alimentum vitae praestitit.*

261 Kal. Amitern. Iul. Obseq. 54 (114).

262 Eckhel D. N. VI p. 150. Pietas Iulia d. i. Pola in Istrien. Später bezieht sich die Pietas Augusta auch wohl auf die Stiftungen zu Gunsten armer und verwaister Kinder, welche seit Nerva und Trajan oft gemacht wurden. Alte Ara der Pietas in den Mon. d. Inst. IV t. 36. *Pietati et Genio Inferum* auf einer Grabschrift Or. n. 1726. 4577.

263 P. Syrus b. Petron. 55 *Ciconia etiam grata, peregrina, hospita, pietaticultrix, gracilipes, crotalistria.* Vgl. die Münzen b. Riccio t. 4, 5; 52, 1. 2.

264 Liv. X, 23 *Hanc ego aram Pudicitiae plebeiae dedico vosque hortor ut quod certamen virtutis inter viros in hac civitate tenet, hoc pudicitiae inter matronas sit.*

265 Liv. l. c., Fest. p. 242 Pudicitiae signum.

266 Immer ist Jungfräulichkeit und unbescholtene Sitte vor der Ehe, Monogamie während derselben, d. h. die erste und einzige Ehe das wesentliche Merkmal der römischen pudicitia, s. Liv. l. c., Tertullian de exhort. castit. 13 *Denique monogamia apud ethnicos ita in summo honore est, ut virginibus nubentibus univira pronuba adhibeatur* etc. Vgl. de Monog. 17.

267 Plin. XVII, 25, 38, vgl. Propert. II, 6, 25. Eine sodalitas pudicitiae servandae wird erwähnt in dem Bruchstück einer Inschrift bei Fabr. p. 462.

268 Val. Max. VI, 1, 1, vgl. die Ara Pudicitiae zu Ehren der Plotina b. Eckhel D. N. VI p. 465 und dens. ib. p. 507.

269 Liv. XXII, 10, XXIII, 31, Ovid F. VI, 241 ff. Vgl. oben S. 391.

270 S. die Inschriften b. Or. n. 1818–20, Mommsen I. N. n. 5611, und besonders die aus Lyon b. Or. n. 922, Boissieu Inscr. de Lyon p. 65 *Bonae Menti ac Reduci Fortunae redhibita et suscepta provincia* etc., d. h. nachdem die Provinz nach längerer Unruhe wieder zur Ruhe und Ordnung zurückgekehrt war. Vgl. Prop. III, 24, 19 *Mens bona, si qua dea es, tua me in sacraria dono.* Ovid Amor. I, 2, 31 *Mens bona ducetur manibus post terga retortis.* Pers. S. II, 8 *Mens bona, fama fides.* Petron. S. 61 *Postquam omnes bonam mentem bonamque valetudinem sibi optarunt.* Seneca Ep. 10, 4 *roga bonam mentem, bonam valetudinem animi, deinde corporis.* Eine M. des Pertinax ist dediziert *Menti Laudandae*, Eckhel D. N. VII p. 142.

271 Virg. Aen. II, 54, vgl. die Anecdote b. Seneca de Benef. III, 27.

272 Ritschl de fictil. litter. Latin. antiquiss. Berol. 1853. Aecetia steht zunächst für aeqitia d. i. aequitas, wie duritia oder durities f. duritas, planitia oder planities f. planitas usw., vgl. nequitia von nequus d. i. neaequus. In der Form aecetia ist das gewöhnliche i der zweiten Silbe mit e vertauscht, vgl. mereto, soledas, oppedeis u. dgl. C aber steht für qu, wie curis f. quiris, cum f. quom usw.

273 Appian b. c. II, 106, Dio XLIV, 6, Vell. Pat. II, 56, Plin. H. N. II, 7, 5, VII, 25, 26, vgl. die M. des P. Sepullius Macer mit der Inschrift *Clementiae Caesaris.*

274 Cic. ad Att. XIV, 22 vgl. den Brief des M. Aurel b. Vulcat. Gallic. Avid. Cass. 11.

275 Tacit. Ann. IV, 74 *aram Clementiae, aram Amicitiae effigiesque circum Caesaris ac Seiani censuere.* Vgl. Dio LIX, 16. Bei Tacit. Ann. I, 14 wird eine ara Adoptiones erwähnt, III, 18 eine ara Ultionis.

276 Vgl. die Inschrift aus Cirta b. Renier Inscr. de l'Alg. I n. 1835 *M. Caecilius Q. f. – praeter statuam aeream Securitatis Saeculi et aediculam tetrastylam cum statua aerea Indulgntiae Domini Nostri, quas in honore aedilitatis et triumviratus posuit et ludos scaenicos diebus septem, quos cum missilibus per quatuor colonias edidit, arcum triumphalem cum statua aerea Virtutis Domini N. Antonini Aug., quem ab honorem quinquennalitatis pollicitus est, eodem anno sua pecunia extruxit.*

277 Plin. Panegyr. 10 *Iam te Providentia Deorum primum in locum provexerat.* Vgl. Marini Att. Arv. p. 41 und 80, Eckhel D. N. VI p. 507, VII p. 144, VIII p. 10. u. 24, Or. n. 689. 1826. 5822.

ELFTER ABSCHNITT

1 Vgl. die Parallele zwischen Griechen und Römern bei Virgil Äen. VI, 847 ff., Horat. A. P. 323 ff., Sallust Catil. 8.

2 Paul. p. 74 *Dium quod sub coelo est extra tectum ab Iove dicebatur et Dialis flamen et Dius*

heroum aliquis ab Iove genus ducens. Dabei scheint die falsche Etymologie des Aelius Stilo u. a. zu Grunde zu liegen, welche Dius Fidius durch Diovis filius (d wie oft für l) erklärten, s. Varro l. l. V, 66, Paul. p. 147 Medius fidius, Placid. gl. p. 353. Doch darf daraus und aus der Vergleichung mit Hercules wenigstens gefolgert werden, daß er nur für einen Halbgott galt.

3 Auch das Wort sagmina im Gebrauche der Fetialen hängt mit sancire zusammen, s. oben. Nach Io Lyd. de mens. IV, 58 bedeutete Sancus in der sabinischen Sprache den Himmel, d. h. i. q. Dius. Es scheint daß man auch Sangus, us declinierte, wie Ianus, us, vgl. Liv. VIII, 20, XXXII, 1, Fest. p. 241 a 2. Später sagte man gewöhnlich Sanctus für Sancus, vgl. Propert. IV, 9, 73 *Hunc – Sanctum Tatiae composuere Cures*.

4 Varro l. l. V, 66, Ovid F. VI, 213 ff., Propert. l. c., Dionys II, 49, Lacant. I, 15, 8 u. A.

5 Aufrecht und Kirchhoff Umbr. Sprachd. 2, 137. 187. Fisus verhält sich zu Fidius wie das sab. Clausus zu Claudius, osk. Bansae zu Bantiae, gr. μέσος (μέσσος) zu medius usw. Zu ocris Fisius in Iguvium wäre zu vergleichen die Kolonie Fida Tuder Gromat. vet. p. 214. Die Bedenklichkeiten der V ff., ob Dius Fidius und Semo Sancus mit Recht für identisch gehalten werden, scheinen mir insofern unbegründet zu sein, als Semo Sancus offenbar etwas anderes sagen will als das alleinige Beiwort Sancus oder Sancius, welches in den iguvinischen Urkunden auch als Beiname des Iupiter vorkommt. Iupiter Sancus ist eben der höchste Gott des Lichtes und der Treue, Semo Sancus der ihn in den menschlichen Verhältnissen des Rechtes und der Verträge darstellende Genius Dius Fidius.

6 Serv. V. A. XII, 358 *Sciendum Cupencum Sabinorum lingua sacerdotem vocari. – Sunt autem Cupenci Herculis sacerdotes*. Das Wort ist zusammengesetzt aus cup und ancus. Jenes scheint mit dem Worte cuprus zusammenzuhängen, dieses mit anculus, anculare, so daß also cupenci eigentlich boni ministri sind, heilige Diener des heiligen Lichtwesens der Treue.

7 Ovid F. VI, 213 *Quaerebam Nonas Sanco Fidione referrem an tibi Semo Pater? Tum mihi Sancus ait: Cuicumque ex illis dederis, ego munus habebo, Nomina terna fero, sic voluere Cures*. Vgl. Prop. l. c. und Fest. p. 241 *in aede Sancus, qui Dius Fidius vocatur*. Varro l. l. V, 52 *apud aedem Dii Fidii*. Liv. VIII, 20 *in sacello Sangus adversus aedem Quirini*. In der Nähe befand sich eine porta Sangualis.

8 Paul. p. 147 *Medius Fidius. – Quidam existimant iusiurandum esse per Divi fidem, quidam per diurni temporis i. e. diei fidem*. Vgl. Tertull. de Idololatr. 20.

9 Varro l. l. V, 66 *Olim Diovis et Diespiter dictus, – a quo dei – et dius et divum, unde sub divo, Dius Fidius. Itaque inde eius perforatum tectum, ut ea videatur divum i. e. coelum. Quidam negant sub tecto per hunc deierare oportere*. Non Marc. p. 494 *Varro Cato vel de liberis educandis: Itaque domi rituis nostri qui per Dium Fidium iurare vult, prodire solet in compluvium*.

10 Tertull. ad Nat. II, 9 *est et Sanctus propter hospitalitatem a rege Plotio* leg. *T. Tatio fanum consecutus. Fest. p. 229 Propter viam fit sacrificium quod est proficiscendi gratia Herculi aut Sanco, qui scilicet dem est deus*. Vgl. Dionys H. IV, 58, Horat. Ep. II, 1, 25, Fest. p. 317 *Sanqualis avis*.

11 Dionys IX, 60, Kal. Venus., vgl. Liv. VIII, 20. Dionys übersetzt Dius Fidius ungenau durch Ζεὺς Πίστιος.

12 Plin. H. N. VIII, 48, 74, Plut. Qu. Ro. 30, Paul. p. 95 *Gaia Caecilia*, Fest. p. 238 *praebia*.

13 Iustin. M. Apolog. I, 26, 56, Tertull. Apolog. 13, Euseb. Hist. Eccl. II, 13 ὃς – ἐπὶ τῇ πόλει ὑμῶν τῇ βασιλίδι Ῥώμῃ θεὸς ἐνομίσθη καὶ ἀνδριάντι παρ' ὑμῖν ὡς θεὸς τετίμηται ἐν τῷ Τίβερι ποταμῷ μεταξὺ τῶν δύο γεφυρῶν, (d. h. in Insula s. Becker Handb. I, 653), ἔχων ἐπιγραφὴν Ῥωμαϊκὴν ταύτην ΣΙΜΩΝΙ ΔΕΩ ΣΑΓΚΤΩ, ὅπερ ἐστι Σίμωνι θεῷ ἁγίῳ. Vgl. die Inschriften bei Or. n. 1860. 1861, welche auf der Tiberinsel gefunden sein sollen und keineswegs erdichtet sind, s. Mommsen I. N. n. 6770, Henzen z. Or. p. 162. Die eine lautet: *Semoni Sanco Deo Fidio Sacrum Sex. Pompeius Sp. F. Col. Mussianus Quinquennalis Decur. Bidentalis Donum Dedit*, die andere: *Sanco Sancto Semoni Deo Fidio Sacrum Decuria Sacerdotum Bidentalium Reciperatis Vectigalibus*.

14 Liv. XXXII, 1. Vgl. die Inschr. aus Marino bei Henzen n. 6999 *Phileros ex decreto* XXX *virum sacellum Semoni Sanco de sua pecunia fecit*, wo die XXX viri als Obrigkeit auf eine kleine Landstadt deuten.

15 Dionys l. c. Κάτων δὲ Πόρκιος τὸ μὲν ὄνομα τῷ Σαβίνων ἔθνει τεθῆναί φησιν ἐπὶ Σαβίνου τοῦ Σάγκου, δαίμονος ἐπιχωρίου. Sil. Ital. VIII, 424 *Ibant et laeti pars Sanctum voce canebant auctorem gentis, pars laudes ore ferebant Sabe tuas, qui de patrio cognomine*

primus dixisti populos magna ditione Sabinos. Augustin C. D. XVIII, 19 *Sabini etiam regem suum primum Sangum, sive ut alii qui appellant Sanctum, retulerunt in deos.*

16 Virg. Aen. VII, 179 *Paterque Sabinus vitisator curvam servans sub imagine falcem.* Io Lyd. de Mens. 1, 5 Σαβῖνος ἐκ τῆς περὶ τὸν οἶνον γεωργίας φερωνύμως ὠνομάσθη· τὸ γὰρ Σαβῖνος ὄνομα σπορέα καὶ φυτευτὴν οἴνου διασημαίνει. Serv. V. A. I, 532 *Oenotria dicta, – ut Varro dicit, ab Oenotro rege Sabinorum.* Gewöhnlich leiten die Alten den Namen der Sabiner ab von σέβεσθαι, wegen ihrer strengen Frömmigkeit, s. Varro bei Fest. p. 343, Plin. H. N. III, 17, 108.

17 Sueton. Vespas. 12 *conantes quosdam originem Flavii generis ad conditores Reatinos comitemque Herculis, cuius monumentum exstat via Salaria, referre* etc. Vespasians Familie stammte nämlich aus der Gegend von Reate. Vgl. die Inschriften aus Reate bei Or. n. 1858. 1862 und Ritschl Tit. Mummianus p. IX sq. und p. XVII, und die aus Amiternum bei Mommsen I. N. n. 5756. 5757.

18 Virg. Aen. VI, 810 von Numa: *primus qui legibus Urbem fundabit, Curibus parvis et paupere terra missus in imperium magnum.*

19 ἐν ἱστορίαις ἐπιχωρίοις λεγόμενος λόγος. Vgl. Serv. V. A. VIII, 638, nach welchem auch Cato die Sabiner a Sabo Lacedaemonio ableitete. Daher es bei Sil. Ital. II, 8 heißt: *Poplicola ingentis Volesi Spartana propago,* vgl. Dionys II, 46 und Sil. Ital. VIII, 412, XV, 546, wo auch die Claudier von Lacedämon hergeleitet werden.

20 Herculeum Tarentum Virg. Aen. III, 551, vgl. Horat. Od. II, 6, 11 mit dem Comm. Cruq., Strabo VI p. 426, Iustin. III, 4, Steph. B. v. Ἀθῆναι und Callimachus bei Schol. Dionys. Per. 376 πάντες ἀφ' Ἡρακλέους ἐτήτυμον ἔστε Λάκωνες, ἔξοχα δ' ἐν πεδίοις οἱ πόλιν Ἰταλῶν ᾠκίσατε.

21 Mommsen Unterit. Dial. S. 262. der Name Hereclus oder Herclus, wie er bei den Samnitern gelautet habe, sei von hercĕre = ἕρκειν ausschließen, separieren abzuleiten, also der italische Hercules eigentlich ein Ausschließer des Fremden und Störenden aus unserem Eigen, ein custos domesticus, eine Art von Ζεὺς ἑρκεῖος: Eine Erklärung, die auch dem Begriffe nach nicht ausreicht.

22 Hercoles scheint die ältere Form zu sein, s. Priscian 1 p. 554 und die unten anzuführende Inschrift aus Sora. Doch hat schon der Dedikationtitel des Mummius aus Reate Hercules, vgl. auch Or. n. 1528 *Herculei C. Antestius Cn. F. Cens. Decuma facta iterum dat.* Über die oskischen Formen s. Mommsen a. a. O. Die gewöhnliche etruskische ist Hercle, doch findet sich bei Gerhad Spiegel t. 134 Herkole und in einer altlatinischen Inschrift ib. t. 147 Hercele, dagegen auf einem Stein aus Mailand bei Or. n. 1529 der Dativ Herclí.

23 Wie Ἀρίστυλλος für Ἀριστοκλῆς, Βάθυλλος für Βαθυκλῆς, vgl. Hesych. s. v. und Eustath. II. p. 989, 47 nach Sophron und dem sizilischen Sayrdrama, s. Valckenaer z. Theocr. Adon. p. 201 B, O. Jahn Proleg. Pers. p. XCV.

24 Tyrrhenos, nach der Sage von Tarquinii der mythische Stammvater der Tyrrhener, d. h. der Etrusker, galt gewöhnlich für einen Sohn des lydischen Hercules und der Omphale, Dionys. I, 28 vgl. die Sage von Maleos, dem Erfinder der Trompete, dem Fürsten von Malea und Regisvilla, bei Müller Etr. I, 83; 2, 209 und die Nachweisung bei J. Olshausen im Rh. Mus. N. F. VIII, 332 ff., daß sich im südlichen Frankreich, auf Sardinien, in Ligurien und Etrurien viele kleine Häfen und Stationen finden, welche nach dem Hercules benannt und wahrscheinlich phönizischen Ursprungs waren. In Ligurien gehört dahin der portus Herculis Menocci, in Etrurien ein ἱερὸν Ἡρακλέους zwischen Luna und der Mündung des Arno, der Hafen Labro (Livorno) oder ad Herculem und ein portus Herculis bei Cosa. Außerdem läßt sich der Kult des Hercules nachweisen in Caere, Arretium und Viterbo. Für orientalischen Ursprung spricht auch der Umstand, daß die große Menge der etruskischen Bronzefiguren des Hercules, welche gewiß nach einem alten einheimischen Vorbilde, etwa dem zu Tarquinii gebildet waren, entschieden dem Typus des tyrischen Bogenschützen folgen.

25 Griech. Mythol. 2, 108 ff.

26 Diod. S. IV, 21. Pompeii von der pompa Herculis, Bauli bei Bajä von seiner Ochsenstallung, Serv. V. A. VII, 662.

27 Merkwürdig, daß Stesichorus in seiner Geryonis des arkadischen Pallantion gedachte, aus welchem nach der gewöhnlichen Tradition der römische Evander, der Gründer des Palatium stammte, s. Paus. VIII, 3, 1. Doch bleibt die Folgerung daraus, daß schon Stesichorus von dem römischen Palatium wußte, sehr bedenklich. Merkwürdig auch, daß nach Suidas v. Στησίχορος einer seiner Brüder Mamertinus hieß.

28 Fest. p. 266 *Romam. – Historiae Cumanae compositor (ait), Athenis quosdam profectos Sicyonem Thespiasque. Ex quibus porro civitatibus ob inopiam domiciliorum compluris profectos in exteras regiones delatos in Italiam, eosque multo errore nominatos Aberrigines. Quorum subiecti qui fuerint Caci improbi viri* (v. *Caeximparum viri) unicarumque virium imperio, montem Palatium, in quo frequentissimi consederint, appellavisse a viribus regentis Valentiam: quod nomen adventu Evandri Aeneaeque in Italiam cum magna graece loquentium copia interpretatum dici coeptum Rhomen.* Dieser Schriftsteller scheint nicht alt zu sein, doch mochte er ältere Cumanische Traditionen benutzt haben. Auch Dionys I, 42 nennt den Cacus δυναστήν τινα κομιδῇ βάρβαρον καὶ ἀνθρώπων ἀνημέρων ἄρχοντα, dahingegen Solin. 2 nach Coelius oder Gellius erzählt, Cacus sei aus Groß-Phrygien als Gesandter des Marsyas (das Gebiet der Marser am Fuciner See, wie es scheint), zum Tyrrhener Tarchon gekommen, aber der Haft desselben entsprungen und in seine Heimat zurückgekehrt. Darauf habe er sich mit starker Macht am Vulturnus und in Campanien festgesetzt und auch die Arkarder (die Aboriginer des Evander) bedrückt, bis Hercules ihn bezwungen habe. Groß-Phrygiens aber hätten sich nun die Sabiner bemächtigt und dort von ihm (dem Marsyas d. i. dem Faunus) die Auspicienlehre gelernt.

29 Über den weidenden Hercules und seine Zusammenstellung mit Silvanus, Diana, den Nymphen und anderen ländlichen Göttern s. Zoëga Bassiril. II, p. 115, O. Jahn Archäol. Beitr. S. 62, Mommsen I. N. n. 5762, Henzen n. 5732 u. a. Von einem Opfer, welches am 21. Dec. Herculi et Cereri sue praegnante, panibus, mulso gebracht wurde, s. Macrob. S. III, 11, 10. Hercules agrestis bei Stat. Silv. III, 1, 30, H. domesticus als custos oder tutor von Grundstücken, daher nach ihnen benannt, Or. n. 1538, Mommsen I. N. n. 1084, 1388, 3579 u. a.

30 Dio Cass. fr. 4, 3, Tzetz. Lycophr. 1232, wo Fauna die Frau des Faunus heißt. Bei Dionys I, 43 hinterläßt Hercules zwei Söhne, den Palas von einer T. des Evander, die Launa hieß (derselbe Name wie Lavinia vgl. c. 32), und den Latinus von einer hyperboreischen Jungfrau, die er mit sich führte und vor seinem Abzuge dem Faunus überließ. Das ist wieder Fauna oder Fatua, obwohl man sie gewöhnlich Palanto oder auch eine Tochter des Faunus nannte, s. Paul. p. 220 *Palatium,* Iustin. XLIII, 1, 9 *ex filia Fauni et Hercule – Latinus procreatur.*

31 Plut. Fab. Max. I, Paul. p. 87. Vgl. Sil. Ital. II, 3 *Fabius Tirynthia proles* und VI, 626 ff.

32 Virg. Aen. VII, 656 ff.

33 Serv. V. A. VIII, 203 *De Caco interempto ab Hercule tam Graeci quam Romani consentiunt. Solus Verrius Flaccus dicit Garanum fuisse pastc. em magnarum virium, qui Cacum affixit. Omnes autem magnarum virium apud veteres Hercules dictos.* Vgl. ib. v. 564 *tunc enim, sicut Varro dicit, omnes qui fecerant fortiter, Hercules vocabantur.* Die alte Compilation Aur. Victor Or. G. R. 8 nennt jenen Hirten Recaranus.

34 Dionys 1, 40 ὅρκοι τε γὰρ ἐπ' αὐτῷ καὶ συνθῆκαι τοῖς βουλομένοις βεβαίως τι διαπράττεσθαι καὶ δεκατεύσεις χρημάτων γίνονται συχναὶ κατ' εὐχάς, d. h. ex voto. Über den Eid an der Ara Maxima s. Danz der sakrale Schutz im röm. Rechtsverkehr S.112 ff. Eine Satire des Varro führte den Titel: *Hercules tuam fidem.*

35 Macrob. S. II, 2, 4 *Sacrificium apud veteres fuit quod vocabatur propter viam. In eo mos erat ut, si quid ex epulis superfuisset, igne consumeretur.* Vgl. Laberius bei Non. M. 53 *Visus hac nocte ego bidentes (sum Herculi) propter viam facere.* Auch der Hercules Ponderum, unter dessen Schutz die Gewichte gestellt werden, bei Fabr. Inscr. p. 527 sq., Or. 1530, wird mit Recht auf Schutz des Rechts und Eigentums bezogen.

36 Vgl. die S. 638, 3 zitierten Inschriften, besonders diese aus Reate bei Ritschl tit. Mumm. p. IX, der darin sechs Hexameter erkennt und mit einigen Veränderungen so liest: *Hercules sancte | De decuma Victor tibei Lucius Mumius donum | Moribus antiqueis pro usura hoc quod dare sese | Visum animo suo perfecit, tua pace rognas te | Cogendei dissolvendei tu ut facilia faxseis, | Perficias decumam ut faciat verae rationis, | Proque hoc adque alieis donis des digna merenti.*

37 Prop. IV, 10, 11 *Acron Herculeus Caenina ductor ab arce.* Acron ist der Burgherr, der einheimische Name mag etwa Ocrisius gelautet haben. Also war auch dieser Hercules Burgherr, wie jener Fisus Sancius von Iguvium und Hercules von Tibur. Auch bei Dionys 1, 79 ist dieser Kultus vermutlich vorauszusetzen, desgleichen bei dem sacerdotium Caeninense, welches auf Inschriften der Zeit nach Augustus nicht selten erwähnt wird und sich entweder auf den Hercules von Caenina oder auf den von August wiederhergestellten Kult des Iup. Feretrius bezog, zu dessen Stiftung jener Triumph des Romulus Veranlas-

sung gegeben hatte, s. Fabretti p. 119 und 217, Or. n. 2180. 2533 *Mommsen I. N. n. 2569.* 3349. 3442. 3443. und die attische Inschrift bei Keil Schedae Epigr. p. 41 sq.

38 Tibur Herculeum Prop. II, 23, 44, Martial. I, 13, 1 vgl. Sueton Calig. 8 *urbs Herculi sacra und Strabo V, p. 238.* Über den Tempel und dessen Schätze Iuven. XIV, 86 ff., Gell. XIX, 5, Sueton Octav. 72, Appian b. c. V, 24, über die Salier Macrob. S. III, 12, 7 *Est praeterea Octavii Hersennii liber qui inscribitur de sacris Saliaribus Tiburtium, in quo Salios Herculi institutos operari diebus certis et auspicato docet.* Vgl. Serv. V. A. VIII, 285 und die Inschriften bei Or. n. 3933, Henzen n. 6499.

39 Prop. IV, 9, 71 ff. mit Beziehung auf den Sancus von Cures, vgl. S. 634, 1 und Or. n. 1547. 1548. 6589. 7198.

40 Mommsen Unterit. Dial. S. 128 ff.

41 Dionys. 1,40 πολλαχῇ δὲ καὶ ἄλλη τῆς Ἰταλίας ἀνεῖται τεμένη τῷ θεῷ καὶ βωμοὶ κατὰ πόλεις τε ἵδρυνται καὶ παρ' ὁδοῖς καὶ σπανίως ἂν εὕροι τις Ἰταλίας χῶρον, ἔνθα μὴ τυγχάνει τιμώμενος ὁ θεός. Vgl. Aristot. Mirab. Ausc. 97, wo aber speziell vom Süden die Rede ist: λέγουσι δὲ πολλαχοῦ τῆς Ἰταλίας Ἡρακλέους εἶναι πολλὰ μνημόσυνα ἐν ταῖς ὁδοῖς ἃς ἐκεῖνος ἐπορεύθη.

42 Serv. V. A. VIII, 190 *Hunct soror sua eiusdem nominis prodidit, unde etiam sacellum meruit, in quo ei pervigili igne sicut* (al. per virgines) *Vestae sacrificatur. Laciant. I, 20, 36 Colitur et Caca, quae Herculi fecit indicium de furto boum.*

43 Aus Caecus ist Cacus geworden wie aus Saeturnus Saturnus. Den Namen Cacius finde ich bei Mommsen l. N. n. 4024 aus Sinuessa: *M. Cacius C. F. Cerna*, ib. 6769, V, 21 *D. Cacius Spendo.*

44 Virgil Aen. VIII, 190 ff., Ovid F. I, 551 ff. Auf die Spuren eines gewaltsamen Einsturzes der Höhle deutet auch Dionys I, 39. Vgl. Serv. l. c. *Cacus secundum fabulam Vulcani filius fuit ore ignem ac fumum vomens, qui vicina omnia populabatur.*

45 Ein der griechischen Dichtung vom Rinderdiebstahle des Hermes entlehnter Zug. Überhaupt ist die ganze Einkleidung griechisch. Eben deshalb vermag ich die Fabel von dem Riesen, der die Rinder des Hercules stiehlt, obwohl sie bei den Griechen alt gewesen sein mag, in Rom doch nicht für so alt zu halten, wie es bei A. Kuhn in Haupts Zeitschr. f. D. Alterth. VI, 1848 S. 128 geschieht.

46 Dionys. 1, 39 ff., Liv. I, 6, Virgil l. c.,Ovid F. I, 542 ff. u. A.

47 Tacit. Ann. XII, 24, Serv. V. A. VIII, 271, Dionys. I, 40. Vgl. die lehrreiche Abh. von De Rossi l'Ara Massima ed il tempio d'Ercole nel foro Boario, Annal. dell Inst. Arch. 1854 p. 28–36.

48 Diod. IV, 21 τοῦ δὲ Κακίου ἐν τῷ Παλατίῳ κατάβασίς ἐστι ἔχουσα λιθίνην κλίμακα τὴν ὀνομαζομένην ἀπ' ἐκείνου Κακίαν, οὖσαν πλησίον τῆς τότε γενομένης οἰκίας τοῦ Κακίου. Dieses ist das atrium Caci s. meine Reg. d. St. R. S. 132. Jene Treppe heißt bei Solin. I, 18 Scalae Caci. So möchte ich auch bei Plutarch Rom 20. Ῥωμύλος (ᾤκει) *παρὰ τοὺς λεγομένους βαθμοὺς καλῆς ἀκτῆς* (gewöhnlich übersetzt durch gradus pulchri littoris), οὗτοι δέ εἰσι περὶ τὴν εἰς τὸν ἱππόδρομον τὸν μέγαν ἐκ Παλαντίου κατάβασιν herstellen *π. τ. λ. β. Κακίας κλίμακος.* Nach der Cosmogr. des Aethicus b. Pompon. Mela ed. Gronov. 1696 p. 40 wäre sogar das ganze Forum Boarium später nach dem Cacus benannt worden.

49 Solin. 1. e. *Suo numini idem Hercules instituit Aram quae Maxima apud Pontifices habetur, – conseptum etiam intra quod ritus sacrorum factis bovicidiis docuit Potitios. Hoc sacellum Herculis in Foro Boario est, in quo argumenta et convivii et laetae maiestatis ipsius remanent; nam divinitus illo neque canibus neque muscis ingressus est. Etenim cum viscerationem sacricolis daret, Myagrum Deum dicitur imprecatus* (vgl. Pausan VIII, 26, 4), *clavam vero in aditu reliquisse, cuius olfactum refugerunt canes. Id usque nune durat.* Vgl. Plin. H. N. X, 29, 41 und von dem Humpen Serv. V. A. VIII, 276, von dem Bilde des Evander, dessen Haupt nach der älteren Weise von der Löwenhaut bedeckt war, Plin. XXXIV, 7, 16, Serv. ib. 288. Gemälde des Pacuvius Plin. XXXV, 4, 7, welcher dieses Gebäude immer die aedes Herculis in Foro Boario nennt. Ein altes Thonbild des Hercules von demselben etruskischen Künstler, welcher das erste Bild des Capitolinischen Jupiter aus Ton verfertigte, erwähnt Ders. XXXV, 12, 45.

50 Beide befinden sich jetzt im Capitolinischen Museum. Der Tempel, von welchem De Rossi eine Zeichnung aufgefunden, war ein Rundtempel (Liv. X, 23) und wurde erst von Sixtus IV eingerissen. Er lag gleich hinter der Kirche S. Maria in Cosmedin, vor den Eingängen in den Circus, näher am Aventin *(worauf auch Serv. V. A. VIII, 276 deutet)* als am

Palatin, nach welchen Merkmalen De Rossi die Lage der Ara Maxima genauer bestimmt hat. Die Dedikationen der zahlreichen Inschriften nennen den Hercules bald Victor bald Invictus, wie diese Namen auch in den Inschriften aus Tibur und sonst abwechseln.

51 Macrob. S. III, 6, 10 vgl. Dionys. I, 39, Plut. Qu. Ro. 60.

52 Dionys. I, 40, Diod. IV, 21, Liv. I, 7, Macrob. S. III, 6, 12, Serv. V. A. VIII, 269 u. A. Es ist wohl zu beachten, daß nur der Name der Pinarii, welches Geschlecht sich erhielt, griechischen Ursprungs ist ἀπὸ τῆς πείνας, und daß nach Servius l. c. der Name des Pinarius ursprünglich ein anderer war.

53 Varro l. l. VI, 54 *quod Praetor Urbis quotannis facit, quom Herculi immolat publice iuvencam.* Macrob. S. III, 12, 2 *Videmus et in capite Praetoris Urbani lauream coronam, cum rem divinam Herculi facit.* Vgl. Serv. V. A. VIII, 276 und die Inschriften bei Or. n. 1533. 34 und De Rossi l. c. p. 17 sq. und 29, welche Inschriften die ungestörte Fortdauer des Gottesdienstes bis ins 4. Jahrh. n. Chr. bezeugen. Die Staatssklaven (servi publici) oder auch Freigelassenen (Serv. V. A. VIII, 179) waren jedenfalls nur die Gehilfen des Stadtprätors.

54 Wenigstens bemerkt das Kal. Amitern. zu diesem Tage: *Herculi Invicto ad Circum Max.*, welches eben der Hercules der Ara Max. zu sein scheint. Io Lydus d. Mens. IV, 46 spricht von einem Feste des H. Victor am 11. April, welches weder die alten Kalender noch Ovid kennen. Als Opfer wird bei Varro l. l. eine iuvenca, b. Dionys. I, 39 δάμαλις εἷς, b. Ovid F. I, 579 ein taurus genannt.

55 Auch eines unverhofft gefundnen Schatzes, vgl. Horat. S. II, 6, 10, Pers. 2, 10 und den *Hercules sub terra medius cubans, sub quo plurimum aurum positum est* der Region Transtiberim in den Regionen S. 24. Bei Diod. IV, 21 verspricht Hercules alle, die ihm den Zehnten ihrer Habe weihen würden, mit reichem Segen zu segnen. Und so sei es geschehn, πολλοὺς γὰρ Ῥωμαίων, οὐ μόνον τῶν συμμέτρους οὐσίας κεκτημένων, ἀλλὰ καὶ τῶν μεγαλοπλούτων τινὰς εὐξαμένους ἐκδεκατεύσειν Ἡρακλεῖ καὶ μετὰ ταῦτα γενομένους εὐδαίμονας ἐκδεκατεῦσαι τὰς οὐσίας οὔσας ταλάντων τετρακισχιλίων. Vgl. Dionys. I, 40, Plut. Qu. Ro. 18.

56 Polluctum von pollucere d. i. darreichen, opfern, hier in der speziellen Bedeutung des Opferschmauses, weil der Schmaus eben wesentlich zum Kultus des Hercules und zur Erfüllung des Zehnten-Gelübdes gehörte. Je nach der Art des Gewinns, an Vieh, an Waren, an Geld, konnte das Verschiedenartigste gelobt und dargebracht werden, s. Fest. p. 253 *Herculi autem omnia esculenta poculenta (l. pollucere licet)*, Varro l. l. VI, 54 *quom enim ex mercibus libamenta porrecta sunt Herculi in aram, tum polluctum est.* Immer war das reichliche Mahl (pollucibilis coena), mit üppigem Genuß von Speise und Trank, die notwendige Folge eines solchen Gelübdes, wobei das Vorbild des griechischen Hercules βουφάγος, s. Griech. Mythol. 2, 187 mitgewirkt haben mag. Vgl. Macrob. S. III, 16, 17; 17, 16, Tertull. Apolog. 14 und 39, Treb. Poll. Trig. Tyr. 14, und den meist sprichwörtlichen Gebrauch des Wortes pollucere und polluctum oder des Herculeszehnten bei Naevius Colax p. 9 Ripp., Plaut. Bacch. IV, 4, 15, Curcul. I, 3, 37, Mostell. I, 1, 23, Rud. II, 4, 11, Stich. I, 3, 80, V, 4, 6, Trucul. II, 7, 11.

57 Dionys. I, 39, Strabo V p. 230, Liv. I, 7, Varro b. Macrob. S. III, 6, 17, vgl. Serv. V. A. VIII, 288.

58 Serv. V. A. VIII, 276, Macrob. S. III, 12, 2.

59 Marcrob. III, 6, 16, Serv. A. VIII, 176.

60 Gell. N. A. XI, 6, Macrob. I, 12, 28, Tertull. ad Nat. 2.

61 Die Inschriften von Amiternum und Reate. Dazu kommt eine Inschr. aus Capua bei Mommsen I. N. n. 3578 *P. Ateius P. L. Regillus fecit sibi et P. Ateio P. L. Salvio Patron. Pomario. Is ter Herculi decumam fecit* etc. und die altertümliche und merkwürdige aus Sora b. Mommsen n. 4495, Henzen Suppl. Or. n. 5755. *M. P. Vertuleieis C. F. Quod re sua difeidens aspere afleicta Parens timens heic vovit, voto hoc soluto Decuma facta poloucta leibereis lubentes Donu danunt Hercolei maxsume mereto. Semol te orant, se voti crebro condemnes.* Vgl. Henzen im Rh. Mus. f. Phil. N. F. V S. 70–79.

62 Macrob. S. III, 6, 11, Serv. V. A. VIII, 363, Mamertin. paneg. Dioclet. et Maximin. 2.

63 Posidonius b. Athen. IV p. 153 C ἐν τῇ Ῥωμαίων πόλει, ὅταν εὐωχῶνται ἐν τῇ τοῦ Ἡρακλέους ἱερῷ, δειπνίζοντος τοῦ κατὰ καιρὸν θριαμβεύοντος καὶ ἡ παρασκευὴ τῆς εὐωχίας Ἡρακλεωτικὴ ἐστι. Ib. V p. 221 F. Marius weiht die Felle der in Afrika erlegten Gorgonen, wilder Tiere von schrecklichem Ansehn, ἐν τῷ τοῦ Ἡρακλέους ἱερῷ, ἐν ᾧ τοὺς θριάμβους κατάγοντες στρατηγοὶ ἑστιῶσι τοὺς πολίτας, καθάπερ πολλοὶ τῶν ἡμεδαπῶν ποιηταὶ καὶ συγγραφεῖς εἰρήκασιν.

64 Plin. H. N. XXXIV, 7, 16. Vgl. Or. n. 1042 aus Tarent: *Herculi Sancto Servatori Victori Triumph(ali) pro salute et victoria Imp. Caes. M. A. Cari ex voto Ord. Tarent.* und Serv. V. A. VII, 662.

65 Plut. Sulla 35, Crass. 2, Diod. IV, 21.

66 Marini Atti p. 30, Ritschl tit. Mumm. ad fidem lap. Vaticani, Berol. 1852. Die Inschrift lautet: *L. Mummi L. F. Cos. duct*[u] *auspicio imperioque eius Achaia capt*[a] *Corinto deleto Romam redieit triumphans. Ob hasce res bene gestas quod in bello voverat hanc aedem et signu*[m] *Herculis Victoris imperator dedicat.* Vermutlich war das Bild des Hercules ein Stück aus der korinthischen Beute, s. Strabo VIII p. 381.

67 Plin. H. N. XXXIV, 7, 19, 53 und 93, Vitruv. III, 3, vgl. meine Regionen S. 131 und Archäol. Ztg. 1846 S. 356.

68 Fest. p. 242 *Pudicitiae signum.* Einen Hercules Πολυκλέους, d. h. eine Statue dieses griechischen Meisters auf dem Capitol nennt Cic. ad. Att. IV, 1, 17. Vgl. Dio XLII, 26.

69 Unter dem Namen Hercules Magnus Custos. Der Dedikationstag war der 4. Juni, Kal. Venus., Ovid F. VI, 209. Das Kal. Capranic. z. 12. Aug. scheint diesen Hercules mit dem der Ara Max. zu verwechseln.

70 S. die Inschr. b. Ritschl tit. Mumm. p. III: *Hercules invicte, Sancte Silvane,* ἐνόδιος, *Hic advenisti ne quid hic fiat mali.* Dieselben Dienste tat bei den Griechen der Kallinikos. Or. n. 1537 Ἡρακλεῖ Ἀλεξικάκῳ Παπείριοι, *Herculi Defensori Papirii.* Corp. I. Gr. n. 5988 Σωτῆρι Θεῷ Ἡρακλῆ. n. 5989 Ἡρακλεῖ ἀλεξικάκῳ, *Herculi Defensori Silvano Custodi.* Mommsen I. N. 1389 *Herculi Salvatori Sacrum pro salute Imp. M. Aurel. Commodi Pii Aug. Colon.*

71 So bei den Bädern von Caere s. Liv. XXII, 1 vgl. Serv. V. A. VII, 697, wo Hercules mit einer eisernen Stange, die er in die Erde stößt, die Quellen des Ciminischen Sees öffnet. Or. n. 1560 *Herculi, Genio Loci, Fontibus Calidis* in den Bädern des Hercules in Ungarn. Daher Salutifer ib. n. 1561 und Somnialis n. 1553. 2405, was entweder auf Inkubationen oder auf den Todesschlaf zu beziehn ist.

72 Horat. Ep I, 1, 5 *Veianius armis Herculis ad postem fixis latet abditus agro.* Varro b. Non. Marc. p. 528 *ad Herculis athla athletae facti.* Vgl. den *Hercules Rusticellus* b. Plin. VII, 20, 19 und den *H. rusticus* b. Lamprid. Comm. 10. *H. Celer* Or. n. 1536, Fabr. p. 601. 659 *barbatus* Henzen n. 5726.

73 Or. n. 2006–2011. 3479. 5657, vgl. Osann Ztschr. f. A. W. 1837 S. 385, Lersch Centralmuseum II S. 27, Rhein. Jbb. VII S. 43.

74 S. meine Regionen S. 167. Die Bilder des Hercules und der 9 Musen sieht man auf den Münzen des Qu. Pompon. Musa. Vgl. C. I. Gr. n. 5985 εὐχὴ Ἡρακλῆ θαλλοφόρῳ ἱερῷ εὐακούστῳ, Herculi Pacifero, Invicto, Sancto Ib. n. 5987 unter einem Bilde des Hercules mit der Lyra: Ἡρακλῆ τῷ Μουσαγέτη Μηνόφιλος.

75 Hercules pusillus und puerinus, Martial. III, 47, Or. n. 1546 Hercules als Kind, mit Löwenhaut, Keule und Becher, auf einem Grabstein, Mommsen I. N. n. 6926.

76 Or. n. 1557. 1558. Vgl. Stephani der ausruhende Herakles S. 203.

77 Vorzüglich der Gaditanische s. Eckhel D. N. VI p. 504 und Ulpian t. XXII, 6, der ihn unter den Göttern nennt, welche zu bonorum heredes eingesetzt werden konnten. Über den Tyrischen Hercules s. Fabretti Inscr. p. 137, 119 und p. 128, Or. n. 1554. Das Bild des Hercules, welchem früher in Karthargo jährliche Menschenopfer dargebracht worden waren, stand später unbeachtet in Rom, Plin. XXXVI, 5, 4, 39.

78 Eckhel VI p. 298. 504. 506.

79 Herodian I, 14, Dio LXXII, 15, Lamprid. 8. 9. Auch seine Münzen sind voll von Beziehungen darauf.

80 Dio LXXVI, 16, LXXVII, 6, Eckhel D. N. VII p. 170. 213.

81 Eckhel VII p. 442 sq. Auch der Kaiser Probus, allerdings ein tapfrer Kriegsheld, wird als H. Erymanthius und als H. Romanus Aug. gefeiert, ib. p. 504.

82 Eckhel VIII p. 9 und 30, Or. n. 1046 ff.

83 Cic. de Divin. I, 43, 98, Fest. p. 313 stroppus. Die Cornelia und Fonteia bezeichnen auf ihren Münzen ihre tusculanische Herkunft durch die Köpfe der Dioskuren. Über Ardea und die Küste vgl. Serv. V. A. I, 44, X, 564.

84 Cic. N. D. II, 2, 6, III, 5, 13, Iustin. XX, 3, 4, Diod. Exc. Vat. VII–X, 16, Suid. v. Ἀλη θέστερα τῶν ἐπὶ Σάγρα.

85 Cic. N. D. II, 2, 6, III, 5, 11, Dionys. VI, 13, Plut. Aemil. Paul. 25, nach welchem der erste Römer, welcher zu ihnen trat, die Nachricht nicht glauben wollte, worauf sie ihm lächelnd

den schwarzen Bart mit der Hand berührten, der darauf rötlich wurde. Daher Domitius Aenobarbus. Vgl. auch die Münzen bei Riccio t. 40, 4. 5.

86 Von der Schlacht bei Pydna s. Cic. N. D. III, 5, 11, Val. Max. I, 8, 1, Flor. II, 12, 15, von der bei Verona Plut. Mar. 26, Flor. III, 3, 20. Vgl. den interessanten Aufsatz von A. Mommsen im Philol. 1856 S. 706 ff.

87 Liv. II, 20, Becker Handb. I, 298.

88 Liv. IX, 46, Val. Max. II, 2, 9. Über die transvectio an den Lupercalien s. Marquardt Handb. IV, 405, 2776.

89 Dionys. VI, 13, Aurel. Vict. vir. ill. 32. Mehr bei Becker Handb. II, 1, 260 ff.

90 Plaut. Bacch. IV, 8, 53, vgl. Varro l. l. V, 73. Auf einem etrusk. Spiegel mit lateinischer Inschrift heißt er Poloces, bei Gerhard t. 171.

91 Sueton Caes. 10, Dio XXXVII, 8, Serv. V. Ge. III, 89 *ideo Pollucem pro Castore posuit, quia ambo licenter et Polluces et Castores vocantur. Nam et ludi et templum et stellae Castorum appellantur.* Vgl. Or. n. 1567.

92 Z. B. *Scipio Africanus, Pauli filius, cum pro aede Castoris dixit,* Fest p. 286. Im J. 448 d. St., 306 v. Chr. wurde dem Consul Marcius nach einem Triumphe über die Herniker eine Reiterstatue vor dem Castortempel zuerkannt, Liv. IX, 43, was wieder die spezielle Beziehung zum ritterlichen Stande ausdrückt. Die Einweihung des neuen Tempels erfolgte am 27. Jan. des J. 6 n. Chr. Ovid F. I, 705.

93 Tertull. de Spectac. 8 *Singula ornamenta Circi singula templa sunt. Ova honori Castorum adscribunt* etc. Vgl. Vitruv. IV, 8, 4 und Kal. Amitern. Id. Aug.

94 Ammian M. XIX, 10, 4 und das Epigramm aus Ostia b. Grut. 99, 2, Anthol. lat. n. 600. Vgl. Serv. V. A. III, 12, Or. n. 1565.

95 R. Stiehle Philol. 1853 S. 49 ff., 1855 S. 151 ff.

96 Virg. Aen. III, 400 ff., Aristot. Mirab. Auscult. 106.

97 Schol. Pind. Nem. X, 12, Strabo VI p. 284, Virg. Aen. VII, 9, XI, 243 ff. mit Servius und Heyne Exc. I, zu Aen. XI, Klausen Aeneas S. 1173 ff., Mommsen Unterit. Dial. S. 91. Arpi hieß früher Argyrippa, griechisch Ἄργος Ἵππιον. Landeinwärts hatte sich die Sage vom Diomedes bis nach Equus Tuticus, Benevent und Venafrum in Samnium verbreitet, dahingegen die Sage von Lanuvium (S. 251, 3) ganz vereinzelt ist. Einige motivierten seinen Tod auf der Insel durch Einmischung der Illyrier, Paul. p. 69 und 75, Plin. H. N. III, 11, 16, Antonin. Lib. Metam. 31.

98 Varro erzählte davon in gutem Glauben s. Augustin C. D. XVIII, 16, vgl. Serv. V. A. XI, 270, Plin. H. N. X, 44.

99 Scylax Peripl. 16, Strabo V p. 214, Plin. III, 16, Steph. v. Ἀτρία. Merkwürdig ist die Koinzidenz des Namens Brundusium von βρένδος Hirsch, βρέντιον Hirschkopf, und der Insel Brettia im Adrias, s. Steph. B. v. Βρεττία und Bergk Zeitschr. f. A. W. 1851 n. 2.

100 Οὐλίξης sagte man in Sizilien, Plut. Marc. 20. Ulysses oder Ulixes fand der Grammatiker Diomedes beim Ibycus; ja es findet sich dieselbe Form des Namens auch auf gemalten Vasen attischer Herkunft. Etruskisch lautet er Uthuxe, was sich also unmittelbar an Odysseus anschließt. Der Wechsel von λ und δ ist der gewöhnliche, vgl. lacruma und δάκρυ, levir und δαήρ (δαφήρ), oleo von der Wurzel οδ in ὄζω usw. O. Müller Ann. d. Inst. 1832 p. 378 sq., Schneidewin Ibyc. p. 139 sq., O. Jahn Einl. in die Vasenk. p. CCXLI.

101 Die Lästrygonen bei Formiä, wobei vermutlich Seeraub im Spiele war, s. Horat. Od. III, 16, 34; 17, 5–9, Cic. ad Att. II, 13, Ovid Met. XIV, 233, Plin. H. N. III, 5, 9. Die Inseln der Sirenen bei Sorrent und in den benachbarten Gewässern, s. Strabo I p. 22. 246. 252. 258. Die Insel der Kalypso dachte man sich gewöhnlich beim Vorgebirge Lacinium s. Scylax 13, Plin. III, 10.

102 Dionys. I, 29 ἦν γὰρ δὴ χρόνος ὅτε καὶ Λατῖνοι καὶ Ὀμβρικοὶ καὶ Αὔσονες καὶ συχνοὶ ἄλλοι Τυρρηνοὶ ὑφ' Ἑλλήνων ἐλέγοντο. Von jenen drei Brüdern ist Τηλέγονος der Ferngeborne, Ἄγριος i. q. Ἀγρεὺς d. i. Pan oder Faunus, wie Circe der Fauna verwandt ist, s. Göttling zu Hesiod. th. v. 1013.

103 Liv. I, 49, Fest. und Paul. p. 150. 151, Dionys. IV, 45, Horat. Od. IV, 29, 8, Epod. I. 29, Ovid F. III, 92, IV, 71. Daher auf den Münzen der Mamilii das Bild des Ulysses als Bettler, wie ihn der Hund erkennt.

104 Paul. p. 18 Ausoniam, Scymn. Ch: v. 226 ff., Schol. Apollon. IV, 553, Eustath. z. Dionys. Perieg. 78, z. Odyss. p. 1379, 20, Serv. V. A. VIII, 328.

105 Dionys. I, 72 vgl. Plut. Rom. 2, Steph. B. v. Ἄντεια und Ἀρδέα, Serv. V. A. I, 277 und die

Nachweisungen bei Stiehle Philol. 1848 S. 107, 1855 S. 167.

106 Lycophr. Alex. 805 und 1242 ff. mit den Scholien und Tzetzes, vgl. O. Müller Etr. 2, 268 ff. Auf eine ganz eigentümliche Auffassung deutet Plut. de aud. poet. 8. Durch den Verkehr der Etrusker mit dem Norden scheint mit anderen Kulturelementen die Sage von Ulixes selbst bis nach Deutschland gekommen zu sein, Tacit. Germ. 3.

107 Serv. V. A. VIII, 479, X, 167.

108 Dionys. I, 28, Lycophr. Al. 1245 ff., Tzetz. zu vs. 1249 Ἡρακλέους καὶ Αὔγης τῆς θυγατρὸς Ἀλέου παῖς Τήλεφος, Τηλέφου δὲ καὶ Ἱερᾶς Τάρχων καὶ Τυρσηνός. Hiera ist eine Amazone, welche im mysischen Kriege an der Seite des Telephos kämpft, Philostr. Her. p. 691. Bei Plutarch Rom. 2 ist sogar Rome eine T. des Herakliden Telephos, die dem Aeneas vermählt wird.

109 J. Friedländer Osk. Münzen t. III, 19. 20 S. 13, Archäol. Ztg. 1843 S. 152, Bullet Arch. 1853 p. 124. Gewöhnlicher leitete man Capua ab von dem Dardaniden Capys, d. h. aus Troja.

110 Suid. v. Λατῖνοι, vgl. Malal. Chron. VI p. 162, 4 Ddf., wo Latinos der Sohn des Telephos heißt.

111 O. Müller Class. Journal 1822 Vol. XXVI n. 52 p. 308–318, Bamberger im Rh. Mus. f. Philol. 1838 VI S. 82–105, Klausen Aeneas und die Penaten, Hbg. u. Gotha 2 Bde. 1839. 40, E. Rückert Trojas Ursprung, Blüte, Untergang und Wiederherstellung, Hamb. 1846, Schwegler Röm. Gesch. I S. 279–336.

112 Il. XIII, 460, XX, 302, Hymn. in Ven. 196. Nach Akusilaos b. Schol. Il. XX, 307 stiftete Aphrodite den ganzen Krieg nur deshalb an, um die Herrschaft von dem Hause des Priamus an das des Aeneas zu bringen.

113 Dionys. I, 48. 69.

114 Demetrios von Skepsis b. Strabo XIII p 607, vgl. Schwegler Röm. Gesch. I, 294.

115 Schon Lesches in der kleinen Ilias ließ den Aeneas dahin gelangen, freilich nur als Gefangnen des Neoptolemos, s. Tzetz. zu Lycophr. 1232 und 1263. Die vollständige Sage erzählte Hellanikos, s. Dionys. I, 46 ff., Strabo VII, p. 330, Schol. II. XX, 307.

116 Thucyd. VI, 2 Ἰλίου δὲ ἁλισκομένου τῶν Τρώων τινὲς διαφυγόντες Ἀχαιοὺς πλοίοις ἀφικνοῦνται πρὸς τὴν Σικελίαν καὶ ὅμοροι τοῖς Σικανοῖς οἰκήσαντες ξύμπαντες μὲν Ἔλυμοι ἐκλήθησαν, πόλεις δ' αὐτῶν Ἔρυξ τε καὶ Ἔγεστα. Vgl. Strabo XIII p. 608, Dionys. I, 52 ff., Virg. Aen. V. Auch der alte T. der erycinischen Venus auf dem benachbarten Berge rühmte sich später der Stiftung oder Verherrlichung durch Aeneas, s. Virg. Aen. V, 758, Diod. IV, 83.

117 Aelian N. A. IV, 2. In Karthago konnte sich die Aeneassage an die dortigen Traditionen von der Dido um so leichter anschließen, da diese nur die zur geschichtlichen Person gewordene Burggöttin von Karthago ist, die der Venus Urania ebensosehr als der Iuno verwandte Astarte der phönizischen Heimat. Auch Didos Schwester Anna ist eine Nebenfigur dieses phönizischen Astartedienstes. S. Movers Phönizier I, 609 ff., II, 1, 350 ff., 2, 92 ff.

118 Dionys. I, 67. Man könnte Aegestus durch Aequus erklären (S. 629), doch denk man natürlicher an Egesta oder Segesta, s. Cic. Verr. IV, 33, 72, Tacit. Ann. IV, 43.

119 Niebuhr R. G. I, 201 geht so weit daß er Stesichorus von Aeneas Auswanderung „fast wie Virgil" singen läßt. Vgl. Welcker kl. Schr. I, 181, Alte Denkm. 2, 191 ff.

120 Dionys. I, 49 sagt sehr zuversichtlich: τῆς δὲ ἐπὶ Ἰταλίαν Αἰνείου καὶ Τρώων ἀφίξεως Ῥωμαῖοί τε πάντες βεβαιωταὶ καὶ τὰ δρώμενα ὑπ' αὐτῶν ἔν τε θυσίαις καὶ ἑορταῖς μιμήματα, Σιβύλλης τε λόγια καὶ χρησμοὶ Πυθικοὶ καὶ ἄλλα πολλά, doch gilt das eben nur für seine Zeit und von der damaligen Sammlung der sibyllinischen Sprüche.

121 Plin. H. N. III, 5, 9 *Theophrastus, qui primus externorum aliqua de Romanis diligentius scripsit.* Die Erzählung des Aristoteles war noch ebenso unbestimmt als märchenhaft, s. Dionys. I, 72, Strabo VI p. 264. Die Schrift des Gergithiers Kephalon, welche Dionys. I, 49. 72 vgl. Fest. p. 266 Romam als ältestes Zeugnis für den troischen Ursprung von Rom anführt, wird bei Athen. IX p. 393 sehr bestimmt für das Produkt eines Alexandriners erklärt, welcher Zeitgenosse Antiochos d. Gr. war. Die bei Dionys. I, 72 angeführte Chronik der argivischen Priesterinnen mag eine spätere Überarbeitung der Chronik des Hellanicus gewesen sein.

122 Dionys. I, 67, Polyb. XII, 4.

123 Iustin. XXVIII, 1, Sueton Claud. 25 u. A., vgl. Schwegler Rö. G. I, 305 ff.

124 Dionys I, 50. Bei Virgil sucht Aeneas die Ursprünge seines Geschlechts nicht in Arkadien,

sondern auf Kreta, von wo er weiter nach Italien und Latium geschickt wird, weil auch Dardanus eigentlich von dort stamme, s. Aen. III, 94 ff., 193 ff., VII, 205 ff. u. 240 *Hinc Dardanus ortus, Huc repetit iussisque ingentibus urget Apollo Tyrrhenum ad Thybrim et fontis vada sacra Numici.* Plin. H. N. III, 5, 9 *Corani a Dardano Troiano orti.* Nach anderen war Corythus gemeint d. i. Cortona, s. Heyne exc. VI zu Aen. III.

125 Die Chronik der argivischen Priesterinnen bei Dionys I, 72 und Lycophr. Al. 1236 ff.

126 Strabo VI p. 264, Dionys I, 51.

127 Liv. XXXVII, 11, Lucau. IX, 41.

128 Strabo I p. 26, V p. 245, Serv. V. A. III, 239, IX, 710.

129 Προχύτη (Procida) ist eigentlich προχυτή, *quia profusa ab Aenaria erat* d. i. der größeren vulkanischen Insel Ischia, doch dichtete schon Naevius von der Verwandten des Aeneas, s. Serv. V. A. IX, 715, Plin. III, 6, 12. Aenaria, welchen Namen man später auf eine Landung des Aeneas deutete, Paul. p. 20, ist wahrscheinlich eine Korruption des älteren Namens Inarime. So ist die Sirene Leucosia später zu einer Nichte des Aeneas namens Lectosia geworden, s. Strabo VI p. 252, Plin. III, 7 vgl. Dionys. I, 53, Paul. p. 115. Auch der Name Caieta wurde verschieden erklärt, s. Strabo V p. 233, Serv. V. A. VII, I.

130 S. Schwegler R. G. I S. 84. 85 und Io. Vahlen Cn. Naevi de bello Punico reliquiae Lips. 1854.

131 Serv. V. A. I, 273, VI, 178, Io. Vahlen Ennian. Poes. Reliq. p. XXVII sq.

132 Varro über die Penaten des Aeneas bei Serv. V. A. III, 12 oben S. 548. Vgl. Serv. A. III, 349 *Varro Epiri se fuisse dicit et omnia loca iisdem dici nominibus, quae poëta commemorat, vidisse.* Von der Ankunft des Aeneas in Latium Serv. A. I, 382, III, 286. Aeneas kommt mit zwanzig Schiffen, *quibus portabantur reliquiae Troianorum,* ib. XVIII, 19. Seine Schrift de familiis Troianis wird erwähnt ib. V, 704.

133 Ohne Zweifel kommt das Wort von ab origine. Dionys I, 10 übersetzt es durch γενάρχαι oder πρωτόγονοι, Serv. V. A. VIII, 328 durch αὐτόχθονες. Ennius nannte diese Ursprungsmenschen Casci, d. h. die Alten, s. Varro l. l. VII, 28, Cic. Tusc. I, 12, 27, Serv. V. A. I, 6. Ihr Verhältnis zu den Faunen. Varro hatte in einer Satire Aborigines περὶ ἀνθρώπων φύσεως das mythische Bild der primitiven Rohheit weiter ausgeführt.

134 Virg. Aen. VII, 63 vgl. Herodian I, 12, 2 von einer Villa des Commodus: τὸ περὶ τὴν Λαύρεντον χωρίον μεγίστοις κατάσκιον δαφνηφόροις ἄλσεσιν, ὅθεν καὶ τὸ ὄνομα τῷ χωρίῳ. Herodian schildert die Gegend überhaupt als eine freundliche, wegen der Seeluft und der schattigen Pflanzungen sogar gesuchte. Seit Claudius und Antoninus Pius war viel für die dortige Kultur geschehen. Zur Geschichte s. A. W. Zumpt de Lavinio et Laurentibus Lavinatibus Berol. 1845 und Bormann Altital. Chorogr. S. 98 ff.

135 In dem ersten Traktate zwischen Rom und Karthago bei Polyb. III, 22 werden noch die Λαυρεντῖνοι (Mss. 'Αρεντίνων), d. h. die Laurenter mit der Hauptstadt Lavinium unter den seefahrenden und handeltreibenden Ortschaften der latinischen Küste genannt, neben den Ardeaten, Antiaten, Circeji und Tarracina. In dem spätern Bündnisse bei Polyb. III, 24 werden sie nicht mehr genannt.

136 Mensis Martius bei den Laurentern Ovid F. III, 93. Mars Ficanus in der Gegend von Ostia.

137 Virg. A. VII, 45, Augustin C. D. XVIII, 15.

138 Varro l. l. V, 144 *Oppidum quod primum conditum in Latio stirpis Romanae Lavinium, nam ibi Dii Penates nostri.* Liv. V, 52 *Maiores nostri sacra quaedam in monte Albano Lavinioque nobis facienda tradiderunt.* Dionys V, 12 εἰς Λαβίνιον ᾤχετο, τὴν μητρόπολιν τοῦ Λατίνων γένους. Plut. Coriol. 29.

139 Schon bei Naevius wurden die Penaten durch Aeneas und Anchises aus Troja nach Rom gebracht, s. Probus Virgil Ecl. VI, 13 p. 14 Keil. Nach Varro b. den Schol. Veron. Aen. II, 717 p. 91 behauptete sich Aeneas auf der Burg, bis er freien Abzug erlangte, worauf er zuerst alles Übrige verschmähend mit dem Anchises auf der Schulter auszog, dann von den gerührten Griechen Erlaubnis bekam auch die Penatenbilder, endlich seine ganze Habe mitzunehmen. Aus ders. Quelle erfahren wir daß Atticus nur den Anchises mit dem Aeneas ausrücken, die Penatenbilder aber direkt von Samothrake nach Italien kommen ließ. Andere malten diesen Auszug des Aeneas und Anchises noch weiter aus, vgl. das Excerpt aus L. Cassius Censorius ib. und die ilische Tafel, auf welcher Mercur den Aeneas und die Seinigen mit den Penaten aus den brennenden Mauern herausführt. Bei Naevius zimmerte Mercur auch das Schiff, Serv. A. I, 170.

140 Sueton Caes. 79 und die Ausleger zu Horat. Od. III, 3, vgl. Burckhardt die Zeit Constantins d. Gr. S. 465.

141 Klausen Aeneas S. 682 ff. Einige nannten statt der Brottafeln Eppichblätter, welche wie

andere große Blätter als Unterlage eines ländlichen Mahles benutzt werden konnten.

142 Serv. V. A. I, 3 *Fabius Maximus Annalium primo: Tum Aen eas aegre patiebatur in eum devenisse agrum macerrimum littorosissimum.*

143 Virg. Aen. III, 391 *sus triginta capitum fetus enixa, alba solo recubans, albi circum ubera nati.* Varro l. l. V, 144 *Alba – ab sue alba nominata.* Vgl. Varro r. r. II, 4, 18, Prop. IV, 1,35 *Alba potens, albae suis omine nata.* Iuven. XII, 72 *sublimis apex, cui candida nomen scrofa dedit.* Nach Dio fr. 4, 5 rennt die Sau von der Küste gleich in die Gegend von Alba, und so hatte auch der alte Annalist Fabius Pictor erzählt.

144 Sowohl des völkerrechtlichen als des ehelichen Bundes, Varro r. r. II, 4, 9 *quod initiis pacis foedus cum feritur porcus occiditur et quod nuptiarum initio antiqui reges ac sublimes viri in Hetruria in coniunctione nuptiali nova nupta et novus maritus primum porcum immolant. Prisci quoque Latini et etiam Graeci in Italia idem factitasse videntur.* Vgl. die italischen Bundesmünzen bei Friedlaender die osk. Münzen S. 81 ff. t. IX, 10, 12. X, 18. 19 und Klausen Aeneas S. 671 ff., t. III, 3. 8. 9.

145 Dionys I, 57. Diese Hütten sind auch Symbole des mit den ersten Anfängen der Kultur beschäftigten Lebens, s. Tibull. II, 1, 37 *Rura cano rurisque deos. His vita magistris desuevit querna pellere glande famem, illi compositis primum docuere tigillis exiguam viridi fronde operire domum* etc.

146 Varro r. r. II, 4, 18 *Huius suis ac porcorum etiam nunc vestigia apparent Lavinii, quod et simulacra eorum ahenea etiam nunc in publico posita et corpus matris ab sacerdotibus quod in salsura fuerit demonstratur.* Vgl. Lycophr. Alex. 1259 und die Münzen des Antonin bei Klausen Aeneas t. II, 11. 12.

147 Serv. A. XI, 316 *Cato in Originibus dicit Troianos a Latino accepisse agrum qui est inter Laurentum et castra Troiana. Hic etiam modum agri commemorat et dicit eum habuisse iugera DCC.* Die Zahl ist unsicher, Cassius Hemina bei Solin 2, 14 weiß nur von 500 iugera. Dionys I, 59 Ἀβοριγῖνας μὲν Τρωσὶ δοῦναι χώραν ὅσην ἠξίουν ἀμφὶ τοὺς τετταράκοντα σταδίους πανταχοῦ πορευομένοις ἀπὸ τοῦ λόφου. Vgl. Appian bei Phot. Bibl. 57 p. 16 b, 12.

148 Dionys I, 59. Auf den M. der Papia sieht man den Adler und den Wolf, wie sie die Flamme nähren.

149 Ovid F. IV, 827 *Condenti (Romulo) Iupiter urbem et genitor Mavors Vestaque Mater ades.*

150 Λαῦνα bei den Griechen, Lavinia bei den Römern. In Alba Longa galt sie für die Mutter des Silvius, Dionys I, 70. Von Λαῦνα der T. des Evander, die von Hercules den Palas gebiert, Dionys I, 32. 43. Einige griechische Fabulisten bei dems. I, 59 nannten die Launa von Lavinium eine T. des delischen Propheten Anios, was wieder auf den Begriff einer weissagerischen Fruchtgöttin hinausläuft, vgl. die Sage von den Töchtern des Anios bei Tzetz. z. Lycophr. 570–76, Ovid Met. XIII, 650 ff.

151 Nach Serv. A. IX, 745 fiel Latinus in arce, d. h. auf dem Burghügel von Lavinium, wo also vermutlich sein Grab zu sehen war.

152 Serv. A. XI, 567 *Metabus – pulsus fuerat a gente Vulscorum, quae etiam ipsa Etruscorum potestate regebatur, quod Cato plenissime executus est.* Vgl. zu 581. Der Liris führte in dieser älteren Zeit den etruskischen Namen Clanis, Strabo V p. 233, Dionys. VII, 3. Turnus ist nicht allein deutlich Τυρρηνός (bei Dionys. I, 64 haben die besseren Mscr. wirklich Τυρρηνός), sondern Appian bei Phot. cod. 57 sagt sogar gradezu: ὑπὸ Ποτούλων τῶν Τυρρηνῶν.

153 Nach der gewöhnlichen Tradition fallen Latinus und Turnus in der ersten Schlacht, worauf Aeneas in der zweiten Schlacht gegen Mezentius im Numicius verschwindet, Dionys I, 64, Schol. Veron. V. Aen. I, 259. Nach Cato verschwanden Turnus und Aeneas in der zweiten Schlacht, Serv. A. I, 267, IV, 620, IX, 745. Nach der Tradition bei Fest. p. 194 oscillantes verschwindet Latinus in der Schlacht gegen Mezentius. Virgil hat die gewöhnliche Tradition aus dichterischen Gründen sehr verändert.

154 Cato und Varro bei Plin. H. N. XIV, 12, 14, Macrob. S. III, 5, 10 vgl. Fest. p. 265, Dionys. I, 65.

155 *Contemtor Divum Mezentius* Virg. Aen. VII, 648. *Mortua quin etiam iungebat corpora vivis componens manibusque manus atque oribus ora – et sanie taboque fluentes complexu in misero longa sic morte necabat.* Ib. VIII, 485 vgl. Iul. Capitolin. Opil. Macrin. 12 und Serv. A. VIII, 479. Über den Namen s. Ribbeck im Rh. Mus. f. Philol. XII (1857) S. 419 ff. Eine verwandte Sage ist die von der Vertreibung des tuskischen Herrschers Metabus aus dem volskischen Orte Privernum, Virg. Aen. XI, 539 ff.

156 Aen. X, 76, XII, 138. Ardea ist ein Seevogel, wie jene Diomedeischen, ein gutes Wahrzeichen der kühnen Seestadt, s. Serv. V. A. VII, 412.

157 Virg. A. VII, 371 Serv., Plin. H. N. III, 9, 56.

158 Paul. p. 119 Lucereses, Dionys II, 37, welcher in seiner Quelle den ager Solonius (S. 400) anstatt der Stadt Ardea genannt fand. Derselbe Bundesgenosse des Romulus wird sonst immer ein tuskischer Lucumo genannt.

159 S. die angeführte Inschrift bei Or. n. 2276, Mommsen I. N. n. 2211 und die zitierte Abhandlung von A. W. Zumpt. Die Inschrift ist die einer Statue, welche zu Pompeji einem verdienten Mann errichtet wurde. Derselbe wird u. a. genannt: *pater patratus Populi Laurentis foederis ex libris Sibullinis percutiendi cum P. R.*, woraus die Erneuerung der Bundeszeremonie mit Recht gefolgert ist. Vgl. Sueton. Claud. 22 und Tacit. A. XII, 43.

160 Bald heißt der Ort Castra Troiana bald Troia. Nach Cato lag er am Strande von Lavinium, nach anderen bei Ardea, bei Laurentum, bei Ostia, s. Paul. p. 367, Serv. V. A. VII, 31. 158. XI, 316, vgl. das praedium Troianum bei Cic. ad Att. IX, 13, 6; 9, 4 und Steph. B. 'Αρδέα – Τροία ἐλέγετο, ὡς Χάραξ, Dio fr. 4, 4 περὶ Λαύρεντον προσώκειλε τὸ καὶ Τροίαν καλούμενον, Liv. I, 1 *classe Laurentem agrum tenuisse, Troiae et huic loco nomen est.* Endlich Virgil und Strabo V p. 229 lassen Aeneas nicht weit von Ostia landen. Über das von ihm gestiftete H. der Aphrodite. Appian bei Phot. Bibl. cod. 57 ἔνθα καὶ στρατόπεδον αὐτοῦ δείκνυται καὶ τὴν ἀκτὴν ἀπ' ἐκείνου Τροίαν καλοῦσι.

161 Klausen Aeneas S. 820 ff., A. Goebel de Troiae ludo, Marcoduri 1852, L. Friedländer bei Marquardt Handb. IV, 520.

162 Aen. V, 117 ff., Serv. vgl. Paul. p. 44 Caeculus, p. 55 Cloelia, p. 167 Nautiorum, Dionys. IV, 68. 69 u. A., Serv. V. A. V, 389. 704.

163 Iuvenal I, 99 *iubet a praecone vocari ipsos Troiugenas.* Vgl. Herodian II, 3, 4, Eckhel V p. 88 sq., Schol. Lucan. I, 196. Zur Zeit des Hieronymus gab es einen gewissen Toxotius in Rom, welcher von Aeneas und den Juliern abzustammen glaubte, während seine Frau Paula ihr Geschlecht von den Gracchen und von Agamemnon ableitete.

164 S. das Gemälde des Polygnot bei Paus. X, 26, 3; 27, 2 und Sophokles bei Strabo XIII p. 608. Auch Aeneas galt später für einen Philhellenen.

165 Schon Cato erzählte davon, Plin. H. N. III, 19. Vgl. Strabo III p. 157, V p. 212, XIII p. 608, Virg. Aen. I, 242 sqq. Serv., Liv. I, 1.

166 Schon Lycophr. Alex. 1253 ff. weiß von den 30 Kolonien: κτίσει δὲ (Aeneas) χώραν ἐν πόποις Βορειγόνων (der Aboriginer) ὑπὲρ Λατίνους Δαυνίους τ' ᾠκισμένην πύργους τριάκοντ' ἐξαριθμήσας γονὰς συός etc. Vgl. Dionys III, 31 ἡ τὰς τριάκοντα Λατίνων ἀποικίσασα πόλεις. 34 εἰς τὰς ἀποίκους τε καὶ ὑπηκόους αὐτῆς τριάκοντα πόλεις πρέσβεις ἀποστείλας.

167 Dionys I, 67 καὶ ἐγένοντο οἱ πεμφθέντες ἑξακόσιοι μελεδωνοὶ τῶν ἱερῶν αὐτοῖς μεταναστάντες ἐφεστίοις, ἡγεμὼν δ' ἐπ' αὐτοὺς ἐτάχθη Αἴγεστος. Verehrer der öffentlichen Penaten sind die Bürger einer Stadt, über Aegestus. Die Zahl 600 kehrt in anderer Version bei Cassius Hemina bei Solin 2, 14 wieder, nach welchem Aeneas mit 600 Genossen landete. Offenbar ein Multiplum der 30 Bundesstädte.

168 Or. n. 1367 *Veneri Gabinae et Albanae,* Liv. 1, 7 vom Romulus: *Sacra diis aliis Albano ritu, graeco Herculi – facit.*

169 Fest. p. 340 Silvi, Virgil Aen. VI, 760 ff. Servius, Livius I, 3, Dionys. I, 70.

170 Aen. VII, 482 ff. Bei Serv. A. VI, 760, Schol. Veron. VII, 485 heißt er Tyrrhus, bei Dionys l. c. Τυρρηνός.

171 Dionys l. c. 'Ιούλῳ δὲ ἀντὶ τῆς βασιλείας ἱερά τις ἐξουσία προσετέθη καὶ τιμὴ τῷ τε ἀκινδύνῳ προὔχουσα τῆς μοναρχικῆς καὶ τῇ ῥαστώνῃ τοῦ βίου, ἣν ἔτι καὶ εἰς ἐμὲ τὸ ἐξ αὐτοῦ γένος ἐκαρποῦτο, 'Ιούλιοι κληθέντες ἀπ' ἐκείνου. Diodor bei Euseb. T. I p. 389 ed. Aucher: *Iulius autem imperio cedere coactus Pontifex Maximus constitutus fuit et fere secundus rex habebatur, a quo ortam Iuliam familiam hucusque percurare aiunt.* Nach der gewöhnlichen Tradition, welcher auch Virgil folgt, ist Ascanius der Sohn des Aeneas von Troja her, Silvius sein Posthumus von der latinischen Lavinia. Ascanius heißt auch Euryleon und Ilus, welchen Namen er später in Iulus verändert und auf seinen Sohn übertragen haben soll, s. Schwegler R. G. I, 338.

172 Das Wort hängt zusammen mit prius s. Paul. p. 226 *Prisci Latini proprie appellati sunt hi qui priusquam conderetur Roma fuerunt.* Daher ib. *Priscus Tarquinius est dictus quia prius fuit quam Superbus Tarquinius.* Vgl. Fest. p. 241 *priscae latinae coloniae* und Virgil Aen. VI, 773 Servius.

173 So heißt er bei Livius, bei Dionys dagegen 'Αλλάδιος oder 'Αλλώδιος, bei Zonaras VII, 1 Amulius, bei A. Victor O. G. R. 18 Aremulus. Er denkt sich eine Maschine aus um wie Iupiter zu donnern und zu blitzen, bis der Blitz in sein eigenes Haus schlägt, was an Tullus Hostilius und den Zauber des Iup. Eliciusaltars erinnert. Zuletzt steigt der Albanische See zu einer solchen Höhe, daß er seinen am Ufer gelegenen Palast erreicht und ihn und sein ganzes Haus veschlingt.

174 S. Fest. p. 348, nach welchem der Oppius und Cispius in Rom nach zwei Führern der Tusculaner und der Herniker von Anagnia, welche dem Tullus Hostilius gegen Veji zu Hilfe gekommen, benannt worden wären. Vgl. die Albani Longani Bovillenses. In Alba sollen nach dem Sturze der Silvier nicht mehr Könige, sondern jährliche Praetoren geherrscht haben, Dionys. V, 74, Plut. Rom. 27.

175 Liv. I, 22, Dionys. III, 13.

176 Becker Handbuch I, 527 ff., Schwegler R. G. I, 571 ff., 594 ff.

177 Schoemann de Tullo Hostilio rege Romanorum, Opusc. Acad. I p. 18–49.

178 Mit dieser Lage scheint der Name zusammenzuhängen vgl. pronus d. i. *πρηνής*, πρανής und πρών d. i. πρηών. Cato erklärte *quia is locus montibus praestet*, Serv. V. A. VII, 682, Paul. p. 224. Später leitete man ihn ab ἀπὸ τῶν πρίνων i. e. *ab ilicibus quae illic abundant*, daher sie nach Strabo V p. 238 die Bekränzte, πολυστέφανος benannt wurde. Oder man fabelte von einem Ktistes Paenestus, einem Sohne des Latinus und Enkel des Ulysses, Solin. 2, 9, Steph. B. s. v.

179 Virg. Aen. VII, 679 *Vulcano genitum pecora inter agrestia regem inventumque focis omnis quem credidit aetas.* Serv. 678 *Ibi erant Pontifices et Dii Indigetes, sicut etiam Romae. Erant enim duo fratres, qui Divi appellabantur. Horum soror dum ad focum sederet, desiliens scintilla eius uterum percussit* etc. Nach den Schol. Veron. p. 99 ed. Keil stammen diese Nachrichten teils aus den Origines des Cato, teils aus Varro, welcher die Hirten, unter denen Caeculus lebte, Depidii nannte, daher er selbst ursprünglich Depidius geheißen habe. Über den Namen Caeculus. Vgl. noch Paul. p. 44 und Solin. 2, 9 *Praeneste ut Praenestini sonant libri a Caeculo, quem iuxta ignes fortuitos* (d. h. einem plötzlich entstandnen, von Vulcan wunderbar erregten Feuer) *invenerunt ut fama est Digitorum (Indigitum?) sorores.*

180 Virg. Aen. VIII, 563 ff., Io Lydus d. Mens. I, 8, Aelian V. H. IX, 16. Der Name erinnert an Marica und Marsus, auch an Mars, auf den auch die Roßnatur hinweist.

181 Dionys IV, 26, Plin. H. N. VII, 58, Tacit. Ann. XI, 14, vgl. Mommsen Unterital. Dial. S. 26 ff. 39. Bei den Dichtern galt Evander für einen Verwandten der Atriden, Virg. A. VIII, 130 Serv. Ganz im Stil der Mirabilien ist die Erzählung bei Serv. A. VIII, 345.

182 S. Schwegler R. G. I, 419 ff.

183 Varro l. l. V, 54 *Germalus a germanis Romulo et Remo, quod ad ficum Ruminalem ibi inventi, quo aqua hiberna Tiberis eos detulerat in alveolo expositos.*

184 Virg. Aen. VII, 670 *Tum gemini fratres Tiburtia moenia linquunt.* Vgl. Serv. V. A. VII, 678 von Praeneste: *Ibi erant Pontifices et Dii Indigetes, sicut etiam Romae. Erant etiam duo fratres qui Divi appellabantur* etc. Ein alter Beiname des Zwillings Romulus war Altellus s. Paul. p. 7, doch wohl von alter.

185 Ramneis und Romaneis scheint dasselbe Wort zu sein, s. Fröhner im Philol. X (1855) S. 552 ff. Die Griechen nennen die Zwillinge gewöhnlich Ῥωμύλος und Ῥῶμος.

186 Plut. Rom. 6 κληθῆναι δὲ καὶ τούτους ἀπὸ τῆς θηλῆς ἱστοροῦσι Ῥωμύλον καὶ Ῥῶμον, ὅτι θηλάζοντες ὤφθησαν τὸ θηρίον.

187 Paul. p. 276 vgl. Müller Fest. p. 402 und über die Stadt Romulea Liv. X, 17, Steph. B. v. Ρωμυλία.

188 Die eherne Wölfin auf dem Capitol ist wahrscheinlich dieselbe, welche im J. 458 d. St. von den Aedilen Cn. und Qu. Ogulnius beim Ruminalischen Feigenbaum aufgestellt wurde, s. Liv. X, 23, Dionys I, 79, Becker Handb. I S. 291 ff., Urlichs de lupa aenea Capitolina, Rh. Mus. N. F. IV (1846) S. 519 ff. Gewöhnlich wurde die Wölfin mit den Zwillingen im Lupercal gedacht, wie Virg. Aen. VIII, 630 ff. den Vorgang schildert und wie sie auf den späteren Kaisermünzen so oft als Bild der ewigen Stadt und ihres Ursprungs zu sehen ist.

189 Fest. p. 266 Romam, Dionys. I, 72 ff., Plut. Rom. 2.

190 Virg. Aen. V, 237 *voti reus*, vgl. Macrob. S. I, 12, 31 und III, 2, 6 oben S. 118, 1. Niebuhr R. G. I, 222 erklärt Rea für die Angeklagte, Schwegler I, 426 ff. Rhea Silvia für die Idäische Rhea (ἴδη = silva), was doch auf ein zu junges Datum führen würde.

191 Serv. V. A. I, 273 *Naevius et Ennius Aeneae ex filia nepotem Romulum conditorem Urbis tradunt.* VI, 778 *Dicit namque (Ennius) Iliam fuisse filiam Aeneae.* Eine Angabe welche für

Ennius durch das Excerpt bei Cic. de Divin. I, 20, 40 bestätigt wird, wo eine Tochter des Aeneas und der Eurydice, welche in den Kyprien und bei Lesches für die Frau des Aeneas galt, von der Ilia als germana soror, d. h. als Stiefschwester angeredet wird. Also war Ilia bei ihm die Tochter des Aeneas und der Lavinia. Dabei scheint Ennius aber auch schon von dem Albanischen Tyrannen Amulius gewußt zu haben, s. Porphyr. z. Horat. Od. I, 2, 18. Vgl. Dionys I, 73, wo er, nachdem er die griechischen Schriftsteller über das römische Altertum verhört hat, von den römischen hinzusetzt, sie alle wären nicht alt, doch hätten sie häufig alte Quellen benutzt. τούτων δέ τινες μὲν Αἰνείου γενέσθαι υἱοὺς λέγουσι Ῥωμύλον καὶ Ῥῶμον, τοὺς οἰκιστὰς τῆς Ῥώμης, ἕτεροι δὲ θυγατρὸς Αἰνείου παῖδας.

192 Nach einigen war Hostus Hostilius, der Bundesgenosse des Romulus und Großvater des Tullus Hostilius, der Gemahl der Hersilia, Dionys III, 1, Plut. Rom. 14. 18, Macrob. S. I, 6, 16. Tullus Hostilius soll in seiner Jugend wie Romulus unter den Hirten gelebt haben, Val. Max. III, 4, 1.

193 Cic. Rep. II, 10, 20, wo Proculus Iulius, hier ein homo agrestis, aussagt *a se visum esse in eo colle Romulum, qui nunc Quirinalis vocatur. Eum sibi mandasse ut populum rogaret ut sibi in eo colle delubrum fieret; se Deum esse et Quirinum vocari.* Dionys. II, 63 παρελθών τις εἰς τὴν ἀγορὰν Ἰούλιος ὄνομα, τῶν ἀπ' Ἀσκανίου γεωργικὸς ἀνήρ. Plut. Rom. 28 ἄνδρα τῶν πατρικίων γένει πρῶτον ἤθει τε δοκιμώτατον αὐτῷ τε Ῥωμύλῳ πιστὸν καὶ συνήθη, τῶν ἀπ' Ἄλβης ἐποίκων Ἰούλιον Πρόκλον. Ovid F. II, 4 *Proculus Longa veniebat Iulius Alba.*

194 Kal. Venus. 29. Juni: *Quirino in Col(le)*, vgl. Becker Handb. I, 571, II, 2, 99.

195 Io. Vahlen Ennianae Poesis Reliq. p. 9 sqq. und p. XXVIII sq.

196 Schwegler R. G. I, 384 ff.

197 Serv. V. A. I, 273 *Haec, ut multi dicunt, cum peteret aquas ad sacra, repentino occursu lupi turbata refugit in speluncam, in qua a Marte compressa est.*

198 Ovid F. III, 11 ff., Stat. Silv. I, 2, 242, wahrscheinlich nach Ennius. Vgl. die bildlichen Darstellungen bei Müller–Osterley Denkm. d. A. K. II, 23, 252–254 und L. Urlichs in den Jbb. d. V. v. Altertumsfr. im Rheinl. I (1842) S. 44 ff.

199 Dionys. I, 77.

200 Cic. d. Rep. II, 2, 4, Plut. Rom. 6.

201 Vgl. Cic. de Divin. I, 48, 107 *atque ille Romuli auguratus pastoralis, non urbanus fuit, nec fictus ad opiniones imperitorum, sed a certis (peritis?) acceptus et posteris traditus.*

202 Schwegler R. G. I, 440. Der lituus Romuli wurde in der Curie der Palatinischen Salier auf dem Palatin gezeigt.

203 Prop. II, 1, 23, IV, 1, 9, Pers. I, 71, Iuven. X, 73. Als die Stelle, wo Remus gestanden, wurde auf dem Aventin die Remoria oder Remuria gezeigt, s. Paul. p. 276, Becker S. 449. Einige dachten dabei an remores aves, d. h. *quae acturum aliquid remorari compellunt,* Paul. p. 276. Vgl. den Ausdruck remoram facere b. Fest. p. 277 remeligines.

204 Dieses hatte Ennius sehr schön beschrieben, der sich übrigens nicht geringe Abweichungen von der gewöhnlichen Tradition erlaubte, indem er den Romulus auf den Aventin stellte, s. die Verse des Ennius b. Cic. de Divin. I, 48, 107. Die zwölf Geier sind das *augustum augurium Romuli*, s. Ennius b. Varro r. r. III, 1, 2 *Septingenti sunt paulo plus aut minus anni, Augusto augurio postquam inclita condita Roma est.* Sueton Octav. 7.

205 Caracalla berief sich nach dem Morde seines Bruders auf den Vorgang des Romulus, Herodian. IV, 5 αὐτὸς γοῦν ὁ τῆσδε τῆς πόλεως κτίστης Ῥωμύλος οὐκ ἤνεγκεν ἄδελφον ὑβρίσαντα μόνον ἐς τὰ ἐκείνου ἔργα.

206 Dafür halten sie Becker und Schwegler.

207 Becker Handb. I, S. 105 ff., meine Regionen S. 188 ff.

208 Schwegler R. G. I, 460 ff.

209 Schwegler S. 477.

210 Dionys. II, 40, Varro l. l. V, 41, Fest. p. 343 und 363, Plut. Rom. 17 u. A. Da Tarpeia als Vestalin und an der Quelle schöpfend gedacht wird, so mag sie ursprünglich Quellengöttin gewesen sein. Der Ort ihrer Verehrung als die Stätte, wo der Verrat bestraft wurde, und die Nähe der p. Pandana, welches Tor immer offen stand, bestimmten die weitre Entwicklung der Sage, die auch das spätere Rom immer viel beschäftigte, vgl. den Chronographen v. J. 354 p. 645, Niebuhr R. G. I, 255, 3, 360.

211 Varro l. l. V, 85 *Sodales Titii dicti ab Titiis avibus, quas in auguriis certis observare solent.* Vgl. Tacit. Ann. I, 54 *ut quondam T. Tatius retinendis Sabinorum sacris Sodales Titios instituerat.* Auch in dem Gebrauche der Strenien (S. 160) und durch die Altäre b. Varro l. l.

V, 74 (S. 59) hatte sich sein Andenken erhalten.

212 Der Vers des Ennius: *O Tite tute Tati tibi tanta tiranne tulisti!*

213 Liv. I, 14, Dionys. II, 51. 52, Plut. Rom 23. Anders Zonaras VII, 4 οἱ δὲ τῶν ἀνῃρημένων οἰκεῖοι μὴ τυγχάνοντες δίκης, ἐν Ἀλβάνῳ θύοντα μετὰ Ῥωμύλου τὸν Τάτιον προσπεσόντες κτιννύουσι, wo aber auch gewiß ἐν Λαβινίῳ zu schreiben ist. Doch mag die Szene erst später von Alba nach Lavinium verlegt worden sein.

214 Varro l. l. V, 152, Fest. p. 360, Becker Handb. I, 450.

215 Plut. Rom 24 καὶ καθαρμοῖς ὁ Ῥωμύλος ἥγνισε τὰς πόλεις, οὓς ἔτι νῦν ἱστοροῦσιν ἐπὶ τῆς Φερεντίνης πύλης συντελεῖσθαι. Am besten liest man πηγῆς für πύλης. Die Städte sind wohl die latinischen Bundesstädte.

216 Ennius b. Cic. de Rep. I, 41, 64, Ovid F. II, 491 ff., Lucan. Pharsal. I, 197 *rapti secreta Quirini*, vgl. Liv. I, 16 und Dionys. II, 56 καὶ πεπιστεύκασιν ὑπὸ τοῦ πατρὸς τὸν ἄνδρα ἀνηρπάσθαι.

217 Ovid F. II, 501 *pulcher et humano maior trabeaque decorus.* Plut. Rom. 28 καλὸς μὲν ὀφθῆναι καὶ μέγας –, ὅπλοις δὲ λαμπροῖς καὶ φλέγουσι κεκοσμημένος.

218 Dionys. II, 56, Plut. Rom. 27. 29.

219 Tacit. Ann. IV, 56 vgl. Liv. XLIII, 6.

220 Sueton Octav. 52, Dio LI, 20. Pergamum hatte den Anstoß zu dieser Entscheidung gegeben, s. Tacit. Ann. IV, 37. Vgl. über diese Καισάρεια und Αὐγούστεια in Kleinasien A. W. Zumpt Mon. Ancyr. p. 4sqq.

221 S. M. Pinder über die Cistophoren und über die kaiserlichen Silbermedaillons der Rö. Provinz Asia, B. 1856 T. IV. Auch Herodes erbaute in verschiedenen Städten seines Gebietes solche Καισάρεια, u. a. in dem neuen Hafen Caesarea Palaestina einen T. mit zwei Colossen, den des Cäsar in der Gestalt des Olympischen Jupiter, den der Roma in der der Argivischen Juno, Ioseph. d. bello Iud. I, 21, 7, Antiq. Iud. XV, 9, 6. Das gewöhnliche Bild der Roma war aber das einer matronalen Glücksgöttin und Herrscherin über viele Städte nach Art der Magna Mater, s. Virg. Aen. VI, 782 ff.

222 Ein T. und Priester Romae et Augusti in Ostia b. Henzen z. Or. n. 7172. 7174. Auch in den westlichen und nördlichen Provinzen verbreitete sich dieser Kultus, Or. n. 155. 488. 606. 732. 1800. 5211.

223 A. Senckler in den Jbb. d. V. v. A. F. im Rheinl. XIV (1849) S. 74 ff.

224 Bei Stob. Flor. VII, 13. Das Gedicht wird gewöhnlich der Erinna, besser der Melinno von Lesbos zugeschrieben, s. Welcker kl. Schr. 2, 160 ff.

225 I. Friedländer die Osk. Münzen t. IX. X S. 75 ff. Roma Victrix auf den M. des M. Porcius Cato Utic. b. Riccio t. 39, 5, Roma ein Tropäon errichtend auf denen der Furia, R. auf Schilden sitzend, zwischen fliegenden Vögeln (das augurium Romuli), vor ihr die Wölfin mit den Zwillingen, Riccio t. 71, 5, p. 261. Auf den M. der Fufia und Mucia, wo die Versöhnung zwischen Rom und Italien gefeiert wird, ist Roma als die kriegerische, Italia bloß als die fruchtbare charakterisiert, ib. t. 20 und 33.

226 Vgl. das Anathem der Lycier in Rom b. Or. n. 3674.

227 Sueton Octav. 94, wo das signum reipublicae bei Dio XLV, 1 ausdrücklich ein Bild der Roma genannt wird. Augustus neben der Dea Roma thronend auf dem großen Wiener Cameo bei v. Köhler gesammelte Schr. t. III S. 26 ff., Müller D. A. K. I t. LXIX, 377. Ein anderer Cameo mit derselben Vorstellung b. Eckhel Choix des Pierr. grav. pl. II p. 14.

228 Athen. VIII p. 361 F ἔτυχε δὲ οὖσα ἑορτὴ τὰ Παρίλια μὲν πάλαι καλούμενα, νῦν δὲ Ῥώμαια, τῇ τῆς πόλεως Τύχῃ ναοῦ καθιδρυμένου ὑπὸ τοῦ πανταρίστου καὶ μουσικωτάτου βασιλέως Ἀδριανοῦ. Vgl. Eckhel D. N. VI p. 501.

229 So besonders die Statue im Mus. P. Cl. b. Visconti P. Cl. II, 15 vgl. Zoëga Bassiril. t. 31, Clarac. 767. 768. Auf den Münzen Hadrians mit der Inschrift VRBS ROMA AETERNA ist Roma abgebildet sedens in templo d. globum s. hastam, Eckhel VI p. 510 sq. Andere M. desselben Kaisers sind der Venus Genitrix und Venus Felix gewidmet, welche beide als V. Victrix abgebildet sind.

230 Vgl. Serv. V. A. II, 227, welche Nachricht mir auf ein Gemälde oder ein Relief der Zerstörung von Troja im Tempel zu deuten scheint. Die Vorderansicht des T. mit der Geschichte des Romulus im Giebel s. auf dem Relief b. R. Rochette Mon. Ined. I pl. 8. Auch einige Münzen Hadrians feiern den Romulus conditor.

231 Schönes Bild der Roma neben der Pax auf Veranlassung eines Congiarium des Antoninus Pius.

232 Serv. und Philarg. V. Ecl. I, 20.

233 Roma Commodiana, Dio LXXII, 15. *Iovi Opt. Max. Dis Deabusque immortalibus et Romae Aeternae Locrenses*, Inschr. aus Locri b. Mommsen I. N. n. 8. *Genio Loci, Fortunae Reduci, Romae Aeternae et Fato Bono* Or. n. 1776.

234 Sickler und Reinhart Almanach a. Rom Jahrg. I. Leipz. 1810, Titelkupfer und S. 1–11. Vgl. Böttiger kl. Schr. 2, 236 ff. Das von Gerhard Arch. Zeit. 1847 n. 4, t. IV S. 49 ff. edierte, wo Roma neben der Fortuna thront, folgt dem gewöhnlichen Typus der Amazone.

245 Dio LXXII, 15. Wenn Septimius Sev. sich auf einer M. Sacerdos Urbis nennt, so geschieht dies im Gegensatze zu Elagabal, welcher die Illusionen des römischen Altertums vollends zerstört hatte. Das t. Urbis wurde noch unter Maxentius, dem Gegner Constantins, nach einem Brande wiederhergestellt.

236 Herodian VII, 6 vgl. Eckhel D. N. VIII p. 11. 26. 95 sqq.

ZWÖLFTER ABSCHNITT

1 Schon Cicero klagt über die rauschende und weichliche Musik und Mimik, welche die ernsteren und einfacheren Weisen seiner Jugend auf der Bühne verdrängt habe, De leg. II, 15, 39. Aber was war das gegen die Ausgelassenheit des Mimus oder Pantomimus, wie er unter den Kaisern in den Theatern sein Wesen trieb, wobei die alte Götterfabel den Stoff und die Staffage zu jeder Art von Liederlichkeit, ja selbst zur blutigen Grausamkeit des Amphitheaters hergeben mußte, s. Augustia C. D. IV, 26, Arnob. IV, 35.

2 Ovid F. IV, 270 *Dignus Roma locus, quo deus omnis eat.* Vgl. Plin. H. N. III, 5, 6, wo Italien im Sinne der Kaiserzeit als das Land gepriesen wird, *quae sparsa congregaret imperia ritusque molliret et tot populorum discordes ferasque linguas sermonis commercio contraheret – breviterque una cunctarum gentium in toto orbe patria fieret.* Ib. IX, 42, 97 *Romae, ubi omnium gentium bona cominus iudicantur.* XXVII, 1, 1 *immensa Romanae pacis maiestate non homines modo diversis inter se terris gentibusque, verum etiam montes – partusque eorum et herbas quoque invicem ostentante.*

3 Dabei sind besonders die Hafenplätze, vorzüglich Puteoli und Ostia ins Auge zu fassen, welche beide einen lebendigen Verkehr mit Alexandrien und dem Orient unterhielten, namentlich Puteoli, welches schon Lucilius Klein–Delos nannte, s. Paul. p. 122 Minorem Delum.

4 Liv. XXXIX, 16, 8 *Quoties hoc patrum maiorumque aetate negotium est magistratibus datum, ut sacra externa fieri vetarent? sacrificulos vatesque Foro, Circo, Urbe prohiberent? vaticinos libros conquirerent comburerentque? omnem disciplinam sacrificandi praeter quam more Romano abolerent?*

5 Liv. XXXIX, 15, 6 *Bacchanalia tota iam pridem Italia et nunc per Urbem etiam multis locis esse non fama modo accepisse vos, sed crepitibus etiam ululatibusque nocturnis, qui personant tota Urbe, certum habeo.*

6 Liv. XXXIX, 12, Ovid F. VI, 497, Schol. Juvenal. II, 3. Der Name Stimula scheint älteren Ursprungs zu sein. Später war auch der griechische Name den Römern geläufig, s. Grut. p. 643, 8 *Soliario ab luco Semeles*, vgl. Or. n. 1491.

7 Liv. XXXIX, 42, XL, 19.

8 Der Senat beauftragt die Consuln, *ut omnia Bacchanalia Romae primum, deinde per totam Italiam diruerent extra quam si qua ibi* (in einer Stadt Italiens) *vetusta ara aut signum consecratum esset.* In dem S. C. wird eine Ausnahme unter den angegebenen Bedingungen zugelassen, *si quis tale sacrum solemne et necessarium duceret nec sine religione et piaculo id omittere posse.* Den Originaltext des S. C. s. b. Göttling fünfzehn röm. Urkunden S. 27.

9 Das Fragment einer Satire Varro's b. Non. Marc. p. 112 *Confluit mulierum tota Roma: quae noctu fieri initia solita etiam nunc pinea fax indicat* scheint sich doch auf die Feier von Bacchanalien zu beziehn. Aus späterer Zeit vgl. Mommsen I. N. n. 2477 *Libero Patri Sacrum – Sacerdotes Orgiophantae* aus der Gegend von Neapel und die verdächtige Inschrift aus der von Venusia b. Or. n. 1483. Gegen den Ausgang des Heidentums wurde auch der mystische Bacchusdienst ein Mittelpunkt des synkretistischen Aberglaubens, s. die Signa Panthea bei O. Jahn üb. d. Abergl. des bösen Blicks S. 50. 51. Auch wird das Sacerdotium Liberi nicht selten unter den cumulirten Priestertümern dieser letzten Zeiten genannt, s. Or. n. 1901. 2335. C. I. Gr. n. 6206, alle aus Rom. Spuren von Sabaziosmysterien in der Inschrift b. Henzen n. 6042, auch diese aus Rom.

10 Val. Max. III, 6, 6, Plin. H. N. VIII, 2, 2, XXXIII, 11, 53. Auch Silius Ital. Pun. XVII,

645 ff. vergleicht nach solchen Vorgängen seinen Helden, den Scipio, mit dem indischen Bacchus und mit Hercules.

11 Virg. Ecl. V, 29 *Daphnis et Armenias curru subiungere tigres instituit, Daphnis thiasos inducere Bacchi.* Servius: *Hoc aperte ad Caesarem pertinet, quem constat primum sacra Liberi Patris transtulisse Romam.*

12 Dio C. LXXVI, 16 ὅς γε καὶ τῷ Διονύσῳ καὶ τῷ Ἡρακλεῖ νεὼν ὑπερμεγέθη ᾠκοδομήσατο. Vgl. LXXVII, 6 und Eckhel D. N. VIIp. 170.

13 Liv. XL, 29, Plin. XIII, 13, 27, Plut. Numa 22 u. A.

14 Livius: *in altera Numam Pompilium Pomponis filium, regem Romanorum sepultum esse* etc. Auch dieser Sohn des Pompo, andere sagten doch lieber Pomponius, ist eine Erfindung der Griechen, welche Dionys v. Hal., Plutarch u. A. wiederholen.

15 Livius: *non integros modo, sed recentissima specie. Septem latini de iure pontificio erant, septem graeci de disciplina sapientiae, quae illius aetatis esse potuit.* Plinius führt aus Cassius Hemina, der wohl noch Zeitgenossen des Vorfalls sprechen konnte, die Worte an: *In his libris scripta erant philosophiae Pythagoricae, eosque combustos a. Q. Petilio praetore, quia philosophiae scripta essent.* Die sieben lateinischen Bücher mögen eine populäre Überarbeitung der wirklichen und angeblichen Satzungen des Numa enthalten haben.

16 Namentlich war den Römern der Pythagoreer Nearchus in Tarent bekannt, welcher einen Dialog geschrieben hatte, in dem Plato und Archytas sich mit dem Samniter C. Pontius, dem Vater des Siegers bei Caudium unterhielten. Er gehörte zur römischen Partei in Tarent und Cato besuchte seine Vorträge nach der Einnahme von Tarent im J. 209, s. Cic. Cato 12, 41, Plut. Cat. mai. 2. Andere Pythagoreer in Tarent, darunter den bekannten Dichter Rhinthon, nennt Io Lydus de Magistr. I, 41. Auch in den Sprüchen des App. Claudius Caecus wollte man später einen Anflug von pythagoreischer Philosophie finden, s. Cic. Tusc. IV, 2, 4. Aus derselben Zeit mag die Ableitung der Aemilier, Calpurnier, Pinarier und Pomponier von 4 Söhnen des Numa, Mamercus, Calpus, Pinus und Pompo stammen.

17 Plin. H. N. XXXIV, 6, 12, Plut. Numa 8. Das Delphische Orakel hatte dazu Veranlassung gegeben.

18 Schwegler R. G. I, 561.

19 Daß das pythagoreische Element in der Poesie des Ennius ziemlich stark und in einem seltsamen Kampfe mit der Homerischen Epik begriffen war, verrät namentlich Persius Sat. VI, 9–11. Vgl. die Fragmente seines Epicharmus b. Vahlen p. 167 sq.

20 Krahner schreibt demselben Dichter mit großer Wahrscheinlichkeit diesen Vers b. Serv. V. A. IV, 638 zu: *caelicolae mea membra dei, quos nostra potestas officiis divisa facit.*

21 Cic. de Rep. II, 15, Tusc. IV, 1, Plut. Qu. Ro. 10.

22 Die Griechen schreiben gewöhnlich Σάραπις, die Lateiner Serapis, doch findet sich auch Σέραπις auf griechischen Inschriften. Man dekliniert Ἶσις, Ἴσιδος, Ἴσιδι und Ἴσιος, Ἴσι oder Ἴσει, lateinisch Isi, und nach derselben Analogie auch Ὄσιρις und Σάραπις, lat. Serapi, Serapem, Serape. Über den Ursprung des Namens s. Lepsius üb. d. ägypt. Götterkreis S. 56 ff., dessen Bedenken sich vielleicht durch die Annahme heben lassen, daß der Name Ὀσόραπις in Memphis der herkömmliche für den Gott Osiris geworden war und deshalb bei der Verschmelzung beider Gottesdienste, des griechischen Pluton- und des ägyptischen Osirisdienstes, auf den neuen Kultus übertragen wurde.

23 Auch Macrob. S. I, 7, 14 deutet auf systematischen Widerstand der ägyptischen Geistlichkeit gegen den alexandrinischen Serapisdienst. Später freilich konnte Aristides 42 Heiligtümer des Serapis allein in Ägypten zählen.

24 Tacit. Hist. IV, 83. 84, vgl. Plutarch Is. et Osir. 28 u. A. bei Parthey z. ds. Schr. S. 213.

25 Die Dienste des Adonis und des Osiris hatten sich sowohl in Amathus auf Cypern als zu Byblus in Phönizien dergestalt durchdrungen daß beide Götter identifiziert wurden, und ebenso wurden Isis und Astarte oft synkretistisch verschmolzen. Auch maltesische Inschriften und die Adonienfeier des Theokrit bezeugen diese Verschmelzung des Adonis- und Osirisdienstes.

26 Das Bild war ein Coloss nach Art des griechischen Pluton, mit den Attributen des Modius, des Cerberus und der Schlange, s. Plut. Is. Osir. 28, Macrob. S. I, 20, 13 und die Bilder auf Alexandrinischen Münzen. Der Kopf ist oft von Strahlen umgeben.

27 Strabo XVII p. 801. In Rom gab es später auch eine eigene Form des Serapisdienstes, die aus Pelusium stammte, s. Iul. Capitolin. M. Antonin. Philos. 23. Über die Ausbreitung des Isis- und Serapisdienstes in Griechenland s. meinen Aufs. in den Berichten der K. Sächs. G. d. W. z. Leipzig 1854 S. 196.

28 Varro hielt mit anderen Gelehrten der Zeit den Serapis für einen argivischen König Apis, welcher in sehr alter Zeit nach Ägypten gekommen und als Verstorbner zum Gott geworden sei, wobei der Name als eine Entstellung von Sorosapis oder Sorapis erklärt wurde, von σορὸς und 'Απις. Auch die Gebärde des Harpokrates, der immer neben der Isis und dem Serapis zu sehen sei, bedeute ut homines eos fuisse taceretur, s. Augustin. C. D. XVIII, 5, Nymphodor b. Clem. Al. Strom. 1 p. 383 P.

29 Über das Serapeum in Pozzuoli s. Creuzer z. Archäol. 2, 258. Aus Herculanum stammt das Gemälde b. Böttger kl. Schr. 2, 210. Vgl. die Inschr. b. Mommsen I. N. n. 2243 aus Pompeji (Böttiger a. a. O. 3, 249), n. 3549 aus Acerrae, n. 3580 aus Capua, n. 4315 aus Aquinum, n. 4833 aus Telesia usw.

30 Es lag wahrscheinlich da wo jetzt das Kloster des S. Florens steht, s. Bullet. d. Inst. Arch. 1835 p. 184, Osann in der Zeitschr. f. A. W. 1851 n. 4. 5.

31 Varro bei Tertull. ad Nat. 1, 10, Apol. 6, Arnob. II, 73.

32 Valer. Max. 1, 3, wo Marquardt R. A. IV, 85 bei dem Consul L. Aemilius Paulus an den Besieger des Perseus denkt, welcher im J. 182 und 168 Consul war, welche Zeit doch wohl zu früh ist. Vgl. Dio XL, 47, XLVII, 16.

33 Becker Handb. 1 S. 645, vgl. die Regionen der St. R. S. 178 und Canina Annal. dell' Inst. 1852 p. 348–353. Noch bei Apulei. Metam. XI p. 810 Oudend. ist die Isis Campensis die angesehenste in Rom.

34 Dio LIII, 2, LIV, 6.

35 Tacit. Ann. II, 85, Sueton Tib. 36, Joseph. Antiq. Iud. XVIII, 3, 4.

36 Tibull. 1, 3, 23 ff., Propert. II, 33, Ovid Am. II, 2, 25; 13, 7, A. Am. I, 77, III, 393, Trist. II, 297, Ep. ex Ponto I, 1, 51. Vgl. Iuvenal VI, 489 *iamque exspectatur in hortis aut apud Isiacae potius sacraria lenae*, Böttiger Sabina I, 232, kl. Schr. 2, 210 ff., 3, 245 ff.

37 Cic. de Divin. II, 59, 123 vgl. N. D. III, 19. Auch Varro in seinen Satiren eiferte gegen die Medizin des Serapis.

38 Sueton. Otho 12, vgl. Lucan VIII, 831 (unter Nero) *Nos in templa tuam Romana recepimus Isin* etc.

39 Tacit. Hist. III, 74, Iuvenal S. VI, 527 ff., VIII, 29, XII, 28, Lamprid. Comm. 9, Spartian. Pescenn. N. 9, Carac. 9, Eckhel D. N. VII, p. 128. 131.

40 Spartian Carac. 9, vgl. meine Regionen S. 123 und Dio LXXVII, 23, Herodian IV, 6 (8). In Rom gab es auch in der 6. Region, auf dem Quirinal, ein von Caracalla gestiftetes Serapeum, ferner eine Isis Athenodoria in der Gegend der Thermen des Caracalla, eine Isis Patricia in der 5. Region, ein Isium Metellinum auf dem Caelius. Vgl. die auf den Isisdienst in und außerhalb Rom bezüglichen lateinischen und griechischen Inschriften bei Or. n. 1871 ff., 2305 ff., Henzen n. 5832 ff., 6027 ff., C. I. Gr. III, n. 5990 ff. Auch in den Inschriften aus Algier wird der ägyptischen Götter oft gedacht.

41 Grimm D. M. 236 ff., Lersch in den Jbb. d. A. F. im Rheinl. IX, 100 ff., X, 80 ff., XII, 21 ff., O. Schade die Sage von der h. Ursula S. 71 ff., Raszmann deutsche Heldensage 1, 154.

42 Metam. XI p. 768 sqq., vgl. das Kal. Const. z. 5. März, das Kal. Farnes. rust. und Lactant. I, 11, 21 *certus dies habetur in Fastis, quo Isidis navigium celebratur.* Das Kal. Constant. bemerkt zum 20. März *Pelosia*, was auch auf einen den ägyptischen Göttern geweihten Tag deutet, s. S. 726, 2.

43 Alle Priester sind ganz in Leinen gehüllt. Der erste trägt eine brennende Lampe, der zweite 2 Altäre, die man auxilia nannte, weil sie die Hilfe und Providenz der Isis vergegenwärtigten, der dritte die Palme des Siegs und den Stab des Friedens, der vierte das Sinnbild der göttlichen Billigkeit, die geöffnete linke Hand und ein goldnes, wie eine weibliche Brust gebildete Gefäß, aus welchem Milch träufelte, der fünfte eine goldne Wanne, neben ihm ein anderer eine Amphora. Als Götter und Heiligtümer werden genannt Anubis in der Gestalt des Hundes, Isis in der der Kuh, neben ihr die Lade mit den verborgenen Heiligtümern, endlich der heilige Krug, ein Sinnbild der Entstehung der Dinge aus dem Feuchten, vgl. Vitruv praef. l. VIII.

44 Vgl. Petron Sat. 114 intpp.

45 Das Kal. Farnes. rust. notiert z. April: *Sacrum Phariae, item Sarapia*, das Kal. Constant. zum 25. April *Serapia*. Das herkömmliche Bild der *Isis Pharia* war ein sehr altertümliches, s. Tertull. Apolog. 16 *Et tamen quanto distinguitur a crucis stipite Pallas Attica et Ceres* (d. i. Isis) *Pharia, quae sine effigie rudi palo et informi ligno prostant?*

46 Das Kal. Constant. bemerkt *Isia* vom 28. Octb. bis zum 1. Nov., in welchem Monate auch das Bild mit dem Tetrastichon des Ausonius auf die Isisfeier anspielt. Vermutlich gehören

auch die *Ter Novena* und die *Hilaria* am 2. und 3. Nov. in diesem Kalender zu derselben Feier, welche im Kal. Farnes. rust. einfach *Heuresis* genannt wird.

47 Lactant. I, 21, 20, Minuc. Fel. p. 163 Ouz., Iul. Firmicus 2 p. 2 Burs. Nach Diod. 1, 25 wurde Horus wie Zagreus von den Titanen zerrissen, von der Isis aber wieder ins Leben gerufen und seitdem unsterblich.

48 Iuvenal S. VIII, 29 *exclamare libet populus quod clamat Osiri invento.* Serv. V. A. IV, 609 *sicut in Isidis sacris, ubi est imitatio inventi Osiridis.* Der griechische Ruf war: Εὑρήκαμεν Συγχαίρομεν.

49 Plut. de Is. et Osir. 3, 27. 35.

50 Auch fehlte es nicht an initiierenden Tafelfreuden, s. Apulei. Metam. XI p. 806. Auch Tertull. Apolog. 39 spricht von dem Dunste einer nächtlichen coena Serapiaca.

51 Tertull de Baptismo 5 *Nam et sacris quibusdam per lavacrum initiantur Isidis alicuius aut Mithrae.*

52 Vgl. die Inschr. aus Capua bei Mommsen I. N. n. 3580 *Te tibi una quae es omnia Dea Isis.*

53 H. Sauppe H. in Isin, Turici 1842, Welcker kl. Schr. 3, 260 ff.

54 Isis ist auch die erste Muse und die personifizierte Gerechtigkeit, s. Plut. Is. Osir. 3 und die Ἶσις Δικαιοσύνη der Inschrift aus Delos bei Böckh C. I. Gr. n. 2295.

55 Vgl. Diod. 1, 25, wo namentlich auch von dem Verdienste der Isis um die Heilkunde und ihren Heilungsorakeln die Rede ist, die sie mit dem Serapis gemein hatte. Andere Prädikate geben die Inschriften bei Or. n. 1876 ff. *Isi Myrionymae, Victrici, Fructiferae, Reginae, Salutari, Hosiri et Fortunae Superae, Deo Invicto Serapi Servatori, I. O. M. Soli Serapidi* usw. Auch als Götter des Grabes und der Unterwelt werden sie gefeiert, s. Fabretti Inscr. p. 466.

56 So behauptet der Brief des Kaisers Hadrian bei Vopisc. Saturnin. 7, daß die Serapisdiener in Alexandrien Christen seien und umgekehrt, vgl. Aristides in Sarap. I p. 91 ed. Ddf. Ihrerseits behaupteten die Christen daß der ägyptische Serapis mit seinem Fruchtmaß auf dem Kopfe eigentlich Joseph in Ägypten, der Sohn der Sarah sei, s. Tertull. ad Nat. II, 8, Suid. v. Σάραπις, Iul. Firmicus 13 p. 18, B.

57 Strabo XII p. 535, Hirtius bell. Alexandr. 66.

58 Tibull. I, 6, 43, vgl. Virg. Aen. VIII, 703, wo die blutige Geißel der Bellona diesem Dienste entlehnt ist, Horat. S. II, 3, 222 *gaudens Bellona cruentis,* Lucan I, 565 *tum quos sectis Bellona lacertis saeva movet cecinere deos,* Martial. XII, 57, 11, Iuvenal. IV, 123 u. A.

59 Tertull. Apolog. 9, de Pallio 4, Lactant. I, 21, 16 Minuc. Fel. 30. Commodus hielt darauf daß diese Selbstverwundung eine ernstliche blieb, Lamprid. Comm. 9. Fanatici ex aede Bellonae Pulvinensis werden erwähnt bei Or. n. 2316. 2317, ein Cistophorus desselben Tempels ib. 2318.

60 Or. n. 1903. 2316.

61 Plut. Mar. 17, Dio XLVIII, 43.

62 Lucret. II, 610 ff., Catull in seinem Gedichte vom Atys (63), Varro in den Resten seiner Satiren p. 121 ed. Oehler, Maecenas in den Galliamben Anthol. lat. n. 82, Ovid F. IV, 181 ff. u. A. Auch sonst in Italien war der phrygische Dienst allgemein verbreitet, im südlichen Italien ohne Zweifel weit früher als in Rom, s. Or. n. 1896 ff., Mommsen I. N. n. 1090, 2558, 2597, 3583, 4054, 5204, 5354 u. a.

63 Den Kaiser Claudius nennt ausdrücklich Io Lydus d. Mens. IV, 41. Zur Bestätigung dient daß kein Schriftsteller vor ihm dieses Märzfest kennt, wohl aber bald nach seiner Zeit in verschiedenen Andeutungen davon die Rede ist, vgl. Lucan I, 599, Stat. Silv. I, 2, 176, Sueton. Otho 8. Über das ganze Fest vgl. Zoëga Bassiril. I p. 45–60, 81–105, Marquardt Handb. d. R. A. IV, 316 ff.

64 Auch diese Gestalt hat sich seitdem in Rom und der romanischen Welt eingebürgert, s. Urlichs in den Jbb. d. V. d. A. F. im Rheinl. XXIII S. 49 ff. und A. Haakh in den Verhandlungen der Philologenversammlung zu Stuttg. 1857.

65 Arnob. V, 7 und 16, Iul. Firm. 3 p. 3 B., Bötticher Baumkultus S. 142 ff.

66 Arnob. l. c. *Quid (significat) temperatus ab alimonio panis, cui rei dedistis nomen castus? Nonne illius temporis imitatio est, quo se numen ab Cereris fruge violentia moeroris abstinuit?* Diese ganze Zeit der Trauer nennt Macrob. S. I, 21, 10 die *catabasis*, wahrscheinlich weil die Fichte zu Pessinus wirklich in eine höhlenartige Gruft getragen wurde. Vgl. Sueton. Otho 8 *die quo cultores Deum Matris lamentari et plangere incipiunt,* und Io Lyd. l. c. πρὸ δεκαμιᾶς Καλανδῶν Ἀπριλίων (a. d. XI K. Apr.) δένδρον πίτυς παρὰ τῶν δενδροφόρων ἐφέρετο ἐν τῷ Παλατίῳ· τὴν δὲ ἑορτὴν Κλαύδιος ὁ βασιλεὺς κατεστήσατο etc. Über das

Fasten mehr bei Iulian Or. V p. 174 sqq., über die Dendrophori Matris Deum Magnae Or. n. 1602, Boissieu Inscr. de Lyon p. 31. Ein Bild des Archigallus bei Marini Atti Arv. p. 315.

67 Trebell. Poll. Claud. 4, Iulian l. c., Tertull. Apolog. 14, Prudentius Peristeph. X, 1061 sqq. u. A.

68 Lamprid. Alex. Sev. 36, Aurelian 1. *Hilaribus, quibus omnia festa et fieri debere scimus et dici.* Damasc. v. Isidori 13, von einem Traum, als wäre er Attis und als ob die Göttermutter ihm die Hilarien feiere, ὅπερ ἐδήλου τὴν ἐξ ᾅδου γεγονυῖαν ἡμῶν σωτηρίαν. Vgl. Dionys. Areop. ep. VIII p. 790 ed. P. 1644 Vol. I und dazu S. Maximus Schol. p. 319.

69 Macrob. S. I, 21, 10 *quo primum tempore sol diem longiorem nocte protendit.* Iulian de D. Matre V p. 168 Sp. τέμνεσθαι γάρ φασι τὸ ἱερὸν δένδρον καθ' ἣν ἡμέραν ὁ ἥλιος ἐπὶ τὸ ἄκρον τῆς ἰσημερινῆς ἁψῖδος ἔρχεται.

70 Herodian 1, 10, Augustin C. D. II, 4, Ammian M. XXIII, 3, 7, Anthol. lat. n. 606 u. A.

71 Stat. Silv. V, 1, 222, Martial. III, 47, Val. Flacc. Argon. VIII, 239 ff., Sil. Ital. VIII, 363, XIV, 680, Claudian Bell. Gildon. 117 ff., Prudentius Peristeph. X, 153 ff. Vgl. Grimm D. M. 233.

72 Lucan I, 599 *qui fata deum secretaque carmina servant et parvo lotam revocant Almone Cybeben.* Stat. Silv. I, 2, 176 *iam nunc Cybeleia novit limina et Euboicae carmen legit ille Sibyllae.* Vgl. Marquardt R. A. IV, S. 341. Auch die XV viri der Taurobolienaltäre hängen damit zusammen, s. Anthol. Gr. App. ep. 164, Boissieu Inscr. de Lyon p. 24.

73 Ταυροβόλος ist der opfernde Priester, welcher den Stier mit dem Messer abfängt, Ταυροβόλιον, Κριοβόλιον das Opfer selbst und der damit verbundne Sühngebrauch der Bluttaufe. Weil es dabei besonders auf das Blut ankam, heißt das Opfer gelegentlich auch Αἱμοβόλιον (aemobolium). Vgl. über die Taurobolien überhaupt und die dahin gehörigen Altäre und Inschriften Van Dale Dissertatt. IX Antiquitatibus illustr. inserv. Amst. 1702, Or. n. 1899 ff., 2319 ff., Henzen n. 6031 ff., Zoëga Bassiril. t. XIII. XIV, Boissieu Inscr. de Lyon p. 22–38.

74 Sophocl. Philoct. 394 ἰὼ μάκαιρα ταυροκτόνων λεόντων ἐφέδρε von den Löwen der Rhea Kybele, vgl. Orph. H. XIV, 2 ἣ λῖς ταυροφόνος ἱερότροχον ἅρμα τιταίνει. XXVII, 3 ταυροφόνων ζεύξασα ταχύδρομον ἅρμα λεόντων: was an den alten symbolischen, durch so viele Bildwerke des orientalischen und griechischen Altertums vergegenwärtigten Kampf des Löwen mit dem Stier erinnert. Vgl. Steph. B. v. Μάσταυρα, eine Stadt in Lydien, deren Name abzuleiten sei von Μᾶ d. i. Rhea und ταῦρος, denn es seien ihr in Lydien Stiere geopfert worden; daher auf den M. dieser Stadt ein Stier, s. Eckhel D. N. III p. 71.

75 Παρθένος ἀμήτωρ καὶ Διὸς σύνθωκος Iulian Or. V p. 166 ed. Spanh., vgl. Or. n. 2328–2330, Mommsen I. N. n. 1398. 1399.

76 Iulian l. c. p. 161 sq., Sallust de diis 4, vgl. Or. n. 2336 und Zoëga Bassiril. 1 p. 99. 103. Das griechische Epigramm eines Taurobolienaltars aus Rom vom J. 370 v. Chr. im C. I. Gr. III n. 6012 b, bei Henzen zu Or. n. 6040 drückt sich so aus: Μητέρι τῇ πάντων Ῥείῃ τεκέων τε γενέθλῳ, Ἄττει θ' ὑψίστῳ καὶ συνιέντι τὸ πᾶν, τῷ πᾶσιν καιροῖς θεμερώτερα πάντα φύοντι etc.

77 Prudentius Peristeph. X, 1011–1050 p. 147 ed. G. Fabric. Vgl. das von Salmasius z. Lamprid. Heliog. 7 T. I p. 804 mitgeteilte Bruchstück eines Gedichtes, Anthol. lat. n. 605 ed. H. Meyer.

78 Or. n. 2352 *taurobolio criobolioque in aeternum renatus.* Henzen n. 6041 *qui et arcanis perfusionibus in aeternum renatus taurobolium crioboliumque fecit.* Doch scheint man die Weihe womöglich alle 20 Jahre wiederholt zu haben. Bei Or. n. 1900 weiht ein Praef. Urb. Romae der Großen Mutter und dem Attis Menotyranno Invicto einen solchen Altar als den diis animae suae mentisque custodibus.

79 *Vires excepit, Vires tauri – consecravit* u. a. Es sind die Organe und Symbole der männlichen Kraft, das Schaffende, Schöpferische, wie das Blut das Belebende, Beseelende ist, daher auch Attis sich erst kastriert, dann durchbohrt.

80 Nach Prudentius scheint es daß gewöhnlich der Oberpriester summus sacerdos, pontifex) die blutige Weihe stellvertretend an sich vollziehen ließ, pro salute des Kaisers oder der Gemeinde, die sich jedesmal beteiligen wollte. Die Inschriften und andere Umstände beweisen aber daß sich nicht selten auch einzelne Personen, sowohl Männer als Frauen, einweihen ließen, in welchem Falle es heißt: tauroboliatus est oder taurobolium excebit. Nach jenem Gedichte der Anthol. lat. n. 605 wurde der Einzuweihende mit einem ärmlichen Gewande bekleidet, um so recht eigentlich als „armer Sünder" die reinigende Bluttaufe über sich ergehen zu lassen.

81 Marini Atti Arv. p. 358, Or. n. 2336, Bullet. Nap. III p. 98, Mommsen I. N. n. 2602.
82 Mommsen I. N. n. 1398–1401, 2602–2604, 4078, 4735, 5307, 5308.
83 Daher das Gaianum et Frigianum der Regionen, s. meine Ausgabe S. 59.
84 Wenigstens bemerkt das Kal. Constantii nach dem Tage des Bades am 27. März, also am 28. *Initium Caiani*, welches vermutlich von der Eröffnung der Sühnungsstätte zu verstehen ist.
85 Es heißt dort von einem pro salute Imp. Caes. T. Aeli Hadriani Antonini Aug. Pii P. P. liberorumque eius et status Coloniae Lugudun (ensis) vorgenommenen Taurobolium, der Veranstalter desselben habe vires excepit et a Vaticano transtulit, so daß also hier die Weihe selbst auf dem Vatican vollzogen und nur die Testikeln nach Lyon gebracht und dort auch der übliche Taurobolienaltar als Denkmal der Weihe errichtet wurde.
86 Ael. Lamprid. Heliog. 7 *Matris etiam Deum sacra accepit et tauroboliatus est, ut typum eriperet et alia sacra quae penitus habentur condita.* Man sieht daraus daß die Eingeweihten wie in anderen Mysterien einen priesterlichen Charakter und unmittelbaren Zutritt zum Allerheiligsten bekamen.
87 Iul. Firm. de err. prof. relig. 27 p. 41 ed. Bursian.
88 Vgl. die syrische Weissagerin Martha beim Marius, Plut. Mar. 17, Val. Max. 1, 2. 3. Über die Juden in Rom s. Marquardt R. A. IV S. 90.
89 Vgl. die Caupona Syra bei Lucilius und Virgil Copa 1–4 und die Ambubaiarum collegia bei Horat. S. 1, 2, 1 von abub, ambub. d. i. die Flöte der syrischen Adonisklage, daher Adonis selbst Adobas hieß und der Klagegesang der Venus Salambo d. i. fistula canora, vgl. Sueton. Nero 27. 56, Lamprid. Heriog. 6.
90 Sueton. Vespas. 5, Macrob. Sat. I, 23, 14, Spartian Adrian 13.
91 Strabo XVI p. 748 und 785, Plin. H. N. V, 23.
92 Plut. Crass. 17. Nach einer vom Nigidius Fig. bei Schol. German. Arat. v. 240 und Ampel. lib. memor. II, 35 erhaltenen Legende fanden die Fische ein großes Ei im Euphrat, welches sie ans Ufer schoben, wo es von einer Taube ausgebrütet wurde. So sei die syrische Venus entstanden, eine gute und gnädige Göttin, welcher die Menschen sehr viele Wohltaten verdanken.
93 Nach G. Gran. Liciniani fragm. ed. Pertz p. 46 machte Antiochus IV Epiphanes Anstalt die Diana von Hierapolis zu freien, um dadurch in den Besitz ihres Tempelschatzes zu gelangen. Dieselbe Tatsache, die mit seinem Tode endigte, wird im Buche der Maccabäer II, 1, 13–16 erzählt, wo Nane wohl Anaitis ist.
94 Vgl. die M. des Alexander Sever aus Hierapolis bei Neumann Numi vet. II p. 74 sq. t. III, 2, Eckhel D. N. III p. 162, Seidl über den Dolichenuskult t. VI, 6. Auch auf den M. von Antiochien und Arados sieht man diese symbolischen Tiere.
95 S. Movers Phönicier 1, 678 ff. und das Bild aus dem Columbarium der Villa Pamfili bei O. Jahn in den Abhandl. der Münchner Akademie 1857 T. II S. 23 ff.
96 Or. n. 1946–48 aus Rom, Henzen n. 5861 aus England, 5861 a aus Salona, Mommsen I. N. n. 5763 aus Amiternum, Corp. I. Gr. n. 5372 aus Syracus.
97 Den Verkehr zwischen dem römischen Hafen und Gaza bestätigt Corp. I. Gr. n. 5892 durch die Inschrift einer von den Bürgern von Gaza dem Kaiser Gordian III im Portus Traiani errichteten Statue. Wahrscheinlich gab es dort auch ein t. Marnae, eines speziell in Gaza verehrten Gottes.
98 O. Müller Antiqq. Antioch. p. 33, Stark Gaza S. 596, mein Aufsatz über Ostia in den Leipz. Ber. 1849 S. 24 A. 124.
99 S. bes. Herodian V, 3 ff., vgl. Dio LXXIX, 11 und Lamprid. Heliog. 1 und 3, Iul. Capitolin. Opil. Macrin. 9. Elagabal von אל und גבל.
100 Er war bei seiner Wahl zum Kaiser 14 Jahre alt. Herodian vergleicht sein Bild mit den schönsten des jugendlichen Bacchus.
101 Spartian Carac. 11, Iul. Capitolin. M. Antonin. 26.
102 Beim Chronogr. v. J. 354 p. 647 ed. Mommsen heißt er das Eliogaballium, bei Hieronymus Eliogabalum templum. Vgl. Becker S. 435.
103 In der Gegend der Porta Maggiore, s. meine Regionen S. 131.
104 Eckhel D. N. VII p. 249 sqq. Diese Münzen haben die Inschrift: *Sancto Deo Soli Elagabal.* Auf dem Wagen steht der Stein aus Emesa, umgeben von 4 Stangen, auf welchen kleinere Steine von derselben Gestalt. Andere Münzen mit der Inschrift *Conservator Aug.* zeigen den Stein auf demselben Wagen und einen Adler mit ausgebreiteten Flügeln, im Felde einen Stern. Noch andere, mit der Inschrift *Invictus Sacerdos Aug.* oder *Sacerdos Dei Solis*

Elagabal oder *Summus Sacerdos Aug.*, zeigen den Kaiser vor einem lodernden Altare, stehend, in seiner L. einen Palmenzweig, am Boden einen Stier als Opfer, im Felde einen Stein. Auch in anderen Urkunden der Zeit nennt sich dieser Kaiser immer den Hohenpriester des Deus Sol oder Deus Invictus Sol Elagabal, s. Henzen z. Or. n. 5514. 5515. 7414 a.

105 Or. n. 1940, 1941. 2161.

106 Marini Atti Arv. p. 541, Seidl Dolichenuskult S. 51 f.

107 Macrob. Sat. I, 23, 10 ff. Auch auf den phönizischen und griechischen Münzen von Tarsos, Soli, Mallos u. a. cilicischen Städten sind die Attribute des thronenden Jupiter Ähren und Trauben.

108 S. die Beschreibung und Auslegung des Bildes bei Macrob. I, 17, 66. Ein ähnlicher Apollo auf einer M. von Tarsos bei Liebe Gotha Numm. p. 288. Ein Orakel des Ζεὺς Βῆλος zu Apamea, Dio LXXVII, 8, 40.

109 Es ist der syrische Hadad, s. Zachar. 12, 10 und die Nachweisungen bei Movers Phönizier I, 196, II, 1, 513. Auch Plin. H. N. XXXVII, 11, 71 nennt ihn einen syrischen Gott, Hesych. v. Ἀδαδοὺς einen phrygischen, der hermaphroditisch gedacht werde.

110 Verschiedene Denkmäler Palmyrenischer Abkunft in Rom nennen den Sonnengott Malachbelus und feiern neben ihm bald den männlichen Mondgott (Aglibolus) und die Astarte in Gestalt einer Zypresse, bald den römischen Sol Invictus und den verschleierten Saturn mit der Harpe, welcher auch auf afrikanischen Denkmälern der gewöhnliche Stellvertreter des Baal ist, s. F. Lajard Monum. d. Inst. 1847 pl. XXXVIII, Annali p. 47 sqq., Culte du Cyprès pyramidal t. I–III p. 11 sqq. Vgl. die Inschriften im Corp. I. Gr. n. 4480 und 6015 und die ähnlichen Namen des Zeus in Beröa ib. n. 4450. 4451.

111 Mommsen I. N. n. 2474–2476 und 2488 *Imp. Caesari Divi Nervae F. Nervae Traiano – cultores Iovis Heliopolitani Berytenses qui Puteolis consistunt. Vgl. ib. n. 2516 L. Capurnio Capitolino etc. mercatores qui Alexandr. Asiai Syriai negotiantur. Auch tyrische Kaufleute mit einheimischem Gottesdienste hatten dort eine Niederlassung s. Corp. I. Gr. n. 5853 und Mommsen in den Leipz. Berichten 1850 S. 57 ff. So wurde auch der arabische Dusares in Puteoli verehrt, Mommsen I. N. n. 2462, Henzen n. 5828, wahrscheinlich von Kaufleuten aus dem peträischen und nabatäischen Arabien, welches die Heimat dieses Dienstes ist. Vgl. über ihn Movers Phönizier I, 337, Stark Gaza S. 572.*

112 Or. n. 49 (1712), 1245, Henzen n. 5485, 5632, 5633, L. Rénier Inscr. de l'Algérie I n. 143.

113 Marini Atti Arv. p. 538–542, I. G. Seidl über den Dolichenuskult, Wien 1854, I. Becker in den Heidelb. Jbb. 1854 S. 487–496 und im Archiv f. Frankf. Gesch. und Kunst H. 6, Frankf. 1854 S. 6 ff.

114 Vgl. das Bild des Jupiter mit der Axt in der R., dem Blitze in der L., welches nach einem Relief aus Ninive abgebildet ist bei Layard Niniveh and its Remains II p. 451.

115 Oder die R. erhoben, in der L. den Blitz. Statt des Doppelbeils hat er einmal eine Traube oder Blume in der Hand.

116 S. Seidl n. 29 aus Hermannstadt: *I. O. M. D. ex proscripto Num. Aesculapii* und die wiederholten Dedikationen pro salute, vgl. die Inschrift aus Lambaese bei Rénier 1 n. 144 und 145 *I. O. M. Dolic. Aesculapio Ygiae ceterisque Diis immort.*

117 S. die Regionen d. St. R. S. 202.

118 Serv. V. A. XII, 841 *constat bello Punico secundo exoratam Iunonem, tertio vero bello a Scipione sacris quibusdam etiam Romam esse translatam.* Vgl. S. 257 und 468, 2.

119 Augustin C. D. II, 4 und 26. Die Venus von Sicca bei Val. Max. II, 6, 15 ist vermutlich dieselbe Göttin.

120 Eckhel D. N. VII p. 183 sq. Vgl. Apulei. Met. VI p. 388 Magni Iovis germana et coniuga, – sive celsae Carthaginis, quae te Virginem vectura leonis caelo commeantem percolit, beatas sedes frequentas, und Zoëga Bassir. I p. 91.

121 Tertull. Apolog. 23 *ista ipsa Virgo Caelestis pluviarum pollicitatrix.*

122 Herodian V, 6, vgl. Horat. Od. II, 1, 25 *Iuno et deorum quisquis amicior Afris.* Tertull. Apolog. 24 *Unicuique etiam provinciae et civitati suus deus est, ut Syriae Astartes, ut Arabiae Dusares, ut Noricis Belenus, ut Africae Caelestis, ut Mauretaniae reguli sui.*

123 Iul. capitolin. Pert. 4, Opil. Marcrin. 3, vgl. Treb. Pollio XXX tyr. 29 *Afri Celsum Imperatorem appellarunt peplo Deae Caelestis ornatum* und Philastri de Haeres. *15 Alia haeresis est in Iudaeis, quae Reginam (adorabat), quam et Fortunam Caeli nuncupant, quam et Caelestem vocant in Africa.*

124 Fabr. p. 637. 667, Or. n. 1942 ff., Henzen n. 5859. 5860 u. A. Vgl. Münter Rel. d.

Karth. S. 62, Movers Phönicier 1, 604 ff., II, 1, 362, 2, 92 ff. Auch auf Malta wurde diese Göttin als Iuno verehrt, s. Cic. in Verr. IV, 46, 103, Val. Max. I, 1 ext. 2.

125 Flav. Vopisc. Aurelian 5. 25.

126 Zosimus I, 61 Ἡλίου τε καὶ Βήλου καθιδρύσας ἀγάλματα. Über die Lage des T. s. Bekker, Handb. I S. 587 ff., meine Regionen. Es wurden von Aurelian für diesen Dienst eigene Pontifices Solis eingesetzt, im Gegensatze zu welchen sich die älteren Pontifices *maiores* oder *Pontifices Vestae* nannten, s. Marquardt IV S. 92 und 195.

127 S. bei F. Lajard introd. à l'étude du culte etc. de Mithra pl. CII. Von den Münzen Aurelians s. Eckhel D. N. VII p. 482 sqq.

128 Noch ehe er Kaiser wurde, soll Aurelian, als Valerian ihn wegen seiner Dienste gegen die Goten auszeichnete, gesagt haben: *Dii faciant et deus certus Sol ut et Senatus de me sic iudicet.* Flav. Vopisc. 14.

129 Nach dem Kal. Constant. z. 25. Dez. *N(atalis) Invicti.* Vgl. Iulian Or. IV p. 156 πρὸ τῆς νεομηνίας εὐθέως μετὰ τὸν τελευταῖον τοῦ Κρόνου μῆνα ποιοῦμεν Ἡλίῳ τὸν περιφανέστατον ἀγῶνα, τὴν ἑορτὴν Ἡλίῳ καταφημίσαντες Ἀνικήτῳ. Nach Julian folgte dieses Fest (τὰ Ἥλια) unmittelbar auf die Saturnalien. Derselbe spricht ib. p. 155 von tetraeterischen Spielen, ἄγομεν Ἡλίῳ τετραετηρικοὺς ἀγῶνας. Nach dem Chronogr. v. J. 354 und Hieronymus stiftete Aurelian den ersten agon Solis in Rom. Der Zeit nach entspricht jenem Feste des Sol Invictus das Fest des Mithras bei den Persern und das der ἔγερσις Ἡρακλέους in Tyrus.

130 Or. IV p. 130 ed. Spanh. καὶ γάρ εἰμι τοῦ βασιλέως ὀπαδὸς Ἡλίου. In Dresden sah man am 19. Mai 1812, ehe Napoleon nach Rußland aufbrach, im Theater einen Sonnentempel mit der Inschrift: „Weniger groß und glänzend als Er ist die Sonne".

131 F. Windischmann, Mithra, ein Beitrag zur Mythengesch. des Orients, Lpz. 1857 (Abh. der D. Morgenl. Ges.)

132 Xenoph. Cyrop. VII, 5, 53, Oecon. IV, 24, Plutarch Artax. 4 und die wichtige Stelle bei Plut. Alex. 30, wo Darius zu einem Eunuchen sagt, εἰ μὴ καὶ σὺ μετὰ τῆς Περσῶν τύχης μακεδονίζεις, ἀλλ' ἔτι δεσπότης ἐγὼ Δαρεῖος, εἰπέ μοι σεβόμενος Μίθρου τε φῶς μέγα καὶ δεξιὰν βασίλειον.

133 Athen. X p. 434 D, Strabo XI p. 530.

134 Strabo XV p. 732, Plut. Is. et Os. 46, vgl. Hesych. Μίθρας ὁ ἥλιος παρὰ Πέρσαις und Μίθρης ὁ πρῶτος ἐν Πέρσαις θεός.

135 S. meine Abh. über Oropos, Leipz. Berichte 1852 S. 186.

136 O. Müller in den Gött. Gel. Anz. 1838 n. 24 S. 229 ff. und danach Creuzer z. Archäol. 2 S. 295 ff. Die buddhistische Toleranz hat diesen nach Indien verpflanzten Mithraskultus auch später begünstigt, s. A. Weger indische Skizzen S. 103 ff. Auch der Deus Lunus auf dem zu Boden gestreckten Stiere auf einem Votivrelief aus Koula in Phrygien bei Texier Asie Mineure I. 51. 52 ist eine dem Mithras verwandte Gestalt.

137 Eubulus b. Porphyr. de antr. Nymph. 6, vgl. Celsus bei Orig. c. Cels. VI p. 290 Spencer. Eubulus wird als ein Schriftsteller, welcher „die Geschichte des Mithras" in mehreren Büchern beschrieben habe, auch bei Porphyr de Abstin. IV, 16 und bei Hieronym. adv. Iovin. II, 14 zitiert. Außer ihm hatte Pallas über die Mithrasmysterien geschrieben, jedenfalls vor Hadrian, s. Porphyr. de abstin. II, 56.

138 Plut. Pompei. 24 und die M. des Gordian aus Tarsos bei Lajard t. CII n. 13.

139 Unter den Dichtern spielt zuerst Statius unter Domitian auf den Mithrasdienst an, Theb. I, 716 ff.

140 Origines c. Cels. VI p. 290 macht es seinem Gegner zum Vorwurf, daß er nicht die Eleusinien oder sonst bei den Griechen angesehene Mysterien mit dem Christentum verglichen habe, sondern die persischen Mithrasmysterien, eine αἵρεσις ἀσημοτάτη. Bis Hadrian scheinen in diesen Mysterien sogar Menschenopfer herkömmlich gewesen zu sein, s. Porphyr. de abstin. II, 56, Ael. Lamprid. Commod. 9.

141 S. die Inschr. bei Marini Atti Arv. p. 529 u. Or. n. 2350.

142 Iustin. M. Apol. I, 66, Tertull. d. Baptism. 5, De praescr. Haeret. 40.

143 Mommsen I. N. n. 3574. 5705. 5706. 5941.

144 Eine Übersicht über sämtliche Denkmäler gibt Zoëga Abhandlungen S. 146 ff., 394 ff., vgl. Bassir. t. 58 T. II p. 14–31, eine Sammlung der Bilder F. Lajard introduction à l'étude du culte public et des mystères de Mithra P. 1847 pl. LXXIV sqq. Außerdem sind zu vergleichen Mémoire sur le culte de Mithra par Jos. de Hammer publié par I. Spencer Smith P. 1833 und Creuzer über das Mithreum von Neuenheim bei Heidelberg

1838. D. Schrr. II, 2, 279 ff. Die wichtigsten Inschriften bei Orelli–Henzen n. 1908 ff., 2340 ff., 5844 ff., 6038 ff.

145 Lucian Göttervers. 9 ὁ Μίθρης ἐκεῖνος ὁ Μῆθος, ὁ τὸν κάνδυν καὶ τὴν τιάραν, οὐδὲ ἑλληνίζων τῇ φωνῇ. Vgl. Iup. Tragoed. 8, Zoëga a. a. O. S. 152, Creuzer z. Archäol. 2 S. 314.

146 Bald heißt es in diesen Dedikationen Soli Invicto, bald Soli Invicto Mithrae, bald schlechthin Invicto, auch Deo Soli oder Numini Invicto Soli Mithrae. Vgl. C. I. Gr. n. 6008 ff. aus Rom, wo u. a. Ἡλίῳ Μίθρᾳ.

147 Mithras erscheint hin und wieder selbst als Löwe oder mit einem Löwenkopf, s. Welcker z. Zoëga S. 412, Creuzer a. a. O. S. 296 Anm.

148 Daher der Schwanz des Mithrasstiers auf den Denkmälern in einen Büschel Ähren ausgeht, was an den kosmischen Urstier des Bundehesch erinnert, der aber doch sonst nicht gemeint sein kann, vgl. Zoëga S. 123. Mithras selbst wird hin und wieder βουκλόπος und abactor boum genannt, Porphyr d. antr. nymph. 18, Iul. Firm. 5 p. 6 B., was an den Raub der Sonnenrinder und den Kampf um dieselben erinnert und zu einer anderen Deutung führen könnte, vgl. Windischmann a. a. O. S. 65.

149 Iustin. M. dial. c. Tryph. 70 ὅταν δὲ οἱ τὰ τοῦ Μίθρου μυστήρια παραδιδόντες λέγωσιν ἐκ πέτρας γεγενῆσθαι αὐτὸν καὶ σπήλαιον καλῶσι τὸν τόπον, ἔνθα μυεῖν τοὺς πειθομένους αὐτῷ παραδιδοῦσιν etc. Daher der θεὸς ἐκ πέτρας b. Iul. Firm. 20 u. A. In einer zu Carnuntum entdeckten Mithrashöhle fanden sich sechs Altäre, von denen die meisten Deo Invicto oder D. I. Mithrae, einer aber *Petrae Genitrici* dediziert war.

150 Porphyr. d. antr. Nymph. 24 τῷ μὲν οὖν Μίθρᾳ οἰκείαν καθέδραν τὴν κατὰ τὰς ἰσημερίας ὑπέταξαν κτλ.

151 So liest man auf einem dieser Bildwerke, welches aus dem Capitolinischen Mithreum mit der Borghesischen Sammlung in den Louvre gekommen ist, bei Lajard pl. LXXV, an der Stelle wo Mithras sein Messer in den Leib des Stiers stößt und das Blut hervordringt, nach welchem der Hund begierig leckt, die Worte NAMA SEBESIO d. i. νᾶμα σεβήσιον für σεβάσμιον, vgl. Zoëga a. a. O. S. 142. 157. 402, Welcker S. 399 ff. Eine andere Dedikationsinschrift endigt mit den Worten: *Nama cunctis* d. i. das für Alle vergossene Blut.

152 So besonders die Mithrasdenkmäler von Neuenheim bei Heidelberg und Heddernheim im Nassauischen b. Lajard pl. XC–XCII.

153 Lajard pl. LXXIV.

154 Zoëga S. 185 ff., Bassir. s. T. II t. 59 p. 32–40, Lajard pl. LXX–LXXIII.

155 Suid. υ. Μίθρου, Gregor Naz. in Iulian I p. 37 ed. Montagu, Eton 1610 und Nonnus z. dems. ib. p. 132, Eudocia p. 291.

156 Porphyr. de Abstin. IV, 16, Hieronym. ad Laetam ep. 7: Zerstört sei die Mithrashöhle *et omnia portentuosa simulacra, quibus corax, niphus* (l. *cryphius*), *miles, leo, Perses, Helios Bromius* (l. *Heliodromus*), *Pater initiantur.* Vgl. die Inschriften b. Or. n. 2343. 2345. 2346 und die im Bullet. dell'Inst. Archeol. 1854 p. XXII sq. zusammengestellten.

157 Daher der Mithrasdiener daran zu erkennen war, daß er nie bekränzt erschien, Tertull. de corona 15.

158 Tertull. adv. Marcion. I, 13, Porphyr de antr. Nymph. 15. 17.

159 Die Väter wurden auch Adler und Falken genannt, ἀετοὶ καὶ ἱέρακες, Porphyr de Abstin. IV, 16, wohl in der Bedeutung solcher Tiere, welche mit scharfem Blick und kühnem Fluge der Sonne am nächsten kommen.

160 Jeder Grad hatte seinen Obern oder Pater, daher gelegentlich in einer Inschrift (Bullet. d. Inst. l. c., Henzen z. Or. n. 6042 h) ein pater leonum erwähnt wird und in einer anderen (Or. n. 2335) ein hierocorax. Alle standen unter dem Pater Patrum Dei Solis Invicti Mithrae, Or. n. 2352. Ein Vater des Mithras mußte eidlich geloben, sich in keine andere Mysterien einweihen zu lassen, welches Gelübde aber in den letzten Zeiten des Heidentums nicht selten unbeachtet blieb, s. Eunap. Vit. Philos. p. 52 ed. Boisson., Or. n. 2351–2353.

161 Porphyr de Abstin. l. c.

162 Porphyr de antr. Nymph. 6, Celsus b. Orig. c. Cels. VI p. 290. Nach Iul. Firm. 5 war Mithras nicht sowohl der Gott der Sonne als des Feuers, nach der Lehre der Magier der höchsten kosmischen Elementarkraft. Auch wurde nach dems. neben Mithras vorzüglich Hekate als weibliche Feuer-, d. h. als Mondgöttin, in diesen Mysterien gefeiert.

163 Iulian Caesares p. 336 Spanh.

164 Vgl. die Reliefs b. Lajard pl. LXXX, LXXXIII, LXXXVIII.

165 Porphyr. d. antr. N. 24 δημιουργὸς ὤν ὁ Μίθρας καὶ γενέσεως δεσπότης. Nicht selten sind aber auch die Einweihungen pro salute Augusti oder anderer Personen, auch die nach wiederhergestellter Gesundheit, s. Or. n. 2341. 2344. 2348. Allerlei abwendende Mittel, Hilfe gegen den bösen Blick usw. s. O. Jahn t. III S. 96.

166 Or. n. 2351–2353, Henzen n. 6040. 6041.

167 Nonnus Dionys. XL, 399 ff., Claudian de laude Stilic. I, 59, Serv. V. A. I, 343. 642. Auf eine nahe Verwandtschaft der babylonischen Superstition mit der der Mithrasmysterien deutet auch Lucian Menipp. 6.

168 Augustin C. D. V, 2 *Posidonius Stoicus multum astrologiae deditus. – Posidonius vel quilibet fatalium siderum assertor.* 5 *Posid. magnus astrologus idemque philosophus.* Dagegen war Panaetius ein Gegner der Astrologie, aber auch der einzige Stoiker, der dagegen war, Cic. de Divin. II, 42. In Italien scheint u. a. auch der Pythagoreer Archytas und seine Schule für die Astrolgoie gewesen zu sein, Prop. IV, 1, 77.

169 Prop. l. c. von Conon, vgl. Plutarch Anton. 33 und Flav. Vopisc. Saturn. 7.

170 Cato r. r. 5, Val. Max. I, 3, 2, Plut. Mar. 42, Sulla 37.

171 Tusc. I, 40, 95, De Div. II, 42 und 47. *Quam multa ego Pompeio, quam multa Crasso, quam multa huic ipsi Caesari a Chaldaeis dicta memini, neminem eorum nisi in senectute, nisi domi, nisi cum claritate esse moriturum.* Vgl. auch die Diatribe des Philosophen Favorin gegen die Chaldäer b. Gell. N. A. XIV, 1.

172 Varro b. Augustin. C. D. VII, 6 *aethereas esse animas astra ac stellas eosque caelestes deos non modo intelligi esse, sed videri.* Vgl. Cic. de Divin. II, 47, Plut. Rom. 12.

173 Lucan. Phars. I, 639 *Figulus, cui cura deos secretaque caeli nosse fuit, quem non stellarum Aegyptia Memphis aequaret visu numerisque moventibus astra.* Vgl. Sueton Octav. 94, August. C. D. V, 3, Dio XLV, 1, nach welchem er in Verdacht verbotener Geheimweisheit stand, wie auch Hieronymus zu 45 v. Chr. ihn einen Pythagoriker und Magier nennt. Vgl. Merkel Ovid F. p. LXXXVII sq., Hertz de Nigidio Fig. p. 27 sq.

174 Daher der Capricornus auf Münzen und Gemmen, s. Sueton Octav. 94, Dio LVI, 25.

175 Tacit. Ann. II, 27 und Hist. I, 22 *urgentibus etiam Mathematicis, dum novos motus et clarum Othoni annum observatione siderum affirmant: genus hominum potentibus inficum, sperantibus fallax, quod in civitate nostra et vitabitur semper et retinebitur.* Vgl. Iuvenal VI, 562 und die Nachweisungen b. Marquardt R. A. IV, 101. Am strengsten war es immer verboten, diese und andere Weissager de salute principis oder de summa reipublicae zu konsultieren d. h. ob der Kaiser bald sterben werde, ob wichtige Veränderungen im Staate bevorständen usw., s. Spartian Sev. 15, Dio LXXVI, 8.

176 Herodian II, 9, Dio LXXVI, 11, Spartian Sev. 2. 3. 4 und Geta 2 *gnarus geniturae illius, cuius ut plerique Afrorum peritissimus fuit.* Auch Hadrian war in der Astrologie sehr bewandert gewesen, s. Spartian 2 und 15.

177 Lamprid. Alex. Sev. 26.

178 De Civ. V, 1–7, vgl. M. Uhlemann Grundzüge der Astronomie und Astrologie, Leipz. 1857 S. 52 ff.

179 Von Cumae s. Cic. Tuscul. I, 16, 37 *inde ea quae meus amicus Appius* νεκρομαντεῖα *faciebat, inde in vicinia nostra Averni lacus, unde animae excitantur obscura umbra opertae ostio alti Acheruntis* etc. Über die Neigung des Appius Claudius Pulcher, welcher Ciceros Kollege im Augurat war, zur Nekromantie vgl. de Divin. 1, 58, 132.

180 Plin. H. N. XXX, 1, 3.

181 Tacit. Ann. II, 69, Dio LVII, 18. Von Neros wüstem Aberglauben und seinem Eifer für solche Dinge s. Plin. H. N. XXX, 2, 5. Vgl. ib. 6 von den Opfern der Magie: *homines immolare etiam gratissimum.*

182 Ovid Heroid. XV, 139.

183 Iul. Capitolin M. Antonin. 13, Dio LXXI, 8. Did. Julianus suchte durch Magie den Haß des Volks und der Soldaten zu beschwören, Spartian 7.

184 Dio LXXIII, 16. Ähnliche Greuel wurden von Heliogabal erzählt, Lamprid. 8. Auch die Chaldäer standen in dem Rufe des Kindermordes zu magischen Zwecken.

185 Dio LXXV, 13, LXXVII, 15 und 18, Herodian IV, 12. Durch Caracalla kam auch Apollonius von Tyana zu Ehren, dessen abenteuerliche Geschichte hinsichtlich des Aberglaubens der Zeit sehr lehrreich ist.

186 Plin. H. N. XXX, I, 4, Sueton Claud. 25, vgl. Vopisc. Aurel. 44, Numerian 14. 15.

187 O. Müller Qu. Antioch. p. 99.

188 P. v. Köppen die dreigestaltete Hekate, Wien 1823, über ein Bild im Museum zu Herr-

mannstadt mit Reliefdarstellungen, welche doch wohl nur die verschiedenen Kreise und Gebiete ihrer Herrschaft vergegenwärtigen sollen. Vgl. auch Ed. Gerhard Antike Bildw. t. 314, 1–10, S. 405 ff., Archäol. Ztg. 1, 132 ff. t. VIII, welches Bild eher die Horen darstellen möchte. Zur Charakteristik des populären Hekateglaubens sind interessant die von O. Jahn Leipz. Ber. 1855 S. 107 besprochenen Zaubernägel.

189 Or. n. 1901. 2335. 2351–53. 2361.

190 Cic. in Verr. II, 2, 21; 4, 67.

191 S. außer Dio Cass. l. XLIII und XLIV Appian de bell. civ. II, 106 und Sueton Caes. 76. Vgl. den Ausspruch Varros b. Augustin C. D. III, 4 oben S. 32, 2 und den Ciceros S. 65, 1.

192 Dio XLV, 7, Sueton Caes. 88, Augustus selbst b. Plin. H. N. II, 25, 23, vgl. Iul. Obseq. 68, Serv. V. A. VIII, 681. Daher Virg. Ecl. IX, 47 *ecce Dionaei processit Caesaris astrum.*

193 Becker Handb. I, 335. *Caesar, qui primus divinos honores meruit et Divus appellatus est,* Serv. V. Ecl. V, 56.

194 Vgl. S. 505, 4 und Plin. H. N. IX, 16, 22 und die Münzen b. Eckhel D. N. VI p. 27. Daher Horat. Epod. 9, 7 *ut nuper actus cum freto Neptunius Dux fugit ustis navibus.*

195 Plutarch Anton. 60 προσῳκείου δ' ἑαυτὸν 'Αντώνιος 'Ηρακλεῖ κατὰ γένος καὶ Διονύσῳ κατὰ τὸν τοῦ βίου ζῆλον. c. 4 ἦν δὲ λόγος παλαιὸς 'Ηρακλείδας εἶναι τοὺς 'Αντωνίους ἀπ' 'Αντωνίους ἀπ' 'Αντέωνος παιδὸς 'Ηρακλέους γεγονότας. Vgl. Appian b. c. III, 16 (oben S. #) und die Löwen des Antonius b. Cic. ad Att. X, 13, Plin. VIII, 16, 21.

196 Plut. Anton. 23 ff. Socrates Rhod. b. Athen. IV p. 148, Dio XLVIII, 39, Vell. Paterc. II, 82, Seneca Suasor. 1, Eckhel D. N. VI p. 64 sqq. Für die Ägypter hießen Kleopatra und Antonius Isis und Osiris, ihre Kinder Helios und Selene. Kleopatra pflegte immer im Kostüme der Isis aufzutreten, s. Plut. 36. 54. Dio L, 5.

197 S. bes. Virgil Georg. I, 24 ff., III, 16 ff., 1. Ein Arzt dedizierte ihm eine Schrift über die offiziellen Kräuter mit der *praefatio religiosa, ut omnibus malis humanis illius potissimum principis semper mederetur maiestas*, Plin. H. N. XXV, 2, 2.

198 Dio LI, 20, Sueton 52, oben S. 705.

199 Prächtiger T. des August in Alexandrien, τὸ λεγόμενον Σεβάστιον, wo August als Beschützer der Schiffahrt verehrt wurde, neben der Livia, Philo legat. ad Cai. p. 567 sq., vgl. die Inschrift aus Philä b. Letronne recueil II p. 343 Καίσαρι ποντομέδοντι καὶ ἀπείρων κρατέοντι, Ζανὶ τῷ ἐκ Ζανὸς πατρὸς Ἐλευθερίῳ, δεσπότᾳ Εὐρώπας τε καὶ 'Ασίδος, ἄστρῳ ἁπάσας Ἑλλάδος, ὃς Σωτὴρ Ζεὺς ἀνέτειλε μέγας etc. und die Münzen b. Eckhel IV p. 45 sq.

200 Daher in Spanien und Gallien die vielen Städte, welche durch ihre Namen und Monumente das Andenken Cäsars und Augusts pflegten. Über das südliche Gallien s. B. Stark Städteleben, Kunst und Altertum in Frankreich S. 92.

201 Strabo IV p. 192, Liv. ep. 139, Sueton Claud. 2, Dio LIV, 32, Eckhel D. N. VI p. 135 sqq., Boissieu Inscr. de Lyon p. 82 sqq. und p. 113. Über die Ara Ubiorum s. Tacit. Ann. I, 57 und F. Ritter in den Jbb. d. V. d. A. F. im Rheinl. XVII (1851) S. 47 ff.

202 Über den T. zu Ancyra und das dort erhaltene Mon. Ancyranum s. A. W. Zumpt Mon. Ancyr. Berl. 1845, Texier Asie Mineure pl. 64–66. Bekannt sind außerdem die Ruinen zu Mylasa in Karien und der T. zu Pola in Istrien. Über den im J. 11 v. Chr. in Narbonne dem Numen Augusti zur Feier seines Geburtstags geweihten Altar s. Or. n. 2489, Fischer R. Zeittafeln S. 443, Zumpt de Augustal. p. 10 sq. Interessant ist auch das dem August und seiner ganzen Familie zu Pavia geweihte Monument, von welchem der Dedikationstitel durch den Anon. Einsiedl. erhalten ist, s. Mommsen Leipz. Ber. 1850 S. 313–320.

203 Unter August war es eine ara, unter Tiberius wurde ein Tempel daraus, s. Tacit. Ann. I, 78, Eckhel D. N. I p. 57 sq.

204 Sie wurden seit dem J. 2 n. Chr. gefeiert, nachdem August die durch Erdbeben und Feuer beschädigte Stadt wiederhergestellt hatte, s. Strabo V p. 246, Sueton Octav. 98, Claud. 11, Dio LV, 10, LVI, 29, LX, 6 u. A. In Puteoli soll die Kathedrale aus den Trümmern eines t. Augusti erbaut sein. Über Cumae s. das Kal. Cumanum.

205 Ovid F. I, 609 *Sancta vocant augusta patres, augusta vocantur templa sacerdotum rite dicata manu.* Vgl. Sueton Octav. 7, Dio LIII, 16, Veget. d. r. m. II, 5 *nam Imperatori, cum Augusti nomen accepit, tanquam praesenti et corporali Deo fidelis est praestanda devotio.*

206 Dio LVI, 46, LIX, 7. Er lag am Abhange des Palatin, gleich hinter dem t. Castorum, s. Becker Handb. I, 430, meine Regionen. Antoninus Pius stellte ihn wieder her, Eckhel D. N. VII p. 25.

207 Plin. H. N. XII, 19, 42 *in Palati templo, quod fecerat Divo Augusto coniux Augusta.* Zu

diesem Kulte gehörten die 3tägigen ludi Palatini, welche Livia stiftete und welche noch zur Zeit des Dio Cassius von dem Kaiser gegeben wurden, 21. bis 23. Jan., s. Dio LVI, 46, Marquardt R. A. IV S. 429. Im Kal. Constant. beginnen sie sogar schon mit dem 17. Jan.

208 Den ersten Anlaß zu diesem Feste gab die Feier der Rückkehr Augusts aus dem Orient am 12. Okt. des J. 19 v. Chr., s. Merkel Ovid F. p. XXVIII, Marquardt II, 3, 272.

209 Sueton Octav. 59 *Quaedam Italiae civitates diem, quo primum ad se venisset, initium anni fecerunt. Provinciarum pleraeque super templa et aras ludos quoque quinquennales paene oppidatim constituerunt.*

210 Alex. Sev. b. Lamprid. 10 *Augustus primus est auctor imperii et in eius nomen omnes velut quadam adoptione aut iure hereditario succedimus.* Vgl. Eckhel D. N. VIII p. 355 sqq. Daß später Augustus der Kaiser schlechthin war, beweisen u. a. die kleinasiatischen Münzen mit dem t. Romae et Augusti, wo diese Inschrift dieselbe bleibt, in dem Tempel aber immer die Statue des regierenden Kaisers zu sehen ist.

211 Plin. H. N. VII, 45, 46, Tacit. Ann. I, 10.

212 Tacit. Hist. II, 95 *quod sacerdotium ut Romulus Tito Tatio regi, ita Caesar Tiberius Iuliae genti sacravit.* Vgl. Ann. I, 54. Auch das s. g. Pantheon des Agrippa war eine Stiftung zu Ehren der Gens Iulia und ihrer beiden Stammgötter, Mars und Venus, s. Dio LIII, 27 vgl. Becker Handb. I, 635. Überdies gab es einen Altar der Gens Iulia auf dem Capitol, den die Militärdiplome oft erwähnen, und ein sacrarium derselben Gens mit zirzensischen Spielen, welches Tiberius gestiftet hatte, zu Bovillae, wo die Iulii seit alter Zeit ansässig waren, s. Tacit. Ann. II, 41, XV, 23.

213 August hatte sie durch sein Testament zu seiner Adoptivtochter, d. h. zur Iulia Augusta gemacht, sie selbst machte sich zu seiner Priesterin, s. Vellei. Pat. II, 75, Tacit. Ann. I, 8, Dio LVI, 46. Dahin gehört der von Koehler Gesamm. Schr. Bd. V erläuterte Cameo in Wien, wo Livia als Rhea kostümiert die Büste des Divus Augustus mit der corona radiata vor sich hält. Über ihren Kult in den Provinzen s. Eckhel D. N. VI p. 155.

214 Sueton Claud. 11, Dio LX, 5, vgl. das t. Divi Augusti et Divae Augustae quod est in palatium in einer Inschrift b. Marini Atti Arv. p. 82. Die Vestalinnen hatten den Dienst, die Frauen schworen bei ihr, usw.

215 Tacit. A. I, 73. 74, II, 50, III, 66, Sueton Tib. 26. 58. Auch für die folgenden Kaiser, Claudius und Nero, blieb der Kultus des August eine Familiensache, s. Plin. XXXV, 10, 36, Sueton Nero 12.

216 Tacit. A. IV, 15. 36. 37. In Rom machte Tiberius nur auf Veranlassung der civitates Asiae restitutae eine Ausnahme. Wenigstens ist der von diesen Städten dem Tiberius in foro Veneris, d. h. auf dem des Cäsar errichtete Koloß, den die Bilder dieser Städte umgaben, den Münzen nach zu urteilen, von den gewöhnlichen thronenden Statuen eines Divus wenig verschieden gewesen, s. Eckhel D. N. VI p. 192 sq., O. Jahn Leipz. Ber. 1851 S. 119 ff.

217 Sueton Claud. 11, Vespas. 9. Vgl. Senecas Apocolocyntosis und Neros maliziösen Witz bei Dio LX, 35, auch Iuvenal VI, 619. Der T. des Divus Claudius lag auf dem Caelius, s. die Reg. S. 119. Claudius erhielt lebend einen Tempel zu Camulodunum in Britannien, Seneca l. c. 8, Tacit. Ann. XIV, 31.

218 Plin. H. N. XV, 30, 40 weiß bloß von dem Wunder, dem der Lorbeerhain und der prodigiöse Hühnerhof ihre Entstehung verdankten. Vgl. Sueton Galba l und Dio LXIII, 29.

219 Vgl. die Selbstironie b. Sueton 23 *Prima quoque morbi accessione Vae, inquit, puto deus fio.* Plinius H. N. II, 7 sieht bei euhemeristischer Überzeugung in seiner Apotheose nur einen schuldigen Tribut der Dankbarkeit: *Hic est vetustissimus referendi bene merentibus gratiam mos, ut tales numinibus adscribant.*

220 Becker S. 586, meine Regionen. Vgl. Sueton Vespas. 1, 12.

221 Plinius gibt Panegyr. 52 ff. eine lebhafte Schilderung dieses Unwesens, welches auch dem Tacitus so manchen Seufzer entlockt. Vgl. die Adulationen des Statius und Silius Ital. Pun. III, 594 ff.

222 Außer seinem Adoptivvater konsekrierte Trajan auch seinen wirklichen Vater, welcher unter Vespasian mit großer Auszeichnung gegen die Parther gedient hatte. Dies ist der Divus Pater Traianus auf Münzen, s. Eckhel D. N. VI, p. 433. Vermutlich wurden beide in einem gemeinschaftlichen Tempel auf dem Forum Traiani verehrt, vgl. Spartian Adr. 18 und von Trajans eigener Konsekration ib. 6. Bei derselben wurden seinem letzten Feldzuge, zu Ehren Parthische Spiele gestiftet, welche nach dem Kal. Constant. von seinem Geburtstage, d. 18. Sept. an 5 Tage lang als ludi triumphales Divi Traiani gefeiert wurden, vgl. Eckhel p. 441.

223 Spartian Adr. 25, Dio LXX, 1. Antoninus P. weihte ihm einen eigenen T. auf seinem Forum, der jetzigen Piazza Colonna. In Puteoli, wo Hadrian gestorben war, wurde ihm von Antoninus ein Tempel, pentaeterische Spiele und eine Sodalität gestiftet, ja sogar Puteoli nach ihm benannt Colonia Flavia Augusta Puteoli, s. Mommsen I. N. 2487. 2536.

224 Man machte es dem Commodus zum Vorwurf, daß er den Namen des Hercules dem der Antonine vorgezogen habe, s. Lamprid. Antonin. Diadum. 7. Der T. des Antoninus Pius und seiner Gemahlin Faustina hat sich bekanntlich in der K. S. Lorenzo in Miranda am Forum erhalten. Der des Marcus Anton. lag auf Piazza Colonna, s. meine Regionen, vgl. Brunn tempio creduto di M. Aurelio etc. Ann. d. Inst. 1852 p. 338–345, Monum. V t. XL.

225 Vgl. Dio LXXV, 7, Spartian 11 *primusque inter milites Divum Commodum pronuntiavit*, und dens. Geta 2, Severus habe gewollt *ut omnes deinceps principes quemadmodum Aguusti, ita etiam Antonini dicerentur, amore Marci, quem fuisse vel fratrem suum dicebat et cuius philosophiam literarumque institutionem imitatus est.* Septimius Sev. und Caracalla rechneten sich in Folge dieser Anknüpfung ganz gemütlich zu demselben Geschlechte wie die früheren Kaiser seit Nerva.

226 Spartian Carac. 11, Geta 2, vgl. Dio LXXVIII, 9 und Eckhel D. N. VII p. 219.

227 Dio LXXIX, 1, vgl. Iul. Capitolin. Opil. Macr. 3, Lamprid. Antonin. Diadum. 1 und 6 *et fuit quidem tam amabile illis temporibus nomen Antoninorum, ut qui eo nomine non niteretur, mereri non videretur imperium.* Spartian Carac. 9 *ita enim nomen Antoninorum inoleverat, ut velli ex animis hominum non posset, quod omnium pectora velut Augusti nomen obsederat.*

228 Daher auch die zu seiner und seiner Mutter Verehrung eingesetzten Sodales nicht mehr Antoniniani, sondern Alexandrini genannt wurden, s. Lamprid. Al. Sev. 9. 10. 62. Doch dauerte die religiöse Glorie der Antonine, namentlich des Marcus, ungetrübt fort, sowohl im Volke als auch bei den Kaisern, s. Iul. Capitolin. M. Antonin. 18. 19, Lamprid. Heliog. 2.

229 Trebell. P. Claud. 3, Victor de Caes. 40.

230 Eckhel D. N. VIII p. 92. 473. Vgl. Tertull. ad Scapulam 2 *Colimus ergo et imperatorem sic quomodo et nobis licet et ipsi expedit, ut hominem a Deo secundum et quicquid est a Deo consecutum et solo Deo minorem.*

231 Plato Alcib. I p. 121 C βασιλέως γενέθλια ἅπασα θύει καὶ ἑορτάζει ἡ Ἀσία, vgl. Herod. I, 133 und Theopomp. b. Athen. VI p. 252 B, Letronne Recueil des Inscr. de l'Egypte I p. 82. In Rom wurden seit Cäsar und August die Geburtstage der regierenden und verstorbenen Kaiser und gewöhnlich auch die der Mitglieder des kaiserlichen Hauses gefeiert, in allen Ständen und durch das ganze Reich, s. Marquardt R. A. IV S. 221. Bei den Griechen sind zu unterscheiden τὰ γενέθλια und τὰ γενέσια d. h. der Todestag, der Tag der Verklärung, welcher gleichfalls in Rom oft gefeiert wurde, s. Dio LIX, 24, LX, 5.

232 Iul. Capitolin. Pertin. 15 *Circenses et imperii natales additi sunt, qui a Severo postea sublati sunt, et genethliaci, qui manent*, weil nämlich die Geburtstage der Divi immer Festtage blieben. Vgl. Gothofr. ad Cod. Theod. II, 8, 2.

233 Eckhel D. N. VIII p. 473 sqq.

234 Tertull. de cor. 12 *Ecce annua votorum nuncupatio quid videtur? Prima in principiis* (nämlich der castra), *secunda in capitoliis. Accipe post loca et verba: Tunc tibi Iupiter bovem cornibus auro decoratis vovemus esse futurum.* Vgl. oben S. #. Beispiele geben die Acta fr. Arvalium.

235 Dio LIII, 13, LVII, 24, LVIII, 24.

236 Plin. ad Traian. ep. X, 44 *Solennia vota pro incolumitate tua, qua publica salus continetur, et suscipimus Domine pariter et solvimus, precati deos ut velint ea semper solvi semperque signari.*

237 Über den Julius und August s. Macrob. Sat. I, 12, 34. 35. Unter Tiber wollte man den September Tiberius, den Oktober Livius nennen, doch gab er es nicht zu, Sueton. 26. Unter Nero hießen der April, Mai, Juni eine Zeitlang Neroneus, Claudius, Germanicus, Tacit. A. XV, 74, XVI, 12, unter Domitian der September Germanicus, der Oktober Domitianus, Sueton. 13, Plut. Numa 19, Macrob. I, 12, 36. Antoninus Pius lehnte wieder eine Änderung der Namen September, Oktober in Antoninianus und Faustinianus ab, dahingegen unter Commodus die ganze Folge vom Januar bis Dezember neue Namen bekam, s. Capitolin. Antonin. P. 10, Dio LXXII, 15, Lamprid. Comm. 11 c. intpp. Endlich unter Tacitus bekam der September diesen Namen, Vopisc. 13.

238 Plinius redet in seinen Briefen den Traian nicht selten an: *aeternitatem tuam*, vgl. Horat. Od. I, 2, 45 *serus in caelum redeas diuque laetus intersis populo Quirini* und Ammian M. XV, 1, 3. Dem numen Augusti oder den numinibus Augustorum wurden häufig Altäre und öffentliche Denkmäler gewidmet, s. Marini Atti Arv. p. 92, Boissieu Inscr. de Lyon p. 52.

239 Florus IV, 2, 91, Dio XLIV, 6, vgl. Sueton. Octav. 94. In Syrien erscheint Antiochus IV als Θεὸς mit dieser Krone. Virgil Aen. XII, 162 sagt vom Könige Latinus: *cui tempora circum aurati bis sex radii fulgentia cingunt, Solis avi specimen.* Vgl. Eckhel D. N. VI p. 268 und über den Nimbus, welcher erst auf den Münzen der Nachfolger Constantins eine regelmäßige Zierde des Kopfes wird, Ders. VIII p. 502 und Grimm D. M. 300. Es ist der von innen ausstrahlende Glanz, wie einige Schmeichler dem Commodus wegen seines schönen, in der Sonne strahlenden Haares das Kompliment machten, αἴγλην τινὰ οὐράνιον περὶ τὴν κεφαλὴν συγγεγενῆσθαι αὐτῷ, Herodian I, 7.

240 Über Cäsar s. Sueton 76. Tiberius erlaubte Bilder von ihm selbst nur unter der Bedingung aufzustellen, *ne inter simulacra deorum, sed inter ornamenta aedium ponerentur.* Doch opferte man bei seinen Statuen und denen Seians, Dio LVIII, 31, Sueton. Tib. 65, und jede Art von Profanation des kaiserlichen Bildes, auch auf Münzen, Ringen usw. wurde aufs strengste geahndet. Unter Domitian wurde der Luxus und die Tyrannei dieser Idololatrie aufs höchste getrieben, während Traian, obgleich sonst in dieser Hinsicht sehr anspruchslos, doch auch Adoration seines Bildes forderte, s. Plin. ep. X, 67, Panegyr. 52. Vgl. Spartian Carac. 5 und Gothofr. Cod. Theodos. XV, 4, 1.

241 Namentlich spricht Herodian wiederholt von diesem Gebrauche, s. I, 8. 16, II, 3, wo Pertinax zuerst aufs Palatium geführt und dort ἐν τῇ βασιλείῳ ἑστίᾳ geweiht wird (ἱδρύθη), dessenungeachtet aber am folgenden Morgen weder „das Feuer" vor sich hertragen läßt noch sonst von einem Symbole der kaiserlichen Gewalt Gebrauch macht, vgl. II, 6 und VII, 6.

242 Victor Caesar 39, 4. Dominatus ist wesentlich Despotie d. h. das Verhältnis des Herrn zu seinem Sklaven, s. Marini Att. Arv. p. 688, Eckhel D. N. VIII p. 365. Schon unter Aurelian heißt es auf den Münzen: *Deo et Dominato Nato* (S. #.) und *Nostro*, seit Diocletian ist D. N. d. h. Dominus Noster die gewöhnliche Aufschrift. Die Adoration war im Orient etwas Altes. Bei den Römern mag zunächst die Sitte der Parther das Vorbild gewesen sein, s. Sueton. Calig. 14, Dio LXIII, 4, Herodian IV, 11 u. A.

243 Tacit. Ann. XV, 74, Serv. V. A. V, 45, XII, 139. Das Wort deus wird nur ausnahmsweise von einem konsekrierten Kaiser gebraucht, z. B. auf Münzen von Tarraco von August und b. Plin. Paneg. 11.

244 Tacit. A. XIV, 64 sagt von der Zeit Neros, man dürfe von ihr immer voraussetzen, *quotiens fugas et caedes iussit princeps, totiens grates deis aetas.* Vgl. Victor de Caesar. 33, 25 *Quin etiam aliquanti – in caelestium numerum referuntur aegre exsequiis digni* und Pausan. VIII, 2, 2.

245 Die nächste Diva nach der Diva Augusta war Drusilla, die Schwester des Caligula, Dio LIX, 11, wo die Ehren genauer aufgezählt werden. Auch auf diese Kulte wurde sehr streng gehalten, s. Tacit. A. XVI *eiusdem animi est Poppaeam Divam non credere, cuius in acta Divi Augusti et Divi Iuli non iurare.* Plotina wurde vermutlich neben Trajan verehrt, über den Kult der Matidia und Marciana s. meine Regionen, vgl. Mommsen I. N. 4018. 4022. 4029–31. 4055.

246 Vgl. Prudent. c. Symm. 1, 223 ff., 249 ff. Auch auf den Konsekrationsmünzen ist oft hinzugesetzt EX.S.C. Auf die genauere Form solcher Beschlüsse deuten Angaben wie die b. Spartian Adr. 6, Capitolin. Anton. P. 13, M. Anton. 18 u. a.

247 Dio LVI, 34 ff., LXXIV, 5 von der des August und Pertinax, Herodian IV, 2 von der des Septimius Sev. Daneben sind die Konsekrationsmünzen wichtig, s. Eckhel D. N. VIII p. 465 sqq.

248 Vgl. über die Pyra des assyrischen Hercules O. Müller Kl. d. Schriften 2, 102 ff., über die des Hephästion Diod. XVII, 115, die des älteren Dionysius Athen V p. 206.

249 Kal. Amitern. 17 Sept. *Fer. ex S. C. quod eo die Divo Augusto honores caelestes a Senatu decreti* etc. Tacit. A. I, 10 *ceterum sepultura more perfecta templum et caelestes religiones decernuntur.* Vgl. VI, 18, XII, 69.

250 Das Wachsbild auf dem Paradebette scheint eine ältere Bestattungssitte zu sein, s. Tacit. A. III, 5. Für die Ausstellung der kaiserlichen Leiche war vermutlich das Pentapylum in der Nähe des Palastes bestimmt, s. meine Regionen.

251 Beim Leichenbegängnisse des Sever singen zwei Chöre von Knaben und Mädchen Lobgesänge und Klagelieder auf den Verstorbenen.

252 Bei Dio heißt es von dem Scheiterhaufen: πυργοειδὴς τρίβολος, ἐλέφαντι καὶ χρυσῷ μετ' ἀνδριάντων τινῶν κεκοσμημένη. Herodian vergleicht den Totaleindruck mit dem eines Pharos. Es waren 4 Stockwerke, in das zweite wurde die Bahre gesetzt, aus dem obersten schwingt sich der Adler empor, ὅς φέρειν ἀπὸ γῆς ἐς οὐρανὸν τὴν τοῦ βασιλέως ψυχὴν πιστεύεται ὑπὸ Ῥωμαίων, vgl. Dio vom Leichenbegängnisse des August: καὶ ἡ μὲν (πυρὰ) ἀνηλίσκετο, ἀετὸς δέ τις ἐξ αὐτῆς ἀφεθεὶς ἀνίπτατο ὡς δὴ τὴν ψυχὴν αὐτοῦ ἐς τὸν οὐρανὸν ἀναφέρων. Daher auf den Konsekrationsmünzen und entsprechenden Reliefs, z. B. denen der Antoninussäule, die Vorstellung, wie die verklärten Divi oder Divae von Adlern oder geflügelten Genien zum Himmel emporgetragen werden, vgl. Artemidor Oneirocr. II, 20 ἔθος παλαιὸν ἀποθνήσκοντας τούτους (Könige u. dergl.) πλάσσειν τε καὶ γράφειν ἐπ' ἀετῷ ὀχουμένους. Auf den Münzen der Divae erscheint der Pfau nicht selten als Symbol der Nova Iuno, auch er bisweilen die Verklärte emportragend. Oder die Kaiserin wird von einer Victoria zum Himmel geführt oder als verklärte Mondgöttin gedacht, z. B. die jüngere Faustina auf den M. mit den Worten sideribus recepta. Vor der Verbrennung des Scheiterhaufens werden nach alter Sitte allerlei Umzüge, kriegerische Tänze usw. um denselben angestellt, vgl. Virgil Aeneis XI, 188.

253 Dio LVI, 46. Derselbe Meineid und dieselbe Belohnung wiederholte sich bei der Konsekration der Drusilla, Dio LIX, 11.

254 Augustus heißt auf einer Münze des Tiber *Divus Pater Augustus*, daher er hin und wieder *Iupiter Deus* genannt wird, Eckhel D. N. VI p. 127. Auf Münzen und anderen Denkmälern erscheint er mit der corona radiata und den Nebenzeichen des Blitzes oder eines Sterns, s. Lucan VII, 457 *bella pares Superis facient civilia Divos, fulminibus Manes radiisque ornabit et astris inque deum templis iurabit Roma per umbras.* In ganzer Figur abgebildet erscheint er thronend, in der R. einen Zweig, in der L. die Weltkugel oder eine Schale oder ein Füllhorn haltend. Als Opfer wurden Kälber, Lämmer usw. dargebracht, den Divi männliche, den Divae weibliche Tiere, vgl. Prudent. c. Symm. I, v. 245–50. *Hunc morem veterum docili iam aetate secuta Posteritas mense atque adytis et flamine et aris Augustum coluit, vitulo placavit et agno, strata ad pulvinar iacuit, responsa poposcit. Testantur tituli, produnt consulta Senatus Caesareum Iovis ad speciem statuentia templum.* M. Antonin wurde nach seinem Tode als *Propitius Deus* angerufen, Iul. Capitolin. 18.

255 Vgl. über die Fragmente der Fasten dieser Sodalen Borghesi Ann. dell Inst. Arch. III p. 161 sqq. und über die Sodalitäten der Divi überhaupt L. Mercklin die Cooptation der R. S. 167 ff., Marquardt R. A. IV, 429 ff.

256 A. W. Zumpt de Augustalibus et Seviris Aug. B. 1846, Marquardt in der Zeitschr. f. A. W. 1847 n. 63–65, R. A. III, 1, 375 ff., Henzen Zeitschr. f. A. W. 1848 n. 25–27 und 37–40.

257 Tacit. A. 1, 73 *inter cultores Augusti, qui per omnes domus in modum collegiorum habebantur.* Victor de Caes. 1 *Hincque uti Deo Romae provinciisque omnibus per urbes celeberrimas vivo mortuoque templa, sacerdotes et collegia sacravere.* Eins der ältesten Beispiele eines solchen Kollegiums der Augustalen ist das von Veji bei Or. n. 4046, ein noch älteres vom J. 22 n. Chr. ist von Henzen nachgewiesen worden. Schon unter Tiberius hatten diese Vereine sich von Rom aus über Italien und weiter verbreitet. Der Unterschied der Seviri Augustales und der Augustales schlechthin scheint auf der inneren Organisation dieser Kollegia zu beruhen; zu bemerken ist, daß in Unteritalien gewöhnlich nur Augustalen genannt werden, in Oberitalien und Gallien nur Seviri, im mittleren Italien dagegen Seviri und Augustales nebeneinander. Wie Oberitalien sich durch die Menge seiner Augustaldenkmäler überhaupt als sehr eifrig im Dienste der Divi erweist, so werden in diesen Gegenden auch mehr als anderswo besondere Kollegia der Claudiales und Flaviales genannt. Übrigens würden sich auch hier die Vereine der Attalisten, Eupatoristen, Basilisten usw. in Asien und Ägypten vergleichen lassen, s. Letronne Recueil I p. 390.

258 Vgl. die Inschrift aus Petelia in Calabrien bei Or. n. 3678 und Zumpt l. c. p. 45. Auch die Inschrift bei Henzen S. 215 beweist, daß der Kultus eine Hauptsache war und blieb: *D. M. Q. Inst(eio) Diadumeno Augustali. Coluit annis XXXV, vixit annis LXXXIIII* etc.

259 L. Friedländer bei Marquardt IV, 500. 501. Daher auf den Konsekrationsmünzen des August, des Claudius, Vespasian u. A. die von 2 oder 4 Elefanten oder Pferden gezogene tensa mit dem Bilde des Divus, der hier gewöhnlich eine Hasta, eine Victoria o. a. in den Händen trägt. Vgl. Sueton. Claud. 11 *Aviae Liviae divinos honores et circensi pompa currum elephantorum Augustino similem discernendum curavit*, die Konsekrationsmünzen der Diva

Iulia Augusta (d. T. des Titus), Iul. Capitolin. M. Anton. 21, Dio LXXXIV, 4 u. a. Dagegen durfte kein Bild eines Divus bei einem Leichenbegängnisse erscheinen.

260 So wurden die Numina Divorum auch bei Verwünschungen angerufen. Diese Eides- und Gebetsformeln führten von selbst zu offiziellen Verzeichnissen der Divi, mit Ausscheidung solcher, die es nicht sein sollten, s. Dio LIX, 9 und LX, 4 von Caligula: καὶ διὰ τοῦτο τὸ μὲν ὄνομα αὐτοῦ οὐκ ἔστιν ἐν τῷ καταλόγῳ τῶν αὐτοκρατόρων ὧν μνήμην ἐπί τε τοῖς ὅρκοις καὶ ἐπὶ ταῖς εὐχαῖς ποιούμεθα, ὥσπερ οὐδὲ τὸ τοῦ Τιβερίου. LXXIV, 4, wo Septimius Sev. den Pertinax zum Divus macht u. a. befiehlt, τὸ ὄνομα αὐτοῦ ἐπί τε ταῖς εὐχαῖς ἁπάσαις καὶ ἐπὶ τοῖς ὅρκοις ἅπασιν ἐπιλέγεσθαι.

261 Eine Porticus Divorum stiftete Domitian, eine Auswahl der Divi verehrte Alex. Sev. in seinem Lararium, s. Lamprid. 30. Eigene Tempel der Divi kennen wir drei: 1) das Caesareum im Haine der Dea Dia, wo die fratres Arvales die Divi verehrten. Hier werden unter Commodus 16 Divi gezählt, unter Alex. Sev. 20, s. Marini Atti Arv. p. 385 sq. 2) ein t. Divorum in Palatio, s. Marini p. 82, Dio LXXVI, 2 ἐν ταῖς θεωρίαις ταῖς ἐν τῷ Παλατίῳ ἥρωσι πεποιημέναις. 3) ein vom Kaiser Tacitus gestiftetes t. Divorum, *in quo essent statuae principum bonorum, ita ut iisdem Natalibus suis et Parilibus et Kal. Ianuariis et Votis (3 Ian.) libamina ponerentur*, Flav. Vopisc. 9, vgl. meine Reg. In und außerhalb Rom müssen solche Vereine sehr häufig gewesen sein, namentlich für den Gebrauch der Augustalen, vgl. Or. n. 3787, Mommsen I. N. n. 6828 von denen in Caere. Auch die Divae wurden hin und wieder zusammen verehrt, s. Henzen z. Or. n. 5977. 5978.

262 In dem Kal. Constantii, wo diese Natales regelmäßig angemerkt werden, und in dem in verschiedenen Mss. erhaltenen Verzeichnisse der Natales Caesarum s. Marini Atti p. 387, Mommsen über den Chronogr. v. J. 354 S. 565.

263 Cic. ad Quint. Fr. I, 1, 10 *quoniam in istis urbibus cum summo imperio et potestate versaris, in quibus tuas virtutes consecratas et in deorum numero collocatas vides.* So wurde in Rom die Clementia Caesaris vergöttert und später die Tugend, die Sanftmut, die Gerechtigkeit und Frömmigkeit des August durch ein in der Kurie aufgehängtes goldnes Schild gefeiert, s. das Mon. Ancyr. der griech. Übers., vgl. Iul. Capitolin. Antonin. P. 13. Wie häufig übrigens schon die Vergötterung der römischen Prokonsuln war, lehrt Sueton Octav. 52, vgl. Cic. ad Q. fr. I, 1, 9, ad Att. V, 21.

264 Vgl. die Inschr. im Corp. I. Gr. n. 3902 b aus Eumenia in Phrygien: ἀναγορεύεσθαι ἐν τῷ γυμνικῷ ἀγῶνι τῷ ἐν Περγαμῷ τῶν Ῥωμαίων Σεβάστων –, ὡσαύτως δὲ ἀναγορεύεσδαι καὶ ἐν τοῖς ἀγομένοις κατὰ πόλιν ἀγῶσι τῶν Καισαρήων.

265 Vgl. die Dedikation eines Propyläon der Isis zu Tentyra bei Letronne recueil I, p. 80 sq. C. I. Gr. n. 4443 bei Ägä in Cilicien: Θεῷ Σεβαστῷ Καίσαρι καὶ Ποσειδῶνι Ἀσφαλείῳ καὶ Ἀφροδίτῃ Εὐπλοίᾳ.

266 Über den T. der Roma und des Augustus auf der Burg von Athen s. Roß Archäol. Aufs. S. 113. In Sparta gab es ein t. Caesaris und ein t. Augusti, Paus. III, 11, 4, in Korinth außer dem Kult des Caesar und dem aus Münzen des August und der Livia bekannten t. der Gens Iulia ein t. Octaviae und ein allen römischen Kaisern gewidmetes Heiligtum, Paus. II, 3, 1; 8, 1. In einer Inschrift aus Ephesus C. I. Gr. n. 2957 heißt Cäsar θεὸς ἐμφανὴς καὶ κοινὸς τοῦ ἀνθρωπίνου βίου σωτήρ.

267 Auf einer Inschrift bei Corsini Diss. Agon. IV, 14 p. 103 heißen diese Spiele Ἰταλικὰ Ῥώμαια Σέβαστα Ἰσ. Ὀλύμπια, wo Ἰταλικὰ ein älteres Fest sein muß, die P. Σ. den August angehn, die Ἰσελαστικὰ Ὀλύμπια aber ein Fest zu Ehren eines Einzugs des Hadrian sind, s. die Inschrift aus Salernum vom J. 142 bei Mommsen I. N. n. 104 *Imp. Caesari – T. Aelio Hadriano Antonino* etc. – *Constitutori sacri certaminis iselastici.*

268 Tacit. Ann. IV, 15. 37. Θεὸς Σεβαστὸς heißt Tiberius auf M. von Pergamum und Steinen von Mytilene. In Ägypten nannte man ihn νέος Σεβαστός, Θεοῦ Σεβαστοῦ υἱός, Letronne I p. 91 vgl. p. 230, wo Iulia Augusta d. h. Livia als Isis neben ihm genannt wird. Ein flamen Ti. Caesaris Aug. in Surrentum und in Venusia b. Mommsen l. N. n. 718. 2123.

269 Dio LIX, 28.

270 Eckhel D. N. VI p. 269, vgl. Sueton Nero 53, Dio LXIII, 20.

271 Dio LXIX, 16, Spartian Adr. 12. 18. 19, vgl. Sueton Octav. 60.

272 Vgl. das Verzeichnis der Olympien bei Krause Olympia S. 204 ff. und über den Pracht-tempel des Hadrian zu Cyzicus und die dort gefeierten Spiele Marquardt Cyzicus S. 143. 150 ff.

273 Dio LXIX, 11, Eckhel D. N. VI p. 528. Namentlich zeigten Antinoupolis in Ägypten, s. Orig. c. Cels. III p. 132, seine Heimat Bithynien und Mantinea in Arkadien großen Eifer

in diesem Gottesdienste, s. Paus. VIII, 9, 4. In Attika gab es 'Αντινόεια ἐν ἄστει und ἐν Ἐλευσῖνι, C. I. Gr. n. 283, Roß Demen v. Attika S. 32.

274 Vgl. das Verzeichnis der Pythien bei Krause, die Pythien, Nemeen usw. S. 53 ff. Daher auch Geta und Caracalla auf Münzen als νέοι Ἥλιοι erscheinen und namentlich zu Emesa in Syrien Ἥλια Πύθια gefeiert wurden, s. ib. S. 61. Entweder stehen Σεβήρεια Πύθια zusammen wie 'Αδριάνεια 'Ολύμπια, oder es sind Münzen des Caracalla, Geta usw., wo diese Pythien, auch wohl Ἄκτια Πύθια, genannt werden. Außerdem werden hin und wieder genannt Κομμόδεια, Σεβήρεια, 'Αντωνινίανα, 'Αλεξάνδρια, letztere zu Ehren des Alexander Sev.

275 Vgl. über diese und andere Spiele Krause Neocor. p. 76 sqq.

276 Krause Νεωκόρος Lips. 1844, vgl. Eckhel D. N. IV p. 288 sqq., Marquardt Cyzikus und sein Gebiet S. 84 ff.

277 Xenophon Anab. V, 3, 6. Ephesus heißt in der Apostelgesch. 19, 35 die πόλις νεωκόρος τῆς μεγάλης θεᾶς 'Αρτέμιδος καὶ τοῦ διοπετοῦς, auf einer Inschrift C. I. Gr. n. 2954 a ἡ τροφὸς τῆς ἰδίας θεοῦ τῆς 'Εφεσίας. Inschriften erwähnen außer den Neokoren der Kaiser einen Νεωκόρος τῆς 'Αρτέμιδος τῆς Λευκοφρυνῆς in Magnesia, einen anderen τῶν μεγάλων θεῶν Νεμέσεων in Smyrna, τοῦ μεγάλου Σαράπιδος anderswo, so daß also auch hier der Kultus der wirklichen Götter der ältere gewesen zu sein scheint.

278 Überdies waren mit solchen Spielen immer örtliche Vorteile, zahlreicher Besuch von Fremden usw. verbunden, daher die Städte sie eifrig suchten, s. Dio LXVI, 9.

279 Krause Νεωκόρος p. 43 sqq.